KB041781

2nd Edition

경제법 II

중소기업
보호법

신동권

SMEs Protection Law
Shin, Dong Kweon

박영사

제2판 머리말

지난 2020년 경제법 시리즈 중의 하나로 중소기업보호법을 출간한 지도 3년의 세월이 흘렀다. 그간 중소기업보호 관련법에 여러 가지 변화가 있었다.

예를 들어 하도급법의 경우 하도급대금 조정 협의권자 및 신청 사유 확대, 건설하도급 입찰 결과의 공개, 하도급대금 결제조건 등 공시, 수소법원의 소송중지 제도 도입 등, 표준하도급계약서 상향식 제·개정 방식 도입, 계약체결 전 기술 편취행위 규율 등의 변화가 있었고, 납품단가연동제 도입이 추진되고 있다. 가맹사업법의 경우 가맹본부의 직영점 운영, 소규모 가맹본부 법적용 확대 등 변화가 있었다.

대규모유통업법의 경우 직매입거래의 법정 대금 지급 기한 설정, 판매수탁자의 영업시간 단축 요구 등 변화가 있었고, 대리점법의 경우 보복 조치에 대한 3배소 도입, 모범거래기준 권고 근거 마련, 표준계약서 상향식 제·개정 절차 신설, 대리점 관련 교육·상담 등 실시·위탁 근거 마련, 조정조서의 효력 관련 규정 정비, 분쟁조정업무 운영지침 제정 등 변화가 있었다. 그리고 4개법 공히 그간 공정거래법과 표시광고법에만 있었던 동의의결제도를 도입한 것도 큰 변화 중의 하나이다.

이번 중소기업보호법 개정은 다음 몇 가지에 주안점을 두고 작업을 하였다. 첫째, 가장 최근까지의 주요 판결, 법령·고시·지침 등 변경내용을 모두 반영하였다. 둘째, 기존에는 조문이 바뀌는 경우 항상 새로운 페이지로 배치를 하다보니 불필요하게 여백이 많이 발생하였고, 분량이 두꺼워지다 보니 독자들에게 부담을 준 측면이 있었다. 이에 굳이 해설의 필요성이 없는 조문의 경우 한 페이지에 두 조문 내지 세 조문까지도 배치함으로써 전체적으로 페이지수를 상당히 줄이게 되었다. 그리고 마지막 부록 부분도 과감히 삭제를 하였다.

　　이러한 과정을 통하여 좀 더 간결하고 접근하기 좋을 책으로 만들고자 노력하였으나 독자들에게 얼마나 도움이 될지 걱정이 앞선다. 끝으로 어려운 출판환경에도 불구하고 개정판을 낼 수 있도록 허락해 주신 박영사와 조성호 이사, 그리고 교정작업을 충실히 수행해 주신 한두희 과장께 지면을 빌려 감사를 드린다.

2023. 3
잠실 석촌호수를 바라보며
저자 씀

머리말

경제법 시리즈 출간에 즈음하여

2011년에 공정거래 분야에서는 처음으로 주석서형식의 독점규제법을 출간한 이래 많은 독자들로부터 과분한 평가를 받았다. 최근에는 독점규제법 외에도 많은 공정거래 관련 법령에서 공정거래위원회 심결이나 법원 판례가 축적되어 가고 있다. 이에 저자는 기 출간된 독점규제법 개정작업과 함께 나머지 공정거래관련 법령까지도 추가로 작업을 진행하였고, 이번에 전체 12개 법령을 경제법 I 독점규제법, 경제법 II 중소기업보호법, 경제법 III 소비자보호법으로 구분하여 3권의 책으로 출간하게 되었는데, 본서는 그 두 번째 부분에 해당한다. 독점규제법의 불공정거래행위에서 파생된 법이라는 의미에서 두 번째에 배치한 것이다.

한편 책으로서 중소기업보호법은 선례가 드물고, 중소기업에 대한 직접적인 보호제도로 오인될 우려도 있어서 명칭을 어떻게 할까하는 고민이 있었는데, 중소기업이나 소상공인, 영세사업자를 불공정거래행위로부터 보호하기 위한 법이라는 의미를 통칭하여 중소기업보호법이라는 명칭을 사용하게 되었다.

최근에 갑을관계가 크게 화두가 되면서 중소기업이나 소상공인, 영세사업자 보호의 중요성도 더욱 증가해 가고 있고 보다 다양하고 심층적인 연구가 필요한 시점이다. 그러나 본 서는 저자의 독자적인 연구결과나 관련 사례를 심층 분석한 결과물이 아니다. 기존에 출간된 하도급법 등 교과서들과 관련 사례, 그리고 법령, 지침 등을 종합하여 조문별로 보기좋게 모으고 정리한 것인데, 부족하지만 이 분야의 실무자나 연구자들에게 다소나마 도움이 되었으면 하는 바램이다.

　　하도급법을 제외하면 독점규제법에 비하여 아직은 사례가 부족한 편이고 조항에 따라서는 자세한 해설이 이루어지 못한 점이 있으나 현재의 수준에서 담을 수 있는 것은 빠뜨리지 않으려고 노력하였다. 방대한 내용을 정리하다보니 혹시 실수가 있지 않을까 두려움이 앞선다. 이번 출판을 계기로 앞으로 지속적으로 최신사례를 보완하고 자료들을 보충하여 더 나은 책이 되도록 노력할 계획이다.

　　어려운 환경임에도 불구하고 출판을 허락해 준 박영사와 조성호 이사, 그리고 힘든 교정작업을 충실히 수행해 주신 한두희 대리께 지면을 빌어 감사를 드린다.

2020년 1월
남대문을 바라보며
저자 씀

차 례

제1편 하도급법

제 2 편   가맹사업법

제 1 장   총칙

제 2 장   가맹사업거래의 기본원칙

제 3 장   가맹사업거래의 공정화

제 4 장 분쟁의 조정 등

제 5 장 공정거래위원회의 사건처리절차 등

제6장 벌칙

제3편 대규모유통업법

제1장 총칙

제2장 대규모유통업에서의 거래 공정화

제 3 장   분쟁의 조정 등

제 **1** 편

하도급법

제1조(목적)

이 법은 공정한 하도급거래질서를 확립하여 원사업자(原事業者)와 수급사업자(受給事業者)가 대등한 지위에서 상호보완하며 균형 있게 발전할 수 있도록 함으로써 국민경제의 건전한 발전에 이바지함을 목적으로 한다.
[전문개정 2009. 4. 1.]

[참고사례]

서인조경개발의 불공정하도급거래행위 건(공정거래위원회 1996. 4. 30 의결 제96-56호; 서울고등법원 1997. 12. 3. 선고 97구722 판결; 대법원 1998. 6. 12. 선고 98두2409 판결); 하도급거래공정화에관한법률 제14조 제1항 등 위헌소원 건(서울고등법원 2001나55156 공사대금; 헌법재판소 2003. 5. 15. 2001헌바98 결정); (주)한서플랜트와 대한조선(주)의 하도급계약 건{광주고법 2010. 6. 9. 선고 2008나5805 판결; 대법원 2011. 1. 27. 선고 2010다53457[손해배상(기)] 판결}

하도급법은 공정한 하도급거래질서를 확립하여 원사업자와 수급사업자가 대등한 지위에서 상호보완적으로 균형 있게 발전할 수 있도록 함으로써 국민경제의 건전한 발전에 이바지함을 목적으로 제정된 법으로서, 하도급거래에 있어서 원사업자의 부당한 행위를 억제하고 수급사업자의 열위적 지위를 보완하여 하도급거래가 상호보완적인 협조관계에서 이루어지도록 유도함으로써 분업화와 전문화를 통한 생산성의 향상에 기여하려는 데 그 취지가 있다<(주)한서플랜트와 대한조선(주)의 하도급계약 건>.[1]

경제기획원은 1980년대 초부터 하도급거래에 있어서 원사업자의 우월적 지위를 이용한 관행화된 불공정거래행위를 시정하기 위하여 다양한 노력을 기울였는데, 당초에는 독립된 법률이 아니라 독점규제법 시행령 제21조에 근거한 하도급고시(경제기획원고시 제59호, 1982. 12. 31.)에 근거를 두었다. 그러나 위 고시가 시행된 이후 하도급거래와 관련한 사건수가 대폭 증가함에 따라 독점규제법 규정에 근거를 둔 고시 체계보다는 독립적인 법률로 운영해야 할 필요성이 대두되었고 이에 따라 종전고시의 미비점을 보완하여 하도급거래 공정화 정책의 준거로서 지위를 가지는 하도급법(1984. 12. 31.)을 별도로 제정하여 1985. 4. 1.에 시

---

1) 대판 2011. 1. 27. 2010다53457.

행하게 되었다.

　하도급법에 따른 당사자간의 권리·의무 관계는 당자자간의 계약으로 정해지는 것이므로 계약위반에 따른 문제 등은 민사법에 의해 구제받을 수 있음에도 불구하고 별도로 하도급법이 제정된 이유는, 하수급인의 열악한 지위에서는 도저히 하도급계약 당자자간의 대등하고 자유로운 의사에 의한 계약이 이루어지지 못하고 사후에 법원에 소송을 제기하려고 하여도 경제적 약자인 하수급인이 소송비용을 감당하기 어려우며 설사 소송을 한다 하여도 원사업자의 계약위반이나 불법행위를 입증하기 어려워 변론주의에 입각한 법원의 구제를 받을 수 없는 경우가 비일비재하므로, 하도급거래의 공정화를 도모하기 위하여 하수급인으로서 받게 될지도 모를 부당한 행위를 국가가 원사업자의 의무 및 금지사항으로 정하여 놓고 이를 위반한 경우 공정거래위원회가 조사하고 원사업자에게 법위반행위가 발견되면 그에 대한 시정조치를 취하도록 하기 위한 것이다.[2)]

　헌법재판소는 우리나라 하도급거래 및 하도급법에 대하여 다음과 같이 판시하고 있다.

---

(1) 현대사회에서 대량생산체제가 정착되면서 전문화·분업화가 발달하고 기업과 기업간의 기능적 분업관계가 형성되었음. 오늘날 대부분의 기업은 전문화·분업화 및 경영상의 이유로 생산의 전부 또는 일부를 전문업체에 위탁하여 생산하는 하도급거래를 하고 있음. 특히 제조, 수리, 건설분야의 최종완성품은 하도급거래를 바탕으로 생산되는데 위탁받은 업체는 다른 업체에 다시 위탁하는 2차, 3차의 연쇄적 하도급거래관계가 형성되기도 함. 건설분야의 경우 발주자와 시공계약을 체결한 원사업자(일반건설업자)는 자신이 직접 모든 공사를 시공하지 않고 토공, 미장, 방수, 석공, 창호 등의 전문공사를 수급사업자(전문건설업자)에게 위탁하고 자신은 전체적인 건설공정의 관리, 검사만을 행하는 하도급거래 구조가 고도화되어 있음. 통계에 의하면 우리나라 중소기업의 72%가 하도급거래에 종사하고 중소기업의 매출액 대비 하도급거래의 비중이 평균 84%에 달하여 대부분의 중소기업이 하도급거래에 상당부분 의존하고 있는 것으로 나타나고 있음. 특히 제조, 수리, 건설분야의 경우 우리나라 국민총생산(GNP)에서 차지하는 비중이 상당하고 산업의 전·후방연관효과가 큰 점을 감안하면, 하도급거래는 우리나라 산업구조의 근간을 이루고 있을 정도로 국가경제 및 국민경제에 미치는 영향을 매우 크다고 할 것임.

---

2) <서인조경개발의 불공정하도급거래행위 건>(대판 1998. 6. 12. 98두2409) 관련 공정거래위원회 대법원 상고이유서.

(2) 이와 같이 하도급거래가 국민경제에서 큰 비중을 차지하고 있음에도 불구하고 원사업자와 수급사업자 사이에는 상호 수평적 대등관계보다는 수급사업자가 원사업자에게 지배되거나 종속되는 수직적인 불평등관계가 형성되었는데 이는 수급사업자는 영세한 중소기업인 반면 원사업자는 수급사업자에 비하여 자산 규모, 매출액, 상시 근로자수 등이 우월한 대기업이라는 점에서 기인함. 또한 이런 현실은 하도급거래에서 원사업자의 불공정거래행위가 널리 행하여지는 원인이 되었는데, 원사업자는 거래상 우월적 지위를 이용하여 수급사업자에게 부당한 하도급대금의 결정, 장기어음의 교부, 하도급대금의 부당감액 등 불공정한 거래행위가 관행화 되어 왔고 이러한 거래현실은 수급사업자와 원사업자의 격차를 더 벌리게 되고 수급사업자의 원사업자에 대한 지배·종속을 더욱 심화시키는 요인이 되었음. 한편 위와 같은 하도급거래관계에서는 경제주체간의 불균형은 수급사업자(중소기업)의 경쟁력을 떨어뜨리고 이와 거래관계에 있는 원사업자(대기업)의 경쟁력마저 떨어뜨림으로써 궁극적으로 국민경제전체의 균형적 발전에도 장해가 된다고 할 것임. 이에 공정화 하도급거래질서를 확립하고 영세한 수급사업자를 보호함으로써 국민경제 전체의 균형적 발전을 도모할 필요성이 있음.

(3) 하도급거래는 사법상의 법률관계이기 때문에 일반사법의 원리에 따라 해결되는 것이 원칙임. 그러나 위에서 본 바와 같이 하도급거래 당사자간에는 힘이 불균형으로 인하여 대등관계가 아닌 종속관계가 형성되고 원사업자의 거래상의 우월적 지위에 따른 불공정행위는 시장기구에 의하여 자율적으로 조정·해결되지 못하고 지속적으로 그 폐해가 심화되는 이른바 시장실패현상을 야기하여 대다수 중소 수급사업자들은 자체 경쟁력을 상실하고 원사업자의 파산 등 외부적 충격에 의하여 쉽게 도산의 위험에 처하는 등 매우 불안전한 지위에 놓이게 되어 국민경제의 균형발전에 저해가 된다. 이에 공정한 하도급거래질서를 확립하여 대기업과 중소기업이 대등한 지위에서 상호보완적으로 균형있게 발전할 수 있도록 함으로써 시장실패현상을 치유하고 국민경제의 건전한 발전에 이바지하고자(법 제1조) 1984년 12월 31일 법률 제3779호로 하도급법이 제정되어 1985년 4월 1일부터 시행되고 있음.

(4) 하도급법은 모든 하도급거래관계를 규율하는 것이 아니라 하도급거래의 비중이 큰 제조, 수리, 건설분야의 하도급거래만을 대상으로 함. 또 하도급법은 원사업자가 대기업자이고 수급사업자가 중소기업자인 경우에만 적용되도록 하여 대기업자의 불공정한 하도급거래행위의 규제 및 경제적 약자인 수급사업자의 보호를 목적으로 하고 있음. 즉, 원사업자는 대기업자, 즉 중소기업(중소기업기

본법 제2조 제1항의 규정에 의한 자)가 아닌 사업자로서 중소기업자에게 제조 등의 위탁을 한 자 및 중소기업자로서 제조 등 위탁을 받은 사업자보다 규모가 2배 이상인(법 제2조 제2항) 경우를 말하고, 수급사업자는 원사업자로부터 제조 등의 위탁을 받은 중소기업자(법 제2조 제3항)이며, 위탁을 받은 사업자가 중소기업이라 하더라도 독점규제법상의 대규모기업집단에 속하는 회사인 경우에는 대기업자로 간주하여 수급사업자로 보지 않음"<하도급거래공정화에관한 법률 제14조 제1항 등 위헌소원 건>3)

---

3) 헌재결 2003. 5. 15. 2001헌바98.

제2조(정의)

① 이 법에서 "하도급거래"란 원사업자가 수급사업자에게 제조위탁(가공위탁을 포함한다. 이하 같다)·수리위탁·건설위탁 또는 용역위탁을 하거나 원사업자가 다른 사업자로부터 제조위탁·수리위탁·건설위탁 또는 용역위탁을 받은 것을 수급사업자에게 다시 위탁한 경우, 그 위탁(이하 "제조등의 위탁"이라 한다)을 받은 수급사업자가 위탁받은 것(이하 "목적물등"이라 한다)을 제조·수리·시공하거나 용역수행하여 원사업자에게 납품·인도 또는 제공(이하 "납품등"이라 한다)하고 그 대가(이하 "하도급대금"이라 한다)를 받는 행위를 말한다.

② 이 법에서 "원사업자"란 다음 각 호의 어느 하나에 해당하는 자를 말한다. <개정 2011. 3. 29., 2014. 5. 28., 2015. 7. 24.>

1. 중소기업자(「중소기업기본법」 제2조제1항 또는 제3항에 따른 자를 말하며, 「중소기업협동 조합법」에 따른 중소기업협동 조합을 포함한다. 이하 같다)가 아닌 사업자로서 중소기업자에게 제조등의 위탁을 한 자

2. 중소기업자 중 직전 사업연도의 연간매출액[관계 법률에 따라 시공능력평가액을 적용받는 거래의 경우에는 하도급계약 체결 당시 공시된 시공능력평가액의 합계액(가장 최근에 공시된 것을 말한다)을 말하고, 연간매출액이나 시공능력평가액이 없는 경우에는 자산총액을 말한다. 이하 이 호에서 같다]이 제조등의 위탁을 받은 다른 중소기업자의 연간매출액보다 많은 중소기업자로서 그 다른 중소기업자에게 제조등의 위탁을 한 자. 다만, 대통령령으로 정하는 연간 매출액에 해당하는 중소기업자는 제외한다.

③ 이 법에서 "수급사업자"란 제2항 각 호에 따른 원사업자로부터 제조등의 위탁을 받은 중소기업자를 말한다.

④ 사업자가 「독점규제 및 공정거래에 관한 법률」 제2조제12호에 따른 계열회사에 제조등의 위탁을 하고 그 계열회사가 위탁받은 제조·수리·시공 또는 용역수행행위의 전부 또는 상당 부분을 제3자에게 다시 위탁한 경우, 그 계열회사가 제2항 각 호의 어느 하나에 해당하지 아니하더라도 제3자가 그 계열회사에 위탁을 한 사업자로부터 직접 제조등의 위탁을 받는 것으로 하면 제3항에 해당하는 경우에는 그 계열회사와 제3자를 각각 이 법에 따른 원사업자와 수급사업자로 본다. <개정 2020. 12. 29.>

⑤ 「독점규제 및 공정거래에 관한 법률」 제31조제1항에 따른 상호출자제한기업집단에 속하는 회사가 제조등의 위탁을 하거나 받는 경우에는 다음 각 호에 따른다. <개정 2020. 12. 29.>

1. 제조등의 위탁을 한 회사가 제2항 각 호의 어느 하나에 해당하지 아니하더라도 이 법에 따른 원사업자로 본다.

2. 제조등의 위탁을 받은 회사가 제3항에 해당하더라도 이 법에 따른 수급사업자로 보지 아니한다.

⑥ 이 법에서 "제조위탁"이란 다음 각 호의 어느 하나에 해당하는 행위를 업(業)으로 하는 사업자가 그 업에 따른 물품의 제조를 다른 사업자에게 위탁하는 것을 말한다. 이 경우 그 업에 따른 물품의 범위는 공정거래위원회가 정하여 고시한다.

1. 물품의 제조

2. 물품의 판매

3. 물품의 수리

4. 건설

⑦ 제6항에도 불구하고 대통령령으로 정하는 물품에 대하여는 대통령령으로 정하는 특별시, 광역시 등의 지역에 한하여 제6항을 적용한다.

⑧ 이 법에서 "수리위탁"이란 사업자가 주문을 받아 물품을 수리하는 것을 업으로 하거나 자기가 사용하는 물품을 수리하는 것을 업으로 하는 경우에 그 수리행위의 전부 또는 일부를 다른 사업자에게 위탁하는 것을 말한다.

⑨ 이 법에서 "건설위탁"이란 다음 각 호의 어느 하나에 해당하는 사업자(이하 "건설업자"라 한다)가 그 업에 따른 건설공사의 전부 또는 일부를 다른 건설업자에게 위탁하거나 건설업자가 대통령령으로 정하는 건설공사를 다른 사업자에게 위탁하는 것을 말한다. <개정 2011. 5. 24., 2019. 4. 30.>

1. 「건설산업기본법」 제2조제7호에 따른 건설사업자

2. 「전기공사업법」 제2조제3호에 따른 공사업자

3. 「정보통신공사업법」 제2조제4호에 따른 정보통신공사업자

4. 「소방시설공사업법」 제4조제1항에 따라 소방시설공사업의 등록을 한 자

5. 그 밖에 대통령령으로 정하는 사업자

⑩ 이 법에서 "발주자"란 제조·수리·시공 또는 용역수행을 원사업자에게 도급하는 자를 말한다. 다만, 재하도급(再下都給)의 경우에는 원사업자를 말한다.

⑪ 이 법에서 "용역위탁"이란 지식·정보성과물의 작성 또는 역무(役務)의 공급(이하 "용역"이라 한다)을 업으로 하는 사업자(이하 "용역업자"라 한다)가 그 업에 따른 용역수행행위의 전부 또는 일부를 다른 용역업자에게 위탁하는 것을 말한다.

⑫ 이 법에서 "지식·정보성과물"이란 다음 각 호의 어느 하나에 해당하는 것을 말한다. <개정 2010. 4. 12., 2020. 6. 9.>

1. 정보프로그램(「소프트웨어 진흥법」 제2조제1호에 따른 소프트웨어, 특정 한 결과를 얻기 위하여 컴퓨터·전자계산기 등 정보처리능력을 가진 장치에 내재된 일련의 지시·명령으로 조합된 것을 말한다)

2. 영화, 방송프로그램, 그 밖에 영상·음성 또는 음향으로 구성되는 성과물

3. 문자·도형·기호의 결합 또는 문자·도형·기호와 색채의 결합으로 구성되는 성과물(「건축사법」 제2조제3호에 따른 설계 및 「엔지니어링산업 진흥법」 제2조제1호에 따른 엔지니어링활동 중 설계를 포함한다)

4. 그 밖에 제1호부터 제3호까지의 규정에 준하는 것으로서 공정거래위원회가 정하여 고시하는 것

⑬ 이 법에서 "역무"란 다음 각 호의 어느 하나에 해당하는 활동을 말한다. <개정 2010. 4. 12.>

1. 「엔지니어링산업 진흥법」 제2조제1호에 따른 엔지니어링활동(설계는 제외한다)

2. 「화물자동차 운수사업법」에 따라 화물자동차를 이용하여 화물을 운송 또는 주선하는 활동

3. 「건축법」에 따라 건축물을 유지·관리하는 활동

4. 「경비업법」에 따라 시설·장소·물건 등에 대한 위험발생 등을 방지하거나 사람의 생명 또는 신체에 대한 위해(危害)의 발생을 방지하고 그 신변을 보호하기 위하여 하는 활동

5. 그 밖에 원사업자로부터 위탁받은 사무를 완성하기 위하여 노무를 제공하는 활동으로서 공정거래위원회가 정하여 고시하는 활동

⑭ 이 법에서 "어음대체결제수단"이란 원사업자가 하도급대금을 지급할 때 어음을 대체하여 사용하는 결제수단으로서 다음 각 호의 어느 하나에 해당하는 것을 말한다.

1. 기업구매전용카드: 원사업자가 하도급대금을 지급하기 위하여 「여신전문금융업법」에 따른 신용카드업자로부터 발급받는 신용카드 또는 직불카드로서 일반적인 신용카드가맹점에서는 사용할 수 없고, 원사업자·수급사업자 및 신용카드업자 간의 계약에 따라 해당 수급사업자에 대한 하도급대금의 지급만을 목적으로 발급하는 것

2. 외상매출채권 담보대출: 수급사업자가 하도급대금을 받기 위하여 원사업자에 대한 외상매출채권을 담보로 금융기관에서 대출을 받고, 원사업자가 하도급대금으로 수급사업자에 대한 금융기관의 대출금을 상환하는 것으로서 한국은행총재가 정한 조건에 따라 대출이 이루어지는 것

3. 구매론: 원사업자가 금융기관과 대출한도를 약정하여 대출받은 금액으로 정보처리시스템을 이용하여 수급사업자에게 하도급대금을 결제하고 만기일에 대출금을

금융기관에 상환하는 것

4. 그 밖에 하도급대금을 지급할 때 어음을 대체하여 사용되는 결제수단으로서 공정
거래위원회가 정하여 고시하는 것

⑮ 이 법에서 "기술자료"란 비밀로 관리되는 제조·수리·시공 또는 용역수행 방법에 관
한 자료, 그 밖에 영업활동에 유용하고 독립된 경제적 가치를 가지는 것으로서 대통
령령으로 정하는 자료를 말한다. <신설 2010. 1. 25., 2018. 1. 16., 2021. 8. 17.>
[전문개정 2009. 4. 1.]

 목   차

[참고사례]

인풍종합건설(주)와 (유)오케이의 하도급공사 건[광주고등법원 1997. 4. 25. 선고 96나
6638 판결; 대법원 1997. 12. 12. 선고 97다20083(추심금) 판결]; (주)동일 및 (주)동일종합건
설의 불공정하도급거래행위 건(공정거래위원회 1999. 10. 22. 의결 제99－209호; 서울고등
법원 2000. 12. 5. 선고 2000누3797 판결); ㈜에스비에스산업개발(구 삼복토건)의 불공정하
도급거래행위 건(공정거래위원회 2000. 8. 4. 의결 제99－118호; 서울고등법원 2001. 6. 7.
선고 제2000누11910 판결); 한국후지쯔(주)의 불공정하도급거래행위 건(공정거래위원회
2000. 5. 8. 의결 제2000－75호; 서울고등법원 2001. 4. 6. 선고 제2000누6376 판결; 대법
원 2002. 4. 12. 선고 2001두3655 판결); 부남건설(주)외 1인의 하도급공사 건[부산고등법원

2000. 10. 6. 선고 99나9714 판결; 대법원 2001. 10. 26. 선고 2000다61435(계약이행보증금) 판결]; (주)동일 외 1인과 한양전기(주)의 하도급공사 건[부산고등법원 2001. 4. 12. 선고 99나13515 판결; 대법원 2003. 5. 16. 선고 2001다27470(보증금) 판결]; ㈜다연에프비에스의 불공정하도급거래행위 건(공정거래위원회 2003. 3. 20. 의결 제2003－082호; 서울고등법원 2004. 7. 15. 선고 2003누5602 판결; 대법원 2004. 10. 6. 선고 2004두9210 판결); ㈜국제종합토건의 불공정하도급거래행위 건(공정거래위원회 2003. 7. 21. 의결 제2003－118호; 서울고등법원 2004. 11. 3. 선고 2003누14699 판결); 다연에프비에프의 불공정하도급거래행위 건[공정거래위원회 2003. 3. 20. 의결 제2003－082호; 서울고등법원 2004. 7. 15. 선고 2003누5602 판결; 대법원 2004. 10. 6. 선고 2004두9210(심리불속행기각) 판결]; 부영의 불공정하도급거래행위 건(공정거래위원회 2005. 12. 6. 의결 제2005－279호; 서울고등법원 2006. 11. 9. 선고 2006누2420 판결; 대법원 2008. 10. 9. 선고 2006두19617); 삼성에스디에스(주)의 불공정하도급거래행위 건[공정거래위원회 2005. 9. 9. 의결 제2005－133호; 서울고등법원 2006. 6. 21. 선고 2005누22540 판결; 대법원 2006. 10. 13. 선고 2006두12470(심리불속행기각)판결]; 삼성에스디에스의 불공정하도급거래행위 건[공정거래위원회 2005. 9. 9. 의결 제2005－133호; 서울고등법원 2006. 6. 21. 선고 2005누22540 판결; 대법원 2006. 10. 13. 선고 2006두12470(심리불속행기각) 판결]; 기아자동차의 불공정하도급거래행위 건(공정거래위원회 2007. 12. 31. 의결 제2007－566호; 서울고등법원 2008. 7. 16. 선고 2008누3809 판결; 대법원 2010. 4. 29. 선고 2008두14296 판결); 대진정공의 불공정하도급거래헹위 건(공정거래위원회 2007. 5. 25. 의결 제2007－293호; 서울고등법원 2008. 7. 16. 선고 2007누31661 판결)(주)경동나비엔의 불공정하도급거래행위 건(공정거래위원회, 2008. 2. 19. 의결 제2008－050호; 서울고등법원 2008. 9. 3. 선고 2008누8507 판결); 포스텍의 불공정하도급거래행위 건(공정거래위원회 2014. 8. 18. 의결 제2014－178호; 서울고등법원 2015. 10. 8. 선고 2014누6939 판결); (주)에코로바의 불공정하도급거래행위 건[공정거래위원회 2015. 4. 30. 의결 제2015－132호; 서울고등법원 2016. 10. 20. 선고2015누56160 판결; 대법원 2018. 10. 4. 선고 2016두59126(파기환송) 판결]; 대보정보통신의 불공정하도급거래행위 건(공정거래위원회 2015. 10. 1. 의결 제2015－347호; 서울고등법원 2016. 12. 21. 선고 2015누2040 판결); (주)포스코건설의 불공정하도급거래행위 건[공정거래위원회 2018. 6. 18. 의결 제2018－218; 서울고등법원 2018. 12. 5. 2018누38378 판결; 대법원 2019. 4. 25. 선고 2019두31150(심리불속행 기각) 판결]; 이수건설의 불공정하도급거래행위 건[공정거래위원회 2018. 5. 31. 의결 제2018－214호; 서울고등법원 2019. 12. 29. 선고 2018누52756 판결; 대법원 2019. 4. 24. 선고 2019두31938(심리불속행 기각) 판결]; (주)에어릭스의 불공정하도급거래행위 건[공정거래위원회 2018. 11. 26. 의결 제2018－347호; 서울고등법원 2019. 10. 17. 선고 2018누39296 판결; 대법원 2021. 6. 24. 선고 2029두58629(심리불속행

기각) 판결]; **동부건설(주)의 불공정하도급거래행위 건**[공정거래위원회 2018. 1. 15. 의결 제 2018－031호; 대법원 2020. 5. 14. 선고 2020두31217(파기환송) 판결; 서울고등법원 2021. 1. 14. 선고 2020누41032(파기환송심) 판결]

Ⅰ. 하도급거래

　　도급이란 당사자일방(수급인)이 어떤 일을 완성할 것을 약정하고 상대방(도 급인)이 그 결과에 따라 보수를 지급할 것을 약정함으로써 그 효력이 생기는 계 약(민법 제664조)을 말하는데, 다시 일의 전부 또는 일부를 제3자에게 다시 위탁 하는 것을 하도급이라 한다.

　　하도급법에서 "하도급거래"란 원사업자가 수급사업자에게 제조위탁(가공위탁 을 포함)·수리위탁·건설위탁 또는 용역위탁을 하거나 원사업자가 다른 사업자 로부터 제조위탁·수리위탁·건설위탁 또는 용역위탁을 받은 것을 수급사업자에 게 다시 위탁한 경우, 그 위탁(이하 "제조등의 위탁")을 받은 수급사업자가 위탁받 은 것(이하 "목적물등")을 제조·수리·시공하거나 용역수행하여 원사업자에게 납 품·인도 또는 제공(이하 "납품등")하고 그 대가(이하 "하도급대금")를 받는 행위를 말한다(법 제2조 제1항).

1. 적용대상

　　하도급거래는 제조위탁(가공위탁을 포함)·수리위탁·건설위탁 또는 용역위탁 에 적용된다.

　　관련하여 법원이 다음과 같이 판단한 사례가 있다.

> "하도급 거래에는 제조위탁·수리위탁·건설위탁을 모두 포함하는 것으로, 위 공사 계약일반조건 제27조 제1항에서 말하는 '하도급계약' 역시 특단의 사정이 없는 한 건설위탁뿐만 아니라 제조위탁과 수리위탁을 포함하는 것으로 봄이 합리적임"<인 풍종합건설(주)와 (유)오케이의 하도급공사 건>[1]

　　법원은 하도급법은 하도급뿐만 아니라 원도급관계에도 적용된다고 본다.

---

1) 대판 1997. 12. 12. 97다20083(추심금).

> "하도급법 제2조 제1항에 의하면, 일반적으로 흔히 하도급이라고 부르는 경우, 즉, 원사업자가 다른 사업자로부터 제조위탁·수리위탁 또는 건설위탁을 받은 것을 수급사업자에게 다시 위탁을 하는 경우뿐만 아니라, 원사업자가 수급사업자에게 제조위탁·수리위탁 또는 건설위탁을 하는 경우도 하도급거래로 규정하여 위 법률을 적용하고 있음을 알 수 있고, 같은 조 제2항에 의하면, 위 법률의 적용 범위는 하도급관계냐 아니냐에 따르는 것이 아니라, 원사업자의 규모에 의하여 결정됨을 알 수 있으며, 같은 조 제10항에서 발주자라는 개념을 원사업자와 구별하여 사용하고 있기는 하나, 같은 조항에 의하면 위 발주자라는 개념 속에는 재하도급의 경우의 원하도급인도 포함됨을 알 수 있으므로, 발주자라는 개념이 있다고 하여 위 법률이 적용되는 하도급거래를 구성하는 원사업자의 개념을 발주자가 아닌 경우로 한정하는 것은 아님이 분명하다 할 것이어서, 위 법률은 그 명칭과는 달리 일반적으로 흔히 말하는 하도급관계뿐만 아니라, 원도급관계도 규제하는 것이라고 봄이 상당하고, 따라서 위 법률 제13조의2 또한 원도급관계에 적용됨"(<부남건설(주)외 1인의 하도급공사 건>,[2] <(주)동일 외 1인과 한양전기(주)의 하도급공사 건>)[3]

　　그러나 재위탁계약이 하도급법상 하도급거래에 해당하려면 원사업자와 수급사업자 사이는 명목적·형식적 관계이고, 직접적·실질적 거래관계는 원사업자와 재수급사업자 사이에 있다고 볼만한 특별한 사정이 있어야 한다<동부건설(주)의 불공정하도급거래행위 건>.[4]

　　하도급거래에 대해서는 하도급법뿐만 아니라 건설산업기본법 등에서 이를 규율하고 있다. 이에 대하여 하도급법 제34조에서는 "「대·중소기업 상생협력 촉진에 관한 법률」, 「전기공사업법」, 「건설산업기본법」, 「정보통신공사업법」이 이 법에 어긋나는 경우에는 이 법에 따른다"고 규정하고 있다. 따라서 예를 들어 건설산업기본법상 허용되지 않는 '일괄하도급, 재하도급'의 경우[5]에도 하도급법

---

2) 대판 2001. 10. 26. 선고 2000다61435(계약이행보증금).

3) 대판 2003. 5. 16. 2001다27470(보증금).

4) 대판 2020. 5. 14. 2020두31217(파기환송).

5) 제29조(건설공사의 하도급 제한) ① 건설업자는 도급받은 건설공사의 전부 또는 대통령령으로 정하는 주요 부분의 대부분을 다른 건설업자에게 하도급할 수 없다. 다만, 건설업자가 도급받은 공사를 대통령령으로 정하는 바에 따라 계획, 관리 및 조정하는 경우로서 대통령령으로 정하는 바에 따라 2인 이상에게 분할하여 하도급하는 경우에는 예외로 한다. ② 수급인은 그가 도급받은 건설공사의 일부를 동일한 업종에 해당하는 건설업자에게 하도급할 수 없다. 다만, 발주자가 공사품질이나 시공상 능률을 높이기 위하여 필요하다고 인정하여 서면으로 승낙한 경우에는 예외로 한다. ③ 하수급인은 하도급받은 건설공사를 다른 사람에게 다시 하도급할 수 없다. 다만, 다음 각 호의 어느 하나에 해당하는 경우에는 하도급할 수 있다(이하 생략).

상의 요건을 충족한다면 적용대상이 될 수 있다.

한편 <㈜에어릭스의 불공정하도급거래행위 건>에서 피심인은 이 사건 공사는 피심인과 수급사업자가 분담하여 공사하는 이른바 분담이행 방식으로 진행하였으므로 실질적인 하도급거래에는 해당하지 않는다고 주장하였는데 공정거래위원회는 ① 피심인과 수급사업자에 대금지급방법 등 계약조건에 대하여 협의하고 이 사건 하도급공사에 대한 계약을 체결한 점, ② 공사 진행시 피심인은 수급사업자에게 작업을 지시하고 수급사업자는 피심인에게 월별 공사 진행사항을 보고 하였으며, 공사 대금도 피심인이 발주자로부터 기성 승인을 받아 피심인 명의로 수급사업자에게 지급한 점 등을 이유로 하도급거래로 인정하였다.6) 관련 행정소송에서 법원도 시공이 분담이행방식으로 이루어진 것이라 하더라도 계약의 내용 및 실질에 비추어 하도급관계가 부인되지 않는다고 판시하였다.7)

2. 위탁의 의미

법원은 실제 계약체결에 이르지 않은 경우는 위탁으로 보지 않는다.

"공사계약을 교섭하는 단계나 계약의 체결단계에서 공사대금 등에 관한 의사의 불일치로 계약서를 작성하지 못하였다면 특별한 사정이 없는 한 그 공사계약이 체결되었다거나 공사의 위탁이 있었다고 할 수 없음"<㈜국제종합토건의 불공정하도급거래행위 건>,8) "원사업자가 수급사업자로부터 제출받은 견적서를 가지고 입찰에 참여하여 낙찰을 받았으나, 수급사업자와의 의사의 불합치로 계약에 이르지 못한 경우에는 하도급계약이 체결되었다고 보기 어렵고, 따라서 계약이 체결되었음을 전제로 하는 하도급법 제8조 제1항의 '제조 등의 위탁을 임의로 취소하거나 변경하는 행위'에도 해당되지 않음"<삼성에스디에스의 불공정하도급거래행위 건>,9) "계약교섭 및 계약체결단계에서 공급대금의 지급방법에 관한 의사의 합치가 이루어지지 아니하여 계약에 이르지 못하였고 구두계약체결이나 계약체결에 따른 작업지시가 있다고 보기 어려워 공정거래위원회의 처분은 위법함"<삼성에스디에스(주)의 불공정하도급거래행위 건>10)

---

6) 공정의 2018. 11. 26. 2018-347.

7) 서고판 2019. 10. 17. 2018누39296(대판 2021. 6. 24. 2029두58629).

8) 서고판 2004. 11. 3. 2003누14699.

9) 서고판 2006. 6. 21. 2005누22540[대판 2006. 10. 13. 2006두12470(심리불속행기각)].

10) 서고판 2006. 6. 21. 2005누22540[대판 2006. 10. 13. 2006두12470(심리불속행기각)].

3. 하도급거래의 승계

하도급거래의 승계와 관련하여 「하도급거래공정화지침」[11]에서는 다음과 같이 규정하고 있다(II. 4).

> 가. 사업자가 합병, 영업양수, 상속 등을 통하여 권리의무를 포괄적으로 승계하는 경우에는 하도급거래에 따른 전사업자의 제반 권리의무를 승계한 것으로 본다.
> 나. 권리의무를 승계한 사업자는 승계한 시점에서 당사자의 요건을 충족하지 아니하더라도 이미 성립한 하도급거래에 따른 당사자로 본다.
> 다. 건설관계 법령<「건설산업기본법」, 「전기공사업법」, 「정보통신공사업법」, 「소방시설공사업법」 및 법 시행령 제2조(중소기업자의 범위 등) 제7항에서 열거한 법을 포함함. 이하 같음>에 의하여 등록·지정을 받은 권한을 양수한 자는 양수이전(양수시점에서 이미 시공완료 된 공사는 제외)의 공사부문에 대하여도 하도급거래 당사자로 본다.
> 라. 건설관계 법령의 규정에 의하여 영업정지, 등록의 취소, 시공자의 지위상실 및 기타의 사유로 자격을 상실한 사업자 또는 그 포괄승계인이 동 처분전의 공사를 계속 시공할 경우에는 같은 처분이전의 공사부분에 대해서는 물론, 처분이후의 공사부분에 대해서도 하도급거래 당사자로 본다.

회사의 임직원이 그의 업무와 관련하여 행한 행위는 회사의 행위로 본다.[12]

II. 원사업자

이 법에서 "원사업자"란 ① 중소기업자(「중소기업기본법」 제2조 제1항[13] 또는 제3항[14]에 따른 자를 말하며, 「중소기업협동조합법」에 따른 중소기업협동 조합을 포함)

---

11) 공정거래위원회예규 제370호(2021. 6. 30).
12) 「하도급거래공정화지침」[공정거래위원회예규 제421호(2023. 2. 9.)].
13) 중소기업기본법 제2조 제1항 및 같은 법 시행령 제3조에 따르면, 구법(대통령령 제25302호로 개정되기 이전의 것)의 경우 건설업에 대해 상시 근로자수 300명 미만 또는 자본금 30억 원 이하인 기업을 중소기업으로 규정하고 있으며, 현행법(대통령령 제25302호로 개정된 이후의 것, 2015. 1. 1.시행)의 경우 건설업에 대해 평균매출액등 1,000억 원 이하인 기업을 중소기업으로 규정하되 종전의 규정에 따라 중소기업에 해당하였던 기업은 2018년 3월 31일까지 중소기업으로 보도록 하고 있다(부칙 제2조).
14) 종래 중소기업이 규모의 확대 등으로 중소기업의 요건을 충족하지 못한 경우에도 3년간은 중소기업으로 보도록 한 중소기업기본법 제21조 제3항에 의한 중소기업은 하도급법상 수급사업

가 아닌 사업자로서 중소기업자에게 제조등의 위탁을 한 자(제1호), ② 중소기업
자 중 직전 사업연도의 연간매출액[관계 법률에 따라 시공능력평가액을 적용받는
거래의 경우에는 하도급계약 체결 당시 공시된 시공능력평가액의 합계액(가장 최근에
공시된 것)을 말하고, 연간매출액15)이나 시공능력평가액이 없는 경우에는 자산총액16)]
이 제조등의 위탁을 받은 다른 중소기업자의 연간매출액보다 많은 중소기업자로
서 그 다른 중소기업자에게 제조등의 위탁을 한 자(다만, *대통령령*17)으로 정하는
연간매출액에 해당하는 중소기업자는 제외)(제2호)의 어느 하나에 해당하는 자를 말
한다(법 제2조 제2항).

　　당사자 사이의 실질적 관계에 비추어 실질적 당사자로서의 원사업자를 인정
한 사례가 있다<(주)에코로바의 불공정하도급거래행위 건>.18)

　　원사업자요건에서의 용어정의에 대하여 「하도급거래공정화지침」에서는 다
음과 같이 규정하고 있다(II. 1).

가. "상시고용종업원수"라 함은 사업자가 상시고용하고 있는 하도급계약체결시점의
　　직전 사업연도말의 종업원수를 말하며 이의 판단은 사업자가 관할세무서장에
　　게 신고한 "원천징수이행상황신고서"상의 12월말 월급여간이세율(A01)의 총인
　　원을 기준으로 한다.
나. "연간매출액(이하 '매출액')"이라 함은 사업자의 하도급계약체결시점의 직전 사
　　업연도의 매출총액을 말하며 이의 판단은 「주식회사의 외부 감사에 관한 법률」
　　에 의거 작성된 감사보고서 또는 관할세무서장이 확인·발급하는 "재무제표증

　　　자에 해당하지 않는 것으로 해석되었으나(<기아자동차의 불공정하도급거래행위 건> 대판
　　　2010. 4. 29. 2008두14296), 2011. 3. 29. 하도급법 제2조 제3항의 개정으로 중소기업기본법 제
　　　2조 제3항에 의한 중소기업도 하도급법상 수급사업자에 해당하게 되었다.
15)　제2조(중소기업자의 범위 등) ① 「하도급거래 공정화에 관한 법률」(이하 "법") 제2조제2항제2
　　　호 본문에 따른 연간매출액은 하도급계약을 체결하는 사업연도의 직전 사업연도의 손익계산서
　　　에 표시된 매출액으로 한다. 다만, 직전 사업연도 중에 사업을 시작한 경우에는 직전 사업연도
　　　의 매출액을 1년으로 환산한 금액으로 하며, 해당 사업연도에 사업을 시작한 경우에는 사업
　　　시작일부터 하도급계약 체결일까지의 매출액을 1년으로 환산한 금액으로 한다.
16)　제2조(중소기업자의 범위 등) ② 법 제2조제2항제2호 본문에 따른 자산총액은 하도급계약을
　　　체결하는 사업연도의 직전 사업연도 종료일 현재의 재무상태표에 표시된 자산총액으로 한다.
　　　다만, 해당 사업연도에 사업을 시작한 경우에는 사업 시작일 현재의 재무상태표에 표시된 자
　　　산총액으로 한다.
17)　제2조(중소기업자의 범위) ④ 법 제2조제2항제2호 단서에서 "대통령령으로 정하는 연간매출액
　　　에 해당하는 중소기업자"란 다음 각 호에 해당하는 자를 말한다. 1. 제조위탁·수리위탁의 경
　　　우: 연간매출액이 30억원 미만인 중소기업자 2. 건설위탁의 경우: 시공능력평가액이 45억원 미
　　　만인 중소기업자 3. 용역위탁의 경우: 연간매출액이 10억원 미만인 중소기업자
18)　서고판 2016. 10. 20. 2015누56160(대판 2018. 10. 4. 2016두59126).

명원"의 손익계산서상의 매출액을 원칙으로 하나, 불가피한 경우 "부가가치세 과세제표준 증명원"상 매출과세표준의 합계금액으로 할 수 있다.

다. "시공능력평가액"이라 함은 사업자의 하도급계약체결시점에 적용되는 시공능력 평가액을 말하며, 수개 공종의 등록을 한 경우에는 이를 합산한다.

라. "자산총액"이라 함은 사업자의 하도급계약체결시점의 직전 사업연도의 자산총 액을 말하며, 이의 판단은 「주식회사의 외부감사에 관한 법률」에 의거 작성된 감사보고서 또는 관할세무서장이 확인·발급하는 "재무제표증명원"의 대차대조 표상의 자산총액으로 한다.

마. 신규사업자로서 하도급계약시점의 직전년도의 자산총액, 상시고용종업원수, 매 출액을 정할 수 없을 경우의 "자산총액"은 사업개시일 현재의 대차대조표상에 표시된 자산총액, "상시고용종업원수"는 하도급계약체결일 현재 상시고용하고 있는 종업원수, 매출액은 사업개시일부터 하도급계약체결일까지의 매출액을 1 년으로 환산한 금액을 각각 적용한다.

바. 1개 사업자가 2개 이상의 업종(예 : 건설, 제조)을 영위할 경우 그 사업자의 매출액, 자산총액, 상시고용종업원수를 업종별로 구분하지 않고 합산하여 산출 한다.

III. 수급사업자

이 법에서 "수급사업자"란 제2항 각 호에 따른 원사업자로부터 제조등의 위 탁을 받은 중소기업자를 말한다(법 제2조 제3항).

하도급법의 수급사업자에 해당하기 위하여는 중소기업법에 의한 중소기업자 의 요건을 충족하여야 한다<(주)경동나비엔의 불공정하도급거래행위 건>.[19] 「중소 기업기본법」상 중소기업에 대하여는 동법 제2조에서 구체적으로 정하고 있다.[20]

---

19) 서고판 2008. 9. 3. 2008누8507. 동 판결에서는 하도급법상 수급사업자 해당여부를 중소기업법 시행령 본문에 의해서만 판단해야 한다는 원고주장에 대하여 법원은 하도급법 제2조에서는 하 도급법 상 수급사업자의 요건인 중소기업자 해당 여부는 '중소기업법 제2조 제1항의 규정에 의한 자'라고 명시적으로 규정하고 있으므로, 중소기업 해당여부를 중소기업법 시행령 본문에 따라서만 판단할 수 없다. 즉 2005년 시행령 부칙 제2항은 "이 영 시행당시 종전의 규정에 의 하여 중소기업에 해당하지 아니한 경우에는 이 영 시행일로부터 3년간 이를 중소기업으로 본다"는 내용의 경과규정을 두고 있으므로, 부칙 경과규정에 의하여 시행령 시행일인 2005. 12.27.부터 3년간 중소기업으로 간주한다고 판시하였다.

20) 중소기업기본법 제2조(중소기업자의 범위) ① 중소기업을 육성하기 위한 시책(이하 "중소기업 시책"이라 한다)의 대상이 되는 중소기업자는 다음 각 호의 어느 하나에 해당하는 기업 또는

예외적으로 법 제13조 제11항에서 중견기업이 수급사업자가 될 수 있는 경우를 규정하고 있다. 즉 제1항부터 제10항까지의 규정은 「중견기업 성장촉진 및 경쟁력 강화에 관한 특별법」 제2조 제1호에 따른 중견기업으로 연간매출액이 *대통령령21)*으로 정하는 금액(제1호의 회사와 거래하는 경우에는 3천억원) 미만인 중

조합 등(이하 "중소기업"이라 한다)을 영위하는 자로 한다. 1. 다음 각 목의 요건을 모두 갖추고 영리를 목적으로 사업을 하는 기업 가. 업종별로 매출액 또는 자산총액 등이 대통령령으로 정하는 기준에 맞을 것 나. 지분 소유나 출자 관계 등 소유와 경영의 실질적인 독립성이 대통령령으로 정하는 기준에 맞을 것 2. 「사회적기업 육성법」 제2조제1호에 따른 사회적기업 중에서 대통령령으로 정하는 사회적기업 3. 「협동 조합 기본법」 제2조에 따른 협동 조합, 협동 조합연합회, 사회적협동 조합, 사회적협동 조합연합회 중 대통령령으로 정하는 자 4. 「소비자생활협동 조합법」 제2조에 따른 조합, 연합회, 전국연합회 중 대통령령으로 정하는 자 ② 중소기업은 대통령령으로 정하는 구분기준에 따라 소기업(小企業)과 중기업(中企業)으로 구분한다. ③ 제1항을 적용할 때 중소기업이 그 규모의 확대 등으로 중소기업에 해당하지 아니하게 된 경우 그 사유가 발생한 연도의 다음 연도부터 3년간은 중소기업으로 본다. 다만, 중소기업 외의 기업과 합병하거나 그 밖에 대통령령으로 정하는 사유로 중소기업에 해당하지 아니하게 된 경우에는 그러하지 아니하다. ④ 중소기업시책별 특성에 따라 특히 필요하다고 인정하면 「중소기업협동 조합법」이나 그 밖의 법률에서 정하는 바에 따라 중소기업협동 조합이나 그 밖의 법인·단체 등을 중소기업자로 할 수 있다.
중소기업기본법 시행령 제3조(중소기업의 범위) ① 「중소기업기본법」(이하 "법"이라 한다) 제2조제1항제1호에 따른 중소기업은 다음 각 호의 요건을 모두 갖춘 기업으로 한다. 1. 다음 각 목의 요건을 모두 갖춘 기업일 것 가. 해당 기업이 영위하는 주된 업종과 해당 기업의 평균매출액 또는 연간매출액(이하 "평균매출액등"이라 한다)이 별표 1의 기준에 맞을 것 나. 자산총액이 5천억원 미만일 것 2. 소유와 경영의 실질적인 독립성이 다음 각 목의 어느 하나에 해당하지 아니하는 기업일 것 가. 「독점규제 및 공정거래에 관한 법률」 제14조제1항에 따른 상호출자제한기업집단(이하 이 호에서 "상호출자제한기업집단"에 속하는 회사 또는 같은 법 제14조의3에 따라 공시대상기업집단의 소속회사로 편입·통지된 것으로 보는 회사 중 상호출자제한기업집단에 속하는 회사 나. 자산총액이 5천억원 이상인 법인(외국법인을 포함하되, 비영리법인 및 제3조의2제3항 각 호의 어느 하나에 해당하는 자는 제외)이 주식등의 100분의 30 이상을 직접적 또는 간접적으로 소유한 경우로서 최다출자자인 기업. 이 경우 최다출자자는 해당 기업의 주식등을 소유한 법인 또는 개인으로서 단독으로 또는 다음의 어느 하나에 해당하는 자와 합산하여 해당 기업의 주식등을 가장 많이 소유한 자를 말하며, 주식등의 간접소유 비율에 관하여는 「국제조세조정에 관한 법률 시행령」 제2조제2항을 준용한다. 1) 주식등을 소유한 자가 법인인 경우: 그 법인의 임원 2) 주식등을 소유한 자가 1)에 해당하지 아니하는 개인인 경우: 그 개인의 친족 다. 관계기업에 속하는 기업의 경우에는 제7조의4에 따라 산정한 평균매출액등이 별표 1의 기준에 맞지 아니하는 기업 라. 삭제<2017. 12. 29.> ② 법 제2조제1항제2호에서 "대통령령으로 정하는 사회적기업"이란 영리를 주된 목적으로 하지 아니하는 사회적기업으로서 다음 각 호의 요건을 모두 갖춘 기업으로 한다. 1. 제1항제1호 각 목의 요건을 모두 갖출 것 2. 삭제<2014. 4. 14.> 3. 제1항제2호가목 또는 나목에 해당하지 아니할 것 ③ 법 제2조제1항제3호에서 "대통령령으로 정하는 자"란 제2항 각 호의 요건을 모두 갖춘 협동 조합, 협동 조합연합회, 사회적협동 조합 및 사회적협동 조합연합회를 말한다. ④ 삭제<2016. 4. 26.>

21) 제7조의5(수급사업자로 보는 중견기업의 연간매출액 기준) 법 제13조제11항 각 호 외의 부분 전단에서 "대통령령으로 정하는 금액"이란 해당 중견기업의 주된 업종별로 별표 1의 구분에 따른 연간매출액을 말한다.

견기업이 ① 「독점규제법」 제9조 제1항에 따른 상호출자제한기업집단에 속하는 회사(제1호), ② 제1호에 따른 회사가 아닌 사업자로서 연간매출액이 *대통령령22)* 으로 정하는 금액을 초과하는 사업자(제2호)의 어느 하나에 해당하는 자로부터 제조등의 위탁을 받은 경우에도 적용한다. 이 경우 제조등의 위탁을 한 자는 제1 항부터 제10항까지, 제19조, 제20조, 제23조 제2항, 제24조의 4 제1항, 제25조 제 1항 및 제3항, 제25조의2, 제25조의3 제1항, 제26조 제2항, 제30조 제1항, 제33조, 제35조 제1항을 적용할 때에는 원사업자로 보고, 제조등의 위탁을 받은 중견기업 은 제1항부터 제10항까지, 제19조, 제21조, 제23조 제2항, 제24조의4 제1항, 제25 조의2, 제33조를 적용할 때에는 수급사업자로 본다(법 제13조 제11항).

수급사업자별로 원사업자와 실질적으로 대등한 지위에 있는지 하나하나 따 진 후에 원사업자보다 열위에 있는 사업자에 대해서만 하도급법을 적용하는 것 은 오히려 하도급법의 입법취지를 몰각시키거나 입법취지에만 매달려 이미 성립 한 당해 법률의 해석을 지나치게 제한하는 것이다. 다만 하도급법의 구체적인 적용과정에서 위반행위의 내용과 정도 등 구체적 태양 등에 비추어 원사업자가 실질적으로 더 우월한 지위에 있는 수급사업자와 거래하는 경우에는 하도급법의 적용에 따른 시정명령이나 과징금 부과 여부 및 과징금 액수를 결정함에 있어 그와 같은 사정을 참작할 수 있다<대보정보통신의 불공정하도급거래행위 건>.23)

IV. 의제 하도급관계

1. 계열회사 위탁의 경우

사업자가 「독점규제법」 제2조 제12호에 따른 계열회사에 제조등의 위탁을 하고 그 계열회사가 위탁받은 제조·수리·시공 또는 용역수행행위의 전부 또는 상당 부분을 제3자에게 다시 위탁한 경우, 그 계열회사가 제2항 각 호의 어느 하나에 해당하지 아니하더라도 제3자가 그 계열회사에 위탁을 한 사업자로부터 직접 제조등의 위탁을 받는 것으로 하면 제3항에 해당하는 경우에는 그 계열회 사와 제3자를 각각 이 법에 따른 원사업자와 수급사업자로 본다(법 제2조 제4항).

---

22) 제7조의6(원사업자로 보는 사업자의 매출액 기준) 법 제13조제11항제2호에서 "대통령령으로 정하는 금액"이란 2조원을 말한다.

23) 서고판 2016. 12. 21. 2015누2040.

2. 상호출자제한기업집단 소속 회사의 경우

「독점규제법」 제31조 제1항에 따른 상호출자제한기업집단에 속하는 회사가 제조등의 위탁을 하거나 받는 경우에는 ① 제조등의 위탁을 한 회사가 제2항 각 호의 어느 하나에 해당하지 아니하더라도 이 법에 따른 원사업자로 본다(제1호). ② 제조등의 위탁을 받은 회사가 제3항에 해당하더라도 이 법에 따른 수급사업자로 보지 아니한다(제2호)(법 제2조 제5항).

상호출자제한기업집단 소속회사가 중소기업이 아닌 중견기업과 거래를 할 때 연간 매출액 3천억원 미만인 경우에는 수급사업자가 되어 제13조(하도급대금의 지급 등) 등 14개 조항에 적용대상이 된다(법 제13조 제11항).

3. 대규모기업의 경우

직전연도 매출액이 2조원 이상인 기업이 업종 별로 중소기업 매출액 기준의 2배 미만인 중견기업과 거래를 하는 경우 제13조(하도급대금의 지급 등) 등 14개 조항에 적용대상이 된다(법 제13조 제1항).

V. 제조위탁

이 법에서 "제조위탁"이란 ① 물품의 제조(제1호), ② 물품의 판매(제2호), ③ 물품의 수리(제3호), ④ 건설(제4호)의 어느 하나에 해당하는 행위를 업(業)으로 하는 사업자가 그 업에 따른 물품의 제조를 다른 사업자에게 위탁하는 것을 말한다. 이 경우 그 업에 따른 물품의 범위는 공정거래위원회가 정하여 고시한다(법 제2조 제6항).

법원이 제조위탁으로 인정한 사례는 다음과 같다.

"의류제조업자가 원단의 규격 또는 품질 등을 지정하여 그 제조를 위탁하는 경우에는 그 원단이 대량생산품목으로 샘플 등에 의해 단순주문한 것이라든가, 제조위탁을 받은 자가 위탁받은 목적물을 제3자에게 제조위탁하지 않고 단순구매하여 납품한 것이라는 등의 특별한 사정이 없는 한 제조위탁에 해당하는 것임"＜다연에프비에프의 불공정하도급거래행위 건>,[24] "원사업자가 수급사업자에게 미리 샘플을 제시하거나 수급사업자가 샘플을 만들어 사전승낙을 받는 방법으로 원사업자가 제품의 색상과 강도 등을 미리 지정한 경우 제조위탁에 해당함"<대진정공의 불공정하도급거래행위 건>,[25] "모니터 등의 제품을 직접 제조·생산한 것이 아니라고 하더라도 자기의 책임하에 원고의 로고 등이 인쇄된 모니터와 키보드를 납품하였고, 그 모니터 등에 인쇄된 로고는 쉽게 제거할 수 없는 것이어서 이를 원고 외의 다른 회사에 판매하는 것이 사실상 불가능하다면 제조위탁에 해당함"<한국후지쯔(주)의 불공정하도급거래행위 건>,[26] "범용성이 있는 소프트웨어를 기반으로 하였다 하더라도 원사업자의 상표를 부착하는 행위는 가공위탁으로서 제조위탁에 해당함",[27] "거래관행상 시방서 등 성능, 품질, 규격 등을 지정한 주문서가 없더라도 지정된 시간과 장소에 납품하도록 제조를 위탁하는 것으로서 '레미콘'에 대한 공급에 해당함"<이수건설의 불공정하도급거래행위 건>[28]

법원이 제조하도급으로 인정하지 않은 사례는 다음과 같다.

"단순구매계약의 경우에도 매도인은 매매계약에 따른 하자담보책임 등 각종 의무를 부담하는 점을 고려하면, 계약서에 하자보증 등의 의무가 부과되었다는 사실만으로 제조위탁에 해당하여 하도급법 적용대상이라고 볼 수 없음"<㈜포스코건설의 불공정하도급거래행위 건>,[29] "규격·표준화된 철근의 품명과 규격을 적시하고 있는 반면, 이보다 더 상세하고 특화된 사영서, 도면, 시방서 또는 이에 준하는 문서에 의하여 주문이 이루어진 것으로 보이지 아니함"<이수건설의 불공정하도급거래행위 건>,[30] "단순구매계약의 경우에도 매도인은 매매계약에 따른 하자담보책임 등 각종의무를 부담하는 점을 고려하면 미래알엔티에게 하자보증 등 의무가 부과되었다는 사실만으로는 위 계약이 하도급법 적용대상이라 볼 수 없음"<㈜포스코건설의 불공정하도급거래행위 건>[31]

---

24) 서고판 2004. 7. 15. 2003누5602[대판 2004. 10. 6. 2004두9210(심리불속행기각)].
25) 서고판 2008. 7. 16. 2007누31661.
26) 대판 2002. 4. 12. 2001두3655.
27) 서고판 2018. 1. 11. 2017누64523.
28) 서고판 2019. 12. 29. 2018누52756(대판 2019. 4. 24. 2019두31938).
29) 서고판 2018. 12. 5. 2018누38378(대판 2019. 4. 25. 2019두31150).
30) 서고판 2019. 12. 29. 2018누52756(대판 2019. 4. 24. 2019두31938).
31) 서고판 2018. 12. 5. 2018누38378(대판 2019. 4. 24. 2019두31150).

'업으로'는 계속·반복성을 의미한다. 제조위탁의 범위 관련하여 법 적용대상이 되는 제조위탁을 「하도급거래공정화지침」에서는 다음과 같이 예시하고 있다[Ⅲ. 1. 가. (1)].

---

(1) 사업자가 물품의 제조·판매·수리를 업으로 하는 경우

  (가) 제조·판매·수리의 대상이 되는 완제품(주문자상표부착방식 제조포함)을 제조위탁 하는 경우

    ① 자기소비용의 단순한 일반사무용품의 구매나 물품의 생산을 위한 기계·설비 등을 단순히 제조위탁 하는 경우는 해당되지 않음

    ② 위탁받은 목적물을 제3자에게 제조위탁하지 않고 단순구매 하여 납품한 경우는 해당되지 않음

    ③ 위탁받은 사업자가 자체개발한 신제품을 위탁한 사업자의 승인 하에 제조하는 경우는 해당됨

  (나) 물품의 제조·수리과정에서 투입되는 중간재(원자재, 부품, 반제품 등)를 규격 또는 품질 등을 지정하여 제조위탁 하는 경우

    ① 자동차·기계·전자제조업자 등이 부품제조를 의뢰하거나 부품의 조립 등 임가공을 위탁하는 경우

    ② 섬유·의류 제조업자가 원단의 제조를 위탁하거나 염색 또는 봉제 등 임가공을 위탁하는 경우

  (다) 물품의 제조에 필요한 금형, 사형, 목형 등을 제조위탁 하는 경우

  (라) 물품의 제조과정에서 도장, 가공, 조립, 주단조, 도금 등을 위탁하는 경우

  (마) 수리업자가 물품의 수리에 필요한 부품 등의 제조를 위탁하는 경우

    ① 차량수리업자가 차량의 수리에 필요한 핸들, 브레이크 카바 등 자동차 부품을 제조위탁 하는 경우

    ② 선박수리업자가 선박의 수리에 필요한 부품·선각제조 및 도장, 용접 등을 위탁하는 경우

    ③ 발전기 수리업자가 발전기의 수리에 필요한 부품 등을 제조위탁 하는 경우

  (바) 물품의 제조나 판매에 부속되는 포장용기, 라벨, 견본품 및 사용안내서 등을 제조위탁 하는 경우

  (사) (가)부터 (바)까지 관련하여 위탁받은 사업자가 제조설비를 가지고 있지 않더라도 위탁받은 물품의 제조에 대해서 전책임을 지고 있는 경우에는 제조위탁을 받은 것으로 본다. 다만, 무역업자가 제조업자의 요청으로 단순히 수출을 대행하는 경우에는 제조위탁으로 보지 아니한다.

(2) 사업자가 건설을 업으로 하는 경우

　(가) 건설에 소요되는 시설물을 제조위탁 하는 경우로서, 규격 또는 성능 등을
　　　지정한 도면, 설계도, 시방서 등에 의해 특수한 용도로 주문 제작한 것 :
　　　방음벽, 갑문, 수문, 가드레일, 표지판, 주차기, 엘리베이터 등

　(나) 건축공사에 설치되는 부속시설물로서 규격 등을 지정한 도면, 시방서 및
　　　사양서 등에 의해 주문한 것 : 주방가구, 신발장, 거실장, 창틀 등

　(다) 건설자재·부품에 대하여 규격 등을 지정한 도면, 시방서 및 사양서 등에
　　　의해 주문한 것

　　　① 거래관행상 시방서 등 성능, 품질, 규격 등을 지정한 주문서가 없더라
　　　　도 지정된 시간과 장소에 납품하도록 제조를 위탁하는 것은 해당됨 :
　　　　레미콘, 아스콘 등

　　　② 규격·표준화된 자재라 하더라도 특별히 사양서, 도면, 시방서 등을 첨
　　　　부하여 제조위탁 하는 경우에는 포함됨

　　　③ 단순한 건설자재인 시멘트, 자갈, 모래는 제외되나 규격·품질 등을 지
　　　　정하여 골재 등을 제조위탁하거나 석산 등을 제공하여 임가공위탁 하
　　　　는 경우는 해당됨

제조위탁의 대상이 되는 물품의 범위에 대하여 「제조위탁의 대상이 되는 물품의 범위 고시」[32]에서는 다음과 같이 규정하고 있다(I).

1. 사업자가 물품의 제조, 판매, 수리를 업으로 하는 경우

　가. 제조, 수리, 판매의 대상이 되는 완제품. 단, 당해 물품의 생산을 위한 기계·
　　　설비는 제외한다.

　나. 물품의 제조·수리과정에서 투입되는 중간재로서 규격 또는 품질등을 지정
　　　하여 주문한 원자재, 부품, 반제품등. 단 대량생산품목으로 샘플 등에 의해
　　　단순 주문한 것은 제외한다.

　다. 물품의 제조를 위한 금형, 사형, 목형등

　라. 물품의 구성에 부수되는 포장용기, 라벨, 견본품, 사용안내서등

　마. 상기 물품의 제조·수리를 위한 도장, 도금, 주조, 단조, 조립, 염색, 봉제
　　　등 (임)가공

---

32) 공정거래위원회고시 제2015-15호(2015. 10. 23).

2. 사업자가 건설을 업으로 하는 경우

　가. 건설공사에 소요되는 자재, 부품 또는 시설물로서 규격 또는 성능등을 지
　　　정한 도면, 설계도, 시방서등에 따라 주문 제작한 것(가드레일, 표지판, 밸
　　　브, 갑문, 엘리베이터 등)

　나. 건설공사에 투입되는 자재로서 거래관행상 별도의 시방서등의 첨부없이 규
　　　격 또는 품질 등을 지정하여 주문한 것(레미콘, 아스콘 등)

　다. 건축공사에 설치되는 부속시설물로서 규격 등을 지정한 도면, 시방서 및
　　　사양서 등에 의하여 주문한 것(신발장, 거실장, 창틀 등)

1. 지역적 제한

제6항에도 불구하고 *대통령령33)*으로 정하는 물품에 대하여는 *대통령령*으로
정하는 특별시, 광역시 등의 지역에 한하여 제6항을 적용한다(법 제2조 제7항).
즉 수급사업자의 소재지가 서울·부산·울산광역시인 경우에는 제외된다. 이는
레미콘 제품의 특성을 고려한 규정이다.

2. 대규모유통업법과의 관계

대규모유통업법 제4조에 따르면 대규모유통업자와 납품업자 등 사이의 거
래가 하도급법 제2조 제6항에 따는 제조위탁에 해당하는 경우에는 하도급법을
우선 적용한다. 예를 들어 대형 유통업체에서 자체상품(Private Brand)을 제조위
탁하는 경우 대규모유통업법이 아닌 하도급법을 적용한다.

VI. 수리위탁

이 법에서 "수리위탁"이란 사업자가 주문을 받아 물품을 수리하는 것을 업으로
하거나 자기가 사용하는 물품을 수리하는 것을 업으로 하는 경우에 그 수리행위의

---

33) 제2조(중소기업자의 범위 등) ⑤ 법 제2조제7항에서 "대통령령으로 정하는 물품"이란 레미콘
　　을 말하며, "대통령령으로 정하는 특별시, 광역시 등의 지역"이란 수급사업자(受給事業者)의
　　사업장 소재지를 기준으로 하여 대구광역시, 광주광역시, 대전광역시, 세종특별자치시, 강원도,
　　충청북도, 충청남도, 전라북도, 전라남도, 경상북도, 경상남도 및 제주특별자치도를 말한다.

전부 또는 일부를 다른 사업자에게 위탁하는 것을 말한다(법 제2조 제8항).

수리위탁의 범위에 대하여 「하도급거래공정화지침」에서는 다음과 같이 규정하고 있다(III. 1.).

> 수리사업자가 그 수리행위의 전부 또는 일부를 다른 수리사업자에게 위탁하는 경우
> ① 차량수리업자가 차량의 수리를 다른 사업자에게 위탁하는 경우
> ② 선박수리업자가 선박의 수리를 다른 사업자에게 위탁하는 경우
> ③ 발전기 수리업자가 발전기의 수리를 다른 사업자에게 위탁하는 경우

VII. 건설위탁

이 법에서 "건설위탁"이란 ① 「건설산업기본법」 제2조제7호에 따른 건설사업자(제1호), ② 「전기공사업법」 제2조제3호에 따른 공사업자(제2호), ③ 「정보통신공사업법」 제2조제4호에 따른 정보통신공사업자(제3호), ④ 「소방시설공사업법」 제4조제1항에 따라 소방시설공사업의 등록을 한 자(제4호), ⑤ 그 밖에 *대통령령*[34]으로 정하는 사업자(제5호)의 어느 하나에 해당하는 사업자(이하 "건설업자"라 한다)가 그 업에 따른 건설공사의 전부 또는 일부를 다른 건설업자에게 위탁하거나 건설업자가 *대통령령*[35]으로 정하는 건설공사를 다른 사업자에게 위탁하는 것을 말한다(법 제2조 제9항). '경미한 공사' 위탁의 경우에는 수급사업자가 등록사업자일 필요가 없다.

법원이 건설위탁으로 인정한 사례는 다음과 같다.

> "일반건설업자로서 '토목건축공사업'의 면허를 가지고 있는 원사업자가 '구조물의 설치 및 해체공사'를 전문건설업자에게 위탁한 것은 법 제2조 제9항에 의한 건설

---

34) 제2조(중소기업자의 범위 등) ⑦ 법 제2조제9항제5호에서 "대통령령으로 정하는 사업자"란 다음 각 호의 어느 하나에 해당하는 사업자를 말한다. 1. 「주택법」 제4조에 따른 등록사업자 2. 「환경기술 및 환경산업 지원법」 제15조에 따른 등록업자 3. 「하수도법」 제51조 및 「가축분뇨의 관리 및 이용에 관한 법률」 제34조에 따른 등록업자 4. 「에너지이용 합리화법」 제37조에 따른 등록업자 5. 「도시가스사업법」 제12조에 따른 시공자 6. 「액화석유가스의 안전관리 및 사업법」 제35조에 따른 시공자

35) 제2조(중소기업자의 범위 등) ⑥ 법 제2조제9항 각 호 외의 부분에서 "대통령령으로 정하는 건설공사"란 다음 각 호의 어느 하나에 해당하는 공사를 말한다. 1. 「건설산업기본법 시행령」 제8조에 따른 경미한 공사 2. 「전기공사업법 시행령」 제5조에 따른 경미한 공사

위탁에 해당함"<부영의 불공정하도급거래행위 건>,36) "수급사업자가 비록 신기
술을 보유하고 있고 그 신기술사용을 승인할 위치에 있다고 하더라도 건설위탁임"
<㈜에스비에스산업개발(구 삼복토건)의 불공정하도급거래행위 건>37)

법원이 건설위탁으로 인정하지 않은 사례는 다음과 같다.

"전기공사면허가 없는 건설업자가 스스로 건설공사의 시공주인 경우라면, 그 발주
자(시공주)인 지위에서 전기공사업자에게 전기공사 부분을 도급주는 것은 물론 가
능하다고 할 것이나, 이는 어디까지나 시공주(발주자)의 지위에서 도급을 주는 것
이지 건설업자의 지위에서 도급을 주는 것이 아님이 분명하여 하도급법 제2조 제9
항이 규정한 건설업자로서 '그 업에 따른' 공사의 위탁을 하는 것에 해당하지 아니
하므로 그와 같은 경우의 공사위탁은 하도급법의 규제대상이 아님"<(주)동일 및
(주)동일종합건설의 불공정하도급거래행위 건>,38) "창호제작 납품제작 및 설치계
약이 전체적으로 볼 때 납품계약의 성질을 가지므로 건설공사도급계약으로 볼 수
없음"39)

건설위탁의 범위에 대하여 법적용대상이 되는 건설위탁을 「하도급거래공정
화지침」에서는 다음과 같이 예시하고 있다(III. 1. 다).

(1) 「건설산업기본법」상 건설업자의 건설위탁
  (가) 「건설산업기본법」 제9조(건설업의 등록 등)에 따라 종합공사를 시공하는
      업종 또는 전문공사를 시공하는 업종을 등록한 건설업자가 시공자격이 있
      는 공종에 대하여 당해 공종의 시공자격을 가진 다른 등록업자에게 시공
      위탁 한 경우
  (나) 건설업자가 시공자격이 없는 공종을 부대공사로 도급받아 동 공종에 대한
      시공자격이 있는 다른 사업자에게 시공위탁 한 경우
      ① 전기공사업 등록증을 소지하지 아니한 일반건설업자가 전기공사가 주
        인 공사를 전기공사업 등록증을 소지한 사업자에게 전기공사를 시공하

36) 서고판 2006. 11. 9. 2006누2420(대판 2008. 10. 9. 2006두19617); 동지 서고판 2008. 9. 3. 2008누
   8507.
37) 서고판 2001. 6. 7. 2000누11910.
38) 서고판 2000. 12. 5. 2000누3797.
39) 서고판 2017. 12. 15. 2016누80382.

도록 의뢰한 경우는 시공을 위탁한 일반건설업자가 전기공사업 등록증을 소지하지 아니하였으므로 이는 "건설위탁"으로 보지 않는다. 다만, 전기공사가 부대적인 공사인 경우에는 "건설위탁"으로 본다.

② 토공사업에만 등록한 전문건설업자가 미장공사업에 등록한 전문건설업자에게 미장공사를 시공의뢰 한 경우에는 건설위탁으로 보지 않는다.

(2) 전기공사업자의 건설위탁

「전기공사업법」 제2조 제3호에 따른 공사업자가 도급받은 전기공사의 전부 또는 일부를 전기공사업 등록을 한 다른 사업자에게 시공위탁 한 경우

(3) 정보통신공사업자의 건설위탁

「정보통신공사업법」제2조 제4호에 따른 정보통신공사업자가 도급받은 정보통신공사의 전부 또는 일부를 정보통신공사업 등록을 한 다른 사업자에게 시공위탁 한 경우

(4) 소방시설공사업자의 건설위탁

「소방시설공사업법」 제2조 제1항 제2호에 따른 소방시설공사업 등록을 한 사업자가 도급받은 소방시설공사의 전부 또는 일부를 소방시설공사업 등록을 한 다른 사업자에게 시공위탁 한 경우

(5) 주택건설 등록업자의 건설위탁

「주택법」 제9조에 따른 주택건설사업 등록사업자가 그 업에 따른 주택건설공사의 전부 또는 일부를 시공자격이 있는 다른 사업자에게 시공위탁 한 경우

(6) 환경관련 시설업자의 건설위탁

「환경기술 및 환경산업 지원법」 제15조에 따른 등록업자가 그 업에 따른 해당 환경전문 공사의 전부 또는 일부를 시공자격이 있는 다른 사업자에게 시공위탁 한 경우

(7) 에너지관련 건설업자의 건설위탁

「에너지이용 합리화법」 제37조에 따른 등록업자, 「도시가스사업법」 제12조에 따른 시공자가 그 업에 따른 해당 에너지 관련 시설공사를 시공자격이 있는 다른 사업자에게 시공위탁 한 경우

(8) 경미한 공사의 건설위탁

「건설산업기본법」상의 건설업자 및 「전기공사업법」상의 공사업자가 건설산업

기본법 시행령 제8조 및 전기공사업법 시행령 제5조의 규정에 의한 경미한 공사를 상기 법령에 의한 등록을 하지 아니한 사업자에게 위탁한 경우

(9) 자체 발주공사의 건설위탁

건설업을 영위하는 사업자가 아파트신축공사 등 건설공사를 자기가 발주하여 다른 건설업자에게 공사의 전부 또는 일부를 위탁하는 경우

(10) 형식적 하도급관계와 사실적 하도급관계

형식적 하도급관계와 사실상의 하도급관계가 다를 경우에는 사실상의 하도급거래를 적용대상으로 하고, 이를 예시하면 다음과 같다.

(가) 원사업자(A)가 사실상의 수급사업자(B)와 하도급관계를 맺고 있으면서 형식상으로는 A가 직영하는 것으로 되어 있을 경우 다음에 예시하는 바와 같은 사실에 의해서 사실상의 관계가 입증되면 A와 B 사이에 하도급관계가 있다고 본다.

- B가 A에 대하여 당해 공사에 관하여 계약이행을 보증한 사실 또는 담보책임을 부담한 사실이 있는 경우
- B가 당해 공사와 관련된 인부의 산재보험료를 부담한 사실이 있는 경우
- 형식상으로는 B가 당해 공사에 전혀 관련이 없는 자로 되어 있으나 당해 공사를 시공함에 있어 공사일지, 장비가동일보, 출력일보, 유류 사용대장 등에 B의 책임 하에 장비, 인부 등을 조달하여 당해 공사를 시공한 것이 확인되는 경우
- 형식상으로는 B가 A의 소장으로 되어 있으나 B가 동 공사기간 중 A로부터 봉급을 받은 사실이 없는 경우
- 「총포·도검·화약류 등 단속법」 등 관계법령에 따라 B가 직접 허가를 받아 시공한 경우

① 원사업자(A)와 수급사업자(B)가 하도급계약을 맺었으나 실제공사는 B로부터 등록증을 대여 받은 무등록 건설업자(C)가 시공했을 경우 C는 무등록 사업자이므로 하도급법 적용대상으로 보지 않는다.

(11) 하도급계약체결 이후 건설업자 요건 등 충족 시 법적용 가능성

사업자가 건설업자 요건 등을 충족하지 않은 상태에서 거래를 하다가 이후 동 요건을 충족한 경우에는 새로운 하도급계약(변경 포함)분부터 법 상 당사자가 될 수 있다.

VIII. 발주자

이 법에서 "발주자"란 제조·수리·시공 또는 용역수행을 원사업자에게 도급하는 자를 말한다. 다만, 재하도급(再下都給)의 경우에는 원사업자를 말한다(법 제2조 제10항). 이와 같이 하도급법에서는 발주자의 개념이 거래단계에 따라 유동적이지만 건설산업기본법 제2조(정의)에서는 특정된 개념으로 사용하고 있다.[40]

IX. 용역위탁

이 법에서 "용역위탁"이란 지식·정보성과물의 작성 또는 역무(役務)의 공급(이하 "용역")을 업으로 하는 사업자(이하 "용역업자")가 그 업에 따른 용역수행행위의 전부 또는 일부를 다른 용역업자에게 위탁하는 것을 말한다(법 제2조 제11항). 2005년 하도급법 개정시 용역위탁을 하도급법 적용대상으로 추가하였다.

용역위탁의 범위에 대하여 「하도급거래공정화지침」에서는 다음과 같이 예시하고 있다(III. 1. 라).

〈지식·정보성과물의 작성위탁의 법적용 예시〉

(1) 사업자가 정보프로그램 작성을 업으로 하는 경우

　　(가) 「소프트웨어산업 진흥법」 제2조 제1호의 규정에 의한 소프트웨어(컴퓨터·통신·자동화 등의 장비와 그 주변장치에 대하여 명령·제어·입력·처리·저장·출력·상호 작용이 가능하도록 하게 하는 지시·명령<음성이나 영상정보 등을 포함>의 집합과 이를 작성하기 위하여 사용된 기술서나 그 밖의 관련 자료를 말한다. 이하 같음)의 작성을 위탁하는 것

---

40) 건설산업기본법 제2조(정의) 10. "발주자"란 건설공사를 건설업자에게 도급하는 자를 말한다. 다만, 수급인으로서 도급받은 건설공사를 하도급하는 자는 제외한다. 11. "도급"이란 원도급, 하도급, 위탁 등 명칭에 관계없이 건설공사를 완성할 것을 약정하고, 상대방이 그 공사의 결과에 대하여 대가를 지급할 것을 약정하는 계약을 말한다. 12. "하도급"이란 도급받은 건설공사의 전부 또는 일부를 다시 도급하기 위하여 수급인이 제3자와 체결하는 계약을 말한다. 13. "수급인"이란 발주자로부터 건설공사를 도급받은 건설업자를 말하고, 하도급의 경우 하도급하는 건설업자를 포함한다.14. "하수급인"이란 수급인으로부터 건설공사를 하도급받은 자를 말한다.

예) 소프트웨어개발을 위한 제안서·마스터플랜, 시스템구축 관련 설계(하드웨어, 소프트웨어, 네트워크 등), 시스템개발(하드웨어 및 소프트웨어 개발, 네트워크 설치 등)

(나) 「국가정보화 기본법」제3조 제1호의 규정에 의한 "정보"(특정 목적을 위하여 광(光) 또는 전자적 방식으로 처리되어 부호·문자·음성·음향 및 영상 등으로 표현된 모든 종류의 자료 또는 지식을 말한다)의 작성을 다른 사업자에게 위탁하는 것

(2) 사업자가 영화, 방송프로그램 그 밖에 영상·음성 또는 음향에 의하여 구성되어지는 성과물의 작성을 업으로 하는 경우 영화, 방송프로그램, 영상광고 등의 제작을 다른 사업자에게 위탁하는 것

(3) 사업자가 문자·도형·기호의 결합 또는 이것들과 색채의 결합에 의하여 구성되어 지는 성과물의 작성을 업으로 하는 경우

(가) 「건축사법」 제2조 제3호의 규정에 의한 설계도서의 작성을 다른 사업자에게 위탁하는 것
   예) 건축물의 건축·대수선, 건축설비의 설치 또는 공작물의 축조를 위한 도면, 구조계획서 및 공사시방서

(나) 「엔지니어링산업 진흥법」 제2조 제1호의 규정에 의한 엔지니어링 활동 중 설계를 다른 사업자에게 위탁하는 것
   예) 과학기술의 지식을 응용한 사업 및 시설물에 관한 설계

(다) 애니메이션, 만화 등의 제작을 다른 사업자에게 위탁하는 것

(라) 상품의 형태, 용기, 포장 및 광고 등에 사용되는 디자인의 제작을 다른 사업자에게 위탁하는 것

〈역무의 공급위탁의 법적용 예시〉

(1) 사업자가 엔지니어링 활동을 업으로 하는 경우

(가) 「엔지니어링산업 진흥법」상 엔지니어링 활동을 업으로 하는 사업자가 공장 및 토목공사의 타당성 조사, 구조계산을 다른 사업자에게 위탁하는 것

(나) 시험, 감리를 다른 사업자에게 위탁하는 것

(다) 시설물의 유지관리를 다른 사업자에게 위탁하는 것

(2) 「화물자동차 운수사업법」상 운수사업자가 화물자동차를 이용한 화물의 운송 또는 화물운송의 주선을 다른 사업자에게 위탁하는 것

(3) 「건축법」상 건축물의 유지 · 관리를 업으로 하는 사업자가 건축물의 유지 · 보수, 청소, 경비를 다른 사업자에게 위탁하는 것

(4) 사업자가 경비를 업으로 하는 경우

    (가) 「경비업법」상 경비를 업으로 하는 사업자가 시설 · 장소 · 물건 등에 대한 위험발생 등을 방지하는 활동을 다른 사업자에게 위탁하는 것

    (나) 「경비업법」상 경비를 업으로 하는 사업자가 사람의 생명 또는 신체에 대한 위해의 발생을 방지하고 그 신변을 보호하기 위하여 행하는 활동을 다른 사업자에게 위탁하는 것

(5) 사업자가 물류 등을 업으로 하는 경우

    (가) 「물류정책기본법」상 물류사업을 업으로 하는 사업자 또는 국제물류주선업을 업으로 하는 사업자가 화물의 운송, 보관, 하역 또는 포장과 이와 관련된 제반활동을 위탁하거나 화물운송의 주선을 다른 사업자에게 위탁하는 것

    (나) 「항만운송사업법」상 항만운항업자가 같은 법 제2조 제1항에 의한 항만운송 및 제2조 제4항 항만운송관련사업 중 항만용역업을 다른 사업자에게 위탁하는 것

    (다) 한국철도공사 등 철도운송업자가 「한국철도공사법」제9조 제1항 제1호의 규정에 의한 운송사업을 다른 사업자에게 위탁하는 것

(6) 사업자가 「소프트웨어산업 진흥법」 제2조 제3호에 따른 소프트웨어사업을 업으로 하는 경우

    (가) 수요자의 요구에 의하여 컨설팅, 요구분석, 시스템통합 시험 및 설치, 일정기간 시스템의 운영 및 유지 · 보수 등을 다른 사업자에게 위탁하는 것

    (나) 소프트웨어 관련 서비스사업을 업으로 하는 사업자가 데이터베이스 개발 · 공급 및 컨설팅, 자료입력 등 단위 서비스제공 사업을 다른 사업자에게 위탁하는 것

    (다) 위탁을 하는 사업자가 연구 및 개발을 업으로 하는 경우, 다른 사업자에게 기술시험, 검사, 분석, 사진촬영 및 처리, 번역 및 통역, 포장, 전시 및 행사 대행 등을 다른 사업자에게 위탁하는 것(단, 법 제2조 제13항 제1호의 규정에 의한 엔지니어링 활동은 제외)

(7) 사업자가 광고를 업으로 하는 경우

    (가) 광고와 관련된 판촉, 행사, 조사, 컨설팅 등을 다른 사업자에게 위탁하는 것

(나) 영상광고와 관련된 편집, 현상, 녹음, 촬영 등을 다른 사업자에게 위탁하
  는 것

(다) 전시 및 행사와 관련된 조사, 기획, 설계, 구성 등을 다른 사업자에게 위
  탁하는 것

(8) 사업자가 방송 · 방송영상제작, 영화제작, 공연기획을 업으로 하는 경우 녹음, 촬영, 음
  향, 조명, 보조출연, 미술, 편집 등을 다른 사업자에게 위탁하는 것

(9) 사업자가 「건축법」 제2조 제1항 제12호의 규정에 의한 건축주 등 부동산공급을 업으
  로 하는 경우 「건축물의 분양에 관한 법률」 제2조 제2호의 규정에 의한 분양의 업무를
  다른 사업자에게 위탁하는 것

(10) 사업자가 도 · 소매를 업으로 하는 경우 물품의 판매를 다른 사업자에게 위탁하는 것

(11) 이상에서 열거한 역무의 공급을 위탁받은 사업자가 위탁받은 역무의 전부 또는 일부를
  다른 사업자에게 위탁하는 것

1. 지식 · 정보성과물

이 법에서 "지식 · 정보성과물"이란 ① 정보프로그램(「소프트웨어산업 진흥법」
제2조 제1호에 따른 소프트웨어, 특정한 결과를 얻기 위하여 컴퓨터 · 전자계산기 등 정
보처리능력을 가진 장치에 내재된 일련의 지시 · 명령으로 조합된 것)(제1호), ② 영화,
방송프로그램, 그 밖에 영상 · 음성 또는 음향으로 구성되는 성과물(제2호), ③ 문
자 · 도형 · 기호의 결합 또는 문자 · 도형 · 기호와 색채의 결합으로 구성되는 성과
물(「건축사법」 제2조 제3호에 따른 설계 및 「엔지니어링산업 진흥법」 제2조 제1호에
따른 엔지니어링활동 중 설계를 포함)(제3호), ④ 그 밖에 제1호부터 제3호까지의
규정에 준하는 것으로서 공정거래위원회가 정하여 고시하는 것(제4호)의 어느 하
나에 해당하는 것을 말한다(법 제2조 제12항).
＜포스텍의 불공정하도급거래행위 건＞ 관련 행정소송에서는 소프트웨어
시스템 유지 · 보수 · 개발 · 구축 등의 용역 위탁이 하도급법 제2조 제11항에서 정
한 용역위탁에 해당하는지가 문제되었다. 동 계약은 상용소프트웨어 구매 계약
에 부수한 업데이트 및 업데이트 된 소프트웨어의 사용에 관한 계약이므로 하도
급법 제2조 제11항에서 정한 용역위탁에 해당하지 아니하며, 하도급법 제2조 제

13항 제5호에 근거한 용역위탁 중 역무의 범위 고시 I.4.의 단서 규정[41])은 소프트웨어 유지·보수 업무를 역무의 공급에서 제외한다는 취지이므로 이 사건 계약은 하도급법에서 정한 역무의 공급으로 용역위탁에 해당하지 아니한다는 주장에 대하여 서울고등법원은 계약의 성격을 소프트웨어에 관한 별개의 유지·보수계약이라고 보았고, 위 I.4.의 단서규정은 정보프로그램의 작성이 '역무의 공급에 포함되지 않는다'는 의미로 해석될 뿐이고 정보프로그램의 유지·보수 업무 일체를 역무의 공급에서 제외한다는 취지로는 해석되지 않는다고 해석하였다.[42]) 즉 하도급법 제2조 제11항은 용역의 위탁을 '지식·정보 성과물의 작성'과 '역무의 공급'으로 대별하고 있고, 같은 조 12항 1호에 의해 정보프로그램의 작성은 지식정보성과물의 작성으로서 용역위탁의 대상이 되는 것으로 규정하고 있는바, 고시 I.4. 단서가 소프트웨어사업자가 다른 사업자에게 위탁하는 활동의 대상을 규정하면서 "단 하도급법 제2조 제12항 제1호에 의한 '정보프로그램'은 제외한다."라고 한 것은 중복을 피하기 위한 것으로 보아야 하고 이의 해석은 역무의 범위에 "정보프로그램 작성"은 제외한다라고 해석함이 상당하다고 한다. 또한 고시 I.4. 가항에 의하면 소프트웨어의 유지·보수 등을 위탁한 경우에 있어 컴퓨터 시스템에 관한 것만이 역무의 범위에 포함되고 그밖에 통신, 자동화 등의 장비와 그 주변장치에 관한 것은 포함되지 아니하므로 공정거래위원회가 막연히 소프트웨어 관련 유지·보수에 관한 것이라는 이유만으로 고시가 규정하는 용역위탁에 해당한다고 단정하여 이 사건 처분을 한 잘못이 있다고 판단하였다.[43])

용역위탁 중 지식·정보성과물의 범위에 대하여 「용역위탁 중 지식·정보성과물의 범위 고시」[44])에서는 다음과 같이 규정하고 있다(I).

41) 4. 소프트웨어산업진흥법 제2조제4호의 규정에 의한 소프트웨어사업자가 다른 사업자에게 아래와 같은 활동을 위탁하는 경우(단, 하도급거래공정화에관한법률 제2조제12항제1호에 의한 '정보프로그램'은 제외한다) 가. 컴퓨터관련 서비스를 업으로 하는 사업자가 수요자의 요구에 의하여 컨설팅, 요구분석, 시스템통합 시험 및 설치, 일정기간 시스템의 운영 및 유지·보수 등을 위탁하는 활동 나. 데이터베이스 제작 및 검색서비스를 업으로 하는 사업자가 컴퓨터의 기억장치에 데이터를 저장하거나 이를 검색 또는 제공하는 등의 업무를 위탁하는 활동
42) 서고판 2015. 10. 8. 2014누6939.
43) 서고판 2015. 10. 8. 2014누6939. 현행 고시에서는 단서를 삭제하고 "소프트웨어산업진흥법 제2조 제1항 제1호에 의한 정보프로그램(상용소프트웨어를 포함한다)의 운영 및 유지·보수 활동을 포함한다"고 명시하였다.
44) 공정거래위원회고시 제2018-21호(2018. 12. 6).

1. 정보프로그램 작성을 업으로 하는 사업자가 다른 사업자에게 아래와 같은 성과물의 작성을 위탁하는 경우

　　가.「소프트웨어산업 진흥법」제2조제1호 규정에 의한 소프트웨어(패키지 소프트웨어(게임소프트웨어 포함), 임베디드 소프트웨어의 개발·공급 및 특정 고객의 주문에 의하여 주문형 소프트웨어를 개발·공급(데이터베이스 및 웹사이트의 개발·공급을 포함한다) 및 상용소프트웨어 구매를 수반한 소프트웨어 설계·개발을 포함한다), 소프트웨어 개발을 위한 제안서·마스터플랜, 시스템구축 관련 설계(하드웨어, 소프트웨어, 네트워크 등), 시스템개발(하드웨어, 소프트웨어, 네트워크 설치 등 및 상용소프트웨어 구매를 수반한 시스템개발을 포함한다)

　　나.「저작권법」제2조 제16호 규정에 의한 컴퓨터프로그램저작물

2. 영화, 방송프로그램, 그 밖에 영상·음성 또는 음향에 의하여 구성되어 지는 성과물의 작성 등을 업으로 하는 사업자가 다른 사업자에게 아래와 같은 성과물의 기획·편성·제작 등을 위탁하는 경우

　　가.「영화 및 비디오물의 진흥에 관한 법률」제2조 제1호 규정에 의한 영화 및 동법 제2조 제12호 규정에 의한 비디오물(컴퓨터프로그램에 의한 것을 포함한다)

　　나.「게임산업진흥에 관한 법률」제2조 제1호 규정에 의한 게임물

　　다.「방송법」제2조 제17호 규정에 의한 방송프로그램(텔레비전방송, 라디오방송, 데이터방송, 이동멀티미디어방송, 「인터넷 멀티미디어 방송사업법」제2조 제1호에 따른 인터넷멀티미디어방송을 포함한다)

　　라.「음악산업진흥에 관한 법률」제2조 제3호 규정에 의한 음원, 동법 제2조 제4호 규정에 의한 음반, 동법 제2조제5호 규정에 의한 음악파일, 동법 제2조제6호 규정에 의한 음악영상물, 동법 제2조제7호 규정에 의한 음악영상파일

　　마. TV, 홍보영상, 라디오, 신문, 잡지, 온라인광고 등의 광고제작·편집물(콘티, 썸네일 등의 작업 및 편집, 음향 등 후반작업(Post Production)을 포함한다)

　　바. 전자상거래 콘텐츠

3. 문자·도형·기호의 결합 또는 문자·도형·기호와 색채의 결합으로 구성되어 지는 성과물(이들의 복합체를 포함한다)의 작성 등을 업으로 하는 사업자가 다른 사업자에게 아래와 같은 성과물의 기획·편성·제작 등을 위탁하는 경우

　　가.「디자인보호법」제2조 제1호 규정에 의한 디자인

　　나.「상표법」제2조 제1호 규정에 의한 상표

　　다.「공간정보의 구축 및 관리 등에 관한 법률」제2조 제10호 규정에 의한 지도

라. 「저작권법」 제2항 제17호 규정에 의한 편집물

마. 설계도면

4. 건축기술, 엔지니어링 및 관련기술 서비스 및 연구 및 개발을 업으로 하는 사업자가 다른 사업자에게 아래와 같은 활동을 위탁하는 경우

가. 기술시험(결과)서, 검사보고서, 분석보고서, 평가보고서 등의 작성

나. 번역물 등의 작성

다. 시장 및 여론조사보고서 등의 작성

5. 이상에서 열거한 지식·정보성과물의 공급을 작성을 위탁받은 사업자가 위탁받은 역무의 전부 또는 일부를 다른 사업자에게 위탁하는 경우

2. 역무

이 법에서 "역무"란 ① 「엔지니어링산업 진흥법」 제2조 제1호에 따른 엔지니어링활동(설계는 제외)(제1호), ② 「화물자동차 운수사업법」에 따라 화물자동차를 이용하여 화물을 운송 또는 주선하는 활동(제2호), ③ 「건축법」에 따라 건축물을 유지·관리하는 활동(제3호), ④ 「경비업법」에 따라 시설·장소·물건 등에 대한 위험발생 등을 방지하거나 사람의 생명 또는 신체에 대한 위해(危害)의 발생을 방지하고 그 신변을 보호하기 위하여 하는 활동(제4호), ⑤ 그 밖에 원사업자로부터 위탁받은 사무를 완성하기 위하여 노무를 제공하는 활동으로서 공정거래위원회가 정하여 고시하는 활동(제5호)의 어느 하나에 해당하는 활동을 말한다(법 제2조 제13항).

「용역위탁 중 역무의 범위 고시」[45]에서 다음과 같이 규정하고 있다(I).

1. 「물류정책 기본법」 제2조 제2호 규정에 의한 물류사업을 업으로 하는 사업자가 다른 물류업자에게 아래와 같은 활동을 위탁하는 경우

가. 「물류정책 기본법」 제2조 제2호 규정에 의한 화물운송업, 물류시설 운영업, 물류서비스업의 활동

나. 「항만운송 사업법」 제2조 제1항 규정에 의한 항만운송 및 제2조제4항의 규정에 의한 항만용역업·물품공급업·선박급유업(船舶給油業) 및 컨테이너수리업의 활동

45) 공정거래위원회고시 제2018-21호(2018. 12. 6).

2. 「건축물분양에 관한 법률」 제2조 제3호에 따른 분양사업자가 다른 사업자에게 분양업무 활동을 위탁하는 경우

3. 「건축법」 제2조 제1항 제16호의2 규정에 의한 건축물(주거용, 비주거용, 사업시설을 포함한다)의 유지·관리를 업으로 하는 사업자가 다른 사업자에게 아래와 같은 활동을 위탁하는 경우

   가. 청소, 폐기물의 수집 및 처리, 운반 등의 활동을 위탁하는 경우

   나. 조경 관리 및 유지 서비스 활동(조경수 및 관목의 보호를 위한 활동을 포함)

4. 「소프트웨어산업 진흥법」 제2조 제4호에 따른 소프트웨어사업자가 다른 사업자에게 아래와 같은 활동을 위탁하는 경우

   가. 수요자의 요구에 의하여 컨설팅, 요구분석, 시스템통합 시험 및 설치, 일정 기간 시스템의 운영 및 유지보수(소프트웨어산업진흥법 제2조 제1항 제1호에 의한 정보프로그램(상용소프트웨어를 포함한다)의 운영 및 유지·보수 활동을 포함한다) 등의 활동

   나. 전산자료처리, 호스팅 및 관련서비스, 포털 및 기타 인터넷 정보매개 서비스 또는 컴퓨터의 기억장치에 데이터를 저장하거나 이를 검색 또는 제공하는 등의 활동

5. 광고를 업으로 하는 사업자가 다른 사업자에게 아래와 같은 활동을 위탁하는 경우

   가. 광고와 관련된 판촉, 행사, 조사, 컨설팅, (사진)촬영 등의 활동

   나. 광고와 관련된 편집, 현상, 녹음, 촬영 등의 활동

   다. 전시 및 행사와 관련된 조사, 기획, 설계, 구성 등의 활동

6. 「공연법」 제2조 제1호 규정에 의한 공연 또는 공연의 기획을 업으로 하는 사업자가 다른 사업자에게 편집, 현상, 녹음, 촬영, 음향, 조명, 미술 등의 위탁을 하는 활동

7. 다음 각 호에 해당하는 활동을 업으로 하는 사업자가 다른 사업자에게 측량, 지질조사 및 탐사 등의 활동을 위탁하는 경우

   가. 「건축사법」 제2조 제3호에 따른 설계

   나. 「엔지니어산업진흥법」 제2조 제1호에 따른 엔지니어링활동 중 설계

   다. 측량, 지질조사 및 탐사, 지도제작

8. 이상에서 열거한 역무의 공급을 위탁받은 사업자가 위탁받은 역무의 전부 또는 일부를 다른 사업자에게 위탁하는 행위

X. 어음대체결제수단

이 법에서 "어음대체결제수단"이란 원사업자가 하도급대금을 지급할 때 어음을 대체하여 사용하는 결제수단으로서 다음의 어느 하나에 해당하는 것을 말한다(법 제2조 제14항).

1. 기업구매전용카드

원사업자가 하도급대금을 지급하기 위하여 「여신전문금융업법」에 따른 신용카드업자로부터 발급받는 신용카드 또는 직불카드로서 일반적인 신용카드가맹점에서는 사용할 수 없고, 원사업자·수급사업자 및 신용카드업자 간의 계약에 따라 해당 수급사업자에 대한 하도급대금의 지급만을 목적으로 발급하는 것(제1호)이다.

2. 외상매출채권 담보대출

수급사업자가 하도급대금을 받기 위하여 원사업자에 대한 외상매출채권을 담보로 금융기관에서 대출을 받고, 원사업자가 하도급대금으로 수급사업자에 대한 금융기관의 대출금을 상환하는 것으로서 한국은행총재가 정한 조건에 따라 대출이 이루어지는 것(제2호)이다.

3. 구매론

원사업자가 금융기관과 대출한도를 약정하여 대출받은 금액으로 정보처리시스템을 이용하여 수급사업자에게 하도급대금을 결제하고 만기일에 대출금을 금융기관에 상환하는 것(제3호)이다.

4. 기타

그 밖에 하도급대금을 지급할 때 어음을 대체하여 사용되는 결제수단으로서 공정거래위원회가 정하여 고시하는 것(제4호)이다.

XI. 기술자료

이 법에서 "기술자료"란 비밀로 관리되는 제조·수리·시공 또는 용역수행
방법에 관한 자료, 그 밖에 영업활동에 유용하고 독립된 경제적 가치를 가지는
것으로서 대통령령[46]으로 정하는 자료를 말한다(법 제2조 제15항).

종전 하도급법은 보호대상이 되는 수급사업자의 기술자료를 '상당한 노력'[47]
에 의하여 비밀로 유지된 제조·수리·시공 또는 용역수행 방법에 관한 자료로
정의하고 있었는데, 기술자료의 정의 중 '상당한 노력'이라는 요건으로 인해 보
호 대상이 되는 기술자료의 범위가 지나치게 협소해 지게 되는 문제가 있었다.
그동안 법원은 '상당한 노력'의 요건을 엄격하게 적용하고 있었는데 이로 인해
중소기업인 수급사업자는 인력·예산의 한계로 기술자료를 유용 당하더라도 '상
당한 노력'의 요건 충족이 곤란하여 법상 보호대상이 되는 기술자료로 인정받지
못하는 경우가 발생할 수 있었다. 한편, 영업비밀 보호에 관한 일반법인 「부정경
쟁 방지 및 영업비밀 보호에 관한 법률」도 2015. 1. 28. 영업비밀의 범위를 '상당
한 노력'이 아닌 '합리적인 노력'에 의하여 비밀로 유지된 자료로 확장하였다. 이
러한 점들을 고려하여, 보호 대상이 되는 기술자료를 비밀로 유지하는데 필요한
노력의 정도를 '상당한 노력'에서 '합리적인 노력'으로 완화하는 내용으로 2018.
1. 16. 하도급법을 개정하였다.[48] 그러나 2019. 1. 9. 「부정경쟁 방지 및 영업비
밀 보호에 관한 법률」은 이를 더욱 완화하는 방향으로 '합리적 노력에 의하여

---

46) 제2조(중소기업자의 범위 등) ⑧ 법 제2조제15항에서 "대통령령으로 정하는 자료"란 다음 각
    호의 어느 하나에 해당하는 것을 말한다. 1. 특허권, 실용신안권, 디자인권, 저작권 등의 지식
    재산권과 관련된 정보 2. 시공 또는 제품개발 등을 위한 연구자료, 연구개발보고서 등 수급사
    업자의 생산·영업활동에 기술적으로 유용하고 독립된 경제적 가치가 있는 정보

47) 대판 2008. 7. 10. 2008도3435: "구 부정경쟁방지 및 영업비밀보호에 관한 법률(2007. 12. 21.
    법률 제8767호로 개정되기 전의 것) 제2조 제2호의 '영업비밀'이란 상당한 노력에 의하여 비밀
    로 유지된 기술상 또는 경영상의 정보일 것이 요구되는데, 여기서 '상당한 노력에 의하여 비밀
    로 유지된다'는 것은 그 정보가 비밀이라고 인식될 수 있는 표시를 하거나 고지를 하고, 그 정
    보에 접근할 수 있는 대상자나 접근 방법을 제한하거나 그 정보에 접근한 자에게 비밀준수의
    무를 부과하는 등 객관적으로 그 정보가 비밀로 유지·관리되고 있다는 사실이 인식 가능한
    상태인 것을 말한다".

48) 공정거래백서(2018), 19면.

비밀로 유지된'을 '비밀로 관리된'으로 개정하였다.

이는 '공정거래위원회의 대중소기업간 상생협력을 위한 기술유용행위 근절 대책'의 일환으로 중소기업의 기술을 두텁게 보호하기 위해 추진된 것이다.[49]

「기술자료 제공 요구·유용행위 심사지침」[50]에서는 다음과 같이 규정하고 있다(III).

---

1. 이 심사지침에서 "기술자료"라 함은 수급사업자의 합리적 노력에 의하여 비밀로 유지되고 있는 것으로서 다음 각 목의 어느 하나에 해당하는 정보·자료를 말한다.

   가. 제조·수리·시공 또는 용역수행 방법에 관한 정보·자료

   나. 특허권, 실용신안권, 디자인권, 저작권 등의 지식재산권과 관련된 기술정보·자료로서 수급사업자의 기술개발(R&D)·생산·영업활동에 기술적으로 유용하고 독립된 경제적 가치가 있는 것

   다. 시공프로세스 매뉴얼, 장비 제원, 설계도면, 연구자료, 연구개발보고서 등 가 목 또는 나 목에 포함되지 않는 기타 사업자의 정보·자료로서 수급사업자의 기술개발(R&D)·생산·영업활동에 기술적으로 유용하고 독립된 경제적 가치가 있는 것

2. 제1호 본문에서 "합리적 노력에 의하여 비밀로 유지"된다 함은, 객관적으로 비밀로 유지·관리되고 있다는 사실이 인식 가능한 상태로서 다음 각 목의 사항들을 고려하여 판단한다.

   가. 비밀이라고 인식될 수 있는 표시를 하거나 고지를 하였는지 여부
   <예시 1> 자료에 "대외비", "컨피덴셜(Confidential)", "극비" 등의 문구를 기재한 경우
   <예시 2> 수급사업자가 임직원에게 자료를 회사 외부로 반출하여서는 아니 된다고 지시 또는 명령한 경우

   나. 자료에 접근할 수 있는 대상자나 접근방법을 제한하였는지 여부
   <예시 1> 임원, 해당 업무 담당자 등 특정인에게만 접근 권한을 부여한 경우
   <예시 2> 암호 설정, 시정장치, 지문인식장치 등으로 접근을 제한한 경우

   다. 자료에 접근한 자에게 비밀유지준수 의무를 부과하였는지 여부
   <예시 1> 임직원, 거래상대방 등과 비밀유지계약을 체결하거나 그들로부터 비밀유지 각서를 징구한 경우
   <예시 2> 취업 규칙 등 사내규정으로 임직원에게 비밀유지준수 의무를 부과한 경우

---

49) 공정거래위원회 보도자료(2017. 9. 17).
50) 공정거래위원회예규 제402호(2022. 2. 18).

3. 제2호의 각 목을 고려함에 있어서 수급사업자는 기본적으로 거래상 지위가 낮아 원사업
   자의 기술자료 요구에 대해 비밀유지 노력에 관한 사항을 명시적 또는 직접적으로 요구
   할 수 없고, 원사업자에게 기술자료가 제공되면 제3자에게 노출될 가능성이 있음을 인
   지하더라도 이에 응할 수밖에 없다는 현실을 고려하여야 한다.

4. 제1호 가 목에서 "제조 · 수리 · 시공 또는 용역수행 방법에 관한 정보 · 자료"라 함은 제
   품의 제조 · 수리 · 시공 또는 용역의 완성을 위해 사용되거나 참고되는 정보 또는 그러
   한 정보가 기재된 유 · 무형물(종이, CD, 컴퓨터 파일 등 형태에 제한이 없음)을 말한
   다. 이를 판단함에 있어 "제조 · 수리 · 시공 또는 용역수행 방법"은 원사업자가 수급사
   업자에게 위탁한 당해 업무에 관련된 것에 한정하지 아니한다.

   <예시> 작업공정도, 작업표준서(지시서), 기계 운용 매뉴얼, 기계 조작 방법,
          시방서, 원재료 성분표, 배합 요령 및 비율, 소프트웨어의 테스트방
          법, 소스코드 또는 소스코드 관련 정보, 임상시험 계획서, 임상시험
          방법 등

5. 제1호 나 목 내지 다 목에서 "기술개발(R&D) · 생산 · 영업활동에 기술적으로 유용하고
   독립된 경제적 가치가 있는 것"이라 함은, 정보 · 자료의 보유자 혹은 다른 사업자가 그
   정보 · 자료를 사용함으로써 기술개발(R&D) · 생산 · 영업활동에 있어 기술상의 우위를
   얻을 수 있거나 그 정보 · 자료의 취득이나 개발을 위해 상당한 비용, 시간이나 노력이
   필요한 경우를 말한다. 다만, 거래의 대상이 될 수 있을 정도로 독자적인 가치를 가지는
   것에 한정되지 않고, 보유함으로써 얻게 되는 이익이 상당히 있거나 보유하기 위하여 비
   용이 상당히 소요되는 경우라면 이에 해당된다. 해당 정보 · 자료가 기술개발(R&D) · 생
   산 · 영업활동에 기술적으로 유용하고 독립된 경제적 가치를 가지는 것이라고 볼 수 있
   는 경우를 예시하면 아래와 같다.

   <예시 1> 현재 기술개발(R&D) · 생산 · 영업활동에 사용되고 있거나 가까운
            장래에 사용될 가능성이 큰 경우
   <예시 2> 현실적으로 사용되고 있지 않다 하더라도 가까운 장래에 있어서
            경제적 가치를 발휘할 가능성이 큰 경우(잠재적으로 유용한 정보)
   <예시 3> 실패한 연구 데이터 등과 같이 그 자체로는 외부로 유출될 경우
            그로 인해 큰 피해가 발생하지 않더라도 다른 사업자가 제품이나
            기술을 개발함에 있어 이를 입수하여 사용하면 시행착오를 줄여
            시간을 단축하는데 기여하는 등 참고할 만한 가치가 있거나 기타
            생산 또는 영업활동에 도움이 될 만한 가치가 있는 정보나 자료인
            경우(소극적 정보 : negative information)

<예시 4> 전체적으로는 동종 업계 종사자들 사이에 널리 사용되고 있는 정
보나 자료라 하더라도 세부사항에 있어서 비공개 상태가 유지되고
있고, 그 세부사항이 외부로 유출될 경우 다른 사업자가 제품 개
발에 참고할 만한 가치가 있거나 기타 생산 또는 영업활동에 도움
이 될 만한 가치가 있는 정도의 정보나 자료인 경우

6. 제1호 나 목에서 "특허권, 실용신안권, 디자인권, 저작권 등의 지식재산권과 관련된다"
함은, 어떤 지식재산권의 내용 그 자체뿐만 아니라 그 지식재산권의 내용을 발명, 고안,
창작하는 전 과정 및 그 이후에 발생하였거나 참고된 것으로서 그 지식재산권의 내용과
상당한 관련이 있는 것이라면 이에 해당된다. 지식재산권의 내용과 상당한 관련이 있는
지 여부는 지식재산권을 보유한 수급사업자를 제외한 제3자가 당해 지식재산권의 내용
을 이해하는데 또는 당해 지식재산권을 실시·사용하는데 필요한지 여부 등을 기준으로
판단한다. 그에 해당하는 기술자료를 예시하면 다음과 같다.

<예시> 공정도, 공정 설명서, 작업지시서, 설계도, 회로도, 공정 또는 설비
배치도, 운용 매뉴얼, 혼합 또는 배합 요령, 소프트웨어의 테스트방
법, 소스코드 또는 소스코드 관련 정보, 임상시험 계획서, 임상시험
방법 등

제3조(서면의 발급 및 서류의 보존)

---

① 원사업자가 수급사업자에게 제조등의 위탁을 하는 경우 및 제조등의 위탁을 한 이후
에 해당 계약내역에 없는 제조등의 위탁 또는 계약내역을 변경하는 위탁(이하 이 항
에서 "추가·변경위탁"이라 한다)을 하는 경우에는 제2항의 사항을 적은 서면(「전자
문서 및 전자거래 기본법」 제2조제1호에 따른 전자문서를 포함한다. 이하 이 조에서
같다)을 다음 각 호의 구분에 따른 기한까지 수급사업자에게 발급하여야 한다. <개
정 2016. 3. 29.>

  1. 제조위탁의 경우: 수급사업자가 제조등의 위탁 및 추가·변경위탁에 따른 물품
     납품을 위한 작업을 시작하기 전
  2. 수리위탁의 경우: 수급사업자가 제조등의 위탁 및 추가·변경위탁에 따른 수리행
     위를 시작하기 전
  3. 건설위탁의 경우: 수급사업자가 제조등의 위탁 및 추가·변경위탁에 따른 계약공
     사를 착공하기 전
  4. 용역위탁의 경우: 수급사업자가 제조등의 위탁 및 추가·변경위탁에 따른 용역수
     행행위를 시작하기 전

② 제1항의 서면에는 하도급대금과 그 지급방법 등 하도급계약의 내용 및 제16조의2제1
항에 따른 하도급대금의 조정요건, 방법 및 절차 등 대통령령으로 정하는 사항을 적
고 원사업자와 수급사업자가 서명(「전자서명법」 제2조제3호에 따른 공인전자서명을
포함한다. 이하 이 조에서 같다) 또는 기명날인하여야 한다. <개정 2010. 1. 25.,
2018. 1. 16.>

③ 원사업자는 제2항에도 불구하고 위탁시점에 확정하기 곤란한 사항에 대하여는 재해·
사고로 인한 긴급복구공사를 하는 경우 등 정당한 사유가 있는 경우에는 해당 사항
을 적지 아니한 서면을 발급할 수 있다. 이 경우 해당 사항이 정하여지지 아니한 이
유와 그 사항을 정하게 되는 예정기일을 서면에 적어야 한다. <신설 2010. 1. 25.>

④ 원사업자는 제3항에 따라 일부 사항을 적지 아니한 서면을 발급한 경우에는 해당 사
항이 확정되는 때에 지체 없이 그 사항을 적은 새로운 서면을 발급하여야 한다. <신
설 2010. 1. 25.>

⑤ 원사업자가 제조등의 위탁을 하면서 제2항의 사항을 적은 서면(제3항에 따라 일부
사항을 적지 아니한 서면을 포함한다)을 발급하지 아니한 경우에는 수급사업자는 위
탁받은 작업의 내용, 하도급대금 등 대통령령으로 정하는 사항을 원사업자에게 서면
으로 통지하여 위탁내용의 확인을 요청할 수 있다. <신설 2010. 1. 25.>

⑥ 원사업자는 제5항의 통지를 받은 날부터 15일 이내에 그 내용에 대한 인정 또는 부인(否認)의 의사를 수급사업자에게 서면으로 회신을 발송하여야 하며, 이 기간 내에 회신을 발송하지 아니한 경우에는 원래 수급사업자가 통지한 내용대로 위탁이 있었던 것으로 추정한다. 다만, 천재나 그 밖의 사변으로 회신이 불가능한 경우에는 그러하지 아니하다. <신설 2010. 1. 25.>

⑦ 제5항의 통지에는 수급사업자가, 제6항의 회신에는 원사업자가 서명 또는 기명날인하여야 한다. <신설 2010. 1. 25.>

⑧ 제5항의 통지 및 제6항의 회신과 관련하여 필요한 사항은 대통령령으로 정한다. <신설 2010. 1. 25.>

⑨ 원사업자와 수급사업자는 대통령령으로 정하는 바에 따라 하도급거래에 관한 서류를 보존하여야 한다. <개정 2010. 1. 25.>

[전문개정 2009. 4. 1.]

 목　차

[참고사례]

　　대륙토건(주)의 불공정하도급거래행위 건(공정거래위원회 1992. 10. 22. 의결 제92-128호; 서울고등법원 1994. 7. 6. 선고 93구3037 판결; 대법원 1995. 6. 16. 선고 94누10320 판결); 대교종합건설(주)의 불공정하도급거래행위 건(공정거래위원회 1996. 6. 18. 의결 제96-89호; 서울고등법원 1998. 1. 15. 선고 96구45230 판결; 대법원 1998. 4. 3. 선고 98두4252 판결); 영도건설산업(주)의 불공정하도급거래행위 건(공정거래위원회 1997. 3. 14. 의결 제97-44호; 서울고등법원 1999. 1. 13. 선고 97구27970 판결); 롯데건설(주) 외 3인과 동국산업(주) 외 1인의 하도급공사 건{서울고등법원 1999. 6. 23. 선고 98나5908 판결; 대법원 2001. 6. 15. 선고 99다40418[손해배상(기)] 판결}; 장수군과 (유)누리테크의 하도급계약 건[광주고등법원 2001. 5. 9. 선고 2000나4653 판결; 대법원 2002. 11. 22. 선고 2001다35785(공사대금) 판결]; 신일정공의 불공정하도급거래행위 건[공정거래위원회 2003. 9. 9. 의결 제2003-149호;

서울고등법원 2004. 10. 7. 선고 2003누17773 판결[대법원 2005. 3. 11. 선고 2004두12780(심리불속행기각) 판결]; 삼성에스디에스의 불공정하도급거래행위 건(공정거래위원회 2005. 9. 9. 의결 제2005-133호; 서울고등법원 2006. 6. 21. 선고 2005누22540 판결); (주)성림의 불공정하도급거래행위 건(공정거래위원회 2007. 8. 21. 의결 제2007-424호; 서울고등법원 2008. 9. 3. 선고 2008누2554 판결); 키친아트(주)의 불공정하도급거래행위 건[공정거래위원회 2008. 7. 22. 의결 제2008-214호; 서울고등법원 2009. 6. 25. 선고 2008누22596 판결; 대법원 2011. 6. 30. 선고 2009두13344(파기환송) 판결; 서울고등법원 2012. 1. 11. 선고 2011누22435(파기환송심) 판결]; ㈜보미종합건설의 불공정하도급거래행위 건(공정거래위원회 2008. 10. 31. 의결 제2008-292호; 서울고등법원 2009. 선고 2009누7099 판결; 대법원 2010. 3. 25. 선고 2009두23181 판결); (주)선경이엔씨의 불공정하도급 거래행위 건[공정거래위원회 2012. 11. 8. 제2012-253호; 서울고등법원 2013. 6. 28. 선고 2012누38017 판결; 대법원 2013. 11. 14. 선고 2013두14948(심리불속행기각) 판결]; ㈜진성이엔지의 불공정하도급거래행위 건(공정거래위원회 2014. 12. 8. 의결 제2014-279호; 서울고등법원 2015. 12. 3. 선고 2015누32195 판결); (주)에어릭스의 불공정하도급거래행위 건[공정거래위원회 2018. 11. 26. 의결 제2018-347호; 서울고등법원 2019. 10. 17. 선고 2018누39296 판결; 대법원 2021. 6. 24. 선고 2029두58629(심리불속행 기각) 판결]

Ⅰ. 서면발급의무

원사업자가 수급사업자에게 제조등의 위탁을 하는 경우 및 제조등의 위탁을 한 이후에 해당 계약내역에 없는 제조등의 위탁 또는 계약내역을 변경하는 위탁 (이하 이 항에서 "추가·변경위탁")을 하는 경우에는 제2항의 사항을 적은 서면(「전자문서 및 전자거래 기본법」 제2조제1호에 따른 전자문서를 포함)을 ① 제조위탁의 경우: 수급사업자가 제조등의 위탁 및 추가·변경위탁에 따른 물품 납품을 위한 작업을 시작하기 전(제1호), ② 수리위탁의 경우: 수급사업자가 제조등의 위탁 및 추가·변경위탁에 따른 수리행위를 시작하기 전(제2호), ③ 건설위탁의 경우: 수급사업자가 제조등의 위탁 및 추가·변경위탁에 따른 계약공사를 착공하기 전(제3호), ④ 용역위탁의 경우: 수급사업자가 제조등의 위탁 및 추가·변경위탁에 따른 용역수행행위를 시작하기 전(제4호)까지 수급사업자에게 발급하여야 한다(법 제3조 제1항).

법원이 법위반으로 인정하지 않은 사례는 다음과 같다.

> "이 사건 용역의 구조적 특성상 이 사건 도급계약 및 하도급계약의 체결전에 사실상의 필요에 의하거나 불가피하게 이루어지는 것에 불과한 것으로 보여 하도급법 제3조 제1항의 책임을 물을 수 없음"＜씨제이대한통운의 불공정하도급거래행위 건＞[1]

　　하도급법 제3조 제1, 2항의 취지는 하도급계약에 있어서 열위적 지위에 있는 수급사업자의 입장에서 서면으로의 계약체결을 원사업자에게 강력히 요구하기도 어렵고, 구두계약의 경우 원사업자가 계약내용을 충실히 이행하지 아니하면 그 내용을 입증하기도 어려우므로, 법으로 원사업자가 수급사업자에게 계약서면을 교부하도록 의무를 부과한 것이다＜㈜진성이엔지의 불공정하도급거래행위 건＞.[2] 또한, 원사업자는 하도급계약의 체결에 있어서 뿐만 아니라 계약체결 이후 공사내용의 변경이 있는 경우에도 변경서면으로 수급사업자에게 교부하도록 하고 있는바, 위 규정은 원사업자가 임의로 서면에 의한 근거없이 계약내용을 변경함으로써 수급사업자가 받을 수 있는 불이익을 방지하기 위한 것으로서, 하도급공사계약의 경우 계약체결 이후에 공사내용의 추가 또는 변경과 공사대금의 증감 등 수급사업자가 불이익을 받을 가능성이 있는 계약 내용의 변경이 있는 때에는 서면으로 교부할 것을 요구한다＜영도건설산업(주)의 불공정하도급거래행위 건＞.[3]

　　법원은 서면을 교부하지 않는 것이 거래관행이라 하더라도 이를 인정하지 않는 입장이다.

> "공사내용의 일부분의 변경에 관하여는 변경서면을 교부하지 아니하는 것이 동종업계의 관행이라고 볼 증거가 없고, 설사 그와 같은 관행이 있다 하더라도 공정한 하도급거래질서를 확립하여 원사업자와 수급사업자가 대등한 지위에서 상호보완적으로 균형있게 발전할 수 있도록 함으로써 국민경제의 건전한 발전에 이바지함으로 목적으로 하고 있는 법의 취지(법 제1조)에 비추어 불공정하도급거래에 관한 규정은 강행규정이라고 봄"＜영도건설산업(주)의 불공정하도급거래행위 건＞,[4] "공사금액이 수백억이고 공사기간도 14개월이나 되는 장기간에 걸친 대규모 건설하도급공사에 있어서는 특별한 사정이 없는 한 공사금액 외에 구체적인 공사시행 방법과 준비, 공사비 지급방법 등과 관련된 제반 조건 등 그 부분에 대한 합의가 없다면 계약이 체결되지 않았으리라고 보이는 중요한 사항에 관한 합의까지 이루어져야 비로소 그 합의에 구속되겠다는 의사의 합치가

---

1) 서고판 2016. 11. 24. 2015누57200(대판 2017. 3. 9. 2016두62443).

2) 서고판 2015. 12. 3. 2015누32195.

3) 서고판 1999. 1. 13. 97구27970.

4) 서고판 1999. 1. 13. 97구27970.

있었다고 볼 수 있고, 하도급계약의 체결을 위하여 교섭당사자가 견적서, 이행각서, 하도급보증서 등의 서류를 제출하였다는 것만으로는 하도급계약이 체결되었다고 볼 수 없음. 어느 일방이 교섭단계에서 계약이 확실하게 체결되리라는 정당한 기대 내지 신뢰를 부여하여 상대방이 그 신뢰에 따라 행동하였음에도 상당한 이유 없이 계약의 체결을 거부하여 손해를 입혔다면 이는 신의성실의 원칙에 비추어 볼 때 계약자유 원칙의 한계를 넘는 위법한 행위로서 불법행위를 구성함"<롯데건설(주) 외 3인과 동국산업(주) 외 1인의 하도급공사 건>,[5] "법으로 원사업자가 수급사업자에게 계약서면을 교부하도록 의무를 부과하여 양자간의 계약관계를 명백히 하고 향후 분쟁발생시 사실확인을 위함 기초자료로 활용함으로써 제조위탁 내용이 불분명함으로써 발생하는 수급사업자의 불이익을 방지함과 동시에 당사자간의 사후분쟁을 미리 막으려는 데에 있는바, 이러한 법규정의 취지에 비추어 보면 발주서로 금형제작을 위탁하고 추후에 원발주자의 결정가액에 따라 하도급금액을 정하는 관행이 있어 이에 따른 행위였다는 사실만으로는 서면계약서를 수급사업자에게 교부하지 아니한 것을 정당화할 수 없음"<신일정공의 불공정하도급거래행위 건>,[6] "2012. 1월부터 2013. 6월까지 소외 영진테크에게 LM OEM 등 자동차 부품을 제조위탁하면서 하도급대금과 그 지급방법 등 일정한 사항을 기재한 개별계약서를 발급하지 아니한 행위에 대하여, 원고가 발주서로 부품 제작을 위탁하고 추후에 영진테크가 작성한 마감내역에 따라 하도급금액을 정하는 관행이 있었고, 같은 방법으로 하도급대금 전액이 차질 없이 지급되었다는 사정만으로 법정 기재사항이 포함된 계약서면을 수급사업자에게 교부하지 않은 것을 정당화할 수는 없음"<㈜진성이엔지의 불공정하도급거래행위 건>,[7] "원고가 소외 회사가 교부한 엑스톰에 대한 견적서를 이용하여 이 사건 사업을 낙찰받았다고 하여 원고와 소외 회사 사이에 이 사건 계약이 체결된 것이라고 보기 어렵고, 원고가 이 사건 계약을 체결하기 전에 소외 회사에게 이 사건 계약상의 의무 이행을 요청하였다고 하더라도 그러한 요청은 이 사건 계약이 체결될 것을 전제로 납품기간의 준수 등을 요구한 것으로 볼 수 있으므로 그러한 사정만으로 원고와 소외 회사 사이에 구두로 계약이 체결되었다거나 계약의 체결에 따른 작업지시가 있었다고 보기도 어려움", "가사 위 2004. 7. 27.자 공급대금 11억이 기재된 계약서 초안의 송부가 일응 원고의 이 사건 계약에 대한 청약으로 볼 여지가 있다고 하더라도, 소외 회사가 원고가 제시한 공급대금의 지급방법에 대하여 이의를 제기하였고, 이러한 원고와 소외 회사의 의견대립으로 인하여 이 사건 계약이 체결되지 아니한 사실은 앞서 본 바와 같은 바, 이러한 사실관계에 의하면, 소외 회사는 2004. 7. 27.자 원고의 청약에 대하여 그 내용 중 일부를 변경하여 승낙한 것이라 할 것이고, 이는 소외 회사가 원고의 청약을 거절함과 동시에 새로운 청약을 한 것이라고

할 것인데, 원고의 이의제기로 인하여 이 사건 계약이 체결되지 않은 이상, 원고와 소외 회사 사이에 이 사건 계약 체결에 있어서 청약과 승낙이라는 의사의 합치가 있었다고 할 수 없음"<삼성에스디에스의 불공정하도급거래행위 건>[8]

건설현장에서는 추가공사를 하면서 서면을 미교부하고 대금지급도 하지 않는 사례가 빈발하고 있다. 법원은 추가공사의 경우에도 반드시 서면을 교부하여야 한다고 한다.

"총 공사대금을 확정한 것이 아니라 제시한 물량에 대하여 단가만 정하여 계약금액을 산출하되 실제 공사물량이 늘어나는 경우에는 공사대금을 조정하는 이른바 총액 단가제 계약의 경우에도 추가공사에 따른 서면을 교부하여야 하고 물량증가에 따른 추가공사대금 지급의무가 있음"<대교종합건설(주)의 불공정하도급거래행위 건>,[9] "하도급법 제3조 제1항 규정에 의하면 건설위탁에 있어 원사업자는 건설위탁을 할 때에 수급사업자에게 계약서 등의 서면을 교부하여야 함이 원칙이나 늦어도 수급사업자가 공사에 착수하기 전까지는 이를 교부하여야 하고, 또 당초의 계약내용이 설계변경 또는 추가공사의 위탁 등으로 변경될 경우에는 특단의 사정이 없는 한 반드시 추가·변경서면을 작성·교부하여야 함"<대륙토건(주)의 불공정하도급거래행위 건>,[10] "서면계약서 교부는 상대적으로 불리한 위치에 있는 수급사업자를 보호하고 분쟁을 예방 또는 합리적으로 해결하기 위한 것이므로 하도급거래 계약이 종료되고 동일한 내용으로 종전 계약기간을 연장하기로 수급사업자와 합의하였다 하더라도 원사업자는 반드시 연장된 계약기간을 명시한 계약서면을 작성하여 수급사업자에게 교부할 의무가 있음"<(주)성림의 불공정하도급거래행위 건>,[11] "공사내역과 하도급대금이 감축된 경우에도, 사전에 하도급거래에 관한 분쟁을 예방하고 사후에 분쟁의 해결을 용이하게 하기 위하여 하도급대금 등 일정한 사항을 기재한 서면을 교부하여야 함"<㈜보미종합건설의 불공정하도급거래행위 건>,[12] "원사업자가 수급사업자에게 건설위탁할 경우 수급사업자가 공사에 착수하기 전까지는 계약서를 교부하여야 하고, 당초의 계약내용이 설계변경 또는 추가공사의 위탁 등으로 변경될 경우에도 특단의 사정이 없는 반드시 추가·변경서면을 작성·교부하여야 함"<(주)선경이엔씨의 불공정하도급 거래행위 건>[13]

---

8) 서고판 2006. 6. 21. 2005누22540[대판 2006. 10. 13. 2006두12470(심리불속행기각)].
9) 대판 1998. 4. 3. 98두4252.
10) 대판 1995. 6. 16. 94누10320.
11) 서고판 2008. 9. 3. 2008누2554.
12) 대판 2010. 3. 25. 2009두23181.
13) 서고판 2013. 6. 28. 2012누38017[대판 2013. 11. 14. 2013두14948(심리불속행기각)].

<키친아트(주)의 불공정하도급거래행위 건> 관련 행정소송에서 대법원은 처분문서의 진정성립이 인정되면 그 기재 내용을 부정할 만한 분명하고도 수긍할 수 있는 반증이 없는 이상 그 문서에 표시된 의사표시의 존재 및 내용을 인정하여야 함에도 원고 직원들 또는 일정한 친분관계에 있는 자의 진술만을 기초로 이 사건 계약서가 허위작성된 것이고, 이 사건 계약서에 따른 하도급계약이 체결되었다고 볼 수 없다고 판단한 원심을 파기환송하였다.[14]

계약의 효력에 관하여는 그 체결 당시의 법률이 적용되어야 하고, 계약이 일단 구속력을 갖게 되면 원칙적으로 그 이후 제정 또는 개정된 법률의 규정에 의하여서도 변경될 수 없으며, 예외적으로 입법에 의한 변경을 하거나 계약 체결 후에 제정 또는 개정된 법률에 의하여 계약 내용이 변경되는 것으로 해석한다고 하더라도, 그러한 입법 내지 법률의 해석에는 계약침해 금지나 소급입법 금지의 원칙상 일정한 제한을 받는다<장수군과 (유)누리테크의 하도급계약 건>.[15]

1. 서면의 내용

제1항의 서면에는 하도급대금과 그 지급방법 등 하도급계약의 내용 및 제16조의2 제1항에 따른 하도급대금의 조정요건, 방법 및 절차 등 *대통령령[16]*으로 정하는 사항을 적고 원사업자와 수급사업자가 서명(「전자서명법」 제2조제3호에 따른 공인전자서명을 포함) 또는 기명날인하여야 한다(법 제3조 제2항).

2018. 1. 16. 법 개정시 하도급대금의 조정 신청·협의 요건을 '공급원가 변동'으로 확대함으로써 원재료 가격 이외에 노무비·경비 등의 변동도 그 요건이 되도록 하였는데 이에 서면에도 이를 명기하도록 규정하였다.[17]

---

14) 대판 2011. 6. 30. 2009두13344(파기환송); 서고판 2012. 1. 11. 2011누22435(파기환송심).

15) 대판 2002. 11. 22. 2001다35785(공사대금).

16) 제3조(서면 기재사항) 법 제3조제2항에 따라 원사업자가 수급사업자에게 발급하는 서면에 적어야 하는 사항은 다음 각 호와 같다. 1. 위탁일과 수급사업자가 위탁받은 것(이하 "목적물등"이라 한다)의 내용 2. 목적물등을 원사업자(原事業者)에게 납품·인도 또는 제공하는 시기 및 장소 3. 목적물등의 검사의 방법 및 시기 4. 하도급대금(선급금, 기성금 및 법 제16조에 따라 하도급대금을 조정한 경우에는 그 조정된 금액을 포함한다. 이하 같다)과 그 지급방법 및 지급기일 5. 원사업자가 수급사업자에게 목적물등의 제조·수리·시공 또는 용역수행행위에 필요한 원재료 등을 제공하려는 경우에는 그 원재료 등의 품명·수량·제공일·대가 및 대가의 지급방법과 지급기일 6. 법 제16조의2제1항에 따른 하도급대금 조정의 요건, 방법 및 절차

17) 부칙 제2조(목적물등의 공급원가 변동에 따른 하도급대금 조정 신청 등에 관한 적용례) 제3조 및 제16조의2의 개정규정은 이 법 시행 이후 최초로 체결·변경·갱신되는 하도급계약부터 적용한다.

2. 일부 미작성 서면

원사업자는 제2항에도 불구하고 위탁시점에 확정하기 곤란한 사항에 대하여는 재해·사고로 인한 긴급복구공사를 하는 경우 등 정당한 사유가 있는 경우에는 해당 사항을 적지 아니한 서면을 발급할 수 있다. 이 경우 해당 사항이 정하여지지 아니한 이유와 그 사항을 정하게 되는 예정기일을 서면에 적어야 한다(법 제3조 제3항).

원사업자는 제3항에 따라 일부 사항을 적지 아니한 서면을 발급한 경우에는 해당 사항이 확정되는 때에 지체 없이 그 사항을 적은 새로운 서면을 발급하여야 한다(법 제3조 제4항).

적법한 서면 발급여부에 대한 판단기준으로 「하도급거래공정화지침」에서는 다음과 같이 규정하고 있다(III. 3).

> (1) 기본계약서 또는 개별계약서에 위탁일, 품명, 수량, 단가, 하도급대금, 납기 등 법에서 규정하고 있는 중요기재사항을 담은 서면을 발급한 경우는 적법한 서면 발급으로 본다.
> (2) 빈번한 거래에 있어 계약서에 법정기재사항의 일부가 누락되어 있으나, 건별 발주 시 제공한 물량표 등으로 누락사항의 파악이 가능한 경우는 적법한 서면 발급으로 본다.
> (3) 법정기재사항의 일부분이 누락되었으나 업종의 특성이나 현실에 비추어 볼 때 거래에 큰 문제가 없다고 판단되는 경우는 적법한 서면발급으로 본다.
> (4) (삭제 : 2010. 7. 23.)
> (5) 기본계약서를 발급하고 FAX, 기타 전기·전자적인 형태 등에 의해 발주한 것으로 발주내용이 객관적으로 명백하다고 판단되는 경우 적법한 서면발급으로 본다.
> (6) 기본계약서를 발급하고 수출용물품을 제조위탁 하는 경우 수급사업자가 원사업자에게 제출한 물품매도확약서(offer sheet)를 개별계약서로 갈음할 수 있다.
> (7) 양당사자의 기명날인이 없는 서면을 발급한 경우는 서면미발급으로 본다.
> (8) 실제의 하도급거래관계와 다른 허위사실을 기재한 서면을 발급한 경우는 서면미발급으로 본다.
> (9) 1건의 하도급공사에 대하여 2종 이상의 계약서(계약서로 간주될 수 있는 서류 포함)가 존재할 때는 실제의 하도급거래관계에 입각한 서면을 적법한 것으로 본다. 다만, 실제의 거래관계를 구체적으로 입증하지 못하는 경우에는 계약의

요건을 보다 충실하게 갖춘 서면(예 : 발주처에 통보한 서면 등)을 적법한 서면으로 본다.

(10) 추가공사의 위탁과 관련한 경우

  (가) 경미하고 빈번한 추가작업으로 인해 물량변동이 명백히 예상되는 공종에 대해 시공완료 후 즉시 정산합의서로 계약서를 대체한 경우는 적법한 서면발급으로 본다.

  (나) 추가공사 범위가 구분되고 금액이 상당함에도 불구하고 이에 대한 구체적인 추가계약서나 작업지시서 등을 발급하지 아니한 경우는 서면미발급으로 본다.

  (다) 시공과정에서 추가 또는 변경된 공사물량이 입증되었으나 당사자간의 정산에 다툼이 있어 변경계약서 또는 정산서를 발급하지 아니하는 경우는 원사업자가 구체적으로 적시하지 않은 책임이 있는 것으로 보아 서면미발급으로 본다.

  (라) 구체적인 계약서 형태를 갖추지 않았으나 원사업자의 현장관리자가 추가공사에 대한 금액산정이 가능한 약식서류 등을 제공한 경우는 불완전한 서면발급으로 본다.

3. 법 제3조 제1항 및 제2항과 법 제16조와의 구별

<(주)에어릭스의 불공정하도급거래행위 건>[18] 관련 행정소송에서 법원은 "법 제3조 제1항 및 제2항은 원사업자에 대하여 수급사업자에게 계약서면을 발급할 의무를 부과함으로써, 양자간에 계약내용을 명확히 밝히고, 분쟁 발생시 사실확인을 위한 기초자료로 활용함으로써 위탁 내용 등이 불분명하여 발생하는 수급사업자의 불이익을 방지하며, 하도급거래에 관한 분쟁을 사전에 예방하거나 합리적으로 해결하기 위한 것이다"고 하고, "법 제16조 제1항 및 제2항은 원사업자가 제조 등의 위탁을 한 후 설계변경 등으로 발주자로부터 계약대금을 조정받았을 경우 원사업자로 하여금 그 내용과 비율대로 수급사업자에 대하여 지급할 하도급대금을 조정하도록 하고, 발주자와 원시업자간에 설계변경 등의 사유와 내용에 대한 정보를 수급사업자에게 충분히 제공하도록 함으로써 수급사업자가 변경된 공사를 수행하고 하도급대금을 조정하는 과정에서 불이익을 받을 수 있는 위험을 사전에 방지하기 위함이다"고 한다.

---

18) 서고판 2019. 10. 17. 2018누39296(대판 2021. 6. 24. 2029두58629).

따라서 원도급계약 및 계약체결전 설계변경으로 물량이 증가하였는데도, 변경된 서면을 발급하지 않은 것은 법 제16조에 따라 법위반이 되지 않는 것이 아니라, 법 제3조 제1항 및 제2항 위반으로 보았다.

II. 하도급계약의 추정

1. 수급사업자의 서면통지

원사업자가 제조등의 위탁을 하면서 제2항의 사항을 적은 서면(제3항에 따라 일부 사항을 적지 아니한 서면을 포함)을 발급하지 아니한 경우에는 수급사업자는 위탁받은 작업의 내용, 하도급대금 등 *대통령령19)*으로 정하는 사항을 원사업자에게 서면으로 통지하여 위탁내용의 확인을 요청할 수 있다(법 제3조 제5항).

동 제도는 이전 규정만으로는 구두위탁 후 일방적인 위탁취소, 대금감액 등 불공정행위에 따른 수급사업자의 피해를 구제하기 곤란한 문제점이 있어서 2010. 1. 25. 법 개정시 도입되었다.

2. 원사업자의 회신

원사업자는 제5항의 통지를 받은 날부터 15일 이내에 그 내용에 대한 인정 또는 부인(否認)의 의사를 수급사업자에게 서면으로 회신을 발송하여야 하며, 이 기간 내에 회신을 발송하지 아니한 경우에는 원래 수급사업자가 통지한 내용대로 위탁이 있었던 것으로 추정한다. 다만, 천재나 그 밖의 사변으로 회신이 불가능한 경우에는 그러하지 아니하다(법 제3조 제6항).

제5항의 통지에는 수급사업자가, 제6항의 회신에는 원사업자가 서명 또는 기명날인하여야 한다(법 제3조 제7항). 제5항의 통지 및 제6항의 회신과 관련하여 필요한 사항은 *대통령령20)*으로 정한다(법 제3조 제8항).

---

19) 제4조(위탁내용의 확인) 법 제3조제5항에서 "위탁받은 작업의 내용, 하도급대금 등 대통령령으로 정하는 사항"이란 다음 각 호의 사항을 말한다. 1. 원사업자로부터 위탁받은 작업의 내용 2. 하도급대금 3. 원사업자로부터 위탁받은 일시 4. 원사업자와 수급사업자의 사업자명과 주소(법인 등기사항증명서상 주소, 사업장 주소를 포함) 5. 그 밖에 원사업자가 위탁한 내용

20) 제5조(통지 및 회신의 방법 등) ① 법 제3조제5항 및 제6항에 따른 통지 및 회신은 다음 각 호의 어느 하나에 해당하는 방법으로 한다. 1. 내용증명우편 2. 「전자문서 및 전자거래 기본법」 제2조제1호에 따른 전자문서로서 다음 각 목의 어느 하나에 해당하는 요건을 갖춘 것 가. 「전

기간과 관련하여 「하도급거래공정화지침」에서는 다음과 같이 규정하고 있다 (II. 3. 가).

> 법에서의 기간계산은 「민법」의 일반원칙에 따라 초일을 산입하지 아니하고 당해기간 의 말일이 토요일 또는 공휴일에 해당하는 때에는 기간은 그 익일에 만료한다.

III. 서류보존의무

원사업자와 수급사업자는 *대통령령*[21]으로 정하는 바에 따라 하도급거래에 관한 서류를 보존하여야 한다(법 제3조 제9항).

거래가 끝난 날부터 3년간 보존해야 하는데, "거래가 끝난 날"이란 제조위탁·수리위탁 및 용역위탁 중 지식·정보성과물의 작성위탁의 경우에는 수급사업자가 원사

자서명법」 제2조제2호에 따른 전자서명(서명자의 실지명의를 확인할 수 있는 것으로 한정한다)이 있을 것 나. 「전자문서 및 전자거래 기본법」 제2조제8호에 따른 공인전자주소를 이용할 것 3. 그 밖에 통지와 회신의 내용 및 수신 여부를 객관적으로 확인할 수 있는 방법 ② 제1항에 따른 통지와 회신은 원사업자와 수급사업자의 주소(전자우편주소 또는 제1항제2호나목에 따른 공인전자주소를 포함한다)로 한다. ③ 공정거래위원회는 제1항에 따른 통지와 회신에 필요한 양식을 정하여 보급할 수 있다.

21) 제6조(서류의 보존) ① 법 제3조제9항에 따라 보존해야 하는 하도급거래에 관한 서류는 법 제3조제1항의 서면과 다음 각 호의 서류 또는 다음 각 호의 사항을 적은 서류로 한다. 1. 법 제8조제2항에 따른 수령증명서 2. 법 제9조에 따른 목적물등의 검사 결과, 검사 종료일 3. 하도급대금의 지급일·지급금액 및 지급수단(어음으로 하도급대금을 지급하는 경우에는 어음의 교부일·금액 및 만기일을 포함한다) 4. 법 제6조에 따른 선급금 및 지연이자, 법 제13조제6항부터 제8항까지의 규정에 따른 어음할인료, 수수료 및 지연이자, 법 제15조에 따른 관세 등 환급액 및 지연이자를 지급한 경우에는 그 지급일과 지급금액 5. 원사업자가 수급사업자에게 목적물등의 제조·수리·시공 또는 용역수행행위에 필요한 원재료 등을 제공하고 그 대가를 하도급대금에서 공제한 경우에는 그 원재료 등의 내용과 공제일·공제금액 및 공제사유 5의2. 법 제11조제1항 단서에 따라 하도급대금을 감액한 경우에는 제7조의2 각 호의 사항을 적은 서면의 사본 5의3. 법 제12조의3제1항 단서에 따라 기술자료의 제공을 요구한 경우에는 제7조의3 각 호의 사항을 적은 서면의 사본 5의4. 법 제12조의3제3항에 따른 비밀유지계약에 관한 서류 6. 법 제16조에 따라 하도급대금을 조정한 경우에는 그 조정한 금액 및 사유 7. 법 제16조의2에 따라 다음 각 목의 어느 하나에 해당하는 자가 하도급대금 조정을 신청한 경우에는 신청 내용 및 협의 내용, 그 조정금액 및 조정사유 가. 수급사업자 나. 「중소기업협동조합법」 제3조제1항제1호 또는 제2호에 따른 중소기업협동조합(이하 "조합"이라 한다) 다. 「중소기업협동조합법」 제3조제1항제4호에 따른 중소기업중앙회(이하 "중앙회"라 한다) 8. 다음 각 목의 서류 가. 하도급대금 산정 기준에 관한 서류 및 명세서 나. 입찰명세서, 낙찰자결정품의서 및 견적서 다. 현장설명서 및 설계설명서(건설위탁의 경우에만 보존한다) 라. 그 밖에 하도급대금 결정과 관련된 서류 ② 제1항에 따른 서류는 법 제23조제2항에 따른 거래가 끝난 날부터 3년(제1항제5호의3 및 제5호의4에 따른 서류는 7년)간 보존해야 한다.

업자에게 위탁받은 목적물을 납품 또는 인도한 날을, 용역위탁 중 역무의 공급위탁의 경우에는 원사업자가 수급사업자에게 위탁한 역무공급을 완료한 날을 말하며, 건설위탁의 경우에는 원사업자가 수급사업자에게 건설위탁한 공사가 완공된 날을 말한다. 다만, 하도급계약이 중도에 해지되거나 하도급거래가 중지된 경우에는 해지 또는 중지된 날을 말한다(법 제23조 제2항).

제3조의2(표준하도급계약서의 제정 · 개정 및 사용)

① 공정거래위원회는 표준하도급계약서를 제정 또는 개정하여 이 법의 적용대상이 되는 사업자 또는 사업자단체(이하 이 조에서 "사업자등"이라 한다)에 그 사용을 권장할 수 있다.

② 사업자등은 건전한 하도급거래질서를 확립하고 불공정한 내용의 계약이 통용되는 것을 방지하기 위하여 일정한 하도급 거래분야에서 통용될 수 있는 표준하도급계약서의 제정 · 개정안을 마련하여 그 내용이 이 법에 위반되는지 여부에 관하여 공정거래위원회에 심사를 청구할 수 있다.

③ 공정거래위원회는 다음 각 호의 어느 하나에 해당하는 경우 사업자등에 대하여 표준하도급계약서의 제정 · 개정안을 마련하여 심사를 청구할 것을 권고할 수 있다.

  1. 일정한 하도급 거래분야에서 여러 수급사업자에게 피해가 발생하거나 발생할 우려가 있는 경우

  2. 이 법의 개정 등으로 인하여 표준하도급계약서를 정비할 필요가 발생한 경우

④ 공정거래위원회는 사업자등이 제3항의 권고를 받은 날부터 상당한 기간 이내에 필요한 조치를 하지 아니하는 경우 표준하도급계약서를 제정 또는 개정하여 사업자등에게 그 사용을 권장할 수 있다.

⑤ 공정거래위원회는 표준하도급계약서를 제정 또는 개정하는 경우에는 관련 분야의 거래당사자인 사업자등의 의견을 들어야 한다.

⑥ 공정거래위원회는 표준하도급계약서 제정 · 개정과 관련된 업무를 수행하기 위하여 필요하다고 인정하면 자문위원을 위촉할 수 있다.

⑦ 제6항에 따른 자문위원의 위촉과 그 밖에 필요한 사항은 대통령령으로 정한다.

[전문개정 2022. 1. 11.]

 목 차

I. 표준하도급계약서의 사용권장

공정거래위원회는 표준하도급계약서를 제정 또는 개정하여 이 법의 적용대상이 되는 사업자 또는 사업자단체("사업자등")에 그 사용을 권장할 수 있다(법 제3조의2 제1항).

II. 심사청구

사업자등은 건전한 하도급거래질서를 확립하고 불공정한 내용의 계약이 통용되는 것을 방지하기 위하여 일정한 하도급 거래분야에서 통용될 수 있는 표준하도급계약서의 제정·개정안을 마련하여 그 내용이 이 법에 위반되는지 여부에 관하여 공정거래위원회에 심사를 청구할 수 있다(법 제3조의2 제2항).[1]

공정거래위원회가 주도하는 하향식 표준하도급계약서 제·개정 방식은 긴급한 수요나 현장에서의 필요성을 반영하는 데 한계가 있어서 2022. 1. 11. 법 개정을 통하여 관련 사업자단체 등이 표준하도급계약서 제·개정안을 제출하면 공정거래위원회가 승인하는 상향식(bottom-up) 제·개정 방식을 추가하였다.[2]

---

1) 제6조의2(표준하도급계약서의 제정·개정안 심사) ① 공정거래위원회는 법 제3조의2제1항에 따른 사업자 또는 사업자단체(이하 "사업자등"이라 한다)가 같은 조 제2항에 따라 표준하도급계약서의 제정·개정안(이하 "표준계약서안"이라 한다)을 마련하여 심사를 청구한 경우에는 심사가 청구된 날부터 30일 이내에 관련 분야의 거래당사자인 사업자등에게 표준계약서안의 내용을 서면으로 통지해야 한다. ② 제1항에 따른 통지를 받은 관련 분야의 거래당사자인 사업자등은 표준계약서안에 관한 의견을 서면으로 제출할 수 있다. ③ 공정거래위원회는 표준계약서안에 관한 의견을 듣기 위해 필요한 경우 법 제3조의2제2항에 따라 심사를 청구한 사업자등과 관련 분야의 거래당사자인 사업자등을 공정거래위원회의 회의에 참석하도록 요청할 수 있다. ④ 공정거래위원회는 사업자등이 법 제3조의2제2항에 따라 심사를 청구한 날부터 6개월이 지나기 전까지 심사를 청구한 사업자등에게 심사 결과를 통지하고, 관련 분야의 거래당사자인 사업자등에게 제정·개정된 표준하도급계약서의 내용을 통지해야 한다.

2) 공정거래위원회 보도자료(2021. 12. 9).

Ⅲ. 심사청구의 권고 및 사용권장

공정거래위원회는 ① 일정한 하도급 거래분야에서 여러 수급사업자에게 피해가 발생하거나 발생할 우려가 있는 경우(제1호), ② 이 법의 개정 등으로 인하여 표준하도급계약서를 정비할 필요가 발생한 경우(제2호)의 어느 하나에 해당하는 경우 사업자등에 대하여 표준하도급계약서의 제정·개정안을 마련하여 심사를 청구할 것을 권고할 수 있다(법 제3조의2 제3항). 사업자등이 제3항의 권고를 받은 날부터 상당한 기간 이내에 필요한 조치를 하지 아니하는 경우 표준하도급계약서를 제정 또는 개정하여 사업자등에게 그 사용을 권장할 수 있다(법 제3조의2 제4항).

Ⅳ. 의견청취 및 자문위원의 위촉

공정거래위원회는 표준하도급계약서를 제정 또는 개정하는 경우에는 관련 분야의 거래당사자인 사업자등의 의견을 들어야 한다(법 제3조의2 제5항). 그리고 표준하도급계약서 제정·개정과 관련된 업무를 수행하기 위하여 필요하다고 인정하면 자문위원을 위촉할 수 있다(법 제3조의2 제6항). 제6항에 따른 자문위원의 위촉과 그 밖에 필요한 사항은 *대통령령*[3]으로 정한다(법 제3조의2 제7항).

---

3) 제6조의3(자문위원) ① 공정거래위원회는 법 제3조의2제6항에 따라 하도급거래에 관한 학식과 경험이 풍부한 사람을 자문위원으로 위촉할 수 있다. ② 제1항에 따라 위촉된 자문위원은 공정거래위원회의 요청에 따라 표준계약서안에 관하여 공정거래위원회의 회의에 출석하여 의견을 진술하거나 서면(전자문서를 포함한다)으로 의견을 제출할 수 있다. ③ 제2항에 따라 의견을 진술하거나 제출한 자문위원에게는 예산의 범위에서 수당과 그 밖에 필요한 경비를 지급할 수 있다. ④ 제1항부터 제3항까지에서 규정한 사항 외에 자문위원의 업무 및 자문 절차 등에 관하여 필요한 사항은 공정거래위원회가 정하여 고시한다.

제3조의3(원사업자와 수급사업자 간 협약체결)

① 공정거래위원회는 원사업자와 수급사업자가 하도급 관련 법령의 준수 및 상호 지원·협력을 약속하는 협약을 체결하도록 권장할 수 있다.

② 공정거래위원회는 원사업자와 수급사업자가 제1항의 협약을 체결하는 경우 그 이행을 독려하기 위하여 포상 등 지원시책을 마련하여 시행한다.

③ 공정거래위원회는 제1항에 따른 협약의 내용·체결절차·이행실적평가 및 지원시책 등에 필요한 사항을 정한다.

[본조신설 2011. 3. 29.]

 목 차

Ⅰ. 협약체결의 권장

공정거래위원회는 원사업자와 수급사업자가 하도급 관련 법령의 준수 및 상호 지원·협력을 약속하는 협약을 체결하도록 권장할 수 있다(법 제3조의3 제1항).

대·중소기업 간의 공정한 거래질서 유지와 상생협력을 위해서는 공정거래위원회의 감시·시정과 함께 기업이 스스로 법위반을 예방하는 노력을 기울일 수 있는 여건을 조성하고 상생협력문화를 적극적으로 확산시킬 필요가 있다. 이에 공정거래위원회는 '대·중소기업 간 공정거래협약' 제도를 운용하고 있다.

2011년에 공정거래위원회와 동반성장위원회가 공동으로 기업의 동반성장 관련 노력을 평가하는 '동반성장지수' 제도가 도입되었다.

Ⅱ. 지원시책의 시행

공정거래위원회는 원사업자와 수급사업자가 제1항의 협약을 체결하는 경우 그 이행을 독려하기 위하여 포상 등 지원시책을 마련하여 시행한다(법 제3조의3 제2항).

III. 협약의 내용 및 체결절차 등

공정거래위원회는 제1항에 따른 협약의 내용·체결절차·이행실적평가 및 지원시책 등에 필요한 사항을 정한다(법 제3조의3 제3항). 이를 위해 공정거래위원회는 「대·중소기업간 공정거래협약 이행평가 등에 관한 기준(하도급분야)」[1]을 운용하고 있다.

---

1) 공정거래위원회예규 제301호(2018. 5. 9).

제3조의4(부당한 특약의 금지)

① 원사업자는 수급사업자의 이익을 부당하게 침해하거나 제한하는 계약조건(이하 "부당한 특약"이라 한다)을 설정하여서는 아니 된다.

② 다음 각 호의 어느 하나에 해당하는 약정은 부당한 특약으로 본다.

1. 원사업자가 제3조제1항의 서면에 기재되지 아니한 사항을 요구함에 따라 발생된 비용을 수급사업자에게 부담시키는 약정

2. 원사업자가 부담하여야 할 민원처리, 산업재해 등과 관련된 비용을 수급사업자에게 부담시키는 약정

3. 원사업자가 입찰내역에 없는 사항을 요구함에 따라 발생된 비용을 수급사업자에게 부담시키는 약정

4. 그 밖에 이 법에서 보호하는 수급사업자의 이익을 제한하거나 원사업자에게 부과된 의무를 수급사업자에게 전가하는 등 대통령령으로 정하는 약정

[본조신설 2013. 8. 13.]

 목 차

[참고사례]

현대건설(주)의 건설공사 건(서울고등법원 1994. 3. 8. 선고 92나38807 판결; 대법원 1994. 9. 30. 선고 94다20884(장비사용료등) 판결; **대보정보통신(주)의 불공정하도급거래행위 건**(공정거래위원회 2015.10. 의결 제2015－347호; 서울고등법원 2016. 12. 21. 선고 2015누2040 판결); **두산건설의 불공정하도급거래행위 건**[공정거래위원회 2015. 10. 26. 의결 제2015－359호; 서울고등법원 2017. 3. 30. 선고 2016누37753 판결; 대법원 2017. 7. 27. 선고 2017두41924(심리불속행기각) 판결]; **㈜포스코아이씨티의 불공정하도급거래행위 건**(공정거래위원회 2017. 4. 4. 의결 제2017－116호); 서울고등법원 2018. 11. 16. 선고 2017누46556 판결; 대법원 2019. 3. 28. 선고 2018두66807(심리불속행 기각) 판결]; **대림산업(주)의 불공정하도급거래행위 건**(공정거래위원회 2018. 4. 11. 의결 제

2018-125호; 서울고등법원 2019. 1. 31. 선고 2018누46386 판결; 대법원 2019. 6. 19. 선고 2019두37165(심리불속행 기각) 판결]; 리드건설(주)의 불공정하도급거래행위 건[공정거래위원회 2020. 3. 13. 의결 제2020-060호; 서울고등법원 2020. 10. 8. 선고 2020누39442 판결; 대법원 2021. 2. 25. 선고 2020두52702(심리불속행 기각) 판결]; (주)중해건설의 불공정하도급거래행위 건(공정거래위원회 2020. 3. 9. 의결 제2020-052호; 서울고등법원 2021. 6. 2. 선고 2020누47641 판결)]

I. 의의

원사업자는 수급사업자의 이익을 부당하게 침해하거나 제한하는 계약조건(이하 "부당한 특약")을 설정하여서는 아니 된다(법 제3조의4 제1항).

하도급법 제3조의4 조항 신설의 취지는 하도급거래 계약체결시 원사업자가 수급사업자를 상대로 불리한 특수조건 등을 설정하여 수급사업자의 부담을 가중시키는 사례가 발생하고 있어 원사업자가 수급사업자의 이익을 부당하게 침해하거나 제한하는 계약조건을 설정하지 못하도록 하고, 부당한 특약의 유형을 구체화하기 위한 것이다.

법 제3조의4 제1항에 따른 부당특약에 해당하는지 여부는 원사업자와 수급사업자 간에 제조 등의 위탁과 관련하여 체결한 하도급거래의 계약조건이 공정하고 타당한지 여부를 기준으로 판단한다. 즉, 제조 등의 위탁과 관련된 계약조건이 원사업자와 수급사업자가 서로 동등한 입장에서 충분한 협의과정을 거쳐 결정하였는지 여부, 당해 업종의 통상적인 거래관행에 어긋나는지 여부, 이 법 및 관계법령의 취지에 부합하는지 여부, 목적물 등의 내용 및 특성, 수급사업자가 입은 불이익의 내용과 정도 등을 종합적으로 고려하여 판단한다.

다만, 법 제3조의4 제1항은 수급사업자의 이익을 부당하게 침해하거나 제한하는 계약조건을 설정하는 행위를 금지하고 있을 뿐이고, 부당한 특약의 효력의 유무, 부당한 특약에 따른 비용 전가 가능성 유무를 전제로 하고 있지 않다.[1]

법원이 법위반으로 인정한 사례는 다음과 같다.

> "발주자가 감액한 금액의 2배에 해당하는 금액을 수급사업자의 하도급대금에서 무조건 상계하도록 하는 조항과 원재료의 가격변동에 따른 가격 인상 요구를 제한하

---

1) 서고판 2017. 3. 30. 2016누37753.

거나 계약범위를 벗어난 추가업무 또는 수급사업자의 귀책사유없이 추가업무를 수행함으로써 발생하는 모든 비용을 수급사업자에 부담시키는 조항은 수급사업자의 이익을 부당하게 침해하거나 제한하는 내용에 해당한다. 또한 특약조항이 실제로 실현된 적이 없고 실현가능성이 없다 하더라도 하도급법 제3조의 4에서 수급사업자의 이익을 부당하게 침해하거나 제한하는 계약조건을 설정하는 행위 자체를 금지하고 있으므로 하도급법 위반임"<대보정보통신(주)의 불공정하도급거래행위 건>,[2] "하도급법 제3조의4 제1항은 '수급사업자의 이익을 부당하게 침해하거나 제한하는 계약조건을 설정하는 행위'를 금지하고 있을 뿐이고, 부당한 특약의 효력의 유무, 부당한 특약에 따른 비용 전가가능성 유무를 전제로 하고 있지 않음"<두산건설의 불공정하도급거래행위 건>,[3] "① 서면에 기재되지 않은 사항에 따라 발생하는 제반비용과 인·허가와 민원해결 등에 소요되는 비용을 수급사업자에게 부담시키는 약정, ② 시공에 관련된 각종 인·허가 사항을 규율하는 법령에서 발주자 도는 원사업자를 신고의무자로 특정하고 있음에도 해당업무를 수급사업자에게 대항하도록 하면서 그에 소요되는 비용까지 부담시키는 약정, ③ 품질관리에 소요되는 모든 시험 및 검사비용을 수급사업자에게 전가하거나, ④ 수급사업자의 책임의 유무와 범위 등을 고려하지 않고 추가 작업 수행에 소요된 비용을 견적에 포함 된 것으로 간주하여 수급사업자에게 아무런 귀책사유가 없는 경우에도 별도로 정산을 할 수 없도록 하고, ⑤ 수급사업자의 책임의 유무와 범위 등을 고려하지 않고 추가장비투입에 따른 비용을 모든 수급사업자에게 부담시키거나, ⑥ 원고가 발주처로부터 요구받은 시험시공을 수급사업자에게 수행하도록 하면서 시공횟수, 재시공여부 등의 제한없이 그에 소요되는 비용을 견적에 포함된 것으로 간주하여 수급사업자에게 추가적인 비용을 부담시키는 약정"<대림산업의 불공정하도급거래행위 건>,[4] "견적에 포함되지 않은 비용을 수급사업자에게 부담시키는 계약 조건이나 계약금액의 3% 이내의 추가 설계변경은 없는 것으로 하는 계약조건"<리드건설(주)의 불공정하도급거래행위 건>,[5] "원사업자와 수급사업자가 공사진척도에 따른 기성금의 발생 및 지급시기를 하도급법에서 정한 것과 달리 수급사업자에게 불리하게 정하는 것"<(주)중해건설의 불공정하도급거래행위 건>[6]

    법원이 법위반으로 인정하지 않은 사례는 다음과 같다.

---

2) 서고판 2016. 12. 21. 2015누2040.
3) 서고판 2017. 3. 30. 2016누37753[대판 2017. 7. 27. 2017두41924(심리불속행기각)].
4) 서고판 2019. 1. 31. 2018누46386(대판 2019. 6. 19. 2019두37165).
5) 서고판 2020. 10. 8. 2020누39442(대판 2021. 2. 25. 2020두52702).
6) 서고판 2021. 6. 2. 2020누47641.

> "제품을 납품한 이후 현장에서의 목적물 설치 및 성능검사를 위하여 S/V 업무
> (Supervision)가 수행될 것을 예정하고 성능유보금 조항을 둔 행위"<(주)포스코아
> 이씨티의 불공정하도급거래행위 건>[7]

부당특약의 의미에 대하여 「부당특약 심사지침」[8]에서는 다음과 같이 규정
하고 있다(III. 1).

> "부당특약"이란 원사업자가 수급사업자에게 제조 등을 위탁할 때 교부하거나 수령
> 한 설계도면, 시방서, 유의서, 현장설명서, 제안요청서, 물량내역서, 계약 및 견적
> 일반조건·특수조건, 과업내용서, 특약조건, 도급업무내역서, 발주서, 견적서, 계약
> 서, 약정서, 협약서, 합의서, 각서 등 그 명칭이나 형태를 불문하고 원사업자와 수
> 급사업자 간의 권리·의무관계에 영향을 미치는 약정을 통해 설정한 계약조건으로
> 서 수급사업자의 이익을 부당하게 침해하거나 제한하는 것을 말한다.

그리고 법 제3조의4 제1항에 따른 부당특약 판단기준에 대하여 「부당특약
심사지침」에서는 다음과 같이 규정하고 있다(V. 1).

> 가. "수급사업자의 이익"이라 함은 수급사업자가 원사업자와 하도급거래를 함으로
> 인하여 얻게 되는 이윤발생, 기업성장, 사업확대, 종사원의 소득증대, 기술축적
> 등의 다양한 유무형의 경제적인 혜택을 말한다.
> 나. 위법성 판단기준
> 법 제3조의4 제1항의 위법성 판단기준은 원사업자와 수급사업자 간에 제조 등
> 의 위탁과 관련하여 체결한 하도급거래의 계약조건이 공정하고 타당한지 여부
> 를 기준으로 판단한다. 즉, 제조 등의 위탁과 관련된 계약조건이 원사업자와
> 수급사업자가 서로 동등한 입장에서 충분한 협의과정을 거쳐 결정하였는지 여
> 부, 원사업자가 수급사업자에게 목적물 등의 품명, 내용, 규격, 수량, 재질, 공
> 법 등 하도급대금을 결정하는데 필요한 자료·정보를 성실하게 제공하였는지
> 여부, 당해 업종의 통상적인 거래관행에 어긋나는지 여부, 이 법 및 건설산업
> 기본법 등 관계법령의 취지에 부합하는지 여부, 목적물 등의 내용 및 특성, 수
> 급사업자가 입은 불이익의 내용과 정도 등을 종합적으로 고려하여 판단한다.

---

7) 서고판 2018. 11. 16. 2017누46556(대판 2019. 3. 28. 2018두66807).
8) 공정거래위원회 예규 제413호(2022. 11. 29).

II. 부당특약으로 보는 경우

다음의 어느 하나에 해당하는 약정은 부당한 특약으로 본다(법 제3조의4 제2항).

1. 서면미기재 사항 관련 비용 부담 약정

부당특약으로 간주하는 첫 번째 유형은 원사업자가 제3조 제1항의 서면에 기재되지 아니한 사항을 요구함에 따라 발생된 비용을 수급사업자에게 부담시키는 약정(제1호)이다.

서면의 의미에 대하여 「부당특약 심사지침」에서는 다음과 같이 규정하고 있다(III. 3).

> "서면"이라 함은 원사업자가 수급사업자에게 제조 등의 위탁을 할 때 법 제3조 제1항의 규정에 의한 기한까지 수급사업자에게 발급한 서면(전자문서를 포함)을 말한다. 서면은 위탁일과 목적물 등의 내용, 목적물 등의 납품·인도 시기 및 장소, 검사방법 및 시기, 하도급대금의 지급방법과 지급기일, 원사업자가 수급사업자에게 원재료 등을 제공하려는 경우 품명·수량·제공일·대가 및 대가의 지급방법과 지급기일, 원재료의 가격변동에 따른(법 제16조의2) 하도급대금의 조정요건, 방법 및 절차 등 법 제3조 제2항의 기재사항을 모두 명시하고 원사업자와 수급사업자가 서명(전자서명법 제2조 제3호에 따른 공인전자서명 포함) 또는 기명날인한 것이어야 한다. 원사업자와 수급사업자가 목적물의 완성에 필요한 제반사항에 대하여 충분한 협의를 거쳐 서면의 일부로 포함시킨 부속서류를 포함한다.

동 조의 위법성 판단기준에 대하여 「부당특약 심사지침」에서는 다음과 같이 규정하고 있다(V. 2. 가).

> 법 제3조의4 제2항 제1호의 위법성은 서면에 명시되지 아니한 사항에 대하여 현장설명서 등의 서류에 기재되어 있음을 이유로 원사업자가 수급사업자에게 제조 등의 위탁수행을 요구하고 이로 인하여 발생되는 비용을 수급사업자에게 부담시키는 약정에 해당하는지 여부를 기준으로 판단한다.

〈서면에 기재되지 아니한 사항에 포함되는 경우〉

• 원사업자가 입찰참가예정자 또는 수의계약예정자에게 배부한 서류 중 하도급계
약 체결시 서면에 포함되지 아니한 다음의 각종 서류에 기재된 사항
(예시) 현장설명서, 입찰 및 견적 일반조건·특수조건, 설계도면, 시방서, 물량내
역서, 유의서, 입찰제안요청서 등

• 하도급계약 체결과정에 서면과 별개로 작성된 다음의 각종 서류에 기재된 사항
(예시) 계약 일반조건·특수조건, 계약 특약조건, 도급업무내역서, 환경에 관한
협약서, 하자보수에 관한 협약서, 안전관리 및 품질관리에 관한 협약서,
제조물책임에 관한 협약서, 각서, 확약서, 합의서 등

〈부당특약 예시〉

① 철근, 원심력 철근 콘크리트관(흄관) 등 자재(발주자 또는 원사업자가 수급사업
자에게 지급한 자재를 말한다)의 하차비, 추가 장비 사용료, 야적장 임대료(보
관·관리비) 등의 모든 비용은 수급사업자가 부담한다는 약정이 서면에는 기재
되지 않고 현장설명서에만 기재된 경우
② 서면에 기재되지 아니한 추가공사 또는 계약사항 이외 시공부분에 대한 비용은
수급사업자가 부담한다는 약정

2. 민원처리, 산업재해 등 비용부담 약정

부당특약으로 간주하는 두 번째 유형은 원사업자가 부담하여야 할 민원처
리, 산업재해 등과 관련된 비용을 수급사업자에게 부담시키는 약정(제2호)이다.
사업자가 부담하여야 할 비용이나 책임의 의미에 대하여 「부당특약 심사지침」에
서는 다음과 같이 규정하고 있다(III. 2).

"원사업자가 부담하여야 할 비용이나 책임"이라 함은 제조 등의 위탁과 관련된 법
령(고용보험 및 산업재해 보상보험의 보험료 징수 등에 관한 법률, 대기환경보전
법, 건설산업기본법, 산업안전보건법 등), 발주자와 원사업자 간의 계약조건, 당해
업종의 통상적인 거래관행, 수급사업자가 위탁받은 것(이하 "목적물 등"이라 한다)
의 내용 및 특성 등으로 볼 때 원사업자가 부담하는 것이 타당한 비용이나 책임을
말한다.

동 조의 위법성 판단기준에 대하여 「부당특약 심사지침」에서는 다음과 같이 규정하고 있다(Ⅴ. 2. 나).

(1) "민원처리와 관련된 비용"이라 함은 제조 등의 위탁과 관련하여 발생하는 소음·분진·진동 등으로 인한 환경민원, 용지보상 분쟁 및 이와 유사한 각종 민원에 대한 민·형사상의 분쟁 등을 해결·처리하는데 소요되는 비용을 말한다.

(2) "산업재해와 관련된 비용"이라 함은 제조 등의 위탁과 관련하여 수급사업자 소속 근로자가 업무와 관계되는 작업을 수행하는 과정에서 사망, 부상, 질병 등의 재해를 입은 경우 이에 대한 치료비, 보상금, 합의금 등에 소요되는 비용을 말한다.

(3) 법 제3조의4 제2항 제2호의 위법성은 관계법령(고용보험 및 산업재해 보상보험의 보험료 징수 등에 관한 법률·산업안전보건법·산업재해보상보험법 등), 당해 업종의 통상적인 거래관행, 목적물 등의 특성 등을 고려할 때 원사업자가 부담하여야 할 민원처리 및 산업재해비용을 수급사업자에게 부담시키는 약정에 해당하는지 여부를 기준으로 판단한다.

〈부당특약 예시〉

① 하도급공사를 하는 도중에 발생하는 모든 민원을 수급사업자의 비용으로 처리하여야 한다는 약정

② 수급사업자는 하도급계약의 이행과 관련하여 어떠한 민원이 발생하더라도 수급사업자의 비용으로 최우선적으로 처리하여야 하고, 원사업자에게 일체 이의를 제기하지 못한다는 약정

③ 수급사업자 소속 근로자의 산업재해로 발생한 진료비, 노무비, 산업재해자 및 유가족과의 합의, 산업재해 처리와 관련된 관계기관과의 업무협의 등에 소요되는 비용은 전적으로 수급사업자가 부담한다는 약정

④ 산업재해를 입은 근로자가 산업재해보상보험법에서 인정하는 금액 외에 추가적으로 요구하는 민형사상의 요구 및 부대비용을 수급사업자가 전적으로 부담한다는 약정

⑤ 수급사업자는 하도급공사 중에 발생하는 모든 산업재해에 대하여 전적으로 책임지며, 산업재해사고 발생 및 처리를 이유로 원사업자에게 추가금액이나 공사기간연장을 요구할 수 없다는 약정

3. 입찰내역에 없는 사항 관련비용 부담약정

부당특약으로 간주하는 세 번째 유형은 원사업자가 입찰내역에 없는 사항을 요구함에 따라 발생된 비용을 수급사업자에게 부담시키는 약정(제3호)이다. 입찰내역의 의미에 대하여 「부당특약 심사지침」에서는 다음과 같이 규정하고 있다 (Ⅲ. 4).

> "입찰내역"이라 함은 원사업자가 수급사업자에게 위탁하는 목적물 등의 구성요소와 관련되는 품명, 물량, 규격, 수량, 단위 등의 자료나 정보를 제공하고 이를 바탕으로 입찰참가예정자가 입찰금액 또는 계약금액을 세부적으로 산출한 내역서(명칭 여하를 불문)를 작성하여 입찰시 원사업자에게 제출하여 추후 낙찰자로 결정된 경우 그 내역서(이하 "산출내역서")를 말한다.

동 조의 위법성 판단기준에 대하여 「부당특약 심사지침」에서는 다음과 같이 규정하고 있다(Ⅴ. 3).

> 나. 법 제3조의4 제2항 제3호의 위법성은 원사업자가 산출내역서 외의 다른 서류에 반영한 사항이나 산출내역서에 포괄적으로만 반영한 사항에 대하여 수급사업자에게 제조 등의 위탁수행을 요구하고 이로 인하여 발생되는 비용을 수급사업자에게 부담시키는 약정에 해당하는지 여부를 기준으로 판단한다. 다만, 원사업자가 수급사업자에게 입찰금액을 산출하기 위한 자료나 정보를 충분히 제공하였음에도 불구하고 수급사업자의 견적 누락(단가 미기재 등) 또는 견적 착오(규격·수량·단위 등 오기) 등으로 발생한 비용을 수급사업자에게 부담시킨 경우는 제외한다.
>
> 〈부당특약 예시〉
>
> ① 현장설명서 등에 명기된 사항이 산출내역서에 없더라도 공사수행상 당연히 시공하여야 할 부분이 있는 경우 수급사업자가 전적으로 비용을 부담하여 시공한다는 약정
> ② 시방서에 특별히 지정되지 않은 품목이라도 전체공사 시공에 필요하다고 인정되는 품목은 산출내역서에 포함된 것으로 본다는 약정
> ③ 원사업자가 수급사업자에게 배부한 물량내역서에 구체적인 항목·수량·단위 등을 제시하지 아니하고 견적금액 또는 견적단가에는 하도급공사에 필요한 모

든 비용이 반영된 것으로 간주한다는 약정

④ 주요 자재항목으로 구분되지 않은 소형강재(건설공사 등의 재료로 쓰기 위하여 압연의 방법으로 가공을 한 강철) 등의 자재비는 시공비에 반영되어 있다는 약정

⑤ 수급사업자는 입찰전 현장 답사, 설계도면 및 시방서를 충분히 숙지하고 입찰 내역서를 작성하므로 원사업자에게 어떠한 경우에도 추가비용을 요구할 수 없다는 약정

4. 기타 수급사업자의 이익 제한 및 부담전가 약정

부당특약으로 간주하는 네 번째 유형은 그 밖에 이 법에서 보호하는 수급사업자의 이익을 제한하거나 원사업자에게 부과된 의무를 수급사업자에게 전가하는 등 *대통령령[9]*으로 정하는 약정(제4호)이다.

제3조의4 제2항 제4호 및 법 시행령 제6조의2 제1호의 규정에 의한 부당특약 해당여부는 제조 등의 위탁과 관련하여 발생하는 비용이나 책임이 관계 법령 등 제반사항을 고려할 때 원사업자가 부담하는 것이 타당함에도 불구하고 이를 수급사업자에게 부담시키는 약정에 해당하는지 여부를 기준으로 판단한다.

---

9) 제6조의4(부당한 특약으로 보는 약정) 법 제3조의4제2항제4호에서 "이 법에서 보호하는 수급사업자의 이익을 제한하거나 원사업자에게 부과된 의무를 수급사업자에게 전가하는 등 대통령령으로 정하는 약정"이란 다음 각 호의 어느 하나에 해당하는 약정을 말한다. 1. 다음 각 목의 어느 하나에 해당하는 비용이나 책임을 수급사업자에게 부담시키는 약정 가. 관련 법령에 따라 원사업자의 의무사항으로 되어 있는 인·허가, 환경관리 또는 품질관리 등과 관련하여 발생하는 비용 나. 원사업자(발주자를 포함)가 설계나 작업내용을 변경함에 따라 발생하는 비용 다. 원사업자의 지시(요구, 요청 등 명칭과 관계없이 재작업, 추가작업 또는 보수작업에 대한 원사업자의 의사표시)에 따른 재작업, 추가작업 또는 보수작업으로 인하여 발생한 비용 중 수급사업자의 책임 없는 사유로 발생한 비용 라. 관련 법령, 발주자와 원사업자 사이의 계약 등에 따라 원사업자가 부담하여야 할 하자담보책임 또는 손해배상책임 2. 천재지변, 매장문화재의 발견, 해킹·컴퓨터바이러스 발생 등으로 인한 작업기간 연장 등 위탁시점에 원사업자와 수급사업자가 예측할 수 없는 사항과 관련하여 수급사업자에게 불합리하게 책임을 부담시키는 약정 3. 해당 하도급거래의 특성을 고려하지 아니한 채 간접비(하도급대금 중 재료비, 직접노무비 및 경비를 제외한 금액)의 인정범위를 일률적으로 제한하는 약정. 다만, 발주자와 원사업자 사이의 계약에서 정한 간접비의 인정범위와 동일하게 정한 약정은 제외한다. 4. 계약기간 중 수급사업자가 법 제16조의2에 따라 하도급대금 조정을 신청할 수 있는 권리를 제한하는 약정 5. 그 밖에 제1호부터 제4호까지의 규정에 준하는 약정으로서 법에 따라 인정되거나 법에서 보호하는 수급사업자의 권리·이익을 부당하게 제한하거나 박탈한다고 공정거래위원회가 정하여 고시하는 약정

4.1 비용이나 책임 부담 약정

① 관련 법령에 따라 원사업자의 의무사항으로 되어 있는 인·허가, 환경관리 또는 품질관리 등과 관련하여 발생하는 비용(가목), ② 원사업자(발주자를 포함)가 설계나 작업내용을 변경함에 따라 발생하는 비용(나목), ③ 원사업자의 지시(요구, 요청 등 명칭과 관계없이 재작업, 추가작업 또는 보수작업에 대한 원사업자의 의사표시)에 따른 재작업, 추가작업 또는 보수작업으로 인하여 발생한 비용 중 수급사업자의 책임 없는 사유로 발생한 비용(다목), ④ 관련 법령, 발주자와 원사업자 사이의 계약 등에 따라 원사업자가 부담하여야 할 하자담보책임 또는 손해배상책임의 어느 하나에 해당하는 비용이나 책임을 수급사업자에게 부담시키는 약정(라목)을 말한다(영 제6조의4 제1호).

동 조의 위법성 판단기준에 대하여 「부당특약 심사지침」에서는 다음과 같이 규정하고 있다(Ⅴ. 3).

가. 영 제6조의4 제1호의 위법성은 제조 등의 위탁과 관련하여 발생하는 비용이나 책임이 관계법령 등 제반사항을 고려할 때 원사업자가 부담하는 것이 타당함에도 불구하고 이를 수급사업자에게 부담시키는 약정에 해당하는지 여부를 기준으로 판단한다.

(1) 영 제6조의4 제1호 가목(관련 법령에 따라 원사업자의 의무사항으로 되어 있는 인·허가, 환경관리 또는 품질관리 등과 관련하여 발생하는 비용)의 판단기준

(가) "인·허가와 관련된 비용"이라 함은 제조 등의 위탁과 관련된 법령(건축법, 도로법, 지하수법, 하수도법 등)에 따른 각종 신고, 허가·승인·인가·면허 등의 취득, 명령 또는 각종 수검의무 이행 등에 소요되는 비용을 말한다.

(나) "환경관리와 관련된 비용"이라 함은 제조 등의 위탁과 관련한 대기오염, 수질오염, 소음, 진동, 악취 등의 제거를 위하여 관계법령(대기환경보전법, 소음·진동관리법, 폐기물관리법, 하수도법, 지하수법 등)을 준수하는데 소요되는 비용을 말한다.

(다) "품질관리와 관련된 비용"이라 함은 건설기술관리법 등 제조 등의 위탁과 관련된 법령에 따른 품질관리활동(자재시험·품질시험·성능검사·계측·교육 등)에 소요되는 비용을 말한다.

〈부당특약 예시〉
① 관청으로부터의 건축허가를 수급사업자의 비용으로 받아야 한다는 약정

② 수급사업자는 하도급공사 진행중에 야기되는 관공서 및 관계기관(한국전력공사, 한국전기안전공사 등)에 대한 인·허가 수속, 각종 수검·협조업무를 수급사업자의 책임하에 행하고 그 소요비용은 수급사업자가 일체 부담한다는 약정

③ 공사현장에서 발생하는 환경오염물질(폐기물·소음·진동·먼지·오수·폐수 등)의 처리 및 재활용과 관련된 각종 비용은 수급사업자가 일체 부담하기로 하는 약정

④ 수급사업자가 환경관련 법령(폐기물관리법, 소음·진동관리법 등) 위반시 기성금 공제 등의 불이익에 대하여 원사업자에게 일체 이의를 제기하지 않기로 한다는 약정

⑤ 발주자 또는 원사업자가 수급사업자에게 지급한 자재의 품질 및 시공검사를 위한 시험절차 등에 소요되는 비용은 수급사업자의 부담으로 한다는 약정

(2) 영 제6조의4 제1호 나목[원사업자(발주자를 포함한다)가 설계나 작업내용을 변경함에 따라 발생하는 비용]의 판단기준

(가) "설계의 변경에 따른 비용"이라 함은 수급사업자가 하도급계약을 이행하는 도중에 발주자 또는 원사업자의 지시이나 요구에 의해 당초 설계를 변경함으로 인하여 발생하는 비용을 말한다.

(나) "작업내용의 변경에 따른 비용"이라 함은 수급사업자가 하도급계약을 이행하는 도중에 발주자 또는 원사업자의 지시나 요구에 의해 제조방법, 시공공법, 자재 등을 변경함으로 인하여 발생하는 비용을 말한다.

〈부당특약 예시〉

① 수급사업자가 설계변경에 따른 추가공사를 하였더라도 원사업자가 발주자로부터 설계변경에 대한 기성금을 받지 못한 경우 수급사업자에게 추가공사로 증액된 금액을 지급하지 않는다는 약정

② 발주자의 요청에 의한 하드웨어 구성, 소프트웨어 개발, 장비규격의 변경 등으로 발생한 비용은 설계변경 없이 수급사업자가 부담하여야 한다는 약정

③ 수급사업자는 설계도면과 현장을 사전에 충분히 확인하고 하도급계약을 체결하였으므로 작업내용의 변경으로 경미한 공사가 발생하는 경우에 소요되는 비용을 원사업자에게 요청하지 못한다는 약정

④ 수급사업자가 발주자의 지시나 요구에 의한 작업내용의 변경으로 계약사항 외에 시공한 부분에 대한 비용은 수급사업자의 부담으로 한다는 약정

⑤ 원사업자의 지시로 사토장(흙을 버리기 위한 장소)까지의 거리가 증가하여 발생한 추가비용을 수급사업자가 원사업자에게 청구하지 못한다는 약정

(3) 영 제6조의4 제1호 다목[원사업자의 지시(요구, 요청 등 명칭과 관계없이 재작업, 추가작업 또는 보수작업에 대한 원사업자의 의사표시를 말한다)에 따른

재작업, 추가작업 또는 보수작업으로 인하여 발생한 비용 중 수급사업자의 책임없는 사유로 발생한 비용]의 판단기준

(가) "재작업으로 인한 비용"이라 함은 수급사업자가 하도급계약, 설계도면, 시방서 등에 적합하게 제조 등의 위탁업무를 수행하는 과정에 수급사업자의 귀책사유 없이 원사업자의 지시 또는 요구에 따라 수급사업자가 이미 수행한 위탁업무를 다시 작업함으로 인하여 발생되는 비용을 말한다.

(나) "추가작업으로 인한 비용"이라 함은 수급사업자의 귀책사유 없이 하도급계약에 포함되지 않는 업무내용에 대하여 원사업자의 지시 또는 요구에 따라 수급사업자가 별도로 작업을 수행함으로 인하여 발생되는 비용을 말한다.

(다) "보수작업으로 인한 비용"이라 함은 수급사업자가 목적물 등을 완성하여 원사업자에게 납품·인도 또는 제공한 후 수급사업자의 귀책사유 없이 당해 목적물이 파손·훼손된 경우 원사업자의 지시 또는 요구에 의해 수급사업자가 보수작업을 수행함으로 인하여 발생되는 비용을 말한다.

(라) "수급사업자의 책임없는 사유"라 함은 수급사업자가 제조 등의 위탁업무를 수행하는 과정에서 하도급계약, 설계도면, 시방서 등에 기재된 작업공법, 자재, 품질·성능검사 절차 등을 철저히 준수한 경우를 말한다.

〈부당특약 예시〉

① 원사업자 소속 현장소장의 지시로 수급사업자가 재작업을 수행한 비용은 일체 인정하지 않는다는 약정

② 입주자의 요구에 따라 재료의 재질(색상 등)이 변경되는 경우 수급사업자의 부담으로 재작업하여야 한다는 약정

③ 수급사업자가 원사업자의 지시로 추가작업을 수행함으로 인하여 발생하는 비용이 총 계약금액 대비 일정비율(예, 5%)을 초과하지 아니하는 경우 그 추가비용은 수급사업자가 부담한다는 약정

④ 원사업자의 지시에 따라 수급사업자가 돌관공사(예정된 공사기간보다 공사기간을 단축하기 위한 목적으로 급하게 하는 공사를 말한다)·휴일공사를 수행함으로 인하여 발생된 추가공사비용은 수급사업자의 부담으로 한다는 약정

⑤ 수급사업자가 원사업자에게 목적물을 인도한 후부터 원도급공사 준공시까지 당해 목적물이 훼손된 경우 공사비 증액없이 보수작업을 하여야 한다는 약정

⑥ 수급사업자는 비록 설계도면에 명시되지 아니한 사항이라도 공사의 경미한 변경이나 구조상 필요한 경미한 공사에 대하여는 계약금액 범위내에서 시공하여야 한다는 약정

(4) 영 제6조의4 제1호 라목(관련 법령, 발주자와 원사업자 사이의 계약 등에 따

　　라 원사업자가 부담하여야 할 하자담보책임 또는 손해배상책임)의 판단기준

(가) "발주자와 원사업자 사이의 계약"이라 함은 발주자가 제조·수리·시공 또는 용역수행을 도급하기 위하여 원사업자와 체결한 계약을 말한다.

(나) "하자담보책임"이라 함은 목적물 등에 하자가 있을 때 관련 법령 등에 따라 발주자 또는 구매자 등에 대하여 부담하는 담보책임을 말한다.

(다) "손해배상책임"이라 함은 제조 등의 위탁과 관련하여 고의 또는 과실로 타인 등에게 손해를 입힌 경우 그 손해를 배상하여야 할 책임을 말한다.

〈부당특약 예시〉

① 수급사업자가 완성하여 소비자에게 판매된 제품의 하자처리와 관련한 모든 비용은 수급사업자의 부담으로 한다는 약정

② 수급사업자의 하자보수보증증권 상의 보증기간은 하도급계약으로 정한 하자담보책임기간보다 몇 년(예, 1년)을 더 길게 산정하여야 한다는 약정

③ 수급사업자는 원사업자가 하자라고 확정한 경우, 이에 대하여 일체의 이의를 제기할 수 없다는 약정

④ 원사업자가 제공한 재료로 수급사업자가 가공했을 경우 해당 제품의 하자에 대해서는 수급사업자가 일체의 책임을 진다는 약정

⑤ 목적물의 하자로 볼 수 없는 경우까지 수급사업자는 원사업자가 요구한 시한 이내에 수급사업자의 비용으로 당해 목적물(예, 소프트웨어)과 동일한 사양으로 교체하여야 한다는 약정

⑥ 수급사업자가 하자담보책임기간 중에 하자보수의무를 이행하지 아니하여 원사업자가 이를 시행하는 경우에는 당해 보수비용의 몇 배(예, 3배)를 원사업자에게 지불해야 한다는 약정

　　시행령 제6조의4 제1호 나목 관련 부당특약의 예시로 '수급사업자가 설계변경에 따른 추가공사를 하였더라도 원사업자가 발주자로부터 설계변경에 대한 기성금을 받지 못한 경우 수급사업자에게 추가공사로 증액된 금액을 지급하지 않는다는 약정', 다목 관련 부당특약 예시로 '원사업자 소속 현장소장의 지시로 수급사업자가 재작업을 수행한 비용은 일체 인정하지 않는다는 약정' 등을 들고 있다. 따라서 현장소장이 인정한 추가공사금액에 대하여 본부에서 감액하도록 약정을 하는 경우에는 법위반의 소지가 있다.

　　관련하여 대법원도 다음과 같이 판시한 사례가 있다.

> "건설업을 목적으로 하는 건설회사의 업무는 공사의 수주와 공사의 시공이라는 두
> 가지로 크게 나눌 수 있는데, 건설회사의 현장소장은 일반적으로 특정된 건설현장
> 에서 공사의 시공에 관련한 업무만을 담당하는 자이므로 특별한 사정이 없는 한
> 상법 제14조 소정의 본점 또는 지점의 영업주임 기타 유사한 명칭을 가진 사용인
> 즉 이른바 표현지배인이라고 할 수는 없고, 단지 같은 법 제15조 소정의 영업의
> 특정한 종류 또는 특정한 사항에 대한 위임을 받은 사용인으로서 그 업무에 관하
> 여 부분적 포괄대리권을 가지고 있다고 봄이 상당함", "건설현장의 현장소장으로
> 서 그 업무의 범위는 그 공사의 시공에 관련한 자재, 노무관리 외에 그에 관련된
> 하도급계약 계약체결 및 그 공사대금 지급, 공사에 투입되는 중기 등의 임대차계
> 약 체결 및 그 임대료의 지급 등에 관한 모든 행위임"[10]

4.2 예측할 수 없는 사항에 대한 불합리한 부담 약정

천재지변, 매장문화재의 발견, 해킹·컴퓨터바이러스 발생 등으로 인한 작업
기간 연장 등 위탁시점에 원사업자와 수급사업자가 예측할 수 없는 사항과 관련
하여 수급사업자에게 불합리하게 책임을 부담시키는 약정을 말한다(영 제6조의4
제2호).

동 조의 위법성 판단기준에 대하여 「부당특약 심사지침」에서는 다음과 같이
규정하고 있다(Ⅴ. 3).

> 나. 영 제6조의4 제2호(천재지변, 매장문화재의 발견, 해킹·컴퓨터 바이러스 발생
> 등으로 인한 작업기간 연장 등 위탁시점에서 원사업자와 수급사업자가 예측할
> 수 없는 사항과 관련하여 수급사업자에게 불합리하게 책임을 부담시키는 약정)
> 에 대한 판단기준
> (1) "위탁시점"은 원사업자와 수급사업자가 제조 등의 위탁과 관련하여 작성한
> 하도급거래계약서에 서명 또는 기명날인한 날짜(이하 "체결일"이라 한다)를
> 말한다. 다만 실질적인 위탁시점이 하도급거래계약서 체결일보다 빠를 경우
> 에는 원사업자와 수급사업자가 상호 합의한 날짜를 위탁시점으로 본다.
> (2) "예측할 수 없는 사항"이라 함은 태풍·홍수·지진·기타 악천후 등 천재지
> 변 또는 전쟁·사변·화재·전염병·폭동, 제3자의 전국적인 노조파업, 매장
> 문화재 발견, 해킹·컴퓨터 바이러스 발생 등 원사업자와 수급사업자의 통
> 제범위를 벗어나는 경우를 말한다.

---

10) 대판 1994. 9. 30. 94다20884(장비사용료등).

(3) "수급사업자에게 불합리하게 책임을 부담시키는지 여부"는 원사업자와 수
급사업자의 책임형량에 기초하여 판단한다. 즉, 정상적인 거래관행상 공정
성과 타당성을 결여하여 수급사업자에게 책임이 무겁게 지워진 경우가 여
기에 해당하는 것으로 본다.

〈부당특약 예시〉

① 하도급계약기간 중에 수해, 눈피해 등이 발생하더라도 공사기간연장은 없다는
약정
② 전염병(예, 조류독감)의 창궐시 이를 예방하기 위한 의약품, 의료소모품 등을
구입하는데 소요되는 모든 비용은 수급사업자가 부담한다는 약정
③ 제3자의 전국적인 노조파업에 따른 하도급공사의 공사기간연장으로 발생한 추
가비용은 수급사업자가 전적으로 부담하여야 한다는 약정
④ 수급사업자가 건물 부지를 파는 도중 문화재가 발굴되더라도 작업의 중지, 공
사기간연장 등으로 인해 추가적으로 발생하는 비용은 수급사업자의 부담으로
한다는 약정
⑤ 수급사업자가 전사적 자원관리시스템(ERP)을 제작하는 도중에 신종 바이러스
가 출현하더라도 시스템 대응방안 마련을 위한 작업기간의 연장은 인정되지 않
는다는 약정

4.3 간접비 인정기준을 제한하는 약정

해당 하도급거래의 특성을 고려하지 아니한 채 간접비(하도급대금 중 재료비,
직접노무비 및 경비를 제외한 금액)의 인정범위를 일률적으로 제한하는 약정. 다
만, 발주자와 원사업자 사이의 계약에서 정한 간접비의 인정범위와 동일하게 정
한 약정은 제외한다(영 제6조의4 제3호).

동 조의 위법성 판단기준에 대하여 「부당특약 심사지침」에서는 다음과 같이
규정하고 있다(V. 3)

다. 영 제6조의4 제3호[해당 하도급거래의 특성을 고려하지 아니한 채 간접비(하도
급대금 중 재료비, 직접노무비 및 경비를 제외한 금액을 말한다)의 인정범위를
일률적으로 제한하는 약정. 다만, 발주자와 원사업자 사이의 계약에서 정한 간
접비의 인정범위와 동일하게 정한 약정은 제외한다]에 대한 판단기준

(1) "하도급거래의 특성"이라 함은 하도급거래 계약기간, 투입 인력수, 업종형태(토공, 기계설비 등), 작업지역(서울 또는 울릉도), 작업환경(평지 또는 산지 등), 목적물 등의 종류·규격·품질·용도·원재료·제조공정·시공공법 등의 차이를 말한다.

(2) "간접비"라 함은 제조 등의 위탁과 관련한 직접비 항목(재료비, 직접노무비, 경비)을 제외한 간접노무비, 일반관리비(사무실 직원의 급료, 복지후생비 등) 및 이윤 등 명칭 여하를 불문하고 제반 관리활동부문에서 발생하는 비용을 말한다.

(3) "인정범위"라 함은 원사업자가 지정한 간접비의 금액 또는 총 계약금액에서 간접비가 차지하는 비율의 상한을 말한다.

(4) "일률적 제한"이라 함은 하도급거래의 특성을 고려하지 아니하고 간접비의 인정범위를 동일하거나 일정한 기준에 따라 획일적으로 제한하는 것을 말한다. 다만, 당해 업종의 통상적인 거래관행, 하도급거래 규모, 목적물의 특성 등에 비추어 적정하다고 인정되는 경우에는 제외한다.

〈부당특약 예시〉

① 안전관리비, 퇴직공제부금(일용근로자의 고용개선을 위하여 도입된 제도로 인하여 발생되는 비용을 말한다)은 반드시 견적기준을 준수하여 입찰하여야 하고 이 기준을 초과할 경우 원사업자가 입찰금액을 조정할 수 있다는 약정

② 수급사업자의 공과잡비(일반관리비, 이윤)는 직접공사비 대비 견적기준(예, 토목현장 6%, 건축현장 4%)을 초과하지 못한다는 약정

③ 수급사업자의 이윤은 별도 산정하지 않고, 직접공사비의 각 공종단가에 포함한다는 약정

④ 수급사업자의 일반관리비는 직접공사비의 일정비율(예, 5%) 범위내에서 계상하되, 각종 이행보증수수료(계약이행, 선급금이행, 하자이행) 및 사용자배상책임보험(민간 보험회사가 의무가입이 아닌 사용자를 대상으로 산재보험과 유사한 내용을 담아 판매하는 사보험을 말한다)료를 포함한다는 약정

⑤ 수급사업자는 일반관리비, 이윤, 안전관리비, 사용자배상책임보험료, 고용보험료, 산재보험료 등을 간접비로 별도 표기하지 않고 견적단가에 포함하여 견적하여야 한다는 약정

4.4 하도급대금 조정신청권 제한 약정

계약기간 중 수급사업자가 법 제16조의2에 따라 하도급대금 조정을 신청할 수 있는 권리를 제한하는 약정을 말한다(영 제16조4 제4호).

동 조의 위법성 판단기준에 대하여 「부당특약 심사지침」에서는 다음과 같이 규정하고 있다.

라. 영 제6조4 제4호(계약기간 중 수급사업자가 법 제16조4에 따라 하도급대금 조정을 신청할 수 있는 권리를 제한하는 약정)에 대한 판단기준

　(1) "계약기간"이라 함은 원사업자와 수급사업자 간에 하도급거래계약을 체결한 날로부터 목적물 등을 원사업자에게 납품·인도(제조·수리위탁 및 지식·정보성과물), 완료(역무공급), 완공(건설위탁)한 날까지를 말한다. 다만 원사업자와 수급사업자가 합의한 유효기간이 있을 경우에는 이를 계약기간으로 본다.

　(2) "하도급대금 조정을 신청할 수 있는 권리"이라 함은 법 제16조2에 근거하여 수급사업자가 원재료의 가격변동에 따른 하도급대금의 조정을 원사업자에게 직접 신청하거나 중소기업협동 조합으로 하여금 원사업자와 하도급대금의 조정을 협의할 수 하도록 중소기업협동 조합에 신청할 수 있는 권리를 말한다.

〈부당특약 예시〉

① 수급사업자는 원사업자에게 하도급계약기간 중 어떠한 사유로도 계약금액의 증액 등 조정을 일체 요구하지 못한다는 약정

② 원사업자와 수급사업자가 하도급대금의 조정에 관하여 합의에 이르지 못한 경우 양 당사자는 하도급분쟁조정협의회에 조정을 신청하지 않겠다는 약정

③ 중소기업협동 조합이 수급사업자에게 원사업자와의 하도급대금을 조정하기 위한 협의신청을 요청하더라도 이에 응하지 않는다는 약정

④ 수급사업자는 인건비 상승 등 기타 어떠한 경우에도 계약된 하도급금액 이외 공사비의 증액을 요구하지 않을 것이며, 이를 이유로 공사지연 및 공사거부행위를 일절 하지 않겠다는 약정

⑤ 하도급계약기간 중 원부자재 인상으로 납품단가의 변동이 발생시 하도급계약기간이 만료된 이후 납품단가를 재조정할 수 있다는 약정

⑥ 수급사업자는 자신이 소속된 중소기업협동 조합에 원재료의 가격변동에 따른 하도급대금의 조정협의를 신청하지 않겠다는 약정

4.5 그 밖에 공정거래위원회가 고시하는 약정

그 밖에 제1호부터 제4호까지의 규정에 준하는 약정으로서 법에 따라 인정되거나 법이 보호하는 수급사업자의 권리·이익을 부당하게 제한하거니 박탈한다고 공정거래위원회가 정하여 고시하는 약정을 말한다(영 제16조의4 제4호).

이에 따른 「부당특약 고시」에서는 부당특약의 유형을 다음과 같이 규정하고 있다.

Ⅰ. 목적

1. 법에 규정된 수급사업자의 권리를 제한하는 경우

가. 수급사업자가 법 제3조 제5항에 따라 위탁내용의 확인을 요청할 수 있는 권리를 제한하는 약정

나. 수급사업자가 법 제13조의2 제9항에 따라 계약이행 보증을 아니 할 수 있는 권리를 제한하는 약정

다. 수급사업자가 법 제19조 각 호의 어느 하나에 해당하는 행위를 하는 것을 제한하는 약정

2. 수급사업자의 기술자료 등에 대한 권리를 제한하는 경우

가. 수급사업자가 하도급거래를 준비하거나, 수행하는 과정에서 취득한 정보, 자료, 물건 등의 소유, 사용 등의 권리를 원사업자에게 귀속시키는 약정. 다만, 원사업자가 수급사업자의 취득 과정에 소요되는 제반비용의 상당한 부분을 부담하거나, 동종 또는 유사한 것에 대해 동일 또는 근접한 시기에 정상적인 거래관계에서 일반적으로 지급되는 대가를 지급하기로 하는 등 정당한 사유가 있는 경우는 제외한다.

나. 하도급거래를 준비하거나, 수행하는 과정에서 취득하는 상대방의 정보, 자료 등에 대한 비밀준수의무를 수급사업자에게만 부담시키는 약정. 다만, 수급사업자만 정보, 자료 등을 취득하는 경우는 제외한다.

3. 수급사업자의 의무를 법이 정한 기준보다 높게 설정하는 경우

가. 정당한 사유 없이 법 제13조의2에 규정된 계약이행 보증 금액의 비율을 높이거나, 수급사업자의 계약이행 보증기관 선택을 제한하는 약정

나. 수급사업자가 법 제13조의2 규정에 준하여 계약이행을 보증하였음에도 수급사업자가 아닌 자로 하여금 계약책임, 불법행위책임에 대해 연대보증을 하도록 하는 약정

4. 원사업자의 의무를 수급사업자에게 전가하는 경우

  가. 법 제9조 제2항의 목적물등의 검사 비용을 수급사업자에게 부담시키는 약정

  나. 법 제9조 제2항의 목적물등의 검사 결과 통지에 대한 수급사업자의 이의제기를 제한하는 약정

  다. 원사업자가 부담하여야 할 안전조치, 보건조치 등 산업재해예방 비용을 수급사업자에게 부담시키는 약정

5. 수급사업자의 계약상 책임을 가중하는 경우

  가. 계약내용에 대하여 구체적인 정함이 없거나 당사자 간 이견이 있을 경우 계약내용을 원사업자의 의사에 따라 정하도록 하는 약정

  나. 수급사업자에게 발주자와 원사업자 간 계약 조건이 제공되지 않은 상황에서 이를 원사업자와 수급사업자 간 계약에 적용하기로 하는 약정

  다. 원사업자의 손해배상책임을 관계법령, 표준하도급계약서 등의 기준에 비해 과도하게 경감하거나, 수급사업자의 손해배상책임, 하자담보책임을 과도하게 가중하여 정한 약정

  라. 원사업자가 수급사업자에게 제공한 자재, 장비, 시설 등(이하 "자재등"이라 한다)이 수급사업자의 책임없는 사유로 멸실, 훼손된 경우에도 수급사업자에게 자재등에 대한 책임을 부담시키는 약정

  마. 계약 해제·해지의 사유를 원사업자의 경우 관계법령, 표준하도급계약서 등의 기준에 비해 과도하게 넓게 정하거나, 수급사업자의 경우 과도하게 좁게 정하는 약정

  바. 원사업자가 수급사업자에게 제공한 자재등의 인도지연, 수량부족, 성능미달 등 수급사업자의 책임없는 사유에 의해 추가로 발생한 비용, 지체책임을 수급사업자에게 부담시키는 약정

제3조의5(건설하도급 입찰결과의 공개)

국가 또는 「공공기관의 운영에 관한 법률」 제5조에 따른 공기업 및 준정부기관이 발주하는 공사입찰로서 「국가를 당사자로 하는 계약에 관한 법률」 제10조제2항에 따라 각 입찰자의 입찰가격, 공사수행능력 및 사회적 책임 등을 종합 심사할 필요가 있는 대통령령으로 정하는 건설공사를 위탁받은 사업자는 경쟁입찰에 의하여 하도급계약을 체결하려는 경우 건설하도급 입찰에 관한 다음 각 호의 사항을 대통령령으로 정하는 바에 따라 입찰참가자에게 알려야 한다.

  1. 입찰금액

  2. 낙찰금액 및 낙찰자(상호, 대표자 및 영업소 소재지를 포함한다)

  3. 유찰된 경우 유찰 사유

[본조신설 2022. 1. 11.]

공공분야가 발주한 건설공사에서 하도급 단계에서의 입찰 결과가 공개되지 않아 저가 계약을 목적으로 의도적으로 유찰시키는 등의 불공정행위를 방지하기 힘들다는 비판이 제기되어 왔다. 현재 발주 단계에서는 「국가를 당사자로 하는 계약에 관한 법률」에 따라 입찰 결과 및 계약 내역을 공개하도록 하고 있고, 하도급 단계에서는 「건설산업기본법」 등에 따라 하도급계약 내역을 공개하도록 하고 있다(입찰 결과는 비공개).

이에 2022. 1. 11. 법 개정시 본 조를 신설하여 종합심사낙찰제[1]가 적용되는 국가 또는 국가 소속 공공기관이 발주하는 건설공사의 경우 하도급계약의 입찰금액, 낙찰 결과 및 유찰 시 유찰 사유를 입찰 참가자들에게 공개하도록 하였다.[2]

대통령령[3]으로 정하는 건설공사를 대상으로 하며, *대통령령*[4]으로 정하는 바에 따라 입찰참가자에게 알려야 한다.

---

1) 입찰가격, 공사수행 능력 및 사회적 책임 등을 종합 심사하는 것으로, 추정금액 100억 원 이상인 공사 등에 적용(국가계약법 시행령 제42조 제4항).

2) 이상 공정거래위원회 보도자료(2021. 12. 9.).

3) 제6조의5(건설하도급 입찰결과의 공개) ① 법 제3조의5 각 호 외의 부분에서 "대통령령으로 정하는 건설공사"란 「국가를 당사자로 하는 계약에 관한 법률 시행령」 제42조제4항제1호 및 제2호의 공사 중 건설공사를 말한다.

4) 제6조의5(건설하도급 입찰결과의 공개) ② 제1항에 따른 건설공사를 위탁받은 사업자는 법 제3조의5에 따라 같은 조 각 호의 사항을 개찰 후 지체 없이 서면이나 전자적 방법으로 입찰참가자에게 알려야 한다.

제4조(부당한 하도급대금의 결정 금지)

① 원사업자는 수급사업자에게 제조등의 위탁을 하는 경우 부당하게 목적물등과 같거나 유사한 것에 대하여 일반적으로 지급되는 대가보다 낮은 수준으로 하도급대금을 결정(이하 "부당한 하도급대금의 결정"이라 한다)하거나 하도급받도록 강요하여서는 아니 된다. <개정 2013. 5. 28.>

② 다음 각 호의 어느 하나에 해당하는 원사업자의 행위는 부당한 하도급대금의 결정으로 본다. <개정 2013. 5. 28.>

1. 정당한 사유 없이 일률적인 비율로 단가를 인하하여 하도급대금을 결정하는 행위
2. 협조요청 등 어떠한 명목으로든 일방적으로 일정 금액을 할당한 후 그 금액을 빼고 하도급대금을 결정하는 행위
3. 정당한 사유 없이 특정 수급사업자를 차별 취급하여 하도급대금을 결정하는 행위
4. 수급사업자에게 발주량 등 거래조건에 대하여 착오를 일으키게 하거나 다른 사업자의 견적 또는 거짓 견적을 내보이는 등의 방법으로 수급사업자를 속이고 이를 이용하여 하도급대금을 결정하는 행위
5. 원사업자가 일방적으로 낮은 단가에 의하여 하도급대금을 결정하는 행위
6. 수의계약(隨意契約)으로 하도급계약을 체결할 때 정당한 사유 없이 대통령령으로 정하는 바에 따른 직접공사비 항목의 값을 합한 금액보다 낮은 금액으로 하도급대금을 결정하는 행위
7. 경쟁입찰에 의하여 하도급계약을 체결할 때 정당한 사유 없이 최저가로 입찰한 금액보다 낮은 금액으로 하도급대금을 결정하는 행위
8. 계속적 거래계약에서 원사업자의 경영적자, 판매가격 인하 등 수급사업자의 책임으로 돌릴 수 없는 사유로 수급사업자에게 불리하게 하도급대금을 결정하는 행위

[전문개정 2009. 4. 1.]

📖 목 차

[참고사례]

　　기아자동차의 불공정하도급거래행위 건(공정거래위원회 2007. 12. 31. 의결 제2007-566호; 서울고등법원 2008. 7. 16. 선고 2008누3809 판결; 대법원 2010. 4. 29. 선고 2008두14296 판결); 삼성전자의 불공정하도급거래행위 건[공정거래위원회 2008. 4. 3. 의결 제2008-113호; 서울고등법원 2009. 11. 12. 선고 208누11237 판결; 대법원 2010. 4. 8. 선고 2009두23303(심리불속행기각) 판결]; ㈜대우건설의 불공정하도급거래행위 건(공정거래위원회 2008. 4. 1. 의결 제2008-110호; 서울고등법원 2008. 10. 22. 선고 2008누11512 판결; 대법원 2009. 4. 9. 선고 2008두21829 판결); 현대자동차(주)의 불공정하도급거래행위 건[공정거래위원회 2008. 1. 2. 의결 제2008-001호; 서울고등법원 2010. 12. 22. 선고 2008누3793; 대법원 2011. 3. 10. 선고 2009두1990 판결(파기환송); 서울고등법원 2011. 5. 25. 선고 2011누10760 판결(환송심); 대법원 2011. 10. 27. 선고 2011두16513(심리불속행기각) 판결]; SK건설(주)의 불공정하도급거래행위 건(공정거래위원회 2010. 6. 30. 의결 제2010-072호; 서울고등법원 2011. 8. 25. 선고 2010누42562 판결; 대법원 2012. 2. 23. 선고 2011두23337 판결); STX조선해양(주)의 불공정하도급거래행위 건(공정거래위원회2011. 8. 10. 의결 제2011-142호; 서울고등법원 2012. 6. 21. 선고 2011누30795 판결; 대법원 2016. 2. 18. 선고 2012두15555 판결); 성동 조선해양의 불공정하도급거래행위 건(공정거래위원회 2012. 10. 30. 의결 제2012-245호; 서울고등법원 2015. 1. 16. 선고 2013누8778 판결; 대법원 2018. 5. 15. 선고 2015두38252 판결); 요진 건설산업(주)의 불공정하도급거래행위 건(공정거래위원회 2012. 6. 4. 의결 제2012-088호; 서울고등법원 2013. 12. 26. 선고 2012누19368 판결; 대법원 2014. 4. 14. 선고 2014두1857 판결; 공정거래위원회 2012. 7. 27. 의결 제2012-141호; 대법원 2016. 3. 10. 2013두19622); ㈜동일의 불공정하도급거래행위 건(공정거래위원회 2012. 7. 27. 의결 제2012-141호; 서울고등법원 2013. 8. 23. 선고 2012누26380 판결; 대법원 2016. 3. 10. 선고 2013두19622 판결); 고성조선해양(주)의 불공정하도급거래행위 건(공정거래위원회 2013. 11. 20. 의결 제2013-188호; 서울고등법원 2014. 10. 17. 선고 2013누32252 판결); 한국에쓰엠씨공압(주)의 불공정하도급거래행위 건[공정거래위원회 2013. 1. 29. 의결 제2013-026호; 서울고등법원 2013. 11. 14. 선고 2013누7171 판결; 대법원 2014. 4. 10. 선고 2013두35198(심리불속행 기각) 판결]; 대경건설의 불공정하도급거래행위 건(공정거래위원회 2013. 11. 28. 의결 제2013-192호; 서울고등법원 2014. 9. 5. 선고 2013누33002 판결); 대우해양조선의 불공정하도급거래행위 건(공정거래위원회 2013. 12. 3. 의결 제2013-195호; 서울고등법원 2016. 2. 5. 2014누40007 판결; 대법원 2017. 12. 7. 선고 2016두35540 판결); (주)대성합동지주의 불공정하도급거래행위 건(공정거래위원회 2011. 9. 23. 의결 제2011-164호; 서울고등법원 2012. 5. 17. 선고 2011누36687 판결;

대법원 2012. 11. 15. 선고 2012두13924 판결); (주)신안의 불공정하도급거래행위 건[공정
거래위원회 2011. 2. 22. 의결 제2011-10호; 서울고등법원 2012. 5. 16. 선고 2011누
10340 판결; 대법원 2012. 10. 11. 선고 2012두14385(심리불속행기각) 판결]; 신영프레
이전의 불공정하도급거래행위 건(공정거래위원회 2015. 12. 21. 의결 제2015-424호; 서
울고등법원 2016. 10. 10. 선고 2015누40271 판결; 대법원 2018. 3. 13. 선고2016두
59430 판결); 건설사의 불공정하도급거래행위 건(서울고등법원 2017. 12. 20. 선고 2017
누33147 판결); (주)포스코아이씨티의 불공정하도급거래행위 건(공정거래위원회 2017. 4.
4. 의결 제2017-116호); 서울고등법원 2018. 11. 16. 선고 2017누46556 판결; 대법원
2019. 3. 28. 선고 2018두66807(심리불속행 기각) 판결]; 라마종합건설(주)의 불공정하도
급거래행위 건(공정거래위원회 2020. 1. 9. 의결 2020-008호; 서울고등법원 2020. 12.
2. 선고 2020누40138 판결); (주)태성공영의 불공정하도급거래행위 건[공정거래위원회
2018. 9. 6. 의결 제2018-277호; 서울고등법원 2019. 11. 27. 선고 2018누67307 판결;
대법원 2020. 3. 27. 선고 2019두62871(심리불속행 기각) 판결]; 삼양건설산업(주)의 불공
정거래행위 건[공정거래위원회 2019. 12. 17. 의결 제2019-290호; 서울고등법원 2020.
10. 8. 선고 2020누32588 판결; 대법원 2021. 2. 25. 선고 2020두52559 판결]

I. 의의

원사업자는 수급사업자에게 제조등의 위탁을 하는 경우 부당하게 목적물등
과 같거나 유사한 것에 대하여 일반적으로 지급되는 대가보다 낮은 수준으로 하
도급대금을 결정(이하 "부당한 하도급대금의 결정")하거나 하도급받도록 강요하여
서는 아니 된다(법 제4조 제1항).

1984년 하도급법 제정당시 '부당한 방법을 이용할 것'과 '현저히 낮을 것'을
요건으로 규정하고 있었으나, 2013년 법 개정시 '현저하게 낮은'은 '낮은'으로,
'부당한 방법을 이용하여'에서 '부당하게'로 변경되었다.

하도급대금의 결정의 의미에 대하여 「부당한 하도급대금 결정 및 감액행위
에 대한 심사지침」[1]에서는 다음과 같이 규정하고 있다(II. 1. 3).

"하도급대금의 결정"이라 함은 원사업자가 수급사업자에게 제조(가공위탁 포함)·
수리·건설 또는 용역을 위탁(이하 "제조 등의 위탁"이라 함)할 때 수급사업자가

---

1) 공정거래위원회예규 제411호(2022. 11. 29).

위탁받은 것(이하 "목적물 등"이라 함)을 제조·수리·시공 또는 용역수행 하여 원사업자에게 납품·인도 또는 제공(이하 "납품 등"이라 함)하고 수령할 대가(이하 "하도급대금"이라 함)를 정하는 행위를 말한다.

"위탁을 할 때"라 함은 원칙적으로 원사업자가 수급사업자에게 제조 등의 위탁을 하는 시점을 말한다.

다만, 하도급거래가 빈번하여 계약기간·대금결제·운송·검수·반품 등의 거래조건, 규격·재질, 제조공정 등과 관련된 일반적인 내용을 기본계약서에 담고, 단가, 수량 등 하도급대금과 관련한 내용은 특약서 또는 발주서 등으로 위임하여 별도의 특약 또는 발주내용에 의거 하도급대금이 결정되는'계속적 거래계약'의 경우에는 해당 특약 또는 발주내용이 수급사업자에게 통지되는 시점을 "위탁을 할 때"로 본다.

부당하게의 판단기준에 대하여 「부당한 하도급대금 결정 및 감액행위에 대한 심사지침」에서는 다음과 같이 규정하고 있다(IV. 1).

가. 법 제4조 제1항의 "부당하게"에 대한 판단은 원칙적으로 하도급대금의 결정과 관련하여 그 내용, 수단·방법 및 절차 등이 객관적이고 합리적이며 공정·타당한지 여부 즉, 하도급대금의 결정 과정에서 원사업자가 수급사업자에게 목적물 등의 내용, 규격, 품질, 수량, 재질, 용도, 공법, 운송, 대금결제조건 등 가격결정에 필요한 자료·정보·시간 등을 성실하게 제공하였는지 여부, 수급사업자와 실질적이고 충분한 협의를 하였는지 여부와 거래상의 지위를 이용하여 수급사업자의 자율적인 의사를 제약하였는지 여부 또는 정상적인 거래관행에 어긋나거나 사회통념상 올바르지 못한 것으로 인정되는 행위나 수단 등을 사용하였는지 여부 등을 종합적으로 고려하여 판단한다.

〈부당하게의 예시〉

① 원사업자가 수급사업자들로부터 낮은 견적가를 받기 위해 발주수량, 규격(사양), 품질, 원재료, 결제수단·운송·반품 등의 거래 조건, 민원처리비용 부담주체 등 목적물 등의 대가결정에 영향을 미치는 주요내용이나 자료·정보 등을 수급사업자에게 충분히 제공하지 아니하거나 사실과 다르게 제공하는 경우
② 원사업자가 최저가 지명경쟁 입찰에 참여를 거부하거나 일정횟수 이상 낙찰되지 아니하는 수급사업자에 대해 다음 거래 시 물량감축 등의 불이익을 제공토록 하는 내용의 협력업체 관리내규를 이용하여 지명경쟁 입찰가격을 낮게 결정

하도록 하는 경우

③ 원사업자가 수량과 단가에 근거하여 하도급대금을 결정하였음에도 하도급대금 합의서 작성 시 수량을 제외하고 단가만 명시(단가 합의서 작성)하여 수량을 미확정 상태로 두고 매 발주시마다 수량을 통보하는 방법으로 하도급대금을 결정하는 경우

④ 정당한 이유 없이 위탁할 때 하도급대금(단가 및 수량)을 확정하지 아니하는 경우

⑤ 원사업자가 단가결정시 부득이한 사정에 의해 예상수량으로 단가를 정하고 추후 수량을 확정하여 정산을 하는 경우 사전에 수급사업자에게 불리하지 아니한 내용으로 수량증감에 따른 단가조정 기준을 정하지 아니하는 경우

⑥ 원사업자가 계속적 거래관계에 있는 수급사업자에게 확정되지 아니한 초안상태의 생산량감축 계획 관련 문건을 보여주는 등의 방법으로 거래중단이나 물량감축 의사를 내비치는 등 수급사업자의 자율적 의사를 억압하거나 제한하는 방법을 이용하는 경우

⑦ 원사업자가 수급사업자의 거래관련 (인감)도장을 맡아 보관하면서 일방적으로 이를 하도급대금 결정에 합의한 것으로 사용하는 경우

⑧ 원사업자가 가격책정 모델 또는 기법을 적용하여 산출한 금액을 가격인상 근거자료로는 활용하지 아니하고 가격인하 근거로만 활용하는 경우

⑨ 원사업자가 거래의존도가 높은 수급사업자에 대해 거래처 변경 시 경영상 어려움이 가중될 우려가 있는 것을 이용하여 가격인하에 불응할 경우 거래처 변경 가능성을 내세워 가격을 인하하는 경우

⑩ 임시단가(또는 가단가)를 정해 위탁한 뒤 나중에 원가계산, 견적가격 등의 산출이 가능할 때(예컨대, 제1회차 납품후) 대금을 확정하기로 수급사업자와 합의한 후 정당한 이유 없이 1회차 목적물이 납품된 후 상당한 기간을 경과하여 대금을 확정하는 경우

⑪ 신규 개발품이 아님에도 원사업자가 임시단가(또는 가단가)로 발주 받았다는 이유로 수급사업자에게 임시단가로 위탁한 후 발주자가 가격을 인하할 경우 그만큼을 인하하여 단가를 확정하는 경우

⑫ 원사업자가 수급사업자에게 제조 등을 위탁할 때 정당한 이유 없이 목적물 등에 대한 단가를 정하지 아니하고 납품받을 때 단가를 정하는 경우

⑬ 해당 목적물에 대해 하도급대금을 낮게 결정하면서 그 차액에 상당하는 금액을 다른 목적물에 대한 하도급대금의 결정시 보전해 주기로 한 후 이를 이행하지 아니하는 경우

⑭ 수출, 할인특별판매, 경품류, 선물용, 견본용 등을 이유로 같거나 유사한 것에 대해 일반적으로 지급되는 대가나 수급사업자의 견적가를 무시하고 일방적으로 하도급대금을 결정하는 경우

⑮ 원사업자가 원도급대금에 비하여 현저히 낮은 실행예산을 작성하여 일방적으로 그 실행예산 범위 내의 금액으로 하도급대금을 결정하는 경우

⑯ 원사업자가 수급사업자의 납품관련 기술자료(설계도서, 시방서, 특수한 공정·공법 등과 이에 대한 견적가 산출내역 등) 등을 다른 사업자에게 제공하고 그 다른 사업자가 이를 이용하여 제출한 견적가격 등을 근거로 하도급대금을 결정하는 경우

⑰ 원사업자가 건설산업기본법·령, 국가계약법·령 또는 지방자치단체계약법·령에 의거 하도급계약 금액 또는 수급사업자의 견적가를 포함한 하도급관리계획을 발주처에 제출하여 발주 받은 후 하도급계약 금액을 하도급관리계획상의 하도급계약 금액보다 낮은 수준으로 재조정하거나, 견적가보다 낮은 금액으로 하도급계약을 체결하는 경우

⑱ 원사업자가 발주자와의 협상 과정에서 수급사업자의 업무량을 일방적으로 추가시키고 하도급대금은 증액하지 아니하는 경우

⑲ 원사업자가 수급사업자의 제조원가 명세서 등을 제출받아 수급사업자의 이익률이 높다는 이유를 내세워 계약 갱신 시 동일한 목적물에 대해 하도급대금을 낮게 결정하는 경우

⑳ 설계변경 등에 따른 신규항목 등에 대한 물량 및 단가를 수급사업자의 의사와 무관하게 원사업자가 일방적으로 결정·작성한 변경 내역서를 제시하며, 변경 계약에 서명할 때까지 기성금 지급을 유보하는 등의 방법으로 수급사업자를 압박하여 신규항목 등에 대한 하도급대금을 낮게 결정하는 경우

㉑ 기타 객관성·합리성이 결여되거나 공정·타당하지 아니한 내용, 수단·방법 및 절차 등으로 하도급대금을 결정하는 경우

목적물 등과 같거나 유사한 것에 대하여 일반적으로 지급되는 대가보다 낮은 수준의 판단기준에 대하여 「부당한 하도급대금 결정 및 감액행위에 대한 심사지침」에서는 다음과 같이 규정하고 있다(IV. 1).

나. 법 제4조 제1항의 "목적물 등과 같거나 유사한 것에 대하여 일반적으로 지급되는 대가보다 낮은 수준"은 목적물 등과 같거나 유사한 것에 대해 정상적인 거래관계에서 일반적으로 지급되는 대가보다 낮은 수준 인지의 여부를 기준으로

판단한다.

(1) "같거나 유사한 것"의 판단은 목적물 등의 종류, 거래규모, 규격, 품질, 용도, 원재료, 제조공정, 공법 등을 고려하여 판단한다.

(2) "일반적으로 지급되는 대가"는 원칙적으로 다음의 방법으로 산출된 대가 중 순차적으로 우선 산출되는 대가를 적용한다.

   ① 목적물 등과 같은 것에 대해 동일 또는 유사한 시기에 정상적인 거래관계에서 다른 사업자에게 지급한 대가

   ② 목적물 등과 유사한 것에 대해 동일 또는 유사한 시기에 정상적인 거래관계에서 다른 사업자에게 지급한 대가

   ③ 종전에 목적물 등과 같거나 유사한 것에 대해 해당 수급사업자에게 지급한 대가가 있는 경우에는 그 대가에 소비자물가 상승률, 원자재가격 변동률 등을 고려하여 산출한 대가

   ④ 최저가 경쟁입찰에서 최저가로 입찰한 금액(일반적으로 지급되는 대가의 최저 수준)

   ⑤ 신규 개발품과 같이 목적물 등과 같거나 유사한 것이 존재하지 아니하거나 그것을 알 수 없는 경우에는 해당 목적물 등에 대한 제조 등의 원가에 해당 원사업자가 거래 중에 있는 같거나 유사한 업종에 속하는 수급사업자들의 전년도 평균 영업이익률에 상당하는 금액을 더한 대가

   ⑥ 원사업자가 건설산업기본법·령, 국가계약법·령 또는 지방자치단체계약법·령에 의거 발주처에 제출하는 하도급관리계획에 포함된 하도급계약 금액 또는 수급사업자의 견적가격

(3) "낮은 수준"의 해당 여부는 원칙적으로 결정된 하도급대금과 목적물 등과 같거나 유사한 것에 대해 일반적으로 지급되는 대가와의 차액규모, 목적물 등의 수량과 해당 시장 및 전·후방 시장상황 등을 고려하여 판단한다.

최저가 경쟁입찰에서 최저가로 입찰한 금액보다 하도급대금이 낮은 경우, 계속적으로 거래해 오고 있는 수급사업자가 납품하는 목적물의 제조에 필요한 원자재 가격이나 인건비가 인상되었음에도 원사업자가 단가를 인하하는 경우 등이 이에 해당한다.

II. 부당한 하도급대금의 결정으로 보는 경우

다음의 어느 하나에 해당하는 원사업자의 행위는 부당한 하도급대금의 결정

으로 본다(법 제4조 제2항).

　법 제4조 제2항의 법적 성격 관련하여 법원은 다음과 같이 판단하고 있다.

> "하도급법 제4조 제2항은 간주규정이므로, 경쟁입찰에 의한 하도급계약에서 원사업자가 최저가로 입찰한 금액보다 낮은 금액으로 하도급대금을 결정한 이상 그 과정에서 부정한 방법이 사용되었는지에 관계없이 부당한 하도급대금의 결정임"<대경건설의 불공정하도급거래행위 건>,[2] "하도급법 제4조 제1항과 제2항 각 호의 관계에 대하여 하도급법 제4조 제2항 각호에 해당하면 같은 조 제1항에 의한 현저성 여부(일반적으로 지급되는 수준보다 낮은 수준)를 따질 필요 없이 부당한 하도급대금 결정행위임"<SK건설(주)의 불공정하도급거래행위 건>,[3] "하도급법 제4조 제1항, 제2항 제4호의 각 규정에 의하면, 수급사업자를 기만하여 하도급대금을 결정하는 행위에 해당하면 별도로 통상 지급되는 대가보다 현저하게 낮은 수준으로 하도급대금을 결정하였는지를 따질 필요 없이 부당한 하도급대금의 결정임"<기아자동차의 불공정하도급거래행위 건>,[4] "법 제4조 제2항은 각 호의 행위에 대하여 '부당한 하도급대금의 결정으로 본다'라고 규정하고 있으며, 같은 조 5호 내지 7호는 '낮은 단가' 또는 '낮은 금액'이 그 요건임을 명시함에 반해, 제4호는 그와 같은 요건을 명시하지 않아 제4조 제2항을 추정규정으로 단정할 수 없음. 또한 제4조 제2항 제4호의 요건을 충족하면 결정단가가 낮은 단가인지를 따질 필요 없이 부당한 하도급대금결정행위임"<한국에쓰엠씨공압(주)의 불공정하도급거래행위 건>[5][6]

　그러나 법원은 지나친 확장·유추해석은 바람직하지 않다고 보고 있다.

> "제2항 각호에서 정하고 있는 행위의 의미를 지나치게 확장·유추해석하여 그 자체로 부당함 내지 현저하게 낮은 수준의 하도급대금이 결정된 것이 명백하다고 보기 어려운 행위까지도 포섭하는 것은 타당하지 아니함"<대우해양조선의 불공정하도급거래행위 건>[7]

---

2) 서고판 2014. 9. 5. 2013누33002.

3) 대판 2012. 2. 23. 2011두23337.

4) 대판 2010. 4. 29. 2008두14296.

5) 서고판 2013. 11. 14. 2013누7171[대판 2014. 4. 10. 2013두35198(심리불속행 기각)].

6) 서고판 2013. 11. 14. 2013누7171[대판 2014. 4. 10. 2013두35198(심리불속행 기각)].

7) 서고판 2016. 2. 5. 2014누40007. 하도급대금의 결정과 관련하여 내부적으로 정한 생산성 향상률을 적용하였다는 사정만으로 '목적물등과 같거나 유사한 것에 대하여 일반적으로 지급되는 대가보다 낮은 수준'이라고 인정할 수 없다 판시하였다.

1. 일률적인 단가인하 행위

부당한 하도급대금 결정행위로 간주하는 첫 번째 유형은 정당한 사유 없이 일률적인 비율로 단가를 인하하여 하도급대금을 결정하는 행위(제1호)이다.

법 제4조 제2항 제1호는 정당한 이유 없이 일률적인 비율로 단가를 인하하여 하도급대금을 결정하는 행위를 부당한 하도급대금 결정행위로 보고 있으므로, 원고의 행위가 부당한 하도급대금 결정행위에 해당하기 위해서는 일률적인 비율로 단가를 인하하였어야 한다<삼성전자(주)의 불공정하도급거래행위 건>.[8]

'일률적인 비율로 단가를 인하'한다고 함은, 둘 이상의 수급사업자나 품목에 관하여 수급사업자의 경영상황, 시장상황, 목적물 등의 종류·거래규모·규격·품질·용도·원재료·제조공법·공정 등 개별적인 사정에 차이가 있는데도 동일한 비율 또는 위와 같은 차이를 반영하지 아니한 일정한 구분에 따른 비율로 단가를 인하하는 것을 의미한다<현대자동차(주)의 불공정하도급거래행위 건>.[9] 법원은 일률적인 단가인하행위 판단함에 있어 수급사업자별로 개별적인 사정에 따른 차이가 존재할 것, 수급사업자들에 대하여 일률적인 비율로 단가인하, 일률적인 단가인하와 관련된 것으로 보이는 사업계획의 존재 등을 고려하였다<현대자동차(주)의 불공정하도급거래행위 건>.[10]

법원이 법위반으로 인정한 사례는 다음과 같다.

---

8) 서고판 2009. 11. 12. 2008누11237[대판 2010. 4. 8. 2009두23303(심리불속행기각)].

9) 대판 2011. 3. 10. 2009두1990(파기환송). 원사업자인 자동차 제조회사가 자신에게 자동차 부품을 납품하는 55개 중소기업 수급사업자들 중 26개 수급사업자의 789개 품목에 관하여 2001. 12.부터 2003. 5.까지 1, 2차에 걸쳐 납품단가를 3.2~3.5% 인하한 행위가 구 '하도급거래 공정화에 관한 법률'(2009. 4. 1. 법률 제9616호로 개정되기 전의 것) 제4조 제2항 제1호에서 정한 부당한 하도급대금의 결정 행위에 해당한다고 보고 공정거래위원회가 시정명령 등을 내린 사안에서, 수급사업자들의 경영상황과 목적물의 종류 등은 물론 납품물량 증가율까지 서로 다른데도, 원사업자가 저수익 차종의 재료비를 3.5% 인하하여 수익성을 개선할 계획을 세운 다음 2차 인하를 단행함으로써 수급사업자들 중 1차에서 1.8~2.0% 인하한 20개 업체에 대하여는 1.3~1.5% 추가 인하하여 인하율이 합계 3.2~3.5%에 이르게 하고, 나머지 6개 업체에 대하여는 3.4~3.5% 인하한 것으로 볼 여지가 있어 원사업자의 2차 인하행위가 '일률적인 비율로 단가를 인하하여 하도급대금을 결정하는 행위'에 해당한다고 할 수 있음에도, 이와 달리 판단한 원심판결에 법리를 오해하여 필요한 심리를 다하지 않은 위법이 있다고 한 사례이다. 일률적인 비율로 단가를 인하하는 행위의 판단기준에 관한 최초의 대법원 판결이다.

10) 대판 2011. 3. 10. 2009두1990(파기환송). 서울고등법원이 <삼성전자(주)의 불공정하도급거래행위에 대한 건>에 대하여 위와 유사한 법리를 판시한 사례는 있으나(서고판 2009. 11. 12. 2008누11237), 대법원은 별도 판단없이 심리불속행 기각하였다(대판 2010. 4. 8. 2009두23303, 위원회 승소).

"부품의 거래량이나 거래업체의 경영상황 등 합리적인 원가요인을 고려하지 아니하고 원가절감을 위하여 일률적인 비율의 단가 인하를 통해 하도급대금을 결정한 행위"<삼성전자(주)의 불공정하도급거래행위 건>,11) "결정된 인하율이 수급사업자에 따라 어느 정도 편차가 있다 하더라도, 위 기준에 비추어 전체적으로 동일하거나 일정한 구분에 따른 비율로 단가를 인하한 것으로 볼 수 있다면, '일률적인 비율로 단가를 인하하여 하도급대금을 결정하는 행위'"(<현대자동차(주)의 불공정하도급거래행위 건>,12) <STX조선해양(주)의 불공정하도급거래행위 건>),13) "업무가 동질적인 성격을 갖고 있다 하더라도 각 사업자들의 매출액이나 상시종업원 수 등 경영상황이 다르고 거래기간, 거래규모에 차이가 나는 사정을 전혀 반영하지 아니한 채 2009년 10%, 2010년 20% 등 동일 비율로 단가를 인하한 행위"<성동 조선해양의 불공정하도급거래행위 건>,14) "원사업자가 원가절감을 목적으로 대양산업해양 등 3개 수급사업자들의 소조립과 중·대조립 공정의 각 유형별 단가를 2009년 대비 10% 또는 15~5.7%라는 거의 동일한 비율로 인하한 점 등을 고려할 때 부당한 하도급대금 결정행위"<고성조선해양(주)의 불공정하도급거래행위 건>15)

법원이 법위반으로 인정하지 않은 사례는 다음과 같다.

"하도급법 제4조 제2항 제1호의 규정은 원사업자가 정당한 사유 없이 둘 이상의 수급사업자나 품목에 관하여 개별적인 사정에 차이가 있는데도 이를 반영하지 아니한 채 일률적인 비율로 단가를 인하하는 행태 자체를 부당한 하도급대금의 결정으로 본다는 의미이며, 따라서 위 규정을 위반한 거래에서 일률적인 단가 인하의 기준이 된 가격을 정당한 하도급대금이라고 단정할 수는 없다. 뿐만 아니라 위 규정 위반행위의 성질상 원사업자와 수급사업자 사이의 정당한 하도급대금을 일률적으로 산정하기도 어려움"<STX조선해양(주)의 불공정하도급거래행위 건>16)

동 조항의 위법성 판단기준에 대하여 「부당한 하도급대금 결정 및 감액행위에 대한 심사지침」에서는 다음과 같이 규정하고 있다(IV. 2. 가).

---

11) 서고판 2009. 11. 12. 2008누11237(대판 2010. 4. 8. 2009두23303).
12) 대판 2011. 3. 10. 2009두1990(파기환송).
13) 대판 2016. 2. 18. 2012두15555.
14) 대판 2018. 5. 15. 2015두38252.
15) 서고판 2014. 10. 17. 2013누32252.
16) 대판 2016. 2. 18. 2012두15555.

(1) "정당한 사유"여부는 일률적인 비율로 단가를 인하해야 하는 객관적이고 합리적인 근거가 있는지 여부로 판단한다.

〈정당한 사유의 예시〉

① 종전 계약에 비해 수급사업자별 또는 품목별로 발주물량이 동일한 비율로 증가한 경우 그에 따른 고정비의 감소분을 반영하기 위해 객관적이고 합리적으로 산출된 근거에 따라 종전 계약금액을 기준으로 일률적인 비율로 인하하여 하도급대금을 결정하는 경우

② 종전 계약에 비해 원자재 가격이 하락하여 동일한 원자재를 사용하는 품목별로 그 하락률을 객관적이고 합리적으로 산출한 근거에 따라 종전 계약금액을 기준으로 일률적인 비율로 인하하여 하도급대금을 결정하는 경우

③ 일률적 비율에 의한 단가결정이 개별적 단가결정에 비해 수급사업자에게 유리한 경우(단, 원사업자가 이를 객관적으로 입증하는 경우에 한한다)

(2) "일률적인 비율"이라 함은 둘 이상의 수급사업자나 품목에 대해 수급사업자별 경영상황이나 시장상황, 목적물 등의 종류, 거래규모, 규격, 품질, 용도, 원재료, 제조공정, 공법 등의 특성이나 차이를 고려하지 아니하고 동일하거나 일정한 규칙에 따라 획일적으로 적용하는 비율을 말한다.

결정된 인하율이 수급사업자에 따라 어느 정도 편차가 있다고 하더라도, 전체적으로 동일하거나 일정한 구분에 따른 비율로 단가를 인하한 것으로 볼 수 있다면, "일률적인 비율"이 적용된 것으로 본다.

〈일률적인 비율의 예시〉

① 둘 이상의 수급사업자 또는 하나의 수급사업자가 납품하는 두 종류 이상의 목적물 등에 대해 종전 계약단가를 기준으로 동일한 비율로 단가를 인하하는 경우

② 수급사업자의 거래규모별, 경영상황별(영업이익 규모 등) 또는 품목별로 단가 인하비율을 정하여 수급사업자들에게 획일적으로 적용하는 경우

③ 원사업자가 목적물 등에 대한 단가를 결정하면서 수급사업자별 또는 목적물별 단가가 다름에도 불구하고 종전 계약가격 또는 견적가격 등을 기준으로 동일한 금액을 획일적으로 인하하거나 일반적으로 지급되는 대가보다 낮은 특정한 금액으로 단가를 인하하여 획일적으로 정하는 경우

〈법위반 예시〉

① 원사업자가 경영상 어려움을 이유로 종전 계약단가를 기준으로 일방적으로 일정률씩 획일적으로 인하하는 행위

② 수급사업자의 전년도 영업이익률이 원사업자보다 높다는 이유로 종전 계약단가를 기준으로 거래규모에 따라 일정률씩(예컨대, 100억 이상인 수급사업자들에게 7%씩, 50억~100억인 수급사업자들에게 5%씩, 50억 이하인 수급사업자들에게 3%씩) 단가를 인하하기로 정하여 획일적으로 적용하는 행위

③ 객관적이고 합리적인 산출근거없이 종전 계약단가를 기준으로 수급사업자의 납품단가 규모별로 일정률씩(예컨대, 10만원 이상 품목은 5%씩, 10만원 미만 품목은 3%씩) 인하하기로 정하여 획일적으로 적용하는 행위

④ 완성차 제조 원사업자가 신규로 다수의 부품제조 수급사업자를 선정하면서 정당한 이유 없이 수급사업자의 견적가를 기준으로 위탁품목별로 일정률씩(예컨대, 엔진제조 수급사업자에 대해서는 10%씩, 타이어제조 수급사업자에 대해서는 5%씩, 브레이크제조 수급사업자에 대해서는 3%씩) 단가를 획일적으로 인하하는 행위

⑤ 원사업자가 수급사업자들의 종전 계약가격이 A는 250원, B는 300원, C는 350원으로 각자 다름에도 불구하고 객관적이고 합리적인 산출근거 없이 200원으로 획일적으로 인하하여 결정하는 행위

⑥ 환율변동 및 원자재가격 인하 등을 정당한 사유로 제시하였으나 제시한 사유와 무관한 가공비 항목에서 납품단가를 일률적으로 인하하는 행위

⑦ 원사업자가 발주자와의 협상 과정에서 당초 수급사업자들이 수행하기로 되어있는 과업과 관련 없는 과업이 추가되면서 여기서 발생하는 비용을 보전하기 위해 이를 수급사업자들이 제시한 견적금액에서 일방적으로 일정률씩 획일적으로 인하하는 행위

2. 일방적 금액공제 행위

부당한 하도급대금 결정행위로 간주하는 두 번째 유형은 협조요청 등 어떠한 명목으로든 일방적으로 일정 금액을 할당한 후 그 금액을 빼고 하도급대금을 결정하는 행위(제2호)이다.

동 조항의 위법성 판단기준에 대하여 「부당한 하도급대금 결정 및 감액행위에 대한 심사지침」에서는 다음과 같이 규정하고 있다(Ⅳ. 2. 나).

나. 원사업자가 협조요청이나 상생협력 등의 명목여하 또는 수급사업자의 합의여
　　부에 불문하고 일방적으로 일정금액을 할당하여 그 금액을 빼고 하도급대금을
　　결정하였는지 여부에 따라 위법성을 판단한다.

원사업자가 일방적으로 수급사업자별로 일정금액을 할당한 후에 수급사업자와 협
의과정에서 일부 수급사업자의 경우 할당한 금액대로 반영되지 아니하였다고 하더
라도 위법성이 있는 것으로 판단할 수 있다.

〈법위반 예시〉

① 원사업자가 환율변동, 임금상승, 물가인상, 가격경쟁 심화 등과 같은 경제
　여건의 변화에 따른 수지개선 또는 이익 극대화를 위한 방안으로 구매비용
　절감(원가절감) 목표를 정하여 이를 수급사업자별로 일방적으로 절감액을
　할당한 후 수급사업자의 견적가격 또는 종전 단가를 기준으로 일정금액을
　빼고 수급사업자들에게 협조를 요청하는 등의 방법으로 하도급대금을 결정
　하는 행위
② 수급사업자들에게 협조를 요청하는 방법으로 공정거래위원회의 과징금 납
　부명령이나 시정명령 또는 원사업자의 자진시정에 따라 이미 납부하거나
　지급한 과징금, 어음할인료, 지연이자 등의 전부 또는 일부만큼 낮은 금액
　으로 하도급대금을 결정하는 행위
③ 원사업자가 발주자와의 협상에 의해 추가된 비용을 수급사업자들에게 전가
　하기 위하여 수급사업자별로 일방적으로 절감액을 할당한 후 사정변경을
　이유로 그 금액을 빼고 하도급대금을 결정하는 행위

3. 수급사업자 차별 취급 행위

부당한 하도급대금 결정행위로 간주하는 세 번째 유형은 정당한 사유 없이
특정 수급사업자를 차별 취급하여 하도급대금을 결정하는 행위(제3호)이다.
동 조항의 위법성 판단기준에 대하여 「부당한 하도급대금 결정 및 감액행위
에 대한 심사지침」에서는 다음과 같이 규정하고 있다(IV. 2. 다).

다. "정당한 사유"에 해당되는지 여부는 수급사업자별 경영상황, 생산능력, 작업의
　난이도, 거래규모, 거래의존도, 운송거리·납기·대금지급조건 등의 거래조건,

거래기간, 수급사업자의 귀책사유 존부 등 객관적이고 합리적인 차별사유에 해당되는지 여부로 판단한다.

〈법위반 예시〉

① 원사업자가 목적물의 종류, 사양, 대금지급 조건, 거래수량, 작업의 난이도 등이 차이가 없음에도 특정 수급사업자에 대해 자신의 경쟁사업자와 거래한다는 이유 또는 자신이 지정한 운송회사를 이용하지 않는다는 이유 등으로 하도급대금을 차별하여 결정하는 행위

4. 수급사업자 기만행위

부당한 하도급대금 결정행위로 간주하는 네 번째 유형은 수급사업자에게 발주량 등 거래조건에 대하여 착오를 일으키게 하거나 다른 사업자의 견적 또는 거짓 견적을 내보이는 등의 방법으로 수급사업자를 속이고 이를 이용하여 하도급대금을 결정하는 행위(제4호)이다.

"승용 및 상용자동차 제조·판매회사가 자동차부품 생산업체들에게 수익성이 낮은 甲 차종 부품의 납품단가를 인하하는 대신 乙 차종 부품의 납품단가를 인상하여 손실을 정산하여 주기로 약속한 후, 이를 믿고 甲 차종 부품의 납품단가를 인하한 부품업체들에게 그 손실을 전혀 보전해 주지 않거나 일부만 보전해 준 행위"에 대하여 공정거래위원회가 부당한 하도급대금 결정행위에 해당한다는 이유로 시정명령 등을 내린 사안에서, 대법원은 "위 자동차회사는 부품업체들에 대하여 상당히 우월한 거래상 지위를 가지고 있고 인하된 납품대금을 보전해 줄 경제적 능력이 있었던 것으로 보임에도 상당한 기간이 지나도록 그 전액을 보전해 주지 않은 사실 등에 비추어, 자동차회사가 부품업체들에 대하여 인하된 납품대금 전액을 보전해 줄 의사가 없었음에도 이를 보전해 줄 것처럼 부품업체들을 기만하였다고 보아, 위 납품단가 인하행위는 수급사업자를 기만하고 이를 이용하여 하도급대금을 결정한 부당한 하도급대금의 결정"이라고 판시하였다<기아자동차의 불공정하도급거래행위 건>.[17]

기타 법원이 법위반으로 인정한 사례는 다음과 같다.

---

17) 대판 2010. 4. 29. 2008두14296.

> "수급사업자에게 공압실린더 부품 등의 제조를 위탁하면서, 대량 발주를 전제로 인하된 단가가 기재된 견적을 받아 그 후 소량만을 발주한 행위에 대하여, 발주량에 대하여 착오를 일으키게 하는 방법으로 부당하게 하도급 대금을 결정한 행위임"<한국에쓰엠씨공압(주)의 불공정하도급거래행위 건>[18]

　　구 하도급법(2009. 4. 1. 법률 제9616호로 개정되기 전의 것)에서는 '수급사업자를 기만하고 이를 이용하여 하도급대금을 결정하는 행위'로 규정하고 있었는 바, 대법원은 "'기만'이란 하도급거래에서 지켜야 할 신의와 성실의 의무를 저버리는 행위로서 수급사업자로 하여금 착오를 일으키게 하는 것을 말하고, 어떤 행위가 수급사업자를 착오에 빠지게 한 기만행위에 해당하는가의 여부는 거래의 종료 및 상황, 상대방인 수급사업자의 업종, 규모, 거래경험, 원수급자와 수급사업자의 거래상 지위 등 행위 당시의 구체적 사정을 고려하여 개별적으로 판단해야 한다. 그리고 기만의 의도는 원사업자가 자인하지 않는 이상 하도급대금 결정 전후 원사업자의 재력, 환경, 거래상 지위, 하도급대금의 인하 배경과 과정 및 내용, 거래의 이행과정 등과 같은 객관적 사정 등을 종합하여 판단할 수밖에 없다."고 판시하였다<기아자동차의 불공정하도급거래행위 건>.[19] 동 건에서 대법원은 자동차회사가 부품회사들에 대하여 상당히 우월한 거래상 지위를 가지고 있고 인하된 납품대금을 보전해 줄 경제적 능력이 있었던 것으로 보임에도 상당한 기간이 지나도록 그 전액을 보전해 주지 않는 사실 등에 비추어, 자동차회사가 부품업체들에 대하여 인하된 납품대금 전액을 보전해 줄 의사가 없었음에도 이를 보전해 줄 것처럼 부품업체를 기만하였다고 보았다.

　　동 조항의 위법성 판단기준에 대하여 「부당한 하도급대금 결정 및 감액행위에 대한 심사지침」에서는 다음과 같이 규정하고 있다(IV. 2).

> 라. 법 제4조 제2항 제4호의 "수급사업자에게 발주량 등 거래조건에 대하여 착오를 일으키게 하거나 다른 사업자의 견적 또는 거짓견적을 내보이는 등의 방법으로 수급사업자를 속이고 이를 이용하여 하도급대금을 결정하는 행위"에 대한 판단기준
> 하도급대금의 결정과정에서 수급사업자에게 착오를 일으키게 하거나 수급사업자를 속인 사실이 있는지 여부에 따라 위법성을 판단한다.

---

18) 서고판 2013. 11. 14. 2013누7171[대판 2014. 4. 10. 2013두35198(심리불속행 기각)].
19) 대판 2010. 4. 29. 선고 2008두14296.

수급사업자를 속인 사실의 여부는 거래의 종류 및 상황, 상대방인 수급사업자의 업종, 규모, 거래 경험, 원사업자와 수급사업자의 거래상 지위 등 행위 당시의 구체적 사정을 고려하여 개별적으로 판단한다.

〈법위반 예시〉

① 원사업자가 확정되지 아니한 초안 상태의 생산량 증대계획 또는 신규 수주계획 문건 등을 수급사업자에게 보여주면서 마치 종전계약보다 발주량을 대폭 늘려 줄 것처럼, 또는 그와 같이 수주가 이루어 질 것처럼 언질을 주어 하도급 대금을 낮게 결정한 후 실제로는 발주량을 늘려주지 않는 행위

② 다른 사업자의 견적서를 위·변조하거나 허위로 작성하여 그것을 보여주는 방법으로 하도급대금을 결정하는 행위

③ 해당 단가 인하분을 타 품목이나 타 공사 등을 위탁할 때 보전해 줄 것처럼 하면서 단가를 인하 한 후 그것을 이행하지 아니하는 행위

④ 원사업자가 하도급대금 결정을 위한 협의과정에서 하도급대금을 30일 이내에 현금으로 지급하기로 한 다른 수급사업자의 계약조건과 동일한 지급조건인 것처럼 내비춰 단가를 낮게 책정 한 후 실제로는 만기 6개월의 어음으로 지급하는 행위

5. 일방적 낮은 단가 적용행위

부당한 하도급대금 결정행위로 간주하는 다섯 번째 유형은 원사업자가 일방적으로 낮은 단가에 의하여 하도급대금을 결정하는 행위(제5호)이다.

1) 일방성

'합의 없이 일방적으로 낮은 단가에 의하여 하도급대금을 결정하는 행위'라 함은, 원사업자가 거래상 우월적 지위에 있음을 기화로 하여 수급사업자의 실질적인 동의나 승낙이 없음에도 단가 등을 낮게 정하는 방식으로 일방적으로 하도급대금을 결정하는 행위를 말한다. 또한 '합의 없이 일방적으로' 대금을 결정하였는지 여부는, 원사업자의 수급사업자에 대한 거래상 우월적 지위의 정도, 수급사업자의 원사업자에 대한 거래의존도, 계속적 거래관계의 유무 및 정도, 거래관계를 지속한 기간, 문제 된 행위를 전후로 한 시장 상황 등과 함께, 하도급대금이 결정되는 과정에서 수급사업자가 의사표시의 자율성을 제약받지 아니하고 협

의할 수 있었는지 여부 및 그 제약의 정도, 결정된 하도급대금으로 인해 수급사업자가 입은 불이익의 내용과 그 정도 등을 종합적으로 고려하여 판단하여야 한다<대우해양조선의 불공정하도급거래행위 건>.[20]

법원이 합의를 진정한 합의로 인정하지 않은 사례는 다음과 같다.

"납품단가 재견적을 하는 방식으로 단가인하를 하고, 단가인하율이나 단가인하를 일방적으로 통보하여 단가를 인하하는 방법으로 합의 없이 낮은 단가로 하도급대금을 결정하였음. 형식적으로 합의를 하였더라도 실질적으로 합의로 볼 수 없음" <한국에쓰엠씨공압(주)의 불공정하도급거래행위 건>,[21] "① 수급사업자는 원고에게 거래를 절대적으로 의존하고 있었음. ② 수급사업자에게 일방적으로 불리한 내용의 이 사건 단가 인하 합의서는, 원고와 수급사업자가 실질적 협의를 통하여 작성된 것이 아니라, 원고가 일방적으로 먼저 작성한 다음 수급사업자에게 날인을 요구하는 방법으로 작성된 것으로 볼 수 있음. 원고의 수급사업자에 대한 우월한 지위를 고려하면, 수급사업자가 원고의 날인 요구를 거절하는 것은 사실상 어려웠을 것임. ③ 수급사업자는 어떠한 근거로 단가가 결정되는지에 관한 충분한 정보를 제공받지 못하였으므로 실질적인 단가 인하 합의를 할 만한 상황도 아니었음" <신영프레이젼의 불공정하도급거래행위 건>[22]

이러한 판례의 경향으로 볼 때 형식적 합의라고 실질적 합의 과정이 결여되어 있으면 합의로 인정되지 못한다. 공정거래위원회도 마찬가지의 입장을 보이고 있다. 즉 '합의 없이 일방적으로' 하도급대금을 결정하였는지 여부는 원사업자가 하도급대금을 결정하는 과정에서 수급사업자에게 목적물의 종류, 수량, 규격(사양), 품질, 원재료, 대금결제·납기·운송·반품조건 등 목적물 등의 대가결정에 영향을 미치는 주요내용이나 자료·정보 등을 충분하고 성실하게 제공하는

---

20) 대판 2017. 12. 7. 2016두35540.

21) 서고판 2013. 11. 14. 2013누7171[대판 2014. 4. 10. 2013두35198(심리불속행 기각)]; 다음 4가지를 근거로 들고 있다. 4개 부품에 대해서는 재경산업이 가장 최저가를 제시하여 낙찰자로 결정되었는데, 원고는 그 후 아무런 자료나 근거도 제시하지 않은 채 그것도 빠른 회신을 요청하면서 대금인하를 요청하는 이메일을 발송하였고 재경산업은 특별한 검토 없이 이를 승낙하였다는 점, 155개 부품에 대해서는 구체적인 인하품목, 인하 비율에 따른 인하액 등을 적시하면서 단가인하를 요청하였고, 재경산업은 그 즉시 특별한 검토 없이 이를 승낙한 것으로 보이는 점, 원고는 피고 조사 당시 단가인하 사유를 적시하지 않고 단가인하를 요청하였으며, 어떠한 협의도 거치지 않았음을 자인하고 있는 점, 원고에 대한 재경산업의 절대적인 매출의존도와 기존업체가 단가조정에 불응하자 거래업체를 교체한 원고의 전례 등에 비추어 원고와의 관계에서 열위적 지위에 있는 재경산업으로서는 원고의 단가인하 요구에 응하지 않을 수 없었을 것으로 보이는 점

22) 서고판 2016. 10. 10. 2015누40271.

등 수급사업자와 실질적이고 충분한 협의를 거쳤는지 여부, 이 과정에서 수급사업자가 합의과정에서 의사표시의 자율성을 제약받지 아니한 상태였는지 여부 등을 기준으로 판단하여야 하며, 하도급대금 결정에 대한 합의가 존재하더라도 합의의 진정성이 인정되지 아니하는 경우에는 위법한 것으로 본다<삼우중공업(주)의 불공정하도급거래행위 건>.23)

> "① 피심인이 수급사업자와 2013. 4. 1. 체결한 단가계약의 계약기간이 7개월이나 남아 있던 2013. 9. 1.에 잔여 계약기간인 2013. 9. 1.부터 2014. 3. 31.까지의 기간에 대하여 이전 단가보다 3.2% 인하된 단가로 다시 단가계약을 체결한 것인 점, ② 피심인이 단가 인하에 관한 협의과정에서 수급사업자에게 단가 결정에 영향을 미치는 주요 내용이나 구체적인 자료·정보 등을 제공한 사실이 없는 점, ③ 수급사업자의 피심인에 대한 거래의존도가 약 83%에 이르고, 수급사업자로서는 향후 지속적인 거래관계의 유지를 위하여 피심인의 단가 인하 요구를 사실상 거절하기가 곤란하였을 것이라는 점 등을 감안할 때, 비록 피심인과 수급사업자가 외형상 단가계약의 체결을 통해 단가를 인하하였다 하더라도 이를 진정성 있는 합의라고 보기는 어려우므로, 피심인이 수급사업자와 합의 없이 일방적으로 하도급대금을 결정한 것으로 판단됨"<삼우중공업(주)의 불공정하도급거래행위 건>24)

2) 낮은 단가

낮은 단가 여부에 대하여 법원은 다음과 같이 판단하고 있다.

> "'낮은 단가'인지 여부는 원칙적으로 객관적이고 타당한 산출근거에 의하여 단가를 낮게 결정한 것인지 여부를 기준으로 판단하되, 수급사업자 등이 제시한 견적가격, 목적물 등과 같거나 유사한 것에 대하여 일반적으로 지급되는 대가, 목적물의 수량, 해당 목적물의 시장상황 등을 고려하여 판단할 수 있음"<삼우중공업(주)의 불공정하도급거래행위 건>,25) "나아가 '단가가 낮은지 여부'는 위탁 목적물 등과 같거나 유사한 것에 대하여 일반적으로 지급되는 대가보다 낮은 수준인지를 기준으로 판단하고, '일반적으로 지급되는 대가'의 수준은, 문제가 된 행위 당사자들 사이에 있었던 종전 거래의 내용, 비교의 대상이 되는 다른 거래들(이하 '비교 대상 거래')에서 형성된 대가 수준의 정도와 편차, 비교 대상 거래의 시점, 방식, 규모, 기간과 비교 대상 거래 사업자들의 시장에서의 지위나 사업규모, 거래 당시의 물가

---

23) 공정의 2017. 1. 26. 2017-081.
24) 공정의 2017. 1. 26. 2017-081.

등 시장 상황 등을 두루 고려하여 인정할 수 있음. 그리고 이에 대한 증명책임은 시정명령 등 처분의 적법성을 주장하는 피고에게 있음. 다만 원사업자와 수급사업자가 대등한 지위에서 상호보완하며 균형 있게 발전할 수 있도록 하려는 하도급법의 입법 취지와 그 집행의 실효성 확보가 요구되는 점 등을 고려하여 그 증명의 정도를 너무 엄격하게 요구할 것은 아님. 이러한 맥락에서, 계속적 하도급거래 관계에 있는 원사업자와 수급사업자의 '종전 거래 단가 또는 대금'이 종전 거래 당시의 일반적인 단가 또는 대금의 지급 수준보다 상당히 높았다는 등의 특별한 사정이 없는 한, '종전 거래 내용과 단가'를 '일반적으로 지급되는 대가'의 수준을 인정하는 데 중요한 요소로 고려할 수 있음. 하도급법 제4조 제2항 제5호가 규정하는 '단가'의 사전적 의미는 '물건 한 단위의 가격'을 말하는데, 하도급법령은 '단가'를 산정하기 위한 '단위'의 의미나 기준에 대하여는 별도의 규정을 두고 있지 않음. 그리고 별도의 가격 결정 단위를 정하지 않고 위탁받은 목적물 또는 용역의 가격 총액을 하도급대금으로 정한 경우에는 결국 그 목적물 또는 용역 전체를 기준으로 가격을 산정한 것이 되므로 그 하도급대금 자체가 '단가'에 해당한다고 볼 수 있음. 이와 같은 '단가' 개념의 포괄적·상대적 성격을 고려하면, 널리 하도급대금액에 영향을 줄 수 있는 요소 중 납품 물량과 무관한 것으로서 목적물 등의 가격 산정과 관련된 구성요소를 변경하여 하도급대금을 낮추는 행위 역시 '낮은 단가에 의하여 하도급대금을 결정하는 행위'에 해당할 수 있음"<대우해양조선의 불공정 하도급거래행위 건>[26)]

하도급법 제4조 제1항 및 제2항 제5호를 종합해보면, 일반적으로 지급되는 대가보다 낮은 수준으로 하도급대금을 결정하는 경우에 부당한 하도급대금 결정 행위가 된다.

"시수와 임률이라는 하도급대금의 2가지 결정요소 중 어느 한 요소만이 낮아졌다는 사정을 중시하여 그 하도급대금 결정행위가 부당하다고 판단하는 것은 합리적이라고 보기 어렵고, 개별 요소의 인하근거가 객관적이고 타당하지 아니할 뿐만 아니라, 일반적으로 지급되는 대가에 비해 '시수×임률'로 정해지는 하도급대금이 낮은 수준이라고 인정될 때 부당한 하도급대금 결정행위가 있었다고 봄이 상당함"<성동 조선해양의 불공정하도급거래행위 건>[27)]

---

25) 공정의 2017. 1. 26. 2017-081.
26) 대판 2017. 12. 7. 2016두35540.
27) 서고판 2015. 1. 16. 2013누8778.

<대우해양조선의 불공정하도급거래행위 건> 관련 행정소송에서 서울고등법원은 수급사업자가 제공하는 노동력의 양을 시간의 단위로 나타낸 시수가 하도급대금을 결정하는 요소에 해당한다는 것만으로 이를 단가로 볼 수 없다고 판시하였다.[28] 그러나 대법원은 시수를 구성하는 요소인 생산성향상률이 하도급법 제4조 제2항 제5호의 단가에 해당하지 않는다고 판단한 것은 부당하며, 하도급대금(시수×임률) 산정에 기여하는 구성요소(原단위, 작업장 요인, 프로젝트 요인, 생산성향상률 등)를 변경하여 하도급대금을 낮추는 행위도 '낮은 단가에 의하여 하도급대금을 결정하는 행위'에 해당한다고 보았다.[29] 그러나 하도급대금 결정요소 중의 하나인 '생산성향상률'을 합의없이 일방적으로 적용하였어도 부당한 하도급 결정행위로 보기 어렵다고 보았는데, 임률, 당월 기성시수에 대하여 수급사업자들과 개별 합의하였으며, 이 사건 하도급대금이 유사한 용역에 대하여 일반적으로 지급되는 수준보다 낮다는 점에 대한 입증이 부족하다고 판시하였다.[30]

법원이 일방적 낮은 단가를 인정한 사례는 다음과 같다.

"낮은 단가 여부에 대하여 객관적이고 타당한 산출근거에 의하여 적정하게 결정되지 아니하고, 일방적으로 낮은 단가에 의하여 정하여진 금액으로 보아야 함"<한국에쓰엠씨공압(주)의 불공정하도급거래행위 건>[31]

동 조항의 위법성 판단기준에 대하여 「부당한 하도급대금 결정 및 감액행위에 대한 심사지침」에서는 다음과 같이 규정하고 있다(Ⅳ. 2).

---

28) 서고판 2016. 2. 5. 2014누40007.

29) 대판 2017. 12. 7. 2016두35540. 시수계약 방식에 따른 하도급대금은 원고가 수급사업자에게 임가공을 위탁한 물량의 완성에 필요한 시간의 수, 즉 시수에 임률을 곱하는 방식으로 산정된다. 여기서 '시수'는, 원고가 위탁한 작업의 '물량'과 그 작업 완성에 표준적으로 소요되는 단위 시간인 '원(原)단위'를 곱하고 여기에 '작업장 요인'과 '프로젝트 요인'을 반영한 다음 '생산성향상률'을 적용하는 방식으로 산정한다. '생산성향상률'이란 해당 임가공 작업에 관하여 같은 시간 동안 얼마나 더 많이 작업할 수 있는지를 계량화한 수치를 의미하는데, 해당 '물량'을 완성하기 위한 임가공 작업에 필요한 시수가 얼마나 감소될 수 있는지를 나타낸다고도 볼 수 있다.

30) 대판 2017. 12. 7. 2016두35540.

31) 서고판 2013. 11. 14. 2013누7171[대판 2014. 4. 10. 2013두35198(심리불속행 기각)]. 그 근거로 다음을 들고 있다. 4개 부품에 대해서는 1차 발주 당시 가격이 시가 또는 시가에 근접한 가격으로 보이며, 그 후 인하된 단가는 1차 발주당시보다 수량이 축소된 사정으로 비추어 시가보다도 낮은 것으로 보이는 점, 만일 155개 부품의 종전 단가가 시가보다 고액이었으면, 부품공급업체를 변경하거나 '장기거래'를 이유로 하는 것이 아니라 단가가 '고액'임을 이유로 그 인하를 요구하였을 것으로 보이는 점.

마. "일방적으로"는 원사업자가 하도급대금을 결정하는 과정에서 수급사업자와 실
   질적이고 충분한 협의를 거쳐 하도급대금을 결정하였는지 여부 및 이 과정에서
   수급사업자가 의사표시의 자율성을 제약받지 아니한 상태였는지 여부를 기준
   으로 판단한다.
   "낮은 단가" 즉, 결정된 단가의 부당성 여부는 원칙적으로 객관적이고 타당한
   산출근거에 의하여 단가를 낮게 결정한 것인지 여부를 기준으로 판단하되, 수
   급사업자 등이 제시한 견적가격(복수의 사업자들이 견적을 제시한 경우 이들의
   평균 견적가격), 목적물 등과 같거나 유사한 것에 대해 일반적으로 지급되는
   대가, 목적물의 수량, 해당 목적물의 시장상황 등을 고려하여 판단한다.

〈법위반 예시〉

① 원사업자가 종전 계약의 목적물과 동일한 것에 대해 하도급대금을 새로이
   결정하면서 미리 정한 자신의 원가절감 목표액을 수급사업자들의 의사와
   무관하게 할당한 후 해당 수급사업자가 제출한 견적가를 기준으로 동 수급
   사업자에 해당하는 할당금액을 빼고 하도급대금을 결정하는 행위
② 원사업자가 계속적인 거래관계에 있는 수급사업자에게 신규 품목에 대해
   종전 가격보다 낮게 임시단가(또는 가단가)를 정하여 위탁한 후 단가를 확
   정하기 위한 추가적인 협의 없이 원사업자 일방의 의사결정을 통해 임시단
   가 그대로 하도급대금을 결정하는 행위
③ 단가를 결정하지 않은 채 위탁하여 목적물의 납품이 완료된 후 수급사업자
   의 가격 협상력이 낮은 상태를 이용하여 수급사업자의 제조원가보다 낮게
   하도급대금(단가)을 결정하는 행위
④ 원사업자가 신개발품을 발주하면서 우선 임시단가(또는 가단가)를 정하고
   추후 목적물의 최초 납품분에 대한 가격산출이 가능한 때 단가를 확정하기
   로 수급사업자와 합의하였으나 이후 해당 합의를 무시하고 객관적이고 합
   리적인 산출 근거 없이 임시단가 보다 낮게 하도급대금을 결정하는 행위
⑤ 합의(서)가 존재하더라도 원사업자가 객관적·합리적 절차와 방법을 결여
   하고 원가절감, 생산성향상 등 원사업자 일방의 영업수지 개선계획에 따라
   협조요청 등을 명분으로 한 통보나 강요에 의하여 하도급대금을 낮게 결정
   한 것으로 인정되는 행위
⑥ 합의(서)가 존재하더라도 원사업자는 소속 임직원에 대한 임금 또는 복리
   후생 비용 등의 인상, 임직원수의 증가, 영업이익률 증가 등 영업수지가 개
   선되는 등의 추세를 보이는 반면, 수급사업자는 원사업자의 계속적 또는

> 반복적 단가인하로 소속 임직원에 대한 임금동결, 인원감원, 영업이익률
> 등이 하락하거나 원자재가격의 인상 등으로 영업수지가 더욱 악화되는 추
> 세에서 원사업자가 관례적으로 다시 단가를 인하하는 행위

3) 제5호와 제1호의 관계

한편 위 제5호 위반과 제1호 위반은 적용법조와 성립요건에 차이가 있어 별
개의 처분사유를 구성하므로 법원에 이를 직권으로 심리할 의무가 있다고 볼 수
는 없다＜대우해양조선의 불공정하도급거래행위 건＞.[32]

6. 직접공사비 미만 하도급대금 결정 행위(수의계약)

부당한 하도급대금 결정행위로 간주하는 여섯 번째 유형은 수의계약(隨意契
約)으로 하도급계약을 체결할 때 정당한 사유 없이 *대통령령*[33]으로 정하는 바에
따른 직접공사비 항목의 값을 합한 금액보다 낮은 금액으로 하도급대금을 결정
하는 행위(제6호)이다.

수의계약이 아닌 경우에는 제6호를 적용할 수 없다. 법원은 다음과 같이 판
단하고 있다.

> "이 사건 하도급계약 체결과정에서 현장설명회 개최, 입찰 공고 등의 형식적인 입
> 찰절차를 거치지 않았다는 것만으로 이 사건 하도급계약이 수의계약 형태로 체결
> 되었다고 단정할 수 없음. (중략) 이 사건 공사계약은 최저가 낙찰이라는 사전에
> 설정된 낙찰 기준에 따라 원고가 지정한 5개 업체들이 자유로이 산정하여 제출한
> 견적서를 바탕으로 실질적인 경쟁을 통하여 대ㅇㅇ조경으로 낙찰자로 결정된 것
> 으로 보임. (중략) 이 사건 하도급계약이 수의계약 방식으로 체결되었다고 보기

---

32) 대판 2017. 12. 7. 2016두35540.

33) 제7조(부당한 하도급대금 결정 금지) ① 법 제4조제2항제6호에서 "대통령령으로 정하는 바에
따른 직접공사비 항목의 값을 합한 금액"이란 원사업자의 도급내역상의 재료비, 직접노무비
및 경비의 합계를 말한다. 다만, 경비 중 원사업자와 수급사업자가 합의하여 원사업자가 부담
하기로 한 비목(費目) 및 원사업자가 부담하여야 하는 법정경비는 제외한다. ② 법 제4조제2
항제6호에 따른 정당한 사유는 공사현장여건, 수급사업자의 시공능력 등을 고려하여 판단하
되, 다음 각 호의 어느 하나에 해당되는 경우에는 하도급대금의 결정에 정당한 사유가 있는
것으로 추정한다. <u>1. 수급사업자가 특허공법 등 지식재산권을 보유하여 기술력이 우수한 경우
2. 「건설산업기본법」 제31조에 따라 발주자가 하도급 계약의 적정성을 심사하여 그 계약의
내용 등이 적정한 것으로 인정한 경우</u>

어려우므로 하도급계약이 수의계약일 것을 요건으로 하는 하도급법 제4조 제2항 제6호에 해당한다고 할 수 없음"<건설사의 불공정하도급거래행위 건>[34]

　법원은 부당한 하도급결정행위는 '하도급계약을 체결할 때'를 기준으로 판단하므로 계약체결 후 수급사업자 채무를 대위변제한 점은 법위반 성립에 영향을 미치지 않는다고 보았다<라마종합건설(주)의 불공정하도급거래행위 건>.[35]
　동 조항의 위법성 판단기준에 대하여「부당한 하도급대금 결정 및 감액행위에 대한 심사지침」에서는 다음과 같이 규정하고 있다(Ⅳ. 2).

바. "정당한 사유"에 해당되는지 여부는 공사현장의 여건, 수급사업자의 시공능력 등을 고려하여 판단하되, 다음 각호의 하나에 해당하는 경우 영 제7조(부당한 하도급대금 결정 금지) 제2항의 규정에 의거 하도급대금의 결정에 정당한 사유가 있는 것으로 추정한다.
1. 수급사업자가 특허공법 등 지적재산권을 보유하여 기술력이 우수한 경우
2. 건설산업기본법」 제31조의 규정에 따라 발주자가 하도급 계약의 적정성을 심사하여 그 계약의 내용 등이 적정한 것으로 인정한 경우
　"대통령령이 정하는 바에 따른 직접공사비 항목의 값을 합한 금액"은 원사업자의 도급내역상의 재료비, 직접노무비 및 경비의 합계 금액을 말한다. 다만, 경비 중 원사업자와 수급사업자가 합의하여 원사업자가 부담하기로 한 비목(費目) 및 원사업자가 부담하여야 하는 법정경비를 제외한다.(영 제7조 제1항)

　법원이 정당한 사유가 있다고 본 사례가 있다.

"보증시공이행사로서 기존 사업자에 의해 형성된 하도급계약구조를 따를 수밖에 없는 상황 등이 존재하는 경우 정당화사유가 있음"<㈜태성공영의 불공정하도급거래행위 건>[36]

---

34) 서고판 2017. 12. 20. 2017누33147.
35) 서고판 2020. 12. 2. 2020누40138.
36) 서고판 2019. 11. 27. 2018누67307(대판 2020. 3. 27. 2019두62871).

7. 최저가 미만 하도급대금 결정 행위(경쟁입찰)

부당한 하도급대금 결정행위로 간주하는 일곱 번째 유형은 경쟁입찰에 의하여 하도급계약을 체결할 때 정당한 사유 없이 최저가로 입찰한 금액보다 낮은 금액으로 하도급대금을 결정하는 행위(제7호)이다.

1) 입법취지 및 법적 성격

법 제4조 제12항 제7호(최저가 입찰금액보다 낮은 금액으로 하도급대금 결정)는 그 규정에서 정한 행위에 해당할 경우 부당한 하도급대금 결정행위로 간주하여 부당하게 낮은 금액으로 하도급대금을 결정하는 불공정거래행위에 대하여 효과적으로 대처하고, 공정한 하도급거래질서를 정착하려는데 그 입법 취지 및 목적이 있다<SK건설(주)의 불공정하도급거래행위 건>.[37]

하도급법 제4조의 규정 형식과 내용, 입법취지 등에 비추어 보면, 경쟁입찰에 의한 하도급계약에서 원사업자가 최저가로 입찰한 금액보다 낮은 금액으로 하도급대금을 결정하여 하도급법 제4조 제2항 제7호에 해당하면 그 과정에서 부당한 방법을 이용하였는지, 하도급대금이 통상 지급되는 대가보다 현저하게 낮은 수준으로 결정되었는지를 따질 필요 없이 부당한 하도급대금의 결정으로 간주된다(<요진건설산업(주)의 불공정하도급거래행위 건>, <SK건설(주)의 불공정하도급거래행위 건>, <(주)대성합동지주의 하도급법 위반행위 건>).[38]

2) 경쟁입찰의 요건

경쟁입찰의 요건과 관련하여, 서울고등법원은 현장설명회를 통하여 입찰에 관한 사항이 공지된 후 복수의 업체가 밀봉된 입찰서를 제출하여 경쟁을 통하여 낙찰 받은 이상 그 형식 및 내용의 측면에서 법 제4조 제2항 제7호 소정의 '경쟁입찰'에 해당한다고 판결하였다<㈜동일의 불공정하도급거래행위 건>.[39] 그리고 가격이 핵심요소가 되어 경쟁입찰로 본 경우도 있다<삼양건설산업(주)의 불공정거래행위 건>.[40]

---

37) 대판 2012. 2. 23. 2011두23337.
38) 대판 2016. 3. 10. 2013두19622; 서고판 2013. 8. 23. 2012누26380 판결; 서고판 2012. 5. 17. 2011누36687(대판 2012. 11. 15. 2012두13924).
39) 서고판 2013. 8. 23. 2012누26380.
40) 서고판 2020. 10. 8. 2020누32588(대판 2021. 2. 25. 2020두52559).

3) 정당한 사유

'정당한 사유'란 공사현장 여건, 원사업자의 책임으로 돌릴 수 없는 사유 또는 수급사업자의 귀책사유 등 최저가로 입찰한 금액보다 낮은 금액으로 하도급대금을 결정하는 것을 정당화할 객관적·합리적 사유를 말하는 원사업자가 이를 주장·증명하여야 하고 공정한 하도급거래질서 확립이라는 관점에서 사안에 따라 개별적, 구체적으로 판단하여야 한다(<요진건설산업(주)의 불공정하도급거래행위 건>, <(주)동일의 불공정하도급거래행위 건>, <SK건설(주)의 불공정하도급거래행위 건>, <㈜대우건설의 불공정하도급거래행위 건>).[41]

즉 하도급법상 '부당한 하도급대금 결정행위'에 대한 정당한 사유의 유무는 수급사업자의 귀책사유 또는 수급사업자에게 유리한 경우인지 여부 등 하도급대금을 최저가 입찰금액 보다 낮게 결정할 객관적이고 합리적인 사유가 있는지 여부에 따라 결정해야 한다<(주)동일의 불공정하도급거래행위 건>.[42] 여기에는 최초 입찰 후 추가적인 협상에 의한 경우<(주)동일의 불공정하도급거래행위 건>[43]뿐만 아니라 재입찰에 의한 경우도 포함된다(<SK건설(주)의 불공정하도급거래행위 건>,

---

41) 대판 2014. 4. 14. 2014두1857; 대판 2016. 3. 10. 2013두19622; 대판 2012. 2. 23. 2011두23337. 위 조항에서 정한 '하도급대금의 결정행위'에는 재입찰에 의한 경우도 포함되고, 갑 회사가 외주비를 절감하기 위해 자체 편성한 계획공사원가의 96%를 예정가격으로 정한 후 최초 입찰에서 최저가로 입찰한 금액이 예정가격을 초과한다는 이유로 입찰 참여업체에 사전에 알리지 않고 재입찰을 한 것은 갑의 내부적 사정에 불과하여 하도급대금을 최저가 입찰금액보다 낮게 결정할 객관적이고 합리적인 사유라고 보기 어려운 점, 정당한 사유 없이 최저가로 입찰한 금액보다 낮은 금액으로 하도급대금을 결정하는 행위에 해당하면 일반적으로 지급되는 대가보다 현저하게 낮은 수준으로 하도급대금을 결정하였는지를 별도로 따질 필요 없이 부당한 하도급대금의 결정으로 보아야 하는 점 등을 종합해 볼 때, 위 행위가 하도급법 제4조 제2항 제7호에서 정한 '부당한' 하도급대금 결정행위에 해당한다; 대판 2009. 4. 9. 2008두21829.

42) 대판 2009. 4. 9. 2008두21829; 서고판 2013. 8. 23. 2012누26380.

43) 서고판 2013. 8. 23. 선고 2012누26380 판결 참조; 이 사건 입찰 후 발주물량이나 자재단가의 변경 등 사정변경이 없었음에도 원고는 최저 입찰가격보다 낮은 가격으로 계약을 체결하기 위하여 입찰을 통하여 우선협상대상자를 선정한 후 추가협상을 하였던 것으로 보이는바, 이러한 경우에도 원고로서는 최소한 입찰예정가격을 객관적·합리적으로 산정한 후 입찰가격이 이를 상당히 초과할 경우에는 불가피하게 추가협상이 있을 수 있음을 사전에 공고하였어야 할 것임에도 이러한 조치를 취하지 않았음", "처음부터 입찰예정가격을 산정하지 않아 추가협상이 필요한지를 전혀 예측할 수 없는 상태에서 현장설명서를 배포하며 구두로 추가협상이 있을 수 있다고 고지한 경우에도 하도급법 제4조 제2항 제7호 소정의 '정당한 사유'가 있는 것으로 본다면, 원사업자가 객관적·합리적인 사유 없이 추가협상의 가능성을 구두로 고지함으로써 하도급법 제4조 제2항 제7호의 제한을 임의로 회피할 수 있게 되고 그 결과 최저가로 입찰한 수급사업자는 원사업자의 부당한 가격인하 요구를 거부하기 어렵게 되어, 경쟁입찰 과정에서의 부당한 하도급대금 결정행위 간주 규정을 두어 불공정거래행위에 효과적으로 대처하고 공정한 하도급거래질서를 정착시키려는 위 규정에 중대한 공백이 생기게 된다."

<(주)대성합동지주의 불공정하도급거래행위 건>).[44)]

한편 <(주)포스코 아이씨티의 불공정거래행위 건> 관련 행정소송에서 법원은 "하도급법 제4조 제2항 제7호의 '정당한 사유'가 인정되기 위해서는 기준가격은 실제 집행할 수 있는 예산의 최대한도 등을 고려하여 합리적으로 결정되어야 할 것이고, 기준가격의 정당성에 대해서는 원고가 입증하여야 한다"고 판시하였다.[45)]

한편 '정당한 이유' 관련하여 관련 간접공사비는 낮추고 직접공사비는 증액한 경우 정당한 이유가 있는 것으로 볼 수 있느냐는 문제에 관하여 법원은 "첫째, 하도급법 제2조 제1항은 '하도급대금'을 직접공사비와 간접공사비로 구분하지 않고 있으므로 하도급대금을 직접공사비로 제한할 수는 없으며, 직접공사비만으로 하도급대금이 감액되었는지를 판단한다면 원사업자가 간접공사비 감액을 통해 전체 하도급대금을 부당하게 감액할 소지가 있으며, 둘째, 직접공사비가 증가되었더라도 전체 하도급대금이 감소하였다면 실질적으로 수급사업자의 이익이 감소한 것으로 볼 수 있고, 향후 이와 같이 낮게 책정된 재료비와 노무비를 기준으로 하도급대금이 다시 결정될 우려가 있는 점을 고려할 때 실질적으로 수급사업자에게 불이익이 발생하였던 것으로 보아야 한다"고 판시함으로써, 부당한 하도급대금결정 여부를 판단함에 있어서 공사내역이 아닌 총 공사대금을 기준으로 하여야 함을 명백히 하였다<대경건설의 불공정하도급거래행위 건>.[46)]

법원이 정당한 사유를 인정하지 않은 사례는 다음과 같다.

"원사업자가 경쟁입찰 방식에 의해 수급사업자를 선정하면서 정당한 사유없이 최저가로 입찰한 금액보다 낮은 금액으로 결정한 행위는 위법함"<요진건설산업(주)의 불공정하도급거래행위 건>,[47)] "최저 입찰가가 원사업자의 예정가격을 초과한다는 이유로 재입찰을 실시한 행위는 하도급법상 '정당한 사유'에 해당하지 아니함"<SK건설(주)의 불공정하도급거래행위 건>,[48)] "수급사업자의 입찰금액이 원고가 미리 정한 예정금액보다 낮았음에도 사전에 고지하지 않은 내부규정을 내세워 재입찰을 실시한 행위는 '정당한 사유'에 해당하지 아니함"<(주)대성합동지주의 하도급법 위반행위 건>,[49)] "경쟁입찰과정에서의 부당한 하도급대금 결정행위 간

44) 대판 2012. 2. 23. 2011두23337; 서고판 2012. 5. 17. 2011누36687(대판 2012. 11. 15. 2012두13924).
45) 서고판 2018. 11. 16. 2017누46556(대판 2019. 3. 28. 2018두66807).
46) 서고판 2014. 9. 5. 2013누33002.

주 규정을 두어 불공정거래행위에 효과적으로 대처하고 공정한 하도급거래질서를 정착시키려는 위 규정에 중대한 공백이 생기게 되는 점 등을 고려하면 정당한 사유가 있다고 보기 어려움"<동일의 불공정하도급거래행위 건>,[50] "구체적인 사유를 알리지 않은 채 추후 협상이 이루어질 여지가 있음을 고지한 것"<삼양건설산업(주)의 불공정거래행위 건>[51]

법원이 정당한 사유를 인정한 사례도 있다.

"현장설명회에서 원고는 길탑건설의 기 시공분에 대한 정산이 완료되지 아니하였으므로 기 시공분까지 승계하여 견적하는 조건(기 시공분의 수량을 고려하지 아니한 최초 수량)으로 견적서를 제출할 것을 요청하고, 기 시공분에 대한 정산금액은 추후 통보해주겠다고 설명하였으며, 그에 따라 입찰참가자들에 배포한 수량내역서에도 기 시공분의 수량을 공제하지 아니한 행위"<(주)신안의 불공정하도급거래행위 건>,[52] "입찰참여자중 낙찰자로 선정된 입찰금액보다 낮은 금액으로 하도급대금을 결정하였다 하더라도, 위 하도급대금이 최저가 입찰금액보다 높은 금액인 이상 부당한 하도급결정행위에 해당한다고 볼 수 없음"<대우건설의 불공정하도급거래행위 건>[53]

4) 최저가 입찰금액의 의미

'최저가로 입찰한 금액'의 의미에 대하여 대법원은 "당해 입찰에서의 최저가 입찰금액을 말하는 것이지 낙찰자가 입찰한 금액을 의미하는 것은 아니다"고 판시하였다<㈜대우건설의 불공정하도급거래행위 건>.[54] 즉 '최저가 입찰금액'의 의미에 관하여, 서울고등법원은 낙찰자의 입찰금액 653백만원을 최저가 입찰금액으로 보고 이 보다 낮은 643백만원으로 결정되었으므로 위법하다고 본 반면, 대법원은 낙찰과 무관하게 '입찰'만을 기준으로 하여 629백만원을 최저가 입찰금액

47) 대판 2016. 3. 10. 2013두19622.
48) 대판 2012. 2. 23. 2011두2333.
49) 서고판 2012. 5. 17. 2011누36687.
50) 대판 2016. 3. 10. 선고 2013두19622.
51) 서고판 2020. 10. 8. 2020누32588(대판 2021. 2. 25. 2020두52559).
52) 서고판 2012. 5. 16. 2011누10340[대판 2012. 10. 11. 2012두14385(심리불속행기각)].
53) 대판 2009. 4. 9. 2008두21829.
54) 대판 2009. 4. 9. 2008두21829.

으로 보고 이보다 높은 643백만원으로 결정되었으므로 위법하지 않다고 판단한
것이다.55)

　　동 조항의 위법성 판단기준에 대하여 「부당한 하도급대금 결정 및 감액행위
에 대한 심사지침」에서는 다음과 같이 규정하고 있다(Ⅳ. 2).

> 사. "정당한 사유"에 해당하는지 여부는 수급사업자의 귀책사유, 원사업자의 책임
> 으로 돌릴 수 없는 사유 또는 수급사업자에게 유리한 경우인지 여부 등 최저가
> 입찰금액 보다 낮게 결정할 객관적이고 합리적인 사유에 해당되는지 여부로 판
> 단하며 원사업자가 이를 입증하여야 한다.
> 본 조항을 적용함에 있어 하도급대금을 결정하는 행위의 태양에는 특별한 제한
> 이 없으며, 따라서 추가적인 협상에 의한 경우 뿐 아니라 재입찰에 의한 경우
> 도 포함한다.
>
> 〈정당한 사유의 예시〉
>
> ① 최저가 경쟁입찰에서 낙찰된 수급사업자가 핵심기술인력의 갑작스런 사망 등
> 과 같이 예상치 못한 사유로 인하여 목적물 등의 일부에 대해 제조 등을 수행
> 할 수 없어 수급사업자가 그 부분에 대한 감액을 요청하는 경우
> ② 최저가 경쟁입찰에서 낙찰자가 결정된 직후 미리 예상치 못한 발주물량의 증가
> 등으로 인해 총 계약금액이 증가함에 따라 객관적이고 합리적인 산출근거에 의
> 해 단가를 최저가보다 낮게 결정하는 경우
>
> 〈법위반 예시〉
>
> ① 원사업자가 최저가 경쟁입찰에서 최저가로 입찰한 수급사업자에게 업계관행을
> 이유로 다시 대금인하 협상을 하여 최저가 입찰금액보다 낮은 가격으로 하도급
> 대금을 결정하는 행위
> ② 원사업자가 최저가 경쟁입찰에서 최저가로 입찰한 수급사업자에게 입찰조건과
> 달리 하도급대금을 더 낮춰 줄 것을 요구하여 거절당하자, 최저가 입찰자 이외
> 의 입찰자와 단가협상을 통해 최저가 입찰금액보다 낮은 가격으로 하도급대금
> 을 결정하는 행위
> ③ 원사업자가 경쟁입찰을 실시하면서 최저 입찰가가 원사업자의 예정가격을 초
> 과하는 경우에 재입찰을 실시한다는 점을 사전 고지하지 않았음에도 이를 이유

---

55) 이는 2005년 하도급법 개정으로 새로 도입된 제4조 제2항 제7호에 관한 최초의 대법원 판결
　　이다.

　　　　로 최저 입찰가를 제시한 업체를 낙찰자로 선정하지 아니하고 그 업체를 포함
　　　　하여 상위 2개 또는 3개 업체를 대상으로 재입찰을 실시하여 그 중 가장 낮은
　　　　가격을 제시한 업체를 낙찰자로 선정함으로써 당초 최저 입찰가보다 낮게 하도
　　　　급대금을 결정하는 행위

　　　　※ 최저 입찰가가 원사업자의 예정가격을 초과하는 경우에 재입찰을 실시한다는
　　　　점을 사전 고지하였다고 하더라도, 예정가격에 대한 공증을 받는 등 사후에라도
　　　　낙찰자 선정에 대한 이의나 분쟁이 발생한 경우 원사업자의 예정가격을 확인할 수
　　　　있도록 하는 것이 필요하다. 또한 예정가격은 단지 원사업자 자신의 외주비를 절
　　　　감하기 위한 목적이 아니라 원사업자가 실제 집행할 수 있는 예산의 최대한도 등
　　　　을 고려하여 합리적으로 결정되어야 할 것이며, 예정가격의 정당성에 대해서는 원
　　　　사업자가 이를 입증하여야 한다.

8. 수급사업자 책임없는 불리한 하도급대금 결정 행위(계속적 거래)

　　　부당한 하도급대금 결정행위로 간주하는 여덟 번째 유형은 계속적 거래계약
에서 원사업자의 경영적자, 판매가격 인하 등 수급사업자의 책임으로 돌릴 수
없는 사유로 수급사업자에게 불리하게 하도급대금을 결정하는 행위(제8호)이다.
동 조항의 위법성 판단기준에 대하여 「부당한 하도급대금 결정 및 감액행위에
대한 심사지침」에서는 다음과 같이 규정하고 있다(IV. 2).

　　아. 계속적 거래계약 기간 중 원사업자가 경영적자, 판매부진, 경쟁심화에 따른 판
　　　　매가격 인하 등 수급사업자의 책임으로 돌릴 수 없는 사유로 새로이 인하된 하
　　　　도급대금을 결정하는 경우에 그 내용이나 절차가 정상적인 거래관행에 비추어
　　　　볼 때 공정하고 타당한지 여부로 위법성을 판단한다.
　　　　"수급사업자의 책임으로 돌릴 수 없는 사유"란 새로이 하도급대금을 결정하게
　　　　된 사정이 원사업자나 외부환경의 변화 등에 있고 수급사업자에게는 귀책사유
　　　　가 없음을 말한다.
　　　　"수급사업자에게 불리하게"는 새로이 인하된 하도급대금을 결정하는 절차 및
　　　　그 결정된 내용이 정상적인 거래관행상 공정성과 타당성이 결여되었음을 말하
　　　　며, 이는 아래의 사항을 고려하여 판단한다.

　　• 원사업자가 새로이 하도급대금을 인하 결정하게 된 사정, 과정 및 그 결과와 관

련하여 필요한 자료나 정보 등을 수급사업자에게 성실하게 제공하였는지 여부
- 원사업자가 객관적이고 합리적인 절차에 따라 수급사업자와 실질적인 협의를 거쳤는지 여부
- 인하된 하도급대금의 환원이나 인상 등에 대해 실효성 있는 방안을 마련·제공하고 추후 이를 실행하였는지 여부
- 새로이 인하된 하도급대금을 결정한 사정과 수급사업자가 납품하는 목적물 등이 연관성이 있는지 여부
- 원사업자와 수급사업자간 부담의 분담 정도가 합리적인지 여부

결국 원사업자는 계속적 거래계약 기간 중에 수급사업자의 책임으로 돌릴 수 없지만 경영상 불가피한 사유를 이유로 이러한 이유와 직접 관련이 있는 목적물에 대해 새로이 하도급대금을 인하 결정할 수 있다. 다만, 새로이 하도급대금을 인하 결정하는 과정에서 원사업자가 수급사업자와 충분하고 실질적인 협의를 거치고 이러한 협의결과를 토대로 그 부담을 수급사업자와 합리적으로 분담하는 것이 필요하다.

예를 들면 계속적 거래계약 기간 중 원사업자가 판매가 부진한 제품에 대하여 생산중단 보다는 판매가격을 인하하기로 하고, 이후의 발주물량(해당 제품에 부속하는 목적물로 한정한다)에 대해서 수급사업자와 충분하고 실질적인 교섭을 통해 그 교섭 결과를 바탕으로 원수급사업자 간 판매가격 인하에 따른 부담을 적정 분담하는 수준에서 납품가격을 인하 결정하는 행위는 법 위반이 아니다.

위에서 "직접 관련이 있는 목적물"이란 가령 원사업자가 A, B, C 등 다수의 제품을 생산한다고 가정했을 때 A제품의 글로벌 가격경쟁이 격화되어 판매가격 인하 없이는 수출경쟁력 유지가 불가능한 경우가 발생하면 A제품에 부속되는 목적물들에 한해 단가를 인하할 수 있음을 의미한다. 한편 원사업자의 임금인상이나 노조파업 등의 경우는 이들과 직접 연관된 목적물을 특정할 수 없으므로 이를 이유로 단가를 인하하는 것은 금지된다.

〈법위반 예시〉

① 계속적 거래계약 기간 중 수급사업자가 납품한 목적물이 부수된 제품의 경우 판매 호조로 원사업자 경영적자의 원인이 아님에도 원사업자가 경영적자를 이유로 해당 수급사업자에 대해서도 종전에 비해 낮은 단가로 하도급대금을 결정하는 행위

② 원사업자의 임금인상이나 노조파업 등에 따른 비용 발생분을 수급사업자에게 전가하기 위하여, 계속적 거래계약 기간 중 원사업자가 종전에 비해 낮은 단가로 하도급대금을 결정하는 행위

③ 계속적 거래계약 기간 중 원사업자가 글로벌 가격경쟁 심화나 환율변동 등을 이유로 사전협의 과정 없이 종전에 비해 낮은 단가로 하도급대금을 일방적으로 결정해서 수급사업자에게 통보하는 행위

제5조(물품 등의 구매강제 금지)

원사업자는 수급사업자에게 제조등의 위탁을 하는 경우에 그 목적물등에 대한 품질의
유지 · 개선 등 정당한 사유가 있는 경우 외에는 그가 지정하는 물품 · 장비 또는 역무의
공급 등을 수급사업자에게 매입 또는 사용(이용을 포함한다. 이하 같다)하도록 강요하여
서는 아니 된다.
[전문개정 2009. 4. 1.]

본 조는 법문상으로는 물품 · 장비 또는 역무의 공급에 한정되지 않는다. 그
러나 제조 등 '그가 지정하는'의 의미로 보면 위탁과의 관련성있는 경우로 한정
하여야 한다.

정당한 사유가 있는 경우로 「하도급거래공정화지침」에서는 다음과 같이 규
정하고 있다(Ⅲ. 5).

발주자나 고객이 목적물의 제조 또는 시공의뢰 시, 특정물품 및 장비 등을 사용토
록 요구하는 경우에는 부당한 물품의 구매강제행위에 해당되지 아니한다.

제6조(선급금의 지급)

① 수급사업자에게 제조등의 위탁을 한 원사업자가 발주자로부터 선급금을 받은 경우에는 수급사업자가 제조·수리·시공 또는 용역수행을 시작할 수 있도록 그가 받은 선급금의 내용과 비율에 따라 선급금을 받은 날(제조등의 위탁을 하기 전에 선급금을 받은 경우에는 제조등의 위탁을 한 날)부터 15일 이내에 선급금을 수급사업자에게 지급하여야 한다.

② 원사업자가 발주자로부터 받은 선급금을 제1항에 따른 기한이 지난 후에 지급하는 경우에는 그 초과기간에 대하여 연 100분의 40 이내에서 「은행법」에 따른 은행이 적용하는 연체금리 등 경제사정을 고려하여 공정거래위원회가 정하여 고시하는 이율에 따른 이자를 지급하여야 한다. <개정 2010. 5. 17.>

③ 원사업자가 제1항에 따른 선급금을 어음 또는 어음대체결제수단을 이용하여 지급하는 경우의 어음할인료·수수료의 지급 및 어음할인율·수수료율에 관하여는 제13조제6항·제7항·제9항 및 제10항을 준용한다. 이 경우 "목적물등의 수령일부터 60일"은 "원사업자가 발주자로부터 선급금을 받은 날부터 15일"로 본다.

[전문개정 2009. 4. 1.]

▌목 차

[참고사례]

영도건설산업(주)의 불공정하도급거래행위 건(공정거래위원회 1997. 3. 14. 의결 제97-44호; 서울고등법원 1999. 1. 13. 선고97구27970 판결); **주식회사 동일 외 1인과 전기공사공제조합의 공사도급계약 건**[부산고등법원 2001. 4. 12. 선고 99나13515 판결; 대법원 2003. 5. 16. 선고 2001다27470(보증금) 판결]; 지원종합건설 하도급공사 건(부산고등법원 2000. 11. 30. 2000나2924; 대법원 2002. 9. 4. 2001다1386[공사대금] 판결; **갑을공영종합건설의 불공정하도급거래행위 건**[공정거래위원회 2005. 12. 6. 의결 제2005-269; 서울고등법원 2007. 8. 16. 선고 2006누12045 판결; 대법원 2007. 12. 27. 선고 2007두18895(심리불속행기각) 판결]; **보미종합건설의 불공정하도급거래행위 건**[공정거래위원회 2008. 10. 31. 2008－292; 서울고등법원 2009. 11. 4. 선고 2009누7099 판결; 대법원 2010. 3. 25. 선고 2009두23181(심리불속행기각) 판결]; **정동종합철강(주) 하도급대금직불 건**(수원지방법원 2013. 10. 16. 선고 2012나39513 판결); **국방부와 송원개발등 공동수급체간 하도급공사 건**[서울중앙지방법원 2009. 5. 13. 선고 2008가합123297; 서울고등법원 2009. 12. 10. 선고 2009나55749 판결; 대법원 2010. 7. 8. 선고 2010다9597(부당이득금반환) 판결]; **전남지방경찰청사 신축공사 건**{광주고등법원 2013. 12. 31. 선고 2012나2940, 2957 판결; 대법원 2017. 1. 12. 선고 2014다11574, 11581 판결[손해배상(기)·손해배상(기)]}; **라마종합건설(주)의 불공정하도급거래행위 건**(공정거래위원회 2020. 1. 9. 의결 제2020－008호; 서울고등법원 2020. 12. 2. 선고 2020누40138 판결)

I. 선급금 지급의무

수급사업자에게 제조등의 위탁을 한 원사업자가 발주자로부터 선급금을 받은 경우에는 수급사업자가 제조·수리·시공 또는 용역수행을 시작할 수 있도록 그가 받은 선급금의 내용과 비율에 따라 선급금을 받은 날(제조등의 위탁을 하기 전에 선급금을 받은 경우에는 제조등의 위탁을 한 날)부터 15일 이내에 선급금을 수급사업자에게 지급하여야 한다(법 제6조 제1항).

1. 선급금의 성격

법원의 선급금의 성격을 공사대금의 일부로 해석하고 있다.

> "공사도급계약에 있어서 수수되는 이른바 선급금은 수급인으로 하여금 공사를 원활하게 진행할 수 있도록 하기 위하여 도급인이 수급인에게 미리 지급하는 공사대금의 일부이므로 하도급법 제17조의 하도급대금에 해당함"<주식회사 동일 외 1인과 전기공사공제조합의 공사도급계약>,[1] "자금 사정이 좋지 않은 수급인으로 하여금 자재 확보·노임 지급 등에 어려움이 없이 공사를 원활하게 진행할 수 있도록 하기 위하여 도급인이 장차 지급할 공사대금을 수급인에게 미리 지급하여 주는 것으로서, 구체적인 기성고와 관련하여 지급된 공사대금이 아니라 전체 공사와 관련하여 지급된 공사대금임"<정동종합철강(주) 하도급대금직불 건>,[2] "공사도

---

1) 대판 2003. 5. 16. 2001다27470(보증금).
2) 대판 2014. 1. 23. 2013다214437(하도급대금직불).

급계약에 따라 주고받는 선급금은 일반적으로 구체적인 기성고와 관련하여 지급되는 것이 아니라 전체 공사와 관련하여 지급되는 공사대금의 일부임. 도급인이 선급금을 지급한 후 도급계약이 해제되거나 해지된 경우에는 특별한 사정이 없는 한 별도의 상계 의사표시 없이 그때까지 기성고에 해당하는 공사대금 중 미지급액은 당연히 선급금으로 충당되고 공사대금이 남아 있으면 도급인은 그 금액에 한하여 지급의무가 있다. 거꾸로 선급금이 미지급 공사대금에 충당되고 남는다면 수급인이 남은 선급금을 반환할 의무가 있음"<전남지방경찰청사 신축공사 건>[3]

　　그러나 법원은 기성급지급시 기지급한 선급금을 일괄 공제해선 안 되고 공사비율에 따라 안분정산해야 한다고 한다.

"공사도급계약에서 지급되는 선금은 자금 사정이 좋지 않은 수급인으로 하여금 자재 확보, 노임 지급 등에 어려움이 없이 공사를 원활하게 진행할 수 있도록 하기 위하여, 도급인이 장차 지급할 공사대금을 수급인에게 미리 지급하여 주는 선급공사대금이라고 할 것인데(대법원 1997. 12. 12. 선고 97다5060 판결 참조), 만약 선금을 수급인이 지급받을 기성고 해당 중도금 중 최초분부터 전액 우선 충당하게 되면 위와 같은 선금 지급의 목적을 달성할 수 없는 점을 감안하면, 선금이 지급된 경우에는 특별한 사정이 없는 한 기성부분 대가 지급시마다 계약금액에 대한 기성부분 대가 상당액의 비율에 따라 안분 정산하여 그 금액 상당을 선금 중 일부로 충당하고 나머지 공사대금을 지급받도록 함이 상당함"<지원종합건설 하도급공사 건>[4]

2. 본 조의 성격

　　법원은 동 규정을 강행규정으로 해석하고 있다.

"이는 강행규정이므로 당사자 사이의 합의가 있었다는 사정만으로는 선급금 중 일부의 미지급이 불공정 하도급거래에 해당하지 아니한다고 할 수 없고, 법 제6조 제1항의 규정에 의한 선급금을 모두 지급하지 아니하는 것이 동종업계의 관행이라고 볼 증거가 없을 뿐만 아니라 그러한 관행이 있다 하더라도 강행규정에 위반된 관행의 존재를 들어 불공정거래행위가 아니라고 할 수도 없음"<영도건설산업(주)의 불공정하도급거래행위 건>,[5] "수급사업자와 선급금대신 기성금으로 지급하기로 하는 합의가 있었던 것으로 보더라도 이와 같은 합의는 공정한 하도급거래질서

---

3) 대판 2017. 1. 12. 2014다11574, 11581.
4) 대판 2002. 9. 4. 2001다1386[공사대금].

를 확립하여 원사업자와 수급사업자가 대등한 지위에서 상호보완적으로 균형발전할 수 있도록 하려는 하도급법의 목적 내지는 선급금 지급제도의 취지에 반하는 이상 원사업자의 지급의무가 면제되지 않음"<갑을공영종합건설의 불공정하도급거래행위 건>,[6] "수급사업자와 사이에 선급금을 지급하지 아니하는 내용의 계약을 체결하였더라도 수급사업자에게 선급금을 지급하여야 함"<보미종합건설의 불공정하도급거래행위 건>[7]

그리고 선급금지급의무는 수급사업자의 선급금 보증서 제출과 어떤 견련관계나 대가관계도 없다<라마종합건설(주)의 불공정하도급거래행위 건>.[8]

3. 관련 이슈

대법원은 도급인이 하수급인에게 하도급대금을 직접 지급하는 사유가 발생한 때에 위 금원을 선급금 충당의 대상이 되는 기성공사대금 내역에서 제외하는 약정을 한 경우, 도급인이 하수급인에게 부담하는 하도급대금 지급의무를 면할 수 있는지 여부에 대하여 소극적으로 해석하였고, 도급인이 하도급대금을 직접 지급하는 사유가 발생하기 전에 선급금이 기성공사대금에 충당되어 도급대금채무가 모두 소멸한 경우, 도급인이 하수급인에 대한 하도급대금 지급의무를 면하는지 여부에 대하여는 원칙적으로 긍정하였다.

"선급금을 지급한 후 계약이 해제 또는 해지되는 등의 사유로 수급인이 도중에 선급금을 반환하여야 할 사유가 발생하였다면, 특별한 사정이 없는 한 별도의 상계 의사표시 없이도 그때까지의 기성고에 해당하는 공사대금 중 미지급액은 선급금으로 충당되고 도급인은 나머지 공사대금이 있는 경우 그 금액에 한하여 지급할 의무를 부담(대법원 1999. 12. 7. 선고 99다55519 판결 등 참조). 이때 선급금의 충당 대상이 되는 기성공사대금의 내역을 어떻게 정할 것인지는 도급계약 당사자의 약정에 따라야 하고(대법원 2004. 6. 10. 선고 2003다69713 판결, 대법원 2004. 11. 26. 선고 2002다68362 판결 등 참조), 도급인이 하수급인에게 하도급대금을 직접

5) 서고판 1999. 1. 13. 97구27970.
6) 서고판 2007. 8. 16. 2006누12045[대판 2007. 12. 27. 2007두18895(심리불속행기각)].
7) 서고판 2009. 11. 4. 2009누7099[대판 2010. 3. 25. 2009두23181(심리불속행기각)].
8) 서고판 2020. 12. 2. 2020누40138.

지급하는 사유가 발생한 경우에 이에 해당하는 금원을 선급금 충당의 대상이 되는 기성공사대금의 내역에서 제외하기로 하는 예외적 정산약정을 한 때에는 도급인은 미정산 선급금이 기성공사대금에 충당되었음을 이유로 하수급인에게 부담하는 하도급대금 지급의무를 면할 수 없음(대법원 2010. 5. 13. 선고 2007다31211 판결 등 참조). 그러나 이러한 정산약정 역시 특별한 사정이 없는 한 도급인에게 도급대금 채무를 넘는 새로운 부담을 지우지 않는 범위 내에서 하수급인을 수급인에 우선하여 보호하려는 약정이라고 보아야 하므로, 도급인이 하도급대금을 직접 지급하는 사유가 발생하기 전에 선급금이 기성공사대금에 충당되어 도급대금채무가 모두 소멸한 경우에는 도급인은 더 이상 하수급인에 대한 하도급대금 지급의무를 부담하지 않음"<정동종합철강(주) 하도급대금직불 건>[9]

대법원은 "갑과 을이 공동수급체[10]를 구성하여 도급받은 공사를 을이 주관사가 되어 선급금 등을 지급받고 진행하다가 포기함에 따라 갑이 도급인 병과 사이에 을의 탈퇴 뒤 잔여공사를 시행하기로 하면서 체결한 약정에 의해 그 약정 당시 갑과 병이 을의 도급인에 대한 미정산선급금의 수액을 확정하고 그 반환채무를 갑이 승계하였다면, 병의 갑에 대한 그 미정산선급금 반환채권과 갑의 병에 대한 공사대금채권이 서로 상계적상에 있는 경우에 이를 상계, 공제하는 등으로 별도의 정산을 거쳐야 비로소 갑의 위 미정산선급금 반환채무가 소멸되는 것일 뿐, 위 미정산선급금이 을의 미수령공사대금에 당연 충당된 것으로는 볼 수 없다"고 판시하였다<국방부와 송원개발등 공동수급체간 하도급공사 건>.[11]

그리고 공사도급계약의 해제 또는 해지 등으로 수급인이 도중에 선급금을 반환하여야 할 사유가 발생한 경우, 별도의 상계 의사표시 없이 미지급 기성공사대금이 선급금으로 충당되는지 여부와 이때 선급금의 충당 대상이 되는 기성공사대금 내역의 산정 기준 및 정산하고 남은 선급금의 반환채무도 선급금과 같은 성질을 갖는지 여부에 대하여 대법원은 다음과 같이 판시하였다.

---

9) 대판 2014. 1. 23. 2013다214437(하도급대금직불).

10) 당사자들이 공동이행방식의 공동수급체를 구성하여 도급인으로부터 공사를 수급받는 경우 공동수급체는 원칙적으로 민법상 조합에 해당한다. 조합계약에도 계약자유의 원칙이 적용되므로, 구성원들은 자유로운 의사에 따라 조합계약의 내용을 정할 수 있다. 조합의 구성원들 사이에 내부적인 법률관계를 규율하기 위한 약정이 있는 경우에, 그들 사이의 권리와 의무는 원칙적으로 약정에 따라 정해진다. 이 경우 한쪽 당사자가 약정에 따른 의무를 이행하지 않아 상대방이 도급인에 대한 의무를 이행하기 위하여 손해가 발생하였다면, 상대방에게 채무불이행에 기한 손해배상책임을 진다. 대판 2017. 1. 12. 2014다11574, 11581.

11) 대법원 2010. 7. 8. 2010다9597(부당이득금반환).

"공사도급계약에 있어서 수수되는 이른바 선급금은 구체적인 기성고와 관련하여 지급된 공사대금이 아니라 전체 공사와 관련하여 지급된 공사대금이고, 이러한 점에 비추어 선급금을 지급한 후 계약이 해제 또는 해지되는 등의 사유로 수급인이 도중에 선급금을 반환하여야 할 사유가 발생하였다면, 특별한 사정이 없는 한 별도의 상계 의사표시 없이도 그때까지의 기성고에 해당하는 공사대금 중 미지급액은 선급금으로 충당되고 도급인은 나머지 공사대금이 있는 경우 그 금액에 한하여 지급할 의무를 부담하게 되나, 이때 선급금의 충당 대상이 되는 기성공사대금의 내역을 어떻게 정할 것인지는 도급계약 당사자의 약정에 따라야 함. 그리고 그와 같이 정산하고 남은 선급금을 공사의 수급인이 도급인에게 반환하여야 할 채무는 선급금 그 자체와는 성질을 달리하는 것임"<국방부와 송원개발등 공동수급체간 하도급공사 건>[12]

한편 원사업자가 발주자로부터 받은 선급금의 내용과 비율에 따른 판단 기준에 대하여 「하도급거래공정화지침」에서는 다음과 같이 규정하고 있다(III. 6. 나).

(1) 발주자가 선급금을 지급하면서 특정한 공사나 품목을 지정하여 선급금을 지급하는 경우에는 발주자가 지정하는 용도에 한정하여 원사업자는 수급사업자에게 선급금을 지급하면 된다.

A라는 토목건축공사에 토공사, 철근콘크리트공사, 조경석재공사, 승강기설치공사 등 4개의 전문건설공사가 있다고 가정할 경우, 선급금을 지급하면서 토공사와 철근콘크리트공사에만 사용하도록 공사부문을 지정하였다면 토공사와 철근콘크리트공사부문 수급사업자에게만 선급금을 지급하여야 하고, 철근자재 구입에만 사용하도록 품목을 지정하였다면 철근자재를 사용하는 공사부문 수급사업자에게만 선급금을 지급하여야 하며, 선급금지급대상 공사 또는 품목전체에서 해당 공사가 차지하는 금액비율로 수급사업자에게 선급금을 지급하여야 한다.

(2) 발주자가 선급금을 지급하면서 특정한 품목이나 공사부문을 지정하지 않은 경우 원사업자는 전체 공사대금 중 하도급계약금액의 비율에 따라 수급사업자에게 해당 선급금을 지급하여야 한다.

---

12) 대법원 2010. 7. 8. 2010다9597(부당이득금반환).

II. 지연이자 지급

　　원사업자가 발주자로부터 받은 선급금을 제1항에 따른 기한이 지난 후에 지급하는 경우에는 그 초과기간에 대하여 연 100분의 40 이내에서 「은행법」에 따른 은행이 적용하는 연체금리 등 경제사정을 고려하여 공정거래위원회가 정하여 고시[13]하는 이율에 따른 이자를 지급하여야 한다(법 제6조 제2항).

　　선급금의 지연지급에 대한 지연이자 계산에 대하여 「하도급거래공정화지침」에서 자세히 규정하고 있다(III. 6. 가).

　가. 선급금의 지연지급에 대한 지연이자 계산은 다음과 같다.

　　(1) 법정지급기일(원사업자가 발주자로부터 선급금을 지급받은 날로부터 15일, 제조 등의 위탁을 하기 전에 선급금을 받은 경우에는 위탁한 날로부터 15일)을 초과하여 선급금을 지급한 경우에는 법정지급기일을 초과한 날로부터 지급기일까지의 기간일수를 산정하여 이자를 부과한다. 다만, 원사업자가 발주자로부터 선급금을 지급받은 후 수급사업자에게 선급금 반환을 보증하는 증서(이하 '선급금 보증서'라 한다) 제출을 요청한 날로부터 수급사업자가 선급금보증서를 제출한 날까지의 기간일수는 지연이자 계산 시 공제할 수 있다.

　　　< 예시 >

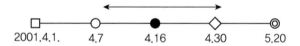

　　　□ 발주자로부터 선급금을 지급받은 날
　　　○ 선급금보증서 제출을 요청한 날
　　　● 선급금 법정지급기일
　　　◇ 선급금보증서를 제출한 날
　　　◎ 원사업자가 선급금을 지급한 날

　　• 이자부과 일수 계산예
　　　법정지급기일을 초과하여 지급한 일수(34일) − 선급금보증서를 요청한 날로부터 제출한 날까지 일수(23일) = 11일

---

13)「선급금 등 지연지급 시의 지연이율 고시」[공정거래위원회고시 제2018−21호(2018. 12. 6)].
　　I. 선급금 등 지연지급 시의 지연이율: 법 제6조(선급금의 지급)제2항, 법 제11조(감액금지)제4항, 법 제13조(하도급대금의 지급 등)제8항, 법 제15조(관세 등 환급액의 지급)제3항의 규정에 의하여 선급금 등을 지연 지급하는 경우 적용되는 지연이율을 연리 <u>15.5%</u>로 한다.

(2) 선급금을 지급하지 않은 상태에서 기성금을 지급하는 경우 선급금 일부가 당해 기성금에 포함된 것으로 간주하여 지급기일을 초과한 날로부터 당해 기성금 지급일까지의 기간에 대한 이자를 부과한다.

• 선급금을 미지급한 경우
  - 총계약금액 : 5,000만원
  - 선 급 금 : 1,000만원(공사금액의 20%)
  - 발주자로부터 선급금을 지급받은 날 : 2010. 3. 17
  - 선급금 지급기일 : 2010. 4. 1

(단위: 만원)

구성	기성금액		당해 선급급[1]	선급급 기산일[2]	선급금 지연일수[3]	지연이자[4]
	일자	금액				
1회기성	2010. 4. 30	1,000	200	2010. 4. 2	29	3.1
2회기성	5. 31	1,000	200	〃	60	6.5
3회기성	6. 30	1,000	200	〃	90	9.8
4회기성	7. 31	1,000	200	〃	121	13.2
5회기성	8. 31	1,000	200	〃	152	16.6
계		5,000	1,000			49.2

주 1」선급금×당해기성금/총계약금액으로 계산
  2」선급금 지급기일을 초과한 날
  3」기산일로부터 실제 기성금 지급일까지의 기간
  4」당해 선급금×20%(공정위가 고시하는 지연이자율)×선급금 지연일수/365일

• 선급금을 일부만 지급하면서 지연지급한 경우
  - 총계약금액 : 10,000만원
  - 선 급 금 : 2,000만원 (공사금액의 20%)
  - 선급금 지급기일 : 2010.4.30
  - 선급금 지급금액 : 1,000만원 (2010.5.10일 현금 지급)
  ⇒ 지급지연일수 : 10일
• 선급금중 1,000만원(공사금액의 10%)의 지연지급에 따른 지연이자
  - 1,000만원×20%(공정위가 고시하는 지연이자율)×10(지급기일을 초과한 날로부터 실제 지급일까지의 기간)/ 365 = 5.4만원
• 선금금 중 1,000만원을 미지급함에 따라 발생한 지연이자: 45.2만원

(단위: 만원)

구성	기성금액		당해 선급급[1]	선급급 기산일[2]	선급금 지연일수[3]	지연이자[4]
	일자	금액				
1회기성	2010. 5. 31	2,000	200	2010. 5. 1	21	3.4
2회기성	6. 30	3,000	200	〃	61	10.0
3회기성	7. 31	1,000	200	〃	92	5.0
4회기성	8. 31	2,000	200	〃	123	13.5
5회기성	9. 30	2,000	200	〃	153	16.7
계		10,000	1,000			45.2

주 1』 미지급한 선급금×당해기성금/총계약금액

　　2』 선급금 지급기일을 초과한 날

　　3』 기산일로부터 실제 기성금 지급일까지의 기간

　　4』 당해 선급금×20%(공정위가 고시하는 지연이자율)×선급금 지연일수/365일

(3) 선급금지급에 대한 지연이자 등의 지급기준

• 선급금의 "법정지급기일"이라 함은 발주자로부터 선급금을 받은 날(또는 원사업자가 제조 등의 위탁을 한 날)로부터 15일째 되는 날을 말한다.

(가) 수급사업자에게 법정지급기일을 초과하여 현금으로 지급하는 경우 : 법정지급기일을 초과한 날부터 지급일까지의 기간에 대한 지연이자 부과

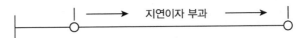

(나) 수급사업자에게 법정지급기일내에 어음 등으로 지급하는 경우 : 법정지급기일을 초과한 날부터 어음만기일까지의 기간에 대한 할인료 부과

(다) 수급사업자에게 법정지급기일을 초과하여 어음등으로 지급하는 경우 : 법정지급기일을 초과한 날로부터 어음교부일까지의 기간에 대한 지연이자부과 및 어음교부일부터 만기일까지의 기간에 대한 할인료 부과

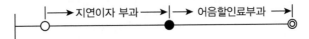

○ 법정지급기일
● 지급일(또는 어음교부일)
◎ 어음만기일

III. 어음 또는 어음대체결제수단 지급의 경우 준용규정

원사업자가 제1항에 따른 선급금을 어음 또는 어음대체결제수단을 이용하여 지급하는 경우의 어음할인료·수수료의 지급 및 어음할인율·수수료율에 관하여는 제13조 제6항·제7항·제9항 및 제10항을 준용한다. 이 경우 "목적물등의 수령일부터 60일"은 "원사업자가 발주자로부터 선급금을 받은 날부터 15일"로 본다(법 제6조 제3항).

제7조(내국신용장의 개설)

① 원사업자는 수출할 물품을 수급사업자에게 제조위탁 또는 용역위탁한 경우에 정당한 사유가 있는 경우 외에는 위탁한 날부터 15일 이내에 내국신용장(內國信用狀)을 수급사업자에게 개설하여 주어야 한다. 다만, 신용장에 의한 수출의 경우 원사업자가 원신용장(原信用狀)을 받기 전에 제조위탁 또는 용역위탁을 하는 경우에는 원신용장을 받은 날부터 15일 이내에 내국신용장을 개설하여 주어야 한다. <개정 2017. 10. 31.>

② 원사업자는 수출할 물품·용역을 수급사업자에게 제조위탁 또는 용역위탁한 경우 다음 각 호의 요건을 모두 갖춘 때에는 사전 또는 사후 구매확인서를 수급사업자에게 발급하여 주어야 한다. <신설 2017. 10. 31.>

1. 원사업자가 개설한도 부족 등 정당한 사유로 인하여 내국신용장 발급이 어려운 경우

2. 수급사업자의 구매확인서 발급 요청이 있는 경우

[전문개정 2009. 4. 1.]

 목 차

Ⅰ. 내국신용장의 개설의무

원사업자는 수출할 물품을 수급사업자에게 제조위탁 또는 용역위탁한 경우에 정당한 사유가 있는 경우 외에는 위탁한 날부터 15일 이내에 내국신용장(內國信用狀)을 수급사업자에게 개설하여 주어야 한다. 다만, 신용장에 의한 수출의 경우 원사업자가 원신용장(原信用狀)을 받기 전에 제조위탁 또는 용역위탁을 하는 경우에는 원신용장을 받은 날부터 15일 이내에 내국신용장을 개설하여 주어야 한다(법 제7조).

동 조의 취지는 거래은행이 수급사업자의 하도급대금의 지급을 보증하게 하는데 있다.

II. 사전 또는 사후 구매확인서 발급의무

원사업자는 수출할 물품·용역을 수급사업자에게 제조위탁 또는 용역위탁한 경우 ① 원사업자가 개설한도 부족 등 정당한 사유로 인하여 내국신용장 발급이 어려운 경우(제1호), ② 수급사업자의 구매확인서 발급 요청이 있는 경우(제2호)의 요건을 모두 갖춘 때에는 사전 또는 사후 구매확인서를 수급사업자에게 발급하여 주어야 한다.

하도급법은 원사업자가 자기가 수출할 물품 등의 제조·용역을 수급사업자에게 위탁하는 경우, 하도급대금의 지급을 보증하기 위하여 원칙적으로 내국신용장[1]을 개설해 주도록 규정하고 있었다. 그러나 원사업자의 내국신용장 개설한도가 부족하거나, 원사업자가 물품이 아닌 콘텐츠 수출과 같은 용역을 위탁하는 경우에는 내국신용장의 발급이 제대로 이루어지지 못하는 문제가 있었다. 이러한 문제를 해소하기 위해 2017. 10. 31. 하도급법을 개정하여 내국신용장 발급이 어려운 경우로서 수급사업자가 요청하는 경우에는 그 대체수단으로 원사업자로 하여금 구매확인서[2]를 발급해 주도록 의무화하였다. 법 개정으로 수급사업자는 수출할 물품·용역을 제조·용역 위탁받고도 원사업자 측 사정 등으로 인해 내국신용장을 발급받기 어려운 경우, 내국신용장을 대체할 수 있는 증서인 구매확인서를 원사업자로부터 발급받을 수 있게 되었다. 이를 통해 간접수출 실적 인정 및 부가가치세법상 영세율 적용, 무역금융 지원, 관세 환급 등의 수출 혜택을 받을 수 있게 되어 수출품의 하도급거래에 종사하는 수급사업자의 자금난 완화에 기여할 수 있게 되었다.[3]

---

1) 무역거래를 함에 있어서 수출업자(원사업자)의 수출품 선적시기와 수입업자의 인도시기 간에 시차가 있게 되고, 이로 인해 대금 지급과 대금 수령 시기에도 시차가 발생할 수 밖에 없다. 이러한 대금 결제 시기의 불일치 문제를 해소하고 신속·정확·안정적 대금 결제를 담보하기 위해 신용장 제도가 활용된다. 우선, 수출업자는 수입업자의 거래은행이 수출물품에 대해 대금 지급을 보증하는 원신용장(Master L/C)을 수입업자의 거래은행으로부터 발급 받게 된다. 수출업자는 수출이행에 필요한 원자재 또는 부품 등을 국내의 납품업자(수급사업자)로부터 원활히 조달받기 위하여, 이 원신용장을 근거로 자기의 국내 거래은행에 납품업자를 수혜자로 하여 제2의 신용장인 내국신용장(Local L/C)을 개설할 수 있다. 국내 납품업자는 수출업자로부터 발급받은 이 내국신용장을 은행에 제시하고 원자재 구매 등에 필요한 자금을 미리 받을 수 있게 된다. 공정거래백서(2018), 15면 주)3.

2) 무역 금융 한도 부족 등으로 인해 내국 신용장 개설이 어려운 경우, 국내에서 외화 획득용 원료 등의 구매를 원활하게 하고자 외국환 은행장이 내국신용장 취급 규정에 준하여 수출용 공급임을 확인하는 증서. 공정거래백서(2018), 15면 주)4.

　　동 조에 위반하지 않는 경우에 대하여 「하도급거래공정화지침」에서는 다음과 같이 규정하고 있다(III. 7).

> 가. 원사업자가 수출할 물품을 수급사업자에게 제조위탁하면서 내국신용장을 미개설 하더라도 다음의 경우는 정당한 사유가 있는 것으로 본다.
> 　(1) 수급사업자가 내국신용장의 개설을 원하지 아니한 사실이 명백한 경우
> 　(2) 원사업자가 내국신용장 개설은행에 연체 및 대지급 당한 상태에 있거나 개설한도 부족 등으로 인하여 내국신용장 개설이 불가능한 경우
> 나. 수급사업자가 제조위탁을 받은 날로부터 15일을 초과하여 물품매도확약서를 제출하는 경우 원사업자가 물품매도확약서를 제출받은 후 지체 없이 내국신용장을 개설한 경우에는 위법한 것으로 보지 않는다.
> 다. 월 1회 이상 일괄하여 내국신용장을 개설하기로 원사업자와 수급사업자가 명백히 합의한 경우에는 그 정한 날에 내국신용장을 개설하면 위법한 것으로 보지 아니한다.

---

3) 이상 공정거래백서(2018), 15면.

제8조(부당한 위탁취소의 금지 등)

① 원사업자는 제조등의 위탁을 한 후 수급사업자의 책임으로 돌릴 사유가 없는 경우에는 다음 각 호의 어느 하나에 해당하는 행위를 하여서는 아니 된다. 다만, 용역위탁 가운데 역무의 공급을 위탁한 경우에는 제2호를 적용하지 아니한다.

1. 제조등의 위탁을 임의로 취소하거나 변경하는 행위
2. 목적물등의 납품등에 대한 수령 또는 인수를 거부하거나 지연하는 행위

② 원사업자는 목적물등의 납품등이 있는 때에는 역무의 공급을 위탁한 경우 외에는 그 목적물등에 대한 검사 전이라도 즉시(제7조에 따라 내국신용장을 개설한 경우에는 검사 완료 즉시) 수령증명서를 수급사업자에게 발급하여야 한다. 다만, 건설위탁의 경우에는 검사가 끝나는 즉시 그 목적물을 인수하여야 한다.

③ 제1항제2호에서 "수령"이란 수급사업자가 납품등을 한 목적물등을 받아 원사업자의 사실상 지배하에 두게 되는 것을 말한다. 다만, 이전(移轉)하기 곤란한 목적물등의 경우에는 검사를 시작한 때를 수령한 때로 본다.

[전문개정 2009. 4. 1.]

 목 차

[참고사례]

㈜국제종합토건의 불공정하도급거래행위 건(공정거래위원회 2003. 7. 21. 의결 제2003-118호; 서울고등법원 2004. 11. 3. 선고 2003누14699 판결); 삼성에스디에스의 불공정하도급거래행위 건[공정거래위원회 2005. 9. 9. 의결 제2005-133호; 서울고등법원 2006. 6. 21. 선고 2005누22540 판결; 대법원 2006. 10. 13 선고 2006두12470(심리불속행기각)]; ㈜성림의 불공정하도급거래행위 건(공정거래위원회 2007. 8. 21. 의결 제2007-424호; 서울고등법원 2008. 9. 3. 선고 2008누2555 판결); (주)삼성전자의 불공정거래행위 건[공정거래위원회 2008. 4. 3. 의결 제2008-113호; 서울고등법원 2009. 11. 12. 선고 2008누11237 판결; 대법원 2010. 4. 8. 2009두23303(심리불속행기각) 판결]; (유)한흥건설의 불공정하도급거래행위 건(공정거래위원회 2012. 8. 31. 제2012-200호; 서울고등법원 2015. 1. 23. 선고 2014누4124 판결); ㈜진성이엔지의 불공정하도급거래행위 건(공정거래위원회 2014. 12. 8. 의결 제2014-279호; 서울고등법원 2015. 12. 3. 선고 2015누32195 판결); 씨제이대한통운의 불공정하도급거래행위

건[공정거래위원회 2015. 8. 12. 의결 제2015-304호; 서울고등법원 2016. 11. 24. 선고 2015
누57200 판결; 대법원 2017. 3. 9. 선고 2016두62443(심리불속행기각) 판결]; (주)에코로바의
불공정하도급거래행위 건(공정거래위원회 2015. 4. 30. 의결 제2015-132호; 서울고등법원
2016. 10. 20. 선고 2015누56160 판결; 대법원 2018. 10. 4. 선고 2016두59126 판결); ㈜케이티
의 **불공정하도급거래행위 건**[공정거래위원회 2014. 6. 12. 의결 제2014-134호; 서울고등법
원 2016. 5. 12. 선고 2014누57180 판결; 대법원 2016. 9. 30. 선고 2016두41507(심리불속행
기각) 판결]; 에이비씨나노텍(주)의 **불공정하도급거래행위 건**(공정거래위원회 2014. 6. 11. 의
결 제2014-129호; 서울고등법원 2015. 12. 18. 선고 2014누69534)

Ⅰ. 의의

　　원사업자는 제조등의 위탁을 한 후 수급사업자의 책임으로 돌릴 사유가 없는
경우에는 다음의 어느 하나에 해당하는 행위를 하여서는 아니 된다. 다만, 용역위
탁 가운데 역무의 공급을 위탁한 경우에는 제2호를 적용하지 아니한다(법 제8조
제1항). 제1항 제2호에서 "수령"이란 수급사업자가 납품등을 한 목적물등을 받아
원사업자의 사실상 지배하에 두게 되는 것을 말한다. 다만, 이전(移轉)하기 곤란한
목적물등의 경우에는 검사를 시작한 때를 수령한 때로 본다(법 제8조 제3항).

1. 임의적 취소 및 변경 행위

　　부당한 위탁취소의 첫 번째 유형은 제조등의 위탁을 임의로 취소하거나 변
경하는 행위(제1호)이다.
　　법원이 법위반으로 인정한 사례는 다음과 같다.

　　"상호 동등한 지위에서 이 사건 위탁취소가 협의된 것이 아니라 일방적으로 통보
된 점, 원고가 이 사건 위탁취소를 하면서 하도급계약서 등에서 정한 최고절차를
거치지 않은 점 등을 고려하면, 원고가 임의로 이 사건 위탁취소를 하였다고 봄이
상당함"<(주)에코로바의 불공정하도급거래행위 건>,[1] "이 사건 제품의 납품기한
이 연장되기까지 한 관계로 이 사건 위탁 취소당시 이 사건 제품의 하자는 거의
문제가 되지 않는 상황으로 보이는바, 이 사건 위탁취소 당시 이 사건 제품에 계
약의 목적을 달성할 수 없을 정도의 심각한 하자가 있었다고 보기 어렵고, 이로

인하여 원고가 이 사건 위탁취소에 이르게 되었다고 볼 수 없음. (중략) 원고와 참
가인이 진정한 의사로 실질적인 협의과정을 거쳐 이 사건 2차 개별계약을 해지함
에 합의하였다기 보다 원고가 일방적으로 위탁을 취소하였다고 봄이 상당함"<㈜
케이티의 불공정하도급거래행위 건>,[2] "영진테크의 책임으로 돌릴만한 사유가 없
음에도 불구하고 이 사건 하도급계약을 일방적으로 해지하였다고 봄이 상당함"
<진성이엔지의 불공정하도급거래행위 건>,[3] "수급사업자에게 책임을 돌릴 수 있
는 사유가 없고, 이행최고를 하지 못할 사정이 있었다고 보기 어려움에도 임의로
이 사건 위탁취소를 하였음"<(유)한흥건설의 불공정하도급거래행위 건>[4]

  법원이 법위반으로 인정하지 않은 사례는 다음과 같다.

"공정거래위원회는 원고가 2004. 5. 19. 소외 회사에게 '대구은행 BPR 시스템 이미
지엔진 공사계약'은 당사자의 일방이 공사를 완성할 것을 약정하고 상대방이 그
공사결과에 대하여 보수를 지급할 것을 약정하는 도급계약의 일종으로서, 공사대
금과 대금 지급시기, 공사기간, 공사의 범위 등은 공사계약에 있어서 객관적으로
본질적인 사항이어서 당사자들 사이에 위와 같은 사항들에 대한 의사의 합치가 있
어야만 그 계약이 성립되었다고 할 것이고, 당사자 쌍방이 공사계약서의 내용을
확인하고 상호 서명날인을 한 후 이를 각각 보관하는 것이 일반적이므로, 공사계
약을 교섭하는 단계나 계약의 체결단계에서 공사대금 등에 관한 의사의 불일치로
계약서를 작성하지 못하였다면 특별한 사정이 없는 한 그 공사계약이 체결되었다
거나 공사의 위탁이 있었다고 할 수 없을 것임. 그러므로 살피건대, 위 인정사실
에 의하면, 원고는 이 사건 공사에 관하여 소외회사를 협상대상자로 선정하여 공
사계약의 체결을 위하여 그 내용과 조건 등에 대한 협의 및 교섭을 하였으나, 공
사계약을 체결과정에서 최종적인 결정권한을 가진 원고의 대표이사에 의하여 위
공사계약을 체결하지 아니할 의사를 명백히 함으로써 이 사건 공사에 관하여 소외
회사와의 공사계약 교섭 및 계약 체결단계에서 공사대금에 관한 의사가 합치가 이
루어지지 아니하여 계약에 이르지 못한 것이라고 할 것임"<㈜국제종합토건의 불
공정하도급거래행위 건>,[5] "'소프트웨어 개발'에 대한 하도급계약을 구두로 체결
하고, 소외 회사로 하여금 2004. 5. 19.부터 2004. 7. 12.까지 작업을 수행하도록
하였으며, 2004. 7. 27. 이 사건 계약의 하도급대금에 대한 합의를 하여 이 사건

---

1) 서고판 2016. 10. 20. 2015누56160(대판 2018. 10. 4. 2016두59126).
2) 서고판 2016. 5. 12. 2014누57180[대판 2016. 9. 30. 2016두41507(심리불속행기각)].
3) 서고판 2015. 12. 3. 2015누32195.
4) 서고판 2015. 1. 23. 2014누4124.
5) 서고판 2004. 11. 3. 2003누14699.

계약이 체결되었음을 전제로 하여, 2004. 8. 12. 소외 회사에게 책임을 돌릴 사유가 없음에도 이 사건 계약을 일방적으로 취소한 행위는 하도급법 제8조 제1항의 '제조 등의 위탁을 임의로 취소하거나 변경하는 행위'에 해당한다고 하여, 2005. 9. 9. 원고에 대하여 별지 기재와 같은 시정명령을 하였음. 그러나 원고와 소외 회사 사이에 이 사건 계약이 체결되었다고 보기 어렵다고 할 것이므로 이를 전제로 한 피고의 이 사건 처분은 위법하다고 할 것임"<삼성에스디에스의 불공정하도급거래행위 건>,[6] "소외 회사가 원고로부터 공급받은 페트웨이스트로 생산한 페트 플레에크와 시중에서 수거한 폐페트병으로 생산한 페트플레이크를 동일한 가격에 원고에게 납품해 왔다 하더라도, 소외회사가 원고로부터 공급받은 페트프리폼을 다른 업체에 매도한 행위는 이 사건 계약의 주요내용을 위반한 것으로 볼 수 있어서, 시중에서 매수한 폐페트병으로 생산한 페트플레이크의 납품가격을 50원/kg 인하해 줄 것을 통고하고, 소외 회사가 이를 거절하자 폐페트 플레이크의 제조위탁을 중단한 행위는 적법함"<㈜성림의 불공정하도급거래행위 건>,[7] "원사업자가 위탁을 취소함으로써 수급사업자가 입게 될 손실에 대하여 양 당사자가 충분한 협의를 거쳐 정당한 보상을 하고 위탁을 취소하였는지 여부와 관련하여 충분히 참작할 만한 사정이 있다고 봄이 상당하고, 원고의 참가인에 대한 이 사건 하도급계약의 해제통지가 원고의 원사업자로서의 우월한 지위를 남용하는 것으로서 일방적으로 수급사업자인 참가인의 법적 지위를 불안하게 만들어 하도급거래의 공정한 질서를 저해하는 부당한 행위로서 '부당한 위탁취소'에 해당한다고 보기 어려움"<씨제이대한통운의 불공정하도급거래행위 건>[8]

위탁취소의 의미에 대하여 「부당한 위탁취소, 수령거부 및 반품행위에 대한 심사지침」[9]에서는 다음과 같이 규정하고 있다(II. 1).

"위탁의 취소"라 함은 원사업자가 수급사업자에게 제조(가공위탁을 포함한다. 이하 같다)·수리·건설 또는 용역의 위탁(이하 "제조 등의 위탁"이라 한다)을 한 후임의로 다음 각 목의 행위를 하는 것을 말한다.

가. 제조 등의 위탁을 취소(해제·해지를 포함)하는 행위
나. 위탁을 할 때 정한 발주량, 사양 등 위탁한 내용을 변경(해제·해지를 포함)하는 행위

---

6) 서고판 2006. 6. 21. 2005누22540[대판 2006. 10. 13. 2006두12470(심리불속행기각)].

7) 서고판 2008. 9. 3. 2008누2555.

8) 서고판 2016. 11. 24. 2015누57200[대판 2017. 3. 9. 2016두62443(심리불속행기각)].

9) 공정거래위원회예규 제412호(2022. 11. 29.).

위탁의 시점은 원칙적으로 원사업자가 수급사업자에게 제조 등의 위탁을 하는 시점을 말한다.

다만, 계속적 거래계약처럼 하도급거래가 빈번하여 대금결제·운송·검수·반품 등의 거래조건, 규격·재질, 제조공정 등과 관련된 일반적인 내용을 기본 계약서에 담고, 납품 등의 수량·단가·시기·장소 등 직접적이고 구체적인 발주내용은 특약서 또는 발주서 등으로 위임하여 발주가 이루어지는 경우에는 해당 특약서 또는 발주서가 수급사업자에게 통지되는 시점을 원칙적으로 위탁의 시점으로 본다.

예를 들면, 계속적 거래계약에서 생산계획 수립, 위탁 및 입고 등 일련의 과정이 전산시스템인 전사적 자원관리시스템(Enterprise Resource Planning, ERP)을 통해 관리되는 경우로서 주별 또는 월별 단위의 예상물량 통보(Forecast, FO), 납품 등의 수량·단가·시기·장소 등이 기재된 발주(Purchase Order, PO), 납품 지시(Delivery Order) 등이 순차적으로 이루어지는 경우에는 원칙적으로 발주(PO) 내용이 수급사업자에게 통지되는 시점을 위탁의 시점으로 본다. 다만, 가령 계속적 거래계약 기간 중 원사업자의 사양변경·생산계획 변경·모델단종 등을 이유로 위탁이 중단된 경우로서 해당 목적물 등의 종류 및 특성, 거래규모, 해당 수급사업자의 생산능력, 제조 등의 공정 및 공법, 계속적 거래계약의 내용, 거래조건의 동일성, 해당 수급사업자와의 거래유지기간, 관련 산업의 특성 및 시장상황, 정상적인 거래관행 등을 종합적으로 고려할 때 사실상 납품 등의 수량·단가 등이 발주(PO) 시점 이전에 결정되는 것으로 인정되는 경우에는 그 시점을 위탁의 시점으로 본다.

부당한 위탁취소의 위법성 판단기준 등에 대하여 「부당한 위탁취소, 수령거부 및 반품행위에 대한 심사지침」에서는 다음과 같이 규정하고 있다(III. 1).

가. 대상행위

법 제8조 제1항 제1호의 "부당한 위탁취소"라 함은 원사업자가 수급사업자에게 제조 등의 위탁을 한 후 수급사업자의 책임으로 돌릴 사유가 없음에도 불구하고 임의로 제조 등의 위탁을 취소하거나 위탁을 할 때 정한 발주량 또는 사양 등 위탁한 내용을 변경하는 행위를 말한다.

나. 위법성의 판단기준

(1) 부당한 위탁취소행위의 위법성은 원사업자가 수급사업자의 책임으로 돌릴 사유가 없음에도 불구하고 제조 등의 위탁을 임의로 취소·변경(이하 "취소"라 한다)한 것인지 여부를 중심으로 판단하되, 위탁계약 체결 및 위탁

취소의 경위, 위탁계약의 내용 및 취소한 위탁계약의 범위, 계약이행 상황, 위탁취소의 방법·절차 등 여러 사정을 종합적으로 고려한다.

(2) "수급사업자의 책임으로 돌릴 사유"란 수급사업자의 귀책사유로 인해 계약을 이행할 수 없는 경우 또는 수급사업자가 계약내용을 위반하여 계약목적을 달성할 수 없는 경우 등을 말하며 이를 예시하면 다음과 같다.

① 수급사업자에게 파산·회생절차의 신청 등 경영상의 중대한 사유가 발생하고 그로 인하여 계약내용을 정상적으로 이행할 수 없다고 인정되는 경우

② 수급사업자가 감독관청으로부터 영업취소·영업정지 등의 처분을 받은 경우로서 계약내용을 정상적으로 수행할 자격·능력이 없다고 인정되는 경우

③ 수급사업자가 특별한 이유 없이 목적물 등의 제조·수리·시공 또는 용역의 착수·착공을 거부하여 납품 등의 시기(이하 "납기"라 한다)에 완성·완공할 가능성이 없다고 인정되는 경우

④ 수급사업자가 목적물 등의 품질에 영향을 미치는 주요공정·공법 등을 임의로 변경하는 등 계약의 중요한 내용을 위반하고 그 위반으로 인하여 계약의 목적을 달성할 수 없다고 인정되는 경우

(3) "임의로" 위탁을 취소하는 행위는 원사업자가 수급사업자와 실질적인 협의 없이 일방적으로 위탁을 취소하는 행위를 말하며, 원사업자가 "임의로" 위탁을 취소한 것인지 여부는 다음 사항을 종합적으로 고려하여 판단한다.

① 위탁취소의 사유가 해당 하도급거래 계약서에 규정되어 있고 위탁취소가 위 계약서에 따른 내용 및 절차에 따라 이루어졌는지 여부

② 원사업자와 수급사업자간에 실질적인 협의가 있었는지 여부. 이때 실질적인 협의 여부는 위탁취소의 사유 등이 정상적인 거래관행에 어긋나거나 협의과정에서 원사업자가 사회통념상 올바르지 못한 것으로 인정되는 수단·방법을 사용한 것인지 여부 및 협의과정이 충분했는지 여부 등을 기준으로 판단한다. 만약 원사업자의 사실상의 강요에 의하거나 수급사업자의 자유로운 의사결정이 저해된 상태에서 합의서가 작성되는 등 합의의 진정성이 인정되지 않는 경우에는 실질적인 협의가 없었던 것으로 본다.

③ 원사업자가 위탁을 취소함으로써 수급사업자가 입게 될 손실에 대하여 양 당사자가 충분한 협의를 거쳐 정당한 보상을 하고 위탁을 취소하였는지 여부

다. 부당한 위탁취소행위의 예시

부당한 위탁취소행위를 예시하면 다음과 같다.

<예시 1> 원사업자의 판매량 감소·사양변경·모델단종·생산계획 변경·내부 자금
사정 악화 또는 발주자로부터의 발주취소·발주중단 등 원사업자의 경영
상황 또는 시장여건의 변동 등을 이유로 임의로 위탁을 취소하는 행위

> (참조 사례)
> ① 원사업자가 제조위탁한 물량의 일부만을 입고시키고 나머지 물량은 판매부
> 진, 내부 자금사정 등을 이유로 일방적으로 취소한 경우
> ② 원사업자가 제조위탁을 한 후 수급사업자가 공정을 상당부분 진행한 시점
> (85%)에 발주자의 부도를 이유로 일방적으로 제작중단 통보를 하면서 상당기
> 간(11개월)이 지난 시점까지 제작을 진행하라는 지시를 하지 아니한 경우
> ③ 원사업자가 수급사업자에게 일정한 사양을 제시하며 소프트웨어 개발을 위
> 탁한 후 발주자와의 최종 협의결과 사양이 변경되었다는 이유로 일방적으
> 로 위탁을 변경한 경우

<예시 2> 원사업자가 제조 등의 위탁을 한 후 원사업자 자신이 직접 수행하거나
다른 수급사업자에게 대신 수행하게 하기 위해 일방적으로 위탁을 취
소하는 행위

> (참조 사례)
> ① 원사업자가 제조위탁을 하고 상당기간이 지난 후 자신의 계열사인 다른 수
> 급사업자에게 발주하기 위해 이미 발주한 제조위탁을 일방적으로 취소한
> 경우
> ② 수급사업자가 위탁받은 공사에 대한 작업을 중단하여 공사계약 해지를 통보
> 하였으나, 수급사업자가 작업을 중단하기 전에 다른 수급사업자에게 작업을
> 대신하도록 하였고, 수급사업자의 작업중단에 대해 시정요구 및 이의를 제기
> 한 사실이 없는 경우

<예시 3> 원사업자가 수급사업자에게 부당하게 하도급대금 감액 등의 요구를 하
고 수급사업자가 이에 응하지 아니함을 이유로 위탁을 취소하는 행위

<예시 4> 용지보상 지연, 문화재 발굴 등 수급사업자의 책임으로 돌릴 수 없는
사유로 인해 공기가 상당기간 지연되었음에도 원사업자가 간접비 등
추가 소요비용에 대해 수급사업자가 부담을 떠안을 것을 요구하고 수
급사업자가 이에 응하지 아니함을 이유로 위탁을 취소하는 행위

<예시 5> 원사업자가 공급하기로 되어 있는 원자재 또는 장비 등을 지연하여 공급하는 등 원사업자의 책임으로 인해 수급사업자가 계약내용을 이행할 수 없게 되었음에도 수급사업자에게 그 책임을 물어 위탁을 취소하는 행위

(참조 사례)
① 원 사업자는 수급사업자에게 아파트 철근콘크리트 공사를 위탁한 후 선행 공종인 토공사와 파일공사가 상당기간(2개월) 지체되고 발주자의 자재 수급이 원활히 이루어지지 아니하여 수급사업자의 체불금이 누적되어 공사진행이 어려웠음에도 불구하고 일방적으로 위탁을 해지한 경우
② 수급사업자가 선박거주구의 납기를 준수하지 아니한 것을 이유로 후속 선박거주구의 위탁계약을 취소하였으나 원사업자가 제공하도록 되어 있는 사급자재를 5개월 정도 지연하여 공급한 사실 등에 기인한 측면이 큰 경우

<예시 6> 원사업자가 수급사업자로부터 위탁내용의 확인을 요청하는 서면을 받았음에도 불구하고 위탁내용을 서면으로 확인해 주지 않고 수급사업자에게 계속 작업을 하도록 한 후 목적물 등이 위탁내용과 다르다고 하여 위탁을 취소하는 행위

<예시 7> 수급사업자가 해당 공사와 관련이 없는 다른 현장의 손해배상책임을 이행하지 아니한다는 이유로 위탁을 취소하는 행위

<예시 8> 원사업자가 수급사업자에게 금형개발을 제조위탁하면서 해당 금형으로부터 일정수량의 부품을 납품하도록 보장한다고 약정하였으나, 수급사업자의 책임으로 돌릴 사유가 없음에도 해당 부품에 대한 약정물량 중 일부만을 수령한 후 나머지에 대해서는 일방적으로 위탁을 취소하는 행위

(참조 사례)
• 원사업자가 05.1월경 금형개발을 제조위탁하면서 수급사업자가 동 금형을 개발완료할 경우 특정수량의 부품을 납품하도록 보장(월 20만개 이상)한다고 약정하였으나, 수급사업자가 금형개발을 완료하였음에도 불구하고 06.4월부터 같은해 8월까지 일부 부품만을 납품 받은 후(약 11만개, 월평균 2만2천개) 금형반납을 요구하였으며 수급사업자가 이에 응하지 아니하자 별도 통보없이 일방적으로 거래를 중지한 경우

<예시 9> 목적물 등의 하자발생에 대한 수급사업자의 책임을 입증할 객관적인

자료가 없음에도 원사업자가 수급사업자의 기술력 부족 등을 이유로 위탁을 취소하는 행위

<예시 10> 수급사업자의 공사진행 부진을 입증할 객관적인 자료가 없고 공사현장 근로자 또는 자재·장비업자 등 협력업체의 현장 점거농성도 정상적인 공사수행에 영향을 미치지 않을 정도의 단기간에 불과하여 납기 내에 공사를 수행할 시간적인 여유가 충분함에도 원사업자가 납기 내에 완공할 가능성이 없다는 이유로 임의로 위탁을 취소하는 행위

(참조 사례)
• 원사업자가 하도급공사의 진행 부진, 수급사업자 근로자의 현장 점거농성 등을 이율로 위탁을 해지하였으나, 수급사업자의 공사진행이 부진하다는 객관적인 자료가 없고, 현장 농성도 지극히 짧은 기간 동안 이루어져 공사 수행에 차질을 줄 정도는 아니었으며, 공사계약 후 해지 시까지 경과한 기간보다 더 긴 잔여계약기간이 남아있어 공사를 수행할 시간적인 여유가 있었다고 인정된 경우

<예시 11> 수급사업자가 부도당일까지 정상적으로 공사를 수행 중이었고, 부도 이후 정상적인 공사가 어려울 경우에는 수급사업자의 연대보증사가 납기 내에 잔여공사를 추진할 수 있음에도 불구하고 원사업자가 수급사업자의 부도사실 자체만으로 부도 당일 위탁을 취소하는 행위

<예시 12> 원사업자가 위탁을 취소하면서 수급사업자에게 동의·합의를 강요하는 방법 등으로 수급사업자의 형식적인 동의·합의를 받아 위탁을 취소하는 행위

(참조 사례)
① ERP시스템을 통해 납기일 종료 후 수급사업자의 동의를 거쳐 취소하였으나, 원사업자측의 생산물량 감소, 자재단종, 설계변경 등을 이유로 사실상 이미 제품생산을 완료한 시점인 납기일 종료 후에 수급사업자의 의사를 충분히 반영하지 않는 등 형식적인 동의를 받아 위탁을 취소한 경우
② 당초 정산합의서에 판넬과 가구의 납기일자를 명기하지 않았으나, 원사업자가 임의로 명기하고 날인을 강요한 후 수급사업자가 위 납기일자에 납품하지 않았다는 이유로 후속계약을 취소한 경우
③ 원사업자가 수급사업자의 거래관련 (인감)도장을 맡아 보관하면서 일방적으로 위탁취소에 합의한 것으로 사용한 경우

<예시 13> 원사업자가 수급사업자에게 제조 등의 위탁을 한 후 인사이동으로 부
　　　　　임한 원사업자의 새로운 담당자가 수급사업자의 책임으로 돌릴 사유
　　　　　가 없음에도 일방적으로 위탁을 취소하는 행위

(참조 사례)
• 원사업자가 수급사업자에게 디자인의 작성을 위탁한 후 인사이동으로 교체되며
새로 부임한 원사업자의 담당자가 자신의 마음에 들지 않는다는 이유로 지금까
지의 디자인 작성 작업을 무시하고 일방적으로 위탁을 변경한 경우

<예시 14> 정상적인 거래관행에 비추어 볼 때 수급사업자의 귀책사유로 보기 곤
　　　　　란한 사유를 위탁을 취소할 수 있는 계약조건으로 명시하고 이들 계
　　　　　약조건에 따라 위탁을 취소하는 행위

라. 부당한 위탁취소가 아닌 행위의 예시

부당한 위탁취소가 아닌 행위를 예시하면 다음과 같다.

<예시 1> 원사업자가 제조 등의 위탁을 한 후 수급사업자가 불과 며칠 만에 회
　　　　　생절차를 신청하였고 해당 수급사업자가 자재협력업체에게 물품대금
　　　　　을 지속적으로 미지급한 사실이 있으며 미지급한 금액이 원사업자와
　　　　　의 위탁계약금액에 비해 상당히 많은 등 수급사업자의 경영관리상 문
　　　　　제가 있는 것으로 인정되어 원사업자가 수급사업자의 회생절차 신청
　　　　　이후 서면으로 상당한 기간을 정하여 계약이행을 최고한 후 위탁을
　　　　　취소(해지)하는 행위

<예시 2> 수급사업자가 상당기간 공사를 중단하여 원사업자가 수차례에 걸쳐 공
　　　　　사재개 및 공정만회 계획 제출을 요구하고 불이행시 계약을 해지할 수
　　　　　있다는 사전 고지를 하였음에도 불구하고 수급사업자가 이를 거절하는
　　　　　등 수급사업자의 자발적인 공사재개를 기대하기 어려운 사정이 있고
　　　　　납기 내 공사를 완공할 가능성이 없어 위탁을 취소(해지)하는 행위

<예시 3> 원사업자의 귀책사유 없이 수급사업자 일방의 사정으로 수급사업자가 공사
　　　　　현장 근로자 또는 자재·장비업자 등 협력업체에 대한 임금·자재·장비대
　　　　　금을 미지급하고 그로 인하여 정상적으로 계약내용을 이행할 수 없다고
　　　　　인정되어 원사업자가 수급사업자에게 서면으로 상당한 기간을 정하여 계
　　　　　약이행을 최고한 후 위탁을 취소(해지)하는 행위

<예시 4> 원사업자가 제조 등의 위탁을 한 후 다른 사업자의 신형모델 출시로
         해당 목적물이 부속되는 제품의 판매부진이 현실화됨에 따라 수급사
         업자와 충분한 협의를 거쳐 위탁취소로 수급사업자가 입게 될 손실에
         대해 적정한 보상을 하고 위탁을 취소(해지)하는 행위

2. 수령 또는 인수 거부 및 지연 행위

부당한 위탁취소의 두 번째 유형은 목적물등의 납품등에 대한 수령 또는 인
수를 거부하거나 지연하는 행위(제2호)이다.

법원이 법위반으로 인정한 사례는 다음과 같다.

"수급사업자들의 양해를 구하였다거나 사후에 수급사업자들에게 금전보상이나 물량
보전을 하였다고 하더라도, 목적물 지연수령에 대해 정당한 사유가 있다고 할 수는
없다 할 것임. 따라서 원고의 부품 수령의 지연은 수급사업자의 귀책사유가 없음에도
자신의 재고부담을 수급사업자에게 일방적으로 전가하는 행위로서 법 제8조 제1항
제2호를 위반한 것임"<(주)삼성전자의 불공정거래행위 건>,[10] "제품의 납품에 대하
여 가지는 모든 권리를 포기한다는 취지의 일방적으로 불리한 합의서를 제시하며 서
명하지 않을 경우 대금지급을 하지 않겠다고 합의서에 서명하게 한 합의서 작성경
위를 볼 때 제품의 수령을 정당한 사유없이 거부함으로써 하도급법 제8조 제2항 제
2호 위반이 인정됨"<에이비씨나노텍(주)의 불공정하도급거래행위 건>[11]

수령거부의 의미에 대하여 「부당한 위탁취소, 수령거부 및 반품행위에 대한
심사지침」에서는 다음과 같이 규정하고 있다(II. 2).

"수령의 거부"라 함은 원사업자가 제조 등의 위탁을 한 후 수급사업자가 목적물
등을 원사업자에게 납품·인도 또는 제공(이하 "납품 등") 하는 시기 및 장소에서
목적물 등의 수령 또는 인수를 거부하거나 지연하는 행위를 말한다. 다만, 원사업
자가 용역위탁 가운데 역무의 공급을 위탁한 경우는 제외한다.

위탁의 시점은 원칙적으로 원사업자가 수급사업자에게 제조 등의 위탁을 하는 시
점을 말한다.

---

10) 서고판 2009. 11. 12. 2008누11237[대판 2010. 4. 8. 2009두23303(심리불속행기각)].
11) 서고판 2015. 12. 18. 2014누69534.

다만, 계속적 거래계약처럼 하도급거래가 빈번하여 대금결제·운송·검수·반품 등의 거래조건, 규격·재질, 제조공정 등과 관련된 일반적인 내용을 기본 계약서에 담고, 납품 등의 수량·단가·시기·장소 등 직접적이고 구체적인 발주내용은 특약서 또는 발주서 등으로 위임하여 발주가 이루어지는 경우에는 해당 특약서 또는 발주서가 수급사업자에게 통지되는 시점을 원칙적으로 위탁의 시점으로 본다.

예를 들면, 계속적 거래계약에서 생산계획 수립, 위탁 및 입고 등 일련의 과정이 전산시스템인 전사적 자원관리시스템(Enterprise Resource Planning, ERP)을 통해 관리되는 경우로서 주별 또는 월별 단위의 예상물량 통보(Forecast, FO), 납품 등의 수량·단가·시기·장소 등이 기재된 발주(Purchase Order, PO), 납품 지시(Delivery Order) 등이 순차적으로 이루어지는 경우에는 원칙적으로 발주(PO) 내용이 수급사업자에게 통지되는 시점을 위탁의 시점으로 본다. 다만, 가령 계속적 거래계약 기간 중 원사업자의 사양변경·생산계획 변경·모델단종 등을 이유로 위탁이 중단된 경우로서 해당 목적물 등의 종류 및 특성, 거래규모, 해당 수급사업자의 생산능력, 제조 등의 공정 및 공법, 계속적 거래계약의 내용, 거래조건의 동일성, 해당 수급사업자와의 거래유지기간, 관련 산업의 특성 및 시장상황, 정상적인 거래관행 등을 종합적으로 고려할 때 사실상 납품 등의 수량·단가 등이 발주(PO) 시점 이전에 결정되는 것으로 인정되는 경우에는 그 시점을 위탁의 시점으로 본다.

　　부당한 수령거부의 위법성 판단기준 등에 대하여「부당한 위탁취소, 수령거부 및 반품행위에 대한 심사지침」에서는 다음과 같이 규정하고 있다(III. 2).

가. 대상행위

　　법 제8조 제1항 제2호의 "부당한 수령거부"라 함은 원사업자가 수급사업자에게 제조 등의 위탁을 한 후 수급사업자의 책임으로 돌릴 사유가 없음에도 불구하고 제조 등의 위탁을 할 때 정한 납기 및 장소에서 목적물 등의 납품 등에 대한 수령 또는 인수를 거부하거나 지연하는 행위를 말한다. 다만, 원사업자가 용역위탁 가운데 역무의 공급을 위탁한 경우는 제외한다.

　　이때 "수령"이란 제조위탁·수리위탁·용역위탁에 있어 수급사업자가 납품 등을 한 목적물 등을 받아 원사업자의 사실상 지배하에 두게 되는 것을 말한다. 다만, 이전하기 곤란한 목적물 등의 경우에는 수급사업자의 납품 등에 따라 원사업자가 검사를 시작한 때를 수령한 때로 본다.

　　그리고 "인수"란 건설위탁에 있어 수급사업자의 납품 등에 따라 원사업자가 검사를 끝내는 즉시 목적물 등을 원사업자의 사실상 지배하에 두어야 하는 것을 말한다.

나. 위법성의 판단기준

(1) 부당한 수령거부 행위의 위법성은 원사업자가 수급사업자의 책임으로 돌릴 사유가 없음에도 불구하고 위탁을 할 때 정한 납기 및 장소에서 수급사업자로부터 목적물 등을 수령 또는 인수(이하 "수령"이라 한다)하는 것을 거부하거나 지연(이하 "거부"라 한다) 했는지 여부를 중심으로 판단하되, 위탁계약 체결 및 수령거부의 경위, 위탁계약의 내용, 수령거부한 목적물 등의 범위, 계약이행 내용 등 여러 사정을 종합적으로 고려한다.

(2) "수급사업자의 책임으로 돌릴 사유"란 부당한 위탁취소와 마찬가지로 수급사업자의 귀책사유로 인해 계약을 이행할 수 없는 경우 또는 수급사업자가 계약내용을 위반하여 계약목적을 달성할 수 없는 경우 등을 말하며 이를 예시하면 다음과 같다.

① 수급사업자가 일정한 기간이나 계절에 집중적으로 판매되는 목적물의 제조를 충분한 기간을 두고 위탁받았음에도 수급사업자가 자신이 조달하기로 한 원재료를 제때 조달하지 못하는 등 수급사업자의 사정으로 해당 기간이나 계절을 넘겨 납품하는 경우

② 수급사업자가 직접 조달한 원재료의 품질불량 등으로 납품 등을 한 목적물 등의 품질·성능 등에 하자가 있어 계약의 목적을 달성할 수 없다고 인정되는 경우

③ 목적물 등의 생산과정 또는 납품 등을 위한 운송과정에서 수급사업자가 제대로 관리를 하지 아니하여 목적물 등이 오손·훼손되어 계약의 목적을 달성할 수 없다고 인정되는 경우

다. 부당한 수령거부행위의 예시

부당한 수령거부행위를 예시하면 다음과 같다.

<예시 1> 계약서면에 위탁내용이 명확하게 기재되어 있지 않는 등 위탁내용이 불명확하여 수급사업자가 납품 등을 한 목적물 등의 내용이 위탁내용과 상이한지 판단하기 곤란함에도 불구하고 수령을 거부하는 행위

<예시 2> 검사기준을 정하지 아니하고도 통상의 기준보다 높은 기준을 적용하거나, 검사기준을 정하였다고 하더라도 내용이 불분명하거나 당초계약에서 정한 검사기준보다 높은 기준을 적용하여 목적물 등이 위탁내용과 다르거나 품질·성능의 하자 등을 이유로 수령을 거부하는 행위

<예시 3> 위탁시 서면으로 납기를 정하지 아니하거나 납기를 변경하면서 이를

서면으로 명확히 하지 아니하여 수급사업자가 납기를 어겼는지 여부
가 분명하지 않음에도 납기지연을 이유로 수령을 거부하는 행위
<예시 4> 원사업자가 일방적으로 납기단축을 통보한 후 납기에 목적물 등을 납
품하지 않았다는 이유로 수령을 거부하는 행위

(참조 사례)
• 위탁시 발주일로부터 6개월 후를 납기일로 정했으나, 원사업자가 갑자기 수급
사업자의 사정을 고려하지 않고 일방적으로 발주일로부터 1개월 후에 납품할
것을 지시하였고 수급사업자가 위 기일에 목적물을 납품할 수 없게 되자 원사
업자가 납기지연을 이유로 수급사업자가 제조한 목적물의 수령을 거부한 경우

<예시 5> 원사업자가 공급하기로 되어있는 원자재 등을 늦게 공급함으로써 납기
내 납품 등이 곤란하였음에도 납기지연을 이유로 수령을 거부하는 행위
<예시 6> 원사업자가 공급한 원재료의 품질불량 또는 원사업자의 설계오류 등으
로 인해 목적물 등에 하자가 발생하였음에도 불구하고 수급사업자에
게 그 책임을 물어 수령을 거부하는 행위
<예시 7> 목적물 등의 하자에 대한 책임소재가 분명하지 않음에도 원사업자가
목적물 등의 하자에 대한 책임을 수급사업자가 전적으로 부담할 것을
요구하면서 수령을 거부하는 행위
<예시 8> 원사업자가 발주자로부터의 발주취소·발주중단, 발주자·외국수입업자
·고객의 클레임, 원사업자의 판매부진·생산계획 변경·사양변경 등을
이유로 위탁내용대로 제조·수리·시공 또는 용역한 목적물 등의 수령
을 거부하는 행위

(참조 사례)
① 수급사업자가 위탁을 받아 납품한 목적물 중 일부를 원사업자가 수주실패
또는 지연 등을 이유로 당초 납기일에 수령하지 않은 경우
② 수급사업자가 위탁받은 부품의 제조를 이미 완성하였음에도 원사업자가 생산
계획이 변경되었다는 이유로 수급사업자가 생산한 부품의 수령을 거부한 경우
③ 수급사업자가 위탁받은 부품의 제조를 이미 완성하였음에도 불구하고 원사
업자가 설계변경을 이유로 당초 위탁한 규격과는 다른 규격의 것을 납품할
것을 요구하면서 수급사업자가 생산한 부품의 수령을 거부한 경우
④ 종합건설사인 원사업자가 수급사업자에 대해 설계도면의 작성을 위탁했으나,
상가 건설계획이 변경되었다는 이유로 해당 설계도면을 수령하지 않은 경우

⑤ 광고회사인 원사업자가 수급사업자에 대해 TV광고의 제작을 위탁했으나, 광고주가 광고 발주를 취소하자 원사업자가 이미 수급사업자가 TV광고를 제작하여 저장한 매체를 수령하지 않은 경우

<예시 9> 원사업자가 수급사업자로부터 목적물 등을 수령할 것을 요구받았음에도 보관장소 부족 등 정당하지 아니한 사유로 수령을 거부하는 행위

(참조 사례)
• 원사업자가 수급사업자에게 제조위탁하여 완성된 물량(ATM기의 외부케이스) 1,115대 중 326대를 공장창고의 여유공간 부족 등을 이유로 주문서의 납기일자로부터 최소 24일 또는 최대 404일 지연하여 수령한 경우

<예시 10> 원사업자가 수급사업자의 부도 등에 따라 목적물 등의 안정적인 공급이 어렵다고 판단해서 이미 발주한 목적물 등의 수령을 임의로 거부하는 행위
<예시 11> 원사업자가 여러 품목을 제조 위탁한 경우에 일부 품목의 불량을 이유로 다른 품목에 대해서도 수령을 거부하는 행위
<예시 12> 구두로 추가 위탁을 한 후 목적물의 일부는 수령하였으나, 나머지 목적물에 대해서는 당초 서면계약서에 따른 위탁이 아니라며 위탁사실을 부인하고 수령을 거부하는 행위

II. 수령증명서 교부

원사업자는 목적물등의 납품등이 있는 때에는 역무의 공급을 위탁한 경우 외에는 그 목적물등에 대한 검사 전이라도 즉시(제7조에 따라 내국신용장을 개설한 경우에는 검사 완료 즉시) 수령증명서를 수급사업자에게 발급하여야 한다. 다만, 건설위탁의 경우에는 검사가 끝나는 즉시 그 목적물을 인수하여야 한다(법 제8조 제2항).

제9조(검사의 기준·방법 및 시기)

① 수급사업자가 납품등을 한 목적물등에 대한 검사의 기준 및 방법은 원사업자와 수급사업자가 협의하여 객관적이고 공정·타당하게 정하여야 한다.

② 원사업자는 정당한 사유가 있는 경우 외에는 수급사업자로부터 목적물등을 수령한 날[제조위탁의 경우에는 기성부분(旣成部分)을 통지받은 날을 포함하고, 건설위탁의 경우에는 수급사업자로부터 공사의 준공 또는 기성부분을 통지받은 날을 말한다]부터 10일 이내에 검사 결과를 수급사업자에게 서면으로 통지하여야 하며, 이 기간 내에 통지하지 아니한 경우에는 검사에 합격한 것으로 본다. 다만, 용역위탁 가운데 역무의 공급을 위탁하는 경우에는 이를 적용하지 아니한다.

[전문개정 2009. 4. 1.]

목 차

[참고사례]

대륙토건(주)의 불공정하도급거래행위 건(공정거래위원회 1992. 10. 22. 의결 제92-128호; 서울고등법원 1994. 7. 6. 선고 93구3037 판결; 대법원 1995. 6. 16. 선고 94누10320 판결); 청광종합건설(주)의 불공정하도급거래행위 건(공정거래위원회 1999. 4. 6. 의결 제99-40호; 서울고등법원 2001. 3. 20. 선고 99누10881 판결; 대법원 2002. 11. 26. 선고 2001두3099 판결); (주)신한의 불공정하도급거래행위 건(공정거래위원회 2012. 8. 22. 의결 제2012-174호; 서울고등법원 2013. 12. 26. 선고 2012누28164 판결); (주)동양에프씨의 불공정하도급거래행위 건(공정거래위원회 2008. 1. 15. 의결 제2008-015호; 서울고등법원 2008. 6. 18. 선고 2008누3816 판결); ㈜브이엘엔코의 불공정하도급거래행위 건(공정거래위원회 2015. 6. 2. 의결 재2015-176호; 서울고등법원 2017. 2. 1. 선고 2015누48770 판결

I. 의의

하도급법은 하도급거래질서를 확립하여 원사업자와 수급사업자가 대등한 지위에서 상호 보완적으로 균형 있게 발전하도록 하는 것을 목적으로 하고 있는 점(제1조), 검사의 기준과 방법은 당사자가 협의에 의하여 객관적이고 공정·타당하도록 정하는 것이 원칙인 점(제9조 제1항), 민사상 대금채무의 발생과 소멸은 하도급법의 영역이 아니라 민사법의 영역에 속하는 점 등을 종합하면, 제9조 제2항에서 원사업자가 수급사업자로부터 목적물을 수령하고도 정당한 사유 없이 10일 이내에 수급사업자에게 서면으로 검사결과를 통지하지 아니한 경우에는 검사에 합격한 것으로 본다고 규정한 취지는 검사에 합격한 것으로 봄으로써 하도급법이 적용되는 범위 안에서는 그로 인한 대금채무도 발생한 것으로 본다는 의미라고 풀이함이 상당하다<청광종합건설(주)의 불공정하도급거래행위 건>.[1]

II. 검사의 기준 및 방법 설정

수급사업자가 납품등을 한 목적물등에 대한 검사의 기준 및 방법은 원사업자와 수급사업자가 협의하여 객관적이고 공정·타당하게 정하여야 한다(법 제9조 제1항).

검사의 방법 및 시기에 대하여 「하도급거래공정화지침」에서는 다음과 같이 규정하고 있다(III. 8-1).

> 가. 검사의 방법으로는 당사자 간에 합의가 있다는 전제하에 전수검사, 발췌검사, 제3자에 대한 검사의뢰, 수급사업자에게 검사위임, 무검사 합격 등이 있다.

III. 검사결과의 통지의무

원사업자는 정당한 사유가 있는 경우 외에는 수급사업자로부터 목적물등을

---

1) 대판 2002. 11. 26. 2001두3099.

수령한 날[제조위탁의 경우에는 기성부분(旣成部分)을 통지받은 날을 포함하고, 건설위탁의 경우에는 수급사업자로부터 공사의 준공 또는 기성부분을 통지받은 날]부터 10일 이내에 검사 결과를 수급사업자에게 서면으로 통지하여야 하며, 이 기간 내에 통지하지 아니한 경우에는 검사에 합격한 것으로 본다. 다만, 용역위탁 가운데 역무의 공급을 위탁하는 경우에는 이를 적용하지 아니한다(법 제9조 제2항).

법원은 통지를 하지 아니하는 경우 간주효과를 인정하고 있다.

"수급사업자가 추가공사를 포함한 하도급공사를 종료하여 원사업자가 수급사업자로부터 시공완료의 통지를 받고서도 그 날로부터 10일 이내에 검사결과를 수급사업자에게 서면으로 통지하지 아니 하였다면, 원사업자가 그 통지의무를 해태한 데에 정당한 사유가 있는지 여부에 관하여 아무런 주장·입증이 없는 이상, 수급사업자의 하도급공사는 검사에 합격한 것으로 간주되고 그 결과 원사업자는 수급사업자에 대하여 공사잔대금을 지급할 의무가 발생함"<대륙토건(주)의 불공정하도급거래행위 건>,[2] "하도급법 제9조 제2항은 '원사업자는 정당한 사유가 있는 경우 외에는 수급사업자로부터 목적물 등을 수령한 날부터 10일 이내에 검사 결과를 수급사업자에게 서면으로 통지하여야 하며, 이 기간 내에 통지하지 아니한 경우에는 검사에 합격한 것으로 본다'고 규정하고 있으므로, 불합격 등의 통지를 하지 않았다면 수급사업자의 납품지연이 있었더라도 이는 원고 측의 귀책사유에 해당함"<(주)신한의 불공정하도급거래행위 건>,[3] "원사업자가 수급사업자로부터 목적물을 수령하고도 정당한 사유 없이 10일 이내에 수급사업자에게 서면으로 검사결과를 통지하지 아니한 경우, 하도급법이 적용되는 범위 안에서는 그로 인한 대금채무도 발생한 것으로 보아야 함"<(주)동양에프씨의 불공정하도급거래행위 건>,[4] "제9조 제2항의 취지는 검사에 합격한 것으로 봄으로써 하도급법이 적용되는 범위안에서는 그로 인한 대금채무도 발생한다고 본다는 의미라고 풀이함이 상당하므로, 이러한 경우에 원사업자가 수급사업자에게 그 대금을 하도급법이 정한 바에 따라 지급하지 아니하였다면, 달리 그 대금채무가 발생하지 아니하였음이 밝혀지지 않는 한 공정거래위원회는 제25조 제1항에서 정하고 있는 시정명령 등을 부과할 수 있다고 보아야 함"<㈜브이엘엔코의 불공정하도급거래행위 건>[5]

---

2) 대판 1995. 6. 16. 94누10320.
3) 서고판 2013. 12. 26. 2012누28164.
4) 서고판 2008. 6. 18. 2008누3816.
5) 서고판 2017. 2. 1. 2015누48770.

Ⅳ. 예외적 정당화 사유

검사결과의 통지기간의 예외 사유로 인정될 수 있는 '정당한 사유가 있는 경우'에 대한 판단기준에 대하여 「하도급거래공정화지침」에서는 다음과 같이 규정하고 있다(Ⅲ. 8－1).

---

(1) 일일 평균 검사물량의 과다, 발주처에의 납기 준수 등 통상적인 사유에는 인정되지 아니한다.

(2) 거대한 건설공사(댐·교량공사, 대단위 플랜트 공사 등), 시스템 통합 용역 등 복잡·다양한 기술적 검사가 필요하여 장기간의 검사가 불가피하게 요구되는 경우에는 정당한 사유로 인정할 수 있다.

제10조(부당반품의 금지)

① 원사업자는 수급사업자로부터 목적물등의 납품등을 받은 경우 수급사업자에게 책임을 돌릴 사유가 없으면 그 목적물등을 수급사업자에게 반품(이하 "부당반품"이라 한다)하여서는 아니 된다. 다만, 용역위탁 가운데 역무의 공급을 위탁하는 경우에는 이를 적용하지 아니한다.

② 다음 각 호의 어느 하나에 해당하는 원사업자의 행위는 부당반품으로 본다.

1. 거래 상대방으로부터의 발주취소 또는 경제상황의 변동 등을 이유로 목적물등을 반품하는 행위
2. 검사의 기준 및 방법을 불명확하게 정함으로써 목적물등을 부당하게 불합격으로 판정하여 이를 반품하는 행위
3. 원사업자가 공급한 원재료의 품질불량으로 인하여 목적물등이 불합격품으로 판정되었음에도 불구하고 이를 반품하는 행위
4. 원사업자의 원재료 공급 지연으로 인하여 납기가 지연되었음에도 불구하고 이를 이유로 목적물등을 반품하는 행위

[전문개정 2009. 4. 1.]

 목 차

Ⅰ. 의의

원사업자는 수급사업자로부터 목적물등의 납품등을 받은 경우 수급사업자에게 책임을 돌릴 사유가 없으면 그 목적물등을 수급사업자에게 반품(이하 "부당반품")하여서는 아니 된다. 다만, 용역위탁 가운데 역무의 공급을 위탁하는 경우에는 이를 적용하지 아니한다(법 제10조 제1항).

반품의 의미에 대하여 「부당한 위탁취소, 수령거부 및 반품행위에 대한 심사지침」에서는 다음과 같이 규정하고 있다(II. 3).

> "반품"이라 함은 원사업자가 수급사업자로부터 목적물 등을 수령 또는 인수한 후에 형식에 상관없이 수령 또는 인수한 목적물 등을 수급사업자에게 되돌려 보내는 모든 행위를 말한다. 다만, 원사업자가 용역위탁 가운데 역무의 공급을 위탁한 경우는 제외한다.

부당반품의 위법성 판단기준 등에 대하여 「부당한 위탁취소, 수령거부 및 반품행위에 대한 심사지침」에서는 다음과 같이 규정하고 있다(III. 3).

> **가. 대상행위**
>
> 법 제10조의 "부당반품"이라 함은 원사업자가 수급사업자로부터 목적물 등을 수령한 후에 수급사업자에게 책임을 돌릴 사유가 없음에도 불구하고 그 형식에 상관없이 수령한 목적물 등을 수급사업자에게 되돌려 보내는 행위를 총칭한다. 다만, 용역위탁 가운데 역무의 공급을 위탁한 경우는 제외한다.
>
> **나. 위법성의 판단기준**
>
> (1) 부당반품의 위법성은 원사업자가 수급사업자에게 책임을 돌릴만한 사유가 없음에도 불구하고 목적물 등을 반품한 것인지 여부를 중심으로 판단하되 위탁계약 체결 및 반품의 경위, 반품한 목적물 등의 범위, 계약이행 내용과 위탁할 때의 반품조건, 검사방법, 반품에 따른 손실의 분담, 목적물 등의 수령부터 반품까지의 기간 등 여러 사정을 종합적으로 고려한다.
>
> (2) "수급사업자의 책임으로 돌릴 사유"란 수급사업자의 귀책사유로 수급사업자가 납품 등을 한 목적물 등이 원사업자가 위탁한 내용과 다르거나 목적물 등에 하자 등이 있고 이로 인해 계약목적을 달성할 수 없는 경우를 말한다.

II. 부당반품으로 보는 경우

다음의 어느 하나에 해당하는 원사업자의 행위는 부당반품으로 본다(법 제10조 제2항).

1. 발주취소 등 이유의 반품 행위

부당 반품행위로 간주하는 첫 번째 유형은 거래 상대방으로부터의 발주취소 또는 경제상황의 변동 등을 이유로 목적물등을 반품하는 행위(제1호)이다.

「부당한 위탁취소, 수령거부 및 반품행위에 대한 심사지침」에서는 다음과 같이 예시하고 있다(III. 3).

<예시 1> 원사업자가 수급사업자가 위탁내용대로 제조·수리·시공 또는 용역하여 납품 등을 한 목적물 등에 대해 발주자·외국수입업자 등 거래상대방으로부터의 발주취소·발주중단, 발주자·외국수입업자·고객의 클레임, 원사업자의 생산계획 변경·사양변경·모델단종·판매부진·재고증가·보관장소 부족 또는 소비위축·경제상황 변동 등 수급사업자의 책임과는 무관하여 정당성을 가지지 못하는 사유로 반품하는 행위

(참조 사례)
① 불경기에 따른 소비위측으로 의류의 판매가 부진하자 이들 의류를 수급 사업자에게 반품한 경우
② 원사업자가 수급사업자로부터 수령한 방송 영상물을 일정기간 계속적으로 방송할 예정이었지만, 시청률이 하락한 것을 이유로 방송을 중단하고 방송 영상물이 기록된 매체(CD-ROM, USB, 플로피 디스크 등)를 반품한 경우

2. 불명확한 기준 및 방법을 통한 불합격 반품 행위

부당 반품행위로 간주하는 두 번째 유형은 검사의 기준 및 방법을 불명확하게 정함으로써 목적물등을 부당하게 불합격으로 판정하여 이를 반품하는 행위(제2호)이다.

「부당한 위탁취소, 수령거부 및 반품행위에 대한 심사지침」에서는 다음과 같이 예시하고 있다(III. 3).

<예시 2> 검사기준·방법을 정하지 아니하거나 검사기준·방법을 정하였으나 그 내용이 불분명한 상황에서 원사업자가 통상의 기준보다 높은 검사기준을 적용하거나 일방적으로 정한 검사기준을 적용하는 등 정상적인 거래관행에 비추어 볼 때 공정·타당하지 아니한 검사기준·방법을 사용

하여 목적물 등을 불합격으로 판정하고 반품하는 행위

(참조 사례)
• 완구제품의 제조를 위탁하면서 안전규격에 대해 특별한 요청이 없어 국내 안전규격에 맞추어 제조·납품하였는데, 원사업자가 EU 안전규격에 미치지 못한다는 이유로 불합격시키고 반품한 경우

3. 원사업자 공급 원재료 품질불량에 의한 불합격품 반품 행위

부당 반품행위로 간주하는 세 번째 유형은 원사업자가 공급한 원재료의 품질불량으로 인하여 목적물등이 불합격품으로 판정되었음에도 불구하고 이를 반품하는 행위(제3호)이다.

「부당한 위탁취소, 수령거부 및 반품행위에 대한 심사지침」에서는 다음과 같이 예시하고 있다(III. 3)

<예시 3> 검사 결과 목적물 등이 불합격품으로 판정된 이유가 수급사업자의 책임보다는 원사업자가 공급한 원자재·부자재, 건축자재 등 원재료의 품질불량으로 인한 것임에도 수급사업자에게 그 책임을 물어 반품하는 행위

(참조 사례)
• 원사업자가 공급한 원단의 품질불량으로 인해 납품한 방수의류의 방수성능이 검사기준 미만일 수밖에 없음이 확인되었음에도 이들 방수의류를 반품한 경우

4. 원사업자 원재료 공급 지연에 의한 납기지연 제품 반품 행위

부당 반품행위로 간주하는 네 번째 유형은 원사업자의 원재료 공급 지연으로 인하여 납기가 지연되었음에도 불구하고 이를 이유로 목적물등을 반품하는 행위(제4호)이다.

「부당한 위탁취소, 수령거부 및 반품행위에 대한 심사지침」에서는 다음과 같이 예시하고 있다(III. 3).

<예시 4> 수급사업자의 목적물 등의 제조 등을 위해 원사업자가 자신이 공급하
기로 되어 있는 원자재·부자재, 건축자재 등을 지연하여 공급함으로
써 수급사업자가 납기 내 납품 등이 곤란하였음에도 수급사업자에게
그 책임을 물어 반품하는 행위
(법 제10조 제2항 제4호의 원사업자의 원재료 공급 지연으로 인하여 납기가 지연
되었음에도 불구하고 이를 이유로 목적물 등을 반품하는 행위)

(참조 사례)
• 원사업자가 밸런타인데이를 겨냥하고 초콜릿 제품의 제조를 위탁하면서 카카
오 페이스트를 1.24.까지 공급하기로 하였으나 2주일 후인 2.7에 공급함으로
써 수급사업자가 2.10 납기를 지키지 못하고 2.13 납품하자 납기를 준수하지
않아 초콜릿 제품의 유통·판매가 어렵다는 이유로 반품한 경우

기타 「부당한 위탁취소, 수령거부 및 반품행위에 대한 심사지침」에서는 다
음과 같이 예시하고 있다(III. 3).

<예시 5> 원사업자가 수급사업자 이외의 제3자에게 검사를 위탁한 경우로서 수급
사업자가 제3자의 검사를 필하여 납품하였음에도 이를 반품하는 행위

(참조 사례)
• 수급사업자가 원사업자와 위수탁계약을 할 때 정한 검사기관에서 검사를 필
하고 납품을 하였음에도 원사업자가 다른 검사기관에서 다시 검사를 받고 납
품할 것을 요구하면서 반품한 경우

<예시 6> 수급사업자의 납기지연이 있었으나 원사업자가 이를 용인한 객관적인
사실이 있었음에도 목적물 등을 수령한 후 납기지연을 이유로 반품
하는 행위

(참조 사례)
• 수급사업자가 원자재의 일시적인 품귀현상으로 약정물량의 1/2에 대해 납기
를 3개월 연장해 줄 것을 요청하고 원사업자가 이를 양해하여 수급사업자가
연장된 납기에 맞추어 납품하였으나 그 사이 유행이 바뀌어 완제품의 판매가
부진하자 원사업자가 당초 납기를 지키지 않았다는 이유로 일방적으로 해당
수급사업자의 목적물을 반품한 경우

<예시 7> 목적물 등의 하자에 대한 책임소재가 분명하지 않음에도 원사업자가
         목적물 등의 하자에 대한 책임을 수급사업자가 전적으로 부담할 것을
         요구하면서 반품하는 행위

제11조(감액금지)

① 원사업자는 제조등의 위탁을 할 때 정한 하도급대금을 감액하여서는 아니 된다. 다만, 원사업자가 정당한 사유를 입증한 경우에는 하도급대금을 감액할 수 있다. <개정 2011. 3. 29.>

② 다음 각 호의 어느 하나에 해당하는 원사업자의 행위는 정당한 사유에 의한 행위로 보지 아니한다. <개정 2011. 3. 29., 2013. 5. 28.>

1. 위탁할 때 하도급대금을 감액할 조건 등을 명시하지 아니하고 위탁 후 협조요청 또는 거래 상대방으로부터의 발주취소, 경제상황의 변동 등 불합리한 이유를 들어 하도급대금을 감액하는 행위

2. 수급사업자와 단가 인하에 관한 합의가 성립된 경우 그 합의 성립 전에 위탁한 부분에 대하여도 합의 내용을 소급하여 적용하는 방법으로 하도급대금을 감액하는 행위

3. 하도급대금을 현금으로 지급하거나 지급기일 전에 지급하는 것을 이유로 하도급대금을 지나치게 감액하는 행위

4. 원사업자에 대한 손해발생에 실질적 영향을 미치지 아니하는 수급사업자의 과오를 이유로 하도급대금을 감액하는 행위

5. 목적물등의 제조·수리·시공 또는 용역수행에 필요한 물품 등을 자기로부터 사게 하거나 자기의 장비 등을 사용하게 한 경우에 적정한 구매대금 또는 적정한 사용대가 이상의 금액을 하도급대금에서 공제하는 행위

6. 하도급대금 지급 시점의 물가나 자재가격 등이 납품등의 시점에 비하여 떨어진 것을 이유로 하도급대금을 감액하는 행위

7. 경영적자 또는 판매가격 인하 등 불합리한 이유로 부당하게 하도급대금을 감액하는 행위

8. 「고용보험 및 산업재해보상보험의 보험료징수 등에 관한 법률」, 「산업안전보건법」 등에 따라 원사업자가 부담하여야 하는 고용보험료, 산업안전보건관리비, 그 밖의 경비 등을 수급사업자에게 부담시키는 행위

9. 그 밖에 제1호부터 제8호까지의 규정에 준하는 것으로서 대통령령으로 정하는 행위

③ 원사업자가 제1항 단서에 따라 하도급대금을 감액할 경우에는 감액사유와 기준 등 대통령령으로 정하는 사항을 적은 서면을 해당 수급사업자에게 미리 주어야 한다. <신설 2011. 3. 29.>

④ 원사업자가 정당한 사유 없이 감액한 금액을 목적물등의 수령일부터 60일이 지난 후

에 지급하는 경우에는 그 초과기간에 대하여 연 100분의 40 이내에서 「은행법」에
따른 은행이 적용하는 연체금리 등 경제사정을 고려하여 공정거래위원회가 정하여
고시하는 이율에 따른 이자를 지급하여야 한다. <개정 2010. 5. 17., 2011. 3. 29.>

[전문개정 2009. 4. 1.]

[제목개정 2011. 3. 29.]

 목 차

[참고사례]

    신일정공의 불공정하도급거래행위 건[공정거래위원회 2003. 9. 9. 의결 제2003-149
호; 서울고등법원 2004. 10. 7. 선고 2003누17773 판결; 대법원 2005. 3. 11. 선고 2004
두12780(심리불속행기각) 판결]; 기아자동차의 불공정하도급거래행위 건(공정거래위원회
2007. 12. 31. 의결 제2007-566호; 서울고등법원 2008. 7. 16. 선고 2008누3809 판결;
대법원 2010. 4. 29. 선고 2008두14296 판결); 낙원건설(주)의 불공정하도급거래행위 건
(공정거래위원회 2009. 9. 18. 제2009-194호; 서울고등법원 2010. 10. 13. 선고 2009누
31429 판결; 대법원 2012. 1. 27. 선고 2010두24050 판결); 삼양건설산업의 불공정하도급
거래행위 건[공정거래위원회 2009. 11. 12. 의결 제2009-253호; 서울고등법원 2009누
39300 판결; 대법원 2011. 1. 27. 2010두21013(심리불속행기각) 판결]; 현대엘리베이터의
불공정하도급거래행위 건[공정거래위원회 2009. 3. 23. 의결 제2009-082호; 서울고등법
원 2009. 12. 27. 선고 2009누9675 판결: 대법원 2010. 5. 27. 선고 2010두2654(심리불

속행기각) 판결]; (주)한서플랜트와 대한조선(주)의 하도급계약 건{광주고법 2010. 6. 9. 선고 2008나5805 판결; 대법원 2011. 1. 27. 선고 2010다53457[손해배상(기)] 판결}; 한국고벨(주)의 불공정하도급거래행위 건(공정거래위원회 2014. 11. 5. 의결 제2014−245호; 서울고등법원 2015. 10. 15. 선고 2014누8447 판결); ㈜진성이엔지의 불공정하도급거래행위 건(공정거래위원회 2014. 12. 8. 의결 제2014−279호; 서울고등법원 2015. 12. 3. 선고 2015누32195 판결; ㈜중앙오션의 불공정하도급거래행위 건(공정거래위원회 2016. 2. 5. 의결 제2016−048호; 서울고등법원 2016. 11. 11. 선고 2016누38831 판결); 엘지전자(주)의 불공정하도급거래행위 건[공정거래위원회 2018. 7. 2. 의결 제2018−225호; 서울고등법원 2019. 8. 22. 선고 208누57485 판결; 대법원 2020. 1. 16. 선고 2019두52089(심리불속행 기각) 판결]

Ⅰ. 의의

1. 원칙적 금지

원사업자는 제조등의 위탁을 할 때 정한 하도급대금을 감액하여서는 아니 된다. 다만, 원사업자가 정당한 사유를 입증한 경우에는 하도급대금을 감액할 수 있다(법 제11조 제1항). 종래에는 부당한 감액행위를 금지하였으나[1] 2011. 3. 29 법 개정을 통하여 감액행위를 원칙적으로 금지하고, 원사업자로 하여금 정당한 사유를 입증토록 함으로써 수급사업자를 보호하고 있다.

<낙원건설(주)의 불공정하도급거래행위 건>에서 공정거래위원회는 하도급계약 당시 향후 설계변경 등으로 하도급대금을 변경하여야 하는 경우 공종별 개개 공사내역의 수량변동을 계산의 기초로 삼을 것이 아니라 원도급계약의 공사대금 중 이 사건 하도급공사에 해당하는 순공사비 총액에 85.95%를 곱하여 산정되는 금액으로 하도급대금을 정산하기로 한 약정(이하 "특약") 관련하여 공정거래위원회는 법 제20조[2]에 반하여 우회적인 방법으로 부당감액 금지규정의 적용을 면탈하려는 것으로 효력이 없고 하도급대금은 법 제16조 제1항[3]에 의해 원

---

1) ① 원사업자는 수급사업자에게 책임을 돌릴 사유가 없는 경우에는 제조등의 위탁을 할 때 정한 하도급대금을 부당하게 감액(이하 "부당감액"이라 한다)하여서는 아니 된다.
2) 제20조(탈법행위의 금지) 원사업자는 하도급법과 관련하여 우회적인 방법에 의하여 실질적으로 이 법의 적용을 피하려는 행위를 하여서는 아니된다.
3) 제16조(설계변경 등에 따른 하도급대금의 조정) ① 원사업자는 제조 등의 위탁을 한 후에 다음 각 호의 경우에 모두 해당하는 때에는 그가 발주자로부터 증액받은 계약금액의 내용과 비

사업자가 발주자로부터 감액받은 공종별 내용과 비율에 따라 2,538백만원으로 정산되어야 함에도 위 특약을 근거로 하도급대금을 초과 감액한 것은 법 제16조 제1항의 취지에 반하여 법 제11조 제1항에 위반되는 부당감액행위에 해당한다고 결정하였다.[4]

이에 대해 대법원은 법 제11조 제1항에서 금지하는 부당한 감액행위인지 여부는 하도급계약의 내용, 계약이행의 특성, 감액의 경위, 감액된 하도급대금의 정도, 감액방법과 수단 등 여러 사정을 종합적으로 고려하여 그것이 수급사업자에게 부당하게 불리한 감액인지 여부에 따라 판단하여야 하며, 그에 관한 입증책임은 공정거래위원회에 있다고 하고 이 사건 특약이 일방적으로 불리한 것이라고 볼만한 증거가 없으므로 부당감액행위에 해당되지 아니한다고 판시하였다.[5] 동 판결은 원사업자와 수급사업자 사이의 약정에 의한 하도급대금의 감액이 법 제11조 제1항에 위반되는 부당감액행위에 해당되는지 여부는 그것이 "수급사업자에게 부당하게 불리한 감액인지 여부"를 실질적으로 따져 판단하여야 한다는 그간의 법리[6]를 이번 판결에서도 재확인하였고, 또한 당해 약정 내용이 하도급법 조항(설계변경 등에 따른 하도급법 감액을 규정한 법 제16조 제1항)에 위반되는 것이라 하여도 동일한 법리가 적용된다는 점을 확인하였다.[7]

기타 법원이 법위반으로 인정한 사례는 다음과 같다.

> "현금으로 선지급한 하도급대금에 대하여 금융비용에 해당하는 이익을 얻었으므로 감액한 액수인 35,200,000원 중 위 금융비용에 해당하는 이익은 부당하게 감액한 금액이라 할 수 없다는 주장을 인정하지 아니하고 부당 감액행위를 인정하였음"
> <한국고벨㈜의 불공정하도급거래행위 건>,[8] "자신의 납품처의 위치가 변경되어

율에 따라 하도급대금을 증액하여야 한다. 다만, 원사업자가 발주자로부터 계약금액을 감액받은 경우에는 그 내용과 비율에 따라 하도급대금을 감액할 수 있다.

4) 공정의 2009. 9. 18. 2009-194.

5) 대판 2012. 1. 27. 2010두24050.

6) 삼양건설산업의 불공정하도급거래행위 건[서고판 2009누39300(대판 2010두21013)]: 수급사업자의 귀책사유로 인한 산재사고 발생시 원사업자에게 배상할 손해액을 미리 예정하고 기성금 지급시 이를 공제할 수 있도록 한 안전약정은 이 사건 수급사업자에게 부당하게 불리한 것으로 볼 수 없으므로 유효함; 신일정공의 불공정하도급거래행위 건[서고판 2003누17773(대판 2004두12780)]: 원사업자가 수급사업자에게 잠정적인 하도급대금을 지급하고 발주자와의 최종협상에 따라 제조가격이 조정될 경우 이에 따라 하도급대금도 조정하기로 한 약정은 이 사건 수급사업자에게 부당하게 불리한 것으로 볼 수 없으므로 유효함.

7) 공정위 내부자료, [판례피드백 2012.2]

8) 서고판 2015. 10. 15. 2014누8447.

물류비가 증가하자 증가된 물류비의 일정부분(6,500천원)을 하도급대금에서 공제한 행위"<(주)진성이엔지의 불공정거래행위 건>9)

법원이 법위반으로 인정하지 않은 사례는 다음과 같다.

"일반적으로 하도급관계에 있어서 원수급인과 하수급인은 내부관계에서 산재사고에 대한 책임을 하수급인이 지는 것으로 미리 합의할 수 있다고 할 것인데, 위 각 안전약정이 산재사고에 대하여 이 사건 하수급인들에게 그들의 귀책사유가 전혀 없는 경우까지 책임을 지도록 하는 취지로 보이지 않고, 이 사건 하수급인들의 귀책사유로 인한 산재사고로 원고가 입을 위와 같은 손해는 그 손해액 산정이 어려우므로 위와 같이 미리 그 배상액을 예정할 수도 있다 할 것이며, 민법 제398조 제2항은 손해배상의 예정액이 부당히 과다한 경우에는 법원은 적당히 감액할 수 있다고 규정하고 있어 이 사건 하수급인들 입장에서는 실제 산재사고에 있어서 위 배상예정액이 부당히 과다하다고 판단될 경우 민사소송을 통하여 이를 다툴 수 있는 여지가 있으므로 위 각 안전약정이 이 사건 하수급인들에게 일방적으로 불리하여 효력이 없다고 볼 수 없음"<삼양건설산업의 불공정하도급거래행위 건>10)

2011. 3. 29. 개정전 규정에 부당한 하도급감액만이 금지되었고, 그 부당성의 유무는 하도급계약의 체결 및 대금감액의 경위, 하도급계약의 이행 내용, 하도급목적물의 특성과 그 시장상황, 감액된 하도급대금의 정도 등 개별사안에서 드러난 여러 사정을 종합적으로 살펴 그것이 수급사업자에게 부당하게 불리한 감액인지 여부에 따라 판단하여야 하며, 그에 관한 입증책임은 공정거래위원회에 있다고 보았다(<신일정공의 불공정하도급거래행위 건>,11) <삼양건설산업의 불공정하도급거래행위 건>).12)

하도급대금의 감액의 의미에 대하여 「부당한 하도급대금 결정 및 감액행위에 대한 심사지침」에서는 다음과 같이 규정하고 있다(II. 2. 3).

"하도급대금의 감액"이라 함은 원사업자가 수급사업자에게 제조 등의 위탁을 할 때 정한 하도급대금을 그대로 지급하지 아니하고, 그 금액에서 감하여 지급하는 행위를 말한다.

---

9) 서고판 2015. 12. 3. 2015누32195.
10) 서고판 2011. 1. 27. 2009누39300[대판 2011. 1. 27. 2010두21013(심리불속행기각)].
11) 서고판 2004. 10. 7. 2003누17773[대판 2005. 3. 11. 2004두12780(심리불속행기각)].
12) 서고판 2010. 9. 15. 2009누39300[대판 2011. 1. 27. 2010두21013(심리불속행기각)].

"위탁을 할 때"라 함은 원칙적으로 원사업자가 수급사업자에게 제조 등의 위탁을 하는 시점을 말한다.

다만, 하도급거래가 빈번하여 계약기간·대금결제·운송·검수·반품 등의 거래조건, 규격·재질, 제조공정 등과 관련된 일반적인 내용을 기본계약서에 담고, 단가, 수량 등 하도급대금과 관련한 내용은 특약서 또는 발주서 등으로 위임하여 별도의 특약 또는 발주내용에 의거 하도급대금이 결정되는 '계속적 거래계약'의 경우에는 해당 특약 또는 발주내용이 수급사업자에게 통지되는 시점을 "위탁을 할 때"로 본다.

하도급대금의 결정과 감액의 구분에 대하여 「부당한 하도급대금 결정 및 감액행위에 대한 심사지침」에서는 다음과 같이 규정하고 있다(Ⅲ).

1. "하도급대금의 결정"과 "하도급대금의 감액"에 대한 구분은 원칙적으로 위 Ⅱ. (용어의 정의) 1. 내지 2.에 의하여 판단한다.
2. 계속적 거래계약의 경우 계약기간 중(계약기간 만료에 따른 계약기간 자동연장의 경우를 포함한다)에 이미 발주한 수량과 상관없는 새로운 수량을 발주하면서 단가를 변경하는 것은 "하도급대금의 결정"으로, 이미 발주한 수량에 대해 단가를 인하하는 것은 "하도급대금의 감액"으로 본다.
   한편, 수량 없이 단가만 먼저 확정한 후 수량을 발주하는 경우 발주이후에 단가를 인하하는 것은 "하도급대금의 감액"으로 본다.
3. 신규 개발품 등과 같이 원사업자가 제조 등의 위탁을 할 때 하도급대금을 확정하지 못하여 임시단가(또는 가단가)를 정해 위탁한 뒤 나중에 대금을 확정하기로 수급사업자와 합의한 경우에는 나중에 대금을 확정하는 것을 "하도급대금의 결정"으로 본다

동 조항의 위법성 심사기준에 대하여 「부당한 하도급대금 결정 및 감액행위에 대한 심사지침」에서는 다음과 같이 규정하고 있다(Ⅴ).

1. 법 제11조 제1항의 규정에 의한 "감액"해당 여부 심사기준
   감액의 "정당성"여부는 하도급계약 체결 및 감액의 경위, 계약이행 내용, 목적물의 특성과 그 시장상황, 감액된 하도급대금의 정도, 감액방법과 수단, 수급사업자의 귀책사유 등 여러 사정을 종합적으로 고려하여 판단한다.
   감액은 명목이나 방법, 시점, 금액의 다소를 불문하고, 원사업자가 수급사업자의 귀책사유 등 감액의 정당한 사유를 입증하지 못하는 경우에는 법위반으로

판단한다.

〈정당한 사유의 예시〉

① 하도급계약 체결 후에 원사업자가 수급사업자가 제출한 하도급대금 산정자료에 중대하고 명백한 착오를 발견하여 이를 정당하게 수정하고 그 금액을 감액하는 경우
② 수급사업자가 위탁내용과 다른 목적물 또는 불량품을 납품하거나 정해진 납기일을 초과하여 납품하는 등 수급사업자의 귀책사유로 인해 원사업자가 납품된 목적물을 반품하고, 반품된 해당 목적물의 하도급대금을 감액하는 경우
③ 수급사업자가 수리가 가능한 불량품을 납품하였으나 반품을 하여 수리를 시킬 시간적 여유가 없어 원사업자가 스스로 수리하여 사용하고 그 비용을 감액하는 경우. 단, 사전에 수급사업자가 납득할 수 있는 구체적인 수리비용 산정기준이 필요하며, 감액은 이러한 산정기준에 따라 산출된 금액에 한정되어야 한다.
④ 원사업자가 수급사업자에게 무상으로 장비를 사용할 수 있도록 하였으나, 수급사업자의 장비관리 소홀로 인해 장비가 훼손되어 해당 장비에 대한 적정수리비를 하도급대금에서 공제하는 경우

〈법위반 예시〉

① 원사업자가 수급사업자로부터 위탁 목적물을 수령하여 자신의 물류센터에 보관하는 과정에서 폭우로 인해 유실된 수량에 해당하는 금액을 하도급대금 지급 시 공제하는 행위
② 건설업자인 원사업자가 수급사업자로부터 교량신축공사의 목적물을 인수하여 관할 지방자치단체에 준공검사를 신청하였으나 원사업자가 제공한 설계도면의 하자에 의한 부실공사로 인해 준공검사를 득하지 못하였음에도 그것을 이유로 하도급대금을 감액하는 행위
③ 공정거래위원회의 과징금 납부명령이나 시정명령 또는 원사업자의 자진시정으로 인해 이미 납부하거나 지급한 과징금, 어음할인료, 지연이자, 하도급대금 등의 전부 또는 일부 금액을 감액하여 지급하는 행위
④ 법정 검사기간 경과 후 불량 등을 이유로 반품하고 그 만큼 감액하여 하도급대금을 지급하는 행위
⑤ 구두로 납기 등을 연기한 후 당초 서면계약서상의 납기를 준수 하지 아니한 것으로 처리하여 감액하는 행위
⑥ 당초 계약내용과 달리 간접노무비, 일반관리비, 이윤, 부가가치세 등을 감액하는 행위

⑦ 목적물을 저가로 수주하였다는 등의 이유로 당초 계약과 다르게 하도급대금을 감액하는 행위

⑧ 단가 및 물량에는 변동이 없으나 운송조건, 납품기한 등의 거래조건을 당초 계약내용과 달리 추가비용이 발생하는 내용으로 변경하고 그에 따른 추가비용을 보전해주지 아니하는 행위

⑨ 당초 계약과 달리 환차손 등을 수급사업자에게 전가시키는 행위

⑩ 원사업자가 일방적으로 결제화폐를 수급사업자에게 불리한 화폐로 변경하여 환율변동에 따른 손실을 부담지우는 행위

⑪ (삭제 : 2016. 7. 22.)

⑫ 수급사업자에게 무상으로 장비를 사용할 수 있도록 한 후 사전협의 없이 하도급대금에서 장비사

⑬ 하도급거래 기간 중에 당초 계약 시 정하지 아니한 판매장려금이나 기타 부대비용 등을 수급사업자에게 부담시키는 행위

⑭ 원사업자가 수급사업자와 당초 합의한 표준품셈을 수급사업자에게 책임을 돌릴 사유가 없음에도 일방적으로 변경하여 적용함으로써 하도급대금을 감액하는 행위

⑮ 해당 공사의 설계변경 또는 물가변동 등에 따른 추가a금액을 지급하여야 함에도 불구하고, 수급사업자가 낙찰 받은 차기 공사의 계약체결을 조건으로 수급사업자로 하여금 추가금액의 수령을 포기하도록 하는 행위

⑯ 수급사업자의 요청 또는 원·수급사업자간 합의에 의해 잔여 공사분을 원사업자가 직영으로 시공한 후 지출한 비용에 대한 합당한 증빙자료도 제시하지 아니하고 하도급대금에서 잔여 공사비용을 공제하는 행위

⑰ 원사업자가 철근 등 지급자재의 가공·보관을 제3자에게 위탁하고 수급사업자는 그 제3자로부터 자재를 납품받아 시공토록 하면서, 자재의 훼손, 분실 등에 대한 책임소재를 명확히 하지 아니하고 일방적으로 자재비 손실액을 하도급대금에서 감액하는 행위

2. 서면교부의무

원사업자가 제1항 단서에 따라 하도급대금을 감액할 경우에는 감액사유와 기준 등 *대통령령13)*으로 정하는 사항을 적은 서면을 해당 수급사업자에게 미리

---

13) 제7조의2(하도급대금 감액 시 서면 기재사항) 법 제11조제3항에서 "감액사유와 기준 등 대통령령으로 정하는 사항"이란 다음 각 호의 사항을 말한다. 1. 감액 시 그 사유와 기준 2. 감액의 대상이 되는 목적물등의 물량 3. 감액금액 4. 공제 등 감액방법 5. 그 밖에 원사업자의 감

주어야 한다(법 제11조 제3항).

II. 정당한 사유가 아닌 것으로 보는 경우

다음의 어느 하나에 해당하는 원사업자의 행위는 정당한 사유에 의한 행위로 보지 아니한다(법 제11조 제2항).

1. 협조요청 또는 발주취소 등을 이유로 한 감액행위

정당한 사유에 의한 행위로 보지 아니하는 첫 번째 유형은 위탁할 때 하도급대금을 감액할 조건 등을 명시하지 아니하고 위탁 후 협조요청 또는 거래 상대방으로부터의 발주취소, 경제상황의 변동 등 불합리한 이유를 들어 하도급대금을 감액하는 행위(제1호)이다.

법원이 법위반으로 인정하지 않은 사례는 다음과 같다.

> "발주금액을 높게 책정받아 발주금액을 기준으로 지급하는 선급금을 많이 수령하는 대신 원고가 원발주자와의 최종 제조가격협상에 따라 제조가격이 조정될 경우 이에 따라 하도급대금을 조정하기로 합의"<신일정공의 불공정하도급거래행위 건>,[14]
> "별도의 명시적 약정이 없더라도 수급사업자와 약정한 대금지급일 이전에 대금을 현금으로 지급하는 경우, 원사업자가 발주처에서 어음으로 대금을 지급받으면서 어음할인료를 지급하였다면 동 할인율만큼 공제하고 수급사업자에게 대금을 지급한 행위"<㈜중앙오션의 불공정하도급거래행위 건>[15]

동 조항의 위법성 판단기준에 대하여 「부당한 하도급대금 결정 및 감액행위에 대한 심사지침」에서는 다음과 같이 규정하고 있다(V. 2. 가).

> "위탁할 때 하도급대금을 감액할 조건"을 명시한 경우에도 감액 조건이 수급사업자에게 일방적으로 불리한 것인지 여부, 객관적이고 합리적 정당성을 가지는 것인지의 여부를 기준으로 판단한다.

액이 정당함을 입증할 수 있는 사항.

14) 서고판 2004. 10. 7. 2003누17773[대판 2005. 3. 11. 2004두12780(심리불속행기각)].

15) 서고판 2016. 11. 11. 2016누38831.

따라서, 수급사업자에게 일방적으로 불리하거나 객관적이고 합리적 정당성을 가지지 못하는 감액조건에 따른 감액은 위법한 것으로 판단한다.

〈법위반 예시〉

① 원사업자가 불경기에 따른 소비위축으로 목적물 등에 대한 판매부진을 만회하기 위해 광고·경품 등의 마케팅 비용의 지출을 늘린 후 그 비용의 일부를 하도급대금에서 공제하는 행위

② 원사업자가 자재 및 장비 등을 공급하기로 한 경우 이를 지연하여 공급하거나 일방적으로 무리한 납기·공기를 정해 놓고 이 기간 내에 납품 또는 준공하지 못함을 이유로 감액하는 행위

③ 장기·계속적 발주를 이유로 이미 확정된 하도급대금을 감액하는 행위

④ 하도급대금을 총액으로 확정하여 계약한 후 공정 또는 공종 등에 대한 구체적 산출내역 상 수급사업자의 이익률이 높게 반영되었다는 이유로 하도급대금을 감액하는 행위

⑤ 원사업자가 자신의 검수조건에 따라 수급사업자로부터 납품받은 목적물에 대해 발주자로부터 불량제품이라는 이유로 반품되자 이에 대한 책임소재를 분명하게 가리지 않고 일방적으로 그 제조공정에 관련된 수급사업자들에게 그 비용을 분담시키는 행위

2. 합의 소급방법의 감액행위

정당한 사유에 의한 행위로 보지 아니하는 두 번째 유형은 수급사업자와 단가 인하에 관한 합의가 성립된 경우 그 합의 성립 전에 위탁한 부분에 대하여도 합의 내용을 소급하여 적용하는 방법으로 하도급대금을 감액하는 행위(제2호)이다.

법원이 법위반으로 인정한 사례는 다음과 같다.

"원사업자의 합의 내용을 일방적으로 소급시키는 경우뿐만 아니라, 원사업자와 수급사업자 사이에 소급적용에 관한 외형상 합의가 있는 경우까지 포함된다고 해석되는 점, 단가 적용일에 관한 합의가 언제 있었는지를 불문하고 단가인하에 관한 합의 내용을 이미 발주된 부분에 대하여 적용하는 것은 소급적용으로서 금지됨"
< 엘지전자(주)의 불공정하도급거래행위 건 >[16]

---

16) 서고판 2019. 8. 22. 208누57485(대판 2020. 1. 16. 2019두52089).

법원이 법위반으로 인정하지 않은 사례는 다음과 같다.

"제조위탁 후 엘리베이터 부품의 제작에 착수하기까지 매우 장기간이 소요되는 이 사건 엘리베이터 제조위탁에 관한 하도급거래의 특성상 하도급 발주일과 목적물 제작시기 사이에 상당한 시간적 간격이 발생하는 관계로 철강 등 원자재가격의 변동이나 생산성 향상과 같은 각종 사정변경이 발생하면 이에 따라 위탁발주한 부분까지 포함하여 발주시 정한 하도급대금을 조정할 필요가 크고, 설령 단가인하 합의를 100일 이상 소급하여 적용한다하더라도 위 특성에 비추어 불가피한 측면이 있는 점 등 사정에 비추어 보면 원고의 단가인하는 하도급법 제11조 제2항 제2호에서 정한 부당감액행위에 해당한다고 보기 어려움"<현대엘리베이터의 불공정하도급거래행위 건>[17)

동 조항의 위법성 판단기준에 대하여 「부당한 하도급대금 결정 및 감액행위에 대한 심사지침」에서는 다음과 같이 규정하고 있다(Ⅴ. 2. 나).

단가인하에 관한 합의가 성립된 시점 또는 그 이후에, 해당 합의 성립 전에 위탁한 부분까지 합의한 단가를 소급 적용하여 하도급대금을 감액한 사실이 있는지를 따져 법위반 여부를 판단한다.

〈법위반 예시〉

① 원사업자가 수급사업자와 단가인하에 관한 합의가 성립한 경우, 합의일 이전에 위탁한 목적물 등에 대하여 인하된 단가를 적용하여 하도급대금을 지급하는 행위

3. 현금지급 및 기일전 지급 등을 이유로 한 감액행위

정당한 사유에 의한 행위로 보지 아니하는 세 번째 유형은 하도급대금을 현금으로 지급하거나 지급기일 전에 지급하는 것을 이유로 하도급대금을 지나치게 감액하는 행위(제3호)

동 조항의 위법성 판단기준에 대하여 「부당한 하도급대금 결정 및 감액행위에 대한 심사지침」에서는 다음과 같이 규정하고 있다(Ⅴ. 2. 다).

---

17) 서고판 2009. 12. 27. 2009누9675[대판 2010. 5. 27. 2010두2654(심리불속행기각)].

"지나친 감액"의 해당 여부는 현금지급, 조기지급 등의 지급조건 변경이 당초 계약 시 약정한 지급수단이나 지급기일 등의 조건에 비해 수급사업자에게 유리한 것인지 여부와 감액규모, 지급조건 변경에 따른 수급사업자의 이익정도와 경영상황, 금리수준 등 금융시장상황 등을 고려하여 판단한다.

〈법위반 예시〉

① 하도급대금을 목적물 수령일로부터 60일째 되는 날 만기 2개월 어음으로 지급하기로 계약하였으나 원사업자가 일방적으로 현금으로 지급하면서 당시의 예금은행 가중평균 여신금리(한국은행 발표)에 해당하는 금액을 초과하여 감액하는 행위

② 하도급대금을 목적물 수령일로부터 60일째 되는 날 현금으로 지급하기로 계약한 후 원사업자가 일방적으로 30일 앞당겨 현금으로 지급하면서 당시의 예금은행 가중평균 여신금리(한국은행 발표)에 해당하는 금액을 초과하여 감액하는 행위

4. 수급사업자 경미한 과오를 이유로 한 감액 행위

정당한 사유에 의한 행위로 보지 아니하는 네 번째 유형은 원사업자에 대한 손해발생에 실질적 영향을 미치지 아니하는 수급사업자의 과오를 이유로 하도급대금을 감액하는 행위(제4호)이다.

동 조항의 위법성 판단기준에 대하여 「부당한 하도급대금 결정 및 감액행위에 대한 심사지침」에서는 다음과 같이 규정하고 있다(Ⅴ. 2. 라).

수급사업자의 과오가 원사업자의 손해발생에 실질적으로 영향을 미쳤는지의 여부, 즉 수급사업자의 과오와 원사업자의 손해발생 간 직접적인 인과관계가 존재하는지 여부를 기준으로 위법성을 판단한다.

〈법위반 예시〉

① 수급사업자가 원사업자로부터 제공받은 규격과 재질, 성능 등 모든 조건을 충족한 완제품 조립용 부품을 원사업자의 검수를 거쳐 원사업자가 지정한 장소로 운송하는 과정에서 발생한 단순한 포장지의 오·훼손을 이유로 원사업자가 하도급대금을 감액하는 행위

5. 적정 구매대금 또는 사용대가 이상의 금액 공제 행위

정당한 사유에 의한 행위로 보지 아니하는 다섯 번째 유형은 목적물등의 제조·수리·시공 또는 용역수행에 필요한 물품 등을 자기로부터 사게 하거나 자기의 장비 등을 사용하게 한 경우에 적정한 구매대금 또는 적정한 사용대가 이상의 금액을 하도급대금에서 공제하는 행위(제5호)이다.

동 조항의 위법성 판단기준에 대하여 「부당한 하도급대금 결정 및 감액행위에 대한 심사지침」에서는 다음과 같이 규정하고 있다(Ⅴ. 2. 마).

"적정한 구매대금 또는 적정한 사용대가"인지 여부는 원사업자가 공제한 해당 물품·장비 등의 구매대금 또는 사용대가가 당시의 동일·유사한 물품·장비 등의 시장가격이나, 원사업자가 다른 수급사업자에게 판매하거나 사용하게 한 물품·장비 등에 대한 판매대금 또는 사용대가를 기준으로 판단한다.

〈법위반 예시〉

① 원사업자가 토목공사에 필요한 자기 소유의 중장비를 수급사업자에게 실비로 임대하는 조건으로 하도급계약을 체결한 후 하도급대금 지급 시에 시장가격보다 비싸게 장비임대료를 공제하는 행위
② 원사업자가 자기의 계열회사의 장비를 사용하게 하고 제1회차 대금지급 시 아직 사용하지 아니한 기간 동안의 장비 사용료를 모두 선공제하는 행위

하도급법 제5조에서는 원사업자가 지정하는 물품·장비 또는 역무의 공급 등을 수급사업자에게 매입 또는 사용하도록 강요하지 못하게 금지하고 있는데, 본 호는 정상적인 행위라 하더라도 적정한 구매대금 또는 사용대가를 지급하도록 하는 내용이다.

6. 물가·자재가격 등의 인하를 이유로 한 감액 행위

정당한 사유에 의한 행위로 보지 아니하는 여섯 번째 유형은 하도급대금 지급 시점의 물가나 자재가격 등이 납품등의 시점에 비하여 떨어진 것을 이유로 하도급대금을 감액하는 행위(제6호)이다.

동 조항의 위법성 판단기준에 대하여 「부당한 하도급대금 결정 및 감액행위

에 대한 심사지침」에서는 다음과 같이 규정하고 있다(Ⅴ. 2. 바).

> 제조 등의 위탁을 할 때 정한 하도급대금은 납품 등이 이루어지기 이전에 합리적
> 정당성을 가지는 이유에 의한 단가 등의 변경이 없는 한 제조 등의 위탁을 할 때
> 정한 단가 등에 의하여 산출된 하도급대금을 지급하는 것이 타당하므로 납품 등이
> 이루어진 이후에 발생한 사유를 들어 감액하는 것은 원칙적으로 위법한 것으로 판
> 단한다.
>
> 〈법위반 예시〉
>
> ① 목적물 등의 제조 등에 소요되는 원자재의 가격이 목적물을 발주 또는 납품할
>   당시까지는 변동이 없었으나, 발주 또는 납품이 이루어진 이후에 하락하였음을
>   이유로 하도급대금 지급 시 감액하는 행위

7. 경영적자 또는 판매가격 인하 등을 이유로 한 감액 행위

정당한 사유에 의한 행위로 보지 아니하는 일곱 번째 유형은 경영적자 또는
판매가격 인하 등 불합리한 이유로 부당하게 하도급대금을 감액하는 행위(제7호)
이다.

동 조항의 위법성 판단기준에 대하여 「부당한 하도급대금 결정 및 감액행위
에 대한 심사지침」에서는 다음과 같이 규정하고 있다(Ⅴ. 2. 사).

> "불합리한 이유로 부당한"것인지의 여부는 원사업자의 경영실책이나 가격경쟁력
> 상실 등 자신의 귀책사유에 따른 손실을 수급사업자에게 전가하는 경우와 같이 감
> 액이유 및 방법이 합리적 타당성이 인정되지 아니하는 경우에 해당하는지 여부 등
> 을 기준으로 판단한다.
>
> 〈법위반 예시〉
>
> ① 원사업자가 전년도의 임직원 임금인상, 신규투자 증대, 판매부진, 환율변동 등
>   에 따른 적자폭의 증가를 이유로 당초 계약된 하도급대금을 일방적으로 감액하
>   는 행위
> ② 환율변동으로 원사업자가 목적물 등에 대한 수출가격이 하락하였다는 이유로
>   계약조건과 달리 환차손실을 수급사업자에게 분담할 것을 협조 요청하는 방법
>   으로 전가시키는 행위

③ 원사업자의 노사분규로 인한 경영손실을 고통분담 차원에서 수급사업자의 하도급대금에서 감액하는 행위

8. 고용보험료, 산업안전보건관리비 등 부담 전가 행위

정당한 사유에 의한 행위로 보지 아니하는 여덟 번째 유형은 「고용보험 및 산업재해보상보험의 보험료징수 등에 관한 법률」, 「산업안전보건법」 등에 따라 원사업자가 부담하여야 하는 고용보험료, 산업안전보건관리비, 그 밖의 경비 등을 수급사업자에게 부담시키는 행위(제8호)이다.

동 조항의 위법성 판단기준에 대하여 「부당한 하도급대금 결정 및 감액행위에 대한 심사지침」에서는 다음과 같이 규정하고 있다(Ⅴ. 2. 아).

관계법령에 따라 보험료 등을 원사업자가 부담하도록 의무화되어 있는 것인지의 여부를 기준으로 위법성을 판단한다.

〈법위반 예시〉

① 원사업자가 관계법령에 따라 부담해야 할 고용보험료나 산업안전보건관리비를 수급사업자로 하여금 지급하도록 하고 이를 보전해 주지 아니하는 행위
② 원사업자가 접대비 등의 영업활동비를 목적물의 수주와 관련 있다는 이유로 수급사업자에게 부담시키는 행위

9. 기타

정당한 사유에 의한 행위로 보지 아니하는 여덟 번째 유형은 기타 그 밖에 제1호부터 제8호까지의 규정에 준하는 것으로서 *대통령령*으로 정하는 행위(제9호)이다.

Ⅲ. 지연이자 지급의무

원사업자가 정당한 사유 없이 감액한 금액을 목적물등의 수령일부터 60일

이 지난 후에 지급하는 경우에는 그 초과기간에 대하여 연 100분의 40 이내에서 「은행법」에 따른 은행이 적용하는 연체금리 등 경제사정을 고려하여 공정거래위원회가 정하여 고시하는 이율에 따른 이자를 지급하여야 한다(제11조 제4항).

Ⅳ. 관련 이슈

1. 제11조 위반의 사법적 효력

하도급법 제11조는 그 규정에 위반된 대금감액 약정의 효력에 관하여는 아무런 규정을 두지 않는 반면 그 규정을 위반한 원사업자를 벌금형에 처하도록 하면서 그 규정 위반행위 중 일정한 경우만을 공정거래위원회에서 조사하게 하여 그 위원회로 하여금 그 결과에 따라 원사업자에게 시정조치를 명하거나 과징금을 부과하도록 규정하고 있을 뿐이므로, 위 규정은 그에 위배한 원사업자와 수급사업자 간의 계약의 사법상의 효력을 부인하는 조항이라고 볼 것은 아니다 <(주)한서플랜트와 대한조선(주)의 하도급계약 건>.[18]

2. 손해배상책임

하도급법의 입법 목적과 입법 취지 등에 비추어 보면, 같은 법 제11조 제2항 각 호에 해당하는 행위를 한 원사업자가 우월적 지위를 이용하여 수급사업자의 자발적 동의에 의하지 않고 하도급대금을 부당하게 감액한 경우에는 그 하도급대금의 감액 약정이 민법상 유효한지 여부와 관계없이 그 자체가 하도급법 제11조를 위반한 불공정 거래행위에 해당하는 것으로서 위 규정에 의하여 보호되는 수급사업자의 권리나 이익을 침해하는 불법행위를 구성하고, 원사업자는 이로 인하여 수급사업자가 입은 손해를 배상할 책임이 있다<(주)한서플랜트와 대한조선(주)의 하도급계약 건>.[19] 여기서 하도급대금의 감액 약정이 수급사업자의 자발적인 동의에 의한 것인지 여부는 수급사업자에 대한 원사업자의 거래상 우월적 지위의 정도, 수급사업자의 원사업자에 대한 거래의존도, 거래관계의 지속성, 거래의 특성과 시장상황, 거래 상대방의 변경가능성, 당초의 대금과 감액된

---

18) 대판 2011. 1. 27. 2010다53457[손해배상(기)].
19) 대판 2011. 1. 27. 2010다53457[손해배상(기)].

대금의 차이, 수급사업자가 완성된 목적물을 인도한 시기와 원사업자가 대금 감액을 요구한 시기와의 시간적 간격, 대금감액의 경위, 대금감액에 의하여 수급사업자가 입은 불이익의 내용과 정도 등을 정상적인 거래관행이나 상관습 및 경험칙에 비추어 합리적으로 판단하여야 한다<(주)한서플랜트와 대한조선(주)의 하도급계약 건>.20)

3. 민법 제104조 위반 여부

민법 제104조에 규정된 불공정한 법률행위는 객관적으로 급부와 반대급부 사이에 현저한 불균형이 존재하고, 주관적으로 그와 같이 균형을 잃은 거래가 피해 당사자의 궁박, 경솔 또는 무경험을 이용하여 이루어진 경우에 성립하는 것으로서, 약자적 지위에 있는 자의 궁박, 경솔 또는 무경험을 이용한 폭리행위를 규제하려는 데에 그 목적이 있고, 불공정한 법률행위가 성립하기 위한 요건인 궁박, 경솔, 무경험은 모두 구비되어야 하는 요건이 아니라 그 중 일부만 갖추어져도 충분한데, 여기에서 '궁박'이라 함은 '급박한 곤궁'을 의미하는 것으로서 경제적 원인에 기인할 수도 있고 정신적 또는 심리적 원인에 기인할 수도 있으며, 당사자가 궁박한 상태에 있었는지 여부는 그의 나이와 직업, 교육 및 사회 경험의 정도, 재산 상태 및 그가 처한 상황의 절박성의 정도 등 여러 사정을 종합하여 구체적으로 판단하여야 하며, 한편 피해 당사자가 궁박한 상태에 있었다고 하더라도 그 상대방 당사자에게 그와 같은 피해 당사자 측의 사정을 알면서 이를 이용하려는 의사, 즉 폭리행위의 악의가 없었다거나 또는 객관적으로 급부와 반대급부 사이에 현저한 불균형이 존재하지 아니한다면 민법 제104조에 규정된 불공정 법률행위는 성립하지 않는다<(주)한서플랜트와 대한조선(주)의 하도급계약 건>.21)

20) 대판 2011. 1. 27. 2010다53457[손해배상(기)].
21) 대판 2011. 1. 27. 2010다53457[손해배상(기)].

제12조(물품구매대금 등의 부당결제 청구의 금지)

원사업자는 수급사업자에게 목적물등의 제조·수리·시공 또는 용역수행에 필요한 물품 등을 자기로부터 사게 하거나 자기의 장비 등을 사용하게 한 경우 정당한 사유 없이 다음 각 호의 어느 하나에 해당하는 행위를 하여서는 아니 된다.

1. 해당 목적물등에 대한 하도급대금의 지급기일 전에 구매대금이나 사용대가의 전부 또는 일부를 지급하게 하는 행위
2. 자기가 구입·사용하거나 제3자에게 공급하는 조건보다 현저하게 불리한 조건으로 구매대금이나 사용대가를 지급하게 하는 행위

[전문개정 2009. 4. 1.]

'원사업자가 목적물 등의 제조·수리·시공 또는 용역수행이 필요한 물품 등을 자기로부터 사게 하거나 자기의 장비 등을 사용하게 한 경우' 관련하여 하도급법에 3가지를 규정하고 있다. 우선 하도급법 제5조에서는 원사업자가 지정하는 물품·장비 또는 역무의 공급 등을 수급사업자에게 매입 또는 사용하도록 강요하지 못하게 금지하고 있고, 둘째, 제11조 제2항 제5호에서는 적정한 구매대금 또는 사용대가 이상 공제를 금지하고 있으며, 셋째가 본 조이다. 제5조는 강제행위의 금지를, 제11조 제2항 제5호는 적정대가 이상 지급 금지를, 본 조는 기일전 지급행위나, 현저히 불리한 조건으로 지급하는 행위를 금지하고 있다.

제12조의2(경제적 이익의 부당요구 금지)

원사업자는 정당한 사유 없이 수급사업자에게 자기 또는 제3자를 위하여 금전, 물품, 용역, 그 밖의 경제적 이익을 제공하도록 하는 행위를 하여서는 아니 된다.
[전문개정 2009. 4. 1.]

🗒️ 목 차

[참고사례]

　　대주건설(주)의 불공정하도급거래행위 건(공정거래위원회 2008. 5. 13. 의결 제2008－143호; 서울고등법원 2008. 11. 8. 선고 2008누15871, 대법원 2010. 12. 9. 선고 2008두22822); (주)신안의 불공정하도급거래행위 건[공정거래위원회 2011. 2. 22. 의결 제2011－10호; 서울고등법원 2012. 5. 16. 선고 2011누10340 판결; 대법원 2012. 10. 11. 선고 2012두14385(심리불속행기각) 판결 판결]; 남양건설(주)의 불공정하도급거래행위 건(공정거래위원회 2008. 5. 13. 의결 제2008－147호; 서울고등법원 2008. 12. 18. 선고 2008누15253; 대법원 2010. 12. 9. 선고 2009두2368); 건설사의 불공정하도급거래행위 건(서울고등법원 2016. 5. 27. 선고 2014누67705 판결; 대법원 2016. 10. 27. 선고 2016두45462(심리불속행기각) 판결]

Ⅰ. 의의

　　본 조의 입법 취지는 원사업자가 하도급거래를 하면서 자신의 우월적 지위를 이용하여 수급사업자에게 법률상 의무 없는 부담을 강요하는 불공정거래행위를 금지하는 데에 있다<남양건설(주)의 불공정하도급거래행위 건>.[1]

> "위 규정의 입법취지를 위와 같이 본다면, 원사업자가 당해 하도급계약에 일반적 · 통상적으로 포함될 것으로 예상되는 범위를 초과하여 수급사업자에게 어떠한 경제

---

1) 대판 2010. 12. 9. 2009두2368.

적 부담을 지우는 경우, 이는 위 규정의 규율대상에 포함되는 것으로 봄이 상당함. 또한 어떠한 경제적 부담이 하도급계약에 일반적·통상적으로 포함될 것으로 예상 되는 범위에 속하는 것인지의 여부는 당해 하도급계약 및 경제적 부담의 실질적인 내용 내지 의미를 따져 결정되어야 할 것이지, 그러한 경제적 부담이 하도급계약 의 내용 중에 형식적으로 포함되어 있는지의 여부에 따라 좌우될 것이 아님(만약 이와 반대로 해석한다면, 협찬금, 장려금, 지원금 등 전형적으로 위 규정의 규율대 상이 되는 경제적 부담이라도 어떠한 하도급계약의 내용 중에 포함되어 있기만 하 다면 위 규정의 적용대상에서 제외된다는 부당한 결론에 이르게 됨"<남양건설 (주)의 불공정하도급거래행위 건>2)

II. 경제적 이익의 내용

수급사업자가 원사업자의 경제적 이익 제공 요구를 수용할 수밖에 없는 조 건을 내세워 하도급계약을 체결하는 행위도 위 조항의 규제대상에 포함되는 것 으로 보아야 하고, 여기에서 말하는 '경제적 이익의 제공'에는 반드시 반대급부 가 없는 일방적인 경제적 이익만이 아니라, 원사업자가 부담하여야 할 비용을 수급사업자에게 전가하거나 유동성을 확보하는 것 등 간접적이고 우회적인 형태 로 수급사업자에게 경제적 부담을 지우는 것도 포함된다<남양건설(주)의 불공정 하도급거래행위 건>.3)

2) 서고판 2008. 12. 18. 2008누15253(대판 2010. 12. 9. 2009두2368).
3) 대판 2010. 12. 9. 2009두2368. 원고가 이 사건 39개 수급사업자들에게 건축공사를 하도급하면 서 그 거래조건으로 자신의 미분양 아파트를 분양받도록 하거나 자신과 특수한 관계에 있는 회사의 수입차량을 구매하도록 한 사실을 인정한 다음, 원고가 위와 같이 39개 수급사업자로 하여금 미분양된 아파트를 분양받는 것 및 수입차량을 구매하는 것을 조건으로 하여 하도급계 약을 체결한 것은 자신 또는 제3자의 매출을 늘리고 자금운용을 원활하게 할 수 있는 경제적 이익의 요구행위로 볼 수 있고, 나아가 원고는 호남지역에서 시공능력 평가순위 3위의 대형건 설업체로서 해당 지역 내에서 하도급업체들에 대하여 우월적 지위에 있었던 점, 원고는 하도 급계약의 체결과 관련하여 협력업체 중 특별한 기준이 없이 해당 공종의 공사를 수행하는 데 적정하다고 판단되는 4, 5개 회사에 대하여 입찰을 위한 현장설명회에 참석할 것을 지명하고 현장설명회에 참석한 회사들이 응찰을 하여 최저가로 입찰한 회사가 낙찰을 받는 방식을 취하 고 있었는데, 건축공사를 하도급받기 위해서는 원고로부터 지명을 받는 것이 필수적인 전제조 건이 되는 수급사업자로서는 위와 같은 입찰 과정에서 원고가 내세운 구매조건을 사실상 거부 하기 어려웠을 것으로 보이는 점, 원고가 수급사업자에게 배정한 일부 아파트에 대하여는 이 후의 분양에 지장을 초래할 것을 우려해 일정기간 동안 분양권의 전매를 금지하였던 점 등 판 시 사정에 비추어 볼 때, 원고의 이 사건 미분양 아파트 분양행위 및 수입차량 매도행위는 39 개 수급사업자들의 진정한 의사에 반하여 이루어진 것으로서 강제성이 있었다고 보인다는 이

Ⅲ. 사례

법원이 법위반으로 인정한 사례는 다음과 같다.

> "하도급을 조건으로 수급사업자에게 미분양 오피스텔을 구입하게 한 행위"<(주)신안의 불공정하도급거래행위 건>,[4] "미분양아파트 분양 및 자동차 구매를 하도급거래의 조건으로 삼은 행위"(<대주건설(주)의 불공정하도급거래행위 건>, <남양건설(주)의 불공정거래행위 건>),[5] "종합건설업자인 원사업자가 지명경쟁 입찰방식을 통하여 자신(또는 자회사)의 미분양 골프장 회원권과 마분양아파트를 수급사업자에게 입찰전에 하도급계약의 조건으로 고지하여 하도급계약을 체결한 행위"<건설사 불공정하도급거래행위 건>[6]

유로, 원고의 이 사건 미분양 아파트 분양행위 및 수입차량 매도행위 등은 정당한 사유 없이 수급사업자에게 자기 또는 제3자를 위하여 금전, 물품, 용역 그 밖에 경제적 이익을 제공하도록 하는 행위로서 구 하도급법 제12조의2에서 금지하는 위반행위에 해당한다고 판단하였다.

4) 서고판 2012. 5. 16. 2011누10340[대판 2012. 10. 11. 2012두14385(심리불속행기각)].

5) 서고판 2008. 11. 8. 2008누15871[대판 2010. 12. 9. 2008두22822(심리불속행기각)]. 원고가 많은 자금을 투자하여 건설한 아파트가 제대로 분양되지 않자 이 사건 20개 수급사업자와 사이에 그와 같이 미분양된 아파트를 분양받는 것을 조건으로 하여 하도급계약을 체결한 것은 자신의 매출을 늘리고 자금운용을 원활하게 할 수 있는 경제적 이익의 요구행위에 해당하고, 나아가 이 사건 20개 수급사업자가 분양받은 아파트는 모두 실수요자들이 분양받기를 꺼리는 저층이었던 점, 원고는 하도급계약의 체결과 관련하여 등록된 협력업체 중 원고가 지명하는 회사만 입찰에 참가할 수 있는 이른바 지명입찰제도를 운영하면서 매년 협력업체에 대한 평가를 통해 우수협력업체에 대해서는 입찰 우선참가, 수의계약 등의 인센티브를 제공하는 한편, 불량협력업체에 대해서는 지명입찰 참여를 사실상 배제하고 있는데, 이 사건 미분양 아파트를 분양받은 수급사업자에 대하여는 협력업체 평가 시 인센티브를 부여하기로 하기로 하였던 점 등에 비추어 보면, 이 사건 20개 수급사업자는 원고와 하도급계약을 체결하기 위하여 어쩔 수 없이 이 사건 분양계약을 체결한 것으로 보이고, 이에 비하여 원고가 미분양 아파트를 수급사업자들에게 분양하기 이전에 분양가 인하 등 실질적 노력을 기울였다는 점 등을 인정할 증거가 없는 점 등에 비추어 볼 때, 정당한 사유가 있었다고 볼 수 없다; 서고판 2008. 12. 18. 2008누15253[대판 2010. 12. 9. 2009두2368(심리불속행기각)]. 원고가 위와 같이 39개 수급사업자로 하여금 미분양된 아파트를 분양받는 것 및 수입차량을 구매하는 것을 조건으로 하여 하도급계약을 체결한 것은 자신 또는 제3자의 매출을 늘리고 자금운용을 원활하게 할 수 있는 경제적 이익의 요구행위로 볼 수 있고, 나아가 원고는 호남지역에서 시공능력 평가순위 3위의 대형건설업체로서 해당 지역 내에서 하도급업체들에 대하여 우월적 지위에 있었던 점, 원고는 하도급계약의 체결과 관련하여 협력업체 중 특별한 기준이 없이 해당 공종의 공사를 수행하는 데 적정하다고 판단되는 4, 5개 회사에 대하여 입찰을 위한 현장설명회에 참석할 것을 지명하고 현장설명회에 참석한 회사들이 응찰을 하여 최저가로 입찰한 회사가 낙찰을 받는 방식을 취하고 있었는데, 건축공사를 하도급받기 위해서는 원고로부터 지명을 받는 것이 필수적인 전제조건이 되는 수급사업자로서는 위와 같은 입찰 과정에서 원고가 내세운 구매조건을 사실상 거부하기 어려웠을 것으로 보이는 점, 원고가 수급사업자에게 배정한 일부 아파트에 대하여는 이후의 분양에 지장을 초래할 것을 우려해 일정기간 동안 분양권의 전매를 금지하였던 점 등

원사업자의 경제적 이익의 부당요구행위를 「하도급거래공정화지침」에서는 다음과 같이 예시하고 있다(Ⅲ. 10－1).

> 가. 원사업자의 수익 또는 경영여건 악화 등 불합리한 이유로 협찬금, 장려금, 지원금 등 경제적 이익(재물 및 경제적 가치 있는 이익을 포함. 이하 같음)을 요구하는 경우
>
> 나. 하도급거래 개시 또는 다량거래 등을 조건으로 협찬금, 장려금, 지원금 등 경제적 이익을 요구하는 경우
>
> 다. 기타 수급사업자가 부담하여야 할 법률상 의무가 없음에도 협찬금, 장려금, 지원금 등 경제적 이익을 요구하는 경우

판시 사정에 비추어 볼 때, 원고의 이 사건 미분양 아파트 분양행위 및 수입차량 매도행위는 39개 수급사업자들의 진정한 의사에 반하여 이루어진 것으로서 강제성이 있었다고 보인다는 이유로, 원고의 이 사건 미분양 아파트 분양행위 및 수입차량 매도행위 등은 정당한 사유 없이 수급사업자에게 자기 또는 제3자를 위하여 금전, 물품, 용역 그 밖에 경제적 이익을 제공하도록 하는 행위로서 구 하도급법 제12조의2에서 금지하는 위반행위에 해당한다.
6) 서고판 2016. 5. 27. 2014누67705[대판 2016. 10. 27. 2016두45462(심리불속행기각)].

제12조의3(기술자료제공 요구 금지 등)

① 원사업자는 수급사업자의 기술자료를 본인 또는 제3자에게 제공하도록 요구하여서는 아니 된다. 다만, 원사업자가 정당한 사유를 입증한 경우에는 요구할 수 있다. <개정 2011. 3. 29.>

② 원사업자는 제1항 단서에 따라 수급사업자에게 기술자료를 요구할 경우에는 요구목적, 권리귀속 관계, 대가 등 대통령령으로 정하는 사항을 해당 수급사업자와 미리 협의하여 정한 후 그 내용을 적은 서면을 해당 수급사업자에게 주어야 한다. <신설 2011. 3. 29., 2021. 8. 17.>

③ 수급사업자가 원사업자에게 기술자료를 제공하는 경우 원사업자는 해당 기술자료를 제공받는 날까지 해당 기술자료의 범위, 기술자료를 제공받아 보유할 임직원의 명단, 비밀유지의무 및 목적 외 사용금지, 위반 시 배상 등 대통령령으로 정하는 사항이 포함된 비밀유지계약을 수급사업자와 체결하여야 한다. <신설 2021. 8. 17.>

④ 원사업자는 취득한 수급사업자의 기술자료에 관하여 부당하게 다음 각 호의 어느 하나에 해당하는 행위(하도급계약 체결 전 행한 행위를 포함한다)를 하여서는 아니 된다. <개정 2018. 4. 17., 2021. 8. 17., 2022. 1. 11.>

1. 자기 또는 제3자를 위하여 사용하는 행위

2. 제3자에게 제공하는 행위

⑤ 공정거래위원회는 제3항에 따른 비밀유지계약 체결에 표준이 되는 계약서의 작성 및 사용을 권장할 수 있다. <신설 2021. 8. 17.>

[본조신설 2010. 1. 25.]

[제목개정 2011. 3. 29.]

 목 차

[참고문헌]

　　논문: 석근배, 중소기업에 대한 기술자료요구 및 유용행위에 관한 실무상 쟁점, 경쟁저널, 공정경쟁연합회, 2019 May; 최승재, 기술유용행위에 대한 하도급법 적용 및 해

석과 특허법 및 지식재산권과의 비교, 경쟁저널, 공정경쟁연합회, 2019 May; 이하나,
공정위의 기술유용행위 근절대책 추진방향, 경쟁저널, 공정경쟁연합회, 2019 May

[참고사례]

　㈜엘지하우시스의 불공정하도급거래행위 건(공정거래위원회 2014. 10. 10. 의결 제2014-
228호); ㈜엘지화학의 불공정하도급거래행위 건(공정거래위원회 2015. 8. 3. 의결 제2015-289
호); 한국화낙(주)의 불공정하도급거래행위 건(공정거래위원회 2017. 4. 25. 의결 제2017-
064호); ㈜코텍의 불공정하도급거래행위 건(공정거래위원회 2017. 4. 25. 의결 제2017-063호);
에이에스이코리아(주)의 불공정하도급거래행위 건(공정거래위원회 2017. 4. 25. 의결 제2017-
062호); ㈜아너스의 불공정하도급거래행위 건(공정거래위원회 2018. 12. 11. 의결 제2018-364
호); 두산인프라코어(주)의 불공정하도급거래행위 건(공정거래위원회 2018. 11. 13. 의결 제
2018-339호); 볼보그룹코리아(주)의 불공정하도급거래행위 건(공정거래위원회 2019. 1. 2.
의결 제2019-001호)

Ⅰ. 의의

　본 조는 2010년 법개정시 기술탈취·유용으로 인한 수급사업자의 피해를 방
지하기 위한 목적으로 규정되었다. 2011. 3. 29.에는 수급사업자에 대한 보호를
더욱 강화하였는데, 제1항에서 '강요'라는 용어가 '요구'로 바뀌었고, 정당한 사유
의 입증책임이 원사업자에 있음을 명시하였다. 그리고 제2항을 신설하여 정당한
사유가 있는 경우라도 원사업자에게 일정한 서면 교부의무가 부가되었고, 제1항
과 제3항의 경우 손해배상 책임을 규정(제35조)하여, 기술자료 유용행위의 경우
손해의 3배까지 배상책임을 질 수 있도록 하였다.[1]

　하도급법에 기술유용에 관한 규율을 하게 된 것은 영업비밀보호 법제만으로
는 하도급계약관계에 있는 수급사업자를 충분하게 보호하지 못하였기 때문이라
는 것과, 다른 한편으로는 특허법제가 적절하게 작용하지 못하였다는 점이 지적
된다.[2] 기술 탈취 및 기술보호는 하도급법 이외에도 중소벤처기업부의 「중소기
업보호지원에 관한 법률」, 「대·중소기업 상생협력 촉진에 관한 법률」, 특허청의
「부정경쟁방지 및 영업비밀보호에 관한 법률」 등에 규정되어 있다.

---

1) 이하나, 경쟁저널(2019 May), 31면.
2) 최승재, 경쟁저널(2019 May), 5면.

II. 기술자료 제공 요구 금지

원사업자는 수급사업자의 기술자료를 본인 또는 제3자에게 제공하도록 요구하여서는 아니 된다. 다만, 원사업자가 정당한 사유를 입증한 경우에는 요구할 수 있다(법 제12조의 3 제1항).

즉 법 제12조의3 제1항의 규정에 위반되는 기술자료 제공 요구행위에 해당하기 위해서는 ①원사업자가 수급사업자에게 제공 요구한 정보 또는 자료가 기술자료에 해당하고, ②원사업자가 수급사업자에게 기술자료를 자기 또는 제3자에게 제공하도록 요구하여야 한다. 다만, 원사업자가 기술자료 제공 요구에 대해 정당한 사유를 입증한 경우에는 예외로 인정된다<㈜아너스의 불공정하도급거래행위 건>.[3]

기술자료 제공 요구 행위에 정당한 사유가 인정되는 경우란 제조 등의 위탁 목적을 달성하기 위해 수급사업자의 기술자료가 절차적, 기술적으로 불가피하게 필요한 경우로서 원사업자와 수급사업자가 공동으로 기술개발 등의 약정을 체결하고 동 약정의 범위 내에서 기술개발에 필요한 자료를 요구하는 경우, 제품에 하자가 발생하여 원인규명을 위하여 하자 또는 품질관리와 직접 관련된 기술자료를 요구하는 등이 이에 해당하고, 정당한 사유가 있는지 여부는 원사업자인 피심인이 입증하여야 한다(<두산인프라코어(주)의 불공정하도급거래행위 건>,[4] <㈜아너스의 불공정하도급거래행위 건>).[5]

공정거래위원회가 법위반으로 인정한 사례는 다음과 같다.

> "창호금형 설계도면을 요청하고 서면제공없이 이를 수령한 행위"<㈜엘지하우시스의 불공정 하도급거래행위 건>,[6] "배터리라벨 제조관련 기술자료 제공을 총 23회에 걸쳐 사용하고, 자회사인 중국남경법인에게 제공하여 배터리 라벨을 생산하는데 사용한 행위"<㈜엘지화학의 불공정하도급거래행위 건>,[7] "로봇주변장치

---

3) 공정의 2018. 12. 11. 2018-364.

4) 공정의 2018. 11. 13. 2018-339.

5) 공정의 2018. 12. 11. 2018-364. 동 건에서 피심인은 '계약 대상 확정 또는 제품 검수', '인증 취득', '가격 적정성 검토', '불량개선 의뢰' 등을 위하여 수급사업자의 기술자료를 요구하였고, 피심인은 이 사건 자료들을 작성함에 있어 제조를 위탁한 물건의 기능, 성능요건, 규격 등의 정보를 제시하는 등 특별한 기여를 하였기 때문에 해당 기술자료를 요구할 정당한 사유가 있다고 주장하나, 아래와 같은 점을 고려할 때 정당한 사유로 인정하였으나 공정거래위원회는 이를 인정하지 않았다.

6) 공정의 2014. 10. 10. 2014-228.

의 제작도면을 요청하고 서면제공없이 이를 수령한 행위"<한국화낙(주)의 불공정하도급거래행위 건>,[8] "부품용 금형도면을 요청하고 서면제공없이 이를 수령한 행위"<㈜코텍의 불공정하도급거래행위 건>,[9] "반도체장치 관련 금형도면을 요청하고 서면제공없이 이를 수령한 행위"<에이에스이코리아(주)의 불공정하도급거래행위 건>,[10] "정당한 사유 없이 물걸레청소기 전자제어장치 등의 회로도, 부품목록, 거버도면, 프로그램 헥사파일 등의 기술자료를 본인 또는 제3자에게 제공하도록 요구하는 것과 같은 행위"<㈜아너스의 불공정하도급거래행위 건>,[11] "정당한 사유 없이 에어 컴프레셔 제작도면 등의 기술자료를 본인 또는 제3자에게 제공하도록 요구하는 것과 같은 행위"<두산인프라코어(주)의 불공정하도급거래행위 건>[12]

동 조항의 위법성 판단기준에 대하여 「기술자료 제공 요구·유용행위 심사지침」에서는 다음과 같이 규정하고 있다(IV. 1).

가. 대상행위

하도급법 제12조의3 제1항의 "기술자료 제공 요구"라 함은, 원사업자가 수급사업자에게 자신 또는 제3자가 사용할 수 있도록 기술자료의 제출, 제시, 개시, 물리적 접근 허용(기술자료가 전자파일(File) 등의 형태일 경우 접속·열람 허용 등을 포함한다), 기술지도, 품질관리 등 그 방법을 불문하고 자신 또는 제3자가 기술자료의 내용에 접근할 수 있도록 요구하는 행위를 말한다.

나. 위법성의 판단기준

(1) 원사업자가 수급사업자의 기술자료를 원사업자 또는 제3자에게 제공하도록 요구하는 행위는 원칙적으로 위법하다. 다만 원사업자가 기술자료를 요구할 정당한 사유가 있음을 입증하는 경우 위법하지 아니하다.

(2) 정당한 사유에 해당될 수 있는 경우는 제조 등의 위탁 목적을 달성하기 위해 수급사업자의 기술자료가 절차적, 기술적으로 불가피하게 필요한 경우를 의미하며 이를 예시하면 아래와 같다.

---

7) 공정의 2015. 8. 3. 2015-289.
8) 공정의 2017. 4. 25. 2017-064.
9) 공정의 2017. 4. 25. 2017-063.
10) 공정의 2017. 4. 25. 2017-062.
11) 공정의 2018. 12. 11. 2018-364.
12) 공정의 2018. 11. 13. 2018-339.

<예시 1> 원사업자와 수급사업자가 공동으로 특허를 개발하는 과정에서
그 특허출원을 위하여 필요한 기술자료를 요구하는 경우

<예시 2> 원사업자와 수급사업자가 공동으로 기술개발 약정을 체결하고
동 약정의 범위 내에서 기술개발에 필요한 기술자료를 요구하
는 경우

<예시 3> 제품에 하자가 발생하여 원인규명을 위해 하자와 직접 관련된
기술자료를 요구하는 경우

(3) 위 (1)의 단서에 따른 정당한 기술자료 제공 요구라 하여도 요구 목적 달
성을 위해 필요한 최소한의 범위를 넘어서는 아니된다. 필요한 최소한의
범위를 넘어서는 경우를 예시하면 다음과 같다.
<예시> 수급사업자가 원사업자에게 기술자료 제공시 관련 없는 내용을
삭제한 상태로 제공하는데 대하여 원사업자가 완전한 상태의
기술자료의 제공을 요구하는 경우

(4) 위 (1)의 단서에 따른 정당한 기술자료 제공 요구의 경우에도 요구 목적에
따른 제공 범위, 기술 제공 대가, 비밀준수 관련 사항, 기술의 권리 귀속
관계 등 법 시행령 제7조의3에서 규정한 사항(이하 "서면기재사항"이라
함)에 대해 수급사업자와 미리 협의한 후 이를 서면(표준서면 양식은 <서
식 1>과 같다)으로 작성하여 교부하여야 한다. 동 협의가 공정하게 이루
어졌는지 여부는 다음 사항을 종합적으로 고려하여 판단한다.
① 원사업자가 기술자료의 제공을 요구함에 있어 수급사업자의 자율적인
의사를 제약하는 등 강제성이 있거나 수급사업자를 기망하여 착오를
일으키게 하는지 여부
② 기술자료의 권리귀속 관계, 제공 및 활용범위 등을 반영한 정당한 대가
에 대해 충분히 협의하였는지 여부(이때 "정당한 대가"는 동종 또는 유
사한 것에 대해 동일 또는 근접한 시기에 정상적인 거래관계에서 일반
적으로 지급되는 대가인지 여부를 고려하여 판단하고, 신규 기술과 같
이 동종 또는 유사한 것이 존재하지 아니하거나 그것을 알 수 없는 경
우에는 기술평가전문기관의 기술가치평가에 따라 산출한 대가를 기준
으로 판단한다.)
③ 기타 정상적인 거래관행에 어긋나거나 사회통념상 올바르지 못한 것으
로 인정되는 행위나 수단 등을 사용하여 기술자료를 요구하였는지 여부

(5) 정당하게 서면을 교부한 경우를 예시하면 아래와 같다.

> <예시 1> 원사업자는 정당한 사유가 존재하여 수급사업자에게 기술자료를 요구하면서 서면기재사항이 모두 기재된 기술자료 요구서를 수급사업자로부터 기술자료를 제공받기 이전에 양사의 기명날인 또는 대표자가 서명하여 발급한 경우
>
> <예시 2> 원사업자가 수급사업자에게 기술자료를 요구하면서 정당한 사유가 있어 서면기재사항 중 일부 내용을 미리 확정하기 곤란함에 따라 그 사유와 대략적인 예정일을 기재하여 자료요구서를 발급한 후 해당사항이 확정되면 그 사항이 기재된 서면을 지체없이 발급한 경우
>
> <예시 3> 기본계약서, 특약서 등에 서면기재사항 중 일부사항이 기재되어 있고 개별적으로 기술자료를 요구할 때 나머지 사항을 기재하여 기술요구서를 발급한 경우
>
> <예시 4> 동일한 수급사업자에게 같은 목적으로 여러 건의 기술자료 요구서를 발급해야 함에 따라 이를 통합하여 하나의 기술자료 요구서를 발급한 경우

원사업자는 제1항 단서에 따라 수급사업자에게 기술자료를 요구할 경우에는 요구목적, 권리귀속 관계, 대가 등 *대통령령13)*으로 정하는 사항을 해당 수급사업자와 미리 협의하여 정한 후 그 내용을 적은 서면을 해당 수급사업자에게 주어야 한다(법 제12조의 3 제2항).

공정거래위원회가 법위반으로 인정한 사례는 다음과 같다.

"6개 수급사업자에게 의료용 모니터, 전자칠판 등의 부품용 금형의 제작을 위탁하고 이를 제작하는 과정에서, 정당한 사유에 의해 기술 자료인 금형도면을 요구하는 경우라 하더라도 법정 기재사항을 수급사업자와 미리 협의하여 정한 후 그 내용을 적은 서면을 수급사업자에게 교부하지 아니하고 금형도면을 제공하도록 요구하는

---

13) 제7조의3(기술자료 요구 시 서면 기재사항) 법 제12조의3제2항에서 "요구목적, 권리귀속 관계, 대가 등 대통령령으로 정하는 사항"이란 다음 각 호의 사항을 말한다. 1. 기술자료 제공 요구 목적 2. 삭제 <2022. 2. 15.> 3. 요구대상 기술자료와 관련된 권리귀속 관계 4. 요구대상 기술자료의 대가 및 대가의 지급방법 5. 요구대상 기술자료의 명칭 및 범위 6. 요구일, 제공일 및 제공방법 6의2. 삭제 <2022. 2. 15.> 6의3. 삭제 <2022. 2. 15.> 6의4. 삭제 <2022. 2. 15.> 7. 그 밖에 원사업자의 기술자료 제공 요구가 정당함을 입증할 수 있는 사항

것과 같은 행위"<㈜코텍의 불공정하도급거래행위 건>,[14) "2개 수급사업자에게 반도체장비용 금형의 제작을 위탁하고 이를 제작하는 과정에서, 정당한 사유에 의해 기술 자료인 금형도면을 요구하는 경우라 하더라도 법정 기재사항을 수급사업자와 미리 협의하여 정한 후 그 내용을 적은 서면을 수급사업자에게 교부하지 아니하고 금형도면을 제공하도록 요구하는 것과 같은 행위"<에이에스이코리아(주)의 불공정하도급거래행위 건>,[15) "15개 수급사업자에게 공장자동화(FA) 관련 로봇 등에 장착할 주변장치(부품) 등의 제작을 위탁하고 이를 납품받는 과정에서, 정당한 사유에 의해 기술자료인 제작도면을 요구하는 경우라 하더라도 법정 기재사항을 수급사업자와 미리 협의하여 정한 후 그 내용을 적은 서면을 수급사업자에게 교부하지 아니하고 동 주변장치(부품)의 제작도면을 제공하도록 요구하는 것과 같은 행위"<한국화낙(주)의 불공정하도급거래행위 건>,[16) "주식회사 등 30개 수급사업자에게 에어 컴프레셔 등의 제조를 위탁하고 제품 제작도면 등 기술자료를 승인도로 보관하기 위하여 해당 기술자료의 제공을 요구하면서, 기술자료의 요구 목적, 비밀유지에 관한 사항, 권리 귀속관계, 대가 등 하도급거래 공정화에 관한 법률 시행령 제7조의3에서 규정하는 사항을 해당 수급사업자와 미리 협의하여 정한 후 그 내용을 적은 서면을 교부하지 아니하는 것과 같은 행위<두산인프라코어(주)의 불공정하도급거래행위 건>,[17) "10개 수급사업자에게 굴삭기 관련 부품 등의 제조를 위탁하고 부품 제작도면 등 기술자료를 승인도로 보관하기 위하여 해당 기술자료의 제공을 요구하면서, 기술자료의 제공요구 목적, 비밀유지에 관한 사항, 권리 귀속관계, 대가 등 하도급법 시행령 제7조의3에서 규정하는 사항을 해당 수급사업자와 미리 협의하여 정한 후 그 내용을 적은 서면을 교부하지 아니하는 것과 같은 행위"<볼보그룹코리아(주)의 불공정하도급거래행위 건>[18)

III. 비밀유지계약의 체결

수급사업자가 원사업자에게 기술자료를 제공하는 경우 원사업자는 해당 기

---

14) 공정의 2017. 4. 25. 2017-063.

15) 공정의 2017. 4. 25. 2017-062.

16) 공정의 2017. 4. 25. 2017-064.

17) 공정의 2018. 11. 13. 2018-339; 동 사건에 대하여 석근배, 경쟁저널(2019 May), 20~23면. 공정거래위원회는 수급사업자인 중소기업 관점에서 하도급법상 기술탈취의 행위 성립요건을 폭넓게 인정하였고, 기술탈취의 피해를 입은 수급사업자들이 거래선을 잃거나 사업을 중단하는 등 상당한 피해를 입었고, 이러한 피해로 인하여 수급사업자들의 경영상황이 현저히 악화되었다는 점 또한 중요한 고려요소로 삼았다.

18) 공정의 2019. 1. 2. 2019-001.

술자료를 제공받는 날까지 해당 기술자료의 범위, 기술자료를 제공받아 보유할
임직원의 명단, 비밀유지의무 및 목적 외 사용금지, 위반 시 배상 등 *대통령령19)*
으로 정하는 사항이 포함된 비밀유지계약을 수급사업자와 체결하여야 한다(법
제12조의3 제3항).

　　공정거래위원회는 제3항에 따른 비밀유지계약 체결에 표준이 되는 계약서
의 작성 및 사용을 권장할 수 있다(법 제12조의3 제5항).

　　수급사업자가 원사업자에게 기술자료를 제공하는 경우 원사업자가 수급사
업자와 기술자료에 대해 비밀유지계약을 체결토록 의무화하였다. 비밀유지계약
은 계약상 의무 위반시 손해배상책임을 부담하게 되는 등 수급사업자 기술자료
의 중요한 보호장치이다. 그러나 원·수급사업자간 협상력 차이로 원사업자가 중
요 기술자료를 요구하더라도 수급사업자가 이의 체결을 요구하기가 어려운 상황
임을 고려, 비밀유지계약 체결 의무를 도입하게 되었다.[20]

IV. 부당한 기술자료의 사용·제공

　　원사업자는 취득한 수급사업자의 기술자료에 관하여 부당하게 ① 자기 또는
제3자를 위하여 사용하는 행위(제1호), ② 제3자에게 제공하는 행위(하도급계약
체결 전 행한 행위를 포함)(제2호)의 어느 하나에 해당하는 행위를 하여서는 아니
된다(법 제12조의3 제4항).

　　법 제12조의3 제3항에 규정에 위반되는 기술자료 유용 행위에 해당하기 위
해서는 ① 원사업자가 수급사업자로부터 취득한 정보 또는 자료가 기술자료에 해
당하고, ② 원사업자가 수급사업자로부터 취득한 기술자료를 그 취득 목적 및 합
의된 사용 범위를 벗어나 자신 또는 제3자의 이익을 위하여 사용하여야 하고, ③
원사업자가 수급사업자의 기술자료를 사용하면서 정당한 대가를 지급하지 않거나
원사업자의 기술자료 유용행위로 해당 수급사업자의 사업활동이 곤란해지는 등

---

19) 제7조의4(비밀유지계약의 내용) 법 제12조의3제3항에서 "해당 기술자료의 범위, 기술자료를
　　제공받아 보유할 임직원의 명단, 비밀유지의무 및 목적 외 사용금지, 위반 시 배상 등 대통령
　　령으로 정하는 사항"이란 다음 각 호의 사항을 말한다. <u>1. 기술자료의 명칭 및 범위 2. 기술자
　　료의 사용기간 3. 기술자료를 제공받아 보유할 임직원의 명단 4. 기술자료의 비밀유지의무 5.
　　기술자료의 목적 외 사용금지 6. 제4호 또는 제5호의 위반에 따른 배상 7. 기술자료의 반환·
　　폐기 방법 및 일자</u>
20) 이상 공정거래위원회 보도자료(2021. 7. 23).

하도급거래의 공정성을 침해하여야 한다(<두산인프라코어(주)의 불공정하도급거래행위 건>,[21] <㈜아너스의 불공정하도급거래행위 건>).[22] 그러나 2018. 4. 17. 법 개정시 '자기 또는 제3자를 위하여 사용하는 행위' 뿐만 아니라, '제3자에게 제공하는 행위'도 금지유형으로 추가함으로써, 기술자료의 보호범위를 확대하였다. 따라서 ① 원사업자가 수급사업자로부터 취득한 정보 또는 자료가 기술자료에 해당하고, ② 원사업자가 수급사업자로부터 취득한 기술자료를 자기 또는 제3자를 위하여 사용하거나 제3자에게 전달하여야 하고, ③ 원사업자가 수급사업자의 기술자료를 사용하면서 정당한 대가를 지급하지 않거나 원사업자의 기술자료 유용행위로 해당 수급사업자의 사업활동이 곤란해지는 등 부당하게 기술자료를 사용하거나 제3자에게 전달하여야 한다<두산인프라코어(주)의 불공정하도급거래행위 건>.[23]

하도급계약 체결 전 교섭단계에서도 원사업자는 수급사업자보다 우월한 지위를 이용하여, 기술자료를 제공받아 이를 유용할 수 있다. 그러나 하도급법 규율대상인 '원사업자'는 하도급계약의 체결이 전제되어 있어 계약체결 전 행위도 규율하는지 불명확하였다. 이에 2022. 1. 11. 법 개정시 하도급계약 체결 전의 기술유용행위도 이후 하도급계약이 체결되었다면 하도급법으로 규율하도록 명시하였다.[24]

공정거래위원회가 법위반으로 인정한 사례는 다음과 같다.

"수급사업자로부터 취득한 물걸레청소기 전자제어장치 등의 회로도, 부품목록, 프로그램 헥사파일 등의 기술자료를 자기 또는 제3자를 위하여 유용하는 것과 같은 행위"<㈜아너스의 불공정하도급거래행위 건>,[25] "수급사업자로부터 취득한 에어 컴프레셔 관련기술자료를 자기 또는 제3자를 위하여 유용하는 것과 같은 행위"<두산인프라코어(주)의 불공정하도급거래행위 건>,[26] "수급사업자로부터 취득한 냉각수저장탱크 관련 기술자료를 자기 또는 제3자를 위하여 사용하거나 제3자에게 제공하는 것과 같은 행위"<두산인프라코어(주)의 불공정하도급거래행위 건>,[27] "피심인이 이 사건 전자제어장치 등의 납품가격을 인하하거나 납품업체를 이원화 또는 변경할 목적으로 수급사업자의 기술자료를 수급사업자의 경쟁사업자에게 제공하여 견적가격을 산정하거나 유사제품을 제조하게 하는데 사용한 행위", "피심인이 수

---

21) 공정의 2018. 11. 13. 2018−339.
22) 공정의 2018. 12. 11. 2018−364.
23) 공정의 2018. 11. 13. 2018−339.
24) 이상 공정거래위원회 보도자료(2021. 12. 9).

> 급사업자의 기술자료를 부당하게 사용하였고, 정상적인 거래관행에 어긋나거나 사
> 회통념상 올바르지 못한 것으로 인정되는 수단을 사용하였을 뿐 아니라 이로 인해
> 수급사업자의 사업활동이 곤란해졌으므로 피심인이 수급사업자의 기술자료를 사용
> 한 행위"<㈜아너스의 불공정하도급거래행위 건>[28]

　동 조항의 위법성의 판단기준에 대하여「기술자료 제공 요구·유용행위 심
사지침」에서는 다음과 같이 규정하고 있다(Ⅳ. 2).

가. 대상행위

　　하도급법 제12조3 제3항에서 금지하고 있는 "기술자료의 사용·제공"이라 함은,
　　원사업자가 수급사업자로부터 취득한 기술자료를 그 취득 목적 및 합의된 사
　　용 범위(적용 분야, 지역, 기간 등)를 벗어나 자신 또는 제3자가 이익을 얻거나
　　수급사업자에게 손해를 입힐 목적으로 사용하거나 자신의 계열회사, 수급사업
　　자의 경쟁사업자 등 제3자에게 제공하는 행위를 의미한다. 또한 원사업자가 하
　　도급법 제12조의3 제1항 및 제2항의 규정에 따라 취득한 기술자료뿐만 아니라
　　그 외의 방법으로 열람 등을 통해 취득한 기술자료를 임의로 사용하는 행위도
　　대상이 된다.

나. 위법성의 판단기준

　　(1) 부당하게 기술자료를 사용·제공하는 행위에 있어서 '부당하게'에 대한 판단
　　　　은 기술자료를 자기 또는 제3자를 위하여 사용하거나 제3자에게 제공함에
　　　　있어서 그 내용, 수단, 방법 및 절차 등이 객관적이고 합리적이며 공정·타
　　　　당한지 여부를 종합적으로 판단한다. 이때 법 제12조의3 제2항에 따라 기
　　　　술요구서가 사전에 제공된 경우에는 기술요구서에 적시된 기술자료의 사용
　　　　목적과 범위를 벗어나 기술자료를 사용·제공하였는지 여부를 위주로 판단
　　　　한다. 따라서, 정당한 대가를 지급한 경우에도 합의된 사용목적과 범위를
　　　　벗어나 사용하는 행위는 하도급거래의 공정성을 침해하였다고 볼 수 있다.
　　(2) 이때, 하도급거래의 부당성 여부는 다음 사항을 종합적으로 고려하여 판단
　　　　한다.
　　　　① 원사업자 및 제3자가 이익을 얻거나 수급사업자에게 손해를 입힐 목적

25) 공정의 2018. 12. 11. 2018-364.
26) 공정의 2018. 11. 13. 2018-339.
27) 공정의 2018. 11. 13. 2018-339.
28) 공정의 2018. 12. 11. 2018-364.

과 의도로 기술자료를 사용하거나 원사업자가 제3자에게 기술자료를 제공하는 것인지 여부

② 특허법 등 관련 법령에 위반하여 기술자료를 사용하거나 사용하도록 하였는지 여부

③ 기술자료 사용의 범위가 당해 기술의 특수성 등을 고려한 통상적인 업계관행에 벗어나는지 여부

④ 기술자료의 사용·제공과 관련하여 태양 및 범위, 사용 대가의 유무 및 금액 등에 대하여 서면을 통하여 충분한 협의를 거쳤는지 여부, 협의를 거쳤음에도 그 합의를 버서나 사용하였는지 여부

⑤ 원사업자의 기술자료 사용·제공으로 수급사업자의 사업활동이 곤란하게 되는지 여부

⑥ 정상적인 거래관행에 어긋나거나 사회통념상 올바르지 못한 것으로 인정되는 행위나 수단 등을 사용하였는지 여부

다. 부당한 기술자료 사용·제공

기술자료의 유용행위를 예시하면 다음과 같다.

〈거래이전 단계〉

<예시 1> 원사업자가 최저가로 낙찰받은 수급사업자의 입찰제안서에 포함된 기술자료를 자신이 유용하거나 자신의 계열회사나 수급사업자의 경쟁회사 등 제3자에게 유출하는 경우

<예시 2> 원사업자가 거래 개시 등을 위해 수급사업자가 제시한 제품의 독창적인 디자인을 단순 열람한 후 이를 도용하여 자신이 직접 제품을 생산하거나 제3자에게 해당 디자인을 제공하여 제품을 생산토록 하는 경우

〈거래 단계〉

<예시 3> 원사업자가 거래를 위한 부품 승인과정에서 수급사업자로부터 공정도, 회로도 등 기술자료를 넘겨받아 납품가격을 경쟁시키기 위해 수급사업자의 경쟁회사에 그 기술을 제공하는 경우

<예시 4> 원사업자가 기술지도, 품질관리 명목으로 물품의 제조공법을 수급사업자로부터 습득한 후 자신이 직접 생산하거나 제3자에게 수급사업자의 제조공법을 전수하여 납품하도록 하는 경우

<예시 5> 원사업자가 수급사업자와 기술이전계약(기술사용계약 등 포함)을 체결하고 기술관련 자료를 제공받아 필요한 기술을 취득한 후 일방적으로 계약을 파기하거나 계약 종료 후 위 계약상의 비밀유지의무에 위반하여 그 기술을 이용하여 독자적으로 또는 제3자를 통하여 제품을 상용화하거나 무단으로 다른 기업에 기술을 공여하는 경우

<예시 6> 원사업자가 수급사업자와 공동으로 협력하여 기술개발을 하면서 수급사업자의 핵심기술을 탈취한 후 공동개발을 중단하고 자체적으로 제품을 생산하는 경우

<예시 7> 원사업자가 수급사업자로부터 취득한 기술에 대해 수급사업자가 출원을 하기 전에 원사업자가 선(先)출원하여 해당 기술에 대한 특허권, 실용신안권을 선점하거나, 수급사업자가 제공한 기술을 일부 수정하여 원사업자가 선(先)출원하는 경우

<예시 8> 원사업자가 수급사업자가 자체적으로 개발한 기술에 대해 특허권, 실용신안권 등을 자신과 공동으로 출원하도록 하는 경우

<예시 9> 원사업자가 수급사업자의 기술자료를 사전에 정한 반환·폐기 기한이 도래하였거나 수급사업자가 반환·폐기를 요구하였음에도 불구하고 반환·폐기하지 않고 사용하는 경우

<예시 10> 납품단가 인하 또는 수급사업자 변경을 위해 기존 수급사업자의 기술자료를 제3자에게 제공하고 동일 또는 유사제품을 제조·납품하도록 하는 행위

〈거래이후 단계〉

<예시 11> 원사업자가 수급사업자로부터 기술자료를 제공받고 거래 종료 후 자신이 직접 생산하거나 제3자에게 전수하여 납품하도록 하는 경우

V. 심사지침의 적용범위

「기술자료 제공 요구·유용행위 심사지침」의 적용범위에 대해서는 다음과 같이 규정하고 있다(II).

1. 심사지침은 하도급법 제12조의3(기술자료 제공 요구 금지 등)에서 규정하고 있는 원사업자의 수급사업자에 대한 기술자료의 제공 요구 및 유용 행위(이하 일괄하여 지칭할 때에는 '기술자료의 제공 요구 등의 행위'이라 한다)를 적용 대상으로 한다.

2. 이 심사지침은 다음 각 목의 경우에는 하도급 계약 체결 이전의 기술자료 제공 요구 등의 행위에 대해서도 적용된다.

   가. 하도급 계약이 체결되는 과정에서 기술자료 제공 요구 등의 행위가 있었고, 그 이후 실제 하도급 계약이 체결된 경우. 대표적인 경우를 예시하면 다음과 같다.

   <예시 1> 수의계약을 통하여 하도급계약이 체결되는 경우, 정당한 사유 없이 기술자료의 제공을 조건으로 하도급계약을 체결하고 그 기술자료를 제공받거나 유용하는 경우

   <예시 2> 경쟁입찰을 통하여 하도급계약이 체결되는 경우, 입찰과정에서 참가자로부터 제안서 등의 기술자료를 제공받거나 유용하는 경우

   나. 원사업자가 기존 거래와 관련되거나 또는 무관한 별도의 거래를 위해 수급사업자와 협의하는 과정에서 기술자료 제공 요구 등의 행위를 한 경우(이 경우 계약 체결 여부와 무관하다). 대표적인 경우를 예시하면 다음과 같다.

   <예시 1> 원사업자가 기존 거래와 관련되거나 또는 무관한 별도의 거래에 대해 수급사업자와 수의계약을 진행하는 과정에서 수급사업자의 기술자료를 제공받거나 유용하였지만 거래가 성립하지 않은 경우

   <예시 2> 원사업자가 기존거래와 관련되거나 또는 무관한 별도의 거래에 대해 경쟁입찰 과정에서 제안서 등 수급사업자의 기술자료를 제공받거나 유용하였지만 거래가 성립되지 않은 경우

   <예시 3> 원사업자와 수급사업자가 발주자에게 공동으로 제안서를 제출하는 과정에서 기술자료를 제공받아 유용하였지만 거래가 성립되지 않은 경우

3. 이 심사지침은 원사업자의 "기술자료의 제공 요구 등의 행위" 중에서 공통적이고 대표적인 사항을 중심으로 규정한 것이므로 이 심사지침에 특별히 규정되지 아니한 것이라고 하여 하도급법 제12조의3(기술자료 제공 요구 금지 등)에 위반되지 않는 것은 아니다.

제13조(하도급대금의 지급 등)

① 원사업자가 수급사업자에게 제조등의 위탁을 하는 경우에는 목적물등의 수령일(건설 위탁의 경우에는 인수일을, 용역위탁의 경우에는 수급사업자가 위탁받은 용역의 수행을 마친 날을, 납품등이 잦아 원사업자와 수급사업자가 월 1회 이상 세금계산서의 발행일을 정한 경우에는 그 정한 날을 말한다. 이하 같다)부터 60일 이내의 가능한 짧은 기한으로 정한 지급기일까지 하도급대금을 지급하여야 한다. 다만, 다음 각 호의 어느 하나에 해당하는 경우에는 그러하지 아니하다.

  1. 원사업자와 수급사업자가 대등한 지위에서 지급기일을 정한 것으로 인정되는 경우
  2. 해당 업종의 특수성과 경제여건에 비추어 그 지급기일이 정당한 것으로 인정되는 경우

② 하도급대금의 지급기일이 정하여져 있지 아니한 경우에는 목적물등의 수령일을 하도급대금의 지급기일로 보고, 목적물등의 수령일부터 60일이 지난 후에 하도급대금의 지급기일을 정한 경우(제1항 단서에 해당되는 경우는 제외한다)에는 목적물등의 수령일부터 60일이 되는 날을 하도급대금의 지급기일로 본다.

③ 원사업자는 수급사업자에게 제조등의 위탁을 한 경우 원사업자가 발주자로부터 제조·수리·시공 또는 용역수행행위의 완료에 따라 준공금 등을 받았을 때에는 하도급대금을, 제조·수리·시공 또는 용역수행행위의 진척에 따라 기성금 등을 받았을 때에는 수급사업자가 제조·수리·시공 또는 용역수행한 부분에 상당하는 금액을 그 준공금이나 기성금 등을 지급받은 날부터 15일(하도급대금의 지급기일이 그 전에 도래하는 경우에는 그 지급기일) 이내에 수급사업자에게 지급하여야 한다.

④ 원사업자가 수급사업자에게 하도급대금을 지급할 때에는 원사업자가 발주자로부터 해당 제조등의 위탁과 관련하여 받은 현금비율 미만으로 지급하여서는 아니 된다.

⑤ 원사업자가 하도급대금을 어음으로 지급하는 경우에는 해당 제조등의 위탁과 관련하여 발주자로부터 원사업자가 받은 어음의 지급기간(발행일부터 만기일까지)을 초과하는 어음을 지급하여서는 아니 된다.

⑥ 원사업자가 하도급대금을 어음으로 지급하는 경우에 그 어음은 법률에 근거하여 설립된 금융기관에서 할인이 가능한 것이어야 하며, 어음을 교부한 날부터 어음의 만기일까지의 기간에 대한 할인료를 어음을 교부하는 날에 수급사업자에게 지급하여야 한다. 다만, 목적물등의 수령일부터 60일(제1항 단서에 따라 지급기일이 정하여진 경우에는 그 지급기일을, 발주자로부터 준공금이나 기성금 등을 받은 경우에는 제3항에서 정한 기일을 말한다. 이하 이 조에서 같다) 이내에 어음을 교부하는 경우에는

목적물등의 수령일부터 60일이 지난 날 이후부터 어음의 만기일까지의 기간에 대한 할인료를 목적물등의 수령일부터 60일 이내에 수급사업자에게 지급하여야 한다.

⑦ 원사업자는 하도급대금을 어음대체결제수단을 이용하여 지급하는 경우에는 지급일(기업구매전용카드의 경우는 카드결제 승인일을, 외상매출채권 담보대출의 경우는 납품 등의 명세 전송일을, 구매론의 경우는 구매자금 결제일을 말한다. 이하 같다)부터 하도급대금 상환기일까지의 기간에 대한 수수료(대출이자를 포함한다. 이하 같다)를 지급일에 수급사업자에게 지급하여야 한다. 다만, 목적물등의 수령일부터 60일 이내에 어음대체결제수단을 이용하여 지급하는 경우에는 목적물등의 수령일부터 60일이 지난 날 이후부터 하도급대금 상환기일까지의 기간에 대한 수수료를 목적물등의 수령일부터 60일 이내에 수급사업자에게 지급하여야 한다.

⑧ 원사업자가 하도급대금을 목적물등의 수령일부터 60일이 지난 후에 지급하는 경우에는 그 초과기간에 대하여 연 100분의 40 이내에서 「은행법」에 따른 은행이 적용하는 연체금리 등 경제사정을 고려하여 공정거래위원회가 정하여 고시하는 이율에 따른 이자를 지급하여야 한다. <개정 2010. 5. 17.>

⑨ 제6항에서 적용하는 할인율은 연 100분의 40 이내에서 법률에 근거하여 설립된 금융기관에서 적용되는 상업어음할인율을 고려하여 공정거래위원회가 정하여 고시한다.

⑩ 제7항에서 적용하는 수수료율은 원사업자가 금융기관(「여신전문금융업법」 제2조제2호의2에 따른 신용카드업자를 포함한다)과 체결한 어음대체결제수단의 약정상 수수료율로 한다. <개정 2015. 7. 24.>

⑪ 제1항부터 제10항까지의 규정은 「중견기업 성장촉진 및 경쟁력 강화에 관한 특별법」 제2조제1호에 따른 중견기업으로 연간매출액이 대통령령으로 정하는 금액(제1호의 회사와 거래하는 경우에는 3천억원으로 한다) 미만인 중견기업이 다음 각 호의 어느 하나에 해당하는 자로부터 제조등의 위탁을 받은 경우에도 적용한다. 이 경우 제조등의 위탁을 한 자는 제1항부터 제10항까지, 제19조, 제20조, 제23조제2항, 제24조의4제1항, 제24조의5제6항, 제25조제1항 및 제3항, 제25조의2, 제25조의3제1항, 제25조의5제1항, 제26조제2항, 제30조제1항, 제33조, 제35조제1항을 적용할 때에는 원사업자로 보고, 제조등의 위탁을 받은 중견기업은 제1항부터 제10항까지, 제19조, 제21조, 제23조제2항, 제24조의4제1항, 제25조의2, 제33조를 적용할 때에는 수급사업자로 본다. <신설 2015. 7. 24., 2016. 3. 29., 2018. 1. 16.>

1. 「독점규제 및 공정거래에 관한 법률」 제9조제1항에 따른 상호출자제한기업집단에 속하는 회사

2. 제1호에 따른 회사가 아닌 사업자로서 연간매출액이 대통령령으로 정하는 금액을

초과하는 사업자

[전문개정 2009. 4. 1.]

 목 차

[참고사례]

　　대륙토건(주)의 불공정하도급거래행위 건(공정거래위원회 1992. 10. 22; 서울고등법원 1994. 7. 6. 선고 93구3037 판결; 대법원 1995. 6. 16. 선고 94누10320 판결); 대교종합건설(주)의 불공정하도급거래행위 건(공정거래위원회 1996. 6. 18. 의결 제96−89호; 서울고등법원 1998. 1. 15. 선고 96구45230 판결; 대법원 1998. 4. 3. 선고 98두4252 판결); 대교종합건설(주)의 불공정하도급거래행위 건[공정거래위원회 1996. 10. 14. 의결 제96−256, 257호; 서울고등법원 1998. 9. 22. 선고 97구11951 판결; 대법원 1999. 3. 9. 선고 98두17036(파기환송) 판결; 서울고등법원 1999. 8. 11. 선고 99누3593(파기환송심) 판결; 대법원 2000. 11. 24. 선고 99두9285(파기환송심)]; 서인조경개발의 불공정하도급거래행위 건(공정거래위원회 1996. 4. 30 의결 제96−56호; 서울고등법원 1997. 12. 3. 선고 97구722 판결; 대법원 1998. 6. 12. 선고 98두2409 판결); 대한제당(주)의 불공정하도급거래행위 건(공정거래위원회 1997. 3. 31. 의결 제97−46호; 서울고등법원 1998. 11. 12. 선고 97구34329 판결; 대법원 1999. 3. 26. 선고 98두19773 판결); 강산건설(주)의 불공정화도급거래행위 건(공정거래위원회 1998. 4. 22. 의결 제98−68호; 서울고등법원 1999. 4. 28. 선고 98누11207 판결; 대법원 2001. 7. 13. 선고 99두6354 판결); ㈜삼천리엠앤씨의 불공정하도급거래행위 건(공정거래위원회 1999. 10. 22. 의결 제99−210호; 서울고등법원 2001. 6. 21. 선고 제2000누3568 판결; 대법원 2001. 10. 10. 선고 2001두6548 판결); 청광종합건설(주)의 불공정하도급거래행위 건(공정거래위원회 1999. 4. 6. 의결 제99−40호; 서울고등법원 2001. 3. 20. 선고 99누10881 판결; 대법원 2002. 11. 26. 선고 2001두3099 판결); 창덕종합건설(주)의 불공정하도급거래행위 건(공정거래위원회 1999. 3. 22. 의결 제99－35호; 서울고등법원 2000. 8. 29. 선고 99누10959 판결; 대법원 2001. 1. 19. 선고 2000두7841 판결); ㈜동인건설의 불공정하도급거래행위 건(공정거래 위원회 2000. 8. 4. 의결 제2000－117호; 서울고등법원 2001. 5. 78. 선고 2000누11460 판결; 대법원 2001. 8. 22. 선고 2001두4252 판결); 한국후지쯔(주)의 불공정하도급거래행위 건(공정 거래위원회 2000. 5. 8. 의결 제2000－75호; 서울고등법원 2001. 4. 6. 선고 제2000누6376 판결; 대법원 2002. 4. 12. 선고 2001두3655 판결); 창경종합건설(주)의 불공정하도급거래행위 건(공정거래위원회 2002. 12. 23. 의결 제2002－364호, 2003. 4. 21. 재결 제2003－020호; 서울고등법원 2004. 1. 29. 선고 2003누7790 판결); ㈜다연에프비에스의 불공정하도급거래행 위 건(공정거래위원회 2003. 3. 20. 의결 제2003－082호; 서울고등법원 2004. 7. 15. 선고 2003누5602 판결; 대법원 2004. 10. 6. 선고 2004두9210 판결); 중산건설산업(주)의 불공정하 도급거래행위 건(공정거래위원회 2004. 12. 27. 의결 제2004－383호; 서울고등법원 2006. 2. 8. 선고 2005누9196); (주)한양과 정림지질(주)의 하도급공사 건[대전고등법원 2004. 10. 28. 선고 2003나1135 판결; 대법원 2005. 7. 28. 선고 2004다64050(공사대금) 판결(파기환 송)]; ㈜진성텍스랜드의 불공정하도급거래행위 건(공정거래위원회 2005. 1. 3. 의결 제2005－ 005호, 2005. 4. 14. 재결 제2005－006호; 서울고등법원 2006. 1. 11. 선고 2005누9417 판결); ㈜디앤에스모드의 불공정하도급거래행위 건(공정거래위위원회 2005. 5. 2. 의결 제2005－056 호; 서울고등법원 2007. 1. 10. 선고 2005누10752 판결); 갑을공영종합건설의 불공정하도급거 래행위 건[공정거래위원회 2005. 12. 6. 의결 제2005－269; 서울고등법원 2007. 8. 16. 선고 2006누12045 판결; 대법원 2007. 12. 27. 선고 2007두18895(심리불속행기각) 판결]; (주)제이 에이치코오스의 불공정하도급거래행위 건(공정거래위원회 2009. 12. 14. 의결 제2009－271호; 서울고등법원 2010. 12. 22. 선고 2010누1752 판결; 대법원 2013. 4. 25. 선고 2011두1795 판결); OOO(주)의 불공정하도급거래행위 건(서울고등법원 2010. 6. 10. 선고 2008누36694 판결; 대법원 2010. 10. 28. 선고 2010두16561 판결); 광명건설중기(주)의 하도급공사 건(서울 동부지방법원 2009. 9. 11 선고 2008가합4788 판결; 서울고등법원 2011. 2. 16 선고 2009나 99459 판결; 대법원 2011. 8. 25 선고 2011다25145 판결); 우방의 불공정하도급거래행위 건(공 정거래위원회 2012. 8. 7. 의결 제2012－155호; 서울고등법원 2014. 9. 24. 선고 2012누26748 판결); 한국고벨(주)의 불공정하도급거래행위 건(공정거래위원회 2014. 11. 5. 의결 제2014－ 245호; 서울고등법원 2015. 10. 15 선고 2014누8447 판결); 요진건설산업(주)의 불공정하도급 거래행위 건(공정거래위원회 2012. 6. 4. 의결 제2012－088호; 서울고등법원 2013. 12. 26. 선고 2012누19368 판결; 대법원 2014. 4. 14. 선고 2014두1857 판결; 공정거래위원회 2012. 7. 27. 의결 제2012－141호; 대법원 2016. 3. 10. 2013두19622); (주)거산의 불공정하도급거래 행위 건(공정거래위원회 2012. 11. 8. 의결 제2012－252호; 서울고등법원 2013. 10. 2. 선고 2013누7508 판결; (주)루펜리의 불공정하도급거래행위 건(공정거래위원회 2011. 2. 22. 제

2011-021호; 서울고등법원 2011. 9. 21. 선고 2011누10845 판결; 대법원 2012. 2. 23. 선고 2011두27629 판결); **태아건설의 불공정하도급행위 건**[공정거래위원회 2013. 5. 7. 의결 2013-087호; 서울고등법원 2014. 7. 16. 선고 2013누16700판결; 대법원 2014. 11. 13. 선고 2014두40203(심리불속행기각) 판결]; **두산건설(주)의 불공정하도급거래행위 건**(공정거래위원회 2015. 10. 26. 의결 제2015-359호); 서울고등법원 2017. 3. 30. 선고 2016누37753 판결; 대법원 2017. 7. 28. 선고 2017두41924 판결); **㈜중앙오션의 불공정거래행위 건**[공정거래위원회 2016. 2. 5. 의결 제2016-048호; 서울고등법원 2016. 11. 11. 선고 2016두38831 판결; 대법원 2017. 3. 30. 선고 2016두64289(심리불속행기각) 판결]; **롯데알미늄(주)의 불공정하도급거래행위 건**(공정거래위원회 2014. 10. 29. 의결 제2014-140호; 서울고등법원 2016. 9. 23. 선고 2014누70831 판결): **전남지방경찰청사 신축공사 건**{광주고등법원 2013. 12. 31. 선고 2012나2940, 2957 판결; 대법원 2017. 1. 12. 선고 2014다11574, 11581[손해배상(기)·손해배상(기)] 판결}; **(주)에코로바의 불공정하도급거래행위 건**(공정거래위원회 2015. 4. 30. 의결 제2015-132호; 서울고등법원 2016. 10. 20. 선고2015누56160 판결; 대법원 2018. 10. 4. 선고 2016두59126 판결); **㈜포스코아이씨티의 불공정하도급거래행위 건**(공정거래위원회 2017. 4. 4. 의결 제2017-116호; 서울고등법원 2018. 11. 16. 선고 2017누46556 판결; 대법원 2019. 3. 28. 선고 2018두66807(심리불속행 기각) 판결]; **보배건설의 불공정하도급거래행위 건**(서울고등법원 2014. 11. 13. 선고201440203 판결); **㈜포스코건설의 불공정하도급거래행위 건**[공정거래위원회 2018. 6. 18. 의결 제2018-218; 서울고등법원 2018. 12. 5. 2018누38378 판결; 대법원 2019. 4. 25. 선고 2019두31150(심리불속행 기각) 판결]; **삼광글라스의 불공정거래하도급행위 건**(공정거래위원회 2018. 3. 20. 의결 제2018-096호; 서울고등법원 2018. 12. 13; 대법원 2019. 4. 24. 선고 2019두31716 판결); **에이치디씨현대산업개발(주)의 불공정하도급거래행위 건**[공정거래위원회 2019. 1. 9. 의결 제2019-011호; 서울고등법원 2019. 11. 27. 선고 2019누34892 판결; 대법원 2020. 4. 9. 선고 2019두61854(심리불속행 기각) 판결]; **㈜에어릭스의 불공정하도급거래행위 건**[공정거래위원회 2018. 11. 26. 의결 제2018-347호; 서울고등법원 2019. 10. 17. 선고 2018누39296 판결; 대법원 2021. 6. 24. 선고 2029두58629(심리불속행 기각) 판결]; **㈜중해건설의 불공정하도급거래행위 건**(공정거래위원회 2020. 3. 9. 의결 제2020-052호; 서울고등법원 2021. 6. 2. 선고 2020누47641 판결); **(주)부경의 불공정하도급거래행위 건**(공정거래위원회 2019. 1. 2. 의결 제2019-002호; 서울고등법원 2021. 5. 13. 선고 2019누34045 판결); **(주)썬라이즈의 불공정하도급거래행위 건**[공정거래위원회; 서울고등법원 2021. 5. 26. 선고 2019누66042 판결; 대법원 2021. 10. 14. 선고 2021두43972(심리불속행 기각 판결)

I. 하도급대금 지급기일 준수의무

원사업자가 수급사업자에게 제조등의 위탁을 하는 경우에는 목적물등의 수령일(건설위탁의 경우에는 인수일을, 용역위탁의 경우에는 수급사업자가 위탁받은 용역의 수행을 마친 날을, 납품등이 잦아 원사업자와 수급사업자가 월 1회 이상 세금계산서의 발행일을 정한 경우에는 그 정한 날)부터 60일 이내의 가능한 짧은 기한으로 정한 지급기일까지 하도급대금을 지급하여야 한다. 다만, ① 원사업자와 수급사업자가 대등한 지위에서 지급기일을 정한 것으로 인정되는 경우(제1호), ② 해당 업종의 특수성과 경제여건에 비추어 그 지급기일이 정당한 것으로 인정되는 경우(제2호)의 어느 하나에 해당하는 경우에는 그러하지 아니하다(법 제13조 제1항).

<㈜썬라이즈의 불공정하도급거래행위 건> 관련 행정소송에서 법원은 법위반상태 이후에 이루어진 합의에 따른 지급기일 약정이 '수급사업자가 대등한 지위에서 지급기일을 정한 것으로 인정되는 경우'에 해당한다고 보기 어렵다고 보았다.[1]

그리고 <㈜포스코건설의 불공정하도급거래행위> 관련 행정소송에서 법원은 "CSP관련 계약의 성능유보금 조항은 하도급법 제13조 제1항 단서 제2호의 해당업종의 특수성과 경제여건에 비추어 그 지급기일이 정당한 것으로 인정되지 않는다"고 판시하였다.[2]

1. 법적 성격

공정거래위원회는 본 조를 강행규정으로 해석한다.

> "법 제13조는 강행규정으로 하도급대금 및 지연이자 미지급 사실 그 자체로써 법위반이 성립되는 것이므로 특별한 사정이 없는 한 당사자 간의 약정이 강행규정에 우선할 수는 없음"<㈜포스코아이씨티의 불공정하도급거래행위 건>[3]

---

1) 서고판 20210 5. 26. 2019누66042(대판 2021. 10. 14. 2021두43972).
2) 서고판 2018. 12. 5. 2018누38378(대판 2019. 4. 25. 2019두31150).
3) 공정의 2017. 4. 4. 2017-116.

2. 하도급대금 미지급의 상당한 이유 여부

법원은 법위반 여부 판단에 있어 하도급대금 지급을 미룰만한 상당한 이유
여부를 따지지 않는다는 입장이다.

"원사업자가 지급기일을 경과하여 수급사업자에게 하도급대금을 지급하지 아니하
는 경우 그 자체가 하도급법 위반행위가 되어 제재대상이 되고, 따라서 공정거래
위원회로서는 특단의 사정이 없는 한 원사업자가 대금지급기일에 하도급대금의
지급을 거절하거나 그 지급을 미루고 있는 사실 자체에 의하여 법 위반행위가 있
는지 여부를 판단하면 되지, 원사업자가 하도급대금의 지급을 거절하거나 그 지급
을 미룰 만한 상당한 이유가 있는지 여부에 대하여까지 나아가 판단할 필요는 없
음"<대륙토건(주)의 불공정하도급거래행위 건>,[4] "법 제13조는 원사업자의 하도
급대금의 지급의무 등에 관하여 규정하면서 '상당한 이유가 있는 경우' 하도급대금
의 지급거절이나 그 지연을 인정한다는 예외규정을 두고 있지 않는 바, 그와 같이
법에 명문의 규정이 없는 사유를 들어 원사업자의 법 위반행위 여부를 판단할 경
우 위 법률의 입법취지와 법 제13조의 규정 취지에 반하여 법의 실효성을 저해하
는 점에 비추어 보면, 원사업자가 지급기일을 경과하여 수급사업자에게 하도급대
금을 지급하지 아니하는 경우 그 자체가 법 위반행위가 되어 제재대상이 된다고
할 것이고, 따라서 공정거래위원회로서는 특단의 사정이 없는 한 원 사업자가 대
금지급기일에 하도급대금의 지급을 거절하거나 그 지급을 미루고 있는 사실 자체
에 의하여 법 위반 행위가 있는지 판단하면 충분하고, 원사업자가 하도급대금의
지급을 거절하거나 그 지급을 미룰만한 상당한 이유가 있는지 여부에 대하여까지
나아가 판단할 필요는 없음(대법원 1995. 6. 16. 선고 94누10320 판결 참조)"<대
교종합건설(주)의 불공정하도급거래행위 건>,[5] "원고가 소외 회사에 하도급법에
규정된 바에 따라 하도급대금과 어음할인료를 지급하지 않은 이상, 원고가 소외회
사에 대하여 손해배상채권을 가지고 있고, 이를 자동채권으로 하여 하도급대금채
무와 상계하였음을 이유로 시정명령을 위법하다고 볼 수 없음"(<한국후지쯔(주)
의 불공정하도급거래행위 건>),[6] "지체상금을 공사대급채무에서 공제할 수 있도
록 하는 약정이 있다 하여도 이는 발생한 공사대급채무를 사후에 공제한다는 취지
로서 공사대급채무 자체가 존재하지 않는 것이라고는 볼 수 없음"<㈜동인건설의
불공정하도급거래행위 건>,[7] "위원회로서는 특별한 사정이 없는 한 원사업자가

---

4) 대판 1995. 6. 16. 94누10320.

5) 대판 1999. 3. 9. 98두17036(파기환송); 대판 1998. 4. 3. 98두4252; 대판 1999. 3. 26. 98두
   19773.

6) 대판 2002. 4. 12. 2001두3655.

하도급대금이나 어음할인료의 지급을 거절하거나 그 지급을 미루고 있는 사실 자체로써 위반행위가 되는지 여부를 판단하면 되고, 원사업자가 그 지급을 거절하거나 지급을 미룰 만한 상당한 이유가 있는지 여부까지 판단할 필요는 없음"<중산건설산업(주)의 불공정하도급거래행위 건>,[8] "수급사업자의 이행제공에 따라 원고가 물품을 확인한 후 수급사업자로 하여금 동 물품을 보관하도록 한 경우 점유개정의 방법으로 이를 수령하였다고 봄이 상당하고, 원고가 하도급대금을 지급하지 못하는 사정을 고려하지 않은 시정명령에 대해 위법이 없음"<(주)루펜리의 불공정하도급거래행위 건>[9]

3. 관련 사례

기타 법원이 법위반으로 인정한 사례는 다음과 같다.

"하도급거래법상의 하도급대금이란 수급사업자가 원사업자로부터 제조위탁·수리위탁·건설위탁 또는 용역위탁을 받아 그 위탁받은 제조·수리·시공 또는 용역을 수행하여 원사업자에게 납품·인도 또는 제공을 하고 받은 대가를 말하는 것인바(하도급법 제2조 제1항 참조), phc파일 추가공사비와 테스트항타 비용은 원래 계약에서 정한 작업 외에 원고가 공사 도중 추가로 위탁받은 작업을 수행하고 받게 되는 대가이므로 공사대금에 해당한다고 할 것이고, 공사대금에 포함되어 있는 부가가치세 상당액 역시 시공에 대한 대가로 지급받게 되는 것이고 원고가 공사대금을 지급받은 후 그 중 일부로 부가가치세를 납부하는 것은 공사대금 처분방법의 하나에 지나지 않음"<광명건설중기(주)의 하도급공사 건>,[10] "채권양도의 경우 처분의 상대방과 관련하여 시정명령 당시 양수인에게 양수금을 지급하지 않는 이상 그 위반행위 결과가 존재한다고 보아야 함"<요진건설산업(주)의 불공정하도급거래행위 건>,[11] "공동수급체를 대표하여 하도급계약을 체결한 것이라 하더라도 하도급공사대금 채무는 조합원 전원을 위하여 상행위가 되는 도급계약으로 부담하게 된 것이므로, 원고는 상법 제57조 제1항에 따라 타 공동수급인과 연대하여 하도급공사대금 전액을 지급할 의무가 있음"<(주)거산의 불공정하도급거래행위 건>,[12] "원사업자와 수급사업자간에 체결된 제조위탁계약이 '합의해제'에 이르지 못한 이상

---

7) 서고판 2001. 5. 78. 2000누11460(대판 2001. 8. 22. 2001두4252).

8) 서고판 2006. 2. 8. 2005누9196.

9) 서고판 2011. 9. 21. 2011누10845(대판 2012. 2. 23. 2011두27629).

10) 서고판 2011. 2. 16. 2009나99459(대판 2011. 8. 25. 2011다25145).

11) 대판 2016. 3. 10. 2013두19622.

12) 서고판 2013. 10. 2. 2013누7508.

> 원사업자에게는 하도급대금 지급의무가 있음"<(주)제이에이치코오스의 불공정하도급거래행위 건>,[13] "상계의 의사표시는 반드시 상계라는 용어를 사용하여 양채권을 대등액에서 소멸시킨다는 뜻이 명시적으로 표현될 할 필요는 없으나, 적어도 상계할 자동채권과 수동채권을 특정하여야 할 필요는 있음. (중략) 잔여채권을 자동채권으로 하여 미지급지연이자 및 어음할인료를 상계하겠다는 상계의 의사표시를 한 사실이 인정되나, 위 상계의 의사표시는 이 사건 처분 이후에 이루어진 것이므로 이로써 이 사건 처분 중 시정명령의 효력에 영향을 미치지 아니함. (중략) 막연한 기재만으로는 이 사건 조사과정에서 적법한 상계의 의사표시를 하였다고 인정하기에 부족"<롯데알미늄(주)의 불공정하도급거래행위 건>[14]

법원이 법위반으로 인정하지 않은 사례도 있다.

> "원고가 수급사업자에 대한 자동채권을 가지고 있었고, 이 채권이 원사업자가 수급사업자에게 주어야 하는 하도급대금의 지급기일(목적일 수령일로부터 60일 후) 이내에 상계적상에 있었던 이상 비록 상계표시가 그 후에 이루어졌다 하더라도 이 사건 처분일 이전의 적법한 상계의 의사표시로 하도급대금은 목적물 수령일로부터 60일 이전에 해당하는 각 상계적상일로 소급하여 소멸하므로 하도급법 제13조의 위반에 해당한다고 볼 수 없음"<롯데알미늄(주)의 불공정하도급거래행위 건>,[15] "40mm 혼합골재를 납품받지 않은 이상 이에 대한 원고의 하도급대금지급의무가 인정되지 않음"<태아건설의 불공정하도급행위 건>[16]

「하도급거래공정화지침」에서는 다음과 같이 규정하고 있다(Ⅲ. 11. 나).

> 나. 하도급대금을 어음으로 지급하였으나 지급받은 어음이 부도처리 된 경우에는 하도급대금을 지급하지 아니한 것으로 본다.

건축공사도급계약이 수급인의 채무불이행을 이유로 해제된 경우에 해제될 당시 공사가 상당한 정도로 진척되어 이를 원상회복하는 것이 중대한 사회적·경

---

13) 서고판 2010. 12. 22. 2010누1752(대판 2013. 4. 25. 2011두1795); "수급사업자의 위탁판매 제의는 새로운 계약해제의 청약으로 볼 수 있을지언정 원고의 계약해제청약을 그대로 받아들이기로 승낙한 것으로 볼 수 없으므로 결국 원고와 수급사업자는 제조위탁계약의 합의해제에 이르지 못하였다고 할 수 있다".

14) 서고판 2016. 9. 23. 2014누70831.

15) 서고판 2016. 9. 23. 2014누70831.

16) 서고판 2014. 7. 16. 2013누16700[대판 2014. 11. 13. 2014두40203(심리불속행기각)].

제적 손실을 초래하고 완성된 부분이 도급인에게 이익이 되는 경우에 도급계약은 미완성부분에 대하여만 실효되고 수급인은 해제한 상태 그대로 건물을 도급인에게 인도하며, 도급인은 특별한 사정이 없는 한 인도받은 미완성 건물에 대한 보수를 지급하여야 하는 권리의무관계가 성립한다. 건축공사도급계약이 중도해제된 경우 도급인이 지급하여야 할 보수는 특별한 사정이 없는 한 당사자 사이에 약정한 총 공사비에 기성고 비율을 적용한 금액이지 수급인이 실제로 지출한 비용을 기준으로 할 것은 아니다. 기성고 비율은 공사대금 지급의무가 발생한 시점, 즉 수급인이 공사를 중단할 당시를 기준으로 이미 완성된 부분에 들어간 공사비에다 미시공 부분을 완성하는 데 들어갈 공사비를 합친 전체 공사비 가운데 완성된 부분에 들어간 비용이 차지하는 비율을 산정하여 확정하여야 한다. 그러나 공사 기성고 비율과 대금에 관하여 분쟁이 있는 경우에 당사자들이 공사규모, 기성고 등을 참작하여 약정으로 비율과 대금을 정산할 수 있다<전남지방경찰청사 신축공사 건>.[17]

Ⅱ. 대금지급기일과 목적물등의 수령일

1. 대금지급기일

하도급대금의 지급기일이 정하여져 있지 아니한 경우에는 목적물등의 수령일을 하도급대금의 지급기일로 보고, 목적물등의 수령일부터 60일이 지난 후에 하도급대금의 지급기일을 정한 경우(제1항 단서에 해당되는 경우는 제외)에는 목적물등의 수령일부터 60일이 되는 날을 하도급대금의 지급기일로 본다(법 제13조 제2항). 다만, ① 원사업자와 수급사업자가 대등한 지위에서 지급기일을 정한 것으로 인정되는 경우(제1호), ② 해당 업종의 특수성과 경제여건에 비추어 그 지급기일이 정당한 것으로 인정되는 경우(제2호)에는 그 약정된 기일을 지급기일로 본다(법 제13조 제1항 단서).

그러나 대법원은 하도급 지급기일을 분명히 정하지 않았더라도 다양한 관련 사정을 고려할 때 '목적물 수령일로부터 60일을 넘기지 않는 범위 내에서 하도급대금을 지급하기로 약정한 사실'을 인정할 수 있을 때, 목적물 수령일을 지급기일로 보는 것은 위법하다고 판시하였다<(주)중앙오션의 불공정하도급거래행위

---

17) 이상 대판 2017. 1. 12. 2014다11574, 11581[손해배상(기)·손해배상(기)].

건>.18)

<㈜포스코아이씨티의 불공정하도급거래행위 건>에서 공정거래위원회는 국
내 독점 판매 대리인의 지위에 있다는 사실만으로 피심인과 본사와의 직접적인 거래
관계가 없는 상태에서 피심인을 본사와 동일하게 취급하여 피심인보다 우월한 지위
에 있다고 단정할 수는 없다고 판단하였다.19)

2. 목적물등의 수령일

목적물 수령일 관련하여 서울고등법원은 사업자가 세금계산서를 발행하여
제3자에게 교부한 때에는 그 세금계산서가 허위로 작성되었다는 등의 특별한 사
정이 없는 한 그 세금계산서의 기재내용과 같은 재화 또는 용역의 공급이 있었
던 것으로 보아야 하며, 세금계산서 발행일을 미지급 어음할인료 및 어음대체결
제수단 수수료 산정의 기준일로 삼은 것은 적법하다고 판시하였다<우방의 불공
정하도급거래행위 건>.20)

또한 <보배건설의 불공정하도급거래행위 건> 관련 행정소송에서 서울고
등법원은 "기성고에 따라 세금계산서를 발행했다 하더라도 이를 '납품 등이 잦아
원사업자와 수급사업자가 월 1회 이상 세금계산서의 발행일을 정한 경우'에 해
당한다고 볼 수 없으므로, 공정거래위원회가 하도급법 제13조 제1항의 건설위탁
에 적용되는 '인수일'이 아닌 세금계산서 발행일을 기준으로 하도급대금의 지연
이자를 산정하는 것은 위법이다"고 판시하였다.21)

아파트 건축공사에서는 행정청의 사용승인일을 하도급법상 목적물 인수일
로 본다<에이치디씨현대산업개발(주)의 불공정하도급거래행위 건>.22) 그리고 건설
위탁의 경우 기성부분 통지받은 날도 수령일로 본다<㈜중해건설의 불공정하도급
거래행위 건>.23)

목적물의 수령일에 대하여「하도급거래공정화지침」에서는 다음과 같이 규정
하고 있다(III. 11. 다).

18) 서고판 2016. 11. 11. 2016누38831.
19) 공정의 2017. 4. 4. 2017－116.
20) 서고판 2015. 10. 15. 2014누8447.
21) 서고판 2014. 11. 13. 2014누40203.
22) 서고판 2019. 11. 27. 2019누34892(대판 2020. 4. 9. 2019두61854).
23) 서고판 2021. 6. 2. 2020누47641.

다. 하도급대금 지급 시 기산점이 되는 목적물의 수령일은 제조·수리위탁의 경우에는 원사업자가 수급사업자로부터 목적물의 납품을 받은 날, 건설위탁의 경우에는 원사업자가 수급사업자로부터 준공 또는 기성부분의 통지를 받고 검사를 완료한 날(법 제8조제2항 단서의 규정에 의한 목적물의 인수일)을 말한다. 다만, 납품이 빈번하여 상호 합의하에 월 1회 이상 세금계산서를 발행하도록 정하고 있는 경우에는 일괄 마감하는 날(세금계산서 발행일)을 말한다.

Ⅲ. 준공금 및 기성금 지급기일 준수의무

원사업자는 수급사업자에게 제조등의 위탁을 한 경우 원사업자가 발주자로부터 제조·수리·시공 또는 용역수행행위의 완료에 따라 준공금 등을 받았을 때에는 하도급대금을, 제조·수리·시공 또는 용역수행행위의 진척에 따라 기성금 등을 받았을 때에는 수급사업자가 제조·수리·시공 또는 용역수행한 부분에 상당하는 금액을 그 준공금이나 기성금 등을 지급받은 날부터 15일(하도급대금의 지급기일이 그 전에 도래하는 경우에는 그 지급기일) 이내에 수급사업자에게 지급하여야 한다(법 제13조 제3항).

도급계약을 체결하면서 공사대금의 일부 지급을 공사완공시까지 유보하는 내용의 특약인 기성유보금특약 관련하여 서울고등법원은 "그 구체적인 내용은 당사자 사이의 계약에 의하여 결정될 것이나 계약상 특별한 약정이 없는 경우에는 이는 공사지연이나 하자로 인하여 수급인이 손해배상책임을 지는 경우 그 채무와 대등액에서 상계함으로써 도급인의 손해전보를 간편히 하려는 의미 외에 임금의 지급을 자제하여 인부들이 공사진행을 방해 하는 등 수급인에게 책임있는 사유로 공사가 진행되지 아니하는 경우 도급인이 수급인을 대위하여 기성유보금으로 수급인의 채무를 변제할 권한이 있고 수급인의 행방불명 등 수급인의 동의를 얻지 못한 경우에도 그 변제의 효력은 수급인에게 미쳐 수급인에게 직접 기성유보금을 지급한 것과 마찬가지의 효력을 갖는다"고 판시하였는 바, 이에 대해 대법원은 "기성유보금24)은 특별한 사정이 없는 한 당사자 사이의 약정에

---

24) 기성유보금은 종전 건설업법 제31조 규정에 의하여 강제되던 건설공사 표준하도급계약서 제16조 제2항에 근거하여 운용되었으나 1986. 2. 24. 위 건설업법 시행규칙 제31조가 폐지되어 그 법적 근거가 상실되었음. <서인조경개발의 불공정하도급거래행위에 대한 건> 공정거래위원회 대법원 상고이유서.

의하여 그 성질 및 효력이 결정되는 것으로서 수급인이 계약상의 의무를 이행하지 못하는 경우에 대비하여 도급인의 손해전보를 용이하게 하려는 취지에서 도급인이 그 지금을 유보한 미지급 공사대금이라 할 것인 바, 이 사건에서 위 기성유보금이 수급인이 임금의 지급을 지체한 경우 도급인이 수급인을 대위하여 기성유보금으로 체불임금이나 자재대금 등을 직접 지급함으로써 수급인의 성실한 시공을 보장하기 위한 담보로서의 의미를 갖기로 하는 약정이 있었다고 볼 뚜렷한 자료가 없으므로 도급인인 원고는 수급인인 대영조경산업의 동의를 받지 않고서는 기성유보금으로 수급인의 채무를 변제할 권한이 없다고 봄이 상당하다"고 판시하였다<서인조경개발의 불공정하도급거래행위에 대한 건>.[25]

Ⅳ. 현금결제비율 준수의무

원사업자가 수급사업자에게 하도급대금을 지급할 때에는 원사업자가 발주자로부터 해당 제조등의 위탁과 관련하여 받은 현금비율 미만으로 지급하여서는 아니 된다(법 제13조 제4항).

대법원에 따르면 원사업자가 발주자로부터 공사대금을 한 푼도 받지 못했지만 수급사업자에게 우선 어음 등을 발행한 경우, 발주자로부터 수령한 현금보다 많은 금액을 어음 발행 등의 방법으로 수급사업자에게 지급하고 이에 상응하는 원도급대금을 발주자로부터 받기 전에 이를 현금으로 결제해 주었을 경우에는 현금결제비율 유지의무 위반에 해당하지 않는다고 보는 것이 타당하다고 한다<두산건설(주)의 불공정하도급거래행위 건>.[26] 이는 하도급법 제13조 제4항은 원사업자 자신이 이미 공사대금의 전부 또는 일부를 현금으로 받은 것을 전제로 그 받은 범위 내에서 수급사업자에게 하도급대금의 전부 또는 일부를 현금으로 주어야 한다는 의미로 해석된다.

즉 하도급대금 지급기일이 원사업자의 준공금이나 기성금 등을 지급받은 날보다 먼저 도래하는 경우에는, 원사업자가 발주자로부터 1회 도급대금을 지급받기 전 수급사업자에게 하도급대금을 지급하여야 하거나 원사업자가 수급사업자에게 그때까지 발주자로부터 수령한 현금보다 더 많은 하도급대금을 현금으로

---

25) 서고판 1997. 12. 3. 97구722; 대판 1998. 6. 12. 98두2409.
26) 대판 2017. 7. 28. 2017두41924.

지급하여야 하는 경우가 생길 수 있고, 원사업자가 수급사업자에게 발주자로부터 수령한 현금보다 많은 금액을 어음발행 등의 방법으로 수급사업자에게 지급하고 이에 상응하는 도급대금을 발주자로부터 받기 전에 현금으로 결제하여 주었다면, 원사업자가 수급사업자에게 지급하는 현금비율을 산정함에 있어 '현금지급액'은 해당 하도급대금 지급액에 상응하는 원도급대금을 발주자로부터 받기 전에 결제가 이루어진 금액을 합산한 금액으로 보아야 한다<두산건설(주)의 불공정하도급거래행위 건>.[27]

현금비율 적용기준에 대하여 「하도급거래공정화지침」에서는 다음과 같이 규정하고 있다(III. 12).

> 가. 원사업자가 발주자로부터 지급받은 현금비율이 일정하지 아니한 경우 수급사업자에게 하도급대금을 지급함에 있어서는 하도급대금을 지급하기 직전에 원사업자가 발주자로부터 지급받은 현금비율 이상으로 지급하여야 한다. 원사업자가 발주자로부터 제1회 도급대금을 지급받기 전까지 수급사업자에게 하도급대금을 지급하는 경우에는 그러하지 아니한다.
>
> (적용기준 예시)
>
> | 도급대금 수령 | | 하도급대금 지급 | |
> |---|---|---|---|
> | 수령일자 | 결제비율(현금 : 어음) | 지급일자 | 현금결제비율 |
> | 2. 1 | 50 : 50 | 1. 8 | 예외가능 |
> | 5. 1 | 50 : 50 | 3. 5 | 50% 이상 |
> | 5. 15 | 60 : 40 | 4. 5 | 50% 이상 |
> | 6. 1 | 20 : 80 | 7. 1 | 43% 이상[1] |
> | 8. 1 | 40 : 60 | 9. 1 | 40% 이상 |
>
> 주 1」원사업자가 발주자로부터 5. 1. 5. 15. 6. 1 지급받은 것을 산술평균한 비율
>   [(50+60+20)/3)]
>
> ※ 현금비율은 다음과 같이 산정한다.
> • 원사업자가 발주자로부터 지급받은 현금비율 : 현금수령액/도급대금수령액
> • 원사업자가 수급사업자에게 지급하는 현금비율 : 현금지급액/ 하도급대금지급액
> • 금액단위는 천원으로 하고 천원미만은 버린다.
> • 현금비율산정시 현금수령액(현금지급액)은 '현금', '수표', '만기일이 채권발행일 바로 다음날 도래하는 외상매출채권'에 의한 수령액(지급액)의 합계액을 말한다.

---

27) 서고판 2017. 3. 30. 2016누37753(대판 2017. 7. 28. 2017두41924).

(개정 : 2016. 7. 22.)

　다만 원사업자가 수급사업자에게 금회 하도급대금을 지급한 후 차회 하도급대금을 지급하기 전까지 발주자로부터 2회 이상 도급대금을 지급받은 경우에는 각각의 현금비율을 산술평균한 비율이상으로 지급하여야 한다.

나. 원사업자가 다수의 발주자에게 납품하는 물품을 다수의 수급사업자에게 제조 등을 위탁하는 경우에 특정 수급사업자가 납품한 물품이 공급되는 발주자가 명확한 경우에는 당해 발주자로부터 원사업자가 받은 현금비율을 적용하고, 불명확할 경우에는 원사업자가 다수의 발주자로부터 받은 현금비율을 산술평균하여 적용한다.

다. 원사업자가 발주자로부터 선급금을 받은 때에도 그 지급받은 현금비율 이상으로 수급사업자에게 지급하여야 한다.

라. 법 제13조 제4항에 의한 현금비율유지 및 제13조 제5항에 의한 어음만기일 유지는 1999.4.1 이후 하도급계약이 체결된 하도급거래에 적용한다. 하도급계약의 체결시점을 판단하는데 있어서 제조위탁의 경우 기본계약이 아니라 발주서 등에 의한 개별계약의 체결시점을 기준으로 하며, 건설위탁의 경우 원칙적으로 당초 하도급계약 체결시점을 기준으로 한다.

마. 전체 목적물 중 일부 목적물에 대해 하도급대금이 도급대금보다 먼저 지급되는 경우 하도급대금의 지급이 현금비율 유지의무를 준수했는지 여부는 나중에 지급되는 도급대금 지급시점까지 하도급대금이 현금화된 정도를 고려하여 판단한다.

(적용기준 예시)

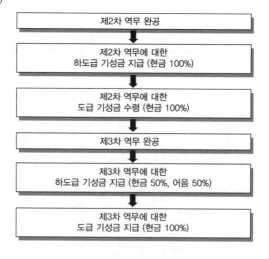

> * 제3차 역무에 대한 도급 기성금을 수령하기 전까지 어음으로 지급한 제3차 역무에 대한 하도급 기성금이 현금화 되었다고 하면, 현금비율 유지의무를 준수한 것으로 봄

V. 어음지급시 의무

1. 어음만기일 유지의무

사업자가 하도급대금을 어음으로 지급하는 경우에는 해당 제조등의 위탁과 관련하여 발주자로부터 원사업자가 받은 어음의 지급기간(발행일부터 만기일까지)을 초과하는 어음을 지급하여서는 아니 된다(법 제13조 제5항).

선급금 지급약정이 없음에도 하도급사업자의 자금사정이 어려움 등을 감안, 호의로 어음으로 교부한 것이라 하더라도 이는 어음교부에 해당하며, 하도급사업자에게 교부한 어음중에 설비공사 구입자재 및 장비대금의 결제수단으로 교부한 것이 포함되어 있다 하더라도 이는 기성금지급으로 보는 것이 정당하다<창덕종합건설(주)의 불공정하도급거래행위 건>.[28]

어음만기일 유지에 대하여 「하도급거래공정화지침」에서는 다음과 같이 규정하고 있다(III. 13).

> 가. 원사업자가 발주자로부터 교부받은 어음의 지급기간(발행일로부터 만기일까지)이 일정하지 아니한 경우 수급사업자에게 하도급대금을 지급함에 있어서는 하도급대금을 지급하기 직전에 원사업자가 발주자로부터 교부받은 어음의 지급기간을 초과하는 어음으로 하도급대금을 지급하여서는 아니 된다. 원사업자가 발주자로부터 제1회 도급대금을 지급받기 전까지 수급사업자에게 하도급대금을 지급하는 경우에는 예외로 할 수 있다.
> 다만, 원사업자가 수급사업자에게 금회 하도급대금을 지급한 후 차회 하도급대금을 지급하기 전까지 발주자로부터 2회 이상 도급대금을 지급받은 경우에는 각각의 어음지급기간을 산술평균하여 적용한다.
>
> 나. 원사업자가 다수의 발주자에게 납품하는 물품을 다수의 수급사업자에게 제조 등 위탁하는 경우에 특정 수급사업자가 납품한 물품이 공급되는 발주자가 명확한 경우에는 당해 발주자로부터 원사업자가 받은 어음지급기간을 적용하고,

---

28) 대판 2001. 1. 19. 2000두7841.

불명확할 경우에는 원사업자가 다수의 발주자로부터 교부받은 어음지급기간을 산술평균하여 적용한다.

다. 발주자가 타인발행의 어음으로 도급대금을 지급한 경우에 어음의 지급기간은 원사업자가 어음을 교부받은 날로부터 만기일까지로 본다.

라. 원사업자가 발주자로부터 선급금을 지급받은 때에 어음이 포함되어 있는 경우 교부받은 어음의 지급기간을 초과하는 어음으로 수급사업자에게 교부하여서는 아니 된다.

2. 어음할인료 지급의무

원사업자가 하도급대금을 어음으로 지급하는 경우에 그 어음은 법률에 근거하여 설립된 금융기관에서 할인이 가능한 것이어야 하며, 어음을 교부한 날부터 어음의 만기일까지의 기간에 대한 할인료를 어음을 교부하는 날에 수급사업자에게 지급하여야 한다. 다만, 목적물등의 수령일부터 60일(제1항 단서에 따라 지급기일이 정하여진 경우에는 그 지급기일을, 발주자로부터 준공금이나 기성금 등을 받은 경우에는 제3항에서 정한 기일) 이내에 어음을 교부하는 경우에는 목적물등의 수령일부터 60일이 지난 날 이후부터 어음의 만기일까지의 기간에 대한 할인료를 목적물등의 수령일부터 60일 이내에 수급사업자에게 지급하여야 한다(법 제13조 제6항).

제6항에서 적용하는 할인율은 연 100분의 40 이내에서 법률에 근거하여 설립된 금융기관에서 적용되는 상업어음할인율을 고려하여 공정거래위원회가 정하여 고시[29]한다(법 제13조 제9항).

원사업자가 아닌 원도급인이 하수급인에 어음을 직접 지급한 금액에 까지 원사업자가 어음할인료를 직접 지급할 의무가 없다<강산건설(주)의 불공정하도급거래행위 건>.[30]

할인가능어음 관련하여 「하도급거래공정화지침」에서는 다음과 같이 규정하고 있다(II. 2).

---

29) 「어음에 의한 하도급대금 지급시의 할인율 고시」 [공정거래위원회고시 제2015 - 15호(2015. 10. 23.) 1. 어음에 의한 하도급대금 지급시의 할인율: 원사업자가 법 제13조(하도급대금의 지급 등)제6항에 따라 하도급대금을 어음으로 교부하는 경우, 원사업자가 부담하여야 할 할인료에 적용되는 할인율은 연 7.5%로 한다.

30) 대판 2001. 7. 13. 99두6354.

"할인가능어음"이라 함은 다음의 금융기관에 의하여 어음할인 대상업체로 선정된 사업자가 발행·배서한 어음 또는 신용보증기금 및 기술신용보증기금이 보증한 어음을 말한다.

가.「은행법」및 관련 특별법에 의하여 설립된 은행
나.「종합금융회사에 관한 법률」에 의하여 설립된 종합금융회사
다.「보험업법」에 의해 설립된 생명보험회사
라.「상호저축은행법」에 의해 설립된 상호저축은행
마.「여신전문금융업법」에 의해 설립된 여신전문금융회사
바.「새마을금고법」에 의해 설립된 새마을금고
사.「상법」에 의해 설립된 팩토링업무 취급기관

VI. 어음대체결제수단 수수료의 지급의무

　원사업자는 하도급대금을 어음대체결제수단을 이용하여 지급하는 경우에는 지급일(기업구매전용카드의 경우는 카드결제 승인일을, 외상매출채권 담보대출의 경우는 납품등의 명세 전송일을, 구매론의 경우는 구매자금 결제일)부터 하도급대금 상환기일까지의 기간에 대한 수수료[31](대출이자를 포함)를 지급일에 수급사업자에게 지급하여야 한다. 다만, 목적물등의 수령일부터 60일 이내에 어음대체결제수단을 이용하여 지급하는 경우에는 목적물등의 수령일부터 60일이 지난 날 이후부터 하도급대금 상환기일까지의 기간에 대한 수수료를 목적물등의 수령일부터 60일 이내에 수급사업자에게 지급하여야 한다(법 제13조 제7항).

　제7항에서 적용하는 수수료율은 원사업자가 금융기관(「여신전문금융업법」제2조 제2호의2에 따른 신용카드업자를 포함)과 체결한 어음대체결제수단의 약정상 수수료율로 한다(법 제13조 제10항).

---

31)「어음대체결제수단에 의한 하도급대금 지급시의 수수료율 고시」[공정거래위원회 고시 제2015－16호(2015. 12. 30.)] Ⅰ. 어음대체결제수단에 의한 하도급대금 지급시의 수수료율: 원사업자가 법 제13조(하도급대금의 지급 등) 제7항에 따라 하도급대금을 어음대체결제수단으로 지급하는 경우, 원사업자가 부담하여야 할 수수료에 적용되는 수수료는 연 7%로 한다. 다만 법률에 근거하여 설립된 금융기관과 원사업자가 체결한 약정상 어음대체결제수단의 수수료율이 위 수수료율보다 높은 경우에는 원사업자가 금융기관과 체결한 약정상의 수수료로 한다.

VII. 지연이자 지급의무

원사업자가 하도급대금을 목적물등의 수령일부터 60일이 지난 후에 지급하는 경우에는 그 초과기간에 대하여 연 100분의 40 이내에서 「은행법」에 따른 은행이 적용하는 연체금리 등 경제사정을 고려하여 공정거래위원회가 정하여 고시하는 이율[32]에 따른 이자를 지급하여야 한다(법 제13조 제8항).

이는 강행규정이 아닌 단속규정으로서 하도급대금지급이 60일 이상 지체된 경우에 수급사업자가 원사업자를 상대로 청구할 수 있는 지연이자는 수급사업자가 이를 포기할 수 있는 것으로 해석된다<㈜썬라이즈의 불공정하도급거래행위건>.[33] 따라서 지급기일 기산일을 수령일로부터 60일이 아닌 합의서상의 지급기일을 기준으로 할 수 있다.

한편 이 조항은 원사업자가 수급사업자에 대하여 하도급대금을 지급하는 경우에 관한 규정이어서, 이 사건과 같이 발주자인 피고가 원사업자의 파산 등으로 수급사업자에게 하도급대금을 직접 지급하는 경우에는 적용될 수 없다<(주)한양과 정림지질(주)의 하도급공사>.[34]

그리고 하도급대금의 잔대금 지급기일이 도과한 때부터 수급사업자의 원사업자에 대한 하자보험증권 제출의무와 원사업자의 하도급대금 지급채무는 그 상당액에 관하여 동시이행관계에 있으므로, 수급사업자들이 보증보험증권 등을 제출하기 전까지는 그 상당액의 하도급대금지급채무가 이행지체 상태에 있었다고 볼 수 없으므로 지연이자 미지급이 아니다.[35]

공정거래위원회가 하도급대금의 지급을 지체한 원사업자에게 구 '하도급법' 제13조 제8항에 따라 자신이 정하여 고시한 이율에 의한 지연손해금의 지급을 명하는 시정명령을 한 후, 수급사업자의 원사업자에 대한 하도급대금지급청구소송에서 법정이율에 의한 지연손해금의 지급을 명하는 확정판결이 있는 경우, 공정거래위원회의 시정명령 중 고시이율에 의한 지연손해금의 지급을 명한 부분이 위

---

32) 「선급금 등 지연지급 시의 지연이율 고시」(공정거래위원회고시 제2018-21호(2018. 12). I. 선급금 등 지연지급 시의 지연이율:.법 제6조(선급금의 지급)제2항, 법 제11조(감액금지)제4항, 법 제13조(하도급대금의 지급 등)제8항, 법 제15조(관세 등 환급액의 지급)제3항의 규정에 의하여 선급금 등을 지연 지급하는 경우 적용되는 지연이율을 연리 15.5%로 한다.

33) 서고판 20210 5. 26. 2019누66042(대판 2021. 10. 14. 2021두43972).

34) 대판 2005. 7. 28. 2004다64050(공사대금).

35) 서고판 2016. 11. 16. 2015누59886.

법하게 되는지 여부에 대하여 대법원은 "구 '하도급법'(2009. 4. 1. 법률 제9616호로 개정되기 전의 것)이 적용되는 하도급거래에서 발생한 하도급대금의 지급이 지체된 경우에 수급사업자가 원사업자를 상대로 청구할 수 있는 지연손해금에 대하여는 이에 관하여 규정하는 위 법 제13조 제8항에서 정한 다른 요건이 충족되는 한 위 법조항에 따라 공정거래위원회가 정하여 고시한 이율에 의할 것이고, 그 한도에서 민법 또는 상법상의 법정이율이나 그에 관한 보다 일반적인 특례인 '소송촉진 등에 관한 특례법' 제3조 제1항에서 정한 이율은 적용되지 아니한다.

그리하여 수급사업자는 애초 이와 같이 위 구 하도급법의 규정에 좇아 하도급대금에 관하여 고시이율에 좇은 지연손해금의 지급을 청구할 실체법상의 권리를 가진다. 따라서 그가 고시이율과 법정이율의 차이에 상응한 부분의 지연손해금을 포기하여 그 권리를 상실하였다는 등의 특별한 사정이 인정되지 아니하는 한, 공정거래위원회의 시정명령 이후에 수급사업자의 원사업자에 대한 하도급대금지급청구소송에서 법정이율에 의한 지연손해금의 지급을 명하는 확정판결이 있었다고 하더라도 이는 수급사업자의 실체적법 권리 그 자체에 영향이 있는 것은 아니므로 그러한 사정만으로 공정거래위원회의 시정명령 중 고시이율에 의한 지연손해금의 지급을 명하는 부분이 위법하게 된다고 할 수 없다"고 판시하였다.[36]

지연이자를 발생시킨 원본 공사대금채무는 3년의 단기소멸시효가 적용되는데(민법 제163조 제3호), 금전채무에 대한 지연손해금의 소멸시효기간은 원본채권의 그것과 같다<우방의 불공정하도급거래행위 건>.[37]

VIII. 중견기업에의 적용

제1항부터 제10항까지의 규정은 「중견기업 성장촉진 및 경쟁력 강화에 관한 특별법」 제2조 제1호에 따른 중견기업으로 연간매출액이 *대통령령[38]*으로 정하는 금액(제1호의 회사와 거래하는 경우에는 3천억원) 미만인 중견기업이 ①「독점규제법」 제9조 제1항에 따른 상호출자제한기업집단에 속하는 회사(제1호), ②

---

36) 대판 2010. 10. 28. 2010두16561.
37) 서고판 2014. 9. 24. 2012누26748.
38) 제7조의4(수급사업자로 보는 중견기업의 연간매출액 기준) 법 제13조제11항 각 호 외의 부분 전단에서 "대통령령으로 정하는 금액"이란 해당 중견기업의 주된 업종별로 별표 1의 구분에 따른 연간매출액을 말한다.

제1호에 따른 회사가 아닌 사업자로서 연간매출액이 *대통령령39)*으로 정하는 금액을 초과하는 사업자(제2호)의 어느 하나에 해당하는 자로부터 제조등의 위탁을 받은 경우에도 적용한다. 이 경우 제조등의 위탁을 한 자는 제1항부터 제10항까지, 제19조, 제20조, 제23조 제2항, 제24조의 4 제1항, 제25조 제1항 및 제3항, 제25조의2, 제25조의3 제1항, 제26조 제2항, 제30조 제1항, 제33조, 제35조 제1항을 적용할 때에는 원사업자로 보고, 제조등의 위탁을 받은 중견기업은 제1항부터 제10항까지, 제19조, 제21조, 제23조 제2항, 제24조의4 제1항, 제25조의2, 제33조를 적용할 때에는 수급사업자로 본다(법 제13조 제11항).

이는 중견기업의 경우 하도급법상 원사업자로서 규제를 받고 있지만 대기업과의 거래에서는 수급사업자로서 보호받지 못하는 점을 고려하여 연간매출액이 일정 금액 이하인 중견기업에 대해서는 하도급법을 적용하여 보호하기 위해 규정된 것이다.

---

39) 제7조의5(원사업자로 보는 사업자의 매출액 기준) 법 제13조제11항제2호에서 "대통령령으로 정하는 금액"이란 2조원을 말한다.

제13조의2(건설하도급 계약이행 및 대금지급 보증)

① 건설위탁의 경우 원사업자는 계약체결일부터 30일 이내에 수급사업자에게 다음 각
호의 구분에 따라 해당 금액의 공사대금 지급을 보증(지급수단이 어음인 경우에는
만기일까지를, 어음대체결제수단인 경우에는 하도급대금 상환기일까지를 보증기간으
로 한다)하고, 수급사업자는 원사업자에게 계약금액의 100분의 10에 해당하는 금액
의 계약이행을 보증하여야 한다. 다만, 원사업자의 재무구조와 공사의 규모 등을 고
려하여 보증이 필요하지 아니하거나 보증이 적합하지 아니하다고 인정되는 경우로서
대통령령으로 정하는 경우에는 그러하지 아니하다. <개정 2014. 5. 28.>

  1. 공사기간이 4개월 이하인 경우: 계약금액에서 선급금을 뺀 금액

  2. 공사기간이 4개월을 초과하는 경우로서 기성부분에 대한 대가의 지급 주기가 2
    개월 이내인 경우: 다음의 계산식에 따라 산출한 금액

$$\text{보증금액} = \frac{\text{하도급 계약금액} - \text{계약상 선급금}}{\text{공사기간(개월수)}} \times 4$$

  3. 공사기간이 4개월을 초과하는 경우로서 기성부분에 대한 대가의 지급 주기가 2
    개월을 초과하는 경우: 다음의 계산식에 따라 산출한 금액

$$\text{보증금액} = \frac{\text{하도급 계약금액} - \text{계약상 선급금}}{\text{공사기간(개월수)}} \times \text{기성부분에 대한 대가의 지급주기(개월수)} \times 2$$

② 원사업자는 제1항 각 호 외의 부분 단서에 따른 공사대금 지급의 보증이 필요하지
아니하거나 적합하지 아니하다고 인정된 사유가 소멸한 경우에는 그 사유가 소멸한
날부터 30일 이내에 제1항에 따른 공사대금 지급보증을 하여야 한다. 다만, 계약의
잔여기간, 위탁사무의 기성률, 잔여대금의 금액 등을 고려하여 보증이 필요하지 아니
하다고 인정되는 경우로서 대통령령으로 정하는 경우에는 그러하지 아니하다. <신설
2014. 5. 28.>

③ 다음 각 호의 어느 하나에 해당하는 자와 건설공사에 관하여 장기계속계약(총액으로
입찰하여 각 회계연도 예산의 범위에서 낙찰된 금액의 일부에 대하여 연차별로 계약
을 체결하는 계약으로서 「국가를 당사자로 하는 계약에 관한 법률」 제21조 또는 「지
방자치단체를 당사자로 하는 계약에 관한 법률」 제24조에 따른 장기계속계약을 말한
다. 이하 이 조에서 "장기계속건설계약"이라 한다)을 체결한 원사업자가 해당 건설공
사를 장기계속건설하도급계약을 통하여 건설위탁하는 경우 원사업자는 최초의 장기
계속건설하도급계약 체결일부터 30일 이내에 수급사업자에게 제1항 각 호 외의 부분

본문에 따라 공사대금 지급을 보증하고, 수급사업자는 원사업자에게 최초 장기계속건설하도급계약 시 약정한 총 공사금액의 100분의 10에 해당하는 금액으로 계약이행을 보증하여야 한다. <신설 2016. 12. 20.>

1. 국가 또는 지방자치단체
2. 「공공기관의 운영에 관한 법률」에 따른 공기업, 준정부기관 또는 「지방공기업법」에 따른 지방공사, 지방공단

④ 제3항에 따라 수급사업자로부터 계약이행 보증을 받은 원사업자는 장기계속건설계약의 연차별 계약의 이행이 완료되어 이에 해당하는 계약보증금을 같은 항 각 호의 어느 하나에 해당하는 자로부터 반환받을 수 있는 날부터 30일 이내에 수급사업자에게 해당 수급사업자가 이행을 완료한 연차별 장기계속건설하도급계약에 해당하는 하도급 계약이행보증금을 반환하여야 한다. 이 경우 이행이 완료된 부분에 해당하는 계약이행 보증의 효력은 상실되는 것으로 본다. <신설 2016. 12. 20.>

⑤ 제1항부터 제3항까지의 규정에 따른 원사업자와 수급사업자 간의 보증은 현금(체신관서 또는 「은행법」에 따른 은행이 발행한 자기앞수표를 포함한다)의 지급 또는 다음 각 호의 어느 하나의 기관이 발행하는 보증서의 교부에 의하여 한다. <개정 2010. 5. 17., 2014. 5. 28., 2016. 12. 20.>

1. 「건설산업기본법」에 따른 각 공제조합
2. 「보험업법」에 따른 보험회사
3. 「신용보증기금법」에 따른 신용보증기금
4. 「은행법」에 따른 금융기관
5. 그 밖에 대통령령으로 정하는 보증기관

⑥ 제5항에 따른 기관은 다음 각 호의 어느 하나에 해당하는 사유로 수급사업자가 보증약관상 필요한 청구서류를 갖추어 보증금 지급을 요청한 경우 30일 이내에 제1항의 보증금액을 수급사업자에게 지급하여야 한다. 다만, 보증금 지급요건 충족 여부, 지급액에 대한 이견 등 대통령령으로 정하는 불가피한 사유가 있는 경우 보증기관은 수급사업자에게 통지하고 대통령령으로 정하는 기간 동안 보증금 지급을 보류할 수 있다. <신설 2013. 8. 13., 2014. 5. 28., 2016. 12. 20.>

1. 원사업자가 당좌거래정지 또는 금융거래정지로 하도급대금을 지급할 수 없는 경우
2. 원사업자의 부도·파산·폐업 또는 회사회생절차 개시 신청 등으로 하도급대금을 지급할 수 없는 경우
3. 원사업자의 해당 사업에 관한 면허·등록 등이 취소·말소되거나 영업정지 등으로 하도급대금을 지급할 수 없는 경우

　4. 원사업자가 제13조에 따라 지급하여야 할 하도급대금을 2회 이상 수급사업자에게 지급하지 아니한 경우

　5. 그 밖에 원사업자가 제1호부터 제4호까지에 준하는 지급불능 등 대통령령으로 정하는 사유로 인하여 하도급대금을 지급할 수 없는 경우

⑦ 원사업자는 제5항에 따라 지급보증서를 교부할 때 그 공사기간 중에 건설위탁하는 모든 공사에 대한 공사대금의 지급보증이나 1회계연도에 건설위탁하는 모든 공사에 대한 공사대금의 지급보증을 하나의 지급보증서의 교부에 의하여 할 수 있다. <개정 2013. 8. 13., 2014. 5. 28., 2016. 12. 20.>

⑧ 제1항부터 제7항까지에서 규정한 것 외에 하도급계약 이행보증 및 하도급대금 지급보증에 관하여 필요한 사항은 대통령령으로 정한다. <개정 2013. 8. 13., 2014. 5. 28., 2016. 12. 20.>

⑨ 원사업자가 제1항 각 호 외의 부분 본문, 제2항 본문 또는 제3항 각 호 외의 부분에 따른 공사대금 지급보증을 하지 아니하는 경우에는 수급사업자는 계약이행을 보증하지 아니할 수 있다. <개정 2013. 8. 13., 2014. 5. 28., 2016. 12. 20.>

⑩ 제1항 또는 제3항에 따른 수급사업자의 계약이행 보증에 대한 원사업자의 청구권은 해당 원사업자가 제1항부터 제3항까지의 규정에 따른 공사대금 지급을 보증한 후가 아니면 이를 행사할 수 없다. 다만, 제1항 각 호 외의 부분 단서 또는 제2항 단서에 따라 공사대금 지급을 보증하지 아니하는 경우에는 그러하지 아니하다. <신설 2014. 5. 28., 2016. 12. 20.>

[전문개정 2009. 4. 1.]

 목　차

[참고사례]

　　부남건설(주)외 1인의 하도급공사 건[부산고등법원 2000. 10. 6. 선고 99나9714 판결; 대법원 2001. 10. 26. 선고 2000다61435(계약이행보증금) 판결]; 전문건설공제조합외 1의 하도급대금지급보증약관 건[대구고등법원 2008. 1. 31. 선고 2006나8925 판결; 대법원 2009. 7. 9. 선고 2008다21303 (보증금 등)판결]; (주)대동이엔씨와 일신건영(주) 공동수급체와 (주)대평건설의 하도급공사 건[서울고등법원 2010. 4. 21. 선고 2009나113294 판결; 대법원 2010. 8. 19. 선고 2010다36599(보험금지급) 판결]; 리드건설(주)의 불공정하도급거래행위 건[공정거래위원회 2020. 3. 13. 의결 제2020-060호; 서울고등법원 2020. 10. 8. 선고 2020누39442 판결; 대법원 2021. 2. 25. 선고 2020두52702(심리불속행 기각) 판결]; (주)중해건설의 불공정하도급거래행위 건(공정거래위원회 2020. 3. 9. 의결 제2020-052호; 서울고등법원 2021. 6. 2. 선고 2020누47641 판결)]

Ⅰ. 적용범위

　　하도급법 제13조의2가 원도급관계에 적용되는지 여부와 관련하여 대법원은 "위 발주자라는 개념 속에는 재하도급의 경우의 원하도급인도 포함됨을 알 수 있으므로, 발주자라는 개념이 있다고 하여 위 법률이 적용되는 하도급거래를 구성하는 원사업자의 개념을 발주자가 아닌 경우로 한정하는 것은 아님이 분명하다 할 것이어서, 위 법률은 그 명칭과는 달리 일반적으로 흔히 말하는 하도급관계뿐만 아니라, 원도급관계도 규제하는 것이라고 봄이 상당하고, 따라서 위 법률 제13조의2 또한 원도급관계에 적용된다"고 판시하였다<부남건설(주)외 1인의 하도급공사 건>.[1]

Ⅱ. 공사대금의 지급보증(원사업자) 및 계약이행의 보증(수급사업자)

　　건설위탁의 경우 원사업자는 계약체결일부터 30일 이내에 수급사업자에게 ① 공사기간이 4개월 이하인 경우: 계약금액에서 선급금을 뺀 금액(제1호), ② 공사기간이 4개월을 초과하는 경우로서 기성부분에 대한 대가의 지급 주기가 2개월 이내인 경우: 보증금액=(하도급계약금액-계약상 선급금)/공사기간(개월수)×4

---

1) 대판 2001. 10. 26. 선고 2000다61435(계약이행보증금).

(제2호), ③ 공사기간이 4개월을 초과하는 경우로서 기성부분에 대한 대가의 지급 주기가 2개월을 초과하는 경우: 보증금액＝[(하도급계약금액－계약상 선급금)/공사 기간(개월수)]×[기성부분에 대한 대가의 지급주기(개월수)×2](제3호)의 구분에 따라 해당 금액의 공사대금 지급을 보증(지급수단이 어음인 경우에는 만기일까지를, 어음대체결제수단인 경우에는 하도급대금 상환기일까지를 보증기간으로 함)하고, 수급 사업자는 원사업자에게 계약금액의 100분의 10에 해당하는 금액의 계약이행을 보증하여야 한다. 다만, 원사업자의 재무구조와 공사의 규모 등을 고려하여 보증 이 필요하지 아니하거나 보증이 적합하지 아니하다고 인정되는 경우로서 *대통령 령2)*으로 정하는 경우에는 그러하지 아니하다(법 제13조의2 제1항).

　　원사업자의 대금지급보증과는 달리 수급사업자에 대하여는 계약이행 보증 을 면제할 수 있는 명시적 규정이 없다. 한편 면제사유 중. 공사금액이 1천만원 이하라고 하더라도 대금미지급의 우려가 없어지는 것은 아니므로 이는 삭제하는 것이 형평성 차원에서 바람직하다고 본다.

　　원사업자는 제1항 각 호 외의 부분 단서에 따른 공사대금 지급의 보증이 필 요하지 아니하거나 적합하지 아니하다고 인정된 사유가 소멸한 경우에는 그 사 유가 소멸한 날부터 30일 이내에 제1항에 따른 공사대금 지급보증을 하여야 한 다. 다만, 계약의 잔여기간, 위탁사무의 기성률, 잔여대금의 금액 등을 고려하여 보증이 필요하지 아니하다고 인정되는 경우로서 *대통령령*으로 정하는 경우에는 그러하지 아니하다(법 제13조의2 제2항).

1. 쌍방보증의무

　　원사업자가 제1항 각 호 외의 부분 본문, 제2항 본문 또는 제3항 각 호 외

---

2) 제8조(건설하도급 계약이행 및 대금지급 보증) ① 법 제13조의2제1항 각 호 외의 부분 단서에 서 "대통령령으로 정하는 경우"란 다음 각 호의 어느 하나에 해당하는 경우를 말한다. <u>1. 원사 업자가 수급사업자에게 건설위탁을 하는 경우로서 1건 공사의 공사금액이 1천만원 이하인 경 우 2. 삭제 <2020. 4. 7.> 3. 법 제14조제1항제2호에 따라 발주자가 하도급대금을 직접 지급 하여야 하는 경우 4. 하도급대금의 지급을 전자적으로 관리하기 위하여 운영되고 있는 시스템 (이하 "하도급대금지급관리시스템")을 활용하여 발주자가 원사업자 명의의 계좌를 거치지 아 니하고 수급사업자에게 하도급대금을 지급하는 경우</u>
⑥ 제1항제4호에 따라 대금지급 보증의무 면제대상이 되는 하도급대금지급관리시스템의 종류 는 공정거래위원회가 정하여 고시한다.
「하도급대금 지급관리시스템 지정고시」[공정거래위원회고시 제2017－8호(2017. 6. 28.) Ⅰ. 하도급대금 지급관리시스템 산업통상자원부 고시 「상생결제시스템 결제대금예치계좌 운영요 령」제2조 제1호에서 규정하고 있는 '상생결제시스템'

의 부분에 따른 공사대금 지급보증을 하지 아니하는 경우에는 수급사업자는 계약이행을 보증하지 아니할 수 있다(법 제13조의2 제9항).

도급계약상 "당사자는 보증인을 세워야 하며, 보증인은 당사자의 계약불이행으로 인하여 발생하는 금전채무에 대하여 당사자와 연대하여 책임을 진다."는 규정에서 말하는 당사자의 보증인 중 '수급인의 보증인'이란 하도급법 제13조의2에 따라 계약이행보증금의 지급을 보증한 자를 가리키는 것이 아니라, 위 계약서상 별도로 명기된 '수급인의 보증인'을 가리키는 것이라 할 것이므로, 도급인이 보증인을 세우지 않았다 하더라도 위 계약조항을 내세워 수급인의 계약이행보증금의 지급을 보증한 자가 그 책임을 면할 수는 없다고 한 사례가 있다<부남건설(주)외 1인의 하도급공사 건>.[3]

원사업자가 발주자의 지위를 겸하고 있더라도 지급보증의무가 면제되지 않는다<㈜중해건설의 불공정하도급거래행위 건>.[4] 그리고 자진시정을 완료하였다 하더라도 수급사업자가 하도급대급을 지급받지 못하는 위험 내지 그 불확실성에 노출되는 것을 해소하고자 하는 하도급대금 지급보증제도의 취지에 비추어보면 지급보증을 하지 않는 행위는 위법하다<리드건설(주)의 불공정하도급거래행위 건>.[5]

2. 공사대금지급의무 우선

제1항 또는 제3항에 따른 수급사업자의 계약이행 보증에 대한 원사업자의 청구권은 해당 원사업자가 제1항부터 제3항까지의 규정에 따른 공사대금 지급을 보증한 후가 아니면 이를 행사할 수 없다. 다만, 제1항 각 호 외의 부분 단서 또는 제2항 단서에 따라 공사대금 지급을 보증하지 아니하는 경우에는 그러하지 아니하다(법 제13조의2 제10항).

3. 장기계속건설계약의 경우

① 국가 또는 지방자치단체(제1호), ② 「공공기관의 운영에 관한 법률」에 따른 공기업, 준정부기관 또는 「지방공기업법」에 따른 지방공사, 지방공단(제2호)의

---

3) 대판 2001. 10. 26. 2000다61435(계약이행보증금).

4) 서고판 2021. 6. 2. 2020누47641.

5) 서고판 2020. 10. 8. 2020누39442(대판 2021. 2. 25. 2020두52702).

어느 하나에 해당하는 자와 건설공사에 관하여 장기계속계약(총액으로 입찰하여 각 회계연도 예산의 범위에서 낙찰된 금액의 일부에 대하여 연차별로 계약을 체결하는 계약으로서 「국가를 당사자로 하는 계약에 관한 법률」 제21조 또는 「지방자치단체를 당사자로 하는 계약에 관한 법률」 제24조에 따른 장기계속계약. 이하 이 조에서 "장기계속건설계약")을 체결한 원사업자가 해당 건설공사를 장기계속건설하도급계약을 통하여 건설위탁하는 경우 원사업자는 최초의 장기계속건설하도급계약 체결일부터 30일 이내에 수급사업자에게 제1항 각 호 외의 부분 본문에 따라 공사대금 지급을 보증하고, 수급사업자는 원사업자에게 최초 장기계속건설하도급계약 시 약정한 총 공사금액의 100분의 10에 해당하는 금액으로 계약이행을 보증하여야 한다(법 제13조의2 제3항).

　제3항에 따라 수급사업자로부터 계약이행 보증을 받은 원사업자는 장기계속건설계약의 연차별 계약의 이행이 완료되어 이에 해당하는 계약보증금을 같은 항 각 호의 어느 하나에 해당하는 자로부터 반환받을 수 있는 날부터 30일 이내에 수급사업자에게 해당 수급사업자가 이행을 완료한 연차별 장기계속건설하도급계약에 해당하는 하도급 계약이행보증금을 반환하여야 한다. 이 경우 이행이 완료된 부분에 해당하는 계약이행 보증의 효력은 상실되는 것으로 본다(법 제13조의2 제4항).

Ⅲ. 보증의 방식

　제1항부터 제3항까지의 규정에 따른 원사업자와 수급사업자 간의 보증은 현금(체신관서 또는 「은행법」에 따른 은행이 발행한 자기앞수표를 포함)의 지급 또는 ① 「건설산업기본법」에 따른 각 공제조합(제1호), ② 「보험업법」에 따른 보험회사(제2호), ③ 「신용보증기금법」에 따른 신용보증기금(제3호), ④ 「은행법」에 따른 금융기관(제4호), ⑤ 그 밖에 *대통령령*6)으로 정하는 보증기관(제5호)의 어느 하나의 기관이 발행하는 보증서의 교부에 의하여 한다(법 제13조의2 제5항).

　제5항에 따른 기관은 ① 원사업자가 당좌거래정지 또는 금융거래정지로 하

───────

6) 제8조(건설하도급 계약이행 및 대금지급 보증) ② 법 제13조의2제5항제5호에서 "대통령령으로 정하는 보증기관"이란 「전기공사공제조합법」에 따른 전기공사공제조합, 「정보통신공사업법」에 따른 정보통신공제조합, 「주택도시기금법」에 따른 주택도시보증공사 및 「소방산업의 진흥에 관한 법률」에 따른 소방산업공제조합을 말한다.

도급대금을 지급할 수 없는 경우(제1호), ② 원사업자의 부도·파산·폐업 또는 회사회생절차 개시 신청 등으로 하도급대금을 지급할 수 없는 경우(제2호), ③ 원사업자의 해당 사업에 관한 면허·등록 등이 취소·말소되거나 영업정지 등으로 하도급대금을 지급할 수 없는 경우(제3호), ④ 원사업자가 제13조에 따라 지급하여야 할 하도급대금을 2회 이상 수급사업자에게 지급하지 아니한 경우(제4호), ⑤ 그 밖에 원사업자가 제1호부터 제4호까지에 준하는 지급불능 등 *대통령령7)*으로 정하는 사유로 인하여 하도급대금을 지급할 수 없는 경우(제5호)의 어느 하나에 해당하는 사유로 수급사업자가 보증약관상 필요한 청구서류를 갖추어 보증금 지급을 요청한 경우 30일 이내에 제1항의 보증금액을 수급사업자에게 지급하여야 한다. 다만, 보증금 지급요건 충족 여부, 지급액에 대한 이견 등 *대통령령*으로 정하는 불가피한 사유가 있는 경우 보증기관은 수급사업자에게 통지하고 *대통령령8)*으로 정하는 기간 동안 보증금 지급을 보류할 수 있다(법 제13조의2 제6항).

원사업자가 부도, 파산 등으로 하도급대금을 지급하지 못하는 상황임에도 불구하고 보증기관으로부터 보증금을 직접 받지 못하도록 하고 있어 수급사업자까지 연쇄도산할 우려가 있으므로, 원사업자가 하도급대금을 지급할 수 없는 경우에 하도급대금 보증기관은 수급사업자의 보증금지급 요청시 30일 이내에 보증금액을 지급하도록 한 것이다.

원사업자는 제5항에 따라 지급보증서를 교부할 때 그 공사기간 중에 건설위탁하는 모든 공사에 대한 공사대금의 지급보증이나 1회계연도에 건설위탁하는 모든 공사에 대한 공사대금의 지급보증을 하나의 지급보증서의 교부에 의하여 할 수 있다(법 제13조의2 제7항).

---

7) 제8조(건설하도급 계약이행 및 대금지급 보증) ⑤ 법 제13조의2제6항제5호에서 "제1호부터 제4호까지에 준하는 지급불능 등 대통령령으로 정하는 사유로 인하여 하도급대금을 지급할 수 없는 경우"란 다음 각 호의 어느 하나에 해당하여 하도급대금을 지급할 수 없는 경우를 말한다. 1. 원사업자가 「기업구조조정 촉진법」 제5조제2항에 따라 관리절차의 개시를 신청한 경우 2. 발주자에 대한 원사업자의 공사대금채권에 대하여 제3채권자가 압류·가압류를 하였거나 원사업자가 해당 공사대금채권을 제3자에게 양도한 경우 3. 법 제2조제14항에 따른 신용카드업자 또는 금융기관이 수급사업자에게 상환청구를 할 수 있는 어음대체결제수단으로 하도급대금을 지급한 후 원사업자가 해당 신용카드업자 또는 금융기관에 하도급대금을 결제하지 아니한 경우 4. 원사업자가 수급사업자에게 하도급대금으로 지급한 어음이 부도로 처리된 경우 5. 원사업자가 수급사업자로부터 지급기일 이후 2회 이상 하도급대금 지급에 관한 최고를 받고도 이를 이행하지 아니한 경우

8) 제8조(건설하도급 계약이행 및 대금지급 보증) ④ 법 제13조의2제6항 각 호 외의 부분 단서에서 "대통령령으로 정하는 기간"이란 30일을 말한다. 다만, 수급사업자와 합의한 경우 15일의 범위에서 한 차례만 그 기간을 연장할 수 있다.

IV. 기타 필요사항

제1항부터 제7항까지에서 규정한 것 외에 하도급계약 이행보증 및 하도급대금 지급보증에 관하여 필요한 사항은 *대통령령*으로 정한다(법 제13조의2 제8항).

원사업자의 하도급대금지급 보증과 관련한 위법성 판단기준에 대하여 「하도급거래공정화지침」에서는 다음과 같이 예시하고 있다(III. 14).

나. 원사업자는 하도급대금이나 공사기간이 조정되어 그에 따른 지급보증 변경이 필요한 경우 그 조정 시점에서 변경된 내용에 따라 수급사업자에게 추가로 대금지급을 보증하여야 한다. 다만, 추가공사의 공사금액이 1,000만원 이하의 경미한 공사인 경우에는 예외로 한다.(개정 2013. 12. 18.)

다. 하도급대금의 지급을 이미 보증한 사업자와 합병을 하거나 상속, 영업양수 등을 통하여 그 지위를 승계한 원사업자는 수급사업자에게 동 하도급대금에 대하여 별도의 지급보증을 하지 않아도 된다. 다만, 대금지급보증의무 대상사업자가 대금지급보증면제대상 사업자의 원사업자 지위를 승계한 경우에는 수급사업자에게 승계당시 잔여공사에 대하여 하도급대금의 지급을 보증하여야 한다.

라. 하도급계약 체결 후, 원사업자에 대한 신용평가등급이 변경되어 하도급대금 지급보증 면제대상에서 제외된 경우에는 기존의 하도급계약에 대하여는 지급 보증을 하지 않아도 된다.

마. 보증의무가 면제된 원사업자가 면제등급에서 제외된 후, 대금에 관한 변경계약을 체결하는 경우에는 변경계약으로 추가된 대금에 대하여 지급보증을 하여야 한다. 다만, 추가금액이 1,000만원 이하 인 경우는 예외로 한다.(개정 2013. 12. 18.)

바. 평가대상인 회사채는 원칙적으로 무보증회사채를 기준으로 하며, 회사채에 대한 신용평가 등급은 당해 평가의 유효기간 내에서 효력이 있다.

사. 원사업자의 하도급대금 지급보증의무는 수급사업자와의 합의로 면제되지 아니한다.

V. 관련 이슈

1. 건설공제조합 지급보증계약의 법적 성질 및 계약 당사자

건설공제조합이 하는 하도급대금지급보증계약의 법적 성질 및 그 계약의 당사자 관련하여 대법원은 다음과 같이 판단한다.

> "하도급대금지급보증은 피고의 조합원이 하도급계약을 체결하는 경우 하수급인에
> 게 부담하는 하도급대금지급채무를 보증하는 이른바 제3자(하수급인)를 위한 계약
> 이므로 그 계약의 당사자는 피고와 그 조합원임", "갑 주식회사와 을 주식회사가
> 공동수급체를 구성하여 도급받은 공사의 일부를 병 주식회사에 하도급을 주고, 위
> 공동수급체의 대표자인 갑 주식회사가 건설공제조합과 하도급대금지급보증계약을
> 체결한 경우 위 보증계약에 기한 보증사고가 발생하였는지 여부는 공동수급체의
> 구성원으로서 하도급대금의 연대채무자인 갑 주식회사와 을 주식회사 전부를 기준
> 으로 판단하여야 하므로, 갑 주식회사가 지급불능 상태에 빠졌다는 사유만으로 보
> 증사고가 발생한 것으로 볼 수 없음"<(주)대동이엔씨와 일신건영(주) 공동수급체
> 와 (주)대평건설의 하도급공사 건>9)

2. 정산합의시 수급인의 기성금청구채권 소멸 시점

공사도급계약을 해지하면서 그 동안의 기성고액을 수급인이 모두 수령한 것
으로 하고, 그 대신 도급인이 수급인의 하수급인들에 대한 채무를 직접 지급하
기로 정산합의를 한 경우, 수급인의 기성금청구채권이 소멸하는 시점에 관하여
대법원은 다음과 같이 판단한다.

> "공사도급계약을 해지하면서 그 동안의 기성고액을 수급인이 모두 수령한 것으로
> 하고, 그 대신 도급인이 수급인의 하수급인들에 대한 채무를 직접 지급하기로 정
> 산합의를 한 경우, 당사자의 의사는 정산합의 시점에서 확정적으로 수급인의 기성
> 금청구채권 포기의 효력이 생기도록 하고, 다만, 도급인이 하수급인들에 대한 채무
> 의 이행을 하지 아니하는 것을 해제조건으로 하였다고 보는 것이 합당하다 할 것
> 이므로, 일단 정산합의 시점부터 권리포기의 효과는 발생하였다고 봄이 상당함"
> <부남건설(주)외 1인의 하도급공사 건>10)

3. 정산합의시 상계권 행사 여부

한편 공사도급계약을 해지하면서 그 동안의 기성고액을 수급인이 모두 수령

---

9) 대판 2010. 8. 19. 2010다36599(보험금지급).
10) 대판 2001. 10. 26. 2000다61435(계약이행보증금).

한 것으로 하고, 그 대신 도급인이 수급인의 하수급인들에 대한 채무를 직접 지급하기로 정산합의를 함으로써 수급인의 보증인으로 하여금 민법 제434조에 따른 주채무자의 기성금청구채권에 기한 상계권을 행사하지 못하게 만든 것이 신의칙에 반하지 여부에 관하여 대법원은 다음과 같이 판단한다.

> "공사도급계약을 해지하면서 그 동안의 기성고액을 수급인이 모두 수령한 것으로 하고, 그 대신 도급인이 수급인의 하수급인들에 대한 채무를 직접 지급하기로 정산합의를 함으로써 수급인의 도급인에 대한 기성금청구채권이 소멸하여 수급인의 보증인이 민법 제434조에 따른 주채무자의 채권에 기한 상계권을 행사하지 못하게 된 경우, 비록 상계가 담보적 기능을 가지고 있다 할지라도 그것만으로 위와 같은 결과를 신의칙에 반하는 것으로 볼 수는 없음"<부남건설(주)외 1인의 하도급공사 건>11)

4. 기성금청구채권양도시 보증인의 동의 여부

공사도급계약에 계약상 권리 또는 의무를 제3자에게 양도하거나 승계할 때에는 보증인의 동의를 얻도록 규정하고 있는 경우, 수급인이 도급인에 대한 기성금청구채권을 하수급인들에게 양도함에 있어 보증인의 동의를 요하는지 여부에 관하여 대법원은 다음과 같이 판단한다.

> "공사도급계약에서 '이 계약으로부터 발생하는 권리 또는 의무는 제3자에게 양도하거나 승계할 수 없다. 다만, 상대방의 서면승낙과 보증인의 동의를 얻었을 때에는 그러하지 아니하다.'고 규정하고 있다 할지라도, 원칙적으로 의무의 승계에 있어서는 의무이행자가 누구인가 하는 것이 보증에 있어서 중대한 요소이므로 보증인의 동의를 요한다고 봄이 상당할 것이나, 권리의 양도로 인하여 보증인에게 어떠한 책임이 가중되거나 하는 일은 없으므로, 권리의 양도에 보증인의 동의를 요한다고 보기는 어렵다 할 것이어서, 도급인과 수급인이 수급인의 기성금청구채권을 하수급인들에게 양도함에 있어 위 도급계약조항에 의하여 수급인의 보증인의 동의를 요한다고 할 수는 없음"<(주)대동이엔씨와 일신건영(주) 공동수급체와 (주)대평건설의 하도급공사 건>12)

---

11) 대판 2001. 10. 26. 2000다61435(계약이행보증금).
12) 대판 2001. 10. 26. 2000다61435(계약이행보증금).

5. 건설공제조합의 면책 여부

하도급대금지급보증약관에서 건설공제조합이 지급하여야 할 보증금액의 산정 기준으로 '원도급의 발주자가 최종적으로 행한 타절기성검사'를 규정한 경우, 발주자의 타절기성검사가 없다는 사정만으로 건설공제조합이 면책되는지 여부에 관하여 대법원은 다음과 같이 판단한다.

"건설산업기본법에 따라 건설공제조합이 조합원으로부터 보증수수료를 받고 조합원이 다른 조합원 또는 제3자와 하도급계약을 체결하는 경우 부담하는 하도급대금 지급채무를 보증하는 보증계약은 그 성질에 있어서 조합원 상호의 이익을 위하여 영위하는 상호보험으로서 보증보험과 유사한 것으로, 건설공제조합은 보증서에 기재된 보증기간 내에 발생한 보증사고에 대하여 보증금액의 한도 안에서 보증책임을 부담하게 됨. 이때 건설공제조합이 지급하여야 할 보증금액은 보증채권자가 보증기간 개시일부터 주계약에서 정한 계약이행기일까지 실제 시공으로 발생한 하도급공사 인정금액을 기준으로 산정하여야 하는데, 하도급대금지급보증약관에서 그 구체적인 기준으로서 '원도급의 발주자(자체사업의 경우 감리자)가 채무자의 공사이행 기성고를 확정하기 위하여 최종적으로 행한 타절기성검사'를 규정하고 있는 경우, 발주자의 타절기성검사 여부는 전적으로 발주자의 의사에 달려 있는 것이므로 발주자의 타절기성검사가 없다는 사정만으로 곧바로 건설공제조합이 보증책임을 면하는 것으로 해석하는 것은 하도급대금의 지급을 보장하기 위하여 지급보증제도를 도입한 관계 법령의 취지에 반하고, 하도급공사의 기성금액에 관한 증명방법을 과도하게 제한하여 상당한 이유 없이 보증인의 책임을 배제하는 것이 되어 약관규제법 제6조 제2항 제1호의 '고객에 대하여 부당하게 불리한 조항'으로서 무효가 될 수 있음. 그러므로 위 약관에서 정한 '발주자의 타절기성검사'는 보증사고 발생시 하도급공사의 인정금액을 평가하기 위한 원칙적인 방법으로서 제시된 것이라고 해석하여야 하고, 그와 같은 발주자의 타절기성검사가 없는 경우에는 이에 준하여 보증사고 발생일까지의 실제 하도급공사의 기성금액을 객관적으로 적정하게 평가할 수 있는 자료가 있다면 건설공제조합으로서는 이를 기준으로 보증금을 산정하여 지급하여야 할 의무가 있음"<전문건설공제조합외 1의 하도급대금지급보증약관 건>13)

---

13) 대판 2009. 7. 9. 2008다21303(보증금 등).

제13조의3(하도급대금의 결제조건 등에 관한 공시)

① 「독점규제 및 공정거래에 관한 법률」 제31조제1항 전단에 따라 지정된 공시대상기업 집단에 속하는 원사업자는 하도급대금 지급수단, 지급금액, 지급기간(원사업자가 목적물등을 수령한 날부터 수급사업자에게 하도급대금을 지급한 날까지의 기간을 말한다) 및 하도급대금과 관련하여 수급사업자로부터 제기되는 분쟁 등을 처리하기 위하여 원사업자가 자신의 회사에 설치하는 하도급대금 분쟁조정기구 등에 관한 사항으로서 대통령령으로 정하는 사항을 공시하여야 한다.

② 제1항에 따른 공시는 「자본시장과 금융투자업에 관한 법률」 제161조에 따라 보고서를 제출받는 기관을 통하여 할 수 있다. 이 경우 공시의 방법·절차, 그 밖에 필요한 사항은 해당 기관과의 협의를 거쳐 공정거래위원회가 정한다.

③ 제1항에 따른 공시의 시기·방법 및 절차에 관하여 필요한 사항은 대통령령으로 정한다.

[본조신설 2022. 1. 11.]

원사업자와 1차 협력사 간의 하도급대금 결제조건 등 거래조건에 관한 정보가 하위 단계에 있는 협력사까지 공유되지 않아, 2차 이하 협력사로 갈수록 결제조건이 대체로 더 열악한 것이 현실이다.

이에 2022. 1. 11. 법 개정시 본 조를 신설하여 공시대상기업집단(자산총액 5조원 이상) 소속 원사업자에게 수급사업자에게 지급하는 하도급대금의 결제조건에 대한 공시의무를 부과하여, 2차 이하 협력사가 협상 과정에서 이 정보를 활용할 수 있도록 하였다.[1]

공시사항은 *대통령령*[2]으로 정하고 있다. 공시의 시기·방법 및 절차에 관하여 필요한 사항은 *대통령령*[3]으로 정한다.

---

1) 이상 공정거래위원회 보도자료(2021. 12. 9).

2) 제8조의2(하도급대금의 결제조건 등에 관한 공시) ① 법 제13조의3제1항에서 "대통령령으로 정하는 사항"이란 다음 각 호의 사항을 말한다. 1. 반기 중 지급된 하도급대금의 지급수단별 지급금액과 그 비중 2. 반기 중 지급된 하도급대금의 지급기간별 지급금액과 그 비중 3. 원사업자의 하도급대금 분쟁조정기구 설치 여부와 하도급대금 분쟁조정기구가 설치된 경우 다음 각 목의 사항 가. 하도급대금 분쟁조정기구의 담당부서 및 연락처 나. 하도급대금 분쟁조정의 신청 절차·방법과 소요기간 ② 「독점규제 및 공정거래에 관한 법률」 제31조제1항 전단에 따라 지정된 공시대상기업집단에 속하는 원사업자는 법 제13조의3제1항에 따라 제1항 각 호의 사항을 공시하는 경우에는 매 반기가 끝난 날의 다음 날부터 45일 이내에 공정거래위원회가 정하여 고시하는 정보시스템을 통해 공시해야 한다.

3) 제8조의2(하도급대금의 결제조건 등에 관한 공시) ③ 제2항에서 규정한 사항 외에 법 제13조의3제1항에 따른 공시의 세부적인 방법 및 절차, 그 밖에 필요한 사항은 공정거래위원회가 정하여 고시한다.

제14조(하도급대금의 직접지급)

① 발주자는 다음 각 호의 어느 하나에 해당하는 사유가 발생한 때에는 수급사업자가 제조·수리·시공 또는 용역수행을 한 부분에 상당하는 하도급대금을 그 수급사업자에게 직접 지급하여야 한다. <개정 2014. 5. 28.>

    1. 원사업자의 지급정지·파산, 그 밖에 이와 유사한 사유가 있거나 사업에 관한 허가·인가·면허·등록 등이 취소되어 원사업자가 하도급대금을 지급할 수 없게 된 경우로서 수급사업자가 하도급대금의 직접 지급을 요청한 때

    2. 발주자가 하도급대금을 직접 수급사업자에게 지급하기로 발주자·원사업자 및 수급사업자 간에 합의한 때

    3. 원사업자가 제13조제1항 또는 제3항에 따라 지급하여야 하는 하도급대금의 2회분 이상을 해당 수급사업자에게 지급하지 아니한 경우로서 수급사업자가 하도급대금의 직접 지급을 요청한 때

    4. 원사업자가 제13조의2제1항 또는 제2항에 따른 하도급대금 지급보증 의무를 이행하지 아니한 경우로서 수급사업자가 하도급대금의 직접 지급을 요청한 때

② 제1항에 따른 사유가 발생한 경우 원사업자에 대한 발주자의 대금지급채무와 수급사업자에 대한 원사업자의 하도급대금 지급채무는 그 범위에서 소멸한 것으로 본다.

③ 원사업자가 발주자에게 해당 하도급 계약과 관련된 수급사업자의 임금, 자재대금 등의 지급 지체 사실을(원사업자의 귀책사유로 그 지급 지체가 발생한 경우는 제외한다) 입증할 수 있는 서류를 첨부하여 해당 하도급대금의 직접 지급 중지를 요청한 경우, 발주자는 제1항에도 불구하고 그 하도급대금을 직접 지급하여서는 아니된다. <개정 2019. 4. 5.>

④ 제1항에 따라 발주자가 해당 수급사업자에게 하도급대금을 직접 지급할 때에 발주자가 원사업자에게 이미 지급한 하도급금액은 빼고 지급한다.

⑤ 제1항에 따라 수급사업자가 발주자로부터 하도급대금을 직접 받기 위하여 기성부분의 확인 등이 필요한 경우 원사업자는 지체 없이 이에 필요한 조치를 이행하여야 한다.

⑥ 제1항에 따라 하도급대금을 직접 지급하는 경우의 지급 방법 및 절차 등에 관하여 필요한 사항은 대통령령으로 정한다.

[전문개정 2009. 4. 1.]

📝 목 차

[참고사례]

(주)보배종합건설과 삼중종합건설(주)의 하도급공사 건[서울고등법원 1996. 12. 12. 선고 96나17327 판결; 대법원 1997. 12. 12. 선고 97다5060(보증채무금) 판결(파기환송)]; 인풍종합건설(주)와 (유)오케이의 하도급공사 건[광주고등법원 1997. 4. 25. 선고 96나6638 판결; 대법원 1997. 12. 12. 선고 97다20083(추심금) 판결]; 화인건설(주)와 아주토건(주) 공동수급인과 (주)태경의 하도급공사 건[부산지방법원 1998. 1. 22. 선고 97가합22365 판결; 부산고등법원 1998. 8. 28. 선고 98나2617(공사대금) 판결]; 신일종합건설(주)와 성우토건(주)의 하도급공사 건[광주고등법원 2001. 9. 21. 선고 (제주)2001나385 판결; 대법원 2003. 9. 5. 선고 2001다64769(공사대금) 판결]; (유)정도종합건설과 (유)누리테크의 하도급공사 건[광주고등법원 2001. 5. 9. 선고 2000나4653 판결; 대법원 2002. 11. 22. 선고 2001다35785(공사대금) 판결]; 하도급거래공정화에관한법률 제14조 제1항 등 위헌소원 건(서울고등법원 2001나55156 공사대금; 헌법재판소 2003. 5. 15. 2001헌바98 결정); (주)한양과 정림지질(주)의 하도급공사 건[대전고등법원 2004. 10. 28. 선고 2003나1135 판결; 대법원 2005. 7. 28. 선고 2004다64050(공사대금) 판결(파기환송)]; (주)윈스틸과 진한건설(주)의 하도급공사 건[서울고등법원 2005. 10. 27. 선고 2004나78198 판결; 대법원 2006. 3. 23. 선고 2005다69199(공사대금) 판결]; (주)영남건설의 하도급공사 건[서울고등법원 2007. 1. 24. 선고 2006나55403 판결; 대법원 2007. 6. 28. 선고 2007다17758(공사대금등) 판결[공사대금등]; (주)○○○의 하도급공사 건[대구지방법원 2007. 6. 21. 선고 2006나16053 판결; 대법원 2007. 11. 29. 선고 2007다50717 (공사대금) 판결(파기환송)]; (주)대륭씨앤에이와 에세스종합건설(주)의 하도급공사 건[부산고등법원 2007. 7. 13. 선고 2007나736 판결; 대법원 2008. 2. 29. 선고 2007다54108(추심금) 판결(파기환송)]; 정경종합건설(주)의 하도급공사 건[서울고등법원 2006. 9. 1. 선고 2005나96926 판결;

대법원 2008. 6. 26. 선고 2006다63884(부당이득금반환) 판결]; 전문건설공제조합외 1의 하도
급대금지급보증약관 건[대구고등법원 2008. 1. 31. 선고 2006나8925 판결; 대법원 2009. 7.
9. 선고 2008다21303(보증금 등)판결]; 예전건설(주)와 (주)청남산업개발의 하도급공사 건[서
울고등법원 2008. 8. 14. 선고 2007나113320 판결; 대법원 2009. 3. 12. 선고 2008다65839(공
사대금) 판결(파기환송)]; 백일건설(주)등 공동수급체와 대영건설(주)외 1의 하도급공사 건[대
전고등법원 2007. 4. 13. 선고 2006나8373 판결; 대법원 2010. 5. 13. 선고 2007다31211(공사
대금) 판결(파기환송)]; 최신창호(주)와 '신우 티피지 글라스'의 하도급공사 건[의정부지법
2010. 10. 22. 선고 2009나2584 판결; 대법원 2011. 2. 24. 선고 2010다96911(운송대금)
판결(파기환송)]; 명국건설(주)와 (주) 아이디에프이앤씨의 하도급공사 건[서울고등법원 2010.
12. 16. 선고 2010나40569 판결; 대법원 2011. 4. 28. 선고 2011다2029(공사대금) 판결(파기
환송)]; 현대건설(주)와 (주)젠트로의 하도급공사 건[서울고등법원 2010. 12. 29. 선고 2009나
97644 판결; 대법원 2011. 7. 14. 선고 2011다12194(물품대금) 판결(파기환송)]; 우방의 불공
정하도급거래행위 건(공정거래위원회 2012. 8. 7. 의결 제2012－155호; 서울고등법원 2014.
9. 24. 선고 2012누26748 판결; 정동종합철강(주) 하도급대금직불 건[수원지방법원 2013. 10.
16. 선고 2012나39513 판결; 대법원 2014. 1. 23. 선고 2013다214437(하도급대금직불) 판
결]; 신명건설 유한회사의 하도급대금 직접지급 건[광주고등법원 2012. 8. 30. 선고 (전주)2011
나1090 판결: 대법원 2014. 12. 24. 선고 2012다85267(배당이의) 판결); ㈜신한석재건설의
하도급직접지급 건[대구고등법원 2014. 5. 21. 선고 2012나6456 판결; 대법원 2017. 4. 26.
선고 2014다38678(공사대금)(파기환송) 판결]; ㈜삼의종합건설의 하도급직접지급 건[서울고
등법원 2013. 9. 26. 2012나52290, 52306 판결; 대법원 2015. 8. 27. 선고 2013다81224,
81231(공사대금) 판결]; 부국건설(주)의 하도급공사 건[수원지방법원 2018. 1. 30. 선고 2017
나5713 판결; 대법원 2018. 8. 1. 선고 2018다23278(하도급공사대금) 판결] 남재건설 주식회
사(소송대리인 법무법인 지상 담당변호사 김병욱 외 2인); 한국토지주택공사의 하도급대금
직접지급 건[서울고등법원 2016. 5. 24. 선고 2015나2049949 판결: 대법원 2018. 6. 15. 선고
2016다229478(공사대금) 판결]

I. 의의

직접지급제도는 직접지급 합의 또는 직접지급의 요청에 따라 도급인(즉 발
주자)에게 하도급대금의 직접지급의무를 부담시킴으로써 하수급인(즉 수급사업자)
을 수급인(즉 원사업자)과 그 일반채권자에 우선하여 보호하는 것이다<㈜신한석

재건설의 하도급직접지급 건>.[1]

헌법재판소는 법 제14조 하도급 직접지급제도의 입법취지 및 입법연혁에 대하여 다음과 같이 판시하였다.

(1) 원사업자로부터 제조, 수리, 건설(이하 '제조 등')의 위탁을 받은 중소기업자가 자신의 노력과 비용으로 실제 제조 등을 하였음에도 원사업자의 파산·부도 등으로 인하여 하도급대금을 받기 어려운 경우가 흔히 발생함. 이때 자금사정이 여의치 않은 대다수 영세한 수급사업자들은 임금 및 자재대금을 지급하지 못하게 되어 연쇄적으로 도산의 위험이 처하게 될 뿐만 아니라 위탁받은 제조 등의 완성을 곤란케 함으로써 사회·경제적 손실이 발생하고 이해관계인 사이에 분쟁이 파생됨. 이에 원사업자에게 지급불능 또는 그와 유사한 사유가 발생하였을 때 발주자로 하여금 수급사업자에게 하도급 대금을 직접 지급하도록 함으로써 영세한 수급사업자를 보호하여 국민경제의 균형적인 발전을 도모하려는 것이 이 사건 법률조항의 하도급대금 직접지급제도의 입법취지라 할 것임.

(2) 1984년 제정된 하도급법 제14조는 "발주자는 수급사업자가 제조·수리 또는 시공한 분에 해당되는 하도급대금을 대통령령이 정하는 바에 의하여 직접 수급사업자에게 지급할 수 있다"고 규정하여 발주자의 하도급대금 직접지급은 의무가 아니라 발주자의 하도급대금 직접지급은 의무가 아니라 발주자의 임의에 맡겨져 있었음. 그러던 중, 1999. 2. 5. 위 조항은 "발주자는(.....) 지급하여야 한다"로 개정되어 발주자의 하도급대금 직접 지급이 의무화되었음. 대기업들의 하청업체에 대한 상습적인 하도급대금 지급지체와 1997년 말 불어닥친 외환위기의 여파로 많은 중견업체들이 파산·부도를 당하였고 이들과 하도급 관계에 있던 수많은 중소수급사업자들도 연쇄적으로 도산됨으로써 산업구조의 근간이 무너지고 국민경제가 수렁에 빠지는 상황이 발생하자 입법자는 하도급대금의 직접 지급을 발주자의 의사에 맡겨서는 실효성이 없다는 점을 인식하고 이를 법으로 강제함으로써 수급사업자를 보호하려고 한 것임<하도급거래공정화에관한법률 제14조 제1항 등 위헌소원 건>.[2]

---

1) 대판 2017. 4. 26. 2014다38678(공사대금)(파기환송).
2) 헌재결 2003. 5. 15. 2001헌바98.

II. 적용범위 및 법적 성격

1. 적용대상 하도급거래

하도급법 제14조, 같은 법 시행령 제4조에서 말하는 하도급 거래에는 제조위탁·수리위탁·건설위탁을 모두 포함하는 것이다<인풍종합건설(주)와 (유)오케이의 하도급공사 건>.[3]

하도급법 제13조 제8항 소정의 "원사업자가 하도급대금을 목적물의 수령일부터 60일을 초과하여 지급하는 경우에는 그 초과기간에 대하여 공정거래위원회가 정하여 고시하는 이자율에 의한 이자를 지급하여야 한다."는 규정은, 원사업자가 수급사업자에 대하여 하도급대금을 지급하는 경우에 관한 규정이어서, 이 사건과 같이 발주자인 피고가 원사업자의 파산 등으로 수급사업자에게 하도급대금을 직접 지급하는 경우에는 적용될 수 없다<(주)한양과 정림지질(주)의 하도급공사 건>.[4]

2. 법령개정시 적용법률

법원은 별도의 규정이 없는 한 개정 전에 체결된 하도급거래의 경우 구법을 적용하고, 그러나 직불합의가 신법시행당시에 성립되는 경우에는 직불합의요건 성립여부에 대해서는 신법을 적용한다고 입장이다.

> "1999. 2. 5. 법률 제5816호로 개정된 하도급법 부칙에서 제14조에 관하여 이미 체결된 계약에 대하여도 소급적용한다는 등의 특별한 규정이 없는 이상, 그 개정 후의 하도급법 시행 당시에 이미 계약이 체결된 하도급계약의 하도급거래에 관하여는 그 개정 전의 하도급법이 적용되어야 한다고 해석함이 옳고, 제13조에 관하여만 경과규정을 둔 위 부칙 제2항의 반대해석으로서 제14조에 관하여는 그 개정 후의 하도급법 시행 당시 이미 하도급계약이 체결된 하도급거래에 대하여도 그 개정 후의 하도급법이 적용된다고 해석할 것은 아님"<(유)정도종합건설과 (유)누리테크의 하도급공사 건>,[5] "수급사업자와 원사업자 사이의 하도급계약이 구 하도급법 (2004. 1. 20. 법률 제7107호로 개정되기 전의 것) 시행 당시에 체결되었다 하더라

---

3) 대판 1997. 12. 12. 97다20083(추심금).
4) 대판 2005. 7. 28. 2004다64050(공사대금)(파기환송).

도 수급사업자로 하여금 발주자에 대하여 하도급대금을 직접 청구할 수 있게 하는 직불합의가 2004. 1. 20. 법률 제7107호로 개정된 하도급법(2004. 12. 31. 법률 제7315호로 개정되기 전의 것) 시행 당시에 성립되었다면, 그 직불합의가 하도급공사계약상의 공사대금 지급에 관한 것이기는 하나, 수급사업자가 발주자에 대해 하도급공사대금의 직접 지급을 구할 수 있는 권리관계는 직불합의라는 별개의 법률행위에 의해 발생하는 것이므로 특별한 규정이 없는 한 직불합의의 요건이 구비되었는지 여부에 대해서는 행위시의 법률인 신 하도급법이 적용되어야 함"<(주)윈스틸과 진한건설(주)의 하도급공사 건>[6]

3. 법적 성격

공사계약일반조건 제21조의3 소정의 하도급대금 직불조항에 해당하는 경우, 하수급인에게 도급인에 대하여 직접 하도급공사대금의 지급을 청구할 수 있는 권리가 인정되는지 여부에 관하여 대법원은 "수급인이 파산·부도 등으로 하도급대금을 하수급인에게 지급할 수 없게 된 경우 또는 저가낙찰공사의 경우 하수급인이 시공한 부분에 상당하는 금액에 대하여는 수급인이 하수급인에게 대가 지급을 의뢰한 것으로 보아 피고는 하수급인에게 직접 지급하여야 한다고 규정한 공사계약일반조건(회계예규) 제21조의3 제1항의 규정은, 단순히 발주자가 하수급인에게 하도급공사대금을 직접 지급하는 경우에 하수급인은 이를 수령할 권한이 있음을 규정한 것에 불과하다고 볼 것이 아니라, 위 조항에서 정하는 요건에 해당하는 경우에는 하수급인에게 발주자에 대하여 직접 하도급공사대금의 지급을 청구할 수 있는 권리를 인정한 것이라고 해석함이 상당하다."고 판시하였다<화인건설(주)와 아주토건(주) 공동수급인과 (주)태경의 하도급공사 건>.[7]

그러나 도급인과 하수급인과의 직접적인 도급계약관계를 전제로 한 것은 아니다.[8] 그리고 공사도급계약상 도급인의 지체상금채권과 수급인의 공사대금채권은 특별한 사정이 없는 한 동시이행의 관계에 있다고 할 수 없다<㈜ 삼의종합건설의 하도급직접지급 건>.[9]

---

5) 대판 2002. 11. 22. 2001다35785(공사대금).
6) 대판 2006. 3. 23. 2005다69199(공사대금).
7) 부산고판 1998. 8. 28. 98나2617(공사대금).
8) 윤성철/정혁진/김명식, 499면. 대판 2013. 3. 28. 2012다48619 등 참조.
9) 대판 2015. 8. 27. 2013다81224,81231(공사대금).

III. 내용

1. 하도급대금의 직접지급 사유

발주자는 ① 원사업자의 지급정지·파산, 그 밖에 이와 유사한 사유가 있거나 사업에 관한 허가·인가·면허·등록 등이 취소되어 원사업자가 하도급대금을 지급할 수 없게 된 경우로서 수급사업자가 하도급대금의 직접 지급을 요청한 때(제1호), ② 발주자가 하도급대금을 직접 수급사업자에게 지급하기로 발주자·원사업자 및 수급사업자 간에 합의한 때(제2호), ③ 원사업자가 제13조 제1항 또는 제3항에 따라 지급하여야 하는 하도급대금의 2회분 이상을 해당 수급사업자에게 지급하지 아니한 경우로서 수급사업자가 하도급대금의 직접 지급을 요청한 때(제3호), ④ 원사업자가 제13조의2 제1항 또는 제2항에 따른 하도급대금 지급보증 의무를 이행하지 아니한 경우로서 수급사업자가 하도급대금의 직접 지급을 요청한 때(제4호)의 어느 하나에 해당하는 사유가 발생한 때에는 수급사업자가 제조·수리·시공 또는 용역수행을 한 부분에 상당하는 하도급대금을 그 수급사업자에게 직접 지급하여야 한다(법 제14조 제1항).

1.1 원사업자의 지급정지·파산 및 허가·인가·면허·등록 등 취소

하도급대금 직접지급 사유의 첫 번째 유형은 원사업자의 지급정지·파산, 그 밖에 이와 유사한 사유가 있거나 사업에 관한 허가·인가·면허·등록 등이 취소되어 원사업자가 하도급대금을 지급할 수 없게 된 경우로서 수급사업자가 하도급대금의 직접 지급을 요청한 때(제1호)이다.

수급사업자의 발주자에 대한 하도급공사대금 직접청구권 발생 여부 판단의 기준 시점 및 원사업자가 하도급공사대금을 '지급할 수 없게 된 경우'의 의미에 관하여 법원은 다음과 같이 판단하고 있다.

> "수급사업자가 발주자에 대하여 하도급공사대금의 직접지급을 구할 수 있는 권리가 발생하는지 여부, 즉 원사업자가 지급정지·파산 그 밖에 이와 유사한 사유 등으로 하도급공사대금을 지급할 수 없게 되었는지 여부 등에 관하여는 수급사업자의 직접지급 요청의 의사표시가 발주자에게 도달한 시점을 기준으로 판단하여야 하며, 여기서 '지급할 수 없게 된 경우', 즉 지급불능은 채무자가 변제능력이 부족하여 즉시 변제하여야 할 채무를 일반적·계속적으로 변제할 수 없는 객관적 상태

를 말함"(<예전건설(주)와 (주)청남산업개발의 하도급공사 건>,[10] <부국건설 (주)의 하도급공사 건>),[11] "하도급법 및 그 시행령은 직접지급 요청을 수급사업 자가 하여야 하는 것으로 규정하고 있으므로, 수급사업자의 위임을 받아 원사업자 가 발주자에게 직접지급을 요청하는 경우라면, 그 의사표시의 상대방인 발주자가 그 직접지급 요청이 수급사업자의 직접지급 요청에 따른 것임을 알았거나 알 수 있었어야 위 하도급법령에 따른 수급사업자의 직접지급 요청으로서의 효력이 발 생함"<부국건설(주)의 하도급공사 건>

법원은 직접지급의무의 발생시점 및 대금지급채무소멸시점은 다음과 같이 판단하고 있다.

"하도급법 제14조 제1항에 따르면, 같은 항 제2호('발주자가 하도급대금을 직접 수

---

10) 대판 2009. 3. 12. 2008다65839(공사대금)(파기환송)

11) 대판 2018. 8. 1. 2018다23278(하도급공사대금). 원심은, 하도급법은 하수급인이 도급인에게 직접 청구할 것을 요건으로 하고 있지 않고, 위 인정 사실에 의하면, 피고에 대한 직접지급청 구권을 행사하려는 원고의 의사를 추단할 수 있다는 이유로, 부국건설의 2014. 6. 13.자 공사 대금 직불요청으로, 하도급법 제14조 제1항 제1호 등에 따른 피고의 원고에 대한 하도급대금 직접지급의무가 발생하였다고 판단하였다. 그러나 앞서 본 법리에 비추어 보면, 원심의 위와 같은 판단은 다음과 같은 이유로 수긍할 수 없다. 1) 원심판결 이유 및 기록에 의하면, ① 피 고는 부국건설과 이 사건 도급계약을 체결하면서 총 공사대금 16억 5,000만 원 중 5억 원은 사용승인 전 기성율에 준하여 지급하고, 나머지는 소유권보존등기 후 대출받아 5일 이내에 지 급하며, 피고가 자재를 지급하거나 시공하는 공정분은 정산하기로 약정한 사실, ② 피고는 위 약정에 따라 2014. 4. 30.부터 2014. 6. 9.까지 부국건설에게 합계 5억 원을 지급한 사실을 알 수 있다. 그렇다면 피고가 부국건설을 대신하여 2014. 5. 30.경부터 2014. 10. 28.경까지 지게 차 대금 등을 직접 지급하였다고 하더라도, 이는 위 정산약정을 전제로 일부 대금을 직접 지 급하였던 것으로도 볼 수 있어, 그와 같은 사정만으로 2014. 6. 13.자 부국건설의 직불요청이 피고에게 도달된 때인 2014. 6. 14. 당시 부국건설이 지급정지, 파산 등의 사유로 변제능력이 부족하여 즉시 변제하여야 할 채무를 일반적·계속적으로 변제할 수 없는 객관적 상태에 있었 다고 볼 수는 없다. 또한 원심이 든 나머지 사정들도 기준시점인 2014. 6. 14.로부터 한 달 반 내지 두 달 이상이 지난 후의 사정들이므로, 그러한 사정들만으로 2014. 6. 14. 당시 부국건설 이 지급불능의 상태에 있었다고 볼 수도 없다. 한편 원심은 하도급법 제14조 제1항 제1호 외 에도, 발주자가 하수급인이 시공한 부분에 해당하는 하도급대금을 하수급인에게 직접 지급하 여야 하는 사유를 규정하고 있는, 건설산업기본법 제35조 제2항 제3호의 "수급인이 제34조 제 1항에 따른 하도급대금 지급을 2회 이상 지체한 경우로 하수급인이 발주자에게 하도급대금의 직접지급을 요청한 경우" 및 같은 법 제35조 제2항 제4호의 "수급인의 지급정지, 파산, 그 밖 에 이와 유사한 사유가 있거나 건설업 등록 등이 취소되어 수급인이 하도급대금을 지급할 수 없게 된 경우로서 하수급인이 발주자에게 하도급대금의 직접지급을 요청한 경우"도 들고 있 다. 그러나 건설산업기본법 제35조 제2항 제4호 사유는 위 하도급법 제14조 제1항 제1호 사유 와 같아, 앞서 본 것처럼 인정될 수 없다. 또한 건설산업기본법 제35조 제2항 제3호 사유에 관 하여는 그 사유에 해당하는지에 관한 구체적인 주장·증명이 없었을 뿐만 아니라 원심도 위 법조문만을 기재하였을 뿐 그 사유에 해당하는지에 관하여 전혀 판단하지 않았다. 따라서 건 설산업기본법에 따라 피고의 직접지급의무가 발생했다고 볼 수도 없다.

급사업자에게 지급하기로 발주자·원사업자 및 수급사업자 간에 합의한 때')에 해
당하는 경우에는 하수급인이 직접 지급을 요청하지 않아도 같은 조 제1항, 제4항,
하도급법 시행령 제9조 제3항이 정한 범위에서 직접지급청구권이 발생하나, 나머
지 제1, 3, 4호에 해당하는 경우에는 수급사업자가 직접지급을 요청한 때에 비로
소 위와 같은 직접지급청구권이 발생함(대법원 2012. 5. 10. 선고 2010다24176 판
결 등 참조). 하수급인이 하도급법 제14조 제1항에서 말하는 하도급대금의 직접지
급을 요청하였는지 여부는 하수급인의 도급인에 대한 요청 내용과 방식, 하수급인
이 달성하려고 하는 목적, 문제 되는 직접지급사유와 하도급대금의 내역, 하도급
대금의 증액 여부와 그 시기, 직접지급제도의 취지, 도급인·수급인·하수급인의
이해관계, 직접지급의 요청에 따르는 법적 효과와 이에 대한 예견가능성 등을 종
합적으로 고려하여 판단하여야 함"<㈜신한석재건설의 하도급직접지급 건>)[12]
"하수급인의 청구에 따라 발주자의 직접지급의무가 발생하는 즉시 원사업자의 하
수급인에 대한 채무가 소멸함"<우방의 불공정하도급거래행위 건>,[13] "하도급법
제14조와 같은법 시행령 제4조 제1항 제1호의 규정상, 원사업자의 부도로 원사업
자가 하도급대금을 지급할 수 없어 수급사업자가 발주자에게 하도급대금의 직접
지급을 요청하면 발주자는 수급사업자에게 하도급공사대금을 직접 지급하여야 할
의무를 지는 한편 발주자의 원사업자에 대한 대금지급채무와 원사업자의 수급사
업자에 대한 하도급대금 지급채무는 지급된 범위 안에서 소멸하게 되나, 그렇다고
하여 그 사유발생 전에 이루어진 강제집행 또는 보전집행의 효력을 배제하는 규정
은 없으므로 그 규정들에 의한 하도급대금 직접 지급사유가 발생하기 전에 원사업
자의 제3채권자가 원사업자의 발주자에 대한 채권에 대하여 압류 또는 가압류 등
으로 채권의 집행보전이 된 경우에는 그 이후에 발생한 하도급공사대금의 직접 지
급사유에도 불구하고 그 집행보전된 채권은 소멸하지 않음"<신일종합건설(주)와
성우토건(주)의 하도급공사 건>[14]

　　제1호 관련 법원이 하도급직접지급의무가 있다고 인정한 사례는 다음과 같다.

"원사업자의 파산으로 발생한 발주자의 하도급대금 직접지급의무는 파산폐지결정
으로 소멸하지 않음"<(주)한양과 정림지질(주)의 하도급공사 건>,[15] "이러한 규
정은 원사업자의 지급정지나 파산 등으로 인해 영세한 수급사업자가 하도급대금을
지급받지 못함으로써 연쇄부도에 이르는 것을 방지하기 위한 취지에서 두게 된 것
으로, 수급사업자의 자재와 비용으로 완성된 완성품에 대한 궁극적인 이익을 발주

---

12) 대판 2017. 4. 26. 2014다38678(공사대금)(파기환송).
13) 서고판 2014. 9. 24. 2012누26748.
14) 대판 2003. 9. 5. 2001다64769(공사대금).

자가 보유하게 된다는 점에서 원사업자의 발주자에 대한 도급대금채권은 수급사업자의 원사업자에 대한 하도급대금채권과 밀접한 상호관련성이 있는 반면 원사업자의 일반채권자들이 원사업자에 대하여 가지는 채권은 그러한 관련성이 없다는 것에 근거하여, 원사업자의 발주자에 대한 도급대금채권 중 수급사업자의 원사업자에 대한 하도급대금채권액에 상당하는 부분에 관해서는 일반채권자들보다 수급사업자를 우대한다는 의미를 가지는 것인바(헌법재판소 2003. 5. 15. 선고 2001헌바98 결정 등 참조), 영세한 수급사업자의 보호를 위해 원사업자가 파산한 경우에 인정되는 이러한 직접청구제도가 원사업자에 대하여 회사정리절차가 개시된 경우라 하여 배제될 이유는 없는 것이므로(특히 회사정리절차에 있어서는 채권자가 회사재산에 대하여 가지는 청산가치 이상의 변제가 보장되어야 한다는 점에서 보더라도, 수급사업자가 원사업자의 파산의 경우보다 불리하게 취급되어서는 안 될 것임), 원사업자에 대하여 회사정리절차가 개시된 경우 '정리채권에 관하여는 정리절차에 의하지 아니하고 변제하거나 변제받거나 기타 이를 소멸하게 할 행위(면제를 제외한다)를 하지 못한다'고 정한 구 회사정리법(2005. 3. 31. 법률 제7428호 채무자 회생 및 파산에 관한 법률 부칙 제2조로 폐지, 이하 '회사정리법'이라 한다) 제112조의 규정에 의하여 하도급법 제14조의 적용이 배제되어야 한다고 볼 수 없음"<(주)영남건설의 하도급공사 건>[16]

1.2 발주자·원사업자 및 수급사업자 간 합의

하도급대금 직접지급 사유의 두 번째 유형은 발주자가 하도급대금을 직접 수급사업자에게 지급하기로 발주자·원사업자 및 수급사업자 간에 합의한 때(제2호)이다.

직접지급의무의 발생시점 및 대금지급채무소멸시점에 대하여 법원은 다음과 같이 판단한다.

"구 하도급거래 공정화에 관한 법률(2007. 7. 19. 법률 제8359호로 개정되기 전의 것) 제14조 제1항의 문언상 발주자·원사업자 및 수급사업자의 3자 간에 하도급대금의 직접 지불이 합의된 경우라도 수급사업자가 하도급계약에 따른 공사를 시행하고 발주자에게 그 시공한 분에 상당하는 하도급대금의 직접 지급을 요청한 때에 비로소 수급사업자의 발주자에 대한 직접 지급청구권이 발생함과 아울러 발주자의 원사업자에 대한 대금지급채무가 하도급대금의 범위 안에서 소멸하는 것으로

15) 대판 2005. 7. 28. 2004다64050(공사대금)(파기환송).
16) 대판 2007. 6. 28. 2007다17758(공사대금등).

해석하여야 하므로, 이와 달리 수급사업자의 하도급공사 시행 및 발주자에 대한 시공한 분에 상당한 하도급대금의 직접 지급요청이 있기도 전에 3자 간 직불합의 만으로 즉시 발주자의 원사업자에 대한 대금지급채무가 하도급대금의 범위 안에 서 소멸한다고 볼 수는 없음"＜(주)OOO의 하도급공사 건＞,[17] "수급사업자가 하 도급공사를 시행하기도 전에 발주자·원사업자 및 수급사업자의 3자 간 직접 지불 합의가 먼저 이루어진 경우 그 합의 속에 아직 시공하지도 않은 부분에 상당하는 하도급대금의 직접 지급요청 의사표시가 미리 포함되어 있다고 볼 수 없음"＜(주) OOO의 하도급공사 건＞,[18] "하도급법 제14조 제2항의 규정 취지는 같은 조 제1 항의 규정 내용에 비추어 보면, '발주자가 하도급대금을 직접 수급사업자에게 지급 하기로 발주자·원사업자 및 수급사업자간에 합의한 경우'에, 발주자는 바로 그 하 도급대금 전액을 해당 수급사업자에게 직접 지급할 의무가 발생하는 것이 아니라, '수급사업자가 제조·수리·시공 또는 용역수행한 분에 상당하는' 하도급대금을 해 당 수급사업자에게 직접 지급할 의무가 발생하는 것이고 그 범위 내에서 발주자의 원사업자에 대한 대금지급채무가 소멸한다고 해석함"＜대륭씨앤에이와 에세스종합 건설(주)의 하도급공사 건＞,[19] "당사자들의 의사가 수급사업자가 하도급계약에 기 하여 실제로 공사를 시행 내지 완료한 범위 내에서는 발주자가 수급사업자에게 그 공사대금을 직접 지급하기로 하고 원사업자에게 그 공사대금을 지급하지 않기로 하는 취지라면, 압류명령의 통지가 발주자에게 도달하기 전에 수급사업자가 공사를 실제로 시행 내지 완료하였는지 여부나 그 기성고 정도 등에 따라 발주자가 원사 업자의 위 공사대금채권에 대한 압류채권자에게 수급사업자의 시공 부분에 상당하 는 하도급대금의 범위 내에서 대항할 수 있는지 여부 및 그 범위가 달라짐. 구 하 도급거래 공정화에 관한 법률(2007. 7. 19. 법률 제8539호로 개정되고 2009. 4. 1. 법률 제9616호로 개정되기 전의 것, 이하 '구 하도급법'이라 한다) 제14조 제2항의 규정 취지를 같은 조 제1항의 규정 내용에 비추어 보면, '발주자가 하도급대금을 직접 수급사업자에게 지급하기로 발주자·원사업자 및 수급사업자 간에 합의한 경 우'에 발주자가 그 하도급대금 전액을 해당 수급사업자에게 직접 지급할 의무가 바 로 발생하는 것이 아니라, '수급사업자가 제조·수리·시공 또는 용역수행한 분에 상당하는' 하도급대금을 해당 수급사업자에게 직접 지급할 의무가 발생하는 것이 고, 그 범위 내에서 발주자의 원사업자에 대한 대금지급채무가 소멸한다고 해석함 (대법원 2013. 9. 12. 선고 2011다6311 판결 등 참조)"＜신명건설 유한회사의 하도 급대금 직접지급 건＞,[20] "하도급법 제14조 제1항에 따르면, 같은 항 제2호('발주자

---

17) 대판 2007. 11. 29. 2007다50717(공사대금)(파기환송).
18) 대판 2007. 11. 29. 2007다50717(공사대금)(파기환송).
19) 대판 2008. 2. 29. 2007다54108(추심금)(파기환송).
20) 대판 2014. 12. 24. 2012다85267(배당이의).

가 하도급대금을 직접 수급사업자에게 지급하기로 발주자·원사업자 및 수급사업자 간에 합의한 때')에 해당하는 경우에는 하수급인이 직접 지급을 요청하지 않아도 같은 조 제1항, 제4항, 하도급법 시행령 제9조 제3항이 정한 범위에서 직접지급청구권이 발생하나, 나머지 제1, 3, 4호에 해당하는 경우에는 수급사업자가 직접지급을 요청한 때에 비로소 위와 같은 직접지급청구권이 발생함(대법원 2012. 5. 10. 선고 2010다24176 판결 등 참조)"<㈜신한석재건설의 하도급직접지급 건>[21]

원수급인의 도급인에 대한 공사대금채권에 대해 제3자의 압류가 가능한지 여부에 대하여 법원은 원칙적으로 이를 긍정하고 있다.

"공사계약일반조건에 의하여 승인 또는 통보받은 하도급의 경우에도 계약에 의한 계약 상대자의 의무는 면제되지 아니하고, 공사 도급계약에 따라 지급된 선금 잔액은 기성 부분에 대한 미지급액에 우선 충당하도록 되어 있는 경우, 하수급인에게 인정되는 하도급대금의 직접 지급청구권 또한 공사 도급계약에 따라 정산되고 남은 공사대금의 범위 내에서 인정되는 것이라고 보아야 할 것이고, 나아가 하수급인이 직접 도급인에 대하여 하도급계약상의 하도급대금채권의 지급을 청구할 수 있는 권리가 인정된다고 하더라도 그 직접청구권은 도급인과 원수급인 사이의 약정인 공사계약일반조건에 근거한 것으로 그 권리의 내용과 범위 역시 도급인과 원수급인 사이의 약정에 따라 정하여지는 것이라고 할 것인바, 공사계약일반조건이 하도급법 제14조를 바탕으로 하고 있는 점에 비추어 볼 때 그 취지는 하수급인의 직접 지급청구권의 행사에 의하여 도급인이 하수급인에게 하도급대금을 지급함으로써 원수급인의 도급인에 대한 공사대금채권과 하수급인의 원수급인에 대한 하도급대금채권이 동시에 정산·소멸되는 효과를 가져온다는 것이지, 원수급인의 도급인에 대한 공사대금채권 자체가 하수급인에게 이전되는 것은 아니라고 봄이 상당하므로, 하수급인에게 하도급대금에 대한 직접 지급청구권이 있다는 이유만으로 그 하도급대금에 상당하는 원수급인의 도급인에 대한 공사대금채권에 대하여 제3자가 이를 압류하는 것을 저지할 수는 없음"<인풍종합건설(주)와 (유)오케이의 하도급공사 건>[22]

한편 압류채권자 등과의 우선순위 관련하여 법원은 다음과 같이 판시하고 있다.

"공사도급계약 및 하도급계약을 함께 체결하면서 도급인, 원수급인과 하수급인이

21) 대판 2017. 4. 26. 2014다38678(공사대금)(파기환송).
22) 대판 1997. 12. 12. 97다20083(추심금).

'공사대금은 도급인이 원수급인의 입회하에 하수급인에게 직접 지급하고, 원수급
인에게는 지급하지 않는 것'으로 약정한 경우, 당사자들의 의사가 위 도급계약 및
하도급계약에 따른 공사가 실제로 시행 내지 완료되었는지 여부와 상관없이 원수
급인의 도급인에 대한 공사대금채권 자체를 하수급인에게 이전하여 하수급인이
도급인에게 직접 그 공사대금을 청구하고 원수급인은 공사대금 청구를 하지 않기
로 하는 취지라면 이는 실질적으로 원수급인이 도급인에 대한 공사대금채권을 하
수급인에게 양도하고 그 채무자인 도급인이 이를 승낙한 것이라고 봄이 상당함.
이러한 경우 위와 같은 채권양도에 대한 도급인의 승낙이 확정일자 있는 증서에
의하여 이루어지지 않는 이상, 도급인은 위와 같은 채권양도와 그에 기한 채무의
변제를 들어서 원수급인의 위 공사대금채권에 대한 압류채권자에게 대항할 수 없
음. 반면, 당사자들의 의사가 하수급인이 위 각 하도급계약에 기하여 실제로 공사
를 시행 내지 완료한 범위 내에서는 도급인은 하수급인에게 그 공사대금을 직접
지급하기로 하고 원수급인에게 그 공사대금을 지급하지 않기로 하는 취지라면, 압
류명령의 통지가 도급인에게 도달하기 전에 하수급인이 위 공사를 실제로 시행 내
지 완료하였는지 여부나 그 기성고 정도 등에 따라 도급인이 원수급인의 위 공사
대금채권에 대한 압류채권자에게 하수급인의 시공 부분에 상당하는 하도급대금의
범위 내에서 대항할 수 있는지 여부 및 그 범위가 달라짐"<대륭씨앤에이와 에세
스종합건설(주)의 하도급공사 건>,23) "발주자·원사업자 및 수급사업자 사이에서
발주자가 하도급대금을 직접 수급사업자에게 지급하기로 합의한 경우에, 당사자들
의 의사가 도급계약 및 하도급계약에 따른 공사가 실제로 시행 내지 완료되었는지
여부와 상관없이 원사업자의 발주자에 대한 공사대금채권 자체를 수급사업자에게
이전하여 수급사업자가 발주자에게 직접 그 공사대금을 청구하고 원사업자는 공
사대금 청구를 하지 않기로 하는 취지라면 이는 실질적으로 원사업자가 발주자에
대한 공사대금채권을 수급사업자에게 양도하고 그 채무자인 발주자가 이를 승낙
한 것에 해당함. 그런데 이러한 채권양도에 대한 발주자의 승낙이 확정일자 있는
증서에 의하여 이루어지지 않는 이상, 발주자는 위와 같은 채권양도와 그에 기한
채무의 변제를 들어서 원사업자의 위 공사대금채권에 대한 압류채권자에게 대항
할 수 없음"<신명건설 유한회사의 하도급대금 직접지급 건>24)

　　하도급대금의 직접 지급사유 발생 전 원사업자의 발주자에 대한 채권이 압
류 또는 가압류 등으로 집행보전된 경우, 그 후 발생한 직접 지급사유로 집행보
전된 채권이 소멸하는지 여부 및 원사업자의 발주자에 대한 공사대금채권이 압

---

23) 대판 2008. 2. 29. 2007다54108(추심금)(파기환송).
24) 대판 2014. 12. 24. 2012다85267(배당이의).

류 또는 가압류 등으로 집행보전된 후 하도급대금의 직접 지급사유가 발생한 경우, 집행보전된 채권에 해당하는 금액에 대하여 수급사업자에게 직접 지급청구권이 발생하는지 여부 및 위 금액에 대하여 원사업자의 발주자에 대한 채권이 수급사업자에게 이전되는지 여부에 대하여 법원은 다음과 같이 판단하고 있다.

"발주자·원사업자 및 수급사업자 사이에서 발주자가 하도급대금을 직접 수급사업자에게 지급하기로 합의하여 구 하도급법 제14조 제1항, 제2항에 따라 수급사업자의 발주자에 대한 직접 지급청구권이 발생함과 아울러 발주자의 원사업자에 대한 대금지급채무가 하도급대금의 범위 안에서 소멸하는 경우에, 발주자가 직접지급의무를 부담하게 되는 부분에 해당하는 원사업자의 발주자에 대한 공사대금채권은 동일성을 유지한 채 수급사업자에게 이전됨(대법원 2010. 6. 10. 선고 2009다19574 판결 등 참조). 그러나 구 하도급법에 직접 지급사유 발생 전에 이루어진 강제집행 또는 보전집행의 효력을 배제하는 규정은 없으므로, 구 하도급법에서 정한 하도급대금 직접 지급사유가 발생하기 전에 원사업자의 제3채권자가 원사업자의 발주자에 대한 채권에 대하여 압류 또는 가압류 등으로 채권의 집행보전을 한 경우에는 그 이후에 발생한 하도급대금의 직접 지급사유에도 불구하고 그 집행보전된 채권은 소멸하지 아니함(대법원 2003. 9. 5. 선고 2001다64769 판결 등 참조). 그리고 위에서 본 것과 같이 직접청구권의 발생과 원사업자의 공사대금채권의 당연 이전 및 발주자의 원사업자에 대한 대금지급채무의 소멸이 서로를 각각 제약하는 관계에 있어서 그중 어느 하나가 일어나지 않으면 다른 법률효과도 발생하지 아니한다고 봄이 타당한 사정 등을 고려하여 보면, 위와 같이 압류 등으로 집행보전된 채권에 해당하는 금액에 대하여는 수급사업자에게 직접청구권이 발생하지 아니하고, 원사업자의 발주자에 대한 공사대금채권은 다른 특별한 사정이 없는 한 그 집행보전된 채권액의 한도에서는 수급사업자에게 이전되지 아니함(대법원 2014. 11. 13. 선고 2009다67351 판결 참조)"<신명건설 유한회사의 하도급대금 직접지급 건>,[25] "구 하도급법 제14조 제1항의 문언상 발주자·원사업자 및 수급사업자의 3자 간에 하도급대금의 직접 지불이 합의된 경우 수급사업자가 하도급계약에 따른 공사를 시행하고 발주자에게 그 시공한 분에 상당하는 하도급대금의 직접 지급을 요청한 때에 비로소 수급사업자의 발주자에 대한 직접 지급청구권이 발생함과 아울러 발주자의 원사업자에 대한 대금지급채무가 하도급대금의 범위 안에서 소멸하는 것으로 해석하여야 하고(대법원 2007. 11. 29. 선고 2007다50717 판결 참조), 그 경우 발주자가 직접지급의무를 부담하게 되는 부분에 해당하는 원사업자의 발주자에 대한 공사대금채권이 동일성을 유지한 채 수급사업자에게 이전되는 것임(대법원 2010. 6. 10. 선고 2009다19574 판결 참조). 그러나 구

25) 대판 2014. 12. 24. 2012다85267(배당이의).

하도급법에 직접 지급사유 발생 전에 이루어진 강제집행 또는 보전집행의 효력을 배제하는 규정은 없으므로 구 하도급법 제14조에 의한 하도급대금 직접 지급사유가 발생하기 전에 원사업자의 제3채권자가 원사업자의 발주자에 대한 채권에 대하여 압류 또는 가압류 등으로 채권의 집행 보전이 된 경우에는 그 이후에 발생한 하도급공사대금의 직접 지급사유에도 불구하고 그 집행 보전된 채권은 소멸하지 아니함(대법원 2003. 9. 5. 선고 2001다64769 판결 참조). 위에서 본 바와 같이 직접청구권의 발생과 원사업자의 공사대금채권의 당연 이전 및 발주자의 원사업자에 대한 대금지급채무의 소멸이 서로를 각각 제약하는 관계에 있어서 그중 어느 하나가 일어나지 않으면 다른 법률효과도 발생하지 아니한다고 볼 것인 점, 발주자는 수급사업자의 직접청구권에 의하여 자신의 의사 또는 자신의 계약상대방인 원사업자의 의사에 기하지 아니하고 제3자에 대하여 공사대금을 지급하여야 할 의무를 부담하게 되는 것이어서 발주자에게 불측의 부담이 될 우려가 있다고 할 수 있는 점, 원사업자에 대하여 채권을 가지는 이가 자기 채권의 만족을 도모하여 원사업자의 공사대금채권에 대하여 압류 또는 가압류 등의 집행 보전의 조치에 나아가기에 이른 단계에까지 그의 이익을 후퇴시키고 수급사업자의 채권 만족을 앞세우는 것은 균형을 잃었다고 할 것인 점, 나아가 특히 원사업자의 무자력이 의심되는 단계에서 빈번하게 제기되는 원사업자의 재산을 둘러싼 여러 채권자들의 이해관계 조정의 문제는 법률관계의 당사자 지위에 따른 상대적 처리보다는 이를 일률적으로 간명하게 처리하는 것이 바람직한 점 등을 종합하여 고려하여 보면, 위와 같이 압류 등으로 집행 보전된 채권에 해당하는 금액에 대하여는 수급사업자에게 직접청구권이 발생하지 아니하고, 원사업자의 발주자에 대한 공사대금채권은 다른 특별한 사정이 없는 한 그 집행 보전된 채권액의 한도에서는 수급사업자에게 이전되지 아니함"<신일종합건설(주)와 성우토건(주)의 하도급공사 건>[26]

직접지급합의의 효력이 추가공사에도 미치는지에 대하여 법원은 다음과 같이 판단한다.

"당사자 사이에 계약의 해석을 둘러싸고 다툼이 있어 처분문서에 나타난 당사자의 의사해석이 문제 되는 경우에는 문언의 내용, 약정이 이루어진 동기와 경위, 약정으로 달성하려는 목적, 당사자의 진정한 의사 등을 종합적으로 고찰하여 논리와 경험칙에 따라 합리적으로 해석하여야 함(대법원 2002. 6. 28. 선고 2002다23482 판결, 대법원 2014. 6. 26. 선고 2014다14115 판결 등 참조). 발주자가 하도급대금을 직접 하수급인에게 지급하기로 발주자, 수급인, 하수급인 사이에 합의하는 경우

---

26) 대판 2003. 9. 5. 2001다64769(공사대금).

에도 같은 법리가 적용됨. 이때 발주자, 수급인, 하수급인 사이의 직접 지급합의
후에 수급인과 하수급인의 별개 계약에 따라 추가적인 공사대금이 발생한 경우 그
부분에 대해서도 위 직접 지급합의의 효력이 미치는지는 신중하게 판단하여야 함"
<한국토지주택공사의 하도급대금 직접지급 건>[27]

1.3 하도급대금의 2회분 이상 미지급

하도급대금 직접지급 사유의 세 번째 유형은 원사업자가 제13조 제1항 또
는 제3항에 따라 지급하여야 하는 하도급대금의 2회분 이상을 해당 수급사업자
에게 지급하지 아니한 경우로서 수급사업자가 하도급대금의 직접 지급을 요청한
때(제3호)이다.

법원은 이 경우는 합의는 필요없는 것으로 해석한다.

"수급인은 도급받은 건설공사에 대한 준공금 또는 기성금을 받으면 그 준공금 또
는 기성금을 받은 날부터 15일 이내에 하수급인에게 하도급대금을 지급해야 함(건
설산업기본법 제34조 제1항). 수급인이 위와 같은 하도급대금 지급을 2회 이상 지
체하여 하수급인이 발주자에게 하도급대금의 직접 지급을 요청한 경우 발주자는
하수급인이 시공한 부분에 해당하는 하도급대금을 하수급인에게 직접 지급해야 함
(건설산업기본법 제35조 제2항 제3호, 하도급법 제14조 제1항 제3호도 거의 같은
내용으로 정하고 있음). 이와 같이 수급인이 하도급대금을 2회 이상 지체함으로써
하수급인이 발주자에게 하도급대금의 직접 지급을 요청한 경우에는 발주자, 수급
인, 하수급인 사이에 직접 지급에 관한 합의가 있을 것을 필요로 하지 않음. 이에
따른 하수급인의 직접 청구권은 수급인이 하수급인에게 하도급을 준 범위와 구체
적 내용을 발주자가 알았는지 여부와 관계없이 인정되는 것이므로, 발주자가 수급
인에게 도급을 준 부분 중에서 하수급인이 시공한 부분에 해당하면 됨"<한국토지
주택공사의 하도급대금 직접지급 건>[28]

법원이 제3호에 따른 직접지급요청에 해당한다고 보기 어렵다고 본 사례는
다음과 같다.

---

27) 대판 2018. 6. 15. 2016다229478(공사대금); 합의에 따라 변경·추가된 공사를 한 부분에 대해
  서는 별도의 직불합의나 발주자의 동의가 없는 이상 직접지급의무를 부당하다고 보기 어렵다.
28) 대판 2018. 6. 15. 2016다229478(공사대금).
29) 대판 2017. 4. 26. 2014다38678(공사대금)(파기환송).

"도급인인 갑 주식회사, 수급인인 을 주식회사, 하수급업체 대표인 병 주식회사 등이 을 회사의 워크아웃 신청으로 중단되었던 공사를 재개하기 위한 사업약정을 체결하면서 갑 회사가 하수급업자 등에게 하도급대금 등을 직접 지급하기로 하였고, 이에 따라 하수급인인 정 주식회사와 갑 회사, 을 회사가 직접지급 합의서를 작성하였는데, 정 회사가 갑 회사 등을 상대로 하도급대금의 지급을 청구하는 전소를 제기하면서 직접지급 합의서에는 기재되어 있지 않은 을 회사와 변경계약한 증액대금도 함께 지급할 것을 청구하였으나, 법원이 갑 회사가 직접지급 합의서에 따른 최초의 하도급대금만을 지급할 의무가 있음을 전제로 증액대금의 지급약정 등에 관한 정 회사의 주장을 배척하자, 정 회사가 을 회사를 흡수합병한 무 주식회사를 상대로 증액대금의 지급을 구하는 소를 제기한 사안에서, 전소 소장에 기재된 문언의 내용, 사업약정과 직접지급 합의의 경위와 내용, 증액대금에 관한 변경계약의 경위, 전소에서 증액대금과 관련하여 당사자들이 했던 주장과 이에 관하여 법원이 심리·판단한 내용과 범위, 소제기의 경위, 전소판결에 관한 당사자들의 불복 여부, 정 회사의 진정한 의사와 갑 회사가 인식한 내용 등을 종합적으로 고찰해 보면, 정 회사는 전소에서 사업약정과 지급합의에 기하여 갑 회사가 정 회사에 지급하기로 한 하도급대금을 청구한 것이고, 그것이 동시에 증액대금에 관한 구 하도급거래 공정화에 관한 법률(2014. 5. 28. 법률 제12709호로 개정되기 전의 것)상 직접지급청구권의 발생요건인 같은 법 제14조 제1항 제3호에 따른 직접지급의 요청에 해당한다고 보기는 어려움<㈜신한석재건설의 하도급직접지급 건>[29]

1.4 원사업자의 하도급대금 지급보증 의무의 미이행

하도급대금 직접지급 사유의 네 번째 유형은 원사업자가 제13조의2 제1항 또는 제2항에 따른 하도급대금 지급보증 의무를 이행하지 아니한 경우로서 수급사업자가 하도급대금의 직접 지급을 요청한 때(제4호)이다.

2. 관련 이슈

1) 예외적 정산약정의 경우

예외적 정산약정에 대하여 법원이 하도급직접지급의무가 있다고 인정한 사례는 다음과 같다. 공사도급계약에 편입된 공사계약일반조건 제43조 제1항에서 도급인이 하수급인에게 하도급대금을 직접 지급해야 하는 경우를 규정하고, 제

44조 제5항에서 계약이 해제 또는 해지된 경우 수급인은 미정산 선급금 등을 반환하여야 하고 도급인은 위 금액과 기성공사대금을 상계할 수 있다는 내용을 규정하면서, 그 단서에서 '다만, 제43조 제1항의 규정에 의하여 하도급대가를 직접 지급하는 경우 하도급대가의 지급 후 잔액이 있을 때에는 이와 상계할 수 있다'고 규정하고 있는 사안에서, 법원은 다음과 같이 판시하였다.

> "도급인이 하도급대금을 직접 지급하는 사유가 발생한 경우에는 이에 해당하는 금원은 선급금 충당의 대상이 되는 기성공사대금의 내역에서 제외하기로 하는 예외적 정산약정을 한 것으로 보아야 하고, 위 공사계약일반조건 제44조 제5항 단서에 의하여 설정된 미정산 선급금의 충당에 대한 예외적 정산약정은 구 하도급법(2005. 3. 31. 법률 제7488호로 개정되기 전의 것) 제14조에 의하여 하수급인에게 하도급대금을 직접 지급할 사유가 인정되는 범위 안에서는, 도급인으로 하여금 미정산 선급금이 기성공사대금에 충당되었음을 이유로 하수급인에게 부담하는 하도급대금 지급의무를 면할 수 없음"＜백일건설(주)등 공동수급체와 대영건설(주)외 1의 하도급공사 건＞[30]

2) 기타

법원이 경개 등으로 하도급대금채권이 소멸하여 하도급직접지급의무가 없다고 본 사례도 있다.

> "수급사업자가 직접지급청구권을 행사하기 전에 그 기초가 되는 원사업자의 발주자에 대한 도급대금채권이 경개에 의하여 소멸되었다고 보아 발주자가 하도급대금의 직접지급의무를 지지 않음"＜전문건설공제조합외 1의 하도급대금지급보증약관 건＞,[31] "원사업자에게서 신축공사 중 방수공사를 하도급받은 수급사업자가 하도급법 제14조 제1항에 기하여 발주자에게 하도급대금의 직접 지급을 구하는 사안에서, 발주자가 수급사업자에게서 위 방수공사 하도급대금의 직접 지급을 요청받을 당시 원사업자에게 위 방수공사를 한 부분에 상당하는 하도급대금의 지급을 완료하였으므로 발주자는 수급사업자에게 위 하도급대금을 직접 지급할 의무가 없음"＜명국건설(주)와 (주)아이디에프이앤씨의 하도급공사 건＞[32]

---

30) 대판 2010. 5. 13. 2007다31211(공사대금) 판결(파기환송).
31) 대판 2009. 7. 9. 2008다21303(보증금 등).
32) 대판 2011. 4. 28. 2011다2029(공사대금)(파기환송).

3. 대금 직접지급의 효과

제1항에 따른 사유가 발생한 경우 원사업자에 대한 발주자의 대금지급채무와 수급사업자에 대한 원사업자의 하도급대금 지급채무는 그 범위에서 소멸한 것으로 본다(법 제14조 제2항).

1) 하수급인을 상대로 한 부당이득반환청구 여부

발주자가 수급인 등에 대하여 공사대금지급채무를 부담하지 않고 있음에도 이를 부담하는 것으로 잘못 알고 하도급대금을 하수급인에게 직접 지급한 경우, 발주자가 하수급인에 대하여 부당이득반환청구를 할 수 있는지 여부에 관하여 대법원은 다음과 같이 판단한다.

> "발주자가 수급인 등에 대하여 공사대금지급채무를 부담하지 않고 있음에도 이를 부담하고 있는 것으로 잘못 알고 위 규정들에 의하여 하도급대금을 직접 하수급인 등에게 지급하였다고 하더라도, 하수급인 등이 발주자로부터 하도급대금을 지급받은 것은 수급인 등과의 하도급계약에 의한 것이어서 이를 법률상 원인 없이 하도급대금을 수령한 것이라고 볼 수 없으므로 발주자는 수급인 등에 대하여 부당이득반환청구를 할 수 있을 뿐 하수급인 등을 상대로 부당이득반환청구를 할 수는 없음"<정경종합건설(주)의 하도급공사 건>33)

2) 기타

하도급인 을이, 도급인 갑이 을에게 지급할 의무가 있는 공사대금 중 일부를 하수급인 병에게 직접 지급하는 것에 동의한다는 내용의 '하도급대금 직불동의서'를 작성하여 병에게 교부하고 병이 이를 갑에게 내용증명우편으로 발송하여 갑이 수령한 사안에서, 그 문서 발송과 수령으로 위 공사대금 중 일부에 관한 유효한 채권양도의 통지가 행하여졌다고 볼 수 없다고 한 사례가 있다<최신창호(주)와 '신우 티피지 글라스'의 하도급공사 건>.34)

하도급법 제14조에 의한 수급사업자의 발주자에 대한 하도급대금 직접지급 청구가 구 회사정리법 제67조 제1항이 금지하는 '회사재산에 대한 강제집행'에

---

33) 대판 2008. 6. 26. 2006다63884(부당이득금반환).
34) 대판 2011. 2. 24. 2010다96911(운송대금)(파기환송).

해당하는지 여부에 관하여 대법원은 소극적으로 판단하였다<(주)영남건설의 하도
급공사 건>.[35]

4. 직접지급중지의 요청

원사업자가 발주자에게 해당 하도급 계약과 관련된 수급사업자의 임금, 자
재대금 등의 지급 지체 사실을 입증할 수 있는 서류(원사업자의 귀책사유로 그 지
급 지체가 발생한 경우는 제외)를 첨부하여 해당 하도급대금의 직접 지급 중지를
요청한 경우, 발주자는 제1항에도 불구하고 그 하도급대금을 직접 지급하여서는
아니된다(법 제14조 제3항).

2019. 4. 5. 법 개정으로 하도급 업체가 임금, 자재 대금 등의 지급을 지체
하고, 원사업자가 이를 입증할 수 있는 서류를 첨부하여 발주자에게 '하도급 대
금의 직불 중지'를 요청하는 경우 발주자로 하여금 더 이상 하도급 대금을 직접
지급(직불)하지 못하도록 의무화했다. 다만, 하도급 업체가 임금 등의 지급을 지
체하게 된 책임이 원사업자에게 있는 경우에는 하도급 대금 직불 제한 대상에서
제외했다. 동 규정은 개정법 시행 후 최초로 하도급 계약을 체결한 경우부터 적
용될 예정이다.

참고로, 2018년 12월 「건설산업기본법」이 개정되어 국가, 지방자치단체 등
이 발주하는 '공공 부문 건설 공사'의 경우 원사업자 및 하도급 업체가 공사 대
금 중 건설 근로자, 부품 납품업자 등에게 지급해야 할 대금의 사용을 금지하는
규정이 신설되었다. 위 규정이 적용되지 않는 '민간 부문 건설 공사'를 포함한
제조·건설·수리·용역 위탁은 개정 하도급법이 적용되어 근로자, 부품 납품업자
등을 보호할 것으로 생각된다.[36]

5. 직접지급금액

제1항에 따라 발주자가 해당 수급사업자에게 하도급대금을 직접 지급할 때
에 발주자가 원사업자에게 이미 지급한 하도급금액[37]은 빼고 지급한다(법 제14

---

35) 대판 2007. 6. 28. 2007다17758(공사대금등).
36) 공정거래위원회 보도자료(2019. 4. 5.).
37) '발주자가 원사업자에게 이미 지급한 하도급금액'은 '원사업자가 수급사업자에게 이미 지급한
　 하도급금액'의 입법적 오류라는 지적이 있다. 예를 들어 도급대금 100원(도급대금 40원 기지

조 제4항).

법원이 다음과 같이 판단한 사례가 있다.

"하도급법 제14조 제1항에 따른 발주자의 수급사업자에 대한 직접 지급의무의 범위는 특별한 사정이 없는 한 발주자의 원사업자에 대한 대금지급의무를 한도로 하여 해당 수급사업자가 제조·수리·시공 또는 용역수행을 한 부분에 상당하는 하도급대금에서 발주자가 원사업자에게 이미 지급한 기성공사대금 내역 중 해당 수급사업자의 하도급공사 부분의 금액을 공제한 금액이라고 보아야 함"(<명국건설(주)와 (주)아이디에프이앤씨의 하도급공사 건>[38], <현대건설(주)와 (주)젠트로의 하도급공사 건>),[39] "구 하도급법(2004. 12. 31. 법률 제7315호로 개정되기 전의 것) 제14조가 정하는 직접지급청구사유가 있어 수급사업자가 발주자에게 하도급대금의 직접지급을 요청한 경우 발주자는 수급사업자에게 하도급대금을 직접 지급하여야 할 의무를 부담하는 것이기는 하지만, 특별한 사정이 없는 한 발주자는 원사업자에 대한 대금지급의무의 범위 안에서만 하도급대금 직접지급의무를 부담함"(<전문건설공제조합외 1의 하도급대금지급보증약관 건>[40], <(주)한양과 정림지질(주)의 하도급공사 건>),[41] "한양과 피고는 원고의 지하 터파기 공사가 완료된 후인 2000. 10.경 암석굴삭 공사를 흙파기 공사로 설계변경한 사실을 알 수 있으므로, 발주자인 피고는 한양에 대하여 설계변경에 따른 공사대금만을 지급할 의무가 있고, 그에 따라 원고에 대하여도 위 공사대금 지급의무의 범위 안에서만 하도급대금 직접지급의무를 부담한다고 할 것인데, 피고가 설계변경에 따라 암석굴삭 수량으로 예정되어 있던 6,708㎥에 흙파기 단가인 ㎥당 350원을 적용하여 산출한 2,347,800원(수량 6,708㎥ × ㎥당 350원)을 지급하였음은 앞서 본 바와 같으므로, 특별한 사정이 없는 한 이 부분 공사와 관련된 피고의 하도급대금 직접지급의무는 이미 정산되어 더 이상 존재하지 않는다고 할 것임"<(주)한양과 정림지질(주)의 하도급공사 건>,[42] "하도급법은 도급인에게 도급대금채무를 넘는 새로운 부담을 지우지 않는 범위 내에서 하수급인의 요청에 따라 그가 시공한 부분에 상당한 하도급대금채무에 대한 직접지급의무를 부담하게 함으로써 하수급인을 수급

급), 하도급대금 30원(전액 미지급)인 경우 법문대로 하면 지급한 도급대금 40원 중 하도급대금에 해당하는 부분금액인 12원(40×30/100)을 뺀 18원(30−12)에 대해서만 직접지급의무를 지는데 이는 직접지급제도의 취지에 반한다는 것이다. 즉 이 경우 미지급한 하도급대금 30원은 미지급한 도급대금 60원의 범위내에 있으므로 30원의 직접지급의무를 지게 하는 것이 타당하다고 주장한다. 이에 대한 자세한 설명은 오승돈, 288−298면 참조.

38) 대판 2011. 4. 28. 2011다2029(공사대금)(파기환송).
39) 대판 2011. 7. 14. 2011다12194(물품대금)(파기환송).
40) 대판 2009. 7. 9. 2008다21303(보증금 등).
41) 대판 2005. 7. 28. 2004다64050(공사대금)(파기환송).
42) 대판 2005. 7. 28. 2004다64050(공사대금)(파기환송).

인 및 그 일반채권자에 우선하여 보호하고자 함을 알 수 있음(대법원 2010. 5. 13. 선고 2007다31211 판결 등 참조). 위와 같은 입법 취지를 고려하면 특별한 사정이 없는 한 도급인으로서는 하도급법 시행령 제9조 제3항에 따라 수급인에 대한 대금지급의무를 한도로 하여 하도급대금의 직접지급의무를 부담하되, 하도급법 제14조 제4항에 따라 하수급인의 하도급대금에서 도급인이 수급인에게 이미 지급한 도급대금 중 하수급인의 하도급대금에 해당하는 부분을 공제한 금액에 대하여 직접지급의무를 부담하는 것으로 해석함이 상당함(대법원 2011. 7. 14. 선고 2011다12194 판결 참조)"<정동종합철강(주) 하도급대금직불 건>,[43] "하도급법 제14조 제4항은 "제1항에 따라 발주자가 해당 수급사업자에게 하도급대금을 직접 지급할 때에 발주자가 원사업자에게 이미 지급한 하도급금액은 빼고 지급한다."라고 정하고, 하도급거래 공정화에 관한 법률 시행령(이하 '하도급법 시행령'이라 한다) 제9조 제3항은 "발주자는 원사업자에 대한 대금지급의무의 범위에서 하도급대금 직접 지급의무를 부담한다."라고 정하고 있음. 건설산업기본법 제35조 제7항, 건설산업기본법 시행규칙 제29조 제3항에 따르면, 발주자가 건설산업기본법 제35조 제2항 제3호에 따라 하수급인에게 공사대금을 직접 지급하는 경우에도 하도급법 시행령 제9조 제3항이 준용되므로, 특별한 사정이 없는 한 발주자로서는 수급인에 대한 대금지급의무를 한도로 하여 직접지급의무를 부담한다고 보아야 함. 따라서 발주자가 하도급법 제14조 제1항 제3호 또는 건설산업기본법 제35조 제2항 제3호에 따라 하수급인으로부터 하도급대금의 직접 지급을 요청받을 당시 수급인에 대한 대금지급채무가 이미 변제로 소멸한 경우 발주자의 하수급인에 대한 직접지급의무는 발생하지 않음(대법원 2017. 12. 13. 선고 2017다242300 판결 등 참조)"<한국토지주택공사의 하도급대금 직접지급 건>.[44]

　　공사 도급계약에서 수급인의 공사 중단으로 도급인이 수급인에게 지급한 선금이 기성 공사대금에 충당될 경우, 하도급대금 직불 규정에 따라 도급인이 하수급인에게 직접 지급한 하도급공사대금은 기성 공사대금에서 공제되는지 여부에 관하여 대법원은 다음과 같이 판시하고 있다.

"공사대금의 지급에 관하여 규정하고 있는 공사계약일반조건 제21조와 제21조의3 제1항 제2호 및 선금이 지급된 경우에 그 처리에 관하여 규정하고 있는 공사계약특수조건 제14조의 규정과 원래 선금급은 자금 사정이 좋지 않은 수급인으로 하여금 자재 확보, 노임 지급 등에 어려움이 없이 공사를 원활하게 진행할 수 있도록

---

43) 대판 2014. 1. 23. 2013다214437(하도급대금직불).
44) 대판 2018. 6. 15. 2016다229478(공사대금).

하기 위하여, 도급인이 장차 지급할 공사대금을 수급인에게 미리 지급하여 주는 선급 공사대금이며, 구체적인 기성고와 관련하여 지급된 공사대금이 아니라 전체 공사와 관련하여 지급된 선급 공사대금이라는 점에 비추어, 선금을 지급한 후 계약이 해제 또는 해지되거나 선급급 조건을 위반하는 등의 사유로 중도에 선금을 반환하게 되었다면 선금이 공사대금의 일부로 지급된 것인 이상, 하도급을 주었는지 여부를 불문하고 선금은 별도의 상계 의사표시 없이 그 때까지의 기성고에 해당하는 공사대금에 당연 충당되고 그래도 공사대금이 남는다면, 그 금액만을 지급하면 되는 것이고, 거꾸로 선금이 미지급 공사대금에 충당되고 남는다면 그 남은 선금에 관하여 도급인이 반환채권을 가지게 된다고 보는 것이 선급금의 성질에 비추어 타당하고, 하도급대금 직불에 관한 조항이 하수급인이 시공한 부분에 상당하는 금액에 대하여 계약자가 하수급인에게 대가 지급을 의뢰한 것으로 보아 당해 수급인에게 직접 지급하여야 한다고 규정하고 있는 것은 선급금으로써 기성고에 대한 공사대금에 충당하고 남은 공사대금이 있을 경우에 그 중 하도급대금을 하수급인에게 직접 지급하여야 함을 규정한 것으로 봄이 타당함"<(주)보배종합건설과 삼중종합건설(주)의 하도급공사 건>,[45] "공사도급계약에서 수수되는 이른바 선급금은 자금 사정이 좋지 않은 수급인으로 하여금 자재 확보·노임 지급 등에 어려움이 없이 공사를 원활하게 진행할 수 있도록 하기 위하여 도급인이 장차 지급할 공사대금을 수급인에게 미리 지급하여 주는 것으로서, 구체적인 기성고와 관련하여 지급된 공사대금이 아니라 전체 공사와 관련하여 지급된 공사대금이고, 이러한 점에 비추어 선급금을 지급한 후 계약이 해제 또는 해지되는 등의 사유로 수급인이 도중에 선급금을 반환하여야 할 사유가 발생하였다면, 특별한 사정이 없는 한 별도의 상계 의사표시 없이도 그 때까지의 기성고에 해당하는 공사대금 중 미지급액은 선급금으로 충당되고 도급인은 나머지 공사대금이 있는 경우 그 금액에 한하여 지급할 의무를 부담하게 되나, 이때 선급금의 충당 대상이 되는 기성공사대금의 내역을 어떻게 정할 것인지는 도급계약 당사자의 약정에 따라야 함"<백일건설(주)등 공동수급체와 대영건설(주)외 1의 하도급공사 건>[46]

6. 기성 등 확인조치

제1항에 따라 수급사업자가 발주자로부터 하도급대금을 직접 받기 위하여 기성부분의 확인 등이 필요한 경우 원사업자는 지체 없이 이에 필요한 조치를

---

45) 대판 1997. 12. 12. 97다5060(보증채무금)(파기환송).
46) 대판 2010. 5. 13. 2007다31211(공사대금) 판결(파기환송).

이행하여야 한다(법 제14조 제5항).

「하도급거래공정화지침」에서는 다음과 같이 규정하고 있다(III. 14-1).

법 제14조 제5항과 관련하여, 수급사업자가 발주자로부터 하도급대금을 직접 지급받을 수 있도록 하기 위해 원사업자가 필요한 조치를 이행하여야 하는 기한은 다음과 같다.

가. 법 제14조 제1항 제1호의 사유에 따라 발주자가 하도급대금을 직접 지급하는 경우에는 수급사업자로부터 기성부분 내지 물량투입 등의 확인에 필요한 조치의 이행을 요청받은 날로부터 15일

나. 법 제14조 제1항 제2호 내지 제4호의 사유에 따라 발주자가 하도급대금을 직접 지급하는 경우에는 수급사업자로부터 기성부분 내지 물량투입 등의 확인에 필요한 조치의 이행을 요청받은 날로부터 5일

다. 다만, 사업자가 위 기한 내에 필요한 조치를 이행할 수 없는 특별한 사정이 있는 경우에는 그 사유와 이행 예정시기 등을 적시하여 소명자료를 위 기한 내에 공정거래위원회에 제출하여야 한다.

---

7. 지급방법 및 절차

제1항에 따라 하도급대금을 직접 지급하는 경우의 지급 방법 및 절차 등에 관하여 필요한 사항은 *대통령령*[47]으로 정한다(법 제14조 제6항).

수급인의 파산으로 연대보증인이 나머지 공사를 계속 시행하고 있는 경우, 하수급인이 공사계약일반조건 제21조의3에 따라 도급인에게 직접 공사대금을 청구하기 위해서는 연대보증인의 공사대금 지급신청이 있어야만 하는지 여부에 관하여 대법원은 다음과 같이 판시하고 있다.

"공사계약일반조건 제28조 제2항, 제3항에 비추어 볼 때, 연대보증인은 어디까지나 보증이행 부분에 한하여 공사계약일반조건 제21조에 따른 대가 지급을 청구할 수

---

[47] 제9조(하도급대금의 직접 지급) ① 법 제14조제1항에 따른 수급사업자의 직접지급 요청은 그 의사표시가 발주자에게 도달한 때부터 효력이 발생하며, 그 의사표시가 도달되었다는 사실은 수급사업자가 증명하여야 한다. ② 발주자는 하도급대금을 직접 지급할 때에 「민사집행법」 제248조제1항 등의 공탁사유가 있는 경우에는 해당 법령에 따라 공탁(供託)할 수 있다. ③ 발주자는 원사업자에 대한 대금지급의무의 범위에서 하도급대금 직접 지급 의무를 부담한다. ④ 하도급대금의 직접 지급 요건을 갖추고, 그 수급사업자가 제조·수리·시공한 분(分)에 대한 하도급대금이 확정된 경우, 발주자는 도급계약의 내용에 따라 수급사업자에게 하도급대금을 지급하여야 한다.

있을 뿐, 그 이전에 수급인이 시공을 담당하던 동안 이루어진 부분에 대하여 대가
지급의 청구 여부를 결정할 권한은 없다고 할 것이므로, 하수급인이 연대보증인과
별도의 약정을 맺어 연대보증인의 보증이행 부분에 대하여도 하수급인의 지위에서
계속 시공하기로 하였다는 등의 특별한 사정이 없는 한, 하수급인은 수급인이 시
공을 담당하던 동안 하수급시공한 부분에 대하여는 연대보증인의 대가지급 청구
여부와는 관계없이 직불조항에 따른 공사대금의 지급을 구할 수 있음"<화인건설
(주)와 아주토건(주) 공동수급인과 (주)태경의 하도급공사 건>[48]

Ⅳ. 헌법적 쟁점

이 조항의 헌법적 쟁점은, 첫째, 발주자는 하도급계약의 당사자가 아님에도
하도급대금지급의무를 지게됨으로써 사적 자치권을 제한받고 있는 바 헌법 제10
조에 위반되는지 문제되고 둘째, 발주자에게 하도급대금지급의무를 부과하고 원
사업자의 도급대금채권을 소멸시킴으로써 발주자 및 원사업자의 재산권을 침해
하는 것이 헌법 제23조의 재산권보장 규정에 위반되는지 여부이며, 셋째, 하도급
대금직접지급제도가 원사업자의 채권자들 중에서 하도급대금채권자인 수급사업
자를 우대하고 다른 일반채권자를 차별하여 헌법 제11조의 평등원칙에 위배되는
지 여부이다<하도급거래공정화에관한법률 제14조 제1항 등 위헌소원 건>.[49]

1. 사적 자치권 침해여부

관련하여 헌법재판소는 다음과 같이 판시하였다.

"(1) 이른바 사적 자치의 원칙이란 자신의 일을 자신의 의사로 결정하고 행하는
자유뿐만 아니라 원치 않으면 하지 않을 자유로서 우리 헌법 제10조의 행복추

---

48) 부산고판 1998. 8. 28. 98나2617(공사대금).
49) 헌재결 2003. 5. 15. 2001헌바98. 동아건설(원사업자)은 동작재건축조합(발주자)으로부터 재건
    축공사를 도급받아 그 중 일부를 용하건설(하도급업자)에게 하도급하였다. 용하건설은 동아
    건설이 파산하자 동작재건축조합에게 제14조의 규정에 의하여 미지급 하도급대금의 직접 지
    급을 구하는 소송을 제기하였고 소송 계속 중, 청구인은 당해사건의 피고인 동작조합을 위해
    보조참가를 하고, 제14조 규정에 의한 위헌신청이 기각되자 헌법소원심판청구를 하였다.

구권에서 파생되는 일반적 행동자유권의 하나임. 이런 사적 자치의 원칙은 법률행위의 영역에서는 계약자유의 원칙으로 나타나는데 계약자유의 원칙은 계약의 체결에서부터 종결에 이르기까지 모든 단계에서 자신의 자유의사에 따라 계약관계를 형성하는 것으로서 계약의 내용, 이행의 상대방 및 방법의 변경뿐만 아니라 계약 자체의 이전이나 폐기도 당사자 자신의 의사로 결정하는 자유를 말한다고 할 것임.

그러나 사적 자치권(계약자유권)도 국가안전보장, 질서유지 및 공공복리를 위하여 필요한 경우에는 법률로써 제한될 수 있고 다만, 그 제한은 필요 최소한에 그쳐야 하며 사적 자치권의 본질적인 내용을 침해할 수 없다고 할 것인바(헌법 제37조 제2항), 이 사건 법률조항이 위와 같은 기본권 제한입법의 원칙을 지킨 것인지 살펴봄.

(2) 앞에서 본 바와 같이 이 사건 하도급대금 직접지급제는 원사업자가 하도급대금을 지급할 수 없는 사유가 발생한 경우 영세한 수급사업자로 하여금 하도급대금을 지급받을 수 있도록 함으로써 중소기업인 수급사업자를 보호하여 국민경제의 균형있는 발전을 도모하려는데 있다할 것인바 그 입법목적은 정당함. 또한 발주자에 의한 하도급대금 직접지급제도가 수급사업자의 보호라는 위의 입법목적을 달성하는데 기여하는 바가 있으므로 입법자가 선택한 수단도 적합하다고 할 것임. 한편, 수급사업자의 보호를 통한 국민경제의 균형적 발전이라는 정당한 공익을 실현하기 위한 것이더라도 국가가 국민의 사적 자치영역(사법관계)에 개입하여 법률관계의 형성에 조건이나 의무를 부과하거나 자치의 결과로 형성된 법률관계를 사후에 수정·변경하는 것은 되도록 자제되어야 함. 또한 국가의 개입이 불가피한 경우라도 입법자는 국민의 사적 자치권이 되도록 덜 침해되는 방법을 선택하여야 하는 바, 그 경우 자치권을 행사한 당사자 본인의 기본권을 제한하는 방법이 우선적으로 고려되어야 하고 자치권의 행사와 관련이 없는 제3자의 기본권을 제한하는 방법은 전자의 방법으로는 목적을 달성할 수 없는 경우에 비로소 고려될 수 있음.

(3) 살피건대 원사업자에게 하도급대금을 지급할 수 없는 사유가 발생한 경우 수급사업자를 보호하기 위한 방법으로 우선적으로 고려될 수 있는 것이 하도급계약체결시 계약당사자인 원사업자에게 하도급대금지급보장의무를 지우는 것임. 만약 그와 같은 방법이 수급사업자를 보호할 수 없는 경우에 다른 방법이 모색되어야 함. 그러하지 아니하고 제3자인 발주자에게 하도급대금지급의무를 부과하는 것은 침해의 최소성 원칙에 위반될 수 있음. 그러나 원사업자에게 하도급대금의 지급보장의무를 지우는 방법은 수급사업자를 보호하기에는 충분하지

않다고 보임. 즉, 거래상의 우월적 지위에 있는 원사업자의 자발적 지급보장을 기대하는 것이 쉽지 않고 열등한 지위에 있는 수급사업자는 원사업자의 거래단절 등의 현실적인 불이익을 우려한 나머지 원사업자에 대하여 적극적인 의무이행을 요구하는 것을 기대할 수 없어 입법효과를 거두기 어렵다고 할 것임. 실제로 입법자는 건설하도급거래에 대하여 하도급대금지급을 보장하기 위하여 원사업자에게 하도급대금지급보증서를 수급사업자에게 교부하도록 강제하는 제도를 채택하고 있는데(법 제13조의2), 통계에 의하면 2001년도 건설하도급공사중 지급보증서를 교부해야만 하는 3천만원이상의 공사 73,561건 중에서 지급보증서가 실제 교부된 것은 2,835건으로 3.9%에 불과한 것으로 나타나 그 효과는 매우 미미한 것으로 나타났음. 이는 원사업자에게 하도급대금지급보장의무를 부과하는 방법이 수급사업자를 보호하는데 효과적이지 못하다는 것을 실증하고 있음. 그리하여 입법자는 원사업자의 이행불능의 경우와 같은 예외적인 경우에 한하여 발주자로 하여금 하도급대금을 직접 지급하도록 함으로써 수급사업자를 보호하는 방법을 선택한 것이고, 이는 위탁물의 완성에 궁극적으로 이익을 얻는 발주자의 사적 자치권을 제한함으로써 침해의 주관적 최소성을 충족하였다고 할 것임.

(4) 나아가 원사업자가 하도급대금을 지급할 수 없는 경우에 발주자에게 하도급대금을 직접 지급하도록 함으로써 발주자 및 원사업자가 침해받는 계약의 자유보다는 수급사업자가 하도급대금을 지급받음으로써 얻는 사회적 이익이 더 크다고 할 것이며, 이 사건 하도급대금 직접지급제가 발주자 및 원사업자의 사적 자치권의 본질적 내용을 침해할 정도까지 이르는 것으로도 보이지 않음.

그렇다면 이 사건 법률조항이 기본권 제한의 입법원칙을 벗어나 발주자 및 원사업자의 사적 자치권을 과도하게 침해하여 헌법 제10조에 위반되는 것은 아니라고 할 것임."

2. 재산권 보장 위배여부

관련하여 헌법재판소는 다음과 같이 판시하였다.

"이 사건 법률조항이 발주자에게 자신의 의사와 관계없이 하도급대금지급의무를 부과하고 원사업자의 도급대금채권을 소멸시킴으로써 발주자 및 원사업자의 재산권을 침해하고 있음. 그러나 이 사건 법률조항의 입법목적은 대기업인 원사업자가 파산·부도 등의 사유로 하도급대금을 지급할 수 없는 경우에 이와 하도급거래관계에 있는 중소기업자를 보호함으로써 국민경제의 균형발전이라는 정당한 공익실현을 위한 것으로 재산권 제한의 정당한 근거가 있다할 것임. 또한, 이 사건 법률조항이 발주자에게는 하도급대금지급의무를, 원사업자에게는 도급대금채권의 소멸을 아무런 대가없이 일방적으로 강제하는 것이 아니라 발주자에게는 의무를 지우는 대신 원사업자에 대한 대금지급채무를 소멸시켜주고, 원사업자의 도급대금채권을 소멸시키는 대신 수급사업자에 대한 하도급대금지급채무도 소멸시켜 줌으로써 실질적으로는 채권·채무의 법률상 이전과 같은 효과를 가져오는데 불과할 뿐 기존의 채무를 초과하는 새로운 의무를 지우는 것은 아님. 그렇다면 이 사건 법률조항이 발주자 및 원사업자의 재산권을 침해하여 재산권 제한의 헌법적 한계를 벗어난 정도에 이른 것이라고 볼 수 없고 재산권의 본질적 부분을 침해하는 것도 아니라고 할 것이어서 헌법 제23조가 보장하고 있는 재산권 보장의 원칙에 위반된다고 볼 수 없음."

3. 평등원칙 위반여부

관련하여 헌법재판소는 다음과 같이 판시하였다.

"이 사건 하도급대금 직접지급제도가 원사업자의 채권자들 중에서 수급사업자를 우대하게되는 결과를 가져오는 것은 사실임. 그러나 일반채권자와 달리 수급사업자는 원사업자의 도급채권 형성에 직접 기여하는 자이고, 이를 발주자와의 관계에서 보면 수급사업자의 원사업자에 대한 하도급대금채권과 발주자의 원사업자에 대한 도급채무는 비록 직접적인 관련이 있는 것은 아니지만 수급사업자의 자재와 비용으로 완성한 완성품에 대한 궁극적인 이익을 발주자가 본다는 점에서 간접적으로 대가적 관계에 있다고 볼 수 있을 정도로 밀접한 상호관련성이 있는 반면, 원사업자의 일반채권자의 채권과 발주자의 원사업자에 대한 도급채무는 아무런 관련이 없으므로, 원사업자의 도급채권에 관한 한 수급사업자와 일반채권자는 다르다고 할 것임. 따라서, 앞에서 본 바와 같이 수급사업자가 하도급 대금을 받지 못하는 경우에는 그 사회적 연쇄파동이 심각해지는 점 등을 고려하여 입법자가 원사업자가 파산 등의 사유로 하도급대금을 지급할 수 없는 경우에 영세한 하청업자를 보호하기 위하여 원사업자의 도급대금채권에 대하여 수급사업자에게 직접 지급받을 수 있도록 하였다고 하더라도 거기에는 그와 같은 차별을 할 만한 합리적 이유가 있다할 것임. 또한 이 사건 법률조항의 직접지급제로 인하여 원사업자의 채권자들 중에서 수급사업자를 우대하는 결과를 가져온다고 하더라도 이는 국민경제의 균형발전이라는 공익실현을 위하여 입법자가 선택한 수단에 의하여 불가피하게 발생하는 것이고, 이때 원사업자의 다른 채권자들이 입게 되는 불이익은 수급사업자의 시공분에 상당하는 도급대금채권이 파산재단의 환가금에 포함되지 않는 것에 불과할 뿐이고 발주자에 의하여 하도급대금이 지급된 경우에는 파산재단에 대한 수급사업자의 권리 역시 소멸하는 것이므로 다른 채권자들이 입게 될 불이익이 지나치게 가혹한 정도에 이른 것이라고 볼 수도 없음. 한편, 청구인은 수급사업자가 여러 명이고 도급대금이 수급사업자 전체의 하도급대금에 미치지 못할 때 원사업자가 파산한 경우에는 수급사업자 중에서도 먼저 발주자에게 직접지급청구권을 행사한 수급사업자만이 우선변제를 받게 되어 수급사업자 사이에서도 일부 수급사업자만을 우대하는 것이어서 평등원칙에 위반된다고 주장함. 그러나 이 사건 직접지급제로 인하여 위와 같은 결과가 발생된다고 하더라도 그것은 수급사업자 중 일부가 자신의 권리를 행사한 결과일 뿐이고 이 사건 직접지급제의 직접적인 법률효과가 아님. 오히려 입법자는 수급사업자 모두에게 동등한 권리를 부여하고 있고 그 중 일부를 우대하거나 불이익을 준 것이 아니며 그러한 입법의도도 없음. 그렇다면 이 사건 법률조항은 헌법 제11조의 평등원칙에 위반되지 않음."

V. 타법 규정과의 관계

대법원에 의하면 하도급법 적용대상이 되는 하도급거래의 경우에는 「건설산업기본법」 제35조 제2항[50]의 직접지급청구권보다 하도급법 제14조 제1항의 직접지급청구권이 우선 적용된다.[51]

---

50) 제35조(하도급대금의 직접 지급) ② 발주자는 다음 각 호의 어느 하나에 해당하는 경우에는 하수급인이 시공한 부분에 해당하는 하도급대금을 하수급인에게 직접 지급하여야 한다(이하 생략).

51) 대판 2013. 12. 12. 2013다74745.

제15조(관세 등 환급액의 지급)

① 원사업자가 수출할 물품을 수급사업자에게 제조위탁하거나 용역위탁한 경우 「수출용 원재료에 대한 관세 등 환급에 관한 특례법」에 따라 관세 등을 환급받은 경우에는 환급받은 날부터 15일 이내에 그 받은 내용에 따라 이를 수급사업자에게 지급하여야 한다.

② 제1항에도 불구하고 수급사업자에게 책임을 돌릴 사유가 없으면 목적물등의 수령일 부터 60일 이내에 수급사업자에게 관세 등 환급상당액을 지급하여야 한다.

③ 원사업자가 관세 등 환급상당액을 제1항과 제2항에서 정한 기한이 지난 후에 지급하는 경우에는 그 초과기간에 대하여 연 100분의 40 이내에서 「은행법」에 따른 은행이 적용하는 연체금리 등 경제사정을 고려하여 공정거래위원회가 정하여 고시하는 이율에 따른 이자를 지급하여야 한다. <개정 2010. 5. 17.>

[전문개정 2009. 4. 1.]

📖 목   차

I. 관세 등 환급액의 지급

원사업자가 수출할 물품을 수급사업자에게 제조위탁하거나 용역위탁한 경우 「수출용원재료에 대한 관세 등 환급에 관한 특례법」에 따라 관세 등을 환급받은 경우에는 환급받은 날부터 15일 이내에 그 받은 내용에 따라 이를 수급사업자에게 지급하여야 한다(법 제15조 제1항). 수입원재료를 사용하게 되면 위 특례법에 따라 수입시 납부하였던 관세 등을 환급받게 된다.

제1항에도 불구하고 수급사업자에게 책임을 돌릴 사유가 없으면 목적물등의 수령일부터 60일 이내에 수급사업자에게 관세 등 환급상당액을 지급하여야 한다(법 제15조 제2항).

Ⅱ. 지연이자의 지급

　　원사업자가 관세 등 환급상당액을 제1항과 제2항에서 정한 기한이 지난 후에 지급하는 경우에는 그 초과기간에 대하여 연 100분의 40 이내에서 「은행법」에 따른 은행이 적용하는 연체금리 등 경제사정을 고려하여 공정거래위원회가 정하여 고시하는 이율에 따른 이자를 지급하여야 한다(법 제15조 제3항).

　　관세 등 환급액의 지연지급에 해당되지 않는 경우를 「하도급거래공정화지침」에서는 다음과 같이 예시하고 있다(Ⅲ. 15).

가. 수급사업자가 기초원재료납세증명서 등 관세 환급에 필요한 서류를 원사업자에게 인도하지 아니하거나 지연하여 인도한 경우

나. 기초원재료납세증명서 등 관세 환급에 필요한 서류상의 기재내용이 실거래와 상이하여 관세 환급을 받을 수 없는 경우

다. 수급사업자가 직접 관세 등을 환급받는 경우에는 수급사업자로부터 관세 등 환급에 필요한 환급위임장의 발급을 요청받았을 때 원사업자가 이를 지체 없이 발급해 준 경우

제16조(설계변경 등에 따른 하도급대금의 조정)

① 원사업자는 제조등의 위탁을 한 후에 다음 각 호의 경우에 모두 해당하는 때에는 그가 발주자로부터 증액받은 계약금액의 내용과 비율에 따라 하도급대금을 증액하여야 한다. 다만, 원사업자가 발주자로부터 계약금액을 감액받은 경우에는 그 내용과 비율에 따라 하도급대금을 감액할 수 있다. <개정 2010. 1. 25.>

　1. 설계변경 또는 경제상황의 변동 등을 이유로 계약금액이 증액되는 경우

　2. 제1호와 같은 이유로 목적물등의 완성 또는 완료에 추가비용이 들 경우

② 제1항에 따라 하도급대금을 증액 또는 감액할 경우, 원사업자는 발주자로부터 계약금액을 증액 또는 감액받은 날부터 15일 이내에 발주자로부터 증액 또는 감액받은 사유와 내용을 해당 수급사업자에게 통지하여야 한다. 다만, 발주자가 그 사유와 내용을 해당 수급사업자에게 직접 통지한 경우에는 그러하지 아니하다. <신설 2010. 1. 25.>

③ 제1항에 따른 하도급대금의 증액 또는 감액은 원사업자가 발주자로부터 계약금액을 증액 또는 감액받은 날부터 30일 이내에 하여야 한다. <개정 2010. 1. 25.>

④ 원사업자가 제1항의 계약금액 증액에 따라 발주자로부터 추가금액을 지급받은 날부터 15일이 지난 후에 추가 하도급대금을 지급하는 경우의 이자에 관하여는 제13조제8항을 준용하고, 추가 하도급대금을 어음 또는 어음대체결제수단을 이용하여 지급하는 경우의 어음할인료·수수료의 지급 및 어음할인율·수수료율에 관하여는 제13조제6항·제7항·제9항 및 제10항을 준용한다. 이 경우 "목적물등의 수령일부터 60일"은 "추가금액을 받은 날부터 15일"로 본다. <개정 2010. 1. 25.>

[전문개정 2009. 4. 1.]

 목 차

[참고사례]

　삼익건설(주)와 (주)한일기업의 하도급공사 건[대전고등법원 2000. 3. 24. 선고 99나3110 판결; 대법원 2000. 7. 28. 선고 2000다20434(공사대금) 판결]; (주)한진중공업과 (주)한신스틸콘의 하도급공사 건[서울고등법원 2005. 10. 28. 선고 2004나74424 판결; 대

법원 2007. 5. 31. 선고 2005다74344(중재판정취소의소) 판결]; 낙원건설(주)의 불공정하
도급거래행위 건(공정거래위원회 2009. 9. 18. 제2009-194호; 서울고등법원 2010. 10.
13. 선고 2009누31429 판결; 대법원 2012. 1. 27. 선고 2010두24050 판결); **현대건설(주)**
및 한신공영(주)의 불공정하도급거래행위 건[공정거래위원회 2018. 10. 30. 의결 제2018-
324호]; 서울고등법원 2019. 5. 30. 2019누36966 판결; 대법원 2019. 9. 26. 선고 2019
두44224(심리불속행 기각) 판결]; **대림산업의 불공정하도급거래행위 건**[공정거래위원회
2018. 4. 11. 의결 제2018-125호; 서울고등법원 2019. 1. 31. 선고 2018누46386 판결;
대법원 2019. 6. 19. 선고 2019두37165(심리불속행 기각) 판결]

I. 설계변경 등에 따른 하도급대금 증액의무

원사업자는 제조등의 위탁을 한 후에 ① 설계변경 또는 경제상황의 변동 등
을 이유로 계약금액이 증액되는 경우(제1호), ② 제1호와 같은 이유로 목적물등
의 완성 또는 완료에 추가비용이 들 경우(제2호)에 모두 해당하는 때에는 그가
발주자로부터 증액받은 계약금액의 내용과 비율에 따라 하도급대금을 증액하여
야 한다. 다만, 원사업자가 발주자로부터 계약금액을 감액받은 경우에는 그 내용
과 비율에 따라 하도급대금을 감액할 수 있다(법 제16조 제1항). 증액의 경우에만
제1항 각 호의 사유가 적용되는 것으로 해석될 여지가 있으나 수급사업자 보호
의 취지상 감액의 경우에도 제1항 각호의 사유에 해당해야 가능한 것으로 해석
할 필요가 있다.

본 조는 하수급인의 보호를 위한 규정으로서 원도급금액을 초과하여 하도급
금액을 정하고 이를 지급하는 것 자체를 금지하는 취지는 아니다<(주)한진중공
업과 (주)한신스틸콘의 하도급공사 건>.[1]

법원이 법위반을 인정하지 않은 사례는 다음과 같다.

> "공종별 개개공사내역의 수량변동이 아닌 순공사비 총액을 기준으로 정산하기로 하
> 는 특약이 하도급법 제16조 제1항을 위배하거나 이를 우회하여 하도급법 제11조 제
> 1항을 면탈하기 위한 것이라고 볼 수 없고, 공사대금을 정산함에 있어서는 유효한
> 이 사건 특약을 우선 적용하여야 함"<낙원건설의 불공정하도급거래행위 건>[2]

---

1) 대법원 2007. 5. 31. 2005다74344(중재판정취소의소).
2) 서고판 2010. 10. 13. 2009누31429(대판 2012. 1. 27. 2010두24050).

공동수급체인 경우 대표사만 책임을 지는지에 대하여 법원은 공동책임을 인정하였다<현대건설(주) 및 한신공영(주)의 불공정하도급거래행위 건>.[3]

조정기준에 대하여 「하도급거래공정화지침」에서는 다음과 같이 규정하고 있다(III. 16).

가. 원사업자가 발주자로부터 설계변경 등에 따른 하도급대금의 조정을 받은 경우 추가금액의 내용과 비율이 명확한 경우에는 그 내용과 비율에 따라 수급사업자에게 지급하여야 하고, 내용이 불명확한 경우에는 발주자가 지급한 평균비율을 적용 지급하여야 한다.

나. 원사업자가 발주자로부터 물가변동 등 경제상황의 변동에 따른 하도급대금의 조정을 받은 경우, 하도급계약이 발주자로부터 조정받기 이전에 체결되었다 하더라도 발주자로부터 조정 받은 기준시점 이후 잔여공사에 대하여 수급사업자에게 대금을 조정해준 경우에는 적법한 것으로 본다.

다. 발주자로부터 조정 받은 기준시점 이후에 체결된 하도급계약분에 대하여는 수급사업자에게 대금을 조정해 주지 않아도 적법하다, 다만, 조정기준시점 이전에 이미 선시공 등 사실상 하도급거래가 있었다는 객관적인 사실이 입증되는 경우에는 상기 "가"항에 따라 적용한다.

라. 원사업자가 발주자로부터 물가변동과 관련 추가금액을 지급받고도 원사업자와 수급사업자간 약정이나 국가를 당사자로 하는 계약에 관란 법률 시행령 제64조(물가변동으로 인한 계약금액의 조정)를 이유로 조정해주지 않은 경우에는 법 위반행위로 본다.

마. 물가변동과 관련 발주자로부터 조정 받은 추가금액을 수급사업자에게 조정해 주는데 있어서 물가변동 조정기준시점이전에 지급한 선급금은 물가변동 조정대상금액에서 제외할 수 있다.

바. 원사업자가 발주자로부터 물가변동 등의 이유로 추가금액을 지급받은 때, 일부 공종에 있어 하도급금액이 원도급금액을 상회한 경우에도 하도급금액을 기준으로 증액해 주어야 한다.

---

1. 조정사유와 내용의 통지의무

제1항에 따라 하도급대금을 증액 또는 감액할 경우, 원사업자는 발주자로부터 계약금액을 증액 또는 감액받은 날부터 15일 이내에 발주자로부터 증액 또는 감액받은 사유와 내용을 해당 수급사업자에게 통지하여야 한다. 다만, 발주자가

---

3) 서고판 2019. 5. 30. 2019누36966(대판 2019. 9. 26. 2019두44242)

그 사유와 내용을 해당 수급사업자에게 직접 통지한 경우에는 그러하지 아니하다(법 제16조 제2항).

공정거래위원회는 본 조의 법적 성격을 다음과 같이 판단한다.

> "법 제16조 제2항의 통지의무는 동 조 제3항의 하도급대금 조정의무와는 구별되는 독립적인 절차규정으로서 수급사업자가 설계변경 등으로 인한 하도급대금 조정이 이루어지기 전에 그 사유 및 내용에 대한 충분한 정보를 제공받아 불이익한 하도급대금 조정행위에 대비할 수 있도록 하기 위한 조항이므로 제3항의 준수 여부가 제2항의 위법성을 조각시키는 사유가 될 수 없음"<대림산업(주)의 불공정하도급거래행위 건>[4]

따라서 하도급법 제16조 제2항의 통지는 도급변경계약이 체결되기 전에 논의나 협의를 하였다 해도 통지의무를 다하였다 볼 수 없고, 추후 설계변경에 따라 반영되어야 할 사항을 미리 수급사업자에게 지시하고 기성금을 지급하였다 해도 마찬가지이며, 원사업자와 발주자 사이에서 도급변경계약이 체결되어 그 내용이 확정된 후에 이루어져야 한다<대림산업의 불공정하도급거래행위 건>.[5]

제1항에 따른 하도급대금의 증액 또는 감액은 원사업자가 발주자로부터 계약금액을 증액 또는 감액받은 날부터 30일 이내에 하여야 한다(법 제16조 제3항).

2. 지연이자 등 준용규정

원사업자가 제1항의 계약금액 증액에 따라 발주자로부터 추가금액을 지급받은 날부터 15일이 지난 후에 추가 하도급대금을 지급하는 경우의 이자에 관하여는 제13조 제8항을 준용하고, 추가 하도급대금을 어음 또는 어음대체결제수단을 이용하여 지급하는 경우의 어음할인료·수수료의 지급 및 어음할인율·수수료율에 관하여는 제13조 제6항·7항·9항 및 제10항을 준용한다. 이 경우 "목적물등의 수령일부터 60일"은 "추가금액을 받은 날부터 15일"로 본다(법 제16조 제4항).

---

4) 공정의 2018. 4. 11. 2018-125.
5) 서고판 2019. 1. 31. 2018누46386(대판 2019. 6. 19. 2019두37165).

II. 법 위반 행위의 사법적 효력

법위반 행위의 사법적 효력에 대하여 법원은 다음과 같이 판단한다.

> "하도급법은 그 조항에 위반된 하도급약정의 효력에 관하여는 아무런 규정을 두지 않는 반면 위의 조항을 위반한 원사업자를 벌금형에 처하도록 하면서 그 조항 위반행위 중 일정한 경우만을 공정거래위원회에서 조사하게 하여 그 위원회로 하여금 그 결과에 따라 하도급분쟁조정협의회에 조정 등을 요청하게 하거나 원사업자에게 통지·최고하게 하거나 그 위반행위의 신고를 각하 또는 기각하게 하도록 규정하고 있을 뿐이어서 그 조항은 그에 위배한 하도급인과 하수급인 간의 계약의 사법상의 효력을 부인하는 조항이라고 볼 것은 아님"(<삼익건설(주)와 (주)한일기업의 하도급공사 건>,[6] <낙원건설(주)의 불공정하도급거래행위 건>)[7]

---

6) 대판 2000. 7. 28. 2000다20434(공사대금). 이에 대하여 하도급법 입법목적 및 법 제16조 제1항의 규정내용에 비추어 볼 때 강행규정(효력규정)으로 보아 하도급대금 조정의무에 위반된 약정부분의 사법상 효력을 무효로 하는 것이 타당하다는 주장이 있다. 오승돈, 141면.

7) 서고판 2010. 10. 13. 2009누31429(대판 2012. 1. 27. 2010두24050). 이 사건 하도급대금을 정산함에 있어서는 유효한 이 사건 특약(원도급계약의 공사대금 중 이 사건 하도급공사에 해당하는 순공사비 총액에 85.95%를 적용해 산정한 금액을 기준으로 정산하기로 특약)을 법 제16조 제1항에 우선하여 적용하여야 한다.

제16조의2(공급원가등의 변동에 따른 하도급대금의 조정)

① 수급사업자는 제조등의 위탁을 받은 후 다음 각 호의 어느 하나에 해당하여 하도급 대금의 조정(調整)이 불가피한 경우에는 원사업자에게 하도급대금의 조정을 신청할 수 있다. <개정 2018. 1. 16., 2019. 11. 26., 2022. 1. 11.>

1. 목적물등의 공급원가가 변동되는 경우
2. 수급사업자의 책임으로 돌릴 수 없는 사유로 목적물등의 납품등 시기가 지연되어 관리비 등 공급원가 외의 비용이 변동되는 경우
3. 목적물등의 공급원가 또는 그 밖의 비용이 하락할 것으로 예상하여 계약기간 경과에 따라 단계적으로 하도급대금을 인하하는 내용의 계약을 체결하였으나 원사업자가 목적물등의 물량이나 규모를 축소하는 등 수급사업자의 책임이 없는 사유로 공급원가 또는 그 밖의 비용이 하락하지 아니하거나 그 하락률이 하도급대금 인하 비율보다 낮은 경우

② 「중소기업협동조합법」 제3조제1항제1호 또는 제2호에 따른 중소기업협동조합(이하 "조합"이라 한다)은 목적물등의 공급원가가 대통령령으로 정하는 기준 이상으로 변동된 경우에는 조합원인 수급사업자의 신청을 받아 대통령령으로 정하는 원사업자와 하도급대금의 조정을 위한 협의를 할 수 있다. 다만, 원사업자와 수급사업자가 같은 조합의 조합원인 경우에는 그러하지 아니하다. <개정 2013. 5. 28., 2018. 1. 16., 2022. 1. 11.>

③ 제2항 본문에 따른 신청을 받은 조합은 신청받은 날부터 20일 이내에 원사업자에게 하도급대금의 조정을 신청하여야 한다. 다만, 조합이 해당 기간 내에 제4항에 따라 「중소기업협동조합법」 제3조제1항제4호에 따른 중소기업중앙회(이하 "중앙회"라 한다)에 조정을 위한 협의를 신청한 경우에는 그러하지 아니하다. <개정 2013. 5. 28., 2016. 3. 29., 2022. 1. 11.>

④ 조합은 제3항 본문에 따라 원사업자에게 하도급대금의 조정을 신청하기 전이나 신청한 후에 필요하다고 인정되면 수급사업자의 동의를 받아 중앙회에 원사업자와 하도급대금 조정을 위한 협의를 하여 줄 것을 신청할 수 있다. <신설 2022. 1. 11.>

⑤ 제4항에 따른 신청을 받은 중앙회는 그 신청을 받은 날부터 15일 이내에 원사업자에게 하도급대금의 조정을 신청하여야 한다. <신설 2022. 1. 11.>

⑥ 제1항에 따라 하도급대금 조정을 신청한 수급사업자가 제2항에 따른 조정협의를 신청한 경우 제1항에 따른 신청은 철회된 것으로 보며, 제3항 본문에 따라 하도급대금 조정을 신청한 조합이 제4항에 따른 조정협의를 신청한 경우 제3항 본문에 따른 신청은 철회된 것으로 본다. <신설 2022. 1. 11.>

⑦ 제1항, 제3항 본문 또는 제5항에 따른 조정협의가 완료된 경우 수급사업자, 조합 또

는 중앙회는 사정변경이 없는 한 동일한 사유를 들어 제1항부터 제5항까지의 규정에 따른 조정 신청을 다시 할 수 없다. <개정 2013. 5. 28., 2022. 1. 11.>

⑧ 제2항 또는 제4항에 따른 신청을 받은 조합 또는 중앙회는 납품 중단을 결의하는 등 부당하게 경쟁을 제한하거나 부당하게 사업자의 사업내용 또는 활동을 제한하는 행위를 하여서는 아니 된다 <개정 2013. 5. 28., 2022. 1. 11

⑨ 제2항 본문 및 제3항 본문에 따른 수급사업자의 신청 및 조합의 협의 절차·방법, 제4항 및 제5항에 따른 조합의 신청 및 중앙회의 협의 절차·방법 등에 관하여 필요한 사항은 대통령령으로 정한다. <개정 2022. 1. 11.>

⑩ 원사업자는 제1항, 제3항 본문 또는 제5항에 따른 신청이 있은 날부터 10일 안에 조정을 신청한 수급사업자, 조합 또는 중앙회와 하도급대금 조정을 위한 협의를 개시하여야 하며, 정당한 사유 없이 협의를 거부하거나 게을리하여서는 아니 된다. <신설 2013. 5. 28., 2022. 1. 11.>

⑪ 원사업자 또는 수급사업자(제3항 본문 또는 제5항에 따른 조정협의의 경우 조합 또는 중앙회를 포함한다. 이하 이 항에서 같다)는 다음 각 호의 어느 하나에 해당하는 경우 제24조에 따른 하도급분쟁조정협의회에 조정을 신청할 수 있다. 다만, 조합 또는 중앙회는 중앙회에 설치된 하도급분쟁조정협의회에 조정을 신청할 수 없다. <신설 2013. 5. 28., 2022. 1. 11.>

1. 제1항, 제3항 본문 또는 제5항에 따른 신청이 있은 날부터 10일이 지난 후에도 원사업자가 하도급대금의 조정을 위한 협의를 개시하지 아니한 경우

2. 제1항, 제3항 본문 또는 제5항에 따른 신청이 있은 날부터 30일 안에 하도급대금의 조정에 관한 합의에 도달하지 아니한 경우

3. 제1항, 제3항 본문 또는 제5항에 따른 신청으로 인한 협의개시 후 원사업자 또는 수급사업자가 협의 중단의 의사를 밝힌 경우 등 대통령령으로 정하는 사유로 합의에 도달하지 못할 것이 명백히 예상되는 경우

[본조신설 2009. 4. 1.]
[제목개정 2018. 1. 16., 2019. 11. 26.]

📒 목　차

I. 공급가격변동 등에 따른 대금조정 신청권

수급사업자는 제조등의 위탁을 받은 후 ① 목적물등의 공급원가[1]가 변동되는 경우(제1호), ② 수급사업자의 책임으로 돌릴 수 없는 사유로 목적물등의 납품등 시기가 지연되어 관리비 등 공급원가외의 비용이 변동된 경우(제2호), ③ 목적물등의 공급원가 또는 그 밖의 비용이 하락할 것으로 예상하여 계약기간 경과에 따라 단계적으로 하도급대금을 인하하는 내용의 계약을 체결하였으나 원사업자가 목적물등의 물량이나 규모를 축소하는 등 수급사업자의 책임이 없는 사유로 공급원가 또는 그 밖의 비용이 하락하지 아니하거나 그 하락률이 하도급대금 인하 비율보다 낮은 경우(제3호)의 어느 하나에 해당하여 하도급대금의 조정(調整)이 불가피한 경우에는 원사업자에게 하도급대금의 조정을 신청할 수 있다(법 제16조의2 제1항). 본 규정을 둔 것은 원·수급사업자 간 교섭력의 차이로 인해 자율적인 납품단가 조정협의가 구조적으로 어려운 것이 현실이기 때문이다.

종전 하도급법은 하도급 계약 체결 이후 원사업자에 대해 수급사업자나 중소기업협동 조합이 하도급대금을 조정해 달라고 신청·협의할 수 있는 요건으로 '원재료 가격변동'만 반영되어 있었다. 이로 인해, 최저임금의 인상 등으로 하도급대금의 상당한 비중을 차지하는 노무비가 상승하거나, 공공요금의 인상 등에 따른 경비가 증가하는 경우는 하도급대금의 조정 신청·협의 대상에 포함되어 있지 않았다. 이러한 문제를 개선하기 위해 2018. 1. 16. 하도급법 개정을 통하여 하도급대금의 조정 신청·협의 요건을 '공급원가 변동'으로 확대함으로써 원재료 가격 이외에 노무비·경비 등의 변동도 그 요건이 되도록 하였다.[2] 2022. 1. 11. 하도급법 개정시 제3호가 추가되었다.

공사기간이 연장되거나 납품시기가 늦어지면, 원사업자가 하도급대금을 올려주거나 하도급업체가 원사업자에게 조정신청을 할 수 있게 2019. 10. 31. 법이 개정되었다.

---

1) 제9조의2(조합의 하도급대금 조정협의 등) ① 법 제16조의2제1항 및 제2항을 적용할 때 공급원가는 재료비, 노무비, 경비 등 수급사업자가 목적물등을 제조·수리·시공하거나 용역을 수행하는데 소요되는 비용으로 한다.

2) 공정거래백서(2018), 16면; 부칙 제2조(목적물등의 공급원가 변동에 따른 하도급대금 조정 신청 등에 관한 적용례) 제3조 및 제16조의2의 개정규정은 이 법 시행 이후 최초로 체결·변경·갱신되는 하도급계약부터 적용한다.

　　한편 하도급대금 조정신청 제도는 공급원가나 관리비 등이 '인상'된 경우를 예정하고 있어, 약정 씨알(이하 'CR')[3]과 같이 원가절감을 전제로 단계적으로 단가를 인하하는 약정에는 활용하기 곤란한 문제가 있었다. 재료비 등이 인상되지 않았더라도 당초 예상보다 납품 물량이 현저히 줄어 원가절감이 이루어지지 않은 경우, 약정 CR 계약 내용대로 단가를 인하하면 하도급업체가 손해를 볼 수도 있다.

　　이에 2022. 1. 11. 법 개정시 원가절감을 전제로 단계적으로 단가를 인하하는 약정을 체결한 후에 납품 물량 변동 등 하도급업체의 책임 없는 사유로 공급원가 등이 예상만큼 하락하지 않은 경우도 조정신청 사유에 포함하였다.[4]

II. 중소기업협동조합의 대금조정 협의권

　　「중소기업협동조합법」 제3조 제1항 제1호 또는 제2호에 따른 중소기업협동조합(이하 "조합")은 목적물등의 공급원가가 *대통령령*[5]으로 정하는 기준 이상으로 변동된 경우에는 조합원인 수급사업자의 신청을 받아 *대통령령*[6]으로 정하는 원

---

3) 약정 CR(Cost Reduction) : 하도급업체가 연도별 단가인하율을 제출하면 이에 따라 단가를 인하하는 내용으로 약정하는 것으로 자동차 업계 등에서 광범위하게 사용됨.

4) 이상 공정거래위원회 보도자료(2021. 12. 9).

5) 제9조의2(조합의 하도급대금 조정협의 등) ② 법 제16조의2제2항 본문에서 "대통령령으로 정하는 기준"이란 다음 각 호의 어느 하나에 해당하는 기준을 말한다. 이 경우 변동비율의 기준이 되는 재료비, 노무비, 경비 등의 기준일은 하도급계약을 체결한 날(하도급계약 체결 후에 계약금액을 조정한 경우에는 직전 조정한 날을 말하고, 경쟁입찰에 따라 하도급계약을 체결한 경우에는 입찰한 날을 말함) <u>1. 특정 원재료에 소요되는 재료비가 하도급 계약금액의 10퍼센트 이상을 차지하고 그 원재료 가격이 변동된 경우: 10퍼센트 2. 원재료의 가격 상승에 따라 재료비가 변동된 경우: 나머지 목적물등에 해당하는 하도급대금의 3퍼센트 3. 노무비가 하도급 계약금액의 10퍼센트 이상을 차지하는 경우로서 「최저임금법」 제10조에 따라 고용노동부장관이 고시하는 최저임금이 변동된 경우: 최근 3년간의 평균 최저임금 상승률. 다만, 최근 3년간의 평균 최저임금 상승률이 7퍼센트를 넘는 경우에는 7퍼센트로 한다. 4. 임금상승에 따라 노무비가 변동된 경우: 나머지 목적물등에 해당하는 하도급대금의 3퍼센트 5. 공공요금, 운임, 임차료, 보험료, 수수료 및 이에 준하는 비용 상승에 따라 경비가 변동된 경우: 나머지 목적물등에 해당하는 하도급대금의 3퍼센트</u>

6) 제9조의2(조합의 하도급대금 조정협의 등) ③ 법 제16조의2제2항 본문에서 "대통령령으로 정하는 원사업자"란 원사업자 중 다음 각 호의 어느 하나에 해당하는 자를 말한다. <u>1. 「독점규제 및 공정거래에 관한 법률」 제8조의3에 따른 상호출자제한기업집단에 속하는 회사 2. 「중견기업 성장촉진 및 경쟁력 강화에 관한 특별법」 제2조제1호에 따른 중견기업</u> ④ 삭제 <2021. 1. 12.> ⑤ 삭제 <2021. 1. 12.>

사업자와 하도급대금의 조정을 위한 협의를 할 수 있다. 다만, 원사업자와 수급사업자가 같은 조합의 조합원인 경우에는 그러하지 아니하다(법 제16조의2 제2항).[7]

이에 따라「중소기업협동조합법」제35조(업무) 제1항 제13호에서는 '「하도급법」에 따른 원사업자와 조합원인 수급사업자 간의 하도급대금 협의 및 조정 지원'을 규정하고 있다.

1. 신청 기한

제2항 본문에 따른 신청을 받은 조합은 신청받은 날부터 20일 이내에 원사업자에게 하도급대금의 조정을 신청하여야 한다. 다만, 조합이 해당 기간 내에 제4항에 따라「중소기업협동조합법」제3조 제1항 제4호에 따른 중소기업중앙회(이하 "중앙회")에 조정을 위한 협의를 신청한 경우에는 그러하지 아니하다(법 제16조의2 제3항).

2. 조합의 협의 신청

조합은 제3항 본문에 따라 원사업자에게 하도급대금의 조정을 신청하기 전이나 신청한 후에 필요하다고 인정되면 수급사업자의 동의를 받아 중앙회에 원사업자와 하도급대금 조정을 위한 협의를 하여 줄 것을 신청할 수 있다(법 제16조의2 제4항).

원자재비 등 공급원가가 인상되면 하도급업체가 직접 또는 중소기업협동조합을 통해 원사업자에게 하도급대금 조정을 신청할 수 있으나, 중소기업협동조합을 통한 조정은 협상력 제고 효과가 미미하였다.

이에 2022. 1. 11. 법 개정을 통하여 조정을 신청한 수급사업자가 동의하면

---

7) 제9조의2(조합의 하도급대금 조정협의 등)⑥ 법 제16조의2제2항 본문에 따른 신청을 하는 수급사업자는 신청서에 다음 각 호의 서류를 첨부하여 자신이 조합원으로 소속되어 있는 조합에 제출해야 한다. 1. 제2항의 요건을 충족하였음을 확인할 수 있는 서류 2. 하도급계약서 사본(계약금액이 조정된 경우에는 이를 확인할 수 있는 서류를 포함한다) 3. 경쟁입찰에 따라 하도급계약을 체결한 경우에는 이를 확인할 수 있는 서류 4. 그 밖에 원사업자와의 하도급대금 조정에 필요한 서류 ⑦ 법 제16조의2제2항 본문에 따라 조합이 원사업자와 하도급대금의 조정을 위한 협의를 하려는 경우에는 총회 또는 이사회의 의결을 거쳐야 하며, 다음 각 호의 서류를 첨부하여 원사업자에게 제출하여야 한다. 1. 제6항제1호부터 제4호까지의 서류 2. 총회 또는 이사회의 의사록 사본 3. 조합원 중 제2항의 요건을 충족하는 수급사업자 목록 4. 삭제 <2013. 11. 27.> 5. 삭제 <2013. 11. 27.> 6. 삭제.

중소기업중앙회가 하도급대금 조정 협의를 할 수 있도록 하였다. 중소기업중앙
회는 중소기업 관련 연구 및 조사 기능을 수행하고, 표준 원가센터를 운영하는
등 대금 조정 협의에 대한 전문성을 보유하고 있기 때문이다.[8]

3. 중앙회의 조정신청

제4항에 따른 신청을 받은 중앙회는 그 신청을 받은 날부터 15일 이내에 원
사업자에게 하도급대금의 조정을 신청하여야 한다(법 제16조의2 제5항).

4. 신청의 우선순위

제1항에 따라 하도급대금 조정을 신청한 수급사업자가 제2항에 따른 조정
협의를 신청한 경우 제1항에 따른 신청은 철회된 것으로 보며, 제3항 본문에 따
라 하도급대금 조정을 신청한 조합이 제4항에 따른 조정협의를 신청한 경우 제3
항 본문에 따른 신청은 철회된 것으로 본다(법 제16조의2 제6항).

5. 동일사유 조정신청 금지

제1항, 제3항 본문 또는 제5항에 따른 조정협의가 완료된 경우 수급사업자,
조합 또는 중앙회는 사정변경이 없는 한 동일한 사유를 들어 제1항부터 제5항까
지의 규정에 따른 조정 신청을 다시 할 수 없다(법 제16조의2 제7항).

6. 불공정거래행위의 금지

제2항 또는 제4항에 따른 신청을 받은 조합 또는 중앙회는 납품 중단을 결
의하는 등 부당하게 경쟁을 제한하거나 부당하게 사업자의 사업내용 또는 활동
을 제한하는 행위를 하여서는 아니 된다(법 제16조의2 제8항).

---

8) 이상 공정거래위원회 보도자료(2021. 12. 9).

7. 조정신청 및 협의 절차

제2항 본문 및 제3항 본문에 따른 수급사업자의 신청 및 조합의 협의 절차·
방법, 제4항 및 제5항에 따른 조합의 신청 및 중앙회의 협의 절차·방법 등에 관
하여 필요한 사항은 *대통령령*으로 정한다(법 제16조의2 제9항).

8. 원사업자의 협의개시 의무

원사업자는 제1항, 제3항 본문 또는 제5항에 따른 신청이 있은 날부터 10일
안에 조정을 신청한 수급사업자, 조합 또는 중앙회와 하도급대금 조정을 위한
협의를 개시하여야 하며, 정당한 사유 없이 협의를 거부하거나 게을리하여서는
아니 된다(법 제16조의2 제10항).

Ⅲ. 분쟁조정협의회 조정신청

원사업자 또는 수급사업자(제3항 본문 또는 제5항에 따른 조정협의의 경우 조
합 또는 중앙회를 포함)는 ① 제1항, 제3항 본문 또는 제5항에 따른 신청이 있은
날부터 10일이 지난 후에도 원사업자가 하도급대금의 조정을 위한 협의를 개시
하지 아니한 경우(제1호), ② 제1항, 제3항 본문 또는 제5항에 따른 신청이 있은
날부터 30일 안에 하도급대금의 조정에 관한 합의에 도달하지 아니한 경우(제2
호), ③ 제1항, 제3항 본문 또는 제5항에 따른 신청으로 인한 협의개시 후 원사
업자 또는 수급사업자가 협의 중단의 의사를 밝힌 경우(제3호) 등 *대통령령*으로
정하는 사유로 합의에 도달하지 못할 것이 명백히 예상되는 경우의 어느 하나에
해당하는 경우 제24조에 따른 하도급분쟁조정협의회에 조정을 신청할 수 있다.
다만, 조합 또는 중앙회는 중앙회에 설치된 하도급분쟁조정협의회에 조정을 신
청할 수 없다(법 제16조의2 제11항).

참고로 공정거래위원회는 「원재료 가격변동으로 인한 하도급대금 조정협의
가이드라인」(2014. 1. 1.)을 운영하고 있다.

IV. 납품단가 연동제의 추진

'납품단가 연동제'란 원사업자와 수급사업자 또는 위탁기업과 수탁기업간 계약기간에 원자재 등의 가격이 변동할 경우, 이를 납품단가에 반영하도록 하는 제도를 말한다.

2008년 출범한 이명박 정부 당시 원자재가격이 지속적으로 급등하는 상황에서 중소기업 업계로부터 납품대금 연동제 도입의 필요성이 강하게 주장되었으나, 반대의견에 부딪쳐 입법화되지 못하고 그 대안으로 2009. 3. 하도급법에 납품대금 조정협의 의무제가 도입이 되었다. 그 이후에도 몇 차례 제도내용이 강화되었으나 실효성이 없었다.

최근 COVID-19, 러시아의 우크라이나 침공 등으로 원자재가격이 상승하자 2022년 대통령선거 과정에서 중소기업 업계로 부터 납품대금 연동제 도입이 다시 제기가 되었다. 결국 윤석열 정부 출범후인 2023. 1. 대·중소기업 상생협력 촉진에 관한 법률(상생협력법)[9]에 납품가격 연동제가 도입되어 시행을 앞두고 있으며, 후속으로 하도급법 개정도 추진되고 있다.

---

9) 제2조(정의) 12. "주요 원재료"란 수탁·위탁거래에서 물품등의 제조에 사용되는 원재료로서 그 비용이 납품대금의 100분의 10 이상인 원재료를 말한다. 13. "납품대금 연동"이란 주요 원재료의 가격이 위탁기업과 수탁기업이 100분의 10 이내의 범위에서 협의하여 정한 비율 이상 변동하는 경우 그 변동분에 연동하여 납품대금을 조정하는 것을 말한다.
제21조(약정서의 발급) ① 위탁기업이 수탁기업에 물품등의 제조를 위탁할 때에는 지체 없이 다음 각 호의 사항을 적은 약정서를 그 수탁기업에 발급하여야 한다. 1. 위탁의 내용 2. 납품대금(지급 방법 및 지급기일을 포함한다) 3. 납품한 물품등의 검사 방법 4. 납품대금 연동의 대상인 물품등의 명칭, 주요 원재료, 조정요건, 기준 지표 및 산식 등 납품대금 연동에 관한 사항으로서 대통령령으로 정하는 사항 5. 그 밖에 약정서에 적어야 할 사항으로서 대통령령으로 정하는 사항 ② 위탁기업은 약정서에 제1항제4호의 사항을 적기 위하여 수탁기업과 성실히 협의하여야 한다. ③ 위탁기업은 다음 각 호의 어느 하나에 해당하는 경우 제1항제4호의 사항을 약정서에 적지 아니할 수 있다. 다만, 제4호의 경우에는 위탁기업과 수탁기업이 그 취지와 사유를 약정서에 분명하게 적어야 한다. 1. 위탁기업이 「중소기업기본법」 제2조제2항에 따른 소기업에 해당하는 경우 2. 수탁·위탁거래의 기간이 90일 이내의 범위에서 대통령령으로 정하는 기간 이내인 경우 3. 납품대금이 1억원 이하의 범위에서 대통령령으로 정하는 금액 이하인 경우 4. 위탁기업과 수탁기업이 납품대금 연동을 하지 아니하기로 합의한 경우 ④ 위탁기업은 납품대금 연동과 관련하여 수탁·위탁거래에 관한 거래상 지위를 남용하거나 거짓 또는 그 밖의 부정한 방법으로 이 조의 적용을 피하려는 행위를 하여서는 아니 된다.

제17조(부당한 대물변제의 금지)

① 원사업자는 하도급대금을 물품으로 지급하여서는 아니 된다. 다만, 다음 각 호의 어느 하나에 해당하는 사유가 있는 경우에는 그러하지 아니하다. <개정 2013. 8. 13., 2017. 4. 18.>

　1. 원사업자가 발행한 어음 또는 수표가 부도로 되거나 은행과의 당좌거래가 정지 또는 금지된 경우

　2. 원사업자에 대한 「채무자 회생 및 파산에 관한 법률」에 따른 파산신청, 회생절차개시 또는 간이회생절차개시의 신청이 있은 경우

　3. 그 밖에 원사업자가 하도급대금을 물품으로 지급할 수밖에 없다고 인정되는 대통령령으로 정하는 사유가 발생하고, 수급사업자의 요청이 있는 경우

② 원사업자는 제1항 단서에 따른 대물변제를 하기 전에 소유권, 담보제공 등 물품의 권리·의무 관계를 확인할 수 있는 자료를 수급사업자에게 제시하여야 한다. <신설 2013. 8. 13., 2017. 4. 18.>

③ 물품의 종류에 따라 제시하여야 할 자료, 자료제시의 방법 및 절차 등 그 밖에 필요한 사항은 대통령령으로 정한다. <신설 2013. 8. 13.>

[전문개정 2009. 4. 1.]

 목　차

[참고사례]

　(주)동일 외 1인과 한양전기(주)의 하도급공사 건[부산고등법원 2001. 4. 12. 선고 99나13515 판결; 대법원 2003. 5. 16. 선고 2001다27470(보증금) 판결]

Ⅰ. 대물변제의 금지

　원사업자는 하도급대금을 물품으로 지급하여서는 아니 된다. 다만, ① 원사업자가 발행한 어음 또는 수표가 부도로 되거나 은행과의 당좌거래가 정지 또는 금지된

경우(제1호), ② 원사업자에 대한 「채무자 회생 및 파산에 관한 법률」에 따른 파산신청, 회생절차개시 또는 간이회생절차개시의 신청이 있는 경우(제2호), ③ 그 밖에 원사업자가 하도급대금을 물품으로 지급할 수밖에 없다고 인정되는 *대통령령1)*으로 정하는 사유가 발생하고, 수급사업자의 요청이 있는 경우(제3호)의 어느 하나에 해당하는 사유가 있는 경우에는 그러하지 아니하다(법 제17조 제1항).

　　종전 규정2)에 의하면 의사에 반한 대물변제만 금지되었으나, 2017. 4. 18. 개정법에서는 원칙적으로 대물면제를 금지하고 예외적으로 인정하고 있다.

1. 선급금의 해당여부

　　공사도급계약에 있어서 수수되는 이른바 선급금이 하도급법 제17조 소정의 하도급대금에 해당하는지 여부에 관하여 대법원은 "계약에 있어서 수수되는 이른바 선급금은 수급인으로 하여금 공사를 원활하게 진행할 수 있도록 하기 위하여 도급인이 수급인에게 미리 지급하는 공사대금의 일부이므로 하도급법 제17조의 하도급대금에 해당한다"고 판시하였다<(주)동일 외 1인과 한양전기(주)의 하도급공사 건>.3) 즉 선급금도 대물변제하여서는 아니된다.

2. 제17조 위반의 사법적 효력

　　하도급법 제17조에 위반된 계약의 사법상의 효력에 관하여 대법원은 다음과 같이 판단한다.

> "하도급법 제17조는 '원사업자는 수급사업자의 의사에 반하여 하도급대금을 물품으로 지급하여서는 아니된다.'라고 규정하고 있고, 같은 법 제20조는 '원사업자는 하도급거래와 관련하여 우회적인 방법에 의하여 실질적으로 이 법의 적용을 면탈

---

1) 제9조의4(대물변제 인정사유) 법 제17조제1항제3호에서 "그 밖에 원사업자가 하도급대금을 물품으로 지급할 수밖에 없다고 인정되는 대통령령으로 정하는 사유"란 「기업구조조정 촉진법」에 따라 금융채권자협의회가 원사업자에 대하여 공동관리절차 개시의 의결을 하고 그 절차가 진행중인 경우를 말한다.

2) [시행 2014. 11. 29.] [법률 제12709호, 2014. 5. 28., 일부개정] 제17조(부당한 대물변제의 금지) ① 원사업자는 수급사업자의 의사에 반하여 하도급대금을 물품으로 지급하여서는 아니 된다. <개정 2013. 8. 13.>

3) 대판 2003. 5. 16. 2001다27470(보증금).

하려는 행위를 하여서는 아니된다.'라고 규정하고 있으나, 하도급법 그 조항에 위반된 도급 또는 하도급약정의 효력에 관하여는 아무런 규정을 두지 않는 반면 위의 조항을 위반한 원사업자를 벌금형에 처하도록 하면서 그 조항 위반행위 중 일정한 경우만을 공정거래위원회에서 조사하게 하여 그 위원회로 하여금 그 결과에 따라 원사업자에게 시정조치를 명하거나 과징금을 부과하도록 규정하고 있을 뿐이어서 그 조항은 그에 위배한 원사업자와 수급사업자간의 계약의 사법상의 효력을 부인하는 조항이라고 볼 것은 아님"<(주)동일 외 1인과 한양전기(주)의 하도급공사 건>4)

선급금의 대물변제를 위해 도급인이 수급인 회사의 임직원들에게 이른바 3자간 등기명의신탁에 의한 방법으로 부동산소유권을 이전한 경우 대물변제의 효력이 발생할 수 있는지 여부에 관하여 대법원은 다음과 같이 판단한다.

"대물변제가 채무소멸의 효력을 발생하려면 채무자가 본래의 이행에 갈음하여 행하는 다른 급여가 현실적인 것이어야 하며 그 경우 다른 급여가 부동산소유권의 이전인 때에는 그 부동산에 관한 물권변동의 효력이 발생하는 등기를 경료하여야 하는바, 부동산실권리자명의등기에관한법률에 의하면 이른바 3자간 등기명의신탁의 경우 같은 법에서 정한 유예기간 경과에 의하여 기존 명의신탁약정과 그에 의한 등기가 무효로 되고, 이 경우 수탁자가 제3자에게 신탁부동산에 대한 처분행위를 한 경우 3자간 등기명의신탁에 의한 소유권이전등기의 무효로써 제3자에게 대항할 수 없다고 하더라도(부동산실권리자명의등기에관한법률 제4조 제3항), 당초의 약정에 따른 신탁자에 대한 소유권이전등기의무가 이행된 것으로는 볼 수 없음"<(주)동일 외 1인과 한양전기(주)의 하도급공사 건>5)

II. 권리·의무관계 자료제시 의무

원사업자는 제1항 단서에 따른 대물변제를 하기 전에 소유권, 담보제공 등 물품의 권리·의무 관계를 확인할 수 있는 자료를 수급사업자에게 제시하여야

---

4) 대판 2003. 5. 16. 2001다27470(보증금). 그러나 현행법에서는 '수급사업자의 의사에 반하여'란 규정이 삭제되었기 때문에 사법적 효력이 부정되는 것으로 해석하여야 한다. 윤성철/정혁진/김명식, 하도급분쟁관계법, 125면.
5) 대판 2003. 5. 16. 2001다27470(보증금).

한다(법 제17조 제2항).

　　물품의 종류에 따라 제시하여야 할 자료, 자료제시의 방법 및 절차 등 그 밖에 필요한 사항은 *대통령령*6)으로 정한다(법 제17조 제3항).

---

6) 제9조의5(대물변제 전에 제시하여야 하는 자료 및 제시방법 등) ① 원사업자가 법 제17조제3항에 따라 수급사업자에게 제시하여야 할 자료는 다음 각 호의 구분에 따른 자료로 한다. 1. 대물변제의 용도로 지급하려는 물품이 관련 법령에 따라 권리·의무 관계에 관한 사항을 등기 등 공부(公簿)에 등록하여야 하는 물품인 경우: 해당 공부의 등본(사본을 포함) 2. 대물변제의 용도로 지급하려는 물품이 제1호 외의 물품인 경우: 해당 물품에 대한 권리·의무 관계를 적은 공정증서(「공증인법」에 따라 작성된 것) ② 제1항에 따른 자료를 제시하는 방법은 다음 각 호의 어느 하나에 해당하는 방법으로 한다. 이 경우 문서로 인쇄되지 아니한 형태로 자료를 제시하는 경우에는 문서의 형태로 인쇄가 가능하도록 하는 조치를 하여야 한다. 1. 문서로 인쇄된 자료 또는 그 자료를 전자적 파일 형태로 담은 자기디스크(자기테이프, 그 밖에 이와 비슷한 방법으로 그 내용을 기록·보관·출력할 수 있는 것을 포함)를 직접 또는 우편으로 전달하는 방법 2. 수급사업자의 전자우편 주소로 제1항에 따른 자료가 포함된 전자적 파일을 보내는 방법. 다만, 원사업자가 전자우편의 발송·도달 시간의 확인이 가능한 자동수신사실 통보장치를 갖춘 컴퓨터 등을 이용한 경우로 한정한다. ③ 원사업자는 제1항에 따른 자료를 제시한 후 대물변제를 하기 전에 법 제17조제2항에 따른 물품의 권리·의무 관계가 변경된 경우에는 그 변경된 내용이 반영된 제1항에 따른 자료를 제2항에 따른 방법으로 수급사업자에게 지체 없이 다시 제시하여야 한다. ④ 원사업자는 제2항 및 제3항에 따라 자료를 제시한 후 지체 없이 다음 각 호의 사항을 적은 서면을 작성하여 수급사업자에게 내주고 원사업자와 수급사업자는 해당 서면을 보관하여야 한다. 1. 원사업자가 자료를 제시한 날 2. 자료의 주요 목차 3. 수급사업자가 자료를 제시받았다는 사실 4. 원사업자와 수급사업자의 상호명, 사업장 소재지 및 전화번호 5. 원사업자와 수급사업자의 서명 또는 기명날인

제18조(부당한 경영간섭의 금지)

① 원사업자는 하도급거래량을 조절하는 방법 등을 이용하여 수급사업자의 경영에 간섭하여서는 아니 된다. <개정 2018. 1. 16.>

② 다음 각 호의 어느 하나에 해당하는 원사업자의 행위는 부당한 경영간섭으로 본다. <신설 2018. 1. 16.>

    1. 정당한 사유 없이 수급사업자가 기술자료를 해외에 수출하는 행위를 제한하거나 기술자료의 수출을 이유로 거래를 제한하는 행위

    2. 정당한 사유 없이 수급사업자로 하여금 자기 또는 자기가 지정하는 사업자와 거래하도록 구속하는 행위

    3. 정당한 사유 없이 수급사업자에게 원가자료 등 공정거래위원회가 고시하는 경영상의 정보를 요구하는 행위

[전문개정 2009. 4. 1.]

 목 차

[참고사례]

(주)삼성전자의 불공정거래행위 건[공정거래위원회 2008. 4. 3. 의결 제2008-113호; 서울고등법원 2009. 11. 12. 선고 2008누11237 판결; 대법원 2010. 4. 8. 선고 2009두23303(심리불속행기각) 판결]

Ⅰ. 의의

원사업자는 하도급거래량을 조절하는 방법 등을 이용하여 수급사업자의 경영에 간섭하여서는 아니 된다(법 제18조 제1항).

하도급거래에서는 원사업자가 수급사업자에 대해 자신의 거래상 편의를 위해 자기 또는 자기가 지정하는 사업자와만 거래하도록 강요하는 전속거래 강요행위나, 최소한의 영업이익만 보장하는 수준으로 납품단가를 깎기 위하여 수급사업

자의 원가 정보를 요구하는 관행이 존재해 왔다. 이러한 부당한 경영간섭 행위는 원사업자와 수급사업자 간에 협상력 격차를 심화시키는 요인으로 작용한다.[1)]

이에 2018. 1. 16. 개정된 하도급법에서는 이러한 전속거래 강요행위 및 원가 등 경영정보 요구행위를 하도급법 상 부당한 경영간섭의 별도의 유형으로 명시하여 금지시켰다. 이를 통하여 전속적 거래구조가 완화됨으로써 수급사업자의 거래선이 다변화되어 중소 협력사의 판로개척 등 자생적 성장기반이 제고되고, 원사업자가 납품단가를 후려치는 수단으로 활용되는 수급사업자의 원가 등 경영정보 요구 관행이 개선됨으로써 대·중소기업간 거래조건이 보다 균형있게 설정될 수 있을 것이다.[2)]

법원이 법위반으로 인정한 사례는 다음과 같다.

> "수급사업자에게 승인원의 제출시 핵심기술자료를 제공하도록 요구하고, 수급사업자에게 재하도급업자 관리를 위한 인력을 별도로 운영토록 요구하였으며 재하도급업자 선정시는 물론이고 작업자가 변경되는 경우에도 원고로부터 승인을 받도록 하면서 그 실적이 부진할 경우 물량감축 등의 불이익을 주면서 수급관리자를 관리한 행위는 품질유지라는 본래의 목적을 넘어 수급사업자의 재하도급 거래내용을 간섭한 행위로서 부당한 경영간섭행위에 해당함"<(주)삼성전자의 불공정거래행위 건>[3)]

II. 부당한 경영간섭으로 보는 경우

① 정당한 사유 없이 수급사업자가 기술자료를 해외에 수출하는 행위를 제한하거나 기술자료의 수출을 이유로 거래를 제한하는 행위(제1호), ② 정당한 사유 없이 수급사업자로 하여금 자기 또는 자기가 지정하는 사업자와 거래하도록 구속하는 행위(제2호), ③ 정당한 사유 없이 수급사업자에게 원가자료 등 공정거래위원회가 고시하는 경영상의 정보를 요구하는 행위(제3호)의 어느 하나에 해당하는 원사업자의 행위는 부당한 경영간섭으로 본다(법 제18조 제2항).

---

1) 공정거래백서(2018), 16면.
2) 공정거래백서(2018), 17면.
3) 서고판 2009. 11. 12. 선고 2008누11237 판결; 대법원 2010. 4. 8. 선고 2009두23303(심리불속행기각) 판결.

제2호의 구속행위를 독점규제법의 배타조건부 거래행위와 비교하면, 독점규제법 제45조 제1항 7호의 배타조건부거래행위는 '부당하게 자기 또는 계열회사의 경쟁사업자와 거래하지 않는 조건'으로 거래하는 행위인데 비해, 본 조에서는 '정당한 사유없이 자기 또는 자기가 지정하는 사업자와 거래하도록 구속하는 행위'라고 규정하고 있다. 따라서 독점규제법상의 배타조건부 거래행위와는 다른 의미의 구속행위를 규정한 것으로 보아야 한다.

공정거래위원회는 「하도급법상 요구가 금지되는 경영상 정보의 종류 고시」[4]에서 정당한 사유 없이 원사업자가 수급사업자에게 요구해서는 안 되는 경영상 정보의 종류를 다음과 같이 정하고 있다(II).

---

1. 수급사업자가 목적물등의 납품을 위해 투입한 재료비, 노무비 등 원가에 관한 정보(원가계산서, 원가내역서, 원가명세서, 원가산출내역서, 재료비, 노무비 등의 세부지급 내역 등)
2. 수급사업자가 다른 사업자에게 납품하는 목적물등의 매출 관련 정보(매출계산서, 거래처별 매출명세서 등)
3. 수급사업자의 경영전략 관련 정보(제품 개발·생산 계획, 판매 계획, 신규투자 계획 등에 관한 정보 등)
4. 수급사업자의 영업 관련 정보(거래처 명부, 다른 사업자에게 납품하는 목적물등의 납품조건(납품가격을 포함)에 관한 정보 등)
5. 수급사업자가 다른 사업자와의 거래에서 사용하는 전자적 정보 교환 전산망의 고유식별명칭, 비밀번호 등 해당 전산망에 접속하기 위한 정보

III. 부당한 경영간섭의 판단기준

부당한 경영간섭행위에 대하여 「하도급거래공정화지침」에서는 행위의 내용·목적·효과 등을 종합적으로 고려해 부당한 경영간섭에 해당하는지 여부를 판단할 수 있도록 일반적 기준을 설정하고 있다(III. 17. 가).

---

4) 공정거래위원회고시 제2018-12호(2018. 7. 16).

가. 법 18조에 규정된 경영간섭 행위의 부당성은 수급사업자가 자율적으로 결정할
수 있는 사안에 대해 간섭하는 원사업자의 행위로서 그 행위가 원사업자 자신이나
특정한 자(회사 또는 자연인)의 사적 이득을 위한 것인지, 국민경제 발전 도모라는
공익을 위한 것인지, 수급사업자에게 불이익한 결과를 초래하는지, 비용 절감·품
질 향상 등 효율성 증진 효과 또는 수급사업자의 경영여건이나 수급사업자 소속
근로자의 근로조건 개선 효과를 나타낼 수 있는지 여부 등을 종합적으로 고려하여
판단한다.

원사업자의 부당한 경영간섭행위에 대하여 「하도급거래공정화지침」에서는
다음과 같이 예시하고 있다(III. 17. 나).

(1) 수급사업자가 임직원을 선임·해임함에 있어 자기의 지시 또는 승인을 얻게 하
거나 수급사업자의 의사에 반하여 특정인을 채용하게 하는 등의 방법으로 인사
에 간섭하는 행위
(2) 수급사업자의 생산품목·시설규모 등을 제한하는 행위
(3) 1차 수급사업자의 재 하도급거래에 개입하여 자신의 위탁한 목적물의 품질유
지 및 납기 내 납품여부 등 하도급거래의 목적달성과 관계없이 원사업자 자신
이나 특정한자(회사 또는 자연인)의 사적 이득을 위해 2차수급사업자의 선정·
계약조건설정 등 재 하도급거래내용을 제한하는 행위
(4) 수급사업자가 정상적으로 공사를 시공 중에 있음에도 불구하고 수급사업자의
의사에 반하여 현장근로자를 동원하여 공사를 시공케 하는 행위
(5) 수급사업자로 하여금 자신 또는 자신의 계열회사의 경쟁사업자와 거래하지 못
하도록 하는 행위
(6) 원사업자가 자신이 위탁한 목적물의 품질유지 및 납기 내 납품여부 등 하도급
거래의 목적달성과 관계없이 원사업자 자신이나 특정한 자(회사 또는 자연인)
의 사적 이득을 위해 수급사업자의 사업장에 출입하여 생산과정, 투입인력, 재
료배합 등을 실사하는 행위. 다만, 건설위탁의 경우 원사업자가 공사 현장에
출입하는 행위는 이에 해당하지 아니한다.

한편 부당한 경영간섭행위에 해당되지 아니하는 경우를 「하도급거래공정화
지침」에서는 다음과 같이 예시하고 있다(III. 17. 다).

(1) 원사업자가 하도급법 제3조의3에 근거한 협약(이하 '협약'이라 함) 체결의 대상
   이 되는 수급사업자에게 행하는 다음과 같은 행위
   ① 2차 또는 그 이하 수급사업자와 협약을 체결하도록 권유하는 행위
   ② 원사업자가 수급사업자에게 지원한 범위 안에서 2차 또는 그 이하 수급사
      업자에게 지원하도록 요청 내지 권유하는 행위
(2) 원사업자가 협약을 체결하지 않은 경우일지라도 수급사업자에게 다음과 같은
   행위를 통해 지원하면서 수급사업자로 하여금 2차 또는 그 이하 수급사업자에
   게도 동일한 행위를 하도록 요청 또는 권유하는 행위
   ① 표준하도급계약서를 사용하여 계약을 체결하는 행위
   ② 하도급대금 지급관리시스템을 통해 하도급대금을 지급하는 행위
   ③ 하도급대금을 일정한 기한 내에 일정한 현금결제비율로 지급하는 행위
   ④ 인건비·복리후생비 지원 등 근로조건을 개선하는 행위
   ⑤ 직업교육·채용박람회 실시 및 채용연계 등 일자리창출을 지원하는 행위
   ⑥ 하도급대금연동계약을 체결하는 행위
   ⑦ ①~⑤ 이외의 행위로서 효율성 증진·경영여건 개선·소속 근로자 근로조건
      개선 등의 효과를 발생시키는 행위

제19조(보복조치의 금지)

원사업자는 수급사업자, 조합 또는 중앙회가 다음 각 호의 어느 하나에 해당하는 행위를 한 것을 이유로 그 수급사업자에 대하여 수주기회(受注機會)를 제한하거나 거래의 정지, 그 밖에 불이익을 주는 행위를 하여서는 아니 된다. <개정 2011. 3. 29., 2013. 5. 28., 2015. 7. 24., 2018. 1. 16., 2022. 1. 11.>

1. 원사업자가 이 법을 위반하였음을 관계 기관 등에 신고한 행위
2. 제16조의2제1항부터 제5항까지의 규정에 따른 신청 또는 같은 조 제11항의 하도급분쟁조정협의회에 대한 조정신청
2의2. 관계 기관의 조사에 협조한 행위
3. 제22조의2제2항에 따라 하도급거래 서면실태조사를 위하여 공정거래위원회가 요구한 자료를 제출한 행위

[전문개정 2009. 4. 1.]

[참고사례]

고성조선해양(주)의 불공정하도급거래행위 건(공정거래위원회 2013. 11. 20. 의결 제2013－188호; 서울고등법원 2014. 10. 17. 선고 2013누32252 판결).

종전 하도급법은 보복행위가 성립되는 원인행위 유형에 수급사업자의 '공정거래위원회 신고', '분쟁조정 신청', '서면실태조사 협조'만을 규정하고 있을 뿐, 수급사업자가 '공정거래위원회 조사에 협조'한 경우가 포함되지 않았다. 2018. 1. 16. 하도급법 개정을 통해 법위반행위로 피해를 당한 하도급업체가 공정거래위원회 조사에 협조하였다는 이유로 원사업자가 거래단절 등을 통해 보복하는 행위를 새로운 위법행위로 명시하였다.

2022. 1. 11. 법 개정시에는 기존 수급사업자, 조합외에 중앙회가 추가가 되었다.

법원이 법위반으로 인정한 사례는 다음과 같다.

"원사업자를 대양산업해양이 공정위에 신고한 것에 대한 보복조치로써 하도급계약을 해지한 것으로 봄이 상당하다. 즉 대양산업해양이 현대중공업 및 산업은행에 진정서를 제출한 행위가 일단 명예훼손에 해당한다 하더라도, 그 목적이 원고로부

터 변제받지 못한 기성고 대금을 지급받기 위한 것에 있으므로 이를 위법하다고
보기 어려움"<고성조선해양(주)의 불공정하도급거래행위 건>[1]

　　원사업자의 '그 밖의 불이익을 주는 행위'에 대하여 「하도급거래공정화지침」
에서는 다음과 같이 예시하고 있다(III. 17－1. 가).

> (1) 원사업자가 기존의 생산계획 등에 따라 생산을 하여야 하는 상황이거나 발주자
>   로부터 향후 확보할 수 있는 예상물량이 충분함에도 불구하고 법 제19조 각
>   호의 신고, 조정신청, 조사협조를 한 수급사업자에 대해 정당한 사유 없이 기
>   존 하도급거래상의 물량과 비교하여 발주물량을 축소하여 불이익을 주는 행위
> (2) 법 제19조 각 호의 신고, 조정신청, 조사협조를 한 수급사업자에 대해 원사업
>   자가 정당한 사유 없이 그간 지급·제공하던 원재료, 자재 등의 공급을 중단하
>   거나 회수하는 등의 방법으로 수급사업자의 사업활동을 곤란하게 하는 행위
> (3) 원사업자가 동종업계 다른 원사업자들로 하여금 법 제19조 각 호의 신고, 조정
>   신청, 조사협조를 한 수급사업자를 대상으로 거래정지, 수주기회 제한, 위 (1),
>   (2)의 행위를 하도록 하는 행위
> (4) 기타 합리성·객관성이 결여되거나 일반적인 거래관행상 통용되지 않는 수단·
>   방법을 활용해 법 제19조 각 호의 신고, 조정신청, 조사협조를 한 수급사업자
>   에 대해 불이익을 주는 행위

　　수급사업자의 법 제19조 각호의 신고, 조정신청, 조사협조와 원사업자의 해
당 수급사업자에 대한 수주기회 제한, 거래정지, 그 밖의 불이익을 주는 행위 간
에 인과관계가 있는지 여부에 대하여 하도급거래공정화지침」에서는 다음과 같이
규정하고 있다(III. 17－1. 나).

> 해당 수급사업자가 신고, 조정신청 등을 한 시점과 원사업자의 수주기회 제한 등
> 의 행위가 발생한 시점간의 격차, 해당 수급사업자를 제외한 동종업계 다른 수급
> 사업자들과 그 원사업자간의 거래내용 및 상황, 해당 수급사업자와 그 원사업자간
> 의 거래이력, 발주자의 발주물량 축소 등의 거래여건의 변화 등 행위 당시의 구체
> 적인 사정을 고려하여 개별적으로 판단한다.

---

1) 서고판 2014. 10. 17. 2013누32252.

제20조(탈법행위의 금지)

원사업자는 하도급거래(제13조제11항이 적용되는 거래를 포함한다)와 관련하여 우회적인 방법에 의하여 실질적으로 이 법의 적용을 피하려는 행위를 하여서는 아니 된다. <개정 2015. 7. 24.>

[전문개정 2009. 4. 1.]

[참고사례]

울트라건설의 불공정하도급거래행위 건(공정거래위원회 2011. 10. 5. 의결 제2011－169호; 서울고등법원 2012. 4. 26. 선고 2011누38973 판결); 대창기업(주)의 불공정하도급거래행위 건(공정거래위원회 2018. 11. 6. 의결 제2018－331호)

법원이 법위반으로 인정한 사례는 다음과 같다.

> "하도급대금에 관한 현금지급비율 외관을 만들기 위하여 원사업자가 발주자로부터 공사대금을 전액 현금으로 받았음에도 불구하고, 2개 수급사업자에게 전액 어음으로 하도급대금을 지급하였고, 이러한 사실을 은폐하기 위하여 하도급대금과 동일한 금액을 송금한 후 즉시 수표로 인출한 행위와 관련하여 서울고등법원은 탈법행위 조항의 '이 법이 적용되는' 사항이 작위의무인 경우 이를 위반하기 위해서는 다른 적극적인 행위가 필요하지 않은 것이 보통이나, 현금결제비율 유지 조항과 같이 그 위반을 위해서는 별도의 행위가 필요한 경우에는 적용을 피하려는 행위(송금과 인출)와 그 직접적인 위반행위(어음지급)는 별개로 보아야 함. 따라서 하도급대금의 송금과 인출은 어음지급과는 별개로 그 자체로서 탈법행위에 해당하는 것이고, 원고가 탈법행위를 전후하여 수급사업자에게 어음을 지급하였는지 여부는 탈법행위의 성립에 영향이 없음"<울트라건설의 불공정하도급거래행위 건>[1]

공정거래위원회가 법위반으로 인정한 사례는 다음과 같다.

> "25개 수급사업자에게 어음할인료 및 하도급대금 지연이자를 지급한 후 해당 금액을 수급사업자에게 지급할 하도급대금에서 공제하는 등의 방법으로 이를 다시 회수하는 것과 같은 행위"<대창기업(주)의 불공정하도급거래행위 건>[2]

---

1) 서고판 2012. 4. 26. 2011누38973.

「하도급거래공정화지침」에서는 다음과 같이 예시하고 있다(III. 18).

가. 공정거래위원회의 시정조치에 따라 하도급대금 등을 수급사업자에게 지급한
  후 이를 회수하거나 납품대금에서 공제하는 등의 방법으로 환수하는 행위
나. 어음할인료·지연이자 등을 수급사업자에게 지급한 후 이에 상응하는 금액만큼
  일률적으로 단가를 인하하는 행위
다. 수급사업자에게 선급금 포기각서 제출을 강요한 후 선급금을 지급하지 않는 행
  위(신설: 2010. 7. 23)

제21조(수급사업자의 준수 사항)

---

① 수급사업자는 원사업자로부터 제조등의 위탁을 받은 경우에는 그 위탁의 내용을 신
  의(信義)에 따라 성실하게 이행하여야 한다.
② 수급사업자는 원사업자가 이 법을 위반하는 행위를 하는 데에 협조하여서는 아니 된다.
③ 수급사업자는 이 법에 따른 신고를 한 경우에는 증거서류 등을 공정거래위원회에 지
  체 없이 제출하여야 한다.
[전문개정 2009. 4. 1.]

---

2) 공정의 2018. 11. 6. 2018−331. 피심인은 수급사업자들에게 기성금을 선지급한 후 2차례에 걸
  쳐 그 지급내역을 어음할인료 및 지연이자 미지급금 자진시정 금액으로 위장하여 위원회에 제
  출하고 추후 기성금에서 공제하는 방법으로 회수하였으므로 우회적인 방법을 사용한 것에 해
  당하고, 자진시정 노력을 인정받아 어음할인료 및 지연이자 미지급 혐의에 대하여 경미한 조
  치(경고)를 받았으므로 실질적으로 하도급법의 적용을 피하려고 하였음이 인정된다.

제22조(위반행위의 신고 등)

① 누구든지 이 법에 위반되는 사실이 있다고 인정할 때에는 그 사실을 공정거래위원회에 신고할 수 있다. 이 경우 공정거래위원회는 대통령령으로 정하는 바에 따라 신고자가 동의한 경우에는 원사업자에게 신고가 접수된 사실을 통지하여야 한다. <개정 2016. 3. 29.>

② 공정거래위원회는 제1항 전단에 따른 신고가 있거나 이 법에 위반되는 사실이 있다고 인정할 때에는 필요한 조사를 할 수 있다. <개정 2016. 3. 29.>

③ 제1항 후단에 따라 공정거래위원회가 원사업자에게 통지한 때에는 「민법」 제174조에 따른 최고(催告)가 있는 것으로 본다. 다만, 신고된 사실이 이 법의 적용대상이 아니거나 제23조제1항 본문에 따른 조사대상 거래의 제한 기한을 경과하여 공정거래위원회가 심의절차를 진행하지 아니하기로 한 경우, 신고된 사실에 대하여 공정거래위원회가 무혐의로 조치한 경우 또는 신고인이 신고를 취하한 경우에는 그러하지 아니하다. <개정 2016. 3. 29.>

④ 공정거래위원회는 다음 각 호의 구분에 따른 기간이 경과한 경우에는 이 법 위반행위에 대하여 제25조제1항에 따른 시정조치를 명하거나 제25조의3에 따른 과징금을 부과하지 아니한다. 다만, 법원의 판결에 따라 시정조치 또는 과징금 부과처분이 취소된 경우로서 그 판결이유에 따라 새로운 처분을 하는 경우에는 그러하지 아니하다. <신설 2015. 7. 24., 2016. 3. 29.>

 1. 공정거래위원회가 이 법 위반행위에 대하여 제1항 전단에 따른 신고를 받고 제2항에 따라 조사를 개시한 경우: 신고일부터 3년

 2. 제1호 외의 경우로서 공정거래위원회가 이 법 위반행위에 대하여 제2항에 따라 조사를 개시한 경우: 조사개시일부터 3년

⑤ 공정거래위원회는 제4조, 제8조제1항, 제10조, 제11조제1항·제2항 또는 제12조의3제4항을 위반한 행위를 신고하거나 제보하고 그 위반행위를 입증할 수 있는 증거자료를 제출한 자에게 예산의 범위에서 포상금을 지급할 수 있다. <신설 2015. 7. 24., 신설 2021. 8. 17.>

⑥ 제5항에 따른 포상금 지급대상자의 범위 및 포상금 지급의 기준·절차 등에 필요한 사항은 대통령령으로 정한다. <신설 2015. 7. 24.>

⑦ 공정거래위원회는 제5항에 따라 포상금을 지급한 후 다음 각 호의 어느 하나에 해당하는 사실이 발견된 경우에는 해당 포상금을 지급받은 자에게 반환할 금액을 통지하여야 하고, 해당 포상금을 지급받은 자는 그 통지를 받은 날부터 30일 이내에 이를 납부하여야 한다. <신설 2015. 7. 24.>

1. 위법 또는 부당한 방법의 증거수집, 거짓신고, 거짓진술, 증거위조 등 부정한 방법으로 포상금을 지급받은 경우
2. 동일한 원인으로 다른 법령에 따라 포상금 등을 지급받은 경우
3. 그 밖에 착오 등의 사유로 포상금이 잘못 지급된 경우

⑧ 공정거래위원회는 제7항에 따라 포상금을 반환하여야 할 자가 납부 기한까지 그 금액을 납부하지 아니한 때에는 국세 체납처분의 예에 따라 징수할 수 있다. <신설 2015. 7. 24.>

[전문개정 2009. 4. 1.]

 목   차

[참고사례]

성동 조선해양의 불공정하도급거래행위 건(공정거래위원회 2012. 10. 30. 의결 제2012－245호; 서울고등법원 2015. 1. 16. 선고 2013누8778 판결); (주)한화의 불공정하도급거래행위 건(공정거래위원회 2019. 10. 24. 의결 제2019－258호; 서울고등법원 2020. 11. 18. 선고 2019누64831 판결; 대법원 2021. 5. 7. 선고 2020두57332 판결)

Ⅰ. 신고 및 접수사실의 통지의무

누구든지 이 법에 위반되는 사실이 있다고 인정할 때에는 그 사실을 공정거래위원회에 신고할 수 있다. 이 경우 공정거래위원회는 *대통령령1)*으로 정하는

---

1) 제10조(위반행위의 신고 및 통지) ① 법 제22조제1항 전단에 따라 신고를 하려는 자는 다음 각 호의 사항을 분명히 밝혀야 한다. <u>1. 신고자의 성명·주소 2. 피신고자의 성명 또는 명칭(법인인 경우에는 그 대표자의 성명을 포함) 3. 위반행위의 내용과 이를 입증할 수 있는 자료</u> ② 공정거래위원회는 법 제22조제1항 전단에 따른 신고를 접수한 날부터 15일 이내에 신고자가 다음 각 호의 동의를 하는지 여부를 확인하기 위한 서면을 신고자에게 직접 발급하거나 우편(전자우편을 포함한다)을 통하여 송부하여야 한다. <u>1. 신고가 접수된 사실을 공정거래위원회가 원사업자에게 통지하는 것에 대한 동의 2. 제1호의 통지를 하는 경우 신고자 및 신고내용도 함께 통지하는 것에 대한 동의</u> ③ 신고자가 제2항 각 호 외의 부분에 따른 공정거래위원회의 서

바에 따라 신고자가 동의한 경우에는 원사업자에게 신고가 접수된 사실을 통지
하여야 한다(법 제22조 제1항).

1. 신고 등에 따른 조사

공정거래위원회는 제1항 전단에 따른 신고가 있거나 이 법에 위반되는 사실
이 있다고 인정할 때에는 필요한 조사를 할 수 있다(법 제22조 제2항).

2. 통지의 효력

제1항 후단에 따라 공정거래위원회가 원사업자에게 통지한 때에는 「민법」
제174조에 따른 최고(催告)가 있은 것으로 본다. 다만, 신고된 사실이 이 법의
적용대상이 아니거나 제23조 제1항 본문에 따른 조사대상 거래의 제한 기한을
경과하여 공정거래위원회가 심의절차를 진행하지 아니하기로 한 경우, 신고된
사실에 대하여 공정거래위원회가 무혐의로 조치한 경우 또는 신고인이 신고를
취하한 경우에는 그러하지 아니하다(법 제22조 제3항).

3. 처분시효

공정거래위원회는 ① 공정거래위원회가 이 법 위반행위에 대하여 제1항 전
단에 따른 신고를 받고 제2항에 따라 조사를 개시한 경우: 신고일부터 3년(제1
호), ② 제1호 외의 경우로서 공정거래위원회가 이 법 위반행위에 대하여 제2항
에 따라 조사를 개시한 경우: 조사개시일부터 3년의 구분에 따른 기간이 경과한
경우(제2호)에는 이 법 위반행위에 대하여 제25조 제1항에 따른 시정조치를 명하
거나 제25조의3에 따른 과징금을 부과하지 아니한다. 다만, 법원의 판결에 따라
시정조치 또는 과징금 부과처분이 취소된 경우로서 그 판결이유에 따라 새로운
처분을 하는 경우에는 그러하지 아니하다(법 제22조 제4항). 신고에 따른 조사의

면을 발급받거나 우편(전자우편을 포함한다)을 통하여 송부받은 날부터 15일 이내에 공정거래
위원회에 동의한다는 사실을 서면으로 통지하지 아니한 경우에는 제2항에 따른 동의를 하지
아니한 것으로 본다. ④ 공정거래위원회는 제3항에 따른 통지를 받은 경우에는 그날부터 7일
이내에 신고접수 사실, 신고자, 신고내용을 기재한 서면을 원사업자에게 직접 발급하거나 우편
(전자우편을 포함한다)을 통하여 송부하여야 한다.

경우 신고일, 직권조사의 경우 조사개시일로부터 3년을 처분시효로 하고 있다.

제1호의 '신고일'은 '신고접수일'이 아니라 제1항 전담에 따른 '신고를 받은 날'을 뜻한다<㈜한화의 불공정하도급거래행위 건>.[2]

부당한 하도급대금 결정에 대한 지급명령은 하도급계약에 포함되지 아니한 금원의 지급을 명하는 것으로 그 대상이 되는 채권은 하도급계약에 따른 채권이 아니라 법 위반에 따른 손해배상채권으로 봄이 상당하며, 이 채권의 법적 성격은 불법행위로 인한 손해배상청구권이므로 이에 관하여는 민법 제766조 제1항의 단기소멸 시효가 적용된다<성동 조선해양의 불공정하도급거래행위 건>.[3]

II. 신고포상금의 지급

공정거래위원회는 제4조, 제8조 제1항, 제10조, 제11조 제1항·제2항 또는 제12조의3 제3항을 위반한 행위를 신고하거나 제보하고 그 위반행위를 입증할 수 있는 증거자료를 제출한 자에게 예산의 범위에서 포상금을 지급할 수 있다 (법 제22조 제5항).

1. 지급대상자의 범위 등

제5항에 따른 포상금 지급대상자의 범위 및 포상금 지급의 기준·절차 등에 필요한 사항은 *대통령령*[4]으로 정한다(법 제22조 제6항).

---

2) 대판 2021. 5. 7. 2020두57332.

3) 서고판 2015. 1. 16. 2013누8778.

4) 제10조의2(포상금의 지급) ① 법 제22조제5항에 따른 포상금 지급대상자는 같은 항에서 규정한 법 위반행위(이하 이 조에서 "법 위반행위"라 한다)를 신고하거나 제보하고 법 위반행위를 입증할 수 있는 증거자료를 최초로 제출한 자로 한다. ② 제1항에도 불구하고 다음 각 호의 어느 하나에 해당하는 자는 포상금 지급대상자에서 제외한다. 1. 해당 법 위반행위를 한 원사업자 2. 삭제 3. 해당 법 위반행위에 따라 피해를 입은 수급사업자 4. 삭제 ③ 공정거래위원회는 특별한 사정이 있는 경우를 제외하고 신고 또는 제보된 행위가 법 위반행위에 해당한다고 인정하여 해당 행위를 한 원사업자에게 시정조치 등의 처분을 하기로 의결한 날(처분에 대한 이의신청이 있는 경우에는 이의신청에 대한 재결이 있은 날을 말한다)부터 3개월 이내에 포상금을 지급한다. ④ 제3항에 따라 지급되는 포상금에 관하여 법 위반행위의 유형별 구체적인 지급기준은 법 위반행위의 중대성 및 증거의 수준 등을 고려하여 공정거래위원회가 정하여 고시한다. ⑤ 제3항에 따른 포상금의 지급에 관한 사항을 심의하기 위하여 공정거래위원회에 신고포상금심의위원회를 둘 수 있다. ⑥ 제5항에 따른 신고포상금심의위원회의 설치·운영에 관한 사항, 그 밖에

종전의 하도급법 시행령은 원사업자의 기술유용, 부당 대금결정·감액, 부당 위탁취소, 부당반품 행위를 신고·제보하고 이를 입증할 수 있는 증거자료를 최초로 제출한자에게 포상금 지급이 가능하도록 규정하면서, 포상금 지급 제외 대상으로 원·수급사업자 이외에 원·수급사업자의 소속 임직원들도 포함하고 있었다. 그러나, 하도급법과 달리 공정거래위원회 소관 다른 법률5)들은 해당 법위반행위를 한 사업자만을 포상금 지급 제외 대상으로 하고 있을 뿐, 소속 임직원에게는 포상금 지급이 가능하도록 하고 있다. 이에, 개정 2017. 9. 29. 하도급법 시행령에서는 법체계의 정합성을 제고하고 불공정 하도급행위의 적발력 제고를 위해 원사업자의 임직원(내부고발자) 및 수급사업자의 임직원을 지급대상에 포함시켰다.

2. 신고포상금의 반환

공정거래위원회는 제5항에 따라 포상금을 지급한 후 ① 위법 또는 부당한 방법의 증거수집, 거짓신고, 거짓진술, 증거위조 등 부정한 방법으로 포상금을 지급받은 경우(제1호), ② 동일한 원인으로 다른 법령에 따라 포상금 등을 지급받은 경우(제2호), ③ 그 밖에 착오 등의 사유로 포상금이 잘못 지급된 경우(제3호)의 어느 하나에 해당하는 사실이 발견된 경우에는 해당 포상금을 지급받은 자에게 반환할 금액을 통지하여야 하고, 해당 포상금을 지급받은 자는 그 통지를 받은 날부터 30일 이내에 이를 납부하여야 한다(법 제22조 제7항).

3. 신고포상금의 징수

공정거래위원회는 제7항에 따라 포상금을 반환하여야 할 자가 납부 기한까지 그 금액을 납부하지 아니한 때에는 국세 체납처분의 예에 따라 징수할 수 있다(법 제22조 제8항).

포상금 지급의 기준·절차 등에 관한 세부사항은 공정거래위원회가 정하여 고시한다.
부칙 제2조(포상금 지급대상자에 관한 적용례) 제10조의2제2항제2호 및 제4호의 개정규정은 이 영 시행 이후 법 위반행위를 신고하거나 제보하고 법 위반행위를 입증할 수 있는 증거자료를 최초로 제출한 경우부터 적용한다.
5) 독점규제법, 대규모유통업법, 방문판매법 등.

제22조의2(하도급거래 서면실태조사)

① 공정거래위원회는 공정한 하도급거래질서 확립을 위하여 하도급거래에 관한 서면실
태조사를 실시하여 그 조사결과를 공표하여야 한다. <개정 2011. 3. 29.>

② 공정거래위원회는 제1항에 따른 서면실태조사를 실시하려는 경우에는 조사대상자의
범위, 조사기간, 조사내용, 조사방법 및 조사절차, 조사결과 공표범위 등에 관한 계
획을 수립하여야 하고, 조사대상자에게 하도급거래 실태 등 조사에 필요한 자료의
제출을 요구할 수 있다. <개정 2011. 3. 29.>

③ 공정거래위원회는 제2항에 따라 자료의 제출을 요구하는 경우에는 조사대상자에게
자료의 범위와 내용, 요구사유, 제출기한 등을 명시하여 서면으로 통지하여야 한다.

④ 원사업자는 수급사업자로 하여금 제2항에 따른 자료를 제출하지 아니하게 하거나 거
짓 자료를 제출하도록 요구해서는 아니 된다. <신설 2018. 4. 17.>

[본조신설 2010. 1. 25.]

 목　차

[참고사례]

경제개혁연대의 정보공개청구 거부처분 취소소송 건[서울행정법원 2011. 12. 7. 선고
2011구합5087, 서울고등법원 2012. 9. 6. 선고 2012누1138 판결; 대법원 2015. 3. 26.
선고 2012두22614(심리불속행 기각) 판결]

Ⅰ. 서면실태조사 및 결과 공표의무

공정거래위원회는 공정한 하도급거래질서 확립을 위하여 하도급거래에 관한
서면실태조사를 실시하여 그 조사결과를 공표하여야 한다(법 제22조의2 제1항).

공정거래위원회는 중소 하도급업체들이 거래단절 등을 우려하여 신고를 기
피하는 문제를 해결하고 공정한 하도급거래질서를 확립하기 위하여 1999년도부
터 서면실태조사를 매년 실시해 오고 있다.

하도급거래 서면실태조사 결과는 정보공개법상 "비공개 대상 정보"라고 볼

수 없다. 공무원은 국가공무원법상 직무상 알게 된 비밀을 엄수하여야 할 의무가 있는데 이를 근거로 공무원이 직무상 알게 된 사항을 일반적으로 비공개대상정보로 할 경우 정보공개법의 취지는 형해화 될 것이므로, 하도급법, 독점규제법상 비밀준수 의무를 규정한 하도급법 제27조 제3항 제1호, 독점규제법 제62조는 일반적인 비밀준수 의무를 규정한 법률로서 정보공개법 제9조 제1항 제1호 소정의 법률로 볼 수 없다<경제개혁연대의 정보공개청구 거부처분 취소소송 건>.[1] 즉 정보공개법 제9조 제1항 제2호 내지 제8호는 비공개대상정보의 내용에 관하여 구체적·개별적으로 열거하여 규정하고 있으므로, 비공개대상 정보인 '다른 법률에 의하여 비밀 또는 비공개사항으로 규정된 정보'는 적어도 비공개로 해야 하는 정보의 내용과 범위 및 구별기준이 구체적으로 특정되어 있는 경우를 의미한다고 본다.

II. 조사계획수립 및 자료제출요구 등

공정거래위원회는 제1항에 따른 서면실태조사를 실시하려는 경우에는 조사대상자의 범위, 조사기간, 조사내용, 조사방법 및 조사절차, 조사결과 공표범위 등에 관한 계획을 수립하여야 하고, 조사대상자에게 하도급거래 실태 등 조사에 필요한 자료의 제출을 요구할 수 있다(법 제22조의2 제2항).

공정거래위원회는 제2항에 따라 자료의 제출을 요구하는 경우에는 조사대상자에게 자료의 범위와 내용, 요구사유, 제출기한 등을 명시하여 서면으로 통지하여야 한다(법 제22조의2 제3항).

원사업자는 수급사업자로 하여금 제2항에 따른 자료를 제출하지 아니하게 하거나 거짓 자료를 제출하도록 요구해서는 아니 된다(법 제22조의2 제3항).

---

1) 서고판 2012. 9. 6. 2012누1138[대판 2015. 3. 26. 2012두22614(심리불속행 기각)].

제23조(조사대상 거래의 제한)

① 제22조제2항에 따라 공정거래위원회의 조사개시 대상이 되는 하도급거래(제13조제11
항이 적용되는 거래를 포함한다. 이하 이 조에서 같다)는 그 거래가 끝난 날부터 3년
(제12조의3을 위반하는 경우에는 그 거래가 끝난 날부터 7년으로 한다. 이하 이 조에
서 같다)이 지나지 아니한 것으로 한정한다. 다만, 거래가 끝난 날부터 3년 이내에 제
22조제1항 전단에 따라 신고되거나 제24조의4제1항제1호 또는 제2호의 분쟁당사자가
분쟁조정을 신청한 하도급거래의 경우에는 거래가 끝난 날부터 3년이 지난 경우에도
조사를 개시할 수 있다. <개정 2010. 1. 25., 2015. 7. 24., 2018. 1. 16., 2018. 4.
17.>

② 제1항에서 "거래가 끝난 날"이란 제조위탁·수리위탁 및 용역위탁 중 지식·정보성과
물의 작성위탁의 경우에는 수급사업자가 원사업자에게 위탁받은 목적물을 납품 또는
인도한 날을, 용역위탁 중 역무의 공급위탁의 경우에는 원사업자가 수급사업자에게
위탁한 역무공급을 완료한 날을 말하며, 건설위탁의 경우에는 원사업자가 수급사업자
에게 건설위탁한 공사가 완공된 날을 말한다. 다만, 하도급계약이 중도에 해지되거나
하도급거래가 중지된 경우에는 해지 또는 중지된 날을 말한다. <신설 2010. 1. 25.>
[전문개정 2009. 4. 1.]

 목   차

[참고사례]
   대우해양조선(주)의 불공정하도급거래행위 건(공정거래위원회 2019. 2. 28. 의결 제2019-
042호)

Ⅰ. 조사 제척기간

   법 제22조제2항에 따라 공정거래위원회의 조사개시 대상이 되는 하도급거래
(제13조 제11항이 적용되는 거래를 포함)는 그 거래가 끝난 날부터 3년(제12조의3을
위반하는 경우에는 그 거래가 끝난 날부터 7년)이 지나지 아니한 것으로 한정한다.

다만, 거래가 끝난 날부터 3년 이내에 제22조 제1항 전단에 따라 신고되거나 제
24조의4 제1항 제1호 또는 제2호의 분쟁당사자가 분쟁조정을 신청한 하도급거래
의 경우에는 거래가 끝난 날부터 3년이 지난 경우에도 조사를 개시할 수 있다(법
제23조 제1항). 신고일로부터 3년 이전에 거래가 개시된 하도급거래라고 하더라도
거래가 끝난 날이 신고일로부터 3년 이내인 하도급거래를 조사대상에 포함하는
것은 상기 법 규정에 부합한다<대우해양조선(주)의 불공정하도급거래행위 건>.[1]
    2018. 4. 17. 법 개정을 통하여 제12조의3(기술자료 제공 요구 금지 등) 위반
의 경우 조사시효를 7년으로 확대하였다. 이는 납품 후 수년에 걸친 사후관리
과정에서의 기술유용, 은밀하게 이루어져 뒤늦게 드러난 기술유용은 제재되지
아니하는 불합리를 개선하기 위함이다.[2]

II. '거래가 끝난 날'의 의미

    제1항에서 "거래가 끝난 날"이란 제조위탁·수리위탁 및 용역위탁 중 지식·정
보성과물의 작성위탁의 경우에는 수급사업자가 원사업자에게 위탁받은 목적물을
납품 또는 인도한 날을, 용역위탁 중 역무의 공급위탁의 경우에는 원사업자가 수급사
업자에게 위탁한 역무공급을 완료한 날을 말하며, 건설위탁의 경우에는 원사업자가
수급사업자에게 건설위탁한 공사가 완공된 날을 말한다. 다만, 하도급계약이 중도에
해지되거나 하도급거래가 중지된 경우에는 해지 또는 중지된 날을 말한다(법 제23조
제2항).

---

1) 공정의 2019. 2. 28. 2019-042.
2) 공정거래위원회 보도자료(2017. 9. 7.); 부칙 제3조(조사대상 거래의 제한에 관한 적용례) 제23
   조제1항의 개정규정은 같은 개정규정 시행 당시 거래가 끝난 날부터 3년이 경과하지 아니한
   하도급거래부터 적용한다.

제24조(하도급분쟁조정협의회의 설치 및 구성 등)

① 「독점규제 및 공정거래에 관한 법률」 제72조에 따른 한국공정거래조정원(이하 "조정원"이라 한다)은 하도급분쟁조정협의회(이하 "협의회"라 한다)를 설치하여야 한다. <개정 2011. 3. 29., 2015. 7. 24., 2020. 12. 29.>

② 사업자단체는 공정거래위원회의 승인을 받아 협의회를 설치할 수 있다. <신설 2015. 7. 24.>

③ 조정원에 설치하는 협의회는 위원장 1명을 포함하여 9명 이내의 위원으로 구성하되 공익을 대표하는 위원, 원사업자를 대표하는 위원과 수급사업자를 대표하는 위원이 각각 같은 수가 되도록 하고, 사업자단체에 설치하는 협의회의 위원의 수는 공정거래위원회의 승인을 받아 해당 협의회가 정한다. <개정 2015. 7. 24.>

④ 조정원에 설치하는 협의회의 위원장은 공익을 대표하는 위원 중에서 협의회가 선출하고, 사업자단체에 설치하는 협의회의 위원장은 위원 중에서 협의회가 선출한다. 협의회에서 선출된 위원장은 해당 협의회를 대표한다. <개정 2015. 7. 24.>

⑤ 조정원에 설치하는 협의회의 위원의 임기는 2년으로 하고, 사업자단체에 설치하는 협의회의 위원의 임기는 공정거래위원회의 승인을 받아 해당 협의회가 정한다. <개정 2015. 7. 24.>

⑥ 조정원에 설치하는 협의회의 위원은 조정원의 장이 추천하는 사람과 다음 각 호의 어느 하나에 해당하는 사람 중 공정거래위원회 위원장이 위촉하는 사람이 된다. <신설 2011. 3. 29., 2015. 7. 24.>

1. 대학에서 법률학·경제학 또는 경영학을 전공한 사람으로서 「고등교육법」 제2조 제1호·제2호 또는 제5호에 따른 학교나 공인된 연구기관에서 부교수 이상의 직 또는 이에 상당하는 직에 있거나 있었던 사람

2. 판사·검사 직에 있거나 있었던 사람 또는 변호사의 자격이 있는 사람

3. 독점금지 및 공정거래 업무에 관한 경험이 있는 4급 이상 공무원(고위공무원단에 속하는 일반직공무원을 포함한다)의 직에 있거나 있었던 사람

⑦ 사업자단체에 설치하는 협의회의 위원은 협의회를 설치한 각 사업자단체의 장이 위촉하되 미리 공정거래위원회에 보고하여야 한다. 다만, 사업자단체가 공동으로 협의회를 설치하려는 경우에는 해당 사업자단체의 장들이 공동으로 위촉한다. <개정 2011. 3. 29., 2015. 7. 24.>

⑧ 공익을 대표하는 위원은 하도급거래에 관한 학식과 경험이 풍부한 사람 중에서 위촉하되 분쟁조정의 대상이 되는 업종에 속하는 사업을 영위하는 사람이나 해당 업종

에 속하는 사업체의 임직원은 공익을 대표하는 위원이 될 수 없다. <개정 2011. 3. 29., 2015. 7. 24.>

⑨ 공정거래위원회 위원장은 공익을 대표하는 위원으로 위촉받은 자가 분쟁조정의 대상이 되는 업종에 속하는 사업을 영위하는 사람이나 해당 업종에 속하는 사업체의 임직원으로 된 때에는 즉시 해촉하여야 한다. <개정 2011. 3. 29., 2015. 7. 24.>

⑩ 국가는 협의회의 운영에 필요한 경비의 전부 또는 일부를 예산의 범위에서 보조할 수 있다. <신설 2014. 5. 28., 2015. 7. 24.>

[전문개정 2010. 1. 25.]

[제목개정 2014. 5. 28.]

📖 목 차

Ⅰ. 협의회의 설치 및 구성

「독점규제법」 제72조에 따른 한국공정거래조정원(이하 "조정원")은 하도급분쟁조정협의회(이하 "협의회")를 설치하여야 한다(법 제24조 제1항). 사업자단체는 공정거래위원회의 승인을 받아 협의회를 설치할 수 있다(법 제24조 제2항).

조정원에 설치하는 협의회는 위원장 1명을 포함하여 9명 이내의 위원으로 구성하되 공익을 대표하는 위원, 원사업자를 대표하는 위원과 수급사업자를 대표하는 위원이 각각 같은 수가 되도록 하고, 사업자단체에 설치하는 협의회의 위원의 수는 공정거래위원회의 승인을 받아 해당 협의회가 정한다(법 제24조 제3항). 조정원에 설치하는 협의회의 위원의 임기는 2년으로 하고, 사업자단체에 설치하는 협의회의 위원의 임기는 공정거래위원회의 승인을 받아 해당 협의회가 정한다(법 제24조 제5항).

조정원에 설치하는 협의회의 위원장은 공익을 대표하는 위원 중에서 협의회가 선출하고, 사업자단체에 설치하는 협의회의 위원장은 위원 중에서 협의회가 선출한다. 협의회에서 선출된 위원장은 해당 협의회를 대표한다(법 제24조 제4항). 국가는 협의회의 운영에 필요한 경비의 전부 또는 일부를 예산의 범위에서 보조할 수 있다(법 제24조 제10항).

II. 위원의 위촉 및 해촉

1. 위촉

조정원에 설치하는 협의회의 위원은 조정원의 장이 추천하는 사람과 ① 대학에서 법률학·경제학 또는 경영학을 전공한 사람으로서 「고등교육법」 제2조제1호·제2호 또는 제5호에 따른 학교나 공인된 연구기관에서 부교수 이상의 직 또는 이에 상당하는 직에 있거나 있었던 사람, ② 판사·검사 직에 있거나 있었던 사람 또는 변호사의 자격이 있는 사람, ③ 독점금지 및 공정거래 업무에 관한 경험이 있는 4급 이상 공무원(고위공무원단에 속하는 일반직공무원을 포함)의 직에 있거나 있었던 사람의 어느 하나에 해당하는 사람 중 공정거래위원회 위원장이 위촉하는 사람이 된다(법 제24조 제6항).

법문상 독점규제법 제73조와 같이 '다음 각호의 어느 하나에 해당하는 자 중에서 조정원의 장의 제청으로 공정거래위원회 위원장이 임명 또는 위촉한다'로 개정할 필요가 있다.

사업자단체에 설치하는 협의회의 위원은 협의회를 설치한 각 사업자단체의 장이 위촉하되 미리 공정거래위원회에 보고하여야 한다. 다만, 사업자단체가 공동으로 협의회를 설치하려는 경우에는 해당 사업자단체의 장들이 공동으로 위촉한다(법 제24조 제7항). 공익을 대표하는 위원은 하도급거래에 관한 학식과 경험이 풍부한 사람 중에서 위촉하되 분쟁조정의 대상이 되는 업종에 속하는 사업을 영위하는 사람이나 해당 업종에 속하는 사업체의 임직원은 공익을 대표하는 위원이 될 수 없다(법 제24조 제8항).

2. 해촉

공정거래위원회 위원장은 공익을 대표하는 위원으로 위촉받은 자가 분쟁조정의 대상이 되는 업종에 속하는 사업을 영위하는 사람이나 해당 업종에 속하는 사업체의 임직원으로 된 때에는 즉시 해촉하여야 한다(법 제24조 제9항).

제24조의2(위원의 제척 · 기피 · 회피)

① 위원은 다음 각 호의 어느 하나에 해당하는 경우에는 해당 조정사항의 조정에서 제척된다.

1. 위원 또는 그 배우자나 배우자이었던 자가 해당 조정사항의 분쟁당사자가 되거나 공동 권리자 또는 의무자의 관계에 있는 경우
2. 위원이 해당 조정사항의 분쟁당사자와 친족관계에 있거나 있었던 경우
3. 위원 또는 위원이 속한 법인이 분쟁당사자의 법률 · 경영 등에 대하여 자문이나 고문의 역할을 하고 있는 경우
4. 위원 또는 위원이 속한 법인이 해당 조정사항에 대하여 분쟁당사자의 대리인으로 관여하거나 관여하였던 경우 및 증언 또는 감정을 한 경우

② 분쟁당사자는 위원에게 협의회의 조정에 공정을 기하기 어려운 사정이 있는 때에 협의회에 해당 위원에 대한 기피신청을 할 수 있다.

③ 위원이 제1항 또는 제2항의 사유에 해당하는 경우에는 스스로 해당 조정사항의 조정에서 회피할 수 있다.

[본조신설 2010. 1. 25.]

제24조의3(협의회의 회의)

① 협의회의 회의는 위원 전원으로 구성되는 회의(이하 "전체회의"라 한다)와 공익을 대표하는 위원, 원사업자를 대표하는 위원, 수급사업자를 대표하는 위원 각 1인으로 구성되는 회의(이하 "소회의"라 한다)로 구분한다. 다만, 사업자단체에 설치하는 협의회는 소회의를 구성하지 아니할 수 있다.

② 소회의는 전체회의로부터 위임받은 사항에 관하여 심의 · 의결한다.

③ 협의회의 전체회의는 위원장이 주재하며, 재적위원 과반수의 출석으로 개의하고, 출석위원 과반수의 찬성으로 의결한다.

④ 협의회의 소회의는 공익을 대표하는 위원이 주재하며, 구성위원 전원의 출석과 출석위원 전원의 찬성으로 의결한다. 이 경우 소회의의 의결은 협의회의 의결로 보되, 회의의 결과를 전체회의에 보고하여야 한다.

⑤ 위원장이 사고로 직무를 수행할 수 없을 때에는 공익을 대표하는 위원 중에서 공정거래위원회 위원장이 지명하는 위원이 그 직무를 대행한다.

[전문개정 2016. 3. 29.]

제24조의4(분쟁조정의 신청 등)

① 다음 각 호의 어느 하나에 해당하는 분쟁당사자는 원사업자와 수급사업자 간의 하도
급거래의 분쟁에 대하여 협의회에 조정을 신청할 수 있다. 이 경우 분쟁당사자가 각
각 다른 협의회에 분쟁조정을 신청한 때에는 수급사업자, 조합 또는 중앙회가 분쟁
조정을 신청한 협의회가 이를 담당한다. <개정 2022. 1. 11.>

   1. 원사업자

   2. 수급사업자

   3. 제16조의2제11항에 따라 협의회에 조정을 신청한 조합 또는 중앙회

② 공정거래위원회는 원사업자와 수급사업자 간의 하도급거래의 분쟁에 대하여 협의회
에 그 조정을 의뢰할 수 있다.

③ 협의회는 제1항에 따라 분쟁당사자로부터 분쟁조정을 신청받은 때에는 지체 없이 그
내용을 공정거래위원회에 보고하여야 한다.

④ 제1항에 따른 분쟁조정의 신청은 시효중단의 효력이 있다. 다만, 신청이 취하되거나
제24조의5제3항에 따라 각하된 경우에는 그러하지 아니하다.

⑤ 제4항 본문에 따라 중단된 시효는 다음 각 호의 어느 하나에 해당하는 때부터 새로
진행한다.

   1. 분쟁조정이 성립되어 조정조서를 작성한 때

   2. 분쟁조정이 성립되지 아니하고 조정절차가 종료된 때

⑥ 제4항 단서의 경우에 6개월 내에 재판상의 청구, 파산절차참가, 압류 또는 가압류,
가처분을 한 때에는 시효는 최초의 분쟁조정의 신청으로 인하여 중단된 것으로 본다.

[전문개정 2018. 1. 16.]

[시행일: 2023. 1. 12.]

 목　차

[참고사례]

   (주)한진중공업과 (주)한신스틸콘의 하도급공사 건[서울고등법원 2005. 10. 28. 선고
2004나74424 판결; 대법원 2007. 5. 31. 선고 2005다74344(중재판정취소의소) 판결]

I. 조정신청

협의회는 ① 원사업자(제1호), ② 수급사업자(제2호), ③ 제16조의2 제11항에 따라 협의회에 조정을 신청한 조합 또는 중앙회(제3호)의 어느 하나에 해당하는 분쟁당사자는 원사업자와 수급사업자 간의 하도급거래의 분쟁에 대하여 협의회에 조정을 신청할 수 있다. 이 경우 분쟁당사자가 각각 다른 협의회에 분쟁조정을 신청한 때에는 수급사업자, 조합 또는 중앙회가 분쟁조정을 신청한 협의회가 이를 담당한다(법 제24조의4 제1항). 2022. 1. 11. 법 개정으로 기존의 수급사업자, 조합외에 중앙회가 추가되었다.

조정과 중재는 차이가 있다. 중재는 당사자가 분쟁을 중재로 해결하기로 합의한 경우(중재합의)에 해당 분쟁을 법원의 재판이 아닌 중재인의 판정에 의하여 최종 해결하는 제도이다.[1] <(주)한진중공업과 (주)한신스틸콘의 하도급공사 건> 관련 민사소송에서 대법원은 "중재법이 적용되는 중재합의란 계약상의 분쟁인지의 여부에 관계없이 일정한 법률관계에 관하여 당사자 간에 이미 발생하였거나 장래 발생할 수 있는 분쟁의 전부 또는 일부를 중재에 의하여 해결하도록 하는 당사자 간의 합의를 말하는 것이므로, 장래 분쟁을 중재에 의하여 해결하겠다는 명시적인 의사표시가 있는 한 비록 중재기관, 준거법이나 중재지의 명시가 되어 있지 않더라도 유효한 중재합의로서의 요건은 충족하는 것이다. 그리고 이러한 중재합의가 있다고 인정되는 경우, 달리 특별한 사정이 없는 한 당사자들 사이의 특정한 법률관계에서 비롯되는 모든 분쟁을 중재에 의하여 해결하기로 정한 것으로 봄이 상당하다"고 판시하였다.[2]

이에 반해 조정(Mediation)은 분쟁 당사자가 조정인의 도움을 받아 당사자 사이의 대화와 상호양해를 통하여 조리(條理)를 바탕으로 분쟁을 실정에 맞게 자율적으로 해결하는 제도 즉, 중립적인 제3자인 조정인이 분쟁 당사자들간의 합의를 통해 분쟁을 해결하도록 도와주는 ADR의 대표적인 제도이다.[3]

---

[1] 대한상사중재원홈페이지 www.kcab.or.kr.
[2] 대판 2007. 5. 31. 2005다74344(중재판정취소의소).
[3] 대한상사중재원홈페이지 www.kcab.or.kr.

1. 보고의무

협의회는 제1항에 따라 분쟁당사자로부터 분쟁조정을 신청받은 때에는 지체 없이 그 내용을 공정거래위원회에 보고하여야 한다(법 제24조의4 제3항).

2. 신청의 효력

제1항에 따른 분쟁조정의 신청은 시효중단의 효력이 있다. 다만, 신청이 취하되거나 제24조의5제3항에 따라 각하된 경우에는 그러하지 아니하다(법 제24조의4 제4항).

종전 하도급법은 공정거래위원회 소관 다른 법률[4]과 달리 분쟁조정의 신청에 시효중단의 효력을 부여하고 있지 않았다. 이로 인해, 분쟁조정 진행 중 수급사업자가 공사대금 등 관련 채권의 소멸시효가 완성되는 경우에는 조정이 성립되더라도 수급사업자가 피해를 구제받지 못하는 경우가 발생할 수 있었다. 이러한 문제점을 개선하기 위해 개정 하도급법은 법위반과 관련하여 분쟁조정 신청이 있는 경우 조정대상이 되는 재산권의 소멸시효가 중단되도록 하였다.[5]

제4항 본문에 따라 중단된 시효는 ① 분쟁조정이 성립되어 조정조서를 작성한 때(제1호), ② 분쟁조정이 성립되지 아니하고 조정절차가 종료된 때(제2호)의 어느 하나에 해당하는 때부터 새로 진행한다(법 제24조의4 제5항).

제4항 단서의 경우에 6개월 내에 재판상의 청구, 파산절차참가, 압류 또는 가압류, 가처분을 한 때에는 시효는 최초의 분쟁조정의 신청으로 인하여 중단된 것으로 본다(법 제24조의4 제6항).

II. 조정의뢰

공정거래위원회는 원사업자와 수급사업자 간의 하도급거래의 분쟁에 대하여 협의회에 그 조정을 의뢰할 수 있다(법 제24조의4 제2항).

---

4) 독점규제법, 대규모유통업법, 대리점법.
5) 공정거래백서(2018), 18면; 부칙 제3조(분쟁조정 신청 등에 관한 적용례) 제24조의4부터 제24조의6까지의 개정규정은 이 법 시행 이후 최초로 원사업자, 수급사업자 및 제16조의2제8항에 따른 조합이 협의회에 분쟁조정을 신청하는 경우부터 적용한다.

「하도급거래공정화지침」에서 하도급분쟁조정협의회에 조정을 의뢰할 수 있는 분쟁사건의 범위를 규정하고 있다(III. 19).

19. 하도급분쟁조정협의회 조정요청 범위(법 제24조, 제24조의2, 제24조의3, 제24조의4, 제24조의5, 제24조의6)

가. 공정거래위원회는 다음 중 어느 하나에 해당하는 경우, 하도급분쟁조정협의회에 직권으로 조정을 의뢰할 수 있다.

(1) 조정을 통한 분쟁해결이 우선적으로 필요하다고 판단되는 경우(단, 법 제3조, 제12조의3, 제18조, 제19조, 제20조 관련 행위만을 대상으로 하는 분쟁은 제외한다)

(2) 신고인이 서면으로 조정의사를 표명한 경우

나. '가'에 해당하더라도 다음 중 어느 하나에 해당하는 경우에는 공정거래위원회가 직접 처리하여야 한다.

(1) 피조사인이 과거(신고접수일 기준) 1년 간 법 위반실적이 있고 과거 3년 간 부여받은 벌점의 누계가 4점 이상인 경우

(2) 피조사인이 과거(신고접수일 기준) 1년 간 법 위반행위를 한 것으로 인정되어 분쟁조정협의회로부터 조정안을 제시받은 횟수가 3회 이상인 경우

다. 신청인이 협의회에 분쟁조정을 신청한 사건에 대하여 협의회로부터 조정불성립을 통보받고 공정거래위원회에 분쟁조정신청과 동일한 내용으로 신고한 경우, 신고인이 분쟁조정기관에 제출한 조정신청서를 공정위에 대한 불공정하도급거래행위 신고서로 갈음할 수 있다.

제24조의5(조정 등)

① 협의회는 분쟁당사자에게 분쟁조정사항에 대하여 스스로 합의하도록 권고하거나 조정안을 작성하여 제시할 수 있다.

② 협의회는 해당 분쟁조정사항에 관한 사실을 확인하기 위하여 필요한 경우 조사를 하거나 분쟁당사자에게 관련 자료의 제출이나 출석을 요구할 수 있다.

③ 협의회는 다음 각 호의 어느 하나에 해당되는 경우에는 조정신청을 각하하여야 한다.

1. 조정신청의 내용과 직접적인 이해관계가 없는 자가 조정신청을 한 경우

2. 이 법의 적용대상이 아닌 사안에 관하여 조정신청을 한 경우

3. 조정신청이 있기 전에 공정거래위원회가 제22조제2항에 따라 조사를 개시한 사건에 대하여 조정신청을 한 경우

④ 협의회는 다음 각 호의 어느 하나에 해당되는 경우에는 조정절차를 종료하여야 한다. <개정 2011. 1. 11.>

1. 분쟁당사자가 협의회의 권고 또는 조정안을 수락하거나 스스로 조정하는 등 조정이 성립된 경우

2. 제24조의4제1항에 따른 조정의 신청을 받은 날 또는 같은 조 제2항에 따른 의뢰를 받은 날부터 60일(분쟁당사자 쌍방이 기간연장에 동의한 경우에는 90일)이 경과하여도 조정이 성립되지 아니한 경우

3. 분쟁당사자의 일방이 조정을 거부하는 등 조정절차를 진행할 실익이 없는 경우

⑤ 협의회는 조정신청을 각하하거나 조정절차를 종료한 경우에는 대통령령으로 정하는 바에 따라 공정거래위원회에 조정의 경위, 조정신청 각하 또는 조정절차 종료의 사유 등을 관계 서류와 함께 지체 없이 서면으로 보고하여야 하고, 분쟁당사자에게 그 사실을 통보하여야 한다.

⑥ 공정거래위원회는 분쟁조정사항에 관하여 조정절차가 종료될 때까지는 해당 분쟁의 당사자인 원사업자에게 제25조제1항에 따른 시정조치를 명하거나 제25조의5제1항에 따른 시정권고를 해서는 아니 된다. 다만, 공정거래위원회가 제22조제2항에 따라 조사 중인 사건에 대해서는 그러하지 아니하다.

[본조신설 2018. 1. 16.]

[종전 제24조의5는 제24조의6으로 이동<2018. 1. 16.>]

📝 **목 차**

Ⅰ. 합의권고 및 조정안의 제시

협의회는 분쟁당사자에게 분쟁조정사항에 대하여 스스로 합의하도록 권고하거나 조정안을 작성하여 제시할 수 있다(제24조의5 제1항).

독점규제법에서는 분쟁조정의 대상 조항을 구체적으로 적시하고 있는데 반해, 하도급법에서는 '원사업자와 수급사업자간의 하도급거래에 관한 분쟁'이라고만 규정하고 있다.

협의회는 해당 분쟁조정사항에 관한 사실을 확인하기 위하여 필요한 경우 조사를 하거나 분쟁당사자에게 관련 자료의 제출이나 출석을 요구할 수 있다(제24조의5 제2항).

Ⅱ. 조정신청의 각하사유

협의회는 ① 조정신청의 내용과 직접적인 이해관계가 없는 자가 조정신청을 한 경우(제1호), ② 이 법의 적용대상이 아닌 사안에 관하여 조정신청을 한 경우(제2호), ③ 조정신청이 있기 전에 공정거래위원회가 제22조 제2항에 따라 조사를 개시한 사건에 대하여 조정신청을 한 경우(제3호)의 어느 하나에 해당되는 경우에는 조정신청을 각하하여야 한다(제24조의5 제3항).

Ⅲ. 조정절차의 종료사유

협의회는 ① 분쟁당사자가 협의회의 권고 또는 조정안을 수락하거나 스스로

조정하는 등 조정이 성립된 경우(제1호), ② 제24조의4 제1항에 따른 조정의 신
청을 받은 날 또는 같은 조 제2항에 따른 의뢰를 받은 날부터 60일(분쟁당사자
쌍방이 기간연장에 동의한 경우에는 90일)이 경과하여도 조정이 성립되지 아니한
경우(제2호), ③ 분쟁당사자의 일방이 조정을 거부하는 등 조정절차를 진행할 실
익이 없는 경우(제3호)의 어느 하나에 해당되는 경우에는 조정절차를 종료하여야
한다(제24조의5 제4항). 2022. 1. 11. 법 개정시 법원 소송 관련 내용은 법 제24조
의8에서 별도로 규정하게 되었다.

IV. 공정거래위원회 보고 및 당사자 통보의무

협의회는 조정신청을 각하하거나 조정절차를 종료한 경우에는 *대통령령1)*으
로 정하는 바에 따라 공정거래위원회에 조정의 경위, 조정신청 각하 또는 조정
절차 종료의 사유 등을 관계 서류와 함께 지체 없이 서면으로 보고하여야 하고,
분쟁당사자에게 그 사실을 통보하여야 한다(제24조의5 제5항).

V. 시정조치(권고) 유예

공정거래위원회는 분쟁조정사항에 관하여 조정절차가 종료될 때까지는 해
당 분쟁의 당사자인 원사업자에게 제25조 제1항에 따른 시정조치를 명하거나 제
25조의5 제1항에 따른 시정권고를 해서는 아니 된다. 다만, 공정거래위원회가 제
22조 제2항에 따라 조사 중인 사건에 대해서는 그러하지 아니하다(제24조의5 제6항).

---

1) 제11조(분쟁조정의 종료 등) 법 제24조에 따른 하도급분쟁조정협의회는 법 제24조의5제5항에
따라 조정신청을 각하하거나 조정절차를 종료한 경우에는 다음 각 호의 사항을 포함한 분쟁조
정종료서를 작성하여 공정거래위원회에 보고하여야 한다. 1. 분쟁당사자의 일반현황 2. 분쟁의
경위 3. 조정의 쟁점 4. 조정신청의 각하 또는 조정절차 종료의 사유

제24조의6(조정조서의 작성과 그 효력)

① 협의회는 조정사항에 대하여 조정이 성립된 경우 조정에 참가한 위원과 분쟁당사자가 서명 또는 기명날인한 조정조서를 작성한다. <개정 2018. 1. 16.>
② 협의회는 분쟁당사자가 조정절차를 개시하기 전에 조정사항을 스스로 조정하고 조정조서의 작성을 요구하는 경우에는 그 조정조서를 작성하여야 한다. <개정 2018. 1. 16.>
③ 분쟁당사자는 제1항 또는 제2항에 따라 작성된 조정조서의 내용을 이행하여야 하고, 이행결과를 공정거래위원회에 제출하여야 한다. <신설 2016. 3. 29., 2018. 1. 16.>
④ 공정거래위원회는 제1항 또는 제2항에 따라 조정조서가 작성되고, 분쟁당사자가 조정조서에 기재된 사항을 이행한 경우에는 제25조제1항에 따른 시정조치 및 제25조의5제1항에 따른 시정권고를 하지 아니한다. <신설 2016. 3. 29., 2018. 1. 16.>
⑤ 제1항 또는 제2항에 따라 조정조서가 작성된 경우 조정조서는 재판상 화해와 동일한 효력을 갖는다. <신설 2018. 1. 16.>
[본조신설 2010. 1. 25.]
[제24조의5에서 이동, 종전 제24조의6은 제24조의7로 이동<2018. 1. 16.>]

 목 차

[참고문헌]
단행본: 공정거래위원회, 공정거래백서, 2018

Ⅰ. 조정조서의 작성

협의회는 조정사항에 대하여 조정이 성립된 경우 조정에 참가한 위원과 분쟁당사자가 서명 또는 기명날인한 조정조서를 작성한다(법 제24조의5 제1항).

조정조서가 작성된 경우 조정조서는 재판상 화해와 동일한 효력을 갖는다(제24조의5 제5항).

종전 하도급법에서는 분쟁조정이 성립되어 작성된 조정조서에 대해 분쟁당사자간에 조정조서와 동일한 내용의 '합의'가 성립된 것으로만 간주할 뿐 공정거래위원회소관 다른 법률[1])에서 이미 조정조서에 대해 부여하고 있는 '재판상 화해'의 효력을 부여하고 있지 않았다. 이에 따라, 조정결과에 대한 구속력이 약해 원사업자가 조정결과를 이행하지 않는 경우 강제집행을 위해서는 수급사업자가 별도로 소송을 제기해야 하는 등 분쟁조정의 피해구제 효과가 제한되는 문제가 있었다. 2018. 8. 16. 개정 하도급법에서는 '하도급분쟁조정협의회'가 작성한 조정조서에 확정판결과 동일한 효력을 갖는 재판상 화해의 효력을 인정함으로써 원사업자가 조정결과를 이행하지 않을 경우 수급사업자는 별도의 소 제기없이 법원에 조정조서 내용대로 강제집행을 청구할 수 있도록 하였다.[2]

협의회는 분쟁당사자가 조정절차를 개시하기 전에 조정사항을 스스로 조정하고 조정조서의 작성을 요구하는 경우에는 그 조정조서를 작성하여야 한다(법 제24조의5 제2항). 조정조서가 작성된 경우 조정조서는 재판상 화해와 동일한 효력을 갖는다(제24조의5 제5항).

II. 조정의 효력

분쟁당사자는 제1항 또는 제2항에 따라 작성된 조정조서의 내용을 이행하여야 하고, 이행결과를 공정거래위원회에 제출하여야 한다(제24조의5 제3항). 공정거래위원회는 제1항 또는 제2항에 따라 조정조서가 작성되고, 분쟁당사자가 조정조서에 기재된 사항을 이행한 경우에는 제25조제1항에 따른 시정조치 및 제25조의5 제1항에 따른 시정권고를 하지 아니한다(법 제24조의5 제4항).

---

1) 독점규제법, 대규모유통업법, 가맹사업법, 대리점법.
2) 공정거래백서(2018), 18면.

제24조의7(협의회의 운영세칙)

이 법에서 규정한 사항 외에 협의회의 운영과 조직에 관하여 필요한 사항은 공정거래위원회의 승인을 받아 협의회가 정한다.

[본조신설 2010. 1. 25.]

[제24조의6에서 이동<2018. 1. 16.>]

제24조의8(소송과의 관계)

① 조정이 신청된 사건에 대하여 신청 전 또는 신청 후 소가 제기되어 소송이 진행 중일 때에는 수소법원(受訴法院)은 조정이 있을 때까지 소송절차를 중지할 수 있다.

② 협의회는 제1항에 따라 소송절차가 중지되지 아니하는 경우에는 해당 사건의 조정절차를 중지하여야 한다.

③ 협의회는 조정이 신청된 사건과 동일한 원인으로 다수인이 관련되는 동종·유사 사건에 대한 소송이 진행 중인 경우에는 협의회의 결정으로 조정절차를 중지할 수 있다.

[본조신설 2022. 1. 11.]

기존 법 제24조의5(조정 등)[1]은 일방의 소 제기 시 분쟁조정 절차를 중지하도록 규정하고 있어 불리한 조정 결과가 예상되는 분쟁당사자가 결과통지 전에 소를 제기하는 등 남용사례가 발생하고 있다. 이에 2022. 1. 11. 법 개정시 분쟁조정 절차와 소송이 경합할 경우, 법원의 결정에 따라 조정이 있을 때까지 소송이 중지될 수 있도록 하였다. 분쟁조정협의회는 소송절차가 중지되지 않으면 해당 사건의 조정절차를 중지하여야 한다.[2]

아울러 다수인이 관련된 동종·유사 사건의 소송이 진행 중인 경우에는 협의회의 결정으로 조정절차를 중지할 수 있다.

---

1) 제24조의5(조정 등) ④ 협의회는 다음 각호의 어느 하나에 해당되는 경우에는 조정절차를 종료하여야 한다. 3. 분쟁당사자의 일방이 조정을 거부하거나 해당 분쟁조정 사항에 대하여 <u>법원에 소를 제기하는 등 조정절차를 진행할 실익이 없는 경우.</u>

2) 이상 공정거래위원회 보도자료(2021. 12. 9).

제24조의9(동의의결)

① 공정거래위원회의 조사나 심의를 받고 있는 원사업자 등(이하 이 조에서 "신청인"이라 한다)은 해당 조사나 심의의 대상이 되는 행위(이하 이 조에서 "해당 행위"라 한다)로 인한 불공정한 거래내용 등의 자발적 해결, 수급사업자의 피해구제 및 거래질서의 개선 등을 위하여 제3항에 따른 동의의결을 하여 줄 것을 공정거래위원회에 신청할 수 있다. 다만, 해당 행위가 다음 각 호의 어느 하나에 해당하는 경우 공정거래위원회는 동의의결을 하지 아니하고 이 법에 따른 심의 절차를 진행하여야 한다.

1. 제32조제2항에 따른 고발요건에 해당하는 경우
2. 동의의결이 있기 전 신청인이 신청을 취소하는 경우

② 신청인이 제1항에 따른 신청을 하는 경우 다음 각 호의 사항을 기재한 서면으로 하여야 한다.

1. 해당 행위를 특정할 수 있는 사실관계
2. 해당 행위의 중지, 원상회복 등 경쟁질서의 회복이나 하도급거래질서의 적극적 개선을 위하여 필요한 시정방안
3. 그 밖에 수급사업자, 다른 사업자 등의 피해를 구제하거나 예방하기 위하여 필요한 시정방안

③ 공정거래위원회는 해당 행위의 사실관계에 대한 조사를 마친 후 제2항제2호 및 제3호에 따른 시정방안(이하 "시정방안"이라 한다)이 다음 각 호의 요건을 모두 충족한다고 판단되는 경우에는 해당 행위 관련 심의 절차를 중단하고 시정방안과 같은 취지의 의결(이하 "동의의결"이라 한다)을 할 수 있다. 이 경우 신청인과의 협의를 거쳐 시정방안을 수정할 수 있다.

1. 해당 행위가 이 법을 위반한 것으로 판단될 경우에 예상되는 시정조치 및 그 밖의 제재와 균형을 이룰 것
2. 공정하고 자유로운 경쟁질서나 하도급거래질서를 회복시키거나 수급사업자 등을 보호하기에 적절하다고 인정될 것

④ 공정거래위원회의 동의의결은 해당 행위가 이 법에 위반된다고 인정한 것을 의미하지 아니하며, 누구든지 신청인이 동의의결을 받은 사실을 들어 해당 행위가 이 법에 위반된다고 주장할 수 없다.

[본조신설 2022. 1. 11.]

목　차

Ⅰ. 동의의결의 신청

　　시정조치, 과징금 부과 등 현행 하도급법 상 제재방식은 수급사업자의 신속한 피해구제 및 거래 질서 개선에 한계가 있었다. 통상 피해기업은 별도의 손해배상소송을 통하여 배상을 받아야 하는데, 영세한 피해 기업에게 소송은 시간비용·부담이 크고 손해 입증도 어렵다.

　　이에 2022. 1. 11. 법 개성시 공정거래법상 동의의결제도를 하도급법에도 도입하였다. 동의의결제도는 공정위의 조사·심의를 받고 있는 사업자가 불공정한 거래내용의 자발적 해결, 수급사업자의 피해구제 등 시정방안을 공정거래위원회에 제출하고, 공정거래위원가 그 시정방안이 적절하다고 인정하면, 위법성을 판단하지 않고 시정방안과 같은 의결로 사건을 종결시키는 제도다. 동의의결을 이행하지 않으면 1일당 200만 원 이하의 이행강제금이 부과될 수 있다.[1]

　　공정거래위원회의 조사나 심의를 받고 있는 원사업자 등("신청인")은 해당 조사나 심의의 대상이 되는 행위("해당 행위")로 인한 불공정한 거래내용 등의 자발적 해결, 수급사업자의 피해구제 및 거래질서의 개선 등을 위하여 제3항에 따른 동의의결을 하여 줄 것을 공정거래위원회에 신청할 수 있다. 다만, 해당 행위가 ① 제32조제2항에 따른 고발요건에 해당하는 경우(제1호), ② 동의의결이 있기 전 신청인이 신청을 취소하는 경우(제2호)의 어느 하나에 해당하는 경우 공정거래위원회는 동의의결을 하지 아니하고 이 법에 따른 심의 절차를 진행하여야 한다(법 제24조의9 제1항).

　　신청인이 제1항에 따른 신청을 하는 경우 ① 해당 행위를 특정할 수 있는 사실관계(제1호), ② 해당 행위의 중지, 원상회복 등 경쟁질서의 회복이나 하도급거래질서의 적극적 개선을 위하여 필요한 시정방안(제2호), 그 밖에 수급사업자,

---

[1] 이상 공정거래위원회 보도자료(2021. 12. 9).

다른 사업자 등의 피해를 구제하거나 예방하기 위하여 필요한 시정방안(제3호)의 사항을 기재한 서면으로 하여야 한(법 제24조의9 제2항).

II. 동의의결의 요건

공정거래위원회는 해당 행위의 사실관계에 대한 조사를 마친 후 제2항제2호 및 제3호에 따른 시정방안(이하 "시정방안"이라 한다)이 ① 해당 행위가 이 법을 위반한 것으로 판단될 경우에 예상되는 시정조치 및 그 밖의 제재와 균형을 이룰 것(제1호), ② 공정하고 자유로운 경쟁질서나 하도급거래질서를 회복시키거나 수급사업자 등을 보호하기에 적절하다고 인정될 것(제2호)의 요건을 모두 충족한다고 판단되는 경우에는 해당 행위 관련 심의 절차를 중단하고 시정방안과 같은 취지의 의결(이하 "동의의결"이라 한다)을 할 수 있다. 이 경우 신청인과의 협의를 거쳐 시정방안을 수정할 수 있다(법 제24조의9 제3항).

III. 동의의결과 법위반 여부

공정거래위원회의 동의의결은 해당 행위가 이 법에 위반된다고 인정한 것을 의미하지 아니하며, 누구든지 신청인이 동의의결을 받은 사실을 들어 해당 행위가 이 법에 위반된다고 주장할 수 없다(법 제24조의9 제3항).

제24조의10(동의의결의 절차 및 취소)

동의의결의 절차 및 취소에 관하여는 「독점규제 및 공정거래에 관한 법률」 제90조 및 제91조를 준용한다. 이 경우 같은 법 제90조제1항 중 "소비자"는 "수급사업자"로, 같은 조 제3항 단서 중 "제124조부터 제127조까지의 규정"은 "이 법 제29조 및 제30조"로 본다.

[본조신설 2022. 1. 11.]

제24조의11(이행강제금)

① 공정거래위원회는 정당한 이유 없이 동의의결 시 정한 이행기한까지 동의의결을 이행하지 아니한 자에게 동의의결이 이행되거나 취소되기 전까지 이행기한이 지난 날부터 1일당 200만원 이하의 이행강제금을 부과할 수 있다.

② 이행강제금의 부과·납부·징수 및 환급 등에 관하여는 「독점규제 및 공정거래에 관한 법률」 제16조제2항 및 제3항을 준용한다.

[본조신설 2022. 1. 11.]

이행강제금은 장래의 의무이행을 강제하기 위하여 행정상 강제집행의 일환으로서, '집행벌'에 해당하므로, 과거의 의무위반에 대한 제재인 행정형벌과 구별된다.

이행강제금 제도는 1999. 2. 5. 독점규제법 제7차 개정시 종래 경쟁제한적 기업결합이나 불공정한 기업결합에 대한 과징금부과 대신에 도입된 것이며, 독점규제법, 하도급법 등 동의의결제도의 경우에도 이를 준용하도록 규정하고 있다.

즉 이행강제금의 부과·납부·징수 및 환급 등에 관하여는 「독점규제법」 제16조 제2항 및 제3항[1]을 준용한다.

---

1) 제16조(이행강제금) ② 이행강제금의 부과·납부·징수·환급 등에 필요한 사항은 대통령령으로 정한다. 다만, 체납된 이행강제금은 국세체납처분의 예에 따라 징수한다. ③ 공정거래위원회는 제1항 및 제2항에 따른 이행강제금의 징수 또는 체납처분에 관한 업무를 대통령령으로 정하는 바에 따라 국세청장에게 위탁할 수 있다.

제25조(시정조치)

① 공정거래위원회는 제3조제1항부터 제4항까지 및 제9항, 제3조의4, 제3조의5, 제4조
부터 제12조까지, 제12조의2, 제12조의3, 제13조, 제13조의2, 제13조의3, 제14조부
터 제16조까지, 제16조의2제10항 및 제17조부터 제20조까지의 규정을 위반한 발주
자와 원사업자에 대하여 하도급대금 등의 지급, 공시의무의 이행 또는 공시내용의
정정, 법 위반행위의 중지, 특약의 삭제나 수정, 향후 재발방지, 그 밖에 시정에 필
요한 조치를 명할 수 있다. <개정 2010. 1. 25., 2011. 3. 29., 2013. 5. 28., 2013.
8. 13., 2016. 3. 29., 2022. 1. 11.>

② 삭제 <2016. 3. 29.>

③ 공정거래위원회는 제1항에 따라 시정조치를 한 경우에는 시정조치를 받은 원사업자
에 대하여 시정조치를 받았다는 사실을 공표할 것을 명할 수 있다. <개정 2016. 3.
29.>

[전문개정 2009. 4. 1.]

[시행일: 2023. 1. 12.]

 목 차

[참고사례]

㈜유봉건설의 불공정하도급거래행위 건(공정거래위원회 1996. 11. 18. 의결 제96−
271호; 서울고등법원 1998. 5. 21. 선고 97구19559 판결); 양지종합건설(주)의 불공정하도
급거래행위 건(공정거래위원회 1999. 5. 10. 의결 제99−71호; 서울고등법원 2001. 5. 31.
선고 99누11525 판결; 대법원 2002. 3. 15. 선고 2001두5439 판결); 청광종합건설(주)의
불공정하도급거래행위 건(공정거래위원회 1999. 4. 6. 의결 제99−40호; 서울고등법원
2001. 3. 20. 선고 99누10881 판결; 대법원 2002. 11. 26. 선고 2001두3099 판결); 무혐의
처분취소 건(헌법재판소 2004. 3. 25. 2003헌마404 결정); ㈜디앤에스모드의 불공정하도급
거래행위 건(공정거래위원회 2005. 5. 2. 의결 제2005−056호; 서울고등법원 2007. 1.

10. 선고 2005누10752 판결); OOO(주)의 불공정하도급거래행위 건(서울고등법원 2008. 8. 28. 선고 2007누31609 판결; 대법원 2010. 9. 30. 선고 2008두16377 판결); **대우건설㈜의 불공정하도급거래행위 건**[공정거래위원회 2008. 2. 19. 의결 제2008-052호; 서울고등법원 2008. 10. 8. 2008누8316; 대법원 2010. 11. 11. 선고 2008두20093(파기환송) 판결; 서울고등법원 2011. 1. 27. 선고 2009누31429(파기환송심) 판결]; **삼성공조㈜의 불공정하도급거래행위 건**(공정거래위원회 2008. 1. 25. 의결 제2008-034호; 서울고등법원 2009. 11. 12. 선고 2008누18030, 대법원 2010. 1. 14. 선고 2009두11843 판결); **와이에스중공업의 하도급법 위반행위 건**[공정거래위원회; 서울고등법원 2008. 11. 6. 선고 2008누8439 판결; 대법원 2009. 3. 12. 선고 2008두23092(심리불속행 기각) 판결]; **심의절차종료결정취소**(헌법재판소 2011. 12. 29. 2011헌마100 결정); **STX조선해양(주)의 불공정하도급거래행위 건**(공정거래위원회 2011. 8. 10. 의결 제2011-142호; 서울고등법원 2012. 6. 21. 선고 2011누30795 판결; 대법원 2016. 2. 18. 선고 2012두15555 판결); **4대강 살리기사업 1차 턴키공사 관련 건설업자들의 부당공동행위 건**(공정거래위원회 2012. 8. 31. 의결 제2012-199호; 서울고등법원 2014. 6. 13. 선고 2012누28874 판결; 대법원 2014. 10. 30. 선고 2014두10103 판결) **(주)선경이엔씨의 불공정하도급 거래행위 건**[공정거래위원회 2012. 11. 8. 제2012-253호; 서울고등법원 2013. 6. 28. 선고 2012누38017 판결; 대법원 2013. 11. 14. 선고 2013두14948 판결(심리불속행기각)]; **키친아트의 불공정하도급거래행위 건**[공정거래위원회 2008. 7. 22. 의결 제2008-214호; 대법원 2011. 6. 30. 선고 2009두13344(파기환송] 판결; 서울고등법원 2012. 1. 11. 선고 2011누22435(파기환송심) 판결]; **요진건설산업의 불공정하도급거래행위 건**[공정거래위원회 2010. 7. 23. 의결 제2013-085호; 서울고등법원 2013. 12. 26. 선고 2012누19368; 대법원 2014. 5. 16. 선고 2014두18579심리불속행 기각] 판결]; **한국고벨(주)의 불공정하도급거래행위 건**(공정거래위원회 2014. 11. 5. 의결 제2014-245호; 서울고등법원 2015. 10. 15. 선고 2014누8447 판결); **㈜신영프레이젼의 불공정하도급거래행위 건**(공정거래위원회 2015. 12. 21. 의결 제2015-424호; 서울고등법원 2016. 10. 19. 선고 2015누201 판결; 대법원 2018. 3. 13. 선고 2016두59430 판결)); **성동 조선해양의 불공정하도급거래행위 건**(공정거래위원회 2012. 10. 30. 의결 제2012-245호; 서울고등법원 2015. 1. 16. 선고 2013누8778 판결); **대우건설의 불공정하도급거래행위 건**(공정거래위원회; 서울고등법원 2016. 9. 8. 선고 2014누72233 판결); **상신정공의 불공정하도급거래행위 건**(공정거래위원회; 서울고등법원 2016. 11. 23. 선고 2016누2187 판결); **금광기업의 불공정하도급거래행위 건**[공정거래위원회 2018. 6. 18. 의결 제2018-221호; 서울고등법원 2017. 3. 17. 선고 2016누38107 판결; 대법원 2017. 7. 27. 선고 2017두40822(심리불속행 기각) 판결]; **영진약품의 불공정하도급거래행위 건**(공정거래위원회 2018. 1. 15. 의결 제2018-032호; 서울고등법원 2018. 7. 18. 선고 2018누

36112 판결); (주)송원건설의 불공정하도급거래행위 건(공정거래위원회 2018. 1. 17. 의결 제2018-050호; 서울고등법원 2018. 9. 13. 선고 2018누36563 판결); (주)포스코아이씨티의 불공정하도급거래행위 건[공정거래위원회 2017. 4. 4. 의결 제2017-116호; 서울고등법원 2018. 11. 16. 선고 2017누46556 판결; 대법원 2019. 3. 28. 선고 2018두66807(심리불속행 기각) 판결]; (주)부경의 불공정하도급거래행위 건(공정거래위원회 2019. 1. 2. 의결 제2019-002호; 서울고등법원 2021. 5. 13. 선고 2019누34045 판결); (주)에어릭스의 불공정하도급거래행위 건[공정거래위원회 2018. 11. 26. 의결 제2018-347호; 서울고등법원 2019. 10. 17. 선고 2018누39296 판결; 대법원 2021. 6. 24. 선고 2021두58629(심리불속행 기각) 판결]; (주)브이엘엔코의 불공정하도급거래행위 건(공정거래위원회 2015. 6. 2. 의결 제2015-176호; 서울고등법원 2017. 2. 1. 선고 2015누48770 판결; 대법원 2020. 8. 20. 선고 2017두38553 판결); 리드건설(주)의 불공정하도급거래행위 건[공정거래위원회 2020. 3. 13. 의결 제2020-060호; 서울고등법원 2020. 10. 8. 선고 2020누39442 판결; 대법원 2021. 2. 25. 선고 2020두52702(심리불속행 기각) 판결]

Ⅰ. 시정조치

공정거래위원회는 제3조제1항부터 제4항까지 및 제9항, 제3조의4, 제3조의5, 제4조부터 제12조까지, 제12조의2, 제12조의3, 제13조, 제13조의2, 제13조의3, 제14조부터 제16조까지, 제16조의2제10항 및 제17조부터 제20조까지의 규정을 위반한 발주자와 원사업자에 대하여 하도급대금 등의 지급, 공시의무의 이행 또는 공시내용의 정정, 법 위반행위의 중지, 특약의 삭제나 수정, 향후 재발방지, 그 밖에 시정에 필요한 조치를 명할 수 있다(법 제25조 제1항).

법원은 법 위반이 있더라도 위반행위의 결과가 더 이상 존재하지 않으면 시정명령을 할 수 없다는 입장이고, 그 판단시점은 사실심 변론종결시까지로 본다 <㈜디앤에스모드의 불공정하도급거래행위 건>.[1]

관련하여 법원이 다음과 같이 판단한 사례가 있다.

---

1) 서고판 2007. 1. 10. 2005누10752. 처분당시의 사실상태 등에 대한 입증은 사실심 변론종결 당시까지 얼마든지 할 수 있는 것이고, 법원은 행정처분 당시 행정청이 알고 있었던 자료 뿐만 아니라 사실심 변론종결시 당시까지 제출된 모든 자료를 종합하여 처분당시 존재하였던 객관적 사실을 확정하고 그 사실에 기초하여 처분의 위법 여부를 판단할 수 있다(대법원 1993. 5. 27. 선고 92누19033 판결 참조).

"원사업자가 수급사업자에게 그 대금을 하도급법이 정한 바에 따라 지급하지 아니하였다면, 달리 그 대금채무가 발생하지 아니하였음이 밝혀지지 않는 한 공정거래위원회는 제25조 제1항에서 정하고 있는 시정명령과 제25조의3 제1항 제3호에서 정하고 있는 과징금 부과 등의 조치를 할 수 있음"<청광종합건설(주)의 불공정하도급거래행위 건>,2) "하도급법 제25조 제1항은, 공정거래위원회는 하도급대금의 지급 등에 관한 제13조의 규정에 위반한 원사업자 등에 대하여 하도급대금 등의 지급, 법 위반행위의 중지, 기타 당해 위반행위의 시정에 필요한 조치를 권고하거나 명할 수 있다고 규정하고 있는 바, (1) 시정명령은 제13조 위반의 행위가 있음을 확인하거나 재발방지 등을 위한 조치를 취하는 것이 아니라, 당해 위반행위로 인하여 현실로 존재하는 위법한 결과를 바로잡는 것을 내용으로 하는 것이고, 이는 제25조의3 제1항 제2호에 의하여 공정거래위원회가 시정명령과는 별도로 제13조 위반행위 자체에 대하여 과징금을 부과할 수 있도록 한 것과 대비된다고 할 수 있으며, (2) 제30조 제1항 제3호에서 제13조의 규정에 위반한 자에 대하여 형사처벌을 하도록 규정하는 외에 제30조 제2항 제2호에서 제13조의 규정을 위반하였음을 이유로 한 시정명령에 따르지 아니한 자에 대하여 다시 형사처벌 하도록 규정하고 있음에 비추어 보면, 공정거래위원회가 하도급법 제25조 제1항에 의한 시정명령을 하는 경우에는 단순히 하도급대금의 발생 및 지급지연과 같은 제13조 등의 위반행위가 있었는가를 확인함에 그쳐서는 아니되고, 나아가 그 위반행위로 인한 결과가 그 당시까지 계속되고 있는지를 확인하여 비록 법 위반 행위가 있었더라도 하도급대금 채무의 불발생 또는 변제, 상계, 정산 등 사유여하를 불문하고 위반행위의 결과가 더 이상 존재하지 아니한다면, 그 결과의 시정을 명하는 내용의 시정명령을 할 여지는 없음"<청광종합건설(주)의 불공정하도급거래행위 건>,3) "하도급대금 미지급의 법위반행위가 있었다고 하더라도, 그 후 채무변제를 통하여 채무가 소멸하여, 위반행위의 결과가 더 이상 남아있지 않게 되어 시정을 명할 수 없음"<㈜디앤에스모드의 불공정하도급거래행위 건>,4) "처분문서의 진정성립이 인정되면 그 기재내용을 부정할 만한 분명하고도 수긍할 수 있는 반증이 없는 이상 그 기재 내용에 의하여 그 문서에 표시된 의사표시의 존재 및 내용을 인정해야 함"<키친아트의 불공정하도급거래행위 건>,5) "공정거래위원회의 처분전에 수급사업자가 타인에게 공사대금채권을 양도한 경우, 소송중에 처분사유의 추가·변경으로서 처분의 상대방을 양도인에서 양수인으로 변경하지 않는 경우 그 처분은 위

2) 대판 2002. 11. 26. 2001두3099.

3) 대판 2002. 11. 26. 2001두3099. 동지 대판 2010. 9. 30. 2008두16377; 대판 2010. 11. 11. 2008두
  20093(파기환송).

4) 서고판 2007. 1. 10. 2005누10752.

5) 대판 2011. 6. 30. 2009두13344(파기환송)[서고판 2012. 1. 11. 2011누22435(파기환송심)].

> 법함"<요진건설산업의 불공정하도급거래행위 건>[6)]

행정법규에 대한 제재조치는 고의나 과실이 없어도 부과될 수 있으므로 직원들의 업무처리과정에서 단순한 실수로 위반행위를 하게 되었다고 하더라도 시정명령을 할 수 있다<대우건설의 불공정하도급거래행위 건>.[7)]

1. 공표명령

공정거래위원회는 제1항에 따라 시정조치를 한 경우에는 시정조치를 받은 원사업자에 대하여 시정조치를 받았다는 사실을 공표할 것을 명할 수 있다(법 제25조 제2항).

과징금납부명령과 법 위반 사실 공표명령은 공익침해의 정도에 비하여 그 처분으로 인하여 개인이 입게 될 불이익이 현저하게 큰 경우에 해당하지 않으면 재량남용에 해당한다<양지종합건설(주)의 불공정하도급거래행위 건>.[8)]

시정명령을 받은 사실 공표에 대하여 「하도급거래공정화지침」에서는 다음과 같이 규정하고 있다(III. 21.).

> 라. 공정거래위원회로부터 시정명령을 받은 사실 공표
> 법위반사업자에게 공정거래위원회로부터 시정명령을 받은 사실의 공표를 명함에 있어서는"공정거래위원회로부터 시정명령을 받은 사실의 공표에 관한 운영지침"을 따르되, 위반행위의 내용·정도, 위반동기 등을 종합적으로 감안하여 공표여부를 결정한다.

2. 지급명령

지급명령제도는 수급사업자가 손해를 입었더라도 원사업자와의 거래상 지위의 현저한 불균형으로 민법 등에 의해 수급사업자가 충분히 보호받지 못할 우려에 대비하여 소송시 소요되는 시간과 비용을 절약하면서 분쟁을 신속히 해결하고자 하는 것이다<성동 조선해양의 불공정하도급거래행위 건>.[9)]

---

6) 서고판 2013. 12. 26. 2012누19368(대판 2014. 5. 16. 2014두18579).

7) 서고판 2016. 9. 8. 2014누72233.

8) 서고판 2001. 5. 31. 99누11525(대판 2002. 3. 15. 2001두5439).

　　지급명령 관련하여 서울고등법원은 상계항변이 받아들여진 부분에 대한 지급명
령은 위법하다는 입장이다. 즉 <선경이엔씨(주)의 불공정하도급거래행위 건>에서
공정거래위원회는 관련 민사소송 1심 판결결과에 따라 상계된 부분을 고려하여 이
사건 지급명령을 하였으나, 공정거래위원회 지급명령 후 관련 민사소송의 2심에서
원고의 상계항변이 추가적으로 받아들여져, 민사소송의 결과와 위원회의 지급명령
범위가 불일치하는 문제가 발생하였다. 관련 행정소송에서 대법원은 위반행위의 결
과가 더 이상 존재하지 않는다면 시정명령을 할 수 없다고 판시하며, 관련 민사소송
2심에서 추가적으로 상계항변이 받아들여진 부분에 대한 지급명령은 위법하다고
판시하였다.[10] 즉 위반행위로 인한 결과가 처분 당시까지 계속되고 있는지를 확인하
여 비록 법 위반행위가 있었더라도 하도급대금 채무의 불발생 또는 변제, 상계, 정산
등 사유 여하를 불문하고 위반행위의 결과가 더 이상 존재하지 아니한다면, 그 결과
의 시정을 명하는 내용의 시정명령을 할 여지는 없다는 것이 대법원의 입장이라
할 수 있다<삼성공조㈜의 불공정하도급거래행위 건>.[11]

　　기타 상계로 하도급대급 지급채무가 존재하지 않는다고 본 다음과 같은 사
례가 있다.

> "상계의사표시를 할 당시에 부당이득반환채권이 유효하게 존재 또는 특정되지 않
> 았다고 볼 수 없으므로 하도급대금 채권은 상계로 소멸하였음"<상신정공의 불공
> 정하도급거래행위 건>,[12] "원고는 퓨얼텍에게 기상공사대금을 초과하는 공사대금
> 을 이미 지급하였고, 하도급대급 지급의무는 상계에 의해 소멸하였음"<㈜에어릭
> 스의 불공정하도급거래행위 건>[13]

　　반대로 상계로 소멸되지 않았다고 판단한 사례도 있다.

> "상계의 소급효는 양 채권 및 이에 관한 이자나 지연손해금 등을 정산하는 기준시
> 기를 소급하는 것일 뿐이고 특별한 사정이 없는 한 상계의 의사표시 전에 이미 발
> 생한 사실을 복멸시키지 않으므로, 이 사건 처분 당시 이미 원고의 하도급대금 지급

9) 서고판 2015. 1. 16. 2013누8778.
10) 서고판 2013. 8. 22. 2013누11897[대판 2013. 11. 14. 2013두14948(심리불속행기각)].
11) 대판 2010. 1. 14. 2009두11843.
12) 서고판 2016. 11. 23. 2016누2187.
13) 서고판 2019. 10. 17. 2018누39296(대판 2021. 6. 24. 2029두58629).

채무가 소멸된 상태였다고 볼 수 없음"<㈜부경의 불공정하도급거래행위 건>,[14]
"원심이 이 사건 시정명령 당시를 기준으로 원고의 하도급대금 채무가 원고가 주장
하는 상계로 소멸되었다고 볼 수 없고, 이 사건 하도급대금 채권 중 위 하자이행보
증금을 제외하고 남은 1,022,470,000원과 그 지연이자에 대한 피고의 지급명령 부분
을 적법하다고 판단한 것은 정당함"<㈜브이엘엔코의 불공정하도급거래행위 건>[15]

　　그러나 채무자회생법상 회생절차에서 상계가 인정되기 위해서는 회생채권 신고
기간 만료 전에 자동채권인 회생채권과 수동채권의 쌍방이 상계적상에 있어야 하고,
회생채권자가 관리인에 대하여 신고기간 만료 전에 상계의 의사표시를 하여야 한다
고 판시하였다<한국고벨(주)의 불공정하도급거래행위 건>.[16]

　　한편 지연손해금 관련하여 법정이율과 고시이율의 차액에 대하여 지급명령
을 할 수 있는지 관련하여서 수급사업자의 원사업자에 대한 하도급대금 청구소
송에서 법정이율에 의한 지연손해금의 지급을 명하는 판결이 확정된 후에 공정
거래위원회가 시정명령을 하는 경우에 고시이율과 법정이율의 차액에 해당하는
지연손해금의 지급을 명하는 부분이 위법하게 된다고 할 수는 없다고 판시하였
다<선경이엔씨(주)의 불공정하도급거래행위 건>.[17]

　　또한 하도급법 제4조 제2항 제1호의 일률적 단가인하 사건에서 대법원은 시
정조치 규정의 포괄성과 하도급법 제4조 제2항 제1호 위반행위의 성질 등을 종합
하여 고려하면, 하도급법 제4조 제2항 제1호 위반행위에 대한 시정조치로서 일률
적인 단가 인하의 기준이 된 가격과 실제 하도급대금의 차액의 지급을 명하는 시
정명령은 허용될 수 없다고 판시하였다<STX조선해양(주)의 불공정거래행위 건>.[18]
대법원은 "지급명령은 공정거래위원회가 간편하게 손해배상 등의 지급을 명하는
것이라고 할 수 있다. 하도급법 제4조 제2항 제1호나 제5호 위반으로 인한 지급
명령이 허용된다면 그 지급명령은 당사자 사이의 사적 자치에 따라 정하여졌을
대금액을 전제로 하여야 한다. 그런데 제1호 위반행위나 제5호 위반행위가 있다
고 하더라도 각 품목이나 거래별로 개별적 사정이 있을 수 있어 위반행위 전의
단가가 당연히 지급명령액 산정의 기준액이 된다고 단정할 수 없고, 제1호 위반

---

14) 서고판 2021. 5. 13. 2019누34045.
15) 대판 2020. 8. 20. 2017두38553.
16) 서고판 2015. 10. 15. 2014누8447.
17) 서고판 2013. 8. 22. 2013누11897[대판 2013. 11. 14. 2013두14948(심리불속행기각)].
18) 대판 2016. 2. 18. 2012두15555.

행위나 제5호 위반행위의 성질상 이러한 위반행위가 없었더라면 원사업자와 수급사업자가 실제 정하였을 대금액을 상정하기도 어렵다. 따라서 제1호 위반행위 또는 제5호 위반행위에 대한 시정조치로서 지급명령은 원칙적으로 허용되지 않는다."고 보고 있다<신영프레시젼의 불공정하도급거래행위 건>.[19]

　　그리고 건설업 면허의 양도와 함께 제조납품계약상의 권리의무까지도 동반하여 승계하는지 여부와 관련하여 <㈜유봉건설의 불공정하도급거래행위 건>에서 공정거래위원회는 건설업면허 양수시 이미 공사가 완료되었고 면허양도인의 어음부도로 수급사업자인 한일산업이 하도급대금과 그에 대한 지연이자를 면허양도인에게 지급받지 못함에 따라 건설업면허를 양수한 유봉건설에게 대금 및 이자의 지급을 명하였으나, 서울고등법원은 수급사업자인 한일산업의 아스콘 제조납품계약은 양도대상인 건설업 면허와 관련있는 공사도급계약이 아니며, 한일산업의 아스콘 제조납품계약은 건설업 면허 양수시에는 이미 이행이 완료된 공사에 해당하며, 건설업법 제15조 제1항 제2호의 규정을 잘못 이해·적용하였다고 판시하였다.[20]

　　법원은 재입찰부터 입찰에 참여하기 시작한 수급사업자가 낙찰자로 선정된 계약의 경우에도 최초입찰의 최저입찰금액과 최종계약금액의 차액의 지급을 명한 것을 적법하다고 보았다<(주)포스코아이씨티의 불공정하도급거래행위 건>.[21] <㈜송원건설의 불공정하도급거래행위 건> 관련 행정소송에서 법원은 "원고가 수급사업자에 대한 하자보수청구권의 존재를 이유로 동시이행항변권을 주장하거나 행사하였다고 볼 증거가 없으므로 지급명령의 효력에 영향을 미치지 못한다"고 판시하였다.[22]

II. 향후 재발방지명령

　　대법원이 하도급법상 위반행위의 결과가 존재하지 않으면, 그 결과의 시정을 명하는 내용의 시정명령을 할 수 없다고 판시함에 따라<대우건설㈜의 불공정

---

19) 대판 2018. 3. 13. 2016두59430.
20) 서고판 1998. 5. 21. 97구19559.
21) 서고판 2018. 11. 16. 2017누46556(대판 2019. 3. 28. 2018두66807).
22) 서고판 2018. 9. 13. 2018누36563.

하도급거래행위 건>[23] 공정거래위원회는 2011. 3. 29. 법개정시 위반행위가 시정이 되었더라도 향후 재발방지명령을 할 수 있도록 법을 개정하였다.

따라서 법위반 상태가 이미 소멸된 경우에도 법위반행위의 재발방지가 필요하다고 인정하는 경우에는 시정에 필요한 조치 등을 의결할 수 있다(<금광기업의 불공정하도급거래행위 건>,[24] <영진약품의 불공정하도급거래행위 건>).[25]

Ⅲ. 관련 이슈

1. 심사불개시결정

헌법재판소는 공정거래위원회의 심사불개시 결정에 대하여 법률에 근거한 것으로 정당하다고 판단하였다.

① 공정거래위원회의 심사불개시결정은 공권력의 행사에 해당되며, 자의적인 경우 피해자인 신고인의 평등권을 침해할 수 있으므로 헌법소원의 대상이 됨. ② 공정거래위원회의 심사불개시결정이 잘못되었다 하더라도 독점규제법 제49조 제4항이 정한 5년의 시효가 경과되어 공정거래위원회가 더 이상 시정조치나 과징금 등을 부과할 수 없게 되었다면 그 부분 심판청구는 권리보호의 이익을 인정할 수 없음. ③ 공정거래위원회가 심사불개시결정을 할 수 있도록 한 공정거래위원회의운영및사건절차등에관한규칙 제12조는 법률에 따른 정당한 근거를 지닌 것이라 볼 것인바, 청구인의 '허위자료제출'에 대한 심판청구는 동 규칙이 정한, "동일한 내용을 3회 이상 신고한" 것인 점이 인정되고, '우월적 지위 남용' 부분은 공정거래위원회가 판단한 5년의 시효 경과가 자의적이라고 볼 수 없으므로 이유 없음<무혐의처분 취소 건>,[26] "피청구인이 발주자에 대해서 발주자가 원사업자에게 지급할 채무가 남아 있는지 여부를 확인하기 어렵다는 이유로 '하도급법 시행령' 제9조 제3항 및 '공정거래위원회 회의운영 및 절차 등에 관한 규칙' 제46조 제4호에 의거하여 심의절차종료결정을 하고, 원사업자에 대해서 원사업자의 부도 발생 후 폐업한 사실과 관련 민사소송 결과 등을 감안할 때 사건착수의 실익이 없다는 이유로 위 규칙 제12조 제1항 제22호에 의거하여 심사불개시결정을 하였는바, 피청구인이 이와 같은 결정을 함에 있어서 현저히 정의와 형평에 반하는 조사를 하였다거나, 피청구인의 결정이 헌법재판소가 관여할 정도의

---

23) 대판 2010. 11. 11. 2008두20093(파기환송).

24) 서고판 2017. 3. 17. 2016누38107(대판 2017. 7. 27. 2017두40822).

25) 서고판 2018. 7. 18. 2018누36112.

자의적인 처분이라고 볼 자료가 없으므로, 이로 말미암아 청구인의 기본권이 침해되었다고 볼 수 없음"<심의절차종료결정취소 건>[27]

2. 경고의 처분성

공정거래위원회의 경고처분에 대해서는 과거에 대법원이 그 처분성을 인정하지 아니하였으나, 현재는 처분성을 인정하는 입장이다.

"항고소송의 대상이 되는 행정처분이란 원칙적으로 행정청의 공법상 행위로서 특정사항에 대하여 법규에 의한 권리 설정 또는 의무 부담을 명하거나 기타 법률상효과를 발생하게 하는 등으로 일반 국민의 권리의무에 직접 영향을 미치는 행위를 가리키는 것이지만, 어떠한 처분의 근거가 행정규칙에 규정되어 있다고 하더라도, 그 처분이 상대방에게 권리 설정 또는 의무 부담을 명하거나 기타 법적인 효과를 발생하게 하는 등으로 상대방의 권리의무에 직접 영향을 미치는 행위라면, 이 경우에도 항고소송의 대상이 되는 행정처분에 해당한다고 보아야 하는 점(대법원 2012. 9. 27. 선고 2010두3541 판결 등 참조), 이 사건 고시의 각 규정을 검토해 보면 이 사건 경고는 당해 행위의 위법을 확인하되 구체적 조치까지는 명하지 않는 것으로 사업자가 장래 다시 법위반행위를 할 경우 과징금 부과 여부나 그 정도에 영향을 주는 고려사항이 되어 사업자의 자유와 권리를 제한하는 점(벌점의 유효기간도 3년이다) 등을 고려해 보면, 이 사건 경고는 항고소송의 대상이 되는 행정처분에 해당한다고 봄이 상당함(헌법재판소 2012. 6. 27. 선고 2010헌마508 결정, 대법원 2013. 12. 26. 선고 2011두4930 판결 등 참조)"<4대강 살리기사업 1차 턴키공사 관련 건설업자들의 부당공동행위 건>[28]

3. 자진시정 등

자진시정 등 조치에 대하여 「하도급거래공정화지침」에서는 다음과 같이 규정하고 있다(III. 21).

---

26) 헌재결 2004. 3. 25. 2003헌마404.
27) 헌재결 2011. 12. 29. 2011헌마100.
28) 서고판 2014. 6. 13. 2012누28874[대판 2014. 10. 30. 2014두10103].

바. 기타 시정조치에 관하여 필요한 기준은 공정거래위원회가 제정한 공정거래위
원회 회의운영 및 사건절차 등에 관한 규칙에 의한다.
사. 공정거래위원회는 조사개시일(신고사건의 경우 신고접수일, 직권조사 사건의 경우
직권조사계획 발표일 또는 조사공문 발송일 중 뒤의 날) 이전에 해당 사업자가
자체적으로 점검하여 확인한 법위반 행위에 대해 대금지급, 특약 삭제·수정 등
스스로 시정(수급사업자에게 피해가 발생한 경우 그 피해구제 조치 완료도 포함)한
사안에 대해서는 법 제25조, 법 제25조의3, 법 제26조 제②항, 법 제32조에 따른
조치를 배제할 수 있다.

4. 민사소송과의 관련성

공정거래위원회의 조사와 민사소송이 동시에 진행되는 경우가 있다. 이에
대하 서울고등법원은 "관련 민사사건에서 원고의 손해배상채권 주장에 대한 판
단이 이루어지지 않아 실질적으로 ㅇㅇㅇ의 하도급대금채권의 존부 및 액수가
확정되지 않은 상태에서 이 사건 처분이 이루어졌다 하더라도 하도급법 취지에
반하거나 위법하다고 볼 근거가 없다"고 보았다<㈜부경의 불공정하도급거래행위
건>.29) 즉 양자를 별개로 보았다.

---

29) 서고판 2021. 5. 13. 2019누34045.

제25조의2(공탁)

제25조제1항에 따른 시정명령을 받거나 제25조의5제1항에 따른 시정권고를 수락한 발주 자와 원사업자는 수급사업자가 변제를 받지 아니하거나 변제를 받을 수 없는 경우에는 수급사업자를 위하여 변제의 목적물을 공탁(供託)하여 그 시정조치 또는 시정권고의 이 행 의무를 면할 수 있다. 발주자와 원사업자가 과실이 없이 수급사업자를 알 수 없는 경우에도 또한 같다. <개정 2016. 3. 29.>[전문개정 2009. 4. 1.]

[참고사례]
○○○와 하동군의 모래채취계약 건[부산고등법원 1992. 11. 20. 선고 92나7474 판결; 대 법원 1994. 12. 13. 선고 93다951(부당이득금) 판결]

공탁사실의 보고에 대하여 *대통령령*[1]에서 규정하고 있다.
참고로 민법상의 변제공탁에 대하여 대법원은 다음과 같이 판시하고 있다.

> "변제공탁은 채무를 변제할 의사와 능력이 있는 채무자로 하여금 채권자의 사정으 로 채무관계에서 벗어나지 못하는 경우를 대비할 수 있도록 마련된 제도로서 그 제 487조 소정의 변제공탁의 요건인 "채권자가 변제를 받을 수 없는 때"의 변제라 함 은 채무자로 하여금 종국적으로 채무를 면하게 하는 효과를 가져다 주는 변제를 의 미하는 것이므로 채권이 가압류된 경우와 같이 형식적으로는 채권자가 변제를 받을 수 있다고 하더라도 채무자에게 여전히 이중변제의 위험부담이 남는 경우에는 마찬 가지로 '채권자가 변제를 받을 수 없는 때'에 해당함. 그리고 제3채무자가 이와 같이 채권의 가압류를 이유로 변제공탁을 한 때에는 그 가압류의 효력은 채무자의 공탁 금출급청구권에 대하여 존속한다고 할 것이므로 그로 인하여 가압류 채권자에게 어 떤 불이익이 있다고도 할 수 없음"<○○○와 하동군의 모래채취계약 건>[2]

---

1) 제12조(공탁사실의 보고) 법 제25조의2에 따라 공탁을 한 발주자 또는 원사업자는 지체 없이 공정거래위원회에 공탁한 사실을 서면으로 보고하여야 한다.
2) 대판 1994. 12. 13. 선고 93다951(부당이득금).

제25조의3(과징금)

① 공정거래위원회는 다음 각 호의 어느 하나에 해당하는 발주자·원사업자 또는 수급 사업자에 대하여 수급사업자에게 제조등의 위탁을 한 하도급대금이나 발주자·원사업 자로부터 제조등의 위탁을 받은 하도급대금의 2배를 초과하지 아니하는 범위에서 과 징금을 부과할 수 있다. <개정 2010. 1. 25., 2011. 3. 29., 2013. 5. 28., 2013. 8. 13., 2019. 4. 30., 2022. 1. 11.>

1. 제3조제1항부터 제4항까지의 규정을 위반한 원사업자
2. 제3조제9항을 위반하여 서류를 보존하지 아니한 자 또는 하도급거래에 관한 서류 를 거짓으로 작성·발급한 원사업자나 수급사업자
3. 제3조의4, 제4조부터 제12조까지, 제12조의2, 제12조의3, 제13조 및 제13조의2를 위반한 원사업자
4. 제14조제1항 및 제3항을 위반한 발주자
5. 제14조제5항을 위반한 원사업자
6. 제15조, 제16조, 제16조의2제10항 및 제17조부터 제20조까지의 규정을 위반한 원사업자

② 공정거래위원회는 대통령령으로 정하는 금액을 초과하는 과징금을 부과받은 자가 다 음 각 호의 어느 하나에 해당하는 사유로 과징금의 전액을 일시에 납부하기 어렵다 고 인정되면 그 납부기한을 연기하거나 분할하여 납부하게 할 수 있다. 이 경우 필 요하다고 인정되면 담보를 제공하게 할 수 있다. <신설 2022. 1. 11.>

1. 재해 또는 도난 등으로 재산에 현저한 손실을 입은 경우
2. 사업여건의 악화로 사업이 중대한 위기에 처한 경우
3. 과징금의 일시납부에 따라 자금사정에 현저한 어려움이 예상되는 경우
4. 그 밖에 제1호부터 제3호까지의 규정에 준하는 사유가 있는 경우

③ 공정거래위원회는 제2항에 따라 과징금 납부기한을 연기하거나 분할납부하게 하려는 경우에는 다음 각 호의 사항에 관하여 대통령령으로 정하는 사항을 고려하여야 한다. <신설 2022. 1. 11.>

1. 당기순손실
2. 부채비율
3. 그 밖에 재무상태를 확인하기 위하여 필요한 사항

④ 제1항의 과징금에 관하여는 「독점규제 및 공정거래에 관한 법률」 제102조, 제103조 (제1항은 제외한다) 및 제104조부터 제107조까지의 규정을 준용한다. <개정 2020. 12. 29., 2022. 1. 11.>

[전문개정 2009. 4. 1.]

📖 목　차

[참고사례]

　　삼성공조㈜의 불공정하도급거래행위 건(공정거래위원회 2008. 1. 25. 의결 제2008-034호; 서울고등법원 2011. 2. 10. 선고 2010누28528 판결); (주)삼성전자의 불공정거래행위 건[공정거래위원회 2008. 4. 3. 의결 제2008-113호; 서울고등법원 2009. 11. 12. 선고 2008누11237 판결; 대법원 2010. 4. 8. 선고 2009두23303(심리불속행기각) 판결]; OOO(주)의 불공정하도급거래행위 건[서울고등법원 2008. 10. 22. 선고 2008누11152 판결; 대법원 2009. 4. 9. 선고 2008두21829(파기환송) 판결]; 삼성공조㈜의 불공정하도급거래행위 건(공정거래위원회 2008. 1. 25. 의결 제2008-034호; 서울고등법원 2009. 11. 12. 선고 2008누18030, 대법원 2010. 1. 14. 선고 2009두11843 판결)영조주택(주)의 불공정하도급거래행위 건(공정거래위원회 2009. 2. 11. 제2009-054호; 서울고등법원 2010. 1. 21. 선고 2009누7716 판결; 대법원 2013. 2. 15. 선고 2010두2588 판결); 에스아이지피오토멕(주)의 불공정하도급거래행위 건(공정거래위원회 2011. 3. 28. 의결 제2011-034호; 서울고등법원 2012. 5. 3. 선고 2011누29351 판결; 대법원 2014. 2. 27. 선고 2012두11805 판결); ㈜코아스의 불공정하도급거래행위 건[공정거래위원회 2012. 12. 26. 의결 제2012-283호; 서울고등법원 2014. 5. 15. 선고 2013누3872 판결; 대법원 2014. 9. 16. 판결(심리불속행 기각)]; ㈜신영프레이젼의 불공정하도급거래행위 건(공정거래위원회 2015. 12. 21. 의결 제2015-424호; 서울고등법원 2016. 10. 19. 선고 2015누201 판결; 대법원 2018. 3. 13. 선고2016두59430 판결); (주)에코로바의 불공정하도급거래행위 건(공정거래위원회 2015. 4. 30. 의결 제2015-132호; 서울고등법원 2016. 10. 20. 선고2015누56160 판결; 대법원 2018. 10. 4. 선고 2016두59126 판결); 지에스건설(주)의 불공정하도급거래행위 건(공정거래위원회 2017. 9. 5. 의결 제2017-297호); 서울고등법원 2018. 6. 14. 선고 2017누82088 판결; 대법원 2018. 12. 13. 선고 2018두51485 판결); 대우건설의 불공정하도급거래행위 건(공정거래위원회; 서울고등법원 2016. 9. 8. 선고 2014누72233 판결); 코데스컴바인의 불공정하도급거래행위 건(공정거래위원회; 서울고등법원 2016. 5. 13. 선고 2015누440 판결); 동원로엑스(주)(변경전 상호:(주)동부익스프레스)의 불공정하도급거래행위 건(공정거래위원회 2019. 7. 4. 의결 제2019-151호; 서울고등법원 2020. 4. 22. 선고 2019누62188 판결)

Ⅰ. 과징금부과의 대상 및 기준

공정거래위원회는 ① 제3조 제1항부터 제4항까지의 규정을 위반한 원사업자(제1호), ② 제3조 제9항을 위반하여 서류를 보존하지 아니한 자 또는 하도급거래에 관한 서류를 거짓으로 작성·발급한 원사업자나 수급사업자(제2호), ③ 제3조의4, 제4조부터 제12조까지, 제12조의2, 제12조의3, 제13조 및 제13조의2를 위반한 원사업자(제3호), ④ 제14조 제1항 및 제3항을 위반한 발주자(제4호), ⑤ 제14조 제5항을 위반한 원사업자(제5호), ⑥ 제15조, 제16조, 제16조의2 제10항 및 제17조부터 제20조까지의 규정을 위반한 원사업자(제6호)의 어느 하나에 해당하는 발주자·원사업자 또는 수급사업자에 대하여 수급사업자에게 제조등의 위탁을 한 하도급대금이나 발주자·원사업자로부터 제조등의 위탁을 받은 하도급대금의 2배를 초과하지 아니하는 범위에서 과징금을 부과할 수 있다(법 제23조의3 제1항).[1]

제1항의 과징금에 관하여는 「독점규제법」 제102조, 제103조(제1항은 제외) 및 제104조부터 제107조까지의 규정을 준용한다(법 제25조의3 제4항).

1. 과징금고시의 성격

과징금 부과에 관하여 필요한 사항을 정하기 위하여 공정거래위원회는 「하도급법 위반사업자에 대한 과징금 부과기준에 관한 고시」[2]를 제정·운영하고 있다.

과징금고시의 성격에 관하여 <(주)코아스의 불공정하도급거래행위 건> 관련 행정소송에서 서울고등법원은 "과징금고시는 행정청 내부의 사무처리준칙을 규정한 것에 불과하여 대외적으로 국민이나 법원을 기속하는 효력이 없고 공정거래위원회의 처분의 적법 여부는 관계 법령의 규정 내용과 취지에 따라 판단되어야 하므로, 위 고시기준에 적합하다 하여 곧바로 당해 처분이 적법한 것이라고 할 수 없다"고 판시하였다.[3] 즉 하도급법은 기본적으로 '약자보호'에 근거한 것이므로, 규정상 원사업자에 해당된다고 하더라도 원사업자가 거래상 우월한

---

1) 제13조(과징금 부과기준) ① 법 제25조의3에 따른 과징금의 금액은 별표 2의 기준을 적용하여 산정한다. ② 삭제 ③ 이 영에서 규정한 사항 외에 과징금의 부과에 필요한 사항은 공정거래위원회가 정한다.
2) 공정거래위원회고시 제2022-27호(2022. 12. 30).
3) 서고판 2014. 5. 15. 2013누3872.

지위를 남용한 것인지 여부를 과징금 산정시 참작하여야 한다고,[4] 제재적 행정처분의 재량권 일탈·남용 여부는 공익침해의 정도와 그 처분으로 인하여 개인이 입게 될 불이익을 비교·형량하여 판단하여야 한다고 한다.[5]

그러나 <영조주택(주)의 불공정하도급거래행위 건> 관련 행정소송에서 대법원은 "원고(공정거래위원회)의 과징금 부과처분은 재량행위에 해당하나, 원고는 하도급법 및 시행령에서 정한 과징금의 구체적인 액수를 선정하기 위하여 내부적으로 이 사건 과징금고시를 제정하여 시행하고 있으므로, 비록 이 사건 과징금고시가 피고 내부의 사무처리준칙에 불과한 것이라 하더라도 이는 하도급법 및 시행령에서 정한 금액의 범위 내에서 적정한 과징금 산정기준을 마련하기 위하여 제정된 것임에 비추어 보면 피고로서는 부과대상을 결정하거나 그 액수를 산정함에 있어 이 사건 과징금고시의 기준 및 하도급법과 그 시행령에서 정한 사유를 모두 참작하여야 하며 원고의 하도급법 제4조 제2항 제7호 위반행위와 관련하여 피고는 '하도급 과징금고시(공정위 고시 제2007-7호, 2007. 8. 30.)'의 부칙에서 '이 고시는 고시한 날로부터 시행한다'고 규정하고 있음에도, 고시일인 2007. 8. 30. 이전의 원고 행위에 대해서도 이 사건 고시를 소급 적용한 것은 위법하다"고 판시하였다.[6]

개정 과징금 고시의 부칙에서 별도로 경과조치에 관한 규정을 두지 아니하여도 시행일 전의 행위에 대해서는 개정전 과징금 고시에 따라야 한다<동원로엑스(주)(변경전 상호:(주)동부익스프레스)의 불공정하도급거래행위 건>.[7]

---

4) 즉 다음 사정을 종합적으로 고려해 볼 때, 하도급법이 시정하려고 하는 불공정한 거래관행이 있다고 보기 어려운 측면이 있어 원고 행위의 위법성이 크다고 평가할 수 없음.
  - 원고의 회사규모(매출액 680억원, 자산총액 920억원)상 수급사업자들에게 일방적으로 불공정한 거래관행을 강요할 지위에 있다고 보기 어려움.
  - 이 사건 수급사업자 중에는 원고보다 매출액 규모가 훨씬 큰 사업자 또는 매출액 중 원고와의 거래금액이 차지하는 비중이 크지 않은 사업자도 다수 있음.
  - 원고의 하도급법 위반행위는 원고에 대한 의존도의 높고 낮음을 불문하고 이루어져 거래상 지위를 남용한 행위로 보기 어려움.
5) 다음 점을 고려할 때, 이 사건 과징금액은 지나치게 무거워 원고의 위반행위와 과징금 액수 간에 균형을 상실하였음.
  - 2011년 하도급법을 개정하여 향후 재발방지를 위한 시정명령을 할 수 있도록 한 점
  - 피고가 종래 과징금을 면제하거나 조정과징금을 95% 감경한 사례가 있는 점
  - 원고가 모두 자진 시정하여 위반행위로 취득한 이익이 없고, 전체 하도급금액 중 법위반금액의 비율이 1.9%에 불과하며, 위반행위가 거래상 지위남용행위라기 보다는 단순한 채무불이행으로 볼 여지가 있는 점
6) 대판 2013. 2. 15. 2010두2588.
7) 서고판 2020. 4. 22. 2019누62188.

2. 과징금부과의 재량권 일탈·남용 여부

하도급법상의 과징금 부과가 제재적 성격을 가진 것이기는 하여도 기본적으로는 하도급법 위반행위에 의하여 얻은 불법적인 경제적 이익을 박탈하기 위하여 부과되는 것이고, 하도급법이 준용하는 독점규제 및 공정거래에 관한 법률 제55조의3 제1항에서도 이를 고려하여 과징금 부과에 있어 위반행위의 내용과 정도, 기간과 횟수 외에 위반행위로 인하여 취득한 이익의 규모 등도 아울러 참작하도록 규정하고 있으므로, 과징금의 액수는 당해 위반행위의 구체적 태양 등에 기하여 판단되는 그 위법성의 정도뿐 아니라 그로 인한 이득액의 규모와도 상호 균형을 이루어야 하고, 이러한 균형을 상실할 경우에는 비례의 원칙에 위배되어 재량권의 일탈·남용에 해당할 수가 있다(대법원 2001. 2. 9. 선고 2000두6206 판결 참조)<삼성공조㈜의 불공정하도급거래행위 건>.[8]

기타 법원이 법위반으로 인정한 사례는 다음과 같다.

"과징금의 기본 산정기준을 정함에 있어 그 기초가 되는 하도급대금은 부가가치세를 제외하고 산출하였다가, 1차 조정과 관련된 '법위반 금액의 3배'를 정함에 있어서는 부가가치세를 포함한 것은 잘못임"<대우건설의 불공정하도급거래행위 건>,[9]
"위반사업자의 과징금납부능력이 현저히 부족하다고 하여 반드시 과징금을 면제하거나 최소규모의 과징금만을 부과해야 할 의무를 부담하는 것은 아니다. 조정과징금에서 30%만 감경하여 결정하였다 하더라도 재량권 일탈·남용이 아님"<코데스컴바인의 불공정하도급거래행위 건>[10]

법원이 재량권 일탈·남용이 없다고 인정한 사례는 다음과 같다.

"원고의 직원의 자료제출 거부행위는 피고의 조사에 중대한 장애가 될 뿐 아니라 원고 법인의 조사방해를 이유로 과징금 산정시 30% 가중한 것은 적법함"<(주)삼성전자의 불공정거래행위 건>[11]

한편 하도급법 시행령 [별표2]에서 '위반행위가 2가지 이상의 유형에 동시

---

8) 대판 2010. 1. 14. 2009두11843.
9) 서고판 2016. 9. 8. 2014누72233.
10) 서고판 2016. 5. 13. 2015누440.
11) 서고판 2009. 11. 12. 2008누11237[대판 2010. 4. 8. 2009두23303(심리불속행기각)].

에 해당하는 경우 위반행위의 유형별 부과점수는 상위유형의 점수를 기준으로 한다.'고 규정하고 있는 바 동 규정의 해석과 관련하여 서울고등법원은 동 규정을 문제된 행위가 사실상은 1개의 행위이나 법률상 평가에 의하면 2개의 행위에 해당하는 경우 이중평가를 통한 과다집행의 위험을 피하면서도 단일한 위반행위와는 구분하기 위한 적절한 기준을 제시한 것이며 따라서 탈법행위와 미지급행위는 사실상으로도 2개의 행위이고 하도급법상으로도 2개의 행위이므로 각 유형별 점수에 따라 산정해야 함에도, 위 시행령 규정을 적용하여 각 행위에 모두 100점을 부과하여 기본과징금을 산정하였으므로 위법하다고 판시하였다<에스아이지피오토멕(주)의 불공정하도급거래행위 건>.[12]

그러나 법원의 판단을 엄격하게 적용할 경우, 통상의 하도급법 위반행위(하도급대금이 중복되는 위반행위)[13]에 대해 과징금이 중복 계산되는 문제가 발생하여, 그 동안의 공정거래위원회 과징금 산정 방식에 비해 당사자에게 오히려 불이익할 수 있다. 따라서 이 판결은 하도급대금이 중복되지 않는 경우에만 적용하는 것이 타당하다.[14] 또한 수개의 위반행위에 관하여 동시에 시정조치를 명하게 되는 경우 그 위반행위 상호간의 관계를 어떻게 처리할 것인가의 문제는 기본적으로 입법재량의 영역에 속하고 위반행위의 수는 동시에 심사대상이 된 위반행위의 수를 의미한다고 보았다<에스아이지피오토멕(주)의 불공정하도급거래행위 건>.[15]

II. 하도급대금결정의 기준

1. 부당 하도급대금 결정 건

법원은 부당 하도급대금 결정 건 관련해서 다음과 같이 판단하였다.

"일률적인 비율로 단가를 인하하거나 일방적으로 낮은 단가를 결정하기 전의 종전 단가는 그 자체로 정당한 하도급대금에 해당한다고 단정할 수 없다. ② 따라서 그 가격을 기준으로 계산한 금액과 실제 하도급대금의 차액을 하도급대금의 부당결정으로 인한 차액인 '위반금액'으로 볼 수 없음"<㈜신영프레이젼의 불공정하도급거래행위 건>,[16] "행정청이 부당한 하도급대금의 결정금지 위반행위에 대한 과징

---

12) 대판 2014. 2. 27. 2012두11805.
13) 예를 들어 서면미교부 후 대금미지급 하는 경우 등.
14) 공정위 내부자료, [판례피드백 2014.7].
15) 대판 2014. 2. 27. 2012두11805.

금납부명령을 하면서 부당한 하도급대금의 결정에 해당하지 않는 수급사업자에 대한 하도급대금까지 포함하여 과징금을 산정한 것은 재량권을 일탈·남용하여 위법함"<○○○(주)의 불공정하도급거래행위 건>[17]

2. 부당 위탁취소 건

한편 부당 위탁취소 건 관련해서 과징금 산정의 기준이 되는 '하도급대금'은 '위반행위와 관련한 하도급거래의 계약금액 전액'을 의미하는지 여부 및 하도급계약 체결 후 일부는 정상적으로 이행되고 일부 거래만 부당하게 위탁취소된 경우, 과징금 산정의 기준이 되는 '하도급대금'은 부당하게 취소된 부분의 하도급대금 부분에 한정되는지 여부에 대하여 법원은 다음과 같이 판단하였다.

"각 규정의 체재, 문언 및 내용 등에 비추어 보면, 하도급법 제25조의3 제1항에서 규정한 과징금 산정의 기준이 되는 '하도급대금'은 '위반행위와 관련한 하도급거래의 계약금액 전액'을 의미하는 것으로 보는 것이 옳음. 하도급계약 체결 후 일부는 정상적으로 이행되고 일부 거래만 부당하게 위탁취소되었다고 하더라도, 여기에서 말하는 '하도급대금'이 부당 위탁취소 금액 부분에 한정된다고 볼 수는 없음. 그 이유는 다음과 같음.

(1) 하도급법 제2조 제1항에 따르면, '하도급거래'란 원사업자가 수급사업자에게 제조 등의 위탁을 한 경우 그 위탁을 받은 수급사업자가 위탁받은 것을 제조하여 원사업자에게 납품하고 그 대가를 받는 행위이고, '하도급대금'은 하도급거래에서 납품의 대가로 받는 것을 의미함. 따라서 하도급법 제25조의3 제1항이 정한 '하도급대금' 및 이를 보다 구체적으로 규정한 위 [별표 2]제1호 (나)목의 '계약금액'은 해당 하도급거래에서 위탁에 따른 납품의 대가로 정해진 하도급대금 전액을 의미한다고 보는 것이 문언에 충실한 해석임.

(2) 위 [별표 2]는 '위반금액의 비율'을 해당 법 위반사건의 하도급대금 대비 법 위반 관련 미지급금액의 비율로 한다고 규정함[제2호 (가)목 3) 나)]. 이에 따르면, 부당 위탁취소의 경우, 부당 위탁취소 금액 부분이 '위반금액'에 해당하게 됨. 이처럼 하도급대금과 위반금액은 별개의 개념으로서 하도급대금은 위반금액의 비율을 정하는 기준이 되므로, 하도급대금은 부당 위탁취소 금액과는 명백히 구별됨. 부당 위탁취소 금액을 하도급대금이라고 새긴다면, 부당 위탁취소의 경

---

16) 대판 2018. 3. 13. 2016두59430.
17) 대판 2009. 4. 9. 2008두21829(파기환송).

우 위반금액의 비율은 언제나 100%가 되므로, 위반금액의 비율에 따라 그 부과
점수를 차등적으로 정하고 있는 시행령 [별표 2]규정의 취지에도 맞지 않음.

(3) 나아가 과징금 산정기준인 '하도급대금'에 부당 위탁취소 금액뿐만 아니라 정상
적으로 대금이 지급된 부분까지 포함된다고 하여 책임주의에 반한다거나 합리
적이지 않다고 볼 수는 없음. 과징금 산정의 기준이 되는 하도급대금의 2배는
과징금의 상한임과 동시에 과징금을 산정하는 기초에 불과하고, 여기에 위반금
액의 비율 등 여러 사정을 고려하여 과징금 부과율을 정하여 과징금 부과금액
을 산정하게 됨. 만일 위반금액의 비율, 위반행위의 수, 위반전력이 적다면 그
상한보다 상당히 낮은 수준에서 과징금액이 결정될 것임. 따라서 이러한 과정
을 거쳐 산정된 과징금을 두고, 정상적으로 대금이 지급된 부분에 대하여 과징
금을 부과하는 것이라고 볼 수 없음.

(4) 부당 위탁취소 금액 부분이 전체 하도급대금 중 차지하는 비율이 매우 낮음에
도, 최종적으로 산정된 과징금이 이러한 사정을 제대로 반영하고 있지 않는 경
우도 물론 있을 수 있음. 그러나 과징금 액수와 위반금액의 규모가 상호 균형
을 이루어야 할 필요가 있다고 하더라도, 법령이 일률적으로 정하고 있는 과징
금 산정기준과 그 상한을 행위유형별로 달리 해석함으로써 이 문제를 해결할
것은 아님. 이는 과징금 산정에 관하여 적절한 재량행사를 함으로써 해결할 문
제임. 이와 관련하여 하도급법 제25조의3 제2항이 준용하는 독점규제 및 공정
거래에 관한 법률 제55조의3 제1항은 위반행위의 내용과 정도, 기간과 횟수 외
에 위반행위로 인하여 취득한 이익의 규모 등도 아울러 참작하도록 규정하고
있고, 만약 위반금액의 규모와 부과된 과징금액이 균형을 상실할 경우에는 비
례원칙에 위배되어 재량권 일탈·남용에 해당함(대법원 2010. 1. 14. 선고 2009
두11843 판결 등 참조)"<(주)에코로바의 불공정하도급거래행위 건>[18]

3. 공동수급체의 경우

하도급법 위반행위를 한 원사업자에 대한 과징금 산정의 기초가 되는 '하도
급대금'의 의미 및 공동이행방식의 공동수급체 구성사업자 전원을 위한 하도급
계약을 체결한 공동수급체 구성사업자 중 1인이 하도급법 위반행위를 한 경우,
과징금 산정의 기초가 되는 '하도급대금'은 공동수급약정에 따른 채무부담비율에
해당하는 금액이 아닌 '하도급계약에 따라 수급사업자에게 지급하여야 할 대금'
전액인지 여부에 대하여 대법원은 다음과 같이 판시하였다.

18) 대판 2018. 10. 4. 선고 2016두59126.

> "공동이행방식의 공동수급체는 원칙적으로 민법상 조합의 성질을 가진다. 조합채무가 특히 조합원 전원을 위하여 상행위가 되는 행위로 부담하게 되었다면, 하도급계약을 체결할 때 공동수급체가 아닌 개별 구성원으로 하여금 지분비율에 따라 직접 하수급인에 대하여 채무를 부담하게 하는 약정을 한 경우와 같은 특별한 사정이 없는 한 상법 제57조 제1항에 따라 조합원들이 연대책임을 짐(대법원 2013. 3. 28. 선고 2011다97898 판결 참조). 위와 같은 관계 법령과 법리를 종합하여 보면, 원사업자에 대한 과징금 산정의 기초가 되는 '하도급대금'은 원칙적으로 원사업자가 하도급계약이 정하는 바에 따라 수급사업자에게 지급하여야 할 대금을 뜻한다고 보아야 함. 나아가 공동이행방식의 공동수급체 구성사업자 중 1인이 공동수급체 구성사업자 전원을 위한 하도급계약을 체결한 경우일지라도 개별 구성원으로 하여금 지분비율에 따라 직접 하수급인에 대하여 채무를 부담하도록 약정하는 경우 등과 같은 특별한 사정이 없다면, 그 구성사업자 1인의 하도급법 위반행위에 대한 과징금 산정의 기초가 되는 '하도급대금' 역시 '하도급계약에 따라 수급사업자에게 지급하여야 할 대금'을 기준으로 함이 원칙임. 이 경우 그 1인은 수급사업자에게 대금 전액을 지급할 책임이 있고, 그가 공동수급약정에 따라 최종적으로 부담하게 될 내부적 채무 비율은 공동수급체의 내부 사정에 불과하기 때문임"<지에스건설(주)의 불공정하도급거래행위 건>[19]

Ⅲ. 납부기한의 연기 및 분할납부

공정거래위원회는 *대통령령*[20]으로 정하는 금액을 초과하는 과징금을 부과받은 자가 ① 재해 또는 도난 등으로 재산에 현저한 손실을 입은 경우(제1호), ② 사업여건의 악화로 사업이 중대한 위기에 처한 경우(제2호), ③ 과징금의 일시납부에 따라 자금사정에 현저한 어려움이 예상되는 경우(제3호), ④ 그 밖에 제1호부터 제3호까지의 규정에 준하는 사유가 있는 경우(제4호)의 어느 하나에

---

19) 대판 2018. 12. 13. 2018두51485. 공동이행방식 공동수급체 형태의 하도급계약이 있는 경우 과징금 산정의 기초가 되는 원칙적 계약금액이 무엇인지에 관하여 최초로 판시한 사안이다. 강우찬, 대법원 공정거래사건 주요판결요지, 경쟁저널(2019.2), 28면.

20) 제13조의2(과징금 납부기한의 연기 및 분할납부의 기준) ① 법 제25조의3제2항 각 호 외의 부분 전단 중 "대통령령으로 정하는 금액"이란 10억원(과징금을 부과받은 자가 법 제2조제2항제1호에 따른 중소기업자인 경우 5억원)을 말한다. ② 법 제25조의3제2항에 따른 납부기한의 연기는 그 납부기한의 다음 날부터 2년을 초과할 수 없다. ③ 법 제25조의3제2항에 따른 분할납부의 경우 각 분할된 납부기한 간의 간격은 6개월을 초과할 수 없으며, 분할 횟수는 6회를 초과할 수 없다.

해당하는 사유로 과징금의 전액을 일시에 납부하기 어렵다고 인정되면 그 납부기한을 연기하거나 분할하여 납부하게 할 수 있다. 이 경우 필요하다고 인정되면 담보를 제공하게 할 수 있다(법 제25조의3 제2항).

공정거래위원회는 제2항에 따라 과징금 납부기한을 연기하거나 분할납부하게 하려는 경우에는 ① 당기순손실(제1호), ② 부채비율(제2호), ③ 그 밖에 재무상태를 확인하기 위하여 필요한 사항(제3호)에 관하여 *대통령령으로*[21] 정하는 사항을 고려하여야 한다(법 제25조의3 제3항).

하도급법 위반으로 과징금을 부과받는 경우, 과징금이 10억 원을 초과하여야 과징금의 분할납부가 가능[22]하나, 중소기업의 경우에는 10억 원 이하라도 과징금의 일시 납부로 자금 사정이 현저히 어려워질 수 있다. 또한 원사업자가 과징금 납부로 자금 사정이 어려워지면 수급사업자가 연쇄적으로 대금을 받지 못하는 부작용도 발생할 수 있다.

이에 2022. 1. 11. 법 개성시 과징금 분할납부 근거를 하도급법에 직접 규정하였다. 구체적 요건은 *대통령령*에 위임하였고, 중소기업에 한하여 분할납부 신청 기준을 과징금 '10억 원 초과'에서 '5억 원 초과'로 규정하였다.[23]

Ⅳ. 준용규정

법 제25조의3에 따른 과징금의 부과·납부·징수·체납처분 및 환급가산금 등에 관하여는 「독점규제법」 제85조, 제86조(제1항부터 제4항까지는 제외) 및 제87조부터 제90조까지의 규정을 준용한다(영 제14조).

---

21) 제13조의2(과징금 납부기한의 연기 및 분할납부의 기준) ④ 법 제25조의3제3항 각 호 외의 부분에서 "대통령령으로 정하는 사항"이란 다음 각 호의 구분에 따른 사항을 말한다. 1. 당기순손실: 납부기한 연기 또는 분할납부 신청 당시 과징금을 부과받은 자에게 직전 3개 사업연도 동안 연속하여 당기순손실이 발생했는지 여부 2. 부채비율: 납부기한 연기 또는 분할납부 신청 당시 과징금을 부과받은 자가 자본총액(재무상태표에 표시된 자산총액에서 부채액을 뺀 금액을 말한다)의 2배를 초과하는 부채를 보유하고 있는지 여부 3. 그 밖에 재무상태를 확인하기 위하여 필요한 사항: 납부기한 연기 또는 분할납부 신청 당시 과징금 대비 현금보유액 비율 등 공정거래위원회가 정하여 고시하는 사항
22) 하도급법에서 준용하는 공정거래법에 따라 과징금이 10억 원 또는 관련 매출액의 1% 초과 시 분할납부 신청 가능함.
23) 이상 공정거래위원회 보도자료(2021. 12. 9).

제25조의4(상습법위반사업자 명단공표)

① 공정거래위원회 위원장은 제27조제3항에 따라 준용되는 「독점규제 및 공정거래에 관한 법률」 제119조에도 불구하고 직전연도부터 과거 3년간 이 법 위반을 이유로 공정거래위원회로부터 경고, 제25조제1항에 따른 시정조치 또는 제25조의5제1항에 따른 시정권고를 3회 이상 받은 사업자 중 제26조제2항에 따른 벌점이 대통령령으로 정하는 기준을 초과하는 사업자(이하 이 조에서 "상습법위반사업자"라 한다)의 명단을 공표하여야 한다. 다만, 이의신청 등 불복절차가 진행 중인 조치는 제외한다. <개정 2016. 3. 29., 2020. 12. 29.>

② 공정거래위원회 위원장은 제1항 단서의 불복절차가 종료된 경우, 다음 각 호에 모두 해당하는 자의 명단을 추가로 공개하여야 한다.

  1. 경고 또는 시정조치가 취소되지 아니한 자

  2. 경고 또는 시정조치에 불복하지 아니하였으면 상습법위반사업자에 해당하는 자

③ 제1항 및 제2항에 따른 상습법위반사업자 명단의 공표 여부를 심의하기 위하여 공정거래위원회에 공무원인 위원과 공무원이 아닌 위원으로 구성되는 상습법위반사업자명단공표심의위원회(이하 이 조에서 "심의위원회"라 한다)를 둔다. <개정 2018. 1. 16.>

④ 공정거래위원회는 심의위원회의 심의를 거친 공표대상 사업자에게 명단공표대상자임을 통지하여 소명기회를 부여하여야 하며, 통지일부터 1개월이 지난 후 심의위원회로 하여금 명단공표 여부를 재심의하게 하여 공표대상자를 선정한다.

⑤ 제1항 및 제2항에 따른 공표는 관보 또는 공정거래위원회 인터넷 홈페이지에 게시하는 방법에 의한다.

⑥ 심의위원회의 구성, 그 밖에 상습법위반사업자 명단공표와 관련하여 필요한 사항은 대통령령으로 정한다. <개정 2018. 1. 16.>

[본조신설 2010. 1. 25.]

 목 차

[참고사례]
  상습법위반사업자명단공표 취소건(서울고등법원 2017. 5. 17. 선고 2016누56594 판결)

I. 상습법위반자의 명단 공표

공정거래위원회 위원장은 제27조 제3항에 따라 준용되는 「독점규제법」 제119조에도 불구하고 직전연도부터 과거 3년간 이 법 위반을 이유로 공정거래위원회로부터 경고, 제25조 제1항에 따른 시정조치 또는 제25조의5 제1항에 따른 시정권고를 3회 이상 받은 사업자 중 제26조 제2항에 따른 벌점이 *대통령령*[1]으로 정하는 기준을 초과하는 사업자(이하 이 조에서 "상습법위반사업자")의 명단을 공표하여야 한다. 다만, 이의신청 등 불복절차가 진행 중인 조치는 제외한다(법 제25조의4 제1항).

그동안 하도급법을 상습적으로 위반하는 사업자에 대해서는 과징금을 가중하고 관련 부처에 통보하여 불이익(예: 신용등급 하향조정, 대출금리 불이익, 정부조달입찰심사 시 감점조치 등)을 주도록 하는 등 여러 제재조치 수단을 취해 왔음에도 불구하고 상습 법위반사업자 수는 감소하지 않아, 이에 대한 특별한 대책이 요구되었다. 이에 따라, 2010년 하도급법 개정 시, '하도급거래 상습 법위반사업자 명단공표' 제도가 도입되었다. 이 제도는 상습적으로 하도급법을 위반하는 사업자의 명단을 외부에 공표함으로써 사회적 비난과 명예·신용상의 불이익이라는 간접적 강제 수단을 활용하여 하도급법 준수를 유도하기 위한 것으로, 2011년에는 최초로 총 20개 상습 법위반사업자 명단을 공정거래위원회 홈페이지에 1년간(2011. 4. 28.~2012. 4. 27.) 게시한 바 있다.[2]

상습법위반사업자에 대한 공표명령에 대하여 서울고등법원은 처분성을 인정하였다.[3]

---

1) 제15조(상습법위반사업자 명단공표 기준 등) ① 법 제25조의4제1항 본문에서 "대통령령으로 정하는 기준"이란 별표 3 제1호라목에 따른 누산점수 4점을 말한다. ② 법 제25조의4제1항 본문에 따른 상습법위반사업자(이하 "상습법위반사업자"라 한다) 명단공표 시 공표할 사항은 사업자명(법인의 명칭을 포함한다), 대표자 및 사업장 주소로 한다. ③ 법 제25조의4제5항에 따라 공정거래위원회 인터넷 홈페이지에 게시하는 경우 그 게시 기간은 1년으로 한다.

2) 이상 공정거래백서(2019), 145면.

3) 서고판 2017. 5. 17. 2016누56594. ① 이 사건 명단공표는 누구나 접속이 가능한 인터넷 홈페이지에 이루어지므로 행정권 내부에서의 행위나 사실상의 통지라고 보기 어렵고, 공표로 인하여 회사의 명예, 신용 등이 타격을 받을 것이 분명하며, 공개처분이 일회적이 아니라 1년간 그 공표의 상태가 지속되고, 공표대상이 된 사업자를 심의위원회를 거쳐 선정한다는 점에서, 사업자는 명단공표에 이의가 있을 때 그 명단공표를 선정한 심의위원회에게 소명하여 재심의를 받도록 되어 있으므로 사업자의 권리구제를 위하여 다른 구제절차가 필요하다. (중략) ② 원고는 이 사건 명단공표로 인하여 조달청에서 집행하는 시설공사 입찰참가자격에 직접적인 불이익을

　　공정거래위원회 위원장은 제1항 단서의 불복절차가 종료된 경우, ① 경고 또는 시정조치가 취소되지 아니한 자(제1호), ② 경고 또는 시정조치에 불복하지 아니하였으면 상습법위반사업자에 해당하는 자(제2호)에 모두 해당하는 자의 명단을 추가로 공개하여야 한다(법 제25조의4 제2항).

II. 심의위원회의 설치

　　제1항 및 제2항에 따른 상습법위반사업자 명단의 공표 여부를 심의하기 위하여 공정거래위원회에 공무원인 위원과 공무원이 아닌 위원으로 구성되는 상습법위반사업자 명단공표심의위원회(이하 이 조에서 "심의위원회")를 둔다(법 제25조의4 제3항).4) 2018. 1. 16. 법 개정으로 공무원인 위원과 아닌 위원으로 구성하도록 명시하였다.

III. 공표대상자의 선정 및 공표방법

　　공정거래위원회는 심의위원회의 심의를 거친 공표대상 사업자에게 명단공표대상자임을 통지하여 소명기회를 부여하여야 하며, 통지일부터 1개월이 지난

받는다. (중략) ③ 위 법령은 입찰자격에 관한 사전심사기준을 결정하고 있으므로 심사기준에 의하여 입찰이 결정되는 일반국민들의 권리를 설정하는 등 법률상 지위를 변동시키거나 영향을 주는 것으로 볼 수 있다.

4) 제16조(상습법위반사업자명단공표심의위원회의 구성 및 운영) ① 법 제25조의4제3항에 따른 상습법위반사업자명단공표심의위원회(이하 "심의위원회")는 위원장 1명을 포함하여 7명의 위원으로 구성한다. ② 심의위원회의 위원장(이하 이 조에서 "위원장")은 공정거래위원회 사무처장이 되고, 위원은 다음 각 호의 사람이 된다. 1. 공정거래위원회의 고위공무원단에 속하는 일반직공무원 중에서 공정거래위원회 위원장이 임명하는 사람 3명 2. 하도급거래에 관한 학식과 경험이 풍부한 사람 중에서 공정거래위원회 위원장이 위촉하는 사람 3명 ③ 제2항제2호에 따른 위촉위원의 임기는 3년으로 한다. ④ 공정거래위원장은 제2항제2호에 따라 위촉된 위원이 다음 각 호의 어느 하나에 해당하면 해촉할 수 있다. 1. 심신장애로 인하여 직무를 수행할 수 없게 된 경우 2. 직무와 관련된 비위사실이 있는 경우 3. 직무 태만, 품위 손상, 그 밖의 사유로 인하여 위원으로 적합하지 아니하다고 인정되는 경우 4. 위원 스스로 직무를 수행하는 것이 곤란하다고 의사를 밝히는 경우 ⑤ 위원장은 심의위원회의 업무를 총괄하되, 위원장이 부득이한 사유로 직무를 수행할 수 없을 때에는 위원장이 지명하는 위원이 그 직무를 대행한다. ⑥ 심의위원회의 회의는 재적위원 과반수의 출석으로 개의(開議)하고, 출석위원 과반수 찬성으로 의결한다. ⑦ 제1항부터 제6항까지에서 규정한 사항 외에 심의위원회의 구성 및 운영에 필요한 사항은 심의위원회의 의결을 거쳐 공정거래위원회 위원장이 정한다.

후 심의위원회로 하여금 명단공표 여부를 재심의하게 하여 공표대상자를 선정한다(법 제25조의4 제4항).

제1항 및 제2항에 따른 공표는 관보 또는 공정거래위원회 인터넷 홈페이지에 게시하는 방법에 의한다(법 제25조의4 제5항).

Ⅳ. 기타 필요사항

심의위원회의 구성, 그 밖에 상습법위반사업자 명단공표와 관련하여 필요한 사항은 *대통령령*으로 정한다(법 제25조의4 제6항).

상습법위반사업자 개별통지 및 관계기관 통보에 대하여 「하도급거래공정화지침」에서는 다음과 같이 규정하고 있다(III. 21).

다. 상습법위반사업자 개별통지 및 관계기관 통보

(1) 공정거래위원회는 일정한 시점을 기준으로 상습법위반사업자 요건을 충족하는 사업자에 대해 당해 사업자가 상습법위반업체에 해당된다는 사실과 향후 추가로 법을 위반할 경우 과징금 부과·가중 및 형사 고발될 수 있다는 사실을 통보할 수 있다.(신설 2008. 12. 5)

(2) 공정거래위원회는 하도급법집행의 실효성을 제고하기 위하여 필요하다고 판단되는 경우 상습법위반사업자 명단을 관련부처(기관)에 통보하여 공정한 하도급거래질서 확립을 위한 협조를 요청할 수 있다.(신설 2008. 12. 5)

제25조의5(시정권고)

① 공정거래위원회는 이 법을 위반한 발주자와 원사업자에 대하여 시정방안을 정하여 이에 따를 것을 권고할 수 있다. 이 경우 발주자와 원사업자가 해당 권고를 수락한 때에는 공정거래위원회가 시정조치를 한 것으로 본다는 뜻을 함께 알려야 한다.

② 제1항에 따른 권고를 받은 발주자와 원사업자는 그 권고를 통지받은 날부터 10일 이내에 그 수락 여부를 공정거래위원회에 알려야 한다.

③ 제1항에 따른 권고를 받은 발주자와 원사업자가 그 권고를 수락하였을 때에는 제25조제1항에 따른 시정조치를 받은 것으로 본다.

제26조(관계 행정기관의 장의 협조)

① 공정거래위원회는 이 법을 시행하기 위하여 필요하다고 인정할 때에는 관계 행정기
관의 장의 의견을 듣거나 관계 행정기관의 장에게 조사를 위한 인원의 지원이나 그
밖에 필요한 협조를 요청할 수 있다.

② 공정거래위원회는 제3조제1항부터 제4항까지 및 제9항, 제3조의4, 제4조부터 제12조
까지, 제12조의2, 제12조의3, 제13조, 제13조의2, 제14조부터 제16조까지, 제16조의2
제10항 및 제17조부터 제20조까지의 규정을 위반한 원사업자 또는 수급사업자에 대
하여 그 위반 및 피해의 정도를 고려하여 대통령령으로 정하는 벌점을 부과하고, 그
벌점이 대통령령으로 정하는 기준을 초과하는 경우에는 관계 행정기관의 장에게 입찰
참가자격의 제한, 「건설산업기본법」 제82조제1항제7호에 따른 영업정지, 그 밖에 하
도급거래의 공정화를 위하여 필요한 조치를 취할 것을 요청하여야 한다. <개정 2010.
1. 25., 2011. 3. 29., 2011. 5. 24., 2013. 5. 28., 2013. 8. 13., 2022. 1. 11.>
[전문개정 2009. 4. 1.]
[시행일: 2023. 1. 12.]

 목 차

[참고사례]

㈜포스코아이씨티 등 6개사의 입찰참가자격제한 및 영업정지 요청 등 건(공정거래위
원회 2018. 3. 5. 결정 제2018-036호); ㈜동일에 대한 입찰참가자격제한 요청 건(공정거
래위원회 2018. 8. 13. 결정 제2018-054호); ㈜신한코리아의 입찰참가자격제한 요청 건
(공정거래위원회 2019. 3. 22. 결정 제2019-017호); 삼강엠앤티㈜의 입찰참가자격제한
요청 건(공정거래위원회 2019. 3. 22. 결정 제2019-018호; 서울고등법원 2019. 12. 11.
선고 2018누113 판결; 서울고등법원 2019. 5. 1.자 2019아1183 결정; 서울고등법원
2020. 10. 21. 선고 2019누41517 판결)

I. 협조요청

공정거래위원회는 이 법을 시행하기 위하여 필요하다고 인정할 때에는 관계 행정기관의 장의 의견을 듣거나 관계 행정기관의 장에게 조사를 위한 인원의 지원이나 그 밖에 필요한 협조를 요청할 수 있다(법 제26조 제1항).[1]

II. 입찰참가자격제한 등 조치요청

공정거래위원회는 제3조 제1항부터 제4항까지 및 제9항, 제3조의4, 제4조부터 제12조까지, 제12조의2, 제12조의3, 제13조, 제13조의2, 제14조부터 제16조까지, 제16조의2 제10항 및 제17조부터 제20조까지의 규정을 위반한 원사업자 또는 수급사업자에 대하여 그 위반 및 피해의 정도를 고려하여 *대통령령*[2]으로 정하는 벌점을 부과하고, 그 벌점이 *대통령령*[3]으로 정하는 기준을 초과하는 경우에는 관계 행정기관의 장에게 입찰참가자격의 제한,[4] 「건설산업기본법」 제82조 제1항 제7호에 따른 영업정지, 그 밖에 하도급거래의 공정화를 위하여 필요한 조치를 취할 것을 요청하여야 한다(법 제26조 제2항).

법원은 ① 벌점부과는 시정조치에 부종하여 그 집행의 일환으로 기계적·자동적으로 이루어지는 내부행위에 불과하고, ② 벌점부과자체로 입찰자격자격 상실이나 영업정지 등 법률상 지위나 권리·의무에 변동이 생기지 아니하는 점, ③

---

1) 제16조의2(관계 행정기관의 장의 협조) ① 공정거래위원회는 법 제26조제1항에 따른 협조를 위해 법 제3조의3에 따라 체결한 협약의 이행실적에 관하여 우수한 평가를 받은 사업자 명단 등 필요한 정보를 관계 행정기관의 장에게 제공할 수 있다. ② 공정거래위원회는 제1항에 따라 정보를 제공받은 관계 행정기관의 장이 관계 법령 등에 따라 필요한 조치를 한 경우 그 내역을 통보해 줄 것을 요청할 수 있다.

2) 제17조(벌점 부과기준 등) ① 법 제26조제2항에 따라 공정거래위원회가 부과하는 벌점의 부과기준은 별표 3과 같다.

3) 제17조(벌점 부과기준 등) ② 법 제26조제2항에서 "대통령령으로 정하는 기준을 초과하는 경우"란 별표 3 제1호라목에 따른 누산점수가 다음 각 호의 구분에 따른 점수를 초과하는 경우를 말한다. 1. 입찰참가자격의 제한 요청: 5점 2. 「건설산업기본법」 제82조제1항제7호의 사유에 따른 영업정지 요청: 10점 ③ 별표 3에 따른 벌점의 부과와 감경에 필요한 세부 사항은 공정거래위원회가 정하여 고시한다.

4) 공정결 2018. 3. 5. 2018-036; 공정결 2018. 8. 13. 2018-054; 공정결 2019. 3. 22. 2019-017, 018.

별도의 구제수단을 보장할 필요성을 인정하기 어려움 등을 이유로 벌점부과를 항고소송의 대상이 되는 처분이라 보기 어렵다고 판단하였다.5) 즉 행정청의 어떤 행위를 처분으로 보게 되면 그 위법성을 항고소송으로 다툴 수 있게 되는 장점이 있는 반면, 행정청의 내부행위에 불과하여 오류가 있더라도 제소기간의 제약없이 간이한 방법으로 정정할 수 있음에도 이를 처분으로 취급하여 공정력 및 불가쟁력을 부여함으로써 오히려 권리구제를 어렵게 만드는 단점이 있을 수 있다고 보았다.6)

입찰참가자격제한요청 결정은 국민의 권리의무에 직접적으로 영향을 미치는 행위라고 볼 수 없으므로, 항고소송의 대상이 되는 처분에 해당한다고 할 수 없다.7) 입찰참가자격제한요청은 구 독점규제법 제64조 제3항의 규정에 의한 협조의뢰로서, 이는 행정기관 상호간의 행위에 불과하여 항고소송의 대상이 되는 행정처분이라고 할 수 없다(위 협조의뢰에 대하여 각 행정기관이 기속된다는 법문상의 규정이 없을뿐더러, 위 협조의뢰를 받은 각 행정기관은 독자적 판단에 따라 그에 따른 행정처분을 하고, 이에 대하여는 별도의 불복절차로 다툴 수 있으므로, 행정처분성을 인정할 실효성도 있다고 보기 어렵다).8)

한편 공정거래위원회의 입찰참가자격제한요청에 대하여 국가계약법 및 지방계약법에 따라 중앙관서의 장과 지방자치단체장은 의무적으로 해당사업자의 입찰참가자격을 제한하여야 하고, 다만 제한기간에 대하여는 재량을 보유한다. 즉 의무적으로 제한하여야 한다. 한편 법원은 공정거래위원회의 제재처분에 대하여 집행정지신청과 아울러 벌점부과 및 입찰참가자격 제한 요청에 대한 집행정지를 인용한 바 있다.9)

5) 서고판, 2019. 12. 11. 2018누113.
6) 서고판, 2019. 12. 11. 2018누113.
7) 서고판 2020. 10. 21. 2019누41517.
8) 서고판 1998. 2. 18. 97구7457(대판 2000. 2. 11. 98두5941).
9) 서고결 2019. 5. 1. 2019아1183.

제27조(「독점규제 및 공정거래에 관한 법률」의 준용)

① 이 법에 따른 공정거래위원회의 심의·의결에 관하여는 「독점규제 및 공정거래에 관한 법률」 제64조, 제65조, 제66조, 제67조, 제45조 및 제93조를 준용하고, 이 법에 따른 공정거래위원회의 처분에 대한 이의신청, 소송의 제기 및 불복의 소송의 전속관할에 관하여는 같은 법 제96조, 제97조, 제98조, 제99조, 제100조 및 제102조를 준용한다.

② 이 법을 시행하기 위하여 필요한 공정거래위원회의 조사, 의견청취 등에 관하여는 「독점규제 및 공정거래에 관한 법률」 제81조, 제84조 및 제98조를 준용한다. <개정 2016. 3. 29.>

③ 다음 각 호의 자에 대하여는 「독점규제 및 공정거래에 관한 법률」 제119조를 준용한다.

1. 이 법에 따른 직무에 종사하거나 종사하였던 공정거래위원회의 위원 또는 공무원
2. 협의회에서 하도급거래에 관한 분쟁의 조정 업무를 담당하거나 담당하였던 사람

[전문개정 2009. 4. 1.]

제28조(「독점규제 및 공정거래에 관한 법률」과의 관계)

하도급거래에 관하여 이 법의 적용을 받는 사항에 대하여는 「독점규제 및 공정거래에 관한 법률」 제45조제1항제4호를 적용하지 아니한다.

[전문개정 2009. 4. 1.]

독점규제법과의 관계에서 일반법과 특별법의 관계에 있다. 한편 「부정경쟁방지법」의 특별법적 지위에 있는 경우도 있다.[1]

---

1) 부정경쟁방지법 제15조(다른 법률과의 관계) ② 「독점규제 및 공정거래에 관한 법률」, 「표시·광고의 공정화에 관한 법률」, 「하도급거래 공정화에 관한 법률」 또는 「형법」 중 국기·국장에 관한 규정에 제2조제1호라목부터 바목까지, 차목 및 카목, 제3조부터 제6조까지 및 제18조제3항과 다른 규정이 있으면 그 법에 따른다.

제29조(벌칙)

제27조제3항에 따라 준용되는 「독점규제 및 공정거래에 관한 법률」 제119조를 위반한 자는 2년 이하의 징역 또는 2천만원 이하의 벌금에 처한다. <개정 2013. 5. 28., 2017. 10. 31.>>

[전문개정 2009. 4. 1.]

2017. 10. 31. 법 개정을 통하여 벌금의 한도를 1,000만 원에서 2,000만 원으로 2배 상향하였다.

제30조(벌칙)

① 다음 각 호의 어느 하나에 해당하는 원사업자는 수급사업자에게 제조등의 위탁을 한 하도급대금의 2배에 상당하는 금액 이하의 벌금에 처한다. <개정 2010. 1. 25., 2011. 3. 29., 2013. 5. 28., 2013. 8. 13., 2014. 5. 28., 2016. 12. 20., 2022. 1. 11.>

1. 제3조제1항부터 제4항까지 및 제9항, 제3조의4, 제4조부터 제12조까지, 제12조의 2, 제12조의3 및 제13조를 위반한 자

2. 제13조의2제1항부터 제3항까지의 규정을 위반하여 공사대금 지급을 보증하지 아니한 자

3. 제15조, 제16조제1항·제3항·제4항 및 제17조를 위반한 자

4. 제16조의2제10항을 위반하여 정당한 사유 없이 협의를 거부한 자

② 다음 각 호 중 제1호에 해당하는 자는 3억원 이하, 제2호 및 제3호에 해당하는 자는 1억 5천만원 이하의 벌금에 처한다. <개정 2013. 5. 28.>

1. 제19조를 위반하여 불이익을 주는 행위를 한 자

2. 제18조 및 제20조를 위반한 자

3. 제25조에 따른 명령에 따르지 아니한 자

③ 제27조제2항에 따라 준용되는 「독점규제 및 공정거래에 관한 법률」 제81조제1항제 2호에 따른 감정을 거짓으로 한 자는 3천만원 이하의 벌금에 처한다. <개정 2020. 12. 29.>

[전문개정 2009. 4. 1.]

제30조의2(과태료)

① 다음 각 호의 어느 하나에 해당하는 자에게는 사업자 또는 사업자단체의 경우 1억원 이하, 사업자 또는 사업자단체의 임원, 종업원과 그 밖의 이해관계인의 경우 1천만원 이하의 과태료를 부과한다. <개정 2010. 1. 25., 2020. 12. 29., 2022. 1. 11.>

  1. 제13조의3에 따른 공시를 하지 아니하거나 주요 내용을 누락 또는 거짓으로 공시한 자

  2. 제27조제2항에 따라 준용되는 「독점규제 및 공정거래에 관한 법률」 제81조제1항 제1호에 따른 출석처분을 위반하여 정당한 사유 없이 출석하지 아니한 자

  3. 제27조제2항에 따라 준용되는 「독점규제 및 공정거래에 관한 법률」 제81조제1항 제3호 또는 같은 조 제6항에 따른 보고 또는 필요한 자료나 물건의 제출을 하지 아니하거나 거짓으로 보고 또는 자료나 물건을 제출한 자

② 제27조제2항에 따라 준용되는 「독점규제 및 공정거래에 관한 법률」 제81조제2항 및 제3항에 따른 조사를 거부·방해·기피한 자에게는 사업자 또는 사업자단체의 경우 2억원 이하, 사업자 또는 사업자단체의 임원, 종업원과 그 밖의 이해관계인의 경우 5천만원 이하의 과태료를 부과한다. <신설 2010. 1. 25., 2020. 12. 29.>

③ 제22조의2제4항을 위반하여 수급사업자로 하여금 자료를 제출하지 아니하게 하거나 거짓 자료를 제출하도록 요구한 원사업자에게는 5천만원 이하, 그 원사업자의 임원, 종업원과 그 밖의 이해관계인에게는 500만원 이하의 과태료를 부과한다. <신설 2018. 4. 17.>

④ 제3조의5를 위반하여 같은 조 각 호의 사항을 알리지 아니하거나 거짓으로 알린 사업자에게는 1천만원 이하의 과태료를 부과한다. <신설 2022. 1. 11.>

⑤ 제22조의2제2항에 따른 자료를 제출하지 아니하거나 거짓으로 자료를 제출한 원사업자에게는 500만원 이하의 과태료를 부과한다. <신설 2010. 1. 25., 2018. 4. 17., 2022. 1. 11.>

⑥ 제27조제1항에 따라 준용되는 「독점규제 및 공정거래에 관한 법률」 제66조에 따른 질서유지의 명령을 따르지 아니한 자에게는 100만원 이하의 과태료를 부과한다. <개정 2010. 1. 25., 2018. 4. 17., 2020. 12. 29., 2022. 1. 11.>

⑦ 제1항부터 제6항까지의 규정에 따른 과태료는 대통령령으로 정하는 기준에 따라 공정거래위원회가 부과·징수한다. <개정 2010. 1. 25., 2017. 10. 31., 2018. 4. 17., 2022. 1. 11.>

[전문개정 2009. 4. 1.]

과태료는 *대통령령*[1]으로 정하는 기준에 따라 공정거래위원회가 부과·징수한다. 과태료는 총 하도급 거래금액 중 법위반금액 비율, 기업규모, 고의성 여부 및 과거 법위반실적 등을 감안하여 부과한다(「하도급거래 공정화 지침」 III. 22).

과태료의 부과·징수, 재판 및 집행 등 절차에 관하여는 「질서위반행위규제법」이 정한 바에 따른다(동법 5조).

제31조(양벌규정)

법인의 대표자나 법인 또는 개인의 대리인, 사용인, 그 밖의 종업원이 그 법인 또는 개인의 업무에 관하여 제30조의 위반행위를 하면 그 행위자를 벌하는 외에 그 법인 또는 개인에게도 해당 조문의 벌금형을 과(科)한다. 다만, 법인 또는 개인이 그 위반행위를 방지하기 위하여 해당 업무에 관하여 상당한 주의와 감독을 게을리하지 아니한 경우에는 그러하지 아니하다.

[전문개정 2009. 4. 1.]

---

1) 제18조(과태료의 부과기준) 법 제30조의2제1항부터 제5항까지의 규정에 따른 과태료의 부과기준은 별표 4와 같다.
부칙 제2조(과태료에 관한 경과조치) ① 이 영 시행 전의 위반행위에 대하여 과태료의 부과기준을 적용할 때에는 별표 4의 개정규정에도 불구하고 종전의 규정에 따른다. ② 이 영 시행 전의 위반행위로 받은 과태료 부과처분은 별표 4의 개정규정에 따른 위반행위의 횟수 산정에 포함하지 아니한다.

제32조(고발)

① 제30조의 죄는 공정거래위원회의 고발이 있어야 공소를 제기할 수 있다. <개정 2011. 3. 29.>

② 공정거래위원회는 제30조의 죄 중 위반정도가 객관적으로 명백하고 중대하여 하도급 거래 질서를 현저히 저해한다고 인정하는 경우에는 검찰총장에게 고발하여야 한다. <신설 2011. 3. 29.>

③ 검찰총장은 제2항에 따른 고발요건에 해당하는 사실이 있음을 공정거래위원회에 통보하여 고발을 요청할 수 있다. <신설 2011. 3. 29.>

④ 공정거래위원회가 제2항에 따른 고발요건에 해당하지 아니한다고 결정하더라도 감사원장, 중소벤처기업부장관은 사회적 파급효과, 수급사업자에게 미친 피해 정도 등 다른 사정을 이유로 공정거래위원회에 고발을 요청할 수 있다. <신설 2013. 7. 16., 2017. 7. 26.>

⑤ 제3항 또는 제4항에 따른 고발요청이 있는 때에는 공정거래위원회 위원장은 검찰총장에게 고발하여야 한다. <신설 2013. 7. 16.>

⑥ 공정거래위원회는 공소가 제기된 후에는 고발을 취소할 수 없다. <신설 2011. 3. 29., 2013. 7. 16.>

[전문개정 2009. 4. 1.]

 목 차

Ⅰ. 전속고발제

제30조의 죄는 공정거래위원회의 고발이 있어야 공소를 제기할 수 있다(법 제32조 제1항).

공정거래위원회는 제30조의 죄 중 위반정도가 객관적으로 명백하고 중대하

여 하도급거래 질서를 현저히 저해한다고 인정하는 경우에는 검찰총장에게 고발
하여야 한다(법 제32조 제2항).

하도급법 위반 사건에 대한 고발은 「독점규제 및 공정거래에 관한 법률 등
의 위반행위의 고발에 관한 공정거래위원회의 지침」(이하 "고발지침")에 따른다.[1]

Ⅱ. 의무고발제

1. 검찰총장의 고발 요청

검찰총장은 제2항에 따른 고발요건에 해당하는 사실이 있음을 공정거래위
원회에 통보하여 고발을 요청할 수 있다(법 제32조 제3항).

2. 감사원장, 중소벤처기업부장관의 고발요청

공정거래위원회가 제2항에 따른 고발요건에 해당하지 아니한다고 결정하더
라도 감사원장, 중소벤처기업부장관은 사회적 파급효과, 수급사업자에게 미친 피
해 정도 등 다른 사정을 이유로 공정거래위원회에 고발을 요청할 수 있다(법 제
32조 제4항).

3. 고발의무

제3항 또는 제4항에 따른 고발요청이 있는 때에는 공정거래위원회 위원장
은 검찰총장에게 고발하여야 한다(법 제32조 제5항).

4. 공소제기후 고발취소 제한

공정거래위원회는 공소가 제기된 후에는 고발을 취소할 수 없다(법 제32조
제6항).

---

[1] 공정거래위원회예규 제379호(2021. 12. 31). 이하 가맹사업법, 대규모유통업법, 대리점법에도
동일하게 적용된다.

제33조(과실상계)

원사업자의 이 법 위반행위에 관하여 수급사업자에게 책임이 있는 경우에는 이 법에 따른 시정조치 · 고발 또는 벌칙 적용을 할 때 이를 고려할 수 있다.
[전문개정 2009. 4. 1.]

[참고사례]

진성텍스랜드의 불공정하도급거래행위 건(공정거래위원회 2005. 1. 3. 의결 재2005－003호; 서울고등법원 2006. 1. 11. 선고 2005누9417 판결)

민법상 채무불이행에 관하여 채권자에게 과실이 있는 때에는 법원은 손해배상의 책임 및 그 금액을 정함에 있어 이를 참작해야 한다(민법 제396조). 그리고 이는 불법행위로 인한 손해배상도 준용한다(민법 제397조).

법 제33조의 규정에 의하여 원사업자에게 시정조치를 함에 있어 수급사업자에게 책임이 있는 이유로 참작할 수 있는 경우를 「하도급거래공정화지침」에서는 다음과 같이 예시하고 있다(II. 6).

> 가. 하도급대금에 관한 분쟁이 있어 의견이 일치된 부분의 대금에 대하여 원사업자가 수급사업자에게 지급하거나 공탁한 경우
> 나. 원사업자가 수급사업자에게 선급금에 대한 정당한 보증을 요구하였으나 이에 응하지 않거나 지연되어, 선급금을 지급하지 않거나 지연 지급하는 경우
> 다. 목적물을 납품 · 인도한 후 원사업자가 정당하게 수급사업자에게 요구한 하자보증의무 등을 수급사업자가 이행하지 않아 그 범위 내에서 대금지급이 지연된 경우
> 라. 목적물의 시공 및 제조과정에서 수급사업자의 부실시공 등 수급사업자에게 책임을 돌릴 수 있는 사유가 있음이 명백하고 객관적인 증거에 의하여 입증되어 같은 수급사업자의 귀책부분에 대하여 하도급대금을 공제 또는 지연 지급하는 경우(예 : 재판의 결과 또는 수급사업자 스스로의 인정 등으로 확인된 경우)

법원이 법위반으로 인정하지 않은 사례는 다음과 같다.

> "원단불량의 원인이 수급사업자의 제직과정에서 발생하였음이 명확하지 않으며, 수급사업자가 그와 같은 원단불량과 관련하여 원고와 사이의 하도급대금감액에 합의하였음도 불분명하므로, 하도급대금지급을 명한 이 사건 시정명령이 과실상계를 규정한 하도급법 제33조의 규정취지에 위반되지 아니함"<진성텍스랜드의 하도급법 위반행위 건>[1]

제34조(다른 법률과의 관계)

「대·중소기업 상생협력 촉진에 관한 법률」, 「전기공사업법」, 「건설산업기본법」, 「정보통신공사업법」이 이 법에 어긋나는 경우에는 이 법에 따른다.
[전문개정 2009. 4. 1.]

　「상생협력법」, 「전기공사업법」, 「건설산업기본법」, 「정보통신공사업법」 규정과 충돌하는 경우 하도급법이 우선 적용됨을 규정하고 있다.

---

1) 서고판 2006. 1. 11. 2005누9417.

제35조(손해배상 책임)

① 원사업자가 이 법의 규정을 위반함으로써 손해를 입은 자가 있는 경우에는 그 자에게 발생한 손해에 대하여 배상책임을 진다. 다만, 원사업자가 고의 또는 과실이 없음을 입증한 경우에는 그러하지 아니하다. <개정 2013. 5. 28.>

② 원사업자가 제4조, 제8조제1항, 제10조, 제11조제1항·제2항, 제12조의3제4항 및 제19조를 위반함으로써 손해를 입은 자가 있는 경우에는 그 자에게 발생한 손해의 3배를 넘지 아니하는 범위에서 배상책임을 진다. 다만, 원사업자가 고의 또는 과실이 없음을 입증한 경우에는 그러하지 아니하다. <개정 2013. 5. 28., 2018. 1. 16., 2021. 8. 17.>

③ 법원은 제2항의 배상액을 정할 때에는 다음 각 호의 사항을 고려하여야 한다. <신설 2013. 5. 28.>

  1. 고의 또는 손해 발생의 우려를 인식한 정도
  2. 위반행위로 인하여 수급사업자와 다른 사람이 입은 피해규모
  3. 위법행위로 인하여 원사업자가 취득한 경제적 이익
  4. 위반행위에 따른 벌금 및 과징금
  5. 위반행위의 기간·횟수 등
  6. 원사업자의 재산상태
  7. 원사업자의 피해구제 노력의 정도

④ 제1항 또는 제2항에 따라 손해배상청구의 소가 제기된 경우 「독점규제 및 공정거래에 관한 법률」 제110조 및 제115조를 준용한다. <개정 2013. 5. 28., 2020. 12. 29.>

[본조신설 2011. 3. 29.]

 목 차

Ⅰ. 실손배상 제도

원사업자가 이 법의 규정을 위반함으로써 손해를 입은 자가 있는 경우에는 그 자에게 발생한 손해에 대하여 배상책임을 진다. 다만, 원사업자가 고의 또는

과실이 없음을 입증한 경우에는 그러하지 아니하다(법 제35조 제1항).

2011. 3. 29. 하도급법 개정시 원사업자가 법 제12조의3(기술자료 제공요구 금지 등) 제1항 규정에 위반하여 수급사업자에게 발생한 손해에 대하여 손해배상 책임을 지게 하는 제도를 도입하였고, 2013. 5. 28. 법 개정시 법 적용대상을 모든 하도급법 위반행위로 확대하였다.

II. 3배배상 제도

원사업자가 제4조, 제8조 제1항, 제10조, 제11조 제1항·제2항 및 제12조의4 제3항을 위반함으로써 손해를 입은 자가 있는 경우에는 그 자에게 발생한 손해의 3배를 넘지 아니하는 범위에서 배상책임을 진다. 다만, 원사업자가 고의 또는 과실이 없음을 입증한 경우에는 그러하지 아니하다(법 제35조 제2항).

2011. 3. 29. 기술자료 유용행위에 대하여 우리나라 사법사상 최초로 3배 배상제도를 도입하였고, 2013. 5. 28. 법개정시 기술자료 유용행위(법 제12조의3 제3항)외에 부당한 하도급대금 결정 금지(제4조), 부당한 위탁취소의 금지(제8조 제1항), 부당반품의 금지(제8조 제1항), 부당한 하도급대금의 감액 금지(제11조)로 확대하였다. 2018. 1. 16. 법 개정으로 제19조(보복조치의 금지) 위반도 보복행위의 경우 매우 악의적이고 법집행을 무력화시키는 등 수급사업자에게 미치는 폐해가 중대하다는 점을 고려하여 3배배상제도의 대상으로 추가하였다.

현행법상 고의의 경우에 한정되지 않고 과실의 경우에도 적용된다.

법원은 제2항의 배상액을 정할 때에는 ① 고의 또는 손해 발생의 우려를 인식한 정도(제1호), ② 위반행위로 인하여 수급사업자와 다른 사람이 입은 피해규모(제2호), ③ 위법행위로 인하여 원사업자가 취득한 경제적 이익(제3호), ④ 위반행위에 따른 벌금 및 과징금(제4호), ⑤ 위반행위의 기간·횟수 등(제5호), ⑥ 원사업자의 재산상태(제6호), ⑦ 원사업자의 피해구제 노력의 정도(제7호)를 고려하여야 한다(법 제35조 제3항).

제1항 또는 제2항에 따라 손해배상청구의 소가 제기된 경우 「독점규제법」 제110조 및 제115조를 준용한다(법 제35조 제4항).

제35조의2(자료의 제출)

① 법원은 이 법을 위반한 행위로 인한 손해배상청구소송에서 당사자의 신청에 따라 상대방 당사자에게 해당 손해의 증명 또는 손해액의 산정에 필요한 자료의 제출을 명할 수 있다. 다만, 제출명령을 받은 자가 그 자료의 제출을 거부할 정당한 이유가 있으면 그러하지 아니하다.

② 법원은 제1항에 따른 제출명령을 받은 자가 그 자료의 제출을 거부할 정당한 이유가 있다고 주장하는 경우에는 그 주장의 당부(當否)를 판단하기 위하여 자료의 제시를 명할 수 있다. 이 경우 법원은 그 자료를 다른 사람이 보게 하여서는 아니 된다.

③ 제1항에 따른 제출 대상이 되는 자료가 「부정경쟁방지 및 영업비밀보호에 관한 법률」 제2조제2호에 따른 영업비밀(이하 "영업비밀"이라 한다)에 해당하더라도 손해의 증명 또는 손해액의 산정에 반드시 필요한 경우에는 제1항 단서에 따른 정당한 이유가 있는 것으로 보지 아니한다. 이 경우 법원은 제출명령의 목적을 벗어나지 아니하는 범위에서 열람할 수 있는 범위 또는 열람할 수 있는 사람을 지정하여야 한다.

④ 법원은 제1항에 따른 제출명령을 받은 자가 정당한 이유 없이 그 명령에 따르지 아니한 경우 자료의 기재에 대한 신청인의 주장을 진실한 것으로 인정할 수 있다. 이 경우 신청인이 자료의 기재를 구체적으로 주장하기에 현저히 곤란한 사정이 있고 그 자료로 증명하려는 사실을 다른 증거로 증명하는 것을 기대하기도 어려운 때에는 신청인이 자료의 기재로 증명하려는 사실에 관한 주장을 진실한 것으로 인정할 수 있다.

[본조신설 2021. 8. 17.]

 목 차

Ⅰ. 법원의 자료제출명령

법원은 이 법을 위반한 행위로 인한 손해배상청구소송에서 당사자의 신청에 따라 상대방 당사자에게 해당 손해의 증명 또는 손해액의 산정에 필요한 자료의 제출을 명할 수 있다. 다만, 제출명령을 받은 자가 그 자료의 제출을 거부할 정당한 이유가 있으면 그러하지 아니하다(법 제35조의2 제1항).

이는 「특허법」 제132조 및 제224조의3 내지 제224조의5, 「독점규제법」 제
111조 내지 114조 등과 유사한 규정이다.

법원은 제1항에 따른 제출명령을 받은 자가 그 자료의 제출을 거부할 정당
한 이유가 있다고 주장하는 경우에는 그 주장의 당부(當否)를 판단하기 위하여
자료의 제시를 명할 수 있다. 이 경우 법원은 그 자료를 다른 사람이 보게 하여
서는 아니 된다(법 제35조의2 제2항).

제1항에 따른 제출 대상이 되는 자료가 「부정경쟁방지 및 영업비밀보호에
관한 법률」 제2조 제2호에 따른 영업비밀(이하 "영업비밀")에 해당하더라도 손해
의 증명 또는 손해액의 산정에 반드시 필요한 경우에는 제1항 단서에 따른 정당
한 이유가 있는 것으로 보지 아니한다. 이 경우 법원은 제출명령의 목적을 벗어
나지 아니하는 범위에서 열람할 수 있는 범위 또는 열람할 수 있는 사람을 지정
하여야 한다(법 제35조의2 제3항).

II. 명령 불이행의 효력

법원은 제1항에 따른 제출명령을 받은 자가 정당한 이유 없이 그 명령에 따
르지 아니한 경우 자료의 기재에 대한 신청인의 주장을 진실한 것으로 인정할
수 있다. 이 경우 신청인이 자료의 기재를 구체적으로 주장하기에 현저히 곤란
한 사정이 있고 그 자료로 증명하려는 사실을 다른 증거로 증명하는 것을 기대
하기도 어려운 때에는 신청인이 자료의 기재로 증명하려는 사실에 관한 주장을
진실한 것으로 인정할 수 있다(법 제35조의2 제4항).

제35조의3(비밀유지명령)

① 법원은 이 법을 위반한 행위로 인한 손해배상청구소송에서 당사자의 신청에 따른 결정으로 다음 각 호의 자에게 그 당사자가 보유한 영업비밀을 해당 소송의 계속적인 수행 외의 목적으로 사용하거나 그 영업비밀에 관계된 명령으로서 이 항에 따른 명령을 받지 아니한 자에게 공개하지 아니할 것을 명할 수 있다. 다만, 그 신청 이전에 다음 각 호의 자가 준비서면의 열람이나 증거조사 외의 방법으로 그 영업비밀을 취득하고 있는 경우에는 그러하지 아니하다.
1. 다른 당사자(법인인 경우에는 그 대표자를 말한다)
2. 당사자를 위하여 해당 소송을 대리하는 자
3. 그 밖에 해당 소송으로 영업비밀을 알게 된 자
② 제1항에 따른 명령(이하 "비밀유지명령"이라 한다)을 신청하는 자는 다음 각 호의 사유를 모두 소명하여야 한다.
1. 다음 각 목의 어느 하나에 해당하는 자료에 영업비밀이 포함되어 있다는 점
　가. 이미 제출하였거나 제출하여야 할 준비서면
　나. 이미 조사하였거나 조사하여야 할 증거
　다. 제35조의2제1항에 따라 제출하였거나 제출하여야 할 자료
2. 제1호 각 목의 자료에 포함된 영업비밀이 해당 소송 수행 외의 목적으로 사용되거나 공개되면 당사자의 영업에 지장을 줄 우려가 있어 이를 방지하기 위하여 영업비밀의 사용이나 공개를 제한할 필요가 있다는 점
③ 비밀유지명령의 신청은 다음 각 호의 사항을 적은 서면으로 하여야 한다.
1. 비밀유지명령을 받을 자
2. 비밀유지명령의 대상이 될 영업비밀을 특정하기에 충분한 사실
3. 제2항 각 호의 사유에 해당하는 사실
④ 법원은 비밀유지명령이 결정된 경우에는 그 결정서를 비밀유지명령을 받을 자에게 송달하여야 한다.
⑤ 비밀유지명령은 제4항에 따른 결정서가 송달된 때부터 효력이 발생한다.
⑥ 비밀유지명령의 신청을 기각하거나 각하한 재판에 대해서는 즉시항고를 할 수 있다.
[본조신설 2021. 8. 17.]

목 차

Ⅰ. 비밀유지명령

법원은 이 법을 위반한 행위로 인한 손해배상청구소송에서 당사자의 신청에 따른 결정으로 ① 다른 당사자(법인인 경우에는 그 대표자)(제1호), ② 당사자를 위하여 해당 소송을 대리하는 자(제2호), ③ 그 밖에 해당 소송으로 영업비밀을 알게 된 자(제3호)에게 그 당사자가 보유한 영업비밀을 해당 소송의 계속적인 수행 외의 목적으로 사용하거나 그 영업비밀에 관계된 명령으로서 이 항에 따른 명령을 받지 아니한 자에게 공개하지 아니할 것을 명할 수 있다. 다만, 그 신청 이전에 다음 각 호의 자가 준비서면의 열람이나 증거조사 외의 방법으로 그 영업비밀을 취득하고 있는 경우에는 그러하지 아니하다(법 제35조의3 제1항).

본 조는 소송 과정에서 영업비밀 유출을 최소화하기 위한 규정이다.

Ⅱ. 비밀유지명령의 신청

제1항에 따른 명령(이하 "비밀유지명령"이라 한다)을 신청하는 자는 ① i) 이미 제출하였거나 제출하여야 할 준비서면(가목), ii) 이미 조사하였거나 조사하여야 할 증거(나목), iii) 제35조의2 제1항에 따라 제출하였거나 제출하여야 할 자료(다목)의 어느 하나에 해당하는 자료에 영업비밀이 포함되어 있다는 점(제1호), ② 제1호 각 목의 자료에 포함된 영업비밀이 해당 소송 수행 외의 목적으로 사용되거나 공개되면 당사자의 영업에 지장을 줄 우려가 있어 이를 방지하기 위하여 영업비밀의 사용이나 공개를 제한할 필요가 있다는 점(제2호)을 모두 소명하여야 한다(법 제35조의3 제2항).

비밀유지명령의 신청은 ① 비밀유지명령을 받을 자(제1호), ② 비밀유지명령의 대상이 될 영업비밀을 특정하기에 충분한 사실(제2호), ③ 제2항 각 호의 사유에 해당하는 사실(제3호)을 적은 서면으로 하여야 한다(법 제35조의3 제3항).

Ⅲ. 비밀유지명령의 송달

법원은 비밀유지명령이 결정된 경우에는 그 결정서를 비밀유지명령을 받을 자에게 송달하여야 한다(법 제35조의3 제4항). 비밀유지명령은 제4항에 따른 결정서가 송달된 때부터 효력이 발생한다(법 제35조의3 제5항).

Ⅳ. 즉시항고

비밀유지명령의 신청을 기각하거나 각하한 재판에 대해서는 즉시항고를 할 수 있다(법 제35조의3 제6항).

제35조의4(비밀유지명령의 취소)

① 비밀유지명령을 신청한 자 또는 비밀유지명령을 받은 자는 제35조의3제2항 각 호의 사유에 부합하지 아니하는 사실이나 사정이 있는 경우에는 소송기록을 보관하고 있는 법원(소송기록을 보관하고 있는 법원이 없는 경우에는 비밀유지명령을 내린 법원을 말한다)에 비밀유지명령의 취소를 신청할 수 있다.
② 법원은 비밀유지명령의 취소신청에 대한 결정을 한 경우에는 그 결정서를 그 신청을 한 자 및 상대방에게 송달하여야 한다.
③ 비밀유지명령의 취소신청에 대한 법원의 결정에 대해서는 즉시항고를 할 수 있다.
④ 비밀유지명령을 취소하는 법원의 결정은 확정되어야 효력이 발생한다.
⑤ 비밀유지명령을 취소하는 결정을 한 법원은 비밀유지명령의 취소를 신청한 자 또는 상대방 외에 해당 영업비밀에 관한 비밀유지명령을 받은 자가 있으면 그 자에게 즉시 그 취소결정을 한 사실을 알려야 한다.
[본조신설 2021. 8. 17.]

제35조의5(소송기록 열람 등의 청구 통지 등)

① 비밀유지명령이 내려진 소송(비밀유지명령이 모두 취소된 소송은 제외한다)에 관한 소송기록에 대하여 「민사소송법」 제163조제1항에 따라 열람 등의 신청인을 당사자로 제한하는 결정이 있었던 경우로서 당사자가 그 열람 등을 신청하였으나 그 절차를 비밀유지명령을 받지 아니한 자를 통하여 밟은 때에는 법원서기관, 법원사무관, 법원주사 또는 법원주사보(이하 이 조에서 "법원사무관등"이라 한다)는 즉시 같은 항에 따라 그 열람 등의 제한을 신청한 당사자(그 열람 등의 신청을 한 자는 제외한다. 이하 제2항 단서에서 같다)에게 그 열람 등의 신청이 있었다는 사실을 알려야 한다.

② 법원사무관등은 제1항에 따른 열람 등의 신청이 있었던 날부터 2주일이 지날 때까지(그 열람 등의 신청 절차를 밟은 자에 대한 비밀유지명령 신청이 해당 기간 내에 이루어진 경우에는 비밀유지명령 신청에 대한 재판이 확정되는 시점까지를 말한다) 그 열람 등의 신청 절차를 밟은 자에게 영업비밀이 적혀 있는 부분의 열람 등을 하게 하여서는 아니 된다. 다만, 그 열람 등의 신청 절차를 밟은 자가 영업비밀이 적혀 있는 부분의 열람 등을 하는 것에 대하여 「민사소송법」 제163조제1항에 따른 열람 등의 제한을 신청한 당사자 모두가 동의하는 경우에는 본문에 따른 기한이 지나기 전이라도 열람 등을 하게 할 수 있다.

[본조신설 2021. 8. 17.]

본 조는 소송 과정에서 영업비밀 유출을 최소화하기 위한 규정이다.

제36조(벌칙 적용에서 공무원 의제)

제24조의10에 따른 이행관리 업무를 담당하거나 담당하였던 사람 및 제25조의4제3항에 따른 심의위원회 위원 중 공무원이 아닌 위원은 「형법」 제127조 및 제129조부터 제132조까지의 규정을 적용할 때에는 공무원으로 본다. <개정 2022. 1. 11.>

[본조신설 2018. 1. 16.]

제2편

가맹사업법

제 **1** 장

▼

총칙

제1조(목적)

이 법은 가맹사업의 공정한 거래질서를 확립하고 가맹본부와 가맹점사업자가 대등한 지위에서 상호보완적으로 균형있게 발전하도록 함으로써 소비자 복지의 증진과 국민경제의 건전한 발전에 이바지함을 목적으로 한다.

📔 목 차

[참고문헌]

　단행본: 가맹사업법 해설 – 실무 및 소송의 쟁점(개정판), 이한무, 법률정보센터, 2014; 공정거래위원회, 공정거래백서, 2021; 공정거래위원회 30년사, 공정거래위원회, 2011; 공정거래위원회, 주요선진국의 가맹사업거래 관련 법제 및 상생협혁사례연구 Ⅰ, 2017.12

　논문: 윤성운, 가맹사업법의 최근 쟁점과 개선방안, 경쟁법연구 제37권, 한국경쟁법학회, 법문사, 2018.5; 이봉의, 가맹사업법상 '가맹금'의 주요쟁점, 경쟁과 법 제3호, 서울대학교 경쟁법센터, 2014.10

I. 법 목적상의 문제점

이 법은 가맹사업의 공정한 거래질서를 확립하고 가맹본부와 가맹점사업자가 대등한 지위에서 상호보완적으로 균형있게 발전하도록 함으로써 소비자 복지의 증진과 국민경제의 건전한 발전에 이바지함을 목적으로 한다.

독점규제법을 비롯한 하도급법 등 중소기업보호 관련법, 소비자기본법 등 소비자보호 관련 법에는 예외없이 목적조항을 두고 있는데, 중소기업보호 관련법 중에, 유독 가맹사업거래의 공정화에 관한 법률(이하 "가맹사업법")에만 '소비자복지의 증진'이란 목적을 규정하고 있다. 크게 보아 가맹사업법이 거래상 지위를 남용하는 행위를 규제하는 법이고 그 모법인 독점규제법 제1조에서도 소비자보호를 법 목적중의 하나로 규정하고 있어서 내용상의 오류라고 볼 수는 없으나, 가맹사업법에만 '소비자 복지'의 증진을 규정하고 있는 점은 설득력이 약하다. 따라서 동 내용은 법 목적에서 삭제하는 것이 바람직하다고 본다.

II. 입법의 배경

가맹사업을 프랜차이즈로 표현하는데 "특허권을 주다", "영업권을 주다"라는 의미이고, 그 어원은 프랑스에서 유래했다고 한다.[1] 그 후 영국에서 확립된 프랜차이즈의 관념은 미국에서 특히 19세기 후반의 개척시대를 맞이하여 연방정부나 주정부, 각 도시 등이 사기업에게 철도 등 각종 공공사업의 인가를 주는 과정에서 종종 프랜차이즈를 부여한다는 표현을 사용하게 되었다.[2]

오늘날과 같은 프랜차이즈가 본격적으로 그 모습을 드러낸 것은 제2차 세계대전 이후 미국에서였으며, 1970년대에는 여러주에서 가맹사업법 제정이 이어지게 되었다.[3] 연방차원의 규제는 연방거래위원회(FTC)에 의하여 이루어지는데, 가맹본부와 가맹점사업자간의 연방차원의 법률은 존재하지 않으나 1979년 10월 21일 「FRANCHISE RULE(Disclosure Requirements and Prohibitions Concerning

---

1) 이한무, 9면.
2) 이한무, 9면.
3) 주요선진국의 가맹사업거래 관련 법제 및 상생협력사례연구 I, 4~5면.

Franchising and Business Opportunity Ventures」(이하 'FTC 가맹사업규칙')을 제정하였다.[4] 유럽에서 가맹사업이 최초로 등장한 것은 1970년대이지만, 미국이나 호주와 비교하면 프랜차이즈의 비중은 상대적으로 낮으며, 그나마 영국, 독일, 프랑스에 집중되어 있다.[5] EU회원국 중에서는 스페인, 프랑스, 이탈리아 등 8개국만이 가맹사업규제법을 가지고 있다.[6]

우리나라의 경우 프랜차이즈는 1990년대 이후 외식업, 소매업 등을 중심으로 급속히 확산되기 시작하였는데,[7] 독점규제법 제45조 불공정거래행위의 금지와 관련하여 공정거래위원회는 1997년에 「가맹사업에 있어서의 불공정거래행위 기준」 고시를 제정·운영함으로써 일부 불공정한 거래관행을 시정하여 왔으나, 프랜차이즈거래에 있어서 필수적인 것으로 인식되고 있는 정보공개의무 부과와 계약기간 보장 등에 있어서 고시에 의한 대응에는 한계가 있었고, 2002. 5. 13. 법률 제6704호로 가맹사업법을 제정하게 되었다. 가맹사업법은 사후규제의 제약을 받는 경쟁법의 틀에서 벗어나 비교적 탄력적인 규제수단을 강구할 수 있게 되었고, 이를 통하여 다분히 경쟁법과 규제법이 혼합된 성격(hybrid character)을 갖고 있는 것이다.[8]

Ⅲ. 가맹사업의 현황

가맹사업은 가맹본부가 제공하는 영업표지(브랜드)와 노하우를 이용하여 별다른 경험이나 사업지식이 없는 사람도 창업할 수 있다는 장점 때문에 소자본 창업자들이 선호하는 창업형태이며, 가맹본부 또한 자신이 보유하고 있는 독특한 브랜드나 사업모델을 가맹희망자들의 자본을 통해 확산시킴으로써 적은 자본으로 수익을 창출할 수 있다는 점에서 매우 효율적인 사업방식이라 할 수 있다.[9] 2021년 말 현재 공정거래위원회에 정보공개서를 등록한 가맹본부의 가맹

---

4) 주요선진국의 가맹사업거래 관련 법제 및 상생협혁사례연구 I, 6면.
5) 주요선진국의 가맹사업거래 관련 법제 및 상생협혁사례연구 I, 53면.
6) 주요선진국의 가맹사업거래 관련 법제 및 상생협혁사례연구 I, 53면.
7) 우리나라의 프랜차이즈의 시조는 1977년 서울 명동 신세계백화점에서 문을 연 림스치킨이며, 시스템으로서의 프랜차이즈는 롯데리아가 1979년 햄버거 전문점인 롯데리아 가맹점을 개점하면서 도입된 것으로 볼 수 있다. 윤성운, 경쟁법연구 제37호(2018.5), 61면. 주4), 주5).
8) 이봉의, 경쟁과 법 제3호(2014.10), 18면.
9) 이상 공정거래백서(2021), 507면.

점 수는 270,485개로 2008년(107,354개) 말 대비 약 151.9% 증가하였는데, 이는 2008년 글로벌 경제위기 이후 명예퇴직자 등이 소자본으로 쉽게 창업할 수 있는 가맹사업으로 진출을 확대하여 왔기 때문인 것으로 분석된다.[10]

　　2022년 말 등록된 정보공개서 기준 가맹본부는 8,183개, 브랜드는 11,844개, 가맹점은 335,298개로 전년 대비 모두 증가했으며, 특히 가맹점 수는 전년 대비 24.0%(64,813개) 증가해 가맹본부(11.5%), 브랜드 수(5.6%)보다 큰 폭 증가한 것으로 나타났다.[11] 업종별 브랜드 수의 비중은 외식업종이 79.7%로 가장 많은 비중을 차지하였으며 서비스업종(15.2%), 도소매업종(5.1%) 순으로 나타났다.[12]

---

10) 이상 공정거래백서(2022), 551면.
11) 공정거래위원회 보도자료(2023.3.27.).
12) 공정거래위원회 보도자료(2023.3.27.).

제2조(정의)

이 법에서 사용하는 용어의 정의는 다음과 같다. <개정 2007. 8. 3., 2013. 8. 13., 2020. 12. 29., 2021. 5. 18.>

1. "가맹사업"이라 함은 가맹본부가 가맹점사업자로 하여금 자기의 상표·서비스표·상호·간판 그 밖의 영업표지(이하 "영업표지"라 한다)를 사용하여 일정한 품질기준이나 영업방식에 따라 상품(원재료 및 부재료를 포함한다. 이하 같다) 또는 용역을 판매하도록 함과 아울러 이에 따른 경영 및 영업활동 등에 대한 지원·교육과 통제를 하며, 가맹점사업자는 영업표지의 사용과 경영 및 영업활동 등에 대한 지원·교육의 대가로 가맹본부에 가맹금을 지급하는 계속적인 거래관계를 말한다.
2. "가맹본부"라 함은 가맹사업과 관련하여 가맹점사업자에게 가맹점운영권을 부여하는 사업자를 말한다.
3. "가맹점사업자"라 함은 가맹사업과 관련하여 가맹본부로부터 가맹점운영권을 부여받은 사업자를 말한다.
4. "가맹희망자"란 가맹계약을 체결하기 위하여 가맹본부나 가맹지역본부와 상담하거나 협의하는 자를 말한다.
5. "가맹점운영권"이란 가맹점사업자가 가맹본부의 가맹사업과 관련하여 가맹점을 운영할 수 있는 계약상의 권리를 말한다.
6. "가맹금"이란 명칭이나 지급형태가 어떻든 간에 다음 각 목의 어느 하나에 해당하는 대가를 말한다. 다만, 가맹본부에 귀속되지 아니하는 것으로서 대통령령으로 정하는 대가를 제외한다.
   가. 가입비·입회비·가맹비·교육비 또는 계약금 등 가맹점사업자가 영업표지의 사용허락 등 가맹점운영권이나 영업활동에 대한 지원·교육 등을 받기 위하여 가맹본부에 지급하는 대가
   나. 가맹점사업자가 가맹본부로부터 공급받는 상품의 대금 등에 관한 채무액이나 손해배상액의 지급을 담보하기 위하여 가맹본부에 지급하는 대가
   다. 가맹점사업자가 가맹점운영권을 부여받을 당시에 가맹사업을 착수하기 위하여 가맹본부로부터 공급받는 정착물·설비·상품의 가격 또는 부동산의 임차료 명목으로 가맹본부에 지급하는 대가
   라. 가맹점사업자가 가맹본부와의 계약에 의하여 허락받은 영업표지의 사용과 영업활동 등에 관한 지원·교육, 그 밖의 사항에 대하여 가맹본부에 정기적으로 또는 비정기적으로 지급하는 대가로서 대통령령으로 정하는 것
   마. 그 밖에 가맹희망자나 가맹점사업자가 가맹점운영권을 취득하거나 유지하기 위하

여 가맹본부에 지급하는 모든 대가

7. "가맹지역본부"라 함은 가맹본부와의 계약에 의하여 일정한 지역 안에서 가맹점사업
   자의 모집, 상품 또는 용역의 품질유지, 가맹점사업자에 대한 경영 및 영업활동의 지
   원·교육·통제 등 가맹본부의 업무의 전부 또는 일부를 대행하는 사업자를 말한다.

8. "가맹중개인"이라 함은 가맹본부 또는 가맹지역본부로부터 가맹점사업자를 모집하거
   나 가맹계약을 준비 또는 체결하는 업무를 위탁받은 자를 말한다.

9. "가맹계약서"라 함은 가맹사업의 구체적 내용과 조건 등에 있어 가맹본부 또는 가맹
   점사업자(이하 "가맹사업당사자"라 한다)의 권리와 의무에 관한 사항(특수한 거래조
   건이나 유의사항이 있는 경우에는 이를 포함한다)을 기재한 문서를 말한다.

10. "정보공개서"란 다음 각 목에 관하여 대통령령으로 정하는 사항을 수록한 문서를 말
    한다.

    가. 가맹본부의 일반 현황

    나. 가맹본부의 가맹사업 현황(가맹점사업자의 매출에 관한 사항을 포함한다)

    다. 가맹본부와 그 임원(「독점규제 및 공정거래에 관한 법률」 제2조제6호에 따른 임
        원을 말한다. 이하 같다)이 다음의 어느 하나에 해당하는 경우에는 해당 사실

        1) 이 법, 「독점규제 및 공정거래에 관한 법률」 또는 「약관의 규제에 관한 법률」
           을 위반한 경우

        2) 사기·횡령·배임 등 타인의 재산을 영득하거나 편취하는 죄에 관련된 민사소
           송에서 패소의 확정판결을 받았거나 민사상 화해를 한 경우

        3) 사기·횡령·배임 등 타인의 재산을 영득하거나 편취하는 죄를 범하여 형을
           선고받은 경우

    라. 가맹점사업자의 부담

    마. 영업활동에 관한 조건과 제한

    바. 가맹사업의 영업 개시에 관한 상세한 절차와 소요기간

    사. 가맹본부의 경영 및 영업활동 등에 대한 지원과 교육·훈련에 대한 설명

    아. 가맹본부의 직영점(가맹본부의 책임과 계산하에 직접 운영하는 점포를 말한다.
        이하 같다) 현황(직영점의 운영 기간 및 매출액에 관한 사항을 포함한다)

11. "점포환경개선"이란 가맹점 점포의 기존 시설, 장비, 인테리어 등을 새로운 디자인이
    나 품질의 것으로 교체하거나 신규로 설치하는 것을 말한다. 이 경우 점포의 확장
    또는 이전을 수반하거나 수반하지 아니하는 경우를 모두 포함한다.

12. "영업지역"이란 가맹점사업자가 가맹계약에 따라 상품 또는 용역을 판매하는 지역을
    말한다.

목 차

[참고문헌]

단행본: 가맹사업법 해설―실무 및 소송의 쟁점(개정판), 이한무, 법률정보센터, 2014
논문: 윤성운/조준연, 가맹사업 관련 법적 쟁점과 관련 쟁점, 경쟁과 법 제3호, 서울대학교 경쟁법센터, 2014.10; 윤성운, 가맹사업법의 최근 쟁점과 개선방안, 경쟁법연구 제37권, 한국경쟁법학회, 법문사, 2018.5; 이민호/김지연, 가맹사업법상 점포환경개선 관련 규정에 대한 법률상 쟁점―규정의 해석 및 입법론을 중심으로, 경쟁과 법 제3호, 서울대학교 경쟁법센터, 2014.10; 이봉의, 가맹사업법상 '가맹금'의 주요쟁점, 경쟁과 법 제3호, 서울대학교 경쟁법센터, 2014.10; 임영균/김주영, 국내프랜차이즈산업의 로열티 부과 현실에 대한 성찰, 2018년도 한국프랜차이즈학회 춘계학술세미나, 2018.6; 조성국, 거래상지위남용 규제 집행의 효율성 제고방안, 경쟁법연구 제37권, 한국경쟁법학회, 법문사, 2018.5

[참고사례]

프랜차이즈 관련 판매대금 횡령건[대전지방법원 1995. 10. 6. 선고 95노632 판결; 대법원 1996. 2. 23. 선고 95도2608(횡령) 판결]; ㈜제너시스의 거래상지위 남용행위 등 건(공정거래위원회 2000. 12. 23. 의결 제2000―180호; 서울고등법원 2003. 5. 22. 선고 2001누1484 판결; 대법원 2005. 6. 9. 선고 2003두7484 판결); 맥도날드의 가맹금 반환 건[수원지방법원성남지원 2002. 12. 24. 선고 2002가단13668(환급금) 판결]; 지에스리테일의 영업표지 변경 건[서울고등법원 2007. 6. 8. 선고 2006나1116 판결; 대법원 2008. 11. 13. 선고 2007다43580[손해배상(기)등] 판결]; 자링크 세미컨덕터 인크외 4인의 불공정거래행위 건[서울중앙지방법원 2009. 2. 6. 선고 2008가합63043 판결; 서울고등법원 2010. 2. 11. 선고 2009나31323 판결; 대법원 2010. 8. 26. 선고 2010다28185[손해배상(기)] 판결]; 메이케이코리아 유한회사의 계약 해지 건[서울중앙지방법원 2009. 12. 3. 선고 2009가합43336 판결; 서울고등법원 2013. 9. 13. 선고 2010나9179[손해배상(기)] 판결]; 풀무원건강생활(주)의 가맹계약 해지 건[서울중앙지방법원 2013. 3. 29. 선고 2012가합505995 손해배상(기) 판결]; ㈜케이에이치컴퍼니의 가맹사업법 위반행위 건(공정거래위원회 2014. 12. 8. 의결 제2014-278호; 서울고등법원 2015. 11. 19 선고 2015누31239 판결); 한국피자헛(유)의 가맹사업법 위반행위 건(공정거래위원회 2017. 1. 20. 의결 제2017-033호); ㈜이에이티의 가맹사업법 위반행위 건(공정거래위원회 2017. 8. 9. 의결 제2017-080호)

Ⅰ. 가맹사업

"가맹사업"이라 함은 가맹본부가 가맹점사업자로 하여금 자기의 상표·서비스표·상호·간판 그 밖의 영업표지(이하 "영업표지")를 사용하여 일정한 품질기준이나 영업방식에 따라 상품(원재료 및 부재료를 포함) 또는 용역을 판매하도록 함과 아울러 이에 따른 경영 및 영업활동 등에 대한 지원·교육과 통제를 하며, 가맹점사업자는 영업표지의 사용과 경영 및 영업활동 등에 대한 지원·교육의 대가로 가맹본부에 가맹금을 지급하는 계속적인 거래관계를 말한다(제1호). 상법에서는 2010. 5. 14. 법 개정시 가맹업이 삽입되었다.[1]

가맹사업을 통해 가맹본부는 다수의 가맹범을 모아 적은 자본으로 전국적인

---

1) 제13장 가맹업
제168조의6(의의) 자신의 상호·상표 등(이하 이 장에서 "상호등"이라 한다)을 제공하는 것을 영업으로 하는 자[이하 "가맹업자"(加盟業者)라 한다]로부터 그의 상호등을 사용할 것을 허락받아 가맹업자가 지정하는 품질기준이나 영업방식에 따라 영업을 하는 자를 가맹상(加盟商)이라 한다.
제168조의7(가맹업자의 의무) ① 가맹업자는 가맹상의 영업을 위하여 필요한 지원을 하여야 한다. ② 가맹업자는 다른 약정이 없으면 가맹상의 영업지역 내에서 동일 또는 유사한 업종의 영업을 하거나, 동일 또는 유사한 업종의 가맹계약을 체결할 수 없다.
제168조의8(가맹상의 의무) ① 가맹상은 가맹업자의 영업에 관한 권리가 침해되지 아니하도록 하여야 한다. ② 가맹상은 계약이 종료한 후에도 가맹계약과 관련하여 알게 된 가맹업자의 영업상의 비밀을 준수하여야 한다.
제168조의9(가맹상의 영업양도) ① 가맹상은 가맹업자의 동의를 받아 그 영업을 양도할 수 있다. ② 가맹업자는 특별한 사유가 없으면 제1항의 영업양도에 동의하여야 한다.
제168조의10(계약의 해지) 가맹계약상 존속기간에 대한 약정의 유무와 관계없이 부득이한 사정이 있으면 각 당사자는 상당한 기간을 정하여 예고한 후 가맹계약을 해지할 수 있다.

유통망을 만들 수 있고, 가맹점사업자가 인건비, 재고비용, 운영비 등을 부담함
으로써 유통망 유지비용이 절감되는 이점이 있으며, 가맹점사업자는 가맹본부의
기술력, 노하우와 명성, 그리고 경영전반에 관한 지도와 지원 아래 경영경험이
없이 소자본으로 사업을 할 수 있고, 가맹본부를 통해 효과적인 홍보를 할 수
있으며 공동의 대량구매, 공동물류 등으로 운영경비를 대폭 절감할 수 있기 때
문에 단시일내에 투자효과를 거둘 수 있는 이점이 있다<풀무원건강생활(주)의 가
맹계약 해지 건>.[2]

1. 영업표지의 사용

가맹사업의 첫 번째 요건은 상표·서비스표·상호·간판 그 밖의 영업표지
(이하 "영업표지")를 사용이다.

상표법에서는 상표와 서비스표를 동시에 규정하고 있다. 즉 "상표"란 자기의
상품(지리적 표시가 사용되는 상품의 경우를 제외하고는 서비스 또는 서비스의 제공에
관련된 물건을 포함)과 타인의 상품을 식별하기 위하여 사용하는 표장(標章)을 말
한다(상표법 제2조 제1호). 상인은 그 성명 기타의 명칭으로 상호를 정할 수 있다
(상법 제18조). 즉 상호는 상인의 명칭을 의미하는 것이다. 상법에서도 "자신의 상
호·상표 등("상호등")을 제공하는 것을 영업으로 하는 자["가맹업자"(加盟業者)]로
부터 그의 상호등을 사용할 것을 허락"이라고 명시하고 있다(상법 제168조의6).

법원이 가맹사업으로 인정한 사례는 다음과 같다.

"원고가 보유한 맥도날드 시스템의 영업 지식과 경험, 기술에 관한 노하우와 '맥도
날드'의 상호 등 각종 영업표지와 경영지도 및 지원을 피고에게 제공하고, 피고는
이를 활용하여 맥도날드 레스토랑을 경영하되, 피고에게 영업표지와 노하우의 사용
대가를 지급하기로 하는 소위 프랜차이즈계약임"<맥도날드의 가맹금 반환 건>[3]

그러나 법원이 가맹사업 성격을 부인한 사례도 있다.

"원고들이 방문판매원인 동시에 방문판매법 제2조 제5호에서 정한 다단계판매원인
점은 인정되나, 원고들이 피고와 영업표지의 사용과 경영 등 영업활동 등에 대한

---

[2] 서울중앙지판 2013. 3. 29. 2012가합505995[손해배상(기)].
[3] 수원지법성남지원판 2002. 12. 24. 2002가단13668(환급금).

지원·교육의 대가로 가맹본부에 가맹금을 지급하는 내용의 가맹사업계약을 체결한 가맹점사업자라고 인정하기에는 부족함. (중략) 방문판매는 점포나 자본없이 시작할 수 있고, 시간이나 장소에 구애 받지 않는 등 그 특성에 차이가 있음"<메이케이코리아 유한회사의 계약 해지 건>,[4] "가맹사업법이 정한 가맹사업은, 기본적으로 가맹점사업자가 상품 및 용역의 판매 등을 위한 가맹점 운영을 담당하되, 가맹본부는 가맹점사업자로 하여금 자기의 영업표지를 사용할 수 있도록 허락하면서 일정한 품질기준과 영업방식을 따르도록 요구함과 아울러 이에 대한 지원·교육 등을 해주고 그 대가로 가맹금을 지급받는 구조라 할 것임. 따라서 000로부터 투자받은 금원으로 이 사건 점포를 직접 운영하면서 000에게 매출액에서 비용 등 일정한 금액을 공제한 나머지 금액을 지급하고, 만약 손실이 나는 경우 000으로부터 이를 보전 받도록 하는 구조를 취하고 있는 경우는 가맹사업법이 정한 가맹사업의 기본적인 구조와 차이가 있음"<㈜케이에이치컴퍼니의 가맹사업법 위반행위 건>[5]

그리고 법원이 가맹본부가 기업집단의 계열 분리로 인하여 기존의 편의점 영업표지를 일방적으로 변경한 후 변경된 영업표지를 위주로 편의점 가맹사업을 운영하는 것은 위 영업표지의 변경에 동의하지 않고 기존의 영업표지를 그대로 사용하고 있는 가맹점사업자에 대하여 가맹계약의 해지사유인 중대한 불신행위에 해당한다고 본 사례가 있다.

"이 사건 가맹계약의 목적은 피고가 독자적으로 개발한 상표권과 엘지유통의 경영 노하우인 'LG25 시스템', 'LG25 이미지'를 기초로 'LG25점'을 개설·운영하고, 상호 협력하여 사업의 번영을 함께 실현하는 것인데, 'LG25'라는 영업표지의 인지도 등에 비추어 볼 때 'LG25'라는 영업표지는 이 사건 가맹계약의 가장 중요한 사항이고, 피고가 영업표지를 'LG25'에서 'GS25'로 변경하는 것은 원고가 운영하는 편의점에 대한 소비자들의 인지도나 식별가능성 등에 영향을 미칠 수 있는 중요한 요소이므로, 피고가 'LG 그룹'의 분리 당시 'GS홀딩스 그룹'에 속하게 됨에 따라 일방적으로 영업표지를 'LG25'에서 'GS25'로 변경한 후 'GS25'라는 영업표지를 위주로 편의점 가맹사업을 운영하는 것은 위 영업표지의 변경에 동의하지 않고 'LG25'라는 영업표지를 그대로 사용하고 있는 원고에 대하여 이 사건 가맹계약 제41조 제2항 제2호에서 정한 '고의, 악의, 기만 기타 중대한 과실로써 어느 일방만의 이익을 위하여 이 계약의 목적에 위배되는 중대한 불신행위'에 해당하고, 기존의 'LG 그룹'에서 분리된 'GS홀딩스 그룹'이 전문화·전업화를 통한 경영의 집중 및 효율

---

4) 서고판 2013. 9. 13. 2010나9179.
5) 서고판 2015. 11. 19. 2015누31239.

화로 사업 경쟁력 강화를 표방하였다거나, 피고가 위와 같은 영업표지 변경에 동
의하지 아니하는 가맹점사업자들에 대하여 기존 영업표지인 'LG25'를 사용하도록
허용하고 있다거나, 피고의 홍보에 따라 일반인들 대부분이 편의점 영업표지인
'LG25'가 'GS25'로 변경되었다는 사정을 쉽게 인식할 수 있는 상황이고, 위와 같은
영업표지 변경으로 인하여 'LG25'를 영업표지로 사용하고 있는 편의점의 매출이
감소되었다는 객관적인 자료가 없다는 사정만으로 이와 달리 볼 것은 아님. 신의
성실의 원칙은 법률관계의 당사자는 상대방의 이익을 배려하여 형평에 어긋나거나
신뢰를 저버리는 내용 또는 방법으로 권리를 행사하거나 의무를 이행하여서는 안
된다는 추상적 규범을 말하는 것으로서, 신의성실의 원칙에 위배된다는 이유로 그
권리행사를 부정하기 위하여는 상대방에게 신의를 공여하였거나 객관적으로 보아
상대방이 신의를 가짐이 정당한 상태에 이르러야 하고 이와 같은 상대방의 신의에
반하여 권리를 행사하는 것이 정의관념에 비추어 용인될 수 없는 정도의 상태에
이르러야 하는 것임(대법원 1991. 12. 10. 선고 91다3802 판결, 대법원 2007. 5.
10. 선고 2005다4291 판결 등 참조). 위 법리와 기록에 비추어 살펴보면, 피고의
주장과 같이 기존 가맹점사업자 중 96%가 피고의 영업표지 변경에 동의하는 상황
에서 원고가 이에 동의하지 않고 이 사건 가맹계약에 따라 'LG25' 영업표지를 계
속 사용하고 있는 상태에서 이 사건 가맹계약의 해지를 주장하는 것이 오로지 위
약금을 받을 목적으로 한 비진의 의사표시라거나 신의칙에 위배되는 것이라고 볼
수는 없음"<㈜지에스리테일의 영업표지 변경 건>[6]

한편 <(주)이에이티의 가맹사업법 위반행위 건>에서 피심인은 국립의료원
과 '커피전문점 사용허가 계약'을 체결하고 가맹점과는 '위탁계약 관리계약'을 체
결하여 거래를 하였는데,[7] 실질적으로 가맹사업의 성격을 가지면서도 위탁관리
계약이란 명칭을 쓰고 있는 경우 가맹사업법 적용이 가능한지가 문제되었다.

이에 대하여 공정거래위원회는 다음과 같이 판단하였다.

통상 '위수탁거래'라 함은 '수탁자가 위탁자의 계산으로 상품 또는 용역을 판매하
고 그 법적 효과는 위탁자에게 귀속하는 법률 행위'를 의미하는데, 이 사건 위탁관
리계약이 그 실질도 위수탁거래에 해당하려면, 이 사건 점포에서 취급하는 상품

---

6) 대판 2008. 11. 13. 2007다43580[손해배상(기)등].
7) 이러한 현상은 백화점, 아울렛 등 특수상권에서도 나타나고 있다. 한국공정거래조정원의 <가
   맹 2019-0180 사건>에서는 피신청인이 백화점과 특약매입거래계약을 체결하고, 신청인은
   그 매장의 운영을 위탁받아 운영하던 중, 피신청인과 백화점간의 계약기간 만료로 매장을 폐
   점하면서 분쟁이 발생한 사례가 있다.

또는 용역의 실질적인 소유권 귀속 주체 및 당해 상품 또는 용역의 판매·취급에 따르는 실질적인 위험의 부담주체가 피심인이어야 하는 바, 이 사건 위탁관리계약의 실질은 위수탁거래로 볼 수 없음. 따라서 이 사건 위탁관리계약은 그 명칭과는 별개로 그 내용과 운영의 실질이 법상 가맹사업에 해당하므로, 피심인이 정보공개서를 제공하지 아니한 상태에서 가맹계약을 체결하고 가맹금을 수령한 행위는 법 제7조 제2항에 위반임"<(주)이에이티의 가맹사업법 위반행위 건>8)

2. 일정한 품질기준이나 영업방식

가맹사업의 두 번째 요건은 일정한 품질기준이나 영업방식에 따라 상품(원재료 및 부재료를 포함) 또는 용역을 판매하도록 하는 것이다.

상법에서도 가맹업자가 지정하는 품질기준이나 영업방식에 따라 영업을 하는 자를 가맹상(加盟商)이라고 규정하고 있다(상법 제168조의6). 품질기준을 정해 준다는 말은 제품이나 서비스를 시간, 재료, 성과, 신뢰도, 외형 또는 제품의 특성 등의 측면에서 일정한 표준에 적합하도록 기준을 설정하여 준다는 의미이며, 영업방식을 정하여 준다는 말은 영업시간·판매방식·고객응대요령, A/S기준 등 business style, business form을 정하여 준다는 말이다.9)

법원도 다음과 같이 판시하고 있다.

"가맹사업에서는 가맹사업의 통일성과 가맹본부의 명성을 유지하기 위하여 합리적으로 필요한 범위 내에서 가맹점사업자가 판매하는 상품 및 용역에 대하여 가맹점사업자로 하여금 가맹본부가 제시하는 품질기준을 준수하도록 요구하고, 그러한 품질기준의 준수를 위하여 필요한 경우 가맹본부가 제공하는 상품 또는 용역을 사용하도록 요구할 수 있음"<㈜ 제너시스의 거래상지위 남용행위 등 건>,10) "가맹점 매뉴얼(manual)은 가맹본부가 제품의 통일성과 품질관리 및 명성의 유지를 위하여 가맹점계약에 터잡아 가맹점운영규칙의 일환으로 제정하여 운영하는 것이므로, 가맹점사업자가 상품을 제조·판매·보관·포장하는 등의 방법에 관하여는 물론 가맹점계약에 의하여 가맹점사업자에게 부과되어 있는 의무를 구체화하기 위한 내용도 포함될 수 있음"<㈜ 제너시스의 거래상지위 남용행위 등 건>11)

---

8) 공정의 2017. 8. 9. 2017-080.
9) 이한무, 19면.
10) 대판 2005. 6. 9. 2003두7484.
11) 대판 2005. 6. 9. 2003두7484.

3. 지원 · 교육과 통제

가맹사업의 세 번째 요건은 경영 및 영업활동 등에 대한 지원·교육과 통제
이다. 상법에서도 "가맹업자는 가맹상의 영업을 위하여 필요한 지원을 하여야
한다"고 규정하고 있다(상법 제168조의7 제1항).

가맹사업자는 특정 사업분야에서 자신만이 갖고 있는 노하우나 영업비밀,
영업방식 등을 가맹사업자에게 전수하고, 예를 들어 음식점 가맹사업의 경우 메
뉴나, 종업원 복장, 영업일수 등에 대한 통제를 하게 된다.[12]

4. 계속적인 거래관계(가맹금 지급)

가맹사업의 네 번째 요건은 가맹금을 지급하는 계속적인 거래관계이다. 가
맹금의 정의에 대해서는 제6호에서 규정하고 있다. 1회상 거래관계는 가맹사업
이 될 수 없다.

이른바 '프랜차이즈 계약'에 있어서 가맹점주가 물품판매 대금을 임의 소비
한 경우 횡령죄의 성립 여부에 대한 판결에서 법원은 다음과 같이 판시하였다.

> "가맹점 계약은 독립된 상인 간에 일방이 타방의 상호, 상표 등의 영업표지를 이용
> 하고, 그 영업에 관하여 일정한 통제를 받으며, 이에 대한 대가를 타방에 지급하기
> 로 하는 특수한 계약형태인 이른바 '프랜차이즈 계약'으로서, 그 기본적인 성격은
> 각각 독립된 상인으로서의 본사 및 가맹점주 간의 계약기간 동안의 계속적인 물품
> 공급계약이라 할 것이고, 본사의 경우 실제로는 가맹점의 영업활동에 관여함이 없
> 이 경영기술지도, 상품대여의 대가로 결과적으로 매출액의 일정비율을 보장받는 것
> 에 지나지 아니하여 본사와 가맹점이 독립하여 공동경영하고 그 사이에서 손익분
> 배가 공동으로 이루어진다고 할 수 없으므로 이 사건 가맹점 계약을 동업계약 관
> 계로는 볼 수 없고, 따라서 피고인들이 판매하여 보관 중인 이 사건 물품판매 대금
> 은 피고인들의 소유라 할 것이어서 이를 임의 소비한 행위는 프랜차이즈 계약상의
> 채무불이행에 지나지 아니하므로, 이 사건 공소사실은 결국 피고 사건이 범죄로 되
> 지 아니하는 경우에 해당함"<프랜차이즈 관련 판매대금 횡령건>[13]

---

12) 이한무, 20면.
13) 대판 1996. 2. 23. 95도2608(횡령).

Ⅱ. 가맹본부

"가맹본부"라 함은 가맹사업과 관련하여 가맹점사업자에게 가맹점운영권을 부여하는 사업자를 말한다(제2호). 가맹사업법에서는 가맹본부의 시장진입에 대하여 아무런 제한을 두고 있지 아니하다.

Ⅲ. 가맹점사업자

"가맹점사업자"라 함은 가맹사업과 관련하여 가맹본부로부터 가맹점운영권을 부여받은 사업자를 말한다(제3호). 대리점의 경우 가맹거래와 유사한 외관을 가진 경우가 있어 구별이 용이하지 않으나 대리점의 경우에는 가맹사업과 같은 통일적인 지시통제나 판매전략이 존재하지 않으므로, 중대한 조력이나 비즈니스 패키지가 존재하느냐가 가맹사업 여부를 판단하는 주요 근거가 된다.[14]

Ⅳ. 가맹희망자

"가맹희망자"란 가맹계약을 체결하기 위하여 가맹본부나 가맹지역본부와 상담하거나 협의하는 자를 말한다(제4호).

법원이 가맹희망자로 인정하지 않은 사례는 다음과 같다.

"계약 체결 이후 원고와 사이에 가맹계약으로의 전환을 위하여 상담 또는 협의를 하였다는 점을 인정할만한 아무런 주장·입증이 없는 이상 장차 가맹계약으로의 전환을 예정한 이 사건 계약을 체결하였다는 사정만으로 가맹사업법 제2조 제4호가 정한 가맹희망자에 해당한다고 보기는 어려움"<㈜케이에이치컴퍼니의 가맹사업법 위반행위 건>[15]

---

14) 윤성운/조준연, 경쟁과 법 제3호(2014.10), 13면.
15) 서고판 2015. 11. 19. 2015누31239.

V. 가맹점운영권

"가맹점운영권"이란 가맹점사업자가 가맹본부의 가맹사업과 관련하여 가맹점을 운영할 수 있는 계약상의 권리를 말한다(제5호).

VI. 가맹금

"가맹금"이란 명칭이나 지급형태가 어떻든 간에 ① 가입비·입회비·가맹비·교육비 또는 계약금 등 가맹점사업자가 영업표지의 사용허락 등 가맹점운영권이나 영업활동에 대한 지원·교육 등을 받기 위하여 가맹본부에 지급하는 대가(가목), ② 가맹점사업자가 가맹본부로부터 공급받는 상품의 대금 등에 관한 채무액이나 손해배상액의 지급을 담보하기 위하여 가맹본부에 지급하는 대가(나목), ③ 가맹점사업자가 가맹점운영권을 부여받을 당시에 가맹사업을 착수하기 위하여 가맹본부로부터 공급받는 정착물·설비·상품의 가격 또는 부동산의 임차료 명목으로 가맹본부에 지급하는 대가(다목), ④ 가맹점사업자가 가맹본부와의 계약에 의하여 허락받은 영업표지의 사용과 영업활동 등에 관한 지원·교육, 그 밖의 사항에 대하여 가맹본부에 정기적으로 또는 비정기적으로 지급하는 대가로서 *대통령령*으로 정하는 것(라목), ⑤ 그 밖에 가맹희망자나 가맹점사업자가 가맹점운영권을 취득하거나 유지하기 위하여 가맹본부에 지급하는 모든 대가(마목)의 어느 하나에 해당하는 대가를 말한다. 다만, 가맹본부에 귀속되지 아니하는 것으로서 *대통령령*으로 정하는 대가를 제외한다(제6호).

1. 가맹본부에 지급하는 대가(로열티)

가맹금의 첫 번째 유형은 가입비·입회비·가맹비·교육비 또는 계약금 등 가맹점사업자가 영업표지의 사용허락 등 가맹점운영권이나 영업활동에 대한 지원·교육 등을 받기 위하여 가맹본부에 지급하는 대가(가목)이다.

이는 '로열티'라고 하는데, 미국의 경우 90%이상의 가맹본부가 로열티를 부과하는데 반해, 우리나라의 경우 10%에도 못미치는 것으로 추정된다.[16] 로열티

는 가맹점이 점포운영으로부터 획득한 경제적 지대를 가맹본부와 가맹점이 공유
하는 경제적 지대의 획득수단과 가맹본부의 지속적인 통제와 지원에 대하여 가
맹점이 지불하는 대가로서의 두 가지 의미를 가진다.[17]

　　법원이 가맹금으로 인정하고 반환의무를 인정한 사례는 다음과 같다.

"프랜차이즈계약이 계약기간의 중간에 해지되었을 경우에 계약 체결시에 가맹본부
(franchisor)가 받은 금전 중에 일부를 가맹점(franchisee)에게 반환하여야 하는가
하는 문제는, 가맹점이 가맹본부에게 지급한 금전이 어떤 이름으로 지급하였였가
를 가지고만 볼 것이 아니라 무엇에 대한 대가로 지급한 것이고, 프랜차이즈 계약
의 해지 경위와 그에 있어서 당사자의 귀책사유 유무 등을 종합적으로 고려하여
판단하여야 할 것인바, 이 사건에서 피고가 원고에게 지급한 프랜차이즈 수수료는
가맹금의 성격을 가지는 금전으로서 원고가 라이센스를 부여받은 맥도날드의 영업
표지를 피고가 사용하는 것에 대한 대가로 봄이 상당하고, 영업표지의 사용에 대
한 이익은 기간에 따라 균등의 비율로 귀속되는 것이 원칙이며, 원고가 피고로부
터 이 사건 점포를 인수(또는 우선매수)하여 직영하는 방법으로 피고가 투자자본
을 회수하기로 이 사건 계약이 합의해지된 점{원고는 이 사건 점포의 개설비
(opening expenses)까지 인수대금에 포함하여 피고에게 지급한 것으로 보인다}에
비추어 볼 때, 원고는 지급받은 가맹금 중 이 사건 계약의 합의해지 후 잔여기간
에 해당하는 부분은 피고에게 반환하여야 함" < 맥도날드의 가맹금 반환 건> [18]

　　공정거래위원회가 가맹금으로 인정한 사례는 다음과 같다.

"가맹점사업자로부터 매월 수령하는 Admin Fee는 법 제2조 제6호 라목에 규정된
'가맹점사업자가 가맹본부와의 계약에 의하여 허락받은 영업표지의 사용과 영업활
동 등에 관한 지원·교육, 그 밖의 사항에 대하여 가맹본부에 정기적으로 또는 비
정기적으로 지급하는 대가'에 해당하여 가맹금으로 인정됨" < 한국피자헛(유)의 가
맹사업법 위반행위 건> [19]

　　법원이 가맹금으로 인정하지 않은 사례는 다음과 같다.

---

16) 임영균/김주영, 64면.
17) 임영균/김주영, 65면.
18) 수원지법성남지원판 2002. 12. 24. 2002가단13668(환급금).
19) 공정의 2017. 1. 20. 2017−033.

"이른바 로열티를 지급하는 방식은 OOO이 점포를 운영하여 얻은 수익 중 일부를 떼어 원고에게 지급하는 방식이 아니라, 그와 반대로 원고가 이 사건 점포를 운영하여 얻은 순 매출액 중 일부를 로열티 명목으로 우선 공제하고 이어서 판매관리비 등을 추가로 공제한 다음 그 나머지를 수익금으로 OOO에게 지급하는 방식인데, 위와 같은 계약내용은 가맹점사업자가 가맹본부로부터 가맹점운영권을 부여받고 영업표지의 사용을 허락받으며 그 밖에 사업상의 지원과 교육 등을 받은 대가로 가맹본부에 지급하는 금전 등을 가맹금으로 정의한 가맹사업법 제2조 제6호의 규정과 일치하지 않음"<㈜케이에이치컴퍼니의 가맹사업법 위반행위 건>[20]

　　계약금에 대해서는 계약체결의 증거인지 계약해제권을 유보한다는 의미에서 해약금인지, 채무불이행이 있을 때 가맹본보가 위약벌로 몰수한다는 의미에서 위약금인지가 불분명하다.[21]

2. 지급보증금

　　가맹금의 두 번째 유형은 가맹점사업자가 가맹본부로부터 공급받는 상품의 대금 등에 관한 채무액이나 손해배상액의 지급을 담보하기 위하여 가맹본부에 지급하는 대가(나목)이다.

　　이는 이행보증금으로서 성격으로 민법상 보증금에 해당하고 가맹계약 종료 시 손해를 담보하고 남는 금액이 있으면 반환하여야 할 금원이다.[22]

3. 착수금

　　가맹금의 세 번째 유형은 가맹점사업자가 가맹점운영권을 부여받을 당시에 가맹사업을 착수하기 위하여 가맹본부로부터 공급받는 정착물·설비·상품의 가격 또는 부동산의 임차료 명목으로 가맹본부에 지급하는 대가(다목)이다.

---

20) 서고판 2015. 11. 19. 2015누31239.
21) 이봉의, 경쟁과 법 제3호(2014.10), 20~21면.
22) 이한무, 212면.

4. 정기 또는 비정기적 대가

가맹금의 네 번째 유형은 가맹점사업자가 가맹본부와의 계약에 의하여 허락 받은 영업표지의 사용과 영업활동 등에 관한 지원·교육, 그 밖의 사항에 대하여 가맹본부에 정기적으로 또는 비정기적으로 지급하는 대가로서 *대통령령23)*으로 정하는 것(라목)이다.

이미 경과한 기간에 대한 금원은 반환할 필요가 없으나 중도해지 이후에 가 맹점사업자가 지급한 로얄티가 있다면 가맹본부가 반환하여야 한다.24)

5. 가맹점 운영권 취득 및 운영 대가

가맹금의 다섯번째 유형은 그 밖에 가맹희망자나 가맹점사업자가 가맹점운 영권을 취득하거나 유지하기 위하여 가맹본부에 지급하는 모든 대가의 어느 하 나에 해당하는 대가(다만, 가맹본부에 귀속되지 아니하는 것으로서 *대통령령25)*으로 정하는 대가를 제외)(바호)이다.

---

23) 제3조(가맹금의 정의) ② 법 제2조제6호라목에서 "대통령령으로 정하는 것"이란 다음 각 호의 어느 하나에 해당하는 대가를 말한다. 1. 가맹점사업자가 상표 사용료, 리스료, 광고 분담금, 지도훈련비, 간판류 임차료·영업지역 보장금 등의 명목으로 정액 또는 매출액·영업이익 등의 일정 비율로 가맹본부에 정기적으로 또는 비정기적으로 지급하는 대가 2. 가맹점사업자가 가 맹본부로부터 공급받는 상품·원재료·부재료·정착물·설비 및 원자재의 가격 또는 부동산의 임차료에 대하여 가맹본부에 정기적으로 또는 비정기적으로 지급하는 대가 중 적정한 도매가 격을 넘는 대가. 다만 가맹본부가 취득한 자신의 상품 등에 관한 「특허법」에 따른 권리에 대 한 대가는 제외한다. ③ 공정거래위원회는 제1항제4호 및 제2항제2호에 따른 적정한 도매가격 을 정하여 고시할 수 있다.

24) 이한무, 213면.

25) 제3조(가맹금의 정의) ① 「가맹사업거래의 공정화에 관한 법률」(이하 "법"이라 한다) 제2조제6 호 각 목 외의 부분 단서에서 "대통령령으로 정하는 대가"란 다음 각 호의 어느 하나에 해당 하는 대가를 말한다. 1. 소비자가 신용카드를 사용하여 가맹점사업자의 상품이나 용역을 구매 한 경우에 가맹점사업자가 신용카드사에 지급하는 수수료 2. 소비자가 상품권을 사용하여 가 맹점사업자의 상품이나 용역을 구매한 경우에 가맹점사업자가 상품권 발행회사에 지급하는 수 수료나 할인금 3. 소비자가 「전자금융거래법」 제2조제11호에 따른 직불전자지급수단·선불전 자지급수단 또는 전자화폐를 사용하거나 「전자금융거래법」 제2조제19호에 따른 전자지급결제 대행 서비스를 이용하여 가맹점사업자의 상품이나 용역을 구매한 경우에 가맹점사업자가 지급 수단 발행회사나 지급결제 대행회사에 지급하는 수수료나 할인금 4. 법 제2조제6호다목에 따 라 가맹본부에 지급하는 대가 중 적정한 도매가격(도매가격이 형성되지 아니하는 경우에는 가 맹점사업자가 정상적인 거래관계를 통하여 해당 물품이나 용역을 구입·임차 또는 교환할 수 있는 가격을 말하며 가맹본부가 해당 물품이나 용역을 다른 사업자로부터 구입하여 공급하는 경우에는 그 구입가격을 말한다. 이하 같다) 5. 그 밖에 가맹본부에 귀속되지 않는 금전으로서 소비자가 제3의 기관에 지급하는 것을 가맹본부가 대행하는 것

▌가맹금의 종류

구분	형태	예시
유형①	가맹점운영권이나 영업활동에 대한 지원·교육 등을 받기 위하여 가맹본부에 지급하는 대가	가입비, 교육비 등
유형②	상품의 대금 등에 관한 채무액이나 손해배상액의 지급을 담보하기 위하여 가맹본부에 지급하는 대가	보증금, 담보제공 등
유형③	가맹사업을 착수하기 위하여 가맹본부로부터 공급받는 정착물·설비·상품의 가격 또는 부동산의 임차료 명목으로 가맹본부에 지급하는 대가 중 적정한 도매가격을 넘는 대가	인테리어 비용, 최초 공급상품 비용 등
유형④	영업표지의 사용과 영업활동 등에 관한 지원·교육, 그 밖의 사항에 대하여 가맹본부에 정기적으로 또는 비정기적으로 지급하는 대가 • 정액 또는 매출액·영업이익 등의 일정 비율로 지급하는 대가 • 가맹본부로부터 공급받는 상품, 원재료, 부재료, 정착물, 설비 및 원자재의 가격 또는 부동산의 임차료에 대하여 가맹본부에 지급하는 대가 중 적정한 도매가격을 넘는 대가(특허권에 대한 대가는 제외)	상품사용료, 광고분담금, 물품대금의 유통이익 등
유형⑤	그 밖에 가맹점운영권을 취득하거나 유지하기 위하여 가맹본부에 지급하는 모든 대가	

Ⅶ. 가맹지역본부

"가맹지역본부"라 함은 가맹본부와의 계약에 의하여 일정한 지역 안에서 가맹점사업자의 모집, 상품 또는 용역의 품질유지, 가맹점사업자에 대한 경영 및 영업활동의 지원·교육·통제 등 가맹본부의 업무의 전부 또는 일부를 대행하는 사업자를 말한다(제7호). 가맹본부 업무전부를 대행하는 경우에는 가맹본부와 동일한 법적 지위를 가지며, 일부만 대행하는 경우에는 가맹본부의 사용인 내지는 보조자로서 그 행위에 대해서는 업무를 위탁한 가맹본부가 책임을 지게 된다.[26] 외국사업자가 국내사업자에게 가맹사업 운영권을 부여하는 경우도 마찬가지다.[27]

26) 윤성운/조준연, 경쟁과 법 제3호(2014.10), 14면.

Ⅷ. 가맹중개인

"가맹중개인"이라 함은 가맹본부 또는 가맹지역본부로부터 가맹점사업자를 모집하거나 가맹계약을 준비 또는 체결하는 업무를 위탁받은 자를 말한다(제8호).

Ⅸ. 가맹계약서

"가맹계약서"라 함은 가맹사업의 구체적 내용과 조건 등에 있어 가맹본부 또는 가맹점사업자(이하 "가맹사업당사자")의 권리와 의무에 관한 사항(특수한 거래조건이나 유의사항이 있는 경우에는 이를 포함)을 기재한 문서를 말한다(제9호).

<㈜케이에이치컴퍼니의 가맹사업법 위반행위 건> 관련 행정소송에서 서울고등법원은 "가맹사업법에서 정한 가맹사업의 구체적 요소에 관하여 아무런 정함이 없는 이상, 이 사건 점포의 운영에 따른 손익이 ○○○에게 귀속된다는 사정만으로 이 사건 계약이 가맹계약에 해당한다고 볼 수는 없다"고 판시하였다.28)

외국에서 체결된 계약에 대하여 우리나라 가맹계약을 적용할 수 있는지가 문제되는데, 국제사법 제7조는 "입법목적에 비추어 준거법에 관계없이 해당 법률관계가 적용되어야 하는 대한민국의 강행규정은 이 법에 의하여 외국법인이 준거법으로 지정되는 경우에도 이를 적용한다"고 규정하고 있어서 계약의 준거법과 관계없이 우리나라 가맹사업법을 적용할 수 있다고 봄이 타당하다. <자링크 세미컨덕터 인크외 4인의 불공정거래행위 건> 관련 민사소송에서 서울고등법원은 "독점규제법은 당사자의 합의에 의하여 적용을 배제할 수 없을 뿐만 아니라, 계약관계의 준거법이 외국법으로 지정되었더라도 그의 적용이 배제되지 않은 강행규정에 해당한다고 할 것이다"고 판시하였고, 대법원에서도 이를 인정하였다.29)

가맹계약서는 그 성격상 약관규제법상의 약관에 해당한다.

---

27) 윤성운/조준연, 경쟁과 법 제3호(2014.10), 14면.
28) 서고판 2015. 11. 19. 2015누31239.
29) 서고판 2010. 2. 11. 선고 2009나31323 판결; 대판 2010. 8. 26. 선고 2010다28185[손해배상(기)].

X. 정보공개서

"정보공개서"란 ① 가맹본부의 일반 현황(가목), ② 가맹본부의 가맹사업 현황(가맹점사업자의 매출에 관한 사항을 포함)(나목), ③ 가맹본부와 그 임원(「독점규제 및 공정거래에 관한 법률」 제2조 제5호에 따른 임원)이 i) 이 법, 「독점규제법」 또는 「약관규제법」을 위반한 경우, ii) 사기·횡령·배임 등 타인의 재산을 영득하거나 편취하는 죄에 관련된 민사소송에서 패소의 확정판결을 받았거나 민사상 화해를 한 경우, iii) 사기·횡령·배임 등 타인의 재산을 영득하거나 편취하는 죄를 범하여 형을 선고받은 경우의 어느 하나에 해당하는 경우에는 해당 사실(다목), ④ 가맹점사업자의 부담(라목), ⑤ 영업활동에 관한 조건과 제한(마목), ⑥ 가맹사업의 영업 개시에 관한 상세한 절차와 소요기간(바목), ⑦ 가맹본부의 경영 및 영업활동 등에 대한 지원과 교육·훈련에 대한 설명(사목), ⑧ 가맹본부의 직영점(가맹본부의 책임과 계산하에 직접 운영하는 정도를 말한다) 현황(직영점의 운영기간 및 매출에 관한 사항을 포함한다)(아목)에 관하여 *대통령령30)*으로 정하는 사항을 수록한 문서를 말한다(제10호). 직영점 현황은 2021. 5. 18. 법 개정시 추가가 된 것이다.

정보공개서 기재사항은 시행령 [별표1]에 자세히 규정하고 있다.

공정거래위원회는 가맹본부가 브랜드 통일성 유지와 무관한 품목까지 자신으로부터만 구입하도록 강제하면서 높은 유통마진을 챙기는 불합리한 관행을 해소하기 위해, 2018. 4. 3. 시행령 개정을 통해 ① 구입 요구 품목별 차액가맹금31) 수취 여부, ② 가맹점 1곳당 전년도에 가맹본부에게 지급한 차액가맹금의 평균 액수, ③ 가맹점 1곳당 전년도 매출액 대비 차액가맹금의 평균 비율, ④ 주요 품목별 전년도 공급 가격의 상·하한을 정보공개서에 기재하도록 했다.([별표 1]. 제5

---

30) 제4조(정보공개서의 기재사항) ① 법 제2조제10호 각 목 외의 부분에서 "대통령령으로 정하는 사항"이란 별표 1의 기재사항(이하 "정보공개사항")을 말한다. ② 정보공개서는 표지·목차 및 정보공개사항으로 구성되되 그 내용이 명확하고 구체적이며 가맹희망자가 이해하기 쉽도록 영업표지별로 별도의 문서로 작성되어야 한다. ③ 가맹본부는 가맹사업의 경영에 필요한 내용으로서 별표 1에 규정되지 아니한 사항을 정보공개서에 기재할 수 있다. ④ 공정거래위원회는 필요하다고 인정하는 경우 정보공개사항에 대하여 업종별·업태별 또는 용도별로 세부적인 사항을 정하여 고시할 수 있다.

31) 가맹점주가 가맹본부로부터 공급받는 상품에 대하여 가맹본부에게 지급하는 대가 중 적정한 도매가격을 넘는 대가

호나목 및 제6호가목 개정). 그리고 가맹본부의 특수관계인이 가맹사업 과정에 참여하면서 취득하는 경제적 이익은 그동안 일명 '치즈통행세' 문제와 같은 가맹점의 비용 증가를 초래해 왔다는 점을 고려하여, 개정한 시행령에 ① 가맹사업에 참여하는 특수관계인(배우자, 계열회사 등)의 명칭, ② 특수관계인이 경제적 이익을 취하는 상품·용역의 명칭, ③ 전년도에 특수관계인에게 귀속된 이익 (매출액 등)의 내용도 정보공개서에 기재하도록 규정했다([별표 1]. 제6호가목 개정).

　　또한, 가맹본부 및 특수관계인이 가맹점사업자에게 물품을 공급하면서 납품업체 등으로부터 판매장려금, 리베이트 등 경제적 이익을 취득하는 경우, ① 판매장려금, 리베이트 등 경제적 이익을 제공하는 납품업체 리스트, ② 가맹본부나 특수관계인이 수취한 판매장려금, 리베이트 등 경제적 이익의 내용을 정보공개서에 기재하도록 규정했다([별표 1] 제6호가목 개정). 마지막으로 가맹본부가 가맹점사업자의 영업 지역 내에서 가맹점사업자가 판매하는 상품과 동일·유사한 상품을 대리점, 온라인, 홈쇼핑 등 다른 유통 채널을 통해 판매하는 경우 그에 관한 내용도 정보공개서에 기재하도록 규정했다([별표 1] 제6호마목 개정).[32]

XI. 점포환경개선

　　"점포환경개선"이란 가맹점 점포의 기존 시설, 장비, 인테리어 등을 새로운 디자인이나 품질의 것으로 교체하거나 신규로 설치하는 것을 말한다. 이 경우 점포의 확장 또는 이전을 수반하거나 수반하지 아니하는 경우를 모두 포함한다(제11호).

XII. 영업지역

　　"영업지역"이란 가맹점사업자가 가맹계약에 따라 상품 또는 용역을 판매하는 지역을 말한다(제12호).

---

32) 이상 공정거래위원회 보도자료(2018. 3. 26).

제3조(소규모가맹본부에 대한 적용배제 등)

① 이 법은 다음 각 호의 어느 하나에 해당하는 경우에는 적용하지 아니한다. <개정 2012. 2. 17., 2013. 8. 13.>

1. 가맹점사업자가 가맹금의 최초 지급일부터 6개월까지의 기간동안 가맹본부에게 지급한 가맹금의 총액이 100만원 이내의 범위에서 대통령령으로 정하는 금액을 초과하지 아니하는 경우

2. 가맹본부의 연간 매출액이 2억원 이내의 범위에서 대통령령으로 정하는 일정규모 미만인 경우. 다만, 가맹본부와 계약을 맺은 가맹점사업자의 수가 5개 이상의 범위에서 대통령령으로 정하는 수 이상인 경우는 제외한다.

② 제1항에도 불구하고 제6조의2부터 제6조의5까지, 제7조, 제9조, 제10조 및 제15조의2는 모든 가맹사업거래에 대하여 적용한다. <신설 2013. 8. 13., 2021. 5. 18.>

[제목개정 2021. 5. 18.]

　　100만원 이내, 2억원 이내 및 5개 이상의 구체적 기준을 *대통령령*[1])에서 구체적으로 정하고 있다. 소규모 가맹본부일수록 시장에 정보가 부족하고, 가맹금을 반환할 능력이 없을 가능성이 높아 소규모 가맹본부로 인해 가맹점주가 피해를 입을 수 있다는 지적이 있었다. 이에 2021. 5. 18. 법 개정시 소규모 가맹본부에게도 정보공개서를 등록하고, 이를 가맹 희망자에게 제공하도록 하는 한편, 가맹금을 가맹본부가 직접 수령하는 것이 아니라 시중은행 등 제3의 기관에 예치하도록 했다.[2])

---

1) 제5조(소규모가맹본부에 대한 적용배제 등) ① 법 제3조제1항제1호에서 "대통령령으로 정하는 금액"이란 100만원을 말한다. ② 법 제3조제1항제2호 본문에서 "대통령령으로 정하는 일정규모"란 5천만원[해당 가맹사업과 같은 품질기준이나 영업방식에 따라 상품이나 용역을 판매하는 직영점(가맹본부의 책임과 계산하에 직접 운영하는 점포를 말한다. 이하 같다)을 개설하여 운영하고 있는 경우에는 해당 직영점의 매출액을 포함하여 5천만원]을 말한다. 다만, 가맹본부가 가맹사업을 시작하기 전에 직영점을 개설하여 운영한 기간이 1년 이상인 경우에는 2억원(직영점의 매출액을 포함하여 2억원)으로 한다. ③ 제2항에 따른 금액의 산정은 바로 전 사업연도의 손익계산서상의 매출액으로 한다. 다만, 가맹본부가 손익계산서를 작성하지 아니하는 경우에는 「부가가치세법」에 따른 바로 전 2개 과세기간의 부가가치세확정신고서상의 과세표준과 면세수입금액을 합한 금액으로 한다. ④ 가맹본부가 가맹사업을 시작한 후 1년이 지나지 아니한 경우에는 사업을 시작한 때부터 마지막으로 부가가치세확정신고를 한 때까지의 부가가치세확정신고서(부가가치세확정신고를 하지 아니한 경우에는 부가가치세예정신고서)상의 과세표준과 면세수입금액을 합한 금액을 제3항 단서의 금액으로 본다. ⑤ 제5조(적용배제) 법 제3조제1항제2호 단서에서 "대통령령으로 정하는 수"란 5개를 말한다.

2) 이상 공정거래위원회 보도자료(2021. 4. 30).

제**2**장

▼

가맹사업거래의 기본원칙

제4조(신의성실의 원칙)

가맹사업당사자는 가맹사업을 영위함에 있어서 각자의 업무를 신의에 따라 성실하게 수행하여야 한다.

[참고문헌]

단행본: 가맹사업법 해설－실무 및 소송의 쟁점(개정판), 이한무, 법률정보센터, 2014

[참고사례]

㈜제너시스의 거래상지위 남용행위 등 건(공정거래위원회 2000. 12. 23. 의결 제2000－180호; 서울고등법원 2003. 5. 22. 선고 2001누1484 판결; 대법원 2005. 6. 9. 선고 2003두7484 판결

대법원도 "가맹사업은 가맹본부가 가맹점사업자로 하여금 자기의 상표·서비스표·상호·간판 그 밖의 영업표지를 사용하여 일정한 품질기준에 따라 상품(원재료 및 부재료를 포함한다) 또는 용역을 판매하도록 함과 아울러 이에 따른 경영 및 영업활동 등에 대한 지원·교육과 통제를 하고, 가맹점사업자는 영업표지 등의 사용과 경영 및 영업활동 등에 대한 지원·교육의 대가로 가맹본부에 가맹금을 지급하는 계속적인 거래관계를 말하므로, 가맹사업은 가맹본부와 가맹점사업자 사이의 상호의존적 사업방식으로서 신뢰관계를 바탕으로 가맹점사업자의 개별적인 이익보호와 가맹점사업자를 포함한 전체적인 가맹조직의 유지발전이라는 공동의 이해관계를 가지고 있다"고 판시하고 있다<㈜제너시스의 거래상지위 남용행위 등 건>.[1]

---

1) 대판 2005. 6. 9. 2003두7484.

그러나 "치킨가맹사업거래의 특성과 치킨제품의 가격결정구조에 비추어, 가맹점사업자가 치킨제품을 판매할 때 백깍두기나 양배추샐러드와 같은 보조음식을 무료로 제공하는 것과 같은 영업형태는 치킨가맹사업거래에 있어서 일반적이고 공통된 것이어서 가맹본부가 가맹점사업자와 가맹점계약을 체결함에 있어 가맹점사업자에게 별도의 설명을 하지 아니하여도 충분히 예상할 수 있는 사항이라고 할 것이므로, 그러한 사항에 대하여까지 명시·설명의무가 있다고 할 수는 없다"고 하였다<㈜제너시스의 거래상지위 남용행위 등 건>.[2]

---

2) 대판 2005. 6. 9. 2003두7484.

제5조(가맹본부의 준수사항)

가맹본부는 다음 각호의 사항을 준수한다.

1. 가맹사업의 성공을 위한 사업구상
2. 상품이나 용역의 품질관리와 판매기법의 개발을 위한 계속적인 노력
3. 가맹점사업자에 대하여 합리적 가격과 비용에 의한 점포설비의 설치, 상품 또는 용역 등의 공급
4. 가맹점사업자와 그 직원에 대한 교육·훈련
5. 가맹점사업자의 경영·영업활동에 대한 지속적인 조언과 지원
6. 가맹계약기간중 가맹점사업자의 영업지역안에서 자기의 직영점을 설치하거나 가맹점사업자와 유사한 업종의 가맹점을 설치하는 행위의 금지
7. 가맹점사업자와의 대화와 협상을 통한 분쟁해결 노력

제6조(가맹점사업자의 준수사항)

가맹점사업자는 다음 각호의 사항을 준수한다.

1. 가맹사업의 통일성 및 가맹본부의 명성을 유지하기 위한 노력
2. 가맹본부의 공급계획과 소비자의 수요충족에 필요한 적정한 재고유지 및 상품진열
3. 가맹본부가 상품 또는 용역에 대하여 제시하는 적절한 품질기준의 준수
4. 제3호의 규정에 의한 품질기준의 상품 또는 용역을 구입하지 못하는 경우 가맹본부가 제공하는 상품 또는 용역의 사용
5. 가맹본부가 사업장의 설비와 외관, 운송수단에 대하여 제시하는 적절한 기준의 준수
6. 취급하는 상품·용역이나 영업활동을 변경하는 경우 가맹본부와의 사전 협의
7. 상품 및 용역의 구입과 판매에 관한 회계장부 등 가맹본부의 통일적 사업경영 및 판매전략의 수립에 필요한 자료의 유지와 제공
8. 가맹점사업자의 업무현황 및 제7호의 규정에 의한 자료의 확인과 기록을 위한 가맹본부의 임직원 그 밖의 대리인의 사업장 출입허용
9. 가맹본부의 동의를 얻지 아니한 경우 사업장의 위치변경 또는 가맹점운영권의 양도금지
10. 가맹계약기간중 가맹본부와 동일한 업종을 영위하는 행위의 금지
11. 가맹본부의 영업기술이나 영업비밀의 누설 금지
12. 영업표지에 대한 제3자의 침해사실을 인지하는 경우 가맹본부에 대한 영업표지침해사실의 통보와 금지조치에 필요한 적절한 협력

제3장

가맹사업거래의 공정화

제6조의2(정보공개서의 등록 등)

① 가맹본부는 가맹희망자에게 제공할 정보공개서를 대통령령으로 정하는 바에 따라 공정거래위원회 또는 특별시장·광역시장·특별자치시장·도지사·특별자치도지사(이하 "시·도지사"라 한다)에게 등록하여야 한다. <개정 2013. 8. 13., 2018. 1. 16.>

② 가맹본부는 제1항에 따라 등록한 정보공개서의 기재사항 중 대통령령으로 정하는 사항을 변경하려는 경우에는 대통령령으로 정하는 기한 이내에 공정거래위원회 또는 시·도지사에게 기재사항의 변경등록을 하여야 한다. 다만, 대통령령으로 정하는 경미한 사항을 변경하려는 경우에는 신고하여야 한다. <신설 2013. 8. 13., 2018. 1. 16.>

③ 공정거래위원회 및 시·도지사는 제1항 또는 제2항에 따라 등록·변경등록하거나 신고한 정보공개서를 공개하여야 한다. 다만, 「개인정보 보호법」 제2조제1호에 따른 개인정보와 「부정경쟁방지 및 영업비밀보호에 관한 법률」 제2조제2호에 따른 영업비밀은 제외한다. <개정 2013. 8. 13., 2016. 12. 20., 2018. 1. 16.>

④ 공정거래위원회 및 시·도지사는 제3항에 따라 정보공개서를 공개하는 경우 해당 가맹본부에 공개하는 내용과 방법을 미리 통지하여야 하고, 사실과 다른 내용을 정정할 수 있는 기회를 주어야 한다. <개정 2013. 8. 13., 2016. 3. 29., 2018. 1. 16.>

⑤ 공정거래위원회는 제3항에 따른 정보공개서의 공개(시·도지사가 공개하는 경우를 포함한다)를 위하여 예산의 범위 안에서 가맹사업정보제공시스템을 구축·운용할 수 있다. <개정 2013. 8. 13., 2018. 1. 16.>

⑥ 그 밖에 정보공개서의 등록, 변경등록, 신고 및 공개의 방법과 절차는 대통령령으로 정한다. <개정 2013. 8. 13.>

[본조신설 2007. 8. 3.]

목　차

[참고사례]

　㈜제너시스의 허위정보제공 건[대전지방법원 2002. 8. 14. 선고 2001가합9179[손해배상(기)] 판결]

Ⅰ. 정보공개서의 등록의무

　가맹본부는 가맹희망자에게 제공할 정보공개서를 *대통령령1)*으로 정하는 바

---

1) 제5조의2(정보공개서의 등록 등) ① 법 제6조의2제1항에 따른 정보공개서의 등록기관은 다음 각 호의 구분에 따른다. 1. 가맹본부의 주된 사무소의 소재지(이하 이 항에서 "주사무소소재지")가 서울특별시인 경우: 서울특별시장 2. 주사무소소재지가 인천광역시인 경우: 인천광역시장 3. 주사무소소재지가 경기도인 경우: 경기도지사 4. 주사무소소재지가 공정거래위원회가 정하여 고시하는 광역시·특별자치시·도·특별자치도인 경우: 해당 광역시장·특별자치시장·도지사·특별자치도지사 5. 주사무소소재지가 그 밖의 지역인 경우: 공정거래위원회 ② 가맹본부는 법 제6조의2제1항에 따라 정보공개서를 등록하려는 경우에는 별지 제1호서식의 정보공개서 신규등록 신청서에 다음 각 호의 서류를 첨부하여 공정거래위원회 또는 특별시장·광역시장·특별자치시장·도지사·특별자치도지사(이하 "시·도지사"라 한다)에게 제출해야 한다. 1. 정보공개서[문서 형태의 정보공개서와 함께 「정보통신망 이용촉진 및 정보보호 등에 관한 법률」 제2조제1항제1호에 따른 정보통신망(이하 "정보통신망"이라 한다)을 이용하여 전자적 파일을 제출하여야 한다] 2. 바로 전 3개 사업연도의 재무상태표 및 손익계산서(가맹본부가 재무제표를 작성하지 아니하는 경우에는 바로 전 3개 사업연도의 매출액을 확인할 수 있는 서류) 3. 바로 전 사업연도 말 현재 운영 중인 직영점 및 가맹점 목록[대표자, 소재지, 가맹계약 체결일(직영점은 영업개시일) 및 전화번호를 적어야 한다] 4. 가맹계약서 양식 사본 5. 바로 전 사업연도 말 현재 근무 중인 임직원 수를 확인할 수 있는 서류 6. 그 밖에 정보공개서 내용과 관련있는 서류로서 공정거래위원회 또는 시·도지사가 제출하도록 요구하는 서류 ③ 제2항에 따라 신청서를 제출받은 공정거래위원회 또는 시·도지사는 「전자정부법」 제36조제1항에 따른 행정정보의 공동이용을 통하여 다음 각 호의 서류를 확인하여야 한다. 다만, 신청인이 제2호 및 제3호의 확인에 동의하지 아니하는 때에는 그 서류(제3호의 경우에는 사본)를 제출하도록 하여야 한다. 1. 법인 등기사항증명서(가맹본부가 법인인 경우로 한정한다) 2. 해당 법인의 설립등기 전에 등록 신청하는 때에는 법인을 설립하려는 발기인의 주민등록표 초본 3. 사업자등록증(제4항에 따라 정보공개서 등록증을 내준 날부터 30일 이내에 공정거래위원회 또는 시·도지사가 확인하거나 신청인이 제출할 수 있다) ④ 공정거래위원회 또는 시·도지사는 제2항에 따른 등록신청이 있으면 등록신청일부터 30일(법 제6조의4에 따라 등록이 취소된 가맹본부가 다시 등록을 신청한 경우에는 2개월) 이내에 가맹본부에 별지 제2호서식의 정보공개서 등록증(이하 "등록증"이라 한다)을 내주어야 하며, 법 제6조의2제5항에 따른 가맹사업정보제공시스템(이하 "가맹정보시스

에 따라 공정거래위원회 또는 특별시장·광역시장·특별자치시장·도지사·특별
자치도지사(이하 "시·도지사")에게 등록하여야 한다(법 제6조의2 제1항).

　　종래에는 공정거래위원회에만 등록하도록 하였으나,[2] 2018. 1. 16. 법 개정으
로 시·도지사로 확대되었다.[3] 서울시·인천시·경기도에 소재한 가맹본부는 2019
년 1월 1일부터 해당 시·도에 정보공개서 등록·변경 등록 및 등록 취소 신청을
해야 하며, 이들 가맹본부가 법상 정보공개서 변경 등록 의무를 위반한 경우, 관
할 시·도로부터 과태료를 부과받게 된다. 서울시·인천시·경기도가 정보공개서
등록 업무의 68%를 분담하게 됨에 따라, 가맹본부들은 더욱 신속한 등록 심사를
받게 되고, 창업희망자는 필요한 정보를 제때 제공받을 수 있게 되었다.[4]

▎정보공개서등록업무 분담체계

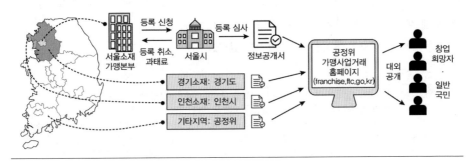

〈출처:공정거래위원회 보도자료(2018. 12. 11.)〉

템" 이라 한다)에 등록에 관한 사항을 관리하여야 한다. ⑤ 공정거래위원회 또는 시·도지사는
제4항에도 불구하고 다음 각 호의 어느 하나에 해당하면 1회에 한하여 상당한 기간을 정하여
가맹본부에 필요한 내용의 변경 또는 보완을 요구하거나 정보공개서의 등록을 거부할 수 있다.
1. 정보공개서의 기재 사항이 사실과 다르거나 일부 내용이 빠진 경우 2. 제2항제2호부터 제6
호까지의 첨부 서류를 제출하지 아니한 경우 3. 제3항제2호 및 제3호의 확인에 동의하지 아니
하고 서류를 제출하지 아니한 경우 ⑥ 공정거래위원회 또는 시·도지사는 다음 각 호의 어느
하나에 해당하면 정보공개서의 등록을 거부하여야 하고, 그 사실을 가맹본부에 통지하여야 한
다. 1. 정보공개서의 기재사항이나 첨부서류에 거짓이 있는 경우 2. 제5항에 따른 변경 또는 보
완 요구에 가맹본부가 따르지 아니한 경우 ⑦ 가맹본부가 제5항에 따른 변경 또는 보완 요구에
따른 경우에는 그 요구에 따른 날을 등록신청을 한 날로 본다. ⑧ 가맹본부는 가맹정보시스템
을 통하여 제2항에 따른 정보공개서 등록신청을 할 수 있다.

2) 「정보공개서 등록, 등록 거부 및 공개 등에 관한 업무의 위탁기관 지정」[공정거래위원회고시
　제2015－15호(2015. 10. 23)]에 의거, 법 제6조의2 및 제6조의3에 따른 정보공개서의 등록, 등
　록 거부 및 공개 등에 관한 업무를 「독점규제 및 공정거래에 관한 법률」 제48조의2에 따라 설
　립된 한국공정거래조정원에 위탁한다.

3) 2021년에는 8,443개(75%) 브랜드의 정보공개서가 4개 지자체에 등록되었다.

4) 공정거래위원회 보도자료(2018. 12. 11.).

가맹본부는 제1항에 따라 등록한 정보공개서의 기재사항 중 *대통령령*⁵⁾으로 정하는 사항을 변경하려는 경우에는 *대통령령*⁶⁾으로 정하는 기한 이내에 공정거래위원회 또는 시·도지사에게 기재사항의 변경등록을 하여야 한다. 다만, *대통령령*⁷⁾으로 정하는 경미한 사항을 변경하려는 경우에는 신고하여야 한다(법 제6조의2 제2항).

II. 정보공개서의 공개의무

공정거래위원회 및 시·도지사는 제1항 또는 제2항에 따라 등록·변경등록하거나 신고한 정보공개서를 공개하여야 한다. 다만, 「개인정보 보호법」제2조 제1호에 따른 개인정보와 「부정경쟁방지 및 영업비밀보호에 관한 법률」제2조 제2호에 따른 영업비밀은 제외한다(법 제6조의2 제3항).

종래에는 정보공개서를 공개할 수 있다고 규정하였으나, 2018. 1. 16. 법 개정으로 의무적으로 공개하도록 명시하였다.

---

5) 제5조의3(정보공개서의 변경등록 및 변경신고) ① 법 제6조의2제2항 본문에서 "대통령령으로 정하는 사항"이란 별표 1의2에 따른 변경등록사항을 말한다. ③ 가맹본부는 별표 1의2에서 정한 변경등록사항이 변경된 경우에는 같은 표에서 정한 기한 내에 별지 제4호서식의 정보공개서 변경등록 신청서에 다음 각 호의 서류를 첨부하여 공정거래위원회 또는 시·도지사에게 제출하여야 한다. 이 경우 공정거래위원회 또는 시·도지사는 「전자정부법」제36조제1항에 따른 행정정보의 공동이용을 통하여 법인 등기사항증명서와 사업자등록증을 확인(변경등록에 필요한 경우만 해당한다)하여야 하며, 신청인이 사업자등록증의 확인에 동의하지 아니하는 경우에는 그 서류를 첨부하도록 하여야 한다. <u>1. 변경된 정보공개서 2. 변경내용을 증명하는 서류 3. 등록증(등록증 기재사항을 변경하는 경우만 해당한다)</u> ④ 변경등록 및 거부절차에 관하여는 제5조의2제1항 및 제3항부터 제7항까지의 규정을 준용한다. 이 경우 제5조의2제4항 중 "30일"은 "20일"로 본다. ⑥ 가맹본부는 별표 1의2에서 정한 변경신고사항이 변경된 경우에는 같은 표에서 정한 기한 내에 별지 제4호서식의 정보공개서 변경신고서에 변경내용을 증명하는 서류를 첨부하여 공정거래위원회 또는 시·도지사에게 제출하여야 한다. 이 경우 공정거래위원회 또는 시·도지사는 「전자정부법」제36조제1항에 따른 행정정보의 공동이용을 통하여 법인 등기사항증명서와 사업자등록증을 확인(변경신고에 필요한 경우만 해당한다)하여야 하며, 신고인이 사업자등록증의 확인에 동의하지 아니하는 경우에는 그 서류를 첨부하도록 하여야 한다. ⑦ 공정거래위원회 또는 시·도지사는 제3항에 따른 변경등록 신청 또는 제6항에 따른 변경신고가 있으면 가맹정보시스템에 변경등록 또는 변경신고에 관한 사항을 관리하여야 한다. ⑧ 가맹본부는 정보공개서를 변경등록하거나 변경신고하는 경우에는 정보통신망을 이용하여 전자적 파일 형태의 정보공개서를 함께 제출하여야 한다.

6) 제5조의3(정보공개서의 변경등록 및 변경신고) ② 법 제6조의2제2항 본문에서 "대통령령으로 정하는 기한"이란 별표 1의2에 따른 기한을 말한다.

7) 제5조의3(정보공개서의 변경등록 및 변경신고) ⑤ 법 제6조의2제2항 단서에서 "대통령령으로 정하는 경미한 사항"이란 별표 1의2에 따른 변경신고사항을 말한다.

공정거래위원회 및 시·도지사는 제3항에 따라 정보공개서를 공개하는 경우 해당 가맹본부에 공개하는 내용과 방법을 미리 통지하여야 하고, 사실과 다른 내용을 정정할 수 있는 기회를 주어야 한다(법 제6조의2 제4항).[8]

공정거래위원회는 제3항에 따른 정보공개서의 공개(시·도지사가 공개하는 경우를 포함)를 위하여 예산의 범위 안에서 가맹사업정보제공시스템을 구축·운용할 수 있다(법 제6조의2 제5항).

Ⅲ. 등록 등 방법과 절차

정보공개서의 등록, 변경등록, 신고 및 공개의 방법과 절차는 *대통령령*[9]으로 정한다(법 제6조의2 제6항).

---

8) 제5조의4(정보공개서의 공개 등) ① 삭제<2017. 3. 20.> ② 공정거래위원회 또는 시·도지사는 정보공개서를 공개하는 경우에는 법 제6조의2제4항에 따라 다음 각 호의 사항을 적은 서면으로 공개일 10일 전까지 가맹본부에 이를 미리 알려야 한다. 1. 공개 목적과 공개 기간 2. 공개 내용 3. 공개 방법 4. 가맹본부의 정정 또는 비공개 요구 방법 ③ 제2항에 따른 통지를 받은 가맹본부는 공개하는 내용 중 사실과 다른 내용이 있거나 법 제6조의2제3항 단서에 해당하는 내용이 있으면 통지를 받은 날부터 7일 이내에 그 사실을 증명하는 서류를 첨부한 서면으로 공정거래위원회 또는 시·도지사에게 그 내용의 정정 또는 비공개를 요구할 수 있다. 이 경우 공정거래위원회 또는 시·도지사는 가맹본부의 요구가 정당하다고 인정되면 정보공개서의 공개 내용을 변경하거나 공개하지 아니하여야 한다.

9) 제5조의7(정보공개서의 등록 등에 관한 사무처리지침) 공정거래위원회는 공정거래위원회와 시·도지사 간 정보공개서의 등록·공개 및 등록취소 등에 관한 일관된 사무처리를 위하여 제5조의2부터 제5조의6까지의 규정의 시행에 필요한 세부사항을 정할 수 있다.

제6조의3(정보공개서 등록의 거부 등)

①공정거래위원회 및 시·도지사는 제6조의2에 따른 정보공개서 등록 신청이 다음 각
호의 어느 하나에 해당하는 경우에는 정보공개서의 등록을 거부하거나 그 내용의 변
경을 요구할 수 있다. <개정 2016. 12. 20., 2018. 1. 16., 2021. 5. 18.>

1. 정보공개서나 그 밖의 신청서류에 거짓이 있거나 필요한 내용을 적지 아니한 경우
2. 정보공개서에 기재된 가맹사업의 내용에 다른 법률에서 금지하고 있는 사항이 포
   함되어 있는 경우
3. 제6조의2제1항에 따라 정보공개서를 신규로 등록하는 경우 등록 신청일 현재 정
   보공개서에 기재된 가맹사업과 영업표지가 동일하고 같은 품질기준이나 영업방식
   에 따라 상품이나 용역을 판매하는 직영점이 없거나, 그 운영기간(해당 직영점을
   가맹본부가 운영하기 전에 가맹본부의 임원이 운영한 경우 대통령령으로 정하는
   바에 따라 임원이 운영한 기간도 직영점 운영기간으로 본다)이 1년 미만인 경우.
   다만, 가맹본부가 가맹사업의 영위를 위하여 관련 법령에 따라 허가·면허를 받아
   야 하는 등 직영점 운영이 불필요하다고 인정되는 사유로 대통령령으로 정하는
   경우에는 이 규정을 적용하지 아니한다.

② 공정거래위원회 및 시·도지사는 정보공개서의 등록을 하였을 때에는 가맹본부에게
등록증을 내주어야 한다. <개정 2016. 12. 20., 2018. 1. 16.>

[본조신설 2007. 8. 3.]

[참고문헌]

단행본: 가맹사업법 해설−실무 및 소송의 쟁점(개정판), 이한무, 법률정보센터, 2014

그간 가맹본부가 직영점 운영을 통한 사업 방식의 검증 없이도 무분별하게
가맹점을 모집할 수 있음에 따라, 부실한 가맹사업 운영으로 인한 투자금 손실
등 가맹점 피해 가능성이 높다는 지적이 있었다. 이에 2021. 5. 18. 법 개정시
새롭게 가맹사업을 시작하려는 가맹본부가 직영점을 1개 이상, 1년 이상 운영한
경험이 없으면 정보공개서 등록을 거부할 수 있도록 함으로써, 사실상 가맹점을
모집할 수 없도록 하였다.

그러나 가맹본부가 새로운 브랜드를 출시하여 정보공개서를 신규 등록하는
경우에만 적용, 이미 등록한 정보공개서에 따라 가맹점을 모집하는 경우에는 적

용하지 아니한다. 한편, 사실상 사업 방식이 이미 검증되어 직영점 운영 의무를 적용할 필요가 없는 경우를 대통령령에서 보다 상세히 규정함으로써, 직영점 운영의 취지는 보호하면서도 새로운 가맹사업이 지나치게 제한되지 않도록 예외 사유를 마련하였다.[1]

　　임원이 운영한 경우 운영기간에 대하여 *대통령령*[2]으로 정하고 있으며, 직영점 운영이 불필요하다고 인정되는 사유를 *대통령령*[3]으로 정하고 있다.

　　공정거래위원회의 심사권 관련하여 거짓사항이 기재되어 있는지 등의 형식적인 심사권한만 있고, 그 내용이 불공정한 계약인지, 가맹사업자에게 과중한 부담을 지우고 있는지 여부 등 계약서의 실질적인 적법성 여부를 심사할 권한까지는 없다고 해석한다.[4] 등록거부나 취소처분은 권리의무의 변동을 가져오는 법적효과를 가지는 것으로서 행정처분에 해당한다.[5]

---

1) 이상 공정거래위원회 보도자료(2021. 4. 30).
2) 제5조의5(정보공개서 등록의 거부 등) ① 법 제6조의3제1항제3호 본문에 따라 가맹본부의 직영점 운영기간으로 보는 임원의 직영점 운영기간은 가맹본부의 정보공개서 등록 신청 당시 해당 가맹본부의 임원으로 재직 중인 임원이 직영점을 운영한 모든 기간으로 한다.
3) 제5조의5(정보공개서 등록의 거부 등) ② 법 제6조의3 제1항제3호 단서에서 "대통령령으로 정하는 경우"란 다음 각 호의 경우를 말한다. 1. 가맹본부가 가맹사업의 영위를 위해 관련 법령에 따라 허가·면허 등을 받거나 신고·등록 등을 한 경우 2. 가맹본부가 국내 또는 국외에서 정보공개서를 등록하려는 업종과 같은 업종의 사업을 1년 이상 영위한 경우 3. 그 밖에 제1호 및 제2호에 준하는 경우로서 가맹본부의 직영점 운영이 불필요하다고 공정거래위원회가 정하여 고시하는 경우
4) 이한무, 136면.
5) 자세한 내용은 이한무, 136~137면 참조.

제6조의4(정보공개서 등록의 취소)

① 공정거래위원회 및 시·도지사는 정보공개서가 다음 각 호의 어느 하나에 해당하는 경우에는 그 등록을 취소할 수 있다. 다만, 제1호 및 제2호에 해당하는 경우에는 등록을 취소하여야 한다. <개정 2013. 8. 13., 2016. 12. 20., 2018. 1. 16.>

1. 거짓이나 그 밖의 부정한 방법으로 정보공개서가 등록된 경우
2. 제6조의3제1항제2호에 해당하는 경우
3. 제2조제10호 각 목의 기재사항 중 대통령령으로 정하는 중요한 사항(이하 "중요사항"이라 한다)이 누락된 경우
4. 가맹본부가 폐업 신고를 한 경우
5. 가맹본부가 정보공개서 등록취소를 요청하는 경우

② 공정거래위원회 및 시·도지사는 정보공개서 등록이 취소된 가맹본부의 명단을 공개할 수 있다. <신설 2013. 8. 13., 2018. 1. 16.>

[본조신설 2007. 8. 3.]

정보공개서 기재사항 중 중요사항은 *대통령령*[1]으로 정하고 있다. 제1호 및 제2호에 해당하는 경우에는 등록을 취소하여야 한다(기속행위).[2] 2018. 1. 16. 법개정으로 시·도지사가 포함되었다.

---

1) 제5조의6(정보공개서 등록의 취소 등) ② 법 제6조의4제1항제3호에서 "대통령령으로 정하는 중요한 사항"(이하 "중요사항"이라 한다)이란 다음 각 호의 어느 하나에 해당하는 사항을 말한다. 1. 별표 1 제1호 2. 별표 1 제2호가목, 나목(가맹본부와 관련된 사항만 해당한다), 다목부터 바목까지, 사목(대표자와 관련된 사항만 해당한다), 아목부터 차목까지 3. 별표 1 제3호나목부터 카목까지 4. 별표 1 제4호부터 제6호까지, 제8호 및 제9호

2) 제5조의6(정보공개서 등록의 취소 등) ① 공정거래위원회 또는 시·도지사는 법 제6조의4제1항제1호 또는 제2호에 해당하는 사유로 정보공개서의 등록을 취소한 경우에는 취소한 날 부터 7일 이내에 해당 가맹본부에 서면으로 그 사실과 취소 사유를 알려야 한다. ③ 공정거래위원회 또는 시·도지사는 법 제6조의4제1항제3호에 해당하는 사유가 있는 경우에는 상당한 기간을 정하여 누락된 중요사항의 보완을 가맹본부에 요구하여야 한다. 다만, 다음 각 호의 어느 하나에 해당하는 경우에는 가맹본부의 귀책정도, 회생가능성, 가맹희망자가 입을 피해가능성, 기존 가맹점사업자에게 미치는 영향 등을 모두 고려하여 보완 요구 없이 정보공개서의 등록을 취소할 수 있다. 1. 가맹본부가 휴업 또는 폐업 신고를 한 경우 2. 가맹본부가 파산을 신청한 경우 3. 가맹본부에 대하여 강제집행절차 또는 회생절차가 개시된 경우 4. 가맹본부가 발행한 어음·수표가 부도 등으로 지급거절된 경우 5. 가맹본부가 대표자의 사망·소재불명 등의 사유로 영업을 중단한 경우 6. 그 밖에 제1호부터 제5호까지의 규정에 준하는 경우로서 가맹본부가 가맹사업을 정상적으로 경영하기 어렵다고 공정거래위원회 또는 시·도지사가 판단하는 경우 ④ 가맹본부는 제3항 각 호 외의 부분 본문에 따른 보완 요구를 받은 경우에는 누락된 중요사항을 보완하여 제5조의3에 따라 정보공개서의 변경등록을 신청하여야 한다.
제5조의7(정보공개서의 등록 등에 관한 사무처리지침) 공정거래위원회는 공정거래위원회와 시·도지사 간 정보공개서의 등록·공개 및 등록취소 등에 관한 일관된 사무처리를 위하여 제5조의2부터 제5조의6까지의 규정의 시행에 필요한 세부사항을 정할 수 있다.

제6조의5(가맹금 예치 등)

① 가맹본부는 가맹점사업자(가맹희망자를 포함한다. 이하 이 조, 제15조의2 및 제41조 제3항제1호에서 같다)로 하여금 가맹금(제2조제6호가목 및 나목에 해당하는 대가로 서 금전으로 지급하는 경우에 한하며, 계약체결 전에 가맹금을 지급한 경우에는 그 가맹금을 포함한다. 이하 "예치가맹금"이라 한다)을 대통령령으로 정하는 기관(이하 "예치기관"이라 한다)에 예치하도록 하여야 한다. 다만, 가맹본부가 제15조의2에 따른 가맹점사업자피해보상보험계약 등을 체결한 경우에는 그러하지 아니하다. <개정 2016. 3. 29.>

② 예치기관의 장은 가맹점사업자가 예치가맹금을 예치한 경우에는 예치일부터 7일 이 내에 그 사실을 가맹본부에 통지하여야 한다.

③ 가맹본부는 다음 각 호의 어느 하나에 해당하는 경우에는 예치기관의 장에게 대통령 령으로 정하는 바에 따라 예치가맹금의 지급을 요청할 수 있다. 이 경우 예치기관의 장은 10일 이내에 예치가맹금을 가맹본부에 지급하여야 한다.

1. 가맹점사업자가 영업을 개시한 경우
2. 가맹계약 체결일부터 2개월이 경과한 경우. 다만, 2개월이 경과하기 전에 가맹점 사업자가 제5항제1호부터 제3호까지의 규정 중 어느 하나에 해당하는 조치를 취 한 사실을 예치기관의 장에게 서면으로 통보한 경우에는 그러하지 아니하다.

④ 가맹본부는 거짓이나 그 밖의 부정한 방법으로 예치가맹금의 지급을 요청하여서는 아니 된다.

⑤ 예치기관의 장은 제1호부터 제3호까지의 규정 중 어느 하나에 해당하는 경우에는 제 24조에 따른 가맹사업거래분쟁조정협의회의 조정이나 그 밖의 분쟁해결의 결과(이하 "분쟁조정 등의 결과"라 한다) 또는 제33조에 따른 공정거래위원회의 시정조치가 확 정될 때(공정거래위원회의 시정조치에 대하여 이의신청이 제기된 경우에는 재결이, 시정조치나 재결에 대하여 소가 제기된 경우에는 확정판결이 각각 확정된 때를 말한 다. 이하 이 조에서 같다)까지 예치가맹금의 지급을 보류하여야 하고, 제4호에 해당 하는 경우에는 예치가맹금의 지급요청을 거부하거나 가맹본부에 그 내용의 변경을 요구하여야 한다.

1. 가맹점사업자가 예치가맹금을 반환받기 위하여 소를 제기한 경우
2. 가맹점사업자가 예치가맹금을 반환받기 위하여 알선, 조정, 중재 등을 신청한 경우
3. 가맹점사업자가 제10조의 위반을 이유로 가맹본부를 공정거래위원회에 신고한 경우

4. 가맹본부가 제4항을 위반하여 거짓이나 그 밖의 부정한 방법으로 예치가맹금의
   지급을 요청한 경우

⑥ 예치기관의 장은 가맹본부 또는 가맹점사업자가 분쟁조정 등의 결과나 시정조치 결
   과를 첨부하여 예치가맹금의 지급 또는 반환을 요청하는 경우 요청일부터 30일 이내
   에 그 결과에 따라 예치가맹금을 가맹본부에 지급하거나 가맹점사업자에게 반환하여
   야 한다.

⑦ 예치기관의 장은 가맹점사업자가 가맹본부의 동의를 받아 예치가맹금의 반환을 요청
   하는 경우에는 제5항 및 제6항에도 불구하고 요청일부터 10일 이내에 예치가맹금을
   가맹점사업자에게 반환하여야 한다.

⑧ 그 밖에 가맹금의 예치 등에 관하여 필요한 사항은 대통령령으로 정한다.

[본조신설 2007. 8. 3.]

 목 차

Ⅰ. 가맹금의 예치의무

가맹본부는 가맹점사업자(가맹희망자를 포함, 제15조의2 및 제41조 제3항 제1호
에서 같음)로 하여금 가맹금(제2조 제6호 가목 및 나목에 해당하는 대가로서 금전으
로 지급하는 경우에 한하며, 계약체결 전에 가맹금을 지급한 경우에는 그 가맹금을 포
함. 이하 "예치가맹금")을 *대통령령*[1])으로 정하는 기관(이하 "예치기관")에 예치하도
록 하여야 한다. 다만, 가맹본부가 제15조의2에 따른 가맹점사업자피해보상보험
계약 등을 체결한 경우에는 그러하지 아니하다(법 제6조의5 제1항). 즉 ① 가입비
·입회비·가맹비·교육비 또는 계약금 등 가맹점사업자가 영업표지의 사용허락

---

1) 제5조의8(가맹금의 예치기관) 법 제6조의5제1항 본문에서 "대통령령으로 정하는 기관"(이하
   "예치기관"이라 한다)이란 다음 각 호의 기관을 말한다. 1.「은행법」제2조제1항제2호 및 같은 법
   제5조에 따른 금융회사 2.「우체국 예금·보험에 관한 법률」에 따른 체신관서 3.「보험업법」에
   따른 보험회사 4.「자본시장과 금융투자업에 관한 법률」에 따른 신탁업자.

등 가맹점운영권이나 영업활동에 대한 지원·교육 등을 받기 위하여 가맹본부에 지급하는 대가, ② 가맹점사업자가 가맹본부로부터 공급받는 상품의 대금 등에 관한 채무액이나 손해배상액의 지급을 담보하기 위하여 가맹본부에 지급하는 대가에 한해 예치하여야 한다.

가맹점사업자의 피해를 막기 위해 2007. 8. 3. 법 개정시 도입된 규정이다.

예치기관의 장은 가맹점사업자가 예치가맹금을 예치한 경우에는 예치일부터 7일 이내에 그 사실을 가맹본부에 통지하여야 한다(법 제6조의5 제2항).

II. 예치가맹금의 지급요청

가맹본부는 ① 가맹점사업자가 영업을 개시한 경우, ② 가맹계약 체결일부터 2개월이 경과한 경우(다만, 2개월이 경과하기 전에 가맹점사업자가 제5항 제1호부터 제3호까지의 규정 중 어느 하나에 해당하는 조치를 취한 사실을 예치기관의 장에게 서면으로 통보한 경우에는 그러하지 아니함)의 어느 하나에 해당하는 경우에는 예치기관의 장에게 *대통령령*[2])으로 정하는 바에 따라 예치가맹금의 지급을 요청할 수 있다. 이 경우 예치기관의 장은 10일 이내에 예치가맹금을 가맹본부에 지급하여야 한다(법 제6조의5 제3항).

1. 허위 및 부정 지급요청 금지

가맹본부는 거짓이나 그 밖의 부정한 방법으로 예치가맹금의 지급을 요청하여서는 아니 된다(법 제6조의5 제4항).

---

2) 제5조의9(예치가맹금의 지급 및 반환) ① 가맹본부는 법 제6조의5제1항 본문에 따라 가맹점사업자(가맹희망자를 포함한다. 이하 이 조, 제5조의10 및 제16조의2에서 같다)로 하여금 가맹금을 예치하도록 할 경우에는 예치기관을 지정하여 가맹금의 예치에 관한 계약을 체결해야 한다. ⑤ 예치기관의 장은 정보통신망을 이용하여 가맹금의 예치신청·지급 및 반환 등에 필요한 절차를 수행할 수 있다. 이 경우 예치기관의 장은 가맹본부와 가맹점사업자로 하여금 그 신원을 파악하기 위하여 「전자서명법」 제2조제8호에 따른 공인인증서를 사용하도록 할 수 있다.

2. 지급요청 거부 및 변경요구

예치기관의 장은 ① 가맹점사업자가 예치가맹금을 반환받기 위하여 소를 제기한 경우, ② 가맹점사업자가 예치가맹금을 반환받기 위하여 알선, 조정, 중재 등을 신청한 경우, ③ 가맹점사업자가 제10조의 위반을 이유로 가맹본부를 공정거래위원회에 신고한 경우의 어느 하나에 해당하는 경우에는 제24조에 따른 가맹사업거래분쟁조정협의회의 조정이나 그 밖의 분쟁해결의 결과(이하 "분쟁조정 등의 결과") 또는 제33조에 따른 공정거래위원회의 시정조치가 확정될 때(공정거래위원회의 시정조치에 대하여 이의신청이 제기된 경우에는 재결이, 시정조치나 재결에 대하여 소가 제기된 경우에는 확정판결이 각각 확정된 때)까지 예치가맹금의 지급을 보류하여야 하고, ④ 가맹본부가 제4항을 위반하여 거짓이나 그 밖의 부정한 방법으로 예치가맹금의 지급을 요청한 경우에는 예치가맹금의 지급요청을 거부하거나 가맹본부에 그 내용의 변경을 요구하여야 한다(법 제6조의5 제5항).

3. 가맹예치금의 지급 또는 반환

예치기관의 장은 가맹본부 또는 가맹점사업자가 분쟁조정 등의 결과나 시정조치 결과를 첨부하여 예치가맹금의 지급 또는 반환을 요청하는 경우 요청일부터 30일 이내에 그 결과에 따라 예치가맹금을 가맹본부에 지급하거나 가맹점사업자에게 반환하여야 한다(법 제6조의5 제6항).

III. 가맹예치금의 반환의무(가맹본부의 동의)

예치기관의 장은 가맹점사업자가 가맹본부의 동의를 받아 예치가맹금의 반환을 요청하는 경우에는 제5항 및 제6항에도 불구하고 요청일부터 10일 이내에 예치가맹금을 가맹점사업자에게 반환하여야 한다(법 제6조의5 제7항).

Ⅳ. 기타 필요사항

그 밖에 가맹금의 예치 등에 관하여 필요한 사항은 *대통령령*3)으로 정한다 (법 제6조의5 제8항).

---

3) 제5조의9(가맹금의 예치 등) ② 가맹본부는 가맹점사업자에게 별지 제5호서식의 가맹금예치신 청서(이하 "예치신청서")를 내주어야 하며, 가맹점사업자는 예치신청서와 함께 법 제6조의5제1 항 본문에 따른 예치가맹금(이하 "예치가맹금")을 예치하여 줄 것을 지정된 예치기관에 신청 하여야 한다. ③ 가맹본부는 제2항에 따라 예치신청서를 내주는 경우에는 법 제6조의5제3항 각 호의 어느 하나에 해당하면 예치가맹금이 가맹본부에 귀속된다는 사실을 가맹점사업자에게 알려야 한다. ④ 예치기관의 장은 제2항에 따른 예치신청을 받은 경우에는 예치가맹금을 예치 기관의 명의로 예치하여야 하고, 이를 다른 금융자산과 분리하여 관리하여야 한다.
제5조의10(예치가맹금의 지급 및 반환) ② 가맹점사업자는 법 제6조의5제5항제1호부터 제3호 까지의 사유가 발생한 경우에는 그 사실을 증명하는 서류를 첨부하여 별지 제8호서식의 예치 가맹금 지급보류 요청서를 예치기관의 장에게 제출하여야 한다. ③ 가맹본부 또는 가맹점사업 자는 법 제6조의5제6항에 따라 예치가맹금의 지급 또는 반환을 요청하려는 경우에는 그 사실 을 증명하는 서류를 첨부하여 가맹금지급요청서를 예치기관의 장에게 제출하여야 한다. ④ 가 맹점사업자는 법 제6조의5제7항에 따라 예치가맹금의 반환을 요청하려는 경우에는 가맹본부 의 동의서를 첨부하여 가맹금지급요청서를 예치기관의 장에게 제출하여야 한다. ⑤ 예치기관 의 장은 정보통신망을 이용하여 가맹금의 예치신청ㆍ지급 및 반환 등에 필요한 절차를 수행할 수 있다. 이 경우 예치기관의 장은 가맹본부와 가맹점사업자로 하여금 그 신원을 파악하기 위 하여 「전자서명법」 제2조제8호에 따른 공인인증서를 사용하도록 할 수 있다. ⑥ 예치기관의 장은 가맹본부 또는 가맹점사업자가 제1항부터 제4항까지의 규정에 따라 제출한 증명서류 등 을 해당 예치가맹금을 지급 또는 반환한 날부터 3개월간 보관하여야 한다. ⑦ 공정거래위원회 는 예치기관의 장에게 가맹금의 예치ㆍ지급 및 반환 현황 등에 관한 업무 자료를 요청할 수 있다. ⑧ 그 밖에 가맹금의 예치ㆍ지급 및 반환 등에 필요한 세부사항은 공정거래위원회가 정 하여 고시할 수 있다.

제7조(정보공개서의 제공의무 등)

① 가맹본부(가맹지역본부 또는 가맹중개인이 가맹점사업자를 모집하는 경우를 포함한다. 이하 같다)는 가맹희망자에게 제6조의2제1항 및 제2항에 따라 등록 또는 변경등록한 정보공개서를 내용증명우편 등 제공시점을 객관적으로 확인할 수 있는 대통령령으로 정하는 방법에 따라 제공하여야 한다. <개정 2007. 8. 3., 2013. 8. 13.>

② 가맹본부는 제1항에 따라 정보공개서를 제공할 경우에는 가맹희망자의 장래 점포 예정지에서 가장 인접한 가맹점 10개(정보공개서 제공시점에 가맹희망자의 장래 점포 예정지가 속한 광역지방자치단체에서 영업 중인 가맹점의 수가 10개 미만인 경우에는 해당 광역지방자치단체 내의 가맹점 전체)의 상호, 소재지 및 전화번호가 적힌 문서(이하 "인근가맹점 현황문서"라 한다)를 함께 제공하여야 한다. 다만, 정보공개서를 제공할 때 장래 점포 예정지가 확정되지 아니한 경우에는 확정되는 즉시 제공하여야 한다. <신설 2013. 8. 13.>

③ 가맹본부는 등록된 정보공개서 및 인근가맹점 현황문서(이하 "정보공개서등"이라 한다)를 제1항의 방법에 따라 제공하지 아니하였거나 정보공개서등을 제공한 날부터 14일(가맹희망자가 정보공개서에 대하여 변호사 또는 제27조에 따른 가맹거래사의 자문을 받은 경우에는 7일로 한다)이 지나지 아니한 경우에는 다음 각 호의 어느 하나에 해당하는 행위를 하여서는 아니 된다. <신설 2007. 8. 3., 2013. 8. 13.>

1. 가맹희망자로부터 가맹금을 수령하는 행위. 이 경우 가맹희망자가 예치기관에 예치가맹금을 예치하는 때에는 최초로 예치한 날(가맹본부가 가맹희망자와 최초로 가맹금을 예치하기로 합의한 때에는 그 날)에 가맹금을 수령한 것으로 본다.

2. 가맹희망자와 가맹계약을 체결하는 행위

④ 공정거래위원회는 대통령령이 정하는 바에 따라 정보공개서의 표준양식을 정하여 가맹본부 또는 가맹본부로 구성된 사업자단체에게 그 사용을 권장할 수 있다. <개정 2007. 8. 3., 2013. 8. 13.>

[제목개정 2007. 8. 3.]

 목 차

[참고문헌]

　　단행본: 가맹사업법 해설－실무 및 소송의 쟁점(개정판), 이한무, 법률정보센터, 2014

Ⅰ. 정보공개서의 제공의무

　　가맹본부(가맹지역본부 또는 가맹중개인이 가맹점사업자를 모집하는 경우를 포함)는 가맹희망자에게 제6조의2 제1항 및 제2항에 따라 등록 또는 변경등록한 정보공개서를 내용증명우편 등 제공시점을 객관적으로 확인할 수 있는 *대통령령*[1])으로 정하는 방법에 따라 제공하여야 한다(법 제7조 제1항).

　　약관규제법상의 명시, 설명의무와의 차이는 첫째, 약관규제법상의 교부의무는 고객이 요구할 때에만 약관의 사본을 교부하면 되지만 가맹사업법에서는 가맹희망자의 요구가 없더라도 정보공개서를 교부해야 하고, 둘째, 약관규제법상의 교부의무는 그 교부시기에 제한이 없지만 가맹사업법에서는 계약의 내용을 충분히 숙지할 수 있도록 가맹계약 체결이나 가맹금 수령전에 미리 정보공개서를 교부할 수 있도록 하였다는 점에 차이가 있다.[2])

　　정보공개서 제공의 이유에 대하여 법원은 다음과 같이 판단하고 있다.

---

1) 제6조(정보공개서의 제공 등) ① 가맹본부(가맹지역본부 또는 가맹중개인이 가맹점사업자를 모집하는 경우를 포함)는 법 제7조제1항에 따라 가맹희망자에게 정보공개서를 제공할 경우에는 다음 각 호의 어느 하나에 해당하는 방법에 따라야 한다. 다만, 제3호 및 제4호의 경우에는 문서의 형태로 인쇄 또는 출력이 가능하도록 하는 조치를 취하여야 한다. <u>1. 가맹희망자에게 정보공개서를 직접 전달하는 방법. 이 경우 다음 각 목의 모든 사항을 적은 서면을 작성(가목부터 다목까지의 사항은 가맹희망자가 자필로 작성하는 것을 말한다)하여 가맹희망자에게 주어야 한다. 가. 정보공개서를 제공받았다는 사실, 제공받은 일시 및 장소 나. 가맹희망자의 성명·주소 및 전화번호 다. 가맹희망자의 서명 또는 기명날인 라. 가맹본부의 서명 또는 기명날인 2. 가맹희망자에게 정보공개서의 제공시점을 확인할 수 있는 내용증명우편으로 제공하는 방법 3. 정보통신망을 이용하여 정보공개서의 내용을 게시한 후 게시사실을 가맹희망자에게 알리는 방법. 이 경우 가맹본부는 특정 가맹희망자가 정보공개서의 내용을 읽어 본 시간을 그 가맹희망자 및 가맹본부가 확인할 수 있는 시스템을 마련하여야 한다. 4. 가맹희망자의 전자우편 주소로 정보공개서의 내용이 포함된 전자적 파일을 보내는 방법. 이 경우 가맹본부는 전자우편의 발송시간과 수신시간의 확인이 가능한 방법으로 하여야 한다.</u> ② 가맹본부는 제1항의 규정에 불구하고 가맹희망자의 편의를 위하여 필요하다고 인정하는 때에는 정보공개사항의 일부에 관하여 별도의 문서(이하 "설명서")를 작성하여 이를 제공할 수 있다. 이 경우 설명서에 수록되는 정보공개사항의 목차는 정보공개서에 수록하여야 한다. ③ 가맹본부는 정보공개서를 제공한 후 가맹계약 체결 전에 중요사항이 변경된 경우에는 변경된 내용을 제1항 각 호의 어느 하나에 해당하는 방법으로 가맹희망자에게 지체 없이 알려야 한다.

2) 이한무, 90면.

> "프랜차이즈계약에 있어서는 영업지식과 경험이 부족한 가맹점주(프랜차이지)로서
> 는 가맹점 운영에 관한 축적된 경험을 가진 본부(프랜차이저)가 제공하는 정보를
> 신뢰하고 그에 기초하여 점포를 선정하고 영업활동을 전개할 수밖에 없어 가맹점
> 주의 영업상의 성패는 계약체결과정에 있어서의 입지선정과 그 이후의 교육훈련,
> 경영비법의 전수 등 프랜차이즈 본부가 제공하는 정보에 크게 의존한다고 할 것이
> 므로, 프랜차이즈 본부는 계약체결 이후에는 물론이고 계약체결과정에 있어서도
> 계약체결 여부에 대한 객관적인 판단자료가 되는 정확한 정보를 제공할 신의칙상
> 의무를 진다고 할 것이고, 특히 프랜차이저가 가맹점 모집에 즈음하여 시장조사를
> 실시하고 그 내용을 개시한 경우에는 그 내용은 가맹점에 가입하려는 사람에게는
> 계약체결의 가부를 판단함에 있어 극히 중요한 자료가 되는 것임에도 그 방면에
> 대한 경험이 부족하여 전문지식과 축적된 노하우에 의하여 조사된 프랜차이저측의
> 시장조사 결과를 분석하여 비판하는 것이 쉽지 아니한 점을 고려할 때 그 시장조
> 사 내용이 객관성을 결여하여 가맹점 가입계약 체결 여부에 관한 판단을 그르치게
> 할 우려가 큰 경우에는 그 프랜차이저는 신의칙상 보호의무 위반의 책임을 면할
> 수 없음"<㈜제너시스의 허위정보제공 건>[3]

「가맹사업거래 정보공개서 표준양식에 관한 고시」[4]에서는 정보공개서 내용
에 대하여 규정하고 있다.

가맹본부는 제1항에 따라 정보공개서를 제공할 경우에는 가맹희망자의 장
래 점포 예정지에서 가장 인접한 가맹점 10개(정보공개서 제공시점에 가맹희망자
의 장래 점포 예정지가 속한 광역지방자치단체에서 영업 중인 가맹점의 수가 10개 미
만인 경우에는 해당 광역지방자치단체 내의 가맹점 전체)의 상호, 소재지 및 전화번
호가 적힌 문서(이하 "인근가맹점 현황문서")를 함께 제공하여야 한다. 다만, 정보
공개서를 제공할 때 장래 점포 예정지가 확정되지 아니한 경우에는 확정되는 즉
시 제공하여야 한다(법 제7조 제2항).

---

3) 대전지판 2002. 8. 14. 2001가합9179[손해배상(기)]. 다만 동 건에서는 "피고의 상권분석 내용
   에 객관성이 결여되거나 입지선정에 오류가 있어 계약체결 여부에 대한 판단을 그르치게 할
   우려가 크다고 볼 수 있을 정도로 잘못이 있었다고 판단하기는 어렵고 달리 이를 인정할 수
   있는 충분한 증거가 없어 피고가 가맹점 계약체결과정에서 상대방인 원고에 대한 신의칙상 보
   호의무 또는 충실의무를 위반하였다고 할 수 없다"고 판시하였다.
4) 공정거래위원회고시 제2021-15호(2021. 11. 19).

Ⅱ. 숙고기간 전 가맹금수령 및 계약체결행위의 금지

가맹본부는 등록된 정보공개서 및 인근가맹점 현황문서(이하 "정보공개서등")를 제1항의 방법에 따라 제공하지 아니하였거나 정보공개서등을 제공한 날부터 14일(가맹희망자가 정보공개서에 대하여 변호사 또는 제27조에 따른 가맹거래사의 자문을 받은 경우에는 7일)이 지나지 아니한 경우에는 ① 가맹희망자로부터 가맹금을 수령하는 행위(이 경우 가맹희망자가 예치기관에 예치가맹금을 예치하는 때에는 최초로 예치한 날(가맹본부가 가맹희망자와 최초로 가맹금을 예치하기로 합의한 때에는 그 날)에 가맹금을 수령한 것으로 봄)(제1호), ② 가맹희망자와 가맹계약을 체결하는 행위(제2호)의 어느 하나에 해당하는 행위를 하여서는 아니 된다(법 제7조 제3항).

Ⅲ. 정보공개서의 표준양식 사용권장

공정거래위원회는 *대통령령*[5])이 정하는 바에 따라 정보공개서의 표준양식을 정하여 가맹본부 또는 가맹본부로 구성된 사업자단체에게 그 사용을 권장할 수 있다(법 제7조 제4항). 관련하여 공정거래위원회는 「가맹사업거래 정보공개서 표준양식에 관한 고시」를 제정·운영하고 있다.

제8조 삭제<2007. 8. 3.>

---

5) 제7조(정보공개서의 표준양식) 공정거래위원회는 법 제7조제4항에 따라 각 업종별·업태별 또는 용도별로 정보공개서의 표준양식을 정하여 고시할 수 있다.

제9조(허위 · 과장된 정보제공 등의 금지)

① 가맹본부는 가맹희망자나 가맹점사업자에게 정보를 제공함에 있어서 다음 각 호의
  행위를 하여서는 아니 된다. <개정 2013. 8. 13.>

   1. 사실과 다르게 정보를 제공하거나 사실을 부풀려 정보를 제공하는 행위(이하 "허
  위 · 과장의 정보제공행위"라 한다)

   2. 계약의 체결 · 유지에 중대한 영향을 미치는 사실을 은폐하거나 축소하는 방법으
  로 정보를 제공하는 행위(이하 "기만적인 정보제공행위"라 한다)

② 제1항 각 호의 행위의 유형은 대통령령으로 정한다. <신설 2013. 8. 13.>

③ 가맹본부는 가맹희망자나 가맹점사업자에게 다음 각 호의 어느 하나에 해당하는 정
  보를 제공하는 경우에는 서면으로 하여야 한다. <개정 2007. 8. 3., 2013. 8. 13.>

   1. 가맹희망자의 예상매출액 · 수익 · 매출총이익 · 순이익 등 장래의 예상수익상황에
  관한 정보

   2. 가맹점사업자의 매출액 · 수익 · 매출총이익 · 순이익 등 과거의 수익상황이나 장래
  의 예상수익상황에 관한 정보

④ 가맹본부는 제3항에 따라 정보를 제공하는 경우에는 그 정보의 산출근거가 되는 자
  료로서 대통령령으로 정하는 자료를 가맹본부의 사무소에 비치하여야 하며, 영업시간
  중에 언제든지 가맹희망자나 가맹점사업자의 요구가 있는 경우 그 자료를 열람할 수
  있도록 하여야 한다. <개정 2007. 8. 3., 2013. 8. 13.>

⑤ 제3항에도 불구하고 다음 각 호의 어느 하나에 해당하는 가맹본부는 가맹계약을 체
  결할 때 가맹희망자에게 대통령령으로 정하는 예상매출액의 범위 및 그 산출 근거를
  서면(이하 "예상매출액 산정서"라 한다)으로 제공하여야 한다. <신설 2013. 8. 13.>

   1. 중소기업자(「중소기업기본법」 제2조제1항 또는 제3항에 따른 자를 말한다)가 아
  닌 가맹본부

   2. 직전 사업연도 말 기준으로 가맹본부와 계약을 체결 · 유지하고 있는 가맹점사업
  자(가맹본부가 복수의 영업표지를 보유하고 있는 경우에는 동일 영업표지를 사용
  하는 가맹점사업자에 한정한다)의 수가 대통령령으로 정하는 수 이상인 가맹본부

⑥ 가맹본부는 예상매출액 산정서를 가맹계약 체결일부터 5년간 보관하여야 한다. <신
  설 2013. 8. 13.>

⑦ 공정거래위원회는 예상매출액 산정서의 표준양식을 정하여 사용을 권장할 수 있다.
  <신설 2013. 8. 13.>

목 차

[참고문헌]

단행본: 가맹사업법 해설 ─ 실무 및 소송의 쟁점(개정판), 이한무, 법률정보센터, 2014

[참고사례]

㈜써클케이코리아의 허위정보제공 등 건[서울지방법원 1997. 9. 24 선고 94가합 79065(본소), 95가합69492(반소)[정산금등(본소)] 판결]; ㈜제너시스의 허위정보제공 건 (대전지방법원 2002. 8. 14. 선고 2001가합9179[손해배상(기)] 판결]; ㈜네이처바이오텍의 가맹사업법 위반행위 건(공정거래위원회 2011. 6. 14. 의결 제2011─054호; 하이쿨 외 1의 가맹사업법 위반행위 건[공정거래위원회 2012. 2. 21. 의결 제2012─23호; 서울고등법원 2012. 8. 28. 선고 2012누8764 판결; 대법원 2013. 1. 24. 선고 2012두22560(심리불속행 기각) 판결]; ㈜아이에스글로벌의 허위 정보제공 건{서울고등법원 2014. 11. 13. 선고 2013나80216, 80223 판결; 대법원 2015. 4. 9. 선고 2014다84824,84831[손해배상 (기)·약정금] 판결]; 커피그루나루의 가맹사업법 위반행위 건[공정거래위원회 2013. 11. 14. 의결 제2013─185호; 대법원 2014. 11. 13. 선고 2014두39425(심리불속행 기각) 판결]; 홈플러스의 가맹사업법 위반행위 건(공정거래위원회 2018. 1. 16. 의결 제2018─039호; 서울고등법원 2018. 9. 6. 선고 2018누38651 판결); 설빙의 가맹사업법 위반행위 건 (공정거래위원회 2019. 8. 19. 의결 제2019─199호; 서울고등법원 2020. 10. 29. 선고 2019누97 판결)

Ⅰ. 의의

가맹본부는 가맹희망자나 가맹점사업자에게 정보를 제공함에 있어서 ① 사실과 다르게 정보를 제공하거나 사실을 부풀려 정보를 제공하는 행위(이하 "허위·과장의 정보제공행위")(제1호), ② 계약의 체결·유지에 중대한 영향을 미치는 사

실을 은폐하거나 축소하는 방법으로 정보를 제공하는 행위(이하 "기만적인 정보제
공행위")(제2호)를 하여서는 아니 된다(법 제9조 제1항).

그러나 가맹사업법이 금지하는 허위·과장 정보행위는 '사실과 다르게 정보
를 제공하거나 사실을 부풀려 정보를 제공하는 경우'에 성립하고, 추가로 가맹희
망자를 오인시킬 우려 내지 가맹본보의 기만적인 의도가 요구되는 것은 아니다
<홈플러스의 가맹사업법 위반행위 건>.[1]

정보제공행위란 가맹본부가 가맹희망자에게 정보공개서를 제공하거나 창업
설명회등에서 설명하는 것과 같이 공식적인 정보제공행위를 하는 것뿐만 아니라
가맹본부 임직원이 사업관련 내용을 설명하는 것뿐만 아니라 가맹본부 임직원이
사업관련 내용을 설명하는 등의 비공식적 정보제공행위의 경우도 포함한다<㈜
네이처바이오텍의 가맹사업법 위반행위 건>.[2]

가맹사업법 제9조 제1항의 중요사항을 누락한 경우라 함은 가맹계약의 체
결과 유지 등 가맹희망자의 의사결정에 중대한 영향을 줄 수 있는 사실 또는 가
맹희망자가 일정한 사정에 관하여 고지를 받았더라면 가맹계약을 체결하지 않았
을 것임이 경험칙상 명백한 경우 그와 같은 사정 등을 가맹계약을 체결하기 위
하여 상담하거나 협의하는 단계에서 이를 가맹희망자에게 고지하지 아니한 경우
를 의미한다. 그리고 이러한 행위는 가맹사업법 제9조 제1항에 따른 정보제공의
무 내지 고지의무를 위반한 것으로서, 가맹본부는 가맹희망자에 대하여 가맹사
업법 제37조 제3항, 독점규제법 제56조 제1항에 의한 손해배상책임을 부담한다
<아이에스글로벌의 허위 정보제공 건>.[3]

법원이 법위반으로 인정한 사례는 다음과 같다.

> "원고가 제공한 장래수익에 관한 정보는 장래수익예측의 합리성, 적정성, 그 설명
> 내용의 정확성 등 여러면에서 객관적으로 적절하지 않다고 인정되므로 허위 또는
> 과장된 정보라고 할 수 있고, 가맹점 수 또한 사실과 현저히 차이가 나는 허위의
> 정보임이 명백함"<하이쿨 외1의 가맹사업법 위반행위 건>[4]

공정거래위원회는 「가맹희망자에 대한 정보제공 가이드라인」을 운영하고

---

1) 서고판 2018. 9. 6. 2018누38651.
2) 공정의 2011. 6. 14. 2011-054.
3) 대판 2015. 4. 9. 2014다84824,84831[손해배상(기)·약정금].
4) 서고판 2012. 8. 28. 2012누8764(대판 2013. 1. 24. 2012두22560).

있다.5)

II. 금지행위의 유형

제1항 각 호의 행위의 유형은 *대통령령*6)으로 정한다(법 제9조 제2항). 고시
가 마련되어 있지 않은 상황에서 법 시행령 제8조 제1호 내지 제3호에 의한 유
형에 해당하는 유형에 해당하는 행위에 한정하여 가맹사업법 제9조 제1항 제1호
에서 금지하는 허위·과장의 정보제공행위에 해당한다고 볼 수 없고, 예시적으로
그 유형을 열거한 것이다<홈플러스의 가맹사업법 위반행위 건>.7) 즉 시행령 8조
제1항에서 규정하는 행위 유형이 준한 것으로 평가되면 포함된다<설빙의 가맹사
업법 위반행위 건>.8)

법 제9조 제1항 제1호 및 시행령 제8조 제1항 제1호의 허위·과장의 정보제
공행위는 ① 가맹희망자에게 예상수익상황에 해당하는 정보를 제공하였고, ②
제공된 정보가 객관적인 근거에 의하여 뒷받침 되지 않거나 사실과 다른 경우에
성립한다. ①의 행위는 가맹본부가 가맹희망자에게 직접 또는 간접적인 방법으
로 가맹희망자가 운영하려는 가맹사업에 관한 정보를 제공하는 행위를 말하며,9)
정보제공행위에는 가맹본부가 가맹희망자에게 정보공개서를 제공하거나 창업설
명회 등에서 설명하는 것과 같은 공식적인 정보제공행위 뿐만 아니라 가맹본부

5) 공정거래위원회 가맹거래과(2018. 12. 27).
6) 제8조(허위·과장의 정보제공행위 등의 유형) ① 법 제9조제1항제1호에 따른 허위·과장의 정
보제공행위의 유형은 다음 각 호와 같다. 1. 객관적인 근거 없이 가맹희망자의 예상수익상황을
과장하여 제공하거나 사실과 다르게 가맹본부가 최저수익 등을 보장하는 것처럼 정보를 제공
하는 행위 2. 가맹희망자의 점포 예정지 상권의 분석 등과 관련하여 사실 여부가 확인되지 아
니한 정보를 제공하는 행위 3. 가맹본부가 취득하지 아니한 지식재산권을 취득한 것처럼 정보
를 제공하는 행위 4. 제1호부터 제3호까지의 규정에 따른 행위에 준하여 사실과 다르게 또는
사실을 부풀려 정보를 제공하는 행위로서 공정거래위원회가 정하여 고시하는 행위 ② 법 제9
조제1항제2호에 따른 기만적인 정보제공행위의 유형은 다음 각 호와 같다. 1. 중요사항을 적
지 아니한 정보공개서를 가맹희망자에게 제공하는 행위 2. 가맹본부가 가맹점사업자에게 지원
하는 금전, 상품 또는 용역 등이 일정 요건이 충족되는 경우에만 지원됨에도 불구하고 해당
요건을 제시하지 아니하면서 모든 경우에 지원되는 것처럼 정보를 제공하는 행위 3. 제1호 또
는 제2호에 따른 행위에 준하여 계약의 체결·유지에 중대한 영향을 미치는 사실을 은폐하거
나 축소하는 방법으로 정보를 제공하는 행위로서 공정거래위원회가 정하여 고시하는 행위
7) 서고판 2018. 9. 6. 2018누38651.
8) 서고판 2020. 10. 29. 선고 2019누97.
9) 공정의 2013. 3. 26. 2013-057.

임직원이 사업관련 내용을 설명하거나 매출액 등 수익정보를 언급하는 등의 비
공식적 정보제공행위도 포함된다.[10]

　　그 취지에 대하여 법원은 다음과 같이 판단하고 있다.

"프랜차이즈계약에 있어서는 영업지식과 경험이 부족한 가맹점주(프랜차이지)로서
는 가맹점 운영에 관한 축적된 경험을 가진 본부(프랜차이저)가 제공하는 정보를
신뢰하고 그에 기초하여 점포를 선정하고 영업활동을 전개할 수밖에 없어 가맹점
주의 영업상의 성패는 계약체결과정에 있어서의 입지선정과 그 이후의 교육훈련,
경영비법의 전수 등 프랜차이즈 본부가 제공하는 정보에 크게 의존한다고 할 것이
므로, 프랜차이즈 본부는 계약체결 이후에는 물론이고 계약체결과정에 있어서도
계약체결 여부에 대한 객관적인 판단자료가 되는 정확한 정보를 제공할 신의칙상
의무를 짐"<㈜제너시스의 허위정보제공 건>,[11] "일반적으로 이 사건 가맹점계약
과 같은 편의점 프랜차이즈 계약은 서비스표의 사용허락, 계속적인 경영에 대한
조력, 이미지의 동일성 등을 확보하기 위한 지도와 통제를 그 본질적인 요소로 하
는 계약관계로서 가맹본부는 가맹점주의 자금과 능력을 이용하여 이익을 얻고 사
업을 확대할 수 있고, 가맹점주는 본부로부터 영업비결 판매전략 등에 관한 정보
및 경영지도를 받고, 인지도 높은 본부의 상표등의 영업권을 사용함으로써 별다른
영업지식이나 경험이 없이도 사업을 영위할 수 있다고 기대하는 점에 그 계약체결
의 동기가 있음. 따라서 가맹점주로서는 개점후에 상당한 영업이익이 보장된다는
막연한 기대로 인하여 상당한 금원을 투자하여 가맹점을 개점하는데, 이러한 가맹
점의 성공여부는 가맹본부의 인지도와 개점후의 철저한 경영지도 및 가맹점주의
개인적인 노력도 중요하지만 상당부분 가맹점이 위치한 상권의 입지조건에 의하
여 결정되는 수가 많고, 가맹점주로서는 이러한 상권의 입지조건에 관하여 거의
전적으로 가맹본부가 하여 주는 상권조사와 이에 따른 사업계획에 의존할 뿐 이를
분석비판하는 것은 용이하지 않음. 따라서 가맹본부가 예비 가맹점주에게 사전에
상권조사보고서와 사업계획서를 제시하는 경우에는 이들 서류가 가맹점주가 되고
자 하는 개인에게는 계약체결의 여부를 판단하기 위한 가장 중요한 자료가 됨. 이
와 같이 개인이 편의점 프랜차이즈계약의 체결에 이르게 되는 특수한 사정을 고려
한다면 일반적으로 가맹본부는 가맹점을 모집하고 가맹점 계약의 체결을 위한 교
섭단계에서 예비 가맹점주들에게 정확히 상권을 조사하고 그 결과 나타나는 사업
성에 대한 객관적인 정보와 자료를 제시함으로써 이를 가맹점 계약의 체결을 위한
판단자료가 되도록 할 신의칙상의 의무가 있다 할 것인데, 이 사건에서는 아래에
서 보는 바와 같이 원고의 상권조사의무가 1차계약상의 중요한 의무로 나타남"

10) 공정의 2011. 6. 14. 2011-054, 공정의 2013. 1. 4. 2011-002.
11) 대전지판 2002. 8. 14. 2001가합9179[손해배상(기)]. 다만 위법성은 인정하지 않았다.

<㈜ 써클케이코리아의 허위정보제공 등 건>,12) "원고는 위 1차계약상의 정확한 상권조사의무를 위반하였다 할 것이나, 이러한 상권조사의무는 계약체결의 교섭단계에서 발생하는 신의칙상의 의무이거나 위 가맹점계약(2차계약)과 별개의 위 1차계약상의 의무에 불과(따라서 피고로서는 상권조사결과에 따라 혹은 이와 관계없이 위 2차계약의 체결을 거부할 수 있다)하여 뒤에서 보는 바와 같이 이의 위반을 이유로 손해배상책임을 물을 수 있는 것은 별론으로 하고 이 사건 가맹점계약상 발생하는 자신의 의무의 이행을 거부할 수는 없음"<㈜ 써클케이코리아의 허위정보제공 등 건>,13) "학원의 설립·운영 및 과외교습에 관한 법률(이하 '학원법')상 등록절차 없이 평생교육시설로 신고하는 등의 방법으로 개설된 유아 대상 교육기관들은 2007. 3. 23. 개정된 학원법 시행령에 의하여 소정의 유예기간이 경과한 후에는 학원으로 등록하여 운영하여야 함에도 불구하고 피고(반소원고, 이하 '피고')들은 유아 대상 교육기관인 이 사건 교육원을 평생교육원으로 신고하고 원고(반소피고, 이하 '원고')들로 하여금 수익사업을 하지 않는 비영리법인에 대한 고유번호증 또는 면세법인사업자에 대한 사업자등록증을 받아 이 사건 교육원을 운영하게 한다는 사정 및 이러한 운영방식은 현행 관련 법령 및 교육청 방침에 위배되는 것이어서 발각될 경우 행정적 제재나 형사처벌을 받을 수 있다는 사정 등을 고의로 고지하지 아니하였고, 이로써 원고들은 이 사건 교육원이 적법하게 운영될 것이라고 믿고 이 사건 가맹계약을 체결하였다고 판단하면서, 그 판시와 같이 피고들에 대하여 손해배상책임을 인정하였음"<아이에스글로벌의 허위 정보제공 건>,14) "가맹계약을 체결하는 단계에서 가맹본부는 가맹희망자에게 객관적이고 정확한 정보를 제공할 주의의무를 부담한다고 봄이 상당하다. 따라서 가맹본부가 가맹희망자에게 제공한 예상수익에 관한 정보가 사실적인 근거와 자료에 기반하여 객관적이고 정확하게 작성된 것이 아니라면, 가맹본부는 위와 같은 주의의무를 위반하였음",15) "가맹사업법 제9조는 가맹계약의 공정화를 위하여 가맹본부로 하여금 가맹희망자에게 예상수익에 관한 정보 등을 제공할 때에는 객관적이고 정확하며 구체적인 근거를 토대로 산출해야 하는 특별한 주의의무를 위반할 경우 그로 인한 손해를 배상할 책임이 있음"16)

손해배상의 범위에 대하여 법원은 다음과 같이 판단하고 있다.

---

12) 서울지판 1997. 9. 24. 94가합79065(본소), 95가합69492(반소)[정산금등(본소)].
13) 서울지판 1997. 9. 24. 94가합79065(본소), 95가합69492(반소)[정산금등(본소)].
14) 대판 2015. 4. 9. 2014다84824,84831[손해배상(기)·약정금].
15) 서울중앙지판 2015. 11. 24. 2013가합88404(가맹금반환 등).
16) 서울중앙지판 2017. 3. 17. 2016나43390.

"원고가 이 사건 편의점이 위치한 상권에 대한 정확한 조사와 사업타당성에 대한 객관적인 판단을 하였음을 신뢰하고 피고가 위 가맹점을 개점하기로 결심하고 개점을 위하여 들인 비용이라고 할 것이므로 원고의 위 상권조사의무위반과 상당인과관계 있는 손해라 할 것임. 피고는 이 사건 가맹점을 개점하기 위하여 내장공사비로 금 15,000,000원, 전기공사비로 금 8,500,000원, 설계 및 감리용역비로 금 2,000,000원, 냉장냉동집기 설치비용으로 금 2,365,000원을 각 지출한 사실을 인정할 수 있으므로, 원고는 위 합계 금 27,865,000원을 피고에게 배상할 의무가 있다고 할 것이나, 한편 피고로서도 예비 상인 혹은 상인으로서 이 사건 편의점을 개점함에 있어 원고의 조사결과에 무조건적으로 의존할 것이 아니라 스스로도 입지조건, 영업전망 등을 조사하여 이를 토대로 계약 체결 여부를 신중히 결정하여야할 주의의무가 있음에도 불구하고 이를 게을리 한 잘못이 있다고 할 것인바, 피고의 이러한 잘못도 위 손해의 발생 및 확대의 한 원인이 되었다고 할 것이므로 원고가 피고에게 배상할 손해액의 산정에 있어서 이를 참작하기로 하되, 그 비율은 40%로 봄이 상당하므로 원고의 책임을 60%로 제한하기로 함"<㈜ 써클케이코리아의 허위정보제공 등 건>,[17] "피고의 상권분석 내용에 객관성이 결여되거나 입지선정에 오류가 있어 계약체결 여부에 대한 판단을 그르치게 할 우려가 크다고 볼 수 있을 정도로 잘못이 있었다고 판단하기는 어렵고 달리 이를 인정할 수 있는 충분한 증거가 없어 피고가 가맹점 계약체결과정에서 상대방인 원고에 대한 신의칙상 보호의무 또는 충실의무를 위반하였다고 할 수 없음"<㈜제너시스의 허위정보제공 건>[18]

법원이 법위반으로 인정한 사례는 다음과 같다.

"원고가 가맹희망자에게 객관성이 없는 '예상매출액 대비 추정이익' 자료를 기초로 예상매출액에 대하여 설명한 행위는 가맹본부로서 가맹희망자에게 허위·과장된 예상매출액을 제공한 행위"<홈플러스의 가맹사업법 위반행위 건>[19]

---

17) 서울지판 1997. 9. 24. 94가합79065(본소), 95가합69492(반소)[정산금등(본소)].

18) 대전지판 2002. 8. 14. 2001가합9179[손해배상(기)]. 다만 동 건에서는 "피고의 상권분석 내용에 객관성이 결여되거나 입지선정에 오류가 있어 계약체결 여부에 대한 판단을 그르치게 할 우려가 크다고 볼 수 있을 정도로 잘못이 있었다고 판단하기는 어렵고 달리 이를 인정할 수 있는 충분한 증거가 없어 피고가 가맹점 계약체결과정에서 상대방인 원고에 대한 신의칙상 보호의무 또는 충실의무를 위반하였다고 할 수 없다"고 판시하였다.

19) 서고판 2018. 9. 6. 2018누38651.

특히 시행령 제8조 제1항 제3호의 가맹본부가 취득하지 아니한 지식재산권을 취득한 것처럼 정보를 제공하는 행위 관련하여 공정거래위원회의 다음 사례가 있다.

"가맹계약서 및 정보공개서 등을 통해 가맹희망자 및 가맹점사업자에게 정보를 제공하면서 이 사건 5가지 품목에 대하여 특허권을 취득한 적이 없음에도 자신이 정당한 특허권자인 것처럼 특허권에 의해 보호받는 물품이라고 기재하고, 출원번호에 불과한 번호를 특허등록번호인 것과 같이 함께 명시함으로써 가맹희망자 및 가맹점사업자에게 사실과 다르거나 사실을 부풀려 정보를 제공하였으므로 법 제9조 제1항 제1호 및 법 시행령 제8조 제1항 제3호에 위반되어 위법함"<본아이에프(주)의 가맹사업법 위반행위에 대한 건>,[20] "피심인은 영업표지인「아이엘에스(ILS)」에 대해 상표권을 취득한 사실이 없음에도 마치 상표권을 취득한 것처럼 "가맹본부가 사용을 허용하는 지식재산권", "아이엘에스(상표권)", "출원 제2006-0027642호", "등록 제41-0155582호" 등의 표현이 기재된 정보공개서를 20명의 가맹점사업자들에게 가맹계약 갱신 전 확인할 수 있도록 자신의 온라인 관리자 게시판에 게재하는 방식으로 제공하고, 3명의 가맹희망자에게는 기존 가맹점에 대한 양도·양수계약을 체결하기 전 개별적으로 전달하는 방식으로 제공하는 등 가맹희망자나 가맹점사업자에게 사실과 다른 정보를 제공하였음"<㈜국제언어교육원의 가맹사업법 위반행위 건>[21]

반대로 법원이 정보제공 책임을 물을 수 없다고 판단한 사례도 있다.

"가맹희망자가 프랜차이즈계약을 체결할 것인지 여부를 판단함에 있어 중요한 판단요소가 되는 시장조사나 수익예측 정보가 실제 가맹점 운영결과와 다르더라도 가맹본부의 조사방법과 그 분석결과가 통상적인 사업자가 스스로 새로운 점포를 개설하려고 하는 때의 조사방법과 분석결과를 기준으로 할 때 매상수익예측의 합리성과 적정성, 그 설명내용의 정확성 등 여러 가지 면에서 객관적으로 적절하지 않다고 인정하는 경우에는 가맹본부에 대하여 잘못된 정보제공에 대한 책임을 물을 수 있다고 할 것이나, 제공된 정보가 객관적으로 합리성을 갖추지 못했다고 단정할 만한 특별한 사정이 없는 한 가맹본부에 대해 정보제공에 대한 책임을 물을 수 없음"[22]

---

20) 공정의 2017. 6. 14. 2017-197.
21) 공정의 2018. 10. 30. 2018-325.
22) 서고판 2007. 6. 21. 2006나94873(본소), 2006나94880(반소).

「가맹사업거래 상 허위·과장 정보제공행위 등의 유형 지정고시」[23]에서는 가맹사업거래에서 금지되는 허위·과장의 정보제공행위 및 기만적인 정보제공행위(이하 "허위·과장의 정보제공행위 등"이라 한다)의 유형을 정하고, 아울러 허위·과장 정보제공행위 등에 해당될 수 있는 사례를 구체적으로 예시하고 있다.

III. 서면교부의무

가맹본부는 가맹희망자나 가맹점사업자에게 ① 가맹희망자의 예상매출액·수익·매출총이익·순이익 등 장래의 예상수익상황에 관한 정보(제1호), ② 가맹점사업자의 매출액·수익·매출총이익·순이익 등 과거의 수익상황이나 장래의 예상수익상황에 관한 정보(제2호)의 어느 하나에 해당하는 정보를 제공하는 경우에는 서면으로 하여야 한다(법 제9조 제3항). 여기에서 가맹점사업자와는 달리 가맹희망자의 경우에는 과거의 수익상황이 빠져 있는데, 가맹희망자와 가맹점사업자를 차별적으로 취급할 근거가 없으므로, 가맹희망자의 경우에도 과거의 수익상황을 서면으로 제공하도록 개정이 필요하다.

1. 산출근거의 비치 및 열람

가맹본부는 제3항에 따라 정보를 제공하는 경우에는 그 정보의 산출근거가 되는 자료로서 *대통령령*[24]으로 정하는 자료를 가맹본부의 사무소에 비치하여야 하며, 영업시간 중에 언제든지 가맹희망자나 가맹점사업자의 요구가 있는 경우 그 자료를 열람할 수 있도록 하여야 한다(법 제9조 제4항).

---

23) 공정거래위원회고시 제2019−8호(2019. 11. 20.).

24) 제9조(예상수익상황에 대한 정보제공 등) ① 법 제9조제4항에서 "대통령령으로 정하는 자료" 란 다음 각 호의 자료를 말한다. 1. 현재수익 또는 예상수익의 산출에 사용된 사실적인 근거와 예측에 관한 자료 2. 현재수익 또는 예상수익의 산출근거가 되는 가맹사업의 점포(직영점과 가맹점을 포함)의 수와 그 비율 3. 최근의 일정기간 동안에 가맹본부나 가맹중개인이 표시 또는 설명하는 현재수익 또는 예상수익과 같은 수준의 수익을 올리는 가맹점사업자의 수와 그 비율(이 경우 최근의 일정기간에 대하여 시작하는 날짜와 끝나는 날짜를 표시하여야 한다) ② 공정거래위원회는 제1항의 규정에 의한 자료에 대하여 업종별·업태별 또는 용도별로 세부적인 사항을 정하여 고시할 수 있다.

2. 예상매출액 산정서 제공의무

제3항에도 불구하고 ① 중소기업자(「중소기업기본법」 제2조제1항 또는 제3항에 따른 자)가 아닌 가맹본부(제1호), ② 직전 사업연도 말 기준으로 가맹본부와 계약을 체결·유지하고 있는 가맹점사업자(가맹본부가 복수의 영업표지를 보유하고 있는 경우에는 동일 영업표지를 사용하는 가맹점사업자에 한정)의 수가 *대통령령*[25]으로 정하는 수 이상인 가맹본부(제2호)의 어느 하나에 해당하는 가맹본부는 가맹계약을 체결할 때 가맹희망자에게 *대통령령*[26]으로 정하는 예상매출액의 범위 및 그 산출 근거를 서면(이하 "예상매출액 산정서")으로 제공하여야 한다(법 제9조 제5항).[27]

3. 예상매출액 산정서 보관의무

가맹본부는 예상매출액 산정서를 가맹계약 체결일부터 5년간 보관하여야 한다(법 제9조 제6항).

4. 예상매출액 산정서 표준양식 사용 권장

공정거래위원회는 예상매출액 산정서의 표준양식을 정하여 사용을 권장할 수 있다(법 제9조 제7항).

---

25) 제9조(예상수익상황에 대한 정보제공 등) ⑤ 법 제9조제5항제2호에서 "대통령령으로 정하는 수"란 100개를 말한다.

26) 제9조(예상수익상황에 대한 정보제공 등) ③ 법 제9조제5항 각 호 외의 부분에서 "대통령령으로 정하는 예상매출액의 범위"란 가맹희망자의 점포 예정지에서 영업개시일부터 1년간 발생할 것으로 예상되는 매출액의 최저액과 최고액으로 획정된 범위를 말한다. 이 경우 그 매출액의 최고액은 그 매출액의 최저액의 1.7배를 초과해서는 아니 된다. ④ 제3항에도 불구하고 가맹희망자의 점포 예정지가 속한 해당 특별시·광역시·특별자치시·도·특별자치도(이하 "시·도"라 한다)에 해당 가맹본부의 가맹점(직전 사업연도의 영업기간이 6개월 이상인 가맹점으로 한정한다. 이하 이 항에서 같다)이 5개 이상 있는 경우에는 그 점포 예정지에서 가장 인접한 가맹점 5개 중 별표 1의3에 따른 직전 사업연도 매출환산액이 가장 작은 가맹점과 가장 큰 가맹점을 제외한 나머지 3개 가맹점의 같은 표에 따른 직전 사업연도 매출환산액 중 최저액과 최고액으로 획정된 범위로 제3항에 따른 범위를 갈음할 수 있다.

27) 이를 법률로 규제하는 것은 헌법이 보장하는 행복추구권(자기결정권), 표현의 자유, 신체의 자유, 재산권을 침해할 소지가 있다는 지적이 있다. 이한무, 189면.

제10조(가맹금의 반환)

① 가맹본부는 다음 각 호의 어느 하나에 해당하는 경우에는 가맹희망자나 가맹점사업자가 대통령령으로 정하는 사항이 적힌 서면으로 요구하는 날부터 1개월 이내에 가맹금을 반환하여야 한다. <개정 2007. 8. 3., 2013. 8. 13.>

1. 가맹본부가 제7조제3항을 위반한 경우로서 가맹희망자 또는 가맹점사업자가 가맹계약 체결 전 또는 가맹계약의 체결일부터 4개월 이내에 가맹금의 반환을 요구하는 경우

2. 가맹본부가 제9조제1항을 위반한 경우로서 가맹희망자가 가맹계약 체결 전에 가맹금의 반환을 요구하는 경우

3. 가맹본부가 제9조제1항을 위반한 경우로서 허위 또는 과장된 정보나 중요사항의 누락된 내용이 계약 체결에 중대한 영향을 준 것으로 인정되어 가맹점사업자가 가맹계약의 체결일부터 4개월 이내에 가맹금의 반환을 요구하는 경우

4. 가맹본부가 정당한 사유 없이 가맹사업을 일방적으로 중단하고 가맹점사업자가 대통령령으로 정하는 가맹사업의 중단일부터 4개월 이내에 가맹금의 반환을 요구하는 경우

② 제1항의 규정에 의하여 반환하는 가맹금의 금액을 정함에 있어서는 가맹계약의 체결 경위, 금전이나 그 밖에 지급된 대가의 성격, 가맹계약기간, 계약이행기간, 가맹사업 당사자의 귀책정도 등을 고려하여야 한다. <개정 2007. 8. 3.>

 목 차

[참고문헌]

단행본: 가맹사업법 해설 – 실무 및 소송의 쟁점(개정판), 이한무, 법률정보센터, 2014

[참고사례]

맥도날드의 가맹금 반환 건[수원지방법원성남지원 2002. 12. 24. 선고 2002가단13668(환급금) 판결]; (주)하이쿨 외 1의 가맹사업법 위반행위 건[공정거래위원회 2012. 2. 21. 의결 제2011-023호; 서울고등법원 2012. 8. 23. 선고 2012누8764판결; 대법원 2013. 1. 24. 선고 2012두22560(심리불속행기각) 판결]

Ⅰ. 가맹금의 반환의무

　　가맹본부는 ① 가맹본부가 제7조 제3항을 위반한 경우로서 가맹희망자 또는 가맹점사업자가 가맹계약 체결 전 또는 가맹계약의 체결일부터 4개월 이내에 가맹금의 반환을 요구하는 경우(제1호), ② 가맹본부가 제9조 제1항을 위반한 경우로서 가맹희망자가 가맹계약 체결 전에 가맹금의 반환을 요구하는 경우(제2호), ③ 가맹본부가 제9조 제1항을 위반한 경우로서 허위 또는 과장된 정보나 중요사항의 누락된 내용이 계약 체결에 중대한 영향을 준 것으로 인정되어 가맹점사업자가 가맹계약의 체결일부터 4개월 이내에 가맹금의 반환을 요구하는 경우(제3호), ④ 가맹본부가 정당한 사유 없이 가맹사업을 일방적으로 중단하고 가맹점사업자가 *대통령령*[1]으로 정하는 가맹사업의 중단일부터 4개월 이내에 가맹금의 반환을 요구하는 경우(제4호)의 어느 하나에 해당하는 경우에는 가맹희망자나 가맹점사업자가 *대통령령*[2]으로 정하는 사항이 적힌 서면으로 요구하는 날부터 1개월 이내에 가맹금을 반환하여야 한다(법 제10조 제1항).

---

1) 제11조(가맹사업의 중단일) 법 제10조제1항제4호에서 "대통령령으로 정하는 가맹사업의 중단일"이란 다음 각 호의 어느 하나에 해당하는 날을 말한다. 1. 가맹본부가 가맹점사업자에게 가맹사업의 중단일을 통지하는 경우에는 그 통지가 가맹점사업자에게 도달된 날 2. 가맹본부가 가맹점사업자에게 미리 통지함이 없이 가맹사업을 영위하는데 중대한 영향을 미치는 부동산·용역·설비·상품 등의 거래를 10일 이상 중단하고 가맹점사업자가 서면으로 거래재개일을 정하여 거래재개를 요청하였음에도 불구하고 가맹본부가 이에 응하지 아니한 경우에는 위 서면으로 정한 거래재개일

2) 제10조(가맹금 반환의 요구) 법 제10조제1항에 따라 가맹금의 반환을 요구하고자 하는 가맹점사업자 또는 가맹희망자는 다음 각 호의 사항이 기재된 서면으로 요구하여야 한다. 1. 가맹금의 반환을 요구하는 가맹점사업자 또는 가맹희망자의 주소·성명 2. 가맹본부가 허위 또는 과장된 정보를 제공하거나 중요사항을 누락한 사실 3. 가맹본부가 허위 또는 과장된 정보를 제공하거나 중요사항을 누락하여 계약체결에 중대한 영향을 준 것으로 인정되는 사실 4. 가맹본부가 정당한 이유없이 가맹사업을 일방적으로 중단한 사실과 그 일자 5. 반환대상이 되는 가맹금의 금액 6. 가맹본부가 정보공개서를 제공하지 아니한 사실 또는 정보공개서를 제공한 날부터 14일(가맹희망자가 정보공개서에 대하여 변호사 또는 법 제27조에 따른 가맹거래사의 자문을 받은 경우에는 7일)이 지나지 아니한 상태에서 가맹희망자로부터 가맹금을 수령하거나 가맹희망자와 가맹계약을 체결한 사실과 그 날짜

II. 반환금액 산정시 고려사항

제1항의 규정에 의하여 반환하는 가맹금의 금액을 정함에 있어서는 가맹계약의 체결경위, 금전이나 그 밖에 지급된 대가의 성격, 가맹계약기간, 계약이행기간, 가맹사업당사자의 귀책정도 등을 고려하여야 한다(법 제10조 제2항). 위 제1호 내지는 제3호의 경우에는 가맹금 전부를 반환하는 것이 원칙이다.[3]

법원이 가맹금반환을 인정한 사례는 다음과 같다.

"프랜차이즈계약이 계약기간의 중간에 해지되었을 경우에 계약 체결시에 가맹본부(franchisor)가 받은 금전 중에 일부를 가맹점(franchisee)에게 반환하여야 하는가 하는 문제는, 가맹점이 가맹본부에게 지급한 금전이 어떤 이름으로 지급하였는가를 가지고만 볼 것이 아니라 무엇에 대한 대가로 지급한 것이고, 프랜차이즈 계약의 해지 경위와 그에 있어서 당사자의 귀책사유 유무 등을 종합적으로 고려하여 판단하여야 할 것인바, 이 사건에서 피고가 원고에게 지급한 프랜차이즈 수수료는 가맹금의 성격을 가지는 금전으로서 원고가 라이센스를 부여받은 맥도날드의 영업표지를 피고가 사용하는 것에 대한 대가로 봄이 상당하고, 영업표지의 사용에 대한 이익은 기간에 따라 균등의 비율로 귀속되는 것이 원칙이며, 원고가 피고로부터 이 사건 점포를 인수(또는 우선매수)하여 직영하는 방법으로 피고가 투하자본을 회수하기로 이 사건 계약이 합의해지된 점(원고는 이 사건 점포의 개설비(opening expenses)까지 인수대금에 포함하여 피고에게 지급한 것으로 보인다)에 비추어 볼 때, 원고는 지급받은 가맹금 중 이 사건 계약의 합의해지 후 잔여기간에 해당하는 부분은 피고에게 반환하여야 함"<맥도날드의 가맹금 반환 건>[4]

법원이 가맹금반환을 인정하지 않은 사례는 다음과 같다.

"반환명령의 대상인 가맹금은 가맹사업법 제2조 제6호 각 목의 대가 중 가맹본부에 귀속되지 아니하는 것으로서 가맹사업법 시행령 제3조 제1항 각 호의 대가를 제외한 것이어야 할 뿐만 아니라, 가맹사업법 제10조 제2항의 사항도 고려한 금액이어야 한다고 보고, A분원 개설대가 1,110만 원 중 가맹비, 교육지원비는 전액이 가맹금에 해당한다고 볼 수 있으나 물품비나 ID사용료(온라인 콘텐츠 사용권에 대

---

3) 이한무, 221면.
4) 수원지법성남지원판 2002. 12. 24. 2002가단13668(환급금).

한 대가)는 가맹본부 甲에 귀속되지 않는 부분을 제외한 한도 내에서 가맹금에 해당한다고 볼 수 있음에도 A분원 개설대가 1,110만 원 전부를 가맹금이라고 보고 그 반환을 명한 부분은 가맹금에 관하여 사실을 오인하여 재량권을 일탈·남용한 것으로 위법하다고 판시하였으며, 또한 가맹사업법 제10조 제2항에 따라 '반환할 가맹금'의 금액을 정할 때 가맹본부 甲에게 가맹금의 반환을 요구하는 내용증명 우편을 보낸 무렵까지는 가맹점사업자 乙이 A분원을 운영한 사정도 고려해야 함에도 이를 전혀 고려하지 않은 채 반환명령을 한 것도 재량권을 일탈·남용한 것으로 위법함"<(주)하이쿨 외 1의 가맹사업법 위반행위 건>[5]

---

5) 서고판 2012. 8. 23. 2012누8764[대판 2013. 1. 24. 2012두22560(심리불속행기각)].

제11조(가맹계약서의 기재사항 등)

① 가맹본부는 가맹희망자가 가맹계약의 내용을 미리 이해할 수 있도록 제2항 각 호의 사항이 적힌 문서를 가맹희망자에게 제공한 날부터 14일이 지나지 아니한 경우에는 다음 각 호의 어느 하나에 해당하는 행위를 하여서는 아니 된다. <개정 2007. 8. 3., 2017. 4. 18.>

1. 가맹희망자로부터 가맹금을 수령하는 행위. 이 경우 가맹희망자가 예치기관에 예치가맹금을 예치하는 때에는 최초로 예치한 날(가맹희망자가 최초로 가맹금을 예치하기로 가맹본부와 합의한 날이 있는 경우에는 그 날)에 가맹금을 수령한 것으로 본다.

2. 가맹희망자와 가맹계약을 체결하는 행위

② 가맹계약서는 다음 각호의 사항을 포함하여야 한다. <개정 2007. 8. 3., 2018. 10. 16.>

1. 영업표지의 사용권 부여에 관한 사항

2. 가맹점사업자의 영업활동 조건에 관한 사항

3. 가맹점사업자에 대한 교육·훈련, 경영지도에 관한 사항

4. 가맹금 등의 지급에 관한 사항

5. 영업지역의 설정에 관한 사항

6. 계약기간에 관한 사항

7. 영업의 양도에 관한 사항

8. 계약해지의 사유에 관한 사항

9. 가맹희망자 또는 가맹점사업자가 가맹계약을 체결한 날부터 2개월(가맹점사업자가 2개월 이전에 가맹사업을 개시하는 경우에는 가맹사업개시일)까지의 기간 동안 예치가맹금을 예치기관에 예치하여야 한다는 사항. 다만, 가맹본부가 제15조의2에 따른 가맹점사업자피해보상보험계약 등을 체결한 경우에는 그에 관한 사항으로 한다.

10. 가맹희망자가 정보공개서에 대하여 변호사 또는 제27조에 따른 가맹거래사의 자문을 받은 경우 이에 관한 사항

11. 가맹본부 또는 가맹본부 임원의 위법행위 또는 가맹사업의 명성이나 신용을 훼손하는 등 사회상규에 반하는 행위로 인하여 가맹점사업자에게 발생한 손해에 대한 배상의무에 관한 사항

12. 그 밖에 가맹사업당사자의 권리·의무에 관한 사항으로서 대통령령이 정하는 사항

③ 가맹본부는 가맹계약서를 가맹사업의 거래가 종료된 날부터 3년간 보관하여야 한다.

④ 공정거래위원회는 가맹본부에게 건전한 가맹사업거래질서를 확립하고 불공정한 내용의 가맹계약이 통용되는 것을 방지하기 위하여 일정한 가맹사업거래에서 표준이 되는 가맹계약서의 작성 및 사용을 권장할 수 있다.

[제목개정 2007. 8. 3.]

 목 차

[참고사례]

한국피자헛(유)의 가맹사업법 위반행위 건(공정거래위원회 2017. 1. 20. 의결 제2017-033호; 서울고등법원 2017. 8. 17. 선고 2017누38630 판결); ㈜쿠우쿠우의 가맹사업법 위반행위 건(공정거래위원회 2018. 1. 17. 의결 제2018-051호); ㈜마세다린의 가맹사업법 위반행위 건(공정거래위원회 2018. 1. 17. 의결 제2018-049호); ㈜바르다김선생의 가맹사업법 위반행위 건(공정거래위원회 2018. 2. 5. 의결 제2018-068호)

Ⅰ. 계약정보의 제공의무

가맹본부는 가맹희망자가 가맹계약의 내용을 미리 이해할 수 있도록 제2항 각 호의 사항이 적힌 문서를 가맹희망자에게 제공한 날부터 14일이 지나지 아니한 경우에는 ① 가맹희망자로부터 가맹금을 수령하는 행위[이 경우 가맹희망자가 예치기관에 예치가맹금을 예치하는 때에는 최초로 예치한 날(가맹희망자가 최초로 가맹금을 예치하기로 가맹본부와 합의한 날이 있는 경우에는 그 날)에 가맹금을 수령한 것으로 봄](제1호), ② 가맹희망자와 가맹계약을 체결하는 행위(제2호)의 어느 하나에 해당하는 행위를 하여서는 아니 된다(법 제11조 제1항).

II. 가맹계약서의 포함사항

가맹계약서는 ① 영업표지의 사용권 부여에 관한 사항(제1호), ② 가맹점사업자의 영업활동 조건에 관한 사항(제2호), ③ 가맹점사업자에 대한 교육·훈련, 경영지도에 관한 사항(제3호), ④ 가맹금 등의 지급에 관한 사항(제4호), ⑤ 영업지역의 설정에 관한 사항(제5호), ⑥ 계약기간에 관한 사항(제6호), ⑦ 영업의 양도에 관한 사항(제7호), ⑧ 계약해지의 사유에 관한 사항(제8호), ⑨ 가맹희망자 또는 가맹점사업자가 가맹계약을 체결한 날부터 2개월(가맹점사업자가 2개월 이전에 가맹사업을 개시하는 경우에는 가맹사업개시일)까지의 기간 동안 예치가맹금을 예치기관에 예치하여야 한다는 사항(다만, 가맹본부가 제15조의2에 따른 가맹점사업자피해보상보험계약 등을 체결한 경우에는 그에 관한 사항)(제9호), ⑩ 가맹희망자가 정보공개서에 대하여 변호사 또는 제27조에 따른 가맹거래사의 자문을 받은 경우 이에 관한 사항(제10호), ⑪ 가맹본부 또는 가맹본부 임원의 위법행위 또는 가맹사업의 명성이나 신용을 훼손하는 등 사회상규에 반하는 행위로 인하여 가맹점사업자에게 발생한 손해에 대한 배상의무에 관한 사항(제11호), ⑫ 그 밖에 가맹사업당사자의 권리·의무에 관한 사항으로서 *대통령령*[1]이 정하는 사항(제11호)을 포함하여야 한다(법 제11조 제2항).

<한국피자헛(유)의 가맹사업법 위반행위에 대한 건> 관련 행정소송에서 서울고등법원은 가맹점사업자가 각종 행정적 지원을 제공하는 대가로 지급하는 '가맹점서비스 수수료(Admin Fee)'를 가맹계약서상 반드시 기재해야 하는 사항으로 보았다.[2]

제11호는 2018. 10. 16. 신설된 조항이다. 그동안 일부 가맹본부 임원의 위법·부도덕한 행위로 인해 해당 브랜드의 이미지가 실추되어 가맹점주가 매출

---

1) 제12조(가맹사업당사자의 권리·의무에 관한 사항) 법 제11조제2항제12호에서 "대통령령이 정하는 사항"이란 다음 각 호의 어느 하나에 해당하는 사항을 말한다. <u>1. 가맹금 등 금전의 반환 조건에 관한 사항 2. 가맹점사업자의 영업설비·집기 등의 설치와 유지·보수 및 그 비용의 부담에 관한 사항 3. 가맹계약의 종료 및 해지에 따른 조치 사항 4. 가맹본부가 가맹계약의 갱신을 거절할 수 있는 정당한 사유에 관한 사항 5. 가맹본부의 영업비밀에 관한 사항 6. 가맹계약 위반으로 인한 손해배상에 관한 사항 7. 가맹본부와 가맹점사업자 사이의 분쟁 해결 절차에 관한 사항 8. 가맹본부가 다른 사업자에게 가맹사업을 양도하는 경우에는 종전 가맹사업자와의 계약에 관한 사항 9. 가맹본부의 지식재산권 유효기간 만료 시 조치에 관한 사항</u>

2) 서고판 2017. 8. 17. 2017누38630.

급감 등의 피해를 입는 사례가 연이어 발생하였으나, 점주들이 이에 대한 가맹본부 측의 책임을 묻기 어려운 문제가 있었다.[3] 이에, 개정 가맹거래법은 가맹본부나 그 임원이 위법 행위나 가맹사업의 명성·신용을 훼손하는 등 사회상규에 반하는 행위로 점주에게 손해를 입히면, 가맹본부 측이 그 배상 책임을 진다는 내용을 계약서에 기재토록 의무화했다. 가맹계약서에 가맹본부·임원의 위법·부도덕한 행위로 인한 손해에 대해 가맹본부 측이 책임을 진다는 내용이 명기되므로, 가맹점주들에게는 가맹본부나 그 임원의 일탈 행위로 인해 발생한 손해에 대해 가맹본부측으로부터 배상을 받을 수 있다는 점을 보다 확실히 해 주면서, 가맹본부 측에게는 관련 일탈 행위를 하지 않도록 억제케 하는 효과도 있을 것이다.[4]

Ⅲ. 가맹계약서의 보관의무

가맹본부는 가맹계약서를 가맹사업의 거래가 종료된 날부터 3년간 보관하여야 한다(법 제11조 제3항).

Ⅳ. 표준가맹계약서의 작성 및 사용 권장

공정거래위원회는 가맹본부에게 건전한 가맹사업거래질서를 확립하고 불공정한 내용의 가맹계약이 통용되는 것을 방지하기 위하여 일정한 가맹사업거래에서 표준이 되는 가맹계약서의 작성 및 사용을 권장할 수 있다(법 제11조 제4항).

---

3) 통상 '오너리스크'로 표현된다. 예 : H 치킨 여직원 성추행 사건(2017년 6월), M 피자 경비원 폭행 사건(2016년 4월) 등
4) 공정거래위원회 보도자료(2018. 9. 20.)

제12조(불공정거래행위의 금지)

① 가맹본부는 다음 각 호의 어느 하나에 해당하는 행위로서 가맹사업의 공정한 거래를 저해할 우려가 있는 행위를 하거나 다른 사업자로 하여금 이를 행하도록 하여서는 아니된다. <개정 2007. 8. 3., 2013. 8. 13., 2016. 3. 29.>

1. 가맹점사업자에 대하여 상품이나 용역의 공급 또는 영업의 지원 등을 부당하게 중단 또는 거절하거나 그 내용을 현저히 제한하는 행위

2. 가맹점사업자가 취급하는 상품 또는 용역의 가격, 거래상대방, 거래지역이나 가맹점사업자의 사업활동을 부당하게 구속하거나 제한하는 행위

3. 거래상의 지위를 이용하여 부당하게 가맹점사업자에게 불이익을 주는 행위

4. 삭제<2013. 8. 13.>

5. 계약의 목적과 내용, 발생할 손해 등 대통령령으로 정하는 기준에 비하여 과중한 위약금을 부과하는 등 가맹점사업자에게 부당하게 손해배상 의무를 부담시키는 행위

6. 제1호부터 제3호까지 및 제5호 외의 행위로서 부당하게 경쟁가맹본부의 가맹점사업자를 자기와 거래하도록 유인하는 행위 등 가맹사업의 공정한 거래를 저해할 우려가 있는 행위

② 제1항 각호의 규정에 의한 행위의 유형 또는 기준은 대통령령으로 정한다.

목 차

[참고문헌]

논문: 권영관, 가맹사업자에 대한 가맹본부의 구입강제행위 문제 고찰, 공정거래이슈브리핑 2019, 한국공정거래조정원

[참고사례]

㈜롯데리아의 거래상지위 남용행위 등 건(공정거래위원회 2000. 1. 8. 의결 제2000-001호; 서울고등법원 2001. 12. 4. 2000누2183 판결; 대법원 2006. 3. 10. 선고 2002두

332 판결); ㈜ 제너시스의 거래상지위 남용행위 등 건(공정거래위원회 2000. 12. 23. 의결 제 2000 – 180호; 서울고등법원 2003. 5. 22. 선고 2001누1484 판결; 대법원 2005. 6. 9. 선고 2003두7484 판결; ㈜제너시스의 가맹사업법 위반행위 건[공정거래위원회 2008. 4. 16. 의결 제2008 – 124호; 서울고등법원 2009. 9. 3. 선고 2008누26338; 대법원 2010. 1. 28. 선고 2009두17032(심리불속행기각) 판결]; 가맹본부의 계약종료 관련 손해배상청구 건{서울동부지방법원 2010. 2. 10. 선고 2009가합10414(본소), 10421(반소)[손해배상 (기) 판결]; 풀무원건강생활(주)의 가맹계약 해지 건{서울중앙지방법원 2013. 3. 29. 선고 2012가합505995[손해배상(기)] 판결}; 현대자동차(주)의 가맹사업법 위반행위 건[공정거래 위원회 2012. 11. 27. 의결 제2012 – 262호 판결; 서울고등법원 2014. 1. 17. 선고 2012 누40218 판결; 대법원 2014. 5. 29. 선고 2014두4016(심리불속행기각) 판결]; ㈜제너시 스비비큐의 가맹사업법 위반행위 건[공정거래위원회 2013. 8. 9. 의결 제2013 – 146호; 서 울고등법원 2014. 11. 26. 판결; 대법원 2015. 3. 27. (심리불속행기각) 판결]; ㈜토니모 리의 가맹사업법 위반행위 건(공정거래위원회 2014. 1. 8. 의결 제2014 – 008호; 서울고등 법원 2014. 11. 14. 선고 2014누4271 판결); 지앤푸드의 가맹사업법 위반행위 건(공정거래 위원회; 서울고등법원 2016. 5. 26. 선고 2015누51554 판결); 한국피자헛(유)의 가맹사업 법 위반행위 건(공정거래위원회 2017. 1. 20. 의결 제2017 – 033호; 서울고등법원 2017. 8. 17. 선고 2017누38630 판결); ㈜토니모리의 가맹사업법 위반행위 건(공정거래위원회 2017. 1. 26. 의결 제2017 – 080호); ㈜통인익스프레스의 가맹사업법 위반행위 건(공정거래 위원회 2017. 6. 20. 의결 제2017 – 204호); ㈜핑크에이지의 가맹사업법 위반행위 건(공정 거래위원회 2017. 8. 8. 의결 제2017 – 082호); ㈜마세다린의 가맹사업법 위반행위 건[공 정거래위원회 2018. 1. 17. 의결 제2018 – 049; 서울고등법원 2018. 12. 19. 2018누43424 판결; 대법원 2019. 5. 10. 선고 2019두32733(심리불속행 기각) 판결]); ㈜바르다김선생 의 가맹사업법 위반행위 건[공정거래위원회 2018. 2. 5. 의결 제2018 – 068호; 서울고등법 원; 대법원 2018. 11. 9. 선고 2015두59686 판결]); 한국피자헛(유)의 가맹사업법 위반행위 건(공정거래위원회 2018. 6. 4. 의결 제2018 – 210호); ㈜비에치씨의 가맹사업위반행위 건 (공정거래위원회 2018. 7. 5. 의결 제2018 – 234호); ㈜웰빙을만드는사람들의 가맹사업법 위반행위 건(공정거래위원회 2018. 11. 29. 의결(약) 제2018-102호); ㈜카페베네의 가맹사 업법위반행위 건(공정거래위원회 2014. 9. 29. 의결 제2014 – 210호; 서울고등법원 2015. 11. 12 선고 2014누67712 판결; 대법원 2018. 11. 9. 선고 2015두59686 판결)

I. 의의

가맹본부는 다음의 어느 하나에 해당하는 행위로서 가맹사업의 공정한 거래를 저해할 우려가 있는 행위를 하거나 다른 사업자로 하여금 이를 행하도록 하여서는 아니된다(법 제12조 제1항).

1. 거래거절행위

불공정거래행위의 첫째 유형은 가맹점사업자에 대하여 상품이나 용역의 공급 또는 영업의 지원 등을 부당하게 중단 또는 거절하거나 그 내용을 현저히 제한하는 행위(제1호)이다.

가맹사업거래의 특성에 비추어 가맹본부가 가맹점사업자에 대하여 상품이나 용역의 공급 또는 영업의 지원 등을 중단 또는 거절하는 행위가 불공정거래행위로서의 거래거절에 해당하기 위해서는, 가맹점사업자의 계약위반 등 가맹점사업자의 귀책사유로 인하여 가맹사업의 거래관계를 지속하기 어려운 중대한 사정이 없음에도 불구하고 가맹점사업자의 계속적인 거래기회를 박탈하여 그 사업활동을 곤란하게 하거나 가맹점사업자에 대한 부당한 통제 등의 목적달성을 위하여 그 실효성을 확보하기 위한 수단 등으로 부당하게 행하여진 경우라야 한다(<㈜ 제너시스의 거래상지위 남용행위 등 건>[1], <㈜롯데리아의 거래상지위 남용행위 등 건>).[2]

즉 법 제12조 제1항 제1호의 부당한 영업지원 등의 거절행위가 성립하기 위해서는 가맹본부가 정당한 이유 없이 거래기간 중에 상품공급을 중단 또는 거절하거나 그 내용을 현저히 제한하여야 한다. 다만, 가맹점사업자의 계약위반 등 가맹점사업자의 귀책사유로 가맹사업의 거래관계를 지속하기 어려운 사정이 발생한 경우에는 위법성이 조각된다.

법원이 법위반을 인정한 사례는 다음과 같다.

---

1) 대판 2005. 6. 9. 2003두7484.
2) 대판 2006. 3. 10. 2002두332.

"계약의 합의해지는 계속적 채무관계에 있어서 당사자가 이미 체결한 계약의 효력을 장래에 향하여 소멸시킬 것을 내용으로 하는 새로운 계약으로서 이를 인정하기 위하여는 계약이 성립하는 경우와 마찬가지로 기존계약의 효력을 장래에 향하여 소멸시키기로 하는 내용의 청약과 승낙이라는 서로 대립하는 의사표시가 합치될 것을 그 요건으로 하는 것이고, 이러한 합의가 성립하기 위하여는 쌍방당사자의 표시행위에 나타난 의사의 내용이 서로 객관적으로 일치하려야 하고, 또 계약의 합의해지는 묵시적으로 이루어질 수도 있으나, 이와 같은 묵시적 합의해지는 계약에 따른 채무의 이행이 시작된 후에 당사자 쌍방의 계약실현 의사의 결여 또는 포기로 인하여 계약을 실현하지 아니할 의사가 일치되어야만 함(대법원 2000. 3. 10. 선고 99다70884 판결 등 참조). (중략) 그런데 피고는 2009. 12. 29. 원고에게 가맹계약을 해지한다는 의사를 표시하고 일방적으로 거래를 중단하였으므로, 거래거절에 해당하는 불공정거래행위라고 할 것임"<풀무원건강생활(주)의 가맹계약 해지 건>3)

　　법원이 법위반을 인정하지 않은 사례는 다음과 같다.

"가맹점사업자인 별빛점 대표 소외인이 원고로부터 수차례에 걸쳐 지도 및 경고를 받았음에도 불구하고 원고가 공급하는 양배추샐러드와 치킨박스(Box)를 사용하지 않고 다른 업체로부터 구입한 백깍두기와 치킨박스를 사용한 행위는 가맹점계약 제6조 제3항 제3호, 제1항에 의한 물류중단사유에 해당함과 아울러 가맹점계약 제9조 제1, 3, 4, 6항, 제6조 제1항에 의한 가맹점계약의 해지사유에 해당하고, 이는 가맹점계약상의 가맹점사업자로서의 의무를 위반한 것으로서 소외인의 귀책사유로 인하여 가맹사업의 거래관계를 지속하기 어려운 중대한 사정에 해당한다고 할 것이며, 나아가 소외인의 그와 같은 일련의 행위로 인하여 가맹본부인 원고와 가맹점사업자인 소외인 사이의 신뢰관계는 이미 붕괴되었다 할 것이고, 위와 같은 소외인의 행위를 이유로 한 원고의 물류중단조치나 가맹점계약의 해지행위가 단지 소외인의 사업활동을 곤란하게 할 의도로 남용된 것이라거나 양배추샐러드의 일방적인 공급행위를 통한 구입강제, 광고전단지 비용의 일방적인 전가행위를 통한 불이익제공행위, 구속조건부거래행위 등의 목적달성을 위하여 그 실효성을 확보하기 위한 수단으로 부당하게 행하여 진 것으로 볼 수도 없으므로, 불공정거래행위로서의 거래거절에 해당한다고 할 수 없음"<(주)제너시스의 거래상지위 남용행위 등 건>,4) "지정된 상품이 아닌 상품의 비치·판매와 허위인터뷰는 가맹점계약의 본질적인 부분을 해하는 것으로서 계속적 거래관계를 지속하기 어려운 중대한 사유

---

3) 서울중앙지판 2013. 3. 29. 2012가합505995[손해배상(기)].

에 해당한다고 할 것이고, 나아가 소외인의 위와 같은 행위로 인하여 가맹본부인 원고와 가맹점사업자인 소외인 사이의 신뢰관계는 이미 붕괴되었다 할 것이며, 위와 같은 사정을 들어서 한 원고의 가맹점계약의 해지권의 행사가 단지 소외인의 사업활동을 곤란하게 할 의도로 남용된 것이라거나 법이 금지하고 있는 목적 달성을 위하여 그 실효성을 확보하기 위한 수단으로 부당하게 행하여 진 것으로 볼 만한 자료가 없으므로 이 사건 가맹점계약의 해지행위는 불공정거래행위로서의 거래거절에 해당한다고 할 수 없음"<㈜롯데리아의 거래상지위 남용행위 등 건>[5]

2. 구속조건부 거래행위

불공정거래행위의 둘째 유형은 가맹점사업자가 취급하는 상품 또는 용역의 가격, 거래상대방, 거래지역이나 가맹점사업자의 사업활동을 부당하게 구속하거나 제한하는 행위(제2호)이다.

관계 법령의 내용, 형식, 체제 및 입법 취지 등에 비추어 보면, 가맹본부가 인테리어 시공 및 설비·기기·용품 등의 구입을 자기 또는 자기가 지정한 자로부터 하도록 하는 행위가 '부당하게 가맹점사업자에게 특정한 거래상대방과 거래할 것을 강제하는 행위'에 해당하는지 여부는, 가맹사업의 목적과 가맹점계약의 내용, 가맹금의 지급방식, 가맹사업의 대상인 상품 또는 용역과 설비와의 관계에 비추어 보았을 때, ① 객관적으로 설비 등이 가맹사업을 경영하는 데에 필수적인 것인지, ② 가맹사업의 통일적 이미지 확보와 상품의 동일한 품질 유지를 위한 기술관리·표준관리·유통관리·위생관리의 필요성 등의 측면에서 가맹점사업자에게 사양서나 품질기준만을 제시하고 임의로 구입 또는 설치하도록 방치하여서는 가맹사업의 통일적 이미지 확보와 상품의 동일한 품질을 보증하는 데 지장이 있는지(대법원 2006. 3. 10. 선고 2002두332 판결 참조), ③ 미리 정보공개서를 통하여 가맹점사업자에게 특정한 거래상대방과 거래해야만 한다는 점을 알리고 가맹점사업자와 계약을 체결하였는지 등을 종합적으로 고려하여 판단하여야 한다<㈜카페베네의 가맹사업법 위반행위 건>.[6]

한편 특정한 거래상대방과 거래하도록 '강제'하는 행위에는, 상대방이 구입

---

4) 대판 2005. 6. 9. 2003두7484.

5) 대판 2006. 3. 10. 2002두332.

6) 대판 2018. 11. 9. 2015두59686. 유사 판례로는 <㈜롯데리아의 거래상지위 남용행위 등 건> 대판 2006. 3. 10. 2002두332.

하지 아니할 수 없는 객관적인 상황을 만들어내는 것도 포함된다(대법원 2002. 1. 25. 선고 2000두9359 판결 등 참조). 또한 가맹점사업자가 가맹계약 체결 전에 특정한 거래상대방과 거래하여야 하는 사정을 정보공개서를 통해 알리거나, 그에 대하여 사전에 의사 합치가 있는 상태에서 가맹계약을 체결하였다는 사정이 있다고 하더라도, 그와 같은 사정이 있기만 하면 언제나 '부당하게 가맹점사업자에게 특정한 거래상대방과 거래할 것을 강제하는 행위'에 해당하지 않는다고 단정할 수는 없다<㈜카페베네의 가맹사업법 위반행위 건>.[7]

법원이 법위반으로 인정한 사례는 다음과 같다.

"1인의자, 테이블, 빠의자, 금전등록기, 전산장비(PC)의 설비와 용도는 원고의 가맹사업의 통일적 이미지나 주력상품 내지 중심상품인 패스트푸드의 맛과 품질의 동일성과 관련이 없는 점, 위 5개의 설비가 원고가 가맹점사업자들에게 공급하는 설비에서 차지하는 비중, 위 5개의 설비에 대해서는 원고가 품질기준을 제시하고 가맹점사업자로 하여금 자유롭게 구매하게 하더라도 위 5개의 설비의 용도나 기능에 지장이 있다고 보이지 아니하는 점 등 사정에 비추어 살펴보면, 원심이 들고 있는 사정을 감안하더라도 원고가 가맹점사업자에게 위 5개의 설비를 원고로부터만 구입 또는 설치하도록 하는 것은 가맹사업의 목적달성에 필요한 범위 내의 통제라고 하기 어렵고, 따라서 거래상의 지위를 이용하여 부당하게 점포설비의 구입 및 설치를 자기 또는 자기가 지정한 자로부터 하도록 강제하는 행위에 해당함"<㈜롯데리아의 거래상지위 남용행위 등 건>,[8] "주방용세제, 폴리백, 청소용페이퍼타올, 더스터, 케이(KAY)-5(이하 'K-5'로 표시한다) 등 5개의 일반공산품의 용도는 원고의 가맹사업의 중심상품인 패스트푸드의 맛과 품질의 균질성과 관련이 없는 점, 위 5개의 일반공산품이 원고가 가맹점사업자들에게 공급하는 일반공산품에서 차지하는 비중, 위 5개의 일반공산품에 대해서는 원고가 품질기준을 제시하고 가맹점사업자가 자유롭게 구매한다고 하더라도 그 용도나 기능에 지장이 있다고 보이지 아니하는 점 등에 비추어 보면, 원심이 들고 있는 사정을 감안하더라도 원고가 가맹점사업자에게 위 5개의 일반공산품을 원고로부터만 공급받도록 하는 것은 가맹사업의 목적달성에 필요한 범위 내의 통제라고 하기 어려우므로 거래상의 지위를 이용하여 부당하게 거래상대방으로 하여금 구입할 의사가 없는 상품을 구입하도록 강제하는 행위에 해당함"<㈜롯데리아의 거래상지위 남용행위 등 건>,[9] "원고가 인테리어 시공을 원고 또는 △△디자인에게만 맡기도록 하는 행위는 특정

---

7) 대판 2018. 11. 9. 2015두59686.

8) 대판 2006. 3. 10. 2002두332.

9) 대판 2006. 3. 10. 2002두332.

한 거래상대방과 거래할 것을 '강제'하는 행위에 해당한다고 볼 여지가 충분함. 특히 그중 기본공사 부분은 더욱 그러함. 원심은 인테리어 시공 중 기본공사 부분과 추가공사 부분을 구분한 후 추가공사 부분은 다른 업체를 선택할 권한이 언제부터 있었는지를 밝히는 등 각각 '특정한 거래상대방과 거래할 것을 강제하는 행위'에 해당하는지를 살펴보았어야 함. 그런데도 원심은 이와 달리, 가맹희망자들이 가맹계약 체결단계에서 정보공개서를 통해 인테리어 시공을 원고 측에만 맡겨야 한다는 사정을 알고 있었고 다른 가맹본부와 비교하여 자신에게 가장 적합한 커피전문점을 선택하고 원고와 계약체결과정에서 자유롭게 이탈할 수 있었다는 점 등을 이유로 들면서, 기본공사와 추가공사도 구분하지 아니한 채 인테리어 시공 전체에 대하여 일률적으로 '특정한 거래상대방과 거래할 것을 강제하는 행위'에 해당하지 않는다고 판단하였음. 이러한 원심판결에는 거래상대방 제한행위의 강제성에 관한 법리를 오해하여 필요한 심리를 다하지 않은 잘못이 있음"<㈜카페베네의 가맹사업법 위반행위 건>,[10] "원고가 가맹점사업자에게 설비·기기·용품 일체의 공급을 원고에게만 맡기도록 한 행위는, 다음과 같은 이유로 '부당하게 특정한 거래상대방과 거래할 것을 강제하는 행위'라고 볼 여지가 충분함. ① 원고가 가맹점사업자들에게 일괄 구매하도록 한 설비·기기·용품에는, 가맹사업에 필수적이지 않거나 거래가 강제되지 않더라도 가맹본부의 상표권 보호와 상품 등의 동일성 유지가 어렵지 않은 설비 등이 포함된 것으로 보임. 그 경우 원고가 품질기준을 제시하고 가맹점사업자가 자유롭게 거래상대방을 정하여 구매한다고 하더라도, 특별한 사정이 없는 한 그 용도나 기능에 지장이 있다고 보기 어려움. ② 원고가 2012. 4. 이후 수정한 '견적/약정서'에 의하더라도, 거래상대방 선택이 가능한 품목이 전체의 65% 정도에 이름. ③ 원고의 가맹사업은 가맹점사업자로부터 매출액의 일정 비율에 상당하는 돈을 로열티로 받는 구조임에도, 전체 매출액 중 설비·기기·용품의 공급 등으로 인한 비율이 상대적으로 높았음. 그런데도 원심은 이와 달리, 설비·기기·용품이 가맹점 개점 시기에 맞추어 적기에 공급될 필요성이 있다는 등의 이유를 들어 가맹사업에 필수적인 경우와 그렇지 않은 경우, 또는 특정한 거래상대방과 거래하지 않고서는 가맹본부의 상표권 보호와 상품 등의 동일성 유지가 어려운 경우와 그렇지 않은 경우의 구체적 범위를 확정하지 않은 채, 설비·기기·용품 전부에 대하여 '부당하게 가맹점사업자에게 특정한 거래상대방과 거래할 것을 강제하는 행위'에 해당하지 않는다고 판단하였음. 이러한 원심판결에는 거래상대방 제한행위의 부당성 등에 관한 법리를 오해하여 필요한 심리를 다하지 않은 잘못이

---

10) 대판 2018. 11. 9. 2015두59686. 가맹본부인 원고가 가맹점사업자에게 원고와 특정업체를 통해서만 인테리어공사를 하도록 하고 원고를 통해서만 설비·기기·용품 일체의 공급을 받도록 하는 가맹계약을 체결한 사안에서, 가맹사업법령상의 '부당하게 가맹사업자에게 특정한 거래상대방과 거래할 것을 강제하는 행위'의 판단기준을 밝힌 사건이다. 강우찬, 대법원 공정거래사건 주요판결요지, 경쟁저널(2019.2), 26면.

있음"＜㈜카페베네의 가맹사업법 위반행위 건＞,[11] "가맹점사업자들은 가맹계약으로 인하여 발생할 손해 또는 이득에 관한 구체적인 정보는 제공받지 못한 상황이었던 것으로 보이고, 이 사건 부자재의 경우 가맹계약 체결이 이루어진 이후에도 거래상대방을 변경할 수 없도록 한 강제가 계속 존재하게 되는데, 거래개시단계에서 가맹본부의 개략적인 정보제공이 있었고 가맹점 사업자가 이를 알았다는 이유만으로 가맹사업법 제12조가 적용되지 않는다고 해석하는 것은 가맹사업법의 입법취지를 몰각시킬 우려가 있음"＜마세다린의 가맹사업법 위반행위 건＞,[12] "원고의 가맹사업 경영을 위한 필수적이고 객관적인 상품 또는 재료에 냅킨 PT병, 대나무포크와 같은 이 사건 부자재들이 포함된다고 보기 어렵고, 원고의 가맹사업의 주 품목인 치킨을 조리하기 위한 과정에서 이 사건 주방집기들 가운데 가위, 국자, 주걱, 바구니, 저울 등이 필수적이고 객관적인 설비 내지 상품으로 볼 수 있다고 하더라도, 원고가 구입한 혹은 구입하도록 지정한 업체의 주방집기만이 가맹사업을 위한 필수적이고 객관적인 상품이라고 보기 어려움"＜마세다린의 가맹사업법 위반행위 건＞,[13] "계약체결전 정보공개서를 통해 알리거나, 사전에 의사합치가 있는 상태에서 가맹계약을 체결하였다는 사정이 있다 하더라도 그와 같은 사정이 있기만 하면 언제나 '부당하게 가맹점사업자에게 특정한 거래상대방과 거래할 것을 강제하는 행위'에 해당하지 않는다고 단정할 수는 없음"＜바르다김선생의 가맹사업법 위반행위 건＞[14]

법원이 위법성을 인정하지 않은 사례는 다음과 같다.

원고가 가맹점사업자로부터 매출액의 일정비율에 상당하는 금원을 가맹금으로 받는 것이 아니라 가맹점사업자에게 공급하는 원·부재료의 가격과 원고가 구입하는 원·부재료의 가격의 차액에 해당하는 금원을 가맹금으로 하는 사업구조를 취하고 있으므로 모든 원·부재료를 가맹점사업자가 개별적으로 직접 구입하도록 한다면 원고의 가맹사업의 존립 자체가 불가능하게 되는 점, 원고가 가맹사업의 통일적 이미지와 중심상품인 햄버거 등 패스트푸드의 맛과 품질을 전국적으로 동일하게 유지하기 위하여는 탄산시럽(사이다, 콜라), 후르츠칵테일, 밀감, 천연체리, 가당연유, 오렌지쥬스, 빙수용찰떡, 모카시럽, 케찹(팩), 피클, 그라뉴당, 마스타드, 슈가(팩), 카넬콘, 후라잉오일, 액상제리 등 16개의 일반공산품에 대하여 지속적으로 유통과정, 유통기한 등을 관리·통제할 필요성이 있다고 보이는 점, 원고가 위 16

11) 대판 2018. 11. 9. 2015두59686.
12) 서고판 2018. 12. 19. 2018누43424(대판 2019. 5. 10. 2019두32733).
13) 서고판 2018. 12. 19. 2018누43424(대판 2019. 5. 10. 2019두32733).
14) 대판 2018. 11. 9. 2015두59686.

개의 일반공산품을 가맹점사업자에게 공급함에 있어서 그 가격을 시중거래가격 이
상으로 책정하여 부당한 이윤을 취득하였다는 점을 인정할 자료도 없는 점 등을
종합적으로 고려하면, 원고가 가맹점사업자에게 위 16개의 일반공산품을 원고로부
터만 공급받도록 하는 것은 가맹사업의 목적달성에 필요한 범위 내의 통제로서 거
래상의 지위를 이용하여 부당하게 거래상대방으로 하여금 구입할 의사가 없는 상
품을 구입하도록 강제하는 행위에 해당한다고 할 수 없음<㈜롯데리아의 거래상지
위 남용행위 등 건>,[15] "가맹사업법 제12조 제1항 제2호는 가맹본부가 가맹계약
관계에 따른 경제적 우위에 있음을 이용하여 가맹점사업자의 영업활동을 부당하게
구속하거나 제한하는 행위를 구속조건부거래 행위로 보아 금지하고 있는데, 여기
서 가맹점사업자는 가맹본부로부터 가맹점 운영권을 부여받은 사업자로서 가맹본
부와 가맹계약을 체결한 것을 전제로 하므로 가맹계약을 체결하지 아니한 가맹희
망자는 여기에 해당하지 아니함. 가맹희망자는 가맹점점포 개설을 포함한 여러 가
맹계약 조건을 검토한 뒤 가맹계약 체결 여부에 관한 의사를 자유로이 결정할 수
있기 때문에 가맹본부와 이미 가맹계약을 체결하여 가맹계약의 계속적 구속을 받
는 가맹점사업자와는 그 법적 지위가 같다고 할 수 없다. 따라서 가맹본부가 가맹
계약관계가 유지되는 기간 내내 가맹점사업자에 대하여 가맹점 점포에 관한 인테
리어 용역, 설비 등에 관하여 거래상대방을 제한하는 것이 아니라 가맹계약 체결
과정에서 가맹희망자에 대하여 가맹점영업활동을 위한 최초의 가맹점 점포를 설치
하기 위한 인테리어 용역 및 설비의 종류, 이에 대한 거래상대방을 제한하는 것은
가맹희망 자에게 제시한 가맹계약의 조건에 해당하여 가맹희망자가 가맹계약의 체
결 여부를 결정하는데 고려하여야 할 여러 요소 중의 하나일 뿐, 가맹본부와 사이
에 가맹계약이 체결된 것을 전제로 가맹점사업자가 그 의사에 반하여 강제적으로
따라야 하는 구속이라고 할 수 없으므로 위 조항에서 말하는 불공정거래행위라고
할 수 없음"<㈜카페베네의 가맹사업법 위반행위 건>[16]

　공정거래위원회가 법위반으로 인정하지 않은 사례는 다음과 같다.

"일반공산품 중 식자재 품목에 대한 행위 관련, 피심인이 강남물엿 등 10개 품목
을 자신으로부터만 구입하도록 가맹점사업자에게 강제한 사실은 인정되나, ① 이
들 품목들은 피심인이 정한 조리기준에 따라 김밥 등의 조리과정에 투입되므로 중
심상품의 맛·품질 등과 직접 관련되는 점, ② 피심인은 가맹점사업자가 지정상품
을 이용하고 유통기한 등을 준수하는지 여부를 지속적으로 관리하여야 할 필요성

15) 대판 2006. 3. 10. 2002두332.
16) 서고판 2015. 11. 12. 2014누67712.

이 있는 점 등을 고려할 때, 가맹사업의 목적달성에 필요한 범위를 넘어 부당하게 거래상대방을 구속하였다고 보기 어려우므로 법 제12조 제1항 제2호에 위반되지 아니함"<㈜바르다김선생의 가맹사업법 위반행위 건>,[17] "주문생산품 중 나무젓가락, 물티슈, 냅킨에 대한 행위 관련, 피심인이 주문생산품 중 나무젓가락, 물티슈, 냅킨을 자신으로부터만 구입하도록 가맹점사업자에게 강제한 사실은 인정되나, ① 이들 품목들은 피심인이 재질, 규격 등을 구체적으로 지정하여 주문 생산한 제품들로서 가맹점사업자들이 일반 시중에서 쉽게 구매하기 어려울 뿐만 아니라 '바르다김선생'의 제품임을 알 수 있는 구체적인 표지를 포함하고 있고 당해 물품의 사용 여부가 소비자들의 만족 수준에 영향을 미칠 수 있으므로 가맹사업의 통일적 이미지와도 관련된다고 보이는 점, ② 피심인은 가맹점사업자가 지정상품을 이용하여 품질기준을 준수하는지 여부를 지속적으로 관리하여야 할 필요성이 있는 점 등을 고려할 때, 가맹사업의 목적달성에 필요한 범위를 넘어 부당하게 거래상대방을 구속하였다고 보기 어려우므로 법제12조 제1항 제2호에 위반되지 아니함"<㈜바르다김선생의 가맹사업법 위반행위 건>[18]

가맹본부는 가맹비의 하나로 법 시행령 제3조 제2항 제2호에서 정하는 바에 따라, 가맹사업자에게 자신이 공급하는 상품·원재료·부재료·정착물·설비 및 원자재의 가격 또는 부동산의 임차료에 대하여 가맹점사업자로부터 정기 또는 비정기적으로 지급받는 대가 중 적정한 도매가격을 넘는 대가를 '차액가맹금' 형태로 수취할 수 있다. 이러한 차액가맹금이 거래상대방을 지정하는 방식으로 이루어진 경우, 이른바 '필수품목'에 대해서는 부당한 구속조건부거래로서 부당성이 인정되지 않겠지만, '비필수품목'에 대해서는 차액가맹금이라 하더라도 구속조건부거래행위로서 법 위반 가능성이 있는 것이다.[19] 이러한 경우에는 정보공개서에 동 내용이 기재되어 있다 하더라도 마찬가지이다. 한편 현행 정보공개서 기재사항에서는 필수품목이라는 표현은 사용하지 않고 있으며, '강제 또는 권장' 품목이라는 표현을 쓰고 있는데, 권장품목을 필수품목이라고 보아야 하는지 등 의문이 있어서, 필수품목으로 명확히 통일하여 규정하는 것이 바람직하다고 본다.

---

17) 공정의 2018. 2. 5. 2018-068.

18) 공정의 2018. 2. 5. 2018-068.

19) 권영관, 146~149면 참조.

3. 거래상 지위 남용행위

불공정거래행위의 둘째 유형은 거래상의 지위를 이용하여 부당하게 가맹점
사업자에게 불이익을 주는 행위(제3호)이다. 법 제12조 제1항 제3호의 거래상 지
위를 이용한 부당한 불이익 제공행위가 성립하기 위해서는 ① 가맹본부가 가맹
점사업자에게 거래상 지위가 있어야 하고,20) ② 가맹점사업자에게 부당하게 불
이익을 주는 행위이어야 한다. 다만, 그 행위를 허용하지 아니하는 경우 가맹본
부의 상표권을 보호하고 상품 또는 용역의 동일성을 유지하기 어렵다는 사실이
객관적으로 인정되는 경우로서 해당 사실에 관하여 가맹본부가 미리 정보공개서
를 통하여 가맹점사업자에게 알리고가맹점사업자와 계약을 체결하는 경우에는
위법성이 조각된다.

불이익제공행위의 불이익에 해당하기 위해서는, 그 행위의 내용이 상대방에
게 다소 불이익하다는 점만으로는 부족하고, 구입 강제, 이익제공 강요, 판매목표
강제 등과 동일시할 수 있을 정도로 일방 당사자가 자기의 거래상 지위를 부당하
게 이용하여 그 거래조건을 설정 또는 변경하거나 그 이행과정에서 불이익을 준
것으로 인정되어야 한다. 또한 거래상 지위를 부당하게 이용하여 상대방에게 불이
익을 준 행위인지 여부는 당해 행위의 의도와 목적, 효과와 영향 등과 같은 구체
적 태양과 상품의 특성, 거래의 상황, 해당 사업자의 시장에서의 우월적 지위의
정도 및 상대방이 받게 되는 불이익의 내용과 정도 등에 비추어 볼 때 정상적인
거래 관행을 벗어난 것으로서 공정한 거래를 저해할 우려가 있는지 여부에 따라
결정되어야 한다<㈜카페베네의 가맹사업법 위반행위 건>.21)

---

20) <㈜토니모리의 가맹사업법 위반행위 건> 공정의 2017. 1. 26. 2017-080. 피심인은 가맹점
사업자에 대하여 거래상 지위가 있는 것으로 인정된다. 첫째, 피심인은 화장품 브랜드샵 시장
에서 최근 몇 년간 매출액이 급성장하고 있는 유력한 사업자로서 피심인 가맹점사업자들은 피
심인과 계속적인 거래관계를 유지하기를 희망한다는 점. 둘째, 한 점포에서 특정 브랜드의 제
품만을 판매하는 브랜드샵의 특성상 피심인가맹점사업자들은 피심인의 영업표지가 부착된 제
품만을 판매하므로 가맹점 운영과 관련하여 피심인에게 전적으로 의존하는 거래관계에 있다는
점. 셋째, 가맹점사업자들은 가맹사업에 대한 기술, 경험 및 자금 면에서 현격하게 우위에 있
는 가맹본부의 지원을 필요로 하는 위치에 있고, 가맹점사업자들은 가맹계약에 따라 가맹본부
와 지속적인 거래관계를 유지하면서 가맹본부가 요구하는 조건과 기준에 따라 점포 및 내부시
설을 준비하여야 하며 원치 않는 시기에 계약이 해지될 경우 위와 같은 시설투자비용을 충분
히 회수하기 어려워져 경제적 손실을 입게 된다는 점. 넷째, 가맹사업의 본질적 특성상 가맹사
업의 동일성 유지를 위한 범위 내에서 가맹본부의 가맹점사업자에 대한 일정한 통제가 허용된
다는 점.
21) 대판 2018. 11. 9. 2015두59686.

가맹본부가 모든 가맹점사업자에게 판매촉진활동의 일환으로 실시하는 할인
판매행사에 참여하도록 한 행위가 거래상의 지위를 이용하여 부당하게 가맹사업
자에게 불이익을 주는 행위로서 가맹사업의 공정한 거래를 저해할 우려가 있는
행위인지 여부는 가맹점계약의 내용, 할인판매행사의 목적과 내용, 할인판매행사
비용의 구체적인 분담내역, 할인판매행사에의 참여 및 할인판매행사비용의 분담
에 대한 가맹점사업자의 의사반영의 여부, 할인판매행사로 인하여 가맹점사업자
에게 생길 수 있는 손해발생의 개연성과 내용, 관련 업계의 거래관행과 거래형태
등 여러 사정을 종합하여 구체적으로 판단하여 결정하여야 할 것이다<㈜롯데리
아의 거래상지위 남용행위 등 건>.22)

법원이 법위반으로 인정한 사례는 다음과 같다.

"계약에 명시된 사전협의 없이 일방적으로 동일 상권 내에 신규 가맹점을 개설한
행위는 기존 가맹점사업자에게 불이익을 제공한 행위임"<㈜토니모리의 가맹사업
법 위반행위 건>,23) "상품권을 발행하면서 거래상 지위를 이용하여 부당하게 그
판촉비용을 가맹점사업자에게 분담하도록 강요한 행위 관련, 우선 가맹점사업자는
원고에게 일정한 가맹금을 지급하면서 원고의 영업표지를 사용하고 원고로부터
상품 생산의 노하우 등 영업 일체에 관한 지원을 받아 영업 활동을 하는 등 원고
에 크게 의존하는 거래관계에 있으므로, 원고는 가맹점사업자와의 관계에서 상대
적으로 우월한 지위 또는 적어도 상대방과의 거래활동에 상당한 영향을 미칠 수
있는 지위를 갖고 있다고 보고, 계약상 가맹점사업자가 상품권 수수료를 부담할
의무가 없고, 정보공개서에도 그러한 내용이 없으므로 가맹점사업자로 하여금 상
품권 수수료를 부담하도록 한 것은 거래 조건을 가맹점사업자에게 불이익하게 변
경하는 행위에 해당함"<(주)제너시스비비큐의 가맹사업법 위반행위 건>,24) "가
맹사업 경영의 필수시설이라고 볼 수 없는 고객편의시설에 대하여 블루핸즈 가맹
점들에게 시설환경표준화를 실시하도록 하면서 표준화를 실시하지 아니한 가맹점
에 대하여 서비스역량평가를 감점하는 방식 등으로 표준화를 강요한 행위, 표준화
가 진행 중이거나 도서지역 및 1년 미만의 가맹점 등에게 합리적·객관적 평가없이
서비스역량평가 대상에서 제외하고 최저등급을 적용하여 보증수리 공임을 지급한
행위는 불이익을 제공한 행위임"<현대자동차(주)의 가맹사업법 위반행위 건>,25)
"판촉 비용은 원고가 정하는 기준에 의하여 분담하고, 분담관계 및 그 기준에 대

22) 대판 2006. 3. 10. 2002두332.
23) 서고판 2014. 11. 14. 2014누42713.
24) 서고판 2014. 11. 26.
25) 서고판 2014. 1. 17. 2012누40218[대판 2014. 5. 29. 2014두4016(심리불속행기각)].

하여 가맹점사업자에게 미리 알리거나 행사에 대한 가맹점사업자의 자율적인 참가 여부와 배포 받을 판촉물의 수량에 관하여 미리 가맹점사업자의 신청이나 동의를 받지 아니하고, 가맹점사업자들에게 품질이 떨어져 고객들의 불만을 초래하게 된 일부 판촉물을 공급하면서 가맹점사업자들로 하여금 사실상 전체 판촉물의 구입비용을 부담하게 한 행위는 가맹사업법상 불이익제공행위에 해당함"<㈜제너시스의 가맹사업법 위반행위 건>,[26] "가맹점사업자에게 각종 행정적 지원을 제공하는 대가로 '가맹점서비스 수수료(Admin Fee)'라는 명칭의 가맹금을 가맹점사업자들로부터 매월 수령하면서 이를 가맹계약서에는 기재하지 아니한 행위에 대하여 Admin Fee 부과행위는 거래상 지위를 이용하여 가맹사업자에게 부당하게 불이익을 제공한 행위임"<한국피자헛(유)의 가맹사업법 위반행위에 대한 건>,[27] "가맹점사업자들과의 계약갱신과정에서 영업지역 축소조건으로 재계약을 한 것은 종전의 거래조건보다 뚜렷하게 불리한 조건으로 계약조건을 변경하여 가맹점사업자에게 불이익을 준 행위임"<지앤푸드의 가맹사업법 위반행위 건>[28]

법원이 법위반으로 인정하지 않은 사례는 다음과 같다.

"가맹점계약에 편입된 원고 제정의 '가맹점운영규칙'은 판매촉진활동은 기본적으로 가맹본부인 원고가 총괄, 기획, 집행, 감독하고, 가맹점사업자는 전국적 판매촉진행사에 의무적으로 참가하기로 하되, 부득이한 사유가 있어 원고가 인정하는 경우 예외적으로 참가하지 않을 수 있도록 되어 있는 점, 원고의 가맹조직의 지속적인 성장과 수익성 확보를 위하여 판매촉진활동의 일환으로서 이 사건 할인판매행사를 시행할 필요성이 있었다고 보이는 점, 이 사건 할인판매행사는 전국의 모든 가맹점사업자가 참가하는 행사로서 가맹본부의 이익은 물론 전체 가맹조직의 유지·발전이라는 공동목표를 위한 것이고, 실제로 할인판매행사의 수익금 중 상당부분을 가맹조직의 이미지를 높이는 데에 사용한 점, 이 사건 할인판매행사의 경우 원가율에 따른 판매가격에 비추어 가맹점사업자의 마진율이 어느 정도 보장된 것으로 볼 수 있고, 할인판매행사로 개별 가맹점사업자의 매출 또는 순익 감소 등의 손실이 발생하였음을 인정할 아무런 자료가 없는 반면 총 판매이익이 판매가격 인하율을 상회하여 전체적인 이익이 증대된 점, 할인판매비용을 가맹본부인 원고와 가맹점사업자들 사이에 비교적 합리적으로 분담한 것으로 보이는 점, 원고는 할인판매행사를 실시하기 10일 전에 개별 가맹점사업자에게 할인판매행사의 실시에 관한 사항과 행사내용을 통보하였으나 그에 대한 아무런 이의가 없었던 점 등을

---

26) 서고판 2009. 9. 3. 2008누26338[대판 2010. 1. 28. 2009두17032(심리불속행기각)].
27) 서고판 2017. 8. 17. 2017누38630.
28) 서고판 2016. 5. 26. 2015누51554.

종합하면, 원고가 이 사건 할인판매행사를 실시하기 전에 가맹점사업자들과 사이에 할인판매실시 여부를 협의하지 아니하고 할인판매비용의 일부를 가맹점사업자들에게 부담시켰다 하더라도 이는 가맹본부가 가맹점사업자에 대하여 가지는 영업통제권의 범위에 포함되는 것이라 봄이 상당하므로 원고가 거래상 지위를 부당하게 이용하여 거래상대방에게 불이익을 제공한 행위에 해당한다고 할 수 없음" <㈜롯데리아의 거래상지위 남용행위 등 건>,[29] "원고가 2010. 11. 1.부터 2011. 7.경까지 주식회사 케이티와의 제휴계약으로 부담하여야 할 제휴비용 모두를 가맹점사업자가 부담하도록 한 행위가, 거래상 지위를 부당하게 이용하여 거래상대방에게 불이익을 제공한 행위에 해당하지 않음. 즉 ① 광고·판촉 활동으로 인한 비용분담이 '불이익제공행위'에 해당하려면 특정 광고·판촉 활동을 개별적으로 살피기보다는 가맹본부와 가맹점사업자의 전체적인 부담 정도를 살펴 종합적으로 판단하는 것이 현실에 부합함. ② 원고의 가맹조직의 지속적인 성장과 수익성 확보를 위하여 판매촉진 활동의 일환으로 이 사건 제휴행사를 시행할 필요성이 있었음. ③ 원고는 이 사건 제휴행사를 시행하기 전에 정보공개서를 수정하여 가맹점사업자들이 이 사건 제휴비용을 부담하게 할 근거를 마련하고, 기존에 가맹점사업자가 부담하던 원고 회원(멤버십)에 대한 판매금액의 2% 상당의 적립 포인트에 대한 비용을 대신 부담하였음. 이 사건 제휴행사로 인하여 가맹점사업자가 추가로 부담하게 된 비용은 판매금액의 5% 중 절반인 2.5%이어서 원고가 가맹점사업자를 대신하여 부담하게 된 판매금액의 2% 상당의 적립포인트와 거의 차이가 없음. 여기에 전체 휴대폰 이용자 중 주식회사 케이티 이용자가 30% 정도이고, 이 사건 제휴행사로 인하여 매출이 증대되는 효과를 함께 고려하면, 이 사건 제휴비용 부담행위가 가맹점사업자에게 경제적으로 불이익하다고 단정 짓기 어려움. ④ 피고가 제출한 증거만으로는, 원고가 자신의 우월적 지위를 남용하여 가맹점사업자들로부터 개별적인 동의를 받았다거나 강압적으로 동의서를 징구하였다고 인정하기 부족함. 그 외에 이 사건 제휴비용 부담행위로 개별 가맹점사업자의 매출 또는 순익 감소 등의 손실이 발생하였음을 인정할 자료도 찾아볼 수 없음"<㈜카페베네의 가맹사업법 위반행위 건>[30]

　법원이 판매촉진행사 비용 분담에 대하여 고객에게 부당하게 불리한 조항이라 인정하지 않은 사례는 다음과 같다.

---

29) 대판 2006. 3. 10. 2002두332.
30) 대판 2018. 11. 9. 2015두59686.

"가맹사업은 가맹본부가 가맹점사업자로 하여금 자기의 상표·서비스표·상호·간판 그 밖의 영업표지를 사용하여 일정한 품질기준에 따라 상품(원재료 및 부재료를 포함한다) 또는 용역을 판매하도록 함과 아울러 이에 따른 경영 및 영업활동 등에 대한 지원·교육과 통제를 하고, 가맹점사업자는 영업표지 등의 사용과 경영 및 영업활동 등에 대한 지원·교육의 대가로 가맹본부에 가맹금을 지급하는 계속적인 거래관계를 말하므로, 가맹사업은 가맹본부와 가맹점사업자 사이의 상호의존적 사업방식으로서 신뢰관계를 바탕으로 가맹점사업자의 개별적인 이익보호와 가맹점사업자를 포함한 전체적인 가맹조직의 유지발전이라는 공동의 이해관계를 가지고 있으며, 가맹사업에 있어서의 판매촉진행사는 비록 전국적인 것이라고 하더라도 1차적으로는 가맹점사업자의 매출증가를 통한 가맹점사업자의 이익향상에 목적이 있고, 그로 인하여 가맹점사업자에게 공급하는 원·부재료의 매출증가에 따른 가맹본부의 이익 역시 증가하게 되어 가맹본부와 가맹점사업자가 모두 이익을 얻게 되므로, 가맹점계약에서 가맹본부와 가맹점사업자 사이에 판매촉진행사에 소요된 비용을 합리적인 방법으로 분담하도록 약정하고 있다면, 비록 가맹본부가 판매촉진행사의 시행과 집행에 대하여 가맹점사업자와 미리 협의하도록 되어 있지 않더라도 그러한 내용의 조항이 약관규제법 제6조 제2항 제1호 소정의 고객에 대하여 부당하게 불리한 조항에 해당한다고 할 수는 없음"<㈜제너시스의 거래상지위남용행위 등 건>[31]

공정거래위원회가 법위반으로 인정하지 않은 사례는 다음과 같다.

"피심인은 할인율이 30%를 초과하는 판매촉진행사인 트리플박스 프로모션을 실시하면서 가맹계약서 및 정보공개서 등에서 정한 바와 달리 전체 가맹점사업자들을 대상으로 사전에 동의나 의견수렴 절차를 거친 사실이 없을 뿐만 아니라 전체 가맹점의 30% 이상이 트리플박스 출시를 반대하였음에도 불구하고 이를 강제하였다는 점이 인정됨. 그러나 심사보고서가 주장하는 내용만으로는 아래와 같이 트리플박스 출시가 해당 가맹점사업자들에게 불이익을 제공하였다는 점을 입증하기 곤란하고, 이를 인정할만한 다른 증거자료 또한 없음"<한국피자헛(유)의 가맹사업법위반행위 건>,[32] "피심인이 가맹점사업자들에게 로보카 폴리 판촉행사와 관련한 판촉물 구매비용을 부담하도록 한 행위 및 가맹점사업자들에게 카카오톡 할인 및 선크림 판촉행사와 관련한 판촉물 구매비용을 부담하도록 한 행위는 가맹사업법 제12조 제1항 제3호에 위반되지 아니함"<㈜비에치씨의 가맹사업위반행위 건>[33]

31) 대판 2005. 6. 9. 2003두7484.

4. 부당한 손해배상의무 부과행위

불공정거래행위의 넷째 유형은 계약의 목적과 내용, 발생할 손해 등 *대통령령*34)으로 정하는 기준에 비하여 과중한 위약금을 부과하는 등 가맹점사업자에게 부당하게 손해배상 의무를 부담시키는 행위(제5호)이다.

법원이 법위반으로 인정한 사례는 다음과 같다.

> "원고가 계약종료 이후 위 의무이행을 확인, 점검하고 시정을 구하는 등의 조치를 적절하게 취할 것을 전제로 한다면 위 액수의 예정 손해배상금만으로도 충분히 위 방지 필요성에 대처할 수 있을 것이라고 판단되는데도 불구하고 이에 추가하여 의무위반의 규모나 정도, 기간의 장단, 그에 이르게 된 경위, 그로 인하여 종전 가맹점사업자가 얻은 이익 및 피고에게 발생한 실질적인 손해 등을 전혀 고려 할 수 없는 위약벌까지 동일한 액수로 부과할 수 있도록 한 부분은 고객에 대하여 부당하게 과중한 손해배상의무를 부담시키는 약관조항으로서 약관의 규제에 관한 법률 제8조에 의하여 무효임"<가맹본부의 계약종료 관련 손해배상청구 건>35)

5. 기타

불공정거래행위의 넷째 유형은 제1호부터 제3호까지 및 제5호 외의 행위로서 부당하게 경쟁가맹본부의 가맹점사업자를 자기와 거래하도록 유인하는 행위 등 가맹사업의 공정한 거래를 저해할 우려가 있는 행위(제6호)이다.

II. 불공정거래행위의 유형 및 기준

제1항 각호의 규정에 의한 행위의 유형 또는 기준은 *대통령령*36)으로 정한

---

32) 공정의 2018. 6. 4. 2018-210.
33) 공정의 2018. 7. 5. 2018-234.
34) 제12조의2(위약금의 부당성 판단기준) 법 제12조제1항제5호에서 "계약의 목적과 내용, 발생할 손해 등 대통령령으로 정하는 기준"이란 다음 각 호의 기준을 말한다. 1. 계약의 목적과 내용 2. 발생할 손해액의 크기 3. 당사자 간 귀책사유 유무 및 정도 4. 해당 업종의 정상적인 거래관행
35) 서울동부지법판 2010. 2. 10. 2009가합10414(본소), 10421(반소)[손해배상(기)].
36) 제13조(불공정거래행위의 유형 또는 기준) ① 법 제12조제2항의 규정에 의한 불공정거래행위

다(법 제12조 제2항). '정당한 이유없이'를 구성요건으로 하는 행위유형은 '영업지원 등의 거절', '가격의 구속', '경영의 간섭'이 있고, 나머지 행위 유형은 '부당한'을 요건으로 하고 있다.

불공정거래행위의 유형 또는 기준(제13조제1항관련)

1. **거래거절**

   법 제12조제1항제1호에 해당하는 행위의 유형 및 기준은 다음 각 목의 어느 하나와 같다. 다만, 가맹점사업자의 계약위반 등 가맹점사업자의 귀책사유로 가맹사업의거래관계를 지속하기 어려운 사정이 발생하는 경우에는 그러하지 아니하다.

   가. 영업지원 등의 거절

   정당한 이유없이 거래기간 중에 가맹사업을 영위하는데 필요한 부동산·용역·설비·상품·원재료 또는 부재료의 공급과 이와 관련된 영업지원, 정보공개서 또는 가맹계약서에서 제공하기로 되어 있는 경영 및 영업활동에 관한 지원 등을 중단 또는 거절하거나 그 지원하는 물량 또는 내용을 현저히 제한하는 행위

   나. 부당한 계약갱신 거절

   부당하게 가맹점사업자와의 계약갱신을 거절하는 행위

   다. 부당한 계약해지

   부당하게 계약기간 중에 가맹점사업자와의 계약을 해지하는 행위

2. **구속조건부 거래**

   법 제12조제1항제2호에 해당하는 행위의 유형 및 기준은 다음 각 목의 어느 하나와 같다.

   가. 가격의 구속

   정당한 이유없이 가맹점사업자가 판매하는 상품 또는 용역의 가격을 정하여 그 가격을 유지하도록 하거나 가맹점사업자가 상품 또는 용역의 가격을 결정하는 행위를 부당하게 구속하는 행위. 다만, 다음의 어느 하나에 해당하는 행위는 제외한다.

   (1) 판매가격을 정하여 가맹점사업자에게 이를 따르도록 권장하는 행위

   (2) 가맹점사업자에게 판매가격을 결정하거나 변경하는 경우 그 내용에 관하여 사전에 협의하도록 하는 행위. 다만, 사전협의를 통해 판매가격을

의 유형 또는 기준은 별표 2와 같다. ② 공정거래위원회는 필요하다고 인정하는 경우에 별표 2의 유형 또는 기준의 범위내에서 특정업종 또는 특정행위에 적용되는 세부적인 불공정거래행위의 유형 또는 기준을 정하여 고시할 수 있다.

　　강요하는 행위는 가격을 구속하는 행위로 본다.
나. 거래상대방의 구속

부동산·용역·설비·상품·원재료 또는 부재료의 구입·판매 또는 임대차 등과 관련하여 부당하게 가맹점사업자에게 특정한 거래상대방(가맹본부를 포함한다)과 거래할 것을 강제하는 행위. 다만, 다음의 요건을 모두 충족하는 경우에는 그러하지 아니하다.

(1) 부동산·용역·설비·상품·원재료 또는 부재료가 가맹사업을 경영하는 데에 필수적이라고 객관적으로 인정될 것

(2) 특정한 거래상대방과 거래하지 아니하는 경우에는 가맹본부의 상표권을 보호하고 상품 또는 용역의 동일성을 유지하기 어렵다는 사실이 객관적으로 인정될 것

(3) 가맹본부가 미리 정보공개서를 통하여 가맹점사업자에게 해당 사실을 알리고 가맹점사업자와 계약을 체결할 것

다. 가맹점사업자의 상품 또는 용역의 판매제한

가맹점사업자에게 부당하게 지정된 상품 또는 용역만을 판매하도록 하거나 거래상대방에 따라 상품 또는 용역의 판매를 제한하는 행위. 다만, 다음의 요건을 모두 충족하는 경우에는 그러하지 아니하다.

(1) 가맹점사업자의 상품 또는 용역의 판매를 제한하지 아니하는 경우에는 가맹본부의 상표권을 보호하고 상품 또는 용역의 동일성을 유지하기 어렵다는 사실이 객관적으로 인정될 것

(2) 가맹본부가 미리 정보공개서를 통하여 가맹점사업자에게 해당 사실을 알리고 가맹점사업자와 계약을 체결할 것

라. 영업지역의 준수강제

부당하게 가맹점사업자에게 영업지역을 준수하도록 조건을 붙이거나 이를 강제하는 행위. 다만, 다음 각 호의 어느 하나에 해당하는 행위는 그러하지 아니하다.

(1) 가맹본부가 가맹점사업자의 영업거점지역을 정하는 행위

(2) 가맹점사업자가 자기의 영업지역에서의 판매책임을 다한 경우에 영업지역 외의 다른 지역에서 판매할 수 있도록 하는 행위

(3) 가맹점사업자가 자기의 영업지역 외의 다른 지역에서 판매하고자 하는 경우 그 지역의 가맹점사업자에게 광고선전비 등 판촉비용에 상당하는 일정한 보상금을 지불하도록 하는 행위

마. 그 밖에 가맹점사업자의 영업활동의 제한

가목 내지 라목에 준하는 경우로서 부당하게 가맹점사업자의 영업활동을
제한하는 행위. 다만, 다음의 요건을 모두 충족하는 경우에는 그러하지 아
니하다.

   (1) 가맹점사업자의 영업활동을 제한하지 아니하는 경우에는 가맹본부의
      상표권을 보호하고 상품 또는 용역의 동일성을 유지하기 어렵다는 사
      실이 객관적으로 인정될 것

   (2) 가맹본부가 미리 정보공개서를 통하여 가맹점사업자에게 해당 사실을
      알리고 가맹점사업자와 계약을 체결할 것

3. 거래상 지위의 남용

법 제12조제1항제3호에 해당하는 행위의 유형 및 기준은 다음 각 목의 어느
하나와 같다. 다만, 다음 각 목의 어느 하나에 해당하는 행위를 허용하지 아니
하는 경우 가맹본부의 상표권을 보호하고 상품 또는 용역의 동일성을 유지하
기 어렵다는 사실이 객관적으로 인정되는 경우로서 해당 사실에 관하여 가맹
본부가 미리 정보공개서를 통하여 가맹점사업자에게 알리고 가맹점사업자와
계약을 체결하는 경우에는 그러하지 아니하다.

가. 구입강제 : 가맹점사업자에게 가맹사업의 경영과 무관하거나 그 경영에 필
    요한 양을 넘는 시설·설비·상품·용역·원재료 또는 부재료 등을 구입 또
    는 임차하도록 강제하는 행위

나. 부당한 강요 : 부당하게 경제적 이익을 제공하도록 강요하거나 가맹점사업
    자에게 비용을 부담하도록 강요하는 행위

다. 부당한 계약조항의 설정 또는 변경 : 가맹점사업자가 이행하기 곤란하거나
    가맹점사업자에게 불리한 계약조항을 설정 또는 변경하거나 계약갱신과정
    에서 종전의 거래조건 또는 다른 가맹점사업자의 거래조건보다 뚜렷하게
    불리한 조건으로 계약조건을 설정 또는 변경하는 행위

라. 경영의 간섭 : 정당한 이유없이 특정인과 가맹점을 같이 운영하도록 강요
    하는 행위

마. 판매목표 강제 : 부당하게 판매 목표를 설정하고 가맹점사업자로 하여금
    이를 달성하도록 강제하는 행위

바. 불이익제공 : 가목부터 마목까지의 행위에 준하는 경우로서 가맹점사업자
    에게 부당하게 불이익을 주는 행위

4. 부당한 손해배상의무 부과행위

법 제12조제1항제5호에 해당하는 행위의 유형 및 기준은 다음 각 목의 어느

하나와 같다.

가. 과중한 위약금 설정·부과행위

　　1)　계약 중도해지 시 과중한 위약금 설정·부과 행위

　　　　계약해지의 경위 및 거래당사자 간 귀책사유 정도, 잔여계약기간의 정도, 중도해지 후 가맹본부가 후속 가맹점사업자와 계약을 체결하기 위하여 통상 소요될 것으로 예상되는 기간에 상당하는 손해액 등에 비추어 부당하게 과중한 위약금을 설정하여 계약을 체결하거나 이를 부과하는 행위

　　2)　과중한 지연손해금 설정·부과행위

　　　　상품 또는 용역에 대한 대금지급의 지연 시 지연경위, 정상적인 거래관행 등에 비추어 과중한 지연손해금을 설정하여 계약을 체결하거나 이를 부과하는 행위

나. 소비자 피해에 대한 손해배상의무 전가행위

　　가맹본부가 가맹점사업자에게 공급한 물품의 원시적 하자 등으로 인하여 소비자 피해가 발생한 경우까지도 부당하게 가맹점사업자가 손해배상의무를 모두 부담하도록 계약을 체결하는 행위

다. 그 밖의 부당한 손해배상의무 부과행위

　　가목 또는 나목에 준하는 경우로서 가맹점사업자에게 부당하게 손해배상의무를 부담하도록 하거나 가맹본부가 부담해야 할 손해배상의무를 가맹점사업자에게 전가하는 행위

5. 그 밖의 불공정거래행위

법 제12조제1항제6호에 해당하는 행위란 가맹본부가 다른 경쟁가맹본부의 가맹점사업자를 자기와 거래하도록 하여 자기의 가맹점사업자의 영업에 불이익을 주거나 다른 경쟁가맹본부의 가맹사업에 불이익을 주는 행위를 말한다.

제12조의2(부당한 점포환경개선 강요 금지 등)

① 가맹본부는 대통령령으로 정하는 정당한 사유 없이 점포환경개선을 강요하여서는 아니 된다.

② 가맹본부는 가맹점사업자의 점포환경개선에 소요되는 비용으로서 대통령령으로 정하는 비용의 100분의 40 이내의 범위에서 대통령령으로 정하는 비율에 해당하는 금액을 부담하여야 한다. 다만, 다음 각 호의 어느 하나에 해당하는 경우에는 그러하지 아니하다.

   1. 가맹본부의 권유 또는 요구가 없음에도 가맹점사업자의 자발적 의사에 의하여 점포환경개선을 실시하는 경우

   2. 가맹점사업자의 귀책사유로 인하여 위생·안전 및 이와 유사한 문제가 발생하여 불가피하게 점포환경개선을 하는 경우

③ 제2항에 따라 가맹본부가 부담할 비용의 산정, 청구 및 지급절차, 그 밖에 필요한 사항은 대통령령으로 정한다.

[본조신설 2013. 8. 13.]

 목 차

[참고문헌]

   단행본: 가맹사업법 해설-실무 및 소송의 쟁점(개정판), 이한무, 법률정보센터, 2014
   논문: 백승이, 가맹사업과 점포환경개선-사례와 실무를 중심으로, 경쟁과 법 제3호, 서울대학교 경쟁법센터, 2014.10; 이민호/김지연, 가맹사업법상 점포환경개선 관련 규정에 대한 법률상 쟁점-규정의 해석 및 입법론을 중심으로, 경쟁과 법 제3호, 서울대학교 경쟁법센터, 2014.10

[참고사례]

   ㈜죠스푸드의 가맹사업법위반행위 건(공정거래위원회 2017. 8. 1. 의결 제2017-268호); ㈜제너시스비비큐의 가맹사업법위반행위 건(공정거래위원회 2018. 4. 23. 의결 제2018-126호; 서울고등법원 2019. 1. 23. 선고 2018누48726 판결; 대법원 2019. 6. 19. 선고 2019두35985(심리불행 기각) 판결; ㈜비에치씨의 가맹사업위반행위 건(공정거래위원회 2018. 7. 5. 의결 제2018-234호)

Ⅰ. 점포환경개선 강요의 금지

가맹본부는 *대통령령*[1])으로 정하는 정당한 사유없이 점포환경개선을 강요하여서는 아니 된다(법 제12조의2 제1항). 점포환경개선은 법 제2조 제11호의 규정에 따른다.

본 조는 법 제14조의 불공정거래행위 중 거래상 지위 남용의 '부당한 강요' 또는 '부당한 계약조건의 설정'에 포섭될 수 있는 행위 중 하나이나, 거래계에서 위반하는 사례가 많다고 보고 별도규정을 둔 것이다.[2]) 가맹사업자를 보호하여 일방적으로 지나친 경제적 부담을 지지 않도록 하기 위한 취지이므로 그러한 필요성이 떨어지는 단순 소모품까지 포함된다고 보기는 어렵다.[3])

Ⅱ. 점포환경개선 비용분담의무

가맹본부는 가맹점사업자의 점포환경개선에 소요되는 비용으로서 *대통령령*[4]) 으로 정하는 비용의 100분의 40 이내의 범위에서 *대통령령*[5])으로 정하는 비율에

---

1) 제13조의2(점포환경개선 비용부담의 범위 및 절차 등) ① 법 제12조의2제1항에서 "대통령령으로 정하는 정당한 사유"란 다음 각 호의 어느 하나에 해당하는 경우를 말한다. 1. 점포의 시설, 장비, 인테리어 등의 노후화가 객관적으로 인정되는 경우 2. 위생 또는 안전의 결함이나 이에 준하는 사유로 인하여 가맹사업의 통일성을 유지하기 어렵거나 정상적인 영업에 현저한 지장을 주는 경우; 현행규정이 지나치게 엄격하여 소비자후생증진에 반하므로 입법적 개선이 필요하다는 지적이 있다. 자세한 내용은 이민호/김지연, 경쟁과 법 제3호(2014.10), 31~33면 참조.
2) 이한무, 304면.
3) 이민호/김지연, 경쟁과 법 제3호(2014.10), 29면.
4) 제13조의2(점포환경개선 비용부담의 범위 및 절차 등) ② 법 제12조의2제2항 각 호 외의 부분 본문에서 "대통령령으로 정하는 비용"이란 다음 각 호의 비용을 말한다. 1. 간판 교체비용 2. 인테리어 공사비용(장비·집기의 교체비용을 제외한 실내건축공사에 소요되는 일체의 비용). 다만, 가맹사업의 통일성과 관계 없이 가맹점사업자가 추가 공사를 함에 따라 드는 비용은 제외한다.
5) 제13조의2(점포환경개선 비용부담의 범위 및 절차 등) ③ 법 제12조의2제2항 각 호 외의 부분 본문에서 "대통령령으로 정하는 비율"이란 다음 각 호의 구분에 따른 비율을 말한다. 1. 점포의 확장 또는 이전을 수반하지 아니하는 점포환경개선의 경우: 100분의 20 2. 점포의 확장 또는 이전을 수반하는 점포환경개선의 경우: 100분의 40; 이는 공정거래위원회의 「모범거래기준」상의 기준이 입법화 된 것인데, 기존 4개업종(제과·제빵, 치킨·피자, 커피, 편의점)에 한정된 것이어서 개선이 필요하다는 지적이 있다. 이민호/김지연, 경쟁과 법 제3호(2014.10), 36면; 유사한 비

해당하는 금액을 부담하여야 한다. 다만, ① 가맹본부의 권유 또는 요구가 없음에도 가맹점사업자의 자발적 의사에 의하여 점포환경개선을 실시하는 경우(제1호), ② 가맹점사업자의 귀책사유로 인하여 위생·안전 및 이와 유사한 문제가 발생하여 불가피하게 점포환경개선을 하는 경우(제2호)의 어느 하나에 해당하는 경우에는 그러하지 아니하다(법 제12조의2 제2항).[6] 제2항에 따라 가맹본부가 부담할 비용의 산정, 청구 및 지급절차, 그 밖에 필요한 사항은 *대통령령*[7]으로 정한다(법 제12조의2 제3항).

위 2가지 요건의 입증책임은 가맹본부에게 있으며, 가맹본부의 권유 또는 요구와 가맹점사업장의 점포환경개선 결의 사이에 인과관계가 인정되어야 한다<제너시스 비비큐의 가맹사업법 위반행위 건>.[8] '가맹본부의 권유나 요구'를 판단하는데 있어서 점포환경개선을 실시하지 않는 경우 불이익이 수반되는지 여부는 고려사항이 아니다<제너시스 비비큐의 가맹사업법 위반행위 건>[9]. '가맹본부의 권유나 요구'는 단순한 정보제공보다는 구체적이면서 강요에는 미치지 아니하는 정도의 요청을 의미하는 것으로 해석된다<제너시스 비비큐의 가맹사업법 위반행위 건>.[10] 또한 위생이나 안전상의 문제가 있는 경우 제1항에 따라 점포환경개선을 강제할 수 있고, 다만 비용부담은 제2항의 기준에 따라 하는 것으로 해석하여야 한다.

판으로 백승이, 경쟁과 법 제3호(2014.10), 47~49면.

6) 단서규정 제2호에 대해서는 위생·안전 및 이와 유사한 문제가 아니더라도, 가맹점사업자의 귀책으로 인한 경우에는 예외를 인정하고, 최초 가맹계약의 효력발생시점 또는 전면적인 점포환경개선으로부터 일정기간이 지난후 다시 전면적인 점포환경개선을 하는 경우는 예외를 인정할 필요가 있다는 입법론이 있다. 이민호/김지연, 경쟁과 법 제3호(2014.10), 37~38면; 유사한 비판으로 백승이, 경쟁과 법 제3호(2014.10), 46~47면.

7) 제13조의2(점포환경개선 비용부담의 범위 및 절차 등) ④ 가맹점사업자는 법 제12조의2제2항 각 호 외의 부분 본문에 따른 금액(이하 "가맹본부부담액"이라 한다)의 지급을 청구하려면 가맹본부에 공사계약서 등 공사비용을 증명할 수 있는 서류를 제출하여야 한다. ⑤ 가맹본부는 제4항에 따른 지급청구일부터 90일 이내에 가맹본부부담액을 가맹점사업자에게 지급하여야 한다. 다만, 가맹본부와 가맹점사업자 간에 별도의 합의가 있는 경우에는 1년의 범위에서 가맹본부부담액을 분할하여 지급할 수 있다. ⑥ 가맹본부는 제4항 및 제5항 본문에도 불구하고 가맹점사업자가 가맹본부 또는 가맹본부가 지정한 자를 통하여 점포환경개선을 한 경우에는 점포환경개선이 끝난 날부터 90일 이내에 가맹본부부담액을 가맹점사업자에게 지급하여야 한다. ⑦ 가맹본부는 점포환경개선이 끝난 날부터 3년 이내에 가맹본부의 책임 없는 사유로 계약이 종료(계약의 해지 또는 영업양도를 포함한다)되는 경우에는 가맹본부부담액 중 나머지 기간에 비례하는 부담액은 지급하지 아니하거나 이미 지급한 경우에는 환수할 수 있다.

8) 서고판 2019. 1. 23. 2018누48726(대판 2019. 6. 19. 2019두35985).

9) 서고판 2019. 1. 23. 2018누48726(대판 2019. 6. 19. 2019두35985).

10) 서고판 2019. 1. 23. 2018누48726(대판 2019. 6. 19. 2019두35985).

　　점포 환경 개선 비용 지급 절차를 개선함에 따라 가맹점사업자가 가맹본부에 대해 공사 대금 지급을 청구할 수 있다는 점을 알지 못해 피해를 보거나, 가맹본부의 횡포를 우려해 청구 자체를 포기하는 문제를 해소하기 위해 공정거래위원회는 2018. 4. 3. 시행령 개정을 통하여 가맹점이 가맹본부 또는 가맹본부가 지정한 자를 통해 점포 환경 개선 공사를 시행한 경우, 가맹본부에 대해 비용 청구를 하지 않더라도 공사 완료일로부터 90일 이내에 점포환경 개선 공사 비용을 가맹본부로부터 지급받도록 규정했다(제13의2조 제⑥항 신설).[11]

　　공정거래위원회는 <㈜비에치씨의 가맹사업위반행위 건>에서 피심인이 "이 사건 점포환경개선을 권유 또는 요구한 사실이 있다고 하더라도 가맹점사업자가 가맹본부부담액의 지급을 청구하지 아니한 이상 그 지급금액이나 시기 등이 구체적으로 특정되지 아니하여 점포환경개선 분담의무가 발생하였다고 볼 수 없으므로 법 제12조의2 제2항에 위반되지 아니한다"고 주장한데 대하여 "점포환경개선비용 분담의무를 규정한 법 제12조의2 제2항이 가맹점사업자의 지급청구를 요건으로 명시하고 있지 않는 점, 법 시행령 제13조의2 제4항 및 제5항에 따른 가맹본부부담액의 청구 및 지급절차도 동 지급청구 없이는 가맹본부가 법정부담액·지급기일 등을 직접 산정하기 곤란한 경우에 대해 이를 명확히 확정할 수 있도록 규정한 것이므로 그 외는 이에 준하는 기준으로 충분히 판단할 수 있는 점, 가맹점사업자들이 이미 점포환경개선비용 중 일정금액을 지원 받은 이상 이를 넘어서는 금액에 대하여 피심인에게 별도로 지급 청구할 것을 기대하기는 어려운 점 등을 고려할 때, 가맹점사업자들이 가맹본부부담액의 지급을 청구하지 아니하여 점포환경개선 분담의무가 발생하였다고 볼 수 없다는 피심인의 주장은 이유 없다"고 판단하였고, 이를 입법적으로 명확히 한 것이다.

　　가맹사업법 시행령 제13조의2 제4항을 가맹본부가 지정한 업체를 통해 점포환경개선을 실시한 통상적인 경우까지 일률적으로 가맹점사업자의 지급청구가 있어야만 가맹본부의 비용부담의무가 발생한다는, 즉 가맹본부의 비용부담발생의 절차적 요건을 규정한 것이라고 해석할 수는 없다<제너시스 비비큐의 가맹사업법 위반행위 건>.[12]

---

11) 공정거래위원회 보도자료(2018. 3. 26.).
12) 서고판 2019. 1. 23. 2018누48726(대판 2019. 6. 19. 2019두35985).

제12조의3(부당한 영업시간 구속 금지)

① 가맹본부는 정상적인 거래관행에 비추어 부당하게 가맹점사업자의 영업시간을 구속하는 행위(이하 "부당한 영업시간 구속"이라 한다)를 하여서는 아니 된다.

② 다음 각 호의 어느 하나에 해당하는 가맹본부의 행위는 부당한 영업시간 구속으로 본다.

   1. 가맹점사업자의 점포가 위치한 상권의 특성 등의 사유로 대통령령으로 정하는 심야 영업시간대의 매출이 그 영업에 소요되는 비용에 비하여 저조하여 대통령령으로 정하는 일정한 기간 동안 영업손실이 발생함에 따라 가맹점사업자가 영업시간 단축을 요구함에도 이를 허용하지 아니하는 행위

   2. 가맹점사업자가 질병의 발병과 치료 등 불가피한 사유로 인하여 필요 최소한의 범위에서 영업시간의 단축을 요구함에도 이를 허용하지 아니하는 행위

[본조신설 2013. 8. 13.]

 목 차

[참고문헌]

   단행본: 가맹사업법 해설 – 실무 및 소송의 쟁점(개정판), 이한무, 법률정보센터, 2014

Ⅰ. 부당한 영업시간 구속의 금지

가맹본부는 정상적인 거래관행에 비추어 부당하게 가맹점사업자의 영업시간을 구속하는 행위(이하 "부당한 영업시간 구속")를 하여서는 아니 된다(법 제12조의3 제1항).

가맹본부가 심야영업대나 불가피한 사유에도 불구하고 영업을 강제하는 경우가 있어 2013. 8. 13. 법개정을 통하여 이를 금지하였다.

II. 부당한 영업시간 구속으로 보는 경우

① 가맹점사업자의 점포가 위치한 상권의 특성 등의 사유로 *대통령령*[1])으로 정하는 심야 영업시간대의 매출이 그 영업에 소요되는 비용에 비하여 저조하여 *대통령령*[2])으로 정하는 일정한 기간 동안 영업손실이 발생함에 따라 가맹점사업자가 영업시간 단축을 요구함에도 이를 허용하지 아니하는 행위(제1호), ② 가맹점사업자가 질병의 발병과 치료 등 불가피한 사유로 인하여 필요 최소한의 범위에서 영업시간의 단축을 요구함에도 이를 허용하지 아니하는 행위(제2호)의 어느 하나에 해당하는 가맹본부의 행위는 부당한 영업시간 구속으로 본다(법 제12조의3 제2항).

심야 영업 단축 가능 시간이 확대를 통해 가맹점사업자의 휴식권을 보다 두텁게 보장하기 위해, 2018. 4. 3. 시행령 개정을 통하여 영업 손실이 발생한 가맹점에 대해 영업 단축이 허용되는 심야 시간대로 기존의 '1시 ~ 6시' 시간대에 '0시 ~ 6시' 시간대도 추가되었고, 영업 손실이 발생했는지 여부를 판단하는 기준으로 삼는 기간이 이전의 6개월에서 3개월로 단축되었다.[3)]

---

1) 제13조의3(부당한 영업시간 구속 금지의 판단기준) ① 법 제12조의3제2항제1호에서 "대통령령으로 정하는 심야 영업시간대"란 오전 0시부터 오전 6시까지 또는 오전 1시부터 오전 6시까지를 말한다.
2) 제13조의3(부당한 영업시간 구속 금지의 판단기준) ② 법 제12조의3제2항제1호에서 "대통령령으로 정하는 일정한 기간"이란 가맹점사업자가 영업시간 단축을 요구한 날이 속한 달의 직전 3개월을 말한다.
3) 공정거래위원회 보도자료(2018. 3. 26.).

제12조의4(부당한 영업지역 침해금지)

① 가맹본부는 가맹계약 체결 시 가맹점사업자의 영업지역을 설정하여 가맹계약서에 이를 기재하여야 한다.

② 가맹본부가 가맹계약 갱신과정에서 상권의 급격한 변화 등 대통령령으로 정하는 사유가 발생하여 기존 영업지역을 변경하기 위해서는 가맹점사업자와 합의하여야 한다. <개정 2018. 1. 16.>

③ 가맹본부는 정당한 사유 없이 가맹계약기간 중 가맹점사업자의 영업지역 안에서 가맹점사업자와 동일한 업종(수요층의 지역적·인적 범위, 취급품목, 영업형태 및 방식 등에 비추어 동일하다고 인식될 수 있을 정도의 업종을 말한다)의 자기 또는 계열회사(「독점규제 및 공정거래에 관한 법률」 제2조제12호에 따른 계열회사를 말한다. 이하 같다)의 직영점이나 가맹점을 설치하는 행위를 하여서는 아니 된다. <개정 2018. 1. 16., 2020. 12. 29.>

 목 차

[참고문헌]

논문: 신영수, 가맹사업법 영업지역보호규정의 쟁점과 해석, 경쟁과 법 제3호, 서울대학교 경쟁법센터, 2014.10

[참고사례]

㈜한유통의 불공정 약관 건[서울고등법원 1998. 8. 18. 선고 97나42184, 42191, 42207 판결; 대법원 2000. 6. 9. 선고 98다45553[정산금등·손해배상(기)·정산금] 판결; ㈜토니모리의 가맹사업법 위반행위 건(공정거래위원회 2017. 1. 26. 의결 제2017-080호); ㈜올치에프씨의 가맹사업법 위반행위 건[공정거래위원회 2019. 7. 12; 의결 제2019-153호; 서울고등법원 2020. 2. 5. 선고 2019누55448 판결; 대법원 2020. 5. 14. 선고 2020두34524(심리불속행 기각) 판결)

I. 의의

영업지역침해 관련해서는 법 제5조 제6호에서 가맹본부 준수사항으로 '가맹계약기간중 가맹점사업자의 영업지역안에서 자기의 직영점을 설치하거나 가맹점사업자와 유사한 업종의 가맹점을 설치하는 행위의 금지'를 규정하고 있고, 가맹계약서 기재사항으로 '영업지역의 설정에 관한 사항'을 포함하고 있다. 한편 구법 제12조(불공정거래행위의 금지) 제1항 제4호에서는 '가맹계약에 위반하여 가맹계약기간 중 가맹점사업자의 영업지역 안에서 가맹점사업자와 동일한 업종의 자기 또는 계열회사(독점규제법 제2조 제3호에 따른 계열회사)의 직영점이나 가맹점을 설치하는 행위'를 불공정거래행위의 하나로 규정하였으나, 2013년 법 개정시 이를 삭제하고, 법 제12조의 4로 독립하여 규정하게 되었다. 영업지역을 설정하는 것은 구속조건부거래행위에 해당될 수 있음에도 불구하고 가맹사업의 경우 이를 오히려 강제하는 근거는 가맹사업의 경우 통일성을 본질로 한다는 점, 따라서 경쟁수단 및 방식의 차별화가 제한적일 수밖에 없다는 등의 점을 감안한 것이다.[1]

II. 영업지역의 설정 의무

가맹본부는 가맹계약 체결 시 가맹점사업자의 영업지역을 설정하여 가맹계약서에 이를 기재하여야 한다(법 제12조의4 제1항).

III. 영업지역의 변경

상권의 가맹본부가 가맹계약 갱신과정에서 상권의 급격한 변화 등 *대통령령*[2]으로 정하는 사유가 발생하여 기존 영업지역을 변경하기 위해서는 가맹점사

---

[1] 신영수, 경쟁과 법 제3호(2014.10), 제58면.
[2] 제13조의4(영업지역 변경사유) 법 제12조의4제2항에서 "상권의 급격한 변화 등 대통령령으로 정하는 사유가 발생하는 경우"란 다음 각 호의 어느 하나에 해당하는 경우를 말한다. 1. 재건축, 재개발 또는 신도시 건설 등으로 인하여 상권의 급격한 변화가 발생하는 경우 2. 해당 상

업자와 합의하여야 한다(법 제12조의4 제2항). 종래에는 "급격한 변화 등 *대통령
령*으로 정하는 사유가 발생하는 경우에는 가맹계약 갱신과정에서 가맹본부와 가
맹점사업자가 합의하여 기존 영업지역을 합리적으로 변경할 수 있다"고 규정하
였으나, 2018. 1. 16. 법 개정을 통하여 합의하여야 한다고 명시하고 그 위반행
위에 대해서는 시정명령이나 과징금 부과 등의 조치를 할 수 있도록 하였다.

Ⅳ. 직영점 및 가맹점 설치 금지

　　가맹본부는 정당한 사유 없이 가맹계약기간 중 가맹점사업자의 영업지역 안
에서 가맹점사업자와 동일한 업종(수요층의 지역적·인적 범위, 취급품목, 영업형태
및 방식 등에 비추어 동일하다고 인식될 수 있을 정도의 업종)의 자기 또는 계열회
사(「독점규제법」 제2조 제12호에 따른 계열회사)의 직영점이나 가맹점을 설치하는
행위를 하여서는 아니 된다(법 제12조의4 제3항).

　　본 조의 입법취지는 가맹본부의 중복출점에 따른 가맹점사업자의 피해를 방
지하기 위하여 영업지역 보호를 강화하려는 것이고, 이러한 보호의 충실화는 가
맹점사업자의 기존 영업지역에 다른 가맹점이 들어선다는 객관적 외관이 형성되
는 것을 차단할 때 가능하다<㈜올치에프씨의 가맹사업법 위반행위 건>.[3] 따라서
새로운 가맹점이 영업을 개시했는지 여부와 그 시점은 관련이 없다.

　　가맹본부로서는 소속 가맹점의 판매지역권을 부당하게 침해하는 것은 허용되
지 않는다고 할 것이므로, 가맹본부가 아무런 제약 없이 언제라도 가맹점의 점포
와 동일 지역 내에 직영점을 개설하거나 가맹점을 둘 수 있도록 하는 조항을 두
었다면 이는 가맹점에 대하여 부당하게 불리한 조항으로 약관규제법 제6조 제1항,
제2항 제1호에 의하여 무효라고 보아야 할 것이다<㈜한유통의 불공정 약관 건>.[4]
그러나 동 건에서 법원은 다음과 같이 법위반으로 인정하지 않았다.

권의 거주인구 또는 유동인구가 현저히 변동되는 경우 3. 소비자의 기호변화 등으로 인하여
해당 상품·용역에 대한 수요가 현저히 변동되는 경우 4. 제1호부터 제3호까지의 규정에 준하
는 경우로서 기존 영업지역을 그대로 유지하는 것이 현저히 불합리하다고 인정되는 경우
부칙 제2조(영업지역 변경에 관한 적용례) 제12조의4제2항의 개정규정은 이 법 시행 이후 갱
신되는 가맹계약부터 적용한다.
 3) 서고판 2020. 2. 5. 2019누55448(대판 2020. 5. 14. 2020두34524).
 4) 대판 2000. 6. 9. 98다45553[정산금등·손해배상(기)·정산금].

"원심이 확정한 사실관계에 의하면, 원·피고 사이의 이 사건 제2차 계약은 제6조 제1항에서 일정 지역에서의 배타적·독점적 영업을 보장하는 것이 아님을 분명히 밝히고 있고, 같은 조 제2항은 '갑(원고)은 을(피고)의 점포영업이익이 부당하게 침해되지 아니하는 한 을의 점포 주변에서 새로운 점포를 개설하거나 신규 가맹점 운영권을 제3자에게 부여할 수 있다.'라고 규정함으로써 스스로 '을의 점포영업이익이 부당하게 침해되지 아니하는 한'이라는 제약을 두고 있으므로 판매지역권을 배제하는 위 제6조 제2항이 불공정 약관으로 무효라고 단정할 수 없을 뿐만 아니라, 원심이 확정한 사실관계에 의하면, 원고는 피고로부터 가맹점 개설 제의를 받기 이전에 이미 직영점을 개설하기 위하여 점포를 임차하는 등의 준비를 하여 피고와 이 사건 제2차 계약을 체결하기 전에 직영점을 개설하였고 피고로서도 그러한 사정을 알면서도 계약을 체결하였다고 볼 것이므로, 피고의 이 부분 주장을 배척한 원심의 판단은 정당하고 거기에 가맹점계약에 있어서의 판매지역권 보호 또는 신의칙에 기한 직영점 개설자제의무에 관한 법리오해 및 약관규제법 제6조 제1항, 제2항 제1호, 제3호에 관한 법리오해 등의 위법이 있다고 할 수 없음"<㈜한유통의 불공정 약관 건>[5]

제12조의5(보복조치의 금지)

가맹본부는 가맹점사업자가 다음 각 호의 어느 하나에 해당하는 행위를 한 것을 이유로 그 가맹점사업자에 대하여 상품·용역의 공급이나 경영·영업활동 지원의 중단, 거절 또는 제한, 가맹계약의 해지, 그 밖에 불이익을 주는 행위를 하거나 계열회사 또는 다른 사업자로 하여금 이를 행하도록 하여서는 아니된다.

1. 제22조제1항에 따른 분쟁조정의 신청
2. 제32조의2에 따른 공정거래위원회의 서면실태조사에 대한 협조
3. 제32조의3제 1항에 따른 신고 및 같은 조 제2항에 따른 공정거래위원회의 조사에 대한 협조

[본조신설 2018. 1. 16.]

[종전 제12조의5는 제12조의7로 이동<2018. 1. 16.>]

---

5) 대판 2000. 6. 9. 98다45553[정산금등·손해배상(기)·정산금].

제12조의6(광고 · 판촉행사 관련 집행 내역 통보 등)

① 가맹본부는 가맹점사업자가 비용의 전부 또는 일부를 부담하는 광고나 판촉행사를 실시하려는 경우(가맹본부 및 가맹점사업자가 대통령령으로 정하는 바에 따라 체결한 광고 · 판촉행사의 약정에 따라 실시하는 경우는 제외한다) 그 비용 부담에 관하여 전체 가맹점사업자 중 대통령령으로 정하는 비율 이상의 가맹점사업자의 동의를 받아야 한다. 다만, 판촉행사의 경우에는 해당 판촉행사의 비용 부담에 동의한 가맹점사업자만을 대상으로 하여 이를 실시할 수 있다.

② 가맹본부는 가맹점사업자가 비용의 전부 또는 일부를 부담하는 광고나 판촉행사를 실시한 경우 그 집행 내역을 가맹점사업자에게 통보하고 가맹점사업자의 요구가 있는 경우 이를 열람할 수 있도록 하여야 한다.

③ 제1항에 따른 가맹점사업자의 동의 및 제2항에 따른 집행 내역 통보 · 열람의 방법과 절차 등에 관하여 필요한 사항은 대통령령으로 정한다.

[전문개정 2022. 1. 4.]

[참고문헌]

논문: 윤성운, 가맹사업법의 최근 쟁점과 개선방안, 경쟁법연구 제37권, 한국경쟁법학회, 법문사, 2018.5

[참고사례]

㈜비에치씨의 가맹사업위반행위 건(공정거래위원회 2018. 7. 5. 의결 제2018－234호)

가맹점사업자의 동의비율에 대하여 *대통령령1)*으로 정하고 있다. 가맹점사업자의 동의 및 집행 내역 통보 · 열람의 방법과 절차 등에 관하여 필요한 사항은

---

1) 제13조의5(광고 · 판촉행사의 실시 등) ① 가맹본부는 법 제12조의6제1항에 따라 광고 · 판촉행사의 약정을 체결하지 않고 가맹점사업자가 비용의 전부 또는 일부를 부담하는 광고나 판촉행사를 실시하려는 경우에는 문서, 내용증명우편, 전자우편, 인터넷 홈페이지, 어플리케이션 또는 판매시점 관리 시스템(POS) 등을 통해 동의시점을 객관적으로 확인할 수 있는 방법으로 가맹점사업자의 동의를 받아야 한다. ② 법 제12조의6제1항 본문에서 "대통령령으로 정하는 비율"이란 다음 각 호의 구분에 따른 비율을 말한다. 1. 광고의 경우: 100분의 50 2. 판촉행사의 경우: 100분의 70 ③ 가맹본부 및 가맹점사업자가 법 제12조의6제1항 본문에 따른 광고 · 판촉행사의 약정을 체결하려는 경우에는 가맹계약과 별도로 체결해야 한다. ④ 제3항에 따라 체결하는 광고 · 판촉행사의 약정에는 다음 각 호의 사항이 모두 포함돼야 한다. 1. 광고나 판촉행사의 명칭 및 실시기간 2. 광고나 판촉행사의 소요 비용에 대한 가맹점사업자의 분담 비율 및 분담 한도

*대통령령2)*으로 정한다.

제12조의7(업종별 거래기준 권고)

공정거래위원회는 가맹사업거래의 공정한 거래질서 확립을 위하여 필요한 경우 업종별로 바람직한 거래기준을 정하여 가맹본부에 이의 준수를 권고할 수 있다.

[본조신설 2013. 8. 13.]

[제12조의5에서 이동<2018. 1. 16.>]

---

2) 제13조의6(광고·판촉행사 관련 집행 내역 통보 절차 등) ① 가맹본부는 법 제12조의6제2항에 따라 매 사업연도 종료 후 3개월 이내에 가맹점사업자에게 다음 각 호의 사항을 통보해야 한다. 1. 해당 사업연도에 실시한 광고나 판촉행사(해당 사업연도에 일부라도 비용이 집행된 경우를 포함한다. 이하 같다)별 명칭, 내용 및 실시기간 2. 해당 사업연도에 광고나 판촉행사를 위하여 전체 가맹점사업자로부터 지급받은 금액 3. 해당 사업연도에 실시한 광고나 판촉행사별로 집행한 비용 및 가맹점사업자가 부담한 총액 ② 가맹본부가 가맹점사업자에게 제1항에 따른 통보를 하는 경우에는 제6조제1항 각 호의 어느 하나에 해당하는 방법을 준용한다. 다만, 제6조제1항제3호 후단은 준용하지 아니한다. ③ 가맹본부는 법 제12조의6제2항에 따라 가맹점사업자가 집행 내역의 열람을 요구하는 경우 열람의 일시 및 장소를 정하여 해당 자료를 열람할 수 있도록 해야 한다.

제13조(가맹계약의 갱신 등)

① 가맹본부는 가맹점사업자가 가맹계약기간 만료 전 180일부터 90일까지 사이에 가맹
계약의 갱신을 요구하는 경우 정당한 사유 없이 이를 거절하지 못한다. 다만, 다음
각 호의 어느 하나에 해당하는 경우에는 그러하지 아니하다.

　1. 가맹점사업자가 가맹계약상의 가맹금 등의 지급의무를 지키지 아니한 경우

　2. 다른 가맹점사업자에게 통상적으로 적용되는 계약조건이나 영업방침을 가맹점사
　　업자가 수락하지 아니한 경우

　3. 가맹사업의 유지를 위하여 필요하다고 인정되는 것으로서 다음 각 목의 어느 하나
　　에 해당하는 가맹본부의 중요한 영업방침을 가맹점사업자가 지키지 아니한 경우

　　가. 가맹점의 운영에 필요한 점포·설비의 확보나 법령상 필요한 자격·면허·허
　　　가의 취득에 관한 사항

　　나. 판매하는 상품이나 용역의 품질을 유지하기 위하여 필요한 제조공법 또는 서
　　　비스기법의 준수에 관한 사항

　　다. 그 밖에 가맹점사업자가 가맹사업을 정상적으로 유지하기 위하여 필요하다고
　　　인정되는 것으로서 대통령령으로 정하는 사항

② 가맹점사업자의 계약갱신요구권은 최초 가맹계약기간을 포함한 전체 가맹계약기간이
10년을 초과하지 아니하는 범위 내에서만 행사할 수 있다.

③ 가맹본부가 제1항에 따른 갱신 요구를 거절하는 경우에는 그 요구를 받은 날부터 15
일 이내에 가맹점사업자에게 거절 사유를 적어 서면으로 통지하여야 한다.

④ 가맹본부가 제3항의 거절 통지를 하지 아니하거나 가맹계약기간 만료 전 180일부터
90일까지 사이에 가맹점사업자에게 조건의 변경에 대한 통지나 가맹계약을 갱신하지
아니한다는 사실의 통지를 서면으로 하지 아니하는 경우에는 계약 만료 전의 가맹계
약과 같은 조건으로 다시 가맹계약을 체결한 것으로 본다. 다만, 가맹점사업자가 계
약이 만료되는 날부터 60일 전까지 이의를 제기하거나 가맹본부나 가맹점사업자에게
천재지변이나 그 밖에 대통령령으로 정하는 부득이한 사유가 있는 경우에는 그러하
지 아니하다.

[전문개정 2007. 8. 3.]

목 차

[참고문헌]

단행본: 가맹사업법 해설－실무 및 소송의 쟁점(개정판), 이한무, 법률정보센터, 2014

논문: 조성국, 가맹계약 갱신과 관련된 법적 쟁범 검토, 경쟁과 법 제3호, 서울대학교 경쟁법센터, 2014.10, 조혜신, 유통거래에 있어서 계약의 존속여부에 대한 규제, 2019 하계공동학술대회, 한국경쟁법학회, 2019.6.14

[참고사례]

풀무원건강생활(주)의 가맹계약 해지 건{서울중앙지방법원 2013. 3. 29. 선고 2012가합505995 [손해배상(기)] 판결}; 한국도미노피자(주)의 계약 갱신 건{서울고등법원 2010. 3. 18. 선고 2009나77848 판결; 대법원 2010. 7. 15. 선고 2010다30041 판결[손해배상(기)등]}

Ⅰ. 가맹점사업자의 계약갱신요구권

가맹계약의 갱신이란, 가맹계약 기간 만료시에 당사자의 의사나 법률의 규정에 의하여 가맹계약의 법률관계나 사실관계를 계속 존속시키는 것을 말한다.[1]

가맹본부는 가맹점사업자가 가맹계약기간 만료 전 180일부터 90일까지 사이에 가맹계약의 갱신을 요구하는 경우 정당한 사유 없이 이를 거절하지 못한다. 다만, ① 가맹점사업자가 가맹계약상의 가맹금 등의 지급의무를 지키지 아니한 경우(제1호), ② 다른 가맹점사업자에게 통상적으로 적용되는 계약조건이나 영업방침을 가맹점사업자가 수락하지 아니한 경우(제2호), ③ 가맹사업의 유지를 위하여 필요하다고 인정되는 것으로서 i) 가맹점의 운영에 필요한 점포·설비의 확보나 법령상 필요한 자격·면허·허가의 취득에 관한 사항(가목), ii) 판매하는 상품이나 용역의 품질을 유지하기 위하여 필요한 제조공법 또는 서비스기법의

---

[1] 이한무, 314면.

준수에 관한 사항(나목)의 어느 하나에 해당하는 가맹본부의 중요한 영업방침을 가맹점사업자가 지키지 아니한 경우, iii) 그 밖에 가맹점사업자가 가맹사업을 정상적으로 유지하기 위하여 필요하다고 인정되는 것으로서 *대통령령*2)으로 정하는 사항(다목)의 어느 하나에 해당하는 가맹본부의 중요한 영업방침을 가맹점사업자가 지키지 아니한 경우(제3호)의 어느 하나에 해당하는 경우에는 그러하지 아니하다(법 제13조 제1항).3) 미국에서도 Delawere 등 여러 주에서 계약갱신거절 시 정당한 사유의 존재를 요구하고 있다.4)

　　가맹사업의 이점을 유지하기 위해서는 가맹사업전체의 유지·발전을 위해 가맹본부가 개별 가맹점사업자에 가맹본부의 영업지침을 따르도록 통제할 필요가 있고 경우에 따라서는 가맹점사업자와의 가맹계약을 종료해야 할 경영상의 필요가 있다. 그러나 한편, 가맹사업은 가맹점사업자가 가맹본부로부터 상호, 상표, 포장, 디자인뿐만 아니라 제품의 생산에 대항 노하우 등 영업행위 일체에 대한 지원을 받고 있는 등 가맹본부에 전적으로 의존하는 거래관계에 있고, 가맹점사업자는 가맹본부가 제시하는 조건과 기준 등에 따라 점포 및 내부 시설장비 등을 준비해야 하는 등 상당한 비용의 투자가 이루어지므로, 가맹본부가 임의로 계약을 종료시키거나 해지하는 경우에 가맹점사업자는 투자비용을 제대로 회수할 수 없어 상당한 경제적 손실을 입게 되는 위치에 있다. 따라서 가맹사업의 유지·발전을 위해 가맹본부가 개별 가맹점사업자에 필요한 조치를 하고 경우에 따라서는 가맹계약을 종료할 수 있도록 하는 한편, 가맹본부의 계약 종료 및 계약해지에 따른 가맹점 사업자의 피해를 방지하기 위한 조치가 필요하다. 즉 가맹사업 전체의 유지·발전을 위해 필요한 경우 외에는 가맹계약이 계속되도록 함으로써 가맹점사업자로 하여금 투자비용을 회수 할 수 있는 계약기간을 보장하고, 가맹본부의 갱신거절에 정당한 이유가 있는 경우에는 가맹점사업자로 하여금 계약기간 만료 전에 재계약 체결을 위해 가맹본부와 교섭을 할 기회를 충분히 가지도록 하기 위한 강행규정을 두고 있다<풀무원건강생활(주)의 가맹계약 해지 건>.5)

---

2) 제14조(가맹계약의 갱신거절사유 등) ① 법 제13조제1항제3호다목에서 "대통령령으로 정하는 사항"이란 다음 각 호의 어느 하나에 해당하는 사항을 말한다. 1. 가맹본부의 가맹사업 경영에 필수적인 지식재산권의 보호에 관한 사항 2. 가맹본부가 가맹점사업자에게 정기적으로 실시하는 교육·훈련의 준수에 관한 사항. 다만, 가맹점사업자가 부담하는 교육·훈련 비용이 같은 업종의 다른 가맹본부가 통상적으로 요구하는 비용보다 뚜렷하게 높은 경우는 제외한다.

3) 제1호에 대해서는 지급의무의 위반의 횟수, 정도 등이 고려될 여지가 없는 점, 제2호에 대해서는 명확한 기준이 없는 점을 지적하고 있다. 조혜신, 2019 하계공동학술대회(2019.6.14), 85면.

4) 조혜신, 2019 하계공동학술대회(2019.6.14), 84면.

1. 갱신요구기간

가맹점사업자의 계약갱신요구권은 최초 가맹계약기간을 포함한 전체 가맹계약기간이 10년을 초과하지 아니하는 범위 내에서만 행사할 수 있다(법 제13조 제2항).

문언상 계약기간 10년이 초과되면 비록 법정의 정당한 사유가 없어도 계약 갱신을 요구할 수 없다고 해석되며[6] 법 시행 이전에 대법원은 다음과 같이 판시한 바 있다.

"존속기간의 정함이 있는 계속적 계약관계는 그 기간이 만료되면 종료한다. 한편 그 계약에서 계약의 갱신 또는 존속기간의 연장에 관하여 별도의 약정이 있는 경우에는 그 약정이 정하는 바에 따라 계약이 갱신되거나 존속기간이 연장되고, 그러한 약정이 없는 경우에는 법정갱신 등에 관한 별도의 법규정이 없는 한 당사자가 새로이 계약의 갱신 등에 관하여 합의하여야 함. 이는 계속적 계약관계에 해당하는 가맹점(프랜차이즈)계약관계에서도 다를 바 없음(한편 가맹점계약관계에서 존속기간이나 계약의 갱신 등에 관한 약정이 과연 있는지, 또는 그것이 어떠한 내용인지도 역시 그 계약의 해석으로 정하여질 문제이고, 또한 그 약정이 약관에 의하여 행하여진 경우에는 '약관규제법'의 통제를 받음은 물론이다). 따라서 법규정 또는 당해 가맹점계약의 해석에 좇아 가맹점사업자가 가맹본부에 대하여 갱신을 청구할 권리를 가지거나, 가맹본부의 갱신 거절이 당해 가맹점계약의 체결경위·목적이나 내용, 그 계약관계의 전개양상, 당사자의 이익상황 및 가맹점계약 일반의 고유한 특성 등에 비추어 신의칙에 반하여 허용되지 아니하는 등의 특별한 사정이 없는 한, 가맹본부는 가맹점사업자의 갱신 요청을 받아들여 갱신 등에 합의할 것인지 여부를 스스로 판단·결정할 자유를 가지며, 그에 있어서 정당한 사유 또는 합리적 사유가 있는 경우에 한하여 갱신을 거절할 수 있는 것은 아님"<한국도미노피자(주)의 계약 갱신 건>[7]

5) 서울중앙지판 2013. 3. 29. 2012가합505995[손해배상(기)].

6) 미국 주법에서는 계약해지시 혹은 계약갱신거절시 가맹점사업자에게 몇가지 구제수단을 제공하는데, 재고를 비롯한 각종 물품의 환매, 영업권에 대한 보상, 유지청구, 손해배상 등이다. 가맹본부가 가맹점사업자에게 재구매방식을 통해 보상하여야 한다는 것은 그 자체로 정당성을 갖추기 때문에 요구되는 것이라기 보다, 계약해지 또는 계약갱신거절 시점까지 미처 회수되지 못한 가맹점사업자의 투하자본을 실현시키는 방법으로서 제공되는 것이며, 다른 한편으로는 계약의 해지 혹은 종료 이후 가맹점사업자가 경업을 하지 않기로 하는 약정의 대가로 제공되는 것이기도 하다. 이에 대한 자세한 내용은 조혜신, 2019 하계공동학술대회(2019. 6. 14), 88~89면.

7) 대판 2010. 7. 15. 2010다30041. 그러나 본 건에서 1심인 서울중앙지방법원은 "이 사건 가맹계약에 의하면 가맹계약의 존속기간은 3년이며, 기간 만료일 3개월 전까지 어느 일방 당사자가 상대방에게 서면으로 계약 종료통지를 할 수 있도록 하고 있는바, 이러한 가맹계약에 비추어

10년이 지난 후에는 가맹점사업자가 동의한다면 계약형태를 기존 계약의 갱신이 아니라 신규 계약으로 체결하는 것도 가능하다. 다만, 신규계약으로 체결할 경우 계약체결 전 가맹금 예치의무, 정보공개서 등 제공의무 및 10년의 계약갱신 요구권이 처음부터 다시 진행된다. 갱신계약에 있어 계약기간을 1년 단위로 연장하는 것도 가능하다. 이 경우 가맹사업법상 계약갱신요구권은 기간이 도과하여 소멸하였으므로 가맹점사업자에게 다시 10년을 보장해야 하는 것은 아니다.

계약갱신요구권 행사기간 도과(10년 이상)한 경우 계약갱신의 조건으로 신규 인테리어 설치를 요구할 수 있다. 현실적으로 장기간 매장운영으로 시설 낙후 또는 디자인 현대화 등 여러 사유에 의해 매장 인테리어 개선이 필요할 수 있기 때문이다. 다만, 이 경우 가맹본부는 가맹점사업자의 신규 인테리어 투자에 따른 비용회수 등을 고려하여 10년의 갱신요구권 행사기간이 도과하였더라도 적절한 계약기간을 보장해야 한다.

점포환경 개선에 따른 비용지원(가맹사업법 제12조의2 제2항)은 계약갱신요구권 행사기간과 무관하게 가맹본부가 부담해야 할 의무사항이다. 따라서, 10년이 도과한 가맹점에 대해 가맹본부의 권유 또는 요구로 인테리어 리뉴얼 등을 실시할 경우 여전히 가맹본부는 비용지원의무를 부담한다. 다만, 갱신이 아니라 신규계약을 체결하는 경우에는 가맹본부에게 점포환경개선 비용 분담의무가 없다.

가맹본부가 제1항에 따른 갱신 요구를 거절하는 경우에는 그 요구를 받은 날부터 15일 이내에 가맹점사업자에게 거절 사유를 적어 서면으로 통지하여야

볼 때, 피고는 원칙적으로 계약기간이 만료될 경우 자유롭게 계약의 갱신여부를 결정할 수 있다고 봄이 상당하다{개정 가맹사업법에 의하면 가맹점사업자에게 갱신요구권을 부여하고 있으나, 이 사건 가맹계약은 개정 가맹사업법이 시행되기 전에 체결되었으므로 개정 가맹사업법이 적용되지 아니한다(개정 가맹사업법 부칙 제4조 참조)}. 다만, 가맹사업의 특성상 원고와 같은 가맹점사업자는 가맹사업을 위하여 초기 시설비 등으로 상당한 비용의 투자를 하게 되며, 또한 가맹계약 기간동안 해당 상권을 꾸준히 관리하는 등 당해 가맹사업 존속에 대한 상당한 기대이익을 가지게 되는 점에 비추어 볼 때, 가맹계약에서 정해진 계약기간이 만료되었다고 가맹본부가 언제든지 바로 갱신을 거절할 수 있다고 보기는 어려우며, 가맹점사업자의 위와 같은 계약 존속에 관한 신뢰를 보호하여 상당한 기간동안에는 가맹본부가 가맹계약의 갱신을 거절할 수 없다고 보아야 할 것이다. 이 사건으로 돌아와 살피건대, 이 사건 가맹계약은 최초계약 이후에 2차례에 걸쳐 갱신이 되어 총 9년 동안 가맹계약이 계속되어 왔는바, 개정 가맹사업법에서 보장하고 있는 가맹점사업자의 갱신요구권의 인정기간(10년), 앞서 본 바와 같이 원고가 피고로부터 이 사건 점포를 직접 양수한 사정 등에 비추어 볼 때, 9년이라는 기간은 원고의 가맹계약 존속에 대한 기대이익 등을 보호하기에 충분한 기간이라고 판단되므로, 피고는 자유롭게 이 사건 가맹계약의 갱신을 거절할 수 있다고 할 것이다."라고 판시함으로써 계약기간이 만료되었다고 무조건 계약갱신을 거절할 수 있다고는 보지 않았다[서울중앙지판 2009. 7. 17. 2008가합85654[손해배상(기)등]].

한다(법 제13조 제3항).

2. 자동갱신규정

가맹본부가 제3항의 거절 통지를 하지 아니하거나 가맹계약기간 만료 전 180일부터 90일까지 사이에 가맹점사업자에게 조건의 변경에 대한 통지나 가맹계약을 갱신하지 아니한다는 사실의 통지를 서면으로 하지 아니하는 경우에는 계약 만료 전의 가맹계약과 같은 조건으로 다시 가맹계약을 체결한 것으로 본다. 다만, 가맹점사업자가 계약이 만료되는 날부터 60일 전까지 이의를 제기하거나 가맹본부나 가맹점사업자에게 천재지변이나 그 밖에 *대통령령*[8])으로 정하는 부득이한 사유가 있는 경우에는 그러하지 아니하다(법 제13조 제4항).

II. '장기점포'의 안정적 계약 갱신을 위한 지침(가이드라인)

공정거래위원회는 2019년 5월 28일 가맹분야 「장기 점포의 안정적 계약 갱신을 위한 지침(가이드라인)」을 제정·운영하고 있다.

---

8) 제14조(가맹계약의 갱신거절사유 등) ② 법 제13조제4항 단서에서 "대통령령으로 정하는 부득이한 사유"란 다음 각 호의 어느 하나에 해당하는 경우를 말한다. 1. 가맹본부나 가맹점사업자에게 파산 신청이 있거나 강제집행절차 또는 회생절차가 개시된 경우 2. 가맹본부나 가맹점사업자가 발행한 어음·수표 부도 등으로 지급거절된 경우 3. 가맹점사업자에게 중대한 일신상의 사유 등이 발생하여 더 이상 가맹사업을 경영할 수 없게 된 경우

제14조(가맹계약해지의 제한)

① 가맹본부는 가맹계약을 해지하려는 경우에는 가맹점사업자에게 2개월 이상의 유예기간을 두고 계약의 위반 사실을 구체적으로 밝히고 이를 시정하지 아니하면 그 계약을 해지한다는 사실을 서면으로 2회 이상 통지하여야 한다. 다만, 가맹사업의 거래를 지속하기 어려운 경우로서 대통령령이 정하는 경우에는 그러하지 아니하다. <개정 2007. 8. 3.>

② 제1항의 규정에 의한 절차를 거치지 아니한 가맹계약의 해지는 그 효력이 없다.

 목 차

[참고문헌]

논문: 조혜신, 유통거래에 있어서 계약의 존속여부에 대한 규제, 2019 하계공동학술대회, 한국경쟁법학회, 2019.6.14

[참고사례]

㈜지에스리테일의 영업표지 변경 건{서울고등법원 2007. 6. 8. 선고 2006나1116 판결; 대법원 2008. 11. 13. 선고 2007다43580[손해배상(기)등] 판결}; 가맹본부의 가맹계약 해지 건{서울고등법원 2009. 4. 1. 선고 2008나75838 판결; 대법원 2009. 9. 24. 선고 2009다32560[손해배상(기)] 판결}; 메이케이코리아 유한회사의 계약 해지 건{서울중앙지방법원 2009. 12. 3. 선고 2009가합43336 판결; 서울고등법원 2013. 9. 13. 선고 2010나9179[손해배상(기)] 판결}; 가맹본부의 가맹계약 해지 건{서울동부지방법원 2015. 5. 22 선고 2014가합109264[손해배상(기)] 판결}

Ⅰ. 사전통지의무

가맹본부는 가맹계약을 해지하려는 경우에는 가맹점사업자에게 2개월 이상의 유예기간을 두고 계약의 위반 사실을 구체적으로 밝히고 이를 시정하지 아니하면 그 계약을 해지한다는 사실을 서면으로 2회 이상 통지하여야 한다. 다만,

가맹사업의 거래를 지속하기 어려운 경우로서 *대통령령[1]*이 정하는 경우에는 그러하지 아니하다(법 제14조 제1항).[2] 여기에서 '2개월 이상의 유예기간'을 두고 '2회 이상 통지'라는 의미는 2개월 이상의 기간을 정하여 그 사이에 2회 이상 통지하라는 의미이며, 통보 내용이 '해지된다'가 아니라 '해지한다'는 내용이므로, 기간 경과후에 해지행위를 하면 계약이 해지되는 것으로 해석하여야 한다.

　　현행법에서는 해지의 절차만을 규정하고 있을 뿐, 해지사유에 대해서는 규정하고 있지 않은데, 미국의 경우 대부분의 주법에서 '정당한 사유(good cause)'가 있을 것을 요구하고 있다.[3]

　　가맹사업법 제14조에서 2개월 이상의 유예기간을 두고 2회 이상 해지에 관한 통지를 한 취지는, 프랜차이즈사업을 하기 위해서 가맹금을 지급하고 점포를

---

1) 제15조(가맹계약의 해지사유) 법 제14조제1항 단서에서 "대통령령이 정하는 경우"란 다음 각 호의 어느 하나에 해당하는 경우를 말한다. 1. 가맹점사업자에게 파산 신청이 있거나 강제집행 절차 또는 회생절차가 개시된 경우 2. 가맹점사업자가 발행한 어음·수표가 부도 등으로 지급 정지된 경우 3. 천재지변, 중대한 일신상의 사유 등으로 가맹점사업자가 더 이상 가맹사업을 경영할 수 없게 된 경우 4. 가맹점사업자가 가맹점 운영과 관련되는 법령을 위반하여 다음 각 목의 어느 하나에 해당하는 행정처분을 받거나 법원 판결을 받음으로써 가맹본부의 명성이나 신용을 뚜렷이 훼손하여 가맹사업에 중대한 장애를 초래한 경우 가. 위법사실을 시정하라는 내용의 행정처분 나. 위법사실을 처분사유로 하는 과징금·과태료 등 부과처분 다. 위법사실을 처분사유로 하는 영업정지 명령 5. 삭제 <2020. 4. 28.> 6. 가맹점사업자가 가맹점 운영과 관련되는 법령을 위반하여 자격·면허·허가 취소 또는 영업정지 명령(15일 이내의 영업정지 명령을 받은 경우는 제외한다) 등 그 시정이 불가능한 성격의 행정처분을 받은 경우. 다만, 법령에 근거하여 행정처분을 갈음하는 과징금 등의 부과 처분을 받은 경우는 제외한다. 7. 가맹점사업자가 법 제14조제1항 본문에 따른 가맹본부의 시정요구에 따라 위반사항을 시정한 날부터 1년(계약갱신이나 재계약된 경우에는 종전 계약기간에 속한 기간을 합산한다) 이내에 다시 같은 사항을 위반하는 경우. 다만, 가맹본부가 시정을 요구하는 서면에 다시 같은 사항을 1년 이내에 위반하는 경우에는 법 제14조제1항의 절차를 거치지 아니하고 가맹계약이 해지될 수 있다는 사실을 누락한 경우는 제외한다. 8. 가맹점사업자가 가맹점 운영과 관련된 행위로 형사처벌을 받은 경우 9. 가맹점사업자가 뚜렷이 공중의 건강이나 안전에 급박한 위해를 일으킬 염려가 있는 방법이나 형태로 가맹점을 운영하고 있으나, 행정청의 시정조치를 기다리기 어려운 경우 10. 가맹점사업자가 정당한 사유 없이 연속하여 7일 이상 영업을 중단한 경우

2) 현행법상의 해지절차에 대해서는 다음과 같은 해석상 의문을 제기한다. ① 통지와 함께 부여된 2개월의 유예기간이 계약위반의 시정없이 도과된 경우 그 시점에 즉시 계약이 해지되는 것인가. ② 최초의 통지와 함께 부여된 2개월의 유예기간이 지나도록 위반사실이 시정되지 않았을 때에 2차 통지가 가능한 것인지, 만약 그러하다면 가맹계약의 해지에는 최소한 4개월의 시간이 소요되는데, 이것은 과도하게 긴 것이 아닌가. ③ 2개월의 유예기간을 일률적으로 둘 필요가 있는가. ④ 최초의 통지이후 일단 계약위반이 시정된 경우, 재차 계약위반의 사실이 발생한다면 2개원 이상의 유예기간과 함께 2회의 통지절차를 다시 거쳐야 하는가 등이다. 입법론으로 '2회 이상의 통지'요건을 삭제하고 위반사실 시정기간과 별도로 계약해지의 효력이 발생하기 까지 일정한 기간을 부여하여, 이 기간 동안에는 영업을 유지하도록 보장하는 방식을 제안하고 있다. 자세한 내용은 조혜신, 2019 하계공동학술대회(2019. 6. 14), 82~83면.

3) 조혜신, 2019 하계공동학술대회(2019. 6. 14), 80~81면.

임차하는 등 가맹점사업자가 상당한 투자를 하였음을 감안하여 위 유예기간동안 계약해지사유에 대하여 해명하고 시정할 수 있는 기회를 충분히 가지도록 하고 부득이 해지하는 경우에도 업종을 전환할 시간을 주기위한 것이다<메이케이코리아 유한회사의 계약 해지 건>.[4]

II. 절차위반의 효력

제1항의 규정에 의한 절차를 거치지 아니한 가맹계약의 해지는 그 효력이 없다(법 제14조 제2항).

이는 가맹점사업자들로 하여금 위 유예기간 동안 계약해지사유에 대하여 해명하고 시정할 수 있는 기회를 충분히 가지도록 하기 위한 강행규정이다<가맹본부의 가맹계약 해지 건>.[5]

법원이 법위반으로 인정한 사례는 다음과 같다.

> "법 제14조는 가맹점사업자들로 하여금 위 유예기간 동안 계약해지사유에 대하여 해명하고 시정할 수 있는 기회를 충분히 가지도록 하기 위한 강행규정이며, 가맹본부는 제14조가 규정하는 유예기간 중에는 가맹점사업자에게 가맹계약상의 급부제공을 거절할 수 없고, 이에 위반하는 행위는 불법행위가 될 수 있음. 이 사건 가맹계약은 위와 같은 피고의 위법한 계약해지 및 이행거절 등으로 인하여 피고의 귀책사유에 기하여 해지된 것으로 봄이 상당하고, 이와 같이 피고가 위법하게 계약을 해지함과 아울러 채무를 이행하지 아니할 의사를 명백히 표시한 이상 원고는 피고의 이와 같은 이행거절의 채무불이행 내지 위 법률제14조를 위반한 불법행위를 이유로 손해배상을 청구할 수 있음"<가맹본부의 가맹계약 해지 건>,[6] "의류를 제조, 판매하는 가맹사업을 하는 乙 주식회사가 甲과 가맹계약을 체결하였는데, '乙 회사의 영업정책상 甲의 판매가 저조하거나 판매 활성화가 불가능하다고 판단될 경우 乙 회사는 서면 통보 후 임의로 계약해지를 할 수 있다'는 내용의 가맹계약 조항에 따라 계약해지를 통지한 사안에서, 위 가맹계약 조항은 '가맹본부는 가맹계약을 해지하려는 경우에는 가맹점사업자에게 2개월 이상의 유예기간을 두고 계약의 위반 사실을 구체적으로 밝히고 이를 시정하지 아니하면 그 계약을

---

4) 서고판 2013. 9. 13. 2010나9179[손해배상(기)].
5) 대판 2009. 9. 24. 2009다32560[손해배상(기)]; 서울동부지판 2015. 5. 22. 2014가합109264[손해배상(기)].
6) 대판 2009. 9. 24. 2009다32560[손해배상(기)].

해지한다는 사실을 서면으로 2회 이상 통지하여야 한다.'는 강행규정인 가맹사업거래의 공정화에 관한 법률 제14조 제1항 본문에 반하여 무효이고, 乙 회사의 해지 통지도 효력이 없으므로, 乙 회사는 가맹계약 위반으로 甲이 계약기간 종료일까지 매장을 운영하지 못함으로써 입은 일실손해를 배상할 책임이 있다고 판단한 다음, 甲 운영 매장의 매출이 인근 가맹점과 비교하여 저조했던 점 등을 고려하여 乙 회사의 책임을 70%로 제한하였음"<가맹본부의 가맹계약 해지 건>[7]

---

7) 서울동부지판 2015. 5. 22. 2014가합109264[손해배상(기)].

제14조의2(가맹점사업자단체의 거래조건 변경 협의 등)

① 가맹점사업자는 권익보호 및 경제적 지위 향상을 도모하기 위하여 단체(이하 "가맹점사업자단체"라 한다)를 구성할 수 있다.

② 특정 가맹본부와 가맹계약을 체결·유지하고 있는 가맹점사업자(복수의 영업표지를 보유한 가맹본부와 계약 중인 가맹점사업자의 경우에는 동일한 영업표지를 사용하는 가맹점사업자로 한정한다)로만 구성된 가맹점사업자단체는 그 가맹본부에 대하여 가맹계약의 변경 등 거래조건(이하 이 조에서 "거래조건"이라 한다)에 대한 협의를 요청할 수 있다.

③ 제2항에 따른 협의를 요청받은 경우 가맹본부는 성실하게 협의에 응하여야 한다. 다만, 복수의 가맹점사업자단체가 협의를 요청할 경우 가맹본부는 다수의 가맹점사업자로 구성된 가맹점사업자단체와 우선적으로 협의한다.

④ 제2항에 따른 협의와 관련하여 가맹점사업자단체는 가맹사업의 통일성이나 본질적 사항에 반하는 거래조건을 요구하는 행위, 가맹본부의 경영 등에 부당하게 간섭하는 행위 또는 부당하게 경쟁을 제한하는 행위를 하여서는 아니 된다.

⑤ 가맹본부는 가맹점사업자단체의 구성·가입·활동 등을 이유로 가맹점사업자에게 불이익을 주는 행위를 하거나 가맹점사업자단체에 가입 또는 가입하지 아니할 것을 조건으로 가맹계약을 체결하여서는 아니 된다.

[본조신설 2013. 8. 13.]

 목 차

Ⅰ. 가맹점사업자단체 구성권

가맹점사업자는 권익보호 및 경제적 지위 향상을 도모하기 위하여 단체(이하 "가맹점사업자단체")를 구성할 수 있다(법 제14조의2 제1항).

II. 가맹점사업자단체의 거래조건협의 요청권

특정 가맹본부와 가맹계약을 체결·유지하고 있는 가맹점사업자(복수의 영업표지를 보유한 가맹본부와 계약 중인 가맹점사업자의 경우에는 동일한 영업표지를 사용하는 가맹점사업자로 한정)로만 구성된 가맹점사업자단체는 그 가맹본부에 대하여 가맹계약의 변경 등 거래조건(이하 이 조에서 "거래조건")에 대한 협의를 요청할 수 있다(법 제14조의2 제2항).

1. 가맹본부의 성실협의 의무

제2항에 따른 협의를 요청받은 경우 가맹본부는 성실하게 협의에 응하여야한다. 다만, 복수의 가맹점사업자단체가 협의를 요청할 경우 가맹본부는 다수의 가맹점사업자로 구성된 가맹점사업자단체와 우선적으로 협의한다(법 제14조의2 제3항).

2. 가맹점사업자단체의 불공정거래행위 금지

제2항에 따른 협의와 관련하여 가맹점사업자단체는 가맹사업의 통일성이나 본질적 사항에 반하는 거래조건을 요구하는 행위, 가맹본부의 경영 등에 부당하게 간섭하는 행위 또는 부당하게 경쟁을 제한하는 행위를 하여서는 아니 된다(법 제14조의2 제3항).

가맹본부는 가맹점사업자단체의 구성·가입·활동 등을 이유로 가맹점사업자에게 불이익을 주는 행위를 하거나 가맹점사업자단체에 가입 또는 가입하지 아니할 것을 조건으로 가맹계약을 체결하여서는 아니 된다(법 제14조의2 제3항).

제15조(자율규약)

① 가맹본부 또는 가맹본부를 구성원으로 하는 사업자단체는 가맹사업의 공정한 거래질
서를 유지하기 위하여 자율적으로 규약을 정할 수 있다.

② 가맹본부 또는 가맹본부를 구성원으로 하는 사업자단체는 제1항의 규정에 의하여 자
율규약을 정하고자 하는 경우 그 규약이 제12조제1항의 규정에 위반하는 지에 대한
심사를 공정거래위원회에 요청할 수 있다.

③ 공정거래위원회는 제2항의 규정에 의하여 자율규약의 심사를 요청받은 때에는 그 요
청을 받은 날부터 60일 이내에 심사결과를 신청인에게 통보하여야 한다.

자율규약의 심사요청에 대하여 *대통령령*[1]으로 규정하고 있다.

공정거래위원회는 가맹분야에서는 최초로 2018년 11월 30일 사단법인 한국
편의점산업협회[2]가 편의점 업계의 과밀화 해소를 위해 심사를 요청한 자율규약
제정(안)을 승인했다.[3]

---

1) 제16조(자율규약의 심사요청) 가맹본부 또는 가맹본부를 구성원으로 하는 사업자단체는 법 제
15조제2항에 따라 자율규약의 심사를 요청하려는 때에는 공정거래위원회에 다음 각 호의 사항
을 기재한 서면(전자문서를 포함한다. 이하 제19조에서 같다)과 심사요청의 대상이 되는 자율
규약의 사본을 제출해야 한다. 1. 심사요청인의 주소와 성명 2. 자율규약의 제정배경 3. 자율
규약의 주요골자와 그 취지

2) 한국편의점산업협회는 1993년 설립돼, ㈜지에스리테일(GS25), ㈜BGF리테일(CU), ㈜코리아세
븐(세븐일레븐), 한국미니스톱㈜(미니스톱), ㈜씨스페이시스(C·Space)를 회원사로 두고 있다.

3) 공정거래위원회 보도자료(2018. 12. 3). '출점단계에서는, 담배소매인 지정거리 등을 고려한 근
접출점을 지양한다'. '운영단계에서는, 공정거래·상생협력 협약을 체결하고 충실하게 이행한다'.
'폐점단계에서는, 가맹계약 해지 시 영업위약금을 감경·면제한다' 등을 그 내용으로 하고 있다.

제15조의2(가맹점사업자피해보상보험계약 등)

① 가맹본부는 가맹점사업자의 피해를 보상하기 위하여 다음 각 호의 어느 하나에 해당하는 계약(이하 "가맹점사업자피해보상보험계약 등"이라 한다)을 체결할 수 있다. <개정 2012. 2. 17.>

1. 「보험업법」에 따른 보험계약

2. 가맹점사업자 피해보상금의 지급을 확보하기 위한 「금융위원회의 설치 등에 관한 법률」 제38조에 따른 기관의 채무지급보증계약

3. 제15조의3에 따라 설립된 공제조합과의 공제계약

② 가맹점사업자피해보상보험계약 등에 의하여 가맹점사업자 피해보상금을 지급할 의무가 있는 자는 그 지급사유가 발생한 경우 지체 없이 이를 지급하여야 한다. 이를 지연한 경우에는 지연배상금을 지급하여야 한다.

③ 가맹점사업자피해보상보험계약 등을 체결하고자 하는 가맹본부는 가맹점사업자피해보상보험계약 등을 체결하기 위하여 매출액 등의 자료를 제출함에 있어서 거짓 자료를 제출하여서는 아니 된다.

④ 가맹본부는 가맹점사업자피해보상보험계약 등을 체결함에 있어서 가맹점사업자의 피해보상에 적절한 수준이 되도록 하여야 한다.

⑤ 가맹점사업자피해보상보험계약 등을 체결한 가맹본부는 그 사실을 나타내는 표지를 사용할 수 있다.

⑥ 가맹점사업자피해보상보험계약 등을 체결하지 아니한 가맹본부는 제5항에 따른 표지를 사용하거나 이와 유사한 표지를 제작 또는 사용하여서는 아니 된다.

⑦ 그 밖에 가맹점사업자피해보상보험계약 등에 대하여 필요한 사항은 대통령령으로 정한다.

[본조신설 2007. 8. 3.]

목 차

[참고문헌]
단행본: 가맹사업법 해설-실무 및 소송의 쟁점(개정판), 이한무, 법률정보센터, 2014

Ⅰ. 가맹점사업자피해보상보험계약 등의 체결

가맹본부는 가맹점사업자의 피해를 보상하기 위하여 ① 「보험업법」에 따른 보험계약(제1호), ② 가맹점사업자 피해보상금의 지급을 확보하기 위한 「금융위원회의 설치 등에 관한 법률」 제38조에 따른 기관의 채무지급보증계약(제2호), ③ 제15조의3에 따라 설립된 공제조합과의 공제계약(제3호)의 어느 하나에 해당하는 계약(이하 "가맹점사업자피해보상보험계약 등")을 체결할 수 있다(법 제15조의2 제1항).

Ⅱ. 피해보상금의 지급의무

가맹점사업자피해보상보험계약 등에 의하여 가맹점사업자 피해보상금을 지급할 의무가 있는 자는 그 지급사유가 발생한 경우 지체 없이 이를 지급하여야 한다. 이를 지연한 경우에는 지연배상금을 지급하여야 한다(법 제15조의2 제2항).

Ⅲ. 허위자료제출의 금지

가맹점사업자피해보상보험계약 등을 체결하고자 하는 가맹본부는 가맹점사업자피해보상보험계약 등을 체결하기 위하여 매출액 등의 자료를 제출함에 있어서 거짓 자료를 제출하여서는 아니 된다(법 제15조의2 제3항).

Ⅳ. 계약의 수준

가맹본부는 가맹점사업자피해보상보험계약 등을 체결함에 있어서 가맹점사업자의 피해보상에 적절한 수준이 되도록 하여야 한다(법 제15조의2 제4항).

V. 계약표지의 사용

가맹점사업자피해보상보험계약 등을 체결한 가맹본부는 그 사실을 나타내는 표지를 사용할 수 있다(법 제15조의2 제5항).

가맹점사업자피해보상보험계약 등을 체결하지 아니한 가맹본부는 제5항에 따른 표지를 사용하거나 이와 유사한 표지를 제작 또는 사용하여서는 아니 된다(법 제15조의2 제5항).

VI. 기타 필요사항

그 밖에 가맹점사업자피해보상보험계약 등에 대하여 필요한 사항은 *대통령령*[1]으로 정한다(법 제15조의2 제5항).

---

1) 제16조의2(가맹점사업자피해보상보험계약 등) ① 법 제15조의2제1항에 따라 가맹본부가 체결하는 가맹점사업자피해보상보험계약 등(이하 "피해보상보험계약 등")은 다음 각 호의 사항을 충족하여야 한다. <u>1. 가맹본부의 가맹금반환의무의 불이행 등으로 인한 가맹점사업자의 피해를 보상하는 내용일 것 2. 피보험자·채권자 또는 수익자는 해당 가맹본부와 가맹계약을 체결하거나 체결할 예정인 가맹점사업자 또는 가맹점사업자가 지정한 자로 할 것 3. 계약금액은 예치가맹금 이상으로 할 것 4. 정당한 사유 없이 가맹점사업자의 의사표시 방법을 제한하거나 가맹점사업자에게 지나친 입증책임을 지우지 아니할 것 5. 정당한 사유 없이 피해보상의 범위나 보험자·보증인·공제조합 또는 가맹본부의 책임을 한정하지 아니할 것 6. 계약기간은 2개월 이상으로 하고, 정당한 사유 없이 쉽게 계약을 해지할 수 있도록 하여 가맹점사업자에게 불이익을 주지 아니할 것 7. 그 밖에 가맹점사업자에게 예상하기 어려운 위험이나 손해를 줄 염려가 있거나 부당하게 불리한 약정을 두지 아니할 것 8. 보험금·보증금 또는 공제금은 해당 가맹본부와 가맹계약을 체결하거나 체결할 예정인 가맹점사업자 또는 가맹점사업자가 지정한 자가 직접 수령할 수 있도록 할 것</u> ② 제1항 외에 가맹본부가 경영하는 가맹사업의 특성에 따른 피해보상보험계약 등의 구체적인 기준이나 피해보상의 내용·절차와 보험의 표지 사용 등에 필요한 세부사항은 공정거래위원회가 정하여 고시할 수 있다

제15조의3(공제조합의 설립)

① 가맹본부는 제15조의2제1항제3호에 따른 공제사업을 영위하기 위하여 공정거래위원 회의 인가를 받아 공제조합(이하 "공제조합"이라 한다)을 설립할 수 있다.

② 공제조합은 법인으로 하며, 주된 사무소의 소재지에 설립등기를 함으로써 성립한다.

③ 공제조합에 가입한 가맹본부는 공제사업의 수행에 필요한 출자금 등을 조합에 납부 하여야 한다.

④ 공제조합의 기본재산은 조합원의 출자금 등으로 조성한다.

⑤ 공제조합의 조합원의 자격, 임원에 관한 사항 및 출자금의 부담기준에 관한 사항은 정관으로 정한다.

⑥ 공제조합의 설립인가 기준 및 절차, 정관기재사항, 운영 및 감독 등에 관하여 필요한 사항은 대통령령으로 정한다.

⑦ 공제조합이 제1항에 따른 공제사업을 하고자 하는 때에는 공제규정을 정하여 공정거 래위원회의 인가를 받아야 한다. 공제규정을 변경하고자 하는 때에도 또한 같다.

⑧ 제7항의 공제규정에는 공제사업의 범위, 공제료, 공제사업에 충당하기 위한 책임준비 금 등 공제사업의 운영에 관하여 필요한 사항을 포함하여야 한다.

⑨ 공제조합에 관하여 이 법에 규정된 것을 제외하고는 「민법」 중 사단법인에 관한 규 정을 준용한다.

⑩ 이 법에 따른 공제조합의 사업에 대하여는 「보험업법」을 적용하지 아니한다.

[본조신설 2007. 8. 3.]

🗒 목 차

Ⅰ. 공제조합의 설립 및 인가

가맹본부는 제15조의2 제1항 제3호에 따른 공제사업을 영위하기 위하여 공 정거래위원회의 인가를 받아 공제조합(이하 "공제조합")을 설립할 수 있다(법 제 15조의3 제1항).[1]

　　공제조합의 설립인가 기준 및 절차, 정관기재사항, 운영 및 감독 등에 관하여 필요한 사항은 *대통령령*[2])으로 정한다(법 제15조의3 제6항).

　　공제조합이 제1항에 따른 공제사업을 하고자 하는 때에는 공제규정을 정하여 공정거래위원회의 인가를 받아야 한다. 공제규정을 변경하고자 하는 때에도 또한 같다(법 제15조의3 제7항). 제7항의 공제규정에는 공제사업의 범위, 공제료, 공제사업에 충당하기 위한 책임준비금 등 공제사업의 운영에 관하여 필요한 사항을 포함하여야 한다(법 제15조의3 제8항).

II. 설립등기

　　공제조합은 법인으로 하며, 주된 사무소의 소재지에 설립등기를 함으로써 성립한다(법 제15조의3 제2항).

III. 공제조합의 출자금

　　공제조합에 가입한 가맹본부는 공제사업의 수행에 필요한 출자금 등을 조합에 납부하여야 한다(법 제15조의3 제3항).

---

1)　제16조의3(공제조합의 인가 등) ① 법 제15조의3제1항에 따른 공제조합을 설립하려는 때에는 10명 이상이 발기인이 되어 정관을 작성하고 창립총회의 의결을 거쳐 공정거래위원회에 인가를 신청하여야 한다. ② 제1항에도 불구하고 특정 업종에 속하는 가맹본부만을 조합원으로 하는 공제조합을 설립하려는 때에는 발기인이 10명 미만이라도 해당 업종에 속하는 가맹본부 총수의 10분의 1 이상의 발기인이 있으면 제1항에 따른 절차를 진행할 수 있다. ③ 공정거래위원회는 제1항에 따른 인가를 한 때에는 이를 공고하여야 한다.

2)　제16조의4(공제조합의 정관기재사항) ① 법 제15조의3제6항에 따른 정관기재사항은 다음 각 호와 같다. 1. 목적 2. 명칭 3. 사무소의 소재지 4. 출자금과 그 납부방법 및 그 지분계산에 관한 사항 5. 조합원의 자격과 가입·탈퇴에 관한 사항 6. 조합원의 권리·의무에 관한 사항 7. 자산 및 회계에 관한 사항 8. 총회에 관한 사항 9. 운영위원회에 관한 사항 10. 임원 및 직원에 관한 사항 11. 융자에 관한 사항 12. 업무와 그 집행에 관한 사항 13. 정관의 변경에 관한 사항 14. 해산과 남은 재산의 처리에 관한 사항 15. 공고의 방법에 관한 사항 ② 공제조합이 정관을 변경하려는 때에는 민법 제42조제2항에 따른다.
제16조의5(공제조합의 운영 및 감독) ① 공제조합은 매 사업연도가 지난 후 2개월 이내에 결산을 마치고 해당 사업연도의 공제실적 등을 포함한 사업실적보고서 및 대차대조·손익계산서를 포함한 결산보고서를 3월 31일까지 공정거래위원회에 제출하여야 한다. ② 공제조합은 제1항에 따라 공정거래위원회에 제출한 대차대조표와 손익계산서를 주사무소(지부가 있으면 포함)에 갖추어 두고, 대차대조표는 공고하여야 한다.

공제조합의 기본재산은 조합원의 출자금 등으로 조성한다(법 제15조의3 제4항).

공제조합의 조합원의 자격, 임원에 관한 사항 및 출자금의 부담기준에 관한 사항은 정관으로 정한다(법 제15조의3 제5항).

Ⅳ. 「보험업법」과의 관계

이 법에 따른 공제조합의 사업에 대하여는 「보험업법」을 적용하지 아니한다 (법 제15조의3 제10항).

Ⅴ. 기타 준용규정

공제조합에 관하여 이 법에 규정된 것을 제외하고는 「민법」 중 사단법인에 관한 규정을 준용한다(법 제15조의3 제9항).

제15조의4(가맹본부와 가맹점사업자 간 협약체결의 권장 등)

① 공정거래위원회는 가맹본부와 가맹점사업자가 가맹사업 관계 법령의 준수 및 상호 지원·협력을 약속하는 자발적인 협약을 체결하도록 권장할 수 있다.

② 공정거래위원회는 가맹본부와 가맹점사업자가 제1항에 따른 협약을 체결하는 경우 그 이행을 독려하기 위하여 포상 등 지원시책을 마련하여 시행하여야 한다.

③ 공정거래위원회는 제1항 및 제2항에 따른 협약의 내용·체결절차·이행실적평가 및 지원시책 등에 필요한 사항을 정한다.

[본조신설 2013. 8. 13.]

공정거래위원회는 협약의 내용·체결절차·이행실적평가 및 지원시책 등에 필요한 사항을 예규[1]로 정하고 있다.

---

1) 「가맹본부·가맹점사업자간 공정거래 및 상생협력 협약절차·지원 등에 관한 기준」[공정거래위 원회예규 제401호(2022. 1. 28.)].

제15조의5(신고포상금)

① 공정거래위원회는 이 법의 위반행위를 신고하거나 제보하고 그 신고나 제보를 입증할 수 있는 증거자료를 제출한 자에게 예산의 범위에서 포상금을 지급할 수 있다.

② 제1항에 따른 포상금 지급대상자의 범위, 포상금 지급의 기준·절차 등에 필요한 사항은 대통령령으로 정한다.

[본조신설 2018. 1. 16.]

포상금 지급대상자의 범위, 포상금 지급의 기준·절차 등에 필요한 사항은 *대통령령*1)으로 정한다.2)

---

1) 제17조(포상금의 지급) ① 법 제15조의5제1항에 따른 포상금(이하 이 조에서 "포상금"이라 한다)은 법 제33조제1항에 따른 시정조치의 대상이 되는 위반행위를 신고하거나 제보하고, 이를 입증할 수 있는 증거자료를 최초로 제출한 자에게 지급한다. 다만, 해당 위반행위를 한 가맹본부 및 그 가맹본부의 임직원으로서 해당 위반행위에 관여한 사람은 제외한다. ② 공정거래위원회는 특별한 사정이 있는 경우를 제외하고는 신고 또는 제보된 행위가 법 제33조제1항에 따른 시정조치의 대상이 되는 위반행위에 해당한다고 인정하여 해당 행위를 한 가맹본부에 시정조치 등의 처분을 하기로 의결한 날(이의신청이 있는 경우에는 재결한 날을 말한다)부터 3개월 이내에 포상금을 지급한다. ③ 포상금의 지급에 관여한 조사공무원은 신고자 또는 제보자의 신원 등 신고 또는 제보와 관련된 사항을 타인에게 제공하거나 누설해서는 아니 된다. ④ 위반행위의 유형별 포상금의 구체적인 지급기준은 위반행위의 중대성 및 증거의 수준 등을 고려하여 공정거래위원회가 정하여 고시한다. ⑤ 포상금의 지급에 관한 사항을 심의하기 위하여 공정거래위원회에 신고포상금 심의위원회를 둘 수 있다. ⑥ 제5항에 따른 신고포상금 심의위원회의 설치·운영에 관한 사항 및 그 밖에 포상금의 지급에 필요한 사항은 공정거래위원회가 정하여 고시한다.

2) 부칙 제3조(포상금 지급에 관한 적용례) 제15조의5의 개정규정은 이 법 시행 후 최초로 이 법의 위반행위를 신고하거나 제보하고 그 신고나 제보를 입증할 수 있는 증거자료를 제출하는 경우부터 적용한다.

제**4**장

▼

분쟁의 조정 등

제16조(가맹사업거래분쟁조정협의회의 설치)

① 가맹사업에 관한 분쟁을 조정하기 위하여 「독점규제 및 공정거래에 관한 법률」 제72
조제1항에 따른 한국공정거래조정원(이하 "조정원"이라 한다)에 가맹사업거래분쟁조
정협의회(이하 "협의회"라 한다)를 둔다. <개정 2018. 3. 27., 2020. 12. 29.>

② 시·도지사는 특별시·광역시·특별자치시·도·특별자치도(이하 "시·도"라 한다)에
협의회를 둘 수 있다. <신설 2018. 3. 27.>

③ 공정거래위원회는 분쟁조정업무의 일관성을 유지하기 위하여 필요한 운영지침을 정
하여 고시할 수 있다. <신설 2021. 12. 7.>

[전문개정 2007. 8. 3.]

종래에는 공정거래위원회에만 분쟁조정협의회를 두게 되어 있었으나, 2018.
3. 27. 법 개정을 통하여 시·도에도 분쟁조정협의회를 설치 할 수 있게 규정하
였다. 지역가맹점의 신속한 피해구제를 위한 취지에서 도입되었다.

서울시·인천시·경기도가 개정법이 시행되는 2019년 1월부터 가맹분쟁조정
협의회를 설치·운영하고 있다. 각 지역 소재 점주들은 본사와 분쟁이 발생하면
공정거래조정원 협의회와 시·도 협의회 중 원하는 곳에 조정을 신청할 수 있으
며, 본사와 점주가 서로 다른 협의회에 조정을 신청한 경우, 점주가 선택한 협의
회에서 조정 절차를 진행하게 된다. 각 점주들은 공정거래조정원과 가까운 시·
도 중 자신이 원하는 곳을 선택하여 분쟁 조정 절차를 이용할 수 있다.

제17조(협의회의 구성)

① 협의회는 위원장 1인을 포함한 9인의 위원으로 구성한다.

② 위원은 공익을 대표하는 위원, 가맹본부의 이익을 대표하는 위원, 가맹점사업자의 이익을 대표하는 위원으로 구분하되 각각 동수로 한다.

③ 조정원에 두는 협의회(이하 "조정원 협의회"라 한다)의 위원은 조정원의 장이 추천한 자와 다음 각 호의 어느 하나에 해당하는 자중 공정거래위원회 위원장이 임명 또는 위촉하는 자가 되고, 시·도에 두는 협의회(이하 "시·도 협의회"라 한다)의 위원은 조정원의 장이 추천한 자와 다음 각 호의 어느 하나에 해당하는 자 중 시·도지사가 임명 또는 위촉하는 자가 된다. <개정 2005. 12. 29., 2007. 8. 3., 2018. 3. 27.>

　1. 대학에서 법률학·경제학·경영학을 전공한 자로서 「고등교육법」 제2조제1호·제2호 또는 제5호에 따른 학교나 공인된 연구기관에서 부교수 이상의 직 또는 이에 상당하는 직에 있거나 있었던 자

　2. 판사·검사 직에 있거나 있었던 자 또는 변호사의 자격이 있는 자

　3. 독점금지 및 공정거래업무에 관한 경험이 있는 4급 이상 공무원(고위공무원단에 속하는 일반직공무원을 포함한다)의 직에 있거나 있었던 자

④ 조정원 협의회의 위원장은 공익을 대표하는 위원중에서 공정거래위원회 위원장이 임명 또는 위촉하고, 시·도 협의회의 위원장은 공익을 대표하는 위원 중에서 시·도지사가 임명 또는 위촉한다. <개정 2007. 8. 3., 2018. 3. 27.>

⑤ 위원의 임기는 3년으로 하고 연임할 수 있다.

⑥ 위원중 결원이 생긴 때에는 제3항의 규정에 의하여 보궐위원을 위촉하여야 하며, 그 보궐위원의 임기는 전임자의 잔임기간으로 한다.

📓 목　차

Ⅰ. 협의회의 구성

협의회는 위원장 1인을 포함한 9인의 위원으로 구성한다(법 제17조 제1항).

위원은 공익을 대표하는 위원, 가맹본부의 이익을 대표하는 위원, 가맹점사업자의 이익을 대표하는 위원으로 구분하되 각각 동수로 한다(법 제17조 제2항). 위원의 임기는 3년으로 하고 연임할 수 있다(법 제17조 제5항).

II. 위원 및 위원장의 임명 또는 위촉

조정원에 두는 협의회(이하 "조정원 협의회")의 위원은 조정원의 장이 추천한 자와 ① 대학에서 법률학·경제학·경영학을 전공한 자로서 「고등교육법」 제2조제1호·제2호 또는 제5호에 따른 학교나 공인된 연구기관에서 부교수 이상의 직 또는 이에 상당하는 직에 있거나 있었던 자(제1호), ② 판사·검사 직에 있거나 있었던 자 또는 변호사의 자격이 있는 자(제2호), ③ 독점금지 및 공정거래업무에 관한 경험이 있는 4급 이상 공무원(고위공무원단에 속하는 일반직공무원을 포함)의 직에 있거나 있었던 자의 어느 하나에 해당하는 자(제3호) 중 공정거래위원회 위원장이 임명 또는 위촉하는 자가 되고, 시·도에 두는 협의회(이하 "시·도 협의회"라 한다)의 위원은 조정원의 장이 추천한 자와 위 ①~③의 어느 하나에 해당하는 자 중 시·도지사가 임명 또는 위촉하는 자가 된다(법 제17조 제3항). 위원중 결원이 생긴 때에는 제3항의 규정에 의하여 보궐위원을 위촉하여야 하며, 그 보궐위원의 임기는 전임자의 잔임기간으로 한다(법 제17조 제6항).

법문상 독점규제법 제73조와 같이 '다음 각호의 어느 하나에 해당하는 자 중에서 조정원의 장의 제청으로 공정거래위원회 위원장이 임명 또는 위촉한다'로 개정할 필요가 있다. 시·도지사의 경우 '조정원의 장의 추천으로 시·도지사가 임명 또는 위촉한다'로 개정하는 것이 바람직하다.

조정원 협의회의 위원장은 공익을 대표하는 위원중에서 공정거래위원회 위원장이 임명 또는 위촉하고, 시·도 협의회의 위원장은 공익을 대표하는 위원 중에서 시·도지사가 임명 또는 위촉한다(법 제17조 제4항).

제18조(공익을 대표하는 위원의 위촉제한)

① 공익을 대표하는 위원은 위촉일 현재 가맹본부 또는 가맹점사업자의 임원·직원으로 있는 자중에서 위촉될 수 없다.

② 공정거래위원회 위원장은 공익을 대표하는 위원으로 위촉받은 자가 가맹본부 또는 가맹점사업자의 임원·직원으로 된 때에는 즉시 해촉하여야 한다. <개정 2007. 8. 3., 2018. 3. 27.>

제19조(협의회의 회의)

① 협의회의 회의는 위원 전원으로 구성되는 회의(이하 "전체회의"라 한다)와 공익을 대표
　　하는 위원, 가맹본부의 이익을 대표하는 위원, 가맹점사업자의 이익을 대표하는 위원
　　각 1인으로 구성되는 회의(이하 "소회의"라 한다)로 구분한다. <개정 2007. 8. 3.>

② 협의회의 전체회의는 다음 각 호의 사항을 심의 · 의결한다. <신설 2013. 8. 13.>

　　1.　소회의가 전체회의에서 처리하도록 결정한 사항

　　2.　협의회 운영세칙의 제정 · 개정에 관한 사항

　　3.　그 밖에 전체회의에서 처리할 필요가 있다고 인정하는 사항으로서 협의회의 위원
　　　　장이 전체회의에 부치는 사항

③ 협의회의 소회의는 제2항 각 호 외의 사항을 심의 · 의결한다. <개정 2013. 8. 13.>

④ 협의회의 전체회의는 위원장이 주재하며, 재적위원 과반수의 출석으로 개의하고, 출
　　석위원 과반수의 찬성으로 의결한다. <개정 2007. 8. 3., 2013. 8. 13.>

⑤ 협의회의 소회의는 공익을 대표하는 위원이 주재하며, 구성위원 전원의 출석과 출석
　　위원 전원의 찬성으로 의결한다. 이 경우 소회의의 의결은 협의회의 의결로 보되, 회
　　의의 결과를 전체회의에 보고하여야 한다. <신설 2007. 8. 3., 2013. 8. 13.>

⑥ 위원장이 사고로 직무를 수행할 수 없을 때에는 공익을 대표하는 위원중에서 공정거
　　래위원회 위원장 또는 시 · 도지사가 지명하는 위원이 그 직무를 대행한다. <개정
　　2007. 8. 3., 2013. 8. 13., 2018. 3. 27.>

⑦ 조정의 대상이 된 분쟁의 당사자인 가맹사업당사자(이하 "분쟁당사자"라 한다)는 협
　　의회의 회의에 출석하여 의견을 진술하거나 관계자료를 제출할 수 있다. <개정
　　2007. 8. 3., 2013. 8. 13.>

협의회 회의의 구체적 절차는 *대통령령*[1]에서 규정하고 있다.

---

1) 제18조(협의회의 회의) ① 법 제16조에 따라 가맹사업거래분쟁조정협의회(이하 "협의회")의
　 위원장이 법 제19조제1항에 따른 전체회의를 소집하거나 공익을 대표하는 위원이 같은 항에
　 따른 소회의를 소집하려는 때에는 관계 위원들에게 회의개최 7일전까지 회의의 일시 · 장소 및
　 안건을 서면으로 통지하여야 한다. 다만, 긴급을 요하는 경우에는 그러하지 아니하다. ② 협의
　 회의 회의는 공개하지 아니한다. 다만, 위원장이 필요하다고 인정하는 때에는 분쟁당사자 그
　 밖의 이해관계인에게 방청하게 할 수 있다.

제20조(위원의 제척 · 기피 · 회피)

① 위원은 다음 각 호의 어느 하나에 해당하는 경우에는 해당 조정사항의 조정에서 제
척된다. <개정 2016. 3. 29.>

    1. 위원 또는 그 배우자나 배우자이었던 자가 해당 조정사항의 분쟁당사자가 되거나
공동권리자 또는 의무자의 관계에 있는 경우

    2. 위원이 해당 조정사항의 분쟁당사자와 친족관계에 있거나 있었던 경우

    3. 위원 또는 위원이 속한 법인이 분쟁당사자의 법률 · 경영 등에 대하여 자문이나
고문의 역할을 하고 있는 경우

    4. 위원 또는 위원이 속한 법인이 해당 조정사항에 대하여 분쟁당사자의 대리인으로
관여하거나 관여하였던 경우 및 증언 또는 감정을 한 경우

② 분쟁당사자는 위원에게 협의회의 조정에 공정을 기하기 어려운 사정이 있는 때에 협
의회에 그 위원에 대한 기피신청을 할 수 있다. <개정 2016. 3. 29.>

③ 위원이 제1항 또는 제2항의 사유에 해당하는 경우에는 스스로 해당 조정사항의 조정
에서 회피할 수 있다. <개정 2016. 3. 29.>

제21조(협의회의 조정사항)

협의회는 공정거래위원회 또는 분쟁당사자가 요청하는 가맹사업거래의 분쟁에 관한 사
항을 조정한다.

    법 제22조와의 통일성을 기하기 위하여 '공정거래위원회 또는 분쟁당사자가
요청하는'을 '공정거래위원회의 의뢰 또는 분쟁당사자가 신청하는'으로 개정할
필요가 있다.

제22조(조정의 신청 등)

① 분쟁당사자는 제21조의 규정에 의하여 협의회에 대통령령이 정하는 사항이 기재된 서면으로 그 조정을 신청할 수 있다.

② 분쟁당사자가 서로 다른 협의회에 분쟁조정을 신청하거나 여러 협의회에 중복하여 분쟁조정을 신청한 때에는 다음 각 호의 협의회 중 가맹점사업자가 선택한 협의회에서 이를 담당한다. <신설 2018. 3. 27.>

  1. 조정원 협의회

  2. 가맹점사업자의 주된 사업장이 소재한 시·도 협의회

  3. 가맹본부의 주된 사업장이 소재한 시·도 협의회

③ 공정거래위원회는 가맹사업거래의 분쟁에 관한 사건에 대하여 협의회에 그 조정을 의뢰할 수 있다. <개정 2018. 3. 27.>

④ 협의회는 제1항의 규정에 의하여 조정을 신청받은 때에는 즉시 그 조정사항을 분쟁당사자에게 통지하여야 하며, 조정원 협의회의 경우 공정거래위원회에, 시·도 협의회의 경우 공정거래위원회 및 시·도에 이를 알려야 한다. <개정 2007. 8. 3., 2018. 3. 27., 2021. 12. 7.>

⑤ 제1항에 따른 분쟁조정의 신청은 시효중단의 효력이 있다. 다만, 신청이 취하되거나 각하된 때에는 그러하지 아니하다. <신설 2017. 4. 18., 2018. 3. 27.>

⑥ 제5항 단서의 경우에 6개월 내에 재판상의 청구, 파산절차참가, 압류 또는 가압류, 가처분을 한 때에는 시효는 최초의 분쟁조정의 신청으로 인하여 중단된 것으로 본다. <신설 2017. 4. 18., 2018. 3. 27.>

⑦ 제5항 본문에 따라 중단된 시효는 다음 각 호의 어느 하나에 해당하는 때부터 새로이 진행한다. <신설 2017. 4. 18., 2018. 3. 27.>

  1. 분쟁조정이 이루어져 조정조서를 작성한 때

  2. 분쟁조정이 이루어지지 아니하고 조정절차가 종료된 때

목 차

I. 분쟁조정의 신청

분쟁당사자는 제21조의 규정에 의하여 협의회에 *대통령령*[1]이 정하는 사항이 기재된 서면으로 그 조정을 신청할 수 있다(법 제22조 제1항).

1. 통지의무

협의회는 제1항의 규정에 의하여 조정을 신청받은 때에는 즉시 그 조정사항을 분쟁당사자에게 통지하여야 하며, 조정원 협의회의 경우 공정거래위원회에, 시·도 협의회의 경우 공정거래위원회 및 시·도에 이를 알려야 한다(법 제22조 제4항).

2. 신청의 효력

제1항에 따른 분쟁조정의 신청은 시효중단의 효력이 있다. 다만, 신청이 취하되거나 각하된 때에는 그러하지 아니하다(법 제22조 제5항).

제5항 단서의 경우에 6개월 내에 재판상의 청구, 파산절차참가, 압류 또는 가압류, 가처분을 한 때에는 시효는 최초의 분쟁조정의 신청으로 인하여 중단된 것으로 본다(법 제22조 제6항).

제5항 본문에 따라 중단된 시효는 ① 분쟁조정이 이루어져 조정조서를 작성한 때(제1호), ② 분쟁조정이 이루어지지 아니하고 조정절차가 종료된 때(제2호)의 어느 하나에 해당하는 때부터 새로이 진행한다(법 제22조 제6항).

---

1) 제19조(분쟁조정의 신청) ① 법 제22조제1항의 규정에 의하여 분쟁의 조정을 신청하고자 하는 자는 다음 각호의 사항이 기재된 서면을 협의회에 제출하여야 한다. 1. 신청인과 피신청인의 성명 및 주소(분쟁당사자가 법인인 경우에는 법인의 명칭, 주된 사무소의 소재지, 그 대표자의 성명 및 주소) 2. 대리인이 있는 경우에는 그 성명 및 주소 3. 신청의 이유 4. 동일 사안에 대하여 다른 협의회에 분쟁조정을 신청한 경우에는 그 사실 5. 동일 사안에 대하여 법 제22조제4항에 따라 다른 분쟁당사자의 분쟁조정신청을 통지받은 경우에는 그 사실 ② 제1항의 규정에 의한 서면에는 다음 각호의 서류를 첨부하여야 한다. 1. 분쟁조정신청의 원인 및 사실을 증명하는 서류 2. 대리인이 신청하는 경우 그 위임장 3. 그 밖에 분쟁조정에 필요한 증거서류 또는 자료

II. 분쟁조정의 의뢰

공정거래위원회는 가맹사업거래의 분쟁에 관한 사건에 대하여 협의회에 그 조정을 의뢰할 수 있다(법 제22조 제3항).

III. 중복 신청·의뢰시 관할

분쟁당사자가 서로 다른 협의회에 분쟁조정을 신청하거나 여러 협의회에 중복하여 분쟁조정을 신청한 때에는 ① 조정원 협의회(제1호), ② 가맹점사업자의 주된 사업장이 소재한 시·도 협의회(제2호), ③ 가맹본부의 주된 사업장이 소재한 시·도 협의회(제3호) 중 가맹점사업자가 선택한 협의회에서 이를 담당한다 (제22조 제2항). 2018. 3. 27. 법 개정시 신설된 조항이다.

제23조(조정 등)

① 협의회는 제22조제1항에 따라 조정을 신청 받거나 같은 조 제2항에 따라 조정을 의뢰 받는 경우에는 대통령령으로 정하는 바에 따라 지체 없이 분쟁조정 절차를 개시하여야 한다. <신설 2016. 3. 29.>

② 협의회는 분쟁당사자에게 조정사항에 대하여 스스로 조정하도록 권고하거나 조정안을 작성하여 이를 제시할 수 있다. <개정 2016. 3. 29.>

③ 협의회는 다음 각 호의 어느 하나에 해당되는 경우에는 그 조정신청을 각하하여야 한다. <개정 2007. 8. 3., 2016. 3. 29., 2018. 12. 31.>
1. 조정신청의 내용과 직접적인 이해관계가 없는 자가 조정신청을 한 경우
2. 이 법의 적용 대상이 아닌 사안에 대하여 조정신청을 한 경우
3. 조정신청이 있기 전에 공정거래위원회가 제32조의3제2항에 따라 조사를 개시한 사건에 대하여 조정신청을 한 경우

④ 협의회는 다음 각 호의 어느 하나에 해당되는 경우에는 조정절차를 종료하여야 한다. <개정 2007. 8. 3., 2016. 3. 29., 2018. 12. 31.>
1. 분쟁당사자가 협의회의 권고 또는 조정안을 수락하거나 스스로 조정하는 등 조정이 성립된 경우
2. 조정을 신청 또는 의뢰 받은 날부터 60일(분쟁당사자 쌍방이 기간연장에 동의한 경우에는 90일로 한다)이 경과하여도 조정이 성립하지 아니한 경우
3. 분쟁당사자의 일방이 조정을 거부하거나 해당 조정사항에 대하여 법원에 소를 제기하는 등 조정절차를 진행할 실익이 없는 경우

⑤ 협의회는 제3항에 따라 조정신청을 각하하거나 제4항에 따라 조정절차를 종료한 경우에는 대통령령으로 정하는 바에 따라 조정원 협의회의 경우 공정거래위원회에, 시·도 협의회의 경우 공정거래위원회 및 시·도에 조정의 경위, 조정신청 각하 또는 조정절차 종료의 사유 등과 관계서류를 서면으로 지체없이 보고하여야 하고 분쟁당사자에게 그 사실을 통보하여야 한다. <개정 2016. 3. 29., 2018. 3. 27., 2018. 12. 31., 2021. 12. 7.>

⑥ 협의회는 해당 조정사항에 관한 사실을 확인하기 위하여 필요한 경우 조사를 하거나 분쟁당사자에 대하여 관련자료의 제출이나 출석을 요구할 수 있다. <개정 2016. 3. 29.>

⑦ 공정거래위원회는 조정사항에 관하여 조정절차가 종료될 때까지 해당 분쟁당사자에게 시정조치를 권고하거나 명하여서는 아니된다. 다만, 공정거래위원회가 제32조의3제2항에 따라 조사를 개시한 사건에 대하여는 그러하지 아니하다. <개정 2016. 3. 29., 2018. 12. 31.>

목 차

Ⅰ. 분쟁조정절차의 개시

협의회는 제22조 제1항에 따라 조정을 신청 받거나[1] 같은 조 제2항에 따라 조정을 의뢰 받는 경우에는 *대통령령*[2]으로 정하는 바에 따라 지체 없이 분쟁조정 절차를 개시하여야 한다(법 제23조 제1항).

Ⅱ. 조정권고 및 조정안의 제시

협의회는 분쟁당사자에게 조정사항에 대하여 스스로 조정하도록 권고하거나 조정안을 작성하여 이를 제시할 수 있다(법 제23조 제2항).

Ⅲ. 조정신청의 각하

협의회는 ① 조정신청의 내용과 직접적인 이해관계가 없는 자가 조정신청을

---

1) 제20조(대표자의 선정) ① 다수인이 공동으로 분쟁의 조정을 신청하는 때에는 신청인중 3인 이내의 대표자를 선정할 수 있다. ② 제1항의 규정에 의하여 신청인이 대표자를 선정하지 아 니한 경우 위원장은 신청인에게 대표자를 선정할 것을 권고할 수 있다. ③ 신청인은 대표자를 변경하는 때에는 그 사실을 지체없이 위원장에게 통지하여야 한다.

　제21조(분쟁조정신청의 보완 등) ① 위원장은 제19조의 규정에 의한 분쟁조정의 신청에 대하 여 보완이 필요하다고 인정될 때에는 상당한 기간을 정하여 그 보완을 요구하여야 한다. ② 제1항에 따른 보완에 소요된 기간은 법 제23조제4항제2호에 따른 기간에 이를 산입하지 아니 한다.

2) 제21조의2(분쟁조정 절차의 개시) 협의회는 법 제23조제1항에 따라 분쟁조정 절차를 개시하는 경우에는 조정번호, 조정개시일 등을 지체 없이 분쟁당사자에게 통보하여야 하며, 분쟁당사자 와 분쟁의 구체적 내용을 관리대장에 기록하여야 한다.

한 경우(제1호), ② 이 법의 적용 대상이 아닌 사안에 대하여 조정신청을 한 경우(제2호), ③ 조정신청이 있기 전에 공정거래위원회가 제32조의3 제2항에 따라 조사를 개시한 사건에 대하여 조정신청을 한 경우(제3호)에는 그 조정신청을 각하하여야 한다(법 제23조 제3항).

종래에는 분쟁 조정의 처리 유형을 거부, 중지 또는 종료로 구분하고 있는데 그 사유가 중복되는 등의 문제가 있어, 2018. 12. 31. 개정법률은 분쟁 조정의 처리 유형을 독점규제법, 하도급법 등 다른 법률과 동일하게 각하, 종료로 구분하고 중복되는 사유를 정비했다.[3]

Ⅳ. 조정절차의 종료

협의회는 ① 분쟁당사자가 협의회의 권고 또는 조정안을 수락하거나 스스로 조정하는 등 조정이 성립된 경우(제1호), ② 조정을 신청 또는 의뢰 받은 날부터 60일(분쟁당사자 쌍방이 기간연장에 동의한 경우에는 90일)이 경과하여도 조정이 성립하지 아니한 경우(제2호), ③ 분쟁당사자의 일방이 조정을 거부하거나 해당 조정사항에 대하여 법원에 소를 제기하는 등 조정절차를 진행할 실익이 없는 경우(제3호)의 어느 하나에 해당되는 경우에는 조정절차를 종료하여야 한다(법 제23조 제4항).

Ⅴ. 보고 및 통지

협의회는 제3항에 따라 조정신청을 각하하거나 제4항에 따라 조정절차를 종료한 경우에는 *대통령령*[4]으로 정하는 바에 따라 조정원 협의회의 경우 공정

---

3) 공정거래위원회 보도자료(2018. 12. 7.).

4) 제23조(분쟁조정의 종료 등) ① 협의회는 법 제23조제5항에 따라 조정신청을 각하하거나 조정절차를 종료한 경우 분쟁조정종료서를 작성한 후 그 사본을 첨부하여 다음 각 호의 구분에 따라 보고해야 한다. 1. 「독점규제 및 공정거래에 관한 법률」 제72조제1항에 따른 한국공정거래조정원(이하 "조정원"이라 한다)에 두는 협의회: 공정거래위원회에 보고 2. 시·도에 두는 협의회: 공정거래위원회 및 해당 시·도지사에게 각각 보고 ② 제1항에 따른 분쟁조정종료서에는 다음 각 호의 사항을 기재해야 한다. 1. 조정신청인의 주소·성명 2. 조정대상 분쟁의 개요 가. 가맹사업거래 당사자의 일반현황 나. 가맹사업거래의 개요 다. 분쟁의 경위 라. 조정의 쟁

거래위원회에, 시·도 협의회의 경우 공정거래위원회 및 시·도에 조정의 경위, 조정신청 각하 또는 조정절차 종료의 사유 등과 관계서류를 서면으로 지체없이 보고하여야 하고 분쟁당사자에게 그 사실을 통보하여야 한다(법 제23조 제5항).

VI. 조사 및 자료제출 등 요구

협의회는 해당 조정사항에 관한 사실을 확인하기 위하여 필요한 경우 조사를 하거나 분쟁당사자에 대하여 관련자료의 제출이나 출석을 요구할 수 있다(법 제23조 제6항).[5]

VII. 분쟁조정절차의 효력

공정거래위원회는 조정사항에 관하여 조정절차가 종료될 때까지 해당 분쟁당사자에게 시정조치를 권고하거나 명하여서는 아니된다. 다만, 공정거래위원회가 제32조의3제2항에 따라 조사를 개시한 사건에 대하여는 그러하지 아니하다(법 제23조 제7항).

점(가맹사업거래 당사자의 의견을 기술한다) 3. 조정신청의 각하사유 또는 조정절차의 종료사유(법 제23조제3항 각 호 및 같은 조 제4항 각 호에 규정된 사유별로 상세하게 기술한다)

[5] 제24조(분쟁당사자의 사실확인 등) ① 협의회는 법 제23조제6항에 따라 분쟁당사자에 대하여 출석을 요구하고자 하는 때에는 시기 및 장소를 정하여 출석요구일 7일전까지 분쟁당사자에게 통지하여야 한다. 다만, 긴급을 요하거나 출석의 통지를 받은 자가 동의하는 경우에는 그러하지 아니하다. ② 제1항의 통지를 받은 분쟁당사자는 협의회에 출석할 수 없는 부득이한 사유가 있는 경우에는 미리 서면으로 의견을 제출할 수 있다.

제24조(조정조서의 작성과 그 효력)

① 협의회는 조정사항에 대하여 조정이 성립된 경우 조정에 참가한 위원과 분쟁당사자가 기명날인하거나 서명한 조정조서를 작성한다. <개정 2016. 3. 29., 2018. 4. 17.>

② 협의회는 분쟁당사자가 조정절차를 개시하기 전에 조정사항을 스스로 조정하고 조정조서의 작성을 요구하는 경우에는 그 조정조서를 작성하여야 한다. <개정 2016. 3. 29.>

③ 분쟁당사자는 제1항 또는 제2항에 따른 조정에서 합의된 사항을 이행하여야 하고, 이행결과를 공정거래위원회에 제출하여야 한다. <신설 2018. 12. 31.>

④ 공정거래위원회는 제3항에 따른 이행이 이루어진 경우에는 제33조제1항에 따른 시정 조치 및 제34조제1항에 따른 시정권고를 하지 아니한다. <신설 2018. 12. 31.>

⑤ 제1항 또는 제2항에 따라 조정조서를 작성한 경우 조정조서는 재판상 화해와 동일한 효력을 갖는다. <신설 2016. 3. 29., 2018. 12. 31.>

📓 목 차

Ⅰ. 조정조서의 작성

협의회는 조정사항에 대하여 조정이 성립된 경우 조정에 참가한 위원과 분쟁당사자가 기명날인한 조정조서를 작성한다(법 제24조 제1항).[1]

협의회는 분쟁당사자가 조정절차를 개시하기 전에 조정사항을 스스로 조정하고 조정조서의 작성을 요구하는 경우에는 그 조정조서를 작성하여야 한다(법 제24조 제2항).

---

1) 제25조(분쟁의 조정 등) 협의회는 법 제24조제1항의 규정에 의한 분쟁의 조정이 성립된 경우 에는 다음 각호의 사항이 기재된 조정조서를 작성한 후 그 사본을 첨부하여 조정결과를 공정 거래위원회에 보고하여야 한다. 1. 조정신청인의 주소·성명 2. 조정대상 분쟁의 개요 가. 가맹 사업거래 당사자의 일반현황 나. 가맹사업거래의 개요 다. 분쟁의 경위 라. 조정의 쟁점(가맹 사업거래 당사자의 의견을 기술) 3. 조정의 결과(조정의 쟁점별로 기술)

Ⅱ. 이행결과의 제출 의무

　　분쟁당사자는 제1항 또는 제2항에 따른 조정에서 합의된 사항을 이행하여
야 하고, 이행결과를 공정거래위원회에 제출하여야 한다(법 제24조 제3항). 공정
거래위원회는 제3항에 따른 이행이 이루어진 경우에는 제33조 제1항에 따른 시
정조치 및 제34조 제1항에 따른 시정권고를 하지 아니한다(법 제24조 제4항).

　　종래에는 가맹본부와 점주 간의 분쟁조정에서 합의가 이루어지기만 하면 시
정조치가 면제되기 때문에, 가맹본부가 합의사항을 이행하지 않더라도 이후 신
고된 사건에 대해 공정위가 시정조치를 부과할 수 없었으나, 2018. 12. 31. 개정
법률은 분쟁당사자가 합의사항 이행결과를 공정위에 제출하도록 하고 이행이 완
료된 경우에만 공정위 시정조치가 면제되도록 했다.[2]

Ⅲ. 조정조서의 효력

　　제1항 또는 제2항에 따라 조정조서를 작성한 경우 조정조서는 재판상 화해
와 동일한 효력을 갖는다(법 제24조 제3항).

---

2) 공정거래위원회 보도자료(2018. 12. 7.).

제25조(협의회의 조직 등에 관한 규정)

제16조 내지 제24조의 규정외에 협의회의 조직·운영·조정절차 등에 관하여 필요한 사항은 대통령령으로 정한다.

협의회의 조직·운영·조정절차 등에 관하여 필요한 사항은 *대통령령*1)으로 정하고 있다.

제26조 삭제<2007. 8. 3.>

---

1) 제26조(분쟁당사자의 지위승계) ① 협의회는 조정절차가 종료되기 전에 분쟁당사자가 사망하거나 능력의 상실 그 밖의 사유로 절차를 계속할 수 없는 경우에는 법령에 의하여 그 지위를 승계한 자가 분쟁당사자의 지위를 승계하게 할 수 있다. ② 제1항의 규정에 의하여 분쟁당사자의 지위를 승계하고자 하는 자는 서면으로 협의회에 신청하여야 한다. ③ 협의회가 제2항의 규정에 의한 신청을 받은 때에는 지체없이 이를 심사하여 승계여부를 결정하고, 그 내용을 신청인에게 서면으로 통지하여야 한다.
제27조(소제기 등의 통지) 분쟁당사자는 분쟁조정 신청 후 해당 사건에 대하여 소를 제기하거나「중재법」제8조에 따른 중재합의를 한 때에는 지체없이 이를 협의회에 통지하여야 한다.
제27조의2(협의회의 운영세칙) 이 영에 규정된 것 외에 협의회의 조직·운영·조정절차 등에 필요한 사항은 협의회의 심의·의결을 거쳐 협의회의 위원장이 정한다.

제27조(가맹거래사)

① 공정거래위원회가 실시하는 가맹거래사 자격시험에 합격한 후 대통령령이 정하는 바에 따라 실무수습을 마친 자는 가맹거래사의 자격을 가진다. <개정 2004. 1. 20., 2007. 8. 3.>

② 다음 각 호의 어느 하나에 해당하는 자는 가맹거래사가 될 수 없다. <개정 2007. 8. 3., 2017. 4. 18., 2021. 4. 20.>

1. 미성년자 또는 피성년후견인

2. 파산선고를 받고 복권되지 아니한 자

3. 금고 이상의 실형의 선고를 받고 그 집행이 종료(종료된 것으로 보는 경우를 포함한다)되거나 집행을 받지 아니하기로 확정된 후 2년이 경과되지 아니한 자

4. 금고 이상의 형의 집행유예를 받고 그 집행유예기간중에 있는 자

5. 제31조의 규정에 의하여 가맹거래사의 등록이 취소된 날부터 2년이 경과되지 아니한 자

③ 제1항에 따른 시험에 응시한 사람이 그 시험에 관하여 부정한 행위를 한 경우에는 해당 시험을 무효로 하고 그 시험의 응시일부터 5년간 시험의 응시자격을 정지한다. <신설 2016. 3. 29.>

④ 가맹거래사 자격시험의 시험과목ㆍ시험방법, 실무수습의 기간 등 자격시험 및 실무수습에 관하여 필요한 사항은 대통령령으로 정한다. <신설 2004. 1. 20., 2007. 8. 3., 2016. 3. 29.>

[제목개정 2007. 8. 3.]

 목 차

Ⅰ. 가맹거래사의 자격

공정거래위원회가 실시하는 가맹거래사 자격시험에 합격한 후 *대통령령*[1]이

---

1) 제30조(가맹거래사의 실무수습) ① 가맹거래사의 실무수습 기간은 100시간 이상으로 한다. ②

정하는 바에 따라 실무수습을 마친 자는 가맹거래사의 자격을 가진다(법 제27조 제1항).

Ⅱ. 결격사유

① 미성년자·피성년후견인(제1호), ② 파산선고를 받고 복권되지 아니한 자(제2호), ③ 금고 이상의 실형의 선고를 받고 그 집행이 종료(종료된 것으로 보는 경우를 포함한다)되거나 집행을 받지 아니하기로 확정된 후 2년이 경과되지 아니한 자(제3호), ④ 금고 이상의 형의 집행유예를 받고 그 집행유예기간중에 있는 자(제4호), ⑤ 제31조의 규정에 의하여 가맹거래사의 등록이 취소된 날부터 2년이 경과되지 아니한 자(제5호)의 어느 하나에 해당하는 자는 가맹거래사가 될 수 없다(법 제27조 제2항).

Ⅲ. 응시자격의 정지

제1항에 따른 시험에 응시한 사람이 그 시험에 관하여 부정한 행위를 한 경우에는 해당 시험을 무효로 하고 그 시험의 응시일부터 5년간 시험의 응시자격을 정지한다(법 제27조 제3항).

Ⅳ. 자격시험 과목 등 필요사항

가맹거래사 자격시험의 시험과목·시험방법, 실무수습의 기간 등 자격시험 및 실무수습에 관하여 필요한 사항은 *대통령령*[2]으로 정한다(법 제27조 제4항).

실무수습의 구체적인 내용, 기간 및 방법 등은 공정거래위원회가 정하여 고시한다.

2) 제28조(가맹거래사 자격시험) ① 공정거래위원회는 법 제27조에 따른 가맹거래사 자격시험(이하 "시험")을 제1차시험과 제2차시험으로 구분하여 매년 1회 이상 실시한다. ② 공정거래위원회는 시험을 시행하려는 때에 시험의 일시·장소·방법·과목·응시자격 및 응시절차 등 필요한 사항을 시험시행일 3개월 전에 「신문 등의 진흥에 관한 법률」 제9조 제1항에 따라 전국을 보급지역으로 등록한 일반일간신문 또는 인터넷 홈페이지 등에 공고해야 한다. ③ 제2차시험은 제1차시험에 합격한 자 또는 제1차시험을 면제받은 자에 한하여 응시할 수 있다. ④ 시험

제28조(가맹거래사의 업무)

가맹거래사는 다음 각 호의 사항에 관한 업무를 수행한다. <개정 2013. 8. 13., 2017. 4. 18.>

　　1. 가맹사업의 사업성에 관한 검토

　　2. 정보공개서와 가맹계약서의 작성·수정이나 이에 관한 자문

　　3. 가맹점사업자의 부담, 가맹사업 영업활동의 조건 등에 관한 자문

　　4. 가맹사업당사자에 대한 교육·훈련이나 이에 대한 자문

　　5. 가맹사업거래 분쟁조정 신청의 대행 및 의견의 진술

　　6. 정보공개서 등록의 대행

[전문개정 2007. 8. 3.]

방법은 다음 각호에 의한다. 1. 제1차시험은 선택형으로 하되, 기입형을 가미할 수 있다. 2. 제2차시험은 논문형으로 하되, 기입형을 가미할 수 있다. ⑤ 제1차시험 및 제2차시험의 과목은 별표 3과 같다. ⑥ 제1차시험에 합격한 자에 대하여는 다음 회의 시험에 한하여 제1차시험을 면제한다. ⑦ 시험의 합격자는 매과목 100점을 만점으로 하여 매과목 40점 이상, 전과목 평균 60점 이상을 득점한 자로 한다. ⑧ 공정거래위원회는 시험의 합격자가 결정된 때에는 이를 관보에 게재하고, 합격자에 대하여는 합격증서를 교부하여야 한다. ⑨ 삭제<2016. 9. 29.> ⑩ 시험의 응시자격, 시험방법, 시험문제의 출제, 시험합격자의 결정 등 시험의 시행에 관하여 필요한 사항을 심의하기 위하여 공정거래위원회에 가맹거래사시험위원회를 둘 수 있다. ⑪ 그 밖에 시험관리에 관하여 필요한 사항은 공정거래위원회가 정하여 고시한다.

제29조(응시수수료) ① 시험에 응시하고자 하는 자는 공정거래위원회가 정하는 금액의 응시수수료를 납부하여야 한다. ② 공정거래위원회는 제1항에 따른 응시수수료를 납부한 자가 시험 응시 의사를 철회할 경우에는 응시수수료의 전부 또는 일부를 반환하여야 한다. ③ 응시수수료의 반환에 필요한 사항은 공정거래위원회가 정하여 고시한다.

제31조(자격증의 교부) ① 공정거래위원회는 가맹거래사의 자격을 갖춘 자에게 자격증을 교부한다. ② 가맹거래사 자격증의 교부에 관하여 필요한 사항은 공정거래위원회가 정하여 고시한다.

제29조(가맹거래사의 등록)

① 가맹거래사 자격이 있는 자가 제28조에 따른 가맹거래사의 업무를 개시하고자 하는 경우
에는 대통령령이 정하는 바에 따라 공정거래위원회에 등록하여야 한다. <개정 2004.
1. 20., 2007. 8. 3.>

② 제1항의 규정에 의하여 등록을 한 가맹거래사는 공정거래위원회가 정하는 바에 따라
5년마다 등록을 갱신하여야 한다. <개정 2007. 8. 3.>

③ 공정거래위원회는 제1항 또는 제2항에 따라 가맹거래사의 등록 또는 갱신등록을 할 때에
등록증을 내주어야 한다. <신설 2022. 1. 4.>

④ 제1항의 규정에 의하여 등록을 한 가맹거래사가 아닌 자는 제27조의 규정에 의한 가맹거래
사임을 표시하거나 이와 유사한 용어를 사용하여서는 아니된다. <개정 2007. 8. 3., 2022.
1. 4.>

[제목개정 2007. 8. 3.]

 목   차

Ⅰ. 가맹거래사의 등록 및 갱신

가맹거래사 자격이 있는 자가 제28조에 따른 가맹거래사의 업무를 개시하
고자 하는 경우에는 *대통령령*[1])이 정하는 바에 따라 공정거래위원회에 등록하여
야 한다(법 제29조 제1항).

---

1) 제32조(가맹거래사의 등록 등) ① 법 제29조제1항에 따라 가맹거래사등록을 하려는 자는 공
정거래위원회가 정하는 바에 의하여 등록신청서를 공정거래위원회에 제출하여야 한다. ② 공
정거래위원회는 제1항에 따른 등록신청이 있는 때에는 가맹거래사등록부에 다음 각호의 사항
을 기재하고 신청인에게 등록증을 교부하여야 한다. 1. 가맹거래사의 주소·성명 및 주민등록
번호 2. 사무소의 명칭 및 소재지 3. 등록번호 4. 그 밖에 공정거래위원회가 정하는 사항 ③
가맹거래사등록을 한 자가 제2항에 따라 교부받은 등록증을 잃어버리거나 그 등록증이 못쓰
게 된 때에는 재교부신청서를 공정거래위원회에 제출하여야 한다. ④ 제3항의 규정에 의하여
등록증의 재교부를 받은 후 잃어버렸던 등록증을 발견한 때에는 지체없이 이를 반환하여야
한다. ⑤ 그 밖에 가맹거래사의 등록 및 등록갱신에 필요한 세부사항은 공정거래위원회가 정
하여 고시한다.
「가맹거래사 자격제도의 운영에 관한 규정」(공정거래위원회고시 제2016-13호(2016. 9. 30.)

제1항의 규정에 의하여 등록을 한 가맹거래사는 공정거래위원회가 정하는 바에 따라 5년마다 등록을 갱신하여야 한다(법 제29조 제2항).

공정거래위원회는 제1항 또는 제2항에 따라 가맹거래사의 등록 또는 갱신 등록을 할 때에 등록증을 내주어야 한다(법 제29조 제3항).

II. 표시 및 유사용어 사용 금지

제1항의 규정에 의하여 등록을 한 가맹거래사가 아닌 자는 제27조의 규정에 의한 가맹거래사임을 표시하거나 이와 유사한 용어를 사용하여서는 아니된다(법 제29조 제4항).

제29조의2(가맹거래사 등록증의 대여금지)

① 가맹거래사는 자기의 등록증을 다른 사람에게 빌려주어서는 아니 된다.

② 누구든지 다른 사람의 가맹거래사 등록증을 빌려서는 아니 된다.

③ 누구든지 제1항 및 제2항에서 금지된 행위를 알선하여서는 아니 된다.

[본조신설 2022. 1. 4.]

제30조(가맹거래사의 책임)

① 가맹거래사는 성실히 직무를 수행하며 품위를 유지하여야 한다. <개정 2007. 8. 3.>

② 가맹거래사는 직무를 수행함에 있어서 고의로 진실을 감추거나 허위의 보고를 하여서는 아니된다. <개정 2007. 8. 3.>

[제목개정 2007. 8. 3.]

제31조(가맹거래사의 등록취소와 자격정지)

① 공정거래위원회는 제29조의 규정에 의하여 등록을 한 가맹거래사가 다음 각 호의 어
느 하나에 해당하는 경우에는 그 등록을 취소할 수 있다. 다만, 제1호 및 제2호에
해당하는 경우에는 그 등록을 취소하여야 한다. <개정 2007. 8. 3.>

  1. 허위 그 밖의 부정한 방법으로 등록 또는 갱신등록을 한 경우

  2. 제27조제2항의 규정에 의한 결격사유에 해당하게 된 경우

  3. 업무수행과 관련하여 알게 된 비밀을 다른 사람에게 누설한 경우

  4. 가맹거래사 등록증을 다른 사람에게 대여한 경우

  5. 업무수행과 관련하여 고의 또는 중대한 과실로 다른 사람에게 중대한 손해를 입
힌 경우

② 제29조제2항의 규정에 의한 갱신등록을 하지 아니한 가맹거래사는 그 자격이 정지된
다. 이 경우 공정거래위원회가 고시로서 정하는 바에 따라 보수교육을 받고 갱신등
록을 한 때에는 그 때부터 자격이 회복된다. <개정 2007. 8. 3.>

③ 제1항에 따라 가맹거래사 등록이 취소된 사람은 지체 없이 등록증을 공정거래위원회
에 반납하여야 한다. <신설 2022. 1. 4.>

④ 제1항에 따라 가맹거래사의 등록을 취소하려는 경우에는 「행정절차법」에 따른 청문
을 실시하여야 한다. <신설 2012. 2. 17., 2022. 1. 4.>

[제목개정 2007. 8. 3.]

제31조의2(가맹사업거래에 대한 교육 등)

① 공정거래위원회는 공정한 가맹사업거래질서를 확립하기 위하여 다음 각 호의 업무를 수행할 수 있다.

　1. 가맹본부에 대한 교육·연수

　2. 가맹희망자 및 가맹점사업자에 대한 교육·연수

　3. 가맹거래사에 대한 교육·연수(제27조제1항에 따른 실무수습을 포함한다)

　4. 가맹본부가 이 법을 자율적으로 준수하도록 유도하기 위한 자율준수프로그램의 보급·확산

　5. 그 밖에 공정한 가맹사업거래질서 확립을 위하여 필요하다고 인정하는 업무

② 공정거래위원회는 제1항의 업무를 대통령령으로 정하는 시설·인력 및 교육실적 등의 기준에 적합한 법인으로서 공정거래위원회가 지정하는 기관 또는 단체(이하 "교육기관 등"이라 한다)에 위탁할 수 있다.

③ 교육기관 등은 제1항에 따른 업무를 수행하는데 필요한 재원을 조달하기 위하여 수익사업을 할 수 있다.

④ 공정거래위원회는 교육기관 등이 제1항에 따른 업무를 충실히 수행하지 못하거나 대통령령으로 정하는 기준에 미치지 못하는 경우에는 지정을 취소하거나 3개월 이내의 기간을 정하여 지정의 효력을 정지할 수 있다.

⑤ 공정거래위원회는 제4항에 따라 지정을 취소하는 경우에는 「행정절차법」에 따른 청문을 실시하여야 한다. <신설 2022. 1. 4.>

⑥ 교육기관 등의 지정절차 및 방법, 제3항에 따른 수익사업 등에 관하여 필요한 사항은 공정거래위원회가 정하여 고시한다. <개정 2022. 1. 4.>

[본조신설 2007. 8. 3.]

 목　차

I. 교육 · 연수 등의 업무수행

공정거래위원회는 공정한 가맹사업거래질서를 확립하기 위하여 ① 가맹본부에 대한 교육 · 연수(제1호), ② 가맹희망자 및 가맹점사업자에 대한 교육 · 연수(제2호), ③ 가맹거래사에 대한 교육 · 연수(제27조 제1항에 따른 실무수습을 포함)(제3호), ④ 가맹본부가 이 법을 자율적으로 준수하도록 유도하기 위한 자율준수프로그램의 보급 · 확산(제4호), ⑤ 그 밖에 공정한 가맹사업거래질서 확립을 위하여 필요하다고 인정하는 업무(제5호)를 수행할 수 있다(법 제31조의2 제1항).

공정거래위원회는 제1항의 업무를 *대통령령[1]*으로 정하는 시설 · 인력 및 교육실적 등의 기준에 적합한 법인으로서 공정거래위원회가 지정하는 기관 또는 단체(이하 "교육기관 등")에 위탁할 수 있다(법 제31조의2 제2항).

교육기관 등은 제1항에 따른 업무를 수행하는데 필요한 재원을 조달하기 위하여 수익사업을 할 수 있다(법 제31조의2 제3항).

II. 지정취소 및 효력정지

공정거래위원회는 교육기관 등이 제1항에 따른 업무를 충실히 수행하지 못하거나 *대통령령*으로 정하는 기준에 미치지 못하는 경우에는 지정을 취소하거나 3개월 이내의 기간을 정하여 지정의 효력을 정지할 수 있다(법 제31조의2 제4항).공정거래위원회는 제4항에 따라 지정을 취소하는 경우에는 「행정절차법」에 따른 청문을 실시하여야 한다(법 제31조의2 제5항).

III. 교육기관 등의 지정절차 및 방법 등

교육기관 등의 지정절차 및 방법, 제3항에 따른 수익사업 등에 관하여 필요한 사항은 공정거래위원회가 정하여 고시한다(법 제31조의2 제6항).

---

1) 제32조의2(교육기관의 지정기준) 법 제31조의2제2항에서 "대통령령으로 정하는 시설 · 인력 및 교육실적 등의 기준"은 별표 4와 같다.

제5장

공정거래위원회의 사건처리절차 등

제32조(조사개시대상행위의 제한 등)

① 이 법의 규정에 따라 공정거래위원회의 조사개시대상이 되는 가맹사업거래는 그 거래가 종료된 날부터 3년을 경과하지 아니한 것에 한정한다. 다만, 그 거래가 종료된 날부터 3년 이내에 제22조제1항에 따른 조정이 신청되거나 제32조의3제1항에 따라 신고된 가맹사업거래의 경우에는 그러하지 아니하다. <개정 2018. 12. 31.>

② 공정거래위원회는 다음 각 호의 구분에 따른 기간이 경과한 경우에는 이 법 위반행위에 대하여 이 법에 따른 시정조치를 명하거나 과징금을 부과하지 아니한다. 다만, 법원의 판결에 따라 시정조치 또는 과징금 부과처분이 취소된 경우로서 그 판결이유에 따라 새로운 처분을 하는 경우에는 그러하지 아니하다. <신설 2018. 12. 31.>

1. 공정거래위원회가 이 법 위반행위에 대하여 제32조의3제1항 전단에 따른 신고를 받고 같은 조 제2항에 따라 조사를 개시한 경우: 신고일부터 3년

2. 제1호의 경우 외에 공정거래위원회가 이 법 위반행위에 대하여 제32조의3제2항에 따라 조사를 개시한 경우: 조사개시일부터 3년

[제목개정 2018. 12. 31.]

 목 차

Ⅰ. 조사대상 거래의 제한

이 법의 규정에 따라 공정거래위원회의 조사개시대상이 되는 가맹사업거래

는 그 거래가 종료된 날부터 3년을 경과하지 아니한 것에 한정한다. 다만, 그 거래가 종료된 날부터 3년 이내에 제22조 제1항에 따른 조정이 신청되거나 제32조의3 제1항에 따라 신고된 가맹사업거래의 경우에는 그러하지 아니하다(법 제32조 제1항).

종래에는 조사 개시 제한 기간(거래 종료 후 3년) 내에 신고가 이루어진 경우에만 그 기간 이후에도 공정위가 조사를 개시할 수 있도록 규정하고 있어, 분쟁 조정을 신청했으나 조정이 성립되지 않고 3년 기간이 경과된 경우에는 공정위가 조사를 개시할 수 없게 되므로, 신고 건에 비해 피해자 권리 구제가 어려워질 우려가 있었다. 이에 2018. 12. 31. 개정법률은 3년 기간 내에 분쟁 조정이 신청된 경우에도 신고된 경우와 동일하게 공정위가 조사를 개시할 수 있도록 규정했다.[1]

II. 처분시효

공정거래위원회는 ① 공정거래위원회가 이 법 위반행위에 대하여 제32조의3제1항 전단에 따른 신고를 받고 같은 조 제2항에 따라 조사를 개시한 경우: 신고일부터 3년(제1호), ② 제1호의 경우 외에 공정거래위원회가 이 법 위반행위에 대하여 제32조의3 제2항에 따라 조사를 개시한 경우: 조사개시일부터 3년 기간이 경과한 경우(제2호)에는 이 법 위반행위에 대하여 이 법에 따른 시정조치를 명하거나 과징금을 부과하지 아니한다. 다만, 법원의 판결에 따라 시정조치 또는 과징금 부과처분이 취소된 경우로서 그 판결이유에 따라 새로운 처분을 하는 경우에는 그러하지 아니하다(법 제32조 제2항).

그동안에는 조사 개시 제한 기간만 규정하고 있고, 시정조치, 과징금 등에 대한 처분시효가 없어, 피조사인이 장기간 법적 불확실성에 노출되고, 피해자의 신속한 권리 구제도 어려워질 우려가 있었다. 개정법률은 독점규제법, 하도급법 등 다른 법률과 같이 처분시효를 신설하여, 조사개시일 또는 신고일로부터 3년까지만 공정위가 처분을 부과할 수 있도록 했다.[2]

---

1) 공정거래위원회 보도자료(2018. 12. 7.).
2) 공정거래위원회 보도자료(2018. 12. 7.).

제32조의2(서면실태조사)

① 공정거래위원회는 가맹사업거래에서의 공정한 거래질서 확립을 위하여 가맹본부와 가맹점사업자 등 사이의 거래에 관한 서면실태조사를 실시하여 그 결과를 공표하여야 한다. <개정 2016. 12. 20.>

② 공정거래위원회가 제1항에 따라 서면실태조사를 실시하려는 경우에는 조사대상자의 범위, 조사기간, 조사내용, 조사방법, 조사절차 및 조사결과 공표범위 등에 관한 계획을 수립하여야 하고, 조사대상자에게 거래실태 등 조사에 필요한 자료의 제출을 요구할 수 있다.

③ 공정거래위원회가 제2항에 따라 자료의 제출을 요구하는 경우에는 조사대상자에게 자료의 범위와 내용, 요구사유, 제출기한 등을 명시하여 서면으로 알려야 한다.

④ 가맹본부는 가맹점사업자로 하여금 제2항에 따른 자료를 제출하지 아니하게 하거나 거짓 자료를 제출하도록 요구해서는 아니 된다. <신설 2018. 4. 17.>

[본조신설 2013. 8. 13.]

본 조는 서면실태조사 결과에 대한 공표의무, 조사대상자의 범위, 조사기간, 조사내용, 조사방법, 조사절차 및 조사결과의 공표범위 등에 관한 계획수립, 자료제출 등에 대하여 규정하고 있다.

제32조의3(위반행위의 신고 등)

① 누구든지 이 법에 위반되는 사실이 있다고 인정할 때에는 그 사실을 공정거래위원회에 신고할 수 있다. 이 경우 공정거래위원회는 대통령령으로 정하는 바에 따라 신고자가 동의한 경우에는 가맹본부 또는 가맹지역본부에게 신고가 접수된 사실을 통지하여야 한다.

② 공정거래위원회는 제1항 전단에 따른 신고가 있거나 이 법에 위반되는 혐의가 있다고 인정할 때에는 필요한 조사를 할 수 있다.

③ 제1항 후단에 따라 공정거래위원회가 가맹본부 또는 가맹지역본부에게 통지한 때에는 「민법」 제174조에 따른 최고가 있은 것으로 본다. 다만, 신고된 사실이 이 법의 적용대상이 아니거나 제32조제1항 본문에 따른 조사개시대상행위의 제한 기한을 경과하여 공정거래위원회가 심의절차를 진행하지 아니하기로 한 경우, 신고된 사실에 대하여 공정거래위원회가 무혐의로 조치한 경우 또는 신고인이 신고를 취하한 경우에는 그러하지 아니하다. <개정 2018. 12. 31.>

④ 공정거래위원회는 제2항에 따라 조사를 한 경우에는 그 결과(조사결과 시정조치 명령 등의 처분을 하고자 하는 경우에는 그 처분의 내용을 포함한다)를 서면으로 해당 사건의 당사자에게 통지하여야 한다.

[본조신설 2016. 12. 20.]

 목　차

Ⅰ. 신고 및 접수사실의 통지의무

누구든지 이 법에 위반되는 사실이 있다고 인정할 때에는 그 사실을 공정거래위원회에 신고할 수 있다. 이 경우 공정거래위원회는 *대통령령*[1])으로 정하는

---

1) 제32조의3(위반행위의 신고 및 신고의 통지) ① 법 제32조의3제1항 전단에 따라 신고를 하려는 자는 다음 각 호의 사항을 적은 서면(전자문서를 포함)을 공정거래위원회에 제출하여야 한다. 다만, 긴급하거나 부득이한 경우에는 구두로 신고할 수 있다. <u>1. 신고자의 성명·주소 2. 가맹본부 또는 가맹지역본부의 성명 또는 명칭(법인인 경우에는 그 대표자의 성명을 포함한</u>

바에 따라 신고자가 동의한 경우에는 가맹본부 또는 가맹지역본부에게 신고가 접수된 사실을 통지하여야 한다(법 제32조의3 제1항).

1. 신고 및 직권조사

공정거래위원회는 제1항 전단에 따른 신고가 있거나 이 법에 위반되는 혐의가 있다고 인정할 때에는 필요한 조사를 할 수 있다(법 제32조의3 제2항).

2. 통지의 효력

제1항 후단에 따라 공정거래위원회가 가맹본부 또는 가맹지역본부에게 통지한 때에는 「민법」 제174조에 따른 최고가 있은 것으로 본다. 다만, 신고된 사실이 이 법의 적용대상이 아니거나 제32조제1항 본문에 따른 조사개시대상행위의 제한 기한을 경과하여 공정거래위원회가 심의절차를 진행하지 아니하기로 한 경우, 신고된 사실에 대하여 공정거래위원회가 무혐의로 조치한 경우 또는 신고인이 신고를 취하한 경우에는 그러하지 아니하다(법 제32조의3 제3항).

II. 조사결과의 통지

공정거래위원회는 제2항에 따라 조사를 한 경우에는 그 결과(조사결과 시정조치 명령 등의 처분을 하고자 하는 경우에는 그 처분의 내용을 포함)를 서면으로 해당 사건의 당사자에게 통지하여야 한다(법 제32조의3 제4항).

다)과 그 주소 3. 위반행위의 내용과 이를 입증할 수 있는 자료 ② 공정거래위원회는 제1항에 따른 신고를 접수한 날부터 15일 이내에 신고자가 다음 각 호의 동의를 하는지 여부를 확인하기 위한 서면을 신고자에게 직접 발급하거나 송부하여야 한다. 1. 신고가 접수된 사실을 공정거래위원회가 가맹본부 또는 가맹지역본부에 통지하는 것에 대한 동의 2. 제1호의 통지를 하는 경우 신고자 및 신고내용도 함께 통지하는 것에 대한 동의 ③ 신고자는 제2항 각 호 외의 부분에 따른 서면을 발급받거나 송부받은 날부터 15일 이내에 제2항 각 호의 동의 여부를 공정거래위원회에 서면으로 통지하여야 하며, 그 기간 내에 통지하지 아니한 경우에는 동의를 하지 아니한 것으로 본다. ④ 공정거래위원회는 제3항에 따라 신고자로부터 동의한다는 통지를 받은 경우에는 그 통지를 받은 날부터 7일 이내에 신고접수 사실, 신고자 및 신고내용을 기재한 서면을 가맹본부 또는 가맹지역본부에 직접 발급하거나 송부하여야 한다.

제33조(시정조치)

① 공정거래위원회는 제6조의5제1항·제4항, 제7조제3항, 제9조제1항, 제10조제1항, 제11조제1항·제2항, 제12조제1항, 제12조의2제1항·제2항, 제12조의3제1항·제2항, 제12조의4, 제12조의5, 제12조의6제1항, 제14조의2제5항, 제15조의2제3항·제6항을 위반한 가맹본부에 대하여 가맹금의 예치, 정보공개서등의 제공, 점포환경개선 비용의 지급, 가맹금 반환, 위반행위의 중지, 위반내용의 시정을 위한 필요한 계획 또는 행위의 보고 그 밖에 위반행위의 시정에 필요한 조치를 명할 수 있다. <개정 2007. 8. 3., 2013. 8. 13., 2016. 3. 29., 2018. 1. 16.>

② 삭제 <2018. 12. 31.>

③ 공정거래위원회는 제1항에 따라 시정명령을 하는 경우에는 가맹본부에게 시정명령을 받았다는 사실을 공표하거나 거래상대방에 대하여 통지할 것을 명할 수 있다. <개정 2007. 8. 3.>

 목 차

[참고사례]

하이쿨 외1의 가맹사업법 위반행위 건[공정거래위원회 2012. 2. 21. 의결 제2012－23호; 서울고등법원 2012. 8. 28. 선고 2012누8764 판결; 대법원 2013. 1. 24. 선고 2012두22560(심리불속행 기각) 판결]

Ⅰ. 시정조치

공정거래위원회는 제6조의5 제1항·제4항, 제7조 제3항, 제9조 제1항, 제10조 제1항, 제11조 제1항·제2항, 제12조 제1항, 제12조의2 제1항·제2항, 제12조의3 제1항·제2항, 제12조의4, 제12조의5, 제12조의6 제1항, 제14조의2 제5항, 제15조의2 제3항·제6항을 위반한 가맹본부에 대하여 가맹금의 예치, 정보공개서등의 제공, 점포환경개선 비용의 지급, 가맹금 반환, 위반행위의 중지, 위반내용의 시정을 위한 필요한 계획 또는 행위의 보고 그 밖에 위반행위의 시정에 필요한 조치를 명할 수 있다(법 제33조 제1항).

　＜하이쿨 외1의 가맹사업법 위반행위 건＞ 관련 행정소송에서 법원은 "원고가 가맹사업법 관련 조항을 몰라서 가맹금 예치의무 및 정보공개서 제공의무를 위반하였다 하더라도, 그러한 사정만으로는 원고에게 위 해태의무를 탓할 수 없는 정당한 사유가 있다고 보기 어렵다", "이 사건 시정명령은 가맹점 사업자들이 시설환경표준화를 이행하지 않을 경우 감점방식 등에 의하여 정당한 공임을 지급받지 못하거나 계약이 해지되는 등 부당한 결과를 방지하기 위한 것이어서, 이러한 정도에 이르지 않는 한 가맹점의 시설환경의 개선 정도에 따라 적정한 평가를 실시하고 경제적 유인을 부여하는 것은 가맹사업법의 취지에 비추어도 허용된다고 볼 수 있으므로 특별한 사정이 없는 한 이 사건 시정명령의 이행이 불가능하다고 보기 어렵다"고 판시하였다.[1]

II. 공표 및 통지명령

　공정거래위원회는 제1항에 따라 시정명령을 하는 경우에는 가맹본부에게 시정명령을 받았다는 사실을 공표하거나[2] 거래상대방에 대하여 통지할 것을 명할 수 있다(법 제33조 제3항).

---

  1) 서고판 2012. 8. 28. 2012누8764(대판 2013. 1. 24. 선고 2012두22560).
  2) 제32조의4(시정명령을 받은 사실의 공표방법) ① 공정거래위원회는 법 제33조제3항에 따라 해당 가맹본부에 대하여 시정명령을 받은 사실의 공표를 명하려는 경우에는 다음 각 호의 사항을 고려하여 공표의 내용, 매체의 종류·수 및 지면 크기 등을 정하여 명하여야 한다. 1. 위반행위의 내용과 정도 2. 위반행위의 기간과 횟수 ② 공정거래위원회가 제1항에 따라 시정명령을 받은 사실의 공표를 명할 때에는 해당 가맹본부에 대하여 미리 그 문안(文案) 등에 관하여 공정거래위원회와 협의하도록 할 수 있다.

제34조(시정권고)

① 공정거래위원회는 이 법의 규정을 위반한 가맹본부에 대하여 제33조의 규정에 의한 시정조치를 명할 시간적 여유가 없는 경우에는 대통령령이 정하는 바에 따라 시정방안을 마련하여 이에 따를 것을 권고할 수 있다. 이 경우 그 권고를 수락한 때에는 시정조치를 한 것으로 본다는 뜻을 함께 통지하여야 한다. <개정 2016. 3. 29.>

② 제1항의 규정에 의한 권고를 받은 가맹본부는 그 권고를 통지받은 날부터 10일 이내에 이를 수락하는 지의 여부에 관하여 공정거래위원회에 통지하여야 한다. <개정 2016. 3. 29.>

③ 제1항의 규정에 의한 권고를 받은 가맹본부가 그 권고를 수락한 때에는 제33조의 규정에 의한 시정조치를 받은 것으로 본다. <개정 2016. 3. 29.>

시정권고의 절차에 대하여 *대통령령*[1])으로 정하고 있다.

---

1) 제33조(시정권고절차) 법 제34조제1항의 규정에 의한 시정권고는 다음 각호의 사항을 명시한 서면으로 하여야 한다. 1. 법위반내용 2. 권고사항 3. 시정기한 4. 수락여부통지기한 5. 수락거부시의 조치

제34조의2(동의의결)

① 공정거래위원회의 조사나 심의를 받고 있는 가맹본부 또는 가맹지역본부(이하 이 조에서 "신청인"이라 한다)는 해당 조사나 심의의 대상이 되는 행위(이하 이 조에서 "해당 행위"라 한다)로 인한 불공정한 거래내용 등의 자발적 해결, 가맹점사업자의 피해구제 및 거래질서의 개선 등을 위하여 제3항에 따른 동의의결을 하여 줄 것을 공정거래위원회에 신청할 수 있다. 다만, 해당 행위가 다음 각 호의 어느 하나에 해당하는 경우 공정거래위원회는 동의의결을 하지 아니하고 이 법에 따른 심의 절차를 진행하여야 한다.

1. 제44조제2항에 따른 고발요건에 해당하는 경우
2. 동의의결이 있기 전 신청인이 신청을 취소하는 경우

② 신청인이 제1항에 따른 신청을 하는 경우 다음 각 호의 사항을 기재한 서면으로 하여야 한다.

1. 해당 행위를 특정할 수 있는 사실관계
2. 해당 행위의 중지, 원상회복 등 경쟁질서의 회복이나 거래질서의 적극적 개선을 위하여 필요한 시정방안
3. 그 밖에 가맹점사업자 등의 피해를 구제하거나 예방하기 위하여 필요한 시정방안

③ 공정거래위원회는 해당 행위의 사실관계에 대한 조사를 마친 후 제2항제2호 및 제3호에 따른 시정방안(이하 "시정방안"이라 한다)이 다음 각 호의 요건을 모두 충족한다고 판단되는 경우에는 해당 행위 관련 심의 절차를 중단하고 시정방안과 같은 취지의 의결(이하 "동의의결"이라 한다)을 할 수 있다. 이 경우 신청인과의 협의를 거쳐 시정방안을 수정할 수 있다.

1. 해당 행위가 이 법을 위반한 것으로 판단될 경우에 예상되는 시정조치 및 그 밖의 제재와 균형을 이룰 것
2. 공정하고 자유로운 경쟁질서나 거래질서를 회복시키거나 가맹점사업자 등을 보호하기에 적절하다고 인정될 것

④ 공정거래위원회의 동의의결은 해당 행위가 이 법에 위반된다고 인정한 것을 의미하지 아니하며, 누구든지 신청인이 동의의결을 받은 사실을 들어 해당 행위가 이 법에 위반된다고 주장할 수 없다.

[본조신설 2022. 1. 4.]

목 차

Ⅰ. 동의의결의 신청

공정거래위원회의 조사나 심의를 받고 있는 가맹본부 또는 가맹지역본부("신청인")는 해당 조사나 심의의 대상이 되는 행위("해당 행위")로 인한 불공정한 거래내용 등의 자발적 해결, 가맹점사업자의 피해구제 및 거래질서의 개선 등을 위하여 제3항에 따른 동의의결을 하여 줄 것을 공정거래위원회에 신청할 수 있다. 다만, 해당 행위가 ① 제44조 제2항에 따른 고발요건에 해당하는 경우(제1호) ② 동의의결이 있기 전 신청인이 신청을 취소하는 경우(제2호)의 어느 하나에 해당하는 경우 공정거래위원회는 동의의결을 하지 아니하고 이 법에 따른 심의 절차를 진행하여야 한다(법 제34조의2 제1항).

신청인이 동의의결을 신청하는 경우 ① 해당 행위를 특정할 수 있는 사실관계(제1호), ② 해당 행위의 중지, 원상회복 등 경쟁질서의 회복이나 거래질서의 적극적 개선을 위하여 필요한 시정방안(제2호), ③ 그 밖에 가맹점사업자 등의 피해를 구제하거나 예방하기 위하여 필요한 시정방안(제3호)의 사항을 기재한 서면으로 하여야 한다(법 제34조의2 제2항).

2022. 1. 4. 법 개정시 가맹사업법에도 동의의결제도가 도입되었다.

Ⅱ. 동의의결의 요건

공정거래위원회는 해당 행위의 사실관계에 대한 조사를 마친 후 제2항 제2호 및 제3호에 따른 시정방안("시정방안")이 ① 해당 행위가 이 법을 위반한 것으로 판단될 경우에 예상되는 시정조치, 그 밖의 제재와 균형을 이룰 것, ② 공정하고 자유로운 경쟁질서나 거래질서를 회복시키거나 소비자, 다른 사업자 등을 보호하기에 적절하다고 인정될 것의 요건을 모두 충족한다고 판단되는 경우에는 해당 행위 관련 심의 절차를 중단하고 시정방안과 같은 취지의 의결(이하 "동의의결")을 할 수 있다. 이 경우 신청인과의 협의를 거쳐 시정방안을 수정할 수 있다(법 제34조의2 제 3 항).

Ⅲ. 동의의결과 법위반 여부

공정거래위원회의 동의의결은 해당 행위가 이 법에 위반된다고 인정한 것을 의미하지 아니하며, 누구든지 신청인이 동의의결을 받은 사실을 들어 해당 행위가 이 법에 위반된다고 주장할 수 없다(법 제34조의2 제4항).

제34조의3(동의의결 절차 및 취소)

동의의결 절차 및 취소에 관하여는 「독점규제 및 공정거래에 관한 법률」 제90조 및 제91조를 각각 준용한다. 이 경우 같은 법 제90조제1항의 "소비자"는 "가맹점사업자"로, 같은 법 제90조제3항 후단의 "제124조부터 제127조까지의 규정"은 "이 법 제41조의 규정"으로 본다.

[본조신설 2022. 1. 4.]

제34조의4(이행강제금)

① 공정거래위원회는 정당한 이유 없이 동의의결 시 정한 이행기한까지 동의의결을 이행하지 아니한 자에게 동의의결이 이행되거나 취소되기 전까지 이행기한이 지난 날부터 1일당 200만원 이하의 이행강제금을 부과할 수 있다.

② 이행강제금의 부과·납부·징수 및 환급 등에 관하여는 「독점규제 및 공정거래에 관한 법률」 제16조제2항 및 제3항을 준용한다.

[본조신설 2022. 1. 4.]

제35조(과징금)

① 공정거래위원회는 제6조의5제1항·제4항, 제7조제3항, 제9조제1항, 제10조제1항, 제11조제1항·제2항, 제12조제1항, 제12조의2제1항·제2항, 제12조의3제1항·제2항, 제12조의4, 제12조의5, 제12조의6제1항, 제14조의2제5항, 제15조의2제3항·제6항을 위반한 가맹본부에 대하여 대통령령으로 정하는 매출액(대통령령으로 정하는 사업자의 경우에는 영업수익을 말한다. 이하 같다)에 100분의 2를 곱한 금액을 초과하지 아니하는 범위에서 과징금을 부과할 수 있다. 다만, 그 위반행위를 한 가맹본부가 매출액이 없거나 매출액의 산정이 곤란한 경우로서 대통령령으로 정하는 경우에는 5억원을 초과하지 아니하는 범위에서 과징금을 부과할 수 있다. <개정 2016. 3. 29., 2018. 1. 16.>

② 공정거래위원회는 제1항에 따라 과징금을 부과하는 경우에는 다음 각 호의 사항을 고려하여야 한다.

1. 위반행위의 내용 및 정도
2. 위반행위의 기간 및 횟수
3. 위반행위로 취득한 이익의 규모 등

③ 이 법을 위반한 회사인 가맹본부가 합병을 하는 경우에는 그 가맹본부가 한 위반행위는 합병 후 존속하거나 합병으로 설립되는 회사가 한 위반행위로 보아 과징금을 부과·징수할 수 있다.

④ 공정거래위원회는 이 법을 위반한 회사인 가맹본부가 분할되거나 분할합병되는 경우 분할되는 가맹본부의 분할일 또는 분할합병일 이전의 위반행위를 다음 각 호의 어느 하나에 해당하는 회사의 행위로 보고 과징금을 부과·징수할 수 있다.

1. 분할되는 회사
2. 분할 또는 분할합병으로 설립되는 새로운 회사
3. 분할되는 회사의 일부가 다른 회사에 합병된 후 그 다른 회사가 존속하는 경우 그 다른 회사

⑤ 공정거래위원회는 이 법을 위반한 회사인 가맹본부가 「채무자 회생 및 파산에 관한 법률」 제215조에 따라 신회사를 설립하는 경우에는 기존 회사 또는 신회사 중 어느 하나의 행위로 보고 과징금을 부과·징수할 수 있다.

⑥ 제1항에 따른 과징금의 부과기준은 대통령령으로 정한다.

[전문개정 2013. 8. 13.]

목　차

[참고사례]

　지엔푸드의 가맹사업법 위반행위 건(공정거래위원회 2015. 6. 25. 의결 제2015-207호; 서울고등법원 2016. 5. 26. 2015누51554); 마세다린의 가맹사업법 위반행위 건(공정거래위원회 2018. 1. 17. 의결 제2018-049호; 서울고등법원 2018. 12. 19. 2018누43424(대법원 2019. 5. 10. 2019두32733).

Ⅰ. 과징금의 부과대상 및 기준

　공정거래위원회는 제6조의5 제1항·제4항, 제7조제3항, 제9조 제1항, 제10조 제1항, 제11조 제1항·제2항, 제12조 제1항, 제12조의2 제1항·제2항, 제12조의3 제1항·제2항, 제12조의4, 제12조의5, 제12조의6 제1항, 제14조의2 제5항, 제15조의2 제3항·제6항을 위반한 가맹본부에 대하여 *대통령령*[1])으로 정하는 매출액(*대통령령*[2])으로 정하는 사업자의 경우에는 영업수익)에 100분의 2를 곱한 금액을 초과하지 아니하는 범위에서 과징금을 부과할 수 있다. 다만, 그 위반행위를 한 가맹본부가 매출액이 없거나 매출액의 산정이 곤란한 경우로서 *대통령령*[3])으로 정하는 경우에는 5억원을 초과하지 아니하는 범위에서 과징금을 부과할 수 있다(법 제35조 제1항).

---

1) 제34조(과징금의 산정방법 등) ① 법 제35조제1항 본문에서 "대통령령으로 정하는 매출액"이란 해당 가맹본부가 위반기간(위반행위의 개시일부터 종료일까지의 기간을 말한다. 이하 이 조에서 같다) 동안 관련 가맹점사업자 또는 가맹희망자에게 판매한 상품이나 용역의 매출액 또는 이에 준하는 금액(이하 "관련매출액")을 말한다.

2) 제34조(과징금의 산정방법 등) ② 법 제35조제1항 본문에서 "대통령령으로 정하는 사업자"란 상품 또는 용역의 대가의 합계액을 재무제표 등에서 영업수익으로 적는 사업자를 말한다.

3) 제34조(과징금의 산정방법 등) ③ 법 제35조제1항 단서에서 "대통령령으로 정하는 경우"란 다음 각 호의 어느 하나에 해당하는 경우를 말한다. 1. 영업중단 등으로 인하여 영업실적이 없는 경우 2. 위반기간 등을 확정할 수 없어 관련매출액의 산정이 곤란한 경우 3. 재해 등으로 인하여 매출액 산정자료가 소멸 또는 훼손되는 등 객관적인 매출액의 산정이 곤란한 경우

관련매출액은 '관련 가맹점사업자 또는 가맹희망자에게 판매한 상품이나 용역
의 매출액 또는 이에 준하는 금액이지 관련 상품이나 용역의 매출액 또는 이에
준하는 금액을 의미하는 것인 아니다<마세다린의 가맹사업법 위반행위 건>.[4] <지
앤푸드의 가맹사업법 위반행위 건> 관련 행정소송에서 서울고등법원은 관련매
출액을 '130개 가맹점 각각의 재계약기간 동안 가맹점사업자에게 공급한 원재료
·부재료 등'을 위반행위로 인하여 직접 또는 간접적으로 영향을 받은 상품의 개
념에 포섭되는 것으로 판단하였다.[5]

제1항에 따른 과징금의 부과기준은 *대통령령*[6]으로 정한다(법 제35조 제6항).

공정거래위원회는 「가맹사업법 위반사업자에 대한 과징금 부과기준에 관한
고시」[7]를 제정·운영하고 있다.

공정거래위원회는 제1항에 따라 과징금을 부과하는 경우에는 ① 위반행위
의 내용 및 정도(제1호), ② 위반행위의 기간 및 횟수(제2호), ③ 위반행위로 취
득한 이익의 규모 등(제3호)을 고려하여야 한다(법 제35조 제2항).

II. 합병·분할·분할합병시 과징금 부과·징수

1. 합병의 경우

이 법을 위반한 회사인 가맹본부가 합병을 하는 경우에는 그 가맹본부가 한
위반행위는 합병 후 존속하거나 합병으로 설립되는 회사가 한 위반행위로 보아
과징금을 부과·징수할 수 있다(법 제35조 제3항).

2. 분할·분할합병의 경우

공정거래위원회는 이 법을 위반한 회사인 가맹본부가 분할되거나 분할합병
되는 경우 분할되는 가맹본부의 분할일 또는 분할합병일 이전의 위반행위를 ①

---

4) 서고판 2018. 12. 19. 2018누43424(대판 2019. 5. 10. 2019두32733).

5) 서고판 2016. 5. 26. 2015누51554.

6) 제34조(과징금의 산정방법 등) ④ 법 제35조제1항에 따른 과징금의 부과기준은 별표 4의2와
　같다. ⑤ 그 밖에 과징금의 부과절차에 필요한 세부사항은 공정거래위원회가 정하여 고시한다.
　「가맹사업법 위반 사업자에 대한 과징금 부과기준에 대한 고시」[공정거래위원회고시 제2014-
　9호(2014. 6. 26.)]

7) 공정거래위원회고시 제2022-28호(2022. 12. 30.).

분할되는 회사(제1호), ② 분할 또는 분할합병으로 설립되는 새로운 회사(제2호), ③ 분할되는 회사의 일부가 다른 회사에 합병된 후 그 다른 회사가 존속하는 경우 그 다른 회사(제3호)의 어느 하나에 해당하는 회사의 행위로 보고 과징금을 부과·징수할 수 있다(법 제35조 제4항).

3. 신회사 설립의 경우

공정거래위원회는 이 법을 위반한 회사인 가맹본부가 「채무자 회생 및 파산에 관한 법률」 제215조에 따라 신회사를 설립하는 경우에는 기존 회사 또는 신회사 중 어느 하나의 행위로 보고 과징금을 부과·징수할 수 있다(법 제35조 제5항).

제36조(관계행정기관의 장의 협조)

공정거래위원회는 이 법의 시행을 위하여 필요하다고 인정하는 때에는 관계행정기관의 장의 의견을 듣거나 관계행정기관의 장에 대하여 조사를 위한 인원의 지원 그 밖의 필요한 협조를 요청할 수 있다

제37조(「독점규제 및 공정거래에 관한 법률」의 준용)

① 이 법에 의한 공정거래위원회의 조사·심의·의결 및 시정권고에 관하여는 「독점규제 및 공정거래에 관한 법률」 제64조부터 제68조까지, 제81조제1항·제2항·제3항·제6항·제9항, 제93조, 제95조부터 제97조까지 및 제101조를 준용한다. <개정 2007. 8. 3., 2016. 12. 20., 2020. 12. 29.>

② 이 법에 의한 과징금의 부과·징수에 관하여는 「독점규제 및 공정거래에 관한 법률」 제103조부터 제107조까지의 규정을 준용한다. <개정 2004. 12. 31., 2007. 8. 3., 2013. 8. 13., 2020. 12. 29.>

③ 이 법에 의한 이의신청, 소의 제기 및 불복의 소의 전속관할에 관하여는 「독점규제 및 공정거래에 관한 법률」 제96조, 제97조, 제99조 및 제100조를 준용한다. <개정 2007. 8. 3., 2016. 3. 29., 2017. 4. 18., 2020. 12. 29.>

④ 이 법에 의한 직무에 종사하거나 종사하였던 공정거래위원회의 위원, 공무원 또는 협의회에서 가맹사업거래에 관한 분쟁의 조정업무를 담당하거나 담당하였던 자 및 제34조의3에 따른 동의의결의 이행관리 업무를 담당하거나 담당하였던 사람에 대하여는 「독점규제 및 공정거래에 관한 법률」 제119조를 준용한다. <개정 2020. 12. 29., 2022. 1. 4.>

⑤ 제34조의3에 따른 동의의결의 이행관리 업무를 담당하거나 담당하였던 사람에 대하여는 「독점규제 및 공정거래에 관한 법률」 제123조제2항을 준용한다. <신설 2022. 1. 4.>

제37조의2(손해배상책임)

① 가맹본부는 이 법의 규정을 위반함으로써 가맹점사업자에게 손해를 입힌 경우에는 가맹점사업자에 대하여 손해배상의 책임을 진다. 다만, 가맹본부가 고의 또는 과실이 없음을 입증한 경우에는 그러하지 아니하다.

② 제1항에도 불구하고 가맹본부가 제9조제1항, 제12조제1항제1호 및 제12조의5를 위반함으로써 가맹점사업자에게 손해를 입힌 경우에는 가맹점사업자에게 발생한 손해의 3배를 넘지 아니하는 범위에서 배상책임을 진다. 다만, 가맹본부가 고의 또는 과실이 없음을 입증한 경우에는 그러하지 아니하다. <개정 2018. 1. 16.>

③ 법원은 제2항의 배상액을 정할 때에는 다음 각 호의 사항을 고려하여야 한다.

　1. 고의 또는 손해 발생의 우려를 인식한 정도
　2. 위반행위로 인하여 가맹점사업자가 입은 피해 규모
　3. 위법행위로 인하여 가맹본부가 취득한 경제적 이익
　4. 위반행위에 따른 벌금 및 과징금
　5. 위반행위의 기간·횟수
　6. 가맹본부의 재산상태
　7. 가맹본부의 피해구제 노력의 정도

④ 제1항 또는 제2항에 따라 손해배상청구의 소가 제기된 경우 「독점규제 및 공정거래에 관한 법률」 제110조 및 제115조를 준용한다. <개정 2020. 12. 29.>

[본조신설 2017. 4. 18.]

 목　차

Ⅰ. 실손배상 제도

　가맹본부는 이 법의 규정을 위반함으로써 가맹점사업자에게 손해를 입힌 경우에는 가맹점사업자에 대하여 손해배상의 책임을 진다. 다만, 가맹본부가 고의 또는 과실이 없음을 입증한 경우에는 그러하지 아니하다(법 제37조의2 제1항).

가맹점사업자의 손해는 가맹점 개설을 위해 지출한 비용이다.[1]

II. 3배배상 제도

제1항에도 불구하고 가맹본부가 제9조제1항(허위·과장, 기만적 정보제공) 제
12조 제1항 제1호(거래거절) 및 제12조의5(보복조치의 금지)를 위반함으로써 가맹
점사업자에게 손해를 입힌 경우에는 가맹점사업자에게 발생한 손해의 3배를 넘
지 아니하는 범위에서 배상책임을 진다. 다만, 가맹본부가 고의 또는 과실이 없
음을 입증한 경우에는 그러하지 아니하다(법 제37조의2 제2항).[2]

2017년 4월 개정을 통해 가맹본부의 허위·과장 정보제공, 부당한 거래거절
(갱신거절, 계약해지 등)로 가맹점사업자가 손해를 입은 경우 가맹본부가 그 손해
의 3배 범위 내에서 배상책임을 지는 징벌적 손해배상제를 도입하였다(제37조의
2). 이후 2018. 1. 16. 법 개정을 통하여 보복조치 금지제도의 실효성을 높일 수
있도록 이를 징벌적 손해배상의 대상으로 포함시켰다.

법원은 제2항의 배상액을 정할 때에는 ① 고의 또는 손해 발생의 우려를 인
식한 정도(제1호), ② 위반행위로 인하여 가맹점사업자가 입은 피해 규모(제2호),
③ 위법행위로 인하여 가맹본부가 취득한 경제적 이익(제3호), ④ 위반행위에 따
른 벌금 및 과징금(제4호), ⑤ 위반행위의 기간·횟수(제5호), ⑥ 가맹본부의 재산
상태(제6호), ⑦ 가맹본부의 피해구제 노력의 정도(제7호)를 고려하여야 한다(법
제37조의2 제3항).

III. 독점규제법의 준용

제1항 또는 제2항에 따라 손해배상청구의 소가 제기된 경우「독점규제법」
제110조 및 제115조를 준용한다(법 제37조의2 제4항).

---

  1) 서울중앙지판 2018. 7. 4. 2017가단5105718.
  2) 부칙 제4조(손해배상책임에 관한 적용례) 제37조의2의 개정규정은 이 법 시행 후 최초로 가맹
     본부가 제12조의5의 개정규정을 위반하여 가맹점사업자에게 손해를 입힌 경우의 손해배상청
     구분부터 적용한다.

제38조(「독점규제 및 공정거래에 관한 법률」과의 관계)

가맹사업거래에 관하여 이 법의 적용을 받는 사항에 대하여는 「독점규제 및 공정거래에 관한 법률」 제45조제1항제1호 · 제4호 · 제6호 · 제8호 및 동법 제46조의 규정을 적용하지 아니한다. <개정 2007. 8. 3.>
[제목개정 2007. 8. 3.]

본 조는 독점규제법 제45조 불공정거래행위의 금지 규정 중 부당 거래거절행위, 부당 고객유인행위, 거래상 지위 남용행위, 사업활동방해행위 및 제46조의 재판매가격유지행위의 금지 관련하여 가맹사업법의 우선 적용을 규정하고 있다.

제39조(권한의 위임과 위탁)

① 이 법에 의한 공정거래위원회의 권한은 그 일부를 대통령령이 정하는 바에 따라 소속기관의 장이나 시·도지사에게 위임하거나 다른 행정기관의 장에게 위탁할 수 있다. <개정 2007. 8. 3., 2018. 3. 27.>

② 공정거래위원회는 다음 각 호의 어느 하나에 해당하는 업무를 대통령으로 정하는 바에 따라 「독점규제 및 공정거래에 관한 법률」 제72조에 따라 설립된 한국공정거래조정원이나 관련 법인·단체에 위탁할 수 있다. 이 경우 제1호의 위탁관리에 소요되는 경비의 전부 또는 일부를 지원할 수 있다. <개정 2007. 8. 3., 2012. 2. 17., 2020. 12. 29.>

  1. 제6조의2 및 제6조의3에 따른 정보공개서의 등록, 등록 거부 및 공개 등에 관한 업무

  2. 제27조제1항에 따른 가맹거래사 자격시험의 시행 및 관리 업무

권한의 위임 및 업무의 위탁에 대하여 *대통령령*[1]에서 규정하고 있다.

그리고 정보공개서 등록 등 업무를 *대통령령*[2]으로 정하는 바에 따라 한국공정거래조정원이나 관련 법인·단체에 위탁할 수 있다.

제40조(보고)

공정거래위원회는 제39조의 규정에 의하여 위임 또는 위탁한 사무에 대하여 위임 또는 위탁받은 자에게 필요한 보고를 하게 할 수 있다.

---

1) 제35조(권한의 위임) 공정거래위원회는 법 제39조제1항에 따라 법 제43조제6항제1호 및 제7항제1호에 따른 과태료 중 이 영 제5조의2에 따라 시·도지사에게 정보공개서를 등록한 가맹본부에 대한 과태료의 부과·징수 권한을 해당 시·도지사에게 위임한다.

2) 제36조(업무의 위탁) ② 공정거래위원회는 법 제39조제2항제2호에 따라 가맹거래사 자격시험의 시행 및 관리 업무를 「한국산업인력공단법」에 따른 한국산업인력공단에 위탁한다.
「정보공개서 등록, 등록거부 및 공개 등에 관한 업무의 위탁기관 지정고시」[공정거래위원회고시 제2015-15호(2015. 10. 23)]

제6장

벌칙

제41조(벌칙)

① 제9조제1항의 규정에 위반하여 허위·과장의 정보제공행위나 기만적인 정보제공행위를 한 자는 5년 이하의 징역 또는 3억원 이하의 벌금에 처한다. <개정 2007. 8. 3., 2013. 8. 13.>

② 다음 각 호의 어느 하나에 해당하는 자는 3년 이하의 징역 또는 1억원 이하의 벌금에 처한다. <개정 2007. 8. 3., 2018. 1. 16., 2020. 12. 29.>

1. 제12조의5를 위반하여 가맹점사업자에게 불이익을 주는 행위를 하거나 다른 사업자로 하여금 이를 행하도록 한 자

2. 제33조제1항에 따른 시정조치의 명령에 따르지 아니한 자

3. 제37조제4항의 규정에 의하여 준용되는 「독점규제 및 공정거래에 관한 법률」 제119조를 위반한 자

③ 다음 각 호의 어느 하나에 해당하는 자는 2년 이하의 징역 또는 5천만원 이하의 벌금에 처한다. <개정 2007. 8. 3., 2013. 8. 13.>

1. 제6조의5제1항을 위반하여 가맹점사업자로부터 예치가맹금을 직접 수령한 자

2. 제7조제3항을 위반하여 가맹금을 수령하거나 가맹계약을 체결한 자

3. 제15조의2제6항을 위반하여 가맹점사업자피해보상보험계약 등을 체결하였다는 사실을 나타내는 표지 또는 이와 유사한 표지를 제작하거나 사용한 자

④ 제29조의2를 위반하여 가맹거래사 등록증을 빌려주거나 빌린 자 또는 이를 알선한 자는 1년 이하의 징역 또는 1천만원 이하의 벌금에 처한다. <신설 2022. 1. 4.>

⑤ 제6조의5제4항을 위반하여 거짓이나 그 밖의 부정한 방법으로 예치가맹금의 지급을 요청한 자는 예치가맹금의 2배에 상당하는 금액 이하의 벌금에 처한다. <신설 2007. 8. 3., 2022. 1. 4.>

제42조(양벌규정)

법인의 대표자나 법인 또는 개인의 대리인, 사용인, 그 밖의 종업원이 그 법인 또는 개인의 업무에 관하여 제41조의 위반행위를 하면 그 행위자를 벌하는 외에 그 법인 또는 개인에게도 해당 조문의 벌금형을 과(科)한다. 다만, 법인 또는 개인이 그 위반행위를 방지하기 위하여 해당 업무에 관하여 상당한 주의와 감독을 게을리하지 아니한 경우에는 그러하지 아니하다.
[전문개정 2010. 3. 22.]

제43조(과태료)

① 가맹본부가 제3호 또는 제4호의 규정에 해당하는 경우에는 1억원이하, 제1호, 제1호의2 또는 제2호의 규정에 해당하는 경우에는 5천만원 이하의 과태료를 부과한다. <개정 2007. 8. 3., 2013. 8. 13., 2018. 4. 17., 2020. 12. 29.>
  1. 제32조의2제2항에 따른 자료를 제출하지 아니하거나 거짓의 자료를 제출한 자
  1의2. 제32조의2제4항을 위반하여 가맹점사업자로 하여금 자료를 제출하지 아니하게 하거나 거짓 자료를 제출하도록 요구한 자
  2. 제37조제1항의 규정에 의하여 준용되는 「독점규제 및 공정거래에 관한 법률」 제81조제1항제1호를 위반하여 정당한 사유 없이 2회이상 출석하지 아니한 자
  3. 제37조제1항의 규정에 의하여 준용되는 「독점규제 및 공정거래에 관한 법률」 제81조제1항제3호 또는 같은 조 제6항에 따른 보고 또는 필요한 자료나 물건의 제출을 정당한 사유없이 하지 아니하거나, 허위의 보고 또는 자료나 물건을 제출한 자
  4. 제37조제1항의 규정에 의하여 준용되는 「독점규제 및 공정거래에 관한 법률」 제81조제2항 및 제3항에 따른 조사를 정당한 사유없이 거부ㆍ방해 또는 기피한 자
② 삭제 <2018. 4. 17.>
③ 가맹본부의 임원이 제1항제3호에 해당하는 경우에는 5천만원 이하, 같은 항 제1호, 제1호의2 또는 제2호에 해당하는 경우에는 1천만원 이하의 과태료를 부과한다. <개정 2018. 4. 17.>
④ 가맹본부의 종업원 또는 이에 준하는 법률상 이해관계에 있는 자가 제1항제3호에 해당하는 경우에는 5천만원 이하, 같은 항 제2호에 해당하는 경우에는 1천만원 이하, 같은 항 제1호 또는 제1호의2에 해당하는 경우에는 500만원 이하의 과태료를 부과한다. <개정 2018. 4. 17.>

⑤ 제37조제1항의 규정에 의하여 준용되는 「독점규제 및 공정거래에 관한 법률」 제66조에 따른 질서유지명령에 응하지 아니한 자는 100만원 이하의 과태료에 처한다. <개정 2007. 8. 3., 2020. 12. 29.>

⑥ 다음 각 호의 어느 하나에 해당하는 자에게는 1천만원 이하의 과태료를 부과한다. <개정 2007. 8. 3., 2013. 8. 13., 2022. 1. 4.>

　1. 제6조의2제2항 본문을 위반하여 기한 내에 변경등록을 하지 아니하거나 거짓으로 변경등록을 한 자

　2. 제9조제3항을 위반하여 같은 항 각 호의 어느 하나에 해당하는 정보를 서면으로 제공하지 아니한 자

　3. 제9조제4항을 위반하여 근거자료를 비치하지 아니하거나 자료요구에 응하지 아니한 자

　4. 제9조제5항을 위반하여 예상매출액 산정서를 제공하지 아니한 자

　5. 제9조제6항을 위반하여 예상매출액 산정서를 보관하지 아니한 자

　6. 제11조제3항을 위반하여 가맹계약서를 보관하지 아니한 자

　7. 제12조의6제2항을 위반하여 광고 또는 판촉행사 비용의 집행 내역을 통보하지 아니하거나 열람 요구에 응하지 아니한 자

⑦ 다음 각 호의 어느 하나에 해당하는 자에게는 300만원 이하의 과태료를 부과한다. <개정 2007. 8. 3., 2013. 8. 13., 2022. 1. 4.>

　1. 제6조의2제2항 단서를 위반하여 신고를 하지 아니하거나 거짓으로 신고한 자

　2. 제29조제4항을 위반하여 가맹거래사임을 표시하거나 유사한 용어를 사용한 자

⑧ 제1항부터 제7항까지의 규정에 따른 과태료는 대통령령으로 정하는 바에 따라 공정거래위원회가 부과·징수한다. <신설 2007. 8. 3.>

⑨ 삭제 <2010. 3. 22.>

⑩ 삭제 <2010. 3. 22.>

⑪ 삭제 <2010. 3. 22.>

과태료는 *대통령령*1)으로 정하는 바에 따라 공정거래위원회가 부과·징수한다.

---

1) 제37조(과태료의 부과기준) 법 제43조제1항 및 제3항부터 제7항까지의 규정에 따른 과태료의 부과기준은 별표 5와 같다.

제44조(고발)

① 제41조제1항, 제2항제1호·제2호 및 제3항의 죄는 공정거래위원회의 고발이 있어야 공소를 제기할 수 있다. <개정 2018. 1. 16.>

② 공정거래위원회는 제41조제1항, 제2항제1호·제2호 및 제3항의 죄중 그 위반의 정도가 객관적으로 명백하고 중대하다고 인정하는 경우에는 검찰총장에게 고발하여야 한다. <개정 2018. 1. 16.>

③ 검찰총장은 제2항의 규정에 의한 고발요건에 해당하는 사실이 있음을 공정거래위원회에 통보하여 고발을 요청할 수 있다. <개정 2013. 8. 13.>

④ 공정거래위원회가 제2항에 따른 고발요건에 해당하지 아니한다고 결정하더라도 감사원장, 중소벤처기업부장관은 사회적 파급효과, 가맹희망자나 가맹점사업자에게 미친 피해 정도 등 다른 사정을 이유로 공정거래위원회에 고발을 요청할 수 있다. <신설 2013. 8. 13., 2017. 7. 26.>

⑤ 제3항 또는 제4항에 따른 고발요청이 있는 때에는 공정거래위원회 위원장은 검찰총장에게 고발하여야 한다. <신설 2013. 8. 13.>

⑥ 공정거래위원회는 공소가 제기된 후에는 고발을 취소하지 못한다. <개정 2013. 8. 13.>

[시행일 : 2018. 7. 17.]

 목 차

[참고사례]

하이쿨 외1의 가맹사업법 위반행위 건[공정거래위원회 2012. 2. 21. 의결 제2012-23호; 서울고등법원 2012. 8. 28. 선고 2012누8764 판결; 대법원 2013. 1. 24. 선고 2012두22560(심리불속행 기각) 판결]

Ⅰ. 전속고발제

제41조제1항, 제2항제1호·제2호 및 제3항의 죄는 공정거래위원회의 고발이 있어야 공소를 제기할 수 있다(법 제44조 제1항).

공정거래위원회의 고발의결은 행정청 내부의 의사결정에 불과할 뿐 최종적인 처분은 아니므로 항고소송의 대상이 되는 행정처분이 되지 못한다<하이쿨 외 1의 가맹사업법 위반행위 건.[1]

Ⅱ. 의무고발제

공정거래위원회는 제41조제1항, 제2항제1호·제2호 및 제3항의 죄중 그 위반의 정도가 객관적으로 명백하고 중대하다고 인정하는 경우에는 검찰총장에게 고발하여야 한다(법 제44조 제2항).

1. 검찰총장의 고발 요청

검찰총장은 제2항의 규정에 의한 고발요건에 해당하는 사실이 있음을 공정거래위원회에 통보하여 고발을 요청할 수 있다(법 제44조 제3항).

2. 감사원장, 중소벤처기업부장관의 고발요청

공정거래위원회가 제2항에 따른 고발요건에 해당하지 아니한다고 결정하더라도 감사원장, 중소벤처기업부장관은 사회적 파급효과, 가맹희망자나 가맹점사업자에게 미친 피해 정도 등 다른 사정을 이유로 공정거래위원회에 고발을 요청할 수 있다(법 제44조 제4항). <신설 2013. 8. 13., 2017. 7. 26.>

---

1) 서고판 2012. 8. 28. 2012누8764(대판 2013. 1. 24. 2012두22560).

3. 고발의무

제3항 또는 제4항에 따른 고발요청이 있는 때에는 공정거래위원회 위원장은 검찰총장에게 고발하여야 한다(법 제44조 제5항).

Ⅲ. 공소제기후 고발취소 제한

공정거래위원회는 공소가 제기된 후에는 고발을 취소하지 못한다(법 제44조 제6항).

제3편

대규모유통업법

▼

제 **1** 장

▼

총칙

제1조(목적)

이 법은 대규모유통업에서의 공정한 거래질서를 확립하고 대규모유통업자와 납품업자 또는 매장임차인이 대등한 지위에서 상호 보완적으로 발전할 수 있도록 함으로써 국민경제의 균형 있는 성장 및 발전에 이바지함을 목적으로 한다.

목 차

[참고문헌]

단행본: 공정거래위원회, 공정거래백서, 2021; 바이난트 용건(문경록 옮김), 온라인 쇼핑의 종말, (주)지식노마드, 2019; 오금석·김윤수·윤성운·강일 외, 대규모유통업법 이론과 실무(개정판), 박영사, 2017

논문: 박세환, 대형유통사업자의 불공정한 상거래행위를 특별히 규제하는 입법방식 및 그 적용범위-프랑스상법, EU directive안과 대규모유통업법-, 2019 하계공동학술대회, 한국경쟁법학회, 2019.6.14; 최난설헌, 유통환경변화에 따른 문제점 및 법·제도 개선방안, 2019 하계공동학술대회, 한국경쟁법학회, 2019.6.14; 황지영, 변화하는 리테일 환경과 프랜차이즈 비즈니스, 2019 한국 프랜차이즈학회 춘계학술세미나, 2019.6.4.

I. 의의

　　법 제1조에서는 대규모유통업법의 궁극적 목적을 '국민경제의 균형 있는 성장 및 발전'에 두고 있다. 이는 독점규제법 제1조에서 궁극적 목적의 하나로 '국민경제의 균형있는 발전'을 두고 있는 것과 일맥상통하는 것이다. 그리고 직접적 목적으로 '공정한 거래질서'와 '대규모유통업자와 납품업자 또는 매장임차인이 대등한 지위에서 상호 보완적 발전'으로 규정하고 있는 점은 독점규제법 제1조에서 규정한 직접적 목적인 '공정하고 자유로운 경쟁의 촉진' 중 특히 공정한 경쟁을 포함한 공정거래를 강조한 의미로 해석할 수 있다. 독점규제법의 수단으로 규정하고 있는 '시장지배적 지위의 남용과 과도한 경제력 집중의 방지, 부당공동행위 및 불공정거래행위 규제'와 같이 목적달성의 수단에 대하여 명시적으로 규정하고 있지는 않지만, 납품업자 등과 수직적 거래관계를 형성하고 있는 대규모유통업을 적용대상으로 함으로써 독점규제법상의 거래상 우월한 지위에 대한 규제를 수단으로 하고 있다는 점을 전제로 하고 있다.

　　입법 경위나 법의 목적조항의 해석 등을 통하여 대규모유통업법이 독점규제법 제45조 제1항의 불공정거래행위, 특히 거래상 지위의 남용에서 파생된 특별법이라는 점을 확인할 수 있다.

II. 유통산업의 현황

　　1996년 유통시장이 대외적으로 전면 개방되면서 우리나라 유통산업은 급격한 변화를 겪게 되었다. 대형점에 대한 규제가 완화되면서 유통산업에 대규모 자본이 유입되었고, 그 결과 기업형 대형점이 급속도로 확산되었다.[1]

　　유통산업의 구조적 변화는 과거에 제조업체에게 쏠린 힘의 불균형을 해소하고, 소매업체가 유통거래를 주도하면서 소비자의 권익이 증가하고 소비생활이 풍요로워지는 긍정적인 효과를 낳기도 했다.[2] 그러나 이 과정에서 대규모유통업자의 규모가 더욱 커지고 소수의 사업자가 다양한 유통채널을 장악하면서 거래

---

1) 공정거래백서(2021), 494면.
2) 공정거래백서(2021), 494면.

상 우월한 지위를 남용하여 납품업자에게 일방적이고 편파적인 거래조건(부당 반품, 판매촉진비용 부담전가, 부당 감액, 납품업자 종업원 파견 등)을 강요하는 불공정거래가 관행화되고, 이로 인해 특히 대항력이 약한 중소 납품업자들이 경영에 어려움을 겪게 되었다[3)

Ⅲ. 입법 배경

대규모유통업자의 불공정거래행위를 규제하기 위하여 1985. 10. 2. 「백화점에 있어서의 특수불공정거래행위」가 제정되어 시행되다가 1998. 5. 12. 「대규모소매점업에 있어서의 특정불공정거래행위 유형 및 기준 지정고시」가 제정·시행되었고, 2008. 4. 1.에 「대규모소매업에 있어서의 특정불공정거래행위 유형 및 기준 지정고시」로 변경되어 운용되어 왔다.

그러나 고시로는 은밀화, 지능화되는 불공정거래행위에 효과적으로 대응하기 어렵다는 지적이 꾸준히 제기되어 공정거래위원회는 대규모유통업자의 불공정거래 관행을 효과적으로 개선하기 위해 2012. 1. 1. 부터 「대규모유통업에서의 거래 공정화에 관한 법률」(이하 "대규모유통업법")을 제정·시행하게 되었다.

---

3) 공정거래백서(2021), 494~495면.

제2조(정의)

이 법에서 사용하는 용어의 뜻은 다음과 같다. <개정 2018. 10. 16.>

1. "대규모유통업자"란 소비자가 사용하는 상품을 다수의 사업자로부터 납품받아 판매하는 자(「가맹사업거래의 공정화에 관한 법률」 제2조제2호의 "가맹본부"를 포함한다) 중 다음 각 목의 어느 하나에 해당하는 자를 말한다.

    가. 직전 사업연도의 소매업종 매출액(기업회계기준상 순액법에 의하여 수익을 인식하는 사업자의 경우에는 총매출액을 말하며, 가맹본부의 경우 소매업종 매출액과 가맹점사업자에게 판매한 상품매출액을 합산한 금액을 말한다. 다만, 직전 사업연도의 사업기간이 1년 미만인 경우에는 그 기간 동안의 매출액을 12개월로 환산한 금액으로 한다. 이하 같다)이 1천억원 이상인 자

    나. 매장면적(매장의 바닥면적에 100분의 95를 곱하여 산출된 면적을 말한다. 이하 같다)의 합계가 3천제곱미터 이상인 점포를 소매업에 사용하는 자

2. "납품업자"란 거래형태에 상관없이 대규모유통업자가 판매할 상품을 대규모유통업자에게 공급(대규모유통업자가 판매한 상품을 소비자에게 직접 공급하는 경우를 포함한다)하는 자를 말한다.

3. "매장임차인"이란 대규모유통업자로부터 매장의 일부를 임차하여 소비자가 사용하는 상품의 판매에 사용하고 그 대가를 대규모유통업자에게 지급하는 형태의 거래를 하는 자를 말한다.

4. "직매입거래"란 대규모유통업자가 매입한 상품 중 판매되지 아니한 상품에 대한 판매책임을 부담하고 납품업자로부터 상품을 매입하는 형태의 거래를 말한다.

5. "특약매입거래"란 대규모유통업자가 매입한 상품 중 판매되지 아니한 상품을 반품할 수 있는 조건으로 납품업자로부터 상품을 외상 매입하고 상품판매 후 일정률이나 일정액의 판매수익을 공제한 상품판매대금을 납품업자에게 지급하는 형태의 거래를 말한다.

6. "위·수탁거래"란 대규모유통업자가 납품업자가 납품한 상품을 자기 명의로 판매하고 상품판매 후 일정률이나 일정액의 수수료를 공제한 상품판매대금을 납품업자에게 지급하는 형태의 거래를 말한다.

7. "반품"이란 대규모유통업자가 납품받은 상품을 되돌려 주거나 납품업자의 다른 상품과 바꾸는 등 형식에 상관없이 납품받은 상품을 납품업자에게 실질적으로 되돌려 주는 모든 행위를 말한다.

8. "판매촉진행사"란 명칭이나 형식에 상관없이 상품에 대한 수요를 늘려 판매를 증진

제 1 장 총칙

시킬 목적으로 행하는 모든 행사 또는 활동을 말한다.

9. "판매장려금"이란 명칭에 상관없이 직매입거래에서 상품의 판매촉진을 위하여 연간거래 기본계약에 명시된 조건에 따라 납품업자가 대규모유통업자에게 지급하는 경제적 이익을 말한다.

10. "신선농·수·축산물"이란 시간이 지남에 따라 부패하기 쉬운 특성을 지닌 신선상태의 농산물·수산물·축산물로서 건조·염장 등 가공을 하지 아니한 것을 말한다.

[시행일 : 2019. 4. 17.]

목 차

[참고문헌]

논문: 김윤정, 대·중소유통업 상생협력을 위한 법제 개선방안 연구, 법연, Vol.60-Fall 2018, 한국법제연구원, 2018; 윤성운, 가맹사업법의 최근 쟁점과 개선방안, 경쟁법연구 제37권, 한국경쟁법학회, 법문사, 2018.5

[참고사례]

롯데쇼핑(주)[백화점부문]의 대규모유통업법 위반행위 건(공정거래위원회 2014. 3. 6. 의결 제 2014-046호); ㈜현대백화점 및 한무쇼핑(주)의 대규모유통업법 위반행위 건(공정거래위원회 2015. 3. 2. 의결 제2015-056호; 서울고등법원 2015. 12. 17. 선고 2015누38902 판결); ㈜지에스리테일의 대규모유통업법 위반행위 건(공정거래위원회 2017. 1. 26. 의결 제2017-047호); ㈜이마트의 대규모 유통업법 위반행위 및 독점규제법상 거래상 지위 남용행위 건(공정거래위원회 2016. 6. 20. 의결 제2016-170호); 롯데쇼핑㈜(백화점 부문)의 대규모유통업법 위반행위 건(공정거래위원회 2017. 6. 19. 의결 제2017-198호); 쿠팡(주)의 대규모유통업법 위반행위 건(공정거래위원회 2018. 5. 24. 의결 제2018-212호); 한국미니스톱㈜의 대규모유통업법 위반행위 건(공정거래위원회 2018. 7. 19. 의결 제2018-237호); ㈜인터파크의 대규모유통업법 위반행위 건(공정거래위원회 2018. 8. 8. 의결 제2018-254호

I. 대규모유통업자

　　"대규모유통업자"란 소비자가 사용하는 상품을 다수의 사업자로부터 납품받아 판매하는 자(「가맹사업법」제2조제2호의 "가맹본부"를 포함) 중 ① 직전 사업연도의 소매업종 매출액(기업회계기준상 순액법에 의하여 수익을 인식하는 사업자의 경우에는 총매출액을 말하며, 가맹본부의 경우 소매업종 매출액과 가맹점사업자에게 판매한 상품매출액을 합산한 금액을 말함. 다만, 직전 사업연도의 사업기간이 1년 미만인 경우에는 그 기간 동안의 매출액을 12개월로 환산한 금액)이 1천억원 이상인 자(가목), ② 매장면적(매장의 바닥면적에 100분의 95를 곱하여 산출된 면적)의 합계가 3천제곱미터 이상인 점포를 소매업에 사용하는 자(나목)의 어느 하나에 해당하는 자를 말한다(제1호).

II. 납품업자

　　"납품업자"란 거래형태에 상관없이 대규모유통업자가 판매할 상품을 대규모유통업자에게 공급(대규모유통업자가 판매한 상품을 소비자에게 직접 공급하는 경우를 포함)하는 자를 말한다(제2호).

　　법원이 납품업자로 인정하지 않은 사례는 다음과 같다.

> "대규모유통업법 제2조 등 관련 법률의 내용 및 취지에 비추어 보면 납품업자등은 대규모유통업자와 이미 거래관계를 가진 자를 전제로 한다고 할 것인데, 제재적 행정처분의 취소를 구하는 항고소송에서는 당해 처분의 적법을 주장하는 처분청(공정거래위원회)에 그 적법 여부에 대한 입증책임이 있음(대법원 2007. 1. 12. 선고 2006두12937 판결 등 참조). 공정거래위원회가 제출한 증거들만으로는 원고가 2013. 3.경 김포점 관련 입점의향서의 제출을 요구할 당시 이 사건 129개 납품업자들 중 디에프디인터내셔날 등 5개 납품업자들과 거래관계에 있었다는 점을 인정하기 부족하므로 원고가 이 사건 5개 납품업자를 대상으로 경영정보 제공을 요구하였다는 점을 이 사건 처분 사유로 삼은 것은 위법함"<㈜현대백화점 및 한무쇼핑(주)의 대규모유통업법 위반행위 건>[1]

―――――――――――
1) 서고판 2015. 12. 17. 2015누38902.

III. 매장임차인

"매장임차인"이란 대규모유통업자로부터 매장의 일부를 임차하여 소비자가 사용하는 상품의 판매에 사용하고 그 대가를 대규모유통업자에게 지급하는 형태의 거래를 하는 자를 말한다(제3호).[2]

백화점의 경우 매장임대차가 활용되는데 임대차거래는 점포임차인이 백화점의 매장 일부를 임차하여 상품 등의 판매에 사용하고 그 판매액의 일부를 임대료로 지급하는 거래방식으로 세금계산서 발행부터 매출인식, 재고관리 등을 전적으로 임차인 자신의 명의와 계산으로 하며(Indirect Transaction Mode) 임대료 지급방식에 따라 임대갑과 임대을로 구분된다.

임대갑은 임대보증금을 백화점에 예치하고 매월 임대료를 납부하는 방식으로 소매점에서 완전 독립된 형태로 영업하며 매출액과 상관없이 고정적인 임대료를 납부한다. 그리고 임대을은 매출에 대하여 소매점이 관리하고 매출액의 일정 비율을 마진/수수료로 부과하는 방식으로 임대보증금은 경우에 따라 요구되거나 면제된다.

임대을의 경우 매출액의 일정비율을 마진/수수료로 지급한다는 면에서는 특약매입거래와 유사하다<롯데쇼핑(주)[백화점부문]의 대규모유통업법 위반행위 건>.[3] 대형마트의 경우에도 매장임대차 거래가 활용되는데, '매장임대차 거래'란 대형마트가 입점업체에게 점포 매장의 일부를 임대해 주고 그 대가로 임대수수료를 수취하는 거래형태이다. 매장임대차 거래에 따른 상품군은 임대수수료 지급이 일정액인지 일정률인지에 따라 다시 세분된다. 매장운영에 전문성이 요구되어 직접 대형마트가 운영하기는 곤란하나 전체적으로 영향력이 있고 상품의 구색을 맞추는데 필요한 상품군은 임대갑으로, 대형마트의 매출관리가 필요하다고 판단되는 상품군은 임대을로 각각 거래하고 있다<㈜이마트의 대규모 유통업법 위반행위 및 독점규제법상 거래상 지위 남용행위 건>.[4]

---

2) 매장임차인과 전대차 관계에 있는 전차인의 경우에도 대규모유통업자의 매장에서 영업하고 있어 불공정거래행위의 피해자가 되는 경우가 많지만 법 적용대상에서 제외되어 있어 보호가 필요하다. 김윤정, 법연(Vol.60-Fall 2018), 9면.

3) 공정의 2014. 3. 6. 2014-046.

4) 공정의 2016. 6. 20. 2016-170.

Ⅳ. 직매입거래

"직매입거래"란 대규모유통업자가 매입한 상품 중 판매되지 아니한 상품에 대한 판매책임을 부담하고 납품업자로부터 상품을 매입하는 형태의 거래를 말한다(제4호).

백화점의 경우 직매입거래가 활용되고 있다. 직매입거래는 백화점에서 직접 상품의 재고를 안고 매입하는 거래형태로 백화점에게 소유권이 이전됨과 동시에 납품업체에게 대금을 지불하는 매입방식으로 판매에 따른 비용과 책임도 백화점이 부담한다(Direct Transaction Mode)<롯데쇼핑(주)[백화점부문]의 대규모유통업법 위반행위 건>.[5] 대형마트의 경우에도 직매입거래가 활용되는데 '직매입 거래'란 대형마트가 납품업자에게 대금을 지급하고 상품을 납품받아서 그 소유권을 이전받는 형태의 거래를 의미한다. 그러므로 직매입 거래에서는 대형마트가 상품의 판매 및 재고 위험을 모두 책임지게 된다<㈜이마트의 대규모 유통업법 위반행위 및 독점규제법상 거래상 지위 남용행위 건>.[6]

Ⅴ. 특약매입거래

"특약매입거래"란 대규모유통업자가 매입한 상품 중 판매되지 아니한 상품을 반품할 수 있는 조건으로 납품업자로부터 상품을 외상 매입하고 상품판매 후 일정률이나 일정액의 판매수익을 공제한 상품판매대금을 납품업자에게 지급하는 형태의 거래를 말한다(제5호).

백화점에서 특약매입거래가 많이 이용되고 있다. 특약매입거래는 백화점이 납품업자로부터 상품을 외상매입하여 판매하고 미판매분은 납품업체에게 반품하는 위·수탁거래 형태의 매입방식(특정매입이라고 함)으로 납품업체가 판매에 따른 비용과 책임을 부담하며, 백화점에게 상품판매액의 일정률 또는 일정액을 수수료로 지급하는 방식으로 임대차거래와 직매입의 중간 성격(Hybrid Transaction Mode)을 갖고 있다<롯데쇼핑(주)[백화점부문]의 대규모유통업법 위반행위 건>.[7]

---

5) 공정의 2014. 3. 6. 2014−046.
6) 공정의 2016. 6. 20. 2016−170.

　　대형마트의 경우에도 특약매입거래가 활용되는데, '특약매입 거래'란 피심인이 납품업자로부터 상품을 외상으로 매입하고, 상품을 판매한 대금 중에서 일정률 또는 일정액을 공제한 후 납품대금을 지급하는 거래형태이다. 특약매입 거래에서는 피심인이 판매하지 못한 상품들을 납품업자에게 자유롭게 반품할 수가 있다 <㈜이마트의 대규모 유통업법 위반행위 및 독점규제법상 거래상 지위 남용행위 건>.[8]

　　특약매입거래의 특성에 대하여 「대규모유통업 분야의 특약매입거래에 관한 부당성 심사지침」[9](이하 "특약매입거래 심사지침")에서는 다음과 같이 규정하고 있다(II).

---

1. 거래과정 및 특성

특약매입거래에 있어, 대규모 유통업자와 입점업자는 다음과 같은 거래과정을 거치게 된다.

- 상품 발주(대규모 유통업자) → 상품 입고 → 검품·검수(단, 빈번한 상품 입고로 인해 양당사자가 합의하여 생략하는 경우도 있음) → 외상매입 처리(세금계산서 발행) → 판매상품분에 대해서 판매수수료를 공제한 후 판매대금을 입점업자에 지급(월별 마감) → 미판매분은 반품처리

특약매입거래는 대규모유통업자가 입점업자로부터 상품을 외상 매입한 이후 상품 소유권을 취득한다는 점과 대규모 유통업자 명의로 상품이 판매되고 판매대금도 대규모 유통업자에게 일단 귀속되는 점에서 직매입과 유사한 측면이 있다.

그러나 대규모유통업자가 비록 자기의 이름으로 상품을 판매하지만 판매수수료를 공제한 후 대금을 입점업자에 지급한다는 점과 판매되지 아니한 상품에 대해서는 반품할 수 있다는 점에서는 위수탁거래와 유사한 측면이 있다.

또한 대규모유통업자가 상품 소유권을 보유하지만, 입점업자가 실질적으로는 상품에 대한 판매·재고관리 기능을 수행한다는 점과 대규모 유통업자가 입점업자로부터 판매액수의 일정비율을 수수료 명목으로 수령한다는 점에서 임대차거래와(매출액의 일정비율의 임대료를 수취하는 임대을 거래)도 유사한 측면도 있다.

따라서 특약매입거래는 직매입과 임대차, 위수탁거래의 특성이 혼재된 형태의 거래방식으로 볼 수 있다.

---

7) 공정의 2014. 3. 6. 2014-046.

8) 공정의 2016. 6. 20. 2016-170.

9) 공정거래위원회예규 제419호(2023. 1. 31).

2. 대규모유통업자와 입점업자의 역할

대규모유통업자는 입점업자를 통해 자신의 이름으로 상품을 판매하고 판매대금을 수령한 후 월별로 판매액수를 집계하여 판매수수료를 공제한 금액을 입점업자에게 지급한다. 또한, 대규모유통업자는 전체 점포 차원에서 집객을 위한 광고·홍보·판촉행사 기획 등 활동을 실시한다.

입점업자는 대규모유통업자의 점포 내에 있는 자신의 매장에 판촉사원을 파견하여 상품에 대한 판매활동과 매장 내에서 상품에 대한 진열·보관 업무를 수행한다. 이 과정에서 입점업자는 상품에 대한 판매가격을 설정·변경한다. 또한, 상품재고를 관리하고 미판매 상품을 대규모 유통업자와 협의하여 회수(반품)한다.

3. 판매수수료의 성격

대규모유통업자와 입점업자간 약정으로 결정되는 판매수수료는 입점업자가 대규모유통업자의 점포내 매장을 이용하는 대가로서의 성격을 지닌다. 또한, 판매수수료는 대규모 유통업자가 점포 차원에서 집객활동(예: 광고, 판촉활동 등)을 수행함으로써 입점업자의 매출증가에 기여하는데 대한 대가로서의 성격도 지닌다.

VI. 위·수탁거래

"위·수탁거래"란 대규모유통업자가 납품업자가 납품한 상품을 자기 명의로 판매하고 상품판매 후 일정률이나 일정액의 수수료를 공제한 상품판매대금을 납품업자에게 지급하는 형태의 거래를 말한다(제6호).

공정거래위원회가 위·수탁거래로 인정한 사례는 다음과 같다.

"이 사건 거래는 납품업자가 할인 가격, 서비스 가능 수량, 이용 조건 등을 정하여 자신의 서비스를 상품화한 후 피심인에게 판매를 위탁한 것이므로 법 제2조 제6호의 위·수탁거래에 해당함"<쿠팡(주)의 대규모유통업법 위반행위 건>[10]

---

10) 공정의 2018. 5. 24. 2018-212. 피심인은 피심인이 소비자에게 판매하는 쿠폰은 서비스 제공업체로부터 서비스를 할인된 가격으로 이용할 수 있는 일종의 예약권이므로 상품으로 볼 수 없고, 서비스 제공업체가 피심인에게 자신이 판매할 서비스를 납품한 적도 없으므로 이 사건 쿠폰 거래는 법 제2조 제6호의 위·수탁거래에 해당하지 아니한다고 주장하였으나 공정거래위원회는 이를 인정하지 아니하였다.

　　대규모유통업자가 자기명의로 판매하는 점에서 직매입거래 또는 특약매입
거래와 동일하고, 본인명의로 판매하는 매장임대차 거래와 다르다. 공제대상이
‘일정률이나 일정액의 수수료’로 규정된 점이 ‘일정률이나 일정액의 판매수익’으
로 규정된 점과 다르다. 소비자에게 판매되고 남은 재고 상품의 소유권은 납품
업자에게 귀속된다.

Ⅶ. 반품

　　“반품”이란 대규모유통업자가 납품받은 상품을 되돌려 주거나 납품업자의
다른 상품과 바꾸는 등 형식에 상관없이 납품받은 상품을 납품업자에게 실질적
으로 되돌려 주는 모든 행위를 말한다(제7호).

Ⅷ. 판매촉진행사

　　“판매촉진행사”란 명칭이나 형식에 상관없이 상품에 대한 수요를 늘려 판매
를 증진시킬 목적으로 행하는 모든 행사 또는 활동을 말한다(제8호).
　　공정거래위원회가 판매촉진행사로 인정한 사례는 다음과 같다.

> “이 사건 ‘줄세우기 행사’[11]는 점포 방문고객에게 각 매장의 사은품 등을 수령할
> 수 있는 우선권을 주면서 점포의 상품 판매를 증진시킬 목적으로 행하여진 것이므
> 로법 제2조 제8호의 규정에 따른 ‘판매촉진행사’에 해당함”<롯데쇼핑㈜(백화점 부
> 문)의 대규모유통업법 위반행위 건>,[12] “이 사건 카드사 청구할인 행사는 피심인
> 이 상품구매고객을 대상으로 특정 신용카드 사용 시 일정 금액이 할인된다는 사실
> 을 알려줌으로써 소비자의 구매욕을 자극하여 상품의 수요 촉진 및 판매증진을 유
> 도하기 위한 것이므로 법 제2조 제8호의 ‘판매촉진행사’에 해당함”<㈜인터파크의
> 대규모유통업법 위반행위 건>[13]

---

11) 백화점 점포 오픈 전 입구에서 선착순으로 줄을 선 고객들에게 미리 순서대로 번호표를 나누
　　어 주고, 번호표를 수령한 고객들이 점포 오픈 후 행사 참여 매장 중 자신이 희망하는 매장을
　　방문하여 번호표를 제시하고 해당 매장에서 제공하는 무료 사은품 등을 수령하는 형태의 판매
　　촉진행사이다.
12) 공정의 2017. 6. 19. 2017-198.

반대로 공정거래위원회가 판매촉진행사로 인정하지 않은 사례도 있다.

> "법 제2조 제8호는 판매촉진행사를 명칭이나 형식에 상관없이 상품에 대한 수요를 늘려 판매를 증진시킬 목적으로 행하는 모든 행사 또는 활동으로 폭넓게 정의하고 있으나, 모든 판매 증진 활동을 판매촉진행사로 볼 것은 아니고 일상적인 판매 방식에서 벗어나 특정 기간 동안 임시적·탄력적으로 이루어지는 이벤트 성격의 행사에 한정되는 것으로 봄이 타당하며, 같은 취지에서 법 시행령 제9조 제1호도 판매촉진비용 부담에 관한 약정 사항으로 판매촉진행사의 기간을 기재하도록 규정하고 있다. 따라서 일반적·상시적으로 진행되는 정규판매 채널로 볼 수 있는 피심인의 정기배송서비스는 판매촉진행사에 해당하지 아니함"<쿠팡(주)의 대규모유통업법 위반행위 건>[14]

IX. 판매장려금

"판매장려금"이란 명칭에 상관없이 직매입거래에서 상품의 판매촉진을 위하여 연간거래 기본계약에 명시된 조건에 따라 납품업자가 대규모유통업자에게 지급하는 경제적 이익을 말한다(제9호).

직매입거래는 그 본질이 '매매'에 해당하므로 거래관계가 끝나는 것이지만 납품업자 입장에서도 많이 팔리는 것이 유리하므로 대규모유통업자에게 판매장려금을 지급한다. 그러나 실제 우월적 지위는 대규모유통업자에게 있으므로 이를 요구하는 등 지위를 남용할 우려가 있어 이에 대항 규제가 필요하다.

공정거래위원회가 판매장려금으로 인정한 사례는 다음과 같다.

> "피심인이 236개 납품업자와 별도 약정서를 작성하고 수령한 23,144백만 원은 직매입거래에 있어 상품의 판매촉진을 위해 납품업자가 피심인에게 지급하는 경제적 이익에 해당하는 것으로서 법 제2조 제9호의 판매장려금에 해당함"<한국미니스톱㈜의 대규모유통업법 위반행위 건>[15]

한편 연간거래 기본계약에 약정되지 아니한 경우 이를 판매장려금으로 볼 수 있느냐와 관련하여 <㈜지에스리테일의 대규모유통업법 위반행위 건>[16]에서

---

13) 공정의 2018. 8. 8. 2018-254.
14) 공정의 2018. 5. 24. 2018-212.
15) 공정의 2018. 7. 19. 2018-237.

피심인은 "이 사건 금원이 연간거래 기본계약상 약정된 바 없으므로 법 제2조 제9호의 판매장려금이 아니고, 따라서 연간거래 기본계약서에 명시된 판매장려금을 규율하기 위한 법 제15조 제2항이 적용될 여지가 없으며, 그 금원의 실질도 제한입찰 방식의 거래과정에서 납품업자가 자발적으로 제시한 거래조건인 상품의 공급가격에 해당하므로 법 제15조 제1항에 따라 정당하게 지급받은 금원이다"고 주장하였다.

이에 대하여 공정거래위원회는 "대규모유통업자의 불측의 경제적 이익 요구로부터 납품업자를 보호하기 위하여 연간거래 기본계약으로 판매장려금의 자세한 사항을 약정하도록 한 법제2조 제9호, 제15조 제2항 및 법 시행령 제12조의 입법취지를 고려할 때, 대규모유통업자가 연간거래 기본계약으로 약정하지 아니하고 판매장려금 성격의 금원을 수취할 경우 절차상 하자 있는 판매장려금 수취 행위에 해당하는 것으로 봄이 타당하다. 만약 피심인의 주장과 같이 연간거래 기본계약에서 약정한바 없는 금원을 일률적으로 판매장려금이 아니라고 본다면, 대규모유통업자가 고의로 연간거래 기본계약서상에 판매장려금을 포함시키지 않더라도 이를 제재할 수 있는 수단이 없게 되어 판매장려금을 연간거래 기본계약서상에 포함시켜 거래의 투명성 및 안전성을 높이고자한 입법취지는 사문화될 것이다. 이 사건 정액 금원의 경우 피심인 스스로 입찰공고 및 입찰 제안서상에 공급가격과 구별하여 '장려금'이라는 명칭을 사용해온 점, 그 금원의 성격도 슈퍼마켓의 제한된 진열공간에 타사 상품을 배제하고 낙찰된 납품업자의 상품을 독·과점적으로 진열하여 상품의 판매를 촉진시키는 대가로 수취한 금원이라는 점 등을 고려할 때, 판매장려금의 일종인 진열장려금으로 봄이 상당하며, 피심인은 위 인정사실과 같이 연간거래 기본계약으로 약정하지 않고 해당 금원을 수취하였으므로 법 제15조 제1항의 정당한 사유 여부를 판단할 필요도 없이 같은 조 제2항에 따라 절차적으로 위법한 진열장려금 수취행위에 해당한다"고 의결하였다.[17] 즉 연간거래 기본계약에 약정되지 아니한 경우에도 이를 판매장려금으로 볼 수 있으며, 다만 절차적으로 위법한 판매장려금 수취행위라 할 수 있다.

---

16) 공정의 2017. 1. 26. 2017-047.

17) 공정의 2017. 1. 26. 2017-047. 이 사건에 직접 적용되지는 아니하나, '대규모유통업 분야에서 판매장려금의 부당성 심사에 관한 지침(공정거래위원회 예규 제180호)'에서도 판매촉진 목적과 관련성이 있는 판매장려금 중 하나로 매대(진열)장려금을 인정하면서, 법위반에 해당될 수 있는 절차로 당초 연간거래 기본계약시 약정되지 아니한 판매장려금을 납품업자로부터 받는 행위를 예시하고 있다.

「대규모유통업 분야에서 판매장려금의 부당성 심사에 관한 지침」[18](이하 "판매장려금 심사지침")에서 자세한 내용을 규정하고 있다.

X. 신선농 · 수 · 축산물

"신선농 · 수 · 축산물"이란 시간이 지남에 따라 부패하기 쉬운 특성을 지닌 신선상태의 농산물 · 수산물 · 축산물로서 건조 · 염장 등 가공을 하지 아니한 것을 말한다(제10호).

---

18) 공정거래위원회예규 제327호(2022. 10. 8).

제2조의2(대규모유통업자의 의제)

매장을 임대하는 자로서 임차인으로부터 상품 매출액에 연동되는 임차료 또는 이에 준하는 경제적 이익(이하 "임차료등"이라 한다)을 수취하는 사업자 중 다음 각 호의 어느 하나에 해당하는 자는 제6조, 제8조, 제11조부터 제15조까지, 제15조의2, 제16조부터 제18조까지 규정의 적용에 있어서는 "대규모유통업자"로 본다.

1. 직전 사업연도에 자신이 임대한 매장에서 발생한 소매업종 매출액이 1천억원 이상인 자
2. 자신이 임대한 매장면적의 합계가 3천제곱미터 이상인 자

[본조신설 2018. 10. 16.]

본 조는 매장임대인에 대해서는 대규모유통업법이 적용되지 아니하는 법적 흠결을 보완하기 위해 신설된 규정이다. 그동안 대규모유통업법이 적용되지 않는 임대업자의 불공정행위가 문제가 되어 왔다.

▌ 대규모유통업법 위반 소지가 있는 임대업자의 행위(예시)

[사례1] 부당한 영업시간 구속	• A는 B 대형쇼핑몰에 입점해 월매출액의 X%를 월임대료로 납부. 어느날 A가 갑자기 병이 나서 그 치료를 위해 최소한의 범위에서 자기 매장의 영업시간 단축을 요구하였으나 B가 별다른 이유 없이 허용하지 않은 경우 ⇒ B사는 대규모유통업법 제15조의2(부당한 영업시간 구속 금지) 위반으로 제재됨
[사례2] 판촉활동 강요	• C는 D 대형아울렛의 매장을 임대해 월매출액의 Y%를 월임대료로 납부. D가 C에게 매출증대를 위해 판촉행사를 실시할 것을 요구하면서 그 비용을 모두 C가 부담하도록 하는 경우 ⇒ D사는 대규모유통업법 제11조(판매촉진비용의 부담전가 금지) 위반으로 제재됨

〈출처: 공정거래위원회 보도자료 2018. 10. 8.〉

제3조(적용제외)

① 이 법은 다음 각 호의 어느 하나에 해당하는 거래에는 적용하지 아니한다. <개정 2018. 10. 16.>

1. 대규모유통업자가 납품업자 또는 매장임차인(이하 "납품업자등"이라 한다)에 대하여 거래상 우월적 지위에 있다고 인정되지 아니하는 거래

2. 제2조의2에 따라 대규모유통업자로 의제되는 사업자가 자신과 거래하는 다수의 매장임차인 중 일부 매장임차인으로부터는 상품 매출액에 연동되는 임차료등을 수취하지 아니하는 경우 그 매장임차인과 대규모유통업자로 의제되는 사업자 간의 거래

② 거래상 우월적 지위에 있는지의 여부는 다음 각 호의 사항을 종합적으로 고려하여 판단한다. <개정 2020. 12. 29.>

1. 유통시장의 구조
2. 소비자의 소비실태
3. 대규모유통업자와 납품업자등 사이의 사업능력의 격차
4. 납품업자등의 대규모유통업자에 대한 거래 의존도
5. 거래의 대상이 되는 상품의 특성
6. 「독점규제 및 공정거래에 관한 법률」 제2조제11호의 기업집단이나 하나의 대규모유통업자가 운영하는 유통업태의 범위

 목 차

[참고사례]

㈜롯데쇼핑(주)(백화점)의 대규모유통업법 위반행위 건(공정거래위원회 2013. 11. 25. 의결 제2013-189호; 서울고등법원 2014. 12. 4. 선고 2014누46678 판결; 대법원 2017. 12. 22. 선고 2015두36010 판결); 현대홈쇼핑의 대규모유통업법 위반행위 및 독점규제법상 거래상지위 남용행위 건(공정거래위원회 2015. 4. 15. 의결 제2015-117호); ㈜우리홈쇼핑의 대규모유통업법 위반행위 및 독점규제법상 거래상지위 남용행위 건(공정거래위원회 2015. 4. 15. 의결 제2015-118호; 서울고등법원 2017. 1. 18. 선고 2015누40363 판결); ㈜씨제이오쇼핑의 대규모유통업법 위반행위 및 독점규제법상 거래상지위 남용행위 건(공정거래위원회 2015. 6. 3. 의결

제2015-179호; 서울고등법원 2017. 1. 18. 선고 2015누49308 판결); ㈜홈앤쇼핑의 대규모유통업법 위반행위 및 독점규제법상 거래상지위 남용행위 건(공정거래위원회 2015. 6. 3. 의결 제2015-180호; 서울고등법원 2016. 9. 23. 선고 2015누49292 판결); ㈜지에스홈쇼핑의 대규모유통업법 위반행위 및 독점규제법상 거래상지위 남용행위 건(공정거래위원회 2015. 6. 11. 의결 제2015-193호; 서울고등법원 2017. 1. 18. 선고 2015누50353 판결); 롯데쇼핑(주)(빅마켓)의 대규모유통업법 위반행위 건(공정거래위원회 2015. 5. 20. 의결 제2015-173호; 서울고등법원 2016. 8. 25. 선고 2015누47333 판결; 대법원 2017. 3. 15. 선고 2016두51481 판결)); ㈜현대백화점 및 한무쇼핑(주)의 대규모유통업법 위반행위 건(공정거래위원회 2015. 3. 2. 의결 제2015-056호; 서울고등법원 2015. 12. 17. 선고 2015누38902 판결); ㈜지에스리테일의 대규모유통업법 위반행위 건(공정거래위원회 2017. 1. 26. 의결 제2017-047호); ㈜위메프의 대규모유통업법 위반행위 건(공정거래위원회 2018. 5. 24., 의결 제2018-209호); ㈜티몬의 대규모유통업법 위반행위 건(공정거래위원회 2018. 5. 24. 의결 제2019-211호); ㈜롯데닷컴의 대규모유통업법 위반행위 건(공정거래위원회 2018. 7. 5. 의결 제2018-233호); 한국미니스톱㈜의 대규모유통업법 위반행위 건(공정거래위원회 2018. 7. 19. 의결 제2018-237호); ㈜인터파크의 대규모유통업법 위반행위 건(공정거래위원회 2018. 8. 8. 의결 제2018-254호); 롯데쇼핑(주)(마트부문)의 대규모유통업법 위반행위 건(공정거래위원회 2018. 10. 10. 의결 제2018-302호); 애경유지공업(주)의 대규모유통업법 위반행위 건(공정거래위원회 2017. 6. 21. 의결 제2017-203호; 서울고등법원 2018. 1. 25. 선고 2017누62848 판결); 신세계백화점의 대규모유통업법 위반행위 건[공정거래위원회 2017. 6. 5. 의결 제2017-191호; 서울고등법원 2018. 4. 19. 선고 2017누60071 판결; 대법원 2018. 8. 30. 선고 2008두42573(심리불속행 기각) 판결]; 서원유통의 대규모유통업법 위반행위에 대한 건[공정거래위원회 2017. 11. 1. 의결 제2017-333호; 서울고등법원 2019. 2. 13. 선고 2017누86226 판결; 대법원 2019. 7. 11. 2019두37202(심리불속행 기각) 판결]; (주)홈플러스의 대규모유통업법 위반행위 건(공정거래위원회 2016. 7. 20. 의결 제2016-221호; 서울고등법원 2018. 11. 9. 선고 2016누60425 판결; 대법원 2021. 11. 25. 선고 2018두65071 판결); (주)이랜드리테일의 대규모유통업법 위반행위 건(공정거래위원회 2019. 6. 5. 의결 제2019-130호; 서울고등법원 2020. 8. 26. 선고 2019누49269); (주)모다이노칩의 외1의 대규모유통업법 위반행위 건(공정거래위원회 2019. 10. 1. 의결 제2019-246호; 대법원 2020. 12. 30. 선고 2020두49980 판결)

I. 거래상 우월한 지위가 인정되지 않는 거래

이 법은 ① 대규모유통업자가 납품업자 또는 매장임차인(이하 "납품업자등")에 대하여 거래상 우월적 지위에 있다고 인정되지 아니하는 거래(제1호)에는 적용하지 아니한다(법 제3조 제1항).

거래상 우월적 지위에 있는지의 여부는 ① 유통시장의 구조(제1호), ② 소비자의 소비실태(제2호), ③ 대규모유통업자와 납품업자등 사이의 사업능력의 격차(제3호), ④ 납품업자등의 대규모유통업자에 대한 거래 의존도(제4호), ⑤ 거래의 대상이 되는 상품의 특성(제5호), ⑥ 「독점규제법」 제2조 제11호의 기업집단이나 하나의 대규모유통업자가 운영하는 유통업태의 범위(제6호)를 종합적으로 고려하여 판단한다(법 제3조 제2항).

한편 독점규제법에서 불공정거래행위의 한 유형으로 사업자가 '자기의 거래상의 지위를 부당하게 이용하여 상대방과 거래하는 행위'를 규정하고 있는 것은, 현실의 거래관계에서 경제력에 차이가 있는 거래주체 간에도 상호 대등한 지위에서 법이 보장하고자 하는 공정한 거래를 할 수 있게 하기 위하여 상대적으로 우월한 지위 또는 적어도 상대방의 거래활동에 상당한 영향을 미칠 수 있는 지위에 있는 사업자에 대하여 그 지위를 남용하여 상대방에게 거래상 불이익을 주는 행위를 금지시키고자 하는 데 그 취지가 있는 것이므로(대법원 2002. 9. 27. 선고 2000두3801 판결 참조), 여기서 말하는 우월적 지위에 해당하는지 여부는 당사자가 처하고 있는 시장의 상황, 당사자 간의 전체적 사업능력의 격차, 거래의 대상인 상품의 특성 등을 모두 고려하여 판단하여야 한다<㈜홈앤쇼핑의 대규모유통업법 위반행위 및 독점규제법상 거래상지위 남용행위 건>.[1]

법원은 백화점 등의 납품업체에 대한 거래상 우월적 지위를 인정하고 있다.

<백화점>

"백화점의 납품업체에 대한 거래상 우월한 지위가 인정됨"(<롯데쇼핑(주)(백화점)의 대규모유통업법 위반행위 건>[2], <㈜현대백화점 및 한무쇼핑(주)의 대규모유

---

1) 대판 2017. 12. 22. 2015두36010.
2) 서고판 2014. 12. 4. 2014누46678; ① 2010년 기준 백화점 상위 3개사의 시장점유율은 87.7%이고, 2011년 기준 백화점 상위 3개사의 점포수는 60개로 전체백화점 점포수의 70%를 차지하고 있는데, 그 중에서도 특히 원고는 2010년 매출액 기준 시장점유율이 백화점 업계 1위이고,

통업법 위반행위 건>),[3] "원고들과 납품업자들의 사업능력 격차를 비교함에 있어 일반적으로 납품업자의 지배회사 내지 모회사와의 사업능력까지 고려해야 한다고 볼 수 없으며, 설령 납품업자 또는 그 지배회사가 관련 시장에서 상당한 시장지위에 있다고 하더라도 당해 대규모유통업자와의 납품거래가 갖는 사업상 의미가 크다면 거래상 우월한 지위가 인정됨"<애경유지공업(주)의 대규모유통업법 위반행위 건>,[4] "거래상 우월적 지위를 판단함에 있어 원칙적으로 납품업자의 사업능력만을 고려할 것이지 납품업자의 지배회사 내지 모회사의 사업능력까지 고려해야 한다고 볼 수 없음"<신세계백화점의 대규모유통업법 위반행위 건>[5]

<홈쇼핑>

"홈쇼핑의 납품업체에 대한 거래상 우월한 지위가 인정됨"(<㈜홈앤쇼핑의 대규모유통업법 위반행위 및 독점규제법상 거래상지위 남용행위 건>[6], <㈜우리홈쇼핑의 대규모유통업법 위반행위 및 독점규제법상 거래상지위 남용행위 건>)[7]

점포수와 영업이익 면에서도 1위인 점, ② 2011년부터 2013년까지 원고를 포함한 백화점 상위 3개사의 판매수수료율은 약 30%에 가까운 높은 수준을 유지하고 있는바, 그럼에도 불구하고 납품업자들은 상품의 판로를 안정적으로 확보하고 자신들이 양질의 상품을 판매하고 있다는 것을 소비자들로부터 인정받기 위하여 백화점 업계에서 위와 같은 지위에 있는 원고와 거래계약을 체결하고 이를 계속적으로 유지하는 것을 강하게 희망하는 것으로 보이는 점, ③ 또한 백화점 시장의 사업자들이 다양하지 못한 현실과 원고의 위와 같은 시장 점유율 및 점포수 등을 감안할 때 원고와의 거래가 단절되는 경우 납품업자들이 대체거래선을 확보하기도 쉽지 않은 점, ④ 이 사건 브랜드들은 국내 남성 의류·패션잡화 브랜드인데, 이러한 상품들은 백화점에 입점하였는지 여부가 브랜드 가치와 판매가격의 책정에 커다란 영향을 주는 것으로 보이는 점, ⑤ 원고와 이 사건 납품업자들 사이의 거래유형인 특약매입거래 및 임대거래(임대을)는 그 내용상 통상적인 경우에 비하여 원고에게 유리한 점 등을 종합하여 앞서 본 법리에 비추어 보면, 원고는 거래상대방을 선택하거나 거래조건을 설정함에 있어 보다 유리한 계약을 체결할 수 있는 지위에 있는 등 이 사건 납품업자들에 대하여 거래상 우월적 지위에 있는 것으로 봄이 상당함

3) 서고판 2015. 12. 17. 선고 2015누38902: ① 납품업자들은 대부분 원고와 같은 구매력과 전국적인 매장의 운영능력을 가진 대형거래처와 계속적으로 거래계약을 체결하고 이를 유지함을 강력하게 희망하고 있다고 할 것이고, ② 또한 납품업자들 사이에 원고와 같은 백화점에 대한 납품경쟁이 치열한 것이 유통업계의 현실이어서 원고와 거래관계를 유지하는 납품업자들이 원고와의 거래를 단절하고 다른 백화점과 거래관계를 새로이 시작하는 것도 결코 쉬운 것이 아닌 점, ③ 원고가 원고보다 사업능력이 우월하다고 주장하는 글로벌 기업들은 모회사가 아닌 현지법인을 통하여 원고에 물품을 공급하는데 위 현지법인들이 원고보다 사업능력이 우월하다고도 볼 수 없는 점 등을 고려하면 원고는 그 거래관계에 있어서 이 사건 납품업자들(다만 거래관계가 없는 이 사건 5개 납품업자를 제외한다)에 대하여 거래상 우월적 지위를 가진다고 할 것임.

4) 서고판 2018. 1. 25. 2017누62848.

5) 서고판 2018. 4. 19. 2017누60071(대판 2018. 8. 30. 2008두42573).

6) 서고판 2016. 9. 23. 2015누49292.

<대형마트>

"대형마트와 납품업체와의 관계에서도 특히 거래상 우월적 지위는 일방이 상대적으로 우월한 지위 또는 적어도 상대방과의 거래활동에 상당한 영향을 미칠 수 있는 지위를 가지고 있으면 이를 인정할 수 있음(대법원 2009. 10. 29. 선고 2007두20812 판결 참조)"<롯데쇼핑(주)(빅마켓)의 대규모유통업법 위반행위 건>,8) "대형마트의 거래상 우월한 지위가 인정됨"<롯데쇼핑(주)(빅마켓)의 대규모유통업법 위반행위 건>,9) <롯데쇼핑(주)(마트부문)의 대규모유통업법 위반행위 건>,10)

---

7) 서고판 2017. 1. 18. 2015누40363; ① 홈쇼핑 사업은 정부의 배타적인 사업인가를 받아야만 진입할 수 있어 진입장벽이 높은 과점시장이며, 사업자가 6개 밖에 되지 않고 방송시간도 한정되어 있으므로 방송을 희망하는 수요에 비하여 공급이 부족하여 납품업자 사이의 납품경쟁이 치열하고 이는 원고가 홈쇼핑 사업자 중 시장점유율 5위에 해당한다고 해도 마찬가지인 점, ② 원고는 홈쇼핑 사업자로서 전국적으로 높은 인지도가 형성되어 있어 소비자는 원고의 방송을 믿고 제품을 구매하는 경우가 많으며, 홈쇼핑 방송을 통해 제품의 유통뿐 아니라 홍보까지 이루어지기 때문에 납품업자들은 대부분 전국적인 유통망을 가진 원고와 같은 대형거래처와 계속적으로 거래계약을 체결하고 이를 유지할 것을 희망하며 이는 납품업자의 규모와 상관없이 유통업자로서 원고가 가지고 있는 사업능력에 해당하는 점, ③ 홈쇼핑을 통한 판매는 무점포 방식으로 전국적 판매가 가능하다는 장점이 있으며 이를 통하여 공략되는 소비층도 백화점 등과는 차별화되므로 이러한 판매전략의 수립이나 홍보효과, 비용, 유통의 범위 등을 고려하면 원고와 거래관계를 유지하는 납품업자들이 원고와의 거래를 단절하고 다른 유통형태로 이를 대체하는 것은 결코 쉬운 것이 아닌 점.

8) 서고판 2016. 8. 25. 2015누47333.

9) 서고판 2016. 8. 25. 2015누47333; ① 빅마켓과 롯데하이퍼마켓은 원고 내부적으로 사업본부가 구분되어 있을 뿐인 대규모유통업체로서 빅마켓과 롯데하이퍼마켓이 원고라는 하나의 법인에 소속된 유사한 형태의 대규모유통업체인 이상 빅마켓의 납품업자에 대한 우월적 지위를 판단함에 있어서는 롯데하이퍼마켓의 시장 점유율을 완전히 배제할 수는 없다고 봄이 상당한데 롯데하이퍼마켓은 국내 3대 대형마트로서 상당한 시장점유율을 차지하고 있는 점, ② 납품업자는 상품의 판로를 안정적으로 확보하고 소비자에게 양질의 상품을 공급한다는 인식을 심어주기 위하여 원고와 같은 대규모유통업자와 계속적인 거래를 원하고 이를 위하여 다른 납품업자와 서로 경쟁하고 있을 뿐만 아니라 빅마켓은 다른 대형마트에 비해 포장단위가 크고 납품업자들이 빅마켓에만 공급하는 상품도 다수 있었음에 비추어 볼 때 납품업자들은 원고와의 거래가 단절되는 경우 대체거래선의 확보도 쉽지 않을 것으로 보이는 점, ③ 상호출자제한 기업집단에 속하는 납품업자나 원고의 계열회사인 납품업자, 다국적 기업인 납품업자 및 관련시장에서 시장지배적 지위를 보유한 납품업자들도 이러한 사정은 마찬가지일 뿐만 아니라 그들이 납품하는 상품들도 원고의 입장에서는 다른 제품으로 대체가 가능한 반면 납품업자들의 입장에서는 빅마켓에 입점하였는지 여부에 따라 매출 및 상품 홍보에 상당한 영향을 받게 되는 점, ④ 이 사건 시식행사 중 시식대행업체에 의한 경우는 대부분 한 군데의 시식대행업체를 통해 이루어졌는데, 이는 원고가 채택한 업체로서 납품업자에게는 사실상 시식대행업체를 선택할 여지가 별로 없었던 것으로 보이는 점.

10) 공정의 2018. 10. 10. 2018-302. 첫째, 피심인은 국내 3대 대형마트 사업자 중 하나로서 전국적인 인지도 및 유통망을 기반으로 시장에서 상당한 시장점유율(16.9%)을 차지하고 있어 납품업자 등은 피심인의 영업장에 입점하였는지 여부에 따라 매출신장 및 상품홍보에 커다란 영향을 받게 되므로 피심인과 거래하기 위해 상호 경쟁한다. 둘째, 소비자들의 소비성향이 쾌적한 환경에서 저렴한 상품을 구매하려는 방향으로 변화하면서 전통시장, 일반상가 등은 쇠락하고

"동종업계에서 가장 시장점유율을 차지하고 있는 상품을 보유한 납품업자라 하더라도 주력상품군인 라면에 대한 상당한 협상력을 가지고 있다고 하여 나머지 비주력 상품에 대해서도 같은 정도의 협상력을 가지고 있다고 볼 수 없음"<㈜홈플러스의 대규모유통업법 위반행위 건>[11]

< 지역슈퍼마켓 >

"납품업자가 다수인 경우 납품업자와 대규모유통업자 사이라는 관계나 구조의 특수성에서 오는 공통되는 사정이 존재하고, 대규모유통업자의 규모, 시장에서 차지하는 위치, 위와 같은 다수 납품업자와의 사이의 공통되는 사정들만으로도 대규모유통업자의 거래상 우월한 지위를 인정할 수 있다면 반드시 개별 납품업자별로 대규모유통업자와 사이의 개별적 사정을 따져 거래상 우월한 지위를 판단해야 하는 것으로 볼 수 없음", "원고는 납품업체들의 상품을 진열하는 위치나 방식을 결정할 권한이 있고, 납품업체는 상품의 판매증진을 위해 원고에게 파견사원을 보내기도 하므로 납품업자와 대규모유통업자 사이에는 '상품의 현실적인 판매'에 있어 본질적인 사업능력의 격차가 존재함", "납품업자의 규모에 따라 반품절차에 다소 차이가 있다 하더라도 이는 거래상 우월한 지위에 관한 판단에 관한 중요한 요소라고 보기는 어렵고, 납품업자가 상호출자제한제한 기업집단 소속인 경우 관련 인프라를 구축하는데 유리할 수 있으나 그것만으로 유통업자에게 우월적 지위를 갖는다고 보기 어려움"<서원유통의 대규모유통업법 위반행위에 대한 건>[12]

< 온라인쇼핑업체 >

"피심인은 거래상대방인 납품업자에 대하여 거래상 우월적 지위가 있는 것으로 인정됨"<㈜위메프의 대규모유통업법 위반행위 건>[13] <㈜티몬의 대규모유통업법 위반행위 건>[14] <㈜롯데닷컴의 대규모유통업법 위반행위 건>[15] <㈜인터파크의 대규모유통업법 위반행위 건>[16]

대형마트, 편의점 등이 소매시장에서 차지하는 비중은 점차 높아지는 상황이므로 납품업자 등은 상품의 안정적인 판로확보를 위하여 피심인과 같은 대규모유통업자와 계속적인 거래를 원할 수밖에 없다. 셋째, 비록 인지도가 높고 판매실적이 좋은 브랜드를 가진 납품업자라 하더라도 피심인의 입장에서는 같은 품질의 다른 제품으로 대체 가능한 하나의 브랜드를 가진 거래상대방에 불과하나 납품업자 등은 피심인과의 거래가 단절될 경우 유사한 규모의 대체거래선을 확보하기 힘들다.

11) 서고판 2018. 11. 9. 2016누60425(대판 2021. 11. 25. 2018두65071).

12) 서고판 2019. 2. 13. 2017누86226(대판 2019. 7. 11. 2019두37202).

13) 공정의 2018. 5. 24. 2018－209.

14) 공정의 2018. 5. 24. 2019－211.

15) 공정의 2018. 7. 5. 2018－233.

16) 공정의 2018. 8. 8. 2018-254. 첫째, 국내 소매판매액 중 온라인 쇼핑몰 판매액이 차지하는 비

> <편의점본부>
>
> "피심인은 거래상대방인 납품업자들에 대하여 거래상 우월적 지위가 있는 것으로 인정됨"<한국미니스톱㈜의 대규모유통업법 위반행위 건>[17]
>
> <기업형 슈퍼마켓>
>
> "납품업자에 대하여 거래상 우월적 지위에 있음"<㈜지에스리테일의 대규모유통업법 위반행위 건>,[18] "원고와 납품업자가 동일하 대규모기업집단 소속이라거나 납

중은 약 17%에 달하고, 상품관련 정보 접근의 용이성, 구매의 편의성, 거래비용의 절감 등 온라인쇼핑만의 강점을 토대로 그 비중도 지속적으로 확대되는 추세인 바, 납품업자들은 피심인과 같이 대표적인 온라인 쇼핑몰과 거래 관계를 유지하기를 희망한다. 둘째, 온라인 쇼핑몰은 점포개설 비용 등 고정비용의 투입 없이 전국적인 상품판매가 가능하고, 입점과 동시에 온라인 매체를 통한 상품 광고 효과도 누릴 수 있으므로 자체 유통망을 갖지 못한 대다수의 영세 납품업자들은 온라인 쇼핑과 거래 하지 않을 경우 판로 확보 등에 애로를 겪을 가능성이 크다. 셋째, 피심인은 PC기반의 인터넷을 통한 방문자 수와 휴대폰을 이용한 모바일 방문자 수를 합친 방문자 수에 있어서 꾸준히 10위권 이내[7]에 자리하고 있다. 온라인 쇼핑몰 사업 특성상 방문자 수가 많은 온라인 쇼핑몰 사업자가 많은 상품을 판매할 가능성이 높은 점을 고려할 때 납품업자도 매출증대 및 상품홍보 등을 위하여 피심인과 같이 방문자 수가 많은 사업자와의 거래유지를 희망하므로 피심인은 거래상대방을 선택하거나 계약을 체결함에 있어 자신에게 유리한 거래 조건을 설정할 수 있는 지위에 있게 된다. 다국적 기업 또는 대기업과 같이 납품업자가 사업능력이 매우 좋은 경우에도 피심인은 거래상대방의 거래활동에 대해 상당한 영향을 미칠 수 있는 지위에 있으므로 거래상 지위가 인정된다.

17) 공정의 2018. 7. 19. 2018 – 237. 첫째, 2008년 이후 매년 10% 이상 고성장을 지속하고 있는 국내 편의점 시장은 앞으로도 성장세가 지속될 것으로 예상되고 있어 납품업자들이 매출을 신장하기위해서는 피심인과 같이 전국적 유통망을 가진 대형거래처와 지속적으로 거래계약을 체결하고 유지하기를 희망하며, 피심인과의 거래단절시 동일한 규모의 대체거래선 확보도 용이하지 않다. 둘째, 피심인의 편의점은 매장 내의 진열공간이 제한되어 있어 납품업자 간 경쟁을 유도하기 용이하며, 이러한 납품업자들간의 상품 공급 경쟁으로 인해 대규모 구매력을 가진 피심인은 납품업자와의 거래과정에서 자신에게 유리한 거래조건을 설정할 수 있다. 셋째, '접근용이성'을 가장 중시하는 소비자들의 편의점 이용실태를 고려할 때, 납품업자들은 전국적인 매장을 운영하는 대규모 유통업자에 대한 입점 및 판촉활동이 더욱 중요하게 된 반면, 대규모 유통업자 입장에서는 일부 납품업자의 상품을 판매하지 않더라도 다른 납품업자의 상품으로 대체가 충분히 가능하다.

18) 공정의 2017. 1. 26. 2017 – 047. 피심인 슈퍼마켓사업부는 진입규제가 존재하는 기업형 슈퍼마켓 시장에서 매출액 기준 2~3위 사업자의 지위에 있고, 전국적으로 형성된 높은 인지도를 바탕으로 주거 인접지역에 총 269개의 매장을 운영하고 있는 점, 납품업자는 상품의 판로를 안정적으로 확보하고 소비자에게 양질의 상품을 공급한다는 인식을 심어주기 위하여 피심인과 같은 대규모유통업자와 계속적인 거래를 원하고 피심인과의 거래가 단절되는 경우 대체거래선 확보도 용이하지 않다는 점, 피심인의 슈퍼마켓은 매장 내 진열공간이 제한되어 있어 납품업자 간 경쟁을 유도하기 용이하며, 주요취급품목인 식료품은 그 특성상 품질 및 가격차이가 거의 없고 유통기한은 상대적으로 짧아 피심인 슈퍼마켓사업부에 대한 거래의존도가 낮은 대기업 납품업자라 하더라도 유통판로를 하나라도 더 확보하는 영업 전략이 필요하다는 점 등의 사정을 관련 법리에 비추어 보면, 납품업자에 대하여 거래상 우월적 지위에 있다고 봄이 상당하다.

품업자가 원고의 대주주라는 사정만으로는 당연히 거래상 우월적 지위가 부정되
지는 않음"<㈜이랜드리테일의 대규모유통업법 위반행위 건>[19)

<아울렛>

"특정 업계에서 높은 시장점유율을 보유하거나 매출규모가 큰 납품업자라고 하더
라도 아울렛 시장에서 가지는 협상력은 제한적일 수밖에 없음"<㈜모다이노칩의
외1의 대규모유통업법 위반행위 건>[20)

II. 의제 대규모유통업자의 경우

　　제2조의2에 따라 대규모유통업자로 의제되는 사업자가 자신과 거래하는 다
수의 매장임차인 중 일부 매장임차인으로부터 상품매출액에 연동되는 임차료 등
을 수취하지 아니하는 경우 매장임차인과 대규모유통업자로 의제되는 사업자간
거래(제2호)에는 이 법이 적용되지 아니한다(법 제3조 제1항).

---

19) 서고판 2020. 8. 26. 2019누49269.
20) 대판 2020. 12. 30. 2020두49980.

제4조(다른 법률과의 관계)

이 법은 대규모유통업자와 납품업자등 사이의 거래에 관하여 「독점규제 및 공정거래에
관한 법률」 제45조제1항제6호 및 제7호에 우선하여 적용한다. 다만, 대규모유통업자와
납품업자등 사이의 거래가 「하도급거래 공정화에 관한 법률」 제2조제6항에 따른 제조위
탁에 해당하는 경우에는 같은 법을 이 법에 우선하여 적용한다.

[참고사례]

홈플러스(주)의 대규모유통업법 위반행위 건(공정거래위원회; 서울고등법원 2020. 7.
2. 선고 2019누52159 판결); (주)이랜드리테일의 대규모유통업법 위반행위 건(공정거래위
원회 2019. 6. 5. 의결 제2019－130호; 서울고등법원 2020. 8. 26. 선고 2019누49269)

본 조는 「독점규제법」 제45조 불공정거래행위 금지 중 거래상 지위 남용행
위, 구속조건부거래행위와의 관계에서 우선 적용됨을 규정하고, 다만 제조위탁의
경우는 「하도급법」을 우선 적용하도록 하고 있다.

단서조항은 이른바 PB(Private Brand) 상품은 독자적으로 제작한 상품을 직
접 판매한 것으로써 대규모유통업법이 적용되지 않고 하도급법이 우선 적용된다
는 취지이다<㈜이랜드리테일의 대규모유통업법 위반행위 건>.[1]

대규모소매업고시는 대규모유통업법으로부터 위임받아 제정된 것이 아니고
독점규제법의 위임을 받아 제정된 것으로서 대규모유통업법은 고시에 비하여 대
규모유통업자에 대한 의무나 금지행위를 보다 강화시킨 것이므로 대규모유통업
고시 기준은 대규모유통업법에 준용될 수 없다<홈플러스(주)의 대규모유통업법 위
반행위 건>.[2]

---

1) 서고판 2020. 8. 26. 2019누49269.
2) 서고판 2020. 7. 2. 2019누52159.

제**2**장

대규모유통업에서의
거래 공정화

제5조(신의성실의 원칙)

대규모유통업자와 납품업자등은 각자의 거래상 의무를 신의에 따라 성실하게 이행하여
야 한다.

이는 민법 제2조[1]의 신의성실과 동일한 의미로 해석된다.

---

1) 민법 제2조(신의성실) ① 권리의 행사와 의무의 이행은 신의에 좇아 성실히 하여야 한다. ②
   권리는 남용하지 못한다.

제6조(서면의 교부 및 서류의 보존 등)

① 대규모유통업자는 납품업자등과 계약을 체결한 즉시 납품업자등에게 거래형태 등 대
통령령으로 정하는 계약사항이 명시된 서면(「전자거래기본법」 제2조제1호에 따른 전
자문서를 포함한다. 이하 이 법에서 같다)을 주어야 한다.

② 제1항의 서면에는 대규모유통업자와 납품업자등이 각각 서명[「전자서명법」 제2조제2
호에 따른 전자서명(서명자의 실지명의를 확인할 수 있는 것을 말한다)을 포함한다.
이하 이 법에서 같다] 또는 기명날인하여야 한다. <개정 2020. 6. 9.>

③ 대규모유통업자는 제1항의 서면을 납품업자에게 줄 때까지 납품할 상품을 제조·주
문하게 하거나 납품할 상품을 위한 설비·장치를 준비하도록 요구하여서는 아니 된
다. 다만, 대규모유통업자가 서명 또는 기명날인한 서면으로 요구하는 경우는 그러하
지 아니하다.

④ 납품업자등은 대규모유통업자가 제1항의 서면을 주지 아니하는 경우에 제1항에 따라
대통령령으로 정하는 계약사항을 대규모유통업자에게 서면으로 통지하여 계약 내용
의 확인을 요청할 수 있다.

⑤ 대규모유통업자는 제4항의 통지를 받은 날부터 15일 이내에 그 내용에 대한 인정 또
는 부인(否認)의 의사를 명시한 회신을 서면으로 납품업자등에게 발송하여야 하며 이
기간 내에 회신을 발송하지 아니한 경우에는 제4항에 따라 납품업자등이 통지한 내
용대로 계약이 체결된 것으로 추정한다. 다만, 천재지변이나 그 밖의 사변으로 회신
이 불가능한 경우에는 그러하지 아니하다.

⑥ 제4항의 통지에는 납품업자등이, 제5항의 회신에는 대규모유통업자가 각각 서명 또
는 기명날인하여야 한다.

⑦ 제4항의 통지 및 제5항의 회신과 관련하여 필요한 사항은 대통령령으로 정한다.

⑧ 대규모유통업자는 납품업자등과의 계약이 끝난 날부터 5년간 대규모유통업자와 납
품업자등 사이의 거래에 관하여 대통령령으로 정하는 서류를 보존하여야 한다.

⑨ 공정거래위원회는 이 법의 적용 대상이 되는 대규모유통업자나 대규모유통업자를 구
성원으로 하는 사업자단체에 표준거래계약서의 작성 및 사용을 권장할 수 있다.

목 차

[참고사례]

㈜현대홈쇼핑의 대규모유통업법 위반행위 및 독점규제법상 거래상지위 남용행위 건(공정거래위원회 2015. 4. 15. 의결 제2015-117호; ㈜우리홈쇼핑의 대규모유통업법 위반행위 및 독점규제법상 거래상지위 남용행위 건(공정거래위원회 2015. 4. 15. 의결 제2015-118호; 서울고등법원 2017. 1. 18. 선고 2015누40363 판결); **㈜씨제이오쇼핑의 대규모유통업법 위반행위 및 독점규제법상 거래상지위 남용행위 건**(공정거래위원회 2015. 6. 3. 의결 제2015-179호; 서울고등법원 2017. 1. 18. 선고 2015누49308 판결; 대법원 2020. 6. 25. 선고 2017두37604 판결); **㈜홈앤쇼핑의 대규모유통업법 위반행위 및 독점규제법상 거래상지위 남용행위 건**(공정거래위원회 2015. 6. 3. 의결 제2015-180호; 서울고등법원 2016. 9. 23. 선고 2015누49292 판결); **㈜지에스홈쇼핑의 대규모유통업법 위반행위 및 독점규제법상 거래상지위 남용행위 건**[공정거래위원회 2015. 6. 11. 의결 제2015-193호; 서울고등법원 2017. 1. 18. 선고 2015누50353 판결; 대법원 2017. 4. 28. 선고 2017두35974(심리불속행기각)판결]; **롯데쇼핑(주)(마트부문)의 대규모유통업법 위반행위 건**[공정거래위원회 2016. 7. 8. 의결 제2016-150호; 서울고등법원 2017. 1. 26. 선고 2016누59302 판결; 대법원 2017. 5. 31. 선고 2017두362987(심리불속행기각) 판결]; **㈜엔에스쇼핑의 대규모유통업법 위반행위 건**(공정거래위원회 2015. 4. 15. 의결 제2015-119호); **㈜이마트의 대규모 유통업법 위반행위 및 독점규제법상 거래상 지위 남용행위 건**(공정거래위원회 2016. 6. 20. 의결 제2016-170호); **㈜신세계의 대규모유통업법 위반행위 건**(공정거래위원회 2017. 6. 5. 의결 제2017-191호); **한국미니스톱㈜의 대규모유통업법 위반행위 건**(공정거래위원회 2018. 7. 19. 의결 제2018-237호); **(주)인터파크의 대규모유통업법 위반행위 건**(공정거래위원회 2018. 8. 8. 의결 제2018-254호; 서울고등법원 2019. 9. 5. 선고 2018누63428 판결); **(주)씨제이오쇼핑의 대규모유통업법 위반행위 건**(공정거래위원회 2015. 6. 3. 의결 제2015-179호; 서울고등법원 2017. 1. 18. 선고 2015누49308 판결; 대법원 2020. 6. 25. 선고 2017두37604 판결); **(주)이랜드리테일의 대규모유통업법 위반행위 건**(공정거래위원회 2019. 6. 5. 의결 제2019-130호; 서울고등법원 2020. 8. 26. 선고 2019누49269); **(주)비지에프리테일의 대규모유통업법 위반행위 건**(공정거래위원회 2020. 3. 23. 의결 제2020-061호; 서울고등법원 2021. 8. 12. 선고 2020누38791 판결)

I. 서면교부의무

대규모유통업자는 납품업자등과 계약을 체결한 즉시 납품업자등에게 거래형태 등 *대통령령*[1]으로 정하는 계약사항이 명시된 서면(「전자거래기본법」제2조 제1호에 따른 전자문서를 포함)을 주어야 한다(법 제6조 제1항).

제6조의 서면즉시교부의무 등은 대규모유통업자가 그 우월적인 지위를 이용하여 구두로만 납품관련 계약을 체결한 뒤 사후에 일방적으로 납품업자에게 불리하게 계약내용을 변경하거나 계약사항대로 이행하지 아니하는 것에 댐하여 사전에 계약 내용을 서면을 명확히 함으로써 경제적 약자의 지위에 있는 납품업자의 불이익을 방지하고 당사자간의 사후분쟁을 막아 대규모유통업자와 납품업자가 대등한 지위에서 상호보완적인 발전을 위한 것이다<㈜인터파크 대규모유통업법 위반행위 건>.[2]

'계약의 체결'에 대하여 공정거래위원회는 늦어도 거래전일 또는 방송이 있기 전날까지라고 의결한 사례가 있다.

---

1) 제2조(서면 기재사항) ① 「대규모유통업에서의 거래 공정화에 관한 법률」(이하 "법"이라 한다) 제6조제1항에서 "거래형태 등 대통령령으로 정하는 계약사항"이란 다음 각 호의 사항을 말한다. 1. 거래형태, 거래품목 및 기간 2. 납품방법, 납품장소 및 일시 2의2. 일정 수량의 상품을 납품받는 계약의 경우 판매를 위하여 납품업자가 공급하거나 준비하는 상품의 수량 3. 상품판매대금 또는 상품대금의 지급수단 및 지급시기 4. 상품의 반품조건 5. 다음 각 목의 금액 가. 매장임차인의 경우 매장임차료 나. 특약매입거래 또는 위·수탁거래의 경우 대규모유통업자가 상품판매대금에서 공제하는 판매수익 또는 수수료 다. 그 밖에 납품업자 또는 매장임차인(이하 "납품업자등"이라 한다)이 대규모유통업자에게 추가로 지급해야 하는 비용 6. 납품업자등으로부터 종업원이나 그 밖에 납품업자등에게 고용된 인력(이하 "종업원등"이라 한다)을 파견받는 경우 그 종업원등의 파견조건, 파견비용 분담 여부 및 조건 7. 판매장려금을 받는 경우 판매장려금에 관한 제12조 각 호의 사항 8. 하나의 점포에 복수의 매장이 있는 경우 매장의 위치 및 면적, 매장 설비비용의 분담 여부 및 조건 ② 제1항에도 불구하고 대규모유통업자 중 텔레비전홈쇼핑업자(「방송법」제9조제5항 단서에 따른 상품소개와 판매에 관한 전문편성을 행하는 방송채널사용사업을 하기 위하여 과학기술정보통신부장관의 승인을 받은 자를 말한다)는 다음 각 호의 사항을 서면에 명시하여야 한다. 1. 제1항제1호, 제2호, 제2호의2 및 제3호부터 제5호까지의 사항 2. 방송 횟수 및 일시 3. 방송출연자의 인건비와 그 분담 여부 및 조건 4. 소비자가 주문한 상품의 배송조건 5. 소비자가 구매를 취소하거나 반품한 상품의 배송 및 처리조건 ③ 제1항에도 불구하고 대규모유통업자 중 인터넷쇼핑몰업자(인터넷홈페이지를 이용하여 소매업을 경영하는 자를 말함)는 다음 각 호의 사항을 서면에 명시하여야 한다. 1. 제1항제1호, 제2호, 제2호의2, 제3호 및 제4호의 사항 2. 제2항제4호 및 제5호의 사항

2) 서고판 2017. 4. 28. 2017두35974. 유사취지로 <(주)홈앤쇼핑의 대규모유통업법 위반행위 및 독점규제법상 거래상지위 남용행위 건(서고판 2016. 9. 23. 2015누49292)>, <롯데마트(주)[마트부문]의 대규모유통업법 위반행위 건(서고판 2017. 1. 26. 2016누59(대판 2017. 5. 31. 2017두362987)> 및 <㈜씨제이오쇼핑의 대규모유통업법 위반행위 및 독점규제법상 거래상지위 남용행위 건>(대판 2020. 6. 25. 2017두37604).

"쇼핑방송을 위한 계약체결은 방송일정, 거래품목 및 수량, 판매수수료, 방송제작비용 부담조건 등에 관하여 당사자각 합의가 된 것을 의미함. 그 시점에 대하여 일률적으로 말하기는 곤란하나 늦어도 방송일 전일에는 계약이 체결된다고 봄. 특별한 사정이 없는 한 당사자 간에 계약서면 없이 방송이 진행되었다면 구두 또는 묵시적으로 방송일 전에 계약이 체결되었다고 봄이 타당하기 때문임"<㈜엔에스쇼핑의 대규모유통업법 위반행위 건>,3) "㈜이마트와 납품업자등의 거래조건에 관한 합의는 통상 구두로 이루어지기 때문에 계약을 체결한 시점, 즉 양 당사자 간의 의사가 합치된 시점을 일률적으로 확정하기는 어려운 측면이 있음. 그러나 일방 당사자의 특별한 사정으로 인한 거래조건의 수정 또는 변경 가능성 등을 고려해 보더라도, 최소한 계약서상의 계약기간 시작일의 전일까지는 계약이 체결되었다고 보는 것이 타당함"<㈜이마트의 대규모 유통업법 위반행위 및 독점규제법상 거래상 지위 남용행위 건>4)

법원이 법위반으로 인정한 사례는 다음과 같다.

"순환방송에 의한 판매라 하더라도 본방송 판매와는 별도의 계약이므로 그 경우에도 별도의 계약서면이 교부되어야 하고 이를 교부하지 않은 경우 대규모유통업법 제6조 제1항에서 정한 계약서면 교부의무를 위반함"<㈜지에스홈쇼핑의 대규모유통업법 위반행위 및 독점규제법상 거래상지위 남용행위 건>,5) "임대차거래계약에서 중요한 사항인 거래기간의 종료일을 특정하지 아니한 채 임대차거래 종료일을 '리뉴얼 시점까지'로 정한 것은 불완전한 서면교부행위로서 대규모유통업법 제6조 제1항 등을 위반함"<롯데쇼핑(주)(마트부문)의 대규모유통업법 위반행위 건>6)

한편 서면교부의무는 대규모유통업자가 부담하므로 납품업자의 귀책사유로 이를 면할 수 없다.

"법 제6조는 대규모유통업자에게 납품업자 등과 계약을 체결하는 즉시 양 당사자가 각각 서명 또는 기명날인한 서면을 납품업자 등에게 교부할 의무를 부과하고 있으므로 계약 체결 여부를 미리 확인하고 서면을 계약체결 즉시 납품업자에게 교부하여야 할 책임은 피심인에게 있으며, 법 규정에서도 별도로 납품업자의 귀책사

---

3) 공정의 2015. 4. 15. 2015-119.
4) 공정의 2016. 6. 20. 2016-170.
5) 서고판 2017. 1. 18. 2015누50353.
6) 서고판 2017. 1. 26. 2016누59302.

제 3 편 대규모유통업법

> 유 등에 따른 면책조항을 두고 있지는 않기 때문에 납품업자에게 지연교부의 책임
> 이 일부 있었다는 이유만으로 그 위법성이 조각되지는 않음"<㈜신세계의 대규모
> 유통업법 위반행위 건>7)

한편 대규모유통업자가 납품업자 등에게 상품을 주문하면서 계약서나 주문
서에 '수량'을 적지 않는 사례가 확인되는데, 이는 대규모유통업법 시행령상 대
규모유통업자와 납품업자 등과의 계약서에 명시해야 할 사항(서면 기재사항)에
수량이 제외되어 있기 때문이다. 주문시점부터 계약서에 수량이 명시되지 않으
면 유통·납품업자 간 분쟁이 발생하기 쉽고, 대규모유통업자의 부당반품 등으로
납품업자가 손해를 입어도 주문·납품 수량에 대한 증거가 남지 않아 시정조치
와 피해구제가 곤란한 것이 현실이다.

이러한 문제점을 보완하여 대규모유통업자가 납품업자 등과 일정 수량의 상
품을 납품받는 계약을 체결하는 경우 그 수량을 적은 서면을 납품업자 등에게
주도록 시행령 제2조의 '서면 기재사항'에 '수량'을 추가하는 대규모유통업법 시
행령 개정안이 2018년 1월 2일 국무회의를 통과하여 같은 해 1월 9일부터 시행
되었다. 이에 따라 대형마트, 백화점, TV홈쇼핑, 온라인쇼핑몰 등 대규모유통업
법의 적용을 받는 사업자는 앞으로 ① 일정 수량의 상품을 주문하거나, ② 판매
에 필요한 수량을 납품업체에게 미리 준비시키는 경우 그 수량을 적은 계약서나
발주서를 납품업체에게 주어야 한다. 이를 통해 대규모유통업자의 구두발주 관
행이 줄어들고, 납품업체와의 서면계약 문화가 자리잡고, 특히 발주시점부터 수
량을 명확히 기재하게 되면 대규모유통업자가 구두발주 후 상품 수령을 거부하
거나 부당하기 반품하는 행위도 예방하는 효과를 거둘 수 있게 되었다.8)

TV홈쇼핑사업자의 경우 위법성 심사기준에 대하여 「TV홈쇼핑사업자의 특
정 불공정거래행위에 대한 위법성 심사지침」(이하 "TV홈쇼핑 심사지침")9)에서 별
도로 규정하고 있다(III. 1).

---

7) 공정의 2017. 6. 5. 2017-191. 피심인은 자신이 인테리어 설치 시작일 전에 납품업자와 체결
   하여 교부한 '기본거래계약서')에 이미 매장 설비비용의 분담여부 및 조건 등이 모두 기재되어
   있으며, 설령 인테리어 설치 약정서가 지연 교부되었더라도 납품업자들의 피해나 불이익은 없
   으므로 피심인의 행위가 위법하다고 보기 어렵다고 주장하였으나 공정거래위원회는 이를 인정
   하지 않았다.
8) 이상 공정거래백서(2018) 22면~24면.
9) 공정거래위원회예규 제285호(2017. 6. 30).

1. 서명 및 기명날인 의무

제1항의 서면에는 대규모유통업자와 납품업자등이 각각 서명(「전자서명법」 제2조 제3호에 따른 공인전자서명을 포함) 또는 기명날인하여야 한다(법 제6조 제2항).

대규모유통업법 제6조 제2항에서 대규모유통업자와 납품업자 모두의 서명을 요구한 것은 이러한 취지에서 교부된 서면이 양자 사이에 의사의 합치가 이루어진 내용에 대한 증명으로서의 기능을 다할 수 있도록 하기 위한 것이고 계약의 청약과 승낙 등 성립 자체를 서면에 의할 것을 규정한 것이라고 볼 수는 없다(<㈜홈앤쇼핑의 대규모유통업법 위반행위 및 독점규제법상 거래상지위 남용행위 건>,10) <㈜인터파크 대규모유통업법 위반행위 건>).11)

계약체결여부를 확인하고 계약체결 즉시 납품업자에게 서면을 교부하여야 할 책임은 대규모유통업자에게 있으므로, 납품업자로 하여금 먼저 계약서 초안에 날인한 후 대규모유통업자에게 발송하도록 계약절차를 정했다 하더라도 거래개시 이전에 납품업자에게 대규모유통업자의 날인까지 마친 계약서를 교부하여야 하는 것은 대규모유통업자의 책임영역에 속한다(<㈜인터파크 대규모유통업법 위반행위 건>,12) <㈜비지에프리테일의 대규모유통업법 위반행위 건>13)).

법원이 서면미교부로 판단한 사례는 다음과 같다.

"비록 위 서면이 계약의 효력발생을 위하여 양자의 서명을 요구하는 요식의 성립요건은 아니라 할지라도 양자의 서명이 갖추어지지 아니한 서면을 일방적으로 교부하는 것만으로는 대규모유통업법의 도입취지에 부합할 정도로 양 당사자 간의 합의사실을 증명하는 서면이 교부되었다고 볼 수 없고, 이는 설령 원고의 주장대로 원고가 전자계약시스템을 통해 계약서면을 발송한 이후에는 그 내용을 원고 측 관리자가 일방적으로 수정할 수 없다고 하더라도 마찬가지임"<㈜홈앤쇼핑의 대규모유통업법 위반행위 및 독점규제법상 거래상지위 남용행위 건>,14) <㈜우리홈쇼핑의 대규모유통업법 위반행위 및 독점규제법상 거래상지위 남용행위 건>,15) "대

---

10) 서고판 2016. 9. 23. 2015누49292.
11) 서고판 2019. 7. 5. 2018누63428. 유사취지로 <(주)홈앤쇼핑의 대규모유통업법 위반행위 및 독점규제법상 거래상지위 남용행위 건(서고판 2016. 9. 23. 2015누49292)> 및 <롯데마트(주)[마트부문]의 대규모유통업법 위반행위 건[서고판 2017. 1. 26. 2016누59(대판 2017. 5. 31. 2017두362987)]>.
12) 서고판 2017. 4. 28. 2017두35974.
13) 서고판 2021. 8. 12. 2020누38791.
14) 서고판 2016. 9. 23. 2015누49292.

규모유통업법상 서면을 교부하여야 할 책임은 대규모유통업자에게 있으므로 납품
업자가 먼저 계약서 초안에 날인한 후 원고에게 발송하도록 계약절차를 정했다 하
더라도 납품업자에게 계약서 초안의 발송을 독촉하였음을 인정할 근거가 없어 원
고의 귀책사유의 존부와 관계없이 제재처분이 부과될 수 있음"<㈜인터파크 대규
모유통업법 위반행위 건>,[16] "계약을 체결한 즉시 납품업자 등에 위와 같은 계약
서면을 교부하지 않다가 계약 이행일에 임박하여 양자의 서명 등이 갖추어지지 않
은 계약서면을 일방적으로 교부하는 것만으로는 대규모유통업법 제6조 제1항, 제2
항이 요구하는 계약서면 즉시 교부의무를 이행하였다고 볼 수 없음"<㈜씨제이오
쇼핑의 대규모유통업법 위반행위 건>,[17] "원고가 계약서면을 교부하였다 하더라
도 납품업자의 서명이 없는 상태에서 거래를 개시한 것은 위법임"<㈜이랜드리테
일의 대규모유통업법 위반행위 건>[18]

2. 사전 제조·주문 등 금지의무

대규모유통업자는 제1항의 서면을 납품업자에게 줄 때까지 납품할 상품을
제조·주문하게 하거나 납품할 상품을 위한 설비·장치를 준비하도록 요구하여서
는 아니 된다. 다만, 대규모유통업자가 서명 또는 기명날인한 서면으로 요구하는
경우는 그러하지 아니하다(법 제6조 제3항).

II. 계약내용의 확인요청

납품업자등은 대규모유통업자가 제1항의 서면을 주지 아니하는 경우에 제1
항에 따라 *대통령령*[19]으로 정하는 계약사항을 대규모유통업자에게 서면으로 통

---

15) 서고판 2017. 1. 18. 2015누40363.
16) 서고판 2019. 9. 5. 2018누63428. 유사취지로 <(주)홈앤쇼핑의 대규모유통업법 위반행위 및
독점규제법상 거래상지위 남용행위 건(서고판 2016. 9. 23. 2015누49292)> 및 <롯데마트
(주)[마트부문]의 대규모유통업법 위반행위 건[서고판 2017. 1. 26. 2016누59(대판 2017. 5.
31. 2017두362987)]>.
17) 대판 2020. 6. 25. 2017두37604.
18) 서고판 2020. 8. 26. 2019누49269.
19) 제3조(계약내용의 확인) 납품업자등이 법 제6조제4항에 따라 대규모유통업자에게 계약내용의
확인을 요청할 때에는 다음 각 호의 사항을 적은 서면으로 하여야 한다. 1. 계약일자 2. 상품
의 종류 2의2. 일정 수량의 상품을 납품하는 계약의 경우 판매를 위하여 납품업자가 공급하거
나 준비하는 상품의 수량 3. 상품대금의 지급수단 및 지급시기 4. 그 밖에 해당 계약내용을 구
체적으로 확인할 수 있는 사항

지하여 계약 내용의 확인을 요청할 수 있다(법 제6조 제4항).

　　제4항의 통지 및 제5항의 회신과 관련하여 필요한 사항은 *대통령령*[20])으로 정한다(법 제6조 제7항).

　　대규모유통업자는 제4항의 통지를 받은 날부터 15일 이내에 그 내용에 대한 인정 또는 부인(否認)의 의사를 명시한 회신을 서면으로 납품업자등에게 발송하여야 하며 이 기간 내에 회신을 발송하지 아니한 경우에는 제4항에 따라 납품업자등이 통지한 내용대로 계약이 체결된 것으로 추정한다. 다만, 천재지변이나 그 밖의 사변으로 회신이 불가능한 경우에는 그러하지 아니하다(법 제6조 제5항).

Ⅲ. 서류보존의무

　　대규모유통업자는 납품업자등과의 계약이 끝난 날부터 5년간 대규모유통업자와 납품업자등 사이의 거래에 관하여 *대통령령*[21])으로 정하는 서류를 보존하여

---

20) 제4조(통지 및 회신의 방법 등) ① 법 제6조제4항 및 제5항에 따른 통지 및 회신은 내용증명 우편이나 그 밖에 통지와 회신의 내용 및 수신 여부를 객관적으로 확인할 수 있는 방법(전자문서의 방법으로 하는 경우에는 「전자서명법」 제2조제3호에 따른 공인전자서명이 있어야 한다)으로 한다. ② 제1항에 따른 통지와 회신은 대규모유통업자와 납품업자등의 주소 또는 전자우편주소로 한다. ③ 공정거래위원회는 제1항에 따른 통지와 회신에 필요한 양식을 정하여 보급할 수 있다.

21) 제5조(서류의 보존) 법 제6조제8항에 따라 대규모유통업자가 보존해야 하는 서류는 다음 각 호의 서류(컴퓨터 등 정보처리능력을 가진 장치를 통해 전자적인 형태로 작성·송수신 또는 저장된 것을 포함한다. 이하 이 조에서 같다)를 말한다. 1. 법 제6조제1항에 따른 계약사항이 적힌 서류 2. 법 제6조제4항 및 제5항에 따른 통지 및 회신의 내용이 적힌 서류 3. 법 제7조제1항 단서에 따른 상품대금 감액과 관련한 상품목록, 수량, 감액일자, 약정상품대금, 감액사유 및 감액의 액수가 적힌 서류 4. 다음 각 목의 사항이 적힌 서류 가. 법 제8조제1항 또는 제2항에 따른 상품판매대금 또는 상품대금의 지급일, 지급금액, 지급수단(어음으로 상품판매대금 또는 상품대금을 지급하는 경우에는 어음의 교부일·금액 및 만기일을 포함한다) 나. 상품판매대금 또는 상품대금에서 공제된 항목별 금액과 대규모유통업자가 납품업자등에게 추가로 받은 항목별 금액 5. 법 제8조제3항에 따라 지급한 이자의 지급내역 6. 법 제9조 단서에 따라 수령을 거부하거나 지체한 상품의 목록, 수량, 주문일자, 주문수량, 수령일자, 수령수량 및 수령 거부 또는 지체 사유가 적힌 서류 7. 법 제10조제1항에 따라 반품된 상품의 목록, 수량, 거래형태, 반품일자, 납품대금 및 반품사유가 적힌 서류(법 제10조제1항제1호 및 제6호의 반품조건을 명시한 서류와 같은 항 제7호의 납품업자가 제출한 서류 및 근거자료를 포함한다) 8. 법 제11조제2항에 따라 대규모유통업자와 납품업자등이 판매촉진행사 약정과 관련하여 각각 서명 또는 기명날인한 서류 및 그 판매촉진행사의 실시에 관한 서류 9. 법 제12조제2항에 따라 대규모유통업자와 납품업자등이 종업원등의 파견조건 약정과 관련하여 각각 서명 또는 기명날인한 서류 및 그 파견된 종업원등의 근무내역에 관한 서류(법 제12조제1항제2호의 경우 납품업자등이 자발적으로 종업원등의 파견을 요청한 서류를 포함한다) 10. 법 제14조제2항에 따라

야 한다(법 제6조 제8항).[22]

참고로 「대규모유통업자의 반품행위에 대한 위법성 심사지침」[23](이하 "반품
행위 심사지침")에서 다음과 같이 규정하고 있다(III. 2).

---

2. 반품조건 등에 관한 서면기재 의무와 서류보존 의무

가. 대규모유통업자는 상품의 반품조건에 대해 납품업자와 합의한 경우 이를
적은 서면을 납품업자에게 주어야 한다(법 제6조제1항, 시행령 제2조제1항
제4호). 서면에는 대규모유통업자와 납품업자가 각각 서명 또는 기명날인
하여야 하며 「전자거래기본법」 제2조제1호에 따른 전자문서의 형태로 서면
을 주거나 「전자서명법」 제2조제3호에 따른 공인전자서명 등으로 서명하는
것도 가능하다(법 제6조제1항 및 제2항).

나. 대규모유통업자는 반품조건을 적은 서면을 납품업자에게 교부하기 전까지
는 원칙적으로 납품업자에게 상품을 제조하게 하거나 주문하여서는 아니
된다(법 제6조제3항본문, 시행령 제2조제1항제4호). 다만, 반품조건을 적은
서면을 교부하기 이전이라도 대규모유통업자가 서명 또는 기명날인한 서면
으로 상품의 제조나 주문을 요구하는 것은 가능하다(법 제6조제3항 단서).

다. 대규모유통업자는 납품업자와의 계약이 끝난 날부터 5년간 다음의 사항이
적힌 서류를 보존해야 한다(법 제6조제8항, 시행령 제5조제1호 및 제7호).

1) 반품조건

2) 반품된 상품의 목록

3) 반품된 상품의 수량

4) 반품된 상품의 거래형태(직매입거래/특약매입거래/위수탁거래 등)

5) 반품된 상품의 반품일자

6) 반품된 상품과 관련된 납품대금

7) 반품된 상품의 반품사유

8) 납품업자가 대규모유통업자에게 서면으로 반품을 요청하면서 해당 반
품이 자신에게 직접적으로 이익이 된다는 사실을 증명하는 객관적인

대규모유통업자가 경영정보를 요구하기 위하여 납품업자등에게 제공한 서류 11. 법 제16조에
따라 매장 설비비용을 보상하는 경우 보상사유 및 보상금액 등을 적은 서류 12. 법 제17조제1
호에 따라 정당한 사유로 상품권을 구입하게 한 경우 상품권의 발행, 판매 및 회수내역을 적
은 서류 13. 법 제17조제8호에 따라 정당한 사유로 납품업자등의 매장 위치·면적·시설을 변
경한 경우 그 변경기준 및 협의내용을 적은 서류 14. 법 제17조제9호에 따라 정당한 사유로
제13조제2항 각 호의 계약조건을 변경한 경우 그 협의내용을 적은 서류

22) 하도급법의 경우 원사업자와 수급사업자가 동일하게 거래가 끝난날부터 3년간 서류보존의무를
진다(하도급법 제3조 제9항).

23) 공정거래위원회예규 제368호(2021. 6. 10).

> 근거자료를 제출한 경우 납품업자가 제출한 서면과 근거자료
> 라. 대규모유통업자가 가.에서 다.까지의 의무를 준수하지 않는 경우 법 제6조
> (서면의 교부 및 서류의 보존 등)에 위반될 소지가 있다.

Ⅳ. 표준거래계약서의 작성 및 사용 권장

공정거래위원회는 이 법의 적용 대상이 되는 대규모유통업자나 대규모유통
업자를 구성원으로 하는 사업자단체에 표준거래계약서의 작성 및 사용을 권장할
수 있다(법 제6조 제9항).

현재 특약매입 표준거래계약서(백화점, 대형마트), 대규모 유통업 분야 매장 임대
차 표준거래계약서, 온라인쇼핑몰 표준거래계약서(직매입), 온라인쇼핑몰 표준거래
계약(위수탁거래), TV홈쇼핑 표준거래계약서, 직매입 표준거래계약서(편의점), 직매
입 표준거래계약서(백화점, 대형마트) 등 표준계약서가 활용되고 있다.[24]

---

24) 공정거래위원회 홈페이지(http://www.ftc.go.kr) 정보공개-＞표준계약서

제7조(상품대금 감액의 금지)

① 대규모유통업자는 납품받은 상품의 대금을 감액하여서는 아니 된다. 다만, 납품받은 상품이 계약한 상품과 다르거나 납품업자의 책임 있는 사유로 인하여 오손·훼손되었거나 상품에 하자가 있는 등 정당한 사유가 있는 경우로서 해당 거래분야에서 합리적이라고 인정되는 기간 내에 상품대금을 감액하는 경우는 그러하지 아니하다.

② 제1항 단서에 따른 상품대금의 감액이 신선농·수·축산물을 대상으로 하는 경우에는 대통령령으로 정하는 기간 내에 하여야 한다.

[참고사례]

홈플러스(주) 및 홈플러스스토어(주)의 대규모유통업법 위반행위 건[공정거래위원회 2016. 7. 20. 의결 제2016－221호; 서울고등법원 2018. 11. 9. 선고 2016누60425호; 대법원 2021. 11. 25. 선고 2018두65071(심리불속행 기각) 판결]

상품대금감액행위는 원칙적으로 금지되며, 다만 허용되는 예외규정을 두고 있다. 상품대금의 감액이 신선농·수·축산물을 대상으로 하는 경우에는 *대통령령*[1]으로 정하는 기간 내에 하여야 한다.

법 제15조 제1항 및 제17조 제2항과의 관계에 대하여 법원은 "대규모유통업법 제7조 제1항은 "대규모유통업자는 납품받은 상품의 대금을 감액하여서는 아니 된다"고 규정하고 있을 뿐 상품대금을 감액하는 시기에 관해서는 아무런 규정을 두고 있지 않은바, 위 규정이 상품대금을 납품계약 이후에 사후적으로 감액한 경우만을 규제하고 있다고 제한하여 해석할 수는 없다. 따라서 피고가 이 사건 장려금 명목 대금공제행위에 대하여 대규모유통업법 제7조 제1항을 적용한 것이 위법하다고 할 수 없다.", "장려금 명목 대금공제행위에 대규모유통업법 제15조 제1항 또는 제17조 제2호가 적용될 수 있다고 보더라도, 이는 별개의 법조항 위반행위로서 대규모유통업법 제7조 제1항과 제15조 제1항 또는 제17조 제2호가 중첩적으로 적용될 수 있을지언정 이 중 어느 하나의 규정만이 배타적으로 적용된다고 볼 수는 없다."고 판시함으로써 양 제도를 별개로 파악하였다.[2]

---

1) 제6조(신선농·수·축산물의 상품대금 감액기간 및 반품기간) ① 법 제7조제2항 및 제10조제2항에서 "대통령령으로 정하는 기간"이란 납품업자가 신선농·수·축산물을 납품한 시점부터 대규모유통업자가 그 상품의 검수 및 매입을 마친 시점까지의 기간을 말한다. ② 제1항의 기간은 특별한 사유가 없으면 2일을 초과할 수 없다.

2) 서고판 2018. 11. 9. 2016누60425(대판 2021. 11. 25. 선고 2018두65071).

제8조(상품판매대금 등의 지급)

① 대규모유통업자는 다음 각 호의 어느 하나에 해당하는 경우에는 해당 상품의 판매대금을 월 판매마감일부터 40일 이내에 납품업자등에게 지급하여야 한다.

1. 특약매입거래로 납품받은 상품을 판매하는 경우

2. 매장임차인의 상품판매대금을 받아 관리하는 경우

3. 납품업자로부터 위탁받아 상품을 판매하고 그 판매대금을 받아 관리하는 경우

② 대규모유통업자는 직매입거래의 경우에는 해당 상품수령일부터 60일 이내에 해당 상품의 대금을 납품업자에게 지급하여야 한다. <신설 2021. 4. 20.>

③ 대규모유통업자가 제1항 및 제2항에서 정한 기한을 초과하여 상품판매대금 또는 상품대금을 지급하는 경우에는 그 초과 기간에 대하여 연 100분의 40 이내에서 「은행법」에 따른 은행이 적용하는 연체이자율 등 경제사정을 고려하여 공정거래위원회가 정하여 고시하는 이율에 따른 이자를 지급하여야 한다. <개정 2021. 4. 20.>

④ 대규모유통업자는 제1항부터 제3항까지의 규정에 따른 상품판매대금 또는 상품대금 및 이자를 상품권이나 물품으로 지급하여서는 아니 된다. <개정 2021. 4. 20.>

[제목개정 2021. 4. 20.]

📓 목 차

[참고문헌]

단행본: 대규모유통업법 이론과 실무(개정판), 오금석·김윤수·윤성운·강일 외, 박영사, 2017

[참고사례]

㈜우리홈쇼핑의 대규모유통업법 위반행위 및 독점규제법상 거래상지위 남용행위 건(공정거래위원회 2015. 4. 15. 의결 제2015－118호; 서울고등법원 2017. 1. 18. 선고 2015누40363 판결); ㈜홈앤쇼핑의 대규모유통업법 위반행위 및 독점규제법상 거래상지위 남용행위 건(공정거래위원회 2015. 6. 3. 의결 제2015－180호; 서울고등법원 2016. 9. 23. 선고 2015누49292 판결); 쿠팡(주)의 대규모유통업법 위반행위 건(공정거래위원회 2018.

5. 24. 의결 제2018 – 212호); (주)홈앤쇼핑의 대규모유통업법 위반행위 건(공정거래위원회; 서울고등법원 2020. 12. 23. 선고 2020누46549 판결)

I. 판매대금의 지급기일

대규모유통업자는 ① 특약매입거래로 납품받은 상품을 판매하는 경우(제1호), ② 매장임차인의 상품판매대금을 받아 관리하는 경우(제2호), ③ 납품업자로부터 위탁받아 상품을 판매하고 그 판매대금을 받아 관리하는 경우(제3호)의 어느 하나에 해당하는 경우에는 해당 상품의 판매대금을 월 판매마감일부터 40일 이내에 납품업자등에게 지급하여야 한다(법 제8조 제1항).

'월판매마감일'의 기산점에 대하여 공정거래위원회는 다음과 같이 판단한다.

"이 사건 거래는 납품업자가 할인 가격, 서비스 가능 수량, 이용 조건 등을 정하여 자신의 서비스를 상품화한 후 피심인에게 판매를 위탁한 것이므로 법 제2조 제6호 의 위·수탁거래에 해당함. 다만, 서비스는 생산과 분리되어 독자적으로 거래될 수 없는 것이므로 피심인이 소비자에게 동 상품을 판매하더라도 서비스를 직접 공급 하는 것은 아니고, 해당 납품업자에게 서비스 공급을 청구할 수 있는 권리가 담긴 쿠폰을 발행하는 방식으로 거래가 이루어지게 됨. 따라서 소비자가 정해진 기간내 에 쿠폰을 사용하여 납품업자가 실제 서비스를 제공하는 시점에 서비스 상품의 판 매가 확정되고, 동시에 위·수탁거래 관계에서의 납품도 완료되는 것이므로 법 제8 조제1항의 월 판매마감일은 서비스 제공일이 속한 월의 말일을 기준으로 기산하는 것이 타당함"<쿠팡(주)의 대규모유통업법 위반행위 건>[1]

'매장임차인의 상품판매대금을 받아 관리하는 경우(제2호)' 관련, 매장임차거래에서는 대규모유통업자가 상품판매대금을 받아 관리할 필요는 없으나, 유통실무에서는 구매 및 재고관리 등 임차매장의 운영에 관한 행위는 매장임차인이 수행하고 상품의 판매관리는 대규모유통업자가 대행하면서 그 대가로 임대보증금과 함께 매월 매출액의 일정비율 상당의 수수료를 지급받는 형태의 매장임대차가 활성화되어 있어서(소위 '임대을') 필요한 규정이다.[2] 직매입거래에 있어서는

---

1) 공정의 2018. 5. 24. 2018 – 212.
2) 오금석·김윤수·윤성운·강일 외, 161면.

즉시 판매대금지급을 받으므로 위와 같은 규정의 적용을 받지 아니한다.

　　납품대금채권에 대하여 채권가압류 및 공탁사실이 있는 경우 서울고등법원은 대규모유통업자가 현재 및 장래의 납품대금 채권에 관한 가압류[3] 등을 송달받은 경우 위·수탁계약[4]에 따라 납품대금의 지급을 보류할 수 있으므로 그 지급기일이 지났다고 하여 곧바로 납품대금에 대하여 원고(대규모유통업자)에게 지체책임이 발생한다고 보기 어렵다고 보았다<㈜홈앤쇼핑의 대규모유통업법 위반행위 및 독점규제법상 거래상지위 남용행위 건>.[5]

　　그러나 <㈜우리홈쇼핑의 대규모유통업법 위반행위 및 독점규제법상 거래상지위 남용행위 건> 관련 행정소송에서 서울고등법원은 법정지급기한이 도래하기 전에 가압류결정이 송달되었다고 하더라도, 그러한 사정만으로 제3채무자인 원고가 그 채무를 면하는 것이 아니고 납품대금채권의 이행기가 도래한 때에 그 지체책임을 지게 된다고 보았는데, 당사자 사이에 상품판매대금 채권에 대한 가압류결정 등이 있는 경우에 원고가 그 대금의 지급을 유보할 권리를 사전에 정하였다고 볼 만한 사정도 없었기 때문이었다. 그리고 원고는 공탁을 함으로써 이중변제의 위험에서 벗어나고 이행지체의 책임을 면할 수 있으므로 원고가 내세우는 사정만으로는 납품대금의 지급을 유보할 수 없다고 보았다. 또한 폐업 상태에 있었다는 사정만으로 판매대금의 지급을 유보할 수 있다고 보기는 어렵다고 판시하였다.[6]

　　대규모유통업자는 직매입거래의 경우에는 해당 상품수령일부터 60일 이내에 해당 상품의 대금을 납품업자에게 지급하여야 한다(법 제8조 제2항). 이는 2021. 4. 20. 법 개정시 신설된 조항이다.

---

3) 6개 납품업자의 납품대금 채권에 대하여 그 지급기한이 도래하기 전에 법원의 가압류명령 또는 압류명령이 발령되었음.

4) 원고가 납품업자들과 체결한 표준거래계약서 27조 3항에 의하면 "납품대금 채권에 대한 법원의 가압류 결정 등이 있을 때" 또는 "납품업체의 부도, 파산 등 중대한 자금사정의 악화로 정상적으로 영업활동 또는 A/S 등의 수행이 어렵다고 객관적으로 판단되는 경우" 등에 있어서는 원고가 대금의 지급을 보류할 권리가 있다고 약정되어 있음.

5) 서고판 2016. 9. 23. 2015누49292.

6) 서고판 2017. 1. 18. 2015누40363.

Ⅱ. 지연이자

대규모유통업자가 제1항 및 제2항에서 정한 기한을 초과하여 상품판매대금 또는 상품대금을 지급하는 경우에는 그 초과 기간에 대하여 연 100분의 40 이내에서 「은행법」에 따른 은행이 적용하는 연체이자율 등 경제사정을 고려하여 공정거래위원회가 정하여 고시하는 이율에 따른 이자를 지급하여야 한다(법 제8조 제3항).

Ⅲ. 대물변제의 금지

대규모유통업자는 제1항 및 제2항에 따른 상품판매대금 및 이자를 상품권이나 물품으로 지급하여서는 아니 된다(법 제8조 제4항).

Ⅳ. 개별 계약의 효력

납품업자에게 법 제8조의 내용보다 불리한 약정을 하는 경우, 납품업자의 자발적 동의여부, 약정체결의 경위, 납품업자의 반대급부 등을 고려하여 위법성을 판단하여야 한다<㈜홈앤쇼핑의 대규모유통업법 위반행위 건>.[7]

---

7) 서고판 2020. 12. 23. 2020누46549.

제9조(상품 수령 거부·지체 금지)

대규모유통업자는 납품업자와 납품에 관한 계약을 체결한 후 해당 상품의 전부 또는 일부의 수령을 거부하거나 지체하여서는 아니 된다. 다만, 납품받은 상품이 납품업자의 책임 있는 사유로 인하여 훼손되는 등 대통령령으로 정하는 사유가 발생한 경우에는 그러하지 아니하다

본 조는 상품의 수령거부나 지체를 금지하고 있으며, 다만 할 수 있는 예외적 사유를 *대통령령*[1])으로 정하고 있다.

---

1) 제7조(상품의 수령 거부·지체) 법 제9조 단서에서 "납품받은 상품이 납품업자의 책임 있는 사유로 인하여 훼손되는 등 대통령령으로 정하는 사유"란 다음 각 호의 어느 하나에 해당하는 경우를 말한다. 1. 납품받은 상품이 납품업자의 책임 있는 사유로 인하여 훼손된 경우 2. 납품받은 상품에 결함이 있는 경우 3. 납품받은 상품이 대규모유통업자가 주문한 상품과 다른 경우 4. 일정한 기간 동안에 집중적으로 판매되는 상품으로서 해당 기간을 넘겨 납품한 경우 5. 그 밖에 제1호부터 제4호까지의 규정에 준하는 사유로서 대규모유통업자가 상품 수령을 지체하거나 거부할 수 있는 정당한 사유가 있는 경우

제10조(상품의 반품 금지)

① 대규모유통업자는 정당한 사유 없이 납품받은 상품의 전부 또는 일부를 반품하여서는 아니 된다. 다만, 다음 각 호의 어느 하나에 해당하는 경우로서 해당 거래분야에서 합리적이라고 인정되는 기간 내에 반품하는 경우에는 정당한 사유가 있는 것으로 추정한다.

  1. 특약매입거래의 경우로서 계약체결 시 반품조건을 구체적으로 약정하고 그 반품조건을 명시한 서면을 납품업자에게 준 경우

  2. 위·수탁거래의 경우

  3. 납품받은 상품이 납품업자의 책임 있는 사유로 인하여 오손·훼손되었거나 상품에 하자가 있는 경우

  4. 납품받은 상품이 계약한 상품과 다른 경우

  5. 대규모유통업자가 반품으로 인하여 생기는 손실을 스스로 부담하고 해당 납품업자에게 반품의 동의를 받은 경우

  6. 직매입거래의 경우로서 일정한 기간이나 계절에 집중적으로 판매되는 상품(신선농·수·축산물은 제외한다)에 대하여 계약체결 시 반품조건을 구체적으로 약정하고 그 반품조건이 명시된 서면을 납품업자에게 준 경우

  7. 직매입거래의 경우로서 납품업자가 반품이 자기에게 직접적으로 이익이 된다는 객관적인 근거자료를 첨부한 서면으로 반품일 이전에 자발적으로 반품을 요청한 경우

  8. 대통령령으로 정하는 바에 따라 「가맹사업거래의 공정화에 관한 법률」 제2조제3호의 가맹점사업자로부터 반품받은 상품을 가맹본부가 납품업자에게 반품하는 경우

  9. 그 밖에 직매입거래의 경우로서 제3호부터 제8호까지의 규정에 준하는 정당한 사유가 있는 경우

② 제1항제3호 및 제4호에 따른 신선농·수·축산물의 반품은 대통령령으로 정하는 기간 이내에 하여야 한다.

목 차

[참고사례]

롯데쇼핑(주)(마트부문)의 대규모유통업법 위반행위 건[공정거래위원회 2016. 7. 8. 의결 제2016-150호; 서울고등법원 2017. 1. 26. 선고 2016누59302 판결; 대법원 2017. 5. 31. 선고 2017두36298(심리불속행기각) 판결]; 홈플러스(주) 및 홈플러스스토어(주)의 대규모유통업법 위반행위 건[공정거래위원회 2016. 7. 20. 의결 제2016-221호; 서울고등법원 2018. 11. 9. 선고 2016누60425호; 대법원 2021. 11. 25. 선고 2018두65071(심리불속행 기각) 판결]; 서원유통의 대규모유통업법 위반행위에 대한 건[공정거래위원회 2017. 11. 1. 의결 제2017-333호; 서울고등법원 2019. 2. 13. 선고 2017누86226 판결; 대법원 2019. 7. 11. 2019두37202(심리불속행 기각) 판결]; 쿠팡(주)의 대규모유통업법 위반행위 건(공정거래위원회 2018. 5. 24. 의결 제2018-212호); ㈜인터파크의 대규모유통업법 위반행위 건(공정거래위원회 2018. 8. 8. 의결 제2018-254호; 서울고등법원 2019. 9. 5. 선고 2018누63428 판결); 농협유통(주)의 대규모유통업법 위반행위 건(공정거래위원회 2019. 1. 9. 의결 제2019-010호; 대법원 2021. 1. 14. 선고 2020두50607 판결)

Ⅰ. 반품약정

반품에 대한 약정을 하는 경우 반품의 조건과 절차에 대하여 「반품행위 심사지침」에서 다음과 같이 규정하고 있다(Ⅲ. 1).

1. 반품의 조건과 절차
가. 대규모유통업자는 법령에 위반되지 않는 범위 내에서 납품업자와 합의하여

상품의 반품조건 등을 정할 수 있다.

나. 반품조건이란, 반품의 대상, 시기(기한), 절차, 비용부담 등을 말한다.

다. 반품조건은 가능한 한 명확하고 구체적으로 기재하여야 하며, 그 정도는 납품업자들이 불측의 피해를 입지 않을 정도에 이르러야 한다.

라. 특히, 특약매입거래와 같은 반품조건부 거래의 경우 대규모유통업자와 납품업자는 계약체결 시점에 반품조건을 구체적으로 정해야 한다.

〈적법한 반품조건(예시)〉

(반품이 폭넓게 허용되는 특약매입거래나 위수탁거래의 경우) 대규모유통업자는 상품판매를 마감한 이후 일정한 기간(예: 10일) 이내에 판매되지 않은 상품을 납품업자에게 반품할 수 있다.

대규모유통업자는 납품받은 상품이 오손·훼손된 사실을 인지하고 그 과정에서 자신의 귀책사유가 없다고 판단한 경우 납품업자와 협의를 거쳐 해당 상품이 납품업자의 책임있는 사유로 오손·훼손된 것으로 확인되는 경우 이를 납품업자에게 반품할 수 있다.

대규모유통업자는 ○○○○년 □□월 △△일(추석 당일로부터 20일이 경과한 날)까지 판매되지 않은 추석 선물세트를 납품업자에게 반품할 수 있다.

한편, 대규모유통업자가 재고와 관련된 책임 또는 의무를 납품업자에게 부당하게 부담시키는 내용의 반품조건을 설정하고 이를 이행하였을 경우 법령에 위반될 소지가 있다.

〈이행되었을 때 법령에 위반될 소지가 있는 반품조건(예시)〉

(반품이 제한되는 직매입거래의 경우) 대규모유통업자는 상품판매를 마감한 이후 납품업자에게 재고상품을 수거해가도록 요구할 수 있으며 납품업자는 특별한 사정이 없는 한 이에 응하여야 한다.

대규모유통업자는 납품받은 상품에 하자가 있는 경우 이를 납품업자에게 반품할 수 있으며 하자와 관련된 일체의 법적책임과 비용은 납품업자가 부담한다.

대규모유통업자는 납품받은 신선 농·수·축산물이 당초 계약한 상품과 다른 경우 언제든지 납품업자에게 반품할 수 있으며 납품업자는 이와 관련된 모든 책임과 비용을 부담한다.

II. 반품 금지

　대규모유통업자는 정당한 사유 없이 납품받은 상품의 전부 또는 일부를 반품하여서는 아니 된다(법 제10조 제1항 본문).

　온라인쇼핑몰업자의 경우 「온라인쇼핑몰업자의 불공정거래행위 심사지침」(이하 "온라인쇼핑몰 심사지침")[1]에서 별도로 규정하고 있다(III. 1).

　공정거래위원회가 법위반으로 인정한 사례는 다음과 같다.

> "피심인은 6개 납품업자에 대해 이미 납품 받은 상품의 판매실적이 부진하다는 이유로 대체상품으로 교체하기 위하여 상품을 반품하거나 매입단가를 조정하기 위한 목적으로 상품을 반품하는 등 정당한 사유 없이 납품 받은 상품을 반품하는 것과 같은 행위는 법 제10조 제1항에 위반함"<㈜서원유통 및 ㈜서원홀딩스의 대규모유통업법 위반행위 건>,[2] "피심인은 6개 납품업자로부터 직매입한 499개 상품을 발주 오류, 딜오픈 지연, 거래방식의 변경 등 피심인에게 귀책사유가 있거나 피심인의 편의를 위한 것에 불과한 사유로 반품하였고, 납품업자의 자발적인 요청이 있었다고 볼만한 객관적인 증거도 없으며, 그밖에 법 제10조 제1항 각 호에 따라 정당한사유로 추정될만한 사정도 찾을 수 없는바, 법 제10조 제1항에 위반함"<쿠팡(주)의 대규모유통업법 위반행위 건>,[3] "피심인은 기획매절방식으로 납품받은 도서의 일부를 재고관리, 공급률 인상 등의 사유로 반품한 행위는 법 제10조 제1항에 위반임"<㈜인터파크의 대규모유통업법 위반행위 건>.[4]

　반품금지행위의 위법성 심사기준의 기본 원칙과 위법요건에 대하여 「반품행위 심사지침」에서는 다음과 같이 규정하고 있다(IV).

> ### 1. 기본원칙
>
> 　대규모유통업자의 반품행위는 원칙적으로 금지된다(법 제10조제1항 본문). 이는 대규모유통업자가 거래상 우월적 지위를 이용해 자신이 부담해야 할 재고(在庫)를 납품업자에게 일방적으로 부담시키는 행위를 방지하기 위한 것이다.

---

1) 공정거래위원회예규 제404호(2022. 2. 11).
2) 공정의 2017. 11. 1. 2017－333.
3) 공정의 2018. 5. 24. 2018－212.
4) 공정의 2018. 8. 8. 2018－254.

그러나 반품을 무조건 금지하는 것은 대규모유통업자와 납품업자 간의 자유로
운 거래를 과도하게 제한할 우려가 있으며 거래의 성격상 일정부분 반품이 필
요한 경우도 있을 수 있다. 그래서 법은 정당한 사유가 있는 경우 예외적으로
반품을 허용하고 있다(법 제10조제1항 본문 및 단서).

한편, 반품은 그 개념상 상품의 납품을 전제로 하므로 이와 관련된 법령규정
역시 대규모유통업자와 납품업자간 거래에만 적용된다. 상품의 납품이 이루어
지지 않는 대규모유통업자와 매장임차인간 거래에는 반품과 관련된 법령규정
과 이 심사지침이 적용되지 않는다.

2. 위법 요건

> 대규모유통업자는 정당한 사유 없이 납품받은 상품의 전부 또는 일부를 반품
> 하여서는 아니 된다(법 제10조 제1항 본문).

반품행위의 위법성이 성립하려면 다음 각 목의 요건이 모두 충족되어야 한다.

가. 납품받은 상품

법은 대규모유통업자가 "납품받은 상품"을 반품하는 행위를 금지하고 있
다. 따라서 상품을 납품받기 이전에 납품업자에게 되돌려준 경우에는 반품
행위가 성립되지 않는다. 가령, 대규모유통업자가 자신의 점포나 물류센터
에 상품을 입고(入庫)하기 이전, 검수·검품하는 단계에서 납품업자에게 상
품을 되돌려준 경우가 이에 해당한다. 이 경우에는 상품을 반품한 것이 아
니라 상품 수령 자체를 거부한 것에 가깝기 때문에 법 제9조(상품 수령 거
부·지체 금지)의 적용 가능성을 검토할 필요가 있다.

나. 전부 또는 일부를 반품

법은 대규모유통업자가 납품받은 상품의 ① "전부 또는 일부"를 ② "반품"
하는 행위를 금지하고 있다. 이에 따라 우선 1) 납품받은 수량을 전부 반
품하지 않고 극히 일부만 반품해도 법에 위반될 소지가 있다. 또한, 2) 반
품행위의 형식이나 성격을 특별히 제한하지 않고 있기 때문에 i) 계약해지
에 따른 상품반환, ii) 채권·채무 상계에 따른 상품반환, iii) 납품업자의 다
른 상품을 납품받으면서 이미 납품받은 상품과 교환하는 경우 등 그 형식
과 성격에 상관없이 대규모유통업자가 납품받은 상품을 납품업자에게 실질
적으로 되돌려주기만 하면 일단 반품행위가 성립된다.

다. 정당한 사유가 없을 것

법은 대규모유통업자가 "정당한 사유 없이" 반품하는 행위를 금지하고 있
다. 반품에 정당한 사유가 있는지 여부는 i) 납품거래의 형태와 특성, ii)

대규모유통업자의 의도와 목적, iii) 반품이 납품업자에게 미치는 효과 등 여러 사정을 종합적으로 고려하여 개별적·구체적으로 판단한다. 반품행위를 하더라도 정당한 사유가 있는 것으로 인정되면 위법성이 성립되지 않으며 정당한 사유에 대한 입증책임은 이를 주장하는 대규모유통업자가 부담한다.

〈정당한 사유가 있는 것으로 보기 어려운 반품행위(위법성이 인정되는 사례)〉

- 대규모유통업자가 납품업자와 판촉행사 비용을 분담한다는 명목으로 상품 판매가격을 할인한 만큼 매입단가도 낮추기 위해 이미 납품받은 상품을 납품업자에게 반품하고 반품된 상품을 당초 매입단가보다 낮은 가격으로 재매입한 행위
- 대규모유통업자가 판매가 부진한 A상품 판매를 줄이고 상대적으로 판매실적이 좋은 B상품 판매를 늘리기 위해 이미 납품받은 A상품을 납품업자에게 반품한 행위
- 대규모유통업자가 전체 점포 중 40% 이상의 점포에서 4주 이상 판매실적이 없는 상품에 대해 재고부담을 나눈다는 목적으로 이미 납품받은 상품의 일부를 납품업자에게 반품한 행위

법 제10조 제1항의 정당한 사유없는 반품 행위가 성립하기 위해서는 ① 피심인이 납품업자에 대하여 거래상 우월적 지위에 있어야 하고, ② 피심인이 납품업자로부터 납품받은 상품의 전부 또는 일부를 반품하고, ③ 해당 반품행위에 정당한 사유가 존재하지 않아야 한다. 다만, 법 제10조 제1항 각 호의 어느 하나에 해당하는 경우로서 해당 거래분야에서 합리적이라고 인정되는 기간 내에 반품하는 경우에는 정당한 사유가 있는 것으로 추정된다.

Ⅲ. 정당한 사유 있는 것으로 추정하는 경우

다음의 어느 하나에 해당하는 경우로서 해당 거래분야에서 합리적이라고 인정되는 기간 내에 반품하는 경우에는 정당한 사유가 있는 것으로 추정한다(법 제10조 제1항 단서).

위 단서조항에 대하여 「반품행위 심사지침」에서는 다음과 같이 규정하고 있다(Ⅳ. 1. 3).

> ### 3. 반품이 허용되는 경우(정당한 사유가 있는 것으로 추정되는 경우)
>
> 법은 정당한 사유가 있는 경우 예외적으로 반품을 허용하고 있다. 아울러, 대규모
> 유통업자와 납품업자의 예측 가능성을 높이기 위해 정당한 사유로 추정될 수 있는
> 9가지 반품사유도 별도로 규정하고 있다(법 제10조제1항 각 호).
> 다만, 법 제10조제1항 각 호의 9가지 반품사유에 해당되더라도 대규모유통업자가
> "해당 거래분야에서 합리적으로 인정되는 기간 내"에 반품하는 경우에만 정당한
> 사유가 있는 것으로 추정된다. 어떤 사유가 발생하였다고 하여 무기한 반품을 허
> 용하는 것은 납품업자의 예측가능성과 법적 안정성을 심히 저해할 수 있기 때문이
> 다. 대규모유통업자가 합리적으로 인정되는 기간 내에 반품하였는지 여부를 판단
> 할 때에는 납품업자의 예측가능성 측면에서 반품기간이 합리적이었는지 여부를 고
> 려한다. 즉, 해당 거래분야에서 대부분의 납품업자가 특정 기간(예: 30일) 내에는
> 통상 반품이 있을 수 있다고 인식하고 있고, 그 기간 내에 실제 반품이 이루어진
> 경우에는 합리적인 기간 내에 반품이 이루어진 것으로 본다.
> 또한, 앞의 모든 요건을 충족하더라도 반품에 정당한 사유가 있는 것으로 "추정"
> 되는 것에 불과하다. 따라서 추정을 번복할 수 있는 증거가 제시되는 경우 반품행
> 위는 법위반이 될 수 있다.

1. 반품조건의 약정(특약매입거래)

정당한 사유 있는 것으로 추정하는 첫 번째 유형은 특약매입거래의 경우로
서 계약체결 시 반품조건을 구체적으로 약정하고 그 반품조건을 명시한 서면을
납품업자에게 준 경우(제1호)이다.

「반품행위 심사지침」에서는 다음과 같이 규정하고 있다(IV. 1. 3).

> 특약매입거래는 대규모유통업자가 소비자에게 판매되지 않은 상품을 반품할 수 있
> 는 조건으로 납품업자로부터 상품을 매입하는 거래형태이므로, 그 개념상 판매되
> 지 않은 상품이 납품업자에게 반품될 것임을 전제하고 있다. 납품업자 역시 계약
> 체결 시점부터 재고상품이 반품될 것임을 예측할 수 있으므로 이러한 거래형태에
> 서는 반품이 비교적 폭넓게 허용된다.
> 다만, 이 경우에도 구체적인 반품조건을 미리 약정하고 그 반품조건을 명시한 서
> 면을 납품업자에게 준 경우에만 반품을 할 수 있다. 구체적인 반품조건에는 i) 반
> 품대상을 특정하는 방법과 절차, ii) 반품이 이루어지는 시점, iii) 반품 절차 등이
> 포함될 수 있다.

<사례>

백화점이 납품업자와 특약매입계약을 체결하면서 반품시점·절차 등을 미리 약정하고 이를 계약서에 명시하여 납품업자에 교부한 경우, 이에 따른 반품은 허용될 수 있다.

백화점이 납품업자와 특약매입거래를 체결했으나 i) 반품조건을 별도 약정하지 않거나 ii) 구두로만 이를 약정한 후, 재고상품을 매월 납품업자에게 반품하는 행위는 허용되지 않는다.

2. 위·수탁거래

정당한 사유 있는 것으로 추정하는 두 번째 유형은 위·수탁거래의 경우(제2호)이다. 「반품행위 심사지침」에서는 다음과 같이 규정하고 있다(IV. 1. 3).

위수탁거래의 경우 수탁자인 대규모유통업자는 위탁받은 상품을 판매하는 역할만 할 뿐, 상품의 소유권은 위탁자인 납품업자에게 있다. 대규모유통업자가 위탁받은 상품을 판매하고 남은 재고상품의 소유권도 결국 납품업자에게 있기 때문에 대규모유통업자는 별도의 제한 없이 재고상품을 납품업자에게 반품할 수 있다.

3. 납품업자 귀책사유

정당한 사유 있는 것으로 추정하는 세 번째 유형은 납품받은 상품이 납품업자의 책임 있는 사유로 인하여 오손·훼손되었거나 상품에 하자가 있는 경우(제3호)이다.

「반품행위 심사지침」에서는 다음과 같이 규정하고 있다(IV. 1. 3).

납품계약을 이행할 때 납품업자는 i) 계약의 목적에 맞고 ii) 계약에서 정한 내용에 부합하는 상품을 납품해야 할 의무가 있고 대규모유통업자 역시 그러한 상품을 납품받을 권리가 있다. 만일, 납품한 상품이 계약한 내용과 달리 더럽게 오염되거나(오손) 물리적으로 손상(훼손)된 경우, 상품에 하자가 있는 경우에는 이를 소비자에게 정상적으로 판매하기 어렵기 때문에 상품에 오손이나 훼손을 유발하거나 하자 있는 상품을 납품한 당사자가 이와 관련된 책임을 부담할 필요가 있다. 이러한 취지에서 법은 납품업자가 상품의 오손·훼손·하자에 책임이 있는 경우 대규모유통업자의 반품을 허용하고 있다.

<사례>

납품업자로부터 고용된 인력이 대형마트 매장에서 상품을 진열하는 도중 고의 또는 과실로 일부 상품을 바닥에 떨어뜨려 파손시킨 경우 해당 상품에 대한 반품은 허용될 수 있다.

대형마트 종업원이 창고에서 재고물량을 확인하는 도중 부주의로 일부 상품에 사인펜 자국을 남겨 오손시킨 경우 해당 상품에 대한 반품은 허용되지 않는다.

납품업자가 공급한 상품이 대형마트 창고에 입고된 이후 대형마트 직원이 부주의로 상품을 떨어뜨려 파손시킨 경우 해당 상품에 대한 반품은 허용되지 않는다

4. 상품의 상이

정당한 사유 있는 것으로 추정하는 네 번째 유형은 납품받은 상품이 계약한 상품과 다른 경우(제4호)이다.

「반품행위 심사지침」에서는 다음과 같이 규정하고 있다(IV. 1. 3).

대규모유통업자가 당초 계약한 상품과 다른 상품을 납품받은 경우 납품계약이 정상적으로 이행된 것이 아니므로 역시 반품이 폭넓게 허용될 필요가 있다. 납품된 상품의 품목이 계약한 상품과 전혀 다른 경우뿐만 아니라 상품의 원산지, 유통기한, 크기 등 계약목적 달성에 중요한 제품의 특성이 당초 계약한 내용과 다른 경우도 이에 포함된다.

<사례>

대형마트가 당도 18브릭스(Brix)인 델라웨어 포도를 납품받기로 계약하고 20박스를 납품받았는데 당도 14브릭스에 불과한 포도가 일부 박스에 포함된 경우 해당 상품에 대한 반품은 허용될 수 있다.

5. 반품의 동의

정당한 사유 있는 것으로 추정하는 다섯 번째 유형은 대규모유통업자가 반품으로 인하여 생기는 손실을 스스로 부담하고 해당 납품업자에게 반품의 동의를 받은 경우(제5호)이다.

「반품행위 심사지침」에서는 다음과 같이 규정하고 있다(IV. 1. 3).

대규모유통업자가 이미 납품받은 상품을 반품하여 발생하는 손실을 스스로 부담하는 경우 특별한 사정이 없는 한 납품업자의 이익을 저해하거나 손실을 유발하지 않기 때문에 반품이 허용될 수 있다. 이 경우 법은 대규모유통업자가 부담해야 하는 손실의 범위에 대해서는 명확히 규정하고 있지는 않는데, 해당 규정의 취지가 i) 납품거래에 관한 납품업자의 신뢰를 보호하고 ii) 반품으로 인해 납품업자에게 발생할 수 있는 불측의 손해를 방지하기 위한 것임을 고려할 때, 대규모유통업자가 부담하여야 할 손실의 범위는 "반품으로 인해 납품업자에게 추가적으로 발생하는 모든 비용"을 의미하는 것으로 보는 것이 타당하다. 가령, i) 반품에 소요되는 직접비용, ii) 반품된 상품을 납품업자가 재판매하는 등의 방식으로 사용·수익하는 데 추가적으로 소요되는 비용, iii) 납품시점에 비해 상품의 가치가 하락한 경우 그 차액 등이 이에 모두 포함되는 것으로 볼 수 있다.

다만, 이 경우에도 법은 납품업자에게 반품에 대한 동의를 받도록 하고 있다. 법문언과 규정의 취지상 반품 이전에 납품업자의 동의를 받아야 하는 것으로 해석될 수 있다.

<사례>

대형마트가 i) 반품으로 인해 납품업자에게 발생할 수 있는 직접 비용, ii) 납품업자가 반품된 상품을 재판매하는 데 소요되는 비용, iii) 납품시점과 반품시점 사이의 상품 가치하락분 등 반품에 따른 모든 손실을 부담하기로 하고 납품업자 역시 반품에 동의한 경우 해당 상품에 대한 반품은 허용될 수 있다.

대형마트가 반품비용의 일부를 부담하긴 했으나 i) 비용 부담액에 대해 납품업자와 이견이 있고 ii) 납품업자가 반품에 명시적으로 동의하지 않은 경우 해당 상품에 대한 반품은 허용되지 않는다.

6. 계절상품(직매입거래)

정당한 사유 있는 것으로 추정하는 여섯 번째 유형은 직매입거래의 경우로서 일정한 기간이나 계절에 집중적으로 판매되는 상품(신선농·수·축산물은 제외)에 대하여 계약체결 시 반품조건을 구체적으로 약정하고 그 반품조건이 명시된 서면을 납품업자에게 준 경우(제6호)이다.

이에 해당하는 경우로 공정거래위원회가 인정한 사례는 다음과 같다.

"402건의 반품내역 중 38건에 대하여는 피심인들이 ① 위반기간 중 일정 계절 또는 명절·기념일 등에 실제 매입액 또는 매출액이 급격히 증가하여 해당 시기에 집중적으로 판매되는 상품임을 입증한 점, ② 반품 조건이 명시된 서면계약 등 합의서가 존재하는 점, ③ 해당 상품에 대하여 실제 시즌 판촉행사를 진행하기로 납품업자들과 협의한 뒤 이를 피심인 판촉행사등록시스템(Promotion Support System, 피심인들의 판촉행사 및 발주, 가격/원가 변경 등을 관리하는 시스템)에 행사상품으로 등록한 관련 자료 등을 제출하였음. 따라서 이들 38건은 정당한 사유가 있는 반품으로 인정됨"<홈플러스(주) 및 홈플러스스토어(주)의 대규모유통업법 위반행위 건>[5]

이에 해당하지 않는 것으로 법원 및 공정거래위원회가 인정한 사례는 다음과 같다.

"피심인들이 시즌상품임을 사유로 반품한 364개 상품이 실제로 시즌상품에 해당하는지를 판단하기 위하여 2013년 7월~2015년 6월 기간 동안 반품된 상품들의 월별 매출 및 매입액 자료를 분석한 결과, 실제로는 시즌상품이 아닌 것으로 나타남"<홈플러스(주) 및 홈플러스스토어(주)의 대규모유통업법 위반행위 건>,[6] "대규모유통업법 제10조 제1항 단서 제6호에 정한 '직매입거래의 경우 시즌상품에 대하여 계약체결 시 반품조건을 구체적으로 약정하고 그 반품조건이 명시된 서면'은 시즌행사의 종류와 기간·반품가능한 상품군 등을 가능한 한 명확하고 구체적으로 기재하여 약정한 서면으로서 그 정도는 납품업자들이 불측의 피해를 입지 않을 정도에 이르러야 한다고 봄이 상당하며, 원고의 반품조건확인서에 기재된 반품대상 및 반품기한의 내용만으로는 시즌행사의 종류, 기간 및 행사별 반품 가능한 상품과 상품군 등 구체적인 반품조건이 명시되어 있다고 보기 어렵고, 납품업자로서도 어떠한 상품이 언제, 얼마나 반품될 것인지에 대한 예측이 불가능한 것으로 보인다고 보고 6호 단서에 해당하지 않음"<롯데쇼핑(주)(마트부문)의 대규모유통업법 위반행위 건>,[7] "원고가 납품업체와 체결한 직매입 거래포준계약서나 명절 선물세투 특별계약서에는 반품조건에 관한 구체적인 합의 내용이 없으므로 위 계약서의 교부만으로는 법 제10조 제1항 제6호에서와 같이 원고가 반품조건을 구체적으로 약정하고 그 조건이 명시된 서면을 납품업자에게 준 것으로 볼 수 없음"<농협유통(주)의 대규모유통업법 위반행위 건>[8]

---

5) 공정의 2016. 7. 20. 2016-221.

6) 공정의 2016. 7. 20. 2016-221.

7) 서고판 2017. 1. 26. 2016누59302(대판 2017. 5. 31. 2017두36298); 2012. 1. 3.부터 2015. 4. 25. 까지의 기간 동안 직매입한 상품 중 일부가 "일정한 기간이나 계절에 집중적으로 판매되는 상품(시즌상품)에 해당한다"는 사유를 들어 96개 납품업자에게 총 11,336,622,000원 상당의 2,961개의 상품을 12,597회에 걸쳐 반품하였고, 공정거래위원회는 위 행위가 대규모유통업법 제10조 제1항에 위반된다는 이유로 시정명령 및 과징금을 부과하였다. 공정의 2016. 7. 8. 2016-150.

8) 대판 2021. 1. 14. 2020두50607.

「반품행위 심사지침」에서는 다음과 같이 규정하고 있다(IV. 1. 3).

한시적으로 판매되는 상품이나 특정 계절에 집중적으로 판매되는 상품(일명 "시즌
상품")의 경우 상품이 실제 판매될 수 있는 기간은 짧은 반면 수요예측이 어려워
다른 상품에 비해 상대적으로 많은 양의 재고가 대규모유통업자에게 발생할 수 있
다. 이 경우 반품을 모두 금지하게 되면 대규모유통업자는 재고의 위험(risk)을 고
려해 처음부터 적은 수량만 매입하거나 납품가격에 위험에 대한 비용을 반영할 가
능성이 크며 이는 결국 납품업자에게도 이익이 된다고 보기 어렵다. 그래서 법은
이러한 경우 일정 요건 하에서 반품을 허용하고 있다.

1) 우선, 이 규정은 직매입거래의 경우에만 적용된다. 계약시점부터 재고상품의 반
   품을 전제로 하는 특약매입거래나 위수탁거래의 경우에는 적용될 여지가 없다.
2) 또한, 이 규정에 따라 반품이 허용될 수 있는 상품은 "일정한 기간이나 계절에
   집중적으로 판매되는 상품(시즌상품)"에 한정된다.
   가) 어떤 상품이 이에 해당하는지를 판단하기 위해서는 i) 해당 상품의 월별·
       분기별 판매량과 재고량, ii) 해당 상품에 대한 소비자의 인식 등을 종합적
       으로 고려한다.
   나) 이 같은 기준에 따라 시즌상품으로 판단될 수 있는 사례는 다음과 같다.
   ① 기념일 상품 : 발렌타인데이 초콜릿, 화이트데이 사탕, 빼빼로데이 과자, 어
       린이날 완구, 어버이날 또는 스승의날 선물, 크리스마스 트리 등
   ② 명절 상품 : 추석 선물세트, 설 선물세트, 차례용품, 제기 등
   ③ 신학기/졸업시즌 용품 : 가방, 연필, 공책, 실내화, 교복, 꽃다발 등
   ④ 휴가철 용품 : 수영복, 튜브 등 물놀이용품, 스키복, 고글 등 스키용품 등
   ⑤ 계절 용품 : 에어컨, 제습기, 선풍기, 히터 등
3) 앞의 1)과 2)의 요건에 모두 해당되더라도 계약체결 시점부터 대규모유통업자
   가 납품업자와 반품조건에 대해 구체적으로 약정하고 그 반품조건이 명시된 계
   약서면을 납품업자에게 미리 준 경우에만 반품이 가능하다.

- 반품조건에는 반품의 대상, 시기(기한), 절차, 비용부담 등이 포함된다.

<예시>
• 반품대상: 명절용 선물세트(별지 기재된 품목에 한함)
• 반품기한: 명절 종료일로부터 30일 이내
• 반품절차: 반품상품은 유통업체의 물류창고에 보관하며, 해당 장소에서 반품
  상품 확인 후 납품업체에게 인도

> • 반품비용부담: 반품장소까지 반출·운반하는 비용은 유통업체가, 그 후의 반품과 관련하여 발생하는 비용은 납품업체가 부담

<사례>
편의점이 i)발렌타인데이 당일로부터 7일이 경과한 날까지 판매되지 않은 초콜릿은 8일째 되는 날 납품업자에게 전량 반품하는 조건으로 납품업자와 약정을 체결하고 ii)해당 내용을 적은 약정서를 납품업자에게 사전 교부한 경우 이에 따른 반품은 허용될 수 있다.
대형마트가 물놀이 용품을 납품받으면서 8월말까지 판매되지 않은 상품은 전량 반품하기로 납품업자와 합의하였으나 이러한 내용을 적은 약정서를 납품업자에게 미리 교부하지 않은 경우 이에 따른 반품은 허용되지 않는다.

7. 납품업자의 요청(직매입)

정당한 사유 있는 것으로 추정하는 일곱 번째 유형은 직매입거래의 경우로서 납품업자가 반품이 자기에게 직접적으로 이익이 된다는 객관적인 근거자료를 첨부한 서면으로 반품일 이전에 자발적으로 반품을 요청한 경우(제7호)이다.

「반품행위 심사지침」에서는 다음과 같이 규정하고 있다(Ⅳ. 1. 3).

재고상품일지라도 이를 대규모유통업자의 매장에 그대로 두기보다는 납품업자가 반품을 받아 다른 유통채널에 판매하는 것이 납품업자에게 더 큰 이익이 되는 경우가 있을 수 있다. 이러한 경우 반품이 허용될 필요가 있는데, 법은 납품업자가 i) 반품이 자기에게 이익이 된다는 사실을 객관적으로 증명할 수 있는 근거와 함께 ii) 반품일 이전에 자발적으로 대규모유통업자에게 반품을 요청하는 경우 해당 반품이 허용될 수 있도록 근거규정을 두었다.

<사례>
납품업자가 자신의 상품에 유해물질이 첨가되어 있다는 보도를 접하고 이를 신속히 반품받아 소비자 피해를 줄이는 것이 스스로에게도 이익이 된다고 판단하여 대규모유통업자에게 반품을 요청하면서 객관적인 근거서류를 제출한 경우, 이에 따른 반품은 허용될 수 있다.
납품업자가 신제품을 출시하면서 기존에 납품한 상품을 매장에서 회수하는 것이

브랜드 이미지 제고에 더 도움이 된다는 판단을 하여 대규모유통업자에게 반품을
요청하면서 객관적인 근거서류를 제출한 경우, 이에 따른 반품은 허용될 수 있다.

8. 가맹점사업자의 반품

정당한 사유 있는 것으로 추정하는 여덟 번째 유형은 *대통령령*[9])으로 정하
는 바에 따라 「가맹사업법」 제2조 제3호의 가맹점사업자로부터 반품받은 상품을
가맹본부가 납품업자에게 반품하는 경우(제8호)이다.

「반품행위 심사지침」에서는 다음과 같이 규정하고 있다(IV. 1. 3).

원칙적으로 대규모유통업자인 가맹본부와 납품업자간 납품계약, 가맹본부와 가맹
점사업자간 가맹계약은 각각 별개의 계약이므로 단지 가맹본부가 가맹점사업자로
부터 상품을 반품받았다는 이유만으로 이를 납품업자에게 다시 반품하는 것은 인
정되기 어렵다. 그러나 법은 가맹점사업자가 폐업하면서 가맹본부에게 상품을 반
품하는 경우에는 예외적으로 이러한 반품을 허용하고 있다. 그러나 이 경우에도
다른 유통채널에 재판매하기 불가능한 상품의 경우에는 납품업자에게 반품할 수
없도록 하고 있다. 해당 상품이 재판매가 불가능한지 여부는 반품된 상품의 특성,
반품시점의 시장상황 등을 종합적으로 고려해 개별적·구체적으로 판단한다.

<사례>
편의점주가 영업을 계속하면서 판매되지 않은 치약을 본사에 반품한 경우, 편의점
본사는 해당 상품을 납품업자에게 반품할 수 없다.
편의점 폐업 이후, 유통기한이 임박하여 다른 채널로 판매할 수 없는 우유를 본사
가 반품 받은 경우 편의점 본사는 해당 상품을 납품업자에게 반품할 수 없다.

9. 기타

정당한 사유 있는 것으로 추정하는 아홉 번째 유형은 그 밖에 직매입거래의
경우로서 제3호부터 제8호까지의 규정에 준하는 정당한 사유가 있는 경우(제9호).
법원이 범위반으로 인정한 사례는 다음과 같다.

---

9) 제8조(가맹본부의 반품이 허용되는 경우) 법 제10조제1항제8호에 따라 가맹본부가 납품업자에
   게 반품할 수 있는 경우는 가맹점사업자가 폐업하면서 반품한 상품을 가맹본부가 납품업자에
   게 다시 반품하는 경우만 해당한다. 이 경우 재판매가 불가능한 상품은 반품할 수 없다.

"이 사건 반품행위가 납품업자들의 자발적인 요청에 의한 것이라는 원고의 주장은 이를 믿기 어렵거나 인정할 증거가 없으므로 이 사건 반품행위가 대규모유통업법 제10조 제1항 단서 제9호에 해당한다고 보기도 어렵고, 납품업자가 자발적으로 반품을 요청한 경우에 관하여는 대규모유통업법 제10조 제1항 단서 제7호10)가 규정하고 있는데, 위 규정은 '반품이 자기에게 직접적으로 이익이 된다는 객관적인 근거자료를 첨부한 서면'을 요구하고 있는바, 이에 비추어 보더라도 원고의 주장은 받아들이기 어려움. 그리고 '정당한 사유' 관련해서는 이 사건 반품행위가 납품업자들의 자발적인 요청에 의한 것으로는 보이지 않는 점, 원고와 납품업자들이 실질적으로 대등한 관계에서 반품대상·시기·수량 등을 상호 협의한 것으로는 보이지 않음"<롯데쇼핑(주)(마트부문)의 대규모유통업법 위반행위 건>11)

「반품행위 심사지침」에서는 다음과 같이 규정하고 있다(IV. 1. 3).

법에 명시되어 있지 않더라도 반품이 필요하거나 불가피한 경우가 있을 수 있다. 법 제10조제1항제3호부터 제8호까지에 직접적으로 해당되는 사유가 없더라도 그에 준하는 사유가 있는 경우에는 반품에 정당한 사유가 있는 것으로 추정될 수 있다. 이러한 사유가 있는지 여부는 IV.2.다목의 정당한 사유 판단기준 등을 활용해 개별적·구체적으로 판단한다.

IV. 신선농·수·축산물의 반품

제1항 제3호 및 제4호에 따른 신선농·수·축산물의 반품은 *대통령령*12)으로 정하는 기간 이내에 하여야 한다(법 제10조 제2항).

---

10) 직매입거래의 경우로서 납품업자가 반품이 자기에게 직접적으로 이익이 된다는 객관적인 근거자료를 첨부한 서면으로 반품일 이전에 자발적으로 반품을 요청한 경우

11) 서고판 2017. 1. 26. 2016누59302.

12) 제6조(신선농·수·축산물의 상품대금 감액기간 및 반품기간) ① 법 제7조제2항 및 제10조제2항에서 "대통령령으로 정하는 기간"이란 납품업자가 신선농·수·축산물을 납품한 시점부터 대규모유통업자가 그 상품의 검수 및 매입을 마친 시점까지의 기간을 말한다. ② 제1항의 기간은 특별한 사유가 없으면 2일을 초과할 수 없다.

제11조(판매촉진비용의 부담전가 금지)

① 대규모유통업자는 판매촉진행사를 실시하기 이전에 대통령령으로 정하는 바에 따라 판매촉진행사에 소요되는 비용(이하 이 조에서 "판매촉진비용"이라 한다)의 부담 등을 납품업자등과 약정하지 아니하고는 이를 납품업자등에게 부담시키는 행위를 하여서는 아니 된다.

② 제1항의 약정은 대규모유통업자와 납품업자등이 각각 서명 또는 기명날인한 서면으로 이루어져야 하며 대규모유통업자는 약정과 동시에 이 서면을 납품업자등에게 주어야 한다.

③ 제1항 및 제2항에 따른 판매촉진비용의 분담비율은 대규모유통업자와 납품업자등이 각각 해당 판매촉진행사를 통하여 직접적으로 얻을 것으로 예상되는 경제적 이익(이하 이 조에서 "예상이익"이라 한다)의 비율에 따라 정하되 대규모유통업자와 납품업자등 사이의 예상이익의 비율을 산정할 수 없는 경우에는 대규모유통업자와 납품업자등의 예상이익이 같은 것으로 추정한다.

④ 제3항에 따른 납품업자등의 판매촉진비용 분담비율은 100분의 50을 초과하여서는 아니 된다.

⑤ 납품업자등이 자발적으로 대규모유통업자에게 요청하여 다른 납품업자등과 차별화되는 판매촉진행사를 실시하려는 경우에는 대규모유통업자는 납품업자등과 상호 협의하여 판매촉진비용의 분담비율을 정할 수 있다. 이 경우 제1항부터 제4항까지의 규정은 적용하지 아니한다.

목 차

[참고사례]

㈜우리홈쇼핑의 대규모유통업법 위반행위 및 독점규제법상 거래상지위 남용행위 건(공정거래위원회 2015. 4. 15. 의결 제2015-118호; 서울고등법원 2017. 1. 18. 선고 2015누40363 판결); ㈜씨제이오쇼핑의 대규모유통업법 위반행위 및 독점규제법상 거래상지위 **남용행위** 건(공정거래위원회 2015. 6. 3. 의결 제2015-179호; 서울고등법원 2017. 1. 18. 선고 2015누49308 판결; 대법원 2020. 6. 25. 선고 2017두37604 판결); **롯데쇼핑**

(주)(빅마켓)의 대규모유통업법 위반행위 건(공정거래위원회 2015. 5. 20. 의결 제2015－173호; 서울고등법원 2016. 8. 25. 선고 2015누47333 판결; 대법원 2017. 3. 15. 선고 2016두51481 판결); ㈜현대홈쇼핑의 대규모유통업법 위반행위 및 독점규제법상 거래상지위남용행위 건(공정거래위원회 2015. 4. 15. 의결 제2015－117호); ㈜지에스리테일의 대규모유통업법 위반행위 건(공정거래위원회 2017. 1. 26. 의결 제2017－047호); 롯데쇼핑㈜(백화점 부문)의 대규모유통업법 위반행위 건[공정거래위원회 2017. 6. 19. 의결 제2017－198호; 서울고등법원 2018. 7. 13. 선고 2017누62435 판결; 대법원 2018. 3. 15. 선고 2017두70496(심리불속행 기각) 판결]; 쿠팡(주)의 대규모유통업법 위반행위 건(공정거래위원회 2018. 5. 24. 의결 제2018－212호); ㈜롯데닷컴의 대규모유통업법 위반행위 건(공정거래위원회 2018. 7. 5. 의결 제2018－233호); ㈜인터파크의 대규모유통업법 위반행위 건(공정거래위원회 2018. 8. 8. 의결 제2018－254호; 서울고등법원 2019. 9. 15. 선고 2018누63428 판결); ㈜세이브존아이앤씨의 대규모유통업법 위반행위 건(공정거래위원회 2018. 10. 2. 의결 제2018－295호); (주)한화갤러리아의 대규모유통업 위반행위 건[공정거래위원회; 서울고등법원 2018. 1. 25. 선고 2017누62442 판결; 대법원 2018. 6. 15. 선고 2018두36905(심리불속행 기각) 판결]; (주)이랜드리테일의 대규모유통업법 위반행위 건(공정거래위원회 2019. 6. 5. 의결 제2019－130호; 서울고등법원 2020. 8. 26. 선고 2019누49269); (주)인터파크의 대규모유통업법 위반행위 건(공정거래위원회 2018. 8. 8. 의결 제2018-254호; 서울고등법원 2019. 9. 5. 선고 2018누63428 판결); (주)모다이노칩의 외1의 대규모유통업법 위반행위 건(공정거래위원회 2019. 10. 1. 의결 제2019－246호; 대법원 2020. 12. 30. 선고 2020두49980 판결); 롯데쇼핑(주)의 대규모유통업법 위반행위 건[공정거래위원회 2016. 7. 8. 의결 제2016－190호; 서울고등법원 2017. 10. 13. 선고 2017누41807 판결; 대법원 2018. 3. 15. 선고 2017두70496(심리불속행 기각) 판결]; 롯데쇼핑(주)의 대규모유통업법 위반행위 건[공정거래위원회 2017. 6. 19. 의결 제2017－198호; 대법원 2020. 5. 14. 선고 2018두52044(파기환송) 판결; 서울고등법원 2020누41490(파기환송심) 판결]; 롯데쇼핑(주)의 대규모유통업법 위반행위 건[공정거래위원회 2020. 7. 14. 의결 제2020－183호; 서울고등법원 2021. 7. 22. 선고 2020누35716 판결; 대법원 2021. 11. 25. 선고 2021두47103(심리불속행 기각) 판결]

I. 판매촉진비용의 부담금지

대규모유통업자는 판매촉진행사를 실시하기 이전에 *대통령령*[1]으로 정하는 바에 따라 판매촉진행사에 소요되는 비용("판매촉진비용")의 부담 등을 납품업자 등과 약정하지 아니하고는 이를 납품업자등에게 부담시키는 행위를 하여서는 아니 된다(법 제11조 제1항).

대규모유통업법에서 판매촉진비용의 부담을 납품업자에게 전가하는 행위를 제한하는 취지는 대규모유통업자가 임의로 판매촉진행사를 기획하고 그 비용을 전적으로 납품업자에게 부담시키더라도 납품업자가 이를 거부하기 어렵다는 점을 고려하여 판매촉진활동을 빙자한 부당한 판매촉진비용의 부담강요를 방지하고 사후 분쟁 발생시 책임소재를 명확하게 하기 위한 것이다<㈜인터파크 대규모유통업법 위반행위 건>.[2]

법 제11조 제1항 및 제2항의 사전 서면약정 없는 판매촉진행사 비용 전가 행위가 성립하기 위해서는 ① 피심인이 납품업자에 대하여 거래상 우월적 지위에 있어야 하고, ② 피심인이 실시한 카드사 청구할인 행사가 판매촉진행사에 해당하여야 하며, ③ 판매촉진행사에 소요되는 비용의 부담 등을 사전에 서면으로 약정하지 아니하고 그 비용을 납품업자에게 부담시켜야 한다.

법원이 판매촉진행사로 인정한 사례는 다음과 같다.

> "원고가 납품업자와 판매방송에 관한 계약을 체결하면서부터 판매촉진행사의 종류에 따른 분담비율을 상세히 정하고 판매촉진행사의 기획에 관여하는 등 행사를 지속적으로 계획하고 실시한 사실, 정액수수료 방식의 판매방송의 경우에도 판매량 증가에 따른 해당 방송시간대의 수수료 인상, 대외적 신뢰도와 시장에서의 지위 향상 등의 경제적 이해관계가 원고에게 존재하는 사실을 인정한 다음, 이 사건 판매촉진행사는 대규모유통업법 제11조 제1항 내지 제4항의 적용을 받는 판매촉진행사에 해당", "원고와 납품업자가 방송조건 등에 관하여 작성한 협약서에는 방송

---

1) 제9조(판매촉진비용의 부담에 관한 약정사항) 법 제11조제1항에 따라 대규모유통업자와 납품업자등이 판매촉진비용과 관련하여 약정하여야 하는 사항은 다음 각 호와 같다. 1. 판매촉진행사의 명칭·성격 및 기간 2. 판매촉진행사를 통하여 판매할 상품의 품목 3. 판매촉진행사에 소요될 것으로 예상되는 비용의 규모 및 사용내역 4. 해당 판매촉진행사를 통하여 대규모유통업자와 납품업자등이 얻을 것으로 예상되는 경제적 이익의 비율 5. 판매촉진비용의 분담 비율 또는 액수.

2) 서고판 2017. 4. 28. 2017두35974.

시간대 및 방송종료 후 2시간 이내에 이루어지는 판매촉진행사의 비용은 납품업
자가 전부 부담한다고 기재되어 있으나, 이는 비용부담을 미리 정하여 둔 것에 불
과하고 이와 같은 기재만으로는 납품업자가 자발적으로 원고에게 판매촉진행사의
실시를 요청하였다고 보기 어려우므로 대규모유통업법 제11조 제5항에서 정한 예
외사유에 해당하지 않음", "방송시간대 및 방송종료 2시간 이내에 이루어진 판매
촉진행사와 방송종료 후 2시간 이후에 이루어진 판매촉진행사는 하나의 판매촉진
행사이고, 원고가 2012. 1.부터 2013. 12.까지 146개 납품업자와 811건의 방송조건
등에 관하여 협약서를 작성하고 정액수수료 방송을 실시하면서 총판매촉진비용의
99.8%에 해당하는 5,658,000,000원을 납품업자들에게 부담하게 한 이상, 납품업자
의 분담비율이 50%를 초과하므로 대규모유통업법 제11조 제4항의 위반행위에 해
당함"<㈜씨제이오쇼핑의 대규모유통업법 위반행위 및 독점규제법상 거래상지위
남용행위 건>,[3] "시식행사는 원고가 특정 식음료에 대하여 그 맛과 품질을 소비
자에게 알려 구매결정에 도움을 줌으로써 상품을 홍보함과 동시에 그에 대한 수요
를 늘려 판매를 증진시킬 목적으로 행하는 행사에 해당하는 점, 거래 방식은 모두
직매입거래 방식이었던 점, 원고는 지속적으로 이 사건 시식행사의 각 시식들을
계획하고 실시하였으며 실적이 저조한 상품에 대한 개선방안으로 이 사건 시식행
사를 추진하거나 확대·보강을 논의하였던 점 등에 비추어 대규모유통업법 제11조
에서 규제하는 판매촉진행사에 해당함"<롯데쇼핑(주)(빅마켓)의 대규모유통업법
위반행위 건>,[4] "대규모유통업법 제11조 제3항은 '판매촉진비용의 분담비율을 대
규모유통업자와 납품업자등의 예상이익의 비율에 따라 정하되 그 비율을 산정할
수 없는 경우에는 대규모유통업자와 납품업자등의 예상이익이 같은 것으로 추정
한다.'는 규정을 두고 있으므로 대규모유통업법 제11조의 판매촉진행사 여부를 판
단함에 있어 예상이익의 산정이 그 요건이라고 볼 수는 없음"<롯데쇼핑(주)(빅마
켓)의 대규모유통업법 위반행위 건>,[5] "판매촉진행사는 명칭이나 형식에 무관하
게 판매를 증진시킬 목적으로 하는 모든 행사임"<㈜이랜드리테일의 대규모유통업
법 위반행위 건>,[6] "판매촉진비용에는 납품업자들이 판매촉진행사 과정에서 부담
한 실제 비용외에도 가격할인의 할인분 또한 판매촉진비용에 해당함"<㈜모다이노
칩의 외1의 대규모유통업법 위반행위 건>,[7] "가격할인방식의 돈육 판매가격 할인
행사, 신규점포 개점 기념 할인행사를 하면서 납품단가를 평상시 납품단가를 평상
시 납품단가보다 낮게 결정하였는데, 가격할인폭 상당액이 판매촉진비용에 해당하

---

3) 대판 2020. 6. 25. 2017두37604.
4) 서고판 2016. 8. 25. 2015누47333.
5) 서고판 2016. 8. 25. 2015누47333.
6) 서고판 2020. 8. 26. 2019누49269.
7) 대판 2020. 12. 30. 2020두49980.

고, 이 중 납품단가 인하분 상당액이 납품업자들이 부담하는 판매촉진비용에 해당
함"<롯데쇼핑(주)의 대규모유통업법 위반행위 건>[8]

법원이 법위반으로 인정한 사례는 다음과 같다.

"사전서면약정은 대규모유통업자와 납품업자 등이 각각 서명 또는 기명날인한 서
면이어야 하므로, 온라인사이트에 게시된 팝업창을 통하여 판매촉진행사 비용부담
에 관한 내용의 고지 및 납품업자들의 행사참여가 있다 하더라도 서면약정이 있었
다고 볼 수 없음"<㈜인터파크 대규모유통업법 위반행위 건>[9]

제1항의 약정은 대규모유통업자와 납품업자 등이 각각 서명 또는 기명날인
한 서면으로 이루어져야 하며 대규모유통업자는 약정과 동시에 이 서면을 납품
업자등에게 주어야 한다(법 제11조 제2항).

TV홈쇼핑사업자의 경우 위법성 심사기준에 대하여 「TV홈쇼핑 심사지침」,
쇼핑몰사업자의 경우 「온라인쇼핑몰 심사지침」에서 별도로 규정하고 있다.

II. 판매촉진비용의 분담비율

제1항 및 제2항에 따른 판매촉진비용의 분담비율은 대규모유통업자와 납품
업자등이 각각 해당 판매촉진행사를 통하여 직접적으로 얻을 것으로 예상되는
경제적 이익(이하 이 조에서 "예상이익")의 비율에 따라 정하되 대규모유통업자와
납품업자등 사이의 예상이익의 비율을 산정할 수 없는 경우에는 대규모유통업자
와 납품업자등의 예상이익이 같은 것으로 추정한다(법 제11조 제3항).

대규모유통업자와 입점업자 간 공동 판매촉진행사 비용에 대하여 「특약매입
거래 심사지침」에서는 다음과 같이 규정하고 있다[III. 2. 다. (3) (다)].

1) 원칙
대규모유통업자가 개별 입점업자등에게 직접적으로 매출증진 효과가 발생하는
판매촉진행사(예: 특정 입점업자등의 구매고객에 대한 사은품 증정 등)를 당해

8) 서고판 2021. 7. 22. 2020누35716(대판 2021. 11. 25. 2021두47103).
9) 서고판 2017. 4. 28. 2017두35974.

입점업자등과 공동으로 실시하는 경우에는 대규모유통업법 제11조 제3항 및 제4항 규정에 따라 그 소요 비용은 대규모유통업자와 당해 개별 입점업자등 간에 판매촉진행사를 통해 직접적으로 얻을 것으로 예상되는 경제적 이익의 비율에 따라 분담하되, 입점업자등의 분담비율은 100분의 50을 초과하여서는 아니 된다. 단, 입점업자등이 스스로 판매촉진행사를 진행하는 과정에서 대규모유통업자와 협의를 거쳐 공동 판매촉진행사인 것으로 보이는 경우라고 하더라도, 아래 (라)에 명시된 대규모유통업법 제11조 제5항 적용요건을 모두 충족하는 경우에는 양 당사자가 상호 협의를 통해 분담비율을 정할 수 있다.

<공동 판매촉진행사 비용(예시)>
① 대규모유통업자가 개별 입점업자등과 공동으로 당해 입점업자등의 일정금액 이상 구매고객을 대상으로 지급하는 사은품 또는 상품권 등
② 대규모유통업자가 개별 입점업자등의 우수 또는 방문 고객을 대상으로 실시하는 문화행사(콘서트, 식사초대회, 패션쇼 등) 등 각종 행사 비용
③ 대규모유통업자가 개별 입점업자등과 공동으로 구매여부에 관계없이 입점업자등의 매장을 방문하는 고객을 대상으로 일률적으로 지급하는 사은품
④ 대규모유통업자가 개별 입점업자등과 공동으로 특정 상품에 대한 가격할인 행사를 실시하는 경우 그 가격할인분

2) 가격할인 행사의 경우

특히, 공동 판매촉진행사가 가격할인 방식으로 이루어지고 그 비용분담을 위해 정상 판매시보다 낮은 판매수수료율을 적용하기로 합의한 때에는 행사시 판매된 상품에 대한 가격할인분을 포함한 전체 판매촉진비용의 50% 이상을 대규모유통업자가 분담할 수 있도록 판매수수료율이 충분히 조정될 필요가 있다. 대규모유통업자가 입점업자등과 상품공급 기본계약 등을 통해 사전에 행사상품에 대해 적용되는 판매수수료율을 정상 판매수수료율보다 낮은 수준으로 약정하고 실제 개별 판매촉진행사를 실시하면서 계약서에 명시된 행사 판매수수료율을 적용한 경우라 하더라도, 판매촉진행사별 비용을 정산한 결과 입점업자등의 분담비율이 50%를 초과하게 된다면 대규모유통업법 규정(제11조) 위반에 해당될 수 있다. 이때 단순히 사전에 입점업자등과 판매수수료율을 약정했다는 이유만으로는 면책되지 아니할 수 있다.

<법위반에 해당될 수 있는 행위(예시)>
• 대규모유통업자가 개별 입점업자등과 공동으로 기존 판매가격이 1만원, 정상

판매수수료율이 30%인 상품을 8천원의 가격으로 할인 판매하고 28%의 판매
수수료율을 적용하여 총 2만개의 상품이 판매된 경우(가격할인분이 아닌 판
촉비용은 없다고 가정)
- 판촉비용(가격할인분) : (1만원－8천원)×2만＝4천만원
- 대규모유통업자 부담액(판매수수료 수익 감소분) : (1만원×30%－8천원×
  28%)×2만＝1,520만원
- 입점업자등 부담액(판매수익 감소분) : [1만원×(1－0.30)－8천원×(1－0.28)]
  ×2만＝2,480만원
⇒ 입점업자등의 분담비율이 판촉비용의 50%를 초과
- ※ 입점업자등의 분담비율이 50%를 초과하지 아니하기 위해서는 행사 판
  매수수료율을 25% 이하로 조정하여야 함(행사 판매수수료율 25% 적용 시
  입점업자등 부담액은 판촉비용의 50%인 2천만원 [1만원×(1－0.30)－8천
  원×(1－0.25)]×2만)

제3항에 따른 납품업자등의 판매촉진비용 분담비율은 100분의 50을 초과하
여서는 아니 된다(법 제11조 제4항).

공정거래위원회는 다수의 납품업체가 참여하는 경우 50% 상한선 판단 기준
과 관련하여 다수 납품업자의 분담비율을 합산한 경우도 있고<㈜씨제이오쇼핑의
대규모유통업법 위반행위 및 독점규제법상 거래상지위 남용행위 건>,[10] 개별 판촉행
사별로 판단한 사례<㈜현대홈쇼핑의 대규모유통업법 위반행위 및 독점규제법상 거
래상지위 남용행위 건>[11]도 있다.

"피심인이 146개 납품업자에게 부담시킨 판매촉진비용은 총액 99.8%로 100분의
50을 초과하므로 이 요건을 충족함"<㈜씨제이오쇼핑의 대규모유통업법 위반행위
및 독점규제법상 거래상지위 남용행위 건>,[12] "피심인과 납품업자가 상품판매방
송 계약별로 약정을 통하여 이루어지는 등을 종합적으로 고려할 때, 업체별, 시기
별로 판매촉진비용을 통합하여 산정하여야 한다는 취지의 피심인 주장은 타당하지
않음"<㈜현대홈쇼핑의 대규모유통업법 위반행위 및 독점규제법상 거래상지위 남
용행위 건>[13]

---

10) 공정의 2015. 6. 3. 2015－179.
11) 공정의 2015. 4. 15. 2015－117.
12) 서고판 2017. 1. 18. 2015누49308.
13) 공정의 2015. 4. 15. 2015－117.

공정거래위원회가 법위반으로 인정하지 아니한 사례는 다음과 같다.

> "일반적·상시적으로 진행되는 정규판매 채널로 볼 수 있는 피심인의 정기배송서비스는 판매촉진행사에 해당하지 아니하므로 법 제11조 제4항 위반되지 아니함"
> <쿠팡(주)의 대규모유통업법 위반행위 건>14)

Ⅲ. 자발적 판매촉진행사

납품업자등이 자발적으로 대규모유통업자에게 요청하여 다른 납품업자등과 차별화되는 판매촉진행사를 실시하려는 경우에는 대규모유통업자는 납품업자등과 상호 협의하여 판매촉진비용의 분담비율을 정할 수 있다. 이 경우 제1항부터 제4항까지의 규정은 적용하지 아니한다(법 제11조 제5항).

자발성과 차별성에 대하여 대법원은 다음과 같이 판단한다.

> "대규모유통업법 제11조 제5항에서 납품업자 등의 요청이 '자발적'이라는 것은 단순히 대규모유통업자가 납품업자 등에게 판매촉진행사를 강제하지 않았다거나 납품업자 등의 동의가 있었다는 정도를 의미하는 것이 아니라, 대규모유통업자의 실질적 관여나 개입 없이 납품업자 등이 먼저 독자적이고 적극적으로 판매촉진행사를 기획하여 대규모유통업자에게 그 실시를 요청하는 것을 의미한다고 보아야 함. 또한 판매촉진행사가 다른 납품업자 등과 '차별화'된다고 하려면 그 행사의 내용이나 효과가 그 행사를 요청한 해당 납품업자 등에게 특화되어 있어야 하고, 다른 납품업자 등에게도 그대로 적용되거나 귀속될 수 있는 것이어서는 안 됨. 특정 납품업자 등이 자발적으로 요청한 판매촉진행사라면 특별한 사정이 없는 한 그 납품업자 등에게 특화되어 있을 가능성이 크므로, 자발성이 인정되지 않는다면 차별성 여부는 굳이 따져볼 필요가 없고, 자발성이 인정된다면 차별성 역시 인정할 수 있는 경우가 많을 것임. 다만 개별 납품업자 등에게 특화되지 않은 판매촉진행사라면 특별한 사정이 없는 한 해당 납품업자들이 그러한 행사를 자발적으로 기획하여 실시할 가능성은 그리 크지 않으므로, 이러한 측면에서 차별성은 자발성을 판단하는 데 중요한 고려요소가 됨. 이러한 자발성과 차별성은 해당 판매촉진행사를 실시하게 된 경위와 목적, 행사의 명칭과 성격, 시기와 기간, 방법과 태양, 행사대상인 상품의 품목과 특성, 행사에 참여한 납품업자 등의 수와 범위, 행사의 효과, 관

---

14) 공정의 2018. 5. 24. 2018-212.
15) 대판 2020. 5. 14. 2018두52044(파기환송).

> 련 업계의 상황과 소비자의 반응 등을 종합적으로 고려하여 판단하여야 하고, 이에 관한 증명책임은 관련 규정의 취지와 체계상 대규모유통업자에게 있다고 보아야 함"<롯데쇼핑(주)의 대규모유통업법 위반행위 건>[15]

법원이 자발성 및 차별성을 인정한 사례는 다음과 같다.

> "원고는 이 사건 판매촉진행사 전 납품업자와의 거래방식을 위·수탁 거래에서 직매입 방식으로 변경하고 동일하게 낮은 수수요율을 적용하기로 하는 등 납품업자에게 거래조건을 유리하게 변경하였고, 두 개 납품업자 모두 거래조건이 유리하게 변경되었음을 이유로 자발적으로 판촉행사를 기획했다는 취지로 진술하였다. 따라서 이 사건 판매촉진행사를 하게 된 경위와 진행과정 등이 다른 납품업자와의 사이에 일반적으로 이루어지는 판매촉진행사와 구별됨을 알 수 있고 자발성도 인정될 만한 사정이 있음"<(주)우리홈쇼핑의 대규모유통업법 위반행위 및 독점규제법상 거래상지위 남용행위 건>,[16] "무료사은품 행사는 납품업자의 제안에 따라 각 납품업자가 참여하는 무료사은품 행사를 포함하여 점포전체에 관한 다양한 판매촉진행사를 함께 기안한 것으로 보이고, 여러 납품업체들이 입점해 있는 백화점 점포의 특성상 행사의 원활한 진행과 광고 등을 위하여 일정 정도 통일성이 요구될 수밖에 없다고 보이고, 납품업체들의 당초 행사계획이 전적으로 관철되거나 모든 행사 변경 내용에 대한 사전동의가 되어야만 대규모유통업법 제11조 제5항의 자발성이 인정된다고 보기 어려움"<롯데쇼핑(주)의 대규모유통업법 위반행위 건>[17]

그러나 이러한 예외규정의 적용범위를 지나치게 넓게 해석하는 것은 대규모유통업법의 근본취지에 반한다<(주)한화갤러리아의 대규모유통업법 위반행위 건>.[18]
반대로 법원이 자발성 및 차별성을 인정하지 않은 사례도 있다.

> "방송조건 등에 관한 협약서에 방송시간대 및 방송종료 후 2시간 이내에 이루어지는 판매촉진행사의 비용은 납품업자가 전부 부담한다는 내용이 기재되어 있기는 하나 이는 원고가 납품업자와 판매방송계약을 체결하면서 방송시간대 및 방송종료 후 2시간 이내에 판매촉진행사가 이루어지는 경우 판매촉진비용을 납품업자가 전액 부담하는 것으로 미리 정하여 둔 것에 불과하고, 위와 같은 기재만으로는 납품업자가 자발적으로 원고에게 판매촉진행사의 실시를 요청하였다고 보기 어려우므

---

16) 서고판 2017. 1. 18. 2015누40363
17) 서고판 2018. 7. 13. 2017누62435(대판 2018. 3. 15. 2017두70496).
18) 서고판 2018. 1. 25. 2017누62442(대판 2018. 6. 15. 2018두36905).

로 이 사건 판매촉진행사가 대규모유통업법 제11조 제5항에서 정한 예외사유에 해당한다고 보기 어려움"<㈜씨제이오쇼핑의 대규모유통업법 위반행위 및 독점규제법상 거래상지위 남용행위 건>,[19] "납품업자등의 보호를 목적으로 하는 대규모유통업법 제11조 제1 내지 4항의 입법취지에 비추어 볼 때 예외 규정(대규모유통업법 제11조 제5항)의 적용 범위를 완화하는 것은 대규모유통업법 제11조 제1 내지 4항의 입법취지에 반하는 것으로 판단됨. 이 사건 시식행사가 납품업자등이 자발적으로 대규모유통업자에게 요청하여 다른 납품업자등과 차별화되는 판매촉진행사를 실시한 경우에 해당한다고 보기는 어려움"<롯데쇼핑(주)(빅마켓)의 대규모유통업법 위반행위 건>,[20] "판매촉진행사의 기획단계부터 납품업자들의 참여를 예정하였고 공문에서 참여업체가 실시할 수 있는 매장별 세부행사의 유형 등도 사전에 제시되었으므로, 설령 납품업자들이 행사참여여부에 관하여 자율적으로 답변하였다고 하더라도 판매촉진행사 실시를 자발적으로 요청하였다고 보기 어려움"<㈜한화갤러리아의 대규모유통업 위반행위 건>,[21] "'줄세우기' 부분은 납품업자들이 원한 것이 아니라 원고 스스로 기안한 것이므로, 원고가 납품업자들의 개별적·독자적 판매촉진전략과 무관하게 자신의 점포 전체를 대상으로 고객을 유인한 것이라고 봄이 타당함. 이러한 사정에 비추어 보면, 이 사건 무료사은품행사는 원고가 애당초 자신의 점포 전체를 대상으로 기획한 것이거나, 설령 일부 납품업자들의 제안에 따라 시작되었다 하더라도 그 기획 과정에서 원고 점포 전체에 행사의 효과가 미치게 함으로써 행사의 본질적 성격을 변경한 것이라고 봄이 타당", "'줄세우기' 부분은 납품업자들이 원한 것이 아니라 원고 스스로 기안한 것이므로, 원고가 납품업자들의 개별적·독자적 판매촉진전략과 무관하게 자신의 점포 전체를 대상으로 고객을 유인한 것이라고 봄이 타당함. 이러한 사정에 비추어 보면, 이 사건 무료사은품행사는 원고가 애당초 자신의 점포 전체를 대상으로 기획한 것이거나, 설령 일부 납품업자들의 제안에 따라 시작되었다 하더라도 그 기획 과정에서 원고 점포 전체에 행사의 효과가 미치게 함으로써 행사의 본질적 성격을 변경한 것이라고 봄이 타당함"<롯데쇼핑(주)의 대규모유통업법 위반행위 건>[22]

---

19) 서고판 2017. 1. 18. 2015누49308.

20) 서고판 2016. 8. 25. 2015누47333; 시식행사는 매장에서 신선·가공식품을 시험삼아 먹어볼 수 있도록 제공하는 것으로 납품업자들 사이에 시식이라는 행위 자체에 별다른 차별성이 있다고 보기는 어려운바, 이 사건 시식행사는 표준화된 시식대 운영을 통하여 이루어진 점, 이 사건 시식행사에서 납품업자들이 시식대행업체를 이용하는 경우 대부분 하나의 대행업체에 위탁하여 진행하였고 위 대행업체는 동일한 운영방식으로 이 사건 시식행사를 진행한 점, 가사 동일한 제품군별로는 동일한 기간에 하나의 제품에 대하여만 시식행사가 이루어졌다고 하더라도 제품군을 달리해서는 이 사건 시식행사 기간 중 여러 납품업자들이 동시에 시식을 진행한 기간도 다수 존재하는 점, 이 사건 시식행사에 참가한 납품업자와 원고의 거래 방식이 모두 직매입거래 방식이었음을 고려할 때 이 사건 시식행사의 주된 이해관계자는 원고이고 실제로도

　　입점업자등의 자발적 요청에 따른 차별화된 판매촉진행사 비용 관련하여「특약 매입거래 심사지침」에서는 다음과 같이 규정하고 있다[III. 2. 다. (3) (라)].

---

1) 원칙

판매촉진행사에 해당되는 모든 행사 또는 활동에 대해 법 제11조 제3항 및 제4항에 따른 판매촉진비용 분담 의무가 적용되는 것은 아니다. 입점업자등이 자발적으로 대규모유통업자에게 요청(자발성 요건)하여 다른 입점업자등과 차별화되는 판매촉진행사를 실시(차별성 요건)하려는 경우에는 대규모유통업법 제11조제5항에 따라 입점업자등과 대규모유통업자가 협의를 통해 판매촉진비용의 분담비율을 정할 수 있다. 입점업자등을 보호하기 위해 사전에 서면약정을 체결하지 않고 판매촉진비용의 50% 이상을 부담시키는 행위를 원칙적으로 금지한 입법취지에 비추어 볼 때, 대규모유통업법 제11조제5항과 같은 예외규정은 그 적용요건을 최대한 엄격하게 제한적으로 해석되어야 할 것이다.

자발성 요건은 대규모유통업자가 입점업자등에게 판매촉진행사를 하도록 요청하지 아니한 상황에서, 입점업자등이 먼저 스스로 판매촉진행사 실시여부와 내용 등을 독자적으로 결정하고 대규모유통업자에게 이러한 의사를 전달하였을 때 충족될 수 있다. 단지 대규모유통업자가 입점업자등에게 판매촉진행사에 대한 참여를 직접적으로 강제하지 않았다는 사실만으로는 자발적 요청이 있었다고 할 수 없으며, 입점업자등이 판매촉진행사에 참여할 수밖에 없는 객관적인 상황을 만들어 내는 등 사실상 참여를 강제한 경우에도 자발성은 부인될 수 있다. 따라서, 단순히 입점업자등이 대규모유통업자에게 판매촉진행사 실시를 요청한 공문이 있다고 해서 그것만으로 자발적인 요청이 있는 것으로 인정되는 것은 아닐 것이다. 공문이 있는 경우라 하더라도 실제로는 대규모유통업자가 사전에 입점업자등에게 행사에 참여하겠다고 요청하는 내용의 공문을 보내도록 지시하거나 강제할 수 있기 때문이다.

또한, 단순히 판매촉진행사 이전에 대규모유통업자가 이를 기획·고지하였다거나 입점업자와 협의를 거쳤다는 정황만으로 자발성이 무조건 부인된다고 볼 수는 없을 것이다. 입점업자등이 스스로 판매촉진행사 여부와 내용 등을 독자적으로 결정하여 실시하는 경우에도 대규모유통업자와 협의를 전혀 거치지 않을 수 없고, 대

　　원고가 주도적인 입장에서 이 사건 시식행사를 실시한 것으로 보이는 점, 증언에 의하면 원고의 요청에 의하여 시식행사가 실시되는 경우도 상당하다는 점.

21) 서고판 2018. 1. 25. 2017누62442(대판 2018. 6. 15. 2018두36905).

22) 대판 2020. 5. 14. 2018두52044(파기환송).

규모유통업자도 특정 기간 동안 점포 차원의 집객효과를 제고하기 위한 기획 행위를 전혀 하지 않을 수는 없기 때문이다.

〈자발성 요건이 인정되지 않을 수 있는 경우(예시)〉

• 대규모유통업자가 행사의 유형, 내용을 독자적으로 기획하고, 입점업자등에게 이를 제시하면서 참여를 요청한 것에 대해 입점업자등이 개별적으로 참여여부를 답변하고 행사에 참여한 경우

차별성 요건은 판매촉진행사의 경위와 목적, 진행과정과 내용 등을 종합적으로 고려할 때, 행사를 진행한 입점업자등이 다른 입점업자등과 비교하여 뚜렷이 구분된다고 볼 수 있는 특수한 사정이나 성격을 가질 경우에 충족될 수 있다. 단지 입점업자등 간 일부 형식과 내용에 차이가 있다는 사실만으로는 차별화된 행사로 인정되는 것은 아니며, 판매촉진행사를 실시하게 된 경위와 진행과정, 행사내용, 행사방법, 행사상품의 품목, 행사시기 및 기간, 관련 상품 소비자들의 특성 및 시장상황, 행사의 효과 등 제반사정을 종합적으로 고려하여 해당 행사를 요청한 입점업자등이 다른 입점업자등과 구별될 수 있는 경우에 한해 차별화된 행사로 인정될 수 있다.

〈차별성 요건이 인정되지 않을 수 있는 경우(예시)〉

• 대규모유통업자가 입점업자등에게 행사 세부내용을 미리 제시한 것에 대해, 입점업자등이 그 내용중 일부를 선택하여 행사를 실시한 경우

자발성 요건과 차별성 요건의 충족은 사실상 서로 밀접한 관련이 있다. 입점업자등이 대규모유통업자의 의사와 무관하게 자발적으로 판매촉진행사 내용을 정하여 실시를 요청하는 경우, 그러한 행사는 경위, 목적, 진행과정, 내용 등의 측면에서 다른 입점업자등과 차별화될 개연성이 크기 때문이다. 그러나, 입점업자등이 요청한 행사라고 하여 반드시 차별화된 행사로 인정되는 것은 아닐 수 있다. 입점업자등이 요청하였다 하더라도 실제 진행과정에서 대규모유통업자의 의사가 개입됨에 따라 당초 입점업자등이 실시하고자 한 행사의 의도와 특성이 사라지고 다른 입점업자등과 구분되지 아니하는 경우에는 차별화된 행사로 인정되지 아니할 수 있다.

자발성 요건과 차별성 요건이 모두 충족되는 판매촉진행사는 대규모유통업법 제11조제5항에 따라 동법 제11조제1항부터 제4항까지의 규정이 적용되지 않으므로 입점업자등의 판촉비용 분담비율이 50%를 초과할 수 있다. 이러한 적용예외 조항의 규정 취지는 대규모유통업자의 의사가 개입되지 아니한 상황에서 입점업자등이 스스로 이익을 얻을 것으로 판단하고 주도적으로 판매촉진행사 제반사항을

　정하여 진행하는 경우, 대규모유통업자의 판매촉진행사에 의해 예상하지 못한 비용을 부담할 가능성이 낮다는 점을 고려한 것이다.

2) 적용예외 요건(법 제11조 제5항)의 적용례

적용예외 요건 충족여부에 대한 구체적인 판단은 해당 판매촉진행사의 기획주체, 요청경위, 목적과 내용, 입점업자등의 (예상)이익과 비용 등 효과, 비용분담 내역과 협의과정, 입점업자등 및 대규모유통업자가 처한 경제적 상황과 관련 상품의 시장현황, 소비자 특성 등 제반사정을 종합적으로 고려하여 이루어진다.

〈법 제11조제5항의 적용예외 요건이 충족될 수 있는 경우(예시)〉

• 입점업자등이 자신의 브랜드에 한해 적용되는 판매촉진행사의 실시를 스스로 기획하고 행사실시와 관련된 사항을 독자적으로 결정하여 진행한 경우
• 입점업자등이 대규모유통업자로부터 사전에 단순 고지된 사항(점포 차원의 집객효과를 위해 집중 홍보하고자 하는 행사 기간, 홍보물 제작 등 판촉 지원 사항 등)을 참고하여, 자신의 판매계획 또는 경영적 판단에 따라 행사 실시여부와 내용 등을 독자적으로 결정하고, 행사 시기를 대규모유통업자의 집객 또는 소비자 구매가 활발한 기간으로 하고 싶다는 의사를 대규모유통업자에게 전달하여 그에 맞게 행사를 진행한 경우
대규모유통업법 제11조제5항의 예외규정이 적용되지 않는 판매촉진행사임에도 불구하고 대규모유통업자가 판매촉진비용의 50% 이상을 부담하지 않는 경우에는 대규모유통업법 규정(제11조) 위반에 해당될 수 있다.

〈법 제11조제5항의 적용예외 요건이 충족되기 어려운 경우(예시)〉

• 입점업자등이 행사에 참여하겠다는 의사를 밝힌 공문은 제시되었으나 사전에 대규모유통업자가 참여를 독려하였고, 행사관련 사항을 대규모유통업자가 주도적으로 정하여 실시한 경우
• 대규모유통업자가 사전에 점포 차원의 집객효과를 위해 집중 홍보하고자 하는 행사 기간, 홍보물 제작 등 판촉 지원 사항 등을 단순 고지하는 차원을 넘어, 개별 입점업자등이 참여한다는 답변을 하도록 유도하거나, 입점업자등의 자발적 요청 이전에 행사참여 계획을 일일이 확인하는 등 사실상 입점업자등이 행사실시 여부를 결정하는 데 관여하고, 자신이 행사의 구체적 내용을 정하여 행사를 실시한 경우

Ⅳ. 대규모유통업법 제12조와의 관계

하나의 행위가 대규모유통업법 제12조에 의하여 적법하다고 하더라도 그 이유만으로 대규모유통업법 제11조의 적용이 배제되지는 않으며 이 사건 위반행위가 대규모유통업법 제12조에 의하여 적법한지 여부와 관계없이 대규모유통업법 제11조를 적용할 수 있다<롯데쇼핑(주)(빅마켓)의 대규모유통업법 위반행위 건>.23)

---

23) 서고판 2016. 8. 25. 2015누47333.

제12조(납품업자등의 종업원 사용 금지 등)

① 대규모유통업자는 납품업자등으로부터 종업원이나 그 밖에 납품업자등에 고용된 인력(이하 이 조에서 "종업원등"이라 한다)을 파견받아 자기의 사업장에서 근무하게 하여서는 아니 된다. 다만, 다음 각 호의 어느 하나에 해당하는 경우로서 납품업자등과 사전에 대통령령으로 정하는 바에 따라 파견조건을 서면으로 약정하고 파견된 종업원등을 해당 종업원등을 고용한 납품업자등이 납품하는 상품의 판매 및 관리 업무에 종사하게 하는 경우에는 그러하지 아니하다.

1. 대규모유통업자가 대통령령으로 정하는 바에 따라 파견된 종업원등의 인건비를 비롯한 제반 비용을 부담하는 경우
2. 납품업자등이 종업원등의 파견에 따른 예상이익과 비용의 내역 및 산출근거를 객관적·구체적으로 작성하여 명시한 서면에 따라 대규모유통업자에게 자발적으로 자신이 고용한 종업원등의 파견을 요청하는 경우
3. 특수한 판매기법 또는 능력을 지닌 숙련된 종업원등을 파견받는 경우
4. 특약매입거래를 하는 납품업자등이 상시적으로 운영하는 매장에서 상품의 특성상 전문지식이 중요하다고 공정거래위원회가 정하여 고시하는 상품류를 판매·관리하기 위하여 종업원등을 파견받는 경우

② 제1항 단서의 서면에는 대규모유통업자와 납품업자등이, 제1항제2호의 서면에는 납품업자등이 각각 서명 또는 기명날인하여야 한다.

③ 대규모유통업자는 자기가 고용한 자의 인건비를 납품업자등에게 부담시키는 행위를 하여서는 아니 된다.

목 차

[참고사례]

롯데쇼핑(주)(마트부문)의 대규모유통업법 위반행위 건[공정거래위원회 2016. 7. 8. 의결 제2016-150호; 서울고등법원 2017. 1. 26. 선고 2016누59302 판결; 대법원 2017. 5. 31. 선고 2017두36298(심리불속행 기각) 판결]; 홈플러스(주) 및 홈플러스테스코(주)의 대규모유통업법 위반행위 건(공정거래위원회 2015. 7. 23. 의결 제2015-279호; 서울고등

법원 2016. 2. 26. 선고 2015누55600 판결); **롯데쇼핑(주)(빅마켓)의 대규모유통업법 위반
행위 건**(공정거래위원회 2015. 5. 20. 의결 제2015-173호; 서울고등법원 2016. 8. 25.
선고 2015누47333 판결; 대법원 2017. 3. 15. 선고 2016두51481 판결); **㈜신세계의 대규
모유통업법 위반행위 건**(공정거래위원회 2017. 6. 5. 의결 제2017-191호; 서울고등법원
2018. 4. 19. 선고 2017누60071 판결; 대법원 2018. 8. 30. 선고 2018두42573(심리불속
행 기각) 판결]; **롯데쇼핑(주)(마트부문)의 대규모유통업법 위반행위 건**(공정거래위원회
2018. 10. 10. 의결 제2018-302호); **롯데쇼핑(주)의 대규모유통업법 위반행위 건**[공정거
래위원회 2016. 7. 8. 의결 제2016-190호; 서울고등법원 2017. 10. 13. 선고 2017누
41807 판결; 대법원 2018. 3. 15. 선고 2017두70496(심리불속행 기각) 판결]; **농협유통
(주)의 대규모유통업법 위반행위 건**(공정거래위원회 2019. 1. 9. 의결 제2019-010호; 서
울고등법원; 대법원 2021. 1. 14. 선고 2020두50607 판결)

I. 의의

대규모유통업자는 납품업자등으로부터 종업원이나 그 밖에 납품업자등에
고용된 인력(이하 이 조에서 "종업원등")을 파견받아 자기의 사업장에서 근무하게
하여서는 아니 된다(법 제12조 제1항 본문).

법원이 법 위반으로 인정한 사례는 다음과 같다.

> "구두합의가 있었다고 하더라도 대규모유통업법 12조 1항 단서에서는 파견근무가 가
> 능한 경우를 '파견조건을 서면으로 약정한 경우'로 한정하고 있으므로 법위반임"
> <홈플러스(주) 및 홈플러스테스코(주)의 대규모유통업법 위반행위 건>,[1] "상품의
> 진열 및 판매 등 납품업자가 납품하는 상품의 판매 및 관리 업무에 관한 판촉사원
> 파견조건서 등은 점포 리뉴얼 작업에 종사하게 한 종업원 사용행위에 관한 사전 약
> 정이라고 볼 수 없으며, 이메일은 그 형식상 대규모유통업법 제12조 제2항에서 규정
> 하는 '납품업자등이 서명 또는 기명날인한 서면'으로 보기 어려우므로 종업원파견조
> 건에 관한 사전 서면 약정으로 볼 수 없음"<롯데쇼핑(주)(마트부문)의 대규모유통업
> 법 위반행위 건>,[2] "사전서면약정이 있고 당해 상품의 판매업무에만 종사시키는 경
> 우에 한해 예외적으로 허용함"<농협유통(주)의 대규모유통업법 위반행위 건>[3]

---

1) 서고판 2016. 2. 26. 2015누55600.
2) 서고판 2017. 1. 26. 2016누59302(대판 2017. 5. 31. 2017두36298).
3) 대판 2021. 1. 14. 2020두50607.

대규모유통업자가 ① 종업원등을 파견받은 이후에 서면약정하는 행위, ② 상기 사항의 일부 또는 전부에 대해 약정을 체결하지 않거나 ③ 불명확하게 약정하는 행위, ④ 약정 서면이 불완전하거나 이를 납품업자등에게 교부하지 않는 행위 등은 법 위반에 해당될 수 있으므로 유의하여야 한다. 「대규모유통업 분야에서 납품업자등의 종업원 파견 및 사용에 관한 가이드라인」[4](이하 "종업원 파견 및 사용 가이드라인")에서는 다음과 같이 규정하고 있다(Ⅳ. 1).

---

1. 파견조건에 대한 서면약정을 종업원등의 파견 이후에 실시하여서는 아니됨

　　파견조건에 대한 서면약정은 실제 납품업자등의 종업원등을 파견받아 자기의 사업장에 근무시키기 이전에 체결되어야 한다. 즉, 종업원등을 파견받기 이전에 구체적인 파견조건을 명시한 서면의 마련과 더불어, 이에 대한 양 당사자의 서명 또는 기명날인까지 이루어져야 한다.

〈법 위반에 해당될 수 있는 행위(예시)〉

• 단기(예 : 1주일 이내) 판촉행사라는 이유로 서면약정없이 납품업자등에게 판촉 사원 파견을 추가로 요구하고, 사후에 납품업자로부터 파견요청서와 서면약정서 (기명날인 포함)를 징구하는 행위
• 1월부터 종업원등을 파견받았음에도 불구하고 4월에 파견조건에 대해 약정하고, 이를 1월부터 소급하여 적용하거나 약정일자를 1월 이전으로 수정하여 기재하는 행위
• "파견 종업원등의 인원수는 차후 협의에 의해 결정한다" 또는 "해당 월의 파견 인원수는 전월말까지의 협의에 의해 결정한다" 등 파견조건을 사후로 유보하는 행위
• 파견조건을 명시한 서면의 마련은 종업원등 파견 이전에 이루어졌으나, 한 당사자 또는 양 당사자의 서명 또는 기명 날인은 파견 이후에 이루어진 경우

2. 파견조건의 전부 또는 일부에 대해 서면약정을 체결하지 않는 행위를 하여서는 아니됨

　　대규모유통업자는 거래형태 및 파견조건, 파견의 자발성 여부 등과 무관하게 상기 4가지 파견조건(종업원등의 수, 근무기간 및 근무시간, 종사 업무내용, 인건비 분담 여부 및 조건)에 대해서는 반드시 약정을 체결하여야 한다. 따라서 상기 사항을 전부 약정하지 않거나, 일부만 약정하는 것은 법 위반에 해당될 수 있다.

---

[4] 공정거래위원회예규 제360호(2020. 12. 18).

복수의 납품업자가 공동으로 종업원을 고용하여 파견하는 경우, 대규모유통업
자는 관련 납품업자 전체와 서면약정을 체결하여야 한다. 또한, 단기 판촉행사
진행 등을 이유로 부정기적·일시적으로 파견되는 판촉사원에 대해서도 사전
서면약정이 필요하다.

〈법 위반에 해당될 수 있는 행위(예시)〉

• 단기 판촉행사 또는 복수의 납품업자가 공동으로 파견하는 경우 등과 같이 서류
작업에 많은 시간이 소요된다는 이유로 파견조건을 사전에 서면으로 약정하지
않고, 구두·이메일·파견요청 문서 등으로 종업원등 파견을 요청하여 파견받는
행위
• 납품업자등이 자발적으로 종업원등의 파견을 요청했다는 이유로 사전에 서면약
정을 체결하지 않는 행위
• 종업원등의 근무시간 및 근무기간, 업무내용에 대해서는 명확히 약정하였으나,
종업원등의 수는 예측이 어렵다는 이유로 약정서에 명시하지 않는 행위
• 상시로 판매사원을 파견받아 사용함에도 불구하고, 약정기간 만료 이전에 해당
약정을 갱신하지 않은 상태에서 계속해서 파견받는 행위

3. 파견조건을 약정하였으나, 약정된 파견조건이 불명확하여서는 아니됨

종업원등 파견에 관한 약정을 체결할 경우, 종업원등의 수·근무기간·근무내용
등은 구체적이어서 납품업자가 자신의 종업원 파견에 소요되는 비용을 사전에
예측할 수 있어야 한다.
상품의 매출액 변동이나 산발적인 판촉행사의 실시에 따라 파견 종업원의 숫
자 및 근무기간을 특정하기 어려운 경우 등 불가피한 경우에는 범위를 지정하
여 파견조건을 약정할 수 있을 것이다. 다만, 이 경우 지정된 범위가 너무 넓
어 납품업자등이 파견비용을 예측하기 어려울 정도라면 법 위반에 해당될 소
지가 있게 되므로 유의하여야 한다.

〈법 위반에 해당될 수 있는 행위(예시)〉

• 파견조건에 관한 예측이 가능한 상시근무 판매사원을 파견받으면서 파견 인원
및 근무시간 등을 명확히 약정하지 않는 행위
• 상품매출 변동, 단기 판촉행사 등의 추가인원수요를 감안하더라도 최대 10명이면
가능한 경우임에도 불구하고 종업원등의 수를 "5명~30명" 또는 "30명 이하" 등

포괄적으로 약정하는 행위
- 종업원등의 근무기간을 "상반기 중" 또는 "3분기 중" 등으로 모호하게 규정하여 납품업자등이 파견기간을 예측하기 어려운 경우
- 납품업자는 구체적 파견조건이 명시되지 않은 서면에 서명/기명날인만 하고, 구체적인 파견조건은 유통업자가 사후에 일방적으로 기재하는 행위

4. 약정서면이 불완전하거나, 약정서면을 미교부하는 행위 등을 하여서는 아니됨

파견조건은 서면(전자문서 포함)으로 약정하여야 하며, 해당 서면에는 대규모유통업자와 납품업자등이 서명(전자서명 포함) 또는 기명날인하여야 한다.

또한, 대규모유통업자는 약정을 체결한 즉시 약정서면을 납품업자등에게 교부하여야 하며, 파견조건에 대한 약정서면과 종업원등의 근무내역에 관한 서류를 5년간 보존하여야 한다.

〈법 위반에 해당될 수 있는 행위(예시)〉

- 파견조건을 명시한 서면은 마련되었으나, 한 당사자 또는 양 당사자 모두의 서명 또는 기명날인이 누락된 경우
- 약정서면을 납품업자등에게 교부하지 않거나, 파견 이후에 교부하는 행위
- 파견조건 약정서면 또는 종업원등의 근무내역에 관한 서류를 1년 동안만 보존하고 폐기하는 행위
- 전자서면을 통해 약정을 체결하는 경우, 납품업자등의 서명을 대규모유통업자가 보관하고 있다가 이를 약정서에 기재하는 행위

기타 「종업원 파견 및 사용 가이드라인」에서는 대규모유통업자가 파견받은 종업원등에 대해 유의해야 할 남용행위를 다음과 같이 규정하고 있다(V).

대규모유통업자는 파견 종업원을 해당 인원을 고용한 납품업자등이 납품하는 상품의 판매 및 관리 업무에만 종사하게 할 수 있다(법 제12조제1항 단서). 따라서 자사 상품 판매·관리 업무에 해당되지 않는 대규모유통업자의 고유업무나 타 납품업자등 상품에 대한 판매·관리 업무에 종사시키는 행위는 법 위반에 해당될 소지가 있게 되므로 유의해야 한다.

또한, 법 제17조 제10호에서는 대규모유통업자가 납품업자등에게 불이익을 주거나 이익을 제공하게 하는 행위를 금지하고 있다. 따라서 대규모유통업자가 파견 종업원에 대해 설정된 판매목표액을 달성하도록 강제하는 등 납품업자의 이익보다 자

신의 이익을 일방적으로 추구하는 행위를 할 경우 법 위반 소지가 있을 수 있다.

〈법 위반에 해당될 수 있는 행위(예시)〉

• 파견된 종업원등을 계산대에서 현금출납 보조업무, 포장업무 등에 종사시키는 행위(단, 백화점 내 점포와 같이 해당 납품업자등별로 별도의 계산대 나 결제시스템이 있는 경우는 제외한다)
• 파견된 종업원등에 통로·화장실 등 매장 공용공간 청소, 매장 공용공간에서 매장 전체차원의 고객 응대 및 안내업무 등을 하도록 지시하는 행위
• 파견된 종업원등을 배송 차량으로부터의 상품 하역, 창고반입 업무, 쇼핑 카트 회수·정리, 주차장 관리 및 주차지원 업무에 종사시키는 행위
• 파견된 종업원등에게 자사 상품 뿐만 아니라 다른 납품업자등이 납품하는 상품의 판매 및 재고파악 및 관리, 진열업무 등을 맡기는 행위
• 납품업자의 직매입상품에 대한 판촉행사를 진행하기 위해 판촉사원을 파견받아, 해당 납품업자가 납품한 대규모유통업자의 PB상품에 대한 판매업무에도 종사하도록 한 행위
• 대규모유통업자가 자기의 이익을 위한 고유 업무의 일환으로 수행하는 정기재고 조사업무 등의 원활한 수행을 위해 파견 종업원등으로 하여금 자사상품의 재고를 파악토록 하는 행위
• 대규모유통업자 또는 소속 직원이 입점업체에 대해 월별 매출목표를 설정하고, 실제 달성여부와는 관계없이 제시된 목표 금액을 기준으로 판매수수료(판매장려금 포함)를 징수하는 행위 (법 제17조제10호 불이익 금지 규정)
• 대규모유통업자가 입점업체에 대해 판매목표를 설정하고, 파견 종업원에 대해 이를 달성하도록 강요하는 행위 (법 제17조제10호 불이익 금지 규정)

II. 허용되는 경우

다만, 다음의 어느 하나에 해당하는 경우로서 납품업자등과 사전에 *대통령령*[5)]으로 정하는 바에 따라 파견조건을 서면으로 약정하고 파견된 종업원등을

---

5) 제10조(파견 종업원등에 관한 약정사항) ① 법 제12조제1항 각 호 외의 부분 단서에 따라 대규모유통업자가 종업원등을 파견받을 경우 약정하여야 하는 사항은 다음 각 호와 같다. <u>1. 종업원등의 수 2. 종업원등의 근무기간 및 근무시간 3. 종업원등이 종사할 업무내용 4. 종업원등의 인건비 분담 여부 및 조건</u>

해당 종업원등을 고용한 납품업자등이 납품하는 상품의 판매 및 관리 업무에 종사하게 하는 경우에는 그러하지 아니하다(법 제12조 제1항 단서). 제1항 단서의 서면에는 대규모유통업자와 납품업자등이, 제1항 제2호의 서면에는 납품업자등이 각각 서명 또는 기명날인하여야 한다(법 제12조 제2항).

여기에서 '상품 판매 업무'는 일반소비자들에게 직접 상품을 판매하거나 그 판매 업무에 필수적으로 부수하는 업무에 해당하는 것으로 해석하여야 한다＜롯데쇼핑(주)의 대규모유통업법 위반행위 건＞.[6]

1. 대규모유통업자의 비용부담

허용되는 첫 번째 유형은 대규모유통업자가 *대통령령*[7]으로 정하는 바에 따라 파견된 종업원등의 인건비를 비롯한 제반 비용을 부담하는 경우(제1호)이다.

「종업원 파견 및 사용 가이드라인」에서는 다음과 같이 규정하고 있다(III. 1).

---

1. 대규모유통업자가 파견된 종업원등의 인건비를 비롯한 제반 비용을 부담하는 조건으로 파견을 받았으나, 그 비용의 일부 또는 전부를 부담하지 않거나 납품업자등에게 전가하여서는 아니됨

   대규모유통업자가 법 제12조 제1항 제1호에 따라 종업원등 파견에 소요되는 제반비용을 부담하는 조건으로 납품업자등으로부터 파견받을 경우, 대규모유통업자는 인건비(보수)와 식비·교통비 등 각종 실비, 기타 파견된 종업원등이 상품 판매 및 관련 업무에 종사하는 데에 드는 비용(이하 "파견비용"이라 한다)을 부담하여야 한다.(시행령 제10조제2항) 따라서, 이 경우 대규모유통업자가 파견비용의 일부 또는 전부를 부담하지 않거나, 납품업자등에게 파견비용을 전가시키는 행위를 한다면 법 위반에 해당될 수 있다.

   〈법 위반에 해당될 수 있는 행위(예시)〉

   • 파견비용을 부담하는 조건으로 파견을 받았으나, 파견 인력에 지급하는 비용부담을 이유로 납품업자에게 상품 매입원가의 인하를 요구하거나, 판매장려금 또는

---

6) 서고판 2017. 10. 13. 2017누41807(대판 2018. 3. 15. 2017두70496).
7) 제10조(파견 종업원등에 관한 약정사항) ② 법 제12조제1항제1호에 따라 대규모유통업자가 종업원등을 파견받을 경우 부담하여야 할 비용은 다음 각 호와 같다. 1. 파견된 종업원등의 인건비 2. 파견된 종업원등의 식비, 교통비 등 각종 실비 3. 그 밖에 대규모유통업자의 점포에서 파견 종업원등이 상품 판매 및 관련 업무에 종사하는 데에 드는 비용

광고비를 추가로 수취하는 행위
• 파견 비용을 부담하는 조건으로 파견을 받았으나, 약정서 상에 기재된 판매활동을 수행함에 있어 소요되는 진열대·시식대 등 설치비용, 샘플·시식용 상품 비용 등 대규모유통업자가 부담해야 할 비용 중 일부를 납품업자에게 부담시키는 행위

2. 납품업자등의 자발적 요청

허용되는 두 번째 유형은 납품업자등이 종업원등의 파견에 따른 예상이익과 비용의 내역 및 산출근거를 객관적·구체적으로 작성하여 명시한 서면에 따라 대규모유통업자에게 자발적으로 자신이 고용한 종업원등의 파견을 요청하는 경우(제2호)이다.

「종업원 파견 및 사용 가이드라인」에서는 다음과 같이 규정하고 있다(III. 2).

2. 대규모유통업자가 먼저 납품업자등에게 종업원등을 파견할 것을 요구하였음에도 불구하고, 납품업자등으로부터 자발적 요청이 있었음을 이유로 종업원등을 파견받아서는 아니됨.

납품업자등은 지속적 거래관계 유지를 위해 대규모유통업자가 종업원등을 파견하여줄 것을 요구하더라도 이를 거부하기 어려운 경우가 많다. 대규모유통업자가 납품업자등에게 구두나 유선 또는 이메일 등으로 비공식적으로 종업원등을 파견하여 줄 것을 먼저 요구하고, 납품업자등이 이에 응하는 경우라면 납품업자로부터 자발적인 요청이 있는 경우로 보기 어렵다.

따라서 대규모유통업자가 납품업자로부터 자발적인 요청이 있었다는 사유로 종업원등을 파견받으려면 대규모유통업자의 비공식적인 요구 이전에 납품업자등이 자신의 필요에 의해 스스로 자사 인력을 파견받아 줄 것을 먼저 요청하여야 한다. 이 경우 납품업자등의 요청은 종업원등의 파견에 따르는 예상 이익과 비용의 내역 및 산출근거를 객관적·구체적으로 작성하여 명시한 서면에 의하여야 한다.(법 제12조제1항제2호) 대규모유통업자가 납품업자등으로부터 사전에 자발적 파견요청서를 받았더라도, 파견에 따른 예상 이익 및 비용에 대한 구체적 산출근거가 없는 경우에는 자발성에 대한 다툼이 있을 수 있으므로 유의하여야 한다.

〈법 위반에 해당될 수 있는 행위(예시)〉
• 납품업자등의 자발적 요청 이전에 대규모유통업자가 납품업자등에게 협조요청 등의 명목으로 종업원등을 파견하여 줄 것을 구두나 유선 또는 이메일 등으로

비공식적으로 요구하고, 사후에 납품업자등으로부터 파견요청서를 제출하게 하는 행위
- 대규모유통업자가 파견사원 운영에 관한 계획을 수립하여 각 납품업자 별로 파견해야 할 판촉사원의 수를 할당한 다음, 개별 납품업자등으로부터 자발적 파견요청서를 제출하게 하는 행위
- 대규모유통업자가 납품업자등에 종업원 파견을 요구하면서 이를 거절할 경우 거래개시 거절, 거래지속 중단 등 불이익을 부여하거나, 이를 암시함으로써 납품업자등이 그 요구에 응할 수밖에 없는 경우

3. 숙련된 종업원등의 파견

허용되는 세 번째 유형은 특수한 판매기법 또는 능력을 지닌 숙련된 종업원등을 파견받는 경우(제3호)이다.

「종업원 파견 및 사용 가이드라인」에서는 다음과 같이 규정하고 있다(Ⅲ. 3).

3. 대규모유통업자가 파견에 따른 제반비용을 부담(법 제12조제1항 제1호)하거나 납품업자등이 자발적으로 파견을 요청(동 조 제2호)하는 경우에 해당되지 않을 경우에는 특수한 판매기법 또는 능력을 지닌 숙련된 종업원만을 파견받을 수 있음(동 조 제3호)

'특수한 판매기법 또는 능력'이라 함은 개별적·구체적인 상황에 따라 달라질 수 있으나, 일반 종업원이 지닌 능력에 비해 상당한 정도로 차별화된 판매기법이나 능력을 말한다. 이를 판단함에 있어 해당 기법 또는 능력이 소정의 교육과정 이수만으로는 갖추기 어려울 정도의 상품에 관한 전문지식(예: 특정 전자제품의 기능, 와인 감별 및 보관기법 등)과 이를 토대로 한 판매 및 상품관리 능력을 필요로 하는지가 기준이 될 것이다. 따라서, 소정의 교육과정 이수만으로 습득이 가능하거나, 상품 및 브랜드의 특성과 무관하게 공통적으로 적용되는 지식의 경우에는 이에 해당된다고 보기 힘들 것이다.
특수한 판매기법 또는 능력이 요구되는 분야에서 1년 이상 종사한 경험이 있는 인력은 '숙련된 종업원'으로 추정한다. 한편, 1년 이상 종사한 경험이 없더라도 특수한 판매기법 또는 능력을 충분히 발휘하여 일반 종업원과 차별화된 판매, 상품관리 등을 할 수 있으면 '숙련된 종업원'으로 보아 파견받을 수 있다.
대규모유통업자는 '특수한 판매기법 또는 능력을 지닌 숙련된 종업원' 사유로 파견받은 종업원을 당초 파견받은 목적에 부합하는 직무에 종사하게 하여야

한다. 예를 들어, '특수한 판매기법 또는 능력을 지닌 숙련된 종업원'을 단순 판매보조 또는 판촉을 위한 시식·시연 업무에만 종사하게 할 경우에는 법 위반 소지가 있을 수 있다.

〈법 위반에 해당될 수 있는 행위(예시)〉
• 대규모유통업자가 파견에 따른 제반비용을 부담하거나 납품업자등이 자발적으로 파견을 요청하는 경우에 해당되지 않음에도 불구하고, 상품의 특성이나 판매업무와 관련된 소정의 교육만으로도 가능한 단순 상품판매 업무의 수행을 위해 종업원등을 파견받는 행위
• 특별한 기술이 필요하지 않은 시식 및 시연, 고객에 대한 관심제고 수준의 단순 판촉업무에 숙련된 종업원등을 요구하여 판촉사원을 파견받는 행위
• 특수한 판매기법이나 능력과 무관한 판매대금 수령 등 단순 판매보조업무의 수행을 위해 숙련된 종업원등을 요구하여 파견받는 행위
• 대규모유통업자 차원의 바겐세일 등 판촉행사 기간에 행사보조업무의 수행을 위한 임시 행사요원을 추가로 요구하여 파견받는 경우

4. 전문지식이 중요한 상품류 판매·관리

허용되는 세 번째 유형은 특약매입거래를 하는 납품업자등이 상시적으로 운영하는 매장에서 상품의 특성상 전문지식이 중요하다고 공정거래위원회가 정하여 고시하는 상품류를 판매·관리하기 위하여 종업원등을 파견받는 경우(제4호)이다. 현재 공정거래위원회가 이에 대해 고시한 바는 없다.

전문지식이 중요한 상품류가 고시로 정해지 않은 이상, 법 제12조 제1항 제4호의 예외규정을 적용하여 본문의 원칙규정을 탈피하는 것은 적절하지 않다<(주)신세계의 대규모유통업법 위반행위 건>.[8] '상품의 특성상 전문지식이 중요한 경우'란 소정의 해당상품에 대하여 소정의 교육과정 이수만으로 갖추기 어려울 정도의 전문지식이 필요한 경우을 의미하고, 소정의 교육과정 이수만으로 전문지식을 갖추는 것이 가능하거나 그 상품의 특성과 무관하게 공통적으로 적용되는 지식만 요구되는 경우에는 이에 해당하지 않는다<(주)신세계의 대규모유통업법 위반행위 건>.[9]

---

8) 서고판 2018. 4. 19. 2017누60071(대판 2018. 8. 30. 2018두42573).
9) 서고판 2018. 4. 19. 2017누60071(대판 2018. 8. 30. 2018두42573).

법원이 예외로 인정하지 않은 사례는 다음과 같다.

> "화장품은 그 특성상 전문적인 지식이 중요한 경우에 해당한다고 보기 어려우므로, 단서 적용을 받을 수 없음"<(주)신세계의 대규모유통업법 위반행위 건>,[10] "사전에 납품업자들과 파견조건을 서면을 작성하여야 하고 이후에 서면을 교부하였다면 단서의 적용을 받을 수 없음"<(주)신세계의 대규모유통업법 위반행위 건>[11]

한편 대규모유통업법 제12조 제1항 단서의 제2호 내지 제4호가 정한 종업원 파견에 관한 요건을 모두 충족한 대규모유통업자가 파견받은 종업원을 상품의 판매촉진행사 업무에 종사하도록 하면서 파견종업원 인건비 전부를 납품업자 등이 부담하도록 하는 경우, 같은 법 제11조 위반에 해당하는지 여부에 대하여 대법원은 다음과 같이 판시하였다.

> "대규모유통업에서의 거래 공정화에 관한 법률(이하 '법'이라고 한다) 제11조, 제12조 제1항에 의하면, 대규모유통업자가 법 제12조 제1항 제1호에 따라 종업원을 파견받는 경우에는 파견종업원의 인건비 등 제반 비용(이하 '파견종업원 인건비 등'이라고 한다)을 전액 대규모유통업자가 부담하지만, 제2호 내지 제4호에 의하여 종업원을 파견받아 법 제11조가 규정한 판매촉진행사를 위한 상품 판매 및 관리 업무에 종사하게 한 경우의 파견종업원 인건비 등을 전액 납품업자들이 부담하게 할 수 있는 것인지 아니면 그 경우에도 법 제11조 제4항이 적용되어 대규모유통업자가 100분의 50 이상 분담하여야 하는지 등이 문제됨. 법은 이에 관하여 직접적인 규정을 두고 있지 않지만, 법 제11조는 판매촉진행사와 관련된 일반적인 비용 분담의 방식과 한도 등을 규정한 반면 법 제12조는 파견종업원을 '상품의 판매 및 관리 업무'에 종사하게 하는 경우에 관하여 파견요건을 제한하는 형식을 취하고 있을 뿐 파견종업원 인건비 등 비용분담의 비율을 제한하고 있지는 않음. 오히려 법 제12조 제1항 제1호는 대규모유통업자가 비용 전부를 부담하여 종업원을 파견받기 위한 요건을 규정하고, 제2호 내지 제4호에서는 납품업자 등이 비용을 부담하는 것을 전제로 규정하고 있는데, 만약 제2호 내지 제4호의 경우에도 법 제11조에 따라 인건비의 1/2 이상은 대규모유통업자가 부담하도록 제한하려고 하였다면, 종업원 파견의 경우에도 법 제11조가 적용된다는 취지를 법 제12조에서 명시하는 것이 자연스러운데 법은 그와 같이 규정하고 있지 않음. 또한 종업원 파견의 경우에 법 제11조와 제12조가 중복 적용된다고 하면, 종업원 파견의 경우에는 법 제12

10) 서고판 2018. 4. 19. 2017누60071(대판 2018. 8. 30. 2018두42573).
11) 서고판 2018. 4. 19. 2017누60071(대판 2018. 8. 30. 2018두42573).

594   제 3 편 대규모유통업법

조에 따른 종업원 파견 약정과 법 제11조에 따른 비용분담 등 약정을 모두 갖추지 않는 한 위법하게 될 것인데, 이는 보통의 당사자가 법 규정 자체로부터 통상 이해할 수 있는 범위를 넘음. 이와 같은 법 규정의 미비나 모호함으로 인한 불이익을 행정처분의 상대방 부담으로 돌릴 수는 없음. 그러므로 대규모유통업자가 법 제12조 제1항 단서의 제2호 내지 제4호가 정한 종업원 파견에 관한 요건을 모두 충족한 경우에는, 파견받은 종업원을 상품의 판매촉진행사 업무에 종사하도록 하면서 파견종업원 인건비 전부를 납품업자 등이 부담하도록 하는 것도 허용됨. 이러한 경우 대규모유통업자가 파견종업원 인건비 이외의 판매촉진행사에 소요된 비용을 납품업자 등에게 부담시키지 아니한 이상, 납품업자 등과 법 제11조 제2항에서 정한 서면 약정을 별도로 하지 않았다거나 또는 납품업자 등이 법 제11조 제3항, 제4항이 정한 분담비율을 초과하여 파견종업원 인건비를 부담하였다고 하여 법 제11조 위반이 되지는 않음"(<롯데쇼핑(주)(빅마켓)의 대규모유통업법 위반행위 건>,[12] <롯데쇼핑(주)의 대규모유통업법 위반행위 건>)[13]

Ⅲ. 인건비 부담행위의 금지

대규모유통업자는 자기가 고용한 자의 인건비를 납품업자등에게 부담시키는 행위를 하여서는 아니 된다(법 제12조 제3항).

---

12) 대판 2017. 3. 15. 2016두51481.
13) 서고판 2017. 10. 13. 2017누41807(대판 2018. 3. 15. 2017두70496).

제13조(배타적 거래 강요 금지)

대규모유통업자는 부당하게 납품업자등에게 배타적 거래를 하도록 하거나 납품업자등이 다른 사업자와 거래하는 것을 방해하는 행위를 하여서는 아니 된다.

목　차

[참고사례]

4개정유사의 구속조건부 거래행위 등 건(공정거래위원회 2009. 2. 9. 의결 제2009 −050호; 서울고등법원 2010. 10. 21. 선고 2009누6270 판결; 대법원 2013. 4. 25. 선고 2010두25909 판결

Ⅰ. 배타적 거래행위

대규모유통업자는 부당하게 납품업자등에게 배타적 거래를 하도록 하거나 납품업자등이 다른 사업자와 거래하는 것을 방해하는 행위를 하여서는 아니 된다(법 제13조).

독점규제법에서는 제45조 제1항 제7호에서 '거래상대방의 사업활동을 부당하게 구속하는 조건으로 거래하는 행위'로 구속조건부 거래행위를 규정하고 그 유형의 하나로 시행령에서는 '부당하게 거래상대방이 자기 또는 계열회사의 경쟁사업자와 거래하는 행위'로 배타조건부 거래행위를 규정하고 있다.

대규모유통업법은 독점규제법과 '배타적 거래를 하도록'하는 행위를 대상으로 함으로써 조문제목이 '강요'라고 되어 있는바 독점규제법상의 배타조건부거래행위와 어떤 차이가 있는지 문제된다. 독점규제법에서는 거래상대방의 사업활동을 구속하는데 주안이 있고 관련시장에서의 경쟁제한성이 위법성 판단의 중요요소가 되지만, 대규모유통업법상으로는 강요행위가 있으면 관련시장에서의 경쟁제한성과는 관계없이 위법성을 판단할 수 있다고 볼 수 있는지도 문제이다. 그러나 대규모유통업법상의 배타적 거래행위 강요도 독점규제법상의 배타조건부

거래행위에서 파생된 행위 유형이라고 본다면 독점규제법의 해석과 전혀 무관하게 해석할 수는 없는 측면이 있다. 따라서 강요의 의미는 독점규제법상의 배타조건부거래행위에서의 구속의 의미와 유사하게 해석하는 것이 타당하다.

II. 다른 사업자와의 거래 방해행위

여기에서 다른 사업자는 자신 또는 그 계열회사의 경쟁사업자 또는 잠재적 경쟁사업자가 되는 경우를 의미한다.[1] '납품업자등이 다른 사업자와 거래하는 것을 방해하는 행위'는 '납품업자등에게 배타적 거래를 하도록 하는 행위'와 어떤 차이가 있는가? 문언상으로 보면 동전의 양면과 같이 동일한 내용으로 볼 수 있다. 이와는 달리 배타적 거래행위라기 보다는 독점규제법상의 사업활동방해행위와 유사한 측면도 있다.

'거래를 방해하는 행위'에는 납품업자 등이 자신의 의사에 따라 어떤 사업자와 거래를 하고자 함에도 불구하고 대규모유통업자가 이를 금지 또는 제한하거나, 기타 일체의 곤란을 야기하는 행위가 모두 포함된다.[2]

III. 부당성의 해석

독점규제법에서의 배타조건부 거래행위의 '부당성'에 대하여 법원은 다음과 같이 판단한다.

> "독점규제법에서의 배타조건부 거래행위의 '부당성'은 당해 배타조건부 거래행위가 물품의 구입 또는 유통경로의 차단, 경쟁수단의 제한을 통하여 자기 또는 계열회사의 경쟁사업자나 잠재적 경쟁사업자를 관련시장에서 배제하거나 배제할 우려가 있는지를 비롯한 경쟁제한성을 중심으로 그 유무를 평가하되, 거래상대방인 특정 사업자가 당해 배타조건부 거래행위로 거래처 선택의 자유 등이 제한됨으로써 자유로운 의사결정이 저해되었거나 저해될 우려가 있는지 등도 아울러 고려할 수 있다고 보는 것이 타당함. 여기서 배타조건부 거래행위가 부당한지를 판단할 때에는

---

1) 오금석·김윤수·윤성운·강일 외, 298면.
2) 오금석·김윤수·윤성운·강일 외, 299면.

당해 배타조건부 거래행위로 인하여 대체적 물품구입처 또는 유통경로가 차단되는 정도, 경쟁사업자가 경쟁할 수 있는 수단을 침해받는지 여부, 행위자의 시장점유율 및 업계순위, 배타조건부 거래행위의 대상이 되는 상대방의 수와 시장점유율, 배타조건부 거래행위의 실시기간 및 대상이 되는 상품 또는 용역의 특성, 배타조건부 거래행위의 의도 및 목적과 아울러 배타조건부 거래계약을 체결한 거래당사자의 지위, 계약내용, 계약체결 당시의 상황 등을 종합적으로 고려하여야 함"<4개정유사의 구속조건부 거래행위 등 건>3)

위 판결은 대규모유통업법상의 해석에 있어서도 준용될 수 있을 것으로 본다.

---

3) 대판 2013. 4. 25. 2010두25909.

제14조(경영정보제공 요구 금지)

① 대규모유통업자는 부당하게 납품업자등에게 다음 각 호의 어느 하나에 해당하는 정보를 제공하도록 요구하여서는 아니 된다.

1. 납품업자가 다른 사업자에게 공급하는 상품의 공급조건(공급가격을 포함한다)에 관한 정보

2. 매장임차인이 다른 사업자의 매장에 들어가기 위한 입점조건(임차료를 포함한다)에 관한 정보

3. 그 밖에 납품업자등이나 납품업자등의 거래상대방에 관한 제1호 및 제2호에 준하는 정보로서 대통령령으로 정하는 경영정보

② 대규모유통업자가 납품업자등에게 제1항 각 호의 어느 하나에 해당하는 경영정보를 요구하는 경우에는 경영정보 요구에 앞서 대통령령으로 정하는 바에 따라 요구목적, 비밀유지에 관한 사항 등을 적은 서면을 해당 납품업자등에게 제공하여야 한다.

③ 제2항의 서면에는 대규모유통업자와 납품업자등이 각각 서명 또는 기명날인하여야 한다.

④ 대규모유통업자가 납품업자등에게 경영정보를 요구하는 경우 요구목적에 필요한 최소한의 범위에서 하여야 한다.

목 차

[참고사례]

롯데쇼핑(주)(백화점)의 대규모유통업법 위반행위 건(공정거래위원회 2013. 11. 25. 의결 제2013-189호; 서울고등법원 2014. 12. 4. 선고 2014누46678 판결; 대법원 2017. 12. 22. 선고 2015두36010 판결); ㈜우리홈쇼핑의 대규모유통업법 위반행위 및 독점규제법상 거래상지위 남용행위 건[공정거래위원회 2015. 4. 15. 의결 제2015-118호; 서울고등법원 2017. 1. 18. 선고 2015누40363 판결; 서울고등법원 2021. 5. 13. 선고 2020누45263(파기환송심) 판결]; ㈜홈앤쇼핑의 대규모유통업법 위반행위 및 독점규제법상 거래상지위 남용행위 건(공정거래위원회 2015. 6. 3. 의결 제2015-180호; 서울고등법원 2016.

9. 23. 선고 2015누49292 판결); ㈜지에스홈쇼핑의 대규모유통업법 위반행위 및 독점규제법상 거래상지위 남용행위 건(공정거래위원회 2015. 6. 11. 의결 제2015－193호; 서울고등법원 2017. 1. 18. 선고 2015누50353 판결); ㈜현대백화점 및 한무쇼핑(주)의 대규모유통업법 위반행위 건(공정거래위원회 2015. 3. 2. 의결 제2015－056호; 서울고등법원 2015. 12. 17. 선고 2015누38902 판결; 대법원 2018. 10. 12. 선고 2016두30897 판결)); ㈜신세계의 대규모유통업법 위반행위 건[공정거래위원회 2017. 6. 5. 의결 제2017－191호; 서울고등법원 2018. 4. 19. 선고 2017누60071 판결; 대법원 2018. 8. 30. 선고 2018두42573(심리불속행 기각) 판결]; ㈜이랜드리테일의 대규모유통업법 위반행위 건(공정거래위원회 2017. 6. 21. 의결 제2017－206호; 서울고등법원 2018. 1. 25. 선고2017누62138 판결)

Ⅰ. 의의

대규모유통업자는 부당하게 납품업자등에게 ① 납품업자가 다른 사업자에게 공급하는 상품의 공급조건(공급가격을 포함)에 관한 정보(제1호), ② 매장임차인이 다른 사업자의 매장에 들어가기 위한 입점조건(임차료를 포함)에 관한 정보(제2호), ③ 그 밖에 납품업자등이나 납품업자등의 거래상대방에 관한 제1호 및 제2호에 준하는 정보로서 *대통령령*[1])으로 정하는 경영정보(제3호)의 어느 하나에 해당하는 정보를 제공하도록 요구하여서는 아니 된다(법 제14조 제1항).

대규모유통업자와 납품업자 또는 매장임차인이 대등한 지위에서 상호보완적으로 발전할 수 있도록 한다는 취지에 부합할 뿐 아니라, '다른 사업자에게 납품하거나 다른 사업자의 점포에서 판매하는 상품의 매출액 등 매출 관련 정보'는 납품업자 선정 및 관리, 수수료율 산정에 있어 대규모유통업자와 납품업자 사이에 영향을 미칠 수 있는 중요한 정보로서 법 제14조 제1항 제1호의 상품의 공급조건 관련 정보에 준하는 정보라 볼 수 있다<(주)신세계의 대규모유통업법

---

1) 제11조(경영정보 제공 요구 금지) ① 법 제14조제1항제3호에서 "대통령령으로 정하는 경영정보"란 다음 각 호의 어느 하나에 해당하는 정보를 말한다. <u>1. 납품업자등이 납품하거나 판매하는 상품의 원가에 관한 정보 2. 납품업자등이 다른 사업자에게 납품하거나 다른 사업자의 점포에서 판매하는 상품의 매출액, 기간별 판매량 등 매출 관련 정보 3. 납품업자등이 다른 사업자의 점포에서 하는 판매촉진행사의 시기·횟수 및 거래조건 등 판매촉진행사에 관한 정보 4. 납품업자등이 다른 사업자와의 거래에서 사용하는 전자적 정보교환 전산망의 고유식별명칭, 비밀번호 등 해당 전산망에 접속하기 위한 정보</u>

위반행위 건>.[2]

　　대규모유통업자는 납품업자가 다른 사업자의 점포에서 판매하는 상품의 매출액 정보를 바탕으로 판매가격 인하, 수수료율 인상 등 자신의 이익을 위해 사용할 가능성이 높기 때문이다<(주)이랜드리테일의 대규모유통업법 위반행위 건>.[3] 그리고 대규모유통업자가 납품업자들에게 경영정보를 명시적으로 요청하였다면, 납품업자들이 동의하여 경영정보를 제공하였다 하더라도 법 제14조 제1항에 해당한다<(주)신세계의 대규모유통업법 위반행위 건>.[4]

　　경영정보제공 요구행위의 부당성을 인정하기 위하여 대규모유통업자가 요구하여 받은 경영정보를 기초로 납품업자에게 매장이동, 중요행사 배제 등의 불이익을 가하는 등의 행위가 현실적으로 이루어져야 한다거나 공정거래위원회가 그 행위를 증명할 필요가 없다<(주)신세계의 대규모유통업법 위반행위 건>.[5]

　　본 조의 취지에 대하여 법원은 다음과 같이 판시하였다.

> "대규모유통업자가 거래상 우월적 지위를 이용하여 납품업자의 원가 정보나 거래조건 등 통상의 거래관계에서는 알기 어려운 경영정보를 요구하지 못하도록 함으로써 납품업자가 거래관계에서 더욱 열세의 지위에 놓이는 것을 방지하고 대규모유통업에서의 공정한 거래질서를 확립하려는 데에 있음"<롯데쇼핑(주)(백화점)의 대규모유통업법 위반행위 건>,[6] "대규모유통업자가 납품업자 등으로부터 제1항 각 호의 경영정보를 요구하여 제공받을 경우 그러한 경영정보가 대규모유통업자의 후발적인 불공정거래행위에 이용되어 공정하고 자유로운 거래질서가 제한될 우려가 있다는 사정을 고려하여, 일정한 요건하에 대규모유통업자가 후발적인 불공정거래행위에 나아갔는지 묻지 아니하고, 납품업자 등에 대한 경영정보 제공 요구행위 자체를 금지함으로써 대규모유통업에서의 공정한 거래질서를 확립하고 대규모유통업자와 납품업자 등이 대등한 지위에서 상호 보완적으로 발전할 수 있도록 함에 그 목적이 있음"<㈜현대백화점 및 한무쇼핑(주)의 대규모유통업법 위반행위 건>[7]

　　공정거래위원회는 시행령 제11조 제1항 제2호 관련하여 다음과 같이 판단하였다.

---

　2) 서고판 2018. 4. 19. 2017누60071(대판 2018. 8. 30. 2018두42573).
　3) 서고판 2018. 1. 25. 2017누62138.
　4) 서고판 2018. 4. 19. 2017누60071(대판 2018. 8. 30. 2018두42573).
　5) 서고판 2018. 4. 19. 2017누60071(대판 2018. 8. 30. 2018두42573).
　6) 대판 2017. 12. 22. 2015두36010.
　7) 대판 2018. 10. 12. 2016두30897.

"거래상대방인 납품업자들에 대하여 거래상 우월적 지위가 있는 점이 인정되고,
피심인이 납품업자들에게 요구한 정보는 납품업자들이 피심인과 경쟁관계에 있는
롯데백화점, 대구백화점, 갤러리아백화점의 점포에서 판매되는 상품의 매출액에 관
한 정보로서, 법 제14조 제3호 및 법 시행령 제11조 제1항 제2호에서 규정한 '납품
업자 등이 다른 사업자에게 납품하거나 다른 사업자의 점포에서 판매하는 상품의
매출액, 기간별 판매량 등 매출 관련 정보'에 해당함"<㈜신세계의 대규모유통업법
위반행위 건>8)

법원이 부당한 경영정보제공행위로 인정한 사례는 다음과 같다.

"① 원고 직원들이 2012. 1. 1.부터 2012. 5. 20.까지의 기간 중 이 사건 납품
업자들에게 이들이 판매하고 있는 60개 브랜드(이하 '이 사건 브랜드')의 경쟁백화
점에서의 월별 또는 특정 기간별 매출자료를 구두 또는 이메일을 통해 제공을 요
구한 행위(이하 '이 사건 요구행위')는 원고 회사 차원에서 행해진 것이라고 봄이
상당한 점, ② 자발적으로 제공할 특별한 사정이 없었음에도 불구하고 이 사건 납
품업자들이 원고에게 이 사건 브랜드 매출자료를 제공한 것은 거래상 우월적 지위
에 있는 원고의 요구를 거부할 수 없었기 때문이므로, 이는 이 사건 납품업자들의
자유로운 의사결정을 저해하여 공정거래의 기반이 침해되거나 침해될 우려가 큰
것으로 보이는 점 등을 종합하여, 원고의 이 사건 요구행위는 정상적인 거래관행
을 벗어난 것으로서 공정한 거래를 저해할 우려가 있어 그 부당성을 인정할 수 있
음"<롯데쇼핑(주)(백화점)의 대규모유통업법 위반행위 건>,9) "방송 상품 영업 관
련 353개 납품업자 및 인터넷쇼핑몰 영업 관련 1,336개 납품업자로부터 다른 사업
자에게 판매하는 상품의 매출액 등에 관한 자료를 전달받은 사실이 있다고 인정하
고 있고, 위와 같은 정보는 대규모유통업법 제14조 제1항 및 같은 법 시행령 제11
조 제2호에서 정한 납품업자 등이 다른 사업자에게 납품하거나 다른 사업자의 점
포에서 판매하는 상품의 매출액, 기간별 판매량 등 매출 관련 정보에 해당하고, 이
사건 경영정보 제공 요구 행위는 대규모유통업법 제14조 제1항에 위배되는 부당한
경영정보 제공 요구 행위에 해당함"<(주)지에스홈쇼핑의 대규모유통업법 위반행
위 및 독점규제법상 거래상지위 남용행위 건>,10) "① 원고가 제공을 요구한 이
사건 납품업자들의 경영정보는 원고와 경쟁관계에 있는 다른 아울렛에서의 납품업

---

8) 공정의 2017. 6. 5. 2017－191.

자들의 매출액과 구체적 마진 등에 관한 것으로서 향후 원고가 신규 개설할 아울렛에서의 거래뿐 아니라 백화점과 관련한 거래에서도 원고의 이익을 위해 사용될 가능성이 있는 점, ② 원고가 신규 아울렛 개설을 위해 시장조사를 할 필요성이 인정된다 하더라도 이를 위하여 자신의 납품업자들에게 경쟁사 아울렛의 매출액, 마진 등의 정보를 제공하도록 요구하는 것이 반드시 필요하다고 볼 수 없는 점, ③ 원고가 이 사건 납품업자들에게 제공을 요구한 매출액이나 마진 등 경영정보는 일반적으로 다른 사업자에게 제공하지 않는 정보로 보이는데, 이 사건 납품업자들이 이러한 비공개 정보를 원고에게 자발적으로 제공할 동기나 이로 인한 어떠한 이익이 있었다고 볼 사정은 없고, 오히려 이 사건 납품업자들은 만일 원고의 요구에 응하지 아니할 경우 향후 원고가 신규 개설할 아울렛 입점에 지장을 초래할 가능성을 고려하여 경영정보를 제공한 것으로 보이는 점, ④ 설령 일부 납품업자들이 입점의향서를 제출하지 아니하거나 입점의향서에 부정확한 정보를 기재하거나 그 정보를 기재하지 아니하는 등으로 비협조적인 태도를 보인 경우가 있다 하더라도, 상당수의 납품업자들이 원고의 요구에 따라 경영정보를 제공하였고, 일부 납품업자는 경쟁사 아울렛에서의 마진과 유사한 수준에서 원고에 대한 요청 마진을 기재하는 등 자신이 제공한 경영정보의 내용에 영향을 받아 원고와의 거래조건을 고려한 것으로 보이고, 원고도 그와 같이 제공된 경영정보를 자신의 업무에 활용한 것으로 보이는 점, ⑤ 원고가 자신의 신규 아울렛 개설 준비를 위해 이 사건 납품업자들의 경영정보가 필요하였다는 사정 외에는 달리 원고의 경영정보 제공 요구 행위가 원고와 이 사건 납품업자들 사이의 거래관계 개선 등을 위해 필요하였다는 등의 다른 사정은 보이지 않는 점, ⑥ 원고가 가산점과 관련하여 제공을 요청한 정보도 경쟁사 아울렛에서의 매출액, 마진 등으로서 김포점 개설과 관련한 경영정보 제공 요구와 달리 볼 이유가 없는 점 등을 종합하면, 원고가 이 사건 납품업자들에게 경영정보 제공을 요구한 행위는 정상적인 거래관행을 벗어난 것으로서 공정한 거래를 저해할 우려가 있는 부당한 행위에 해당함"<(주)현대백화점 및 한무쇼핑(주)의 대규모유통업법 위반행위 건>,[11] "대규모유통업자가 회사차원에서 납품업자들에게 거래상 우월한 지위를 이용하여 원평균매출액 정보를 요구한 것은 정상적인 거래관행을 벗어난 것으로 부당성이 인정됨"<(주)이랜드리테일의 대규모유통업법 위반행위 건>,[12] "원고와 납품업자간의 거래를 위한 협의과정에서 거래상 우월한 지위에 있는 원고가 경영정보를 문의하는 경우 납품업자들이 그 정보 제공을 거부하는 것은 어려워 보임"<(주)우리홈쇼핑의 대규모유통업법 위반행위

및 독점규제법상 거래상지위 남용행위 건>[13]

　　그러나, <㈜홈앤쇼핑의 대규모유통업법 위반행위 및 독점규제법상 거래상지위 남용행위 건>[14] 관련 행정소송에서는 부당성을 인정하지 않았다.

---

9) 대판 2017. 12. 22. 2015두36010: "즉 ① 원고가 요구한 납품업자들의 경영정보는 원고와 경쟁 관계에 있는 다른 백화점에서의 매출자료 등에 관한 정보로서 향후 원고가 백화점에 관한 거래에서 원고의 이익을 위해 사용될 가능성이 있는 점, ② 원고 입장에서 시장조사를 할 필요성이 인정된다 하더라도 이를 위하여 자신의 납품업자에게 매출자료 등의 정보를 제공하도록 요구하는 것이 반드시 필요한 방법이라고 보기 어려운 점, ③ 원고의 이 사건 요구행위가 원고와 이 사건 납품업자들 사이의 거래관계 개선 등을 위해 필요하였다는 등의 다른 사정도 보이지 않는 점 등에 비추어 살펴보면, 원심의 위와 같은 판단은 정당하다"; 서고판 2014. 12. 4. 2014누46678: "원고는 백화점 업계 1위의 대규모유통업자이며 이 사건 납품업자들에 대하여 거래상 우월적 지위가 인정되는 점, EDI사건에서 원고는 납품업자들의 경쟁백화점에서의 매출자료 등을 취득한 후 이를 이용하여 납품업자들에게 판촉행사 참여 등을 강요한 행위 등으로 피고로부터 시정명령 및 과징금납부명령을 받은 바 있는 점, 원고는 원고에게 비협조적인 납품업자들에 대하여 페널티를 부여할 수 있는 지위에 있고, 실제로 페널티를 부여한 사례도 존재하는 것으로 보이는 점 등을 종합하여 보면, 원고의 요청에 따라 이 사건 납품업자들이 브랜드별 매출자료를 제공한 것이 이 사건 납품업자들의 자발적 의사에 기한 것이라고 보기는 어렵고, 또한 이 사건 납품업자들이 영업비밀인 다른 백화점에서의 매출 관련 정보를 원고에게 자발적으로 공개할 이유도 없으므로, 결국 이 사건 납품업자들이 원고의 요청에 따라 매출자료를 제공하였다 하더라도 이는 거래상 우월적 지위에 있는 원고의 요청을 거부할 수 없었기 때문이라고 봄이 상당하고, 이는 이 사건 납품업자들의 자유로운 의사결정을 저해하여 공정거래의 기반이 침해되거나 침해될 우려가 큰 것으로 보임".

10) 서고판 2017. 1. 18. 2015누50353: ① 원고는 방송 상품 영업 관련 353개 납품업자 및 인터넷 쇼핑몰 영업 관련 1,336개 납품업자로부터 다른 사업자에게 판매하는 상품의 매출액 등에 관한 자료를 전달받은 사실이 있다고 인정하고 있고, 위와 같은 정보는 대규모유통업법 제14조 제1항 및 같은 법 시행령 제11조 제2호에서 정한 납품업자 등이 다른 사업자에게 납품하거나 다른 사업자의 점포에서 판매하는 상품의 매출액, 기간별 판매량 등 매출 관련 정보에 해당함. ② 원고가 납품업체에 정보를 요청하면서 안내한 내용에 의하면 원고는 '벤더관계관리의 효율화 작업을 진행하고자 납품업체 등을 상대로 경영정보를 조사하는 것으로 이는 원고가 보유하고 있는 업체정보의 업데이트 및 효율성 제고와 향후 벤더관계관리 대상업체 선정에 활용된다'는 것이므로 원고는 자신의 영향력하에 납품업자들을 관리하고 납품업자 및 원고의 경쟁사 등과 관련한 영업전략을 수립하기 위하여 납품업체 등의 경영정보를 수집하였던 것으로 보임. ③ 원고는 원고의 담당 직원들에게 '벤더들에게 경영정보를 요구하는 것은 독점규제법 위반이기는 하나 벤더 정보 자산화를 위해서는 꼭 필요한 항목이니, 메일 회신이나 전화상으로 파악을 하더라도 강요받는 느낌을 받지 않게끔 하여 정보를 입수해달라'는 취지로 정보 취합 안내를 하였으며 이에 의하면 원고 스스로도 납품업자에 대한 이 사건 경영정보 제공 요구 행위가 위법하다는 점을 충분히 인식하고 있었다고 봄.

11) 대법원 2018. 10. 12. 선고 2016두30897. 법 제14조 제1항의 부당성 판단기준을 상세하게 판단한 최초의 사례이다. 다만 5개업체의 경우 거래상대방 요건에 해당되지 않는다는 이유로 법 제14조 적용을 부인하였다.

12) 서고판 2018. 1. 25. 2017누62138.

13) 서고판 2021. 5. 13. 2020누45263(파기환송심).

14) 서고판 2016. 9. 23. 2015누49292.

쇼핑몰사업자의 경우 「온라인쇼핑몰 심사지침」에서 별도로 규정하고 있다.

대규모유통업자가 납품업자등에게 제1항 각 호의 어느 하나에 해당하는 경영정보를 요구하는 경우에는 경영정보 요구에 앞서 *대통령령*[15])으로 정하는 바에 따라 요구목적, 비밀유지에 관한 사항 등을 적은 서면을 해당 납품업자등에게 제공하여야 한다(법 제14조 제2항).

제2항의 서면에는 대규모유통업자와 납품업자등이 각각 서명 또는 기명날인하여야 한다(법 제14조 제3항).

II. 경영정보 요구의 범위 제한

대규모유통업자가 납품업자등에게 경영정보를 요구하는 경우 요구목적에 필요한 최소한의 범위에서 하여야 한다(법 제14조 제4항).

III. 관련 이슈

1. 거래상대방

<㈜현대백화점 및 한무쇼핑(주)의 대규모유통업법 위반행위 건> 관련 행정소송에서 서울고등법원은 "경영정보의 제공을 요구한 시기, 상대방, 요구한 정보의 구체적 내용 등을 충분히 특정할 수 있고, 설령 피고가 원고의 경영정보의 제공 요구를 한 구체적인 방법 내지 방식에 관하여 특정하지 않았더라도 원고가 이 사건 처분에 불복하거나 이 사건 행위가 대규모유통업법 제14조 제1항에 해당하는지를 판단함에 있어서 아무런 장애가 되지 아니한다"고 판시하였다.[16] 그러나 대법원은 다음과 같이 판단하였다.

---

15) 제11조(경영정보 제공 요구 금지) ② 법 제14조제2항에 따라 대규모유통업자가 경영정보를 요구하는 경우 서면에 적어야 할 사항은 다음 각 호와 같다. 1. 경영정보 제공을 요구하는 목적 2. 비밀유지방법 등 요구 대상 정보의 비밀유지에 관한 사항 및 비밀침해 시의 손해배상에 관한 사항 3. 경영정보 요구일자, 제공일자 및 제공방법 4. 경영정보 제공 요구가 불가피함을 객관적으로 증명할 수 있는 사항

16) 서고판 2015. 12. 17. 2015누38902.

"침익적 행정처분의 근거가 되는 행정법규는 엄격하게 해석·적용하여야 하고 행정처분의 상대방에게 불리한 방향으로 지나치게 확장해석 하거나 유추해석 하여서는 안 되며, 그 입법 취지와 목적 등을 고려한 목적론적 해석이 전적으로 배제되는 것은 아니라 하더라도 그 해석이 문언의 통상적인 의미를 벗어나서는 안 될 것임(대법원 2008. 2. 28. 선고 2007두13791 판결 등 참조). 이와 같은 대규모유통업법의 체계와 내용 및 문언을 종합하여 보면, 대규모유통업법 제14조 제1항에 따라 금지되는 부당한 경영정보 제공 요구행위의 상대방은 납품업자 또는 매장임차인, 즉 '대규모유통업자가 판매할 상품을 대규모유통업자에게 공급하는 자' 또는 '대규모유통업자로부터 매장의 일부를 임차하여 소비자가 사용하는 상품의 판매에 사용하고 그 대가를 대규모유통업자에게 지급하는 형태의 거래를 하는 자'라고 보아야 하고, 이와 같은 납품업자와 매장임차인에 해당하지 아니하는 자에 대한 경영정보 제공 요구행위는 대규모유통업법 제14조 제1항에서 금지하는 행위에 해당한다고 볼 수 없음"
<㈜현대백화점 및 한무쇼핑(주)의 대규모유통업법 위반행위 건>[17]

2. 부당성 판단

'부당성'의 의미에 대하여 법원은 다음과 같이 판단하였다.

"당사자가 처해 있는 시장 및 거래의 상황, 당사자 간의 전체적 사업능력의 격차, 거래의 대상인 상품 또는 용역의 특성, 그리고 해당 행위의 의도·목적·효과·영향 및 구체적인 태양, 해당 사업자의 시장에서의 우월한 지위의 정도 및 상대방이 받을 수 있는 불이익의 내용과 정도 등에 비추어 공정한 거래를 저해할 우려가 있는지 여부를 고려하여 판단하여야 할 것이나, 위 요구행위의 부당성을 인정하기 위하여 대규모유통업자가 위와 같이 요구하여 받은 경영정보를 기초로 납품업자에게 매장이동, 중요행사 배제 등의 불이익을 가하는 등의 행위가 현실적으로 이루어져야 한다거나 피고가 그 행위를 증명할 필요는 없음"(<롯데쇼핑(주)(백화점)의 대규모유통업법 위반행위 건>, <㈜지에스홈쇼핑의 대규모유통업법 위반행위 및 독점규제법상 거래상지위 남용행위 건>)[18]

---

17) 대판 2018. 10. 12. 2016두30897.

18) 서고판 2014. 12. 4. 2014누46678; 서고판 2017. 1. 18. 2015누50353. 즉 동 판결은 거래상 지위 인정 관련하여 거래상대방인 납품업자 등에 대하여 거래상 우월적 지위에 있는 것으로 봄이 상당하다고 보았으며, 부당성 관련해서도 첫째, 경영정보 제공 요구 금지조항의 입법취지에 비추어 볼 때, 부당성 판단 시 현실적 불이익을 입증할 필요는 없다고 보고, 둘째, 부당성 판단기준 관련 고려요소는 당사자가 처해 있는 시장 및 거래의 상황, 당사자 간의 전체적 사업능력의 격차, 거래의 대상인 상품 또는 용역의 특성, 그리고 해당 행위의 의도·목적·효과·영

　　또한 경영정보제공 요구행위 부당성의 입증책임에 대하여 법원은 다음과 같이 판단하였다.

> "대규모유통업자의 경영정보제공 요구행위가 무조건적으로 금지되는 것이 아니라고 할 것이어서 대규모유통업법 제14조 제1항에 위배되는 대규모유통업자의 경영정보제공 요구행위는 경영정보 제공 요구 목적, 요구 대상인 경영정보의 내용, 요구의 방법과 태양, 요구의 강도, 요구에 불응시 가해지거나 예상되는 불이익의 내용과 정도, 제공받은 경영정보가 납품업자에 대하여 활용되는 방안, 경영정보 제공을 요구할 불가피한 사정의 존부 등을 종합하여 이러한 경영정보제공 요구행위가 부당하다는 점이 따로 인정되어야 할 것인데, 이러한 부당성의 입증책임은 경영정보제공 요구행위가 대규모유통업법 제14조 제1항을 위반하였음을 이유로 한 시정명령 등의 적법을 주장하는 피고(공정거래위원회)에게 있음"<㈜현대백화점 및 한무쇼핑(주)의 대규모유통업법 위반행위 건>[19]

　　향 및 구체적 태양, 해당사업자의 시장에서의 우월한 지위의 정도 및 상대방이 받을 수 있는 불이익의 내용과 정도로 보았다.

19) 서고판 2015. 12. 17. 2015누38902.

제15조(경제적 이익 제공 요구 금지)

① 대규모유통업자는 정당한 사유 없이 납품업자등에게 자기 또는 제3자를 위하여 금전, 물품, 용역, 그 밖의 경제적 이익을 제공하게 하여서는 아니 된다.

② 제1항에도 불구하고 대규모유통업자는 대통령령으로 정하는 바에 따라 연간거래 기본계약의 내용으로 판매장려금의 지급목적, 지급시기 및 횟수, 판매장려금의 비율이나 액수 등의 사항을 납품업자와 약정하고 이에 따라 납품업자로부터 판매장려금을 받을 수 있다. 이 경우 판매장려금은 해당 거래분야에서 합리적이라고 인정되는 범위를 넘을 수 없다

 목 차

[참고사례]

　홈플러스(주) 및 홈플러스스토어(주)의 대규모유통업법 위반행위 건[공정거래위원회 2016. 7. 20. 의결 제2016-221호; 서울고등법원 2018. 11. 9. 선고 2016누60425 판결; 대법원 2021. 11. 25. 선고 2018두65071(심리불속행 기각) 판결]

Ⅰ. 의의

　대규모유통업자는 정당한 사유 없이 납품업자등에게 자기 또는 제3자를 위하여 금전, 물품, 용역, 그 밖의 경제적 이익을 제공하게 하여서는 아니 된다(법 제15조 제1항).

　'경제적 이익의 제공'에는 반드시 반대급부가 없는 일방적인 경제적 이익만이 아니라, 대규모유통업자가 부담하여야 할 비용을 납품업자에게 전가하거나 유동성을 확보하는 것 등 간접적이고 우회적인 형태로 납품업자에게 경제적 부담을 지우는 것도 포함된다.[1]

---

1) 대법원 2010. 12. 9. 선고 2009두2368 판결 참고: '하도급거래 공정화에 관한 법률' 제12조의2(경제적 이익의 부당요구 금지)와 관련한 대법원 판결이나, 이 사건 법 제15조 제1항과 조문의 취지와 구조가 유사하므로 참고할 만하다. 공정의 2017. 1. 26. 2017-047.

TV홈쇼핑사업자의 경우 「TV홈쇼핑 심사지침」에서는 동 조의 위법성 심사기준에 대하여 별도로 규정하고 있다. 온라인쇼핑몰사업자의 경우 「온라인쇼핑몰 심사지침」에서 별도로 규정하고 있다.

II. 판매장려금 수취의 허용

제1항에도 불구하고 대규모유통업자는 *대통령령*[2]으로 정하는 바에 따라 연간거래 기본계약의 내용으로 판매장려금의 지급목적, 지급시기 및 횟수, 판매장려금의 비율이나 액수 등의 사항을 납품업자와 약정하고 이에 따라 납품업자로부터 판매장려금을 받을 수 있다. 이 경우 판매장려금은 해당 거래분야에서 합리적이라고 인정되는 범위를 넘을 수 없다(법 제15조 제2항).

판매장려금은 해당 상품에 대한 수요를 늘려 판매를 증진시킴을 목적으로 하는 것만으로 의미하는 것이고, 이러한 목적과 직접적인 관련이 없다면 대규모유통업법 제15조 제2항에서 허용되는 적법한 판매장려금이 아니다<홈플러스(주) 및 홈플러스스토어(주)의 대규모유통업법 위반행위 건>.[3]

판매장려금의 부당성 판단기준에 대하여 「판매장려금 심사지침」에서 자세한 내용을 규정하고 있다(III).

---

1. 판매촉진 목적과의 관련성 여부

1.1. 기본원칙

법 제2조 제8호 및 제9호에 의하여, 대규모유통업자가 받는 경제적 이익이 판매장려금에 해당되기 위해서는 판매촉진 즉, "해당 상품에 대한 수요를 늘려 판매를 증진"시킴을 목적으로 하여야 한다. 이때 "판매"라 함은 해당 상품에 대한 소비자 판매를 의미하므로, "수요"의 의미도 해당 상품에 대한 소비자 수요를 말한다고 봄이 타당하다.

따라서 직매입 거래에서 "상품에 대한 소비자 수요를 늘려 판매를 증진"시키는 목적과 직접적 관련성이 없이 대규모유통업자가 납품업자로부터 받

---

[2] 제12조(판매장려금 지급에 관한 약정사항) 법 제15조제2항에 따라 대규모유통업자가 판매장려금을 받기 위하여 납품업자와 약정하여야 할 사항은 다음 각 호와 같다. 1. 판매장려금의 종류 및 명칭 2. 판매장려금의 지급목적, 지급시기 및 지급횟수 3. 판매장려금의 비율 또는 액수 4. 판매장려금의 결정기준 및 결정절차 5. 판매장려금의 변경사유, 변경기준 및 변경절차

[3] 서고판 2018. 11. 9. 2016누60425(대판 2021. 11. 25. 2018두65071).

는 판매장려금은 이 법에서 정한 합리적인 인정범위 내에 있는 것으로 보기 어렵다.

1.2. 판매촉진 목적과의 관련성이 인정되지 않는 판매장려금 항목 (예시)

1. 2. 1. 기본장려금

명칭에 상관없이 대규모유통업자가 납품업자로부터 상품 매입금액의 일정비율 혹은 일정금액을 받는 형태의 판매장려금이 이에 해당된다.

동 판매장려금 항목은 대규모유통업자가 납품업자로부터 상품 매입금액의 일정비율을 획일적으로 받기(지급해야 할 상품 매입대금에서 공제하고 지급받는 경우 포함) 때문에 당해 상품에 대한 판매촉진 목적과의 연관성이 매우 낮다. 더욱이 납품업자의 납품액(대규모유통업자 매입액)이 감소되더라도 동 판매장려금을 받게 된다는 점에서 더욱 그러하다.

또한, 동 판매장려금 명목을 통해 징수된 경제적 이익은 대규모유통업자의 직원 인건비, 점포 유지 운영비, 영업이익 등 일반적 관리 목적에도 활용될 수 있는 점을 감안할 때, 동 판매장려금 항목은 법에서 정한 합리적 인정범위 내에 있는 것으로 보기 어렵다.

1.3. 판매촉진 목적과의 관련성이 인정되는 판매장려금 항목 (예시)

1. 3. 1. 성과장려금

명칭에 상관없이 대규모유통업자와 납품업자가 합의하여 전년동기 대비 납품액(납품단가×납품물량) 신장목표에 도달하였을 때, 대규모유통업자가 납품업자로부터 지급받는 형태의 판매장려금이 이에 해당된다. 대규모유통업자는 다양한 판촉노력을 통해 당해 상품의 판매액을 증가시켜야 약정된 목표를 달성할 수 있으므로 동 판매장려금은 판매촉진 목적과의 직접적 관련성이 인정된다. 또한, 이는 납품업자의 납품액 증가에도 기여하므로 납품업자의 이익도 제고하게 된다.

따라서 동 판매장려금 항목은 판매촉진 목적과의 관련성이 인정될 수 있다.

1. 3. 2. 신상품 입점장려금(출시 후 6개월 이내)

명칭에 상관없이 대규모유통업자가 납품업자의 신상품을 매장에 진열해 주는 대가로 납품업자로부터 받는 형태의 판매장려금이 이에 해당된다. 이때 신상품인지의 여부는 업계의 거래관행 등을 고려하여 출시 후 6개월 이내의 상품을 원칙으로 하며, 실질적으로 기존 상품과 상품코드가 바뀐 것에 불과한 리뉴얼 상품은 이 지침에서의 신상품에 해당되지 아니한다.

신상품은 대규모유통업자 입장에서 볼 때 소비자들에게 브랜드 인지도가 낮기 때문에 판매 여부가 불확실한 경우가 많다. 또한 납품업자 입장에서 볼 때도 신상품의 경우 판로 확보가 용이하지 않은 경우가 많다. 신상품이 대규모유통업자의 매장에 진열되면 해당 상품에 대한 브랜드 인지도를 향상시키고 상품에 대한 고객 접근성을 높이게 되어 동 상품에 대한 판매가 촉진되는 효과가 있다. 또한 동 판매장려금 항목은 대규모유통업자가 신상품을 직매입 함에 따른 판매부진의 위험을 보상하는 측면이 있다.

따라서 동 판매장려금 항목은 판매촉진 목적과의 관련성이 인정될 수 있다.

1. 3. 3. 매대(진열) 장려금

명칭에 상관없이 대규모유통업자가 상품을 매출증가 가능성이 큰 자리(매대)에 진열해 주는 서비스에 대한 대가로 납품업자로부터 받는 형태의 판매장려금이 이에 해당된다. 이때 매대위치와 판매장려금 지급수준에 관해서는 사전에 대규모유통업자와 납품업자가 서면으로 약정하여야 한다.

특정 상품을 고객 접근성이 보다 높은 위치에 진열하게 되면 해당 상품에 대한 판매가 촉진될 가능성이 높아진다. 이러한 고객 접근성이 보다 높은 매대는 한정되어 있으며 이를 특정 상품에 배당하는 것은 대규모유통업자의 해당 상품에 대한 판매촉진 노력의 일환에 해당될 수 있다. 또한 납품업자의 입장에서도 고객 접근성이 보다 높은 매대에 자신의 상품이 진열되어 판매량이 늘어날 경우 납품액 증가로 이어질 수 있다. 따라서 동 판매장려금 항목은 판매촉진 목적과의 관련성이 인정될 수 있다.

2. 직매입 거래의 속성상 인정되지 아니하는 행위와 관련되어 판매장려금을 받는지 여부

2.1. 기본원칙

법 제2조제9호에 의하여, 대규모유통업자가 받는 경제적 이익이 법에 규정된 판매장려금에 해당되기 위해서는 해당 거래가 직매입 거래 분야에서 발생한 것이어야 한다.

여기서 직매입 거래란 대규모유통업자가 매입한 상품 중 판매되지 아니한 상품에 대한 판매책임을 부담하고 납품업자로부터 상품을 매입하는 형태의 거래를 말한다(법 제2조제4호).

직매입 거래에서 대규모유통업자는 기 납품받은 상품에 대한 가격결정 등 상품판매에 관한 권한을 가짐과 동시에 판매부진에 따른 재고책임도 부담한다.

따라서, 대규모유통업자가 직매입 거래의 속성상 금지되는 행위(예: 부당반품, 재고 등 비용전가)를 하지 않음과 관련하여 판매장려금을 받는 경우, 법에서 정한 합리적인 인정범위 내에 있는 것으로 보기 어렵다.

2.2. 직매입 거래의 속성상 인정되지 아니하는 판매장려금 항목(예시)

2. 2. 1. 무반품장려금

명칭에 상관없이 대규모유통업자가 직매입한 상품을 반품하지 않음을 조건으로 납품업자로부터 받는 형태의 판매장려금이 이에 해당된다.

법 제10조에 따라 직매입 거래의 경우, 상품의 하자가 있는 경우(오손·훼손 포함), 특정계절 상품(예: 명절 선물세트 등)에 대한 반품 또는 납품받은 상품이 계약한 상품과 다른 경우 등 법에 규정된 정당한 사유가 있는 경우 외에는 대규모유통업자가 직매입한 상품을 원칙적으로 반품하여서는 아니된다.

따라서, 동 판매장려금 항목은 법에서 금지하고 있는 부당반품을 하지 않음을 이유로 대규모유통업자가 경제적 이익을 받는 행위로, 법에서 정한 합리적 인정범위 내에 있는 것으로 보기 어렵다.

2. 2. 2. 시장판매가격 대응장려금(판매가격인하 비용보전 장려금)

명칭에 상관없이 대규모유통업자가 납품업자로부터 직매입으로 기 납품받은 상품의 판매가격을 인하하기 위한 목적으로 받는 형태의 판매장려금이 이에 해당된다.

대규모유통업자는 직매입 거래에 있어 기 납품 받은 상품에 대한 판매가격을 설정하고 이로 인한 손익과 재고 위험을 부담하여야 한다. 동 판매장려금 항목은 대규모유통업자가 경쟁업체의 판매가격 인하 등 시장상황에 대응하기 위하여 자신이 직매입한 상품의 판매가격을 인하함에 소요되는 비용을 자신이 부담하지 않고 납품업자에게 전가시키는 행위로, 법에서 정한 합리적 인정범위 내에 있는 것으로 보기 어렵다.

2. 2. 3. 재고소진 장려금

명칭에 상관없이 대규모유통업자가 직매입한 상품의 재고를 소진시킬 목적으로 재고분의 일정 비율에 해당하는 금액을 납품업자로부터 받는 형태의 판매장려금이 이에 해당된다.

대규모유통업자는 직매입 거래에 있어 납품받은 상품의 판매부진에 따른 재고위험도 함께 부담하여야 한다. 따라서 동 판매장려금 항목은 직매입한 상품에 대한 재고를 소진시키기 위해 행하는 가격할인 등 비용을 자신이 부담하지 않고 납품업자에게 전가시키는 행위로, 법에서 정한 합리적 인정범위 내에 있는 것으로 보기 어렵다.

2. 2. 4. 폐점장려금

명칭에 상관없이 대규모유통업자가 점포 폐점시 덤핑, 가격할인 등을 통해 남아 있는 상품을 소진하는 과정에서 발생하는 비용을 보전하기 위해 납품업자로부터 받는 형태의 판매장려금이 이에 해당된다.

직매입 상품의 경우 원칙적으로 대규모유통업자가 소유권을 가지고 재고 위험도 부담하여야 한다. 따라서 폐점시 자신의 미판매 상품을 소진시키기 위해 행하는 가격할인 등 소요비용은 원칙적으로 대규모유통업자가 부담하여야 한다.

동 판매장려금 항목은 대규모유통업자가 점포 폐점시 미판매 상품을 소진시키기 위해 발생하는 비용을 자신이 부담하지 않고 납품업자에게 전가시키는 행위로, 법에서 정한 합리적 인정범위 내에 있는 것으로 보기 어렵다.

3. 판매장려금 약정이 대규모유통업자 · 납품업자 양자 모두에게 이익이 되는지 여부

3.1. 기본원칙

법에서 판매장려금을 합리적인 범위 내에서 허용하는 취지는 납품업자가 대규모유통업자에게 판매장려금을 지급하여 상품에 대한 소비자 수요를 늘려 판매를 증진시킴으로써, 판매성과에 대한 이익을 양자가 공유하기 위한 것이다.

따라서, 판매장려금 약정은 대규모유통업자와 납품업자 양자 모두의 이익에 기여하여야 하며 판매장려금 지급 대상 기간 중 대규모유통업자가 받은 판매장려금액과 해당기간 중 납품업자의 납품액 증가로 인한 이익 간에는 합리적 비례관계가 있어야 한다.

판매장려금 약정에 따른 혜택이 대규모유통업자에게 현저히 편향되어 귀속되는 경우, 법에서 정한 합리적인 인정범위 내에 있는 것으로 보기 어렵다.

3.2. 법위반에 해당될 수 있는 판매장려금(예시)

3. 2. 1. 판매장려금 지급 대상 기간 중 대규모유통업자가 받은 판매장려금액이 해당 기간 납품업자의 납품액 증가로 인한 이익액보다 큰 경우(단, 신상품 입점비는 제외)

3. 2. 2. 성과장려금과 관련하여, 대규모유통업자와 납품업자간 협의된 매

출신장 목표(예: 전년대비 월별, 분기별, 연별 매출 신장률)에 도달하지 아니하였음에도, 매출신장 목표 달성을 이유로 납품업자에게 판매장려금을 받는 경우

예컨대, 아래의 성과장려금 약정에서 대규모유통업자가 분기당 전년대비 납품액 신장률 3%를 달성한 경우, 당초 약정대로 분기별 매입금액의 0.5%를 수령해야 함에도 분기별 매입금액의 0.7%를 수령하는 경우

▎성과장려금 약정 예시

• 분기당 전년대비 납품액 신장률 0~5% 미만인 경우, 분기별 매입금액의 0.5% 지급
• 분기당 전년대비 납품액 신장률 5~10% 미만인 경우, 분기별 매입금액의 0.7% 지급
• 분기당 전년대비 납품액 신장률 10~15% 미만인 경우, 분기별 매입금액의 0.9% 지급
• 분기당 전년대비 납품액 신장률 15~20% 미만인 경우, 분기별 매입금액의 1.0.% 지급
• 분기당 전년대비 납품액 신장률 20 이상 신장시, 분기별 매입금액의 1.3% 지급

3. 2. 3. 매대(진열)장려금과 관련하여, 판매장려금 수입감소 분을 보충하기 위하여, 매대(진열)장려금 지급수준을 통상적인 거래관행에 비해 현저히 상승시키고, 이를 납품업체에 수용하도록 하는 경우

4. 절차적 타당성

대규모유통업자와 납품업자는 판매장려금률과 액수가 합리적으로 결정되도록 법령 내용에 따라 투명하고도 예측 가능한 절차에 의해 약정을 체결하여야 한다. 이를 위해 대규모유통업자와 납품업자가 따라야 할 절차는 다음과 같다.

4.1. 대규모유통업자가 납품업자에게 판매장려금 약정에 필요한 정보를 충분히 제공

대규모유통업자는 납품업자와의 판매장려금 지급에 관한 협의에 앞서 납품업자에게 시행령 제12조에 규정된 아래 약정사항에 대한 정보를 납품업자가 충분히 이해할 수 있도록 제공하여야 한다.

• 판매장려금의 종류 및 명칭
• 판매장려금의 지급목적, 지급시기 및 지급횟수

- 판매장려금의 비율 또는 액수
- 판매장려금의 결정기준 및 결정절차
- 판매장려금의 변경사유, 변경기준 및 변경절차

4.2. 양당사자간 자유로운 의사합치에 의해 판매장려금에 관한 약정을 체결

   대규모유통업자는 납품업자와 상기 사항이 포함된 판매장려금에 관한 약정을 심리적 압박, 기만, 위계, 강요 등의 방법이 아닌 자유로운 의사의 합치에 의해 체결하여야 한다.

4.3. 판매장려금 약정사항을 연간거래 기본계약 내용에 포함시키고 동 계약서 면을 즉시 교부

   대규모유통업자는 판매장려금을 받기 전에 판매장려금에 관한 상기 약정사항을 연간거래 기본계약의 내용에 포함시켜야 하며, 대규모유통업자는 납품업자와 동 계약이 체결되는 즉시 판매장려금 관련 약정 서면이 포함된 연간거래 기본계약 서면을 납품업자에게 교부하여야 한다.

4.4. 법위반에 해당될 수 있는 절차(예시)

   4. 4. 1. 당초 연간거래 기본계약시 약정되지 아니하거나 약정된 범위를 초과하여 판매장려금을 납품업자로부터 받는 행위

   4. 4. 2. 판매장려금의 종류 및 명칭, 판매장려금의 지급목적, 지급시기 및 지급횟수, 판매장려금의 비율 또는 액수 등을 구체적으로 기재함이 없이, 추후에 개별적으로 판매장려금 약정을 체결할 수 있다고 포괄적으로 규정한 후 수시로 판매장려금을 받는 행위

   4. 4. 3. 대규모유통업자가 계약기간 중 판매장려금률 또는 액수를 납품업자의 의사와 무관하게 일방적으로 인상하는 경우

   4. 4. 4. 대규모유통업자가 연간거래 기본계약 체결시 판매장려금 항목과 비율을 협의절차 없이 일방적으로 정하여 통보하고 판매장려금을 수령하는 경우

   4. 4. 5. 대규모유통업자가 매대(진열)장려금과 관련하여 납품업자의 해당 상품이 진열될 위치 및 기간, 위치별 판매장려금률 또는 금액 등 판매장려금 결정 및 변경 기준을 사전에 명확히 구체적으로 규정함이 없이 자신이 정한 규정에 따라 일방적으로 판매장려금을 받는 경우

   4. 4. 6. 대규모유통업자의 제안내용을 납품업자가 수용하지 않을 경우 거래중단 등 불이익을 받을 수 있음을 직·간접적으로 암시하는 등 납품업자의 자율적인 의사가 제한된 상태에서 판매장려금 약정이 체결된 경우

제15조의2(부당한 영업시간 구속 금지)

대규모유통업자는 매장임차인(매장임차인으로부터 판매위탁을 받은 자를 포함한다. 이하 이 조에서 같다)이 질병의 발병과 치료의 사유로 인하여 필요 최소한의 범위에서 영업시간의 단축을 요구함에도 이를 허용하지 아니하는 등 부당하게 매장임차인의 영업시간을 구속하는 행위를 하여서는 아니 된다. <개정 2021. 4. 20.>
[본조신설 2018. 3. 13.]

2021. 4. 20. 개정법은 매장임차인뿐만 아니라 판매수탁자가 필요 최소한의 범위에서 영업시간의 단축을 요구한 경우에도 대규모유통업자가 이를 거절하지 못하도록 하였다. 특히, 질병의 발병·치료와 같이 불가피한 사유가 발생해 판매수탁자가 대규모유통업자에게 필요 최소한의 범위에서 영업시간을 단축시켜 달라고 요구할 때, 대규모유통업체가 이를 허용하지 않는 경우에는 법 위반에 해당될 수 있다.[1]

제16조(매장 설비비용의 보상)

대규모유통업자는 다음 각 호의 어느 하나에 해당하는 행위를 하는 경우에는 납품업자등이 지출한 해당 매장에 대한 설비비용 총액에 전체 계약기간(계약기간이 1년 미만인 경우는 계약기간을 1년으로 본다. 이하 이 조에서 같다)에서 다음 각 호의 어느 하나에 해당하는 행위가 발생한 날부터 계약기간의 마지막 날까지의 기간이 차지하는 비율을 곱한 금액 이상을 해당 매장 설비비용에 대한 보상으로 납품업자등에게 지급하여야 한다.
1. 납품업자등과 거래를 중단하거나 거절하는 행위
2. 납품업자등의 매장 위치·면적·시설을 변경하는 행위

제1호의 경우 법 제17조 제10호, 제2호의 경우 법 제17조 제8호의 불공정거래행위에 해당할 수 있다. 이에 양자의 관계가 문제되는데 법 제17조의 경우 '정당한 사유없이'하는 행위를 불공정거래행위로 규정하고 있으므로, 본 조의 경우 정당한 사유가 있어서 거래거절·중단을 하거나, 매장위치·면적·시설을 변경하는 경우 보상에 대한 규정으로 해석하여야 한다.

---
1) 이상 공정거래위원회 보도자료(2021. 3. 24).

제17조(불이익제공행위의 금지)

대규모유통업자는 정당한 사유 없이 납품업자등에게 다음 각 호의 어느 하나에 해당하는 행위를 하여서는 아니 된다.

1. 상품권이나 물품을 구입하게 하는 행위
2. 통상적인 시장의 납품 가격보다 현저히 낮은 가격으로 납품하게 하는 행위
3. 판매촉진행사를 실시하기 위하여 통상의 납품수량보다 현저히 많은 수량을 납품하게 하는 행위
4. 납품업자등의 의사에 반하여 판매촉진행사에 참여하게 하는 행위
5. 한시적으로 인하하기로 약정한 납품 가격을 기한이 경과한 후에도 정상가격으로 환원하지 아니하거나 환원을 지연하는 행위
6. 납품업자등의 의사에 반하여 해당 납품업자등의 상품에 관한 광고를 하게 하는 행위
7. 일정한 점포의 매장에서 퇴점하는 것을 방해하거나 납품업자등의 의사에 반하여 자기의 다른 점포의 매장에 입점하게 하는 행위
8. 계약기간 중에 납품업자등의 매장 위치·면적·시설을 변경하는 행위
9. 계약기간 중에 판매장려금의 비율 등 대통령령으로 정하는 계약조건을 변경하는 행위
10. 그 밖에 제1호부터 제9호까지의 규정에 준하는 것으로서 납품업자등에게 불이익을 주거나 이익을 제공하게 하는 행위

[제목개정 2018. 10. 16.]

 목 차

[참고사례]

　㈜우리홈쇼핑의 대규모유통업법 위반행위 및 독점규제법상 거래상지위 남용행위 건(공정거래위원회 2015. 4. 15. 의결 제2015−118호; 서울고등법원 2017. 1. 18. 선고 2015누40363 판결); ㈜지에스홈쇼핑의 대규모유통업법 위반행위 및 독점규제법상 거래상지위

남용행위 건(공정거래위원회 2015. 6. 11. 의결 제2015－193호; 서울고등법원 2017. 1. 18. 선고 2015누50353 판결); 에이케이(AK)플라자 운영 관련 4개 사업자의 대규모유통업법 위반 행위 건(공정거래위원회 2017. 6. 21. 의결 제2017－203호); ㈜이랜드리테일의 대규모유통업법 위반행위 건(공정거래위원회 2017. 6. 21. 의결 제2017－206호; 서울고등법원 2018. 1. 25. 선고 2017누62138 판결); ㈜티몬의 대규모유통업법 위반행위 건(공정거래위원회 2018. 5. 24. 의결 제2019－211호); 애경유지공업(주)의 대규모유통업법 위반행위 건(공정거래위원회 2017. 6. 21. 의결 제2017－203호; 서울고등법원 2018. 1. 25. 선고 2017누62848 판결); 홈플러스(주)의 대규모유통업법 위반행위 건(공정거래위원회 2019. 6. 18. 의결 제2018－130호; 서울고등법원 2020. 7. 2. 선고 2019누52159 판결);

I. 의의 및 유형

대규모유통업자는 정당한 사유 없이 납품업자등에게 다음의 어느 하나에 해당하는 행위를 하여서는 아니 된다(법 제17조).

1. 상품권 등의 구입강제행위

불이익제공행위의 첫 번째 유형은 상품권이나 물품을 구입하게 하는 행위(제1호)이다.

2. 납품가격 후려치기

불이익제공행위의 두 번째 유형은 통상적인 시장의 납품 가격1)보다 현저히 낮은 가격으로 납품하게 하는 행위(제2호)이다.

---

1) 제13조(상품권 구입 요구 금지 등) ① 법 제17조제2호 및 제3호에 따른 통상적인 시장의 납품가격 및 통상의 납품수량은 다음 각 호의 사항을 종합적으로 고려하여 판단하여야 한다. 1. 납품업자의 납품 실태 2. 원재료의 수급 상황의 변화 3. 시장에서의 수요 변동 4. 상품의 생산량 또는 수입량의 변동 5. 그 밖에 상품의 가격 변동 또는 납품수량에 영향을 미칠 수 있는 사유의 발생 여부

3. 납품수량 강제행위

불이익제공행위의 세 번째 유형은 판매촉진행사를 실시하기 위하여 통상의 납품수량보다 현저히 많은 수량을 납품하게 하는 행위(제3호)이다.

4. 판매촉진행사 참여 강제행위

불이익제공행위의 네 번째 유형은 납품업자등의 의사에 반하여 판매촉진행사에 참여하게 하는 행위(제4호)이다.

특약매입거래 과정에서의 판매촉진행사 참여에 대한 강제성 판단 기준에 대하여 「특약매입거래 심사지침」에서는 다음과 같이 규정하고 있다(IV).

---

1. 필요성

대규모 유통업자는 거래과정에서 소비자에 대한 상품의 판매를 증진시키기 위해서 주도적으로 바겐세일행사 등과 같은 판매촉진행사를 기획하여 시행하는 경우가 빈번히 발생한다. 이 과정에서 대규모 유통업자는 판매촉진효과를 극대화하기 위해 입점업자에게 자신이 주관하는 판촉행사에 참여할 것을 요청하거나 참여의사를 확인하는 경우가 있을 수 있다.

그러나 이러한 대규모 유통업자의 요청 등에 의해 외견상 입점업자가 판매촉진행사에 참여하였다 하더라도 실제 대규모 유통업자의 강제에 의하여 입점업자가 의사에 반하여 참여한 경우에는 정당한 사유가 없는 한 대규모 유통업법 제17조 제4호에 위반될 소지가 있다.

따라서 이를 방지하기 위해 대규모 유통업자는 다음과 같은 강제성 판단 기준을 준수할 필요가 있다.

2. 강제성 판단 기준

강제성은 판매촉진행사에 대한 입점업자의 자발적인 참여의사 여부와 행사 불참시 제재수단 존부 내지 불이익 부여 여부 등과 같이 대규모 유통업자가 입점업자에게 사실상 참여를 강제하였는지를 중심으로 판단하되, 판매촉진행사의 성격 및 거래상 우월적 지위의 정도, 거래의존도, 거래관계의 지속성, 거래상품의 특성 등도 고려하여 종합적으로 판단한다.

또한, 형식적으로는 각각의 입점업자가 개별적으로 진행하는 사은품증정 등의 판매촉진행사라 하더라도, 실제 대규모 유통업자가 판매촉진행사를 주도적으로 기획하였고 대규모 유통업자의 요청 등을 통하여 입점업자의 의사에 반하여 참여하게 하였다면 대규모 유통업법 규정(제17조 제4항)에 위반될 소지가 있다.

> ⟨법 위반에 해당될 수 있는 행위(예시)⟩
>
> ① 대규모 유통업자가 판매촉진행사 미참여 업체를 별도로 관리하면서 미참여 업체에게 불이익을 주거나 재계약 심사 등에 반영하는 경우
> ② 대규모 유통업자가 입점업자의 의사에 반하여 노세일브랜드를 바겐세일 행사 등에 참여시키는 경우
> ③ 대규모 유통업자가 입점업자의 의사에 반하여 당초 할인율, 할인기간 등 판매촉진행사의 내용을 변경하여 입점업자를 참여시키는 경우

5. 정상가격 미환원등 행위

불이익제공행위의 다섯 번째 유형은 한시적으로 인하하기로 약정한 납품 가격을 기한이 경과한 후에도 정상가격으로 환원하지 아니하거나 환원을 지연하는 행위(제5호)이다.

6. 상품 광고 강제행위

불이익제공행위의 여섯 번째 유형은 납품업자등의 의사에 반하여 해당 납품업자등의 상품에 관한 광고를 하게 하는 행위(제6호)이다.

7. 퇴점 방해 및 강제 입점행위

불이익제공행위의 일곱 번째 유형은 일정한 점포의 매장에서 퇴점하는 것을 방해하거나 납품업자등의 의사에 반하여 자기의 다른 점포의 매장에 입점하게 하는 행위(제7호)이다.

8. 매장 위치·면적·시설 변경행위

불이익제공행위의 여덟 번째 유형은 계약기간 중에 납품업자등의 매장 위치

· 면적 · 시설을 변경하는 행위(제8호)이다.

정당한 사유가 인정되는지 여부는 납품업자등의 매장위치 · 면적 · 시설을 변경하게 된 사유 및 목적, 점포개편에 따른 매장위치 · 면적 · 시설의 변경을 사전에 예상할 수 있었는지 여부, 점포개편 과정에서 대규모유통업자와 납품업자 사이에 실질적 협의가 있었다고 볼 수 있는지 여부, 납품업자 등에게 구 대규모유통업법 제16조 제2호에 의한 보상을 포함하여 적절한 보상이 이루어졌는지 여부, 매장위치나 면적의 증감 등에 따른 이해관계의 조정이 적절하게 이루어졌는지 여부 등을 종합적으로 고려하여 판단한다<홈플러스(주)의 대규모유통업법 위반행위 건>.[2]

9. 판매장려금의 비율 등 변경행위

불이익제공행위의 아홉 번째 유형은 계약기간 중에 판매장려금의 비율 등 *대통령령*[3]으로 정하는 계약조건을 변경하는 행위(제9호)이다.

10. 기타

불이익제공행위의 열 번째 유형은 그 밖에 제1호부터 제9호까지의 규정에 준하는 것으로서 납품업자등에게 불이익을 주거나 이익을 제공하게 하는 행위(제10호)이다.

<㈜우리홈쇼핑의 대규모유통업법 위반행위 및 독점규제법상 거래상지위 남용행위 건>에서 28개 납품업자와 패션잡화 상품에 대하여 상품별로 2회 이상의 판매방송계약을 체결하면서 초기 방송에서는 정률제 방식으로 거래를 하다가, 첫 방송 또는 수 회 방송 후 판매실적이 부진한 경우 혼합제 방식으로 변경하여 거래한 행위에 대하여 서울고등법원은 "시즌 기간 동안 방송별로 계약을 체결하더라도 시즌 전체의 기획 단계에서 중요한 거래조건이 먼저 정해진 다음 이를 기초로 이후 계속적인 거래가 이루어지는 이상, 시즌 중간에 판매수수료의 방식

---

2) 서고판 2020. 7. 2. 2019누52159.

3) 제13조(상품권 구입 요구 금지 등) ② 법 제17조제9호에서 "판매장려금의 비율 등 대통령령으로 정하는 계약조건"이란 다음 각 호의 어느 하나를 말한다. <u>1. 판매장려금의 비율 또는 액수 2. 특약매입거래 또는 위·수탁거래의 경우 상품판매대금에서 대규모유통업자가 공제하는 판매수익 또는 수수료</u>

을 변경하는 행위는 계약기간 중에 계약조건을 변경한 것이라고 평가할 수 있고", "원고는 판매 부진으로 원고가 부담하여야 할 손실 또는 이익 감소의 위험을 납품업자에게 전가하거나 원고의 이익률을 유지 또는 향상시키기 위한 목적으로 이 부분 대상 거래에 관하여 수수료 방식을 변경하였다고 봄이 상당하므로, 원고의 행위에 정당한 사유가 있었다고 보기 어렵다"고 판시하였다.[4]

　　그러나 <㈜지에스홈쇼핑의 대규모유통업법 위반행위 및 독점규제법상 거래상지위 남용행위 건>에서는 "원고와 납품업자들은 사전에 수수료율을 이미 정하고 전산시스템에서 자동으로 처리되지 않는 부분은 별도의 방법으로 사후 정산할 것에 대하여 명시적으로 합의하였고 이에 따라 전산시스템에서 자동을 처리되지 않은 부분에 한하여 사전 합의된 수수료율에 맞추어 차액을 정산할 것일 뿐이며 원고가 계약기간 중 수수료율을 사후 변경한 것이 아니다"고 판시하였다.[5]

　　법원이 법위반으로 인정한 사례는 다음과 같다.

> "판매 부진으로 자신이 부담하여야 할 손실 또는 이익감소의 위험을 납품업자에게 전가하거나 대규모유통업자의 이익률을 유지 또는 향상시키기 위한 목적으로 수수료율을 인상한 행위는 정당한 사유없이 계약기간 중 판매수수료를 변경한 것으로 대규모유통업법 제17조 제9호 위반임"<애경유지공업(주)의 대규모유통업법 위반행위 건>,[6] "171개의 납품업체와 판매수수료율을 변경할 당시에는 이미 그들 사이의 기존 특정매입거래계약이 동일한 조건으로 계약기간이 1년 연장되어 존속중인 상태였다고 봄이 타당하므로, 수수료율 변경행위는 계약기간 중 계약조건인 판매수수료율을 부당하게 변경한 행위에 해당함"<(주)이랜드리테일의 대규모유통업법 위반행위 건>[7]

　　특약매입거래 과정에서의 비용분담에 관한 부당성 심사기준에 대하여 「특약매입거래 심사지침」에서는 다음과 같이 규정하고 있다(III. 2).

가. 기본원칙

특약매입거래에서는 대규모유통업자가 입점업자등으로부터 상품을 매입하면 상품

---

4) 서고판 2017. 1. 18. 2015누40363. 2021. 5. 13. 2020누45263(파기환송심).
5) 서고판 2017. 1. 18. 2015누50353.
6) 서고판 2018. 1. 25. 2017누62848.
7) 서고판 2018. 1. 25. 2017누62138.

의 소유권이 대규모유통업자에게 귀속되므로, 상품 자체의 보관·관리에 소요되는
비용은 소유권의 본질적 성격을 고려할 때 대규모유통업자가 부담함이 타당하다.

매장운영에 소요되는 비용과 광고 및 판매촉진 활동에 소요되는 비용들은 대규모
유통업법 관련 규정에 따라 분담되어야 하고, 직접적인 관련 법 규정이 없을 경우
에는 그 비용의 성격 및 혜택이 돌아가는 주체가 누구인지 등을 종합적으로 고려
하여 수익자부담 원칙 등에 따라 판단되어야 할 것이다.

나. 적용 범위

이 기준에서 규정한 비용 분담 항목은 특약매입거래 과정에서 발생할 수 있는 대
표적 유형의 발생 비용들을 예시한 것이므로, 열거되지 아니한 비용 항목이라고
하여 그 적용이 배제되는 것은 아니다.

다. 세부 심사기준

(1) 상품 입고 및 관리 단계

(가) 상품에 대한 재산보장보험 비용

대규모유통업자는 화재홍수 등 천재지변과 도난 등에 의해 보유 상품의 피해
를 입을 경우를 대비하여 재산보장보험에 가입하는 경우가 많다. 대규모유통
업자는 매입 처리된 상품에 대해 소유권을 가지므로, 이러한 보험 비용을 자
신이 부담하지 않고 입점업자등에게 부담시킬 경우 대규모유통업법 규정(제
17조)에 위반될 소지가 있다.

(나) 상품보관 비용

대규모유통업자가 상품에 대한 검품·검수 후 입점업자등에게 세금계산서를
발급하면 당해 상품에 대한 소유권을 가지므로, 이후 과정에서 창고 등 시설
에 상품을 보관시키는 비용을 자신이 부담하지 않고 입점업자등에게 별도로
부담시킬 경우에는 대규모유통업법 규정(제17조)에 위반될 소지가 있다.

(다) 상품 멸실·훼손(Loss) 비용

대규모유통업자는 입고된 상품에 대해 검품검수를 하여 상품의 하자여부와
물량을 확정한다. 검품·검수를 거치고 매입 처리된 상품은 대규모유통업자의
소유가 되므로, 이후 단계에서 상품이 멸실 또는 훼손되는 경우 대규모유통업
자가 그 비용을 부담하지 않는다면 대규모유통업법 규정(제17조)에 위반될

소지가 있다. 다만, 입점업자등에게 귀책사유가 있는 경우에는 그러하지 아니하다.

그러나, 거래과정에서 상품의 입출고가 너무 빈번하여 대규모유통업자와 입점업자등 간 검품검수하지 않기로 약정한 경우에는 입점업자등이 실질적으로 상품을 입고 시부터 관리하게 된다. 따라서 이 경우에는 대규모유통업자가 상품의 하자 여부와 입고 물량을 확정할 수 없기 때문에 상품의 멸실·훼손 비용을 입점업자등이 부담할 수 있을 것이나, 이 경우에도 대규모유통업자는 매입 처리된 상품의 멸실·훼손을 방지하기 위해 선량한 관리자로서의 의무와 책임을 다하여야 한다. 다만, 멸실·훼손이 대규모유통업자 자신이 직접 관리하는 창고 또는 매장(매대)에서 발생하였거나 입점업자등으로부터 파견된 판촉사원의 귀책사유 없이 발생하였음이 명백한 경우 등 입점업자등에게 귀책사유가 있다고 보기 어려운 경우에는 입점업자등에게 그 비용을 부담시킬 경우 대규모유통업법 규정(제17조)에 위반될 소지가 있다.

(2) 매장 운영·관리 단계

(가) 매장 인테리어 비용

대규모유통업자의 요구(예: MD 개편 등)에 의하거나 입점업자등의 개별적인 요구에 의해 입점업자등이 매장의 위치를 이동하거나 기존 매장에서 집기 등을 교체하는 경우 인테리어 비용이 소요된다.

이 경우 대규모유통업자가 소요되는 인테리어 비용을 다음과 같이 분담하지 않을 경우, 정당한 사유 없이 불이익 제공을 금지하고 있는 대규모유통업법 규정(제17조)에 위반될 소지가 있다.

1) 기초시설 공사(매장 바닥, 조명, 벽체 등) 비용

기초시설은 전체 점포의 근간을 이루는 기본 시설이므로 대규모유통업자가 부담하지 않을 경우 대규모유통업법 규정(제17조)에 위반될 소지가 있다. 단, 입점업자등이 자신의 고유사양에 의해 기초 공사를 시행하려는 경우, 이때 추가로 소요되는 공사비용에 대해서는 대규모유통업자와 입점업자등이 서로 사전에 서면 약정을 체결하여 비용을 분담할 수 있을 것이다.

2) 대규모유통업자 사유(MD개편, 매장 리뉴얼 등)로 발생하는 매장 인테리어 비용

대규모유통업자가 MD 개편, 점포 차원에서의 리뉴얼 공사 시행 등 사유로 입점업자등에게 매장을 이동하도록 하거나 인테리어 공사를 시행토록 하는 경우 등에는 대규모유통업자가 소요되는 비용을 부담하지 않을 경우

대규모유통업법 위반 소지가 있다.

그러나, 대규모유통업자 측의 사유에 의해 인테리어 비용이 소요된다고 하더라도 좋은 위치로의 매장 이동, 입점업자등의 매뉴얼에 따른 인테리어 추가변경 등 입점업자등에게도 이익이 되는 경우에는 대규모유통업자와 입점업자등이 서로 협의하여 사전에 서면 약정에 의해 비용을 분담할 수 있을 것이다. 이 경우 입점업자등의 분담비율은 100분의 50을 초과하지 않아야 한다. 다만, 입점업자등이 대규모유통업자에게 자신의 분담비율을 100분의 50을 초과하여 부담하겠다는 의사를 서면으로 명백히 밝힌 경우에는 그러하지 아니하다. (기초시설 공사비용은 위 1)에 의함)

3) 입점업자등의 개별적인 사유로 발생하는 매장 인테리어 비용
   브랜드 콘셉트 변경, 선호 위치로의 이동 희망 등 사유로 입점업자등이 매장위치를 변경하여 매장 인테리어 비용이 발생하는 경우, 이에 소요되는 비용은 대규모유통업자와 입점업자등이 서로 협의하여 분담비율을 정할 수 있다. (기초시설 공사비용은 위 가)에 의함)

(나) 판촉사원 비용(규모)
대규모유통업법 규정(제12조)에서는 판촉사원을 파견 받아 자기의 사업장에 근무하게 하여서는 아니 됨을 규정하면서, 입점업자등이 자발적으로 파견하는 경우, 특수한 판매기법 또는 능력을 지닌 숙련된 판촉사원을 파견 받는 경우 등에는 예외적으로 판촉사원을 파견 받을 수 있도록 허용하고 있다.

상기 예외 규정에 따라 대규모유통업자가 입점업자등으로부터 판촉사원을 파견 받더라도 그 규모를 일정 수 이상으로 하여 줄 것을 요구 또는 강요하는 경우(계약서 형식에 의하는 경우 포함)에는 상기 법 규정에 위반될 소지가 있다. 따라서 매장에 파견할 판촉사원 규모는 입점업자등이 자율적으로 결정할 수 있어야 한다.

(다) 매장관리 비용
특약매입거래 시 대규모유통업자는 입점업자등으로부터 상품을 외상매입하게 되면, 당해 상품에 대한 소유권을 가지게 되고, 입점업자등(파견 판촉사원)을 통해 자신 소유의 상품을 판매하게 한다. 따라서 입점업자등이 대규모유통업자 소유의 상품을 판매하는 과정에서 발생하는 각종 관리 비용(전기료, 가스료, 대금결제 장비 사용료 등)은 대규모유통업자가 부담함이 타당하다고 할 것이다. 특히 대규모유통업자는 입점업자등으로부터 판매대금의 일정률로 판매수수료를 수령하고 있음

을 고려할 때 더욱 그러하다. 따라서 대규모유통업자가 입점업자등에게 자신 소유의 상품을 판매시키면서 발생하는 관리 비용을 자신이 부담하지 않고 입점업자등에게 전가할 경우 대규모유통업법 규정(제17조)에 위반될 소지가 있다.

또한, 대규모유통업자가 자신의 로고 또는 브랜드가 들어간 쇼핑백을 입점업자등에게 사용토록 의무화하면서, 쇼핑백을 입점업자등 비용으로 구입하도록 할 경우에는 대규모유통업법 규정(제17조)에 위반될 소지가 있다. 다만, 입점업자등이 대규모유통업자의 쇼핑백을 사용할지 아니면 자기 브랜드의 쇼핑백을 사용할지 여부를 자유롭게 선택할 수 있다면 그러하지 아니하다.

(3) 광고 및 판매촉진 활동 단계

(가) 점포 차원에서의 광고 비용

대규모유통업자가 점포 차원에서 행하는 광고는 자신의 상호 브랜드를 높이기 위한 성격이 강하다. 또한, 특약매입거래에 있어서 대규모유통업자는 입점업자등으로부터 점포 내 매장이용 및 점포 차원에서의 마케팅 활동 대가로 판매수수료를 수령하고 있다. 따라서 대규모유통업자가 점포 차원에서 지출하는 광고 비용을 자신이 부담하지 않고 입점업자등에게 부담시킬 경우에는 대규모유통업법 규정(제17조)에 위반될 소지가 있다.

<점포 차원의 광고 비용(예시)>
① 대규모유통업자 자신의 이미지 제고를 위한 광고 비용
② 점포차원에서 집객을 위한 광고 비용(전단지, DM, 카탈로그, 잡지, SNS 홍보 등)
   (단, 입점업자등이 자체적으로 자신의 우수고객 등에게 한정하여 실시하는 광고 비용은 입점업자등이 부담할 수 있을 것임)
③ 대규모유통업자가 점포 단위로 통일적으로 연출하는 홍보·광고 장식·제작물 비용(현수막, POP, 우드락, 배너, 포스터 등)

(나) 점포 차원에서의 판매촉진행사 비용

대규모유통업자가 자신의 전체 점포(예: ○○백화점) 또는 개별 점포(예: ○○백화점 △△점) 차원에서 우수고객 등을 대상으로 하는 판매촉진행사는 비록 그 행사로 인해 입점업자등이 반사적으로 혜택을 본다고 하더라도, 대규모유통업자가 주체가 되어 행하는 행사인 점, 상품은 법적으로 대규모유통업자의 소유인 점, 대규모유통업자는 판매금액의 일정률을 판매수수료로 수령하고 있는 점을 고려할 때, 그 소요되는 비용을 대규모유통업자가 부담하지 않고 입점업자등에게 부담시킬 경

우 대규모유통업법 규정(제17조)에 위반될 소지가 있다.

< 점포 차원의 판매촉진행사 비용(예시) >
① 자신의 점포에서 일정금액 이상 구매자에게 일률적으로 지급하는 사은품 또는 상품권 등
② 점포 차원의 제휴 신용카드 할인, 무이자 할부 비용
③ 대규모유통업자가 점포 우수고객에게 발송하는 할인쿠폰
④ 대규모유통업자가 점포 우수 또는 방문 고객을 대상으로 실시하는 문화행사(콘서트 등) 등 각종 행사 비용
⑤ 대규모유통업자가 구매여부와 관계없이 점포를 방문하는 고객을 대상으로 일률적으로 지급하는 사은품
⑥ 대규모유통업자가 특정 입점업자등의 매장에 한정하지 않고 자신의 점포에서 상품을 구매한 고객 중 일부를 추첨하여 지급하는 경품

TV 홈쇼핑의 경우 「TV홈쇼핑 심사지침」에서는 본 조의 위법성 심사기준에 대하여 별도로 규정하고 있다. 그리고 온라인쇼핑몰사업자의 경우 「온라인쇼핑몰 심사지침」에서 별도로 규정하고 있다.

제18조(보복조치의 금지)

대규모유통업자는 납품업자등이 다음 각 호의 어느 하나에 해당하는 행위를 한 것을 이유로 납품업자등에게 불리하게 계약조건을 변경하는 행위, 납품이나 매장 임차의 기회를 제한하는 행위 또는 계약의 이행과정에서 불이익을 주는 행위를 하여서는 아니 된다. <개정 2020. 12. 29.>

1. 제25조에 따른 분쟁조정의 신청
2. 제29조제1항에 따른 신고
3. 제30조에 따른 서면실태조사에 응하여 자료 제출 등의 방식으로 공정거래위원회에 협조하는 행위
4. 「독점규제 및 공정거래에 관한 법률」 제81조에 따른 공정거래위원회의 조사에 대한 협조

[전문개정 2018. 10. 16]

제19조(대규모유통업자와 납품업자등 사이의 협약 체결)

① 공정거래위원회는 대규모유통업자와 납품업자등이 대규모유통업 관련 법령의 준수 및 상호 지원·협력을 약속하는 협약을 체결하도록 권장할 수 있다.

② 공정거래위원회는 대규모유통업자와 납품업자등이 제1항에 따른 협약을 체결하는 경우 그 이행을 독려하기 위하여 포상 등 지원시책을 마련하여 시행하여야 한다.

③ 공정거래위원회는 제1항에 따른 협약의 내용·체결절차·이행실적평가 및 지원시책 등에 필요한 사항을 정한다.

　　공정거래위원회는 협약의 내용·체결절차·이행실적평가 및 지원시책 등에 필요한 사항을 예규[1]로 정하고 있다.

---

1) 「대·중소기업간 공정거래협약 이행평가 등에 관한 기준(유통분야)」[공정거래위원회예규 제300호(2018. 5. 1).

제 3 장

▼

분쟁의 조정 등

제20조(분쟁조정협의회의 설치 및 구성)

① 대규모유통업자와 납품업자등 사이의 분쟁을 조정하기 위하여 「독점규제 및 공정거래에 관한 법률」 제72조제1항에 따른 한국공정거래조정원(이하 이 조에서 "조정원"이라 한다)에 대규모유통업거래 분쟁조정협의회(이하 "협의회"라 한다)를 둔다. <개정 2020. 12. 29.>

② 협의회는 위원장 1명을 포함한 9명의 위원으로 구성한다.

③ 위원은 공익을 대표하는 위원, 대규모유통업자의 이익을 대표하는 위원, 납품업자등의 이익을 대표하는 위원으로 구분하되 각각 같은 수로 한다.

④ 위원은 조정원의 장이 추천한 사람과 다음 각 호의 어느 하나에 해당하는 사람 중 공정거래위원회 위원장이 임명하거나 위촉하는 사람이 된다.

1. 대학에서 법률학·경제학·경영학 또는 유통 관련 분야 학문을 전공한 사람으로서 「고등교육법」 제2조제1호·제2호·제4호 또는 제5호에 따른 학교나 공인된 연구기관에서 부교수 이상의 직 또는 이에 상당하는 직에 있거나 있었던 사람

2. 판사·검사의 직에 있거나 있었던 사람 또는 변호사 자격이 있는 사람

3. 독점금지 및 공정거래업무에 관한 경험이 있는 4급 이상 공무원(고위공무원단에 속하는 일반직공무원을 포함한다)의 직에 있거나 있었던 사람

4. 그 밖에 대규모유통업 분야의 거래 및 분쟁조정에 관한 학식과 경험이 풍부한 사람

⑤ 위원장은 공익을 대표하는 위원 중에서 공정거래위원회 위원장이 임명하거나 위촉한다.

⑥ 위원의 임기는 3년으로 하고 연임할 수 있다.

⑦ 위원 중 결원이 생겼을 때에는 보궐위원을 제4항에 따라 임명하거나 위촉하고, 그 보궐위원의 임기는 전임자 임기의 남은 기간으로 한다.

목 차

Ⅰ. 협의회의 설치 및 구성

대규모유통업자와 납품업자등 사이의 분쟁을 조정하기 위하여 「독점규제법」 제72조 제1항에 따른 한국공정거래조정원(이하 이 조에서 "조정원")에 대규모유통업거래 분쟁조정협의회(이하 "협의회"라 한다)를 둔다(법 제20조 제1항).

협의회는 위원장 1명을 포함한 9명의 위원으로 구성한다(법 제20조 제2항).

위원은 공익을 대표하는 위원, 대규모유통업자의 이익을 대표하는 위원, 납품업자등의 이익을 대표하는 위원으로 구분하되 각각 같은 수로 한다(법 제20조 제3항).

Ⅱ. 위원의 임명 및 위촉

위원은 조정원의 장이 추천한 사람과 ① 대학에서 법률학·경제학·경영학 또는 유통 관련 분야 학문을 전공한 사람으로서 「고등교육법」 제2조제1호·제2호·제4호 또는 제5호에 따른 학교나 공인된 연구기관에서 부교수 이상의 직 또는 이에 상당하는 직에 있거나 있었던 사람(제1호), ② 판사·검사의 직에 있거나 있었던 사람 또는 변호사 자격이 있는 사람(제2호), ③ 독점금지 및 공정거래업무에 관한 경험이 있는 4급 이상 공무원(고위공무원단에 속하는 일반직공무원을 포함한다)의 직에 있거나 있었던 사람(제3호), ④ 그 밖에 대규모유통업 분야의 거래 및 분쟁조정에 관한 학식과 경험이 풍부한 사람(제4호) 어느 하나에 해당하는 사람 중 공정거래위원회 위원장이 임명하거나 위촉하는 사람이 된다(법 제20조 제4항). 위원 중 결원이 생겼을 때에는 보궐위원을 제4항에 따라 임명하거나 위촉하고, 그 보궐위원의 임기는 전임자 임기의 남은 기간으로 한다(법 제20조 제7항).

법문상 독점규제법 제73조와 같이 '다음 각호의 어느하나에 해당하는 자 중에서 조정원의 장의 제청으로 공정거래위원회 위원장이 임명 또는 위촉한다'로 개정할 필요가 있다.

위원장은 공익을 대표하는 위원 중에서 공정거래위원회 위원장이 임명하거나 위촉한다(법 제20조 제5항). 위원의 임기는 3년으로 하고 연임할 수 있다(법 제20조 제6항).

제21조(공익을 대표하는 위원의 위촉제한)

① 위촉일 현재 대규모유통업자 또는 납품업자등의 임직원으로 있는 사람은 공익을 대표하는 위원으로 위촉될 수 없다.

② 공정거래위원회 위원장은 공익을 대표하는 위원으로 위촉받은 사람이 대규모유통업자 또는 납품업자등의 임직원인 경우에는 즉시 위촉을 해제하여야 한다.

제22조(협의회의 회의)

① 협의회의 회의는 위원 전원으로 구성하는 회의(이하 이 조에서 "전체회의"라 한다)와 공익을 대표하는 위원 1명, 대규모유통업자의 이익을 대표하는 위원 1명, 납품업자등의 이익을 대표하는 위원 1명으로 구성하는 회의(이하 이 조에서 "소회의"라 한다)로 구분한다.

② 전체회의는 다음 각 호의 사항을 심의·의결한다.

　1. 소회의에서 의결되지 아니하거나 소회의가 전체회의에서 처리하도록 결정한 사항

　2. 협의회 내부 규칙의 제정·개정에 관한 사항

　3. 그 밖에 전체회의에서 처리할 필요가 있어 위원장이 전체회의에 부치는 사항

③ 소회의는 제2항 각 호 외의 사항을 심의·의결한다.

④ 전체회의는 위원장이 주관하며, 재적의원 과반수의 출석으로 개의(開議)하고 출석위원 과반수의 찬성으로 의결한다.

⑤ 소회의는 공익을 대표하는 위원이 주관하며, 구성위원 전원의 출석과 출석위원 전원의 찬성으로 의결한다. 이 경우 회의의 결과는 전체회의에 보고하여야 한다.

⑥ 협의회의 위원장이 부득이한 사유로 직무를 수행할 수 없는 때에는 공익을 대표하는 위원 중에서 공정거래위원회 위원장이 지명하는 위원이 그 직무를 대행한다.

⑦ 조정의 대상이 된 분쟁의 당사자인 사업자(이하 "분쟁당사자"라 한다)는 협의회의 회의에 출석하여 의견을 진술하거나 관계 자료를 제출할 수 있다.

협의회 회의의 구체적 절차는 *대통령령*[1]으로 정하고 있다.

---

1) 제14조(협의회의 회의) ① 법 제20조제1항에 따른 대규모유통업거래 분쟁조정협의회(이하 "협의회")의 위원장이 법 제22조제1항에 따른 전체회의를 소집하거나 공익을 대표하는 위원이 같은 항에 따른 소회의를 소집하려는 경우에는 관계 위원들에게 회의 개최 7일 전까지 회의의 일시·장소 및 안건을 서면으로 통지하여야 한다. 다만, 긴급을 요하는 경우에는 그러하지 아니하다. ② 협의회의 회의는 공개하지 아니한다. 다만, 위원장이 필요하다고 인정할 때에는 분쟁당사자나 그 밖의 이해관계인에게 방청하게 할 수 있다.

제23조(위원의 제척 · 기피 · 회피)

① 위원은 다음 각 호의 어느 하나에 해당하는 경우에는 해당 조정사항의 조정에서 제척(除斥)된다.

  1. 위원 또는 그 배우자나 배우자였던 사람이 해당 조정사항의 분쟁당사자가 되거나 공동권리자 또는 의무자의 관계에 있는 경우
  2. 위원이 해당 조정사항의 분쟁당사자와 친족관계이거나 친족관계였던 경우
  3. 위원 또는 위원이 속한 법인이나 법률사무소가 분쟁당사자의 법률 · 경영 등에 대하여 자문 또는 고문의 역할을 하고 있는 경우
  4. 위원 또는 위원이 속한 법인이나 법률사무소가 해당 조정사항에 대하여 분쟁당사자의 대리인으로 관여하거나 관여하였던 경우 및 증언이나 감정을 한 경우

② 위원에게 조정을 공정하게 수행하기 어려운 사정이 있는 경우 분쟁당사자는 서면으로 협의회에 그 위원에 대한 기피신청을 할 수 있다.

③ 제2항의 기피신청이 제2항의 방식에 어긋나거나 조정의 지연을 목적으로 하는 것이 분명한 경우에는 위원장의 결정으로 기피신청을 각하한다.

④ 제2항의 기피신청에 상당한 이유가 있는 경우에는 위원장의 결정으로 해당 위원을 조정에서 제외한다.

⑤ 위원이 제1항 또는 제2항의 사유에 해당하는 경우에는 위원장의 허가를 받아 해당 조정사항의 조정에서 회피할 수 있다.

제24조(협의회의 조정사항)

제24조(협의회의 조정사항) 협의회는 공정거래위원회가 의뢰하거나 분쟁당사자가 신청하는 사항으로서 제5조부터 제15조까지, 제15조의2, 제16조부터 제18조까지의 규정과 관련한 분쟁에 관한 사항을 조정한다. <개정 2018. 3. 13.>

제25조(조정의 신청 등)

① 분쟁당사자는 제24조의 조정사항과 관련하여 대통령령으로 정하는 사항을 적은 서면을 제출하여 협의회에 그 조정을 신청할 수 있다. 다만, 분쟁조정의 신청이 있기 전에 공정거래위원회가 제29조에 따라 사건을 조사 중인 경우는 제외한다.

② 공정거래위원회는 대규모유통업자와 납품업자등 사이의 거래와 관련한 분쟁에 관한 사건에 대하여 협의회에 그 조정을 의뢰할 수 있다.

③ 협의회는 제1항에 따라 조정을 신청받았을 때에는 즉시 그 조정신청사항을 분쟁당사자에게 알려야 한다.

④ 제1항에 따른 조정의 신청은 시효중단의 효력이 있다. 다만, 신청이 취하되거나 각하된 때에는 그러하지 아니하다. <신설 2016. 3. 29.>

⑤ 제4항 단서의 경우에 6개월 내에 재판상의 청구, 파산절차참가, 압류 또는 가압류, 가처분을 한 때에는 시효는 최초의 조정의 신청으로 인하여 중단된 것으로 본다. <신설 2016. 3. 29.>

⑥ 제4항 본문에 따라 중단된 시효는 다음 각 호의 어느 하나에 해당하는 때부터 새로이 진행한다. <신설 2016. 3. 29.>

1. 분쟁조정이 이루어져 조정조서를 작성한 때
2. 분쟁조정이 이루어지지 아니하고 조정절차가 종료된 때

📔 목 차

I. 분쟁당사자의 조정신청

분쟁당사자는 제24조의 조정사항과 관련하여 *대통령령*[1])으로 정하는 사항을

---

1) 제15조(분쟁조정의 신청) ① 법 제25조제1항 본문에서 "대통령령으로 정하는 사항을 적은 서면"이란 다음 각 호의 사항이 적힌 서면을 말한다. 1. 신청인과 피신청인의 성명 및 주소(분쟁당사자가 법인인 경우에는 법인의 명칭, 주된 사무소의 소재지, 그 대표자의 성명 및 주소) 2. 대리인이 있는 경우에는 그 성명 및 주소 3. 신청의 이유 ② 제1항에 따른 서면에는 다음 각 호의 서류를 첨부하여야 한다. 1. 분쟁조정 신청의 원인 및 사실을 증명하는 서류 2. 대리인이 신청하는 경우 그 위임장 3. 그 밖에 분쟁조정에 필요한 증거서류 또는 자료

적은 서면을 제출하여 협의회에 그 조정을 신청할 수 있다. 다만, 분쟁조정의 신청이 있기 전에 공정거래위원회가 제29조에 따라 사건을 조사 중인 경우는 제외한다(법 제25조 제1항).

1. 통지 의무

협의회는 제1항에 따라 조정을 신청받았을 때에는 즉시 그 조정신청사항을 분쟁당사자에게 알려야 한다(법 제25조 제3항).

2. 조정신청의 효력

제1항에 따른 조정의 신청은 시효중단의 효력이 있다. 다만, 신청이 취하되거나 각하된 때에는 그러하지 아니하다(법 제25조 제4항).

제4항 단서의 경우에 6개월 내에 재판상의 청구, 파산절차참가, 압류 또는 가압류, 가처분을 한 때에는 시효는 최초의 조정의 신청으로 인하여 중단된 것으로 본다(법 제25조 제5항).

제4항 본문에 따라 중단된 시효는 ① 분쟁조정이 이루어져 조정조서를 작성한 때, ② 분쟁조정이 이루어지지 아니하고 조정절차가 종료된 때의 어느 하나에 해당하는 때부터 새로이 진행한다(법 제25조 제6항).

II. 공정거래위원회의 조정의뢰

공정거래위원회는 대규모유통업자와 납품업자등 사이의 거래와 관련한 분쟁에 관한 사건에 대하여 협의회에 그 조정을 의뢰할 수 있다(법 제25조 제2항).

공정거래위원회가 분쟁조정협의회에 조정의뢰하는 기준에 대하여 공정거래위원회는 「대규모유통업 분야 분쟁조정 의뢰기준」[2]에서 자세히 규정하고 있다.

---

2) 공정거래위원회예규 제281호(2017. 4. 5).

제26조(조정 등)

① 협의회는 제25조제1항에 따라 조정을 신청 받거나 같은 조 제2항에 따라 조정을 의뢰 받는 경우에는 대통령령으로 정하는 바에 따라 지체 없이 분쟁조정 절차를 개시하여야 한다. <신설 2016. 3. 29.>

② 협의회는 분쟁당사자에게 분쟁조정사항에 대하여 스스로 합의하도록 권고하거나 조정안을 작성하여 제시할 수 있다. <개정 2016. 3. 29.>

③ 협의회는 해당 분쟁조정사항에 관한 사실을 확인하기 위하여 필요한 경우 조사를 하거나 분쟁당사자에게 관련 자료의 제출이나 출석을 요구할 수 있다. <개정 2016. 3. 29.>

④ 협의회는 다음 각 호의 어느 하나에 해당되는 경우에는 조정신청을 각하한다. <개정 2016. 3. 29.>

  1. 조정신청의 내용과 직접적인 이해관계가 없는 자가 조정신청을 한 경우

  2. 이 법의 적용 대상이 아니거나 제24조에 해당하는 조정사항이 아닌 사안에 관하여 조정신청을 한 경우

  3. 제25조제1항 단서에 해당함에도 불구하고 조정신청을 한 경우

⑤ 협의회는 다음 각 호의 어느 하나에 해당되는 경우에는 조정절차를 끝낼 수 있다. <개정 2016. 3. 29.>

  1. 분쟁당사자의 한쪽이 조정절차 진행 중 조정을 거부한 경우

  2. 조정의 신청 전후에 분쟁당사자가 법원에 소(訴)를 제기하였거나 조정의 신청 후에 분쟁당사자가 「중재법」에 따라 중재신청을 한 경우

  3. 그 밖에 조정을 하여야 할 실익이 없는 것으로서 대통령령으로 정하는 사항이 발생하는 경우

⑥ 협의회는 다음 각 호의 어느 하나에 해당하는 경우에는 조정절차를 끝내야 한다. <개정 2016. 3. 29.>

  1. 분쟁당사자가 협의회의 권고 또는 조정안을 수락하거나 조정에 합의하여 조정이 이루어진 경우

  2. 분쟁당사자가 협의회의 권고 또는 조정안을 수락하지 아니하여 조정이 이루어지지 아니한 경우

  3. 조정신청을 통지받은 날부터 60일(분쟁당사자 쌍방이 기간연장에 동의한 경우에는 90일)이 지나도 조정이 이루어지지 아니한 경우

⑦ 협의회는 제4항부터 제6항까지의 규정에 따라 조정신청을 각하하거나 조정절차를 끝

낸 경우에는 대통령령으로 정하는 바에 따라 공정거래위원회에 조정의 경위, 조정신
청 각하 또는 조정절차 종료의 사유 등을 관계 서류와 함께 지체 없이 서면으로 보
고하여야 하고 분쟁당사자에게 그 사실을 통보하여야 한다. <개정 2016. 3. 29.>

⑧ 공정거래위원회는 분쟁조정사항에 관하여 조정절차가 끝날 때까지 해당 분쟁당사자
에게 제32조에 따른 시정명령이나 제33조제1항에 따른 시정권고를 하여서는 아니 된
다. 다만, 공정거래위원회가 이미 제29조에 따라 조사 중인 사건에 대하여는 그러하
지 아니하다. <개정 2016. 3. 29.>

목 차

[참고문헌]

　단행본: 공정거래위원회, 공정거래백서, 2018

Ⅰ. 분쟁조정절차의 개시

　협의회는 제25조 제1항에 따라 조정을 신청 받거나 같은 조 제2항에 따라 조
정을 의뢰 받는 경우에는 *대통령령*으로 정하는 바에 따라 지체 없이 분쟁조정 절
차를 개시하여야 한다(제26조 제1항). 이는 사법절차에 비해 신속하게 당사자 간의
분쟁을 해결할 수 있는 조정절차의 특성을 더욱 강화하기 위한 취지이다.[1]

Ⅱ. 합의권고 및 조정안의 제시

　협의회는 분쟁당사자에게 분쟁조정사항에 대하여 스스로 합의하도록 권고
하거나 조정안을 작성하여 제시할 수 있다(제26조 제2항).

---

1) 공정거래백서(2018), 18면.

협의회는 해당 분쟁조정사항에 관한 사실을 확인하기 위하여 필요한 경우 조사를 하거나 분쟁당사자에게 관련 자료의 제출이나 출석을 요구할 수 있다(제 26조 제3항).

III. 조정신청의 각하

협의회는 ① 조정신청의 내용과 직접적인 이해관계가 없는 자가 조정신청을 한 경우(제1호), ② 이 법의 적용 대상이 아니거나 제24조에 해당하는 조정사항 이 아닌 사안에 관하여 조정신청을 한 경우(제2호), ③ 제25조 제1항 단서에 해 당함에도 불구하고 조정신청을 한 경우(제3호)의 어느 하나에 해당되는 경우에는 조정신청을 각하한다(제26조 제4항).

IV. 조정절차의 종료

1. 재량적 종료

협의회는 ① 분쟁당사자의 한쪽이 조정절차 진행 중 조정을 거부한 경우(제 1호), ② 조정의 신청 전후에 분쟁당사자가 법원에 소(訴)를 제기하였거나 조정 의 신청 후에 분쟁당사자가 「중재법」에 따라 중재신청을 한 경우(제2호), ③ 그 밖에 조정을 하여야 할 실익이 없는 것으로서 *대통령령*[2]으로 정하는 사항이 발 생하는 경우(제3호)의 어느 하나에 해당되는 경우에는 조정절차를 끝낼 수 있다 (제26조 제5항).

이 내용은 독점규제법, 하도급법이나 가맹사업법의 경우 의무적으로 종료하 도록 규정되어 있다. 대규모유통업법은 이와 다르게 규정되어 있어서 규정을 통 일시킬 필요가 있다.

---

2) 제19조(분쟁조정의 종료사유) 법 제26조제5항제3호에서 "대통령령으로 정하는 사항이 발생하 는 경우"란 다음 각 호의 어느 하나에 해당하는 경우를 말한다. 1. 신청인이 정당한 사유 없이 기한 내에 조정신청을 보완하지 아니한 경우 2. 신청인이 부당한 이익을 얻을 목적으로 조정 신청을 한 것으로 인정되는 경우 3. 분쟁의 성격상 조정을 하는 것이 적당하지 아니하다고 인 정되는 경우 4. 신청인이 같은 사안에 대하여 같은 취지로 2회 이상 조정신청을 한 경우 5. 신 청인이 협의회에서 이미 끝난 분쟁조정과 같은 사안을 공정거래위원회에 신고하여 다시 협의 회에 넘겨진 경우 6. 신청인이 조정신청을 취하한 경우

2. 의무적 종료

협의회는 ① 분쟁당사자가 협의회의 권고 또는 조정안을 수락하거나 조정에 합의하여 조정이 이루어진 경우(제1호), ② 분쟁당사자가 협의회의 권고 또는 조정안을 수락하지 아니하여 조정이 이루어지지 아니한 경우(제2호), ③ 조정신청을 통지받은 날부터 60일(분쟁당사자 쌍방이 기간연장에 동의한 경우에는 90일)이 지나도 조정이 이루어지지 아니한 경우(제3호)의 어느 하나에 해당하는 경우에는 조정절차를 끝내야 한다(제26조 제6항).

독점규제법 등 타 법 규정과의 통일성을 위하여 '끝내야 한다'를 '종료하여야 한다'로 개정하는 것이 필요하다,

VI. 서면보고 및 통보

협의회는 제4항부터 제6항까지의 규정에 따라 조정신청을 각하하거나 조정절차를 끝낸 경우에는 *대통령령*[3])으로 정하는 바에 따라 공정거래위원회에 조정의 경위, 조정신청 각하 또는 조정절차 종료의 사유 등을 관계 서류와 함께 지체 없이 서면으로 보고하여야 하고 분쟁당사자에게 그 사실을 통보하여야 한다(제26조 제7항).

VII. 분쟁조정절차의 효력

공정거래위원회는 분쟁조정사항에 관하여 조정절차가 끝날 때까지 해당 분쟁당사자에게 제32조에 따른 시정명령이나 제33조 제1항에 따른 시정권고를 하여서는 아니 된다. 다만, 공정거래위원회가 이미 제29조에 따라 조사 중인 사건에 대하여는 그러하지 아니하다(제26조 제8항).

---

3) 제20조(분쟁조정의 종료 등) 협의회는 법 제26조제7항에 따라 조정신청을 각하하거나 조정절차를 끝낸 경우에는 다음 각 호의 사항을 포함한 분쟁조정종료서를 작성한 후 그 사본을 첨부하여 공정거래위원회에 보고하여야 한다. 1. 분쟁당사자의 일반 현황 2. 분쟁의 경위 3. 조정의 쟁점 4. 조정신청의 각하 또는 조정절차의 종료사유

제27조(조정조서의 작성과 그 효력)

① 협의회는 분쟁조정사항에 대하여 조정이 이루어진 경우 조정에 참가한 위원과 분쟁당사자가 기명날인하거나 서명한 조정조서를 작성한다. <개정 2016. 3. 29., 2018. 4. 17.>

② 협의회는 분쟁당사자가 분쟁조정사항을 스스로 조정하고 조정조서의 작성을 요청하는 경우에는 그 조정조서를 작성하여야 한다. <개정 2016. 3. 29.>

③ 분쟁당사자는 조정에서 합의된 사항을 이행하여야 하고, 이행결과를 공정거래위원회에 제출하여야 한다.

④ 공정거래위원회는 제1항 또는 제2항에 따른 합의 및 이에 대한 이행이 이루어진 경우에는 제32조에 따른 시정명령이나 제33조제1항에 따른 시정권고를 하지 아니한다. <개정 2018. 3. 13.>

⑤ 제1항 또는 제2항에 따라 조정조서를 작성한 경우 조정조서는 재판상 화해와 동일한 효력을 갖는다. <신설 2016. 3. 29.>

본 조에 따르면 조정조서의 작성에는 협의회에서 조정된 경우와 스스로 조정한 경우 요청에 의한 2가지 경우가 있으며, 재판상 화해와 동일한 효력이 있다. 이행이 이루어진 경우 시정명령이나 시정권고를 하지 아니한다.

제28조(협의회의 조직 · 운영 등)

제20조부터 제27조까지에서 규정한 사항 외에 협의회의 조직, 운영, 조정절차 등에 관하여 필요한 사항은 대통령령으로 정한다.

협의회의 조직, 운영, 조정절차 등에 관하여 필요한 사항은 *대통령령*[1])으로 정한다.

---

1) 제16조(대표자의 선정) ① 다수인이 공동으로 분쟁의 조정을 신청하는 경우에는 신청인 중 3명 이내의 대표자를 선정할 수 있다. ② 신청인이 제1항에 따른 대표자를 선정하지 아니한 경우 위원장은 신청인에게 대표자를 선정할 것을 권고할 수 있다. ③ 신청인이 대표자를 변경하는 경우에는 그 사실을 지체 없이 위원장에게 통지하여야 한다.
제17조(분쟁조정 신청의 보완 등) ① 위원장은 제15조에 따른 분쟁조정의 신청에 대하여 보완이 필요하다고 인정될 때에는 상당한 기간을 정하여 그 보완을 요구하여야 한다. ② 제1항에 따른 보완에 걸리는 기간은 법 제26조제6항제3호에 따른 기간의 산정에서 제외한다.
제17조의2(조정절차의 개시) 협의회는 법 제26조제1항에 따라 분쟁조정 절차를 개시하는 경우에는 조정번호, 조정개시일 등을 지체 없이 분쟁당사자에게 통보하여야 하고, 분쟁당사자와 분쟁의 구체적 내용을 관리대장에 기록하여야 한다.
제18조(분쟁당사자의 사실 확인 등) ① 협의회는 법 제26조제3항에 따라 분쟁당사자에게 출석을 요구하려는 경우에는 시기 및 장소를 정하여 출석요구일 7일 전까지 분쟁당사자에게 통지하여야 한다. 다만, 긴급을 요하거나 분쟁당사자가 동의하는 경우에는 그 기간을 달리 정할 수 있다. ② 제1항의 통지를 받은 분쟁당사자는 협의회에 출석할 수 없는 부득이한 사유가 있으면 미리 서면으로 의견을 제출할 수 있다.
제21조(분쟁의 조정 등) 협의회는 법 제27조제1항에 따른 분쟁의 조정이 성립된 경우 다음 각 호의 사항을 포함한 조정조서를 작성한 후 그 사본을 첨부하여 조정결과를 공정거래위원회에 보고하여야 한다. 1. 분쟁당사자의 일반 현황 2. 분쟁의 경위 3. 조정의 쟁점 4. 조정의 결과
제22조(분쟁당사자의 지위승계) ① 협의회는 조정절차가 종료되기 전에 분쟁당사자가 사망하거나 능력의 상실 그 밖의 사유로 조정절차를 계속할 수 없는 경우에는 법령에 따라 그 지위를 승계한 자가 분쟁당사자의 지위를 승계하게 할 수 있다. ② 제1항에 따라 분쟁당사자의 지위를 승계하려는 자는 서면으로 협의회에 신청하여야 한다. ③ 협의회가 제2항에 따른 신청을 받은 때에는 지체 없이 심사하여 승계 여부를 결정하고, 그 내용을 신청인에게 서면으로 통지하여야 한다.
제23조(소제기 등의 통지) 분쟁당사자는 분쟁조정 신청 후 해당 사건에 대해 소를 제기하거나 중재를 신청한 때에는 지체 없이 이를 협의회에 통지하여야 한다.
제24조(협의회의 운영세칙) 이 영에서 규정한 사항 외에 협의회의 조직 · 운영 · 조정절차 등에 필요한 사항은 협의회의 심의 · 의결을 거쳐 협의회의 위원장이 정한다.

제4장

공정거래위원회의 사건처리절차 등

제29조(위반행위의 조사 등)

① 누구든지 이 법에 위반되는 사실이 있다고 인정할 때에는 그 사실을 공정거래위원회에 신고할 수 있다. 이 경우 공정거래위원회는 대통령령으로 정하는 바에 따라 신고자가 동의한 경우에는 대규모유통업자에게 신고가 접수된 사실을 통지하여야 한다. <개정 2016. 3. 29.>

② 공정거래위원회는 이 법에 위반되는 혐의가 있다고 인정할 때에는 직권으로 필요한 조사를 할 수 있다.

③ 공정거래위원회는 제1항 또는 제2항에 따라 조사를 한 경우에는 그 결과(조사결과 시정명령 등의 처분을 하고자 하는 경우에는 그 처분의 내용을 포함한다)를 서면으로 해당 사건의 당사자에게 알려야 한다.

④ 제1항 후단에 따라 공정거래위원회가 대규모유통업자에게 통지한 때에는 「민법」 제174조에 따른 최고가 있은 것으로 본다. 다만, 신고된 사실이 이 법의 적용대상이 아니거나 제31조 본문에 따른 처분대상의 제한 기한을 경과하여 공정거래위원회가 심의절차를 진행하지 아니하기로 한 경우, 신고된 사실에 대하여 공정거래위원회가 무혐의로 조치한 경우 또는 신고인이 신고를 취하한 경우에는 그러하지 아니하다. <신설 2016. 3. 29., 2018. 3. 13.>

목 차

[참고사례]

　　롯데쇼핑(주)(빅마켓)의 대규모유통업법 위반행위 건(공정거래위원회 2015. 5. 20. 의
결 제2015-173호; 서울고등법원 2016. 8. 25. 선고 2015누47333 판결; 대법원 2017. 3.
15. 선고 2016두51481 판결)

Ⅰ. 신고 및 접수사실의 통지의무

　　누구든지 이 법에 위반되는 사실이 있다고 인정할 때에는 그 사실을 공정거
래위원회에 신고할 수 있다. 이 경우 공정거래위원회는 *대통령령*[1]으로 정하는
바에 따라 신고자가 동의한 경우에는 대규모유통업자에게 신고가 접수된 사실을
통지하여야 한다(법 제29조 제1항).

　　제1항 후단에 따라 공정거래위원회가 대규모유통업자에게 통지한 때에는 「민
법」 제174조에 따른 최고가 있는 것으로 본다. 다만, 신고된 사실이 이 법의 적용
대상이 아니거나 제31조 본문에 따른 처분대상의 제한 기한을 경과하여 공정거래
위원회가 심의절차를 진행하지 아니하기로 한 경우, 신고된 사실에 대하여 공정거
래위원회가 무혐의로 조치한 경우 또는 신고인이 신고를 취하한 경우에는 그러하
지 아니하다(법 제29조 제4항).

---

1) 제25조(위반행위의 신고 및 신고내용의 통지) ① 법 제29조제1항 전단에 따른 신고를 하려는
자는 다음 각 호의 사항을 적은 서면을 공정거래위원회에 제출하여야 한다. 다만, 신고사항이
긴급을 요하거나 부득이한 경우에는 전화 또는 구두로 신고할 수 있다. 1. 신고인의 성명·주
소 2. 피신고인의 주소, 대표자 성명 및 사업내용 3. 피신고인의 위반행위 내용 4. 그 밖에 위
반행위의 내용을 명백히 할 수 있는 사항 ② 공정거래위원회는 제1항의 신고를 접수한 날부터
15일 이내에 신고자가 다음 각 호의 동의를 하는지 여부를 확인하기 위한 서면을 신고자에게
직접 발급하거나 우편(전자우편을 포함)을 통하여 송부하여야 한다. 1. 신고가 접수된 사실을
공정거래위원회가 대규모유통업자에게 통지하는 것에 대한 동의 2. 제1호의 통지를 하는 경우
신고자와 신고내용도 함께 통지하는 것에 대한 동의 ③ 신고자는 제2항에 따라 서면을 발급받
거나 송부받은 날부터 15일 이내에 제2항 각 호의 동의를 한다는 사실을 공정거래위원회에 서
면으로 통지하여야 하며, 해당 기간 내에 통지하지 아니한 경우에는 제2항에 따른 동의를 하
지 아니한 것으로 본다. ④ 공정거래위원회는 제3항에 따른 통지를 받은 경우에는 그 통지를
받은 날부터 7일 이내에 신고접수 사실, 신고자 및 신고내용을 기재한 서면을 대규모유통업자
에게 직접 발급하거나 우편을 통하여 송부하여야 한다.

II. 직권조사

　　공정거래위원회는 이 법에 위반되는 혐의가 있다고 인정할 때에는 직권으로 필요한 조사를 할 수 있다(법 제29조 제2항). 여기에서의 조사는 임의조사를 의미한다. 현장조사시 임의조사의 한계에 대하여 논란이 있다.

　　<롯데쇼핑(주)(빅마켓)의 대규모유통업법 위반행위 건> 관련 행정소송에서 서울고등법원은 피고의 현장조사의 특성상 사전에 피고가 조사의 목적과 대상을 특정함에 있어서는 그 한계가 있을 수밖에 없는바, 이 사건에서 피고가 조사의 목적을 '대규모유통업법 위반혐의'라고만 명시하고, ○○○과 ○○○의 동의 받아 대규모유통업법위반 관련 자료의 저장에 관한 상당한 개연성이 존재하였을 뿐만 아니라 실제로도 저장된 파일 중 상당 부분은 원고의 업무와 관련된 것이었던 ○○○과 ○○○의 Ndrive의 열람을 요구한 것이 헌법상 영장주의 원칙에 위배되는 사실상 강제조사에 해당하여 위법하다거나 임의조사의 한계를 벗어나 위법하다고는 보이지 아니한다고 판시하였다.[2]

III. 조사결과의 통지의무

　　공정거래위원회는 제1항 또는 제2항에 따라 조사를 한 경우에는 그 결과(조사결과 시정명령 등의 처분을 하고자 하는 경우에는 그 처분의 내용을 포함한다)를 서면으로 해당 사건의 당사자에게 알려야 한다(법 제29조 제3항).

---

2) 서고판 2016. 8. 25. 2015누47333.

제 3 편 대규모유통업법

제29조의2(포상금의 지급)

① 공정거래위원회는 이 법의 위반행위를 신고하거나 제보하고 그 신고나 제보를 입증할 수 있는 증거자료를 제출한 자에게 예산의 범위에서 포상금을 지급할 수 있다.

② 제1항에 따른 지급대상자의 범위, 지급 기준·절차 등에 필요한 사항은 대통령령으로 정한다.

[본조신설 2018. 3. 13.]

포상금 지급대상자의 범위, 지급 기준·절차 등에 필요한 사항은 *대통령령*[1]
으로 정한다.

---

1) 제26조(포상금의 지급) ① 법 제29조의2제1항에 따른 포상금(이하 이 조에서 "포상금"이라 한다)의 지급대상이 되는 법 위반행위는 법 제6조제1항부터 제3항까지, 제7조부터 제10조까지, 제11조제1항부터 제4항까지, 제12조부터 제15조까지, 제15조의2 및 제16조부터 제18조까지의 어느 하나에 해당하는 규정을 위반하는 행위로 한다. ② 포상금은 제1항의 위반행위를 신고하거나 제보하고, 이를 입증할 수 있는 증거자료를 최초로 제출한 자에게 지급한다. 다만, 해당 위반행위를 한 대규모유통업자 및 그 대규모유통업자의 임직원으로서 해당 위반행위에 관여한 사람은 제외한다. ③ 공정거래위원회는 특별한 사정이 있는 경우를 제외하고는 신고 또는 제보된 행위가 법 위반행위에 해당한다고 인정하여 해당 행위를 한 대규모유통업자에게 시정조치 등의 처분을 하기로 의결한 날(이의신청이 있는 경우에는 재결한 날을 말한다)부터 3개월 이내에 포상금을 지급한다. ④ 포상금의 지급에 관여한 조사공무원은 신고자 또는 제보자의 신원 등 신고 또는 제보와 관련된 사항을 타인에게 제공하거나 누설해서는 아니 된다. ⑤ 위반행위의 유형별 구체적인 포상금 지급기준은 위반행위의 중대성 및 증거의 수준 등을 고려하여 공정거래위원회가 정하여 고시한다. ⑥ 포상금의 지급에 관한 사항을 심의하기 위하여 공정거래위원회에 신고포상금 심의위원회를 둘 수 있다. ⑦ 제6항에 따른 신고포상금 심의위원회의 설치·운영에 관한 사항 및 그 밖에 포상금 지급의 기준·절차 등에 관한 세부사항은 공정거래위원회가 정하여 고시한다.

제29조의3(포상금의 환수)

① 공정거래위원회는 제29조의2제1항에 따른 포상금을 지급한 후 다음 각 호의 어느 하나에 해당하는 사실을 발견한 경우에는 해당 포상금을 환수하여야 한다.
1. 위법·부당한 증거수집, 거짓신고, 거짓진술, 증거위조 등 부정한 방법으로 포상금을 지급받은 경우
2. 동일한 원인으로 다른 법령에 따라 포상금 등을 지급받은 경우
3. 그 밖에 착오 등의 사유로 포상금이 잘못 지급된 경우
② 공정거래위원회는 제1항에 따라 포상금을 환수하는 경우 포상금을 지급받은 자에게 반환하여야 할 금액을 통지하여야 한다.
③ 제2항에 따른 포상금 반환 통지를 받은 자는 그 통지를 받은 날부터 30일 이내에 이를 납부하여야 한다.
④ 공정거래위원회는 제3항에 따라 포상금을 반환하여야 할 자가 납부기한까지 그 금액을 납부하지 아니하면 국세 체납처분의 예에 따라 징수할 수 있다.
[본조신설 2018. 3. 13.]

제30조(서면실태조사)

① 공정거래위원회는 대규모유통업에서의 공정한 거래질서 확립을 위하여 대규모유통업자와 납품업자등 사이의 거래에 관한 서면실태조사를 실시하여 그 조사결과를 공표하여야 한다.
② 공정거래위원회가 제1항에 따라 서면실태조사를 실시하려는 경우에는 조사대상자의 범위, 조사기간, 조사내용, 조사방법, 조사절차 및 조사결과 공표범위 등에 관한 계획을 수립하여야 하고, 조사대상자에게 거래실태 등 조사에 필요한 자료의 제출을 요구할 수 있다.
③ 공정거래위원회가 제2항에 따라 자료의 제출을 요구하는 경우에는 조사대상자에게 자료의 범위와 내용, 요구사유, 제출기한 등을 명시하여 서면으로 알려야 한다.
④ 대규모유통업자는 납품업자등으로 하여금 제2항에 따른 자료를 제출하지 아니하게 하거나 거짓 자료를 제출하도록 요구해서는 아니 된다. <신설 2018. 4. 17.>

제31조(처분대상의 제한)

공정거래위원회는 이 법에 위반되는 행위가 끝난 날부터 5년이 지난 경우에는 해당 위반행위에 대하여 이 법에 따른 시정명령·과징금 부과 등을 하지 아니한다. 다만, 법원의 판결에 따라 시정명령 또는 과징금 부과처분이 취소된 경우로서 그 판결이유에 따라 새로운 처분을 하는 경우에는 그러하지 아니하다.

제32조(시정명령)

공정거래위원회는 제6조제1항부터 제3항까지, 제7조부터 제10조까지, 제11조제1항부터 제4항까지, 제12조부터 제15조까지, 제15조의2, 제16조부터 제18조까지의 규정을 위반한 대규모유통업자에게 법 위반행위의 중지, 향후 재발방지, 상품판매대금 또는 상품대금의 지급, 매장 설비비용의 보상, 계약조항의 삭제·수정, 시정명령을 받은 사실의 공표, 시정명령을 받은 사실의 거래상대방인 납품업자등에 대한 통지, 법위반행위의 시정에 필요한 계획 또는 행위의 보고나 그 밖에 시정에 필요한 조치를 명할 수 있다. <개정 2018. 3. 13., 2021. 4. 20.>

[참고사례]

㈜씨제이오쇼핑의 대규모유통업법 위반행위 및 독점규제법상 거래상지위 남용행위 건(공정거래위원회 2015. 6. 3. 의결 제2015-179호; 서울고등법원 2017. 1. 18. 선고 2015누49308 판결); ㈜현대백화점 및 한무쇼핑(주)의 대규모유통업법 위반행위 건(공정거래위원회 2015. 3. 2. 의결 제2015-056호; 서울고등법원 2015. 12. 17. 선고 2015누38902 판결; 대법원 2018. 10. 12. 선고 2016두30897 판결); 애경유지공업(주)의 대규모유통업법 위반행위 건(공정거래위원회 2017. 6. 21. 의결 제2017-203호; 서울고등법원 2018. 1. 25. 선고 2017누62848 판결); 서원유통의 대규모유통업법 위반행위에 대한 건[공정거래위원회 2017. 11. 1. 의결 제2017-333호; 서울고등법원 2019. 2. 13. 선고 2017누86226 판결; 대법원 2019. 7. 11. 2019두37202(심리불속행 기각) 판결]

공표명령의 방법 및 절차에 대하여 *대통령령*[1]으로 정하고 있다.

법원은 시정조치에 있어서 공정거래위원회의 재량을 인정하고 있다.

> "대규모유통업법 제32조 문언 내용에 비추어 볼 때, 피고는 대규모유통업법 제14조 제1항을 위반한 대규모유통업자에 대해 그 위반행위를 시정하기 위하여 필요하다고 인정되는 제반 조치를 할 수 있고, 이러한 시정의 필요성 및 시정에 필요한

---

1) 제26조의2(공표명령의 방법 및 절차) ① 공정거래위원회는 법 제32조에 따라 대규모유통업자에게 시정명령을 받은 사실의 공표를 명하려는 경우에는 다음 각 호의 사항을 고려하여 공표의 내용, 매체의 종류·수 및 지면 크기 등을 정하여 명하여야 한다. 1. 위반행위의 내용과 정도 2. 위반행위의 기간과 횟수 ② 공정거래위원회는 제1항에 따라 시정명령을 받은 사실의 공표를 명할 때에는 해당 대규모유통업자에게 미리 그 문안(文案) 등에 관하여 공정거래위원회와 협의하도록 할 수 있다.

> 조치의 내용에 관하여는 피고에게 그 판단에 관한 재량이 인정됨(대법원 2009. 6. 11. 선고 2007두25138 판결, 대법원 2010. 11. 25. 선고 2008두23177 판결 등 참조)"<㈜현대백화점 및 한무쇼핑(주)의 대규모유통업법 위반행위 건>[2]

　　<㈜씨제이오쇼핑의 대규모유통업법 위반행위 및 독점규제법상 거래상지위 남용행위 건> 관련 행정소송에서 서울고등법원은 위반행위의 직접 상대방뿐만 아니라 모든 납품업자들에 대하여 시정명령을 받은 사실을 통지한 명령은 위법하지 아니하다고 판시하였다.[3] <애경유지공업(주)의 대규모유통업법 위반행위 건> 관련 행정소송에서 법원은 대규모유통업법 제32조의 규정은 시정명령의 종류를 제한적으로 열거한 것이 아니라 예시적 규정이므로 모든 납품업자에 대한 통지명령을 적법한 것으로 보았으며,[4] <서원유통의 대규모유통업법 위반행위에 대한 건> 관련 행정소송에서는 시정명령의 경우 동일한 상대방에 대한 재발방지명령 뿐만 아니라, 잠재적인 상대방에 대한 재발방지를 포함하는 것이므로 반드시 현재의 법위반 대상자를 특정해야 한다고 보기는 어렵다고 보았다.[5]

---

2) 대판 2018. 10. 12. 2016두30897.

3) 서고판 2017. 1. 18. 2015누49308: "대규모유통업법은 제32조에서…그 밖에 시정에 필요한 조치를 명할 수 있다고 규정하고 있다. 또한 독점규제법은 제24조에서…기타 시정을 위한 필요한 조치를 명할 수 있다고 규정하고 있다. 위 규정들은 시정명령의 종류를 제한적으로 열거한 규정이 아니라 시정명령의 종류에 관한 예시적 규정이라고 보아야 한다. 원고와 거래하는 모든 납품업자를 통지의 대상으로 한 이 사건 통지명령은 원고의 거래상대방에게 원고에 대한 시정조치와 관련된 사실이 직접 통지되게 함으로써 원고의 거래상대방으로 하여금 원고의 법위반행위를 명확히 인식하게 하고, 원고로 하여금 거래상대방이 지속적으로 자신의 행위를 감시할 것임을 의식하여 향후 동일 또는 유사한 행위를 하지 못하게 하는 데 그 목적이 있다고 할 것이다. 또한 원고가 한 위반행위의 종류, 위반 횟수, 위반행위 상대방의 수 등을 비롯한 위반행위의 내용과 정도에 비추어 통지명령의 목적을 달성하기 위하여 위반행위의 직접 상대방뿐만 아니라 모든 납품업자들에 대하여 원고가 시정명령을 받은 사실을 통지할 필요성이 있다고 보이므로, 이 사건 통지명령은 '기타 시정을 위하여 필요한 조치'로서 재량권의 범위를 일탈·남용하여 위법하다고 볼 수 없다."

4) 서고판 2018. 1. 25. 2017누62848.

5) 서고판 2019. 2. 13. 2017누86226(대판 2019. 7. 11. 2019두37202).

제33조(시정권고)

① 공정거래위원회는 이 법을 위반한 대규모유통업자에게 대통령령으로 정하는 바에 따라 시정방안을 마련하여 이에 따를 것을 권고할 수 있다. 이 경우 대규모유통업자가 해당 권고를 수락한 때에는 공정거래위원회가 시정명령을 한 것으로 본다는 뜻을 함께 알려야 한다.

② 제1항에 따른 권고를 받은 대규모유통업자는 그 권고를 통지받은 날부터 10일 이내에 그 수락 여부를 공정거래위원회에 알려야 한다.

③ 제1항에 따른 권고를 받은 대규모유통업자가 그 권고를 수락하였을 때에는 제32조에 따른 시정명령을 받은 것으로 본다.

시정권고의 절차에 대하여 *대통령령*[1])으로 정하고 있다.

제34조(공탁)

제32조에 따른 시정명령을 받았거나 제33조제1항에 따른 시정권고를 수락한 대규모유통업자는 납품업자등이 변제를 받지 아니하거나 받을 수 없는 때에는 납품업자등을 위하여 변제의 목적물을 공탁하고 그 시정명령의 이행의무를 면할 수 있다. 대규모유통업자가 과실 없이 납품업자등을 알 수 없는 경우에도 또한 같다.

---

1) 제27조(시정권고 절차) 법 제33조제1항에 따른 시정권고는 다음 각 호의 사항을 명시한 서면으로 하여야 한다. 1. 법 위반내용 2. 권고사항 3. 시정기한 4. 수락 여부 통지기한 5. 수락 거부 시의 조치

제34조의2(동의의결)

① 공정거래위원회의 조사나 심의를 받고 있는 대규모유통업자 또는 대규모유통업자를 구성원으로 하는 사업자단체(이하 이 조에서 "신청인"이라 한다)는 해당 조사나 심의의 대상이 되는 행위(이하 이 조에서 "해당 행위"라 한다)로 인한 불공정한 거래내용 등의 자발적 해결, 납품업자등의 피해구제 및 거래질서의 개선 등을 위하여 제3항에 따른 동의의결을 하여 줄 것을 공정거래위원회에 신청할 수 있다. 다만, 해당 행위가 다음 각 호의 어느 하나에 해당하는 경우 공정거래위원회는 동의의결을 하지 아니하고 이 법에 따른 심의 절차를 진행하여야 한다.
  1. 제42조제2항에 따른 고발요건에 해당하는 경우
  2. 동의의결이 있기 전 신청인이 신청을 취소하는 경우
② 신청인이 제1항에 따른 신청을 하는 경우 다음 각 호의 사항을 기재한 서면으로 하여야 한다.
  1. 해당 행위를 특정할 수 있는 사실관계
  2. 해당 행위의 중지, 원상회복 등 경쟁질서의 회복이나 거래질서의 적극적 개선을 위하여 필요한 시정방안
  3. 그 밖에 납품업자등의 피해를 구제하거나 예방하기 위하여 필요한 시정방안
③ 공정거래위원회는 해당 행위의 사실관계에 대한 조사를 마친 후 제2항제2호 및 제3호에 따른 시정방안(이하 "시정방안"이라 한다)이 다음 각 호의 요건을 모두 충족한다고 판단되는 경우에는 해당 행위 관련 심의 절차를 중단하고 시정방안과 같은 취지의 의결(이하 "동의의결"이라 한다)을 할 수 있다. 이 경우 신청인과의 협의를 거쳐 시정방안을 수정할 수 있다.
  1. 해당 행위가 이 법을 위반한 것으로 판단될 경우에 예상되는 시정조치 및 그 밖의 제재와 균형을 이룰 것
  2. 공정하고 자유로운 경쟁질서나 거래질서를 회복시키거나 가맹점사업자 등을 보호하기에 적절하다고 인정될 것
④ 공정거래위원회의 동의의결은 해당 행위가 이 법에 위반된다고 인정한 것을 의미하지 아니하며, 누구든지 신청인이 동의의결을 받은 사실을 들어 해당 행위가 이 법에 위반된다고 주장할 수 없다.

[본조신설 2022. 1. 4.]

목 차

Ⅰ. 동의의결의 신청

공정거래위원회의 조사나 심의를 받고 있는 대규모유통업자 또는 대규모유통업자를 구성원으로 하는 사업자단체("신청인")는 해당 조사나 심의의 대상이 되는 행위("해당 행위")로 인한 불공정한 거래내용 등의 자발적 해결, 가맹점사업자의 피해구제 및 거래질서의 개선 등을 위하여 제3항에 따른 동의의결을 하여 줄 것을 공정거래위원회에 신청할 수 있다. 다만, 해당 행위가 ① 제42조 제2항에 따른 고발요건에 해당하는 경우(제1호) ② 동의의결이 있기 전 신청인이 신청을 취소하는 경우(제2호)의 어느 하나에 해당하는 경우 공정거래위원회는 동의의결을 하지 아니하고 이 법에 따른 심의 절차를 진행하여야 한다(법 제34조의2 제1항).

신청인이 동의의결을 신청하는 경우 ① 해당 행위를 특정할 수 있는 사실관계(제1호), ② 해당 행위의 중지, 원상회복 등 경쟁질서의 회복이나 거래질서의 적극적 개선을 위하여 필요한 시정방안(제2호), ③ 그 밖에 납품업자 등의 피해를 구제하거나 예방하기 위하여 필요한 시정방안(제3호)의 사항을 기재한 서면으로 하여야 한다(법 제34조의2 제2항).

2022. 1. 4. 법 개정시 대규모유통업법에 동의의결제도가 도입되었다.

Ⅱ. 동의의결의 요건

공정거래위원회는 해당 행위의 사실관계에 대한 조사를 마친 후 제2항 제2호 및 제3호에 따른 시정방안("시정방안")이 ① 해당 행위가 이 법을 위반한 것으로 판단될 경우에 예상되는 시정조치, 그 밖의 제재와 균형을 이룰 것(제1호),

② 공정하고 자유로운 경쟁질서나 거래질서를 회복시키거나 소비자, 다른 사업자 등을 보호하기에 적절하다고 인정될 것(제2호)의 요건을 모두 충족한다고 판단되는 경우에는 해당 행위 관련 심의 절차를 중단하고 시정방안과 같은 취지의 의결(이하 "동의의결")을 할 수 있다. 이 경우 신청인과의 협의를 거쳐 시정방안을 수정할 수 있다(법 제34조의2 제 3 항).

Ⅲ. 동의의결과 법위반 여부

공정거래위원회의 동의의결은 해당 행위가 이 법에 위반된다고 인정한 것을 의미하지 아니하며, 누구든지 신청인이 동의의결을 받은 사실을 들어 해당 행위가 이 법에 위반된다고 주장할 수 없다(법 제34조의2 제4 항).

제34조의3(동의의결 절차 및 취소)

동의의결 절차 및 취소에 관하여는 「독점규제 및 공정거래에 관한 법률」 제90조 및 제91조를 각각 준용한다. 이 경우 같은 법 제90조제1항의 "소비자"는 "납품업자등의"로, 같은 법 제90조제3항 후단의 "제124조부터 제127조까지의 규정"은 "이 법 제41조의 규정"으로 본다.

[본조신설 2022. 1. 4.]

제34조의4(이행강제금)

① 공정거래위원회는 정당한 이유 없이 동의의결 시 정한 이행기한까지 동의의결을 이행하지 아니한 자에게 동의의결이 이행되거나 취소되기 전까지 이행기한이 지난 날부터 1일당 200만원 이하의 이행강제금을 부과할 수 있다.

② 이행강제금의 부과·납부·징수 및 환급 등에 관하여는 「독점규제 및 공정거래에 관한 법률」 제16조제2항 및 제3항을 준용한다.

[본조신설 2022. 1. 4.]

제35조(과징금)

① 공정거래위원회는 제6조제1항부터 제3항까지, 제7조부터 제10조까지, 제11조제1항부터 제4항까지, 제12조부터 제15조까지, 제15조의2, 제16조부터 제18조까지의 규정을 위반한 대규모유통업자에게 대통령령으로 정하는 산출방식에 따른 납품대금이나 연간 임대료를 초과하지 아니하는 범위에서 과징금을 부과할 수 있다. 다만, 매출액을 산정하기 곤란한 경우 등에는 5억원을 초과하지 아니하는 범위에서 과징금을 부과할 수 있다. <개정 2018. 3. 13.>

② 제1항의 과징금은 위반행위를 규정한 조문별로 산정하되, 그 합계가 제1항에 따라 대통령령으로 정하는 산출방식에 따른 납품대금이나 연간 임대료의 2배를 초과할 수 없다.

③ 제1항에 따른 과징금의 부과·징수에 관하여는 「독점규제 및 공정거래에 관한 법률」 제102조부터 제107조까지의 규정을 준용한다. <개정 2020. 12. 29.>

목 차

[참고사례]

롯데쇼핑(주)(백화점)의 대규모유통업법 위반행위 건(공정거래위원회 2013. 11. 25. 의결 제2013-189호; 서울고등법원 2014. 12. 4. 선고 2014누46678 판결; 대법원 2017. 12. 22. 선고 2015두36010 판결); ㈜우리홈쇼핑의 대규모유통업법 위반행위 및 독점규제법상 거래상지위 남용행위 건(공정거래위원회 2015. 4. 15. 의결 제2015-118호; 서울고등법원 2017. 1. 18. 선고 2015누40363 판결); ㈜씨제이오쇼핑의 대규모유통업법 위반행위 및 독점규제법상 거래상지위 남용행위 건(공정거래위원회 2015. 6. 3. 의결 제2015-179호; 서울고등법원 2017. 1. 18. 선고 2015누49308 판결); ㈜홈앤쇼핑의 대규모유통업법 위반행위 및 독점규제법상 거래상지위 남용행위 건(공정거래위원회 2015. 6. 3. 의결 제2015-180호; 서울고등법원 2016. 9. 23. 선고 2015누49292 판결); ㈜지에스홈쇼핑의 대규모유통업법 위반행위 및 독점규제법상 거래상지위 남용행위 건(공정거래위원회 2015. 6. 11. 의결 제2015-193호; 서울고등법원 2017. 1. 18. 선고 2015누50353 판결); 롯데쇼핑

(주)(마트부문)의 대규모유통업법 위반행위 건(공정거래위원회 2016. 7. 8. 의결 제2016-150호; 서울고등법원 2017. 1. 26. 선고 2016누59302 판결); **롯데쇼핑(주)(빅마켓)의 대규모유통업법 위반행위 건**(공정거래위원회 2015. 5. 20. 의결 제2015-173호; 서울고등법원 2016. 8. 25. 선고 2015누47333 판결; 대법원 2017. 3. 15. 선고 2016두51481 판결); **홈플러스(주) 및 홈플러스테스코(주)의 대규모유통업법 위반행위 건**(공정거래위원회 2015. 7. 23. 의결 제2015-279호; 서울고등법원 2016. 2. 26. 선고 2015누55600 판결); **㈜현대백화점 및 한무쇼핑(주)의 대규모유통업법 위반행위 건**(공정거래위원회 2015. 3. 2. 의결 제2015-056호; 서울고등법원 2015. 12. 17. 선고 2015누38902 판결; 대법원 2018. 10. 12. 선고 2016두30897 판결); 홈플러스외 1의 대규모유통업법 위반행위 건[공정거래위원회; 서울고등법원 2020. 10. 7. 선고 2020누43106(파기환송심) 판결]

Ⅰ. 과징금의 부과대상 및 기준

공정거래위원회는 제6조 제1항부터 제3항까지, 제7조부터 제10조까지, 제11조 제1항부터 제4항까지, 제12조부터 제15조까지, 제15조의2, 제16조부터 제18조까지의 규정을 위반한 대규모유통업자에게 *대통령령*[1]으로 정하는 산출방식에 따른 납품대금이나 연간 임대료를 초과하지 아니하는 범위에서 과징금을 부과할 수 있다. 다만, 매출액[2]을 산정하기 곤란한 경우 등에는 5억원을 초과하지 아니하는 범위에서 과징금을 부과할 수 있다(법 제35조 제1항).

위반행위로 인하여 직접 또는 간접적으로 영향을 받은 상품의 매입액이나 이에 준하는 금액에 해당한다고 보기 위해서는, 해당 위반행위가 있는 경우와 없는 경우를 서로 비교할 때, 해당 위반행위가 있음으로 인하여 그 상품 자체

---

1) 제28조(과징금) ① 법 제35조에 따른 과징금의 부과기준은 별표 1과 같다. ② 제1항에서 규정한 사항 외에 과징금의 부과에 필요한 사항은 공정거래위원회가 정하여 고시한다.

2) '납품대금이나 연간 임대료'의 오기로 보인다. 한편 시행령 별표 1에서 '관련 납품대금(법 제35조제1항 본문에 따른 납품대금으로서 대규모유통업자의 위반행위와 관련된 상품 매입액 또는 이에 준하는 금액) 또는 관련 임대료(법 제35조제1항 본문에 따른 연간 임대료로서 매장임차인이 위반사업자에게 지불해야 하는 위반기간의 임대료를 1년의 기간으로 환산한 금액)에 위반사업자의 위반금액의 비율(공정거래위원회가 정하여 고시하는 금액의 비율)을 곱한 금액에 부과기준율(공정거래위원회가 정하여 고시하는 부과기준율)을 곱하여 산정한다. 다만, 관련 납품대금 또는 관련 임대료나 위반금액의 비율을 산정하기 곤란한 경우에는 5억원 이내에서 중대성의 정도를 고려하여 산정할 수 있다"고 규정하고 있는바, '위반금액의 비율을 산정하기 곤란한 경우'는 법률에 규정되어 있지 않아 위임범위를 넘는 문제가 있다. 강우찬, 법원에서 바라 본 공정거래사건, 한국경쟁포럼(2019. 6. 13.) 발표자료 참고.

또는 그 상품의 거래관계에 직접 또는 간접적으로 영향을 미치는 사정이 드러나야 한다<홈플러스외 1의 대규모유통업법 위반행위 건>.[3]

2018. 1. 9. 시행령 개정을 통하여 그 동안 공정거래위원회 과징금 고시에 규정되어 있었던 과징금 부과 기준의 주요 내용인 ① 과징금 부과 여부 판단 기준, ② 과징금액 산정 기준, ③ 과징금 가중·감경요소, ④ 가중·감경의 최고 한도 등을 시행령에 상향(上向)하여 규정하였다. 또한, 과징금 상한(上限) 결정에 필요한 '관련 납품 대금'의 산정 방식도 '위반행위를 한 기간 동안 구매한 관련 상품 매입액'에서 '위반 행위와 관련된 상품매입액'으로 변경하여, ① 위반 행위가 일정 기간 지속되지 않고 일회성으로 발생하여 기간 산정이 곤란한 경우, ② 구매와 위반 행위가 연관 관계가 없는 경우 등에도 합리적으로 과징금 상한액이 결정될 수 있도록 개선하였다.

공정거래위원회는 「대규모유통업법 위반사업자에 대한 과징금 부과기준 고시」[4]를 제정·운영하고 있다.

납품대금과 관련하여 법원이 다음과 같이 판단한 사례가 있다.

> "원고가 매입한 해당 시식행사 상품의 매입액을 모두 합한 금액을 관련 납품대금으로 한 것은 타당하고, 원고가 주장하는 바와 같이 가사 이 사건 시식행사 중 일부 납품업자에 대하여는 그 비용을 사후에 보전해주었다고 하더라도 위 금액을 제외하여 관련 납품대금을 산정하여야 하는 것은 아님"<롯데쇼핑(주)(빅마켓)의 대규모유통업법 위반행위 건>,[5] "대규모유통업법 시행령 28조 1항 및 과징금고시 Ⅱ.4.가.에서 관련 납품대금이란 대규모유통업자가 위반행위를 한 기간 동안 구매한 관련상품의 매입액 또는 이에 준하는 금액에 해당한다고 규정하고, 과징금고시 Ⅱ.4.나.에서는 관련상품의 범위는 위반행위로 인하여 직접 또는 간접적으로 영향을 받는 상품의 종류와 성질, 거래지역, 거래상대방, 거래단계 등을 고려하여 행위유형별로 개별적·구체적으로 판단한다고 규정하면서, 당해 위반행위로 인하여 거래가 실제로 이루어지거나 이루어지지 아니한 상품이 포함된다"고 하고, "파견 종업원들이 원고들 매장에서 조리·판매한 닭강정은 모두 서면 미작성행위에 의하여 영향을 받는 상품에 해당한다고 할 것이므로, 위 기간 동안 원고들이 납품받아 매출한 전체 금액을 대규모유통업법상 관련 납품대금으로 인정함은 타당함"<홈플러스(주) 및 홈플러스테스코(주)의 대규모유통업법 위반행위 건>,[6] "종업원 등의 파견사용에 관하여 서면약정을 하지 않았다는 사정에만 근거하여 파견 종업원들이 매징에

---

3) 서고판 2020. 10. 7. 선고 2020누43106(파기환송심).
4) 공정거래위원회고시 제2022-17호(2022. 8. 30).

서 판매한 상품이 모두 이 사건 위반행위의 직접 또는 간접적인 영향을 받은 상품
이라고 단정하기 어려움"<홈플러스외 1의 대규모유통업법 위반행위 건>[7]

1. 다수 위반행위의 경우 과징금 부과기준

제1항의 과징금은 위반행위를 규정한 조문별로 산정하되, 그 합계가 제1항
에 따라 *대통령령*으로 정하는 산출방식에 따른 납품대금이나 연간 임대료의 2배
를 초과할 수 없다(법 제35조 제2항).

2. 과징금 가중·감경 여부

<롯데쇼핑(주)(마트부문)의 대규모유통업법 위반행위 건> 관련 행정소송에
서 과징금고시상의 가중·감경사유로서 조사방해행위와 조사협조행위에 대한 판
단이 있었는데 과징금 부과에 있어서 공정거래위원회의 재량을 인정하였다.

"과징금고시 Ⅳ.2.나.(3)에 의하면 과징금 가중사유로서의 위 조사방해 등의 인정
과 관련하여 조사방해 결과까지 필요한 것으로 보이지는 않는데, 피고의 현장조사
진행 중에 원고의 직원이 웹하드 내의 자료를 삭제하고, 자신이 사용하는 업무용
노트북 컴퓨터를 숨기는 등으로 피고의 조사를 어렵게 한 사실을 인정할 수 있는
바, 피고가 원고의 조사방해 행위를 이유로 과징금 가중을 한 것이 위법하다고는
보이지 아니하며, 그 밖에 원고가 이 사건 위반행위를 자진시정 하였다거나 위반
행위의 방지를 위해 노력해왔다는 등 과징금 감경사유로 들고 있는 사정들은 가사
그러한 사정이 인정된다고 하더라도 피고가 이를 과징금 감경사유로 반영하지 않
은 것이 위법하다고 보기 어려움"<롯데쇼핑(주)(마트부문)의 대규모유통업법 위반
행위 건>[8]

---

5) 서고판 2016. 8. 25. 2015누47333.
6) 서고판 2016. 2. 26. 2015누55600.
7) 서고판 2020. 10. 7. 선고 2020누43106(파기환송심).
8) 서고판 2017. 1. 26. 2016누59302.

Ⅱ. 준용규정

제1항에 따른 과징금의 부과·징수에 관하여는 「독점규제법」 제102조부터 제107조까지의 규정을 준용한다(법 제35조 제3항).

Ⅲ. 재량의 일탈

법원은 과징금 부과에 있어서 공정거래위원회가 재량을 가진다고 보았다.

"대규모유통업법 과징금 고시는 공정위 내부의 사무처리준칙에 불과하고 공정위는 대규모유통업법 및 그 시행령이 정하는 범위 내에서 과징금의 부과 여부 및 액수를 정할 재량을 가짐"<㈜지에스홈쇼핑의 대규모유통업법 위반행위 및 독점규제법 상 거래상지위 남용행위 건>,9) "제재적 행정처분의 기준이 그 자체로 헌법 또는 법률에 합치되지 아니하거나 위 처분기준에 따른 제재적 행정처분이 그 처분사유가 된 위반행위의 내용 및 관계 법령의 규정 내용과 취지에 비추어 현저히 부당하다고 인정할 만한 합리적인 이유가 없는 한 섣불리 그 처분이 재량권의 범위를 일탈하였거나 재량권을 남용한 것이라고 판단해서는 안 됨(대법원 2007. 9. 20. 선고 2007두6946 판결 참조)", "피고(공정거래위원회)가 대규모유통업법 35조에 기초하여 과징금을 부과할 것인지 여부와 과징금을 부과할 경우 법률 및 그 시행령이 정하고 있는 일정한 범위 안에서 과징금의 액수를 구체적으로 얼마로 정할 것인지는 재량행위이고, 다만 이러한 재량의 행사와 관련하여 과징금 부과의 기초가 되는 사실을 오인하였거나 비례·평등의 원칙에 위반되는 등의 사유가 있다면 이는 재

---

9) 서고판 2017. 1. 18. 2015누50353; "원고는, 대규모유통업법 과징금 고시를 기준으로 과징금을 산정하면 행위의 객관적 위법성에 비하여 과징금이 과다산정되는 결과를 낳는 바 대규모유통업법 과징금 고시는 위헌 또는 위법하거나 그에 근거한 이 사건 과징금납부명령은 재량권 일탈·남용에 해당한다고 주장한다. 살피건대, 대규모유통업법 제35조 제1항에 의하면 피고는... 범위에서 과징금을 부과할 수 있고...따라서 피고가 대규모유통업법 위반행위에 대하여 과징금을 부과할 것인지 여부와 과징금을 부과할 경우 대규모유통업법 및 그 시행령이 정하고 있는 일정한 범위 안에서 과징금의 액수를 구체적으로 얼마로 정할 것인지는 피고의 재량행위라 할 것이다. 원고는 대규모유통업법 과징금 고시에 의하면 유사한 행위인 하도급법 위반행위와 비교할 때 과징금이 과다하게 산정되므로 위 고시가 위헌 또는 위법이라고 주장하나, 대규모유통업법 과징금 고시는 과징금 산정을 위한 기준을 정하고 있는 피고 내부의 사무처리준칙에 불과하고 피고는 대규모유통업법 및 그 시행령이 정하는 범위 내에서 과징금의 부과 여부 및 액수를 정할 재량을 갖는 것이고, 하도급법과 대규모유통업법은 입법목적과 규제 대상 및 내용 등에 차이가 있으므로 그 위반행위에 따른 과징금 금액을 단순 비교할 수 없으며..."

량권의 일탈·남용으로서 위법하다고 볼 수 있다.", "원고들에 대한 과징금은 불공정한 거래행위의 억지라는 행정목적을 실현하기 위한 행정상 제재금으로서의 성격 또한 갖는다고 할 것이므로, 단순히 원고들이 얻은 수익보다 과징금이 많다는 이유만으로 비례의 원칙에 위반한다고 단정할 수 없음"<홈플러스(주) 및 홈플러스테스코(주)의 대규모유통업법 위반행위 건>,10) "대규모유통업법령은 위반행위별 과징금 상한만을 정하면서, 위반행위별 '과징금 산정기준'은 공정거래위원회가 그 합리적인 재량에 따라 정할 수 있도록 한 것으로 볼 수 있음. 그러나 이러한 재량이 인정된다고 하더라도, '위반행위별 과징금 산정기준'은 위반행위의 내용 및 정도, 그 기간 및 횟수, 위반행위로 취득한 이익의 규모 외에도 대규모유통업법의 입법 목적, 각 위반행위의 특유한 성격과 내용, 그 제재의 취지와 목적, 과징금 산정의 곤란 여부, 법령이 정한 과징금 부과 상한과의 관계 등을 종합적으로 고려하여 합리적으로 정하여져야 함"<롯데쇼핑(주)(백화점)의 대규모유통업법 위반행위 건>,11) "처분을 할 것인지 여부와 처분의 정도에 관하여 재량이 인정되는 과징금 납부명령에 대하여 그 명령이 재량권을 일탈·남용하였을 경우 법원으로서는 재량권의 일탈·남용 여부만 판단할 수 있을 뿐이지 재량권의 범위 내에서 어느 정도가 적정한 것인지에 관하여는 판단할 수 없어 그 전부를 취소할 수밖에 없고, 법원이 적정하다고 인정되는 부분을 초과한 부분만 취소할 수는 없음(대법원 2009. 6. 23. 선고 2007두18062 판결 등 참조)"<㈜현대백화점 및 한무쇼핑(주)의 대규모유통업법 위반행위 건>12)

기타 다음과 같이 판단한 사례가 있다.

"과징금납부명령은 적법하여 재량권 범위를 벗어났다고 볼 수는 없음"<㈜씨제이오쇼핑의 대규모유통업법 위반행위 및 독점규제법상 거래상지위 남용행위 건>, <㈜우리홈쇼핑의 대규모유통업법 위반행위 및 독점규제법상 거래상지위 남용행위 건>,13) "서면 미교부에 대한 공정거래위원회의 시정명령은 적법하나 과징금 납부명령은 위법임"<㈜홈앤쇼핑의 대규모유통업법 위반행위 및 독점규제법상 거래상지위 남용행위 건>, <㈜지에스홈쇼핑의 대규모유통업법 위반행위 및 독점규제법상 거래상지위 남용행위 건>,14) "경영정보제공 요구행위의 과징금 산정기준은 대규모유통업법의 다른 행위 유형과 구별되어 같은 과징금 부과기준을 작용할 수 없음"<롯데쇼핑(주)(백화점)의 대규모유통업법 위반행위 건>15)

---

10) 서고판 2016. 2. 26. 2015누55600.
11) 대판 2017. 12. 22. 2015두36010.
12) 대판 2018. 10. 12. 2016두30897.
13) 서고판 2017. 1. 18. 2015누49308: "이 부분 위반행위는 351개 납품업자를 대상으로 무려

3,533회에 걸쳐 이루어졌다는 점에서 원고의 책임이나 비난가능성이 중하다고 볼 수 밖에 없고 위반의 태양 또한 오랜 기간 동안 반복적으로 지속되었음을 알 수 있다", "원고의 행위는 분쟁발생 시 권리구제 문제와 직결되어 공정거래질서를 저해하는 효과가 크다고 판단되고 이러한 유형의 위반행위에 미온적으로 대처할 경우 잘못된 관행이 계속 이어질 우려가 있다", "피고는 위와 같은 점을 고려하여 이 부분 위반행위를 '중대한 위반행위'로 보고 과징금을 산정한 것으로 보이므로 피고의 이 부분 과징금납부명령이 지나치게 가혹하여 재량권 범위를 벗어났다고 볼 수는 없다".; 서고판 2017. 1. 18. 2015누40363.

14) 서고판 2016. 9. 23. 2015누49292: "전체 344회의 위반사례 중 거래상대방인 납품업자가 대기업에 해당하여 계약서면의 지연교부로 인한 불이익이 상대적으로 적은 경우와 원고가 방송일 하루 전에 계약서를 발송하였으나 납품업자가 미승인 또는 지연승인하여 서명이 늦어진 경우는 위반행위에 대한 원고의 책임이나 비난가능성이 크다고 보기 어렵고, 이러한 경우를 제외하면 원고에게 위반의 책임이 중대하다고 평가할 수 있는 경우는 94건에 불과하다", "원고의 귀책으로 인한 계약서 미교부 또는 지연교부의 횟수는 같은 기간 원고가 체결한 납품계약 전체에 비교할 때 0.7%에 불과하다", "피고가 문제삼은 계약들도 많은 경우 동일한 내용의 기존 계약이 존재한다", "이 부분 위반행위로 인하여 납품업자와 계약내용의 불분명으로 인한 분쟁이 발생한 바 없는 점 등을 고려하면 원고의 위반의 정도를 '중대한 위반'에 해당한다고 보기 어려우므로 피고가 이 부분 위반행위에 관하여 '중대한 위반'의 부과기준금액 범위에서 과징금 산정기준을 정한 피고의 과징금납부명령은 위법하다"; 서고판 2017. 1. 18. 2015누50353. 순환 방송에 대한 계약서면이 미교부 되었더라도 본방송합의서의 내용 및 전산시스템에 입력된 내용 등으로 충분히 납품업자가 거래 조건을 예측가능하였음을 고려하여 위법성의 정도가 중대하지 않다고 판단하였다.

15) 대판 2017. 12. 22. 2015두36010: 대규모유통업법 제14조가 부당한 경영정보 제공 요구 행위를 원칙적으로 금지하는 주된 취지는, 대규모유통업자가 거래상 우월적 지위를 이용하여 납품업자의 원가 정보나 거래조건 등 통상의 거래관계에서는 알기 어려운 경영정보를 요구하지 못하도록 함으로써 납품업자가 거래관계에서 더욱 열세의 지위에 놓이는 것을 방지하고 대규모유통업에서의 공정한 거래질서를 확립하려는 데에 있다. ② 경영정보 제공 요구 행위에 대한 비난 가능성의 핵심은, 힘의 차이를 부당하게 이용하여 정보를 요구한 행위 그 자체에 있다. 이에 따라 그에 관한 제재 수준을 1차적으로 정하는 '과징금 산정기준'을 설정할 때에는 거래상 지위를 얼마나 악용하였는지 여부, 그 요구 방법, 거래관계를 이용하여 취득하게 된 정보의 내용과 양(量), 위반행위의 횟수와 기간 등 그 위법성 정도를 나타내는 핵심 지표를 일응의 기준으로 삼아야 합리적이라고 볼 수 있다. ③ 이러한 점에서 대규모유통업법 제14조 위반행위는 상품대금 감액 행위(제7조)와 같이 대규모유통업자와 납품업자 등의 거래관계 자체에 그 우월적 지위를 이용한 부당한 행위가 개입되는 경우와는 구별된다. 상품대금 감액 행위에 관하여는 '그로 인하여 직·간접적으로 영향을 받은 상품의 매입액'과 같이 '위반행위가 개입된 거래관계의 규모'를 과징금 산정 기준으로 삼아 그 제재수준을 결정하여도 합리적이라고 볼 수 있다. 그러나 이와 달리 거래관계에 있음을 기화로 한 위법행위인 경영정보제공 요구행위에 대하여는 같은 기준을 그대로 적용할 수 없다. 경영정보 제공 요구 행위로 인하여 취득한 이득액이 많지 않더라도 제공을 요구한 정보의 내용, 위반행위의 횟수 등에 따라서는 그 위법성 수준이 낮지 않을 수도 있기 때문이다. ④ 그러므로 '대규모유통업자가 위반행위로 인하여 영향을 받은 상품을 납품업자로부터 매입한 규모' 등은 적어도 경영정보 제공 요구 행위에 관하여 제재 수준을 1차적으로 결정하는 '과징금 산정기준'으로서는 합리적이라고 보기 어렵다. 그 밖에 대규모유통업자가 부당하게 취득한 경영정보를 이용하여 유통시장에서 부당한 이득을 취하거나 추가적인 법령 위반행위를 하였는지는 구체적 과징금 산정과정에서 부수적으로 고려될 사정에 불과하다. ⑤ 이러한 전제에서 살펴보면, '위반행위로 인하여 직접 또는 간접적으로 영향을 받는 상품의 매입액' 등을 경영정보 제공 요구 행위에 관한 과징금 산정기준으로 정하고 있는 구 「대규모 유통업법 위반사업자에 대한 과징금 부과기준 고시」(2014. 11. 27. 공정거

래위원회고시 제2014－11호로 개정되기 전의 것), 구「과징금 부과 세부기준 등에 관한 고시」 (2012. 3. 28. 공정거래위원회고시 제2012－6호로 개정되기 전의 것) 등의 규정 내용은 합리적 이라고 볼 수 없다. ⑥ 결국, 그 자체로 합리적이라고 볼 수 없는 과징금 산정기준에 따른 이 사건 과징금 부과처분은 재량권을 일탈·남용한 것으로서 위법하다; 경영정보 제공요구행위에 대한 비난가능성은 힘의 차이를 부당하게 이용하여 정보를 요구한 행위 자체에 있기 때문에 과징금 산정의 핵심지표로 거래상 지위를 얼마나 악용하였는지 여부, 요구방법, 거래관계를 이 용하여 취득하게 된 정보의 내용과 양, 위반행위의 횟수와 기간 등을 고려하여 설정할 필요가 있다. 경영정보요구 행위는 거래관계에 있음을 기화로 한 위법행위로 상품대금 감액행위와 같 이 거래관계 자체에 그 우월적 지위를 이용한 부당한 행위가 개입되는 경우와는 구별되는데, 다만 경영정보 제공 요구행위로 취득한 이득액이 많지 않다 하더라도 제공을 요구한 정보의 내용, 위반행위의 횟수 등에 따라 위법성 수준이 낮지 않을 수는 있다; 동 사건에서 공정거래 위원회는 납품업자들이 원고에게 납품한 대금액과 매장임대료를 과징금 산정기준으로 삼았는 데, 그 후 개정된 현행 과징금 고시 시행 이후 경영정보제공 요구행위에 대해서는 '위반 금액' 산정이 어려워 정액과징금(5억원 이하) 부과하고 있는 바 대법원판결의 내용은 이러한 고시 개정과 일맥상통하는 내용이라 평가된다.

제35조의2(손해배상책임)

① 대규모유통업자가 이 법을 위반함으로써 납품업자등에게 손해를 입힌 경우에는 그 손해에 대하여 배상책임을 진다. 다만, 대규모유통업자가 고의 또는 과실이 없음을 입증한 경우에는 그러하지 아니하다.

② 제1항에도 불구하고 대규모유통업자가 제7조, 제10조, 제12조, 제18조를 위반함으로써 납품업자등에게 손해를 입힌 경우에는 법원은 납품업자등에게 발생한 손해의 3배를 넘지 아니하는 범위에서 손해배상액을 정할 수 있다. 다만, 대규모유통업자가 고의 또는 과실이 없음을 입증한 경우에는 그러하지 아니하다.

③ 법원은 제2항의 배상액을 정할 때에는 다음 각 호의 사항을 고려하여야 한다.

1. 고의 또는 손해발생의 우려를 인식한 정도
2. 위반행위로 인하여 납품업자등이 입은 피해규모
3. 위반행위로 인하여 대규모유통업자가 취득한 경제적 이익
4. 위반행위에 따른 벌금 및 과징금
5. 위반행위의 기간 및 횟수
6. 대규모유통업자의 재산상태
7. 대규모유통업자의 피해구제 노력의 정도

④ 제1항 또는 제2항에 따라 손해배상청구의 소가 제기된 경우 「독점규제 및 공정거래에 관한 법률」 제110조 및 제115조를 준용한다.

[본조신설 2018. 10. 16.]

 목   차

Ⅰ. 실손배상 제도

대규모유통업자가 이 법을 위반함으로써 납품업자등에게 손해를 입힌 경우에는 그 손해에 대하여 배상책임을 진다. 다만, 대규모유통업자가 고의 또는 과실이 없음을 입증한 경우에는 그러하지 아니하다(법 제35조의2 제1항).

II. 3배배상 제도

제1항에도 불구하고 대규모유통업자가 제7조, 제10조, 제12조, 제18조를 위반함으로써 납품업자등에게 손해를 입힌 경우에는 법원은 납품업자등에게 발생한 손해의 3배를 넘지 아니하는 범위에서 손해배상액을 정할 수 있다. 다만, 대규모유통업자가 고의 또는 과실이 없음을 입증한 경우에는 그러하지 아니하다(법 제35조의2 제2항).

2018. 10. 16. 법 개정시 도입된 조항이다. 즉 대형유통업체의 상품대금부당감액, 부당반품, 납품업체 등의 종업원 부당사용, 보복행위 등으로 인해 납품업체 등에게 피해가 발생했을 경우, 피해를 입은 납품업체 등은 최대 3배까지 손해배상을 받을 수 있도록 규정하였다.

1. 배상액산정시 고려사항

법원은 제2항의 배상액을 정할 때에는 ① 고의 또는 손해발생의 우려를 인식한 정도(제1호), ② 위반행위로 인하여 납품업자등이 입은 피해규모(제2호), ③ 위반행위로 인하여 대규모유통업자가 취득한 경제적 이익(제3호), ④ 위반행위에 따른 벌금 및 과징금(제4호), ⑤ 위반행위의 기간 및 횟수(제5호), ⑥ 대규모유통업자의 재산상태(제6호), ⑦ 대규모유통업자의 피해구제 노력의 정도(제7호)를 고려하여야 한다(법 제35조의2 제3항).

2. 독점규제법 준용

제1항 또는 제2항에 따라 손해배상청구의 소가 제기된 경우 「독점규제법」 제110조 및 제115조를 준용한다(법 제35조의2 제4항).

제36조(위반행위의 판단시점)

공정거래위원회가 이 법에 위반되는 행위에 대하여 의결하는 경우에는 그 행위에 관한 심리를 마치는 날까지 발생한 사실을 기초로 판단한다.

제37조(관계 행정기관의 장의 협조)

① 공정거래위원회는 이 법의 시행에 필요하다고 인정하는 경우 관계 행정기관의 장의 의견을 들을 수 있다.

② 공정거래위원회는 이 법의 시행에 필요하다고 인정하는 경우 관계 행정기관의 장에 게 필요한 조사를 의뢰하거나 필요한 자료를 요청할 수 있다.

③ 공정거래위원회는 이 법에 따른 시정명령의 이행을 확보하기 위하여 필요하다고 인 정하는 경우 관계 행정기관의 장에게 필요한 협조를 요청할 수 있다.

④ 제2항에 따라 공정거래위원회로부터 조사의뢰 또는 자료요청을 받거나 제3항에 따라 공정거래위원회로부터 협조를 요청받은 관계 행정기관의 장은 특별한 사유가 없으면 이에 협조하여야 한다. <신설 2016. 12. 20.>

제38조(「독점규제 및 공정거래에 관한 법률」의 준용)

① 이 법에 따른 공정거래위원회의 심의·의결에 관하여는 「독점규제 및 공정거래에 관한 법률」 제64조부터 제68조까지, 제93조 및 제95조를 준용한다. <개정 2020. 12. 29.>

② 이 법에 따른 공정거래위원회의 처분에 대한 이의신청, 소(訴)의 제기 및 불복의 소 (訴)의 전속관할에 관하여는 「독점규제 및 공정거래에 관한 법률」 제96조부터 제101 조까지의 규정을 준용한다. <개정 2020. 12. 29.>

③ 이 법의 시행을 위하여 필요한 공정거래위원회의 조사·의견청취에 관하여는 「독점 규제 및 공정거래에 관한 법률」 제81조제1항부터 제3항까지, 같은조 제6항 및 제9 항, 제84조 및 제85조를 준용한다. <개정 2020. 12. 29.>

④ 삭제 <2018. 10. 16.>

⑤ 이 법에 따른 직무에 종사하거나 종사하였던 공정거래위원회의 위원 및 공무원 또는 협의회에서 분쟁의 조정업무를 담당하거나 담당하였던 사람 및 제34조의3에 따른 동 의의결의 이행관리 업무를 담당하거나 담당하였던 사람에 대하여는 「독점규제 및 공 정거래에 관한 법률」 제119조를 준용한다. <개정 2020. 12. 29., 2022. 1. 4.>

⑥ 제34조의3에 따른 동의의결의 이행관리 업무를 담당하거나 담당하였던 사람에 대하 여는 「독점규제 및 공정거래에 관한 법률」 제123조제2항을 준용한다. <신설 2022. 1. 4.>

제5장

벌칙

제39조(벌칙)

① 다음 각 호의 어느 하나에 해당하는 자는 2년 이하의 징역 또는 1억 5천만원 이하의 벌금에 처한다.

1. 제13조를 위반하여 납품업자등에게 배타적 거래를 하도록 하거나 납품업자등이 다른 사업자와 거래하는 것을 방해한 자

2. 제14조제1항을 위반하여 납품업자등에게 정보 제공을 요구한 자

3. 제18조를 위반하여 납품업자등에게 불리하게 계약조건을 변경하는 행위, 납품이나 매장 임차의 기회를 제한하는 행위 또는 계약의 이행과정에서 불이익을 주는 행위를 한 자

4. 제32조에 따른 시정명령에 따르지 아니한 자

② 제38조제3항에 따라 준용되는 「독점규제 및 공정거래에 관한 법률」 제81조제1항제2호에 따른 감정을 거짓으로 한 자는 1억원 이하의 벌금에 처한다. <개정 2020. 12. 29.>

③ 제38조제5항에 따라 준용되는 「독점규제 및 공정거래에 관한 법률」 제119조를 위반하여 비밀을 누설하거나 이 법의 시행을 위한 목적 외에 그 비밀을 이용한 사람은 2년 이하의 징역 또는 200만원 이하의 벌금에 처한다. <개정 2020. 12. 29.>

제40조(양벌규정)

법인의 대표자나 법인 또는 개인의 대리인·사용인이나 그 밖의 종업원이 그 법인 또는 개인의 업무에 관하여 제39조 제1항 또는 제2항에 해당하는 위반행위를 하면 그 행위자를 벌하는 외에 그 법인 또는 개인에게도 해당 조문의 벌금형을 과(科)한다. 다만, 법인 또는 개인이 그 위반행위를 방지하기 위하여 해당 업무에 관하여 상당한 주의와 감독을 게을리하지 아니한 경우에는 그러하지 아니하다.

제41조(과태료)

① 대규모유통업자가 제1호부터 제4호까지의 규정에 해당하는 경우에는 1억원 이하, 제5호에 해당하는 경우에는 2억원 이하의 과태료를 각각 부과한다. <개정 2018. 4. 17., 2020. 12. 29.>

1. 제30조제2항에 따른 자료를 제출하지 아니하거나 거짓의 자료를 제출한 자

2. 제30조제4항을 위반하여 납품업자등으로 하여금 자료를 제출하지 아니하게 하거나 거짓 자료를 제출하도록 요구한 자

3. 제38조제3항에 따라 준용되는 「독점규제 및 공정거래에 관한 법률」 제81조제1항 제1호를 위반하여 정당한 사유 없이 출석하지 아니한 자

4. 제38조제3항에 따라 준용되는 「독점규제 및 공정거래에 관한 법률」 제81조제1항 제3호 또는 같은 조 제3항에 따른 보고 또는 필요한 자료나 물건을 제출하지 아니하거나 거짓으로 보고 또는 자료나 물건을 제출한 자

5. 제38조제3항에 따라 준용되는 「독점규제 및 공정거래에 관한 법률」 제81조제2항 및 제3항에 따른 조사를 거부·방해 또는 기피한 자

② 대규모유통업자의 임원이 제1항제5호에 해당하는 경우에는 5천만원 이하, 같은 항 제1호부터 제4호까지의 규정에 해당하는 경우에는 1천만원 이하의 과태료를 각각 부과한다. <개정 2018. 4. 17.>

③ 대규모유통업자의 종업원이나 그 밖의 이해관계인이 제1항제5호에 해당하는 경우에는 5천만원 이하, 같은 항 제1호, 제3호 또는 제4호에 해당하는 경우에는 1천만원 이하, 같은 항 제2호에 해당하는 경우에는 500만원 이하의 과태료를 각각 부과한다. <신설 2018. 4. 17.>

④ 제6조제8항을 위반하여 계약서 등 중요 서류를 보관하지 아니한 자는 1천만원 이하의 과태료를 부과한다. <개정 2018. 4. 17.>

⑤ 제38조제1항에 따라 준용되는 「독점규제 및 공정거래에 관한 법률」 제66조에 위반하여 질서유지의 명령을 따르지 아니한 사람에게는 100만원 이하의 과태료를 부과한다. <개정 2018. 4. 17., 2020. 12. 29.>

⑥ 제1항부터 제5항까지의 규정에 따른 과태료는 대통령령으로 정하는 바에 따라 공정거래위원회가 부과·징수한다. <개정 2018. 4. 17.>

과태료는 *대통령령*[1])으로 정하는 바에 따라 공정거래위원회가 부과·징수한다.

---

1) 제29조의2(과태료 부과기준) 법 제41조제1항부터 제4항까지의 규정에 따른 과태료의 부과기준은 별표와 같다.

제42조(고발)

① 제39조 제1항의 죄는 공정거래위원회가 고발하는 경우에만 공소를 제기할 수 있다.

② 공정거래위원회는 제39조 제1항의 죄 중 위반정도가 객관적으로 명백하고 중대하여 대규모유통업에서의 거래질서를 현저히 저해한다고 인정하는 경우에는 검찰총장에게 고발하여야 한다.

③ 검찰총장은 제2항에 따른 고발요건에 해당하는 사실이 있음을 공정거래위원회에 통보하여 고발을 요청할 수 있다.

④ 공정거래위원회가 제2항에 따른 고발요건에 해당하지 아니한다고 결정하더라도 감사원장, 중소벤처기업부장관은 사회적 파급효과, 납품업자등에게 미친 피해 정도 등 다른 사정을 이유로 공정거래위원회에 고발을 요청할 수 있다.

⑤ 제3항 또는 제4항에 따른 고발요청이 있는 때에는 공정거래위원회 위원장은 검찰총장에게 고발하여야 한다. <신설 2013. 7. 16.>

⑥ 공정거래위원회는 공소가 제기된 후에는 고발을 취소할 수 없다.

 목　차

Ⅰ. 전속고발제

제39조 제1항의 죄는 공정거래위원회가 고발하는 경우에만 공소를 제기할 수 있다(법 제42조 제1항).

Ⅱ. 의무고발제

공정거래위원회는 제39조 제1항의 죄 중 위반정도가 객관적으로 명백하고 중대하여 대규모유통업에서의 거래질서를 현저히 저해한다고 인정하는 경우에는 검찰총장에게 고발하여야 한다(법 제42조 제2항).

1. 검찰총장의 고발요청

검찰총장은 제2항에 따른 고발요건에 해당하는 사실이 있음을 공정거래위원회에 통보하여 고발을 요청할 수 있다(법 제42조 제3항).

2. 감사원장, 중소벤처기업부장관의 고발요청

공정거래위원회가 제2항에 따른 고발요건에 해당하지 아니한다고 결정하더라도 감사원장, 중소벤처기업부장관은 사회적 파급효과, 납품업자등에게 미친 피해 정도 등 다른 사정을 이유로 공정거래위원회에 고발을 요청할 수 있다(법 제42조 제3항).

3. 고발의무

제3항 또는 제4항에 따른 고발요청이 있는 때에는 공정거래위원회 위원장은 검찰총장에게 고발하여야 한다(법 제42조 제4항).

III. 공소제기후 고발 취소 제한

공정거래위원회는 공소가 제기된 후에는 고발을 취소할 수 없다(법 제42조 제5항).

제**4**편

대리점법

제1장

총칙

제1조(목적)

이 법은 대리점거래의 공정한 거래질서를 확립하고 공급업자와 대리점이 대등한 지위에
서 상호보완적으로 균형 있게 발전하도록 함으로써 국민경제의 건전한 발전에 이바지함
을 목적으로 한다.

[참고문헌]

단행본: 공정거래위원회, 공정거래백서, 2021; 김건식, 대리점거래의 공정화에 관
한 법률의 규제와 내용 분석, 한국공정거래조정원, 2016.

대리점은 일반적으로 공급업자에 비해 규모가 작아 사업능력의 격차가 있으
며, 공급업자의 상품·용역을 공급받아 이를 재판매·위탁판매하기 때문에 거래의
존도가 높다. 특히, 공급업자가 상표 경쟁력, 고객 신뢰성 등을 확보한 경우 거
래의존도는 더욱 심화된다.[1]

대표적으로 2013년 초 남양유업 사건[2] 이후에 공급업자(본사)의 대리점에
대한 상품 밀어내기, 판촉사원 임금전가 등과 같은 불공정거래 관행이 사회적으
로 큰 이슈가 되었다. 이에 대리점거래의 공정화에 관한 법률(이하 '대리점법')이
2015. 12. 22. 제정되어, 2016. 12. 23.부터 시행되었다.

---

[1] 공정거래백서(2021), 524면.

[2] 2013년 5월 남양유업의 한 영업사원이 대리점주에게 폭언을 하며 제품구매를 강요하는 등의
음성파일이 공개되면서 사회적으로 큰 파장을 물러온 사건을 말하는데, 공정거래위원회는
2013. 10. 24. 남양유업이 대리점들에게 유통기한이 임박한 제품 또는 주문하지 않은 제품을
구입하게 하는 '구입강제행위'를 이유로 약 125억원의 과징금을 부과하였다. 이에 남양유업은
과징금 부과처분 취소소송을 제기하였고, 2015년 1월 서울고등법원은 매출액 산정에 문제가
있음을 이유로 과징금 5억원을 초과하는 119억 6400만원을 취소하고 재산정하라고 판결하였
고, 2015년 6월 대법원에서 확정되었다. 김건식, 6면 주1).

제2조(정의)

이 법에서 사용하는 용어의 뜻은 다음과 같다.

1. "대리점거래"란 공급업자와 대리점 사이에 상품 또는 용역의 재판매 또는 위탁판매를 위하여 행하여지는 거래로서 일정 기간 지속되는 계약을 체결하여 반복적으로 행하여지는 거래를 말한다.

2. "공급업자"란 생산 또는 구매한 상품 또는 용역을 대리점에게 공급하는 사업자를 말한다.

3. "대리점"이란 공급업자로부터 상품 또는 용역을 공급받아 불특정다수의 소매업자 또는 소비자에게 재판매 또는 위탁판매 하는 사업자를 말한다.

4. "반품"이란 대리점이 공급받은 상품을 되돌려 주거나 대리점의 다른 상품과 바꾸는 등 형식에 상관없이 공급받은 상품을 공급업자에게 실질적으로 되돌려주는 모든 행위를 말한다.

5. "판매장려금"이란 명칭에 상관없이 상품의 판매촉진을 위하여 공급업자가 대리점에게 지급하는 경제적 이익을 말한다.

목 차

[참고문헌]

단행본: 김건식, 대리점거래의 공정화에 관한 법률의 규제와 내용 분석, 한국공정거래조정원, 2016; 김윤정, 대리점법 집행기준 및 운용방안 연구, 한국법제연구원, 2016.

논문: 대리점법의 적용대상에 관한 검토, 한국공정거래조정원 내부자료, 2018. 4. 19

[참고사례]

한국피앤지판매(유)와 ㈜더모아유통의 대리점계약 건[서울고등법원 2011. 2. 23. 선고 2010나18456 판결; 대법원 2013. 2. 14. 선고 2011다28342(영업보상등) 판결]

I. 대리점거래

"대리점거래"란 공급업자와 대리점 사이에 상품 또는 용역의 재판매 또는 위탁판매[1]를 위하여 행하여지는 거래로서 일정 기간 지속되는 계약을 체결하여 반복적으로 행하여지는 거래를 말한다(제1호). 법문상 대리점 거래는 재판매와 위탁판매로 구분된다.

대리점 거래 및 대리점은 관련시장에 따라 또는 동일 시장내에서도 개별사업자에 따라, 거래대상인 상품 또는 용역의 특징, 유통구조, 거래관행 등이 서로 달라 법상의 정의만으로는 대리점 거래 및 대리점 해당여부가 명확하지 않은 점이 있다. 이와 관련하여 「대리점 분야 불공정거래행위 심사지침」(이하 "대리점 심사지침")[2]에서 상세한 규정을 두고 있다.

1. 상품 또는 용역

상품 또는 용역의 의미에 대해서는 「대리점 심사지침」에서 구체적으로 규정하고 있지 않다. 용역에 대해서는 논란이 있다. 용역의 경우에는 재판매나 위탁판매의 개념과 잘 부합하지 않는 측면이 있기 때문이다. 보험회사의 보험상품이나 유선통신업자의 유선통신 및 유료방송서비스를 예로 들 수 있다. 실무적으로 하도급법상 용역위탁과의 구별도 문제이다.

2. 재판매

재판매의 범위에 대하여 「대리점 심사지침」에서 다음과 같이 규정하고 있다 (II. 1. 가).

---

[1] 위탁판매의 범위를 '위탁판매'에 한정하기 보다는 대리점 거래의 현실이나 대리점법의 입법목적에 비추어 이를 확대하여 공급업자가 자기의 명의로 제3자와 거래하고 대리점이 상법상 대리상(상법 제87조, 체약대리상 또는 중개대리상)으로서 또는 상품의 공급·배송을 위탁받아 실행하는 등의 방법으로 공급업자를 보조하는 역할을 담당하는 경우에도 위탁판매거래의 한 유형으로 인정할 필요가 있다는 지적이 있다. 신현윤, 554~555면.
[2] 공정거래위원회예규 제348호(2020.6.30.)

> 1) 일반적으로 대리점이 공급업자로부터 상품을 매입하여 그 소유권을 취득한 후 이를 다시 자기의 명의와 계산으로 불특정다수의 소매업자 또는 소비자에게 판매하는 것을 말한다. 용역은 일단 판매되면 수익·향수되고 더 이상 남아있지 않은 성질상 재판매의 대상이 될 수 없다고 할 것이다. 다만 대리점이 용역을 제공하는 공급업자로부터 그 용역을 이용할 수 있는 권리를 매입하여 자기의 명의와 책임으로 불특정다수의 소매업자 또는 소비자에게 판매하는 것은 재판매에 해당할 수 있다.
>
> 2) '불특정다수'인지 여부는 대리점거래의 특성, 상거래관행, 사회통념 등에 비추어 판단한다. 단순히 일회성 판매 또는 특정한 소수에 대한 판매를 위해 공급업자로부터 상품 또는 용역을 공급받는 경우에는 대리점거래에 해당하지 않으며, 영업 초기에 특정한 소매업자 또는 소비자에 한정하여 거래하더라도 대리점 계약기간 동안에 판촉활동 등을 통해 추가적인 소매업자 또는 소비자와의 거래가 예상되는 경우에는 불특정다수에 해당할 수 있다.
>
> <예시> 대리점이 식음료제조업체로부터 상품을 구입한 후 이를 소매업자 또는 소비자에게 다시 판매하는 경우 재판매에 해당한다.

3. 위탁판매

위탁판매의 범위에 대하여 「대리점 심사지침」에서 다음과 같이 규정하고 있다(II. 1. 나).

> 1) 일반적으로 대리점이 공급업자에게 소유권이 있는 상품 또는 공급업자가 제공하는 용역을 공급업자의 계산으로 불특정다수의 소매업자 또는 소비자에게 판매하는 것을 말한다. '불특정다수'인지 여부는 Ⅱ. 1. 가. 2)와 같다.
>
> 2) 이러한 위탁판매는 대리점의 명의로 이루어지는 상법 제101조의 위탁매매에 한정되지 않고 공급업자의 명의로 이루어지는 상법 제87조의 대리와 중개 및 상법 제93조의 중개에 의한 거래 등을 포함한다.[3]

---

3) 위탁판매를 상법상 '자기명의와 타인계산으로 하는' 위탁매매로 좁게 해석하는 경우, 보험사나 이동통신사 대리점 같이 본사계약체결을 대리하거나(체약대리상), 중개하는(중개대리상) 거래 형태는 모두 적용제외되는 문제가 있다. 김윤정, 63면.

3) 통상적으로 대리점은 위탁판매가 완료된 때 공급업자에게 상품 또는 용역의 판매대금을 지급하고 이러한 판매에 대한 대가로 계약으로 정한 바에 따라 공급업자로부터 수수료를 지급받는다.

<예시> 대리점이 이동통신사의 위탁을 받아 이동통신사와 가입자간 이동통신서비스 공급계약 체결을 대리하고 이동통신사가 가입자에게 통신서비스를 공급하는 경우 위탁판매에 해당한다.

4) 다만, 소유권 또는 계산의 주체와 관계없이 거래의 실질이 1)과 유사한 경우도 위탁판매로 볼 수 있다.

　　상법상 대리상은 일정한 상인을 위하여 상업사용인이 아니면서 그 영업부류에 속하는 거래의 대리 또는 중개를 영업으로 하는 자인데(상법 제87조), 일정한 상인(공급업자)의 명의로 거래를 대리 또는 중개함으로써 법적 효과가 직접 본인(공급업자)에게 귀속되고, 그 효과로 수수료를 받는 점에서 재판매대리점과 구별된다.4) 따라서 어떤 자가 제조자나 공급자와 사이에 대리점계약이라고 하는 명칭의 계약을 체결하였다고 하여 곧바로 상법 제87조의 대리상으로 되는 것은 아니고, 그 계약 내용을 실질적으로 살펴 대리상에 해당하는지 여부를 판단하여야 한다(대법원 1999. 2. 5. 선고 97다26593 판결 참조).5)

───────────

4) 한편 상법 제92조의2(대리상의 보상청구권)에서는 "① 대리상의 활동으로 본인이 새로운 고객을 획득하거나 영업상의 거래가 현저하게 증가하고 이로 인하여 계약의 종료후에도 본인이 이익을 얻고 있는 경우에는 대리상은 본인에 대하여 상당한 보상을 청구할 수 있다. 다만, 계약의 종료가 대리상의 책임있는 사유로 인한 경우에는 그러하지 아니하다. ② 제1항의 규정에 의한 보상금액은 계약의 종료전 5년간의 평균년보수액을 초과할 수 없다. 계약의 존속기간이 5년미만인 경우에는 그 기간의 평균년보수액을 기준으로 한다. ③ 제1항의 규정에 의한 보상청구권은 계약이 종료한 날부터 6월을 경과하면 소멸한다."고 규정하고 있는바 대법원에 의하면 재판매형태의 거래에서도 일정한 요건하에 대리상의 보상청구권을 유추적용할 수 있다고 한다. 즉 "대리상의 보상청구권에 관한 위와 같은 입법 취지 및 목적 등을 고려할 때, 제조자나 공급자로부터 제품을 구매하여 그 제품을 자기의 이름과 계산으로 판매하는 영업을 하는 자에게도, ① 예를 들어 특정한 판매구역에서 제품에 관한 독점판매권을 가지면서 제품판매를 촉진할 의무와 더불어 제조자나 공급자의 판매활동에 관한 지침이나 지시에 따를 의무 등을 부담하는 경우처럼 계약을 통하여 사실상 제조자나 공급자의 판매조직에 편입됨으로써 대리상과 동일하거나 유사한 업무를 수행하였고, ② 자신이 획득하거나 거래를 현저히 증가시킨 고객에 관한 정보를 제조자나 공급자가 알 수 있도록 하는 등 고객관계를 이전하여 제조자나 공급자가 계약 종료 후에도 곧바로 그러한 고객관계를 이용할 수 있게 할 계약상 의무를 부담하였으며, ③ 아울러 계약체결 경위, 영업을 위하여 투입한 자본과 그 회수 규모 및 영업 현황 등 제반 사정에 비추어 대리상과 마찬가지의 보호필요성이 인정된다는 요건을 모두 충족하는 때에는, 상법상 대리상이 아니더라도 대리상의 보상청구권에 관한 상법 제92조의2를 유추적용할 수 있다고 보아야 한다."고 판시하였다. 대판 2013. 2. 14. 2011다28342(영업보상등).

상법상 위탁매매인은 자기명의로 타인의 계산으로 물건 또는 유가증권의 매매를 영업으로 하는 사업자(상법 제101조)인데, 위탁매매인은 위탁자로 안한 매매로 인하여 상대방에 대하여 직접 권리를 취득하고 의무를 부담하는(상법 제102조)점에서 위탁판매대리점 개념에 포함된다.

4. 일정기간 지속되는 거래

일정기간 지속되는 거래의 범위에 대하여 「대리점 심사지침」에서 다음과 같이 규정하고 있다(II. 1. 다).

> 1) 시간적인 측면에서 계속적 거래관계가 있는 계약을 말하며, 일시적이거나 일회성인 거래는 대리점거래에 포함되지 않는다.
>
> 2) 일정기간 지속되는 계약인지 여부는 원칙적으로 공급업자와 대리점 간에 체결한 계약내용을 기준으로 판단하며, 계약기간이 설정되어 있는 경우에는 일정기간 지속되는 계약을 체결한 것으로 볼 수 있다

5. 계약체결

계약체결의 범위에 대하여「대리점 심사지침」에서 다음과 같이 규정하고 있다(II. 1. 라).

> 공급업자와 대리점간 거래의 내용 및 조건에 관한 의사표시의 합치를 의미하는 것으로서, 형식적인 의미의 계약서 작성뿐만 아니라 구두에 의한 계약체결을 포함한다.

---

5) 대판 2013. 2. 14. 2011다28342(영업보상등). 원고와 피고는 이 사건 메가대리점계약을 체결하면서, 피고가 원고에게 제품을 공급하면 원고는 피고에게 해당 제품의 대금을 지급하고 제품 공급 이후 제품과 관련된 일체의 위험과 비용을 부담하여 자신의 거래처에 제품을 재판매하기로 약정한 후, 실제 피고가 기준가격에서 일정한 할인율을 적용하여 제품을 원고에게 매도하면, 원고가 자신의 판단 아래 거래처에 대한 판매가격을 정하여 자신의 명의와 계산으로 제품을 판매하였다는 것이므로, 원고가 피고의 상법상의 대리상에 해당하는 것으로 볼 수 없다. 그리고 원고의 상고이유 주장처럼 원고가 피고에게 경제적으로 종속되었다고 하더라도 이와 달리 볼 것은 아니다.

6. 반복적 거래

반복적 거래의 범위에 대하여 「대리점 심사지침」에서 다음과 같이 규정하고 있다(II. 1. 라).

> 1) 일정한 기간 동안에 지속되는 계약을 전제로 공급업자와 대리점 간에 상품 또는 용역의 판매를 위한 거래가 빈도적으로 여러 차례 이루어지는 거래를 말한다.
>
> 2) 이 경우 거래가 반복적으로 행하여질 것이 계약상 예정되어 있으면 족하고 거래가 실제로 여러 차례 이루어진 것을 요구하는 것은 아니다.

II. 공급업자

"공급업자"란 생산 또는 구매한 상품 또는 용역을 대리점에게 공급하는 사업자를 말한다(제2호).

백화점 등 대형유통업체에 상품을 납품하는 공급업자로부터 판매를 위탁받아 소비자에게 상품을 판매하고 수수료를 지급받는 중간관리자를 대리점법의 적용대상에 포함시킬 수 있을지 문제이나, 공급업자에 '위탁판매받은' 사업자를 포함시키기 어렵다고 본다.6) 현행법상 생산 또는 구매한 상품을 대리점에 공급하는 것은 아니기 때문이다.

III. 대리점

"대리점"이란 공급업자로부터 상품 또는 용역을 공급받아 불특정다수의 소매업자 또는 소비자에게 재판매 또는 위탁판매7)하는 사업자를 말한다(제3호). 유통현실에서 대리점이란 용어는 대리점, 특약점, 총판점 등 다양한 이름으로 존재하고 있으나, 법률상 대리 개념과는 무관하다.8) 일반적으로 대리점은 특정의 제

---

6) 김윤정, 72면.
7) 위탁판매를 위탁매매에 제한하는 경우 다양한 형태의 거래를 포섭시키기 어려우므로, '타인에게 일정한 일의 처리를 부탁하는 것'이라고 폭넓게 해석한다. 김건식, 68~69면.

조업자 또는 공급업자로부터 상품을 공급받아 자신의 책임하에 판매나 공급업무를 수행하는 유통판매업체를 말하고, 일반적으로 제조업체가 자사의 상품판매를 위하여 대리점체제를 운영하며, 대리점 형태는 전속대리점·혼합대리점·직영대리점 등으로 나눌 수 있다.[9)]

실무적으로 공급업자가 특정수요자(농협중앙회, 국군복지단 등)와 직접 상품에 대한 매매계약을 체결하고, 대리점과는 위탁판매계약을 체결하면서 그 공급·배송 등을 대리점에 위탁하는 사안에서 공급·배송 등을 수행하는 대리점을 대리점 법상의 대리점으로 보아야 할 것인지가 문제가 된다.[10)] 거래의 실질상 공급업자가 입찰을 통해 특정 수요자와의 매매계약을 체결하므로, 대리점이 상품의 가격 또는 공급량 등을 결정할 권한이 크지 않고, 대리점이 아닌 공급업자가 거래상대방을 지정한다는 점에서 대리점법상의 대리점에 포함되기 어렵다고 보았다.[11)]

Ⅳ. 반품

"반품"이란 대리점이 공급받은 상품을 되돌려 주거나 대리점의 다른 상품과 바꾸는 등 형식에 상관없이 공급받은 상품을 공급업자에게 실질적으로 되돌려주는 모든 행위를 말한다(제4호).

V. 판매장려금

"판매장려금"이란 명칭에 상관없이 상품의 판매촉진을 위하여 공급업자가 대리점에게 지급하는 경제적 이익을 말한다(제5호).

---

8) 김건식, 57면; 거래주체를 표현하는 용어는 대리점 사업자 또는 판매업자라는 특정사업자를 지칭하는 것이 적절하다는 지적이 있다. 김건식, 64면.
9) 김건식, 58면.
10) 한국공정거래조정원, 8면.
11) 한국공정거래조정원, 10면.

제3조(적용제외)

① 이 법은 다음 각 호의 어느 하나에 해당하는 경우에는 적용하지 아니한다.

    1. 공급업자가 중소기업자(「중소기업기본법」 제2조제1항 또는 제3항에 따른 자를 말하며, 「중소기업협동 조합법」 제3조제1항에 따른 중소기업협동 조합을 포함한다. 이하 같다)에 해당하는 경우

    2. 대리점이 중소기업자에 해당하지 아니하는 경우

    3. 공급업자가 대리점에 대하여 거래상 우월한 지위를 가지고 있다고 인정되지 아니하는 경우. 이때 공급업자가 대리점에게 거래상 우월한 지위를 가지고 있는지 여부는 다음 각 목의 사항을 종합적으로 고려하여 판단한다.

       가. 상품시장 및 유통시장의 구조

       나. 공급업자와 대리점 간의 사업능력의 격차

       다. 대리점의 공급업자에 대한 거래 의존도

       라. 거래의 대상이 되는 상품 또는 용역의 특성

② 이 법은 다음 각 호의 어느 하나에 해당하는 거래에 대하여는 적용하지 아니한다.

    1. 「가맹사업거래의 공정화에 관한 법률」 제2조제1호에서 정하는 가맹사업에 해당하는 거래

    2. 「자본시장과 금융투자업에 관한 법률」 제6조제1항에서 정하는 금융투자업에 해당하는 거래

    3. 「대규모유통업에서의 거래 공정화에 관한 법률」 제2조에서 정하는 대규모유통업자와 납품업자 등 사이의 거래

    4. 그 밖에 거래의 성격 및 대리점의 보호 필요성 등을 고려하여 대리점거래에서 제외할 필요가 있는 것으로서 대통령령으로 정하는 거래

▐ 목 차

[참고문헌]

    단행본: 공정거래위원회, 공정거래백서, 2018; 김건식, 대리점거래의 공정화에 관한 법률의 규제와 내용 분석, 한국공정거래조정원, 2016

Ⅰ. 적용제외의 경우

이 법은 ① 공급업자가 중소기업자(「중소기업기본법」 제2조 제1항 또는 제3항에 따른 자를 말하며, 「중소기업협동 조합법」 제3조 제1항에 따른 중소기업협동 조합을 포함)에 해당하는 경우(제1호), ② 대리점이 중소기업자에 해당하지 아니하는 경우(제2호), ③ 공급업자가 대리점에 대하여 거래상 우월한 지위를 가지고 있다고 인정되지 아니하는 경우(이때 공급업자가 대리점에게 거래상 우월한 지위를 가지고 있는지 여부는 i) 상품시장 및 유통시장의 구조(가목), ii) 공급업자와 대리점 간의 사업능력의 격차(나목), iii) 대리점의 공급업자에 대한 거래 의존도(다목), iv) 거래의 대상이 되는 상품 또는 용역의 특성(라목)을 종합적으로 고려하여 판단)(제3호)의 어느 하나에 해당하는 경우에는 적용하지 아니한다(법 제3조 제1항).

법 제6조에서 제12조까지는 공통적으로 거래상 지위 남용행위의 유형에 해당하는 것이다. 따라서 여기에서 거래상 지위 판단기준이 문제된다. 이에 대해 「대리점 심사지침」에서 다음과 같이 규정하고 있다(Ⅲ. 1~2).

---

1. 공급업자의 거래상지위 남용금지 취지

가. 공급업자가 대리점에 대하여 거래상 우월적 지위를 가지고 있다고 인정되는 경우에 법 제6조 내지 제12조가 적용된다. 대리점거래에서의 공급업자의 거래상지위는 시장지배적 지위와 같은 정도의 지위를 의미하는 것은 아니며, 최소한 대리점의 거래활동에 상당한 영향을 미칠 수 있는 지위로서 그 대리점과의 관계에서 상대적으로 결정된다. 법이 대리점거래에서 거래상지위의 남용을 금지하는 이유는 공급업자가 거래상 우월적 지위가 있음을 이용하여 열등한 지위에 있는 대리점에 대해 일방적으로 상품의 구입강제 등 각종 불이익을 부과하거나 경영에 간섭하는 것은 경제적 약자를 착취하는 행위로서 대리점의 자생적 발전기반을 저해하고 공정한 거래기반을 침해하기 때문이다. 다만, 거래상지위 남용행위는 거래상지위가 있는 예외적인 경우에 한하여 민법의 불공정성 판단기준을 사업자간 거래관계에서 완화한 것이므로 거래상지위는 민법이 예상하고 있는 통상적인 협상력의 차이와 비교할 때 훨씬 엄격한 기준으로 판단되어야 한다.

나. 공급업자가 대리점에 대해 거래상지위를 갖는다고 하더라도 양 당사자간 권리의무 귀속관계, 채권채무관계(예: 채무불이행, 손해배상청구, 지체상금 등) 등과 관

련하여 계약서 및 관련 법령내용 등의 해석에 대해 다툼이 있는 경우에는 법 적용대상이 되지 않는다.

2. 대리점거래에서의 거래상지위 판단기준

공급업자의 거래상 지위가 인정되는지 여부는 법 제3조 제1항 제3호에서 규정한 ① 상품시장 및 유통시장의 구조, ② 공급업자와 대리점 간의 사업능력의 격차, ③ 대리점의 공급업자에 대한 거래의존도, ④ 거래의 대상이 되는 상품 또는 용역의 특성, 그리고 ⑤ 기타 대리점의 거래종속성 등을 종합적으로 고려하여 판단한다.

가. 공급업자가 참여하는 상품시장 또는 유통시장이 독과점화 되어 대리점이 대체거래선을 확보하기가 어려운 경우, 법적·기술적 진입장벽이 높거나 시장진입에 막대한 자금이 소요되어 신규 공급업자의 진입이 쉽지 않은 경우, 제도적 요인으로 인하여 해외 경쟁압력이 높지 않은 경우 등은 거래상 지위가 인정될 수 있다.

나. 공급업자가 대리점에 비해 시장점유율, 매출액, 자산총액 등의 측면에서 사업능력의 격차가 큰 경우에는 거래상 지위가 인정될 수 있다.

다. 통상 거래의존도는 대리점의 전체 매출액에서 공급업자의 상품 또는 용역의 매출액이 차지하는 비중을 중심으로 평가한다. 한편, 재판매의 경우 상품 또는 용역의 판매금액이 매출액이 되지만 위탁판매의 경우에는 상품 또는 용역의 판매로 수취하는 수수료 또는 판매금액의 일정액이 매출액으로 산정되기 때문에 재판매와 위탁판매를 함께 하는 비전속대리점의 경우의 공급업자에 대한 거래의존도는 매출액 대신 매출수량 등으로 평가할 수 있다.

라. 공급업자의 시장점유율이 크지 않을 경우에도 공급업자와 대리점 간에 거래의 대상이 되는 상품 또는 용역의 차별성이 크고 브랜드에 대한 선호도가 높은 경우, 상품 또는 용역의 제공에 대규모 투자가 소요되어 대리점의 거래처 전환이 곤란한 경우 등 상품 또는 용역의 특성에 따라 거래상 지위가 인정될 수 있다.

마. 위 가. 내지 라. 이외에도 거래관계 유지를 위해 특화된 자본설비·인적자원·기술 등에 대한 대리점의 투자가 존재하는지 여부, 공급업자의 업무상 지휘감독권 여부, 시장상황 등을 거래상 지위를 판단하는데 고려할 수 있다.

<거래상 지위가 인정될 가능성이 있는 대리점거래(예시)>

① 대리점이 공급업자로부터 공급받는 상품, 원재료, 부품 등에 대한 대체거래선 확보가 쉽지 않은 거래관계

② 공급업자가 관련시장에서의 지위, 사업규모 및 능력, 재무구조 등의 면에서 대리점에 비하여 현저한 우위를 보이는 거래관계

③ 대리점이 공급업자에게 매출액의 대부분을 의존하고 있는 전속거래관계이거나 전속대리점이 아니더라도 공급업자에게 매출액의 상당부분을 의존하고 있는 거래관계

④ 공급업자로부터 공급받는 상품 또는 용역의 기술적·심미적 기능 등의 차이로 인해 브랜드에 대한 선호도가 높아 다른 사업자의 상품 또는 용역으로의 대체가 곤란한 거래관계

⑤ 대리점이 공급업자와의 거래를 위해 특화된 자본설비의 구축, 직원에 대한 교육 및 연수, 영업활동에 필요한 기술의 습득 등을 위해 상당한 투자가 이루어진 거래관계

⑥ 공급업자로부터 평가, 감사, 점검 등의 명목으로 사업활동에 관하여 상당한 정도의 지휘감독을 받는 거래관계

한편 「대리점 심사지침」의 성격과 독점규제법의 다른 법 조항과의 관계에 대하여 다음과 같이 규정하고 있다(II).

2. 이 지침은 대리점거래에서 발생하는 공통적이고 대표적인 사항을 중심으로 규정하였으므로 지침에 열거되지 아니한 사항에 해당된다고 해서 법 제6조 내지 제12조에 위반되지 않는 것은 아니다. 또한, 특정 행위가 이 지침에서 제시한 「법위반에 해당될 수 있는 행위(예시)」에 해당되더라도 위법성을 심사한 결과 부당하지 아니하다고 인정될 경우에는 법 제6조 내지 제12조에 위반되지 않을 수 있다.

3. 공급업자의 행위가 독점규제 및 공정거래에 관한 법률(이하 '독점규제법'이라 한다) 제23조 제1항 4호(거래상 지위남용)에도 해당하는 경우에는 법 제6조 내지 제12조가 우선하여 적용된다.

4. 공급업자의 행위가 이 지침에서 정하고 있는 대리점거래에서의 불공정거래행위에 해당되지 않더라도 독점규제법상 시장지배적 지위남용, 부당한 공동행위, 불공정거래행위, 사업자단체 금지행위 등 다른 금지행위에는 해당될 수 있다.

II. 적용제외 거래

이 법은 ① 「가맹사업법」 제2조 제1호에서 정하는 가맹사업에 해당하는 거래(제1호),[1] ② 「자본시장과 금융투자업에 관한 법률」 제6조제1항에서 정하는 금융투자업에 해당하는 거래(제2호),[2] ③ 「대규모유통업법」 제2조에서 정하는 대규모유통업자와 납품업자 등 사이의 거래(제3호), ④ 그 밖에 거래의 성격 및 대리점의 보호 필요성 등을 고려하여 대리점거래에서 제외할 필요가 있는 것으로서 *대통령령*으로 정하는 거래(제4호)의 어느 하나에 해당하는 거래에 대하여는 적용하지 아니한다(법 제3조 제2항).

III. 법 적용 사각지대의 해소

대리점법은 최초 제정 당시 법 시행 이후에 체결되거나 갱신된 공급업자와 대리점간의 거래계약을 그 적용대상으로 규정하고 있어, 그 법 제정 이전 시점에 체결되거나 갱신된 후, 아직 갱신 시점이 도래하지 않은 계약에는 적용되지 않고 있었다. 그렇기 때문에, 장기 계약을 체결한 대리점주들이 겪고 있는 불공정거래행위를 제대로 규율하지 못할 수 있다는 문제점[3]이 있었다.[4]

2017. 10. 31. 개정 대리점법은 이와 같은 문제점을 해결하기 위해 적용례 규정을 부칙으로 마련하여 모든 대리점거래 계약에 대리점법이 적용되도록 하였다. 다만, 공급업자의 신뢰이익을 지나치게 저해할 수 있는 서면계약서의 교부 및 보존 의무(법 제5조)와 주문내역 확인요청 거부 또는 회피 금지(법 제11조)는 대리점법 시행이후 체결되거나 갱신된 계약에 한해 적용하도록 하였다.[5]

---

1) 대리점거래와 가맹거래를 구별할 수 있는 핵심적 징표는 가맹거래에 해당되기 위한 요건인 ① 영업표지의 사용, ② 가맹본부의 지원·교육, ③ 영업표지의 사용 등에 대한 대가인 가맹금여부이다. 김건식, 72면.
2) 대규모유통업법의 기준에 해당하지 아니하는 경우에는 대리점법이 적용될 수 있다.
3) 법 시행(2016. 12. 22.) 이전에 장기계약(예: 10년)을 체결한 대리점에게는 계약갱신 시점이 도래할 때까지 대리점법이 적용되지 않았다.
4) 공정거래백서(2018), 28면.
5) 제2조(적용례) 이 법은 이 법 시행 당시 공급업자와 대리점 사이에 체결된 계약에도 적용한다. 다만, 제5조 및 제11조는 이 법 시행 후 최초로 체결하거나 갱신한 계약부터 적용한다.

제4조(다른 법률과의 관계)

이 법은 공급업자와 대리점 간의 대리점거래에 관하여 「독점규제 및 공정거래에 관한 법률」 제45조제1항제6호에 우선하여 적용한다. <개정 2020. 12. 29.>

「독점규제법」 제45조 불공정거래행위의 금지 중 거래상 지위남용행위와 관련하여 이 법이 우선 적용됨을 규정하고 있다.

제**2**장

▼

대리점거래의 공정화

제5조(대리점거래 계약서의 작성의무)

① 공급업자는 대리점과 계약을 체결한 즉시 다음 각 호의 사항이 명시된 계약서(이하 "대리점거래 계약서"라 한다)를 대리점에게 서면(「전자문서 및 전자거래 기본법」 제2조제1호에 따른 전자문서를 포함한다. 이하 같다)으로 제공하여야 한다.

1. 거래형태, 거래품목 및 기간에 관한 사항
2. 납품방법, 납품장소 및 일시에 관한 사항
3. 상품대금의 지급수단 및 지급시기에 관한 사항
4. 상품의 반품조건에 관한 사항
5. 영업의 양도에 관한 사항
6. 계약해지의 사유 및 계약해지 절차에 관한 사항
7. 판매장려금 지급에 관한 사항
8. 그 밖에 대리점거래계약 당사자의 권리·의무에 관한 사항으로서 대통령령으로 정하는 사항

② 대리점거래 계약서에는 공급업자와 대리점이 각각 서명[「전자서명법」 제2조제2호에 따른 전자서명(서명자의 실지명의를 확인할 수 있는 것을 말한다)을 포함한다. 이하 같다] 또는 기명날인을 하여야 한다. <개정 2020. 6. 9.>

③ 공급업자는 대리점거래 계약서를 대리점과의 대리점거래가 종료된 날부터 3년간 보관하여야 한다.

④ 삭제 <2021. 12. 7.>

목 차

Ⅰ. 계약서 교부의무

공급업자는 대리점과 계약을 체결한 즉시 ① 거래형태, 거래품목 및 기간에 관한 사항(제1호), ② 납품방법, 납품장소 및 일시에 관한 사항(제2호), ③ 상품대금의 지급수단 및 지급시기에 관한 사항(제3호), ④ 상품의 반품조건에 관한 사항(제4호), ⑤ 영업의 양도에 관한 사항(제5호), ⑥ 계약해지의 사유 및 계약해지 절차에 관한 사항(제6호), ⑦ 판매장려금 지급에 관한 사항(제7호), ⑧ 그 밖에 대리점거래계약 당사자의 권리 · 의무에 관한 사항으로서 대통령령1)으로 정하는 사항(제8호)이 명시된 계약서(이하 "대리점거래 계약서")를 대리점에게 서면(「전자문서 및 전자거래 기본법」 제2조제1호에 따른 전자문서를 포함)으로 제공하여야 한다(법 제5조 제1항).

대리점거래 계약서에는 공급업자와 대리점이 각각 서명[「전자서명법」 제2조 제2호에 따른 전자서명(서명자의 실지명의를 확인할 수 있는 것)을 포함] 또는 기명날인을 하여야 한다(법 제5조 제2항).

Ⅱ. 계약서 보관의무

공급업자는 대리점거래 계약서를 대리점과의 대리점거래가 종료된 날부터 3년간 보관하여야 한다(법 제5조 제3항).

---

1) 제2조(대리점거래 계약서 기재사항) 「대리점거래의 공정화에 관한 법률」(이하 "법") 제5조제1항제8호에서 "대통령령으로 정하는 사항"이란 다음 각 호의 사항을 말한다. 1. <u>위탁판매 거래의 경우 공급업자가 대리점에 위탁하는 업무의 범위 및 수행방법에 관한 사항 2. 위탁판매 거래의 경우 수수료 등 그 명칭에 관계없이 공급업자가 대리점에 지급하는 대가에 관한 사항</u>

제5조의2(표준대리점계약서)

① 공정거래위원회는 건전한 대리점거래 질서를 확립하고 계약당사자가 대등한 입장에
서 공정하게 계약을 체결할 수 있도록 업종별로 대리점거래에 관한 표준계약서(이하
"표준대리점계약서"라 한다)를 마련하고, 이 법의 적용 대상이 되는 사업자 또는 사
업자를 구성원으로 하는 사업자단체에 이를 사용하도록 권장할 수 있다.

② 사업자 및 제1항에 따른 사업자단체는 공정거래위원회에 표준대리점계약서의 제정
또는 개정을 요청할 수 있다.

③ 공정거래위원회는 표준대리점계약서의 제정 또는 개정을 위하여 필요한 경우 이해관
계자 또는 대리점거래에 관한 학식과 경험이 풍부한 전문가 등으로부터 의견을 들을
수 있다.

④ 제1항부터 제3항까지에서 규정한 사항 외에 표준대리점계약서의 제정 또는 개정에
필요한 세부 사항은 공정거래위원회가 정하여 고시한다.

[본조신설 2021. 12. 7.]

그간 표준계약서 제·개정은 공정위의 주도로 이루어짐에 따라 현장의 특성
이나 거래 관행 등을 신속히 반영하는 데에 일부 한계가 있었다. 이에, 2021. 12.
7. 법 개정시 공급업자·대리점이 공정위에 표준대리점계약서의 제·개정을 요청
할 수 있도록 했다. 이와 함께, 표준계약서 제·개정시 전문가, 이해관계자 의견
청취 절차를 제도화하였다.[1]

---

1) 이상 공정거래위원회 보도자료(2021. 11. 11).

제6조(구입강제 행위의 금지)

① 공급업자는 자기의 거래상의 지위를 부당하게 이용하여 대리점이 구입할 의사가 없는 상품 또는 용역을 구입하도록 강제하는 행위를 하거나, 계열회사 또는 다른 사업자로 하여금 이를 행하도록 하여서는 아니 된다.

② 제1항의 행위의 유형 또는 기준은 대통령령으로 정한다.

구입강제 행위의 유형 또는 기준은 *대통령령*[1])으로 정한다.

한편 공정거래위원회는 「대리점법」 제6조 내지 제10조 및 동법 시행령 제3조 내지 제7조의 규정에 따라 대리점거래에서 금지되는 불공정거래행위를 정함을 목적으로 「대리점거래에서 금지되는 불공정거래행위 유형 및 기준 지정고시」[2]) (이하 "대리점 불공정거래행위 고시")를 제정·운영하고 있다. 「대리점거래 불공정거래행위 고시」에서는 제2조에서 구입강제 행위의 유형 또는 기준을 정하고 있다.

「대리점 심사지침」에서 대상행위와 위법성 판단기준 등에 대하여 다음과 같이 규정하고 있다(IV. 1.).

가. 대상행위

1) 공급업자가 대리점에게 구입의사가 없는 상품 또는 용역을 구입하도록 강제하는 행위가 대상이 된다. 이러한 구입강제는 상품 또는 용역의 주문 강요 및 주문할 수밖에 없는 상황 조성, 주문내용의 일방적 수정, 주문하지 않은 상품 또는 용역의 일방적 공급 등을 통해 구입이 이루어지는 행위를 포함한다.

2) 구입이 강제되는 상품 또는 용역은 공급업자가 직접 대리점에 공급하는 것일 수도 있고, 공급업자가 직·간접적으로 지정하는 사업자의 것일 수도 있다.

---

1) 제3조(구입강제 행위의 유형 또는 기준) 법 제6조제1항에 따라 금지되는 행위는 다음 각 호의 어느 하나에 해당하는 행위로 한다. 1. 대리점이 특정 상품 또는 용역을 주문하도록 강요하거나 주문할 수밖에 없는 상황을 조성하여 구입을 강제하는 행위 2. 대리점의 주문내용을 일방적으로 수정하여 대리점이 구입할 의사가 없는 상품 또는 용역을 공급하는 행위 3. 그 밖에 대리점의 의사에 반하여 상품 또는 용역을 구입하도록 강제하는 행위로서 공정거래위원회가 정하여 고시하는 행위

2) 공정거래위원회 고시 제2022-7호(2022. 4. 5) 제2조(구입강제 행위의 유형 또는 기준) 시행령 제3조 제3호에 따라 금지되는 행위는 다음 각 호의 어느 하나에 해당하는 행위로 한다. 1. 대리점이 주문하지 않은 상품 또는 용역을 일방적으로 공급하여 구입하도록 하는 행위 2. 정상적인 거래 관행에 비추어 부당하게 다른 종류의 상품이나 용역을 묶음으로만 구입하도록 하는 행위

나. 위법성의 판단기준

가) 구입강제행위의 위법성은 이 지침의 「Ⅲ. 2. 대리점거래에서의 거래상지위 판단기준 및 Ⅲ. 3. 부당성 판단기준」에서 제시되는 바에 따라 판단한다.

나) 독점규제법상 끼워팔기는 주된 상품(또는 용역)을 공급하면서 종된 상품(또는 용역)의 구입을 강제하는 행위로 경쟁제한성을 위주로 심사하는 것과 달리, 고시 제2조의 묶음 상품(또는 용역)으로만 구입하도록 강제했는지 여부는 주된 상품과 종된 상품의 구별 없이 대리점의 의사에 반하여 구입하도록 하였는지 여부를 중심으로 판단한다.

다. 법위반에 해당될 수 있는 행위(예시)

① 대리점에 대해 상품을 구입하도록 지속적으로 종용하고 구입하지 않는 대리에 대해 불이익을 주거나 실적점검을 통해 구입 물량이 적은 대리점에 대해 불이익을 주는 등 대리점이 주문할 수밖에 없는 상황을 조성하여 상품을 구입하도록 하는 행위

② 대리점의 주문량이 공급업자가 정한 할당량에 미달하는 경우 대리점의 주문내역을 일방적으로 변경하여 미달된 할당량을 공급하는 행위

③ 대리점이 주문하지 않은 유통기한이 임박한 상품, 비인기 제품, 재고품 등을 일방적으로 구입하도록 하는 행위

④ 대리점과 사전 협의 없이 대리점별 매출 계획을 수립하여 시달하고, 대리점이 시달된 매출 물량을 주문하지 아니하면 일방적으로 물량을 공급하거나 구매한 물량의 반품을 합리적인 이유없이 제한하는 행위

⑤ 대리점별로 이월상품에 대한 구입금액을 할당하고, 임의로 품목이나 수량을 정하여 공급하는 행위

⑥ 신제품에 대한 대리점의 주문량이 생산량에 미달되는 경우 대리점별로 임의로 할당한 재고물량을 공급하는 행위

⑦ 제품 및 품질의 유지 등과 무관하고 대리점이 원하지 않음에도 대리점이 업무용으로 사용하는 다른 사업자의 장비를 공급업자의 장비로 교체하기 위해 공급업자의 장비를 구입하도록 하는 행위

⑧ 대리점이 신상품이나 인기상품을 주문할 때 원하지 않는 재고상품이나 비인기상품을 함께 묶음으로만 공급하는 행위

⑨ 공급업자가 지정한 사업자의 상품 또는 용역을 공급받지 않으면 공급업자의 상품 또는 용역을 공급하지 않음으로써 대리점으로 하여금 사실상 공급업자가 지정한 사업자의 상품 또는 용역을 구입하도록 하는 행위

　　한편 법 제6조에서 제11조까지는 공통적으로 부당성 판단거래상 지위 남용 행위의 유형에 해당하는 것이다. 따라서 공통된 부당성 판단기준이 적용된다. 이에 대해 「대리점 심사지침」에서 다음과 같이 규정하고 있다(III. 3).

　　대리점법은 재판매 또는 위탁판매에 대하여 적용되는데, 재판매의 경우에는 법 제6조 내지 제11조를 적용하는데 문제가 없으나 위탁판매의 경우 동 규정이 모두 그대로 적용될 수 있는지에 대하여 의문이 있다. 예를 들어 제6조(구입강제)의 경우 구입을 전제로 한 조항이므로 위탁의 경우에도 적용될 수 있게 보완하여야 한다.

---

3. 대리점거래에서의 부당성 판단기준

가. 부당성의 의미

1) 법 제6조 내지 제11조에 열거된 개별행위 유형이 법 위반에 해당하는지 여부를 판단하는 기준은 공급업자의 당해 행위가 거래상 지위를 '부당하게' 이용하였는지 여부이다. '부당하게'는 부당성과 동일한 의미로 본다.

2) 상기의 '부당성'여부는 관련시장에서의 경쟁제한성이나 경쟁수단의 불공정성보다는 거래내용의 불공정성 여부를 중심으로 판단한다.

3) '거래내용의 불공정성'이라 함은 대리점의 자유로운 의사결정을 저해하거나 불이익을 강요함으로써 공정거래의 기반이 침해되거나 침해될 우려가 있음을 의미한다.

4) 상기의 '우려'는 거래내용의 공정성을 저해하는 효과가 실제로 구체적인 형태로 나타나는 경우뿐만 아니라 나타날 가능성이 큰 경우를 의미한다. 또한, 현재는 그 효과가 없거나 미미하더라도 장래에 발생할 가능성이 큰 경우를 포함한다.

나. 부당성 판단

1) 부당성, 즉 거래내용의 불공정성은 대리점에 대해 거래상 지위가 인정되는 공급업자의 법 제6조 내지 제11조에 열거된 개별행위 유형에 해당하는 행위가 거래내용의 공정성을 침해하는지 여부, 합리성이 있는 행위인지 여부를 종합적으로 고려하여 판단한다.

2) '부당하게'를 요건으로 하는 행위유형은 당해 행위의 외형이 있다고 하여도 그 사실만으로 부당성이 있다고 인정되는 것은 아니며, 원칙적으로 거래내용의 공정성을 침해하는 효과와 합리성의 효과를 비교형량하여 거래내용의 공정성을 침해하는 효과가 보다 큰 경우에 부당성이 있는 것으로 본다.

3) '거래내용의 공정성 여부'는 당해 행위를 한 목적, 당해 행위가 대리점의 자유로운 의사결정에 기초했는지 여부, 대리점의 예측가능성, 대리점의 사업활동에 미치는 경제상 불이익 또는 사업활동 곤란의 정도, 당해 업종의 통상적인 거래관행, 관련 법령 등을 종합적으로 고려하여 판단한다.

4) '합리성이 있는 행위인지 여부'는 당해 행위로 인한 대리점거래의 효율성 증대효과나 소비자후생 증대효과가 거래내용의 공정성을 침해하는 효과를 현저히 상회하는지 여부, 기타 당해 행위에 합리적인 사유가 있는지 여부를 종합적으로 고려하여 판단한다. 다만, 거래상지위 남용행위의 속성상 제한적으로 해석함을 원칙으로 한다.

5) 원칙적으로 부당성은 당해 행위의 효과를 기준으로 판단한다. 공급업자의 의도나 목적 및 대리점의 주관적 예측 등은 거래내용의 불공정성을 입증하기 위한 정황증거로서의 의미를 갖는다.

대리점법은 재판매 또는 위탁판매에 대하여 적용되는데, 재판매의 경우에는 법 제6조 내지 제11조를 적용하는데 문제가 없으나 위탁판매의 경우 동 규정이 모두 그대로 적용될 수 있는지에 대하여 의문이 있다. 예를 들어 제6조(구입강제)의 경우 구입을 전제로 한 조항이므로 위탁의 경우에도 적용될 수 있게 보완하여야 한다.

제7조(경제상 이익제공 강요행위의 금지)

① 공급업자는 자기의 거래상의 지위를 부당하게 이용하여 대리점에게 자기를 위하여 금전·물품·용역, 그 밖의 경제상 이익을 제공하도록 강요하는 행위를 하거나, 계열회사 또는 다른 사업자로 하여금 이를 행하도록 하여서는 아니 된다.
② 제1항의 행위의 유형 또는 기준은 대통령령으로 정한다.

경제상 이익제공 강요행위의 유형 또는 기준은 *대통령령*[1])으로 정한다. 「대리점거래 불공정거래행위 고시」에서도 제3조에서 경제상 이익 강요행위의 유형 또는 기준을 정하고 있다.[2])

「대리점 심사지침」에서 대상행위와 위법성 판단기준 등에 대하여 다음과 같이 규정하고 있다(IV. 2.).

가. 대상행위

1) 대리점에게 금전·물품·용역 등의 경제상 이익을 제공하도록 강요하는 행위가 대상이 된다. 경제상 이익에는 판매촉진행사비용, 직원 인건비, 기부금, 협찬금 등을 비롯하여 경제적 가치가 있는 모든 것이 포함된다.
2) '강요'는 대리점의 자유로운 의사에 반하여 공급업자가 요구하는 일정한 행위를 하게 하는 것을 말한다. 강요는 협박, 요구, 요청, 제안 등 방식에 관계없이 대리점으로 하여금 공급업자의 의사에 반하는 의사결정을 하도록 하는 상황을 만들거나 그러한 결과를 가져오도록 하는 행위 등 묵시적 강요를 포함한다.
3) 이익제공 강요에는 대리점에게 경제상 이익을 제공하도록 적극적으로 요구하는

---

1) 제4조(경제상 이익 제공 강요행위의 유형 또는 기준) 법 제7조제1항에 따라 금지되는 행위는 다음 각 호의 어느 하나에 해당하는 행위로 한다. <u>1. 공급업자의 필요에 따라 판매촉진행사를 실시하면서 그 비용·인력 등을 대리점이 부담하도록 강요하는 행위 2. 공급업자가 고용한 임직원 인건비의 전부 또는 일부를 대리점이 부담하도록 강요하는 행위 3. 대리점이 고용한 임직원을 공급업자의 사업장 또는 공급업자가 지정한 사업장 등의 장소에서 근무하도록 강요하는 행위 4. 기부금, 협찬금 등 그 명칭과 관계없이 대리점거래와 무관한 경제상 이익의 제공을 강요하는 행위 5. 그 밖에 대리점의 의사에 반하여 대리점으로 하여금 금전·물품·용역, 그 밖의 경제상 이익을 제공하도록 강요하는 행위로서 공정거래위원회가 정하여 고시하는 행위</u>
2) 「대리점거래 불공정거래행위 고시」 제3조(경제상 이익제공 강요행위의 유형 또는 기준) 시행령 제4조 제5호에 따라 금지되는 행위는 다음 각 호의 어느 하나에 해당하는 행위로 한다. <u>1. 판매촉진행사를 실시하면서 대리점이 얻을 것으로 예상되는 경제적 이익에 비하여 과도한 비용을 대리점이 부담하도록 강요하는 행위 2. 대리점 거래에 수반되는 비용을 합리적 이유 없이 대리점이 부담하도록 강요하는 행위</u>

행위뿐만 아니라 공급업자가 부담하여야 할 비용을 대리점에게 전가하여 소극적으로 경제적 이익을 누리는 행위도 포함된다.

4) 판매촉진행사에는 명칭이나 형식에 상관없이 상품 또는 용역에 대한 수요를 늘려 판매를 증진시킬 목적으로 행하는 모든 행사 또는 활동을 포함한다.

나. 위법성의 판단기준

1) 경제상 이익제공 강요행위의 위법성은 이 지침의 「Ⅲ. 2. 대리점거래에서의 거래상지위 판단기준 및 Ⅲ. 3. 부당성 판단기준」에서 제시되는 바에 따라 판단한다.

2) 매출확대 등 이익증진에 공통의 이해관계를 가지는 경우 등에 발생한 비용을 합리적인 기준에 의하여 공급업자가 대리점에게 부담시키는 경우에는 이익제공을 강요한 것으로 볼 수 없다.

다. 법위반에 해당될 수 있는 행위(예시)

① 판매촉진행사 계획을 대리점과 사전에 협의 없이 수립하고, 그에 따라 발생한 판매촉진비용을 대리점에게만 일방적으로 부담시키는 행위

② 상품이 판매되는 매장에서 근무하는 판촉사원의 투입기준을 마련하고 투입된 판촉사원을 관리하는 등 실질적으로 고용주로서의 역할을 하였음에도 대리점과의 사전 약정 또는 협의 없이 이들에 대한 급여의 전부 또는 일부를 대리점에게 부담시키는 행위

③ 대리점이 공급업자의 판매촉진행사에 참여하지 않겠다는 의사표시를 하였음에도 불구하고 합리적인 이유없이 대리점에게 그 판매촉진비용을 분담시키는 행위

④ 공급업자의 창립기념일, 직원 체육대회, 야유회 등을 실시하면서 협찬금 명목으로 대리점에게 소요되는 비용의 분담이나 물품 등의 무상제공을 요구하는 행위

⑤ 공급업자의 필요에 의하여 공급업자의 상품을 대리점 간에 이동시키면서 그 운송비용을 합리적인 이유없이 대리점에게 부담시키는 행위

제8조(판매목표 강제 행위의 금지)

① 공급업자는 자기의 거래상의 지위를 부당하게 이용하여 자기가 공급하는 상품 또는 용역과 관련하여 대리점에게 거래에 관한 목표를 제시하고 이를 달성하도록 강제하는 행위를 하거나, 계열회사 또는 다른 사업자로 하여금 이를 행하도록 하여서는 아니 된다.

② 제1항의 행위의 유형 또는 기준은 대통령령으로 정한다.

판매목표 강제 행위의 유형 또는 기준은 *대통령령*[1])으로 정한다(법 제8조 제2항). 「대리점거래 불공정거래행위 고시」에서도 제4조에서 판매목표 강제행위의 유형 및 기준에 대하여 규정하고 있다.[2])

판매장려금을 미지급하는 행위는 원칙적으로 판매목표 강제행위에 해당하지 않으나, 판매장려금이 정상적인 유통마진을 대체하는 효과가 있어 사실상 판매목표를 강제하는 효과를 갖는 경우에는 강제성이 인정될 수 있다.[3])

「대리점 심사지침」에서 대상행위와 위법성 판단기준 등에 대하여 다음과 같이 규정하고 있다(Ⅳ. 3.).

가. 대상행위

1) 공급업자가 대리점에게 판매목표를 정해주고 이를 달성하도록 강제하는 행위가 대상이 된다. 판매목표 강제는 대리점계약서에 명시적으로 규정된 경우뿐만 아니라 계약체결 후 구두로 이루어지는 경우도 포함된다.

2) 판매목표의 대상이 되는 상품 또는 용역은 공급업자가 직접 공급하는 것이어야

---

[1]) 제5조(판매목표 강제 행위의 유형 또는 기준) 법 제8조제1항에 따라 금지되는 행위는 다음 각 호의 어느 하나에 해당하는 행위를 하거나 하겠다는 의사를 표시함으로써 대리점에 공급업자가 공급하는 상품 또는 용역의 판매목표 달성을 강제하는 행위로 한다. <u>1. 대리점 계약을 중도에 해지하는 행위 2. 상품 또는 용역의 공급을 중단하는 행위 3. 대리점에 지급하여야 하는 금액의 전부 또는 일부를 지급하지 아니하는 행위 4. 그 밖에 대리점의 정상적인 영업을 방해하는 불이익을 주는 행위로서 공정거래위원회가 정하여 고시하는 행위</u>

[2]) 「대리점거래 불공정거래행위 고시」 제4조(판매목표 강제 행위의 유형 또는 기준) 시행령 제5조 제4호에 따라 금지되는 행위는 다음 각호의 어느 하나에 해당하는 행위를 하거나 하겠다는 의사를 표시함으로써 대리점에 공급업자가 공급하는 상품 또는 용역의 판매목표 달성을 강제하는 행위로 한다. <u>1. 상품 또는 용역의 공급을 현저히 축소하는 행위 2. 상품 또는 용역의 공급을 현저히 지연하는 행위 3. 외상매출기간 조정 등 결제조건을 종전보다 불리하게 하는 행위</u>

[3]) 「불공정거래행위 심사지침」 V.6.다.

한다. 대체로 상품의 경우에는 판매량의 할당이, 용역의 경우에는 일정수의 가입자나 회원의 확보가 문제된다.

나. 위법성의 판단기준

1) 판매목표 강제행위의 위법성은 이 지침의 「Ⅲ. 2. 대리점거래에서의 거래상지위 판단기준 및 Ⅲ. 3. 부당성 판단기준」에서 제시되는 바에 따라 판단한다.
2) 판매목표의 달성을 강제하기 위한 수단에는 제한이 없으며, 목표가 과다한 수준인지, 실제 대리점이 목표를 달성하였는지 여부는 강제성 인정에 영향을 미치지 않는다. 목표 미달성시 실제로 제재수단이 사용되었을 필요는 없다.
3) 대리점이 판매목표를 달성하지 못했을 경우 대리점계약의 해지, 상품 또는 용역의 공급 중단, 공급물량의 현저한 축소·지연, 판매수수료 등 금전의 미지급, 결제조건의 불리한 변경 등 불이익이 부과되는 경우에는 강제성이 인정된다.
4) 대리점에게 장려금을 지급하는 등 자발적인 협력을 위한 수단으로 판매목표가 사용되는 경우 및 구매자 확대를 위해 노력하도록 촉구 또는 독려하는 것만으로는 원칙적으로 강제성이 인정되지 않는다. 다만, 장려금이 정상적인 유통마진을 대체하는 효과가 있어 사실상 판매목표를 강제하는 효과를 갖는 경우에는 강제성이 인정된다.

다. 법위반에 해당될 수 있는 행위(예시)

① 대리점으로부터 판매계획서와 목표 미달성시 대리점 운영권을 포기한다는 각서를 제출받은 후, 대리점이 판매목표를 달성하지 못하였다는 이유로 대리점 계약을 해지하는 행위
② 대리점이 신규가입자 유치 목표를 달성하지 못하는 경우 업무위탁수수료를 일률적으로 이월시켜 지급하거나 합리적인 이유없이 감액하여 지급하는 행위
③ 대리점에게 판매목표를 설정하고 이를 달성하지 못할 경우 상품 또는 용역의 공급을 중단하거나 반품조건부 거래임에도 불구하고 반품하지 못하게 하는 행위
④ 대리점의 판매실적이 판매목표에 미달하는 경우 대리점의 주문량에 비하여 합리적 이유없이 현저하게 축소된 물량을 공급하거나 물량을 지연하여 공급하는 행위
⑤ 대리점이 판매목표를 달성하지 못하는 경우 합리적인 이유없이 다른 대리점에 비하여 상품 또는 용역의 공급가격을 인상하거나 공급가격의 할인율을 불리하게 적용하는 행위
⑥ 대리점과 상품 또는 용역의 결제조건을 사전에 약정하지 않은 상태에서 대리점이 판매목표를 달성하지 못하는 경우 외상매출기간을 단축하거나 지연이자율 등을 높이는 등의 방법으로 종전보다 결제조건을 불리하게 변경하는 행위

제9조(불이익제공행위의 금지)

① 공급업자는 자기의 거래상의 지위를 부당하게 이용하여 제6조부터 제8조까지에 해당
하는 행위 외의 방법으로 대리점에게 불이익이 되도록 거래조건을 설정 또는 변경하
거나 그 이행과정에서 불이익을 주는 행위를 하거나, 계열회사 또는 다른 사업자로
하여금 이를 행하도록 하여서는 아니 된다.

② 제1항의 행위의 유형 또는 기준은 대통령령으로 정한다.

[참고사례]

한국도미노피자(주)의 계약 갱신 건{서울중앙지밥법원 2009. 7. 17. 2008가합85654 판결;
서울고등법원 2010. 3. 18. 선고 2009나77848 판결; 대법원 2010. 7. 15. 선고 2010다30041
[손해배상(기)등] 판결}

불이익제공행위의 유형 또는 기준은 *대통령령*[1]으로 정한다. 「대리점거래
불공정거래행위 고시」에서도 제5조에서 불이익 제공행위의 유형 및 기준에 대하
여 규정하고 있다.[2] 제4호에서 "합리적 이유 없이 반품이 가능한 대상 상품을

---

1) 제6조(불이익 제공행위의 유형 또는 기준) 법 제9조제1항에 따라 금지되는 행위는 다음 각 호
의 어느 하나에 해당하는 행위로 한다. 1. 계약서 내용에 관하여 공급업자와 대리점의 의견이
일치하지 아니하는 경우 공급업자의 해석에 따르도록 하는 계약을 체결하는 행위 2. 계약 기
간 중에 대리점의 의사에 반하여 거래조건을 추가하여 변경하는 행위 3. 계약의 전부 또는 일
부를 해지하더라도 대리점이 손해배상을 청구할 수 없도록 하는 행위 4. 합리적인 이유 없이
상품 또는 용역의 공급이나 대리점과 약정한 영업지원을 중단하거나 제한하는 행위 5. 대리점
거래 계약서 상의 판매장려금 지급 제한 사유에 해당하지 아니함에도 불구하고 판매장려금을
삭감하거나 지급하지 아니하는 행위 6. 대리점에 임대한 장비나 비품이 대리점의 귀책사유로
손실, 훼손된 경우 감가상각을 고려하지 아니한 가격으로 대리점이 변상하도록 하는 행위 7.
공급업자의 귀책사유로 상품이 파손되거나 훼손되었음에도 불구하고 반품을 거부하는 행위 8.
공급업자의 귀책사유로 인한 반품임에도 불구하고 운송비 등 반품에 드는 비용을 대리점에 부
담하게 하는 행위 9. 그 밖에 대리점에 불이익이 되도록 거래조건을 설정 또는 변경하거나 그
이행과정에서 대리점에 불이익을 주는 행위로서 공정거래위원회가 정하여 고시하는 행위

2) 「대리점거래 불공정거래행위 고시」 제5조(불이익 제공행위의 유형 또는 기준) 시행령 제6조
제9호에 따라 금지되는 행위는 다음 각 호의 어느 하나에 해당하는 행위로 한다. 1. 대리점과
사전협의 또는 통보 없이 일방적으로 계약의 일부 또는 전부를 해지할 수 있다는 조건으로 계
약을 체결하는 행위. 단, 사전협의 또는 통보가 불가능한 경우는 제외한다. 2. 계약기간 중에
합리적인 이유 없이 거래를 중단하여 불이익을 주는 행위 3. 판매장려금 지급기준, 판매수수료
등 당사자가 사전에 합의한 거래조건을 합리적 이유 없이 대리점에 일방적으로 불리하게 변경
하는 행위 4. 합리적 이유 없이 반품이 가능한 대상 상품을 한정하거나 공급한 제품의 일정비
율 이내에서만 반품을 허용하는 등 부당하게 반품을 제한하는 행위 5. 합리적 이유 없이 공급
업자의 귀책사유로 정상적인 재판매가 불가능한 상품의 반품을 거부하는 행위

한정하거나 공급한 제품의 일정비율 이내에서만 반품을 허용하는 등 부당하게 반품을 제한하는 행위"를 규정하고 있다.

가맹사업법의 경우 <한국도미노피자(주)의 계약 갱신 건> 관련 민사소송에서 서울중앙지방법원이 "가맹사업의 특성상 원고와 같은 가맹점사업자는 가맹사업을 위하여 초기 시설비 등으로 상당한 비용의 투자를 하게 되며, 또한 가맹계약 기간동안 해당 상권을 꾸준히 관리하는 등 당해 가맹사업 존속에 대한 상당한 기대이익을 가지게 되는 점에 비추어 볼 때, 가맹계약에서 정해진 계약기간이 만료되었다고 가맹본부가 언제든지 바로 갱신을 거절할 수 있다고 보기는 어려우며, 가맹점사업자의 위와 같은 계약 존속에 관한 신뢰를 보호하여 상당한 기간동안에는 가맹본부가 가맹계약의 갱신을 거절할 수 없다고 보아야 할 것이다"라고 판단한 사례가 있다.[3]

「대리점 심사지침」에서 대상행위와 위법성 판단기준 등에 대하여 다음과 같이 규정하고 있다(IV. 3.).

가. 대상행위

1) 대리점에게 불이익이 되도록 거래조건을 설정 또는 변경하는 행위는 공급업자가 당초부터 대리점에게 일방적으로 불리한 거래조건을 설정하였거나 기존의 거래조건을 계약기간 중에 불리하게 변경하는 행위가 대상이 된다. 거래조건에는 각종의 구속사항, 저가매입 또는 고가판매, 가격(수수료 등 포함) 조건, 대금 지급방법 및 시기, 반품, 제품 검사방법, 계약해지 조건 등 모든 조건이 포함된다.

2) 거래조건을 이행하는 과정에서 대리점에게 불이익을 주는 행위는 공급업자가 거래조건을 불이행하거나 거래관계에 있어 사실행위를 강요하여 대리점에게 불이익이 되도록 하는 행위가 대상이 된다. 불이익제공은 적극적으로 대리점에게 불이익이 되는 행위를 하는 작위뿐만 아니라 소극적으로 자기가 부담해야 할 비용이나 책임 등을 이행하지 않는 부작위에 의해서도 성립할 수 있다.

---

3) 서울중앙지판 2009 7. 17. 2008가합85654[손해배상(기)등] 다만, "이 사건으로 돌아와 살피건대, 이 사건 가맹계약은 최초계약 이후에 2차례에 걸쳐 갱신이 되어 총 9년 동안 가맹계약이 계속되어 왔는바, 개정 가맹사업법에서 보장하고 있는 가맹점사업자의 갱신요구권의 인정기간(10년), 앞서 본 바와 같이 원고가 피고로부터 이 사건 점포를 직접 양수한 사정 등에 비추어 볼 때, 9년이라는 기간은 원고의 가맹계약 존속에 대한 기대이익 등을 보호하기에 충분한 기간이라고 판단되므로, 피고는 자유롭게 이 사건 가맹계약의 갱신을 거절할 수 있다고 할 것이다."라고 판시하였다; 대판 2010. 7. 15. 2010다30041.

3) 계약기간 중에 합리적인 이유 없이 거래를 중단하여 불이익을 주는 행위는 거래거절, 대리점계약의 해지를 포함한다.

4) 불이익이 금전상의 손해인 경우에는 법률상 책임 있는 손해의 존재는 물론 그 범위(손해액)까지 명확하게 확정될 수 있어야 불이익 제공행위 규정을 적용할 수 있다.

나. 위법성의 판단기준

1) 불이익 제공행위의 위법성은 이 지침의 「Ⅲ. 2. 대리점거래에서의 거래상지위 판단기준 및 Ⅲ. 3. 부당성 판단기준」에서 제시되는 바에 따라 판단하되, 당해 행위에 이른 경위, 문제가 되는 거래조건 등에 의하여 대리점에게 생길 수 있는 불이익의 내용과 정도 등도 종합적으로 고려하여 판단한다.

2) 불이익 제공행위 금지규정은 공급업자의 거래상지위 남용행위들을 포괄적으로 금지하기 위한 일반조항적 성격을 가지고 있다. 따라서 공급업자의 행위가 법 제6조 내지 제8조, 동법 시행령 제3조 내지 제5조, 고시 제2조 내지 제4조 각 호에 해당하지 않더라도 그 행위가 실질적으로 대리점에게 불이익이 되거나 공급업자에게 이익을 제공하도록 하는 경우에는 불이익 제공행위에 해당할 수 있다. 다만, 불이익 제공행위에 해당하려면 당해 행위의 내용이 대리점에게 다소 불이익하다는 점만으로는 부족하고, 구입강제, 경제상 이익제공 강요, 판매목표 강제 등과 동일시할 수 있을 정도로 대리점에게 불이익을 준 것으로 인정되어야 한다.

3) 공급업자가 제3자에 대한 거래조건의 설정 또는 변경이나 그 이행과정에서 제3자에게 이익을 제공함으로써 대리점이 제3자에 비하여 상대적으로 불이익한 취급을 받게 되었다는 사실만으로 공급업자가 대리점에게 불이익을 제공한 것으로 볼 수 없다.

다. 법위반에 해당될 수 있는 행위(예시)

① 분기별 매출실적이 전년도 동기 실적보다 감소하는 경우 대리점에 지급해오던 기존의 매출지원금을 감액하여 지급한다는 조건을 일방적으로 추가하여 대리점계약을 변경하는 행위

② 계약기간 중에 사전에 합의한 수수료 지급기준이나 위탁판매수수료율 등을 일방적으로 대리점에게 불리하게 변경하는 행위

③ 시스템 장애로 인하여 장비사용이 중단되거나 불가능해짐에 따라 대리점에게 발생한 영업손실에 대한 보상금을 계약서의 보상처리기준에서 정한 금액보다 삭감하여 지급하는 행위

④ 대리점협의회에 참가하는 대리점에게 탈퇴 서약서를 요구하고 이에 응하지 않았음을 이유로 상품 공급을 중단하거나 대리점계약을 해지하는 행위

⑤ 거래처를 다른 대리점에게 양도하라는 요구를 거부한 대리점에 대해 계약상 의무에도 불구하고 저렴한 판촉 상품을 공급하지 않거나 해당 대리점의 거래처에 파견되어 대리점을 지원하던 공급업자의 순회사원을 철수시키는 행위

⑥ 계약기간 중에 대리점의 신용도 등에 변화가 없음에도 불구하고 일방적으로 대리점의 외상매입에 대한 새로운 유형의 추가 담보를 요구하거나 기존 담보금액을 대폭 증액하는 행위

⑦ 계약기간 중에 공급업자의 경영정책이 변경되었다는 사유로 대리점에게 충분한 사전고지 기간 없이 일방적으로 대리점계약을 해지하는 행위

⑧ 대리점에게 시정기회 부여 및 소명기회 제공 등 대리점계약에서 정한 절차를 거치지 않고 일방적으로 대리점계약을 해지하는 행위

⑨ 공급업자의 요구에 따른 설비투자 등을 했을 경우 대리점이 부담한 비용의 규모에 비하여 이를 회수할 수 있는 충분한 기간이 경과하지 않았음에도 불구하고 정당한 사유 없이 일방적으로 계약을 해지하는 행위

⑩ 대리점의 노력으로 상품 또는 용역에 대한 판매가 현저히 증가하게 되는 것이 분명한 경우, 대리점의 이익을 자신에게 귀속시킬 목적으로 대리점을 일방적으로 직영화하면서 계약을 해지하는 행위

⑪ 반품조건부로 대리점에 공급한 상품이나 제조과정상 하자가 있는 상품의 반품을 제한하는 행위

⑫ 상품의 하자 등 공급업자의 책임 있는 사유로 소매업자 또는 소비자로부터 구매가 취소된 상품을 대리점이 반품해줄 것을 요청했음에도 반품을 거부하거나 제한하는 행위

제10조(경영활동 간섭 금지)

① 공급업자는 자기의 거래상의 지위를 부당하게 이용하여 대리점의 경영활동을 간섭하는 행위를 하거나, 계열회사 또는 다른 사업자로 하여금 이를 행하도록 하여서는 아니 된다.

② 제1항의 행위의 유형 또는 기준은 대통령령으로 정한다.

[참고사례]

메드트로닉스코리아(유)의 거래상지위 남용행위 건(공정거래위원회; 서울고등법원 2021. 8. 25. 선고 2020누53264 판결)

경영활동 간섭의 수단으로 판매가격 정보 같은 영업상 비밀을 요구하는 경우가 있다<메드트로닉스코리아(유)의 거래상지위 남용행위 건>.[1]

경영활동 간섭행위의 유형 또는 기준은 *대통령령*[2]으로 정한다. 「대리점거래 불공정거래행위 고시」 제5조에서도 추가로 '합리적 이유 없이 대리점의 점포환경 개선을 요구하는 행위'를 예시하고 있다.[3] 합리적 이유에 대해서는 규정이 없는데, 가맹사업법 시행령 제13조의2 제1항 "1. 점포의 시설, 장비, 인테리어 등의 노후화가 객관적으로 인정되는 경우 2. 위생 또는 안전의 결함이나 이에 준하는 사유로 인하여 가맹사업의 통일성을 유지하기 어렵거나 정상적인 영업에 현저한 지장을 주는 경우"를 참고할 수 있다.[4]

「대리점 심사지침」에서 대상행위와 위법성 판단기준 등에 대하여 다음과 같

---

1) 서고판 2021. 8. 25. 2020누53264.

2) 제7조(경영활동 간섭의 유형 또는 기준) 법 제10조제1항에 따라 금지되는 행위는 다음 각 호의 어느 하나에 해당하는 행위로 한다. <u>1. 대리점이 임직원 등을 선임 또는 해임하거나 임직원 등의 근무지역 또는 근무조건을 결정하는 경우 공급업자의 사전 지시 또는 사후 승낙을 받도록 하는 행위 2. 합리적인 이유 없이 대리점에 거래처 현황, 매출 내역 등 영업상 비밀에 해당하는 정보를 제공하도록 요구하는 행위 3. 대리점의 거래처, 영업시간, 영업지역, 판촉활동 등을 공급업자가 일방적으로 정하여 이행을 요구하는 행위 4. 그 밖에 대리점이 독자적으로 의사결정을 하고 수행하여야 하는 경영활동에 간섭하는 행위로서 공정거래위원회가 정하여 고시하는 행위</u>

3) 「대리점거래 불공정거래행위 고시」 제6조(경영활동 간섭의 유형 또는 기준) 시행령 제7조 제4호에 따라 금지되는 행위는 다음 각 호의 어느 하나에 해당하는 행위로 한다. <u>1. 합리적 이유 없이 대리점의 점포환경 개선을 요구하는 행위</u>

4) 이민희/표슬비, 경쟁저널(2019 May), 72면.

이 규정하고 있다(IV. 4.).

가. 대상행위

1) 대리점의 임직원 선임·해임 및 근무지역·근무조건 결정에 있어서 자기의 지시 또는 승인을 받도록 하는 행위, 대리점의 영업상 비밀정보를 요구하는 행위, 대리점의 거래처·영업지역·영업시간 및 점포환경에 개입하는 행위 등과 같이 대리점의 경영활동에 간섭하는 행위가 대상이 된다.

2) '공급업자의 사전 지시 또는 사후 승낙을 받도록 하는 행위'라 함은 직접적인 사전 지시 또는 사후 승낙뿐만 아니라 사실상 승낙을 강제하거나 우회적인 수단을 통하여 지시 또는 승낙을 받게 하는 행위도 포함된다.

3) '점포환경 개선'은 점포의 기존 시설, 장비, 인테리어 등을 새로운 품질 또는 디자인으로 교체하거나 신규로 설치하는 것뿐만 아니라 점포의 확장 또는 이전을 포함한다.

나. 위법성의 판단기준

1) 경영활동 간섭행위의 위법성은 이 지침의 「Ⅲ. 2. 대리점거래에서의 거래상지위 판단기준 및 Ⅲ. 3. 부당성 판단기준」에서 제시되는 바에 따라 판단한다.

2) 대리점에게 상품 또는 용역을 판매함에 있어 그 사용방법이나 주의사항을 설명하도록 하거나 거래과정에서 알게 된 고객의 정보를 누설하지 못하도록 하는 등 일정한 작위 또는 부작위 의무를 부과하는 행위는 상품의 안전성 확보 또는 개인정보 보호 등 정당한 사유가 있는 경우 법위반으로 보지 않는다.

3) 대리점의 거래처와 영업지역에 간섭하는 행위는 경우에 따라 독점규제법상 구속조건부 거래행위 중 '거래지역 또는 거래상대방 제한' 행위에도 해당될 수 있으며, 이 경우 위법성 여부는 관련시장에서의 경쟁을 제한하는지 여부를 위주로 판단한다. 그러나 이러한 구속조건부성 경영활동 간섭행위가 법 제10조를 위반하는 행위인지 여부는 위법성 심사의 일반원칙에 따라 경쟁제한성 여부에 대한 판단 없이 거래의 공정성 여부를 중심으로 판단한다.

다. 법위반에 해당될 수 있는 행위(예시)

① 대리점의 영업직원 채용에 관여하거나 영업직원의 총 정원을 제한하기 위해 대리점이 영업직원을 채용하는 경우 영업에 필요한 판매코드의 발급을 지연·거부하거나 기존 영업직원의 판매코드를 삭제하는 조건으로 신규 판매코드를 발급받도록 하는 행위

② 대리점의 의사에 반하여 대리점의 영업직원을 공급업자의 직영점 또는 다른 대

리점에서 근무하도록 지시하는 행위

③ 다수의 공급업자와 거래하는 대리점에게 공급업자와 경쟁관계에 있는 사업자들의 상품 공급가격, 공급물량, 결제조건 등의 거래정보를 제공하도록 요구하는 행위

④ 대리점에게 거래처 내역, 상품 판매가격, 금융거래 내역 등의 정보를 요구하거나 대리점의 다른 사업자와의 거래현황을 확인할 수 있는 전산정보 등에 접근할 수 있는 비밀번호를 요구하는 행위. 다만, 위탁판매의 경우 사후정산 등 목적에서 행하는 행위로서 합리적인 이유가 있는 경우에는 제외한다.

⑤ 대리점의 정상적인 운영과 상관이 없음에도 대리점에게 인테리어 시공업체, 보안경비업체 등을 일방적으로 지정하고 이들 업체의 서비스를 이용하도록 요구하는 행위

⑥ 대리점으로 하여금 공급업자가 일방적으로 설정한 영업지역에서만 상품을 판매할 수 있도록 제한하고 이를 준수하도록 요구하는 행위

⑦ 대리점의 시설, 장비, 인테리어와 관련하여 노후화가 객관적으로 인정되지 않거나 위생 또는 안전의 결함으로 정상적인 영업에 현저한 지장을 주지 않음에도 불구하고 시설이나 장비의 교체 또는 인테리어 재시공을 강요하는 행위

제11조(주문내역의 확인요청 거부 또는 회피 금지)

공급업자는 자기의 거래상의 지위를 부당하게 이용하여 대리점이 청약 또는 구입의사를 표시한 제품, 수량 등 주문내역의 정당한 확인요청에 대하여 이를 거부 또는 회피하는 행위를 하거나, 계열회사 또는 다른 사업자로 하여금 이를 행하도록 하여서는 아니 된다.

「대리점 심사지침」에서 대상행위와 위법성 판단기준 등에 대하여 다음과 같이 규정하고 있다(IV. 5.).

가. 대상행위

1) 대리점이 주문한 제품, 수량 등 주문내역의 정당한 확인요청을 거부하거나 회피하는 행위가 대상이 된다.

2) 대리점의 '주문'은 전산시스템을 통한 주문뿐만 아니라 이메일, 모바일, 유선전화, 팩스 등 기타 방식에 의한 주문도 포함한다.

3) 확인요청의 '거부'는 대리점의 정당한 주문내역 확인요청을 직접적·명시적으로 거절하는 의사표시를 하거나 주문내역을 확인할 수 있는 전산시스템의 접속을 차단하는 것뿐만 아니라, 정당한 이유가 없음에도 전산시스템의 오류나 주문내역의 미기록·삭제·멸실 등을 이유로 확인요청에 응하지 않는 경우를 포함한다.

4) 확인요청의 '회피'는 대리점의 정당한 주문내역 확인요청에 대한 무응답이나 상당한 기간이 지난 지연응답 뿐만 아니라, 주문내역을 확인할 수 있는 기간 및 시간 등을 현저히 제한하거나 전체 주문내역 중 일부분의 주문내역만을 확인시켜 주는 경우를 포함한다.

나. 위법성의 판단기준

1) 주문내역의 확인요청 거부 또는 회피행위의 위법성은 이 지침의 「Ⅲ. 2. 대리점거래에서의 거래상지위 판단기준 및 Ⅲ. 3. 부당성 판단기준」에서 제시되는 바에 따라 판단한다.

2) 정당한 확인 요청인지 여부는 확인요청의 의도목적, 확인요청한 주문내역의 기간, 범위의 정도 등을 종합적으로 고려하여 판단한다.

3) 다만, 주문내역의 확인요청 거부 또는 회피행위가 효율성이나 소비자후생을 증대시키는 경우는 거의 상정하기 어려운 만큼 부당성 여부와 관련해서는 원칙적으로 합리성이 있는 행위인지 여부에 대한 판단은 생략한다.

다. 법위반에 해당될 수 있는 행위(예시)

① 대리점의 주문내역을 임의로 수정하여 상품을 공급하고 대리점이 접속하는 주문시스템을 변경하여 대리점으로 하여금 공급업자가 주문한 품목의 내역 및 수량을 검색할 수 없도록 하는 행위

② 합리적 이유 없이 대리점의 주문시스템 접속을 차단하여 주문내역 확인을 불가능하게 하는 행위

③ 대리점의 주문내역 확인요청을 거부 또는 회피하기 위한 목적으로 대리점이 주문내역을 확인할 수 있는 영업일·영업시간을 현저히 제한하거나 주문내역을 확인할 수 있는 범위를 제한하는 행위

제12조(보복조치의 금지)

공급업자는 다음 각 호의 어느 하나에 해당하는 행위를 한 대리점에게 그 행위를 한 것을 이유로 거래의 정지 또는 물량의 축소, 그 밖에 불이익을 주는 행위를 하거나, 계열회사 또는 다른 사업자로 하여금 이를 행하도록 하여서는 아니 된다. <개정 2018. 1. 16., 2020. 12. 29.>

　　1. 제19조에 따른 분쟁조정 신청
　　2. 「독점규제 및 공정거래에 관한 법률」 제80조제2항에 따른 신고
　　3. 「독점규제 및 공정거래에 관한 법률」 제81조에 따른 공정거래위원회의 조사에 대한 협조
　　4. 제27조의2에 따른 공정거래위원회의 서면실태조사에 대한 협조

　　「대리점 심사지침」에서 대상행위와 위법성 판단기준 등에 대하여 다음과 같이 규정하고 있다(IV. 6.).

가. 대상행위

1) 대리점의 분쟁조정 신청, 법위반 사실의 공정위 신고, 공정위의 조사 또는 서면실태조사에 대한 협조 등을 원인행위로 하여 대리점에게 불이익을 주는 행위가 대상이 된다.

2) 대리점에게 불이익을 주는 행위는 거래의 정지나 물량의 축소 이외에도 계약해지, 반품 제한, 금전의 미지급 및 일부 지급 등은 물론이고 거래조건 설정이나 거래과정 등에서 합리적 이유 없이 다른 대리점보다 차별적으로 불리하게 취급하는 행위도 포함한다.

나. 위법성의 판단기준

1) 보복조치는 구입강제 등 다른 행위 유형들과 달리 거래를 전제로 하지 않으며, 분쟁조정 신청 등의 원인행위를 이유로 이루어지는 악의에 기한 행위이다.

2) 이러한 보복조치의 위법성은 이 지침의 「Ⅲ. 3. 부당성 판단기준」에서 제시된 부당성에 대한 판단 없이 「Ⅲ. 2. 대리점거래에서의 거래상지위 판단기준」에 따른 공급업자의 거래상 지위 여부와 대리점의 원인행위와 공급업자의 불이익을 주는 행위 간 인과관계가 있는지 여부를 중심으로 판단한다.

다. 법위반에 해당될 수 있는 행위(예시)

① 대리점이 법 위반사실을 공정위에 신고했음을 이유로 정당한 사유 없이 대리점 계약에 자동갱신 조항이 있음에도 불구하고 계약갱신을 거절하거나 계약을 해지하는 행위

② 대리점이 공정위 조사에 협조했음을 이유로 정당한 사유 없이 상품 또는 용역의 공급을 중단하거나 정상적인 영업활동에 지장이 초래될 정도로 공급 물량을 축소하는 등의 방법으로 대리점의 사업활동을 곤란하게 하는 행위

③ 대리점이 분쟁조정을 신청하였음을 이유로 정당한 사유 없이 반품조건이나 결제조건 또는 지원사항 등을 다른 대리점에 비해 현저히 불리하게 변경하는 행위

법 제12조의 부당성 판단기준에 대하여 「대리점 심사지침」에서 다음과 같이 규정하고 있다(III. 3).

다. 법 제12조(보복조치의 금지)에 대한 부당성 판단

법 제12조의 보복조치는 후술하는 바와 같이 법 제6조 내지 제11조에 열거된 개별 행위 유형과 달리 거래를 전제로 하는 행위유형이 아니므로, 그 부당성 여부는 거래내용의 불공정성 여부에 대한 판단 없이 대리점의 신고 등 행위와 보복조치로서 이루어지는 행위 간 인과관계를 중심으로 판단한다.

제12조의2(공급업자와 대리점간 협약체결)

① 공정거래위원회는 공급업자와 대리점이 대리점 관련 법령의 준수 및 상호 지원·협력을 약속하는 자발적인 협약을 체결하도록 권장할 수 있다.

② 공정거래위원회는 공급업자와 대리점이 제1항에 따른 협약을 체결하는 경우 그 이행을 독려하기 위하여 포상 등 지원시책을 마련하여 시행하여야 한다.

③ 공정거래위원회는 제1항에 따른 협약의 내용·체결절차·이행실적평가 및 지원시책 등에 필요한 사항을 정한다.

[본조신설 2018. 12. 31.]

그간 대리점법은 가맹사업법, 대규모유통업법과 달리 본사와 대리점이 관계 법령을 준수하고 상호 협력적 관계를 구축하는 협약을 체결하는 것에 대해 별도의 지원규정을 두고 있지 않았으나, 2018. 12. 31. 개정법은 공정거래위원회가 이러한 내용의 협약체결을 권장하고 그 이행에 대해서는 포상 등 지원시책을 마련하도록 규정하였다.[1] 이에 따라 공정거래위원회는 대리점분야 공정거래협약 체결을 독려하기 위해 「공급업자·대리점 간 공정거래 및 상생 협력 협약 절차·지원 등에 관한 기준」[2]을 제정하여 협약 체결의 절차, 협약 이행에 대한 평가기준, 인센티브 등을 마련했다.

제12조의3(업종별 거래기준 권고)

공정거래위원회는 공정한 대리점거래 질서 확립을 위하여 필요한 경우 업종별로 바람직한 거래기준을 정하고, 공급업자에게 이를 준수할 것을 권고할 수 있다.

[본조신설 2021. 12. 7.]

제재 위주의 사후 규제 방식은 사건처리 소요 기간, 추가적 피해구제 절차 필요 등의 한계가 있어, 바람직한 거래 방식·기준 등을 선제적으로 보급하여 공급업자가 준수하도록 할 필요가 있었다. 이에 2021. 12. 7. 법 개정시 공정거래위원회가 바람직한 업종별 거래 기준을 마련하여 공급업자에게 권고할 수 있도록 법에 그 근거를 마련했다.[3]

---

1) 공정거래위원회 보도자료(2018. 12. 7.).
2) 공정거래위원회 보도자료(2019. 7. 9.).
3) 이상 공정거래위원회 보도자료(2021. 11. 11.).

제12조의4(대리점거래에 대한 교육 등)

① 공정거래위원회는 공정한 대리점거래질서를 확립하기 위하여 다음 각 호의 업무를
수행할 수 있다.

   1. 공급업자 및 대리점에 대한 교육·연수

   2. 공급업자가 이 법을 자율적으로 준수하도록 유도하기 위한 공정거래 자율준수 프
로그램(사업자가 공정거래 관련 법규를 준수하기 위하여 자체적으로 제정·운영하
는 교육, 감독 등 내부준법체계를 말한다)의 보급·확산

   3. 공급업자와 대리점 간 균형 있는 발전을 위한 제도의 홍보

   4. 그 밖에 공정한 대리점거래질서 확립을 위하여 필요한 업무

② 공정거래위원회는 시설·인력 및 교육실적 등 대통령령으로 정하는 기준에 적합한
기관 또는 단체를 지정하여 제1항 각 호의 업무를 위탁할 수 있다.

③ 공정거래위원회는 제2항에 따라 지정을 받은 기관 또는 단체가 다음 각 호의 어느
하나에 해당하는 경우에는 지정을 취소하거나 3개월 이내의 기간을 정하여 지정의
효력을 정지할 수 있다.

   1. 제2항에 따라 위탁받은 업무를 충실히 수행하지 못한 경우

   2. 제2항에 따른 지정기준을 충족하지 못하게 되는 경우

④ 제2항에 따른 지정 절차·방법 및 위탁업무의 수행 등에 필요한 세부 사항은 공정거
래위원회가 정하여 고시한다.

[본조신설 2021. 12. 7.]

영세한 소상공인, 자영업자들이 다수 종사하는 대리점 분야의 경우, 지속적
인 교육·상담 및 개선된 제도에 대한 홍보가 필요하나, 공정거래위원회의 인력
만으로는 이를 감당하기가 어렵다. 이에 2021. 12. 7. 법 개정시 공정거래위원회
가 대리점거래 질서 확립을 위한 교육·홍보 등을 전문기관에 위탁할 수 있도록
규정했다.[1] 시설·인력 및 교육실적 등 *대통령령*[2]으로 기준을 정하고 있다.

---

1) 이상 공정거래위원회 보도자료(2021. 11. 11).
2) 제7조의2(교육 등 업무 수탁기관의 지정기준) 법 제12조의4제2항에서 "시설·인력 및 교육실
적 등 대통령령으로 정하는 기준"이란 별표 1에서 정하는 기준을 말한다.

제 3 장

분쟁의 조정 등

제13조(대리점 분쟁조정협의회의 설치)

① 대리점거래에 관한 분쟁을 조정하기 위하여 「독점규제 및 공정거래에 관한 법률」 제 72조 제1항에 따른 한국공정거래조정원(이하 "조정원"이라 한다)에 대리점 분쟁조정 협의회(이하 "협의회"라 한다)를 둔다. <개정 2018. 3. 27., 2020. 12. 29.>

② 특별시장·광역시장·특별자치시장·도지사·특별자치도지사(이하 "시·도지사"라 한 다)는 특별시·광역시·특별자치시·도·특별자치도(이하 "시·도"라 한다)에 협의회를 둘 수 있다. <신설 2018. 3. 27.>

③ 공정거래위원회는 분쟁조정업무의 일관성을 유지하기 위하여 필요한 운영지침을 정 하여 고시할 수 있다. <신설 2021. 12. 7.>

목 차

Ⅰ. 조정원 분쟁조정협의회

대리점거래에 관한 분쟁을 조정하기 위하여 「독점규제법」 제72조 제1항에 따른 한국공정거래조정원(이하 "조정원")에 대리점 분쟁조정협의회(이하 "협의회" 라 한다)를 둔다(법 제13조 제1항).

II. 시·도 분쟁조정협의회

특별시장·광역시장·특별자치시장·도지사·특별자치도지사(이하 "시·도지사"
라 한다)는 특별시·광역시·특별자치시·도·특별자치도(이하 "시·도"라 한다)에 협의
회를 둘 수 있다(법 제13조 제2항).

분쟁조정은 당사자 간의 합의와 조정을 통한 자율적인 문제해결을 유도하는
제도로, 공정거래위원회의 조사 및 법적 분쟁을 통한 해결보다 간편한 해결방식
이라 할 수 있다. 그러나 대리점 관련 분쟁조정을 할 수 있는 분쟁조정협의회가
서울에 소재한 한국공정거래조정원에만 설치할 수 있도록 제한되어 있어, 분쟁
조정을 위한 출석 및 자료제출 시 지방의 분쟁당사자들은 큰 불편을 겪고 있었
다. 2018. 3. 27. 법 개정시 광역지방자치단체에도 대리점분쟁조정 협의회를 설
치할 수 있도록 규정하였다.

III. 운영지침

공정거래위원회는 분쟁조정업무의 일관성을 유지하기 위하여 필요한 운영
지침을 정하여 고시할 수 있다(법 제13조 제3항). 2021. 12. 7. 법 개정시 포함된
조항이다.

제14조(협의회의 구성)

① 협의회는 위원장 1명을 포함한 9명의 위원으로 구성한다.

② 협의회의 위원은 공익을 대표하는 위원, 공급업자의 이익을 대표하는 위원, 대리점의 이익을 대표하는 위원으로 구분하되 각각 같은 수로 한다.

③ 조정원에 두는 협의회(이하 "조정원 협의회"라 한다)의 위원은 조정원의 장이 추천한 사람과 다음 각 호의 어느 하나에 해당하는 사람 중 공정거래위원회 위원장이 임명 또는 위촉하는 사람이 되고, 시·도에 두는 협의회(이하 "시·도 협의회"라 한다)의 위원은 조정원의 장이 추천한 사람과 다음 각 호의 어느 하나에 해당하는 사람 중 시·도지사가 임명 또는 위촉하는 사람이 된다. <개정 2018. 3. 27.>

　1. 대학에서 법률학·경제학·경영학을 전공한 사람으로서 「고등교육법」 제2조제1호· 제2호 또는 제5호에 따른 학교나 공인된 연구기관에서 부교수 이상의 직 또는 이에 상당하는 직에 있거나 있었던 사람

　2. 판사·검사의 직에 있거나 있었던 사람 또는 변호사의 자격이 있는 사람

　3. 독점금지 및 공정거래업무에 관한 경험이 있는 4급 이상 공무원(고위공무원단에 속하는 일반직공무원을 포함한다)의 직에 있거나 있었던 사람

　4. 그 밖에 대리점거래 및 분쟁조정에 관한 학식과 경험이 풍부한 사람

④ 조정원 협의회의 위원장은 공익을 대표하는 위원 중에서 공정거래위원회 위원장이 임명하거나 위촉하고, 시·도 협의회의 위원장은 공익을 대표하는 위원 중에서 시· 도지사가 임명하거나 위촉한다. <개정 2018. 3. 27.>

⑤ 협의회 위원의 임기는 3년으로 하되, 연임할 수 있다.

⑥ 위원 중 결원이 생긴 때에는 제3항에 따라 보궐위원을 임명 또는 위촉하여야 하며, 그 보궐위원의 임기는 전임자 임기의 남은 기간으로 한다.

  목　차

Ⅰ. 협의회의 구성

협의회는 위원장 1명을 포함한 9명의 위원으로 구성한다(법 제14조 제1항).

협의회의 위원은 공익을 대표하는 위원, 공급업자의 이익을 대표하는 위원, 대리점의 이익을 대표하는 위원으로 구분하되 각각 같은 수로 한다(법 제14조 제2항).

II. 위원의 임명 및 위촉

조정원에 두는 협의회(이하 "조정원 협의회")의 위원은 조정원의 장이 추천한 사람과 ① 대학에서 법률학·경제학·경영학을 전공한 사람으로서 「고등교육법」 제2조 제1호·제2호 또는 제5호에 따른 학교나 공인된 연구기관에서 부교수 이상의 직 또는 이에 상당하는 직에 있거나 있었던 사람(제1호), ② 판사·검사의 직에 있거나 있었던 사람 또는 변호사의 자격이 있는 사람(제2호), ③ 독점금지 및 공정거래업무에 관한 경험이 있는 4급 이상 공무원(고위공무원단에 속하는 일반직공무원을 포함)의 직에 있거나 있었던 사람(제3호), ④ 그 밖에 대리점거래 및 분쟁조정에 관한 학식과 경험이 풍부한 사람(제4호)의 어느 하나에 해당하는 사람중 공정거래위원회 위원장이 임명 또는 위촉하는 사람이 되고, 시·도에 두는 협의회(이하 "시·도 협의회")의 위원은 조정원의 장이 추천한 사람과 위 각 호의 어느 하나에 해당하는 사람 중 시·도지사가 임명 또는 위촉하는 사람이 된다(법 제14조 제3항). 2018. 3. 27. 법 개정으로 시·도 협의회가 추가되었다.

조정원 협의회의 위원장은 공익을 대표하는 위원 중에서 공정거래위원회 위원장이 임명하거나 위촉하고, 시·도 협의회의 위원장은 공익을 대표하는 위원 중에서 시·도지사가 임명하거나 위촉한다(법 제14조 제4항). 협의회 위원의 임기는 3년으로 하되, 연임할 수 있다(법 제14조 제5항). 위원 중 결원이 생긴 때에는 제3항에 따라 보궐위원을 임명 또는 위촉하여야 하며, 그 보궐위원의 임기는 전임자 임기의 남은 기간으로 한다(법 제14조 제6항).

법문상 독점규제법 제73조와 같이 '다음 각호의 어느 하나에 해당하는 자 중에서 조정원의 장의 제청으로 공정거래위원회 위원장이 임명 또는 위촉한다'로 개정할 필요가 있다.

제15조(공익을 대표하는 위원의 위촉제한)

① 공익을 대표하는 위원은 위촉일 현재 공급업자 또는 대리점의 임원·직원으로 있는 사람 중에서 위촉될 수 없다.

② 공정거래위원회 위원장 및 시·도지사는 공익을 대표하는 위원으로 위촉받은 사람이 공급업자 또는 대리점의 임원·직원으로 된 때에는 즉시 해촉하여야 한다. <개정 2018. 3. 27.>

제16조(협의회의 회의)

① 협의회의 회의는 위원 전원으로 구성되는 회의(이하 "전체회의"라 한다)와 공익을 대표하는 위원, 공급업자의 이익을 대표하는 위원, 대리점의 이익을 대표하는 위원 각 1명으로 구성되는 회의(이하 "소회의"라 한다)로 구분한다.

② 소회의는 전체회의로부터 위임받은 사항에 관하여 심의·의결한다.

③ 전체회의는 위원장이 주재하며, 재적위원 과반수의 출석으로 개의하고, 출석위원 과반수의 찬성으로 의결한다.

④ 소회의는 공익을 대표하는 위원이 주재하며, 구성위원 전원의 출석과 출석위원 전원의 찬성으로 의결한다. 이 경우 소회의의 의결은 협의회의 의결로 보되, 회의의 결과를 전체회의에 보고하여야 한다.

⑤ 위원장이 사고로 직무를 수행할 수 없을 때에는 공익을 대표하는 위원 중에서 공정거래위원회 위원장 또는 시·도지사가 지명하는 위원이 그 직무를 대행한다. <개정 2018. 3. 27.>

⑥ 조정의 대상이 된 분쟁의 당사자인 대리점거래 당사자(이하 "분쟁당사자"라 한다)는 협의회의 회의에 출석하여 의견을 진술하거나 관계 자료를 제출할 수 있다.

협의회의 회의의 구체적 절차는 *대통령령*[1]으로 정하고 있다.

---

1) 제8조(협의회의 회의) ① 법 제13조에 따른 대리점 분쟁조정협의회(이하 "협의회"라 한다)의 위원장(이하 "위원장"이라 한다)은 법 제16조제1항에 따른 위원 전원으로 구성되는 회의를 소집하려면 관계 위원들에게 회의 개최 7일 전까지 회의의 일시·장소 및 안건을 서면(「전자문서 및 전자거래 기본법」 제2조제1호에 따른 전자문서를 포함한다. 이하 같다)으로 통지하여야 한다. 다만, 긴급한 경우에는 회의 개최 전날까지 통지할 수 있다. ② 법 제14조제2항에 따른 공익을 대표하는 위원이 법 제16조제1항에 따른 소회의를 소집하려는 경우에는 제1항을 준용한다. ③ 협의회의 회의는 공개하지 아니한다. 다만, 위원장이 필요하다고 인정하는 때에는 조정의 대상이 된 분쟁의 당사자인 대리점거래 당사자(이하 "분쟁당사자"라 한다)나 그 밖의 이해관계인에게 방청하게 할 수 있다

제17조(위원의 제척 · 기피 · 회피)

① 위원은 다음 각 호의 어느 하나에 해당하는 경우에는 해당 조정사항의 조정에서 제척된다.

1. 위원 또는 그 배우자나 배우자이었던 자가 해당 조정사항의 분쟁당사자가 되거나 공동권리자 또는 의무자의 관계에 있는 경우

2. 위원이 해당 조정사항의 분쟁당사자와 친족관계이거나 친족관계이었던 경우

3. 위원 또는 위원이 속한 법인이 분쟁당사자의 법률 · 경영 등에 대하여 자문이나 고문의 역할을 하고 있는 경우

4. 위원 또는 위원이 속한 법인이 해당 조정사항에 대하여 분쟁당사자의 대리인으로 관여하거나 관여하였던 경우 및 증언 또는 감정을 한 경우

② 분쟁당사자는 위원에게 협의회의 조정에 공정을 기하기 어려운 사정이 있는 경우 협의회에 해당 위원에 대한 기피신청을 할 수 있다.

③ 위원이 제1항 또는 제2항의 사유에 해당하는 경우에는 스스로 해당 조정사항의 조정에서 회피할 수 있다.

제18조(협의회의 조정사항)

협의회는 공정거래위원회 또는 분쟁당사자가 요청하는 사항으로서 제5조부터 제12조까지의 규정과 관련한 분쟁에 관한 사항을 조정한다.

[참고문헌]

단행본: 김건식, 대리점거래의 공정화에 관한 법률의 규제와 내용 분석, 한국공정거래조정원, 2016

독점규제법상의 분쟁조정제도와는 첫째, 독점규제법은 특정유형의 법위반행위가 발생한 이후에만 조정신청을 할 수 있게 되어 있으나, 대리점법은 계약서 작성의무 및 주문내역의 확인요청사항 등의 사전적 규제에 관해서도 조정신청을 할 수 있고,[1] 둘째, 거래상 지위의 판단에 있어서 독점규제법은 별도의 입증이 필요하지만, 대리점법에서는 제2조의 정의규정에 해당하면 거래상 지위가 있다고 보고, 제3조의 적용배제를 주장하는 측에서 이를 입증해야 한다는 점 등에서 차이가 있다.[2]

법 제19조와의 통일성을 기하기 위하여 '공정거래위원회 또는 분쟁당사자가 요청하는'을 '공정거래위원회의 의뢰 또는 분쟁당사자가 신청하는'으로 개정할 필요가 있다.

---

1) 대규모유통법법도 동일하게 규정되어 있다.
2) 김건식, 91~92면.

제19조(조정의 신청 등)

① 분쟁당사자는 제18조의 조정사항과 관련하여 대통령령으로 정하는 사항이 기재된 서면(이하 "분쟁조정 신청서"라 한다)을 협의회에 제출하여 분쟁조정을 신청할 수 있다. 다만, 분쟁의 조정신청이 있기 전에 공정거래위원회가 「독점규제 및 공정거래에 관한 법률」 제80조에 따라 조사 중인 사건은 제외한다. <개정 2020. 12. 29.>

② 공정거래위원회는 대리점거래의 분쟁에 관한 사건에 대하여 협의회에 그 조정을 의뢰할 수 있다.

③ 분쟁당사자가 서로 다른 협의회에 분쟁조정을 신청하거나 여러 협의회에 중복하여 분쟁조정을 신청한 때에는 다음 각 호의 협의회 중 대리점이 선택한 협의회에서 이를 담당한다. <신설 2018. 3. 27.>

1. 조정원 협의회
2. 대리점의 주된 사업장이 소재한 시·도 협의회
3. 공급업자의 주된 사업장이 소재한 시·도 협의회

④ 협의회는 제1항에 따라 분쟁조정을 신청 받았을 때에는 즉시 그 조정신청사항을 분쟁당사자에게 통지하여야 하며, 조정원 협의회의 경우 공정거래위원회에, 시·도 협의회의 경우 공정거래위원회 및 시·도에 이를 알려야 한다. <개정 2018. 3. 27., 2021. 12. 7.>

⑤ 제1항에 따른 분쟁조정의 신청은 시효중단의 효력이 있다. 다만, 신청이 취하되거나 각하된 때에는 그러하지 아니하다. <개정 2018. 3. 27.>

⑥ 제5항 단서의 경우에 6개월 내에 재판상의 청구, 파산절차참가, 압류 또는 가압류, 가처분을 한 때에는 시효는 최초의 분쟁조정의 신청으로 인하여 중단된 것으로 본다. <개정 2018. 3. 27.>

⑦ 제5항 본문에 따라 중단된 시효는 다음 각 호의 어느 하나에 해당하는 경우 새로이 진행한다. <개정 2018. 3. 27.>

1. 제21조제1항에 따라 조정에 참가한 위원과 분쟁당사자가 기명날인한 조정조서를 작성한 경우
2. 분쟁조정이 이루어지지 아니하고 조정절차가 종료된 경우

📖 목 차

Ⅰ. 분쟁조정신청

분쟁당사자는 제18조의 조정사항과 관련하여 *대통령령*[1])으로 정하는 사항이 기재된 서면(이하 "분쟁조정 신청서")을 협의회에 제출하여 분쟁조정을 신청할 수 있다. 다만, 분쟁의 조정신청이 있기 전에 공정거래위원회가 「독점규제 및 공정거래에 관한 법률」 제80조에 따라 조사 중인 사건은 제외한다(법 제19조 제1항).

1. 통지

협의회는 제1항에 따라 분쟁조정을 신청 받았을 때에는 즉시 그 조정신청사항을 분쟁당사자에게 통지하여야 하며, 조정원 협의회의 경우 공정거래위원회에, 시·도 협의회의 경우 공정거래위원회 및 시·도에 이를 알려야 한다(법 제19조 제4항).

---

1) 제9조(분쟁조정의 신청) ① 법 제19조제1항 본문에서 "대통령령으로 정하는 사항이 기재된 서면"이란 다음 각 호의 사항이 기재된 서면을 말한다. 1. 신청인과 피신청인의 성명 및 주소(분쟁당사자가 법인인 경우에는 법인의 명칭, 주된 사무소의 소재지, 그 대표자의 성명 및 주소를 말한다) 2. 대리인이 있는 경우에는 그 성명 및 주소 3. 신청의 취지 및 이유 4. 동일 사안에 대하여 다른 협의회에 분쟁조정을 신청한 경우에는 그 사실 5. 동일 사안에 대하여 법 제19조 제4항에 따라 다른 분쟁당사자의 분쟁조정신청을 통지받은 경우에는 그 사실
제10조(대표자의 선정) ① 다수의 분쟁당사자는 공동으로 분쟁의 조정을 신청하는 경우 신청인 중 3인 이내의 대표자를 선정할 수 있다. ② 위원장은 공동으로 분쟁의 조정을 신청한 자가 제1항에 따른 대표자를 선정하지 아니한 경우 대표자를 선정할 것을 권고할 수 있다. ③ 신청인은 대표자를 선정하거나 변경하는 때에는 그 사실을 지체 없이 위원장에게 통지하여야 한다.
제11조(분쟁조정신청의 보완 등) ① 위원장은 제9조제1항에 따른 서면 또는 같은 조 제2항에 따른 서류에 대하여 보완이 필요하다고 인정될 때에는 상당한 기간을 정하여 그 보완을 요구할 수 있다. ② 제1항에 따른 보완에 걸린 기간은 법 제20조제5항제3호에 따른 기간의 산정에서 제외한다.

2. 신청의 효력

제1항에 따른 분쟁조정의 신청은 시효중단의 효력이 있다. 다만, 신청이 취하되거나 각하된 때에는 그러하지 아니하다(법 제19조 제5항).

제5항 단서의 경우에 6개월 내에 재판상의 청구, 파산절차참가, 압류 또는 가압류, 가처분을 한 때에는 시효는 최초의 분쟁조정의 신청으로 인하여 중단된 것으로 본다(법 제19조 제6항).

제5항 본문에 따라 중단된 시효는 ① 제21조 제1항에 따라 조정에 참가한 위원과 분쟁당사자가 기명날인한 조정조서를 작성한 경우(제1호), ② 분쟁조정이 이루어지지 아니하고 조정절차가 종료된 경우(제2호)의 어느 하나에 해당하는 경우 새로이 진행한다(법 제19조 제6항).

II. 조정의뢰

공정거래위원회는 대리점거래의 분쟁에 관한 사건에 대하여 협의회에 그 조정을 의뢰할 수 있다(법 제19조 제2항).

III. 중복신청시 관할

분쟁당사자가 서로 다른 협의회에 분쟁조정을 신청하거나 여러 협의회에 중복하여 분쟁조정을 신청한 때에는 ① 조정원 협의회(제1호), ② 대리점의 주된 사업장이 소재한 시·도 협의회(제2호), ③ 공급업자의 주된 사업장이 소재한 시·도 협의회(제3호) 중 대리점이 선택한 협의회에서 이를 담당한다(법 제19조 제3항). 2018. 3. 27. 법 개정시 신설된 조항이다.

제20조(조정 등)

① 협의회는 분쟁당사자에게 조정사항에 대하여 스스로 조정하도록 권고하거나 조정안을 작성하여 이를 제시할 수 있다.

② 협의회는 해당 조정사항에 관한 사실을 확인하기 위하여 필요한 경우 조사를 하거나 분쟁당사자에 대하여 관련 자료의 제출이나 출석을 요구할 수 있다.

③ 협의회는 다음 각 호의 어느 하나에 해당하는 경우에는 조정신청을 각하하여야 한다.

　1. 조정신청의 내용과 직접적인 이해관계가 없는 자가 조정신청을 한 경우

　2. 이 법의 적용대상이 아니거나 제18조의 조정사항이 아닌 사안에 관하여 조정신청을 한 경우

　3. 제19조제1항 단서에 해당함에도 불구하고 조정신청을 한 경우

④ 협의회는 다음 각 호의 어느 하나에 해당되는 경우에는 조정절차를 종료할 수 있다.

　1. 분쟁당사자의 일방이 조정절차 진행 중에 조정을 거부한 경우

　2. 조정의 신청 전후에 분쟁당사자가 법원에 소를 제기하였거나 조정의 신청 후에 분쟁당사자가 「중재법」에 따라 중재신청을 한 경우

　3. 그 밖의 조정을 하여야 할 실익이 없는 것으로서 대통령령으로 정하는 사항이 발생한 경우

⑤ 협의회는 다음 각 호의 어느 하나에 해당되는 경우에는 조정절차를 종료하여야 한다.

　1. 분쟁당사자가 협의회의 권고 또는 조정안을 수락하거나 조정에 합의하여 조정이 이루어진 경우

　2. 분쟁당사자가 협의회의 권고 또는 조정안을 수락하지 아니하여 조정이 이루어지지 아니한 경우

　3. 제19조제1항에 따른 조정을 신청받은 날 또는 같은 조 제2항에 따라 조정을 의뢰 받은 날부터 60일(분쟁당사자 쌍방이 기간연장에 동의한 경우에는 90일로 한다)이 지나도 조정이 이루어지지 아니한 경우

⑥ 협의회는 제3항부터 제5항까지의 규정에 따라 조정신청을 각하하거나 조정절차를 종료한 경우에는 대통령령으로 정하는 바에 따라 조정원 협의회의 경우 공정거래위원회에, 시·도 협의회의 경우 공정거래위원회 및 시·도에 조정의 경위, 조정신청 각하 또는 조정절차 종료의 사유 등을 관계 서류와 함께 지체 없이 서면으로 보고하여야 하고 분쟁당사자에게 그 사실을 통보하여야 한다. <개정 2018. 3. 27., 2021. 12. 7.>

⑦ 공정거래위원회는 조정사항에 관하여 조정절차가 종료될 때까지 해당 분쟁당사자에게 제23조에 따른 시정조치 및 제24조제1항에 따른 시정권고를 하여서는 아니 된다. 다만,

분쟁조정의 신청이 있기 전에 공정거래위원회가 「독점규제 및 공정거래에 관한 법률」
제80조에 따라 조사 중인 사건에 대하여는 그러하지 아니하다. <개정 2020. 12. 29.>

📓 목 차

Ⅰ. 조정권고 및 조정안의 작성

협의회는 분쟁당사자에게 조정사항에 대하여 스스로 조정하도록 권고하거
나 조정안을 작성하여 이를 제시할 수 있다(법 제20조 제1항).

협의회는 해당 조정사항에 관한 사실을 확인하기 위하여 필요한 경우 조사
를 하거나 분쟁당사자에 대하여 관련 자료의 제출이나 출석을 요구할 수 있다
(법 제20조 제2항).[1]

Ⅱ. 조정신청의 각하

협의회는 ① 조정신청의 내용과 직접적인 이해관계가 없는 자가 조정신청을
한 경우(제1호), ② 이 법의 적용대상이 아니거나 제18조의 조정사항이 아닌 사
안에 관하여 조정신청을 한 경우(제2호), ③ 제19조 제1항 단서에 해당함에도 불
구하고 조정신청을 한 경우(제3호)의 어느 하나에 해당하는 경우에는 조정신청을
각하하여야 한다(법 제20조 제3항).

---

1) 제12조(분쟁당사자의 출석) ① 협의회는 법 제20조제2항에 따라 분쟁당사자에게 출석을 요구
   하려면 분쟁당사자의 출석으로 확인하려는 사항, 출석 시기 및 장소를 정하여 출석 요구일 7
   일 전까지 분쟁당사자에게 통지하여야 한다. 다만, 긴급한 경우 또는 분쟁당사자가 동의한 경
   우에는 그러하지 아니하다. ② 제1항의 통지를 받은 분쟁당사자는 협의회에 출석할 수 없는
   부득이한 사유가 있는 경우 협의회가 확인하려는 사항에 대한 의견을 미리 서면으로 제출할
   수 있다.

Ⅳ. 조정신청의 종료

1. 재량적 종료

협의회는 ① 분쟁당사자의 일방이 조정절차 진행 중에 조정을 거부한 경우 (제1호), ② 조정의 신청 전후에 분쟁당사자가 법원에 소를 제기하였거나 조정의 신청 후에 분쟁당사자가 「중재법」에 따라 중재신청을 한 경우(제2호), ③ 그 밖의 조정을 하여야 할 실익이 없는 것으로서 *대통령령2)*으로 정하는 사항(제3호)이 발생한 경우의 어느 하나에 해당되는 경우에는 조정절차를 종료할 수 있다(법 제20조 제4항).

2. 의무적 종료

협의회는 ① 분쟁당사자가 협의회의 권고 또는 조정안을 수락하거나 조정에 합의하여 조정이 이루어진 경우(제1호), ② 분쟁당사자가 협의회의 권고 또는 조정안을 수락하지 아니하여 조정이 이루어지지 아니한 경우(제2호), ③ 제19조 제1항에 따른 조정을 신청받은 날 또는 같은 조 제2항에 따라 조정을 의뢰 받은 날부터 60일(분쟁당사자 쌍방이 기간연장에 동의한 경우에는 90일)이 지나도 조정이 이루어지지 아니한 경우(제3호)의 어느 하나에 해당되는 경우에는 조정절차를 종료하여야 한다(법 제20조 제5항).3)

---

2) 제13조(분쟁조정의 종료사유 등) ① 법 제20조제4항제3호에서 "대통령령으로 정하는 사항이 발생한 경우"란 다음 각 호의 어느 하나에 해당하는 경우를 말한다. 1. 신청인이 조정신청을 취하한 경우 2. 분쟁의 성격상 조정을 하는 것이 적당하지 아니하다고 인정되는 경우 3. 신청인이 부당한 이익을 얻을 목적으로 조정신청을 한 것으로 인정되는 경우 4. 신청인이 동일한 사안에 대하여 동일한 취지로 2회 이상 조정신청을 한 경우 5. 신청인이 이미 각하되거나 종료된 분쟁조정과 동일한 사안을 법 제27조제2항에 따라 준용되는 「독점규제 및 공정거래에 관한 법률」 제80조제2항에 따라 공정거래위원회에 신고하여 공정거래위원회가 법 제19조제2항에 따라 그 사안을 협의회에 조정 의뢰한 경우 6. 신청인이 정당한 사유 없이 기한 내에 제11조에 따른 분쟁조정신청의 보완을 하지 아니한 경우 7. 법 제19조제3항에 따라 대리점이 조정절차를 담당할 다른 협의회를 선택하는 경우 ② 분쟁당사자는 분쟁조정신청 전후 해당 사건에 대하여 소를 제기하거나 「중재법」에 따른 중재를 신청한 경우 지체 없이 협의회에 통지하여야 한다.

3) 제14조(분쟁조정종료서) ① 협의회는 법 제20조제3항에 따라 조정신청을 각하하거나 법 제20조제4항 또는 제5항에 따라 조정절차를 종료한 경우 분쟁조정종료서를 작성하여 다음 각 호의 구분에 따라 보고하고 통보해야 한다. 1. 「독점규제 및 공정거래에 관한 법률」 제72조제1항에 따른 한국공정거래조정원에 두는 협의회: 공정거래위원회에 보고하고 분쟁당사자에게 통보 2.

IV. 조정경위 등 보고

협의회는 제3항부터 제5항까지의 규정에 따라 조정신청을 각하하거나 조정절차를 종료한 경우에는 *대통령령4)*으로 정하는 바에 따라 조정원 협의회의 경우 공정거래위원회에, 시·도 협의회의 경우 공정거래위원회 및 시·도에 조정의 경위, 조정신청 각하 또는 조정절차 종료의 사유 등을 관계 서류와 함께 지체 없이 서면으로 보고하여야 하고 분쟁당사자에게 그 사실을 통보하여야 한다(법 제20조 제6항).

V. 조정절차의 효력

공정거래위원회는 조정사항에 관하여 조정절차가 종료될 때까지 해당 분쟁당사자에게 제23조에 따른 시정조치 및 제24조 제1항에 따른 시정권고를 하여서는 아니 된다. 다만, 분쟁조정의 신청이 있기 전에 공정거래위원회가 「독점규제법」 제80조에 따라 조사 중인 사건에 대하여는 그러하지 아니하다(법 제20조 제7항).

특별시·광역시·특별자치시·도·특별자치도에 두는 협의회: 공정거래위원회 및 해당 특별시장·광역시장·특별자치시장·도지사·특별자치도지사에게 각각 보고하고 분쟁당사자에게 통보
② 제1항에 따른 분쟁조정종료서에는 다음 각 호의 사항을 기재해야 한다. 1. 분쟁당사자의 일반현 2. 분쟁당사자 간 대리점거래의 개요 3. 조정의 쟁점 4. 조정의 경위 5. 조정신청의 각하 또는 조정절차의 종료사유
4) 제15조(조정조서) 협의회는 조정이 성립된 경우 다음 각 호의 사항이 기재된 조정조서를 작성한 후 그 사본과 관련서류를 첨부하여 공정거래위원회에 보고하여야 한다. 1. 제14조제2항제1호부터 제4호까지의 사항 2. 조정의 결과

제21조(조정조서의 작성과 그 효력)

① 협의회는 분쟁조정사항에 대하여 조정이 성립된 경우 조정에 참가한 위원과 분쟁당사자가 기명날인한 조정조서를 작성한다. <개정 2021. 12. 7.>

② 협의회는 분쟁당사자가 조정절차를 개시하기 전에 조정사항을 스스로 조정하고 조정조서의 작성을 요구하는 경우에는 그 조정조서를 작성하여야 한다.

③ 분쟁당사자는 조정에서 합의된 사항을 이행하여야 하고, 이행결과를 공정거래위원회에 제출하여야 한다.

④ 공정거래위원회는 제1항 또는 제2항에 따라 합의가 이루어지고, 그 합의된 사항을 이행한 경우에는 제23조에 따른 시정조치 및 제24조제1항에 따른 시정권고를 하지 아니한다.

⑤ 제1항 또는 제2항에 따라 조정조서를 작성한 경우 조정조서는 재판상 화해와 동일한 효력을 갖는다. <신설 2021. 17. 7.>

기존 규정상으로는 조정절차를 거쳐 협의회가 작성한 조정조서에만 재판상 화해의 효력이 부여되어 있고, 분쟁당사자가 조정절차 개시 전 스스로 조정한 후 협의회에 요청하여 작성된 조정조서에는 그 효력이 부여되어 있지 않아, 합의사항의 이행이 담보되지 않았다. 이에 2021. 12. 7. 법 개정시 분쟁당사자의 요청에 의해 작성된 조정조서에도 재판상 화해의 효력을 부여하고, 합의사항 이행시 시정조치 · 시정권고를 부과하지 않도록 규정했다.[1]

---

1) 이상 공정거래위원회 보도자료(2021. 11. 11).

제22조(협의회의 조직 등에 관한 규정)

제13조부터 제21조까지의 규정 외에 협의회의 조직·운영·조정절차 등에 관하여 필요한 사항은 대통령령으로 정한다.

협의회의 조직·운영·조정절차 등에 관하여 필요한 사항은 *대통령령*[1]으로 정한다.

---

1) 제16조(분쟁당사자의 지위승계) ① 협의회는 조정절차가 종료되기 전에 분쟁당사자가 사망하거나 능력의 상실, 그 밖의 사유로 절차를 진행할 수 없는 경우에는 법령에 따라 그 지위를 승계한 자로 하여금 분쟁당사자의 지위를 승계하게 할 수 있다. ② 제1항에 따라 분쟁당사자의 지위를 승계하려는 자는 협의회에 서면으로 지위승계를 신청하여야 한다. ③ 협의회는 제2항에 따른 신청을 받으면 지체 없이 심사하여 승계 여부를 결정하고, 그 내용을 신청한 자에게 서면으로 통지하여야 한다.
제17조(협의회의 운영세칙) 이 영에 규정된 것 외에 협의회의 조직·운영, 조정절차 등에 관하여 필요한 사항은 협의회의 의결을 거쳐 위원장이 정한다.

제4장

공정거래위원회의
사건처리절차 등

제23조(시정조치)

공정거래위원회는 제6조부터 제12조까지를 위반하는 행위가 있을 때에는 해당 사업자에 대하여 해당 행위의 중지, 시정명령을 받은 사실의 공표, 그 밖에 위반행위의 시정에 필요한 조치를 명할 수 있다.

제24조(시정권고)

① 공정거래위원회는 이 법의 규정에 위반하는 행위가 있는 경우에 해당 사업자에 대하여 시정방안을 정하여 이에 따를 것을 권고할 수 있다.

② 제1항에 따라 권고를 받은 사업자는 해당 권고를 통지받은 날부터 10일 이내에 이를 수락하는지 여부를 공정거래위원회에 통지하여야 한다.

③ 제1항에 따라 권고를 받은 사업자가 해당 권고를 수락한 때에는 제23조에 따른 시정조치를 받은 것으로 본다.

시정권고의 절차에 대하여 *대통령령*[1]에서 규정하고 있다.

---

1) 제18조(시정권고) 법 제24조제1항에 따른 시정권고는 다음 각 호의 사항을 명시한 서면으로 하여야 한다. 1. 법 위반 내용 2. 권고사항 3. 시정기한 4. 수락 여부 통지기한 5. 수락 거부 시의 조치

제24조의2(동의의결)

① 공정거래위원회의 조사나 심의를 받고 있는 공급업자는 해당 조사나 심의의 대상이
되는 행위(이하 이 조에서 "해당 행위"라 한다)로 인한 불공정한 거래내용 등의 자발
적 해결, 납품업자등의 피해구제 및 거래질서의 개선 등을 위하여 제3항에 따른 동
의의결을 하여 줄 것을 공정거래위원회에 신청할 수 있다. 다만, 해당 행위가 다음
각 호의 어느 하나에 해당하는 경우 공정거래위원회는 동의의결을 하지 아니하고 이
법에 따른 심의 절차를 진행하여야 한다.
  1. 제33조제2항에 따른 고발요건에 해당하는 경우
  2. 동의의결이 있기 전 신청인이 신청을 취소하는 경우
② 신청인이 제1항에 따른 신청을 하는 경우 다음 각 호의 사항을 기재한 서면으로 하
여야 한다.
  1. 해당 행위를 특정할 수 있는 사실관계
  2. 해당 행위의 중지, 원상회복 등 경쟁질서의 회복이나 거래질서의 적극적 개선을
  위하여 필요한 시정방안
  3. 대리점등의 피해를 구제하거나 예방하기 위하여 필요한 시정방안
③ 공정거래위원회는 해당 행위의 사실관계에 대한 조사를 마친 후 제2항제2호 및 제3
호에 따른 시정방안(이하 "시정방안"이라 한다)이 다음 각 호의 요건을 모두 충족한
다고 판단되는 경우에는 해당 행위 관련 심의 절차를 중단하고 시정방안과 같은 취
지의 의결(이하 "동의의결"이라 한다)을 할 수 있다. 이 경우 신청인과의 협의를 거
쳐 시정방안을 수정할 수 있다.
  1. 해당 행위가 이 법을 위반한 것으로 판단될 경우에 예상되는 시정조치 및 그 밖
  의 제재와 균형을 이룰 것
  2. 공정하고 자유로운 경쟁질서나 거래질서를 회복시키거나 공급업자와 대리점 등의
  상호보완적이고 균형 있는 발전에 적절하다고 인정될 것
④ 공정거래위원회의 동의의결은 해당 행위가 이 법에 위반된다고 인정한 것을 의미하
지 아니하며, 누구든지 신청인이 동의의결을 받은 사실을 들어 해당 행위가 이 법에
위반된다고 주장할 수 없다.
⑤ 공정거래위원회는 신속한 조치의 필요성, 대리점 피해의 직접 보상 필요성 등을 종
합적으로 고려하여 동의의결 절차의 개시 여부를 결정하여야 한다.
⑥ 동의의결의 절차, 취소에 관하여는 「독점규제 및 공정거래에 관한 법률」 제90조(제1
항은 제외한다) 및 제91조를 준용한다.
[본조신설 2021. 12. 7.]

목 차

Ⅰ. 동의의결의 신청

공정거래위원회의 조사나 심의를 받고 있는 공급업자는 해당 조사나 심의의 대상이 되는 행위("해당 행위")로 인한 불공정한 거래내용 등의 자발적 해결, 가맹점사업자의 피해구제 및 거래질서의 개선 등을 위하여 제3항에 따른 동의의결을 하여 줄 것을 공정거래위원회에 신청할 수 있다. 다만, 해당 행위가 ① 제33조 제2항에 따른 고발요건에 해당하는 경우(제1호), ② 동의의결이 있기 전 신청인이 신청을 취소하는 경우(제2호)의 어느 하나에 해당하는 경우 공정거래위원회는 동의의결을 하지 아니하고 이 법에 따른 심의 절차를 진행하여야 한다(법 제34조의2 제1항).

신청인이 동의의결을 신청하는 경우 ① 해당 행위를 특정할 수 있는 사실관계(제1호), ② 해당 행위의 중지, 원상회복 등 경쟁질서의 회복이나 거래질서의 적극적 개선을 위하여 필요한 시정방안(제2호), ③ 대리점 등의 피해를 구제하거나 예방하기 위하여 필요한 시정방안(제3호)의 사항을 기재한 서면으로 하여야 한다(법 제34조의2 제2항).

2021. 12. 7. 법 개정시 대리점법에 동의의결제도가 도입되었다.

Ⅱ. 동의의결의 요건

공정거래위원회는 해당 행위의 사실관계에 대한 조사를 마친 후 제2항 제2호 및 제3호에 따른 시정방안("시정방안")이 ① 해당 행위가 이 법을 위반한 것으로 판단될 경우에 예상되는 시정조치, 그 밖의 제재와 균형을 이룰 것, ② 공정하고 자유로운 경쟁질서나 거래질서를 회복시키거나 공급업자와 대리점 등의 상호보완적이고 균형 있는 발전에 적절하다고 인정될 것의 요건을 모두 충족한다고 판단되는 경우에는 해당 행위 관련 심의 절차를 중단하고 시정방안과 같은 취지의 의결(이하 "동의의결")을 할 수 있다. 이 경우 신청인과의 협의를 거쳐 시정방안을 수정할 수 있다(법 제34조의2 제3항).

Ⅲ. 동의의결 절차 개시

공정거래위원회는 신속한 조치의 필요성, 대리점 피해의 직접 보상 필요성 등을 종합적으로 고려하여 동의의결 절차의 개시 여부를 결정하여야 한다.

Ⅳ. 동의의결의 절차, 취소

동의의결의 절차, 취소에 관하여는 「독점규제법」 제90조(제1항은 제외한다) 및 제91조를 준용한다.

V. 동의의결과 법위반 여부

공정거래위원회의 동의의결은 해당 행위가 이 법에 위반된다고 인정한 것을 의미하지 아니하며, 누구든지 신청인이 동의의결을 받은 사실을 들어 해당 행위가 이 법에 위반된다고 주장할 수 없다(법 제34조의2 제4항).

제24조의3(이행강제금)

① 공정거래위원회는 정당한 이유 없이 동의의결 시 정한 이행기간까지 동의의결을 이행하지 아니한 자에게 동의의결이 이행되거나 취소되기 전까지 이행기한이 지난 날부터 1일당 200만원 이하의 이행강제금을 부과할 수 있다.

② 이행강제금의 부과·납부·징수 및 환급 등에 필요한 사항은 대통령령으로 정한다. 다만, 체납된 이행강제금은 국세강제징수의 예에 따라 이를 징수한다.

③ 공정거래위원회는 제1항 및 제2항에 따른 이행강제금의 징수 또는 체납처분에 관한 업무를 대통령령으로 정하는 바에 따라 국세청장에게 위탁할 수 있다.

[본조신설 2021. 12. 7.]

　　이행강제금은 장래의 의무이행을 강제하기 위하여 행정상 강제집행의 일환으로서, '집행벌'에 해당하므로, 과거의 의무위반에 대한 제재인 행정형벌과 구별된다.

　　이행강제금 제도는 1999. 2. 5. 독점규제법 제7차 개정시 종래 경쟁제한적 기업결합이나 불공정한 기업결합에 대한 과징금부과 대신에 도입된 것이며, 독점규제법, 대리점법 등 동의의결제도의 경우에도 이를 준용하도록 규정하고 있다.

제25조(과징금)

① 공정거래위원회는 제6조부터 제12조까지를 위반하는 행위가 있을 때에는 해당 사업자에 대하여 대통령령으로 정하는 법 위반 금액을 초과하지 아니하는 범위에서 과징금을 부과할 수 있다. 다만, 법 위반 금액을 산정하기 곤란한 경우 등에는 5억원을 초과하지 아니하는 범위에서 과징금을 부과할 수 있다.

② 제1항에 따른 과징금의 부과·징수에 관하여는 「독점규제 및 공정거래에 관한 법률」 제102조부터 제107조까지의 규정을 준용한다. <개정 2020. 12. 29.>

📒 목 차

Ⅰ. 과징금의 부과 대상 및 기준

공정거래위원회는 제6조부터 제12조까지를 위반하는 행위가 있을 때에는 해당 사업자에 대하여 *대통령령1)*으로 정하는 법 위반 금액을 초과하지 아니하는 범위에서 과징금을 부과할 수 있다. 다만, 법 위반 금액을 산정하기 곤란한 경우 등에는 5억원을 초과하지 아니하는 범위에서 과징금을 부과할 수 있다(법 제25조 제1항).

공정거래위원회는 「대리점법 위반사업자에 대한 과징금 부과기준에 관한 고시」2)를 제정·운영하고 있다.

---

1) 제19조(과징금 부과기준) ① 법 제25조제1항 본문에서 "대통령령으로 정하는 법 위반 금액"이란 다음 각 호의 구분에 따른 금액을 말한다. 1. 법 제6조를 위반한 경우: 대리점에 구입하도록 강제한 상품 또는 용역의 가액 2. 법 제7조를 위반한 경우: 대리점에 제공하도록 강요한 금전·물품·용역, 그 밖의 경제상 이익의 가액 3. 법 제9조를 위반하여 대리점에 끼친 불이익으로서 다음 각 목의 구분에 따른 금액 가. 제6조제5호의 행위: 삭감하거나 지급하지 아니한 판매장려금의 금액 나. 제6조제7호의 행위: 반품을 거부한 물품의 가액 다. 제6조제8호의 행위: 대리점에 부담시킨 반품에 든 비용 4. 그 밖에 법 위반 금액 산정이 가능한 위반행위: 산정된 금액 ② 법 제25조제1항에 따른 과징금의 부과기준은 별표 2와 같다. ③ 이 영에 규정한 사항 외에 과징금의 부과에 필요한 세부기준은 공정거래위원회가 정하여 고시한다.

2) 공정거래위원회고시 제2022-26호(2022. 12. 30).

Ⅱ. 독점규제법의 준용

제1항에 따른 과징금의 부과·징수에 관하여는 「독점규제법」 제102조부터 제107조까지의 규정을 준용한다(법 제25조 제2항).

제26조(관계 행정기관의 장의 협조)

공정거래위원회는 이 법의 시행을 위하여 필요하다고 인정하는 때에는 관계 행정기관의 장의 의견을 듣거나 관계 행정기관의 장에게 필요한 조사를 의뢰하거나 필요한 자료를 요청할 수 있다.

제26조의2(포상금의 지급)

① 공정거래위원회는 이 법의 위반행위를 신고하거나 제보하고 그 신고나 제보를 입증
할 수 있는 증거자료를 제출한 자에게 예산의 범위에서 포상금을 지급할 수 있다.

② 제1항에 따른 포상금 지급대상자의 범위, 포상금 지급의 기준·절차 등에 필요한 사
항은 대통령령으로 정한다.

③ 공정거래위원회는 제1항에 따라 포상금을 지급한 후 다음 각 호의 어느 하나에 해당
하는 사실이 발견된 경우에는 해당 포상금을 지급받은 자에게 반환할 금액을 통지하
여야 하고, 해당 포상금을 지급받은 자는 그 통지를 받은 날부터 30일 이내에 이를
납부하여야 한다.

　　1. 위법 또는 부당한 방법의 증거수집, 거짓신고, 거짓진술, 증거위조 등 부정한 방
　　　 법으로 포상금을 지급받은 경우

　　2. 동일한 원인으로 다른 법령에 따라 포상금 등을 지급받은 경우

　　3. 그 밖에 착오 등의 사유로 포상금이 잘못 지급된 경우

④ 공정거래위원회는 제3항에 따라 포상금을 반환하여야 할 자가 납부기한까지 그 금액
을 납부하지 아니한 때에는 국세 체납처분의 예에 따라 징수할 수 있다.

[본조신설 2018. 1. 16.]

📝 목　차

Ⅰ. 포상금의 지급

　　공정거래위원회는 이 법의 위반행위를 신고하거나 제보하고 그 신고나 제보
를 입증할 수 있는 증거자료를 제출한 자에게 예산의 범위에서 포상금을 지급할
수 있다(법 제26조의2 제1항).

　　공정거래위원회가 법 위반 혐의를 신속하게 인지하고 그 위법성을 충분히
입증하기 위해서는, 내부 사정을 잘 아는 전·현직 임직원과 이해관계자 등의 적
극적인 제보나 증거자료 제출 등이 필요하다. 이에 2018. 1. 16. 법개정에서 대
리점거래분야에서도 법 위반행위에 대한 신고시 포상금을 지급하도록 하는 규정

을 신설하였다.

제1항에 따른 포상금 지급대상자의 범위, 포상금 지급의 기준·절차 등에 필요한 사항은 *대통령령*[1]으로 정한다(법 제26조의2 제2항).

II. 포상금의 반환과 징수

공정거래위원회는 제1항에 따라 포상금을 지급한 후 ① 위법 또는 부당한 방법의 증거수집, 거짓신고, 거짓진술, 증거위조 등 부정한 방법으로 포상금을 지급받은 경우(제1호), ② 동일한 원인으로 다른 법령에 따라 포상금 등을 지급받은 경우(제2호), ③ 그 밖에 착오 등의 사유로 포상금이 잘못 지급된 경우(제3호) 어느 하나에 해당하는 사실이 발견된 경우에는 해당 포상금을 지급받은 자에게 반환할 금액을 통지하여야 하고, 해당 포상금을 지급받은 자는 그 통지를 받은 날부터 30일 이내에 이를 납부하여야 한다(법 제26조의2 제3항).

공정거래위원회는 제3항에 따라 포상금을 반환하여야 할 자가 납부기한까지 그 금액을 납부하지 아니한 때에는 국세 체납처분의 예에 따라 징수할 수 있다(법 제26조의2 제4항).

---

1) 제19조의2(포상금의 지급) ① 법 제26조의2제1항에 따른 포상금(이하 이 조에서 "포상금"이라 한다)의 지급대상이 되는 위반행위는 법 제6조부터 제12조까지의 어느 하나에 해당하는 규정을 위반하는 행위로 한다. ② 포상금은 제1항의 위반행위를 신고하거나 제보하고, 이를 입증할 수 있는 증거자료를 최초로 제출한 자에게 지급한다. 다만, 해당 위반행위를 한 공급업자 및 그 공급업자의 임직원으로서 해당 위반행위에 관여한 사람은 제외한다. ③ 공정거래위원회는 특별한 사정이 있는 경우를 제외하고는 신고 또는 제보된 행위가 법 위반행위에 해당한다고 인정하여 해당 행위를 한 공급업자에게 시정조치 등의 처분을 하기로 의결한 날(이의신청이 있는 경우에는 재결한 날을 말한다)부터 3개월 이내에 포상금을 지급한다. ④ 포상금의 지급에 관여한 조사공무원은 신고자 또는 제보자의 신원 등 신고 또는 제보와 관련된 사항을 타인에게 제공하거나 누설해서는 아니 된다. ⑤ 위반행위의 유형별 구체적인 포상금 지급기준은 위반행위의 중대성 및 증거의 수준 등을 고려하여 공정거래위원회가 정하여 고시한다. ⑥ 포상금의 지급에 관한 사항을 심의하기 위하여 공정거래위원회에 신고포상금 심의위원회를 둘 수 있다. ⑦ 제6항에 따른 신고포상금 심의위원회의 설치·운영에 관한 사항 및 그 밖에 포상금 지급의 기준·절차 등에 관한 세부사항은 공정거래위원회가 정하여 고시한다.

제27조(「독점규제 및 공정거래에 관한 법률」의 준용)

① 이 법에 따른 공정거래위원회의 심의ㆍ의결에 관하여는 「독점규제 및 공정거래에 관한 법률」 제64조부터 제69조까지, 제93조 및 제95조를 준용한다. <개정 2020. 12. 29.>

② 이 법의 시행을 위하여 필요한 공정거래위원회의 조사ㆍ의견청취에 관하여는 「독점규제 및 공정거래에 관한 법률」 제80조, 제81조 및 83조부터 85조까지의 규정을 준용한다. <개정 2020. 12. 29.>

③ 이 법에 따른 공정거래위원회의 처분 및 제28조에 따라 위임된 시ㆍ도지사의 처분에 대한 이의신청, 시정명령의 집행정지, 소의 제기 및 불복의 소의 전속관할에 관하여는 「독점규제 및 공정거래에 관한 법률」 제96조부터 제101조까지의 규정을 준용한다. <개정 2018. 3. 27., 2020. 12. 29.>

④ 이 법에 따른 직무에 종사하거나 종사하였던 공정거래위원회의 위원 및 공무원 또는 협의회에서 분쟁의 조정업무를 담당하거나 담당하였던 사람에 대하여는 「독점규제 및 공정거래에 관한 법률」 제119조를 준용한다. <개정 2020. 12. 29.>

제27조의2(서면실태조사)

① 공정거래위원회는 공정한 거래질서 확립을 위하여 공급업자와 대리점 등 사이의 거래에 관한 서면실태조사를 실시하여 그 결과를 공표하여야 한다.

② 공정거래위원회가 제1항에 따라 서면실태조사를 실시하려는 경우에는 조사대상자의 범위, 조사기간, 조사내용, 조사방법, 조사절차 및 조사결과 공표범위 등에 관한 계획을 수립하여야 하고, 조사대상자에게 거래실태 등 조사에 필요한 자료의 제출을 요구할 수 있다.

③ 공정거래위원회가 제2항에 따라 자료의 제출을 요구하는 경우에는 조사대상자에게 자료의 범위와 내용, 요구사유, 제출기한 등을 명시하여 서면으로 알려야 한다.

[본조신설 2018. 1. 16.]

제28조(권한의 위임과 위탁)

이 법에 의한 공정거래위원회의 권한은 그 일부를 대통령령으로 정하는 바에 따라 소속 기관의 장이나 시·도지사에게 위임하거나 다른 행정기관의 장에게 위탁할 수 있다. <개정 2018. 3. 27.>

제29조(보고)

공정거래위원회는 제28조에 따라 위임 또는 위탁한 사무에 대하여 위임 또는 위탁받은 자에게 필요한 보고를 하게 할 수 있다.

벌칙

제30조(벌칙)

① 다음 각 호의 어느 하나에 해당하는 자는 2년 이하의 징역 또는 1억5천만원 이하의 벌금에 처한다. <개정 2018. 3. 27.>

1. 제6조를 위반하여 구입강제행위를 한 자
2. 제7조를 위반하여 경제상 이익 제공을 강요하는 행위를 한 자
3. 제8조를 위반하여 판매목표 강제 행위를 한 자
4. 제9조를 위반하여 불이익 제공 행위를 한 자
5. 제10조를 위반하여 경영활동 간섭 행위를 한 자
6. 제11조를 위반하여 주문내역의 확인요청 거부 또는 회피행위를 한 자
7. 제12조를 위반하여 불이익을 주는 행위를 한 자
8. 제23조에 따른 시정조치의 명령에 따르지 아니한 자

② 제27조제4항에 따라 준용되는 「독점규제 및 공정거래에 관한 법률」 제119조를 위반하여 비밀을 누설하거나 이 법의 시행을 위한 목적 외에 그 비밀을 이용한 사람은 2년 이하의 징역 또는 200만원 이하의 벌금에 처한다.

③ 제1항의 징역형과 벌금형은 이를 병과할 수 있다.

제31조(양벌규정)

법인의 대표자나 법인 또는 개인의 대리인, 사용인, 그 밖의 종업원이 그 법인 또는 개인의 업무에 관하여 제30조에 해당하는 위반행위를 하면 그 행위자를 벌하는 외에 그 법인 또는 개인에게도 해당 조문의 벌금형을 과(科)한다. 다만, 법인 또는 개인이 그 위반행위를 방지하기 위하여 해당 업무에 관하여 상당한 주의와 감독을 게을리하지 아니한 경우에는 그러하지 아니하다.

제32조(과태료)

① 공급업자가 제1호에 해당하는 경우에는 2억원 이하, 제2호 또는 제3호에 해당하는 경우에는 1억원 이하, 제4호에 해당하는 경우에는 5천만원 이하, 제5호에 해당하는 경우에는 1천만원 이하, 제6호에 해당하는 경우에는 2천만원 이하의 과태료를 부과한다. <개정 2018. 1. 16., 2020. 12. 29.>

1. 제27조제2항에 따라 준용되는 「독점규제 및 공정거래에 관한 법률」 제81조제2항 및 제3항에 따른 조사를 정당한 사유 없이 거부·방해 또는 기피한 자

2. 제27조제2항에 따라 준용되는 「독점규제 및 공정거래에 관한 법률」 제81조제1항 제1호를 위반하여 정당한 사유 없이 2회 이상 출석하지 아니한 자

3. 제27조제2항에 따라 준용되는 「독점규제 및 공정거래에 관한 법률」 제81조제1항 제3호 또는 같은 조 제6항에 따른 보고 또는 필요한 자료나 물건의 제출을 정당한 사유 없이 하지 아니하거나, 거짓의 보고 또는 자료나 물건을 제출한 자

4. 제5조제1항 또는 제2항을 위반한 자

5. 제5조제3항을 위반한 자

6. 제27조의2제2항에 따른 자료를 제출하지 아니하거나 거짓의 자료를 제출한 자

② 공급업자의 임원 또는 종업원이나 그 밖의 이해관계인이 제1항제1호에 해당하는 경우에는 5천만원 이하, 같은 항 제2호 또는 제3호에 해당하는 경우에는 1천만원 이하, 같은 항 제6호에 해당하는 경우에는 500만원 이하의 과태료를 부과한다. <개정 2018. 1. 16.>

③ 제27조제1항에 따라 준용되는 「독점규제 및 공정거래에 관한 법률」 제66조의2에 따른 질서유지명령에 응하지 아니한 자에게는 100만원 이하의 과태료를 부과한다.

④ 제1항부터 제3항까지의 규정에 따른 과태료는 대통령령으로 정하는 바에 따라 공정거래위원회가 부과·징수한다.

과태료는 *대통령령*[1]으로 정하는 바에 따라 공정거래위원회가 부과·징수한다.

---

1) 제20조(과태료 부과기준) 법 제32조제1항부터 제3항까지의 규정에 따른 과태료의 부과기준은 별표 2와 같다.

제32조(고발)

① 제30조제1항의 죄는 공정거래위원회의 고발이 있어야 공소를 제기할 수 있다.

② 공정거래위원회는 제30조제1항의 죄 중 그 위반의 정도가 객관적으로 명백하고 중대하다고 인정하는 경우에는 검찰총장에게 고발하여야 한다.

③ 검찰총장은 제2항에 따른 고발요건에 해당하는 사실이 있음을 공정거래위원회에 통보하여 고발을 요청할 수 있다.

④ 공정거래위원회가 제2항에 따른 고발요건에 해당하지 아니한다고 결정하더라도 감사원장, 중소벤처기업부장관은 사회적 파급효과, 대리점에 미친 피해 정도 등 다른 사정을 이유로 공정거래위원회에 고발을 요청할 수 있다. <개정 2017. 7. 26.>

⑤ 제3항 또는 제4항에 따른 고발요청이 있는 때에는 공정거래위원회 위원장은 검찰총장에게 고발하여야 한다.

⑥ 공정거래위원회는 공소가 제기된 후에는 고발을 취소하지 못한다.

목 차

Ⅰ. 전속고발제

제30조 제1항의 죄는 공정거래위원회의 고발이 있어야 공소를 제기할 수 있다(법 제33조 제1항).

Ⅱ. 의무고발제

공정거래위원회는 제30조제1항의 죄 중 그 위반의 정도가 객관적으로 명백하고 중대하다고 인정하는 경우에는 검찰총장에게 고발하여야 한다(법 제33조 제2항).

1. 검찰총장의 고발요청

검찰총장은 제2항에 따른 고발요건에 해당하는 사실이 있음을 공정거래위원회에 통보하여 고발을 요청할 수 있다(법 제33조 제3항).

2. 감사원장, 중소벤처기업부장관의 고발요청

공정거래위원회가 제2항에 따른 고발요건에 해당하지 아니한다고 결정하더라도 감사원장, 중소벤처기업부장관은 사회적 파급효과, 대리점에 미친 피해 정도 등 다른 사정을 이유로 공정거래위원회에 고발을 요청할 수 있다(법 제33조 제4항).

3. 고발의무

제3항 또는 제4항에 따른 고발요청이 있는 때에는 공정거래위원회 위원장은 검찰총장에게 고발하여야 한다(법 제33조 제5항).

III. 공소제기후 고발취소 제한

공정거래위원회는 공소가 제기된 후에는 고발을 취소하지 못한다(법 제33조 제6항).

제34조(손해배상 책임)

① 공급업자가 이 법의 규정을 위반함으로써 대리점에게 손해를 입힌 경우에는 대리점에게 발생한 손해에 대하여 배상책임을 진다. 다만, 공급업자가 고의 또는 과실이 없음을 입증한 경우에는 그러하지 아니하다.

② 제1항에도 불구하고, 공급업자가 제6조, 제7조 또는 제12조를 위반하여 대리점에게 손해를 입힌 경우에는 대리점에게 발생한 손해의 3배를 넘지 아니하는 범위에서 배상책임을 진다. <개정 2021. 12. 7.>

③ 법원은 제2항의 배상액을 정할 때에는 다음 각 호의 사항을 고려하여야 한다.

　　1. 고의 또는 손해 발생의 우려를 인식한 정도
　　2. 위반행위로 인하여 대리점이 입은 피해 규모
　　3. 위법행위로 인하여 공급업자가 취득한 경제적 이익
　　4. 위반행위에 따른 벌금 및 과징금
　　5. 위반행위의 기간ㆍ횟수 등
　　6. 공급업자의 재산상태
　　7. 공급업자의 피해구제 노력의 정도

④ 제1항 또는 제2항에 따라 손해배상청구의 소가 제기된 경우 「독점규제 및 공정거래에 관한 법률」 제110조 및 제115조를 준용한다. <개정 2020. 12. 29.>

 목　차

Ⅰ. 실손배상 제도

공급업자가 이 법의 규정을 위반함으로써 대리점에게 손해를 입힌 경우에는 대리점에게 발생한 손해에 대하여 배상책임을 진다. 다만, 공급업자가 고의 또는 과실이 없음을 입증한 경우에는 그러하지 아니하다(법 제34조 제1항).

II. 3배배상 제도

제1항에도 불구하고, 공급업자가 제6조, 제7조 또는 제12조를 위반하여 대리점에게 손해를 입힌 경우에는 대리점에게 발생한 손해의 3배를 넘지 아니하는 범위에서 배상책임을 진다(법 제34조 제2항).

보복 조치는 대리점법상 금지 행위 중 악의성이 가장 큰 행위로 볼 수 있으나, 현행 3배소(징벌적 손해배상제) 대상에서 제외됨에 따라 법위반 억지에 한계가 있었다. 이에 2021. 12. 7. 법 개정시 3배소 적용 대상에 보복 조치를 추가했다.[1]

법원은 제2항의 배상액을 정할 때에는 ① 고의 또는 손해 발생의 우려를 인식한 정도, ② 위반행위로 인하여 대리점이 입은 피해 규모, ③ 위법행위로 인하여 공급업자가 취득한 경제적 이익, ④ 위반행위에 따른 벌금 및 과징금, ⑤ 위반행위의 기간·횟수 등, ⑥ 공급업자의 재산상태, ⑦ 공급업자의 피해구제 노력의 정도를 고려하여야 한다(법 제34조 제3항).

III. 독점규제법의 준용

제1항 또는 제2항에 따라 손해배상청구의 소가 제기된 경우 「독점규제법」 제110조 및 제115조를 준용한다(법 제34조 제4항).

---

1) 이상 공정거래위원회 보도자료(2021. 11. 11).

신동권

약력
경희대학교 법학과 및 동 대학원 법학석사
독일 마인츠 구텐베르크 대학원 법학석사(LL. M.) 및 법학박사(Dr. jur.)
제30회 행정고시 합격
대통령비서실 선임행정관
공정거래위원회 서울지방사무소장
공정거래위원회 카르텔조사국장
공정거래위원회 대변인
공정거래위원회 상임위원
공정거래위원회 사무처장
경제협력개발기구(OECD) 경쟁위원회 부의장
한국공정거래조정원 원장
연세대학교 법무대학원 겸임교수
고려대학교 대학원 법학과 강사
서울대학교 경영대학원 EMBA 강사
현 한국해양대학교 해운경영학과 석좌교수
　한국개발연구원(KDI) 초빙연구위원

저서
Die "Essential Facilities"-Doktrin im europäischen Kartellrecht(Berlin, Logos, 2003)
독점규제법(박영사, 2020)
소비자보호법(박영사, 2020)
경쟁정책과 공정거래법(박영사, 2023) 등

제2판
경제법 II
중소기업보호법

초판발행 2020년 1월 31일
제2판발행 2023년 4월 25일

지은이 신동권
펴낸이 안종만 · 안상준

편 집 한두희
기획/마케팅 조성호
표지디자인 이수빈
제 작 고철민 · 조영환

펴낸곳 (주) 박영사
서울특별시 금천구 가산디지털2로 53, 210호(가산동, 한라시그마밸리)
등록 1959. 3. 11. 제300-1959-1호(倫)
전 화 02)733-6771
f a x 02)736-4818
e-mail pys@pybook.co.kr
homepage www.pybook.co.kr
ISBN 979-11-303-4371-6 93360

정 가 53,000원